Kirchlicher Wiederaufbau in Österreich

WISSENSCHAFT UND RELIGION

Herausgegeben von Hans Paarhammer
und Alfred Rinnerthaler

BAND 26

Hans Paarhammer / Alfred Rinnerthaler
(Hrsg.)

Kirchlicher Wiederaufbau in Österreich

Bibliografische Information der Deutschen Nationalbibliothek
Die Deutsche Nationalbibliothek verzeichnet diese Publikation
in der Deutschen Nationalbibliografie; detaillierte bibliografische
Daten sind im Internet über http://dnb.d-nb.de abrufbar.

Das Erscheinen dieses Buches haben durch
Gewährung von Druckkostenzuschüssen ermöglicht:
Diözesanfinanzkammer Salzburg;
Erzbischof-Rohracher-Studienfonds;
em. Univ.-Prof. Dr. Karl Hackl;
Stiftungs- und Förderungsgesellschaft der Paris Lodron-Universität Salzburg;
Universität Salzburg (Rektor Dr. Heinrich Schmidinger).

Umschlagabbildung:
„Die neue oder Universitäts-Kirchen zu Salzburg",
Kupferstich von Franz Anton Danreiter (1695-1760)
aus seinem „Salzburger Kirchenprospect"
(1 Titelkupfer, 20 Blätter), 1735

Gedruckt auf alterungsbeständigem,
säurefreiem Papier.

ISSN 1611-454X
ISBN 978-3-631-66520-6 (Print)
E-ISBN 978-3-653-05797-3 (E-Book)
DOI 10.3726/978-3-653-05797-3

© Peter Lang GmbH
Internationaler Verlag der Wissenschaften
Frankfurt am Main 2016
Alle Rechte vorbehalten.
Peter Lang Edition ist ein Imprint der Peter Lang GmbH.

Peter Lang – Frankfurt am Main · Bern · Bruxelles ·
New York · Oxford · Warszawa · Wien

Das Werk einschließlich aller seiner Teile ist urheberrechtlich
geschützt. Jede Verwertung außerhalb der engen Grenzen des
Urheberrechtsgesetzes ist ohne Zustimmung des Verlages
unzulässig und strafbar. Das gilt insbesondere für
Vervielfältigungen, Übersetzungen, Mikroverfilmungen und die
Einspeicherung und Verarbeitung in elektronischen Systemen.

Diese Publikation wurde begutachtet.

www.peterlang.com

Inhaltsverzeichnis

Geleitwort 9

I. Der Wiederaufbau in einzelnen Diözesen im Überblick

Monika Würthinger
Kirchlicher Wiederaufbau im Bistum Linz 13

Karl Kollermann
Kirchlicher Wiederaufbau in der Diözese St. Pölten (1945–1968) 55

Wolfgang Neuper
Kirchlicher Wiederaufbau in der Erzdiözese Salzburg 1945–1968 81

Norbert Allmer
Wiederaufbau und Veränderungen in der steirischen Kirche 1945–1969 123

Martin Kapferer
Kirchlicher Wiederaufbau im Gebiet der heutigen Diözese
Innsbruck. Wiederaufbau: pastoral – sozial-materiell – administrativ 167

Michael Fliri
Kirchlicher Wiederaufbau im Vorarlberger Anteil der
Apostolischen Administratur Innsbruck-Feldkirch 177

Claudia Reichl-Ham
Der Aufbau der Militärseelsorge in der
Zweiten Republik 187

II. Einzelne Aspekte des kirchlichen Wiederaufbaus

Stefan Schima
„Wiederaufbau" auf rechtlicher Ebene:
Die Behandlung der Frage der Weitergeltung des
Konkordats seit dem Jahr 1945 unter besonderer
Berücksichtigung des Vermögensvertrages von 1960 271

Josef Kremsmair
Der Schulvertrag 1962 und die Diözesanerrichtungsverträge 377

Erwin Konjecic
Die Wiedererrichtung des katholischen Privatschulwesens nach 1945
und seine Verankerung durch die Schulgesetzgebung 1962 423

Gerlinde Katzinger
Wiederaufbau des katholischen Religionsunterrichts in den
Jahren 1945 bis 1968 im Spannungsfeld von kirchlicher und
staatlicher Rechtsordnung unter besonderer Berücksichtigung
der Situation in der Erzdiözese Salzburg 451

Herbert Kalb
Ethikunterricht 473

Annemarie Fenzl
1945/1955 – Kriegsende – Freiheit – Geschenk und Auftrag –
der Beitrag der Kirchen zur Zweiten Republik 491

Doris Wakolbinger
Neues Verhältnis von Parteien und Kirche nach 1945 521

Maximilian Liebmann
Interregnum und Zäsur 539

Rudolf K. Höfer
Versuche, das Kirchenbeitragsgesetz aus der NS-Zeit zu ändern
Alternative neue Modelle Religionsgemeinschaften zu finanzieren 551

Sonja Pallauf
Die Hospitalorden und ihr Beitrag zum kirchlichen Wiederaufbau
am Beispiel der Barmherzigen Brüder 583

Hans Spatzenegger
„Kirche in der Freiheit": Die Aufbaujahre 1945–1948 in Salzburg 593

Roland Cerny-Werner
Eine neue Art Diözesansynode? Die Vorbereitungsphase der
Diözesansynode 1968 in Salzburg – (kirchen-)geschichtliche
Anmerkungen 629

Alfred Rinnerthaler
Die Renaissance der Idee einer katholischen Universität in Salzburg
als „Waffenschmiede im Kampf gegen die Mächte der Finsternis" 657

Dietmar W. Winkler
Die Benediktiner und der Aufbau der Ostkirchenforschung in Salzburg 699

Wilhelm Rees
Aufbruch durch die Diözesansynode 1971/72
in der neu errichteten Diözese Innsbruck 723

III. Der Wiederaufbau in anderen christlichen Kirchen

Karl W. Schwarz
Vom „Gottesgericht" zur „Austrifizierung": Die Evangelische
Kirche A. u. H.B. in Österreich, ihr Selbstverständnis und ihr
religionsrechtlicher Status nach 1945 761

Gustav Reingrabner
„Es gilt, ein Neues zu pflügen" – vom evangelischen Leben im
Südburgenland in den letzten Kriegsjahren und in der
unmittelbaren Nachkriegszeit 777

Brigitte Schinkele
Zur religionsrechtlichen „Problemgeschichte"
Österreichs mit den Freikirchen 809

Helmut Nausner
Wiederaufbau der Evangelisch-methodistischen Kirche in
Österreich zwischen den Jahren 1945 und 1968 833

Richard Potz
Die orthodoxe Kirche in der Zweiten Republik 849

Verzeichnis der Mitarbeiterinnen und Mitarbeiter 879

Geleitwort

Dankbare Erinnerung und hoffnungsvoller Ausblick

Jede Phase der Geschichte hat ihre Faszination. Dies gilt ganz besonders für die Zeit nach dem Zweiten Weltkrieg. Denn die vergangenen Jahrzehnte, deren Zeitzeugen wir zum Teil sein dürfen, machen uns bewusst, dass es immer wieder neben den Zeitumständen vor allem Persönlichkeiten des politischen und kirchlichen Lebens gewesen sind, die den Verlauf unseres Daseins wesentlich mitgeprägt und nachhaltig mitgeschrieben haben. In dem schönen Buch von Hans Widrich „Hirten im Wiederaufbau" wird deutlich, dass Menschen mit ihrer Lebensauffassung und damit vor allem mit ihrem Glaubenszeugnis die geschichtlichen Zeitläufte geprägt haben.

Was in den vergangenen Jahrzehnten geschehen ist, hat nicht nur unsere Heimat Österreich sehr stark geprägt, sondern auch unser menschliches Wir-Gefühl bis heute beeinflusst.

In den Jahren des Wiederaufbaues der Zweiten Republik hat das Verhältnis von Kirche und Staat markante Phasen und denkwürdige Ereignisse erfahren. So waren es die Ereignisse um den Staatsvertrag 1955 und die Diskussionen um die Anerkennung des Konkordates zwischen dem Heiligen Stuhl und der Republik Österreich, als auch die unauslöschlich prägenden Einflüsse des Zweiten Vatikanischen Konzils (1962–1965), die unser menschliches Dasein in Kirche und Staat stark verändert und beeinflusst haben.

Es ist schön, als Zeitzeuge dieser vergangenen Ereignisse von Kindesbeinen an bis heute, einen Rückblick wagen zu dürfen. Zweifelsohne bildet die Zeit der 60er und 70er Jahre eine bis heute bedeutende Phase der Kirchengeschichte. Dabei spielte das geordnete Verhältnis von Kirche und Staat eine entscheidende Rolle. Es waren nicht nur Persönlichkeiten aus Politik, Wirtschaft und Kultur, wie z. B. Leopold Figl, Julius Raab und Heinrich Drimmel, sondern auch kirchliche Autoritäten wie Franz Kardinal König, Andreas Rohracher, Eduard Macheiner, die als Teilnehmer des Zweiten Vatikanischen Konzils, ihre Handschrift hinterlassen haben. Mit ihrem pastoralen Wirken, aber auch mit ihrer Offenheit für theologische Wissenschaft und Forschung haben sie Geschichte geschrieben. Mit großer Dankbarkeit dürfen wir uns bleibend an diese geistlichen Persönlichkeiten erinnern und ihrer in Ehrfurcht gedenken.

Es ist ein kostbares Erbe, das uns die Geschichte der Alma Mater Paridiana von den alten Barockzeiten bis heute hinterlassen hat. Das Fach Kirchenrecht hat dabei eine nicht unmaßgebliche Rolle spielen dürfen. Unser Blick in die Zukunft darf uns hoffnungsfroh stimmen, dass auch künftig Früchte gedeihen und reifen, die die Salzburger Kirchen- und Rechtsgeschichte erfolgreich prägen werden.

Mit großer Dankbarkeit bleibt festzuhalten, dass es die Begabungen und die Aufgeschlossenheit der Studierenden waren und sind, die für eine gedeihliche Weiterentwicklung der Universität und ihrer Einrichtungen sorgen werden.

Möge dabei der Segen Gottes alles Unterfangen begleiten. Gottes Segen für die Zukunft!

Em. O. Univ.-Prof. Dr. Hans Paarhammer

I. Der Wiederaufbau in einzelnen Diözesen im Überblick

Monika Würthinger

Kirchlicher Wiederaufbau im Bistum Linz[1]

Abstract
Ecclesiastical rehabilitation and development in the Linz diocese
The paper offers a detailed overview of the post-war situation in Upper Austria and the bishopric's substantive and organisational measures focussing on charitably work (Caritas Institute), internal and administrative reorientation on the field of pastoral care, religious education and liturgical renewal both on the parish and the diocesan level.

I. Die Diözesanleitung

Der schwerkranke Diözesanbischof Johannes Maria Gföllner[2] erhielt 1941 mit Joseph Cal. Fließer[3] den lang ersehnten Weihbischof (päpstliche Ernennung am 19. März 1941),[4] den er am 11. Mai 1941 mit letzten Kräften noch weihen konnte. Kurz vor seinem Tod am 3. Juni hatte Diözesanbischof Gföllner Joseph Fließer noch zum Generalvikar ernannt (1. Juni 1941).

Das Kathedralkapitel wählte Fließer am 5. Juni als Kapitelvikar, der damit in der wohl schwierigsten Zeit in der Geschichte der Linzer Diözese die Verantwortung

---

1 Der Beitrag beschränkt sich mit wenigen Ausnahmen auf das Jahrzehnt des Wiederaufbaus bis zum Staatsvertrag. Zur Entwicklung des Bistums Linz 1945 bis 1995 vgl. bes. mit weiteren Literaturangaben den einschlägigen Band *Ebner, Johannes / Würthinger, Monika / Zinnhobler, Rudolf* (Hg.), Das Bistum Linz von 1945 bis 1995 (Neues Archiv für die Geschichte der Diözese Linz 9), Linz 1995.
2 Johannes Maria Gföllner, geb. am 17. Dezember 1867 in Waizenkirchen, Diözesanbischof 1915–1941, gest. am 3. Juni 1941 in Linz.
3 Joseph Fließer, geb. 28. Juli 1896 in Perg, 1915–1919 Theologiestudium in Linz, Priesterweihe am 28. Juni 1919 in Linz, 1919–1928 Kaplan in Gunskirchen und Waizenkirchen, 1925–1928 Studium des Kirchenrechtes in Rom (Promotion zum Dr. iur. eccl. am 6. Juli 1927), 1928 Kaplan an der Stadtpfarre Linz, 1929 Dozent für christliche Kunst an der Diözesanlehranstalt, 1932–1942 Professor für Kirchenrecht in Linz, 1933 (zugleich) Ordinariatssekretär, 1941–1946 Weihbischof und Kapitelvikar, 1946–1955 Diözesanbischof, gest. am 12. Juni 1960 in Linz.
Zu Fließer vgl. *Naderer, Anton*, Dr. Josef Cal. Fliesser, Bischof von Linz, Diss. Wien 1972, *Ders.*, Josef Calasanz Fließer, in: *Zinnhobler, Rudolf* (Hg.), Die Bischöfe von Linz, Linz 1985, S. 289–318.
4 Johannes Gföllner hatte bereits im April 1931 um Unterstützung in Form eines Weihbischofs in Rom angesucht, aber nicht erhalten.

für die Leitung des Bistums bis zu dessen Neubesetzung übernehmen musste. Aufgrund der politischen Verhältnisse konnte er zunächst nicht Diözesanbischof werden, da die NS-Behörden nicht bereit gewesen wären, ihn anzuerkennen.[5] Aus diesem Grund verlieh Papst Pius XII. dem Weihbischof und Kapitelvikar mit 11. Februar 1942 die Rechte eines regierenden Diözesanbischofs (Residentialbischofs).

In Folge der kirchenpolitischen Situation Österreichs während des NS-Regimes, durch ungewöhnliche Kommunikationsschwierigkeiten bei Kriegsende sowie aufgrund von internen Spannungen und vereinzelten Querschüssen aus der Diözese,[6] wurde Fließer erst ein Jahr nach Kriegsende, am 11. Mai 1946, dem 5. Jahrestag seiner Bischofsweihe, zum 10. Diözesanbischof von Linz ernannt. Die kanonische Besitzergreifung seines Bistums nahm er am 22. August in der Krypta des Mariendomes vor, die (feierliche) Inthronisation verband Fließer mit der Wiedereröffnung der 1945 schwer beschädigten Kathedrale am 6. Oktober 1946.

Große Unterstützung hatte Kapitelvikar Fließer u.a. durch den Ordinariatskanzler Josef Lugstein erfahren, den er daher anlässlich seiner Amtsübernahme als Bischof am 22. August 1946 offiziell zum Generalvikar bestellte.[7]

Bereits am 21. April 1948 erlitt Diözesanbischof Fließer einen Schlaganfall, von dem er sich nie ganz erholte. Papst Pius XII. gab ihm daher in der Person des Seminarregens und Theologieprofessors DDr. Franz S. Zauner[8] einen Koadjutor

---

5 In Österreich herrschte ein konkordatsfreier Zustand: Hitler erklärte das österreichische Konkordat für erloschen, das Reichskonkordat wurde nicht auf Österreich übertragen. Verhandlungen zwischen dem Hl. Stuhl und dem NS-Regime waren nicht möglich. Am 11. August 1941 protestierte Gauleiter August Eigruber, dass er bzw. die Regierung über die Ernennung Fließers zum Kapitelvikar nicht informiert worden war. (DAL, Bi-A/10, Sch. 3, Fasz. 3a)

6 Laut Überlieferung gab es Gegner im Professorenkollegenteam; bei einigen Priestern, weil Fließer keine Erlaubnis zur politischen Betätigung gegeben habe; auch stünde er jenen liturgischen Neuerungen nahe, die das Rosenkranzgebet während der Messe abschafften, dass er also zu wenig Marienverehrer wäre. Vgl. *Naderer*, Fliesser, Diss., (Anm. 3), S. 77, 84.

7 Josef Lugstein (geb. am 10. Mai 1891, 1914 Priesterweihe, 1923 Ordinariatssekretär, 1915 Kanzleidirektor, 1936 Domherr, gest. am 23. August 1953) war bereits mit 1. Juli 1944 als Bischöflicher Delegat mit den Rechten eines Generalvikars ausgestattet worden, ohne diesen Titel tragen zu dürfen. (CA/11, Sch. 66. Fasz. II/1b).

8 Franz Sal. Zauner, geb. am 11. Dezember 1904 in Grieskirchen, 1925–1932 Theologiestudium in Rom (1929 Dr. phil., 1932 Dr. theol.), Priesterweihe am 25. 10. 1931 in Rom, 1932–1934 Kooperator in Mondsee, 1934 Kooperator in Linz-St.Josef, 1934–1938 Generalpräfekt am Kollegium Petrinum, 1938–1945 kirchlicher Verwalter des Kollegium

mit dem Recht der Nachfolge zur Seite. Die Ernennung Zauners erfolgte am 22. Juni 1949, die Bischofsweihe am 15. August d. J.; am 11. Oktober 1951 wurden ihm alle „Fakultäten eines Residentialbischofs" verliehen.

Nach dem zweiten Schlaganfall Fließers am 3. Dezember 1953 und dem Tod des Generalvikars Lugstein im August 1953 lag die Leitung der Diözese nun in den Händen des Koadjutors Zauner und des neuen Generalvikars Ferdinand Weinberger[9], der mit 1. September 1953 bestellt worden war.

Bischof Fließer litt schwer unter Behinderungen des Sprechvermögens und anderen Folgen seiner Erkrankung, sodass er am 6. Oktober 1955 seinen Rücktritt einreichte. Am 1. Jänner 1956 (Inthronisation am 8. Jänner) trat Koadjutor Franz Salesius Zauner die Nachfolge als 11. Diözesanbischof an. Fließer starb am 12. Juni 1960.

II. Die Ausgangslage bei Kriegsende 1945

Das heutige Bistum Linz deckt sich flächenmäßig ziemlich genau mit dem Bundesland Oberösterreich. Kleine Abweichungen (insgesamt ca. 69 km²) bestehen zu den Nachbarbundesländern aus verwaltungstechnischen Gründen.

Nach der Okkupation der sudetendeutschen Gebiete durch Hitler waren am 20. November 1938 die Kreise Kaplitz und Krummau der zivilen Verwaltung des Gaues „Oberdonau", unterstellt worden, hinsichtlich der kirchlichen Verwaltung wurden mit 1. Jänner 1940 aus der Diözese Budweis die Dekanate Hohenfurth, Oberplan, Kaplitz und Krummau mit zusammen 45 Pfarreien und 87.568 Katholiken von der Diözese Linz administriert; mit Wirksamkeit vom 1. Jänner 1942 wurden noch zusätzlich fünf Pfarren des Dekanates Gratzen (zusammen 14.281 Katholiken), die in „Oberdonau" lagen, aber bis dahin von St. Pölten aus verwaltet wurden, der Diözese Linz unterstellt. Damit war die Diözese Linz zur zweitgrößten der „Ostmark" geworden und zählte 943.666 Katholiken. Dem Gebiet, das unter dem Namen „Generalvikariat Hohenfurth" zusammengefasst war, stand

---

Petrinum, 1940–1942 Referent für die Einhebung der Kirchenbeiträge der Diözese Linz, 1942–1950 Professor für Kirchenrecht an der Phil.-theol. Lehranstalt, 1946–1949 Regens im Priesterseminar Linz, 1949–1955 Bischofkoadjutor, 1956–1980 Diözesanbischof, 1980–1982 Apostolischer Administrator der Diözese Linz, gest. am 20. Februar 1994 in Linz.
Zu Zauner vgl. *Lengauer, Margit,* Franz von Sales Zauner, in: *Zinnhobler, Rudolf* (Hg.), Die Bischöfe von Linz, Linz 1985, S. 319–367.
9 Ferdinand Weinberger, geb. am 23. Mai 1896 in Leonding, 1922 Priesterweihe, 1925 (2.) Ordinariatssekretär, 1936 Kanzleidirektor, 1953 Generalvikar, gest. am 29. April 1981.

P. Dr. Dominik Kaindl, Abtkoadjutor im Stift Hohenfurth, vor. Da die Pfarren kirchenrechtlich nicht aus der Diözese Budweis ausgegliedert wurden, durften die dort tätigen Priester nur innerhalb des Administraturbereiches verwendet, nicht aber auf Posten in der Diözese Linz versetzt werden. Die Rückstellung der sudetendeutschen Gebiete unter die Jurisdiktion des Bischofs von Budweis erfolgte mit 31. Jänner 1946.

Bei Kriegsende verfasste Bischof Fließer für seine Bittgesuche einen Lagebericht, der die schwierige Nachkriegszeit im Bistum Linz treffend beschreibt, wobei er in hohem Maße auch auf die materielle Not der Bevölkerung einging und folgende ‚Statistik der Diözese Linz und des Landes OÖ.' erstellen ließ:[10]

Ausdehnung: Die Diözese Linz deckt sich territorial mit dem Lande Oberösterreich und umfaßt einen Flächenraum von rund 12.000 km². Seit 1940 muß der Ordinarius von Linz auch noch den deutschen Anteil der in Südböhmen angrenzenden Diözese Budweis administrieren, ein Gebiet von 1700 km² (Generalvikariat Hohenfurth).

Einwohner und kirchliche Einteilung: Die Diözese Linz erfaßt in 422 Pfarreien und 27 Expositituren rund 950.000 Einwohner, von denen 50.000 Andersgläubige sind. Dazu kommt das Generalvikariat Hohenfurt mit 49 Pfarreien und 3 Expositituren und 103.000 Einwohnern, von denen 3.000 Andersgläubige sind. […]

Klerus: In der Diözese Linz wirken rund 500 Weltpriester und von den 500 Regularpriestern 150 in der aktiven Pfarrseelsorge. Im Generalvikariat Hohenfurth sind 26 Weltpriester und von den 100 Regularpriestern 55 in der Seelsorge tätig.

Von den Nationalsozialisten wurden in den Jahren 1938–1945 fast 300 Priester aus dem Gebiete der Diözese Linz und des Generalvikariates gemaßregelt und abgestraft. Durch das Konzentrationslager Dachau und Mauthausen gingen 33 Priester, von denen 8 im Konzentrationslager elend sterben mußten. 48 Priester erduldeten längere Gefängnisstrafen, 61 kürzeren oder längeren Polizeiarrest; neun Priester wurden des Landes verwiesen; 146 Priester wurden mit Predigt- oder Jugend- oder Schulverbot belegt, so daß sie nur beschränkt in der Seelsorge verwendbar waren.

Zum Sanitätsdienst der Wehrmacht wurden 168 Priester (90 Weltpriester und 78 Ordenspriester) einberufen; davon sind 7 Weltpriester und 4 Ordenspriester gefallen, 13 Weltpriester sind vermißt (Stalingrad) oder gefangen. Bis jetzt sind erst 25 unserer Priestersoldaten in der Diözese eingetroffen.

---

10   Bi-A/10, Sch. 13, Fasz. 19c.

Von den 146 Theologen unseres Priesterseminars wurden 136 zum Dienst mit der Waffe eingezogen; 3 gelten als gefangen, 5 als vermißt, 8 sind kriegsversehrt und 30 sind gefallen. Dermalen beherbergt das Seminar 30 eigene Theologen und 20 auswärtige Theologen, die auf die Rückkehr in ihre Heimat warten – eine gewaltige Belastung des Hauses!

Von 150 Priestern, die dermalen in unserer Diözese weilen und auf Heimkehr warten, sind 33 Ukrainer (griech.-kath.), 40 aus Ungarn, Rumänien und Jugoslavien, 16 aus der Slowakei, 13 aus Polen, 6 aus Litauen, 8 aus Wien, 5 aus Graz, 2 aus Sankt Pölten, 26 aus reichsdeutschen Diözesen. Nur wenige von den 150 gemeldeten Priestern beherrschen die deutsche Sprache so, daß sie in der Seelsorge Verwendung finden können.

Bombenschäden in Linz: Das statistische Amt der Stadtgemeinde Linz gibt an, daß von den im Konskriptionsverzeichnis der Stadt aufgezählten fixen Gebäuden infolge Bombenabwurf 7.124 beschädigt, davon 690 total zerstört worden sind, Wohnbaracken, Hütten, Großindustrie und Reichsbahnanlagen nicht gerechnet. 5500 Wohnparteien meldeten beim Wohnungsamt schwere Wohnschäden bzw. den Verlust der Wohnung an!

Der Einmarsch der Amerikaner erfolgte um den 1. Mai 1945, und innerhalb einer Woche war im wesentlichen das ganze Land besetzt. Mit 1. Juli 1945 wurde das gesamte Mühlviertel der russischen Besatzungszone zugeschlagen; auch südlich der Donau gingen die Sowjets nicht völlig von der Ennsgrenze an die niederösterreichische Landesgrenze zurück. Abgesehen von der Mehrfach-Teilung von Wien war Oberösterreich jenes Bundesland, das in der zehnjährigen Besatzungszeit die größten Probleme hatte, denn die Donau als Besatzungsgrenze war nur unter Schwierigkeiten zu überschreiten; das gleiche galt für die Enns, vor allem für die wichtige Bahn- und Straßenverbindung über Enns nach Wien. Vor allem in der sowjetischen Besatzungszone gab es anfänglich eine Fülle von Übergriffen und Gewalttaten;[11] seelsorgliche Belange und Aktionen der Caritas wurden allerdings von keiner der beiden Besatzungsmächte behindert; auch bei den ursprünglich ungewöhnlich misstrauischen Amerikanern – etwa bei der Betreuung der Kriegsgefangenen in den Lagern – schalteten sich bald Militärkapläne und die amerikanische Caritas (NCWC = National Catholic Welfare Conference) ein, was die Lage besserte.

---

11 Weisungen über „Befürsorgung bei Vergewaltigungen" (10. Juni 1945, LDBl. 1945, Beilage 9 und 15. Oktober 1945, LDBl. 1945, Beilage 14); Protokoll der ao. Bischofskonferenz v. 22. September 1945 (DAL, Biko-A/4, Sch. 1, Fasz. 2).

Bei Kriegsende befanden sich 800.000 – 900.000 landfremde Personen in Oberösterreich. Neben den Militärs (zu denen auch ungarische und andere Einheiten zählten) gab es in Oberösterreich 180.000 „fremdländische" Arbeitskräfte aus fast allen europäischen Nationen, rund 25.000 „alliierte" Kriegsgefangene und natürlich die Insassen der Konzentrationslager. Bekanntlich unterstanden dem KZ Mauthausen etwas mehr als 100 kleinere Konzentrationslager, von denen die schlimmsten und größten, nämlich Mauthausen selbst, Gusen und Ebensee, in Oberösterreich lagen. Es gab zahlreiche deutschsprachige Flüchtlinge aus Russland, Siebenbürgen, Schlesien, die schon während des Krieges hier einquartiert worden waren, im Land, zu denen ab Mai 1945 noch diejenigen aus Jugoslawien und aus dem Sudetenland kamen. So hatte man in Oberösterreich bei Kriegsende rund doppelt so viele Menschen zu ernähren, als das Land Bewohner hatte, d.h. rund zwei Millionen anstelle der einen Million Oberösterreicher.[12]

III. Rückzug aus der Parteipolitik

Die Kirche verfolgte nach Kriegsende den klaren Weg des Nichteinmischens in die Parteipolitik. In diesem Sinne erklärte Kapitelvikar Josephus Cal. Fließer am 5. Mai 1945 einer Delegation von Sozialdemokraten im Zuge einer Unterredung über die neue Landesregierung, er werde als Bischof keinen aktiven Anteil an der Regierungsbildung nehmen, und er stellte auch eindeutig fest, dass er seinen Klerikern keine Erlaubnis gebe, sich an der Politik zu beteiligen.[13]

Bischof Fließer nutzte die erste Gelegenheit für diesbezügliche Weisungen an die Priester der Diözese Linz (10. Mai 1945):[14] „1. Kirche und Politik: Ich weiß mich mit den übrigen Bischöfen der Ostmark eins in der Auffassung, daß sich die Kirche einer aktiven Teilnahme am politischen Leben enthalten wird.[...] Voraussichtlich wird kein Priester ein politisches Mandat übernehmen oder für eine rein politische Aufgabe zur Verfügung gestellt werden. [...] Die Kirche wird keine Partei gründen und keine Partei als ihre Vertreterin autorisieren. Das heißt aber nicht, daß die Kirche in Zukunft am öffentlichen Leben desinteressiert ist. Es ist und bleibt ihre Aufgabe, das christliche Gesellschaftsideal zu verkünden und sie erwartet und begrüßt es, daß katholische Laien [...] am öffentlichen Leben mitgestaltend teilnehmen. [...] Selbstverständlich müssen wir jetzt für den Anfang

---

12 Vgl. *Slapnicka, Harry*, Die Abenteuer des Helfens. Die Caritas in den Jahren 1945–1982, in: *Ebner*, Bistum (Anm. 1), S. 183–196, hier S. 184.
13 *Naderer*, Fliesser Diss., (Anm. 3), S. 263; *Slapnicka, Harry*, Zweigeteiltes Land. 1945–1955 (Beiträge zur Zeitgeschichte Oberösterreichs 11), Linz 1986, S. 129 u. 301.
14 LDBl. 1945, Beilage 8.

einer katholischen Laienbewegung und [Laien]Vertretung auf die Füße helfen. Doch soll dies nicht durch aktive Teilnahme geschehen, sondern hauptsächlich beratend und geistig schulend."

Im ‚Hirtenwort zum Aufbau in Kirche und Staat' vom 11. Mai 1945 verwies Fließer u.a. darauf, Politik und Wirtschaft seien Sache des Staates, nicht der Kirche.[15]

Ergänzend wies er am 10. August 1945 den Klerus darauf hin, dass sich der Bischof nicht in Dinge einmische, die zur Kirche keine Beziehung und lediglich politischen, wirtschaftlichen oder rein persönlichen Charakter hätten. Mit der ‚Nichteinmischung in die Politik' sollte eine gewisse ‚Protektionswirtschaft' vermieden werden. Damit widersprach der Bischof ‚der Mär, dass er bei den Amerikanern alles erreichen könne."[16] Fließer bezog sich dabei auf die vielen Interventionsgesuche von Einzelpersonen um Empfehlungen bei einheimischen und amerikanischen Behörden, die der Priester ‚im Vorfeld' abwehren solle.

Die Bischöfe bekräftigten im allgemeinen den Beschluss vom November 1933 auf Untersagung politischer Betätigung der Priester. Ein striktes Verbot der Mitgliedschaft bei der Partei wurde nicht ausgesprochen: „Gegen das beantragte Verbot, demgemäß allen Geistlichen auch die einfache Mitgliedschaft bei der österreichischen Volkspartei untersagt wäre, sprechen sich Salzburg und Linz aus".[17]

Bei der Konferenz im November 1945 hielten die Bischöfe an der Abkehr vom parteipolitischen Engagement der Kirche fest, wohl aber wird die Bildung eines kirchenpolitischen Ausschusses dringend empfohlen, „welcher die Gewissen der Politiker formieren soll"[18]. „Betreffs Stellung der Kirche zur Politik stand der Papst [Pius XII] auf dem Standpunkte: Keine Parteipolitik, wenn aber die Politik an den Altar rühre, müsse die Kirche Politik betreiben."[19]

Schriftleiter Franz Vieböck wies in der ersten Ausgabe des Linzer Kirchenblatts darauf hin, dass dieses nicht als eine Art „Parteiblatt" fungieren werde: „Um jede, auch nur die leiseste Befürchtung gleich im vornhinein zu zerstreuen, sei nachdrücklich erklärt, daß sich das ‚Linzer Kirchenblatt' niemals mit [partei]politischen Dingen beschäftigen wird; es dient keiner politischen Partei."[20] Auch Kapitelvikar Fließer unterstrich dies in derselben Ausgabe, betonte aber, dass

---

15 LDBl. 1945, Beilage 7.
16 LDBl. 1945, Beilage 18.
17 Bischofskonferenz v. 20.-22. September 1945, DAL, Biko-A/4, Sch. 1, Fasz. 2.
18 Bischofskonferenz v. 28. November 1945, DAL, Biko-A/4, Sch. 1, Fasz. 2.
19 Bericht über eine Audienz des Wiener Kardinals beim Papst im September 1945 bei der Bischofskonferenz am 28. November 1945, DAL, Biko-A/4, Sch. 1, Fasz. 2.
20 Linzer Kirchenblatt v. 28. 10. 1945, 1f.

eine Abkehr von parteipolitischem Engagement nicht vom Interesse an Politik entpflichte.

In der Kirchenzeitung vom 25. November 1945 rief Bischof Fließer die Katholiken auf, zur Wahl zu gehen, ohne Empfehlung für eine Partei abzugeben. Die Kirche habe sich von der Poltik in Staat, Land und Gemeinde zurückgezogen. Die Bischofskonferenz habe den Geistlichen jede politische Betätigung untersagt. Die Kirche verzichte auf politische Presse, und die politischen Parteien hätten zugesagt, die Religion unangetastet zu lassen und der Kirche die zur Ausübung der Seelsorge nötige Freiheit gewähren zu wollen.[21]

„Es war auch eine kluge Entscheidung des Bischofs, die Kirche aus der Parteipolitik herauszuhalten. Von hier führt ein gerader Weg zum ‚Mariazeller Manifest' von 1952, das die ‚freie Kirche im freien Staat' zur Richtlinie erklärte."[22]

Mit dem Österreichischen Katholikentag 1952 in Wien (Motto „Freiheit und Würde des Menschen") und der vorausgegangenen Studientagung in Mariazell wurde die Richtung der Kirche eindeutig festgelegt und in der Forderung „Eine freie Kirche in einer freien Gesellschaft (und einem freien Staat)" zusammengefasst.[23] Dennoch sah man sich damit keineswegs von politischen Aufgaben entpflichtet, sondern formulierte gleichfalls beim Katholikentag eine Reihe anstehender, der Klärung bedürftiger religions-, staats- und sozialpolitischer Forderungen.

Das „Mariazeller Manifest" brachte eine Absage an die Staatskirche des Josephinismus, eine Absage an das Bündnis von Thron und Altar, eine Absage an die Parteikirche der Zwischenkriegszeit und schließlich, zum erstenmal, auch eine Absage an die Idee des christlichen Ständestaates.

1955 beschloss auch die Katholische Aktion, dass aktive Politiker keine Führungsposition bei einer KA-Teilorganisation innehaben dürfen, bzw. führende KA-Funktionäre kein politisches Mandat übernehmen dürfen.

IV. Erste Maßnahmen zur Behebung der Nachkriegsnot

Kapitelvikar Fließer richtete am 11. Mai 1945 einen Hirtenbrief an seine Diözesanen, um erste Aufgaben abzustecken. Nun ging es darum, Wege zur Neuorientierung in der Seelsorge zu finden und zu beschreiten.: „Wie viel ist in der religiösen Erziehung der Kinder nachzuholen […]. Höchst notwendig ist wieder ein richtig aufgebauter Religionsunterricht[…] ergänzt durch die unentbehrlich gewordenen

---

21 Linzer Kirchenblatt v. 25. 11. 1945, S. 1.
22 *Zinnhobler, Rudolf*, Das Bistum Linz, in: *Ebner*, Bistum, S. 5–25, hier S. 14
23 Mariazeller Manifest.

Kinderandachten und Glaubensstunden und kirchlichen Jugendfeiern [...]. Wir Seelsorger sind überzeugt, daß wir mit Gottes Hilfe bald die traurigen Rückstände aufholen werden, wenn die katholischen Eltern die Bemühungen der Kirche unterstützen und wenn der Staat die notwendige Freiheit gibt [...]. Weitab von aller Politik soll wieder frei und offen das Wort Gottes gepredigt werden. Es tut (dies) not [...], nachdem nun jahrelang die wichtigsten religiös-sittlichen Werte und Begriffe von einer raffinierten Propaganda ausgehöhlt, umgedeutet und ins Gegenteil verkehrt worden sind."

Das sozialistische Tagblatt vom 22. November 1945 hob auf der ersten Seite anerkennend hervor, dass der Bischof „durch hinreißende Hirtenbriefe" versuche, die Menschen zur Mithilfe zu bewegen, um vor allem die Not der Stadtbevölkerung zu lindern, was auch bereits Wirkungen zeige. Und am 3. Jänner 1946 bestätigte ihm dieselbe Zeitung, dass er sich als sehr entgegenkommend erwiesen und „sich als wahrer Landeshirte gezeigt" habe.

Die große Notlage in der Diözese Linz unmittelbar nach dem Ende des Zweiten Weltkriegs veranlasste Bischof Fließer, sich an die Bischöfe der deutschsprachigen Schweiz um Hilfe zu wenden:[24]

[...] „In Oberösterreich ging der Krieg mit seinem letzten Schrecken zu Ende und hat durch den sinnlosen Widerstand der SS-Truppen noch viel Unheil über uns gebracht. Durch den Osten der Diözese Linz geht in Süd-Nordrichtung die Grenze zwischen den amerikanischen und russischen Besetzungsgebieten, so daß 50 Pfarreien der Diözese Linz unter russischer Herrschaft liegen und leiden müssen.

Schon während des Krieges war Oberösterreich in besonderem Ausmaß Aufnahmeland der Flüchtlinge und Evakuierten aus dem deutschen Westen und Norden, aus Polen und Schlesien, aus der Ukraine und Bukowina, aus Ungarn und Jugoslavien.

In der letzten Phase des Krieges wurden aus den Nachbarländern viele neue heimatlose Menschen durch die heranrückenden Fronten in unser Oberösterreich hereingedrängt. Dazu kommen Tausende von entlassenen Soldaten, heimkehrenden Gefangenen und befreiten Häftlingen aus den Konzentrationslagern und

---

24 Brief Bischof Fließers v. 8. Juli 1945 an die Schweizer Bischöfe Josephus Meile, Bischof von St. Gallen, Franz v. Streng, Bischof von Basel-Lugano, Christian Caminada, Bischof von Chur. (DAL, Bi-A/10, Sch. 13, Fasz. 19 c.) Das Schreiben wurde durch Msgr. Albert Oesch übermittelt. Der darin angekündigte Lagebericht wurde am 11. Juli 1945 nachgesandt. Diesem war auch ein Verzeichnis der vorzüglich erbetenen Hilfsgüter (Bücher, Medikamente, Nahrungsmittel, Bekleidung und sonstiger Bedarfsgegenstände) beigefügt.

Gefängnissen, die alle hier auf die Öffnung der Grenzen nach dem Osten und auf den Abzug der Russen warten. So kommt zur großen Not an Wohnungen und Lebensmitteln, an der die durch schwere Bombenschäden (23 Angriffe auf Linz) und Plünderungen heimgesuchte bodenständige Bevölkerung schon genug zu tragen hat, auch noch die Not der rund 350.000 Fremden, die unserem kleinen Heimatland zur Last fallen.

Ich habe bereits Mitte Juni durch den österreichischen Delegierten des Schweizer-Roten-Kreuzes, Herrn Dr. von Schwarzenberg, an den Direktor des katholischen Karitasverbandes der Schweiz die Einladung ergehen lassen, vielleicht einen Vertreter nach Linz zu senden, um unsere Lage zu studieren und mit uns den Aufbau unseres Karitasverbandes zu beraten. Ich [...] begrüße daher das Eintreffen und den Besuch des hochw. Herrn Prälaten Albert Oesch von St. Gallen, der mir vom Karitasverband Nachricht brachte und mir außerdem den wertvollen Rat gab, mich auch noch direkt an die hochwürdigsten Exzellenzen der deutschsprechenden Schweiz mit der Bitte um Hilfe zu wenden.

Ich richte darum [...] meinen Hilferuf an die hochwürdigsten Exzellenzen von St. Gallen, Chur und Basel-Lugano [....]. Die Art und Weise, wie die Hilfsaktion etwa in Form einer Patenschaft für die ganze Diözese Linz oder für die Stadt Linz usw. organisiert werden soll, möchte ich völlig dem Entschluß der einzelnen Exzellenzen oder ihrem gemeinsamen Vorgehen überlassen. Unsererseits können wir zur Durchführung bei uns selbst unseren Karitasverband zur Verfügung stellen. In festem Vertrauen auf die bekannte Hilfsbereitschaft der katholischen Schweizer und auf den Einfluß der hochwürdigsten Herren Bischöfe wiederhole ich meine dringende Bitte um Hilfe für die einheimischen und fremden Notleidenden unserer Diözese und versichere Exzellenz des dankbaren Gebetes meiner Heimat.

In Hochachtung und Verehrung bin ich Euer Exzellenz ergebenster Confrater + Josephus Calas. Fließer mp.

Weihbischof und Kapitelvikar von Linz."

Die Aufgaben von Bischof Fließer bei Kriegsende waren gewaltig: die Rückstellung der von den Nationalsozialisten beschlagnahmten kirchlichen Gebäude, die Rückführung gauverwiesener Priester, die Sammlung kriegsgefangener Theologiestudenten, die Instandsetzung bombenbeschädigter Häuser, vor allem der Bischofskirche.

Ebenso gewaltig waren die materiellen Verluste im übrigen Oberösterreich. Insgesamt wurden 10.152 Wohnungen völlig zerstört, 5.820 stark und 10.400 teilweise beschädigt. Die am meisten betroffenen Orte waren Linz, Attnang-Puchheim, Steyr und Wels. In der Schlussphase des Krieges hatte man vor allem Züge,

Bahnhöfe und Bahngleise sehr wirksam angegriffen und damit den Nahverkehr (Lebensmittel, Kohle, Holz) völlig zum Erliegen gebracht.
Vor allem aber drängten die Probleme der Caritas. Und während Bischof Fließer in den übrigen anstehenden Fragen eher bedächtig vorging, zögerte er bei der Caritas keine Minute.

V. Die Caritas[25]

All diese Not des Jahres 1945 zwang die Caritas zum Handeln. Jeder systematische Aufbau war aber vorerst unmöglich, die Not diktierte Arbeitsgebiete, Umfang und Intensität der Caritas-Arbeit. Erst ab etwa 1949 konnte mit einem systematischen Aufbau des Caritaswesens begonnen werden.

V.1 Organisation und Personalia

Der geschäftsführende Caritas-Sekretär Dr. Müller wollte die Caritas so wieder aufbauen, wie sie bis 1938 bestanden hatte. Er legte dem Bischof am 5. August 1945 neue Statuten des „Karitasverbandes für Oberösterreich" und wenig später schon des „Karitasverbandes für die Diözese Linz" vor. Die kurzen, nur 11 Paragraphen umfassenden Statuten sahen in § 5 als Mitglieder „physische und juristische Personen" vor. Im Begleitschreiben an den Bischof hieß es u.a.: „Die Vereinsleitung ist so konstruiert, dass das Präsidium praktisch unabhängig arbeiten kann, sodass weder der Vorstand noch die Generalversammlung die Möglichkeit hat, irgendwelchen Einfluß auszuüben." Im Linzer Diözesanblatt vom 1. Juli 1945, Beilage Nr. 10, wurde der Wiederaufbau der Caritas der Diözese Linz bekanntgegeben: „Der schnelle und planvolle Wiederaufbau der kirchlichen Karitas gehört angesichts des ungeheuerlichen Elends, in das unsere Heimat durch den verlorenen Krieg gestürzt wurde, zu den vordringlichsten Aufgaben auf kirchlichem Gebiet". Zum Caritas-Sekretär wurde mit 1. Juli 1945 Michael Mayr[26], Pfarrer in Schardenberg,

---

25 DAL, CDL-A/1; Vgl. *Slapnicka, Harry,* Die Abenteuer des Helfens. Die Caritas in den Jahren 1945–1982, in *Ebner,* Bistum, S. 183–196.
26 Michael Mayr (geb. 12. Nov. 1898, in Münzbach, gest. 7. Sept. 1978 in Schardenberg), 1923 Priesterweihe, 1935–1970 Pfarrer in Schardenberg; Caritasdirektor 1.7.1945– 8.9.1946; Mayr hatte 1942 wegen eines Konfliktes mit der Gestapo seine Pfarre Schardenberg "zeitweilig" verlassen müssen und wirkte anschließend als Kooperator in Enns (wobei er auch hier noch den Titel eines "Pfarrers von Schardenberg" trug – als Form des Widerstandes). Er hatte ein Gelübde für die glückliche Wiederkehr nach Schardenberg gemacht.

ernannt. Schon vorher hatte der Bischof Ordinariatsrat Hermann Pfeiffer[27] beauftragt, mit den Amerikanern wegen Freigabe[28] des seinerzeitigen Waisenhauses in der Seilerstätte zu verhandeln; nach positiven Gesprächen wurde Pfeiffer am 8. Mai 1945 Verwalter dieses Caritas-Hauses, in das mit 1. Mai 1946 auch das Bischöfliche Seelsorgeamt einzog.

Die Doppelgleisigkeit zwischen altem „Karitasverband" und nunmehriger „Caritas der Diözese Linz" gab es noch bis 27. Dezember 1945, als der Karitasverband einen Rechenschaftsbericht für die Zeit von 1938 bis 1945 herausgab und anschließend seine Auflösung mitteilte mit der Begründung, die Caritas-Arbeit werde künftig nicht mehr vereinsmäßig durchgeführt. „Die Christen sollten in Zukunft nicht in Mitglieder und Nicht-Mitglieder gespalten sein; es sollten vielmehr alle eins sein im Willen, das Gebot der Nächstenliebe praktisch zu erfüllen". Pfarrer Mayr erklärte auch noch, [...] dass man anstelle von „Karitas" künftig die Schreibung „Caritas" gebrauchen werde. Gleichzeitig wurden „Grundsätze und Geschäftsordnung der Caritas der Diözese Linz" (Provisorisches Statut) veröffentlicht: „Die Caritas der Diözese Linz ist die vom Bischof ermächtigte und ihm allein verantwortliche Stelle für die Weckung, Förderung, Vertiefung und einheitliche Leitung des ganzen caritativen Lebens und Schaffens in der Diözese. Sie arbeitet im ständigen Einvernehmen mit dem bischöflichen Seelsorgeamt".

Michael Mayr baute die Caritas Linz modern und zukunftsweisend auf, verband in idealer Weise Seelsorge und Caritas-Arbeit, er schulte die immer zahlreicher werdenden Mitarbeiter persönlich und durch Rundschreiben. Mayr verließ allerdings 1946 die Caritas und ging als Pfarrer zurück nach Schardenberg, wo er die Fatima-Wallfahrtskirche im Fronwald erbaute.

Der organisatorische Aufbau der Caritas Linz, der sich auch von dem der meisten anderen Diözesen unterschied, war nicht sehr glücklich. Der ‚Kopf der Caritas', der Mann, der die Hauptarbeit leistete und die Hauptverantwortung trug, führte den Titel eines „Caritas-Sekretärs", während der „Caritas-Direktor" seine Aufgabe nebenberuflich erfüllte.

---

27 Hermann Pfeiffer, geb. 28. Juni 1907, gest. 20. April 1991; Priesterweihe 1930; 1949–1982 Caritasdirektor der Diözese Linz, 1952–1964 Präsident der Österreichischen Caritas, ab 1964 Domkapitular, ab 1984 Dompropst.
28 Das Waisenhaus war zwischen 1938 und 1945 Sitz der Nationalsozialistischen Volkswohlfahrt (NSV).

Pfarrer Mayrs Nachfolger, der Kooperator von Windischgarsten Ernst Rafferzeder[29], führte Mayrs Werk kontinuierlich fort, von den Improvisationen der ersten Jahre zur planvollen Caritas-Arbeit und entwickelte Schwerpunkte seines Wirkens, etwa im Bereich der Kinder-, Jugend- und Familienfürsorge. Gemeinsam mit sehr guten Mitarbeitern gelang es ihm, das Caritas-Haus in Linz zu einem Inbegriff für Rat- und Hilfesuchende zu machen.

„Caritas-Direktor" war ab 1. Jänner 1946 der Direktor der Bischöflichen Taubstummenanstalt, Msgr. Johann Schließleder (1893–1982); nach seinem Ausscheiden am 15. September 1949 wurde Ordinariatsrat Hermann Pfeiffer, Leiter der Kirchenbeitragsstelle der Bischöflichen Finanzkammer und Verwalter des Caritashauses, sein Nachfolger.

Die Ernennung Pfeiffers zum Caritas-Direktor hatte Bischof Fließer vermutlich unter dem Einfluss seines Koadjutors Zauner unterzeichnet, der bis 1942 Pfeiffers Vorgänger im Kirchenbeitragsreferat gewesen war. Schrittweise verlegte Pfeiffer seinen Schwerpunkt zur Caritas, verblieb jedoch bis 1970 auch Leiter der Kirchenbeitragsstelle der Finanzkammer der Diözese Linz.

Das Nebeneinander zwischen dem bisher leitenden Caritas-Sekretär Rafferzeder und Caritas-Direktor Pfeiffer bewährte sich nicht. Rafferzeder ging 1959 wieder in die Seelsorge und wurde Pfarrer von Ebensee. War Ernst Rafferzeder vor allem in der Zeit der großen, kaum überschaubaren Not der Caritas vorgestanden, so normalisierten sich knapp vor und vor allem nach dem Abschluss des Österreichischen Staatsvertrages die Verhältnisse zusehends.

In den jährlich zweimal stattfindenden Konferenzen der österreichischen Caritasdirektoren hatte die Caritas Linz infolge ihrer Leistungen und Initiativen einen guten Namen; gleichzeitig führte eine Verstimmung der Diözesen gegenüber Wien dazu, dass 1952 der oberösterreichische Caritas-Direktor Hermann Pfeiffer zum Präsidenten der Österreichischen Caritas gewählt wurde. Mit dem 1958/59 in Wien errichteten „Generalsekretariat", das Bernhard Tonko OSA leitete, war auch eine Verlagerung der Entscheidungskompetenzen verbunden, die man in Linz nicht goutierte. Ab 1964 übernahm wieder Wien (Prälat Leopold Ungar) die Präsidentschaft der österreichischen Caritas.

Innerhalb der Caritas Linz war nach dem Abgang von Ernst Rafferzeder ein organisatorischer Wandel vor sich gegangen. 1959 wurde Prof. Josef Haltmayer[30],

---

29 Ernst Rafferzeder (1914–1997): 1946–1959 Caritas-Sekretär der Diözese Linz. Rafferzeder hatte sich in der Betreuung schlesischer Flüchtlinge verdient gemacht. 1959–1970 Pfarrer von Ebensee, 1970–1981 Pfarrer von St. Wolfgang.
30 Josef Haltmayer (1913–1991): Priesterweihe 1936 (EDz. Kalosca), 1945–1948 Religionslehrer in Linz, ab 1947 Leiter der Flüchtlingsfürsorge in Linz, 1960–1965

ein Donauschwabe, Stellvertretender Caritasdirektor und übernahm das Caritas-Sekretariat.

Caritas-Direktor Hermann Pfeiffer war ein ungewöhnlich guter Prediger, der nun seine Predigten fast ganz in den Dienst der Caritas stellte, überdies nützte der Linzer Hofrats-Sohn seine weitgestreuten persönlichen Beziehungen (auch zu Presse und Rundfunk) in diesem Sinne. Die Caritas, bisher „Almosenempfänger" zahlreicher Länder, wurde bald bei Katastrophenfällen (Erdbeben, Überschwemmungen, Kriege) großzügiger und ideenreicher „Almosengeber".

V.2 Aufgaben und Schwerpunkte

Die Caritasarbeit begann Anfang Juni 1945 mit der Betreuung der Kriegsgefangenenlager ehemals deutscher Soldaten in Wegscheid, Stadl-Paura, Gmunden, im Lazarett-Lager Haid und im SS-Lager Ebensee. Andere bedürftige Gruppen, etwa die inzwischen befreiten Insassen der Konzentrationslager, „Fremdarbeiter", alliierte Kriegsgefangene, wurden von den Amerikanern und von US-Hilfsorganisationen betreut; die meisten von ihnen hatten nur das eine Interesse, sobald als möglich in ihre Heimat zu kommen, was natürlich Oberösterreich entlastete.

Als vorübergehende Großaufgabe ist der „Zentrale Suchdienst der Caritas" zu erwähnen, den Linz für alle Diözesen durchführte, eine Aktion zur Zusammenführung von Österreichern, Heimatvertriebenen und Flüchtlingen, die 1948 vom Innenministerium übernommen wurde.

Es ging aber auch bald schon um Rückführungstransporte schwerkranker Deutscher oder schwerverletzter Soldaten, die man in die bisherige „Ostmark" verlegt hatte, um Kinder- und Jugendheime, die aus den noch stärker als Oberösterreich bombengefährdeten deutschen Gebieten hierher verlegt worden waren, und die nun, angesichts der Flucht vieler Betreuungspersonen, oft völlig auf sich gestellt waren. In den ersten Monaten nach Kriegsende passierten täglich zwei Repatriierungs- oder Flüchtlingszüge Linz, die Transporte konnten von der Caritas (und vom Roten Kreuz) nur unter Aufbietung aller Kräfte bewältigt werden, noch bevor die Landesregierung ihre „Heimkehrerleitstelle" und das „Amt für Umsiedlung" eingerichtet hatte.

Schon bald nach Kriegsende konnten Frauen und Kinder in der Herberge des Caritashauses untergebracht werden. Für Männer wurde eine Herberge in der Anastasius-Grün-Straße errichtet.

Stellvertretender Caritasdirektor; ging 1965 nach Stuttgart und übernahm dort die Funktion eines Sonderseelsorgers für die heimatvertriebenen Donauschwaben.

Die Not der unmittelbaren Nachkriegszeit war vor allem an der Unterernährung und der Gesundheitsgefährdung der Kinder erkennbar. So verhalf die Caritas Linz vorerst hungernden Wiener Kindern zu Pflegeplätzen bei oberösterreichischen Bauern. Diese ersten improvisierten Kindertransporte wurden ab 1948 in gut organisierte Erholungs- und Ferienaktionen – nun auch für Stadtkinder aus Oberösterreich – übergeführt. 1953 kam der erste Transport von Berliner Kindern über die Caritas zur Erholung nach Oberösterreich. Diese Aktionen wurden im wesentlichen 1978 abgeschlossen.

Über Vermittlung der Caritas konnten oberösterreichische Kinder oft für mehrere Wochen und Monate auch im Ausland Erholung finden.[31] Bereits im Herbst 1945 wurden ‚Kinderlandverschickungen' in die Schweiz organisiert, Kindertransporte in die Länder Belgien, Portugal, aber auch die Niederlande, Luxemburg, Spanien[32] und Italien folgten. Nicht selten wurden aus den Erholungswochen Dauerpflegeplätze oder auch Adoptionen im Ausland (vor allem in Belgien).[33]

Eine zentrale Aufgabe oblag der „Fürsorgeabteilung". Von den rund 11.500 Menschen, die jährlich in dieser Fürsorgeabteilung vorsprachen, wurden später gewisse Gruppen, wie „Trinker" oder „Nicht-Seßhafte", extra betreut. Die in Wien gegründete „SOS-Gemeinschaft" wurde im Bereich der Diözese Linz in die Caritas-Arbeit integriert und bewährte sich vor allem in besonders schwierigen Einzelfällen.

Als ein Schritt ins Neuland erwies sich die „Familienhilfe", die nach einem ausführlichen Holland-Aufenthalt von Ernst Rafferzeder aufgebaut wurde. Nachdem die ersten Familienhelferinnen in den Niederlanden ausgebildet worden waren, errichtete die Caritas 1950 den ersten Ausbildungslehrgang, 1951 kamen die ersten Familienhelferinnen zum Einsatz.

Ein weiterer sichtbarer Schwerpunkt der Caritas neben der Kinder-, Jugend- und Familienbetreuung vor und nach 1945 war die Betreuung körperlich und geistig behinderter Kinder und Jugendlicher. So wurde aus der seinerzeitigen Landwirtschaft des Waisenhauses 1947 das Caritas-Kinderdorf St. Isidor (Übernahme des Kinderheimes Hart durch die Caritas am 1. Jänner 1946).[34] Für geistig und körperlich Schwerbehinderte entstand das Pius-Heim in Steegen-Peuerbach; für milieugeschädigte und schwererziehbare Knaben wurde der einstige bischöfliche Sommersitz in Gleink umgestaltet. Neben einem Schülerheim in

---

31 DAL, CDL-A/1, Sch. 128–131.
32 Vgl. *Maisel-Schulz, Christine*, Kinderlandverschickungen österreichischer Kinder nach Spanien in den Mangeljahren nach dem Zweiten Weltkrieg, Diss., Wien 2010.
33 DAL, CDL-A/1, Sch. 134–144.
34 DAL, CDL-A/1, Sch. 310 f., Fasz. IX/1.

Windischgarsten wurde die ehemalige Erziehungsanstalt „Zum Guten Hirten" in der Baumbachstraße in Linz (nach der Freigabe durch das Oberlandesgericht) zu einem Heim für Schüler und Studenten. Das besonders günstig gelegene Caritas-Kurhospiz in Bad Hall diente Minderbemittelten als Kur- und Erholungsheim.

Zu den zentralen Agenden kam eine Aufgabe der ‚Pfarrcaritas' dazu: die Kindergärten. Die ursprünglich überwiegenden Ordens-Kindergärten und die Caritas-Kindergärten wurden unter der Sammel-Bezeichnung „Caritas-Kindergarten" zusammengefasst; im August 1945 konnten bereits 30 und im Oktober 1945 weitere 56 Caritas-Kindergärten eröffnet werden. Zur Weiterbildung der Kindergärtnerinnen wurden bereits Ende 1945 fünf mehrtägige Fortbildungskurse durchgeführt. Monatliche Arbeitsbriefe und die in Linz redigierte Kindergartenzeitschrift „Unsere Kinder"[35], später auch ein logopädisch-phonetischer Dienst, um sprachgeschädigte Kinder zu fördern, zeigten die vielfältigen Initiativen dieses Referats.

Als 1952 anlässlich der Überschwemmungen in Italien und 1953 in Holland die Caritas Österreichs erstmals im Ausland half, war dies der Beginn eines neuen wichtigen Aufgabengebietes der Caritas, der Auslandshilfe.

Mit der großen Hochwasserkatastrophe in Oberösterreich setzte 1954 die „Caritas-Katastrophenhilfe" ein.

Das alles bewältigte die Caritas mit einer sparsamen Verwaltung. Vor allem bemühte sich die Caritas auch immer, die gewaltigen caritativen Leistungen der katholischen Orden herauszustellen; so ist etwa Oberösterreich das Bundesland mit den meisten katholischen Krankenhäusern. Intensive Zusammenarbeit bestand (besteht) auch mit Wohltätigkeitseinrichtungen von Bund, Land, Gemeinden und sonstigen sozialen Vereinigungen.

V.3 Einnahmequellen

Die Not der Zeit zwang dazu, neben der Elisabeth-Sammlung und der Caritas-Haussammlung im Land noch eine eigene Lebensmittelsammlung durchzuführen, die allerdings erst möglich wurde, als die Caritas einen Lastkraftwagen und das entsprechende Benzin erhielt. Durch zwanzig Jahre bewährte sich diese „Natural-Sammlung", bei der Getreide, Kartoffeln und Gemüse, aber auch Fleisch, Speck, Eier und Holz gesammelt wurden.

Seit Beginn der Caritas-Haussammlungen (1949) informierte die Caritas gründlich und systematisch über Spenden, Aufgaben und Leistungen nach dem Motto: „Tut Gutes – und sprecht darüber!"

---

35 1924 vom "Kinderreferat der Kath. Frauenorganisation" in Linz gegründet.

In der ehemaligen Kapelle des Caritashauses war das zentrale Lebensmittellager der Caritas eingerichtet worden; die ersten Spenden aus dem Ausland kamen noch im Juli 1945 von der Schweizer Caritas, später bewährte sich die Schweizer Caritas auch insofern, als bei ihr manche im damaligen Österreich noch nicht erhältliche Medikamente angefordert werden konnten.

Wesentliche Spenden kamen von der amerikanischen NCWC (National Catholic Welfare Conference) und dem angeschlossenen Kriegshilfsdienst WRS (War Relief Services), der in Linz durch Father Flynn und Msgr. Harnett vertreten wurde. Hilfen gewährten ferner das päpstliche Hilfswerk („Pontificia commissione di Assistenza"), später auch die Ostpriesterhilfe und der Bauorden. Auch nichtkirchliche Organisationen vertrauten auf die Caritas und wickelten manche ihrer Hilfsaktionen über sie ab, wie etwa die Schweizer Europahilfe, die Ford-Stiftung und auch die Weltkinderorganisation der Vereinten Nationen, die UNICEF. Statistiken der Jahre 1948 bis 1954 ergeben für die Schweizer Caritas und das päpstliche Hilfswerk Bekleidungs- und Lebensmittelspenden im Gesamtwert von (damaligen) 1,5 Millionen, für die UNICEF solche im Wert von 2,1 Millionen und die Lieferungen der amerikanischen NCWC solche von 14,5 Millionen Schilling, die nach Oberösterreich gingen.

Ein erstes Aufatmen der Caritas spürte man sieben Jahre nach Kriegsende, als die Caritas erstmals nicht mehr nur Spendenempfänger war, sondern selbst mithelfen konnte, fremde Not zu lindern.

V.4 Flüchtlings- und Aufbauhilfe

Ein weiterer Schwerpunkt wurde die Hilfe für die Evakuierten der letzten Kriegsjahre und der Heimatvertriebenen der Jahre 1945 und 1946. In Oberösterreich verblieben die meisten der 1939 in Österreich eingetroffenen 57.000 Südtiroler und rund 280.000 heimatvertriebene „Altösterreicher", von denen das Gros in 51 Flüchtlingslagern wohnte, wo man auch Seelsorgezentren, Kindergärten etc. errichtet hatte. Ein 1949 errichtetes Flüchtlingsreferat (Leitung Josef Haltmayer) hat wesentlich zu einer organischen Verwurzelung der Heimatvertriebenen beigetragen. Caritas-Siedlungen mit Einfamilienhäusern in Linz-St. Martin (1950/1951), in Hörsching (Kirchenfeld-Siedlung 1952) und in Doppl-Pasching (Rudigier-Siedlung 1953/54), schließlich die Werenfried-Siedlung in Linz-Neue Heimat (1955/1956) dokumentieren vor allem die Hilfe zur Selbsthilfe durch (zinsenlose) Kleinkredite unter kluger Verwendung ausländischer Spenden.

Nach Auflösung der von den Vereinten Nationen zur Betreuung der Flüchtlinge nach dem 2. Weltkrieg betrauten Organisationen hatte 1948 UNHCR (UN

Hochkommissariat für Flüchtlinge) den Rechtsschutz für Flüchtlinge übernommen. Mit dem UN Flüchtlingsprogramm UNREF sollten 1954 die letzten in Lager untergebrachten Flüchtlinge Wohnungen bekommen. Man glaubte nun, die Einrichtungen der UN für Flüchtlingshilfe reduzieren zu können, da das Flüchtlingsproblem „zu Ende gehe" und seit 1948 die Flüchtlingszahl laufend abgenommen hatte. Allerdings wurden nun diese Lager mit Ungarnflüchtlingen aufgefüllt.

Infolge des sogenannten „Ungarischen Volksaufstandes 1956" war Österreich neuerlich Ziel einer großen Flüchtlingswelle. Da damals der Linzer Caritasdirektor Hermann Pfeiffer auch die Funktion des Präsidenten der Österreichischen Caritas (1952–1964) innehatte, wurden viele Hilfsmaßnahmen und organisatorische Angelegenheiten via Caritasstelle Linz koordiniert.[36]

Die Aufgabe der Caritas bestand darin zu helfen, wo staatliche Maßnahmen (noch) nicht griffen. Nach Vereinbarung wurde die erste Hilfe bei der Ankunft, die Flüchtlinge mit den notwendigsten täglichen Gebrauchsartikel zu versorgen, vom Roten Kreuz geleistet. Die Caritas übernahm dann die Betreuung in Form von Sachspenden (Bekleidung, Schuhe, Lebensmittel), Geldspenden für Überbrückungshilfen, Kur- und Krankenhauskosten, Prothesen, Medikamente, Rechtsberatung, Arbeitsvermittlung, Dolmetsch-Dienste.

Bischof Joseph Cal. Fließer und Bischofkoadjutor Franz Sal. Zauner bemühten sich von Anfang an auch um die seelsorgliche Betreuung der Flüchtlinge. Zauner war von 1952 bis 1954 bereits als Referent für Flüchtlinge in der Österreichischen Bischofskonferenz tätig und hatte einen sehr guten Kontakt zu den Flüchtlingspriestern. Hauptaufgabe der Diözese war die Koordinierung der Seelsorge.

Für den ersten Flüchtlingsstrom aus Ungarn war in den in Neukirchen bei Lambach und Gallneukirchen aufgebauten Lagern ein „Kapellenwagen als fahrende Kirche", den Caritasdirektor Pfeiffer von P. Werenfried van Straaten, dem Leiter der Ostpriesterhilfe, erbeten hatte, bei der religiösen Betreuung im Einsatz.

Alle Nationen der fremdsprachigen Flüchtlinge bekamen einen eigenen Seelsorger, angestellt von der Diözese. In den größten Lagern wurden eigene Lagerseelsorgestellen mit den kirchenrechtlichen Vollmachten einer Pfarre errichtet (z.B. Wels-St.Stephan). Aus dem Flüchtlingslager am VOEST-Werksgelände

---

36 DAL, CDL-A/1, Sch. 24–25, Fasz. VIII/3; *Katzinger, Willibald* (Hg.), 1956/2006. Erich Lessing. Budapest – die ungarische Revolution. Neue Heimat Linz und Oberösterreich (Nordico-Museum der Stadt Linz Katalog Nr. 89) Linz 2006.

entwuchs das Betriebsseelsorgezentrum ‚Treffpunkt mensch & arbeit – Standort voestalpine'.[37]

In der Diözese Linz gab es – wie in den Diözesen Wien und Graz – eigene bischöfliche Flüchtlings-Referenten; die neu angekommenen Flüchtlinge aus Ungarn hatten zusätzlich mit Bischof Stephan Laszlo einen eigenen apostolischen Visitator. Diesem wurden am 10. April 1957 bei der Bischofskonferenz in Wien auch die Agenden für die Caritasflüchtlinge und Ungarnhilfe übertragen.

Für die Jugend wurde ein ungarisches Lehrlingsheim errichtet, das sowohl als Jugendheim für Fremdsprachige als auch als religiöses Kulturzentrum der in Oberösterreich gebliebenen ungarischen Neuflüchtlinge diente; für die Studenten wurde 1957/1958 in Kammer am Attersee eine Ungarische Mittelschule mit Geldern des UNO Hochkommissariats, des Innenministeriums und verschiedener Organisationen geführt. Ca. 350 Schüler wurden in den 1 ½ Jahren des Bestehens unterrichtet; 140 Studenten legten die Matura ab.

Die Caritas Linz übernahm auch die Organisation des „Volksschulprojektes" für die ungarischen Kinder in den Flüchtlingslagern, deren Familien auszuwandern beabsichtigten. Da diese Kinder vom Schulbesuch in den öffentlichen Schulen ausgeschlossen waren, ermöglichte die Caritas mit finanzieller Unterstützung des UNO Hochkommissariats Privatschulen für insgesamt 446 Schüler in den Lagern Haid, Steyr, Wels, Ried i.I., Wegscheid und Stadl Paura.

Für die Sesshaftmachung der Ungarnflüchtlinge war Ende 1958 österreichweit ein Programm von rd. 1.000 Wohnungen vorgesehen. Die Baugründe wurden von Bund und Gemeinden zur Verfügung gestellt. Die Flüchtlings-Aufbauhilfe der Caritas Linz konnte aus verschiedenen in Treuhand verwalteten Fonds wie SAH (Schweizer Auslandshilfe), Fordstiftung, Ostpriesterhilfe, Rotterdam Scheme, Fonds Internationale Aufbauhilfe, „Englandhilfe" (der National School Union) namhafte finanzielle Hilfe leisten.

Die Auswandererberatung wurde in der Diözese Linz in Zusammenarbeit zwischen der NCWC (National Catholic Welfare Conference, = amerikanische Caritas) und der Caritas Österreich ab 1954 verstärkt betrieben und eine eigene Beratungsstelle eingerichtet.

Die Hilfe für die ungarischen Neuflüchtlinge wäre ohne Hilfe der Internationalen Caritas bzw. ausländischen Caritasorganisationen nicht möglich gewesen. Caritaspräsident Hermann Pfeiffer wandte sich sehr früh an die

---

37 1969 Neubau der Kirche aus Stahlfertigteilen, Errichtung als Personalpfarre "christliche betriebsgemeinde voest"; 2011 Neuanlage der Kirche, ab 2012: "Treffpunkt mensch & arbeit Standort voestalpine".

Deutsche Caritas-Zentrale und an die Amerikanische Caritas (NCWC) um Hilfe. Besonders enge Zusammenarbeit bestand naturgemäß zwischen der Caritas Österreichs und dem Hochkommissariat der Vereinten Nationen für Flüchtlinge (UNHCR).

Statistik[38.] Mit Stand 30. November 1956 waren in Oberösterreich in 13 Lagern 7.015 Flüchtlinge untergebracht, davon 2.023 in Ried i.I.

Mit 1. November 1958 befanden sich in Österreich rund 15.000 ungarische Flüchtlinge, unter den insgesamt (inkl. Volksdeutsche etc.) 30.000 Lagerinsassen in Österreich lebten allein 12.500 in oberösterreichischen Lagern.

VI. Vermögensrückstellungen[39]

Vordringliche Aufgabe der Nachkriegszeit war die Rückführung der von den Nationalsozialisten beschlagnahmten Gebäude, Grundstücke, Einrichtungen und Barvermögen.

Zur Geltendmachung der durch das „Nichtigkeitsgesetz" vom 15. Mai 1946 sowie durch die „Rückstellungsgesetze" begründeten Rechtsansprüche auf Rückstellung der nach dem 13. März 1938 entzogenen kirchlichen Vermögen und Rechte wurde – auf die Dauer des Bedarfes – beim Bischöflichen Ordinariat eine eigene „Abteilung für Vermögensrückstellung" (VR) errichtet. Die VR hatte den

---

38 Von 23. Oktober bis 3. November 1956 flüchteten 1.335 Ungarn, vor allem Funktionäre der kommunistischen Partei und Angehörige der Staatspolizei. Als am 4. November der russische Gegenschlag einsetzte, stieg die Zahl der Flüchtlinge rasant. Allein an diesem Tag kamen 6.000 Ungarn nach Österreich; unter ihnen rd. 1000 ungarische Soldaten. Bis Mitte Dezember flüchteten täglich mehrere 100, vielfach mehrere 1000, am 23. November wurde mit 8.537 Flüchtlingen die Höchstzahl erreicht. Mit der verschärften Grenzsperre sank die Zahl bis Februar 1957 wieder drastisch.
In den ersten drei Monaten nach Ausbruch der Revolution wurden 104.758 ungarische Flüchtlinge (freiwillig) in das Ausland verbracht. Insgesamt wanderten – lt. Bericht der Caritas Österreich an die Caritas Internationalis – von Ende Oktober 1956 bis Mai 1958 ca. 180.000 Ungarn illegal nach Österreich ein. 7.700 Personen gingen freiwillig nach Ungarn zurück, 154.000 wanderten weiter in verschiedene Länder Europas und Übersee. In Österreich verblieben rund 18.000 Neuflüchtlinge und ca. 5.000 ungarische „Altflüchtlinge", die vor 1956 gekommen waren.
39 Zur Poblematik vgl. *Brandauer-Schöffmann, Irene*, Entzug und Restitution im Bereich der Katholischen Kirche (Veröffentlichungen der Österreichischen Historikerkommission 22/1), Wien-München 2005.
Historikerkommission der Republik Österreich (Hg.), Schlussbericht der Historikerkommission der Republik Österreich. Vermögensentzug während der NS-Zeit sowie Rückstellungen und Entschädigungen seit 1945 in Österreich, Wien 2003.

Umfang der Rückstellungsansprüche kirchlicher Rechtsträger (Bistum, Domkapitel, Diözesanhilfsfonds, kirchliche Vermögensverwaltungen, Pfarrarmeninstitute, Caritas, Pfründenverwaltungen und kirchliche Anstalten) zu erheben und diese zu vertreten. Die Abteilung unterstand einem Komitee, das die Beschlüsse, die notwendigen Maßnahmen und die Geschäftsordnung festsetzte.[40] Dem Komitee gehörten an: als Vertreter des Bischöflichen Ordinariates Generalvikar Josef Lugstein, des Seelsorgeamtes Franz Vieböck, der Finanzkammer Direktor Wilhelm Binder und der Caritas Dir. Johann Schließleder.

Die vermögensrechtlichen Fragen konnten nur allmählich mit viel bürokratischen Aufwand gelöst werden. In manchen Fällen kam es auch zu ‚Einigungen auf dem Kulanzweg'. Eine besondere Herausforderung stellten die Religionsfondsgüter dar, ‚die dem Konkordat gemäß als in staatlicher Verwaltung stehende Güter der Kirche anzusehen seien; außerdem müsse in Rom um Erlaubnis einer Reform der Religionsfondsangelegenheiten durch die Bischöfe angesucht werden'.[41] Die große Bandbreite der Enteignungs- und Rückführungsproblematik kann hier nur beispielhaft angedeutet werden.

Das Priesterseminar, das nach dem „Anschluß" beschlagnahmt, 1939 in das Stift Wilhering und 1944 in das Kloster der Oblatinnen in Urfahr verlegt worden war, konnte am 7. Juni 1945 in die Harrachstraße nach Linz zurückkehren. Eine drohende Beanspruchung durch das „Accomodation-Service" der amerikanischen Besatzungsmacht konnte durch den energischen Protest des Bischofs verhindert werden. Im April 1947 urgierte Bischof Fließer bei Landeshauptmann Dr. Heinrich Gleißner (nach vorausgehender Intervention beim Linzer Bürgermeister Ernst Koref, der in puncto Raumfrage von der Landesregierung abhängig wäre) um Freimachung der kirchlichen Gebäude, die noch von Ämtern besetzt waren,[42] damit das Schuljahr 1947/48 normal einsetzen könne. Hauptanliegen war aber, dass das Invalidenamt endlich aus dem Priesterseminar ausziehe, damit nach neun Jahren das Priesterseminar und die philosophisch theologische Lehranstalt die notwendigen Räume erhalte. So fehlte noch immer der Speisesaal für 120 Alumnen und die Wohnungsverhältnisse für die Theologen (durchwegs Heimkehrer) waren untragbar; Fließer erwartete, dass das Invalidenamt bis Sommer 1947 den 1. Stock des Priesterseminars freimache.[43] Die letzten entzogenen Bücher aus der ‚Alumnats-Bibliothek' des Priesterseminars wurden schließlich erst 2013

---

40 LDBl. 1947, S. 67 f.
41 ao. Bischofskonferenz v. 20.–22. September 1945, DAL, Biko-A/4, Sch. 1, Fasz. 2.
42 Betroffen sind u.a. die Ursulinen, Kreuzschwestern, Gesellenhaus.
43 Briefkonzept Fließers v. 16. April 1947 an Landeshauptmann Gleißner: DAL, CA/11, Sch. 66, Fasz. II /1 e.

restituiert.⁴⁴ Die 25.000 Bände umfassende Bibliothek des Priesterseminars einschließlich der Zimelien waren 1939 aus den beschlagnahmten Räumlichkeiten des Priesterseminars in der Harrachstraße in das Gebäude der Studienbibliothek am Schillerplatz (heute Landesbibliothek) abtransportiert und 1949/1950 nicht lückenlos retourniert worden. 2013 erregte die Restitution von 153 ausgeforschten Priesterseminarbänden großes mediales Aufsehen vor allem wegen einer kostbaren Pergamenthandschrift aus dem 15. Jh.⁴⁵

Die Auflösung aller katholischen Schulen durch die NS-Behörden stellte die Diözese und die Orden nach dem Krieg vor riesige Aufgaben. Schwierige rechtliche Fragen waren zu klären und ein großer Einsatz zu leisten, bis die Rückgabe der Anstalten und deren Instandsetzung gelang. Als ein Beispiel für viele sei das Bischöfliche Knabenseminar Kollegium Petrinum erwähnt, das im Herbst 1945 den Schulbetrieb für die 1. und 2. Klasse im Stift Lambach und für die 3. Klasse im Stift Wilhering beginnen musste. Erst als am 29. Juni 1946 das angestammte Gebäude in Urfahr, Petrinumstraße 12, von den dort einquartierten russischen Besatzungstruppen geräumt worden war, konnte nach Durchführung der notwendigsten Aufräumungsarbeiten das Schuljahr 1946/47 wieder im Petrinum eröffnet werden. Die offizielle Rückstellung des Gebäudes an den Diözesan-Hilfsfonds erfolgte aber erst mit „Erkenntnis" vom 14. Februar 1951, wodurch das „Enteignungserkenntnis" vom 29. Februar 1940 aufgehoben wurde. Ganz frei war das Petrinum für die Zwecke der Diözese erst wieder ab 1960, nach dem Ausstieg der verschiedenen dort untergebrachten Verwaltungsstellen.

In einem feierlichen Festakt im Stift St. Florian erfolgte am 27. September 1946 die symbolische ‚Rückgabe der Stifte OÖs. aus der Verwaltung der Militärregierung (der Zone der Vereinigten Staaten) und der Landesregierung an die Kirche'. Bischof Fließer wies in seiner Ansprache darauf hin, dass damit die konkrete Übergabe der Kirchengüter eingeleitet werde, die Anerkennung der kirchlichen Eigentümer sei Voraussetzung für die weitere Entwicklung [...]. Zur angekündigten Sozialisierung wolle auch die Kirche ihren Beitrag leisten, doch dürfe man nicht die Preisgabe der kirchlichen Existenz verlangen [...]. Die Sozialisierung könne nicht darin bestehen, dass man die kirchlichen Erträgnisse dem Staat oder dem Lande zuteile, und die Lasten für Gebäude und Personal der Kirche zumute. [...] „Wir brauchen keine reiche Kirche, aber eine Kirche, die leben kann und dem Staat nicht zur Last fällt. Die Kirche ist festen Willens, mit ihrem Kirchenvermögen

---

44 http://landesbib.seam.brunner.at/uploads/media/Presseaussendungen/Restitution/PKU_17_51_he.pdf (14.5.2015).
45 Pressekonferenz am 17. Mai 2013 von Landeshauptmann Josef Pühringer.

die damit verbundenen kulturellen, wirtschaftlichen und sozialen Pflichten zu erfüllen und den Nöten der Zeit weitgehend Rechnung zu tragen."[46]

Mit der Anerkennung der kirchlichen Eigentumsrechte sei die erste wichtige Voraussetzung für eine Entwicklung geschaffen, für eine Neuordnung [...] in der auch für die materiellen Belange weder für die Kirche noch für den Staat der Kirchenstaat oder das Staatskirchentum wünschenswert sei, ,vielmehr sei die freie Kirche im freien Staat unter gegenseitigen gesetzlichen Garantien gerade in einer Demokratie das Erstrebenswerte'.[47]

Für die Institutionen des 1903 gegründeten Vereines 'Seraphisches Liebeswerk für Österreich' übernahm die Caritas die Rückstellungsverhandlungen; die Institute gingen sukzessive an die Caritas.[48]

Die diözesane Erziehungsanstalt ,Zum Guten Hirten' besaß in Alkoven einen Bauernhof; der in der NS-Zeit – weil zu der r. k. Kirche gehörig – entzogen worden war und wiederum an Enteignete der Göringwerke als Entschädigung weitergegeben wurde. Nach dem Krieg verzichtete die Diözese gegen eine Ausgleichszahlung auf diese Rückstellung.[49]

Die Entschädigungsforderung für insgesamt 643.641,10 kg abgelieferte Glocken (Kilopreis 5.80 Schilling) betrug 3,218.205 Schilling.[50] Im Oktober 1944 lagen u.a. 143 Glocken aus OÖ. im Glockenlager Ilsenburg bei Hamburg, die nicht mehr eingeschmolzen wurden. Ein Teil der Glocken konnte ab 1946 noch aufgrund der Ablieferungsscheine, die das Ordinariat von den Pfarren eingefordert hatte,[51] mühsam ausgeforscht und an die rechtmäßigen Ablieferer zurück gegeben werden.[52]

---

46 Linzer Volksblatt v. 28. September 1946.
47 Ansprache Fließers am 27. September 1946, Konzept in DAL, CA/11, Sch. 66, Fasz. II /1 e.
48 Rückstellungsverhandlungen für alle caritativen Einrichtungen ab 1945 durch die Caritas, Reaktivierung des Vereines 1946; Aufgabenübertragungen an Caritas 1950; Vereinsauflösung 31. 12. 1987. Das Gesamtvermögen ging lt. Statut an das Ordinariat des Vereinssitzes Linz und wurde der Caritas der Diözese Linz zugewiesen (DAL, Seraph. Liebeswerk, Sch. 1, Fasz. 2).
49 *Tolar, Gerhard*, NS-Vermögensentzug in Leonding, in: *Stadtgemeinde Leonding* (Hg.), Spurensuche Leonding 1898–1938- 2008, Ausstellungskatalog, Leonding 2008, S. 57.
50 Forderung an Amt für Auswärtige Angelegenheiten der Republik Österreich v. 1. Okt. 1946 (Konzept), DAL, Ca/11, Sch. 92, Fasz. V/13.
51 CA/11, Sch, 92, Fasz. V/13.
52 Für den Rücktransport aus Hamburg wird noch im September 1950 die Glocke für Unterweissenbach freigegeben.

Eine Ausnahme bei der Restitution bildete das Katholische Vereinswesen. Bei der Auflösung dieser Vereine – meist Ortsgruppen, die der katholischen Aktion angehörten (Jugendvereine, KFO, einschließlich Pfadfinder, Reichsbund etc.), insgesamt waren 659 Vereine bis November 1939 in der Diözese Linz betroffen[53] – ging es vor allem um das finanzielle Vermögen (Spareinlagen etc.). In der Diözese Linz hatten sich lokale Nationalsozialisten bereits in den ersten Märztagen 1938 Barvermögen und Sparbücher angeeignet und ihren eigenen Organisationen zugewiesen. Noch im April 1938 kam es aber zu einer Vereinbarung zwischen der katholischen Kirche (Bischof Gföllner) und der Gestapo, die auf NS-Seite in der Übernahme der Agenden durch den Stillhaltekommissar und auf katholischer Seite in einer eigenen Liquidationsstelle mündete. Für die Arbeit der Liquidation wurde Franz Vieböck[54], Sekretär des Volksvereines und vertrauter Mitarbeiter des Bischofs, berufen, der außerdem gleichzeitg zum Generalsekretär der Katholischen Aktion ernannt wurde. Seine Aufgabe war es, das alte Vereinswesen zu zerschlagen und das neue Seelsorgekonzept aufzubauen. Die katholische Kirche in OÖ. liquidierte selbst die von den NS zur Auflösung bestimmten Vereine, und es gelang Vieböck in einigen Fällen, schon beschlagnahmte Gelder für die katholische Kirche zurückzuerhalten. Die Auflösung der Organisationen war im November 1938 abgeschlossen, und da sie auch von der katholischen Kirche als Selbstauflösung aufgefasst wurde, bildeten sie nach dem Ende des NS-Regimes keinen Gegenstand rekonstruktiver Überlegungen mehr.[55]

Auf Beschluss der Bischofskonferenz vom 20.–22. September 1945 sollten die Vereine und früheren Jugendorganisationen nicht wieder erstehen, sondern deren Vereinsgüter für die Kirche gesichert werden. Dagegen sei die ständisch gegliederte Katholische Aktion weiter auszubauen.[56] Wenn im Einzelfall eine Wiedererrichtung eines Vereines notwendig wäre zur Wiedergewinnung des Vermögens, dürfe

---

53 *Kristöfl, Siegfried*, Die Liquidationsstelle der katholischen Verbände. Zur Auflösung der katholischen Vereine in der Diözese Linz-Gau Oberdonau, Wien 2002, S. 63.
54 Franz Vieböck (1907–1984): Priesterweihe 1930; 1931–1934 Kooperator in Mondsee, 1934–1938 Sekretär des Volksvereins, 1938 Domkurat („geschützter Seelsorgeposten'), 10. 5. 1938–1. 8. 1974 Generalsekretär der katholischen Aktion; 1939–1974 Leiter des Seelsorgeamtes (ab 1973 ‚Pastoralamt'), 1946–1977 Chefredakteur des Linzer Kirchenblattes, ab 1956 Domkapitular, 1981 Dompropst.
55 *Historikerkommission der Republik Österreich* (Hg.), Schlussbericht der Historikerkommission der Republik Österreich. Vermögensentzug während der NS-Zeit sowie Rückstellungen und Entschädigungen seit 1945 in Österreich, Wien 2003, S. 220. *Kristöfl, Siegfried*, Die Liquidationsstelle (Anm. 54).
56 *Leeb, Rudolf* u.a., Geschichte des Christentums in Österreich. Von der Spätantike bis zur Gegenwart (Österreichische Geschichte, hg. v. *Wolfram, Herwig*), Wien 2003, S. 465.

dies nur formell geschehen, die Auflösung des Vereines sei hernach unverzüglich einzuleiten.[57]

Das katholische Vereinswesen der Ersten Republik war wie ein Wildwuchs angesehen worden (selbst kleine Pfarren hatten 15 bis 20 katholische Vereine); in diesem Sinne sah die Kirche die Aufhebung der Vereine auch als ‚Bereinigung'. Hand in Hand mit der Aufhebung wurde am Aufbau eines neuen Seelsorgeprogramms gearbeitet, die Energien und materiellen Ressourcen wurden in die neue Intensivform der Standesseelsorge umgelenkt. Dieses Konzept richtete sich ab den 20er Jahren und erst recht nach der „Liquidierung 1938/1939" klar in Richtung Pfarre und ihrer Gliederung nach ‚Naturständen' – katholische Männerschaft, katholische Frauenschaft, Katholische Mädchenschaft, Katholische Burschenschaft. Innerkirchlich wurde die Katholische Aktion mit dem Aufbau dieser Standesseelsorge betraut.

VII. Aufbau des Seelsorgeamtes und der Katholischen Aktion

VII.1 Seelsorgeamt[58]

Die Errichtung des Seelsorgereferates (1938) bzw. des Seelsorgeamtes (1939) in der Diözese Linz war eine Maßnahme, um zumindest die notwendigsten Funktionen der Kirche sicherzustellen und bot ein solides Fundament für den Neuaufbau der Kirche nach dem „Zusammenbruch".

Franz Vieböck als Leiter des Seelsorgeamtes versuchte in einem am 10. Juli 1945 erstellten Grundsatzkonzept die künftigen Aufgaben- bzw. Arbeitsgebiete des Seelsorgeamtes zu umreißen. An vorderster Stelle von insgesamt 14 angeführten Bereichen (Referaten) stand die „Sorge um die Priester", zum Teil mit den bereits bekannten Methoden der persönlichen Betreuung, Priesterexerzitien, Einkehrtagen und Seelsorgerarbeitskreisen, zum Teil aber auch mit neuen Aufgaben, wie der Sorge um den Priesternachwuchs, der ja aufgrund der kriegsbedingten Schließung des Priesterseminars und dem Kriegs- und KZ-Tod vieler Priester bzw. Priesterstudenten sehr gefährdet erschien, sowie in der „Sorge um gefährdete und verirrte Priester" und in der Betreuung von Priestergrabstätten.

Den zweiten Bereich bildete die Seelsorge im Allgemeinen. Vordringliches Interesse kam hier zunächst der aktuellen Lage der Seelsorge zu, die es durch Visitationsberichte und durch die Erstellung einer Diözesanstatistik zu erfassen galt, um

---

57 *Leeb*, Geschichte des Christentums in Österreich (Anm. 57), S. 442.
58 Vgl. *Birmili, Josef*, Das Seelsorgeamt der Diözese Linz von den Anfängen bis zur Neustrukturierung nach dem Zweiten Weltkrieg, Dipl.-Arb. Linz 1990.

nach erfolgter Analyse der aktuellen Seelsorgsprobleme Strategien der Planung und Lenkung für die seelsorglichen Bedürfnisse der Diözese in die Wege zu leiten. Der Bereich der Standesseelsorge sah eine fünffache Gliederung in Kinder-, Jugend-, Frauen-, Männer- und Familienseelsorge vor. Die Umsetzung dieser kategoriellen Seelsorge sowie der Bereich der Sonderbetreuung bestimmter Berufsgruppen (Bauern, Akademiker, Lehrer, Krankenpflegerinnen) oblag der Katholischen Bewegung (Actio Catholica), der Katholischen Aktion.

Vieböck sah im selben Grundsatzkonzept die Unterbringung des Seelsorgeamtes im sogenannten Caritas-Haus, Seilerstätte 14, in Linz vor. Mit der Übersiedlung des Seelsorgeamtes sowie der Schriftleitung und Verwaltung des „Linzer Kirchenblattes" in dieses Haus am 1. Mai 1946 wurde ein wichtiger Grundstein für die weitere Entwicklung des Seelsorgeamtes gelegt.

Die neue Zeit stellte hohe Anforderungen an das Seelsorgeamt und seine Mitarbeiter, ging es doch darum, Impulsstelle für eine zukünftige Seelsorgsarbeit zu sein; eine Aufgabe, deren Entwicklung in den ersten Nachkriegsjahren nur äußerst schwer abschätzbar war.

Vermutlich um das Anliegen der Katholischen Soziallehre in die Reihen der Arbeiterschaft hineinzutragen und eine Versöhnung von Arbeiterschaft und Kirche ansatzweise voranzutreiben, wurde mit 1. Oktober 1945 ein „Soziales Referat" eingerichtet und Pfarrer Ignaz Singer (1902–1980) zu dessen Leiter bestellt. Bereits 1946 wurde vom Sozialen Referat zu einer Studientagung im Stift Lambach eingeladen zum Verhältnis von „Sozialer Frage und Christentum", wo es um die Begriffe von Eigentum, Arbeit, Kapital, Sozialismus sowie Gesellschaftsordnung ging.

VII.2 Die Entwicklung der Katholischen Aktion[59]

Seelsorgeamt und die sich seit 1945 neu entfaltende Katholische Aktion (Katholische Bewegung) sind (nicht nur) in der Diözese Linz eng miteinander verknüpft. Schon das Seelsorgereferat wurde 1938 als ein Referat der Katholischen Aktion eingerichtet. Auch personell fand diese Verknüpfung ihren Niederschlag: Der nach der Gauverweisung 1945 zurückgekehrte Diözesanjugend- und

---

59 *Zinnhobler, Rudolf*, Die Anfänge der Katholischen Aktion. Mit besonderer Berücksichtigung des Bistums Linz, in: *Zinnhobler, Rudolf*, Der Lange Weg der Kirche vom Ersten zum Zweiten Vatikanischen Konzil. Beiträge zu Bewegungen und Ereignissen in der Katholischen Kirche, Linz 2005, S. 111–170.
Lehner, Markus, Vom Bollwerk zur Brücke, Katholische Aktion in Österreich, Thaur 1992.

Studentenseelsorger Dr. Ferdinand Klostermann[60] war nicht nur Sekretär und stellvertretender Leiter des bischöflichen Seelsorgeamtes, sondern auch federführend am Aufbau der Katholischen Aktion, nicht bloß in der Diözese,[61] beteiligt. Bei der Bischofskonferenz in Salzburg im Herbst 1945 legte Bischof Fließer einen kurzen Text über die KA vor. Darin wurde erneut die Distanz der KA zu den Vereinen betont, wichtige Aufgaben für die KA benannt, und die Zusammenarbeit der KA in ganz Österreich eingefordert. Allerdings wurde auch festgestellt, dass sich ein ganz eindeutiges Schema für alle Diözesen Österreichs gemeinsam nicht aufstellen lasse.[62] Laut Protokoll der Bischofskonferenz wurde das Referat an die Bischöfe verteilt, „Die formelle Verkündigung der Kath. Aktion scheint nicht opportun".[63]

Die Katholische Aktion bestand vor 1938 als Dachverband für naturständische katholische Vereine (Katholischer Volksverein, Katholische Frauenorganisation, Reichsbund der katholischen Jugend, Marianische Kongregationen, Mädchenvereine), der Wiederaufbau erfolgte nicht vereinsmäßig, sondern in Gliederungen, und zwar vertikal nach Pfarre, Dekanat und Diözese und horizontal nach Natur- und Berufsständen sowie nach Altersstufen und nach Sachgebieten.

Bald wurden für die einzelnen Gliederungen der Katholischen Aktion (Katholische Männerbewegung, KMB; Katholische Arbeiterbewegung, KAB; Katholische Frauenbewegung, KFB; Katholischer Akademikerverband, KAV; Katholische Jugend, KJ) Diözesanseelsorger (Geistliche Assistenten) ernannt.

In zunehmendem Maße wurden auch Laien, wie der Diözesanführer und Organisationssekretär der Katholischen Jugend Land Eduard Ploier-Niederschick[64],

---

60 Ferdinand Klostermann (1907–1982): Priesterweihe 1929, 1930–1938 Kooperator in Grein und Bad Ischl, 1936 Dr. theol. in Graz, 1938 Sekretär beim Bischöflichen Ordinariat, 1938–1955 Diözesanjugendseelsorger (1942–1945 Haft), 1940 Studentenseelsorger, 1941 ‚Ordinariatsrat, 1949–1962 Vorlesungen an philos.-theol. Lehranstalt über „Laienarbeit und Katholische Aktion", 1950–1962 Diözesanassistent der KA, Akademikerseelsorger, ab 1962 Prof. für Pastoral in Wien; 1957 Domkapitular; Konzilstheologe. Vgl. *Zauner, Wilhelm / Zinnhobler, Rudolf*, Ferdinand Klostermann (1907/1957/1982), in: *Zinnhobler, Rudolf* (Hg.), Das Domkapitel in Linz, Linz 1992, S. 256–269.
61 Mit dem Neuaufbau der KA nach 1945 beauftragten die Bischöfe den Wiener Diözesanpriester Otto Mauer, den Studentenseelsorger Karl Strobl und den Linzer Pastoraltheologen Ferdinand Klostermann.
62 DAL, Past-A/3, Sch. 24, Fasz. XII/A1.
63 DAL, Biko-A/4, Sch.4, Fasz. 2 (Konferenz v. 21. Sept. 1945).
64 Eduard Ploier (geb. 19. August 1930; gest. 4. Jänner 1998), ab 1949 ehrenamtlicher Diözesanjugendführer, ab 1952 hauptamtlicher Organisationssekretär der Katholischen Landjugend Oberösterreichs, 1958–1965 Sekretär der KMB, ab 1961 Verwalter,

mit Führungsaufgaben betraut und hauptamtlich ins Seelsorgeamt berufen (ab 1. April 1952).

Drei Gründe dürften dafür maßgeblich gewesen sein: zum ersten versteht sich die Katholische Aktion als laienapostolische Bewegung, zum zweiten rief auch Pius XII. – wie sein Vorgänger – zum Einsatz der Laien auf, und zum dritten herrschte in der Diözese als Folge des Krieges ein akuter Priestermangel, der zum Einsatz von Laien zwang.

Nach der Phase eines langsamen, aber kontinuierlichen Aufbaus der Katholischen Aktion in den Jahren bis 1948, in der aber bereits alle wesentlichen Gliederungen zumindest formal bestanden, ging man daran, in allen Diözesen Österreichs die schon geleistete Kleinarbeit zu strukturieren und mit einer zentralen Leitung auszustatten, um zu einer, wie es Bischof Fließer formulierte, „klaren, straffen, einheitlichen Lenkung und Ordnung, die eine planmäßige Arbeit voraussetzt", hinzuführen.

Als Schlüsseldatum für die Katholische Aktion der Diözese kann das Jahr 1950 angegeben werden: Die Dechantenkonferenz widmete sich am 27. April 1950 diesem Thema und am 11. März erhielt das Statut seine bischöfliche Bestätigung. Die wichtigsten Impulse gingen aber ohne Zweifel von der offiziellen Promulgation der Katholischen Aktion durch einen gemeinsamen Hirtenbrief von Diözesanbischof Fließer und Koadjutor Franz Zauner (vom 12. Oktober 1950)[65] und vom Ersten Diözesantag aus. Die Bischöfe betonten: „Vor Jahren hat der ehrwürdige Diener Gottes Bischof Rudigier in schwerer Kampfzeit der Kirche das katholische Volk zum Zusammenschluß gegen den gottfeindlichen Liberalismus aufgerufen und die ganze Diözese ist damals aufgestanden und hinter die Fahne ihres Bischofs getreten. Die Zeit ist anders geworden. Viele äußere Formen haben sich geändert, aber der Kampf der Kirche ist der gleiche geblieben." Der heutige „Kirchenkampf" müsse gegen „die materialistische Einstellung, die weithin herrschend geworden sei, (gegen) den Rückgang von Priester- und Ordensberufen, (gegen) die Flucht vor dem Kinde und (gegen) den Verfall der öffentlichen Sitten" geführt werden. Zur Durchsetzung dieser Anliegen forderten sie „nicht nur den hochwürdigen Seelsorgsklerus auf, in allen Pfarren [...] mit dem Aufbau [...] zu beginnen"; sie appellierten auch an „alle katholisch denkenden Männer und Frauen, Jungmänner und Mädchen, dem Ruf ihrer Seelsorger Folge zu leisten,

---

1968–1995 Direktor im Bildungshaus Schloss Puchberg, 1976–1998 Präsident der Katholischen Aktion Österreichs.

65 LDBl. v. 1. Oktober 1950, S. 79–83.

sich diesen Gliederungen anzuschließen und sich zur Mitarbeit im Geiste der Katholischen Aktion zu verpflichten". Dieser Hirtenbrief fand großes Lob und die Anerkennung des Apostolischen Nuntius in Österreich, Giovanni Dellepiane, der ihn als ein „Dokument von großem Wert für die klare, genaue, und praktische, gänzlich der Lehre der Kirche und den Weisungen des Heiligen Stuhles gemäße Art, womit das überaus wichtige Thema behandelt worden ist", bezeichnete.[66]

Beim Diözesantag am 22. Oktober 1950 trafen sich 900 Delegierte aus den Pfarren der Diözese zum gemeinsamen Gottesdienst, zu Beratungen und zu einer Festversammlung. Es wurden Beschlüsse über den organisatorischen Aufbau der KA, über die Pressearbeit und über Hilfsmaßnahmen für Heimatvertriebene gefasst. Bischofkoadjutor Franz Zauner, in dem die Katholische Aktion seit 1946 ihren großen Förderer fand, predigte anlässlich des Diözesantages zum Leitsatz: „An die Arbeit! Baut in allen Pfarren unserer Diözese ... die Katholische Aktion auf. Eure Bischöfe rufen Euch".

Zusammen mit Bischofkoadjutor Franz Zauner trieb Ferdinand Klostermann unter der Devise „Die Katholische Aktion in jede Pfarre" den Aufbau einer mächtigen Organisation des Laienapostolats voran. Zauner forderte in der Folgezeit die Errichtung von mindestens vier Gliederungen pro Pfarre und förderte sie auch insofern, als er den Bau von Pfarrheimen anregte, um ihr auf Pfarrebene die entsprechende Heimstätten zu geben.

Die Gliederungen der Katholischen Aktion

Die verschiedenen Teilbereiche der kategorialen Seelsorge wurden in der Zeit nach dem Krieg durch die sich entwickelnden Gliederungen der Katholischen Aktion verstärkt wahrgenommen.

Bei der *Katholischen Jugend* (Gruppe der 8- bis 25jährigen) verzeichnete man neben einem allgemeinen Mangel an Motivierbarkeit auch einen Mangel an Führungskräften. So wurde folgerichtig in den bischöflichen Richtlinien vom Juni 1945 die Notwendigkeit einer Laienführerschulung zum Aufbau einer Dekanatsjugendführung erkannt. Wesentlichen Anteil an der Grundlegung der kirchlichen Jugendarbeit hatten die bei der Salzburger Bischofskonferenz vom 2. Oktober 1946 erlassenen Richtlinien betreffend „einheitliche Gestaltung der kirchlichen Jugendarbeit", bei der die ‚katholische Jugend' als einzige Jugendbewegung der

---

[66] DAL, Past-A/3, Sch. 24, Fasz. XII, A/1: Schreiben des Apostolischen Nuntius an die Bischöfe Fließer und Zauner vom 9. Oktober 1950.

Kirche offiziell bestätigt wurde. Gleichzeitig wurde als Dachverband der außerschulischen kirchlichen Jugenderziehung die Zentralstelle „Katholisches Jugendwerk Österreichs", mit Wirkung vom 2. November 1946 gegründet.

Das Linzer Seelsorgeamt hatte schon nach den Weisungen Fließers Initiativen zum Aufbau der Jugendarbeit gesetzt. So wurde mit 1. Juli 1946 die dem Stift Kremsmünster gehörende Burg Altpernstein (Micheldorf) gepachtet, um sie für Arbeitstagungen und Schulungswochen, aber auch für Ferien- und Erholungswochen der Katholischen Jugend zu verwenden.

Der Mitgliederstand der Katholischen Jugend der Diözese Linz betrug 1948 immerhin rund 38.000, die Arbeit der Organisation konnte ein Jahr später bereits weitgehend flächendeckend wahrgenommmen werden.

Maßgeblicher Anteil am Aufbau der Katholischen Jugend Österreichs, im speziellen jener der Diözese Linz, darf Dr. Ferdinand Klostermann zugeschrieben werden, der bereits am 16. November 1938 durch Bischof Johannes Maria Gföllner zum „Diözesanjugendseelsorger" bestellt worden war, und 1945, nach der Aufhebung des über ihn verhängten Gauverweises und dem Ende des Krieges, seine Kräfte unvermindert für die Seelsorgsarbeit an Jugendlichen einsetzte.

Ein kräftiges Lebenszeichen wurde bereits beim Jugendsonntag 1945 gesetzt, wo sich tausende Jugendliche bei der Linzer Familienkirche einfanden. Anlässlich der Feier des Bekenntnistages der Linzer Katholischen Jugend 1947 auf dem Pöstlingberg sprach Diözesanjugendseelsorger Dr. Ferdinand Klostermann vor mehr als 2.000 Jugendlichen über die Bedeutung des sittlichen Schutzes der Jugend. Eine Forderung, die auch initiierend für den ersten Landesjugendtag nach dem Krieg war, betraf den Kampf gegen „Schmutz und Schund" in Presse, Film und Rundfunk. So lautete auch das Motto des am 29. Mai 1949 in Linz veranstalteten ersten Landesjugendtages „Reine Jugend – Starkes Volk". Vor 25.000 bis 30.000 Jugendlichen sprachen u.a. Landeshauptmann Dr. Heinrich Gleißner, Diözesanjugendführer Franz Huber und Diözesanjugendseelsorger Dr. Ferdinand Klostermann.

Drei Jahre nach dem ersten Landesjugendtag erhielten am 12. Oktober 1952 rund 1.000 Führer und Führerinnen von Jugend und Jungschar ihren Sendungsauftrag durch Bischof J. C. Fließer und Bischofkoadjutor F. S. Zauner.

Die Wurzeln der *Katholischen Männerbewegung* der Diözese sind eng mit der Geschichte des Katholischen Volksvereins vernetzt. Da dieser 1934 durch die Eingliederung in die Katholische Aktion „entpolitisiert" worden war, war der Orientierungsbedarf bei Kriegsende groß. Nach der Bestellung von Pfarrer Ignaz Singer zum Referenten für die Männerseelsorge mit 1. Oktober 1945, wurden im Advent 1945 die ersten ‚Männertage' veranstaltet. Ziel der Männertage, der „sozial-pastoralen Studienwochen" (1946 und 1947 in Lambach) sowie von kirchlichen und außerkirchlichen Veranstaltungen war es, allmählich eine Männerbewegung durch den Aufbau von Gruppenarbeit, Schulung und Heranbildung einer Dekanatsleitung und eines Vorstandes bzw. Ausschusses aufzubauen. Ende 1946 wurde in Verbindung mit dem Seelsorgeamt ein provisorischer Diözesanmännerausschuss konstituiert, um „die katholische Laienwelt und zumal die Männerschaft unserer Diözese zu repräsentieren". 1948 wurden bereits in allen Dekanaten Dekanatskonferenzen über die Ziele und Aufgaben einer Katholischen Männerbewegung gehalten, sodass nach dieser ersten Phase des Aufbaus am 20. Juni 1948 ein erster Diözesantag der Katholischen Männerbewegung veranstaltet werden konnte mit dem Ziel ein Statut zu erarbeiten. Ab Ende 1949 erschien ein eigenes Mitteilungsblatt „Männer-Bewegung"; und bis 1950 gelang es, in fast allen Pfarren Männertage abzuhalten und Männerausschüsse zumindest zu nominieren.

Die neue *Katholische Frauenbewegung* nach dem Krieg konnte an Tradition und Organisation der Katholischen-Frauen-Organisation anknüpfen. So wurde mit 1. Oktober 1945 der ehemalige „Kriegspfarrer" Johann Gebetsberger (1909–1974) zum Sekretär des Referates „Frauen und Mädchen" bestellt und die ersten Rundbriefe, die Anregungen und Richtlinien enthielten, an die Pfarren versandt. Die Frauenseelsorge beschränkte sich dennoch zuerst auf Frauen- und Müttermessen sowie auf Besinnungs- und Einkehrtage; setzte bei der tradierten Rolle der Frau als Hausfrau, Gattin, Mutter und der alleinstehenden Frau an und sollte vornehmlich die Bereiche der Seelsorge, der Caritas und der Jugendarbeit umfassen.

Erst 1947 kam es zu einer besser organisierten Form der Pfarrarbeit durch die Wahl von Pfarrfrauenleiterinnen sowie von Vertrauensfrauen und Helferinnen. Auch hier konnte – ähnlich wie in der Katholischen Männerbewegung – nach einer ersten Phase des Aufbaus und der Organisation 1948 ein erster Delegiertentag einberufen und 1949 in 33 Dekanaten ein Dekanatstag veranstaltet werden. Am 10. Juli 1948 wurde in Salzburg unter dem Vorsitz von Erzbischof DDr. Andreas Rohracher das „Katholische Frauenwerk Österreichs" als Dachverband der diözesanen Katholischen Frauenbewegungen eingerichtet.

1949 erschien die erste Ausgabe eines Führungsblattes, die „Katholische Frauenarbeit in der Diözese Linz". Ab April 1950 erschien auch die 1946 gegründete Frauenzeitschrift „Licht des Lebens" unter der Schriftleitung von Pfarrer Johann Gebetsberger in Linz. Über die religiöse Vertiefung hinaus wurde ab 1950 ein Augenmerk der Frauenarbeit auf die Schulung der Frau in praktischen Belangen gerichtet und Koch-, Näh- und Hauswirtschaftskurse abgehalten. 1951 wurde das ehemalige Vereinslokal der KFO in Linz, Volksgartenstraße 18, als „Hausfrauenschule" für diese Zwecke eingerichtet.

Auf Diözesanebene konnten bis 1950 in zwei Drittel der Pfarren die Katholische Frauenbewegung erfasst und ein systematischer Ausbau einer „selbständigen, von Laien geführten Frauenbewegung" durchgeführt werden.

1948 wurde in Linz der *Katholische Akademikerverband* gegründet. Erste Initiativen gab es bereits 1945, vor allem durch Mittelschullehrer, die bis 1953 auch die stärkste Berufsgruppe bildeten. Die Arbeit war anfangs auf die unmittelbaren Probleme der Nachkriegszeit bezogen. So wurde beispielsweise unter der Themenstellung „Jugend in Not" versucht, für Schüler, vermutlich besonders für jene des Bischöflichen Lehrerseminars, Privatquartiere zu finden, die Freigabe des Studentenheimes Salesianum zu erwirken und den Bau von Schülerheimen anzuregen.

Zu Pfingsten 1946 nahm Ferdinand Klostermann beim Gründungstreffen der Katholischen Hochschuljugend Österreichs in Salzburg teil. Er wurde am 27. Mai 1950 zum Akademiker- und Hochschulseelsorger der Diözese Linz bestellt und galt auch als Inspirator und Hauptorganisator der ‚Orter-Wochen' (auf Schloß Ort bei Gmunden), wo sich Hochschüler und Jungakademiker mit bedeutenden Referenten zu Zusammenkünften trafen.

Der Wirkungsbereich des Linzer Katholischen Akademikerverbandes konzentrierte sich im Untersuchungszeitraum vornehmlich auf Linz, wo sich bis 1950 Fachgruppen herauszubilden begannen (Mittelschullehrer, Ärzte, Juristen, Agraringenieure, Techniker, Diplomkaufleute).

1954 verfügten Seelsorgeamt und Katholische Aktion zusammen über insgesamt 33 Referate (Referenten), Gliederungen, Werke, Arbeitsgemeinschaften und andere vergleichbare Einrichtungen.

Als mit 1. Jänner 1956 Franz S. Zauner Diözesanbischof wurde, bezeichnete er in seiner Antrittsrede die Katholische Aktion als sein Hauptanliegen, für das er sich in der Folgezeit in vielen Vorträgen und Predigten zu Wort meldete.

Der Aufbau der Katholischen Aktion war um 1962 fast völlig abgeschlossen, die Mitgliederzahlen erreichten nicht nur auf Diözesanebene einen Höchststand, sondern ergaben auch österreichweit die stärkste diözesane Katholische Aktion.

VIII. Katholische Presse und Bildungsarbeit

„Die geistige Hungersnot in Priestern und Gläubigen zu bannen, ist mir die allererste Sorge", so Bischof Fließer im Lagebericht. Schon im Herbst 1945 schuf sich die Diözese mit Druckerlaubnis der amerikanischen Besatzungsmacht (Information Services Branch) unter der Schriftleitung (1945–1977) von Franz Vieböck ein eigenes Publikationsorgan im „*Linzer Kirchenblatt*", das am Christkönigsfest, dem 28. Oktober 1945 mit einer Auflage von 90.000 Stück erstmals erschien. Da das Blatt „seit langem die erste geistige Nahrung" im katholischen Sinne war,[67] entwickelte sich dieses in der Folge zur auflagenstärksten (bis 142.000 Stück) oberösterreichischen Wochenzeitung. Mit dem „Kirchenblatt" war eine „Presse-Kanzel", ein Sprachrohr des Bischofs und der Kirche sowie ein Kommunikations- und Informationsorgan für die Katholiken der Diözese geschaffen. Viele ungezeichnete Artikel stammten dabei aus der Feder Franz Vieböcks.

Seit dem Jahr 1950 stand im „*Jahrbuch für die Katholiken des Bistums Linz*" ein zweites Medium zur Verfügung, ebenfalls unter der Schriftleitung Franz Vieböcks, der insgesamt 26 Ausgaben redigierte mit dem Ziel, „das Diözesanbewußtsein zu heben, die Kenntnis der Diözesangeschichte zu fördern, Freude an der kirchlichen Kunst unserer Heimat zu wecken und die Verbundenheit der Gläubigen mit den Priestern, dem Bischof und dem Papst zu fördern."

1947 wurde die 1848 gegründete, von den Professoren der Philosophisch-theologischen Diözesan-Lehranstalt herausgegebene und mit Erlaß des Geheimen Staatspolizeiamtes in Berlin 1942 verbotene „*Theologisch-praktische Quartalschrift*" wiederbelebt.

Große Bedeutung für die Verbreitung katholischer Literatur erlangte die von Spiritual Josef Huber schon vor dem Krieg (1936/37) gegründete *Katholische Schriftenmission* (ab 1953 ,Veritas'), die damals vor allem der Herstellung liturgischer Texte diente und dadurch die volksliturgische Bewegung nachhaltig förderte.

Das *Katholische Bildungswerk Linz (KBW)*, 1945 als erstes in Österreich als Sparte der KA gegründet, ging aus dem 1943 gegründeten „Vortragswerk" („Vorträge für Gebildete") hervor und zählt damit zu den ersten Initiativen junger katholischer Akademiker auf seelsorglichem Gebiet. Federführend waren dabei Dr. Ignaz Zangerle und P. Grünberger SJ, die aber schon Ende 1945 von Dr. Ferdinand Klostermann abgelöst wurden. Während sich die Arbeit des Katholischen Bildungswerks zunächst auf Akademiker und Studenten als Adressaten beschränkte, strebte Klostermann eine Umstrukturierung und einen Weiterausbau des Bildungswerks an, das auf die breite Basis der Erwachsenenbildung abzielte.

Bereits 1945 konnten 19 Veranstaltungen durchgeführt sowie zwei Zweigstellen in Wels und Gmunden eingerichtet werden. 1950 verfügte das Bildungswerk bereits über 30 Teilorganisationen in der Diözese.

---

67 *Naderer*, Fliesser, Diss. (Anm. 3), S. 220.

Mit dem großen oö. Diözesanpilgerzug nach Rom im Hl. Jahr 1950 begann eine regelmäßige Reisetätigkeit des KBW (Leitung Franz Mittermayr).

Bei einer Tagung in Salzburg am 4. und 5. Juni 1954 war eine Arbeitsgemeinschaft der Katholischen Bildungswerke Österreichs gegründet worden. Im Anschluss daran und unter dem Eindruck einer sehr guten Resonanz auf seine persönlichen Vorträge in örtlichen Bildungswerken gab Bischof Zauner die Parole aus: Jede Pfarre mit mehr als 2000 Seelen soll ein eigenes Bildungswerk haben!

Große Bedeutung als eine Stätte religiös-kirchlicher Fortbildung erlangte dabei das Schloss Puchberg bei Wels, das von der Diözese erworben und am 31. Oktober 1953 feierlich eröffnet wurde. Zunächst war das Haus vor allem als Schulungszentrum für die Landbevölkerung vorgesehen, das Angebot und Aufgabengebiet erweiterte sich für jährlich Tausende Kurs- und Tagungsteilnehmer an Fortbildung, Information und Auseinandersetzung mit aktuellen Problemen der Kirche und der Gesellschaft.

Mit dem *Filmreferat / Filmarbeitskreis* sollte den neuen „Mitteln der modernen Massenbeeinflussung" wie Tanzkaffees, Kabaretts, Kinos sowie mit der forcierten Verbreitung neuer Kommunikationsmittel bzw. Publikationen wirksam begegnet und die befürchtete „Entsittlichung und Vergiftung unserer Jugend" abgewehrt werden: einerseits durch geeignete Publikationen („Ruf", „Schöne Welt", „Pfeil", „Wende"; „Der Junge Arbeiter") und den Ausbau der Jugendabteilung von Pfarrbüchereien; andererseits durch die Gründung der „Katholischen Filmkommission für Österreich" (durch die Bischofskonferenz im Oktober 1947), die Gutachten und Programmvorschauen für die aufgeführten Filme erarbeitete.

Auf Diözesanebene wurde dieses Anliegen mit der Errichtung des „Filmreferates" am 1. Jänner 1951 aufgegriffen. Ferdinand Kastner, der 1947 eines der Gründungsmitglieder der Filmkommission gewesen war, wurde mit der Leitung dieser Agenden betraut. Eine der Aufgaben des Referates war die Erstellung von Filmkritiken, die im Linzer Kirchenblatt veröffentlicht und auch in Anschlagkästen zugänglich gemacht wurden.

IX. Die Liturgische Bewegung

In der Diözese Linz griff Josef Huber[68], Spiritual im Priesterseminar und Dozent für Liturgik, die Bestrebungen des Pioniers der Liturgischen Bewegung, Pius Parsch CanReg Klosterneuburg (1884–1954), auf, „das Volk zur rechten Feier der Liturgie hinzuführen". Kern der Volksliturgie in Oberösterreich blieb im

---

68 Josef Huber (1888–1976): 1911 Priesterweihe, 1925–1951 Spiritual im Priesterseminar, 1925–1967 Dozent für Liturgik.

Wesentlichen das Priesterseminar. Die Brüder Joseph und Hermann Kronsteiner[69] griffen die Ideen von Huber auf und vertonten die Gesangteile der Messen, besonders die Proprien, welche in Zusammenarbeit mit dem Seelsorgeamt verlegt wurden. Josef Huber baute auch die „Katholische Schriftenmission" (Schriftenapostolat, Schriftenstände in der Kirche) auf, die wesentlich dazu beigetragen hat, auf praktische Art die liturgische und biblische Bewegung in das Volk zu bringen. Spiritual Huber und die Brüder Kronsteiner legten damit den Grundstein zu einem Zentrum der Liturgischen Bewegung in der Diözese Linz, die in Bischof Josephus C. Fließer einen großen Förderer bzw. „Vorkämpfer" fand und führend in der liturgischen Erneuerungsbewegung innerhalb Österreichs wurde.

Joseph Fließer hatte schon 1939 – vor seiner Ernennung zum Kapitelvikar – das neue „Diözesangebet- und Gesangbuch Vater Unser" redigiert, das als eines der fortschrittlichsten Diözesangebetbücher galt. In seiner viel beachteten „Epistola de actione liturgica" gab er 1944 den liturgischen Bestrebungen eine klare Ordnung, inkl. der Errichtung eines „Liturgischen Diözesanreferates", das ihm beratend zur Seite stand. Das 1944 von Fließer verfasste Liturgische Rundschreiben erwies sich 1948 (nach dem Inkrafttreten der „Allgemeinen Meßordnung für die volksliturgischen Meßfeiern in Österreich" vom 2. Februar d.J. und nach Erscheinen der Liturgie-Enzyklika „Mediator Dei" Pius' XII. vom 20. November 1947) als so weitblickend, dass es nur geringfügiger Korrekturen und Ergänzungen bedurfte.

Das liturgische Leben erfuhr nach dem Krieg einen beachtlichen Aufschwung. Zur Umsetzung der Liturgischen Neuerungen (Messgestaltung, Andachts- und Feiergestaltung, Diözesangebetbuch, aber auch die Anliegen der Ministrantenseelsorge sowie der Vorbeter-, Mesner- und Organistenschulung) wurde schließlich am 1. Juni 1952 ein „Referat für Liturgie und Kirchenmusik" im Rahmen des Seelsorgeamtes der Diözese Linz errichtet und das bereits bestehende Liturgiereferat als Liturgierat aktiviert. Die Aufgabe des Liturgierates bestand in der Erstellung eines liturgischen Programmes; dem Referenten des Liturgiereferates Josef Huber und dessen Sekretär, Franz Schmutz, oblag die Durchführung.

Der Linzer Bischof Joseph Cal. Fließer wurde 1946 erster Referent der österreichischen Bischofskonferenz für Fragen der Liturgie, und 1947 auch Vorsitzender in der neu errichteten Österreichischen Liturgischen Kommission.

---

69 Joseph Kronsteiner (1910–1988): 1933 Priesterweihe; Komponist, 1943–1981 Domkapellmeister in Linz, 1946–1969 Dozent für Kirchenmusik in Linz. Hermann Kronsteiner (1914–1994): 1938 Priesterweihe, 1949–1960 Musikprofessor am Petrinum, 1960–1974 Professor für Kirchenmusik an der Musikakademie Wien.

Als Fließer 1948 schwer erkrankte, übernahm Koadjutor Zauner auch Fließers österreichweite Funktionen auf dem Gebiet der Liturgie. Das Referat für Liturgie in der Bischofskonferenz hatte Zauner vom 16. November 1949 bis 2. Juli 1964 inne.

Beim sog. „Klosterneuburger Liturgiestreit", ein Konflikt mit dem Leiter des römischen Liturgischen Institutes beim ‚Zweiten Internationalen Kongreß für Kirchenmusik' vom 4. bis 10. Oktober 1954 in Wien, in dessen Verlauf Zauner am 7. Oktober in Klosterneuburg eine „deutsche Gemeinschaftsmesse" zelebrierte, setzte sich der Bischof heftig zur Wehr. Genaue Recherchen über die Rechtslage sowie direkte Interventionen in Rom dienten einerseits der Rechtfertigung, andererseits sollte ein striktes Verbot der deutschen Gemeinschaftsmesse verhindert werden. Schließlich wandte sich Zauner am 2. Dezember 1954 in einer 14seitigen lateinischen Eingabe an Papst Pius XII.; eine direkte Antwort aus Rom hatte er zwar nicht erhalten, die volksliturgischen Messformen wurden in der Folge aber nie beanstandet. Bischof Zauner erreichte jedoch dadurch einen sehr hohen Bekanntheitsgrad, er wurde zum 'Liturgiebischof im deutschen Sprachraum'. Das erklärt auch die hohe Stimmenanzahl, mit der Zauner beim Konzil in die Liturgiekommission gewählt wurde.

X. Pfarrnetz und Kirchenbau

X.1 Pfarrerrichtungen 1945/1965

In der NS-Zeit hatte sich Bischof Fließer gewisse Freiräume für die Aufrechterhaltung der Pastoral durch Errichtung von insgesamt 129 „geschützten Seelsorgeposten" geschaffen, dadurch gelang es, einen Teil des Klerus vor der Einberufung zum Militärdienst zu bewahren und dem Dienst in der Diözese zu erhalten. Am 1. November 1941 errichtete er 68 Seelsorgestellen (Kaplaneien, Kooperatur- und Pfarrexposituren; sechs weitere bis 1943), von denen nach dem Krieg viele in den Pfarr-Rang erhoben wurden. Zwischen 1945 und 1965 wurden insgesamt 58 rechtliche Änderungen im Status von Seelsorgestellen vorgenommen; neue Seelsorgestellen entstanden aus der Lagerseelsorge heraus (z.B. Haid, Wels-St.Stephan) und in den Arbeiter-Zuzugsgebieten von Linz und im Raum Wels – Traun – Steyr sowie im Raum Braunau und Vöcklabruck.

Als Kooperaturexposituren wurden errichtet: Kaplanei St. Martin b. Traun (1947), Linz-Guter Hirte (1950), Riedersbach-Timelkam, Kaplanei Wels-Vogelweide (1955), Zipf (1956), Leonding-Doppl, Klaffer, Kaplanei Linz-St.Konrad (1957), Scharnstein, Schalchen (1958), Steyrermühl (1959), Wels-Lichtenegg (1960), Traun-Oedt (1962), Linz-Flötzerweg = Guter Hirte, Linz-Hl.Geist (1963),

Roith, Leonding-Hart-Reith (1964), Linz-Haag-St.Paul, Linz-Hlste Dreifaltigkeit, Leonding-Hart-St. Johannes (1965).

16 Seelsorgestellen wurden zu Pfarrexposituren erhoben: Linz-St. Michael, Linz-St.Theresia (1946), Linz-St. Antonius, Kirchschlag b. Linz (1953), St. Martin b. Traun, Wels-Hl. Familie, Kleinreifling (1956), Linz-St. Margarethen (1957), Zipf (1958), Riedersbach, Sierninghofen-Neuzeug (1959), Linz-St.Konrad (1960), Pfandl (1961), Steyr-Ennsleite (1962), Riedberg, Linz-Langholzfeld (1965).

21 Seelsorgestellen erreichten 1945/1965 den Rang einer ‚Vollpfarre': Kleinraming, Linz-Don Bosco (1947), Stadl Paura, Sattledt, Lenzing, Arnreit (1950), Linz-Christkönig (1952), Micheldorf (1953), Linz-St.Michael, Klaffer, Wels-Hl. Familie (1958), Haid, St. Martin bei Traun, Linz-St.Peter (1960), Schalchen, Wels-St.Stephan = Lichtenegg (1961), Sierninghofen-Neuzeug, Linz-St.Theresia (1963), Linz-St.Konrad, Leonding-Doppl (1964), Pfandl (1965).

Initiativen im Bereich der Betriebsseelsorge reichen in der Diözese in die fünfziger Jahre zurück. Für die Arbeiter des 1947 errichteten Kohlenbergwerkes Trimmelkam bei Ostermiething fand am 11. Mai 1952 zum ersten Mal ein eigener Gottesdienst in Riedersbach vorläufig auf einem Dachboden statt. Zum Tragen kamen die Bemühungen auf diesem schwierigen Gebiet, wo es um eine Aussöhnung zwischen Kirche und Arbeiterschaft ging, eigentlich erst in den sechziger Jahren mit der Gründung von sogenannten „Katholischen Werksgemeinschaften" und Betriebsseelsorgezentren (z.B. Linz-VÖEST[70], Linz-Ost). 1962 arbeitete die Katholische Arbeiterbewegung in 44 von 471 Pfarren, wobei ein Ausbau auf 277 sogenannte „Industriepfarren" als wünschenswert erachtet wurde.

X.2 Bautätigkeit

Die gröbsten Schäden, die durch Zweckentfremdung und Bombenkrieg an kirchlichen Gebäuden angerichtet worden waren, konnten in den ersten Nachkriegsjahren behoben werden: Bis einschließlich 20. Jänner 1945 erlitten größere Fliegerschäden: 37 Pfarrkirchen und Expositurkirchen, 7 Filial(Ordens)-Kirchen, 8 Friedhöfe, 25 Pfarrhöfe und 16 andere kirchliche Gebäude, u.a. der Bischofshof in Linz. Bombenschäden erlitten: Linz-Don Bosco (4.11.1944), bis auf Presbyterium vernichtet, Pfarrkirche Kleinmünchen (20.12.44), Theresienkirche in Untergaumberg (27.12.44; vollständig zerstört); wertvolle Gemäldefenster in Linz-Christkönig (8.1.1945); außerhalb Linz: Gebäudeschäden an der

---

70 Am 1. Jänner 1953 tritt Josef Holzinger als erster Geistlicher seinen Dienst in der nachmaligen ‚VOEST-Pfarre' (heute: Treffpunkt mensch & arbeit – Standort voestalpine) an.

Vorstadtpfarrkirche Steyr und die Pfarrexpositurkirche Kleinraming. Schäden erlitt noch die Pfarrkirche Attnang; der Domherrenhof in Linz wurde am 25. April 1945 zerstört.

Schwer getroffen wurde durch den Bombenangriff am 20. Jänner 1945 auch die Domkirche. Bischof Fließer hatte daraufhin die Ursulinenkirche zur Kathedrale erklärt. Nach Ausbesserung der größten Schäden konnten ab Oktober 1946 die bischöflichen Funktionen wieder in den Dom verlegt werden; bis zur vollständigen Wiederherstellung verging aber noch viel Zeit. Wegen der Priorität für die notleidenden Menschen sammelte der Bischof erst 1947 und 1948 für den Dombau. Bis Ostern 1948 war das Gewölbe des Domes wieder vollständig hergestellt; nun konnte man darangehen, sich auch um die Ausstattung zu kümmern. Die Herz-Jesu-Kirche in Wels war ebenfalls durch Bomben schwer beschädigt (Angriff am Pfingstdienstag 1944). Bis zur vollständigen Sanierung vergingen auch hier Jahre.

Die wirtschaftliche Notsituation nach dem Krieg erlaubte es nicht sofort, überall dort, wo es aufgrund des rasanten Bevölkerungswachstums wegen der Flüchtlinge, besonders aber wegen des Zuzugs zu den Industriegebieten und Arbeitervierteln, die Seelsorge erfordert hätte, definitive Gotteshäuser zu errichten. So behalf man sich zunächst mit der Errichtung von Notkirchen (Barackenkirchen), wie die Lagerkirche im Flüchtlingslager Asten (Weihe 1953), am Werksgelände der VOEST (Flüchtlingslager), in Linz-Bindermichl (St. Michael), Linz-Froschberg (St. Konrad), Linz-Keferfeld (St. Theresia), Linz-Neue Heimat (Guter Hirte), Traun-St. Martin, Steyr-Münichholz und Wels-Lichtenegg (St. Stephan). In Langholzfeld wurde als Wochentagskapelle eine Garage benutzt, in Linz-Spallerhof wurde der einstige Stall eines Vierkanthofes zum Gottesdienstraum umgebaut.

Kirchenneubauten 1945/1965:
Braunau-Maria Königin (Patrozinium: Maria Königin des Friedens) 1950, Architekt: Hans Danna
Neustift im Mühlkreis (Hl. Rosenkranzkönigin) 1950, Hans Feichtlbauer
Attnang (Hl. Geist) 1951, Hans Feichtlbauer
Linz-Christkönig (Christus König) 1951, Hans Foschum
Micheldorf (Hl. Josef) 1933/1953/1978, Matthäus Schlager
Rannariedl (Mariae Himmelfahrt) 1953, Karl Tobisch-Labotyn
Klaffer (Mariae Himmelfahrt) 1955, Hans Foschum
Kleinreifling (Hl. Josef) 1955, Johann Forstenlechner
Riedersbach (Hl. Familie) 1955, Karl Tobisch-Labotyn
Zipf (Hl. Josef) 1955, Otto Nobis
Riedberg (Hl. Dreifaltigkeit) 1956, Paul Fellner
Scharnstein (Hl. Berthold von Garsten) 1956, Hans Foschum

Steyrermühl (Hl. Josef der Arbeiter) 1957, Adolf Paar; nach Abbruch Neubau 1991, Josef Königsmaier, Johann Schmitzberger
Linz-St.Michael (Hl. Michael) 1957, Friedrich Reischl; Umgestaltung d. Innenraumes 1988, Helmut Werthgarner
Wels-Heilige Familie – Vogelweide (Hl. Familie) 1957, Franz Hörzing
Bad Schallerbach (Hl. Maria von Lourdes) 1958, Hans Feichtinger
Pfandl (Hl. Maria an der Straße) 1958, Franz Windhager
Traun (Hl. Martin) 1960, Franz Zachhuber
Linz-St.Konrad-Froschberg (Hl. Konrad v. Parzham) 1961, DFK-Baureferat
Linz-St.Theresia –Keferfeld (Hl. Theresia) 1962, Rudolf und Maria Schwarz
Linz-St.Peter-Spallerhof (Hl. Ap. Petrus) 1964, Franz Steininger

Erweiterungen von Pfarrkirchen
Linz-Don Bosco (Don Bosco) 1947, Adolf Litschel
Oberkappel (Hl. Aegidius) 1956, Hans Feichtlbauer
Michaelnbach (Hl. Michael) 1962, V. G. Veit
Schönau im Mühlkreis (Hl. Jakobus d. Ä) 1963, Anton Zemann

XI. Diözesane Großereignisse

Als unmittelbar nach dem Krieg die katholischen Kräfte wieder gesammelt und für die Zukunft entscheidende Weichenstellungen durchgeführt worden waren, ergab sich einerseits ein Bedarf nach Verinnerlichung, andererseits auch nach einem öffentlichen demonstrativen Bekenntnis des Glaubens. Beiden Anliegen kamen mehrere Großveranstaltungen entgegen.

Ein deutliches Zeichen für die wiedererstarkte Kirche war die schon genannte Großkundgebung der katholischen Jugend am 29. Mai 1949 (1. Landesjugendtag: „Reine Jugend – Starkes Volk") auf dem Hauptplatz in Linz.

Vom 19. März bis 2. April 1950 wurde in Linz eine Stadtmission abgehalten, bei der sich 46 Missionare aus verschiedenen Orden in 17 Pfarren gleichzeitig um eine religiöse Erneuerung bemühten. Durchschnittlich besuchten 20.000 Menschen täglich die angebotenen Predigten, insgesamt empfingen 100.000 Katholiken die Kommunion, 243 Personen kehrten in die Kirche zurück.

Anlässlich des „Heiligen Jahres der Heimat" wurden 1951 in der Diözese Bezirkskatholikentage abgehalten. Bei jedem von ihnen fanden sich zahlreiche Katholiken ein, um sich öffentlich zu ihrer Kirche zu bekennen. Die größte dieser Veranstaltungen, die jeweils in einer Eucharistiefeier ihren Höhepunkt hatten, fand am 23. September in Ried i.I. statt, wo sich an die 15.000 Gläubige versammelt hatten.

Eine große Zuhörerschaft konnte 1954 der wortgewaltige Jesuitenpater Johannes Leppich vereinen, dessen öffentliche Predigten an mehreren Orten Oberösterreichs zum Gesprächsthema der gesamten Bevölkerung wurden. Es gelang ihm, bei vielen Menschen das religiöse Bewusstsein wieder zu wecken. In Linz predigte er zwischen dem 21. und 27. März vor mehr als 100.000 Personen. Anschließend nahm er auch in Steyr und im Herbst in Wels, Bad Ischl, Gmunden und Attnang-Puchheim seine Predigttätigkeit auf.

Einen starken Eindruck machte auch der Marianische Kongreß der Diözese Linz am 1. und 2. Mai 1954, der dem Gedenken an die Dogmatisierung der Unbefleckten Empfängnis Mariens vor 100 Jahren gewidmet war. Den Auftakt bildete eine Maiandacht im Neuen Dom, bei der u.a. die von Joseph Kronsteiner vertonte Friedenslitanei der Dichterin Gertrud von le Fort aufgeführt wurde. Den Gottesdienst in der Kathedrale am 2. Mai zelebrierte der Passauer Bischof Simon Konrad Landersdorfer. Zum Abschluss der Feierlichkeiten fanden sich am Nachmittag 30.000 Gläubige zu einer Kundgebung im Linzer Stadion ein.

Beim 2. Landesjugendtag am 5. Juni 1955 feierten über 30.000 Burschen und Mädchen aus allen Teilen des Landes mit Bischofkoadjutor DDr. Franz Zauner auf dem Linzer Hauptplatz die hl. Messe. Am Nachmittag trafen sich die Teilnehmer zu einem von Musik, Tanz und Gebet gestalteten Spiel unter dem Motto des Jugendtages: „Wir in dieser Zeit".

Am 18. September 1955 kamen rund 30.000 oberösterreichische Bauern auf den Linzer Hauptplatz, um ein gemeinsames Erntedankfest zu begehen. In der vom Bischofkoadjutor zelebrierten Messe mahnte dieser die Anwesenden, auch im Zeitalter der Technik nicht auf den Schöpfer zu vergessen.

Nach zweijähriger Vorbereitung wurde vom 18. März bis 2. April 1961 in 21 Pfarren von Linz nochmals gleichzeitig eine Stadtmission abgehalten. Zuvor waren dreimal je 85.000 „Missionszeitungen" und einmal 12.000 „Betriebszeitungen" verteilt worden, um die Menschen zu mobilisieren. Außerdem waren über 80.000 Kinobesucher mit einem Werbefilm konfrontiert worden. Auch durch Rundfunk, Presse und Kanzelverkündigung warb man für die Mission. Über 3000 „Missionshelfer" waren zur Vorbereitung und Durchführung eingesetzt. Im Schnitt kamen pro Tag ca. 15.000 Gläubige zu den Predigten. 55.000 Katholiken, davon 40.000 Erwachsene, gingen zur Beichte, 100 Ehen konnten saniert und 200 Ausgetretene wieder in die Kirche aufgenommen werden.

Zu diesen kirchlichen Großereignissen zählt noch das Domjubiläum 1962 (100 Jahre Grundsteinlegung). Am 29. April zelebrierte der Münchener Kardinal Julius Döpfner ein Pontifikalamt. Am Abend des nächsten Tages kamen ca. 10.000 Linzer in vier Lichterprozessionen zu einer Maiandacht in den Dom, bei der der Passauer

Bischofkoadjutor Dr. Antonius Hofmann die Predigt hielt. Den Festgottesdienst zu den Klängen der e-Moll-Messe von Anton Bruckner am 1. Mai zelebrierte der Diözesanbischof.

Zu einer eindrucksvollen Großkundgebung wurde auch der Dritte Landesjugendtag 1964 mit dem Motto: „Auch du bist Kirche". Maßgebliche Vorarbeit leisteten dabei wiederum das Seelsorgeamt und dessen Leiter Franz Vieböck; auch nahm man sich dieses Themas schon zuvor ein Jahr lang in den einzelnen Jugendgruppen an.

Karl Kollermann

Kirchlicher Wiederaufbau in der Diözese St. Pölten (1945–1968)

Abstract
After World War II, the well experienced Michael Memelauer was bishop of the diocese of St. Pölten. His work centred on pastoral care. Franz Žak, his successor, also focused on this point and tried to increase the involvement of laity. One of the most respected clerical personalities in Austria came from the diocese of St. Pölten. His name was Franz König.

Mit Ende des 2. Weltkrieges lag die Diözese St. Pölten zur Gänze in der sowjetischen Besatzungszone. Obwohl das kommunistische Regime antiklerikal eingestellt war, soll es laut Friedrich Schragl zu keinen nennenswerten Übergriffen gegen die katholische Kirche oder Behinderungen durch Sowjetsoldaten gekommen sein. Allerdings wurden viele in der NS-Zeit beschlagnahmte Gebäude von der Sowjetarmee weiterhin genutzt und devastiert.[1]

Bischof Michael Memelauer war zu dieser Zeit bereits 18 Jahre Bischof in St. Pölten und seit 48 Jahren Priester. Trotz seines fortgeschrittenen Alters lag es an ihm, wichtige Reformen, eigentlich einen Neubeginn der Diözese, einzuleiten. Einen Neubeginn, der nicht nur nach der Zeit der nationalsozialistischen Herrschaft notwendig war, sondern schon nach dem Ende der Habsburgermonarchie notwendig gewesen wäre.

I. Vorbemerkung – Die Jahre bis 1945

Von Anfang an war für Memelauer Seelsorge der zentrale Punkt seiner bischöflichen Amtszeit, wie er es auch bei seiner Ernennung programmatisch angekündigt hatte. Er vertrat die liturgische Bewegung, über die er 1928, als noch junger Bischof, in der Bischofskonferenz referierte.[2] Als wichtige Zeichen dafür erschienen in der Diözese unter anderem im Jahr 1930 ein neues Orgelbuch und 1931 ein neues Gesangsbuch.[3] In der Einführung der katholischen Aktion sah er nicht die Gründung eines neuen Vereines, sondern die Zusammenfassung aller

---

1 *Schragl, Friedrich*, Geschichte der Diözese St. Pölten, St. Pölten-Wien 1985, S. 180.
2 *Winner, Gerhard*, Bischof Michael Memelauer 1874–1927–1961, Unveröffentlichtes Manuskript, S. 9.
3 *Winner*, Memelauer (Anm. 2), S. 11.

organisierten und nicht organisierten Katholiken zu einheitlicher, zielbewusster Seelsorgearbeit. Die bewährte Organisationsform des katholischen Volksbundes sollte dabei erhalten bleiben.[4] Memelauer stand auch für eine neutrale Haltung der Kirche gegenüber politischen Vereinen, woraus die Forderung erwuchs, nichtkirchlichen Organisationen die Weihe von Fahnen zu verweigern.[5] Diese Einstellung gegenüber Politik und Parteien zeigte sich auch in der Forderung der Selbständigkeit der katholischen Jugend von der 1936 als einzig zugelassenen Jugendorganisation, dem austrofaschistischen „Österreichischen Jungvolk".[6]

Abb. 1: Bischof Michael Memelauer (DASP, Fotoarchiv, Nachlass Memelauer).

---

4 Winner, Memelauer (Anm. 2), S. 12.
5 Winner, Memelauer (Anm. 2), S. 9.
6 Winner, Memelauer (Anm. 2), S. 9.

Ein Zeichen gegen die politische Führung, wenn auch ein kleines, wurde im Zuge der Abstimmung zum Anschluss Österreichs an Deutschland gesetzt. So wurde am 21. März 1938 im Diözesanblatt jener Aufruf abgedruckt, in dem die österreichischen Bischöfe für ein „Ja" bei der Abstimmung zum Anschluss Österreichs aufriefen. Dass dies doch nicht so freiwillig geschah, wie es in der Verlautbarung stand, oder zumindest nicht von allen Diözesen unterstützt wurde, sieht man daran, dass diese Erklärung ohne die Einleitungsworte „Aus innerster Überzeugung und mit freiem Willen" abgedruckt wurde. Dies musste am 29. März im Diözesanblatt jedoch nachgeholt werden und die Pfarrer waren dazu aufgerufen, diese am darauf folgenden Sonntag noch einmal im vollen Wortlaut zu verlesen.[7]

In der darauf folgenden Zeit der NS-Herrschaft in Österreich waren es vor allem Bischof Memelauers Hirtenschreiben, in denen er gegen nationalsozialistische Gesetze und Verordnungen Stellung nahm. Vor allem die katholische Erziehung der Kinder lag ihm dabei am Herzen. Am bekanntesten ist aber seine Silvesterpredigt aus dem Jahr 1941, in der er sich gegen Abtreibung und Euthanasie stellte.[8]

II. Die ersten Nachkriegsjahre

Schon am 10. Mai 1945 wandte sich Bischof Memelauer mit einem Hirtenbrief an die Gläubigen. Er thematisierte darin das erlittene Leid, die vielen Todesopfer, die Vergewaltigungen und den Verlust der Existenzgrundlage vieler Gläubiger. Daneben zeigte Memelauer die Verluste der Kirche auf, wie die Zerstörung des Priesterseminars, die Beschädigung des Franziskanerklosters und des Domes in St. Pölten. In seinem Hirtenbrief versuchte er auch die Menschen wieder an Gott und Kirche zu binden und mahnte nach den überstandenen Todesgefahren Gott treu zu sein: „Wir sollen in Zukunft nicht wieder vor unserem Herrgott als Treubrüchige erfunden werden, die nach überstandener Gefahr wieder vergessen, was sie in Todesnähe mit bebendem Herzen gelobt hatten."[9] Auch die Einhaltung der zehn Gebote mahnte Memelauer ein, besonders das siebente Gebot hob er, in Zeiten der materiellen Not, heraus.

Mit dem Aufruf zur Vergebung versuchte er gegenüber den Nationalsozialisten, obwohl nicht direkt angesprochen, nachsichtig zu sein: „Das sollen und wollen wir in Zukunft sein, Brüder und Schwestern untereinander, die sich gegenseitig verstehen, die erfüllt sind von echt christlicher verzeihender Liebe, die keine Rachsucht kennt,

---

7   *Bischöfliches Ordinariat St. Pölten (Hg.)*, St. Pöltner Diözesanblatt. Jahrgang1938, St. Pölten 1938, S. 25 und 31.
8   *Winner*, Memelauer (Anm. 2), S. 16.
9   Hirtenbrief vom 10. Mai 1945. In: Diözesanarchiv St. Pölten (DASP), Bischof Memelauer 12, Hirtenschreiben.

mag die Vergangenheit uns auch manches Unrecht zugefügt haben, Brüder und Schwestern, die erfüllt sind von opferbereiter Nächstenliebe."[10] Insgesamt war der Hirtenbrief ein Aufruf zum Neubeginn, wenn man so will zum Wiederaufbau, mit der Rückbesinnung auf den Glauben an Gott und die katholische Kirche.

In Memelauers neuem Regierungsprogramm „ Die Kirche im neuen Österreich" wandte er sich gegen Protektionswirtschaft und setzte sich für ein Fernhalten von der Parteipolitik ein. Die einzige Aufgabe der Kirche sei die Begründung eines Gottesreiches. Die Kirche solle ausschließlich religiös orientiert sein und sich von der Tagespolitik fernhalten. Im ersten Pastoralschreiben nach dem Krieg vom 21. Mai 1945 wurde die Forderung nach vollständiger Abstinenz des Priesters von aller Staats-, Landes- oder Gemeindepolitik verlautbart. Voran standen die Worte „nicht blos Wunsch, sondern Befehl des Bischofs".[11] Seit der Gegenreformation stand die Kirche in Österreich im Schutz des Landesfürsten und wurde später durch das österreichische Staatskirchentum eigentlich beherrscht. Mit Ende der Monarchie fiel dieser Schutz weg und man versuchte durch die Bindung an eine politische Partei den bisherigen Einfluss auf die Gesellschaft zu erhalten. Dies zeigte auch das politische Engagement vieler Geistlicher. An erster Stelle ist hier sicherlich Kardinal Innitzer, der Wiener Erzbischof, zu nennen. 1949 wurde von den österreichischen Bischöfen betont, dass sich die Kirche an keine politische Partei binden wolle. Vielmehr wollte man eine Rückkehr zum Staatskirchentum und die Dominierung der katholischen Kirche durch eine Partei verhindern, um erstmals seit langer Zeit wieder eigenständig agieren zu können.[12]

In diesem Pastoralschreiben von Bischof Memelauer wurde auch die prägende Ausrichtung für die nächsten Jahrzehnte gelegt: „Unser Wirken hat sich künftighin einzig und allein auf die Seelsorge einzustellen".[13] In acht Punkten umriss der Bischof das priesterliche Arbeitsfeld, wobei er im speziellen die Jugendseelsorge als eigenen Punkt anführte.[14]

Auch im „Bischofsgruß an die Heimkehrer" vom 10. August 1945 versuchte Bischof Memelauer die Bevölkerung nach der Abkehr von der katholischen Kirche in der NS-Zeit wieder an die Kirche zu binden: „Denn seine Hand war es, die euch schützte, seine Liebe war es, die euch heimführte. Wie denn danken? Dass ihr nach der Heimkehr in die Heimat auch ganz ernste Heimkehr zu Gott haltet." In dieser Ansprache verwendete Memelauer auch den gängigen Spruch: „Not lehrt beten

---

10 Hirtenbrief vom 10. Mai 1945 (Anm. 9).
11 *Winner*, Memelauer (Anm. 2), S. 22.
12 *Schragl*, Diözese St. Pölten (Anm. 1), S. 182.
13 *Winner*, Memelauer (Anm. 2), S. 22.
14 *Winner*, Memelauer (Anm. 2), S. 22.

und bringt dem Herrgott nahe".[15] Durch die Not des Krieges kam es zu einer Rückbesinnung auf Gott und Kirche. Diese Hinwendung zu Gott sollte durch Aufrufe und Angebote der katholischen Kirche zur stärkeren Bindung genutzt werden.

Die wichtigsten Punkte im Bischofsgruß an die Heimkehrer sind:

- Rückkehr zum christlichen Glauben und zur katholischen Kirche
- Erziehung der Kinder im katholischen Glauben
- Katholisches Brauchtum stärken
- Liebe zur Heimat Österreich
- Eingliederung jugendlicher Heimkehrer in die Pfarrjugend[16]

Am 21. September 1945, nach der ersten Versammlung der österreichischen Bischöfe nach dem zweiten Weltkrieg, wurde ein Hirtenwort an die Gläubigen gerichtet. In diesem Hirtenwort wurde auf die Kirchenfeindlichkeit des Nationalsozialismus eingegangen und die Repressionen in einzelnen Bereichen dargestellt. Memelauer wollte zeigen, dass es keine Generalschuld geben darf: „Wir wissen aber auch, dass nicht nur nicht das ganze deutsche und noch weniger das österreichische Volk in seiner Gesamtheit dafür verantwortlich gemacht werden kann, sondern dass selbst viele Anhänger dieses gott- und kirchenfeindlichen Systems nur dem Zwang und Druck und einer verblendenden Propaganda erlegen sind ...".[17]

Im zweiten Teil des Hirtenwortes standen vor allem die christliche Erziehung der Kinder und Jugendlichen und die Einrichtung der Pfarr- und Diözesancaritas im Mittelpunkt. So wurden die Gläubigen aufgefordert, ihre Kinder religiös zu erziehen: „Nur dann werden sie von der jahrelangen Ansteckung befreit und von den verderblichen neuheidnischen Einflüssen entgiftet werden können."[18]

Daneben wird auch die Forderung nach Glaubens- und Gewissensfreiheit, wohl in Richtung der neuen Regierung gerichtet, erhoben. Den Satz „Darum erwarten wir von den Baumeistern des neuen Österreichs, dass sie dem Herrgott das erste Hausrecht einräumen"[19] könnte man auch als Aufforderung, einen Gottesbezug in die Verfassung aufzunehmen, verstehen. An die gesamte Bevölkerung ist der Appell zum Wiederaufbau, nicht nur im materiellen Sinne, sondern auch im Glauben, gerichtet.

In den Bischofskonferenzen im September und November 1945 präsentierte Bischof Memelauer auch Anregungen aus seinem Referat „Die Kirche im neuen

---

15 *Bischöfliches Ordinariat St. Pölten (Hg.)*, St. Pöltner Diözesanblatt. Jahrgang 1945, St. Pölten 1945, S. 13.
16 *Ordinariat (Hg.)*, Diözesanblatt 1945 (Anm. 15), S. 13 f.
17 *Ordinariat (Hg.)*, Diözesanblatt 1945 (Anm. 15), S. 18.
18 *Ordinariat (Hg.)*, Diözesanblatt 1945 (Anm. 15), S. 18.
19 *Ordinariat (Hg.)*, Diözesanblatt 1945 (Anm. 15), S. 18.

Österreich", wobei er der „Bodenreform", dem Verkauf von Grundbesitz für Siedlungszwecke unter sozialen Gesichtspunkten, breiten Raum widmete. Da aber für eine Globallösung dieser Frage vor allem auf Seiten der Interessenten die Voraussetzungen fehlten, entschied sich die Bischofskonferenz 1946 für eine Modifikation dieser „Bodenreform", woraus das Siedlungswerk entstand, das in vielen Pfarren der Diözese St. Pölten großen Erfolg hatte.[20]

Am 1. Jänner 1946 erschien die erste Ausgabe des St. Pöltner Kirchenblattes. Bereits am 9. Juni 1945 wurde der Forderung von Bischof Memelauer mit dem Beschluss der Konsistorialsitzung zur Gründung einer eigenen Bistumszeitung nachgekommen. Nach dem Wunsch des Bischofs sollte diese Kirchenzeitung ein unpolitisches Blatt, ausgerichtet auf die Interessen der Diözesanen und mit „lokalem Kolorit" versehen, sein.[21]

Schon mit Kriegsende wurde von der Diözese Budweis die Aufgabe der Administratur der Pfarren des Dekanates Gratzen und Neubistritz durch St. Pölten gefordert. Diese Pfarren waren ab 1940 der Diözese St. Pölten zur Verwaltung zugewiesen worden. Bischof Memelauer antwortete in einem Schreiben, dass er sich so lange für diese Pfarren zuständig fühle, bis er von der Kirchenführung in Rom von dieser Aufgabe entbunden werde. Um aber den gegebenen Verhältnissen Rechnung zu tragen und die ordnungsgemäße kirchliche Verwaltung dieser Gebiete zu sichern, ernannte er am 10. Juli 1945 den Dompropst von Budweis zu seinem Generalvikar.[22] Am 10. Jänner 1946 wurden die Pfarren dieser Dekanate wieder an die Diözese Budweis übergeben.[23]

III. Die Situation in den Pfarren nach 1945 – Wiederaufbau und Neustrukturierung

Neben den Kriegsschäden an Wohnhäusern und Infrastruktur waren auch kirchliche Einrichtungen von der Zerstörung durch Bomben betroffen. Es fehlte an Baumaterial und auch an Arbeitskräften, da viele Männer noch in Kriegsgefangenschaft waren. Darüber hinaus war vorrangiges Ziel die Wiederherstellung von Wohnraum für die Bevölkerung.

Praktisch völlig zerstört waren die Herz-Jesu-Kirche in Amstetten, die Kirche in Rust im Tullnerfeld sowie die Filialkirche in Traisen. Schwere Schäden

---

20 *Winner*, Memelauer (Anm. 2), S. 23.
21 *Winner*, Memelauer (Anm. 2), S. 24.
22 *Winner*, Memelauer (Anm. 2), S. 22.
23 *Bischöfliches Ordinariat St. Pölten (Hg.)*, St. Pöltner Diözesanblatt. Jahrgang 1946, St. Pölten 1946, S 19.

hatten auch die Stiftskirche Lilienfeld, die Kirchen in Gerersdorf, Obritzberg und Amstetten-St.Stephan und die Krankenhauskapelle in Gmünd. Auch die Kirchen in Kaumberg, Langenlebarn, Langenrohr, Tulln, Traismauer und Weißenkirchen an der Perschling waren beschädigt und darüber hinaus hatten zahlreiche weitere Kirchen Dach oder Fensterschäden.[24]

Daneben war die Neuanschaffung von Glocken ein wichtiges Ziel, wobei die Bevölkerung in den einzelnen Pfarren großes Engagement zeigte. In den Jahren nach 1945 kam es zu zahlreichen Glockenweihen, welche in den Pfarren mit Umzügen gefeiert wurden. So wurde am 12. September 1948 die Glockenweihe in der Pfarre Böheimkirchen vorgenommen, bei der auch Bischof Memelauer anwesend war.[25]

Abb. 2: Glockenweihe in der Pfarre Böheimkirchen am 12. September 1948 (DASP, Fotoarchiv, Pfarre Böheimkirchen).

---

24 *Schragl*, Diözese St. Pölten (Anm. 1), S. 181.
25 Akten zur Glockenweihe 1948, In: DASP, Pfarrarchiv Böheimkirchen, allgemeine Pfarrakten.

Nach dem zweiten Weltkrieg kam es zu einer weiteren Verschiebung in der Bevölkerungsstruktur, welche sich von der Landwirtschaft in Richtung Industrie, Baugewerbe und Dienstleistungssektor und somit vom Land in die Ballungszentren bewegte. Durch diese Umschichtungen in der Bevölkerung wurden in manchen Gebieten neue Kirchen und Pfarren benötigt. 1948 wurden durch Bischof Memelauer Pfarrexposituren in Böhlerwerk, Krummnußbaum und Gmünd-Neustadt errichtet. Letztere entstand aus einem ehemaligen Flüchtlingslager des 1. Weltkriegs, erhielt zwischen 1950 und 1953 eine neue Kirche und wurde 1953 zur Pfarrkirche erhoben. Die Exposituren Böhlerwerk und Krummnußbaum wurden 1957 zu Pfarren erhoben. Im Jahr 1951 wurde in Krems-Lerchenfeld eine Expositur errichtet, welche 1952 zur Pfarre erhoben wurde.[26]

Das Wachstum von St. Pölten machte ebenfalls eine Verdichtung des Pfarrnetzes notwendig. 1953 wurde Stattersdorf zur Pfarre erhoben, 1956 wurde die Pfarre Viehofen und 1961 die Pfarre Maria Lourdes errichtet.

Auch die Pfarre St. Valentin war zu groß geworden. So wurde im Ortsteil Langenhart eine Kirche errichtet und 1957 zur Pfarre erhoben. Gutenbrunn am Weinsberg wurde 1955 als Expositur und 1957 als Pfarre errichtet. Im Industrieort Nagelberg wurde die schon in der Zwischenkriegszeit geplante Kirche zwischen 1957 und 1960 erbaut und 1960 zur Pfarre erhoben.[27]

Aber auch unabhängig von Bevölkerungsentwicklungen wurden neue Kirchen errichtet. So entstand in Droß bei Krems zwischen 1948 und 1953 eine neue Kirche. In Plankenstein wurde in den Jahren 1949–1952 anstelle der in Verfall begriffenen Burg mit Kirche ein Neubau errichtet. Für den Ort Eichgraben war die 1896 errichtete Kirche zu klein. Daher kam es in den Jahren 1948–1951 zum Bau des sogenannten „Wienerwalddomes".

---

26 *Schragl*, Diözese St. Pölten (Anm. 1), S. 185.
27 *Schragl*, Diözese St. Pölten (Anm. 1), S. 186.

Kirchlicher Wiederaufbau in der Diözese St. Pölten (1945–1968) 63

Abb. 3: *Bau der Pfarrkirche in Eichgraben im Jahr 1951 (DASP, Fotoarchiv, Nachlass Memelauer).*

Nach Bodenrutschungen musste die 1497 geweihte Kirche in Stephanshart gesperrt und abgetragen werden. Die heutige Kirche wurde in den Jahren 1956–1959 errichtet. Die Umbauten in den Kirchen von Wieselburg (1953–1958) und Ulmerfeld (1951– 1953) waren so weitreichend, dass sie praktisch einem Neubau gleichzusetzen waren. Ab 1950, besonders aber ab 1955, kam es auch zu zahlreichen Kirchenrenovierungen. Die ersten großen Renovierungen betrafen Maria Taferl (ab 1951) und die Domkirche in St. Pölten.[28] Am 26. November 1949 konnte der Dom in St. Pölten nach siebenmonatiger Sperre und Bautätigkeit wieder geöffnet werden.[29] Ein Jahr darauf, vom 15–18. Juni 1950, wurde „800 Jahre Weihe der Domkirche St. Pölten" gefeiert.[30]

In weiterer Folge weihte Bischof Žak, der Nachfolger von Bischof Memelauer, bis zum Jahr 1968 noch die Kirchen Traunstein, Vestenthal, Traisen (alle 1962), Golling (Neuda, 1964), St. Pölten-Harland und Greifenstein (beide 1965) sowie Prinzersdorf (1966) und Innermanzing (1967).[31]

---

28 *Schragl*, Diözese St. Pölten (Anm. 1), S. 186.
29 *Bischöfliches Ordinariat St. Pölten (Hg.)*, St. Pöltner Diözesanblatt. Jahrgang 1949, St. Pölten 1949, S. 53.
30 *Schragl*, Diözese St. Pölten (Anm. 1), S. 186.
31 *Schragl*, Diözese St. Pölten (Anm. 1), S. 192.

Ein großer Teil der Kosten für diese vielen Kirchenbauten und Renovierungen konnte zwar aus Spenden finanziert werden, doch bereits 1956 legte die katholische Kirche Österreichs eine kirchliche Aufbauanleihe zur Zeichnung auf, um dem Nachholbedarf an Restaurierungen und der Schaffung neuer Gotteshäuser nachzukommen. Ein entsprechender Aufruf wurde im St. Pöltner Diözesanblatt im September 1956 abgedruckt.[32] Neben den Kirchen wurden auch zahlreiche Pfarrhöfe neu gebaut und saniert, um den „Erfordernissen einer modernen Wohnkultur" gerecht zu werden.[33] Die Laufzeit der 1. Anleihe betrug 25 Jahre und hatte ein Volumen von 50 Millionen Schilling. Bis 1958 folgten noch zwei weitere Anleihen.[34] Bis 1966 wurden somit ca. 330 Millionen Schilling Darlehen an kirchliche Institute vergeben.[35]

IV. Die Entwicklung der Stifte und Klöster nach 1945

Am schwierigsten war die Situation nach dem Zweiten Weltkrieg in den Stiften Altenburg und Göttweig. In Altenburg konnte der Konvent erst 1947 wieder ins Kloster einziehen. In Göttweig war es fraglich, ob der Konvent sein klösterliches Leben überhaupt wieder aufnehmen könnte. Stift Göttweig wurde im Sommer 1945 mehrmals von Besatzungstruppen und Zivilisten geplündert. Am 26. August 1945 zog Abt Hartmann Strohsacker ins Stift ein, er verstarb allerdings schon am 12. März 1946. Zunächst gestattete das Bistum Passau keine Neuwahl, da man an der Existenzberechtigung des Klosters zweifelte. Erst mit der Wahl von Wilhelm Zedinek (Abt von 1949–1971) kam es zu einer Stabilisierung. Es gelang ihm, den Klosterbesitz zu sichern und die Gebäude weitgehend zu renovieren.[36]

Das Stift Lilienfeld wurde durch die Kampfhandlungen zwischen 22. April und 8. Mai 1945 stark beschädigt. Wie in den anderen Klöstern hatte man auch hier mit Nachwuchssorgen zu kämpfen. Wirtschaftlich ging es aber aufwärts, da durch den großen Waldbesitz der Klöster und den hohen Holzpreis die Einnahmen aus dem Holzverkauf stiegen.

Während die großen Stifte die Krise der Nachkriegszeit zum Großteil gut überwinden konnten, setzte bei den Frauenkongregationen ein merklicher Rückgang

---

32 *Bischöfliches Ordinariat St. Pölten (Hg.)*, St. Pöltner Diözesanblatt. Jahrgang 1956, St. Pölten 1956, S. 62 f.
33 *Ordinariat (Hg.)*, Diözesanblatt 1956 (Anm. 32), S. 62 f.
34 *Bischöfliches Ordinariat St. Pölten (Hg.)*, St. Pöltner Diözesanblatt. Jahrgang 1958, St. Pölten 1958, S. 71.
35 *Bischöfliches Ordinariat St. Pölten (Hg.)*, St. Pöltner Diözesanblatt. Jahrgang 1966, St. Pölten 1966, S. 54.
36 *Schragl*, Diözese St. Pölten (Anm. 1), S. 181.

ein. Daher mussten zahlreiche Niederlassungen in Krankenhäusern und Altersheimen aufgegeben werden. Für die Institute der Englischen Fräulein in St. Pölten und Krems sowie für die Amstettner Schulschwestern ergaben sich durch die neuen Schulgesetze verschiedene Änderungen.

Es wurden auch neue Schultypen eröffnet. Die Gymnasien der Benediktiner in Melk und Seitenstetten führten jeweils einen neusprachlichen Zweig an ihren Gymnasien ein und öffneten sich für Mädchen, die nun diese Gymnasien besuchen konnten.

Auch auf anderem Gebiet versuchten die Stifte sich neu zu positionieren und wirtschaftlich erfolgreich zu sein. So traten die Stifte als Orte von Landesausstellungen hervor, wie in den 1960er Jahren Stift Altenburg mit „Paul Troger" (1963) oder Stift Melk mit „Prandtauer und sein Kreis" (1960).[37] Diese Ausstellungen boten dabei einen Anlass für notwendige Renovierungsmaßnamen.

V. Diözesanlehranstalt und Seminare

Schon am 13. Mai 1945 begann die Diözesanlehranstalt in St. Pölten mit einer Vorlesung mit drei Hörern und das Wintersemester 1945/46 begann am 1. Oktober mit 21 Alumnen. Ein Jahr später waren es bereits 41. Das Priesterseminar selbst war durch Bomben beschädigt und bis zum Jahr 1952 von verschiedenen städtischen Ämtern mitbenützt worden. Bis 1949 gab es keine Heizung, wodurch es des öfteren Kälteferien gab. Auch die Ernährungssituation war schwierig, wofür Naturaliensammlungen – auch für die Knabenseminare – durchgeführt wurden.[38]

Ab Herbst 1945 nahm das Knabenseminar in Seitenstetten wieder seinen Betrieb auf. Das Knabenseminar in Melk war in der NS Zeit aufgehoben worden und an die Kreisbauernschaft zur Unterbringung einer landwirtschaftlichen Schule vermietet. Nach Beendigung des Krieges diente es als russisches Lazarett. Anfang Jänner 1946 wurde das Seminar wieder seiner eigentlichen Bestimmung übergeben, doch aufgrund des schlechten Zustandes musste eine Renovierung durchgeführt werden. Die 16 für das Seminar gemeldeten Studenten wurden während der Renovierungsarbeiten im Stift Melk untergebracht.[39] Am 25. März 1965 wurde noch ein Knabenseminar in Zwettl errichtet.[40]

---

37 *Schragl*, Diözese St. Pölten (Anm. 1), S. 193.
38 *Schragl*, Diözese St. Pölten (Anm. 1), S. 180.
39 *Ordinariat (Hg.)*, Diözesanblatt 1946 (Anm. 23), S. 13.
40 *Bischöfliches Ordinariat St. Pölten (Hg.)*, St. Pöltner Diözesanblatt. Jahrgang 1965, St. Pölten 1965, S. 29.

VI. Änderungen in der Diözesanverwaltung

Mit der Autonomie der Diözese in Finanzfragen kamen auch die Bauangelegenheiten von der Religionsfondsverwaltung zur Diözese. Daher errichtete Bischof Memelauer am 1. November 1946 das Bauamt der Diözese St. Pölten als Abteilung des Bischöflichen Ordinariates.[41] 1959 bekam diese Abteilung auch noch die Verwaltung der Liegenschaften hinzu und hieß nun „Bau- und Liegenschaftsamt". 1960 wurde es vom Ordinariat getrennt.

Mit 18. November 1946 wurde in der Diözese St. Pölten eine Kirchenmusikschule errichtet. Diese Schule hat den Zweck, für den Gottesdienst Organisten und Chorleiter sowie kirchenmusikalische Kräfte auszubilden. Sie untersteht dem bischöflichen Ordinariat und ist eine rein kirchliche Schule.[42]

Am 4. Juli 1959 wurde die „Caritas der Diözese St. Pölten" anstatt des Vereines „Caritasverband der Diözese St. Pölten" errichtet und ein eigenes Statut vergeben.[43]

Zwischen 1959 und 1961 wurde das Diözesanarchiv neu aufgestellt und am 1. Juli 1961 als selbständige Abteilung errichtet. Als 1. Archivar wurde Dr. Gerhard Winner bestellt.[44]

VII. Bischof Memelauer – Schwerpunkt Jugend und Seelsorge

Wie wichtig für die österreichischen Bischöfe der Bereich Kinder und Jugend war, sieht man an den vielen Kundgebungen und Hirtenbriefen mit denen man sich an die katholische Jugend wandte. Auch am 2. Oktober 1946 erfolgte dies mit den Worten: „Die Kinder und die Jugend sind die Hoffnung des Volkes für die Zukunft. Die Sorge um die Jugend wird mit Recht immer vordringlicher sein als alle anderen Fragen."[45]

Dabei wurde auch eine einheitliche Gestaltung der kirchlichen Jugendarbeit in Österreich durchgeführt. Als einzige kirchliche Jugendbewegung wurde die unter der Leitung der Bischöfe stehende „katholische Jugend" anerkannt, war selbst jedoch kein Verein laut Vereinsgesetz. Andere Bezeichnungen in einzelnen

---

41 *Bischöfliches Ordinariat St. Pölten (Hg.)*, St. Pöltner Diözesanblatt. Jahrgang 1947, St. Pölten 1947, S. 3.
42 *Ordinariat (Hg.)*, Diözesanblatt 1946 (Anm. 23), S. 47.
43 *Bischöfliches Ordinariat St. Pölten (Hg.)*, St. Pöltner Diözesanblatt. Jahrgang 1960, St. Pölten 1960, S. 57 f.
44 *Bischöfliches Ordinariat St. Pölten (Hg.)*, St. Pöltner Diözesanblatt. Jahrgang 1961, St. Pölten 1961, S. 46.
45 *Ordinariat (Hg.)*, Diözesanblatt 1946 (Anm. 23), S. 41.

Diözesen fielen dadurch weg. Als österreichische Zentralstelle fungierte das „Katholische Jugendwerk Österreich".[46] Am 31. Jänner 1947 gab Bischof Memelauer die Weisungen für die katholische Jugendarbeit im Diözesanblatt bekannt. Neben den Strukturen der „katholischen Jugend" wurden auch die Betätigungsfelder angeführt.[47]

Im Oktober 1947 übernahm Memelauer auf Ansuchen von Kardinal Innitzer das Jugendreferat in der Bischofskonferenz. Als Hauptproblem sah er hierbei das Verhältnis der im Rahmen der Katholischen Aktion bestehenden katholischen Jugend zu den in der Tradition der Vorkriegszeit wieder auflebenden anderen Jugendorganisationen.[48] Memelauer erreichte 1948, dass der Reichsbund seine Tätigkeit nicht mehr aufnahm, sondern die Katholische Jugend auf pfarrlicher Ebene als Bestandteil der Katholischen Aktion geführt wurde. Noch im selben Jahr erfolgte die Gliederung in Landjugend (KLJ), Arbeiterjugend (KAJ) und Mittelschuljugend (KMJ, ab 1962 KSJ = Katholische studierende Jugend). Mädchen und Buben waren getrennt, sodass es je zwei Zentralleitungen gab.

Die Anfänge der katholischen Jugend setzten nach dem Krieg mit den sogenannten „Heimstunden" in den Pfarren ein. Am 23. Mai 1948 fand in allen Pfarren der Bekenntnistag der katholischen Jugend statt. Er sollte der Jugend das Gemeinschaftserlebnis der katholischen Kirche näher bringen, darüber hinaus sollte auch die Kraft und Stärke der katholischen Generation aufgezeigt und das Programm der katholischen Jugendbewegung bekannt gemacht werden.[49] Danach folgten Bekenntnistage auf Dekanatsebene. Höhepunkte waren die Diözesanbekenntnistage am 12. Juni 1949 in Krems, wo der Bischof vor 15.000 Jugendlichen sprach, und am 2. Mai 1954 in St. Pölten, wo sich 12.000 Jugendliche zum Heimattag versammelten.[50] Dabei wurde ein Bekenntnis der Treue und Liebe zur Heimat abgelegt.[51]

---

46 *Ordinariat (Hg.)*, Diözesanblatt 1946 (Anm. 23), S. 43.
47 *Ordinariat (Hg.)*, Diözesanblatt 1947 (Anm. 41), S. 15 ff.
48 *Winner*, Memelauer (Anm. 2), S. 23.
49 *Bischöfliches Ordinariat St. Pölten (Hg.)*, St. Pöltner Diözesanblatt. Jahrgang 1948, St. Pölten 1948, S. 20.
50 *Schragl*, Diözese St. Pölten (Anm. 1), S. 183.
51 *Bischöfliches Ordinariat St. Pölten (Hg.)*, St. Pöltner Diözesanblatt. Jahrgang 1954, St. Pölten 1954, S. 27.

Abb. 4: Heimattag in St. Pölten am 2. Mai 1954 (DASP, Fotoarchiv, Nachlass Memelauer).

Abb. 5: Heimattag in St. Pölten am 2. Mai 1954. 1. Reihe 2. und 3. v. l. Bischof Koadjutor König und Bischof Memelauer (DASP, Fotoarchiv, Nachlass Memelauer).

1948 begann sich auch die Katholische Männer- und Frauenbewegung zu organisieren. Die Jungschararbeit setzte nur langsam, so richtig erst nach 1950 ein.[52] 1952 wurde in einer Generalerledigung des 1. Pastoralkonferenzthemas wieder auf die Wichtigkeit zur Gründung der Katholischen Jungschar hingewiesen.[53]
1949 erging die Weisung zur Jugendseelsorge. Dabei wurde auch auf die Notwendigkeit eines Pfarrheimes hingewiesen, wo Jugendliche zu geistiger Arbeiten und gemütlichen Ideenaustausch zusammen kommen konnten. Zur Finanzierung wurde in jeder Pfarre eine eigene Jugendkasse errichtet, in der das Monatsopfer, die Beiträge der „Freunde der katholischen Jugend" und Spenden und Einnahmen aus Veranstaltungen einflossen.[54]

VIII. Die Zeit der Bischofskoadjutoren König und Žak

Im Frühjahr 1951 erlitt Bischof Memelauer einen Herzinfarkt. Nach Rücksprache mit dem päpstlichen Nuntius kam es zur Ernennung eines Koadjutors mit dem Recht der Nachfolge.[55] Somit wurde am 31. Mai 1952 der damalige Professor für Moraltheologie in Salzburg, Dr. Franz König, zum Titularbischof von Livias und Koadjutor von St. Pölten ernannt. König war am 3. August 1905 in Warth, in der Pfarre Rabenstein, geboren worden und war unter anderem während des Krieges Domkurat in St. Pölten gewesen. Nach seiner Weihe am 31. August 1952 durch Bischof Memelauer entlastete König den Bischof durch Visitationsreisen, er setzte auch eigene Initiativen wie die Gründung des Katholischen Bildungswerkes, das 1954 seine Tätigkeit aufnahm. 1955 gründete er die Buchgemeinschaft „Welt und Heimat".[56]

Am 21. Juni 1953 wurde der katholische Familienverband Österreichs unter dem Vorsitz von Bischof-Koadjutor Dr. Franz König in Wien gegründet. Er hatte die Aufgabe, die geistigen und materiellen Interessen der Familie gegenüber Staat und Behörden wahrzunehmen.[57] 1953 wurde die Pfarrkirchenratsordnung der Diözese St. Pölten aufgrund der Bestimmungen des kirchlichen Gesetzbuches

---

52 *Schragl*, Diözese St. Pölten (Anm. 1), S. 184.
53 *Ordinariat (Hg.)*, Diözesanblatt 1954 (Anm. 51), S. 15 ff.
54 Das Monatsopfer war ein monatlich zu zahlender Geldbetrag, zu dessen Zahlung alle Jugendlichen erzogen werden sollten, war aber kein Mitgliedsbeitrag im eigentlichen Sinn. *Ordinariat (Hg.)*, Diözesanblatt 1949 (Anm. 29), S. 8 f.
55 *Schragl*, Diözese St. Pölten (Anm. 1), S. 186.
56 *Schragl*, Diözese St. Pölten (Anm. 1), S. 186.
57 *Bischöfliches Ordinariat St. Pölten (Hg.)*, St. Pöltner Diözesanblatt. Jahrgang 1953, St. Pölten 1953, S. 58.

erlassen. Die bestellten Pfarrkirchenräte haben die Aufgabe bei der kirchlichen Vermögensverwaltung und Bauangelegenheiten mitzuwirken.[58]

Im Blickfeld blieb auch weiterhin die Katholische Aktion, nämlich deren Entwicklung voranzutreiben und zu festigen. Im Fastenhirtenbrief vom 1. März 1954 riefen daher Bischof und Bischof-Koadjutor zur religiösen Erneuerung und zur Beteiligung in der katholischen Aktion auf.[59]

Der Priestermangel war bereits in dieser Zeit zu spüren, obwohl das Hoch der Nachkriegszeit für die Kirche noch bis etwa 1960 anhielt. Ab dieser Zeit war ein stetiger Rückgang der Gottesdienstbesucher zu bemerken.[60] Im Bischofswort zur Erweiterung des Knabenseminars in Seitenstetten, wurde beklagt, dass 1955 nur zwei Alumnen zum Priester geweiht wurden. Außerdem waren bereits sechs Pfarren ohne eigenen Pfarrer und somit Nachbarpfarren zugeteilt. Da aber nach dem Krieg noch ein starker Andrang zu den Knabenseminaren in Melk und Seitenstetten herrschte, versuchte man mit der Erweiterung des Seminars in Seitenstetten dieser Entwicklung entgegen zu wirken.[61] 1955 wurde das sogenannte „Adolfinum", ein ehemaliges Adeligenkonvikt, umgebaut und es standen somit weitere 50 Plätze zur Verfügung.[62]

1959 weihte der spätere Bischof Franz Žak auch den Neubau des Interdiözesanen Seminars für Priesterspätberufene (Canisiusheim) in Horn, das seit 1953 notdürftig in Rosenburg untergebracht gewesen war. 1965 wurde für das Waldviertel ein Seminar in Zwettl errichtet. Trotz dieser Maßnahmen sank ab 1968 die Zahl der Neupriester auf unter zehn Personen in der Diözese.[63]

---

58 *Ordinariat (Hg.)*, Diözesanblatt 1953 (Anm. 58), S. 23 ff.
59 *Ordinariat (Hg.)*, Diözesanblatt 1954 (Anm. 51), S. 29.
60 *Schragl*, Diözese St. Pölten (Anm. 1), S. 189.
61 *Ordinariat (Hg.)*, Diözesanblatt 1954 (Anm. 51), S. 94.
62 *Bischöfliches Ordinariat St. Pölten (Hg.)*, St. Pöltner Diözesanblatt. Jahrgang 1955, St. Pölten 1955, S. 23.
63 *Schragl*, Diözese St. Pölten (Anm. 1), S. 189.

Abb. 6: *Umbau des „Adolfinum" im Jahr 1955 (DASP, Fotoarchiv, Topographische Sammlung).*

Schon bald kam es wieder zu einer Änderung in der diözesanen Führung. Am 31. Mai 1956 wurde Koadjutor Franz König zum Bischof von Wien ernannt.[64] Sein Nachfolger wurde noch im selben Jahr Franz Žak. Žak war am 30. Juni 1917 in Niederedlitz, Pfarre Thaya, geboren worden. Er war der Sohn der Landwirte Johann und Antonia Žak, welche 1913 aus der Diözese Budweis nach Niederösterreich gezogen war.[65] In der Familie war weiterhin noch Tschechisch gesprochen worden, in der Schule jedoch Deutsch. Žak besuchte das Knabenseminar in Seitenstetten und trat 1937 in das Alumnat in St. Pölten ein.[66] Aufgrund des 2. Weltkrieges wurde er erst 1947 zum Priester geweiht. Später war Žak Domkurat in St. Pölten und studierte ab 1951 Kirchenrecht in Rom.[67] Ab 1954 bis zu seiner Ernennung als Bischofskoadjutor war er stellvertretender Vorsitzender des diözesanen Ehegerichts.[68] Bischof Memelauer zog sich nach Žaks Ernennung von der Diözesanverwaltung immer mehr zurück und übertrug die Verantwortung verstärkt seinem Koadjutor.

---

64 *Ordinariat (Hg.)*, Diözesanblatt 1956 (Anm. 32), S. 51.
65 *Ströbitzer, Hans*, Franz Žak. Bischof einer Zeitenwende, St. Pölten-Wien 1987, S. 13 f.
66 *Ströbitzer*, Žak (Anm. 65), S. 22.
67 *Ströbitzer*, Žak (Anm. 65), S. 39.
68 *Ströbitzer*, Žak (Anm. 65), S. 41.

Abb. 7: Bischof Koadjutor Franz Žak (DASP, Fotoarchiv, Personen).

Ein politisches Ereignis, welches den neuen Koadjutor Žak unmittelbar betraf, war im Jahr 1956 der Aufstand in Ungarn gegen das stalinistische Regime, woraufhin Truppen der Sowjetarmee in Budapest einfuhren und der „Konter-Revolution" ein Ende bereiteten. Über 180.000 Ungarn flüchteten danach nach Österreich.[69] In der Diözese St. Pölten wurden in Judenau im Tullnerfeld und in Spratzern bei St. Pölten Flüchtlingslager eingerichtet. Vor allem die Caritas und die Katholische Jugend engagierten sich bei der Hilfe für die Flüchtlinge. In den Pfarren wurden

---

69 Ströbitzer, Žak (Anm. 65), S. 43.

von der Katholischen Jugend Sammlungen durchgeführt. Im Jänner 1957 besuchte Franz Žak mit dem geflüchteten ungarischen Bischof Stefan Laszlo das Flüchtlingslager in Spratzern.[70]

Die Flüchtlingsnot, nicht nur in Österreich sondern weltweit, hielt auch in den folgenden Jahren an, was auch zur Ausrufung eines Weltflüchtlingsjahres im Jahr 1960 durch die Vereinten Nationen führte. In einem gemeinsamen Fastenhirtenschreiben der österreichischen Bischöfe gingen diese auch auf das Thema Flüchtlinge und Hunger ein.[71]

Im Diskurs mit den politischen Parteien gab es besonders mit der Sozialistischen Partei weiterhin Konflikte wegen des Konkordates. Im speziellen waren es die Ehegesetzgebung, die konfessionellen Schulen aber auch das Kirchenvermögen. Mit dem Sozialhirtenbrief der österreichischen Bischöfe im Jahr 1956, kam es zu einer Neuausrichtung gegenüber dem demokratischen Sozialismus. Maßgeblich daran beteiligt war der damalige Erzbischof von Wien und frühere Koadjutor von St. Pölten, Franz König.[72] Erst mit dem Sozialhirtenbrief wurde das gegenseitige Misstrauen schwächer, auch weil auf beiden Seiten neue Akteure, wie eben König, unbelasteter miteinander umgehen konnten.[73]

In weiterer Folge nahm die Bundesregierung im Jahr 1957 Verhandlungen mit dem Vatikan bezüglich der Anerkennung und Revision des Konkordates auf. 1960 kam ein Vermögensvertrag zustande, wobei der Kirche ein jährlicher staatlicher Zuschuss zugestanden wurde. 1962 wurde ein Vertrag bezüglich der Schulfrage und des Religionsunterrichtes geschlossen. Der Staat übernahm dabei 60% des Aufwandes für Lehrkräfte an konfessionellen Schulen. Damit war das Konkordat von 1933 anerkannt, wobei allerdings die Ehegesetzgebung ausgeklammert blieb.[74]

Am 26. Mai 1957 fand die Feier zum 30jährigen Bischofsjubiläum von Bischof Memelauer im Dom von St. Pölten und ein anschließender Festakt im Brunnenhof statt.[75] Geladen war neben dem Wiener Erzbischof und dem Apostolischen Nuntius Dellepiane auch Bundeskanzler Julius Raab.[76]

---

70 *Ströbitzer*, Žak (Anm. 65), S. 47.
71 *Ordinariat (Hg.),* Diözesanblatt 1960 (Anm. 43), S. 15 ff.
72 *Neuhold, David,* Franz Kardinal König – Religion und Freiheit. Ein theologisches und politisches Profil, Freiburg 2008, S. 205.
73 *Schragl,* Diözese St. Pölten (Anm. 1), S. 182.
74 *Schragl,* Diözese St. Pölten (Anm. 1), S. 183.
75 *Bischöfliches Ordinariat St. Pölten (Hg.),* St. Pöltner Diözesanblatt. Jahrgang 1957, St. Pölten 1957, S. 37 f.
76 *Ströbitzer*, Žak (Anm. 65), S. 53.

Abb. 8: Das 30jährige Bischofsjubiläum von Michael Memelauer am 26. Mai 1957 (DASP, Fotoarchiv, Nachlass Memelauer).

Vom 30. Mai bis zum 1. Juni 1958 fand der Zweite diözesane Katholikentag statt. Dabei wurde am 1. Juni um 13:45 Uhr ein Sternmarsch der Teilnehmer zum Domplatz durchgeführt, wo bei einer Schlusskundgebung auch Bischof Memelauer sprach.[77] Rund 30.000 Menschen sollen in St. Pölten daran teilgenommen haben.[78]

Bischofkoadjutor Žak hielt beim Festgottesdienst am 1. Juni eine Predigt, in der das Motto des Katholikentages „Nicht Knechte, sondern Freunde" ins Zentrum gestellt wurde. Er prangerte dabei den zunehmenden Wohlstand und den damit einhergehenden Materialismus an und sah dies als Gefahr für die geistigen Werte: „Im Zweiten Weltkrieg, als die Not groß war, wandten sich viele Menschen von den irdischen, vergänglichen Werten ab und hielten nach himmlischen bleibenden Werten Ausschau".[79]

---

77 *Ordinariat (Hg.)*, Diözesanblatt 1958 (Anm. 34), S. 39.
78 *Ströbitzer*, Žak (Anm. 65), S 54.
79 *Ordinariat (Hg.)*, Diözesanblatt 1958 (Anm. 34), S. 47.

Kirchlicher Wiederaufbau in der Diözese St. Pölten (1945–1968) 75

Abb. 9: *Zweiter diözesaner Katholikentag am 1. Juni 1958 (DASP, Fotosammlung, Nachlass Memelauer).*

Im Fastenhirtenbrief vom 2. Februar 1959 standen wieder Kinder und Jugendliche, das zentrale Thema der St. Pöltner Bischöfe, im Vordergrund. Die Erziehung der Kinder als elterliches „Recht und Pflicht" kann „durch niemanden anderen vollgültig ersetzt werden". Auch der zunehmende Wohlstand spiegelte sich in diesem Brief wider. Der Aufruf zu Genügsamkeit und Sparsamkeit der Kinder und Jugendlichen 14 Jahre nach Kriegsende wurde an die Eltern gerichtet. „Die Lehrpersonen und Schuldiener können darüber erzählen, was alles in den Abfallkörben der Schulen zu finden ist. Nicht nur Buttersemmeln, sondern auch halbe Bananen, Reste von Wurst und angebissenes Edelobst."[80]

1960 wurde das 300jährige Jubiläum der Wallfahrt in Maria Taferl begangen. Am 19. März, dem Tag an dem 1660 die erste heilige Messe auf dem Taferlberg zelebriert worden war, wurde das Jubiläumsjahr eröffnet und erreichte am 18. September seinen Höhepunkt.[81]

---

80 *Bischöfliches Ordinariat St. Pölten (Hg.)*, St. Pöltner Diözesanblatt. Jahrgang 1959, St. Pölten 1959, S. 9 ff.
81 *Ordinariat (Hg.)*, Diözesanblatt 1960 (Anm. 43), S. 9.

IX. Die Diözese St. Pölten unter Bischof Franz Žak

Am 30. September 1961 verstarb Bischof Memelauer im Alter von 87 Jahren.[82] Mit seinem Tod wurde Koadjutor Franz Žak Bischof von St. Pölten. Am selben Tag sollte die Weihe des Bildungs- und Exerzitienhaus in St. Pölten, des sogenannten „Hippolythauses" stattfinden. Statt der feierlichen Begrüßung der Festgäste musste Bischof Žak allerdings den Tod von Bischof Memelauer verkünden.[83]

Das Hippolythaus war noch unter Bischof Memelauer geplant worden. Nach dem Krieg bestand ein großes Bedürfnis nach geistigen Werten und Exerzitien. So hatte schon 1946 das Bildungshaus im Stift Zwettl seinen Betrieb wieder aufgenommen. 1951 hatte die Diözese das „Uferstöckl" in Wallsee gemietet und dort ein Bildungs- und Exerzitienheim eingerichtet. Mit der Intensivierung der Schulungs- und Bildungsarbeit erwachte immer mehr der Wunsch nach einem eigenen und verkehrsmäßig günstig gelegenen Haus. So wurde 1959 der Grundstein für den Bau des Bildungs- und Exerzitienhauses St. Hippolyt in St. Pölten in die Wege geleitet, der 1961 vollendet wurde.[84]

X. Die dritte Diözesansynode der Diözese St. Pölten

Mit der Eröffnung des Hippolythauses fand auch gleichzeitig die dritte Diözesansynode der Diözese St. Pölten statt, welche vom 1. bis 4. Oktober 1961 in diesem Gebäude anberaumt war.[85] Das große Thema war „Zeitgemäße Seelsorge unter besonderer Berücksichtigung des Laienapostolates", wie es bereits 1959 bei der Dechantenkonferenz in St. Pölten von Bischofkoadjutor Žak angekündigt worden war.[86] Einberufen wurde die Synode noch von Bischof Memelauer. Es handelte sich um eine fast reine Priestersynode, zu der nur sieben Laien hinzu berufen wurden.[87]

Die Themen, welche in neun Referaten abgehandelt wurden, waren:[88]

- Aszetische und wissenschaftliche Weiterbildung des Klerus
- Religionsunterricht und religiöse Erziehung in der Schule

---

82 *Schragl*, Diözese St. Pölten (Anm. 1), S. 187.
83 *Hg. Bischöfliches Ordinariat St. Pölten (Hg.)*, Diözesansynode 1961. 1. Teil Referate und Canones, St. Pölten 1962, S. 25.
84 *Schragl*, Diözese St. Pölten (Anm. 1), S. 188.
85 *Ordinariat (Hg.)*, Diözesanblatt 1961 (Anm. 44), S. 25 f.
86 *Ordinariat (Hg.)*, Diözesansynode 1. Teil (Anm. 83), S. 5.
87 *Schragl*, Diözese St. Pölten (Anm. 1), S. 189.
88 *Ordinariat (Hg.)*, Diözesansynode 1. Teil (Anm. 83), S. 297 ff.

- Liturgie
- Caritas[89]
- Laienapostolat
- Christliche Erwachsenenbildung
- Juristische Kommission (diözesanrechtliche Vorschriften)
- Predigt
- Mission

Die Synode verabschiedete auch das Statut der Berufsgemeinschaft der Seelsorgehelferinnen, das Statut für das Diözesanarchiv und das Statut der Katholischen Aktion, das zu Pfingsten 1962 in Kraft trat.[90] Da es aber in den Jahren nach der Diözesansynode infolge des Zweiten Vatikanischen Konzils (1962–1965) zu zahlreichen Veränderungen im kirchlichen Leben kam, wurde 1968 eine weitere Diözesansynode angekündigt, welche in der Pädagogischen Akademie in Krems in drei Vollversammlungen im Jahr 1972 durchgeführt wurde.[91]

Am 30. November 1961 fand die feierliche Amtseinführung von Franz Žak als Bischof in Anwesenheit von Kardinal König im Dom St. Pölten statt.[92] Kurz darauf erschien der Sozialhirtenbrief der österreichischen Bischöfe anlässlich des Erscheinens der Sozialenzyklika „Mater et magistra", welche die Arbeit der Katholischen Arbeiterjugend und Arbeiterbewegung beflügelte und auch den Dialog zwischen Kirche und dem Sozialismus in Österreich verstärkte.[93] Auch die beginnende Globalisierung machte vor der katholischen Kirche nicht halt und spiegelt sich in der Sozialenzyklika wider, wo von der Verwirklichung des „Weltgemeinwohls" die Rede ist.[94]

---

89 Der Caritasverband konstituierte sich im Jahr 1920 und unterstand dem Volksbund. Im Jahr 1945 wurde der Caritasverband als diözesane Einrichtung wiederbelebt und erhielt 1959 als „Caritas der Diözese St. Pölten" eine eigene Rechtspersönlichkeit.
90 Dies betraf auch die Statuten der Katholischen Männerbewegung, der Katholischen Arbeiterbewegung, der Katholischen Aktion der Männer, der Katholischen Frauenbewegung, der Katholischen Jugend und der Katholischen Jungschar. Hg. *Bischöfliches Ordinariat St. Pölten (Hg.)*, Diözesansynode 1961. 2. Ordnungen und Statuten, St. Pölten 1962, S. 132 ff.
91 *Schragl*, Diözese St. Pölten (Anm. 1), S. 190.
92 *Ordinariat (Hg.)*, Diözesanblatt 1961 (Anm. 44), S. 81.
93 *Ströbitzer*, Žak (Anm. 65), S. 63 f.
94 *Ordinariat (Hg.)*, Diözesanblatt 1961 (Anm. 44), S. 102 ff.

XI. Bischof Žak und das Zweite Vatikanische Konzil (1962–1965)

Bereits die Diözesansynode, aber noch viel mehr das Zweite Vatikanische Konzil prägten die Ära von Franz Žak. Besonders die tägliche Begegnung mit der Weltkirche, den Bischöfen aus allen Kontinenten der Welt, waren für Žak sehr beeindruckend. In vielen Gesprächen und Kontakten wurde der Horizont für die Weltkirche erweitert. In der Diskussion über das Liturgieschema ergriff auch Bischof Žak das Wort.[95] Eine Liturgiereform war „Herzensanliegen der österreichischen Bischöfe", wie Žak es in seiner Silvesterpredigt bezeichnet hat.[96]

Nach dem Tod von Johannes XXIII. wurde das Konzil unter Paul VI. fortgeführt. An der Debatte über das Amt der Bischöfe beteiligte sich auch Bischof Žak. Er schlug vor, man solle von der überholten Praxis abgehen, Bischof Koadjutoren und Weihbischöfen bei deren Ernennung Titelkirchen zuzuweisen.[97]

In der vierten Konzilssession meldete sich Žak zur Frage des Zölibates und des Priesterlebens zu Wort. Es setzte sich dabei für einen standesgemäßen Unterhalt des Priesters ein. Seiner Ansicht nach sollte der Priester einen einfachen Lebensstil führen, der jeden Luxus ausschließt und für die Jugend Führer und Beispiel sein.[98]

Als Folge des Zweiten Vatikanischen Konzils wurde am 17. November 1966 der Priesterrat der Diözese St. Pölten gegründet. Der Priesterrat ist ein die Priesterschaft vertretender Senat von Priestern, der den Bischof bei der Leitung der Diözese unterstützen soll. Er hat den Bischof vor allem in Fragen der Seelsorgearbeit zu beraten.[99] Im selben Jahr wurden auch an sieben Schwerpunktorten der Diözese von Bischof Žak Konzilstage abgehalten, um Priester und Laien über die Ergebnisse des Konzils zu informieren. Es nahmen daran über 1700 Laien teil.[100]

Der Stellenwert der Laien in der Kirche wurde von Bischof Žak sehr hoch eingeschätzt. Im neu eingerichteten Seelsorgerat der Diözese St. Pölten, der 1967 unter dem Vorsitz Žaks erstmals tagte, waren von rund 30 Mitglieder 18 Laien. Bereits 1965 hatte Žak mit dem damals 32jährigen Ing. Werner Scholz, den ersten „weltlichen" Caritasdirektor Österreichs ernannt.[101]

---

95   *Ströbitzer*, Žak (Anm. 65), S. 66 f.
96   *Ströbitzer*, Žak (Anm. 65), S. 69.
97   *Ströbitzer*, Žak (Anm. 65), S. 70.
98   *Ströbitzer*, Žak (Anm. 65), S. 73.
99   *Ordinariat (Hg.)*, Diözesanblatt 1966 (Anm. 35), S. 89.
100   *Ströbitzer*, Žak (Anm. 65), S. 75.
101   *Ströbitzer*, Žak (Anm. 65), S. 75.

Kirchlicher Wiederaufbau in der Diözese St. Pölten (1945–1968)   79

1966 fand im Bildungshaus St. Hippolyt auch der Europa-Kongress für das Laienapostolat statt. Nicht nur der Priestermangel und die neue Stellung, die den Laien durch das Konzil zugewiesen wurde, sondern auch seine innere Überzeugung begründeten Žaks Einsatz für die Laien.[102]

Am 11. Oktober 1966 traten weitere Konzilsbeschlüsse in Kraft, so sollten Bischöfe bei Erreichung des 75. Lebensjahres von Ihrem Amt zurücktreten, Weihbischöfe waren nicht mehr den Generalvikaren unterstellt und das Amt eines Bischofsvikars wurde errichtet.[103]

Diese Möglichkeit der Einsetzung eines Bischofvikars nutzte Bischof Žak, indem er die feierliche Konsekration des am 25. Juli 1967 zum Weihbischof von St. Pölten ernannten Dr. Alois Stöger vornahm.[104] Vor seiner Weihe und Rückkehr nach St. Pölten war Stöger Theologieprofessor, Spiritual und Rektor der Anima in Rom. Žak übertrug Stöger alle Agenden bezüglich der Weiterbildung des Klerus und die Koordination der Erwachsenenbildung. Er erhielt auch den Vorsitz im Kuratorium der „Caritas der Diözese St. Pölten" sowie im „Pastoralreferat des Seelsorgeamtes".[105]

Am 10. Oktober 1968 wurde die 1965 gegründete Pädagogische Akademie in Krems ihrer Bestimmung übergeben. Die Errichtung einer eigenen Akademie zur Lehrerausbildung sollte den kirchlichen Einfluss auf junge Lehrer stärken. Die Errichtung des Projektes erfolgte auf einem Gesamtareal von 25.000 m² und umfasste ein Seminar, Hörsäle, ein siebenstöckiges Studentenheim und eine Kapelle. Es handelte sich dabei um das damals größte Bauprojekt der Diözese St. Pölten in ihrer Geschichte. Wie Bischof Žak betonte, sollte die Akademie „Lehrer bilden, die ihre Bildungs- und Erziehungsarbeit bewusst aus dem Glauben beseelen." Die Akademie stand aber auch nichtkatholischen christlichen Studenten offen.[106]

Bischof Žak kündigte 1968 eine neue Diözesansynode für das Jahr 1972 an. Sie war vor allem dafür gedacht, eine klare Weichenstellung zur Verwirklichung der Konzilsbestimmungen zu erreichen. Das große Thema sollte allerdings die „Fristenlösung" werden, welche die SPÖ auf ihrem Villacher Parteitag 1972 beschließen sollte.

---

102   Ströbitzer, Žak (Anm. 65), S. 75.
103   Ordinariat (Hg.), Diözesanblatt 1966 (Anm. 35), S. 77 ff.
104   Bischöfliches Ordinariat St. Pölten (Hg.), St. Pöltner Diözesanblatt. Jahrgang 1967, St. Pölten 1967, S. 83.
105   Ströbitzer, Žak (Anm. 65), S. 79.
106   Ströbitzer, Žak (Anm. 65), S. 74.

Wolfgang Neuper

Kirchlicher Wiederaufbau in der Erzdiözese Salzburg 1945–1968

Abstract
During the Archdiocese Salzburg's reconstruction period after World War II (1945–1968), Archbishop Andreas Rohracher had an outstanding role. He was involved in every pathbreaking decision. During his reign the pastoral care in the Archdiocese was secured, the Church attended to its educational mandate, the Department of Theology and the Seminar were reopened and the diocese's fortune was restored.

The reconstruction in Salzburg was complex and came with limitations. The church took care of the traumatised and after life had step by step returned to normal the diocese could draw its attention to other fields again, such as the solidification of theological matters, the world Church or the discussion on new phenomena. The Archdiocese Salzburg also established itself as a centre of Theology by creating an International research centre, by reopening the Department of Theology and the Seminar and by issuing the periodical "Klerusblatt".

In the years between 1945 and 1968 the aim was to reconstruct destroyed churches and ecclesiastical buildings, thus marking this period as one of intense building activity. 22 churches were erected or remarkably enlarged and numerous renovated. Additionally chapels, vicarages, cemeteries, parish houses or kindergartens were built. The diocesan input in the fields of training posts and care facilities, such as youth institutions or catholic public schools, was very important. This building activity represented to the public not only the necessity of rebuilding destroyed buildings, but also the reconstruction of faith.

The Archdiocese Salzburg also engaged in the cultural field. It supported, hosted and organised exhibitions and offered children and adult education. At the same time the diocese revised its institutional structure, which led to a certain degree of bureaucratization. Moreover the laity became increasingly present in administration and work processes.

The archdiocese also had a great influence on profane developments. The Church and the Archbishop looked after the people during the hardship of the post-war period and helped solve social problems. It would have been impossible to manage the reconstruction in the period after 1945 without people's donations and the personal input of many volunteers.

Die zentrale, schillernde Person in den Nachkriegsjahren bis 1968 war zweifellos Erzbischof Andreas Rohracher (1892–1976, Erzbischof 1943–1969), der das Geschehen kontrollierte und das Sagen hatte. Er nahm sich nicht nur seinem Glauben und seiner Diözese an, sondern war auch in säkulare Vorgänge eingebunden. Andere einflussreiche hohe Geistliche der Diözesanführung in dieser Zeit waren

Johannes Filzer als Weihbischof und Generalvikar (1874–1962, Weihbischof ab 1927), Franz Simmerstätter (1898–1997), Leonhard Steinwender (1889–1961) und Eduard Macheiner (1907–1972, ab 1963 Weihbischof, Erzbischof 1969–1972).[1] Andreas Rohracher übernahm die Regierung der Erzdiözese 1943. Damals gab es in Salzburg keine theologische Fakultät mehr, kein Knaben- und kein Priesterseminar, das erzbischöfliche Palais war beschlagnahmt und vierzehn Salzburger Priester waren im Konzentrationslager. Nach 1945 widmete sich der Erzbischof mit ganzer Kraft dem Wiederaufbau der Erzdiözese indem er den Kirchenbau förderte, den Wiederaufbau des Domes forcierte und ein katholisches Internationales Forschungsinstitut gründete.[2] Andreas Rohracher resignierte am 30. Juni 1969. Zu seinem Nachfolger wurde Weihbischof Eduard Macheiner gewählt.[3]

In seinem ersten Hirtenwort nach dem Kriegsende bemühte sich Erzbischof Andreas Rohracher, Optimismus zu verbreiten und die Bevölkerung zu trösten, zu kräftigen und aufzubauen:

> *„Wo die Not am größten, ist Gottes Hilfe am nächsten. Voll Zuversicht denken wir – stehend vor Trümmern des Zusammengebrochenen – an den Aufbau; den staatlichen, sozialen, wirtschaftlichen haben andere zu besorgen, freilich unter gewissenhafter Beachtung des heiligen Willen Gottes. Mir obliegt die Sorge um den religiös-sittlichen und kirchlichen Aufbau unserer Erzdiözese, und ich weiß daß* [!] *Staat und Volk kein größerer Dienst erwiesen werden kann, als wenn dieser gelingt."*

Der Erzbischof gab also die Marschroute früh vor: staatlicher, sozialer, wirtschaftlicher, religiös-sittlicher und kirchlicher Aufbau. Für die letzten beiden waren die göttliche Wahrheit und der lebendige Glaube die unentbehrlichen Voraussetzungen.[4] Bei einer Rede in Innsbruck 1947 versuchte Andreas Rohracher, ein

---

1 *Spatzenegger, Hans*, „Kirche in der Freiheit". Die Aufbaujahre 1945–1948, in: *Zwink, Eberhard* (Hg.), Salzburg und das Werden der Zweiten Republik. VI. Landes-Symposion am 4. Mai 1985, Salzburg 1985 (Schriftenreihe des Landespressebüros, Serie Salzburg Diskussionen, Nr. 7), S. 59–80; *Spatzenegger, Hans*, Die Katholische Kirche von der Säkularisation (1803) bis zur Gegenwart, in: *Dopsch, Heinz / Spatzenegger, Hans* (Hg.), Geschichte Salzburgs. Stadt und Land (Band II, 3. Teil), Salzburg 1991, S. 1493–1520.
2 *Weinzierl, Erika*, Der österreichische Episkopat 1918–1965., in: Ecclesia Semper Reformanda. Beiträge zur österreichischen Kirchengeschichte im 19. und 20. Jahrhundert, Wien-Salzburg 1985, S. 204.
3 *Hintermaier, Ernst / Rinnerthaler, Alfred / Spatzenegger, Hans* (Hg.), Erzbischof Andreas Rohracher. Krieg – Wiederaufbau – Konzil, Salzburg 2010, S. 16–17; Verordnungsblatt der Erzdiözese Salzburg (VBlEDSbg), Nr. 7/1 vom Juli 1969, S. 185–190.
4 VBlEDSbg, Stück 15 vom Juni 1945, S. 109–116.

mögliches Programm für den österreichischen Wiederaufbau festzulegen und nannte die Pfeiler: Gerechtigkeit, Einigkeit, Liebe und Religion.[5]

„Den geistigen Dom können wir nicht wieder aufbauen wie er gewesen ist. Ihn müssen wir errichten mit unseren Mitteln, nach unseren Maßen, aus unserer Zeit heraus, in der nichts von vornherein gültig, sondern alles ein Wagnis ist, das Mut erfordert und Geduld."

Die Steine zum Aufbau des geistigen Domes waren die soziale Frage, Politik, Presse, Heime, Büchereien, Schulungskurse, Siedlung und Wohnbau.[6]

Rohracher richtete sich nach Kriegsende auch an den Diözesanklerus und hob die Bedeutung der Priester hervor. Nach dem Zusammenbruch des *„deutschen Volkes auf materiellem, wirtschaftlichem und geistigem Gebiet"* und des nationalsozialistischen Regimes, das die Kirche im Land *„vernichten"* und in *„systematischem Kulturkampf alle Gebiete des Lebens dem Einfluß* [!] *der Kirche"* entziehen wollte, brauchte es mutige Seelsorger, die beim seelischen Aufbau des Landes tatkräftig mithalfen.[7] Nach Amtsantritt und nach dem Zweiten Weltkrieg suchte Rohracher jeweils sofort den Kontakt zu den Seelsorgern, gab klare Weisungen für den Wiederaufbau der Seelsorge und zeigte durch Visitationsreisen Präsenz.[8]

Die erste Bischofskonferenz in der Zweiten Republik fand am 20. und 21. September 1945 in Salzburg statt. Die Bischöfe besprachen auch hier die religiösen Zustände und überlegten, welche Maßnahmen für den religiös-sittlichen Aufbau des Landes getroffen werden konnten. Zentrale Fragen und Probleme waren der Religionsunterricht, die Jugendseelsorge, der Ausbau der Caritas, die sozialen Probleme, die Priesterbildung, die kirchlichen Feiertage, die Flüchtlinge und die Restitution des enteigneten Kirchenvermögens.[9]

Am 23. Juni 1960 wurde die Apostolische Administratur Eisenstadt zur Diözese erhoben und die Erzdiözese Salzburg erhielt durch den Vertrag zur Regelung von

---

5 Klerus-Blatt. Vormals katholische Kirchenzeitung, Jg. 80.1947, Nr. 6 vom 20. März 1947, S. 41–42.
6 Rupertibote. Kirchenblatt der Erzdiözese Salzburg, Jg. 4.1949, Nr. 26 vom 26. Juni 1949, S. 2.
7 VBlEDSbg, Stück 15 vom Juni 1945, S. 116–125.
8 *Berg, Karl*, Der Bischof und seine Mitarbeiter aus dem Priester- und Ordensstand, in: *Erzbischöfliches Ordinariat Salzburg* (Hg.), Diener Jesu Christi. Festschrift zum fünfzigjährigen Priesterjubiläum des Erzbischofs von Salzburg Dr. Andreas Rohracher, Salzburg 1965, S. 34–40.
9 Rupertibote. Kirchenblatt der Erzdiözese Salzburg, Jg. 1.1945/46, Nr. 1 vom 28. Oktober 1945, S. 3.

vermögensrechtlichen Beziehungen verlorengegangenen Besitz zurück.[10] Minister Drimmel übergab Rohracher das Palais und sieben weitere kirchliche Gebäude etwa den Dompfarrhof und vier Domherrenhäuser, womit die „Salzburger Frage", die durch die Säkularisierung 1803 entstand, weil dem ehemaligen geistlichen Fürstentum Salzburg das Vermögen und die materielle Grundlage entzogen wurden, nach 150 Jahren gelöst wurde. Neben den Gebäuden wurden auch Staatsforste übereignet und gingen in kirchliches Eigentum über. Mit der Übertragung des Palais' hatte der Salzburger Erzbischof erstmals seit Kriegsende eine eigene Residenz. Im Herbst 1961 wurde das Vermögen der Erzdiözese gefestigt. Erzbischof Rohracher hatte sich bald nach dem Zweiten Weltkrieg weiters dafür eingesetzt, dass die von den Nationalsozialisten eingezogenen Gebäude und Objekte zurückgegeben wurden. Darunter befanden sich das Palais, Kanonikerhäuser, das Borromäum und Klöster. Bei den Verhandlungen ging es um die Dotation des Bischofs und des Metropolitankapitels und um die Erhaltung der Domkirche. Für die Salzburger vermögensrechtlichen Belange war das zu Artikel V des Vermögensvertrages des besonderen Teiles Festgehaltene bedeutend:[11]

„Artikel V regelt eine zwischen dem Heiligen Stuhl und Österreich schon seit vielen Jahrzehnten offene Frage: Nachdem das Gebiet, das sich im wesentlichen mit dem heutigen Bundesland Salzburg deckt, im Jahre 1816 Österreich zugefallen war, sind auf den österreichischen Staat unter anderen [!] auch Gebäude, die ausgesprochen kirchlichen Zwecken dienten, übertragen worden. Mit dem vorliegenden Vertrag sollen einige auch heute noch von der Kirche auf Dauer benötigte Gebäude wie die Erzbischöfliche Residenz, die für das Metropolitankapitel bestimmten Wohnhäuser, das Domprobsteigebäude, das Domstadtpfarramt, das sogenannte Kapellhaus, das Franziskaner- und das Kapuzinerkloster in das Eigentum der Erzdiözese Salzburg übertragen werden. Ferner soll über die Übertragung von einer rund 560 ha forstlich genutzten produktiven [!] Liegenschaft ein ähnlicher Zustand für

---

10 *Steinkellner, Friedrich,* Kirche in Salzburg 1958 bis 1978. Die katholische Kirche auf dornigem Weg, in: *Zwink, Eberhard* (Hg.), Die Ära Lechner. Das Land Salzburg in den sechziger und siebziger Jahren, Salzburg 1988, (Schriftenreihe des Landespressebüros, Sonderpublikation 71), S. 527–549.

11 *Kremsmair, Josef,* Die Restitution des kirchlichen Vermögens, in: *Hintermaier, Ernst / Rinnerthaler, Alfred / Spatzenegger, Hans* (Hg.), Erzbischof Andreas Rohracher. Krieg–Wiederaufbau–Konzil, Salzburg 2010 (Schriftenreihe des Erzbischof-Rohracher-Studienfonds 7, Schriftenreihe des Archivs der Erzdiözese Salzburg 9), S. 215–241; *Simmerstätter, Franz,* Das Wirken des 86. Erzbischofs von Salzburg, in: *Erzbischöfliches Ordinariat Salzburg* (Hg.), Diener Jesu Christi. Festschrift zum fünfzigjährigen Priesterjubiläum des Erzbischofs von Salzburg Dr. Andreas Rohracher, Salzburg 1965, S. 20–23; Rupertibote. Kirchenblatt der Erzdiözese Salzburg, Jg. 16.1961, Nr. 49 vom 3. Dezember 1961, S. 6.

den *Erzbischöflichen Stuhl Salzburg hergestellt werden, wie er in den meisten Diözesen Österreichs bereits besteht. Es wurde bereits eine grundsätzliche Einigung darüber erzielt, dass von österreichischer Seite ein Teil der Forstverwaltung Weyer übertragen werden wird."*[12]

Salzburg und Tirol waren stets katholische Länder. 1945 lebten in der Erzdiözese Salzburg 319.749 Katholiken und 23.000 Nichtkatholiken. Die Volkszählung von 1961 ergab, dass in der Erzdiözese Salzburg 91,55% der Bevölkerung (insgesamt 455.920 Einwohner) katholisch war. 1963 lebten hier 423.755 Katholiken und 35.400 Nichtkatholiken, von denen 19.216 Personen evangelisch waren. Trotz des Anstiegs der Bevölkerungszahlen nahm die katholische Bevölkerung prozentuell ab. 1869 waren in Salzburg 99,7% und in Tirol 99,9% der Bevölkerung Katholiken, 1934 waren es noch 96,8% beziehungsweis 97,8%. Nach dem Zweiten Weltkrieg reduzierte sich die Zahl in Salzburg auf 88,8% und in Tirol auf 94,7%. 1961 waren in Salzburg 90% und in Tirol 95,1% katholisch. Die Tatsache katholisch zu sein änderte auch der Säkularisierungsprozess in den 1960ern nicht. Die Gruppe der Personen ohne Bekenntnis nahm aber zu. In den Nachkriegsjahren kehrte sich die Abfallsbewegung um. Zwischen 1938 und 1942 gab es 17.150 Apostasien, was bei einer Katholikenanzahl von ca. 346.000 rund fünf Prozent der Gläubigen ausmachte, und jährlich konvertierten keine 90 Personen zum katholischen Glauben. 1945 und 1946 gab es zusammen 4.173 Konvertiten und lediglich 102 Apostasien in der Erzdiözese Salzburg. 1954 verzeichnete man noch 298 Kirchenaustritte und 248 Konversionen. Die Gründe dafür lagen für die diözesane Kirchenführung in den Tätigkeiten von Sekten, bei den Kirchenbeiträgen und in religiöser Gleichgültigkeit. Das erzbischöfliche Ordinariat befürchtete aber, dass die Zahl der Austritte höher war, da einzelne Pfarrämter keine Meldung erstatteten. Zwischen 1958 und 1978 verließen 18.354 Personen die katholische Kirche, 2.864 kehrten zurück und es gab 1.310 Konvertiten. Im Bundesland Salzburg traten zwischen 1958 und 1968 0,10 und 0,18 Prozent der Salzburger aus der Katholischen Kirche aus. Als Kriterium für die Kirchlichkeit galt vor allem der Besuch des sonntäglichen Gottesdienstes. Gingen 1958 noch ca. 44 Prozent der Katholiken an den Zählsonntagen zum Gottesdienst, so waren es 1968 nur mehr ca. 41 Prozent. Die Zahl ging aber vor allem in den 1970ern zurück (1978: ca. 31%). Das Schrumpfen und Verdichten der Kerngemeinde, eine verstärkte Distanz und ein Auswahlchristentum waren ab den späten 1960er Jahren charakteristisch. Ab diesem Zeitpunkt gab es vermehrt unreligiöse, nichtchristliche Katholiken. Aber die Katholische

---

12 ÖStA, AdR, 42. Sitzung des Ministerrates vom 28. Juni 1960. Regelungsvorlage zu Artikel V des besonderen Teiles des Vertrages mit dem heiligen Stuhl zur Regelung der vermögensrechtlichen Beziehungen.

Kirche war selbstbewusst. Im Chaos der Nachkriegsjahre war die Kirche der Hort der Stabilität und Werte waren gefragt. Trotz des Zulaufes konnten die neuen Konvertiten die Austritte im Dritten Reich nicht ausgleichen.[13] Vor allem Erzbischof Rohracher sollte es inmitten des politischen, wirtschaftlichen, sozialen und kulturellen Trümmerfeldes schaffen, die wichtigsten kirchlichen Anliegen zu verwirklichen und so das kirchliche Leben schrittweise zu normalisieren.[14]

I. Wiederaufbau und Kirchenbau in der Erzdiözese Salzburg

Sichtbar und augenscheinlich war der Wiederaufbau beim Beseitigen der Kriegsschäden. Dies betraf neben säkularen auch kirchliche und sakrale Gebäude. Die Stadt Salzburg war in den letzten Kriegsmonaten Luftangriffen ausgesetzt, deren berühmtestes Opfer sicherlich der Salzburger Dom war. Der Dom wurde zum Symbol des Wiederaufbaus in Salzburg. Am 16. Oktober 1944 wurde er beim ersten amerikanischen Luftangriff von einer Fliegerbombe getroffen. Sie zerstörte den westlichen Vierungsgurtbogen, worauf die westlichen Pendentifgewölbe und Tamboursegmente einstürzten und die Kuppel mit niederrissen. Das Ausbleiben sofortiger provisorischer Schutzmaßnahmen führte zu weiteren witterungsbedingten Schäden. Am 20. Oktober 1944 verlegte das Konsistorium die Domgottesdienste nach St. Peter. Das Dombaukomitee, das erstmals am 22. Juni 1945 tagte, war bis 1959 unter dem Vorsitz von Andraes Rohracher ein wesentlicher Entscheidungsträger beim Wiederaufbau. Im Juli 1945 beauftragte der Erzbischof den Architekten Karl Holey und dessen Vertreter Architekt Peter Zacherl mit der Leitung des Domaufbaus. Sofort nach Kriegsende bat Erzbischof Rohracher um Kirchensammlungen für den Dom, die ein überwältigendes Ergebnis brachten – mehr

---

13 *Erzbischöfliches Ordinariat Salzburg* (Hg.), Diener Jesu Christi. Festschrift zum fünfzigjährigen Priesterjubiläum des Erzbischofs von Salzburg Dr. Andreas Rohracher, Salzburg 1965, S. 138; VBlEDSbg, Nr. 13 vom Dezember 1963, S. 414–421; Rupertibote. Kirchenblatt der Erzdiözese Salzburg, Jg. 19.1964, Nr. 1 vom 5. Jänner 1964, S. 4 und Nr. 2 vom 12. Jänner 1964, S. 3; *Spatzenegger*, Freiheit (Anm. 1), S. 59–80; Rupertibote. Kirchenblatt der Erzdiözese Salzburg, Jg. 3.1947/48, Nr. 26 vom 28. März 1948, S. 5; Rupertibote. Kirchenblatt der Erzdiözese Salzburg, Jg. 3.1947/48, Nr. 27 vom 4. April 1948, S. 4; Rupertibote. Kirchenblatt der Erzdiözese Salzburg, Jg. 3.1947/48, Nr. 28 vom 11. April 1948, S. 2; VBlEDSbg, Nr. 3 vom März 1955, S. 230; *Steinkellner*, Kirche in Salzburg (Anm. 10) S. 527–549.

14 *Rinnerthaler, Alfred*, Von der religiösen Wiederaufbaueuphorie zum „Neuen Kirchenkurs". Kirchliches Leben in Salzburg 1945–1995, in: *Hanisch, Ernst / Kriechbaumer, Robert (Hg.)*, Salzburg. Zwischen Globalisierung und Goldhaube, Wien 1997 (Geschichte der Österreichischen Bundesländer seit 1945), S. 481–549, hier S. 482–483.

als eine halbe Million Schilling wurde gesammelt – und einen sofortigen Beginn des Wiederaufbaus ermöglichten. Neben den Spenden trugen Benefizaufführungen, Benefizkonzerte, Briefmarkenserie (Dombaumarken) oder Kollekten zur Finanzierung des Aufbaus bei. Erzbischof Rohracher rief die Gläubigen immer wieder zu Spenden oder Dombausammlungen auf. Eine provisorische Trennwand wurde eingezogen und anlässlich des Diözesanjugendtages am 27. Oktober 1946 im verkürzten Dom vor 7.000 Angehörigen der Katholischen Jugend der erste Gottesdienst seit der Bombardierung zelebriert. Zweieinhalb Jahre später am 26. Mai 1949 feierte die Erzdiözese ein großes Domfest mit der Aufsteckung und Weihe des großen Kuppelkreuzes. Bis Jänner 1949 verschlangen die Bautätigkeiten sechs Millionen Schilling. 1950 führten Geldmangel und starke Lohn- und Preissteigerungen zu einem weitgehenden Stillstand der Arbeiten bis 1953. Im März 1954 konnte die weitere Finanzierung des Domwiederaufbaus mit einem Vierjahresplan gesichert werden – von den veranschlagten 12 Millionen Schilling entfielen 2,4 Millionen auf die Erzdiözese Salzburg–, doch musste der Finanzierungsplan im Mai 1958 noch um ein Jahr verlängert werden. Neben der Erzdiözese Salzburg beteiligten sich auch der Bund, die Länder Salzburg und Tirol sowie die Stadt Salzburg an den Kosten.[15] Im April 1959 war der Wiederaufbau nach 14 Jahren vollendet und dieser wurde mit einer Domfestwoche von 1. bis 7. Mai 1959 gebührend gefeiert.[16]

Neben dem Dom waren auch andere Kirchengebäude von den Luftangriffen auf die Stadt betroffen. Andreas Rohracher machte Anfang 1951 auf die beschädigten und zerstörten Gotteshäuser aufmerksam: *„Eine der vielen großen Sorgen, die uns der Krieg hinterlassen hat, ist jene um die Kirchen, die von Bomben zerstört oder beschädigt wurden. Wohl sind die meisten schon wieder hergestellt wie die Stadtpfarrkirchen Itzling, St. Elisabeth und Maria Loreto in Salzburg; selbst der Dom ist wenigstens so weit, daß [!] er für den Gottesdienst verwendet werden kann und für den normalen Gebrauch genügt."* Die Kirche St. Andrä, Mittelpunkt

---

15 Erker, Erich, Chronologie der Zerstörung und des Wiederaufbaus des Domes, in: Keller, Peter (Hg.), Ins Herz getroffen. Zerstörung und Wiederaufbau des Domes 1944–1959, Salzburg 2009 (Katalog zur 35. Sonderschau des Dommuseums zu Salzburg), S. 9–19; Klerus-Blatt. Vormals katholische Kirchenzeitung, Jg. 92.1959, Nr. 9 vom 2. Mai 1959, S. 93–94; Rupertibote. Kirchenblatt der Erzdiözese Salzburg, Jg. 1.1945/46, Nr. 17 vom 24. Februar 1946, S. 1–2; VBlEDSbg, Nr. 2 vom Februar 1955, S. 205–207; Rupertibote. Kirchenblatt der Erzdiözese Salzburg, Jg. 4.1949, Nr. 4 vom 23. Jänner 1949, S. 1.
16 VBlEDSbg, Nr. 1 vom Jänner 1959, S. 159; Rupertibote. Kirchenblatt der Erzdiözese Salzburg, Jg. 14.1959, Nr. 19 vom 10. Mai 1959, S. 1–5 und Nr. 20 vom 17. Mai 1959, S. 1–5.

einer großen Pfarrgemeinde, war im Jänner 1951 in einem Zustand, der es nicht erlaubte, regelmäßig Gottesdienst zu halten.[17] Am 17. November 1944 und am 27. Februar 1945 wurden große Teile der Andräkirche zerstört, auch der Hochaltar mit dem Presbyterium. Daraufhin war St. Sebastian kurz die Ersatzkirche, was allerdings eine unzureichende Lösung war. St. Andrä selbst war nach dem ersten Angriff ein Lagerraum für den Hausrat ausgebombter Menschen. Stadtpfarrer Franz Zeiß engagierte den Architekten Michael Kurz, nach dessen Entwürfen die Kirche auf den spärlich vorhandenen Resten in sehr einfacher Form praktisch neu errichtet wurde. Obwohl Andreas Rohracher bereits Ende November 1945 zum Wiederaufbau der Kirche St. Andrä aufrief und dafür in den einzelnen Pfarren der Diözese gesammelt werden sollte, begannen die Arbeiten erst 1948 und wurden am 30. November 1952 mit dem Kirchweihfest abgeschlossen. Die Ausgestaltung des Innenraums zog sich noch über das Jahr 1952 hinaus.[18]

Auch das Bürgerspital mit der Pfarrkirche St. Blasius wurde bereits beim ersten Luftangriff am 16. Oktober 1944 schwer getroffen. Dabei wurde die Sakristei in Mitleidenschaft gezogen. Der zweite Angriff zerstörte einen Verbindungsbau zwischen Kirchen und Arkaden, Teile der Arkaden, den Pfarrhof und dessen Nachbargebäude. Im Rahmen des Wiederaufbaus sicherte sich das Museum Carolino Augusteum den Arkadentrakt zu Ausstellungszwecken.[19]

In die Pfarrkirche Itzling schlug am 20. Jänner 1945 ein Blindgänger ein. Die Bombe riss ein Loch in das Dach und den Chor samt Orgel herab. Vor allem der Haupteingang wurde schwer beschädigt. Pfarrer Peter Paul Bramböck beschrieb die Zerstörung folgendermaßen:

> *„Volltreffer durch Kirchendach an der Rückseite, ganzer Sängerchor mit Orgel fortgerissen. Die eingestellten Möbel teilweise schwer zertrümmert, die Kuppel über Hochaltar und der linke Seitenaltar gesprengt – sämtliche Fenster vollständig zerschlagen, Gräuel der Verwüstung! Große Teilnahme des Kirchenvolkes. Frauen kommen sofort zum Aufräumen. Sanctissimum unversehrt im Tabernakel."*[20]

---

17 Rupertibote. Kirchenblatt der Erzdiözese Salzburg, Jg. 6.1951, Nr. 4 vom 28. Jänner 1951, S. 1–2.
18 *Berndl, Herbert*, St. Andrä, Salzburg, Salzburg 2006 (Christliche Kunststätten Österreichs 403), S. 4–5; Rupertibote. Kirchenblatt der Erzdiözese Salzburg, Jg. 1.1945/46, Nr. 7 vom 9. Dezember 1945, S. 2, Jg. 6.1951, Nr. 4 vom 28. Jänner 1951, S. 1–2, Jg. 7.1952, Nr. 48 vom 30. November 1952, S. 1–2 und Jg. 7.1952, Nr. 50 vom 14. Dezember 1952, S. 5.
19 *Stadler, Georg*, Das Bürgerspital St. Blasius zu Salzburg, Salzburg 1985, S. 240–243.
20 *Marx, Erich*, „Dann ging es Schlag auf Schlag". Die Bombenangriffe auf die Stadt Salzburg, in: *Marx, Erich / Heinisch, Reinhard R.* (Hg.), Bomben auf Salzburg. Die

Pfarrer Johann Baptist Vogl, der für die Pfarre das „Katholische Hilfswerk" gründete und die Sanierung zerstörter Häuser vorantrieb, ließ die Pfarrkirche St. Antonius zwischen 1945 und 1947 restaurieren und sanieren.[21]

Andere durch Bomben zerstörte Gebäude waren das Krankenhaus der Barmherzigen Brüder und das Kolpinghaus. Das Gesellenheim wurde am 6. Juli 1945 in die Selbstverwaltung zurückgegeben und bis Ende 1950 wieder hergestellt.[22] Das enteignete Krankenhaus der Barmherzigen Brüder, das die Nationalsozialisten als Wehrmachtslazarett einrichteten, wurde beim Angriff am 16. Oktober getroffen und die Westseite des Spitals mit einem Operationssaal, Röntgenapparaten und andere Räume und Einrichtungsgegenstände zerstört. Der Orden konnte das Gebäude am 27. Juni 1945 wieder übernehmen. Neben dem Krankenhaus war auch die Kirche betroffen. Sie wurde als erstes wiederhergestellt und die Arbeiten bereits im August 1945 abgeschlossen. Der Konvent beauftragte im Oktober 1947 Stadtbaumeister Franz Wagner mit dem Aufbau des Spitals und da er über keine nennenswerten Gelmittel mehr verfügte, richtete sich der Prior mit der Bitte um Unterstützung und um Spenden für den Wiederaufbau an die Salzburger Bevölkerung. Auch die Stadt Salzburg unterstützte den Orden. Im Frühjahr 1966 wurde der neue Trakt des Krankenhauses der Barmherzigen Brüder eröffnet.[23] Bomben trafen auch einen Teil der 1931 begonnenen Kirche Salzburg-St. Elisabeth (Weihe im Oktober 1955).[24]

Wie auch in anderen Bereichen, etwa für karitative Zwecke, war die Spendenfreudigkeit der Bevölkerung bei Bau- und Renovierungsprojekten sehr hoch. In den Jahren nach dem Zweiten Weltkrieg wurden Gotteshäuser nicht nur wieder aufgebaut, sondern auch neu errichtet oder restauriert. Die 1940er, 1950er und 1960er Jahre waren Jahrzehnte, die von einer sehr regen Bautätigkeit in der Erzdiözese, die in der Nähe der Stadt Salzburg und in der Nähe von Großsiedlungen auch Baugründe erwarb, geprägt waren. Aufgrund des Bevölkerungswachstums

---

Gauhauptstadt im „totalen Krieg", Salzburg 1995 (Schriftenreihe des Archivs der Stadt Salzburg 6), S. 240-244.

21 *Simmer, Walter*, Stark im Glauben – auch in schweren Zeiten, in: 100 Jahre St. Antonius Salzburg-Itzling. Wandel vom Dorf zum Stadtteil, Salzburg 2003, S. 38-41.
22 Rupertibote. Kirchenblatt der Erzdiözese Salzburg, Jg. 5.1950, Nr. 53 vom 31. Dezember 1950, S. 6-7.
23 Rupertibote. Kirchenblatt der Erzdiözese Salzburg, Jg. 3.1947/48, Nr. 22 vom 29. Februar 1948, S. 4, Jg. 5.1950, Nr. 30 vom 23. Juli 1950, S. 6 und Jg. 21.1966, Nr. 51/52 von Weihnachten 1966, S. 7.
24 Rupertibote. Kirchenblatt der Erzdiözese Salzburg, Jg. 8.1953, Nr. 29 vom 19. Juli 1953, S. 1-2 und Jg. 10.1955, Nr. 40 vom 2. Oktober 1955, S. 3-4.

und der Entstehung neuer (Groß)Siedlungen bestand laut Diözesanführung die Notwendigkeit, neue Kirchen zu bauen oder bestehende zu vergrößern. Zu diesem Zweck wurde der Salzburger Kirchenbauverein als Organ, das Hilfsmittel für Kirchenbauten und -vergrößerungen sowie für Pfarrhofneubauten aufbringen sollte, gegründet. Die Satzungen des Vereins wurden am 15. Februar 1954 erlassen. Dort wo kirchliche Neubauten entstehen sollten, konnten lokale Zweigvereine mit eigener Rechtspersönlichkeit in Verbindung mit dem Salzburger Kirchenbauverein gegründet werden.[25] Mit seinen Zweigvereinen zählte der Kirchenbauverein im Juli 1954 bereits über 2.000 Mitglieder, die mit ihren jährlichen Mitgliedsbeiträgen bei der Realisierung der verschiedenen Bauprojekte halfen. Bei den örtlichen Kirchenbauvereinen, etwa in Salzburg-Maxglan, Salzburg-St. Elisabeth, Rigaus/Abtenau, Erpfendorf/Kirchdorf, Kufstein und Kufstein-Sparchen, wollten die Mitglieder Ihre Beiträge für den örtlichen Kirchenbau verwendet wissen.[26] Bis 1964 unterstützten rund 3.500 Mitglieder und Gönner die Idee des Kirchenneubaues und der Errichtung und Renovierung von Pfarrhöfen, Kindergärten, Pfarrheimen oder Pfarrsälen auf dem ganzen Gebiet der Erzdiözese.[27] Bei den Kirchenbauten der Nachkriegszeit wagte man neben der traditionellen Bauweise durchaus den Anschluss an internationale, moderne Kirchenbauten, was zu heftigen Kontroversen führte.[28]

In Maxglan stellte sich bereits im Zusammenhang mit der Pfarrerhebung 1907 die Frage eines Kirchenneubaus. Grundstücksprobleme sowie die ernste Lage während der beiden Weltkriege verhinderten aber vorerst eine Umsetzung. Nach dem Zweiten Weltkrieg wurden die An- und Neubaupläne wieder aufgenommen, bis schließlich am 12. Oktober 1952 die Grundsteinlegung erfolgen und drei Jahre später die Kirche von Weihbischof Johannes Filzer am 6./7. Oktober 1955 geweiht werden konnte.[29] Die Betreiber des Eisenwerkes in Sulzau-Werfen bemühten sich,

---

25 VBlEDSbg, Nr. 2 vom Februar 1954, S. 19–23; Rupertibote. Kirchenblatt der Erzdiözese Salzburg, Jg. 8.1953, Nr. 3 vom 18. Jänner 1953, S. 1.
26 VBlEDSbg, Nr. 7 vom Juli 1954, S. 118–119.
27 Rupertusblatt. Kirchenzeitung der Erzdiözese Salzburg, Jg. 20.1965, Nr. 1 vom 3. Jänner 1965, S. 4.
28 *Kerschbaum, Roland*, Zwischen Tradition und Moderne. Das kirchliche Baugeschehen in Salzburg unter Erzbischof Andreas Rohracher, in: *Hintermaier, Ernst / Rinnerthaler, Alfred / Spatzenegger, Hans* (Hg.), Erzbischof Andreas Rohracher. Krieg–Wiederaufbau–Konzil, Salzburg 2010 (Schriftenreihe des Erzbischof-Rohracher-Studienfonds 7, Schriftenreihe des Archivs der Erzdiözese Salzburg 9), S. 513–533, hier 528–529.
29 *Hahnl, Adolf*, Baugeschichte, Planungen und Standortfrage der Pfarrkirche Maxglan, in: *Kramml, Peter F. / Lauterbacher, P. Franz / Müller, Guido* (Hg.), Maxglan. Hundert Jahre Pfarre 1907–2007. Salzburgs zweitgrößter Stadtfriedhof. Mit 120 Biografien bekannter,

für die Ortschaft, die auf fast 1.000 Einwohner angewachsen war, eine Kirche zu erbauen. Die Concordia-Kirche in Tenneck wurde schließlich 1954 fertiggestellt.[30] Zwischen 1945 und 1968 wurden neben Salzburg-Maxglan (1955) und Werfen-Tenneck (1954) 20 weitere Kirchenneubauten vollendet: Eben 1951, Kufstein-Sparchen 1954, die Werkkapelle Kaprun 1953/55, Salzburg-St. Elisabeth 1955, Salzburg-Parsch 1956, die Filiale Felseralmkirche in Obertauern, Pfarre Untertauern 1953/56, Bürmoos 1956, Erpfendorf 1957, die Fatimakirche der Ursulinen in Glasenbach 1957, die Hauskapelle der Kuranstalt St. Josef am Dürrnberg 1961, Salzburg-Herrnau 1961, Hochfilzen 1961, die Filialkirche Rigaus in Abtenau 1962, die Filiale Lungötz 1964, Salzburg-Lehen 1964/65,[31] Zell am See-Schüttdorf 1966, die Kirche im Missionshaus der Herz-Jesu-Missionare in Salzburg-Liefering 1966/67, Salzburg-Gneis 1967, Salzburg-Taxham 1968 und Vorderthiersee 1968.[32] Daneben wurden noch 1958/60 das Provinzhaus der Barmherzigen Schwestern in Mülln, das Apostolatshaus der Pallotiner samt Kapelle 1963/64 und eine Kapelle für die Vöcklabrucker Schulschwestern in der Pfarre St. Andrä 1965/68 errichtet.[33]

In St. Margarethen im Lungau wurde nach 18-monatiger Bauzeit das Bildungsheim St. Augustin eröffnet und im Oktober 1951 geweiht.[34] 1952 konnten mit dem Vinzentinum und dem Mädchenheim St. Sebastian zwei katholische Heime eröffnet werden und die Caritas errichtete anstelle der Barackenherberge ein Herbergshaus in der Plainstraße.[35]

Neben den Neubauten ließen die Erzdiözese und Pfarren unzählige Kirchen renovieren, etwa die Franziskaner Kirche, Nonnberg, die Pfarrkirche Mülln, die Klosterkirche St. Josef, die Stiftskirche Mattsee, die Wallfahrtskirche Maria Bühel, die Gabrielskapelle, die Kollegienkirche, die Priesterhauskirche und unzählige

---

bemerkenswerter und berühmter Persönlichkeiten, Salzburg 2007, S. 31–52; Rupertibote. Kirchenblatt der Erzdiözese Salzburg, Jg. 11.1956, Nr. 41 vom 7. Oktober 1956, S. 3–4.
30 Rupertibote. Kirchenblatt der Erzdiözese Salzburg, Jg. 9.1954, Nr. 50 vom 12. Dezember 1954, S. 3.
31 *Simmerstätter, Franz*, Die Bautätigkeit der Erzdiözese seit 1945, in: *Erzbischöfliches Ordinariat Salzburg* (Hg.), Diener Jesu Christi. Festschrift zum fünfzigjährigen Priesterjubiläum des Erzbischofs von Salzburg Dr. Andreas Rohracher, Salzburg 1965, S. 115–119.
32 *Bauamt der Erzdiözese Salzburg* (Hg.), Bauten der Erzdiözese Salzburg 1946–1986, Salzburg 1987, S. 229–230.
33 *Kerschbaum*, Tradition (Anm. 28), S. 529–530.
34 Rupertibote. Kirchenblatt der Erzdiözese Salzburg, Jg. 5.1950, Nr. 53 vom 31. Dezember 1950, S. 3–4 und Jg. 6.1951, Nr. 43 vom 28. Oktober 1951, S. 3–4.
35 Rupertibote. Kirchenblatt der Erzdiözese Salzburg, Jg. 8.1953, Nr. 3 vom 18. Jänner 1953, S. 1.

andere Pfarr- und Filialkirchen.[36] In Hallein musste bis 1965 der 20 Jahre zuvor eingestürzte Turm renoviert werden. So wurden zwischen 1945 und 1968 neben den 22 neu gebauten und den stark erweiterten Kirchen bei etwa 110 Renovierungsarbeiten durchgeführt.[37]

In den 1950er Jahren gab die Diözese Mittel zur Adaptierung von Jugendräumen und Auffüllung dezimierter Pfarrbüchereien frei.[38] Daneben entstanden Kapellen, wie etwa die Kapelle der Ursulinen in Aigen, die Klosterkapelle in Herrnau oder die Bergkapelle in Thalgau-Eck. Jede Kirche förderte aus Sicht der Diözesanleitung nicht nur die Ehre Gottes und das Seelenheil der Gläubigen, sondern auch das allgemeine Wohl der menschlichen Gesellschaft. Der Kirchenbau war demnach auch ein soziales Werk.[39]

Bei Neubauten von Kirchen wurden auch Pfarrsäle, Pfarrheime oder Kindergärten in die Planung miteinbezogen, etwa in Parsch, Herrnau oder Taxham. Der Caritasverband führte 1965 48 Kindergärten. Diese umfangreiche Bautätigkeit wäre ohne die Spendenbereitschaft der Bevölkerung nicht realisierbar gewesen. Nur in wenigen Pfarren wurden überhaupt keine Renovierungen oder Baumaßnahmen durchgeführt. Die Innenrenovierungen finanzierten die Pfarren selbst, bei Außenrenovierungen steuerte die diözesane Finanzkammer Geldmittel bei. Neue Pfarrhöfe entstanden beispielsweise in Bürmoos, Obertrum, Neumarkt, Herrnau, Eben, Zell am See, St. Martin bei Lofer, Brandenberg, Westendorf, Söll, Kirchbichl und Leogang.[40]

Angesprochen wurde bereits die Wichtigkeit der Spenden durch die Bevölkerung. *„Helft Kirchen Bauen"* – dies war sehr oft die Aufforderung im Rupertiboten an die Menschen in der Erzdiözese. Beim Kirchenbau ging es nicht nur darum, ein zerstörtes Bauwerk wiederaufzubauen, sondern Macht und Präsenz der Kirche und Gottes zu demonstrieren. Gerade in den neuen oder größer werdenden Siedlungen war der Wunsch nach neuen Kirchen sehr groß.[41]

---

36 Rupertibote. Kirchenblatt der Erzdiözese Salzburg, Jg. 8.1953, Nr. 5 vom 1. Februar 1953, S. 1–2 und Jg. 9.1954, Nr. 42 vom 17. Oktober 1954, S. 1–3.
37 *Bauamt der Erzdiözese Salzburg* (Hg.), Bauten der Erzdiözese Salzburg 1946–1986, Salzburg 1987, S. 104, 229–230.
38 *Spatzenegger*, Säkularisation (Anm. 1), S. 1493–1520.
39 Rupertibote. Kirchenblatt der Erzdiözese Salzburg, Jg. 17.1962, Nr. 6 vom 11. Februar 1962, S. 6–7.
40 *Simmerstätter*, Bautätigkeit (Anm. 31), S. 115–119.
41 Rupertibote. Kirchenblatt der Erzdiözese Salzburg, Jg. 18.1963, Nr. 5 vom 3. Februar 1963, S. 1.

Wie weiter unten gezeigt werden wird, lag eine besondere Aufmerksamkeit von Erzbischof Rohracher und der Kirchenführung in der Priesterbildung und beim Borromäum. Daher wurde auch an einen Neubau des Priesterseminars gedacht. Es gab einen Plan, das Priesterseminar in der Aigner Straße, wo ein Areal angekauft wurde, neu zu errichten. Eine anderes Projekt war die Errichtung eines Bildungshauses.[42]

II. Die Rolle der Erzdiözese beim weltlichen Wiederaufbau

In ihrem Selbstverständnis war die Kirche ein wichtiger, ja unersetzlicher Teil der Gesellschaft und daher beteiligte sich die Erzdiözese Salzburg auch am weltlichen Wiederaufbau. Kirchliche Einrichtungen halfen bei der Bekämpfung der Nachkriegsnot. Hier war es wieder Erzbischof Rohracher, der sich noch in der Tradition sah, als „Sprecher der Kirche" angenommene katholische Grundsätze über die Politik durchzusetzen, und hier nachhaltig wirkte. Er setzte sich für Kriegsgefangene im Ausland ein, Seelsorger wirkten im „Lager Glasenbach" und Häftlinge im „Camp Marcus W. Orr" wandten sich mit Bittgesuchen an den Erzbischof.[43] Außerdem war er um ein harmonisches Miteinander und Versöhnung, vor allem zwischen Opfern und Tätern des nationalsozialistischen Regimes, bemüht. Rohracher setzte sich auch für belastete Nationalsozialisten ein und ersuchte, Gnade vor Recht ergehen zu lassen. Dieses Engagement mündete in der Gründung des Sozialen Friedenswerks. Prälat Simmerstätter merkte an, dass dieses System der Interventionen Rohrachers oft missverstanden und auch öfters missbraucht wurde. Rohracher sah sich als ruhender Pol und er verstand die Rolle der Kirche so, zu aktuellen gesellschaftlichen Fragen Stellung zu beziehen.[44] Gerade der Einsatz für die Rehabilitierung belasteter Menschen brachte ihm Kritik ein. Der persönliche

---

42 Rupertusblatt. Kirchenzeitung der Erzdiözese Salzburg, Jg. 21.1966, Nr. 16 vom 10. April 1965, S. 11.

43 *Hanisch, Ernst*, Der politische Bischof. Seine Beziehungen zur US-Besatzungsmacht und zu den politischen Parteien, in: *Hintermaier, Ernst / Rinnerthaler, Alfred / Spatzenegger, Hans* (Hg.), Erzbischof Andreas Rohracher. Krieg–Wiederaufbau–Konzil, Salzburg 2010 (Schriftenreihe des Erzbischof-Rohracher-Studienfonds 7, Schriftenreihe des Archivs der Erzdiözese Salzburg 9), S. 141–164, hier 161; *Dohle, Oskar*, Erzbischof Andreas Rohracher und Kriegsgefangene bzw. Zivilinternierte im In- und Ausland, in: *Hintermaier, Ernst / Rinnerthaler, Alfred / Spatzenegger, Hans* (Hg.), Erzbischof Andreas Rohracher. Krieg–Wiederaufbau–Konzil, Salzburg 2010 (Schriftenreihe des Erzbischof-Rohracher-Studienfonds 7, Schriftenreihe des Archivs der Erzdiözese Salzburg 9), S. 115–140.

44 *Spatzenegger*, Säkularisation (Anm. 1), S. 1493–1520.

Einsatz Rohrachers, der Caritas und der Flüchtlingsseelsorge für Heimatvertriebene, Flüchtlinge und Notleidende nach dem Krieg war groß, doch es stellt sich die Frage, ob sich die Kirche in den Nachkriegsjahren für andere Verfolgte, Hilfsbedürftige und Notleidende, etwa ledige Kinder, in dem gleichen Maße einsetzte.[45] Bei der Gründung des Sozialen Friedenswerks galt die Maxime, Hilfsbedürftigen *„ohne Ansehen ihres religiösen, politischen oder irgendwie weltanschaulichen Bekenntnisses"* zu unterstützen. Hier waren unschwer die Anhänger des nationalen Lagers zu erkennen. Eva Maria Hoppe-Kaiser bezeichnete die Versöhnung ohne Schuldeinsicht als „faule Versöhnung". Andreas Rohracher war es ein persönliches Anliegen, die Gesellschaft zu befrieden. Auch in seiner eigenen Familie gab es Opfer und Sympathisanten. Das Engagement für das Soziale Friedenswerk hatte aber auch politische Hintergründe, da Rohracher mit ÖVP- und VdU-Politikern persönlich gut bekannt war. Diese Politiker setzten sich auch für eine Reintegration der ehemaligen Nationalsozialisten ein. In Salzburg herrschte mit einer verhältnismäßig hohen Anzahl an Nationalsozialisten eine spezielle Situation, der sich mit Sicherheit gestellt werden musste. Bei der Versöhnungsbereitschaft verlor Rohracher aber das Ausmaß.[46]

Erzbischof Andreas Rohracher erwarb sich gerade in den letzten Kriegstagen besondere Verdienste um die Stadt Salzburg, da es unter anderem seinen Bemühungen zu verdanken war, dass die Stadt Anfang Mai 1945 kampflos an die Amerikaner übergeben wurde und so vor der Zerstörung verschont blieb. In der weiteren Folge entwickelte sich zwischen Rohracher und der amerikanischen Besatzungsmacht ein sehr positives Gesprächsklima,[47] was sich auch bei der Sicherung des in Mattsee versteckten ungarischen Kronschatzes zeigte. Rohracher bemühte sich auch um eine gute Gesprächsbasis mit den politischen Parteien.[48] Auf regionaler Ebene war allerdings das Verhältnis zwischen der katholischen

---

45 *Veits-Falk, Sabine,* Fürsorge und Seelsorge der katholischen Kirche für volksdeutsche Flüchtlinge in Salzburg, in: *Hintermaier, Ernst / Rinnerthaler, Alfred / Spatzenegger, Hans* (Hg.), Erzbischof Andreas Rohracher. Krieg–Wiederaufbau–Konzil, Salzburg 2010 (Schriftenreihe des Erzbischof-Rohracher-Studienfonds 7, Schriftenreihe des Archivs der Erzdiözese Salzburg 9), S. 165–186, hier S. 182–183.
46 AT-AES 2.1, 19/29, EB Rohracher, Soziales Friedenswerk, Statuten; *Hoppe-Kaiser, Eva Maria,* Erzbischof Andreas Rohracher als Mitbegründer und Förderer des „Sozialen Friedenswerks", in: *Hintermaier, Ernst / Rinnerthaler, Alfred / Spatzenegger, Hans* (Hg.), Erzbischof Andreas Rohracher. Krieg–Wiederaufbau–Konzil, Salzburg 2010 (Schriftenreihe des Erzbischof-Rohracher-Studienfonds 7, Schriftenreihe des Archivs der Erzdiözese Salzburg 9), S. 187–214.
47 *Rinnerthaler,* Wiederaufbaueuphorie (Anm. 14) S. 482–483.
48 *Spatzenegger,* Säkularisation (Anm. 1), S. 1493–1520.

Kirche und der SPÖ bzw. FPÖ in der Mitte der 1960er Jahre nicht störungsfrei. Bis zum Ende der Sechziger fand die Salzburger Ortskirche allerdings wieder zu einem aufgeschlossenen und variablen Verhältnis zu den politischen Parteien, wobei die Beziehung zur ÖVP doch sehr speziell, besonders und diskret blieb.[49]

II.1 Die Caritas und ihre Rolle in den Nachkriegsjahrzehnten

In Salzburg war die Not in den ersten Nachkriegsjahren sehr groß. Hier tat sich die Kirche auf karitativen Gebieten besonders hervor. Im Caritassekretariat am Universitätsplatz, dessen Räume bis 1945 beschlagnahmt waren, wurden nach Kriegsende folgende Referate eingerichtet und ausgebaut: das Kindergartenreferat, die Familienhilfe, Erholungsaktionen, die Caritas-Vorschule für Familie und Beruf, Rettet das Leben, die Gefangenen- und Suchtkrankenseelsorge und die Katastrophenhilfe. Vor allem die Wohnungsnot war nach 1945 groß. Aus diesem Grund wurde das Siedlungsreferat, das auch die Caritassiedlung in Elsbethen erbaute, eingerichtet. Aus dem Siedlungsreferat entwickelte sich 1952 die gemeinnützige Wohnungs- und Siedlungsgesellschaft GmbH „Heimat Österreich", die bis 1965 1.800 Wohnungseinheiten vollenden konnte. In den Augen der Caritas würden soziale und sittliche Gefahren durch Wohnungsnot entstehen und so versuchte man durch sozialen Wohnbau, das Elend zu lindern.[50]

Nach Kriegsende im Mai 1945 ergänzte die Caritas der Erzdiözese alle fürsorglichen und aufbauenden Maßnahmen. Der erste Schritt war der Wiederaufbau der seit 1938 lahmgelegten Organisation. Gleichzeitig musste auch der Not der Nachkriegszeit entgegengetreten werden. Die größten Sorgen betrafen die Flüchtlingsströme. Deshalb wurden die provisorischen Unterkunftsmöglichkeiten im Priesterseminar, im St. Sebastianheim und in den Baracken des Lagers in der Erzherzog-Eugen-Straße durch einen Riegelbau in der Plainstraße ersetzt. Hier konnten Bedürftige übernachten und sie wurden teilverpflegt. Bis Ende 1954 hatte das Heim 115.897 Nächtigungen und gab 252.486 Portionen Nahrungsmittel aus. Durch die von der Caritas organisierte ausländische Hilfe konnten bis 1953 240.110 kg Kleidung und 717.127 kg Lebensmittel an Bedürftige ausgegeben werden. Dazu kamen noch Medikamente, die Organisation von Kindercamps und

---

49 *Steinkellner*, Kirche in Salzburg (Anm. 10), S. 527–549.
50 *Kriechbaum, Georg*, Der Bischof als Vater der Armen, Bedrängten und Notleidenden, in: *Erzbischöfliches Ordinariat Salzburg* (Hg.), Diener Jesu Christi. Festschrift zum fünfzigjährigen Priesterjubiläum des Erzbischofs von Salzburg Dr. Andreas Rohracher, Salzburg 1965, S. 121–129; Rupertibote. Kirchenblatt der Erzdiözese Salzburg, Jg. 6.1951, Nr. 47 vom 25. November 1951, S. 1.

Erholungsaufenthalte für unterernährte Kinder und Geldunterstützungen für die Kinder-, Jugend-, Familien-, Kranken- und Altersfürsorge, Schüler und Lehrlinge, Flüchtlinge, Arbeitslose, Repatriierte, Heime und Kindergärten, die Flüchtlingsfürsorge, die Förderung der Hauskrankenfürsorge, die Bahnhofsmission sowie die Pfarrcaritasstellen und Klöster.[51] In großer Not waren die Heimatlosen, für die die Caritas einen Suchdienst einrichtete. In Salzburg wuchs der Flüchtlingsstrom zeitweise auf 100.000 Personen an. Noch 1948 versorgte die Caritas 50.000 Flüchtlinge. Die Caritas half durch die Bahnhofsmission, wo sie sich der Heimkehrer und Personen auf der Durchreise annahm. Heimkehrern, die noch keine Schilling hatten, wurde mit kleinen Geldspenden weitergeholfen, Reiseangelegenheiten geregelt und telefonische Vermittlungen durchgeführt.[52]

Das 1923 bezugsfertige Caritas-Heim für geistig und körperlich beeinträchtigte Kinder in St. Anton/Bruck an der Glocknerstraße erhielt am 5. August 1954 durch Beschluss der Salzburger Landesregierung das Öffentlichkeitsrecht als öffentliche Sonderschule. Von 1957/59 bis 1968/69 wurde das Kinderdorf in vier Bauetappen aus- und neu gebaut, da die alten Objekte baufällig waren. Mit geplant war auch ein neues, modernes Schulhaus. Bis 1976/78 sollten noch zwei weitere Etappen folgen. 1962 konnte Erzbischof Rohracher nach zweijähriger Bauzeit ein zweites Wohnheim einweihen, womit die Räumlichkeiten nun Platz für 110 Kinder boten. Mit einem dritten Wohnheim sollten schließlich 150 Kinder Unterkunft mit familiärer Betreuung und Sonderschulunterricht finden.[53] Neben dem Kinderheim St. Anton betreute die Caritas noch das Heim St. Elisabeth für Jugendliche und Heimatvertriebene, die Caritas-Vorschule für Familie und Beruf, das Piusheim St. Gilgen für Flüchtlinge und eine Wärmestube im erzbischöflichen Palais.[54]

Als sich die soziale Situation der Menschen in der Erzdiözese bzw. im Land verbesserte und stabilisierte, begann die Caritas damit, Haussammlungen auch für

---

51 Rupertibote. Kirchenblatt der Erzdiözese Salzburg, Jg. 10.1955, Nr. 10 vom 6. März 1955, S. 1–2 und Jg. 4.1949, Nr. 11 vom 13. März 1949, S. 5.
52 *Spatzenegger*, Säkularisation (Anm. 1), S. 1493–1520; Rupertibote. Kirchenblatt der Erzdiözese Salzburg, Jg. 1.1945/46, Nr. 19 vom 10. März 1946, S. 4 und Jg. 1.1945/46, Nr. 38 vom 21. Juli 1946, S. 3.
53 *Kriechbaum, Georg* (Hg.), Das Caritas-Kinderdorf St. Anton. Heimstatt für behinderte Kinder, Salzburg 1980 (Dokumentation unserer Zeit), S. 9–12; *ASO St. Anton* (Hg.), 75 Jahre Caritas Kinderdorf St. Anton Bruck an der Glocknerstraße 1923–1998, Bruck 1997; Rupertibote. Kirchenblatt der Erzdiözese Salzburg, Jg. 12.1957, Nr. 20 vom 19. Mai 1957, S. 1 und Jg. 17.1962, Nr. 22 vom 3. Juni 1962, S. 5.
54 *Kriechbaum*, Vater (Anm. 50), S. 121–129; Rupertibote. Kirchenblatt der Erzdiözese Salzburg, Jg. 10.1955, Nr. 10 vom 6. März 1955, S. 1–2.

Notleidende weltweit zu organisieren.⁵⁵ „*Hilf der Caritas helfen*" lautete eine Überschrift im Rupertiboten 1952. Die umfangreiche Unterstützung Bedürftiger durch die Caritas wäre ohne die Spenden der Bevölkerung nicht möglich gewesen.⁵⁶

III. Der religiös-sittliche Wiederaufbau

Leonhard Steinwender prangerte nach dem Krieg die Versuche der nationalsozialistischen Machthaber das weitverzweigte religiöse Organisationsleben auszulöschen und die Auflösung der kirchlichen Vereine, an. Seiner Meinung nach kompensierte allerdings die lebendige kirchliche Pfarrgemeinde diese Verluste und repräsentierte die Lebenskraft kirchlichen Lebens. Der Verlust von Vereinen, Kongregationen oder Verbänden stärkte die Pfarrgemeinde als letzten Rest, der nun im Mittelpunkt des religiösen Lebens stand. Steinwender fand in dieser aggressiven Politik der Nationalsozialisten auch etwas Positives für die Kirche als Institution, denn er stellte die Frage in den Raum, ob bis 1938 nicht eine „*Überorganisation*" vorherrschte. Verschiedene Vereine hatten dieselben Mitglieder, viele waren führend in Organisationen mit ähnlichen Zielen und Seelsorger oder katholische Laienführer gingen in Vereinsaufgaben auf. Darunter litt die Seelsorge. Diese Punkte sollten beim seesorglichen Wiederaufbau berücksichtigt werden. Die Pfarrgemeinde sollte sich in alle Bereiche des Lebens von der „*Verchristlichung der Familie bis zum mutigen Kampfe für soziale Gerechtigkeit*" erstrecken.⁵⁷

In der ersten Phase nach dem Kriegsende waren für Rohracher die Verkündigung des Wortes Gottes, das Wiederaufleben lassen der Jugend- und Kinderseelsorge, die Förderung des Religionsunterrichts und die Seelsorge in den Pfarren zentrale Themen. Aber er forderte auch Gnade und ein friedliches Zusammenleben. Weiters sprach Rohracher das Problem des Priesternachwuchs und der Priesterausbildung an. Für Rohracher waren die Familie und die Pfarrgemeinde die beiden entscheidenden Gemeinschaften für das Gelingen des Aufbaus:

„*Da sollte es in der Gemeinde keinen Verlassenen geben, besonders alle Armen und Kranken, Leidenden und Sterbenden müßten* [!] *die christliche Hilfe erfahren.*"

---

55 Rupertibote. Kirchenblatt der Erzdiözese Salzburg, Jg. 19.1964, Nr. 9 vom 1. März 1964, S. 1.
56 Rupertibote. Kirchenblatt der Erzdiözese Salzburg, Jg. 7.1952, Nr. 12 vom 23. März 1952, S. 3.
57 Rupertibote. Kirchenblatt der Erzdiözese Salzburg, Jg. 1.1945/46, Nr. 19 vom 10. März 1946, S. 2.

Aber auch durch Lebensmittelsammlungen sollte der gesamten österreichischen Bevölkerung geholfen werden. Der Krieg sollte wenigstens bewirken, dass die Menschen nun durch die „Verchristlichung" der Familien und die Erneuerung der Pfarrgemeinden näher zusammenrücken. Die Liebe zu Gott und zum Vaterland sollte an erster Stelle stehen.[58]

Ein Dialog zwischen dem Erzbischof, der Kirchenführung und Fachleuten einerseits und den Gläubigen andererseits wurde Wirklichkeit und dadurch ein diözesanweiter, vom Konzil beeinflusster Diskussionsprozess zu kirchlichen Fragen in Gang gesetzt. In der Großen Aula der Universität veranstaltete das Katholische Bildungswerk die „Fragen an die Kirche", wo es die Möglichkeit gab, Fragen an den Salzburger Erzbischof mittels vorher postalisch formulierter Anliegen zu stellen. Fehlte der Erzbischof noch bei der ersten Veranstaltung am 24. Mai 1966 krankheitsbedingt, so stellte er sich beim zweiten Abend am 20. Oktober 1966 den Fragen.[59]

III.1 Die Bemühungen in der Seelsorge

Andreas Rohracher sah sich persönlich für das Gelingen des „Wiederaufbau im Glauben" verantwortlich. Die Bausteine dafür waren die Priester und Laienhelfer, die das Reich Gottes in die Welt hinausbauen sollten.[60]

Rohracher wies die Seelsorger an, den häufigen Bitten um Wiederaufnahme in die katholische Kirche „ohne übertriebene Strenge" und durch „ruhige Sachlichkeit und hohen Ernst" zu entsprechen, wobei die religiösen Gründe und die Reue des Austritts sichergestellt sein sollten. Der Bittsteller musste über die wichtigsten religiösen Fragen unterrichtet werden und eine dreimonatige „Prüfungszeit" akzeptieren, in der er „einen einwandfreien sittlichen Lebenswandel vor- und durch Werke der Frömmigkeit (Sonntagsmesse) seine ernsten Absichten beweisen" musste. Nur standesamtlich verheiratete Ehepaare mussten vor der Wiederaufnahme in

---

58 VBlEDSbg, Stück 15 vom Juni 1945, S. 109–116.
59 Rupertusblatt. Kirchenzeitung der Erzdiözese Salzburg, Jg. 21.1966, Nr. 22 vom 5. Juni 1966, S. 1 und Jg. 21.1966, Nr. 51/52 von Weihnachten 1966, S. 7; *Klieber, Rupert*, „Salzburg für Christus!" – Die „Pastoral-Politik" der Erzdiözese Salzburg in der Ära Rohracher. Leitlinien, Exponenten, Richtungsdiskussionen, in: *Hintermaier, Ernst / Rinnerthaler, Alfred / Spatzenegger, Hans* (Hg.), Erzbischof Andreas Rohracher. Krieg-Wiederaufbau-Konzil, Salzburg 2010 (Schriftenreihe des Erzbischof-Rohracher-Studienfonds 7, Schriftenreihe des Archivs der Erzdiözese Salzburg 9), S. 251–281, hier S. 269–271.
60 Rupertusblatt. Kirchenzeitung der Erzdiözese Salzburg, Jg. 20.1965, Nr. 17 vom 25. April 1965, S. 8.

die Kirche einen „gültigen und erlaubten Eheabschluß [!]" schaffen. Das Ziel waren die Wiederverchristlichung und Re-Christianisierung der Gesellschaft. Dabei war die Familie – Pfarrfamilie und häusliche Familie – die Keimzelle der Kirche und des Landes.[61] Priester sollten Verständnis für die Heimkehrer zeigen, mit viel Gefühl der „*Distanzierung von allem Religiösen*" entgegentreten und ihnen wieder ein Ideal und Vertrauen geben;[62]

Die Leitbegriffe der Seelsorge nach 1945 waren: Familie, Pfarre, KA und die Seelsorge selbst. In der unmittelbaren Nachkriegszeit wurde versucht, die Erlebnisse des Kriegs aufzuarbeiten und die Heimkehrer seelsorgerisch zu betreuen. Dafür gab es beispielsweise eigene Rubriken im Rupertiboten, wo es Heimkehrern ermöglicht wurde, über religiös-spirituelle Erlebnisse zu berichten.[63] Ein Augenmerk wurde auf die Jugend gelegt, die in den Augen der Diözese die Hoffnung der „*seelischen und religiösen Erneuerung*" war. Die zu bildenden Pfarrausschüsse sollten die Kernzellen der Erneuerung des christlichen Lebens sein und die Zusammenarbeit zwischen Laien und Priestern sicherstellen. Hier sollte auch auf die Jugend Rücksicht genommen werden.[64] Nach Kategorien wurde eine ständische Seelsorge für Frauen und Männer, Jungen und Mädchen, Flüchtlinge oder Jungarbeiter und Arbeiter aufgebaut. Auch ging man auf aktuelle Entwicklungen ein und versuchte diese bei der Seelsorge zu berücksichtigen. Anfang 1957 kam es zur Musterung der ersten Wehrpflichtigen, die dann Anfang April zum Bundesheer einrücken mussten. Da die jungen Männer nach Ansicht der Diözesanführung in eine Umwelt kamen, die selbst noch im Aufbau begriffen war und die Wehrpflichtigen zu Kriegsende noch Kinder waren, würden sie vor neue religiöse Fragen gestellt. Viele hätten in katholischen Jugend- und Berufsverbänden schon Vorbildung und diese Verbände erwarteten die Männer nach der Dienstzeit als tüchtige Mitglieder und Helfer zurück. Darum sollten die jungen Männer beim Militär von der Militärseelsorge religiös betreut und gefördert werden. Zusätzlich wurden Militär-Exerzitien angeboten.[65]

---

61 VBlEDSbg, Stück 15 vom Juni 1945, S. 127–128; *Klieber*, Pastoral-Politik (Anm. 59), S. 251–281.
62 Klerusblatt 80. Jahrgang 1947, Nr. 9 vom 1. Mai 1947, S. 71–72 und Nr. 10 vom 15. Mai 1947, S. 78–79.
63 Rupertibote. Kirchenblatt der Erzdiözese Salzburg, Jg. 1.1945/46, Nr. 24 vom 14. April 1946, S. 5.
64 Rupertibote. Kirchenblatt der Erzdiözese Salzburg, Jg. 1.1945/46, Nr. 22 vom 31. März 1946, S. 1.
65 VBlEDSbg, Nr. 1 vom Jänner 1957, S. 140–141.

In den Jahren nach dem Zweiten Weltkrieg überwogen in den Hirtenbriefen des Erzbischofs religiöse Themen, wie etwa das Herz Jesu, Nächstenliebe, christliche Liebe, religiöse Erneuerung, Gebetsapostolat, KA, Exerzitien, Buße, Pfarre oder die christliche Familie.[66] Jährlich stand eine besondere seelsorgliche Jahresaufgabe im Mittelpunkt. Das Jahr 1947 war auf den Auf- und Ausbau der Pfarrgemeinde ausgerichtet. Für das Jahr 1948 nahm sich die Erzdiözese Salzburg vor, die Gottes- und Nächstenliebe zu fördern. Man wollte die Menschen von der *„Umgarnung und Verstrickung des Weltgeistes"* befreien. Aus Sicht der Kirchenführung litt die Kirche unter Weltliebe und schalem Brauchchristentum und die Fortentwicklung dieser geistigen Lage wäre die größte Gefahr. *„Im Seelsorgejahr 1948 gilt es, das Sinnen und Trachten der Menschen und ihrer Gemeinschaften ganz bewußt [!] auf Gott hin auszurichten und dem menschlichen Leben den rechten Sinn und die höchste Bestimmung zurückzugeben"* – durch die Ausrichtung auf Christus.[67] 1949 standen der Aufbau der Katholischen Aktion und der Ausbau der Pfarrgemeinde im Mittelpunkt. Obwohl es einigen Priestern schwer fiel, die Aktivitäten von Laien zu unterstützen, sollten sie die angebotene Mitarbeit annehmen und nicht ablehnen oder dem guten Willen der Laien Hindernisse entgegensetzen. Der Aufbau der Katholischen Aktion sollte Hand in Hand gehen mit dem Ausbau der Pfarrgemeinde, wo ein Pfarrausschuss und ein Pfarrkirchenrat bestellt und aktiviert werden sollte. Zum Aus- und Aufbau gehörten auch jene Werke, die der Struktur des Kirchenvolkes entsprachen wie das Männerwerk, das Frauenwerk, die Katholische Jugend und Werke für jene Aufgaben, die der Kirche ständig gestellt wurden. Das Pfarrbewusstsein und das pfarrliche Leben sollten durch *„außerkirchliche Pfarrfeierlichkeiten, Pfarrheime, Pfarrbibliotheken, Pfarrblätter und pfarrliche Anschlagtafeln"* im Pfarrgebiet gefördert werden. Der Rupertischilling war dafür gedacht, den finanziellen Aufwand zum Aufbau der KA und dem Ausbau der Pfarrgemeinde zu unterstützen.[68] Die Hauptaufgaben der Seelsorge für 1950 waren die katholische Familie, Ehe und Jugendführung,[69] 1951 war das „Heilige Jahr der Heimat" in der Weltkirche,[70] 1953 stand der Ausbau und die Organisation der KA im Mittelpunkt[71] und 1954 legte Papst Pius XII. ein marianische Jahr fest, in dem das Wallfahrtswesen gefördert und erneuert werden

---

66 Weinzierl, Episkopat (Anm. 2), S. 235–236.
67 VBlEDSbg, Nr. 12 Dezember 1947, S. 289–291 und Nr. 12 vom Dezember 1950, S. 163–164.
68 VBlEDSbg, Nr. 1 Jänner 1949, S. 176–181.
69 VBlEDSbg, Nr. 12 Dezember 1949, S. 302–311.
70 VBlEDSbg, Nr. 12 vom Dezember 1950, S. 163–164.
71 VBlEDSbg, Nr. 12 vom Dezember 1952, S. 125–132.

sollte.⁷² 1955 war der Vertiefung des religiösen Lebens gewidmet,⁷³ 1956 wieder der Familie,⁷⁴ 1957 der Weltkirche und Weltmission,⁷⁵ 1958 der Heidenmission und dem Apostolat der Heimat,⁷⁶ die zwei Kirchenjahre bis 1960 die Sonntagsheiligung⁷⁷ und 1962 die gewissenhafte Erfüllung des kirchlichen Fastengebotes und pünktliche Einhaltung der geschlossenen Zeiten.⁷⁸

Man sieht hier sehr deutlich, dass im Bereich der Seelsorge unmittelbar nach dem Krieg intensiv versucht wurde, alle Lebensbereiche seelsorgerisch zu betreuen, die unmittelbare Bevölkerung in die richtigen Bahnen zu lenken und die Ordnung wieder herzustellen. Man kümmerte sich im Laufe der Zeit auch um Bereiche, die über die eigene Umgebung hinausgingen und die Themen weiteten sich auf theologische oder weltpolitische Fragestellungen aus. Themen wie Ökumene in Salzburg oder die Auseinandersetzung des Rupertusblattes 1965 mit dem Islam spiegelten die neuen Betätigungsfelder wieder.⁷⁹

Der Bevölkerung sollte etwas geboten werden. Dazu waren gut ausgebildete und vorbereitete Seelsorger notwendig und diesen wurden immer wieder Fortbildungsmöglichkeiten angeboten, wie etwa Ferialkurse für Jugendseelsorger in St. Rupert.⁸⁰ Erzbischof Rohracher stand auch für eine Erneuerung der Liturgie und war Initiator der liturgischen Bewegung. Auf Initiative von P. Adalbero Raffelsberger gründete er 1946 das Liturgische Institut in Salzburg-St. Peter.⁸¹

Das kirchliche Leben als Ganzes wurde gefördert. 1950 kam es etwa zur Gründung der Michaels-Bruderschaft für alle kirchlichen Angestellten der Erzdiözese. Der Beitritt war freiwillig, jedoch ausdrücklich erwünscht. Die Errichtung geschah nach besonderer Bewilligung des Erzbischofs.⁸² Der 1833 als Vereinigung für den Dienst der Nächstenliebe errichtete Vinzenzverein wurde am 18. August 1946 von Univ.-Prof. Dr. Premm wiederbegründet, nachdem er am 13. Juli 1939

---

72 VBlEDSbg, Nr. 12 vom Dezember 1953, S. 227–330.
73 VBlEDSbg, Nr. 1 vom Jänner 1955, S. 195–196.
74 VBlEDSbg, Nr. 12 vom Dezember 1955, S. 315–319.
75 VBlEDSbg, Nr. 9/10 von November/Dezember 1956, S. 118–121.
76 VBlEDSbg, Nr. 10 vom November 1958, S. 116–121.
77 VBlEDSbg, Nr. 11/12 vom Dezember 1959, S. 173–274.
78 VBlEDSbg, Nr. 11 vom November 1961, S. 76–77.
79 Rupertusblatt. Kirchenzeitung der Erzdiözese Salzburg, Jg. 21,1966, Nr. 4 vom 30. Jänner 1966, S. 1.
80 VBlEDSbg, Nr. 5 Mai 1949, S. 231
81 *Regner, Bruno*, Erneuerung der Liturgie, in: *Erzbischöfliches Ordinariat Salzburg* (Hg.), Diener Jesu Christi. Festschrift zum fünfzigjährigen Priesterjubiläum des Erzbischofs von Salzburg Dr. Andreas Rohracher, Salzburg 1965, S. 105–109.
82 VBlEDSbg, Nr. 4 vom April 1950 und Nr. 7/8 von Juli/August 1950, S. 90.

wie viele andere verboten wurde.[83] Am 30. April 1954 wurde im Kaisersaal der Residenz der Katholische Familienverband gegründet, der zum Instrument der österreichischen Familienpolitik und zum Zentrum der familienbildnerischen Bemühungen wurde.[84] Es erging auch das ausdrückliche Ersuchen, nach dem Verbot durch die Nationalsozialisten die kirchlichen Prozessionen und Bittgänge wieder im Freien abzuhalten.[85]

III.2 Die Laienarbeit im Rahmen der Katholischen Aktion

Immer wieder wurde die Heranbildung und Heranziehung geeigneter katholischer Laien zur Mitarbeit an den Aufgaben der Kirche betont und tatsächlich wurde die Katholische Aktion (KA) mit ihrer eigenen Gliederungen im Diözesanbereich zu einem beachtenswerten Faktor.[86] Nach dem Krieg verzichtete man auf die Reorganisation aller vor 1938 bestehenden Vereine. Wiederaufgebaut wurde lediglich die KA.[87]

Am 30. September 1945 beauftragte Erzbischof Rohracher den Domkapitular Franz Simmerstätter mit der Leitung des Seelsorgeamtes und der Neugestaltung und den Einbau der Laienarbeit. Rohracher berief katholische Laien zur Bildung eines Diözesan-Ausschusses ein, der schon kurz darauf erstmals tagte. In den folgenden Monaten wurde viel Arbeit geleistet, Schul- und Exerzitienfragen behandelt, das Verhältnis zwischen Priester und Laien diskutiert, über die Aufgaben der Laien in der Kirche gesprochen, Organisationsfragen erörtert, Einkehrtage abgehalten und verschiedene Planungsarbeiten in Angriff genommen, so die Schaffung von Pfarrheimen, Pfarrbüchereien, die Zusammenarbeit mit anderen katholischen Organisationen und die Schaffung einer Arbeiterseelsorge. Zur KA gehörten neben dem Diözesansekretariat und den Zweigstellen, etwa der Katholischen Jugend, der Männer- und Frauenbewegung, der Arbeiterbewegung, noch verschiedene Werke und Referate: das Katholische Bildungswerk – im Juni 1946 wurde Dr. Josef Klaus vom Diözesanausschuss mit den Vorarbeiten zur Schaffung eines Katholischen Bildungswerks betraut –, das Familienwerk, die Filmstelle, der kirchliche Erholungsdienst, das Referat für publizistische Kommunikationsmittel,

---

83 Rupertibote. Kirchenblatt der Erzdiözese Salzburg, Jg. 2.1946/47, Nr. 44 vom 3. August 1947, S. 3.
84 Rupertibote. Kirchenblatt der Erzdiözese Salzburg, Jg. 19.1964, Nr. 16 vom 19. April 1964, S. 5.
85 VBlEDSbg, Nr. 4 April 1946, S. 41
86 VBlEDSbg, Nr. 12 vom Dezember 1950, S. 163–164.
87 *Rinnerthaler*, Wiederaufbaueuphorie (Anm. 14), S. 481–549.

die Referate „Öffentliches Leben" und „Fremdenverkehr" und die Pressestelle. Die Aufgabe des Diözesanausschusses war es, *„in allen Belangen des religiösen und kirchlichen Lebens durch Mitberatung und Mitarbeit"* mitzuwirken. Der Ausschuss bildete Arbeitsgemeinschaften: 1. Gebet und Gottesdienste, 2. Caritas, 3. Schule, 4. Presse und Literatur, 5. Laienapostolat, 6. Soziale Frage, 7. Familie, 8. Männer, 9. Frauen, 10. Jugend und 11. Kunst und Kultur. Ein weiteres Ziel des Ausschusses war es, in allen Pfarren Pfarrausschüsse zu errichten. Zur Idee der Pfarrausschüsse kam es schon 1945 und bis Anfang Mai 1946 wurden 139 Pfarrausschüsse in der Diözese gemeldet. Erste Initiativen beinhalteten Hilfen für Arbeitssuchende, den Aufbau des Borromäuswerks, neue Gottesdienstgestaltungen, die Konstituierung des Katholischen Lehrervereins oder die Bewerbung des Rupertischillings zur Finanzierung der KA.[88]

Die apostolischen Schulungen und Tagungen für Laien fanden anfänglich nur im Stadtgebiet von Salzburg statt, weiteten sich aber später auf das ganze Diözesangebiet aus. Es gab Tagungen für Religionslehrer bei den Pallottinern auf dem Mönchsberg,[89] im Missionshaus St. Rupert bei Bischofshofen fand eine Studienwoche der Katholischen Jugend statt und im Anschluss daran gab es eine Seelsorgertagung für alle in der KAJ-Arbeit tätigen Priester und jene, *„die sich an ihrem Ort mit dem Jungarbeiterproblem zu beschäftigen haben".*[90] Die Abhaltung des Religionsunterrichts war nicht mehr von Priestern alleine leistbar. In diesem Bereich musste die apostolische Laienarbeit mehr in Anspruch genommen werden. Zu diesem Zweck bot das Katechetisches Amt Laienkurse an.[91] Die Tätigkeit der Frauen in der Kirche wandelte sich zu einem hauptamtlich-kirchlichen Frauenberuf mit entsprechender Ausbildung zu Seelsorgehelferinnen. Am 15. August 1961 wurde auch die Berufsgemeinschaft für Seelsorgehelferinnen der Erzdiözese Salzburg als kirchliche Vereinigung mit eigener Rechtspersönlichkeit und Statuten eingerichtet.[92]

---

88 *Spatzenegger*, Freiheit (Anm. 1), S. 59–80; *Palm, Walter*, Kirche in der Welt – Katholische Aktion, in: *Erzbischöfliches Ordinariat Salzburg* (Hg.), Diener Jesu Christi. Festschrift zum fünfzigjährigen Priesterjubiläum des Erzbischofs von Salzburg Dr. Andreas Rohracher, Salzburg 1965, S. 59–69; Rupertibote. Kirchenblatt der Erzdiözese Salzburg, Jg. 1.1945/46, Nr. 21 vom 24. März 1946, S. 3.
89 VBlEDSbg, Nr. 1 vom Jänner 1955, S. 198–199.
90 VBlEDSbg, Nr. 4 vom Juni 1956, S. 59–60.
91 Rupertusblatt. Kirchenzeitung der Erzdiözese Salzburg, Jg. 21.1966, Nr. 16 vom 10. April 1965, S. 11.
92 VBlEDSbg, Nr. 8 vom August 1961, S. 49–50.

III.3 Schulen, Priesterseminar und Heime

Das Staatsamt für Unterricht regelte mit einem Erlass vom 7. Juni 1945 den Religionsunterricht in Österreich, wonach Religion in allen Volks-, Haupt- und Mittelschulen wieder ein Pflichtgegenstand war, von dem Eltern ihre Kinder jedoch abmelden konnten. Der Unterricht wurde umgehend aufgenommen, wobei ein regelmäßiger Religionsunterricht erst ab Herbst 1945 stattfand. Auch alle bis zum „Anschluß" vorhandenen konfessionellen Schulen konnten ihre Tore wieder öffnen, Neugründungen von katholischen Schulen sollten allerdings nicht mehr möglich sein. Bis 1953 wurde das Öffentlichkeitsrecht jährlich verliehen.[93] Der Staat übernahm nach Unterzeichnung eines Vertrags am 9. Juli 1962 60 Prozent der Personalkosten in den katholischen Schulen.[94]

Auch in Salzburg und Tirol wurde der verbindliche Religionsunterricht ab dem Schuljahr 1945/46 wieder eingeführt.[95] Ab dem Schuljahr 1945/46 nahmen kirchliche Privatschulen den Schulbetrieb wieder auf. Bis in die späten 1940er Jahre gab es bereits wieder über 40 kirchliche Privatschulen, Erziehungsanstalten und Heime. 1938 wurde das Borromäum von den Nationalsozialisten aufgehoben. Zunächst wurde es nach Kreuzberg in Bischofshofen verlegt und am 3. November 1938 gänzlich aufgelöst. Vor allem der unermüdlichen Tätigkeit von Regens Feichtner war es zu danken, dass das Borromäum bereits im Schuljahr 1946/47 mit fünf Klassen wieder öffnen konnte. Mit der Wiedererrichtung des Borromäums wurden die Priester angehalten das Interesse für *„Priesterberufe bei geeigneten Knaben aus katholischen Familien zu wecken und ständig zu fördern"* und mögliche finanzielle Hindernisse durch Spenden aus der Pfarrkasse zu überwinden. 1950 fand die erste Matura statt. Bis 1964/65 absolvierten 333 Jungen die Schule. Von den 256 internen Maturanten begannen 161 das Theologiestudium, 112 davon waren 1965 Priester oder noch im Studium. 20 Absolventen traten in einen Orden ein.[96]

Den Ursulinen wurde ebenfalls im Herbst 1938 die Schule genommen. Nach dem Krieg eröffnete der Orden im Schuljahr 1947/48 eine erste Klasse Real-

---

93 *Liebmann, Maximilian*, Von der Dominanz der katholischen Kirche zu freien Kirchen im freien Staat – vom Wiener Kongreß 1815 bis zur Gegenwart, in: Geschichte des Christentums in Österreich. Von der Spätantike bis zur Gegenwart (Österreichische Geschichte, hg. von Herwig Wolfram), Wien 2003, S. 440–445.
94 *Steinkellner*, Kirche in Salzburg (Anm. 10), S. 527–549.
95 VBlEDSbg, Stück 15 vom Juli 1945, S. 138–139.
96 *Berg*, Mitarbeiter (Anm. 8), S. 34–40; VBlEDSbg, Nr. 7 vom Juli 1946, S. 83–84; Rupertibote. Kirchenblatt der Erzdiözese Salzburg, Jg. 7.1952, Nr. 28 vom 13. Juli 1952, S. 2.

gymnasium. Im Schuljahr 1953/54 führten die Ursulinen bereits sechs Klassen Realgymnasium mit Öffentlichkeitsrecht, eine einjährige städtische Haushaltungsschule mit Öffentlichkeitsrecht und in Glasenbach eine landwirtschaftliche Haushaltungsschule. Im Herbst 1954/55 wurde wieder die Lehrerinnenbildungsanstalt der Ursulinen eröffnet. Die Ordensschwestern konnten den Lehrbetrieb nicht alleine führen. Deshalb wurden schon Anfang der 1950er weltliche Lehrkräfte eingestellt.[97] Am Fest der hl. Ursula am 21. Oktober 1957 fand die Weihe des neuen Heimes der Ursulinen statt. Sie verließen 1957 das alte Klostergebäude in der Gstättengasse und übersiedelten in ein modernes Heim in Glasenbach, wo auch die Schule und das Pensionat untergebracht waren.[98]

Nach der Übernahme der Macht untersagten die Nationalsozialisten am 27. September 1938 auch die Weiterführung des Schulbetriebs der Herz-Jesu-Missionare in Salzburg-Liefering. Pater Josef Riedlmaier, der bereits zwischen 1928 und 1938 die Schule leitete, kehrte im September 1945 nach Liefering zurück, um den Wiederaufbau der Schule und des Internats zu leiten. Obwohl sich einige Schüler meldeten, die den Kontakt zur Schule während des Krieges aufrechterhielten, konnte noch nicht an einen geschlossenen Start mit einer eigenen Klasse gedacht werden. Erst im Schuljahr 1946/47 wurde mit einer ersten Schulklasse begonnen.[99]

Das Priesterseminar wurde durch die GESTAPO am 24. Jänner 1941 geschlossen und enteignet. Ab 1. Juli 1945 gelangte es wieder in die Verwaltung des Priesterhausfonds zurück. Das Seminar diente nach Kriegsende als Räumlichkeit für das städtische Ernährungsamt, das Gewerbeaufsichtsamt, für Private und als Notquartiere. Regens Franz Fiala konnte am 9.10.1945 seine Alumnen begrüßen. Die Theologische Fakultät eröffnete das Schuljahr 1945/46 am 10. Oktober 1945, wobei die Vorlesungen bis zum 3. Dezember im Priesterseminar gehalten wurden.[100]

Die personelle Situation in der Erzdiözese war angespannt. Von 14 Priestern im Konzentrationslager kamen nur zehn zurück. 110 Priester und Theologen wurden zur Wehrmacht berufen, 23 fanden den Tod, 20 galten als Kriegsgefangene und sieben als vermisst. Durch die Aufhebung des Borromäums, der Theologischen

---

97 Rupertibote. Kirchenblatt der Erzdiözese Salzburg, Jg. 9.1954, Nr. 14 vom 4. April 1954, S. 2.
98 Rupertibote. Kirchenblatt der Erzdiözese Salzburg, Jg. 12.1957, Nr. 44 vom 3. November 1957, S. 3.
99 *Lerch, Bernd / Clemen, Gustav*, Schule und Internat der Herz-Jesu-Missionare in Salzburg-Liefering 1888–2000. Vom „Kleinen Liebeswerk" zum offenen Privatgymnasium. 75 Jahre Süddeutsch-Österreichische Provinz der Herz-Jesu-Missionare, Donauwörth 2000, S. 151–262.
100 VBlEDSbg, Nr. 1 vom Jänner 1946, S. 1–3

Fakultät und des Priesterseminars waren Weihegänge ausgefallen und führte 1941–1945 zu einem Verhältnis der verstorbenen zu neugeweihten Priestern von 60 zu 8.[101] Die Sorge um den Priesternachwuchs und um fehlende Seminaristen war groß. Dazu kam, dass der Monatsbeitrag für das Borromäum im Schuljahr 1951/52 um 70 Schilling erhöht wurde. Man befürchtete, dass sich Familien, deren Söhne gerne Priester werden wollten, diesen Betrag nicht mehr leisten konnten. Die Priesternot wurde zu einer der größten Gefahren für die Kirchenführung. Als Maßnahmen gab es Sammlungen im Borromäum und im Priesterseminar, um Schüler und Studenten zu unterstützen, etwa mit Lebensmitteln. Das Canisiuswerk griff armen Priesteramtskandidaten unter die Arme und Menschen, die es sich leisten konnten wurden gebeten, einem Studenten eine Studienbeihilfe zu geben.[102] Trotz der Bemühungen gab es 1952 keine Priesterweihe eines diözesanen Priesterkandidaten.[103]

Bei der Dechantenkonferenz am 7. Februar 1957 hielt Dr. Sebastian Ritter einen Vortrag über den Priesternachwuchs in der Erzdiözese. Der Priestermangel war eine Tatsache: in Österreich fielen 940 Personen auf einen Priester, in der Schweiz waren es 440 Personen. 1956/57 waren 69 Planstellen unbesetzt. Dazu kamen noch der spürbare Mangel an geistlichen Kräften in den kirchlichen Zentralbehörden, in der KA und der Betreuung der Berufsstände und der Schwund geistlicher Kräfte in den Klöstern. 1934 gab es in der Erzdiözese 468 Weltpriester, im Jänner 1957 noch 376 und 1964 nur noch 357. Die Berufsgruppe der Priester war stark überaltert und das Borromäum besuchten zu wenige junge Männer, die den Priesterberuf anstrebten. Prälat Ritter rief dazu auf, die Ausbildung im Borromäum noch mehr darauf auszurichten, mehr junge Männer für den Priesterberuf zu begeistern.[104] Erzbischof Andreas Rohracher sah die Lage etwas entspannter und hielt 1966 fest, dass nur zwei Pfarren keinen eigenen Seelsorger hatten.[105] Trotzdem war die Entwicklung problematisch. Die Anzahl der Katholiken in absoluten Zahlen stieg an, die Zahl der Priester nahm allerdings ab. 1958

---

101 *Spatzenegger*, Freiheit (Anm. 1), S. 59–80.
102 Rupertibote. Kirchenblatt der Erzdiözese Salzburg, Jg. 6.1951, Nr. 40 vom 7. Oktober 1951, S. 1–2.
103 Rupertibote. Kirchenblatt der Erzdiözese Salzburg, Jg. 7.1952, Nr. 28 vom 13. Juli 1952, S. 1–2.
104 VBlEDSbg, Nr. 3/4 von April-Mai 1957, Beilage S. 1–19; *Berg*, Mitarbeiter (Anm. 8), S. 34–40.
105 Rupertusblatt. Kirchenzeitung der Erzdiözese Salzburg, Jg. 21.1966, Nr. 16 vom 10. April 1965, S. 11.

kamen noch 1.320,4 Katholiken auf einen Pfarrseelsorger; 1968 waren es bereits 1.614,3.[106]

Das St. Vinzenz-Verein in Mülln, eine Anstalt für arme, vorschulpflichtige Kinder, wurde von den Nationalsozialisten enteignet. 1946 kam die Kindergrippe wieder in das Eigentum des Vereins. 1944 zerstörten Bomben Teile des Hauses. Der Verein baute es wieder auf, doch die Stadtgemeinde errichtete für die Kinder bereits ein Heim in Itzling. So wurde das neue „Studentenheim Vinzentinum" eine Einrichtung für die Heranbildung katholischer Lehrer für das Land Salzburg (ab 1952) und die Leitung des Hauses den Marienbrüdern anvertraut;[107]

Das Mädcheninstitut St. Sebastian, das ebenfalls von Bomben getroffen wurde und ein Heim für Lehrmädchen und Schülerinnen ab dem 14. Lebensjahr war, wurde von der Erzdiözese zusammen mit der Stadt und dem Land errichtet und Anfang 1952 in bescheidenem Ausmaß in Betrieb genommen. Im Juni 1952 bot es Platz für 30 Mädchen.[108]

III.4 Exerzitien als Seelsorgeangebot

In seinem Hirtenwort über die heiligen Exerzitien vom 6. Dezember 1951 erklärte Andreas Rohracher den Sinn der Exerzitien und rief dazu auf, an Exerzitien teilzunehmen, damit im „*Herzen gründlich Ordnung*" geschaffen wird. Exerzitien konnten eine Hilfe bei wichtigen beruflichen Entscheidungen oder für zukünftige Aufgaben sein. Männer der Politik, der Wirtschaft und des öffentlichen Lebens, aber auch Familienväter sollten erfüllt sein von den „*großen Ideen des Christentums, voll Geist und Gnade, voll Mut und Siegesbewusstsein.*"[109] Weiters boten sie die Gelegenheit, sich einige Tage loszulösen vom Alltag, um sich Klarheit zu schaffen zwischen Gott und ihrem Leben.[110] Der Rupertibote warb auch für Sonderexerzitien für Bürgermeister und Gemeinderäte.[111] Exerzitienhäuser, Kurse, Einkehrtage und Schulungen sollten außerdem zu einem Pool von motivierten

---

106 *Steinkellner*, Kirche in Salzburg (Anm. 10), S. 527–549.
107 Rupertibote. Kirchenblatt der Erzdiözese Salzburg, Jg. 7.1952, Nr. 19 vom 11. Mai 1952, S. 5–6 und Jg. 7.1952, Nr. 45 vom 9. November 1952, S. 3.
108 Rupertibote. Kirchenblatt der Erzdiözese Salzburg, Jg. 7.1952, Nr. 24 vom 15. Juni 1952, S. 2–3.
109 VBlEDSbg, Nr. 12 vom Dezember 1951, S. 279–287.
110 Rupertibote. Kirchenblatt der Erzdiözese Salzburg, Jg. 7.1952, Nr. 1 vom 6. Jänner 1952, S. 1.
111 Rupertibote. Kirchenblatt der Erzdiözese Salzburg, Jg. 7.1952, Nr. 10 vom 9. März 1952, S. 4.

Personen für die verschiedenen Ausschüsse beitragen.[112] Exerzitienhäuser und Bildungsheime standen für verschiedenen Kurse offen: in der Stadt Salzburg gab es das Apostolatshaus der Pallottiner am Mönchsberg und das Exerzitienhaus der Barmherzigen Schwestern. Weiters standen das Bildungsheim St. Augustin in St. Margarethen, das Exerzitien- und Bildungshaus Schloss Lichtenau in Stuhlfelden, Kleinholz bei Kufstein als einziges diözesanes Exerzitien- und Bildungsheim im Tiroler Anteil und gegebenenfalls noch andere Häuser, wie das Ursulinenkloster in Glasenbach, Maria Kirchental, das Mutterhaus der Halleiner Schulschwestern in Morzg und das Missionshaus in St. Rupert/Bischofshofen, zur Verfügung.[113] Andere Häuser für Tagungen, Exerzitien oder Kurse im Besitz der Diözese waren das Bergheim in Obertauern, das bei der Jugend sehr beliebte Schloss Goldegg oder die Jungscharalm in Krispl. Alle diese Häuser waren für Sport- und Erholungszwecke so in Anspruch genommen, dass sie nicht dem Bildungswesen ausgiebig zur Verfügung standen oder lagen so abseits und waren in einem Bauzustand, dessen Verbesserung Vermögen verschlungen hätte. Darum gab es den Wunsch nach einem modernen großen Bildungsheim – das Bildungshaus St. Virgil in Salzburg-Aigen konnte allerdings erst 1976 eröffnet werden.[114]

III.5 Die Kultur-Diözese

Der Bildungsauftrag der Kirche wurde von der Erzdiözese ernst genommen. 1945 kam es zur Wiedereinführung der Salzburger Hochschulwochen und zur Wiederinbetriebnahme der Salzburger Theologischen Fakultät. Auch der Universitätsverein war wieder aktiv. Ziel war eine Katholische Universität in Salzburg des Primas Germaniae für den deutschen Sprachraum, die durch die Hochschulwochen vorbereitet werden sollte. Der Katholische Universitätsverein hatte die Aufgabe, das „*Interesse für die Errichtung einer katholischen Universität im deutschen Sprachraum zu wecken und hierfür materielle Mittel bereitzustellen.*" Für den Verein sollte eine rege Werbetätigkeit in den österreichischen Diözesen einsetzen: die katholische Universität war Thema in der Bischofskonferenz, in Salzburg sollte der pensionierte Pfarrer Heinrich Ludäscher Mitglieder werben und in den Pfarren sollte sie bekannt gemacht werden. Vor allem die KA bemühte sich nach 1945 um eine Realisierung der Katholischen Universität. Mit der Wiedereröffnung der

---

112 *Klieber*, Pastoral-Politik (Anm. 59), S. 251–281.
113 Rupertusblatt. Kirchenzeitung der Erzdiözese Salzburg, Jg. 20.1965, Nr. 45 vom 7. November 1965, S. 6.
114 Rupertusblatt. Kirchenzeitung der Erzdiözese Salzburg, Jg. 21.1966, Nr. 16 vom 10. April 1965, S. 11.

Theologischen Fakultät wurde auch das Philosophische Institut ausgebaut sowie ein Internationales Institut für vergleichende Erziehungswissenschaft (1945), ein Institut für religiöse Volkskunde (1947), ein Institut für angewandte Psychologie und ein Institut für christliche Altertumswissenschaft (1950) gegründet. Die Intention der zukünftigen Universität wandelte sich allerdings vom Charakter einer Ausbildungsstätte hin zu einer Forschungseinrichtung. 1959 stellte Erzbischof Rohracher dem Universitätsverein die Edmundsburg zur Verfügung. Kurz darauf wurden allerdings die sehr hohen rechtlichen, konkordatären und finanziellen Hürden offensichtlich. Daher wurde das Projekt 1960 aufgegeben und man entschloss sich gegen die Errichtung einer Katholischen Universität und zur Förderung der Errichtung einer staatlichen Universität in Salzburg. Davon getrennt sollte das schließlich 1961 gegründete Internationale Forschungszentrum für Grundfragen der Wissenschaften auf der Edmundsburg existieren, das sich der außeruniversitären Forschung widmete. Andreas Rohracher intervenierte für eine staatliche Salzburger Universität und dies setzte letztlich die *„politischen Kräfte des Landes zur Verfolgung des Zieles der Wiederherstellung der staatlichen Universität"* frei. Landeshauptmann Josef Klaus (1949–1961) wurde 1961 Finanzminister und somit hatte die Salzburger Universität eine Lobby in Wien. Die Errichtung der Universität Salzburg geschah letztendlich 1962. Mit der Eröffnung des Internationalen Forschungszentrums für Grundfragen der Wissenschaften Salzburg in der am Mönchsberg gelegenen Edmundsburg wurde 1961 den seit dem letzten Viertel des 19. Jh. in Salzburg beheimateten Bestrebungen zur Errichtung einer Katholischen Universität in moderner Form entsprochen.[115]

Die Salzburger Kirche war der modernen Kunst und Architektur gegenüber äußerst aufgeschlossen. Am 27. Juli 1958 wurde in den Domoratorien die internationale Ausstellung „Biennale christlicher Kunst der Gegenwart" erstmals feierlich eröffnet.[116] Sie dauerte bis zum 30. September 1958 und ging als ständige Einrichtung aus der internationalem Ausstellung kirchlicher Kunst der Gegenwart hervor,

---

115 *Kriechbaumer, Robert*, Kultur, in: *Huber, Wolfgang* (Hg.), Landeshauptmann Klaus und der Wiederaufbau Salzburgs, Salzburg 1980, S. 161–164; *Spatzenegger*, Freiheit (Anm. 1), S. 59–80; *Spatzenegger*, Säkularisation (Anm. 1), S. 1493–1520; *Steinkellner*, Kirche in Salzburg (Anm. 10), S. 527–549; VBlEDSbg, Nr. 12 vom Dezember 1954, S. 170; zur Universität Salzburg vgl. *Reith, Reinhold* (Hg.), Die Paris-Lodron-Universität Salzburg. Geschichte – Gegenwart – Zukunft, Salzburg 2012; *Aichhorn, Ulrike*, Universitätsstadt Salzburg. Von der Benediktineruniversität zum Unipark, Salzburg 2011.

116 *Schneider-Manzell, Toni*, Die Biennale Christlicher Kunst, in: *Erzbischöfliches Ordinariat Salzburg* (Hg.), Diener Jesu Christi. Festschrift zum fünfzigjährigen Priesterjubiläum des Erzbischofs von Salzburg Dr. Andreas Rohracher, Salzburg 1965, S. 102.

die bereits 1956 unter der Patronanz von Andreas Rohracher ein weltweites Echo hervorrief. 13 Nationen nahmen 1958 bei dieser Schau christlicher Gegenwartskunst teil. Gleichzeitig wurden auch die drei neuen Domtore von Giacomo Manzù, Ewald Mataré und Toni Schneider-Manzell eingeweiht, die die drei christlichen Kardinaltugenden Glauben, Hoffnung und Liebe symbolisch darstellten.[117]

Im Rahmen der Wiedereröffnungsfeier des Salzburger Doms wurde am 30. April 1959 in den Nordoratorien eine von der Domkustodie veranstalteten Ausstellung mit dem Titel „Der Dom zu Salzburg – Symbol und Wirklichkeit" eröffnet, die die geschichtliche Entwicklung des Doms, der Erzdiözese und der Kirchenprovinz sowie deren historischen Umwelt zum Inhalt hatte. Der Schwerpunkt der Ausstellung lag in der Präsentation des Salzburger Domschatzes.[118]

Die erste Ausgabe der Diözesanzeitung „Rupertibote", die 1965 in „Rupertusblatt" umbenannt wurde, erschien am 28. Oktober 1945. Gemäß der Worte von Andreas Rohracher sollte der Rupertibote bewirken, dass das

> *„Licht des wahren Glaubens […] nie […] erlösche, sondern daß [!] es vielmehr allen Menschen leuchte in dunkler, finsterer Zeit. Er soll Freude wecken, Freude am wahren Glauben und Stolz, ein Kind der Kirche Christi, ein Sohn und eine Tochter sein zu dürfen. Er soll werben um Apostel voll unerschütterlichen Glaubens und opferbereiter Liebe, um Mitarbeiter beim schweren Aufbau des Reiches Gottes in der Heimat. Er wird […] erzählen und berichten, was in der Kirche Christi los ist, vom heiligen Vater in Rom und den Glaubensbrüdern in aller Welt und von den Brüdern und Schwestern […der] Diözese. Er soll auch die viele Jahrhunderte alte Chronik […des] ehrwürdigen Bistums aufschlagen […]."*

Rohracher ermutigte die Leser und Leserinnen auch, Erfahrungen und das eigene Wohlergehen mitzuteilen. Der Rupertibote sollte ein Bindeglied zwischen Bischof und Diözesanführung auf der einen Seite und dem gläubigen Kirchenvolk auf der anderen sein.[119] Der Rupertibote hatte nach einem Jahr bereits eine Auflage von 47.800 Stück.[120]

Mit der Wiedererrichtung der Katholischen Kirchenzeitung unter dem neuen Namen „Klerusblatt" am 4. September 1946 stellte sich die Erzdiözese auch in den Mittelpunkt der theologischen Diskussion in Österreich und im deutschsprachigen Raum. Sie sollte den Geistlichen in der Kirchenprovinz, in ganz Österreich

---

117 Rupertibote. Kirchenblatt der Erzdiözese Salzburg, Jg. 13.1958, Nr. 13 vom 30. März 1958, S. 7.
118 Rupertibote. Kirchenblatt der Erzdiözese Salzburg, Jg. 14.1959, Nr. 9 vom 1. März 1959, S. 4–5.
119 Rupertibote. Kirchenblatt der Erzdiözese Salzburg, Jg. 1.1945/46, Nr. 1 vom 28. Oktober 1945, S. 1.
120 *Spatzenegger*, Freiheit (Anm. 1), S. 59–80.

und darüber hinaus „*ratend und helfend beistehen in der Arbeit am Ausbau des Reiches Gottes. Mit wegweisenden Gedanken, mit wertvollen Informationen aus dem kirchlichen Leben, mit richtungsgebenden Abhandlungen bedeutender Mitarbeiter [...]*" sollte es Anregungen und geistige Hilfe bieten. Inhaltlich wurde die Tradition der Katholischen Kirchenzeitung fortgeführt. Diese Salzburger Kirchenzeitung erfuhr große Bewunderung im deutschsprachigen Raum. Herausgeber, Verleger und Eigentümer war das Professorenkollegium der Theologischen Fakultät in Salzburg und die erste Schriftleitung lag in den Händen von Matthias Premm und Ferdinand Holböck.[121]

Die kirchenmusikalische Abteilung der Akademie für Musik und darstellende Kunst Mozarteum in Salzburg begann mit ihren Studien zu Beginn des Schuljahres 1960/61. In diesem Zusammenhang gab es Gespräche zwischen Vertretern von katholischer und evangelischer Kirche sowie Professoren des Mozarteums. Das Ergebnis war, dass ein Seminar für Kirchenmusik eingerichtet wurde.[122] Jährlich fanden Werkwochen für Kirchenmusik statt. Die vierte Werkwoche 1963 im Borromäum drehte sich thematisch um die Eucharistie und behandelte die Frage der seelsorglichen Betreuung und das Üben der Choralgesänge sowie praktische Fragen der Kirchenmusik.[123]

III.6 Die Diözesansynoden 1948, 1958 und 1968

In der Erzdiözese Salzburg wurde die Bestimmung des CIC, mindestens alle 10 Jahre eine Synode einzuberufen, in den Nachkriegsjahren sehr genau erfüllt. Erzbischof Sigismund Waitz hielt 1937 noch eine Synode vor der Machtergreifung durch die Nationalsozialisten ab. Andreas Rohracher berief von 20. bis 23. September 1948 in der Dreifaltigkeitskirche eine Synode mit den Kernthemen zu den wichtigsten und aktuellsten Seelsorgefragen ein:

> „*Die Laien sollen apostolisch denken und handeln lernen, das heißt sich verantwortlich erkennen für Wohl und Wehe des Reiches Gottes. Das öffnet ihre Augen mehr als bisher auch für die Schwächen und Mängel der Priester, fordert daher vom Priester größeren Ernst der christlichen Lebensauffassung.*"

Diskutiert werden sollten aktuelle Fragen und innerkirchliche Veränderungen, die Nachkriegsseelsorge, die Problematik des Priestermangels, die Frage der seelsorgerischen Einbindung von Laien, die Verwaltung der Diözese sowie die Überprüfung inwieweit die Bestimmungen der Synode von 1937 umgesetzt wurden.

---

121 Klerusblatt 79. Jahrgang 1946, Nr. 1 vom 2. Oktober 1946, S. 1–2.
122 VBlEDSbg, Nr. 8 vom Juli 1960, S. 80.
123 VBlEDSbg, Nr. 5 vom Mai 1963, S. 304–305.

Im Mittelpunkt stand sicherlich die Frage des religiös-sittlichen Wiederaufbaus. Die Ergebnisse der Synode waren die Forderung nach einer Neuformulierung des Diözesanrechtes mit folgenden Abschnitten: Priester- und Ordensstand, Verkündigung des Wortes Gottes, die heilige Liturgie, Verwaltung der heiligen Sakramente und Sakramentalien, Verwirklichung des Liebesgebotes, Laienapostolat und kirchliche Verwaltung. Zur Finanzierung von Projekten wurde der Rupertusfonds geschaffen, der von den Einnahmen aus dem Rupertischilling gespeist wurde. Die Synode war auch die Geburtsstunde der katholischen Laienbewegung in Salzburg und trug zur Reorganisation der Caritas, zur Förderung des Priester- und Ordensnachwuchs und zur Förderung des katholischen Pressewesens bei. Die Beschlüsse sollten „*Richtlinien auf den einschlägigen Gebieten des priesterlichen Lebens, der Seelsorge und der kirchlichen Verwaltung*" sein.[124]

Von 31. August bis 3. September 1958 fand die nächste Synode statt. Hauptgegenstand war die Pastoral, die Verkündigung des Wortes Gottes und daher wurde eine Kommission für Predigt und eine Kommission für Katechese bestellt. Als Grundlage der synodalen Arbeit diente eine vom Internationalen Katholischen Institut für Sozialforschung durchgeführte Untersuchung über das religiöse und kirchliche Leben in der Diözese. Ein bleibendes Ergebnis der Synode war die Gründung eines Katechetischen Instituts.[125]

Für die Katholische Kirche war die Zeit um das Zweite Vatikanische Konzil (1962–1965) eine Zeit des Aufbruchs. Zwei Kriterien waren dabei für eine Reform grundlegend: der Versuch einer Öffnung zur Welt (Aggiornamento) und Ökumene – eine Annäherung der christlichen Religionen. Zu den atmosphärischen Veränderungen des Konzils zählte die Herausbildung spiritueller Gemeinschaften.[126] In Ausführung der Beschlüsse des Zweiten Vatikanums und den darauf folgenden Durchführungsbestimmungen errichtete Andreas Rohracher am 6. August 1966 einen Priesterrat der Erzdiözese Salzburg. Der erste Priesterrat bestand aus drei Dechanten, acht Pfarrern, drei Kooperatoren, einem Religionsprofessor und drei Vertretern der Orden, also insgesamt 18 Personen. Dabei hatte jedes Mitglied einen Ersatzmann.[127]

Andreas Rohracher berief von 16. bis 20. Oktober 1968 seine dritte Diözesansynode ein, deren vorrangiger Zweck die Rezeption der Dokumente des Zweiten

---

124 *Rinnerthaler*, Wiederaufbaueuphorie (Anm. 14), S. 481–549; VBlEDSbg, Nr. 3 vom März 1948, S. 25–27.
125 *Weinzierl*, Episkopat (Anm. 2), S. 244–145; VBlEDSbg, Nr. 11 vom Oktober 1962, S. 163–165.
126 *Steinkellner*, Kirche in Salzburg (Anm. 10), S. 527–549.
127 VBlEDSbg, Nr. 3 vom März 1967, S. 41 und Nr. 5 vom Mai 1967, S. 97–98.

Vatikanischen Konzils war. Dem Erzbischof war bewusst, dass die Erneuerung der Kirche nicht in den nächsten Jahren vollendet werden konnte. Trotzdem musste sie in Angriff genommen werden. Promotor der Synode war Weihbischof Eduard Macheiner. Auch Laien sollten mit vollem Stimmrecht in allen Fragen, die nicht ausschließlich Priester betrafen, teilnehmen können. Außerdem wurde die Synode nicht wie früher im Dom, in der Dreifaltigkeitskirche oder im Priesterhaus abgehalten, sondern im Kongresshaus. Mit Engagement und Enthusiasmus stellte sich die Salzburger Kirche der konziliaren Aufgabe, sich den Problemen der Zeit zu stellen und die Aufgaben zeitgemäß zu erfüllen. Ziel war die *„Erneuerung der Erzdiözese Salzburg durch lebendige Christengemeinden"*. Bei der Synode wurde die Bevölkerung der Diözese miteingebunden: die Haushalte erhielten einen Fragebogen zur Situation der Salzburger Kirche, wobei von 120.000 verteilten Bögen 21.000 zurückgeschickt wurden. Außerdem wurden zu den Problemen der Seelsorge in allen Dekanaten Arbeitskreise eingerichtet. Wichtige Beschlüsse der Synode 1968 waren die Pfarrgemeindeordnung, in der in jeder Pfarre verpflichtend Gemeinderäte eingerichtet werden mussten, die Aufgaben gegenüber der Weltkirche, die Normen über den Pastoralrat und Richtlinien für die kirchliche Finanzverwaltung. 1969 begann Salzburg als erste Diözese Österreichs, alle vier Jahre Pfarrgemeinderäte zu wählen. Die zweite Säule der Mitarbeit bildete der Pastoralrat.[128]

IV. Institutioneller Wiederaufbau und (Re-)Organisation der Erzdiözese

Immer wieder wurde der Verlauf von Pfarrgrenzen überdacht und neu geregelt. Die Pfarrgrenzen wurden geändert, weil man das Pfarrgebiet und die politischen Grenzen anpassen wollte, weil Ortschaften näher zu anderen Pfarren lagen oder weil Diözesangrenzen mit den Landesgrenzen übereinstimmen sollten, was beispielsweise 1950 zu Umpfarrungen zwischen der Salzburger Pfarre Berndorf und der Linzer Pfarre Perwang führte. Auf dem ganzen Diözesangebiet kam es im Laufe der Jahre zu Änderungen der Pfarrgrenzen beziehungsweise zu Umpfarrungen,

---

128 *Paarhammer, Hans*, Die Diözesansynoden 1948, 1958 und 1968, in: *Hintermaier, Ernst / Rinnerthaler, Alfred / Spatzenegger, Hans* (Hg.), Erzbischof Andreas Rohracher. Krieg-Wiederaufbau-Konzil, Salzburg 2010 (Schriftenreihe des Erzbischof-Rohracher-Studienfonds 7, Schriftenreihe des Archivs der Erzdiözese Salzburg 9), S. 283–304, hier S. 293–303; VBlEDSbg, Nr. 1 vom Jänner 1968, S. 1–3; Rupertusblatt. Kirchenzeitung der Erzdiözese Salzburg, Jg. 21.1966, Nr. 16 vom 10. April 1965, S. 11; *Steinkellner*, Kirche in Salzburg (Anm. 10), S. 527–549.

etwa 1950 zwischen Mittersill und Hollersbach,[129] 1947 zwischen Embach und Lend, Thiersee und Landl und zwischen Köstendorf und Seekirchen, 1953 zwischen Bergheim, Salzburg Itzling und Salzburg-St. Elisabeth, 1956 zwischen Niederau und Hopfgarten, 1958 zwischen Liefering und Scherzhausen (Lehen), 1962 zwischen Thiersee und Landl oder 1964 zwischen Altenmarkt und Flachau, Hof und Ebenau sowie Nußdorf und Oberndorf bei Salzburg.[130] Auch Dekanatsgebiete und -grenzen wurden geändert. Die vorher zum Dekanat Bergheim gehörigen Teile der Landeshauptstadt Salzburg – Aigen, Leopoldskron-Moos, Liefering und Morzg – wurden im März 1953 dem Stadtdekanat Salzburg eingegliedert.[131] Die Stadtpfarre Müllegg führte ab 1. April 1958 den Namen „Erzbischöfliches Stadtpfarramt St. Johannes Salzburg–Landeskrankenhaus".[132]

Aufgrund der Entfernung zur Stadt Salzburg mit den zentralen diözesanen Stellen wurde nach langen Überlegungen mit Beginn des Jahres 1952 das Generaldekanat Wörgl errichtet. Der Generaldechant für den Tiroler Anteil sollte jeden Donnerstag Amtstag halten und Seelsorgern sowie dem Kirchenvolk als Vertreter des Bischofs zur Verfügung stehen und die Diözese bei der Verwaltung unterstützen, im Bedarfsfall beratend eingreifen und Lokalaugenscheine vornehmen.[133] Die Seelsorger dieses Gebiets wünschten einen engeren und lebendigeren Kontakt. So führte Andreas Rohracher zunächst regelmäßige Sprechtage des Erzbischofs zuerst in Wörgl, dann in Kufstein ein. Ein weiterer Schritt war im Jänner 1964 die Verlegung des Generaldekanats Wörgl nach Kufstein und die Ernennung des dortigen Pfarrers zum Generaldechanten. Diese Aufgabe wurde bis zu diesem Zeitpunkt von einem Domkapitular in Salzburg versehen.[134] Am 1. September 1968 installierte Rohracher schließlich das Generalsekretariat für den Tiroler Anteil in Wörgl, um die Kommunikation noch mehr zu verbessern und bestellte ab 1. Oktober 1968 seinen ehemaligen Sekretär Georg Eder zu dessen Leiter. Auch diese neue Stelle hatte die Aufgabe, als Verbindungsstelle zwischen den Tiroler Dekanaten und Salzburg beziehungsweise Innsbruck zu fungieren.[135]

---

129 VBlEDSbg, Nr. 1/2 von Jänner/Februar 1950, S. 14.
130 VBlEDSbg, Nr. 3 vom März 1947, S. 223–224, Nr. 5 vom Mai 1949, S. 232, Nr. 1 vom Jänner 1953, S. 184–185, Nr. 10 vom Oktober 1955, S. 295–296, Nr. 6 vom Juli 1958, S. 74–75, Nr. 11 vom Oktober 1962, S. 181, Nr. 4 vom April 1964, S. 82–83, Nr. 9 vom September 1964, S. 161,
131 VBlEDSbg, Nr. 3 vom März 1953, S. 201.
132 VBlEDSbg, Nr. 4/5 von April-Mai 1953, S. 221.
133 VBlEDSbg, Nr. 12 vom Dezember 1951, S. 287.
134 VBlEDSbg, Nr. 1 vom Jänner 1964, S. 1–2.
135 VBlEDSbg, Nr. 10 vom Oktober 1968, S. 234–235.

Kirchlicher Wiederaufbau in der Erzdiözese Salzburg 1945–1968

In den etwas mehr als zwei Dezennien nach dem Zweiten Weltkrieg kam es zu 13 Pfarrerhebungen: Niederalm (1949)[136], Elsbethen (wurde von St. Jakob/ Thurn abgetrennt und gleichzeitig dem Dekanat Hallein aus- und dem Dekanat Bergheim eingegliedert, 1953), Eben (1954), Lofer (1947 Vikariat, 1955 Pfarre), Bürmoos (1959), das erst 1967 eine eigenständige politische Gemeinde wurde, Salzburg-Herrnau (1961), Kufstein-Sparchen, wo der Franziskanerorden mit der Seelsorge beauftragt wurde (1953 Vikariat, 1964 Pfarre), Salzburg-Lehen, das die Pallotiner betreuten (Scherzhausen 1949 Pfarr-Expositur von Mülln, 1965 Pfarre), Salzburg-Parsch, das erst 1939 zur Seelsorgestelle und 1948 Vikariat wurde, Kufstein-Endach (beide 1966), Salzburg-Gneis, Salzburg-St. Vitalis und Salzburg-Taxham (alle 1967). Daneben wurden Hallein-Rehhof (1955), Walserfeld (1956) und Lungötz (1961/64) zu Seelsorgestellen und Zell am See-Schüttdorf zur Expositur.[137] Gerade die Bevölkerungszunahme in der Stadt Salzburg führte zu den vielen Pfarrerhebungen in der Bischofsstadt. 1939 lebten hier knapp über 77.000 Menschen. Die Bevölkerung stieg bis 1951 auf über 102.000 und bis 1971 auf fast 130.000 Einwohner. Neben dem Bevölkerungswachstum lagen Pfarrerhebungen auch an unübersichtlich großen Seelsorgsgebieten, etwa bei der Pfarre Altenmarkt, und der damit verbundenen Schwierigkeit, die Bevölkerung seelsorglich zu betreuen.[138]

Neben den Änderungen und Adaptierungen bei den Pfarren und der Pfarrorganisation bzw. Pfarrverwaltung gab es auch bei der zentralen Verwaltung eine Weiterentwicklung, die zu einem großen Mitarbeiterstock und zur Bildung neuer Ämter führte. Ursprünglich übernahm der Bischof zusammen mit dem Domkapitel, dem Konsistorium und nur wenigen zusätzlichen Kräften die Diözesanführung. Durch die neuen und vielfältigen Aufgabenbereiche wurde es allerdings unmöglich, dass dieser relativ kleine Personenkreis alle Aufgaben übernahm. In den diözesanen Stellen und Ämtern wurde immer mehr Personal und hier immer mehr Laien angestellt um die Verwaltung der Diözese zu stemmen. Ab 1957 ist im Schematismus eine eigene Rechtsabteilung und Personalreferat für Kirchenbeitragsstellen angeführt, wobei generell zu bemerken ist, dass der Bereich des Kirchenbeitrags in diesen Jahren personell sehr stark zugenommen hat. Aber auch die Anzahl der Ausschüsse nahm zu. Vor dem Zweiten Weltkrieg gab es

---

136 VBlEDSbg, Nr. 1 Jänner 1949, S. 176–181.
137 *Erzbischöfliches Ordinariat Salzburg* (Hg.), Handbuch der Erzdiözese Salzburg 2010, Salzburg 2010; VBlEDSbg, Nr. 2 vom Februar 1947, S. 181–182, Nr. 8 vom August 1948, S. 119–120, Nr. 11/12 vom Dezember 1959, S. 282–283.
138 Rupertibote. Kirchenblatt der Erzdiözese Salzburg, Jg. 9.1954, Nr. 31 vom 1. August 1954, S. 3–4.

bereits eine Kommission für kirchliche Kunst und Denkmalpflege. Nach 1945 kamen beispielsweise zusätzlich die Diözesan-Glockenkommission, die Diözesankommission für Liturgik, die Diözesankommission für Kirchenmusik oder der Diözesan-Kirchenrat hinzu.[139]

Prälat Franz Simmerstätter wurde ab 1945 mit dem Neuaufbau der Diözesanstrukturen beauftragt. Im Dezember 1949 übersiedelte das Ordinariat von St. Peter zurück ins erzbischöfliche Palais, das am 26. Mai 1939 geräumt werden musste. Damit waren alle kirchlichen Dienststellen bis auf den Caritasverband unter einem Dach vereint. Die ersten Ämter der Katholischen Aktion zogen bereits im August 1947 ein und der Erzbischof konnte am 1. Dezember 1947 in seine Räumlichkeiten im Palais übersiedeln.[140] Die provisorisch nach dem Krieg zur Verfügung gestellten Räumlichkeiten im Dachboden des Palais und die dortige notdürftige Unterbringung der KA und ihrer einzelnen Werke waren nicht mehr ausreichend. Daher ließ die Diözese das Gebäude der ehemaligen Straßermühle am Kapitelplatz für die KA umbauen und dieses „Diözesanhaus" für die neuen Anforderungen bis Ende 1960 ausbauen, einrichten und adaptieren.[141] Außerdem befanden sich im Haus der KA noch der katholische Familienverband, die Schriftleitung des Rupertusblattes und das Borromäuswerk, das 1965 1.300 Büchereien betreute und drei Buchhandlungen führte, drunter die Dombuchhandlung.[142] Das Katholische Bildungswerk wurde 1946 als Einrichtung der KA gegründet, hatte seit 1957 Vereinsstatus[143] und veranstaltete bereits zu Schulbeginn 1946/47 zwei Vorträge für die Salzburger Jugend. Laientheologische Kurse wurden angeboten für jene, die *„sich gerne aus Mitverantwortung am kirchlichen Leben für eine besondere Mitarbeit zur Verfügung"* stellten. In Vorlesungen diskutierten Universitätsprofessoren an Montagabenden Themen zu Bibel, Dogmatik, Moral, Liturgie und Kirchengeschichte.[144] 1965 gab es bereits 62 KBW-Zweigstellen mit

---

139 Die Entwicklung des Personals wurde anhand der Daten aus den Schematismen 1938, 1942, 1948, 1951, 1954, 1957, 1962 und 1970 verfolgt.
140 Rupertibote. Kirchenblatt der Erzdiözese Salzburg, Jg. 5.1950, Nr. 11 vom 12. März 1950, S. 5.
141 Rupertibote. Kirchenblatt der Erzdiözese Salzburg, Jg. 15.1960, Nr. 50 vom 11. Dezember 1960, S. 3–4.
142 *Simmerstätter*, Wirken (Anm. 11), S. 20–23.
143 VBlEDSbg, Nr. 5 vom Mai 1955, S. 243.
144 Rupertibote. Kirchenblatt der Erzdiözese Salzburg, Jg. 1.1945/46, Nr. 48 vom 29. September 1946, S. 3.

regelmäßiger Bildungsarbeit. 170.576 Interessierte besuchten in diesem Jahr 1.478 Veranstaltungen.[145]

Seit Mai 1945 stellte sich auch die Frage, ob der von den Nationalsozialisten eingeführte Kirchenbeitrag weiter in der Form bestehen sollte. Die Diözesen hatten Jahr für Jahr verschiedene Ausgaben zu decken: die Erhaltung und Verwaltung der kirchlichen Gebäude, soweit dies den einzelnen Pfarren nicht möglich war, dazu gehörten die Ausgaben für zerstörten Gebäude oder Neubauten, die Errichtung von Notkirchen für größere Siedlungen und Seelsorgestellen und die Ausgaben für die Ordinariatskanzleien. Neben diesem Sachaufwand war als zweiter Posten der Personalaufwand – die Gehälter der Kirchenangestellten und Geistlichen – zu regeln. Vor 1938 trug der Staat zum Sach- und Personalaufwand bei. Diese Pflicht hatte der Staat seit der Säkularisation über bis 1939 das Kirchenbeitragsgesetz erlassen wurde. Die Kirche bekam das Recht, von seinen Mitgliedern zur Deckung des Sach- und Personalaufwandes einzuheben. Prälat Simmerstätter gründete auf Anordnung von Erzbischof Sigismund Waitz hierauf 1939 die Diözesan-Finanzkammer. Die Katholiken arrangierten sich mit dem neuen Beitragssystem. Laut Simmerstätter bestünde bei einer Rückkehr zum Zustand vor 1939 die Gefahr, dass die Kirche dann dem Streit der Parteien und der Politik ausgeliefert sein würde. Wichtig wäre die religiös-kirchliche Eigenständigkeit um eine „*freie Kirche im freien Staat*" zu etablieren.[146]

Jugendgruppen begannen nach dem Krieg, sich wieder zusammenzufinden und eine lebendige Gemeinschaft zu werden. Jungen und Mädchen bildeten Arbeitskreise und man feierte Gottesdienste. Die katholische Jugend war bestrebt, an sich selbst zu arbeiten, sich zu gläubigen Burschen und Mädchen zu bilden, die Kirche zu unterstützen, ein lebendiges Glied in der großen Pfarrfamilie zu sein und „*dem Land und Volke [...] seinen echten Glauben und sein gesundes Volkstum [zu] bewahren.*"[147] Der Aufbau der katholischen Jugend wurde in allen Diözesen durchgeführt und bis Mai 1947 konnten österreichweit 150.000 Jugendliche erfasst werden.[148] Die 1945 wieder gegründete Katholische Jugend war kein Verein, sondern unterstand den Diözesen. In jedem Dekanat wirkte ein

---

145 Rupertusblatt. Kirchenzeitung der Erzdiözese Salzburg, Jg. 21.1966, Nr. 31/32 vom 7./14. August 1966, S. 3.
146 Rupertibote. Kirchenblatt der Erzdiözese Salzburg, Jg. 2.1946/47, Nr. 13 vom 29. Dezember 1946, S. 3.
147 Rupertibote. Kirchenblatt der Erzdiözese Salzburg, Jg. 1.1945/46, Nr. 38 vom 21. Juli 1946, S. 3.
148 Rupertibote. Kirchenblatt der Erzdiözese Salzburg, Jg. 2.1946/47, Nr. 33 vom 18. Mai 1947, S. 7.

Dekanatsjugendseelsorger, dem Dekanats-Jugendführer und -Jugendführerinnen halfen. Trude Kirchmair und Max Gehmacher waren die ersten Diözesanführungskräfte. Es gab auch einen eigenen Diözesan-Jugendseelsorger.[149] Bereits 1946 bildeten sich in manchen Pfarren der Diözese Buben- und Mädchengruppen. 1947 wurden sie zur Katholischen Jungschar Österreichs zusammengefasst. Prälat Leonhard Lüftenegger bemühte sich sehr um die Aufbauarbeit der organisierten Gruppenarbeit für 8- bis 14-Jährige. 1967 betreute die Erzdiözese etwa 4.020 Mädchen in 268 Gruppen und 1.450 Buben in 105 Gruppen und organisierte Lager, Fahrten, Olympiaden oder die Dreikönigsaktion.[150]

1954 betraute Rohracher Eduard Macheiner mit dem Aufbau des Katechetischen Amts.[151] Mit Rechtswirksamkeit vom 1. September 1954 erweiterte der Ordinarius das bisherige Schulreferat zu einem „Katechetischen Amt am erzbischöflichen Ordinariat".[152]

Mit 1. Jänner 1962 errichtete Erzbischof Andreas Rohracher im Rahmen der Finanzkammer das „Bauamt der Erzdiözese Salzburg", dessen erster Leiter Architekt Peter Zacherl war. Die Aufgaben des Bauamtes lagen in der Beratung in allen Bauangelegenheiten, der Vertretung der Erzdiözese bei den verschiedenen Behörden, der Abwicklung der diözesanen Bauvorhaben, der Beratung bei Restaurierungen und Renovierungen kirchlicher Gebäude und in der Rolle als Ansprechpartner für die zentralen Stellen und Ämter und für die Pfarren.[153]

Der Gedanke der kategorialen Seelsorge war nicht neu, er ging aus dem Konzil jedoch verdichtet hervor: In Salzburg galt dies insbesondere für die Betriebsseelsorge, die Tourismusseelsorge und die Sorge um die Gastarbeiter. 1969 wurde die Arbeitsgemeinschaft für Arbeitnehmer- und Betriebspastoral gegründet, 1964 ein Tourismusreferat und 1963 „Rettet das Leben" zur Betreuung werdender Mütter.[154]

In den späten 1960er Jahren musste sich die Erzdiözese Salzburg als Körperschaft selbst behaupten und sich gegen eine Abtrennung des Tiroler Anteils wehren. Das Problem der Diözesangrenzen beunruhigte Andreas Rohracher. Die Erzdiözese Salzburg besteht aus dem Bundesland Salzburg und dem Tiroler Anteil, der sich seit 1818 aus den Tiroler Seelsorgssprengeln, die bis dahin bereits

---

149 Rupertibote. Kirchenblatt der Erzdiözese Salzburg, Jg. 3.1947/48, Nr. 34 vom 23. Mai 1948, S. 3–4.
150 Rupertusblatt. Kirchenzeitung der Erzdiözese Salzburg, Jg. 22.1966, Nr. 22 vom 28. Mai 1968, S. 3.
151 *Spatzenegger*, Säkularisation (Anm. 1), S. 1493–1520.
152 VBlEDSbg, Nr. 11 vom November 1954, S. 162.
153 VBlEDSbg, Nr. 1 vom Jänner 1962, S. 9–10.
154 *Steinkellner*, Kirche in Salzburg (Anm. 10), S. 527–549.

zum Erzbistum Salzburg gehört haben sowie den Tiroler Teilen der ehemaligen Bistümer Freising und Chiemsee zusammensetzt. Bereits 1940 gab es Gerüchte, wonach der Gauleiter und Reichsstatthalter von Innsbruck sich bemühte, den Tiroler Anteil der Erzdiözese Salzburg der Apostolischen Administratur Innsbruck einzugliedern. Erzbischof Sigismund Waitz konnte sich erfolgreich gegen die Innsbrucker Abtretungsbestrebungen wehren. In den 1960er Jahren gab es wieder Bestrebungen, den Tiroler Anteil abzutreten. Nach dem Abschluss des Vermögensvertrags und nach dem Zweiten Vatikanischen Konzil sollten auch die Diözesangrenzen der einzelnen Diözesen überprüft und unter Umständen neu gezogen werden. Am 7. Juli 1964 wurde die apostolische Administratur Innsbruck-Feldkirch zu einer Diözese erhoben und vier Jahre später am 9. Oktober 1968 Feldkirch zu einer eigenen Diözese. In diesem Zusammenhang kam auch der Tiroler Anteil ins Spiel. Es gab Bestrebungen, dass die Diözesangrenzen mit den innerösterreichischen Landesgrenzen übereinstimmen sollten. Außerdem herrschte die Angst, dass die Diözese Innsbruck infolge der Errichtung der Diözese Feldkirch zu klein sei. Dieser „Bedrohung" für die Erzdiözese Salzburg wurde mit rechtlichen, kirchenrechtlichen und historischen Argumenten entgegengetreten. Sebastian Ritter verfasste 1968 eine Schrift für den Erhalt des Tiroler Anteils bei der Erzdiözese Salzburg. Auch in den Bundesländern Wien und Niederösterreich gäbe es keine Einheit mit den Diözesangrenzen. Erzbischof Rohracher wehrte sich sofort gegen eine territoriale Veränderung obwohl er die Tiroler Wünsche nachvollziehen konnte. Bei einer Abtrennung des Tiroler Anteils wären 60 Pfarren mit rund 109.000 Katholiken betroffen gewesen. Nach der Resignation Andreas Rohrachers argumentierte der neue Erzbischof Eduard Macheiner weiter gegen einen drohenden Verlust. Neben den historischen Argumenten, die die Erzdiözese als gewachsene Einheit hervorhoben, warf er ein, dass jedes Gemeinwesen einer Mindestgröße bedürfe. Die Diözese Innsbruck hatte bereits 224 Pfarren, Salzburg nur 204. Außerdem war Salzburg mit dem Borromäum, dem Priesterseminar, der Theologischen Fakultät, der KA und dem IFZ ein überregionales kirchliches Zentrum. Zuletzt wurden noch emotionale und psychologische Argumente in die Diskussion gebracht: in den letzten 150 kamen fünf von zehn Erzbischöfen aus Tirol, wie auch Domherren oder andere verdienstvolle Persönlichkeiten. Anfang der 1970er wurden die Debatten über die Änderungen der Grenzen zwischen den Diözesen Salzburg und Innsbruck aufgrund von Diskussionen von Diözesangrenzen in Ostdeutschland relativ schnell beendet,[155] wobei Peter Krön den

---

155 *Paarhammer, Hans*, Der Tiroler Anteil des Erzbistums Salzburg. Kanonistische Anmerkungen zum Problem der Zirkumskription von Teilkirchen, in: *Breitschnig,*

Einsatz von Erzbischof Rohracher als den entscheidenden Punkt für den Verbleib des Tiroler Anteils hervorhob.[156]

V. Schlussbemerkung

Unschwer zu erkennen ist die Tatsache, dass Erzbischof Andreas Rohracher für die Zeit zwischen 1945 bis 1968 eine herausragende Rolle in der Erzdiözese Salzburg spielte. Er zeichnete bei praktisch allen wegweisenden Entscheidungen verantwortlich. In seine Regierungszeit fielen die Sicherung der Seeslorgsfunktion, die Umsetzung des Bildungsauftrags, die Wiedereröffnung der Theologischen Fakultät und des Priesterseminars oder die Restituierung kirchlichen Vermögens.[157] Landeshauptmann Hans Lechner merkte 1965 an, dass die

„neuere Salzburger Kirchengeschichte mit dem Wirken unseres Oberhirten eng verbunden" war. *„In den letzten schweren Kriegsjahren strahlten seine Persönlichkeit und sein Wort Kraft und Zuversicht aus, nach 1945 trug er zum materiellen Wiederaufbau unserer Heimat, vor allem aber zum sittlichen Wiedererstehen unseres Landes wesentlich bei."*

Der Wiederaufbau des Glaubens sollte nicht nur innerlich bleiben, sondern brauchte auch eine Präsentation von außen.[158] Der kirchliche Wiederaufbau in Salzburg war vielschichtig und reichte in unzählige Bereiche. In der Seelsorge versuchte man unmittelbar nach dem Zweiten Weltkrieg, sich um die traumatisierte Bevölkerung zu kümmern und auf sie einzugehen. Sobald die Nachwirkungen langsam verschwanden, konnte das Augenmerk auf andere Bereiche, wie die Verfestigung theologischer Themen, die Weltkirche oder die Auseinandersetzung mit neuen Phänomenen, etwa den muslimischen Zuwanderern verlagert werden. Verbunden mit der Seelsorge wurde bereits in den

---

Konrad / Rees, Wilhelm (Hg.), Tradition – Wegweisung in die Zukunft. Festschrift für Johannes Mühlsteiger SJ zum 75. Geburtstag, Berlin 2001 (Kanonistische Studien und Texte 46), S. 147–172; *Ritter, Sebastian*, Der Tiroler Anteil der Erzdiözese Salzburg. Überlegungen zur Frage: Warum Salzburger Kirchengebiet im Land Tirol, Salzburg 1968, S. 5; Rupertusblatt. Kirchenzeitung der Erzdiözese Salzburg, Jg. 21.1966, Nr. 16 vom 10. April 1965, S. 11.

156 *Hintermaier, Ernst / Rinnerthaler, Alfred / Spatzenegger, Hans* (Hg.), Erzbischof Andreas Rohracher. Krieg–Wiederaufbau–Konzil, Salzburg 2010 (Schriftenreihe des Erzbischof-Rohracher-Studienfonds 7, Schriftenreihe des Archivs der Erzdiözese Salzburg 9), S. 589.
157 *Rinnerthaler*, Wiederaufbaueuphorie (Anm. 14), S. 481–549.
158 Rupertusblatt. Kirchenzeitung der Erzdiözese Salzburg, Jg. 20.1965, Nr. 17 vom 25. April 1965, S. 8.

Nachkriegsjahren das Problem um den Priesternachwuchs erkannt. Obwohl die Katholische Universität für Salzburg nicht verwirklicht werden konnte, so gelang es mit der Einrichtung des Internationalen Forschungszentrums in der Edmundsburg, der Wiedereröffnung von Priesterseminar und Theologischer Fakultät und der Weiterführung des Klerusblattes von Salzburg aus doch, Salzburg als Zentrum der Theologie zu etablieren.

Der Wiederaufbau beschädigter (Kirchen)Bauten war naheliegend. Trotzdem zeichnet sich die Zeit 1945–1968 durch eine besonders starke Bautätigkeit aus. 22 Kirchen wurden in dieser Zeit neu errichtet oder maßgeblich erweitert und unzählige renoviert. Dazu kam die Errichtung von Kapellen, Pfarrhöfen, Friedhöfen, Pfarrheimen oder Kindergärten. Gerade die Rolle als Träger von Betreuungs- und Ausbildungsstätten – angeführt seien nur die unzähligen Kindergärten, die katholischen Privatschulen oder die Heime – war besonders wichtig. Diese Bautätigkeit erfüllte neben der Notwendigkeit, zerstörte Gebäude wieder aufzubauen, auch einen symbolischen Zweck. Auch im kulturellen Bereich konnte die Erzdiözese nachhaltig wirken, etwa bei Ausstellungen oder in der Kinder- und Erwachsenenbildung. Daneben erkannte man, dass in der Erzdiözese strukturelle Änderungen unausweichlich waren. Dies betraf zum einen die Verwaltung der Diözese, was zu einem gewissen Grad an Bürokratisierung führte. Andererseits erkannte man auch die Notwendigkeit, Laien – Jugendlichen, Männer und Frauen – vermehrt einzubinden.

Der Beitrag der Erzdiözese im weltlichen Bereich ist keinesfalls zu unterschätzen. Das soziale Engagement von Bischof und Kirche, mit dem sie der Not in den Nachkriegsjahren mit den Flüchtlingsströmen, dem Hunger und der Wohnungslosigkeit entgegentraten, war sehr hoch. Hier war Erzbischof Andreas Rohracher mit seinen Kontakten zum NCWC (National Catholic Welfare Conference) lebensnotwendig. Ohne die Caritas und ihrer Unterstützung durch Lebensmitteln, Kleidung und Medikamenten über die Caritas wäre die Not nach dem Krieg sicherlich noch größer gewesen. Man muss aber auch deutlich betonen, dass ohne die vielen Spenden der Bevölkerung vor allem im karitativen und baulichen Bereich und ohne den persönlichen Einsatz vieler Ehrenamtlicher der weltliche und kirchliche Wiederaufbau in Salzburg niemals so gut funktioniert hätte.

Zusammenfassend lässt sich ein sehr buntes Bild der Erzdiözese Salzburg für die Zeit zwischen 1945 und 1968 zeichnen mit einem sehr breiten Betätigungsfeld. Man half erfolgreich beim weltlichen Wiederaufbau mit. Der kirchliche Wiederaufbau und die Neustrukturierung drangen in alle Bereiche vor und so konnte die Erzdiözese Salzburg die Gläubigen von den traumatischen Nachkriegsjahren in die Zeit der Aufbruchsstimmung nach dem Zweiten Vatikanischen Konzil führen.

Norbert Allmer

Wiederaufbau und Veränderungen in der steirischen Kirche 1945–1969

Abstract
In this article you find new knowledge about the resurrection of the catholic church in the diocese Graz-Seckau after World War II. New life began to grow and the spirit of Vatican Council II brought inspiration especially to the parishes. People felt to be part of the living church and wanted to cooperate with responsibility in their groups and movements. Bishop Schoiswohl was a shepherd, who led his diocese with sense for the future. Therefore he created diverse councils to give the possibility of collaboration for laymen and priests too.

Der 8. Mai 1945, es war ein Dienstag, brachte das Ende des zweiten Weltkrieges. Schon tags darauf hielt Fürstbischof Dr. Ferdinand Pawlikowski in einer Weisung die Seelsorger an, sich im Rahmen ihrer Berufstätigkeit jedweder politischer Stellungsnahmen gegenüber Vergangenheit, Gegenwart und Zukunft zu enthalten.

Dunkle Erinnerungen

Gerade die letzten Wochen der Kampfhandlungen hatten besonders für die östliche Steiermark unendliches Leid gebracht, als die Kämpfe zwischen der Russischen Roten und der Deutschen Armee auf steirischen Boden ihrem Endpunkt zuliefen.

Die in der Folgezeit errichteten *Kriegerdenkmäler* zählen die Namen der gefallenen und vermissten Soldaten auf wie auch Soldatenfriedhöfe von den Folgen der Kampfhandlungen auf steirischem Gebiet berichten.

In zu vielen Familien galt es *Todesopfer* infolge der Kriegshandlungen und zivile Opfer zu beklagen wie auch durch die vielfältigen Zerstörungen zusätzliche Verluste und Beschädigungen verursacht wurden. Auch die steirische Kirche hatte in diesen Jahren des Nationalsozialismus und des mutwillig vom Zaun gebrochenen Krieges Anteil am Leid der Menschen.

Zunächst gab es unter dem steirischen Klerus sogar etliche „*Brückenbauer*" zum Nationalsozialismus.[1] Andererseits schlug Adolf Hitler der Kirche mit ihren bewusst getäuschten Bischöfen nach dem Anschluss (1938) ins Gesicht und

---

1 Vgl. *Hofmüller, P. Magnus OSB*, Steirische Priester befürworten den Nationalsozialismus und den Anschluss an das Deutsche Reich. Theol. Diplomarbeit, Graz 1997.

begann sofort mit der demütigenden Unterdrückung und *Verfolgung der Kirche* in vielfältigster Weise. So stand die Bespitzelung der Priester besonders bei den Predigten an der Tagesordnung wie es auch immer wieder zur Erteilung von Unterrichtsverboten kam. Der Religionsunterricht wurde letztlich überhaupt aus den Schulen gedrängt. – Auch in der Steiermark kam es zu heute abscheulich klingenden Vorfällen gegenüber dem Klerus, mit denen – nur wenige Jahre später – niemand mehr in Verbindung gebracht werden oder darüber ein Wort verlieren wollte.[2]

Die Einführung der *standesamtlichen Trauung* und damit gleichzeitig die Loslösung der Ehe vom kirchlichen Kontext im Jahre 1939 wurden später sogar in das geltende staatliche Recht übernommen und beibehalten.

Die Einführung des *Kirchenbeitrages* von 1939 war der Versuch Hitlers die Kirche finanziell auszuhungern. Nach dem Krieg wurde diese Form der Kirchenfinanzierung beibehalten, wie sie unter Bischof Pawlikowski mit 18. September 1939 erlassen worden ist, da man letztlich keine andere oder bessere Regelung finden sollte. Auch die vielen *Kirchenaustritte* mit all ihren Folgen trugen zu heftigem Gegenwind und radikalem Klimawechsel bei. Der Anschluss an das Deutsche Reich führte noch 1938 zum Austritt von gut vier Prozent, d. h. 44.000 getauften steirischen Katholikinnen und Katholiken.

Ein Gutteil der Priesterseminaristen und 97 Diözesan- bzw. Ordenskapläne wurde zum *Militärdienst* eingezogen und an die Front geschickt, wo sie als Sanitäter ihren kämpfenden Kameraden auf leiblicher und geistlicher Ebene hilfreich zur Seite standen. Acht von ihnen fielen im Zuge der Kämpfe. Viele gerieten aber in Gefangenschaft und kehrten erst viel später wieder heim. 18 Geistliche verließen während der NS-Zeit ihren Beruf.

158 steirische Priester wurden aufgrund regelwidrigen Verhaltens (z.B. Feindsenderhören), ihres Widerstandes (z.B. in Predigten) und anderer Handlungen angezeigt und deshalb sogar zu Haftstrafen in Konzentrationslagern verurteilt. Auf diese Weise erlitt etwa P. Athanasius Gerster OSB von der Abtei Seckau im KZ Dachau den Hungertod.

Hinrichtungen

Einige der inhaftierten Priester wurden von den Machthabern aufgrund ihrer zutiefst christlichen Haltung und Standhaftigkeit zum Tode verurteilt und

---

2 Mag. Christof Müller arbeitet derzeit an seiner brisanten theologischen Dissertation über die Verfolgung steirischer Priester durch das „Naziregime" sowie verblendete Teile der Bevölkerung.

hingerichtet. Das waren Pfarrer Heinrich Dalla Rosa, die Franziskanerpatres DDDr. Kapistran Pieller und Provinzial Dr. Angelus Steinwender sowie der Marianist P. Jakob Georg Gapp. Letzterer wurde sogar von Papst Johannes Paul II. im Jahre 1997 selig gesprochen. Übrigens läuft derzeit für den Priester Dr. Maximilian Metzger ein Seligsprechungsverfahren, der sich in Graz in der Friedensbewegung, der Gründung des Weißen Kreuzes und in der Una-Sancta-Bewegung sehr verdient gemacht hatte, der 1944 enthauptet wurde. In Graz war auch der Karmelit P. Paulus Wörndl, der 1913 in das Karmeliterkloster in der Grabenstraße eingetreten und in der Folge durch einige Zeit tätig, ehe er 1944 im Bereich der Diözese St. Pölten verhaftet und zum Tod durch das Fallbeil verurteilt wurde.[3]

Zur Errichtung eines gemeinsamen Denkmales für die in dieser schwierigen Zeit ums Leben gekommenen Priester und Ordensleute konnte man sich in der Diözese Graz-Seckau nicht durchringen. Erst Bischof Dr. Egon Kapellari ließ 2010 in der Eingangshalle des Priesterseminars eine kleine Gedenktafel in diesem Sinn und speziell für den am 24. Jänner 1945 in Wien wegen „Wehrkraftzersetzung" enthaupteten Pfarrer von St. Georgen am Schwarzenbach bzw. bei Obdach, Heinrich Dalla Rosa, anbringen.

Mit Kriegsende setzte sich Fürstbischof Dr. Ferdinand Pawlikowski sehr vehement für die Bevölkerung ein, die durch den Krieg schon genug gelitten hatte. Nun musste er in aller Deutlichkeit das Wort an die Vorgesetzten gegen die Übergriffe durch russische Soldaten gegenüber Frauen und Mädchen erheben.

Den Zeitumständen entsprechend bat Pawlikowski alle steirischen Pfarrer um die sofortige *Bekanntgabe sämtlicher Beschädigungen* und Zerstörungen an kirchlichem Besitz. Zu den 35 enteigneten bzw. aufgehobenen Klöstern und 16 Häusern von katholischen Vereinen, an deren Eigentum man sich vergriffen und vieles verschleppt hatte, kamen nun auch die durch Kampfeinwirkung beschädigten Kirchen, Kapellen, Pfarrhöfe sowie Wirtschaftsgebäude. Durch *Bombenabwürfe* waren etwa die Kirchen von Knittelfeld total, die Kirchen von St. Jakob im Walde und Wenigzell sowie in Graz die Marien- und die Münzgrabenkirche schwer getroffen worden. Letztere musste in der Folge überhaupt neu aufgebaut werden. Aber auch die Grazer Kirchen von St. Andrä, Don Bosco, St. Josef, Karlau, Mariahilf, Mariä Himmelfahrt (Franziskaner), St. Vinzenz und Schmerzhafte Mutter (Lazaristen) trugen deutliche Beschädigungen davon. Selbst der *Bischofshof* wurde durch zwei Fliegerbombentreffer vom Allerheiligentag 1944 schwer

---

3 *Liebmann, Maximilian*, Wölfe im Schafspelz. Die steirische Kirche unter dem Nazijoch, in: *Kaindl, Heimo und Ruhri, Alois (Hg.)*, Thron und Altar. 1000 Jahre Staat und Kirche. (Ausstellungskatalog 1996), S. 172–182.

in Mitleidenschaft genommen. Unter diesen Umständen wurden die gotischen Fresken des ehemaligen Tafelzimmers von Bischof Leopold (1283–1291) mit der frühesten Darstellung des Seckauer Bistumswappens, Arm mit der Segenshand, entdeckt.[4]

Neubeginn

Mit Kriegsende setzte sich Fürstbischof Dr. Ferdinand Pawlikowski sehr vehement für die Bevölkerung ein, die durch den Krieg schon genug gelitten hatte. Nun musste er in aller Deutlichkeit das Wort an die Vorgesetzten gegen die Übergriffe durch russische Soldaten gegenüber Frauen und Mädchen erheben.

Nun waren aber die äußeren Voraussetzungen für kirchliches Leben wieder zu organisieren. Schritt für Schritt konnten die Mauern erneuert und auch die Dächer gedeckt werden. In der ersten Zeit gab es ja kaum Materialien, um die entstandenen Schäden beheben zu können. Dass man einander aber auf breiter Ebene wieder mit ehrlicher Offenheit begegnen und vorbehaltlos trauen konnte, dauerte vermutlich noch länger.

Der Bischof widerrief die kriegsbedingten Weisungen und Vollmachten von 1939 und 1944, die im Bedarfsfall für ein schnelles seelsorgliches Vorgehen ohne das Einholen von Genehmigungen erteilt worden waren.[5]

Da nun der äußere Zwang nicht mehr gegeben war, kam von den *zwischen 1938 und 1946 ausgetretenen 82.224 Katholiken* mit ca. 50.000 wieder ein Gutteil zur angestammten Kirche zurück.[6] Unmittelbar nach Kriegsende 1945 und im folgenden Jahr 1946 revertierten 15097 Personen. Zählte die katholische Kirche 1938 genau 1,006.311 Mitglieder, so waren es 1946 noch knapp 886.000.

Die enteigneten *Klöster und Stifte* wurden 1946/47 unter vielfachen und z. T. auch langwierigen Schwierigkeiten wieder ihren ursprünglichen Eigentümern übertragen und die von den Nazis zuletzt widerrechtlich durchgeführten grundbücherlichen Veränderungen rückgängig gemacht. Somit konnte das Ordensleben in seiner ursprünglichen Form wieder aufgenommen werden, vor allem auch die vertriebenen Ordensleute neuerlich ihre Klöster beziehen und das Gotteslob neu aufleben. 1947 kehrte z.B. der Vorauer Chorherr Pius Fank aus Argentinien wieder

---

4   *Wonisch, P. Othmar OSB*, Baugeschichte des Bischofhofes in Graz, Graz 1953, S. 7 ff., 34.
5   DAGS, Ordinariatskanzlei, Fakultäten, Weisung des Bischofs vom 20. Mai 1946 Zl. 3530/46.
6   DAGS, Ordinariatskanzlei, Statistik: Anhand der nicht vollständig vorhandenen kirchlichen statistischen Angaben aus dieser Zeit lassen sich heute bloß 23.521 Reversionen eindeutig nachweisen.

heim, der 1939 dorthin geflüchtet war um für seine Mitbrüder im Bedarfsfall eine Zufluchtsstätte vorzubereiten. Wäre es tatsächlich dazu gekommen, wäre es ein fatales Zeichen gewesen, dass die Hirten ihre Herden verlassen. Kaum heimgekehrt, erhielt Herr Pius eine anonyme Karte mit der Bemerkung, dass man ihn wohl am nächsten Ast aufgehängt hätte, wäre er nicht aus Feigheit ins Ausland geflohen.

Glaubwürdigkeit

Die Kirche hatte sich nach den katastrophalen Zeiten der Herrschaft der Nationalsozialisten wieder aufzurichten und konnte erhobenen Hauptes ihren Weg fortsetzen. Gerade auch durch die selber erlittenen Verwundungen gewann sie an Glaubwürdigkeit und Anerkennung in der Bevölkerung. Bischof Pawlikowski war der einzige österreichische Bischof, der von den Nazis inhaftiert worden war, wenn es in seinem Fall auch nur die Nacht vom 13. auf den 14. März 1938 in einer Polizeigefängniszelle war. Die Ehrenbürgerschaft der Stadt Graz, welche ihm 1937 unter Bürgermeister Hans Schmid verliehen worden war, wurde ihm schon im Folgejahr 1938 von den Nazis aberkannt. Erst nach seiner Resignation als Diözesanbischof (1953) verlieh ihm die Stadt Graz 1954 zur Wiedergutmachung neuerlich die Ehrenbürgerschaft, was für Pawlikowski sehr viel bedeutete.

Gerade jene Priester, denen Übles angetan worden war, die ihre Haft in den Konzentrationslagern überlebten und wieder heimkehren konnten, waren nun sozusagen Zeugen für Aufrichtigkeit und Wahrhaftigkeit. Nicht alle von ihnen waren in ihrer ehemaligen Pfarre mehr willkommen.

Geistliche Kleidung

Gleich nach Kriegsende wies Fürstbischof Pawlikowski seinen Diözesanklerus im Juli 1945 zum Tragen der geistlichen Kleidung an, da jetzt mehr kein Grund für anderes bestünde, und die eigenen Landsleute sowie fremde Behörden wissen sollten, wen sie vor sich hatten. 1951 drängte Bischof Pawlikowski die Priester neuerlich sehr deutlich zum Tragen der geistlichen Kleidung. „Ich werde in Hinkunft mit einem jeden Geistlichen, der in der Öffentlichkeit in ganz ziviler Kleidung, insbesondere ohne Collare, auftritt, im Sinn des Can. 2379 unnachsichtig vorgehen." Doch konnten selbst strenge Worte des Bischofs nichts daran ändern, dass die Geistlichen ihre Talare und sichtbare Hinweise auf ihren Stand immer häufiger ablegten, um mögliche Hindernisse aufgrund des Äußeren im Umgang mit den Leuten im Vorhinein auszuräumen bzw. modernen Zeitgeist zu vermitteln.

Abschied vom Hochwürden

Begegnete man einem Geistlichen, grüßte man mit „Gelobt sei Jesus Christus!", worauf „In Ewigkeit. Amen" geantwortet wurde. Der Priester als geweihter Amtsträger wurde deshalb auch mit „Hochwürden" angeredet und war für alle eine zu respektierende Person. Der Kuss seiner Hand durch ältere Leute kam sogar bis in die 1990er vor. Um sich davor zu drücken nahmen Jugendliche angeblich ganz gerne Reißaus, wenn ein Priester zuhause auf Besuch kam. Einen Priester mit Du anzusprechen war absolut undenkbar. Andererseits sagten ja noch in den 1960ern Eltern zu ihren eigenen Eltern Sie, während den Enkelkindern nur mehr das vertraute Du bekannt war. Je weiter herauf, desto freundschaftlicher und offener ging man auf allen Ebenen miteinander um. Allerdings wurde im Lauf der Jahrzehnte spürbar Abschied vom Hochwürden genommen. – Unverständlich war es aber immer, wenn zwischen Pfarramt und Ordinariat Briefe geschrieben wurden und man sich gegenseitig am Adressat als hochwürdig betitelte (Hw. Ordinariat, hw. Pfarramt).

Zukunft Leben

Blättert man in den Matrikenbüchern, bemerkt man sehr deutlich den enormen Aufholbedarf bei den Hochzeiten durch die ehemaligen Soldaten und ihre verlorenen Jahre nach Krieg und Gefangenschaft. *Tausende Hochzeitspaare* schlossen nun ihren Ehebund ganz bewusst etwa vor dem Traualtar im Marienwallfahrtsort Mariazell. Zwischen 1946 und 1955 heirateten dort 8.696 Paare, was einen Durchschnitt von 870 Trauungen pro Jahr ausmacht. Auch die darauf folgende *hohe Zahl an Geburten und Taufen* spiegelt die deutliche Freude wider den Krieg einigermaßen heil überlebt zu haben.

Glocken als Lebenszeichen

Die einst für Kriegszwecke abgenommenen und eingeschmolzenen Glocken galt es wieder zu ersetzen. Nur die historisch wertvollen Glocken waren auf den Türmen verblieben. Bloß an die 100 Stück der vielen in der Steiermark abgenommenen Glocken fanden sich unbeschadet nach dem Krieg im Sammellager Brixlegg in Tirol wieder[7] und konnten – nach einer feierlichen Verabschiedung in Innsbruck[8] – ihren legitimen Eigentümern wieder übergeben werden, um neuerlich

---

7 Sonntagsblatt für Steiermark 1945, Nr. 4, S. 3.
8 Sonntagsblatt 1945, Nr. 9, S. 4.

als „Artillerie der Geistlichkeit" im Sinne von Kaiser Joseph II. für ihren Dienst in Betrieb genommen zu werden. Insofern kam bis in die kleinste Pfarre hinein die finanzielle Belastung der nach dem ersten Weltkrieg angeschafften Glocken und Orgeln innerhalb dreier Jahrzehnte neuerlich zu tragen. In diesem Falle leistete aber die Bevölkerung bereitwillig ihren Beitrag zu deren Neuanschaffung bzw. Renovierung. Die Beschaffung der Glocken gehörte auch nun als gemeinsame Leistung der Bevölkerung und ihrer Geistlichen zu den ganz großen Mutmachern bzw. Lebenszeichen für das wieder aufkeimende pfarrliche Leben. Entsprechend euphorisch fallen auch die Schilderungen der Glockenweihen in den Pfarrchroniken und den damaligen Zeitungsberichten aus. Im oststeirischen Hartberg wurde bis 1958 per Tonband Glockengeläute vom Turm eingespielt. Dann aber konnte man sich auch hier zur Anschaffung echter Glocken bei der Glockengießerei St. Florian entschließen.[9]

Traditionell wurden die Glocken ja händisch geläutet. Aus vielfachen Erzählungen ist bekannt, dass das händische Läuten der Glocken als recht unterhaltsam erlebt wurde, wenn man sich etwa mit den Glockenstricken hochziehen ließ. Kleinere Glocken konnten von den Ministranten geläutet werden. Für größere und damit auch schwere Glocken bedurfte es Erwachsener, die auch so läuten konnten, dass es einen schönen Zusammenklang ergab.[10] Bei seinem Besuch auf Schloss Seggau übergab Nuntius Dr. Opilio Rossi ein gutes Trinkgeld „für die, die haben die Glocke so schön gespielt".[11] Ab Mitte der 1950er-Jahre geschah ein allgemeiner Überstieg vom händischen hin zum elektrischen Antrieb, womit die Glocken nun per Knopfdruck und Motorenantrieb ihre Dienste versahen.

Bischöfliches Knabenseminar

Die Wiederaufnahme der Tätigkeiten des 1939 behördlich aufgehobenen Knabenseminars erfolgte mit September 1945 zunächst am Lindweg, weil das Haus in der Grabenstraße noch als Lazarett in Verwendung war.[12] Somit konnten nun nach einigen Jahren ohne Nachwuchs wieder begabte Burschen ihre Gymnasialausbildung antreten, um dann auch ihre Eignung und Neigung zum geistlichen Beruf ernstlich zu überprüfen. Zu dieser Zeit erfolgte der Überstieg der

---

9   Pfarrarchiv Hartberg, Schachtel 20, Heft 105/3.
10 Für den Kinofilm „Cordula" wurden 1950 einige Sequenzen im Stift Vorau gedreht. Das gemeinsame Läuten der Glocken am stiftischen Turm durch einige Männer wurde dort deutlich gezeigt.
11 *Wagner, Karl,* Seggau – mein Leben, Gleisdorf 1992, S. 63.
12 Sonntagsblatt 1945, Nr. 7, S. 3 f.

erfolgreichen Maturanten in das Priesterseminar, damals Priesterhaus genannt, fast zu 100 Prozent. Im Laufe der Jahrzehnte veränderte sich auch die Sichtweise des Knabenseminars von der Fundamentlegung zum geistlichen Beruf in Richtung Pflanzstätte für verantwortungsvolles katholisches Leben, das auch für die Berufung als Laie offen und dankbar war. Im Knabenseminar erhielten viele ihre grundlegende christliche Prägung, die sich in ihrem Laienberuf als tatkräftige Katholiken bewähren sollten.

Sonntagsblatt

Vor dem Krieg gab es das Zwei-Groschen-Blatt als kirchliches Wochenblatt in unserer Diözese, welches durch die Nazis 1938 verboten wurde. Sehr bald nach Kriegsende wurde jedoch das „Sonntagsblatt für Steiermark" im September 1945 aus der Taufe gehoben. Seine Autoren leisteten von Anfang an durch ihre Arbeit unersetzbare seelsorgliche und informative Dienste an den vielen Lesern, was auch zur spürbaren Beruhigung der Menschen beitrug und dem Gesamt der Diözese auf eigene Weise innere Stütze und Halt gab. In den ersten Jahren nach dem Krieg fällt auf, dass man besonders die Arbeit der Katholischen Jugend durch die vielfache Berichterstattung und Bewerbung von Veranstaltungen unterstützte. Der Eindruck, dass man sich das lebhafte Engagement der Jugendlichen für die ganze Kirche wünschte und erhoffte, entsteht beim Blättern in den frühen Jahrgängen des Sonntagsblattes recht deutlich. Je länger herauf desto deutlicher spürt man das Erstarken der Pfarren, wenn von den verschiedensten Aktivitäten in den steirischen Pfarren berichtet wird. Natürlich sind sichtbare Erfolge wie etwa die Restaurierung einer Pfarrkirche oder Kapelle nicht nur ein schönes Aushängeschild, sondern auch positive Werbung und Ermutigung für das gemeinsame Engagement in der Pfarre.

Radiomesse und Kirchenfunk

Die Kirche bediente sich immer auch der neuesten Technik, um ihren Auftrag der Verkündigung zu erfüllen. So reichen die ersten Radioübertragungen der Morgenbetrachtung und der Sonntagsmesse im Regionalradio bis 1949 zurück.[13] Nachdem kein Bauer den Hof unbeaufsichtigt hinterließ und immer jemand anwesend war, um den Hof und das Vieh zu hüten, wurde dort am Sonntag natürlich auch die im Radio übertragene Messfeier aus einer österreichischen Pfarrkirche angehört. Besonders für Leute, die aus Krankheit oder anderen Gründen nicht in

---

13 Siehe die Programmankündigungen im Sonntagsblatt.

die Kirche kommen konnten, war die Radiomesse eine willkommene Einführung, um auch daheim ihre Andacht halten zu können. Im Spaß hieß es immer, dass die im Rundfunk übertragene Messe zu hören nicht die Sonntagspflicht erfülle, nachdem aus dem Radiogerät kein Klingelbeutel für die Kollekte gereicht werden könne. – Zwischen 1968 und 1997 wurde noch zusätzlich die Ökumenische Morgenfeier für Interessenten des kirchlichen Dialogs auf Ö1 gesendet, wobei sich Vertreter der altkatholischen, evangelischen, katholischen, methodistischen und orthodoxen Kirchen im geschwisterlichen Diskurs zur Besprechung verschiedenster Themen zusammensetzten und ihre Meinungen austauschten. Messfeiern zu besonderen Anlässen wurden sogar auch im Fernsehen übertragen.

Exerzitienbewegung

Nach den Jahren der Bedrängnis und inneren wie äußeren Not versuchte man die Menschen wieder aufzurichten und ihnen Sicherheit zu schenken. Deshalb wurde zu Anfang der 1950er-Jahre eine Exerzitienbewegung ins Leben gerufen. In den verschiedenen Klöstern des Landes sowie auch im Bildungshaus Mariatrost in Graz wurden in der Folge vielfach Exerzitienkurse angeboten, womit das katholische Fundament der Bevölkerung wieder gestärkt und mehrtägige religiöse Gemeinschaftserlebnisse ermöglicht wurden. Dieser geistliche Wiederaufbau wurde als spürbare und willkommene Frischluftkur empfunden. Viele der auf diese Weise geistlich erweckten Personen zählten ab nun zu den gern gesehenen Mitarbeitern in den verschiedenen Gruppierungen und Tätigkeitsfelder in den Pfarren und Dekanaten. Im Winter 1951/52 wurden in der Steiermark 74 Exerzitienkurse durchgeführt, die von 2.278 Personen besucht wurden. Damals wurden im Stift Vorau 16 Kurse, im Kapuzinerkloster Irdning 10, Kapuzinerkloster Leibnitz 9, St. Josefs-Kloster Stubenberg 9, Missionshaus St. Severin in Fürstenfeld 7 und in Mariatrost 5 Kurse abgehalten. Insgesamt nahmen an diesen Besinnungstagen 1.618 Frauen und Mädchen sowie 660 Männer und Burschen teil.[14]

Wiedereinführung des 8. Dezember „Mariä Empfängnis" als Feiertag

Zum Dank, dass Wien während des Dreißigjährigen Kriegs vor einer Fremdherrschaft verschont blieb, wurde die hl. Maria vom damaligen Kaiser Ferdinand III. zur Schutzpatronin Österreichs erhoben und das Fest Mariä Empfängnis am 8. Dezember 1647 als Feiertag in Österreich eingeführt. Dass die Gottesmutter

---

14 Sonntagsblatt 1952, Nr. 22, S. 1.

Maria ohne Erbsünde empfangen worden war, wurde von Papst Pius IX. 1854 zum Dogma erhoben. Durch das Naziregime wurde dieser Feiertag jedoch gestrichen. Infolge einer im Marianischen Jahr 1954 durchgeführten Unterschriftenaktion, wozu das Sonntagsblatt durch Wochen einlud, wurde die neuerliche Einführung dieses Marienfestes von der Bevölkerung auf breiter Ebene als arbeitsfreier Feiertag gefordert[15] und ab 1955 wieder offiziell in Österreich als gesetzlicher Feiertag begangen.

Die steirischen Bischöfe nach dem Krieg
Weihbischof Dr. Leo Pietsch

Nachdem Fürstbischof Pawlikowski 1947 im Alter von 70 Jahren zwei Schlaganfälle erlitten hatte, und sein Gesundheitszustand damit auch ernstlich erschüttert war, ersuchte er Papst Pius XII. um Unterstützung durch einen Weihbischof. So wurde der bisherige, gerade erst 43jährige Honorardozent für Moraltheologie und Ethik, Dr. Leo Pietsch, im August 1948 zum Titularbischof von Narona (Dalmatien) ernannt und dem Bischof als Beistand bzw. Weihbischof zur Seite gegeben. Am 7. November fand die Bischofsweihe im Grazer Dom statt. Hauptkonsekrator war der Salzburger Metropolit Andreas Rohracher unter Assistenz der Fürstbischöfe Pawlikowski und Josef Köstner von Gurk, nachdem Pietsch ein geborener Kärntner aus Hermagor war. Sein Bischofswappen zeigte u.a. einen Fabrikschlot, was wohl deutlich darauf hinweist, dass er sich als der Gegenwart verpflichteter Seelsorger verstand, der gerade auch auf die Welt der Arbeiter zugehen wollte, mit denen er in seiner bisherigen Wohnpfarre Graz-Andritz ständig zu tun hatte. Andrerseits wies aber auch die Sonne auf seine Lehrtätigkeit an der Universität hin. Durch seine Aufgeschlossenheit und Kontaktfreude trug Weihbischof Pietsch landauf landab dazu bei, dass die Kirche und ihr Leben bei den Leuten wieder zum Thema gemacht wurden. Pietsch unterhielt sich gerne mit den Menschen, stellte viele Fragen und war für seinen feinen Humor bekannt. Anlässlich des 1950 stattfindenden Katholikentages, der im Sinne eines großen Einkehrtages für die Diözese am Grazer Trabrennplatz – heute Messegelände – veranstaltet wurde, hielt Pietsch die Festpredigt „Das Größte aber ist die Liebe". Als Generalvikar fungierte Weihbischof Pietsch von 1952–1953. Gemeinsam mit dem neuen Diözesanbischof Josef Schoiswohl nahm Weihbischof Pietsch an den Sitzungen des Zweiten Vatikanischen Konzils (1962–1965) in Rom teil und gab selber die

---

15 Sonntagsblatt 1954, Nr. 32, S. 1 und 8; Anfang August hatten bereits 201.000 steirische Katholiken für die Wiedereinführung des Feiertags unterschrieben.

dort erlebte Begeisterung in der Heimat weiter. Besondere Verdienste hatte sich Pietsch aber für den Aufbau der Katholischen Männerbewegung sowie auch als Generalassistent der Katholischen Aktion errungen, wenn er durch seine impulsiven Ansprachen zum Gelingen der Unternehmungen Vorschub leistete. Krankheitsbedingt resignierte er 1967 und übersiedelte zunächst nach St. Leonhard in Kärnten. Von dort holte ihn der junge Diözesanbischof Johann Weber schon bald nach seiner Weihe 1969 wieder nach Graz in das Bischofshaus, was allgemein als sehr versöhnliche Geste empfunden wurde. Pietsch verstarb nach einem sehr mühsam gewordenen Lebensabend am 30. September 1981 und wurde im Mausoleum neben dem Dom beigesetzt.[16]

Resignation von Fürstbischof Pawlikowski

Wegen angeblicher Unregelmäßigkeiten im Finanzbereich der Diözese Seckau wurde der in diesen Sachen sehr fachkundige Bischof Dr. Josef Schoiswohl von Eisenstadt zum Jahreswechsel 1951/52 nach Graz geschickt, um die von Papst Pius XII. aufgetragene Apostolische Visitation durchzuführen. Schoiswohls Einsichtnahme brachte Licht in die verfahrene Situation und führte zu Konsequenzen. Fürstbischof Pawlikowski[17], der seit 1927 die Diözese Seckau leitete, war alles andere als glücklich, als er in der Folge – gedrängt von der Nuntiatur – um den Rücktritt ansuchen musste. Die Resignation wurde umgehend am 7. Dezember 1953 angenommen und Pawlikowski sogar noch zum Titular-Erzbischof von Velebusdo (Bulgarien) ernannt. Es wurde mit gewisser Verwunderung aufgenommen, dass der enthobene Bischof dann auch noch als Administrator die weiteren diözesanen Geschäfte führte. Am 24. Februar 1954 fand im Stephaniensaal eine feierliche Kundgebung statt, in der man die Regierungszeit und die Person des resignierten Oberhirten entsprechend würdigte. Pawlikowski verließ in der Folge den Bischofshof im März und übersiedelte in eine Wohnung in der Elisabethstraße. Er verstarb am 31. Juli 1956 im 80. Lebensjahr und wurde im Grab seiner Mutter am Friedhof der Wallfahrtskirche in Frauenberg bei Leibnitz bestattet.

---

16 Vgl. *Liebmann, Maximilian*, Leo Pietsch, in: *Kronthaler, Michaela (Hg.)*, Lebensbilder steirischer Bischöfe, Graz 2002, S. 186.
17 Genaueres über ihn berichten: *Liebmann, Maximilian*, Dr. Ferdinand Stanislaus Pawlikowski, in: *Amon, Karl*, Die Bischöfe von Graz-Seckau 1218–1968, Graz 1969, S. 456–469; *Liebmann, Maximilian*, Ferdinand Stanislaus Pawlikowski, in: *Kronthaler*, Lebensbilder, S. 160–164.

Bischof Dr. Josef Schoiswohl[18]

Zum Nachfolger als steirischer Bischof wurde durch Papst Pius XII. der Bischof der Apostolischen Administratur Burgenland (in Eisenstadt; Diözese seit 1960) Dr. Josef Schoiswohl am 18. Jänner 1954 ernannt, der am 19. März, am Fest des steirischen Landes- und auch seines Namenspatrons, im Grazer Dom inthronisiert wurde. Das Sonntagsblatt berichtete, dass ihm zuvor die Eisenstädter Diözesanen an der Landesgrenze bei Fürstenfeld mit Tanz und Gesang ein letztes Mal den Weg versperrten, ehe er, angetan mit dem langen roten Mantel, in Graz vor der Burg von Landeshauptmann Josef Krainer, Vizebürgermeister Dr. Hans Amschl, dem Domkapitel und der zahlreich versammelten Bevölkerung in Empfang genommen und in die Kathedrale geleitet wurde.[19] Schon am Vorabend hatte die Katholische Jugend mit etwa 2500 Teilnehmern einen beeindruckenden abendlichen Fackelzug vom Karmeliterplatz zum Bischofshof veranstaltet, um den neuen Bischof zu begrüßen, der sich bereitwillig den neuen Aufgaben stellte. Einen Ausspruch des hl. Bischofs Martin von Tours, „Non recuso laborem", hatte Schoiswohl als bischöfliche Devise bereits in Eisenstadt gewählt, die er nun auch nach Graz mitbrachte, da er auch hier „keine Arbeit scheuen" wollte. Bereits in seinem ersten Hirtenwort wies Bischof Schoiswohl auf die christliche Sendung durch die Taufe und die Gliederungen der Katholischen Aktion als Basis für die weitere Zukunft hin. Die volle Unterstützung des Bischofs galt nun dem weiteren Ausbau und der Intensivierung der Tätigkeit der Laien in der Kirche und den Tätigkeiten der Katholischen Aktion. – Bald schon wusste der Volkswitz vom allseits gedeihlichen Zusammenwirken von Politik und Kirche zu berichten, indem man anhand der Familiennamen von Landeshauptmann Josef Krainer, des Grazer Bürgermeisters Eduard Speck[20] und des Bischofs formulierte: „Bei Krainer und Speck ist den Grazern Schoiswohl ..."[21] – Gerade auch die Beiträge und Referate der Seckauer Diözesan-Synode von 1960 zur Thematik „Der Laie in der Kirche" machten deutlich, wie ernst es Bischof Schoiswohl nicht nur um die Mitgliedschaft, sondern auch aktive Mitarbeit der Laien im pfarrlichen Leben

---

18 Genaueres zu ihm berichten: *Posch, Andreas,* Josef V. Schoiswohl (1954–1968), in: *Amon,* Bischöfe, S. 470–473; *Liebmann, Maximilian,* Josef Schoiswohl (1901–1991), in: *Kronthaler,* Lebensbilder, S. 164–167.
19 Sonntagsblatt 1954, Nr. 12 und 13.
20 Dr. Eduard Speck war 1945–1960 Bürgermeister in Graz.
21 Davon wussten mehrfach ältere Archivbenützer aus Graz zu erzählen.

war.[22] Insofern spürt man heute noch seine Aufgeschlossenheit und Initiativkraft, die schon einiges von dem vorwegnahm, was dann erst durch das Konzil angeregt und gefordert wurde.

Wiedererrichtung der Katholischen Aktion
Katholische Jugend (KJ)[23]

Die vor dem Krieg bestehenden katholischen Vereine der Burschen, Jungfrauen, Hausmütter und -väter waren von den Nazis aufgehoben und ihr Vermögen eingezogen worden. Insofern musste nach dem Krieg ein völliger Neubeginn in der seelsorglichen Betreuung unternommen werden. So kam es mit 2. Oktober 1946 zur Gründung der Katholischen Jugend durch die österreichischen Bischöfe.[24] Auch in unserer steirischen Diözese fand die Katholische Jugend begeisterte Aufnahme. Durch Jahre spürt man den geistigen Hunger, der nach den Jahren des Krieges und der Verführung gewachsen war und deshalb mit so viel Freude und innerem Feuer sich auf die Kirche und die Wahrhaftigkeit hin ausrichtete. Man traf sich in Gruppen in den Pfarren, auf Dekanats- oder Diözesanebene, um der Welt das Bekenntnis zu Christus dem König zu zeigen. Jede und jeder konnten nun das innere Feuer in der erlebten Gemeinschaft zum Leuchten bringen. So fanden sich etwa 23.000 Mädchen und Burschen beim Diözesanjugendtag vom 26. September 1948 auf dem Grazer Freiheitsplatz ein. 1959 waren es wiederum 20.000, die sich anlässlich des Steirischen Landesjugendtages unter dem Thema „Die Welt braucht euch" ebendort versammelten. Mit Stolz und Begeisterung wurden damals aber auch Kreuze auf Berggipfeln (z.B. 1947 Dachstein, 1948 Hochschwab, 1964 neuerlich am Dachstein) oder die Mariensäule am Wölkertkogel auf der Stubalm 1954 errichtet. Im Erzherzog-Johann-Jahr 1959 wurden von den Jugendlichen 70 Kapellen errichtet bzw. erneuert, 150 Bildstöcke renoviert und 350 Wegkreuze im Land gepflegt. Das gemeinsame Ja zu Christus und seiner Kirche sollte über das Land sichtbar sein und erkennbar bleiben. Neue Wege der Seelsorge beschritt z.B. Pfarrer Anton Spath in Schöder, der sich bereits 1947/48 bei der Einrichtung eines Tonkinos im Kulturheim sehr verdient machte, um nicht nur den Jugendlichen am Land anschaulich etwas bieten zu können.

---

22 Der Laie in der Kirche. Seckauer Diözesan-Synode 1960. Beiträge und Referate. Graz 1961.
23 Siehe: Zeitsprünge. KJ-Spezial/Informationszeitung der Kath. Jugend Steiermark, Juli 1996.
24 Kirchliches Verordnungsblatt (KVBl) 1946, XII, S. 1; Sonntagsblatt 1946, Nr. 59, S. 1

1952 wurde die Katholische Jugend nach speziellen Gruppierungen organisiert: die Arbeiter-, Mittelschul- und die Landjugend, wobei die Gruppen immer nach Geschlechtern getrennt geführt wurden. Zunächst aber wurde sehr viel Energie für die Gründung von Gruppen und den Aufbau der Leitung aufgewendet. Dafür kamen die Jugendlichen nach Graz, um an Schulungen teilzunehmen. In den Pfarren nahm die Jugend gerne an den Gruppenstunden teil, fand sich geschlossen zu den Gottesdiensten ein, traf sich bei der Christenlehre, entzündete ein mächtiges Osterfeuer, unternahm Wanderungen, wallfahrtete nach Mariazell, band die Erntekrone und bastelte weitere kunstvolle Objekte mit Naturalien (z.B. Monstranz, Kirche, Ampel), die dann sogar in Graz im Volkskundemuseum ausgestellt wurden. In der Winterzeit, wo man eher dafür Zeit hatte, wurden Theaterstücke einstudiert und diese dann zur pfarrlichen Unterhaltung aufgeführt. 1954 und 1958 fanden bundesweite Wallfahrten der KAJ nach Mariazell statt. Als Joseph Cardijn, der Gründer der KAJ und spätere Kardinal, 1958 die Steiermark und auch Mariazell besuchte, konnten die begeisterten Jugendlichen fast nicht im Zaum gehalten werden. Seine Methode „sehen – urteilen – handeln" ist bis heute von besonderem Interesse. In den Pfarren direkt war es aber nicht immer einfach an die Jugendlichen heranzukommen bzw. sie für etwas zu animieren oder zu begeistern. „Die männliche Jugend verkörpert vielfach den Typus des echten Schlurfs", wurde im Rahmen einer Visitation ins Protokoll geschrieben.[25] Wer wurde durch diese Aussage in ein schieferes Licht gerückt: die heranwachsenden Jugendlichen oder der Geistliche, der zu ihnen nicht recht Zugang bzw. eine Gesprächsebene fand? Angeblich machte sich damals auch das Kino als Negativeinfluss auf die Jugendlichen bemerkbar.[26] Zu Anfang der 1960er-Jahre entwickelte man das Interesse an anderen Ländern und so kam der Gedanke der Entwicklungshilfe auf, was zur Entsendung von steirischen Entwicklungshelfern führte. Anlässlich von Jugendwallfahrtsmessen wurde die Kollekte deshalb damals zweckbestimmt für die Mission eingesetzt. 1963 wurde der aus Schönberg stammende Entwicklungshelfer Karl Tragner im Zuge von Stammesfehden in Kongo als Geisel genommen, was in der Heimat verständlicher Weise für helle Aufregung sorgte.

Schon damals zeichnete sich für die heimische Jugendarbeit die Tendenz ab, wonach man in der Gruppenarbeit weg von Vorträgen hin zum Erlebnis kommen sollte. Insofern waren die Schallplatten mit der neuen Musik aus Amerika – „Jazz" genannt – ein Erlebnis sondergleichen, welche man voll Begeisterung gemeinsam

---

25 Bischöfl. Visitation in Wörth, Protokoll 1956.
26 Bischöfl. Visitation in Neudau, Protokoll 1956.

hörte und dazu tanzte. Es sollte gar nicht lange dauern, dass bei uns ab etwa Mitte der 1960er „Jazz-Messen" (z.B. 1967 in St. Ruprecht an der Raab) gefeiert wurden, laut, begeistert und vielfach abgelehnt[27] von der großteils traditionell eingestellten Gottesdienstgemeinde. Bei der Feier von Gottesdiensten – speziell als „Jugendmesse" – stellten sich die Jugendlichen in so mancher Pfarre als Gruppe in der Nähe des Altars auf, also im Blickfeld der Gottesdienstbesucher. Das behagte nicht immer allen Jugendlichen, weshalb etwa 1962 in St. Magdalena bei Hartberg diese Form der „Jugendmesse" aufhörte.[28] In den gemeinsamen Jugendstunden wurden nun auch „Sprechplatten" gerne gehört wie etwa in Grafendorf und St. Johann in der Haide.[29] Dafür ging aber das ansonsten berüchtigte Jahr 1968 an der kirchlichen Jugendarbeit ohne Hinterlassung bemerkenswerter Spuren vorüber. Bei den verschiedensten Aktivitäten war nie davon die Rede, dass die Jugend die Zukunft der Kirche sei, sondern man erlebte gemeinsam mit ihr die Freude ein Christ zu sein – und zwar in der Gegenwart.

Katholische Jungschar (KJS)

Anlässlich der Tagung des Arbeitskreises „Männliche Jugend" im Katholischen Jugendwerk Österreichs vom 14.–16. März 1947 im Haus St. Michael in Matrei am Brenner wurde die Katholische Jungschar gegründet. So wurde offiziell ins Leben gerufen, was schon ganz selbstverständlich neben der 1946 gegründeten Katholischen Jugend gekeimt hatte.[30] Auch hier wurden die Kinder in voneinander getrennten „Mädel-" und „Bubenjungschar"-Gruppen organisiert. Die Aufhebung der getrenntgeschlechtlich geführten Gruppen erfolgte 1970.[31] In jenen Pfarren, wo es Jungschargruppen gibt, passiert in den zumeist wöchentlichen Gruppenstunden intensive Gemeinschaftsarbeit, deren augenblickliches Engagement fundamentale Bedeutung für die Zukunft des pfarrlichen Lebens hat. Auf die Verantwortlichen für die Treffen kommen viel ehrenamtliche bzw. idealistische Arbeit aber auch viele schöne Erlebnisse zu. Krönender Abschluss des Jungscharjahres war und ist bis heute das Sommerlager, das die Kinder in ihren Gruppen auf Hütten verbringen. Spiel und Spaß stehen dort natürlich im

---

27 *Tittel, Ernst Prof.*, „Schluß mit dem Kirchenjazz", in: Singende Kirche, (12. Jg.) 1965, H. 3, S. 123–127.
28 Bischöfl. Visitation in St. Magdalena, Protokoll 1962.
29 Bischöfl. Visitation in St. Johann i. d. Haide, Protokoll 1967.
30 *Pichlbauer, Johann*, Die außerschulische Kinderkatechese und Kinderseelsorge in der ersten und zweiten Republik Österreich. Ein Beitrag zur Geschichte der Katechese. Theol. Diss., Graz 1982, S. 363–574.
31 *Csoklich, Fritz (Hg.)*, Katholische Jugend. Sauerteig für Österreich, Graz 1997, S. 219.

Vordergrund. Besondere Ereignisse von steiermarkweiter Bedeutung waren die Lichterstafetten aus Mariazell 1951, womit das gesegnete Licht in alle Häuser der Steiermark gebracht wurde. Ähnliches geschah, als das gesegnete Licht mittels Fackeln im Marianischen Jahr 1954 ausgehend vom Marienwallfahrtsort Lourdes von Jungscharkindern in alle Himmelsrichtungen innerhalb Europas mittels Stafettenlauf gebracht wurde. Diese beiden Ereignisse machten die Jungschar zum Zielpunkt der gesamten Berichterstattung und waren gleichzeitig unbezahlbare Werbung. 1955 begann die Katholische Jungschar das Sternsingen auf Diözesanebene zu organisieren.

1962 wurde die erste Bubenolympiade im oststeirischen Schielleiten mit seinem Bundessportzentrum veranstaltet, wobei sich damals im Zeltlager Buben aus ganz Österreich für eine Woche versammelten. Bei der zweiten Bubenolympiade, wiederum in Schielleiten wurde 1966 auf Internationalität Wert gelegt. Nun trafen sich im Großlager neben den Buben aus allen österreichischen Bundesländern auch Teilnehmer aus Belgien, Deutschland, England, den Niederlanden, der Schweiz und aus Südtirol. Diese sportlichen Ereignisse waren mit enormer Öffentlichkeitswirksamkeit verbunden, da es sich ja um sportliche Wettspiele handelte, wobei sie auf die Jungscharbuben beschränkt waren. Dass dabei mit aller Anstrengung und mit Ernst gekämpft wurde, versteht sich von selber.

Nachdem alle Welt zu den Jungscharbuben und ihren Wettspielen aufblickte, wurde im Juni 1966 für die Jungscharmädchen eine immerhin zweitägige Veranstaltung unter dem Motto „Magnet 66" in Salzburg organisiert, an der 2.000 Mädchen teilnahmen. Dieser gesamtösterreichischen Veranstaltung gingen 110 Gebiets- und Diözesantreffen voraus. „Magnet 66" wurde später als 1. „Palette" gezählt, wie künftig (ab 1972) die Großveranstaltungen für die Jungscharmädchen benannt wurden. Bunt und vielfältig sollte das Programm sein, wobei jedes Mädchen mit seiner Gruppe für die Mischung der Farben auf ihrer gemeinsamen „Palette" sorgen sollte.

Lichterstafetten der Katholischen Jungschar: Mariazell 1951 und Lourdes 1954

Das gesegnete Licht aus Mariazell wurde im Monat Mai 1951 durch eine Lichterstafette von 20.000 Mädchen und 15.000 Buben der Katholischen Jungschar (Steiermark: 3.000 Mädchen und 3.000 Buben) in alle Teile Österreichs gebracht. Davon wurde in der Presse sowie in Radio und Fernsehen sehr ausführlich berichtet und die Katholische Jungschar bekannt gemacht. Im März 1952 regte der

Jungscharführer Karl Stepan[32] aus Wien eine Lichterstafette an, die das Licht von der Gnadengrotte Lourdes nach Österreich bringen solle.[33] Im September 1953 machte sich der Weltbund der männlichen Katholischen Jugend diese Idee in Rom zu Eigen und beschloss die Teilnahme an dieser Lichterstafette auf Europaebene im Marianischen Jahr 1954.

1954 Mai: Licht aus Lourdes – Lichterstafette der Bubenjungschar

Diese Veranstaltung wies das deutliche Selbstbewusstsein und den dahinter steckenden Missionsgedanken dieser kirchlichen Kinderbewegung aus. Die KMB und KFB unterstützten die Jungschar tatkräftig bei diesem großen Vorhaben. Der Bischof von Lourdes segnete auch am 1. Mai 1954 vor der Grotte der Marienerscheinungen das Feuer, das dann den Weg durch alle Länder Europas antreten sollte. Tausende Buben liefen mit ihren brennenden Fackeln in alle Länder Europas. Schon am 14. Mai 1954 brachten Salzburger Jungscharbuben mit ihren brennenden Fackeln das Licht aus Lourdes über den Mandlingpass in die Steiermark. Aus Kärnten kamen die Buben am 15. Mai mit dem Licht des Friedens über den Packsattel gerannt. Weihbischof Leo Pietsch war an diesem Tag in der Pfarre Pack, um dort das neu gebaute Pfarrheim zu segnen und die Firmung zu spenden. Am Abend kamen dann die Läufer mit den brennenden Fackeln, welche man in die Kirche führte und dort das Licht aus Lourdes bei einer Andacht begrüßte.[34] Die „Mädeljungschar" sorgte dann dafür, dass das gesegnete Licht bis in jedes Haus gelangte und überall und jeden erreichen konnte.[35]

Sternsingen

Seit 1955 führt die Katholische Jungschar gleich nach dem Weihnachtsfest das Sternsingen zur Unterstützung der Missionsarbeit durch. Dass es dazu kommen konnte, ist allerdings dem steirischen Kriegsheimkehrer Franz Sommer aus Bierbaum am Auersbach zu verdanken. Im Rahmen von Exerzitien kam ihm nämlich 1948 die Idee, anstatt das beim Sternsingen erhaltene Geld selber zu behalten, könnte dieses sinnvoller Weise zur Unterstützung der Arbeit in der Mission

---

32 Karl M. Stepan (geb. 1926) war Sohn des ehemaligen steirischen Landeshauptmanns Karl Stepan (1934–1938). Er selber wurde Arzt und war 1962–1991 Primar im LKH-Hartberg, wo er 2014 verstarb.
33 DAGS, Ordinariatskanzlei, Jungschar: Vorsprache vom 10. März 1952. Bischof Pawlikowski unterstützte die Anregung sofort.
34 Pfarrarchiv Pack, Sch. 18 Seelsorge.
35 Sonntagsblatt 1954, Nr. 16, S. 6 f.

verwendet werden. Somit begann Franz Sommer 1949 mit seinen Kollegen für die Mission zu singen. In den folgenden Jahren organisierte er immer mehr Gruppen in der gerade erst gegründeten Pfarre Bierbaum und Nachbarschaft. Die Idee mit dem Ziel der guten Tat für die Mission schlug derart gut ein, dass man diesen Auftrag und die diözesanweite Organisation an die Katholische Jungschar abtreten musste. Die Begeisterung und der Idealismus der Mädchen und Buben für das Sternsingen sind seither fast überall ungebremst und gehören zu den ganz großen Aushängeschildern und allgemein anerkannten bzw. niederschwelligen Identifikationspunkten mit der katholischen Kirche. Sternsingen gegangen zu sein hat einen besonderen Stellenwert im Lauf eines Kinderlebens. Wer dabei nie mitgemacht hat, hat sicher etwas versäumt. Wann sonst werden Kinder von Erwachsenen und Alten derart sehnsüchtig erwartet als bei ihrem Einsatz als Sternsinger. Das tut dem jugendlichen Selbstbewusstsein gut wie auch mit dem ersungenen Sammlungsergebnis viel Gutes für die Arbeit in den Missionen getan werden kann.

Katholische Männerbewegung (KMB)[36]

Die Nennung des Jesuitenpaters Emil Kettner im Personalstand von 1948 mit Zuständigkeitsbereich „Männerseelsorge" wird offiziell – mangels genauerer Daten[37] – als Gründungsjahr der steirischen KMB angenommen. – Diesbezüglich darf ergänzend mitbedacht werden, dass es in der Folge der Vorsprache des Jesuiten-Provinzials P. Georg Bichlmair vom 27. März 1946 im Ordinariat mit 6. Mai 1946 zu einer Anforderung „eines Paters für Männer- und Heimkehrer-Seelsorge" kam. Dort hieß es: „Seine Aufgabe ist die Planung der Diözesanarbeit im Rahmen und unter Einordnung in das Seelsorgewerk, Einkehrtage und Exerzitien, Vorträge und Predigten für die Männer, Bereitstellung von Behelfen für die Männer-Seelsorge. Wichtig wäre besonders die Sorge um die Heimkehrer und die Eignung für die Arbeiter-Seelsorge." Der Provinzial bestimmte nun P. Ämilian Kettner SJ zum Männerseelsorger.[38] Diesem wurde mit 14. August 1946 die Jurisdiktion (als Ordinariatsassistent für Männerseelsorge!) erteilt, die mit Silvester 1949 jedoch wieder auslief.[39] Um dem Mangel an männlichen Laien in der Kirche zu begegnen wurde

---

36 Vgl. *Kassler, Josef,* Die Katholische Männerbewegung in der Diözese (Graz-)Seckau in der Zeit von 1945 bis 1965. Theol. Dipl., Graz 2013.
37 Es liegt kein eigentliches Errichtungsdekret der KMB vor.
38 DAGS, Ordinariatsakten, Seelsorgewerk – allgemein 1945–1951.
39 DAGS, Ordinariatsprotokoll 1946, Zl. 6188; P. Emil Kettner SJ: geboren 1911 in Wien, 1930 Eintritt bei den Jesuiten, 1940 Priesterweihe, gestorben 2004 in Garsten.

die Männerseelsorge eingerichtet. Durch einen besonderen Aufruf von Weihbischof Pietsch wurde 1950 zum Beitritt in die „Gemeinschaft katholischer Männer in der Steiermark" geworben. Man verpflichtete sich zum Gebet in der Familie, zum Kommunionempfang einmal pro Monat, Teilnahme an Exerzitien, Mitarbeit in der Katholischen Aktion sowie zum monatlichen Opfer von mindestens einem Schilling. Da es mit den Beitritten nicht recht klappen wollte, wurden mehrmals Einladungen im Sonntagsblatt veröffentlicht. Anlässlich von Männer-Treffen war zumeist Weihbischof Dr. Leo Pietsch als „Hauptredner" zugegen, dessen Engagement der Männerbewegung und ihrem ersten Wachstum sehr gut tat. Je länger je mehr wurde es allgemein verstanden und angenommen, dass Männer-Gottesdienste, Aktivisten-Runden, Einkehrtage, Männer-Wallfahrten und Exerzitien zu den Kernbereichen bzw. Schwerpunkten der Aktivitäten der KMB zählen. In der Folge des Steirischen Katholikentages von 1950 wurden im folgenden Jahr Männerwallfahrten zu Marienheiligtümern durchgeführt, woran insgesamt 16.000 Männer teilnahmen. In Pöllauberg waren es z.B. geschätzte 2.500, in Weizberg und in Mariatrost jeweils etwa 2.000 Männer. Trotz Schlechtwetter nahmen 1953 immerhin 5.000 Männer an der Wallfahrt nach Mariazell teil. Seit 1956 führt etwa die KMB des Dekanates Vorau ihre jährliche Wallfahrt am 15. November zum Grab des hl. Leopold im Stift Klosterneuburg durch.

Mitte der 1950er bemühte man sich sehr um Aktivisten sowie Gruppenleiter und deren Ausbildung, um in den Pfarren zum Aufbau von Männergruppen anzuregen. Im Zentrum stand dort jeweils ein Evangelientext, der anhand der „Cardijn-Methode" von „sehen – urteilen – handeln" besprochen und auf die gegenwärtige Situation hin abgeklopft wurde. Die Durchführung von Männertagen 1957 und 1962 in Graz machte deutlich, dass sich Männer mit offener Bereitschaft um Kirche und Gesellschaft kümmern und ihren Beitrag für ein gedeihliches Gelingen im Alltag im Geiste Jesu liefern wollen. Man bemühte sich besonders dem Sonntag seinen Stellenwert als Tag für Gottesdienst und Familie wieder zu geben. Entsprechend wurde auch die Rolle der Männer als Vorbeter in Kirche und Familie in Erinnerung gerufen. Man legte immer mehr Wert darauf, dass die Gruppen ihre Aktivitäten selber entscheiden und in die Hand nehmen sollten. Der an den Gruppenrunden teilnehmende Priester war nur als geistlicher Assistent anwesend. 1958 wurde von den Männern für die in Not geratene Bevölkerung der indonesischen Insel Flores gesammelt. Seit 1961 wurde die Aktion „Bruder in Not" zur Unterstützung der Entwicklungshilfe durchgeführt, wofür mittels Säckchen um Beiträge gebeten wurde. Häufig wurden diese Säckchen von den Männern direkt in die Haushalte gebracht und dann auch wieder abgeholt. Dass sich dabei angeregte Gespräche entwickeln konnten, war natürlich beabsichtigt.

Das Opfer der ersten „Bruder in Not"-Aktion kam afro-asiatischen Studenten sowie auch einem von der Katholischen-Jugend-Land Österreichs aufgebauten landwirtschaftlichen Lehr- und Musterbetrieb in Tansania, Diözese Karema, zugute. Allein in den Jahren 1962/63 wurden in Österreich 24 Millionen Schilling gespendet, die der Entwicklungshilfe zugeführt werden konnten. Um den Josefitag (19. März) waren jährlich viele Referenten unterwegs, um den Männern in den Pfarren spezifische Themen vorzustellen und mit ihnen darüber ins Gespräch zu kommen. Gab es Anlässe oder Festlichkeiten, zu denen man in den Pfarren kräftiger Hände bedurfte, waren die Männer immer gerne hilfreich zur Stelle. Gerade im baulichen Bereich oder bei Renovierungen geht nichts ohne eine eingespielte und zielstrebige Mannschaft.

Katholische Frauenbewegung (KFB)[40]

Schon 1947 finden sich erste Hinweise in Richtung neuerlichem Aufbau der Frauenseelsorge.[41]

Die Anfänge der Katholischen Frauenbewegung liegen aber erst im November 1950, als man in der Folge des Katholikentages im Sonntagsblatt einen „Aufruf an die Frauen und Mütter der Steiermark" veröffentlichte, der auch bei den Gottesdiensten verlesen wurde und zum Beitritt in die „Gemeinschaft katholischer Frauen" warb. Verbunden mit dem Beitritt waren das (familiäre) Gebet am Morgen, zu Mittag und am Abend, der monatliche Kommunionempfang, die Teilnahme an einem Einkehrtag in der Pfarre, das tägliche Gebet des Vaterunser für die Pfarrgemeinde, die tätige Nächstenliebe im Sinne der Caritas, ein monatliches Opfer von wenigstens einem Schilling sowie das persönliche Zeugnis für das Reich Gottes durch das eigene Leben. Man wandte sich vor allem an Frauen ab dem 25. Lebensjahr. Anfänglich ging es rein um die religiöse Betreuung der Frauen in Exerzitien, Messen und Wallfahrten. Doch bald schon konkretisierte sich der Aufbau der organisatorischen Ebene in den Dekanaten sowie in der Diözese, wofür einige Frauen zu nennen sind.

Die in Neudau lebende Gräfin Marie Theresia Kottulinski (1893–1981) war eine angeblich begnadete Frauenerzieherin. Aus persönlicher Motivation bzw. aristokratischer Verpflichtung heraus war sie in der Frauenbildung sehr aktiv und als gesuchte Vortragende in den 1950ern und 1960ern in Neudau und den

---

40 Vgl. *Kölbl, Christina Rosina*, Die Entwicklung der Katholischen Frauenbewegung der Diözese Graz-Seckau. Theol. Dipl., Graz 2000.
41 Brief von Kanzler Dr. Josef Steiner an die Pfarrämter in Graz und Umgebung vom 19.07.1947.

benachbarten oststeirischen Pfarren sehr engagiert und anerkannt.[42] Sie nahm sich der Anliegen der Frauen am Land besonders an und baute schon zu Anfang der 1950er das „Landfrauenwerk" auf, wodurch besonders mehrwöchige Erholungszeiten für überarbeitete Frauen organisiert wurden. Trotz der zögerlichen Haltung gerade der geistlichen Herren ließ sie sich in diesem Anliegen nicht irritieren und organisierte Zeiten der Entspannung und Entlastung, die vielen dankbaren Teilnehmerinnen zugute kamen. Bestätigt wurde sie durch die nicht enden wollenden Anmeldungen und durchwegs positiven Rückmeldungen. Anlässlich ihres 75. Geburtstages gratulierte ihr 1968 deshalb auch das Sonntagsblatt und wies dankbar auf ihre Verdienste hin.[43]

Hermine Kapfhammer (1905–1989) war die Gattin des steirischen Volksbildungsreferenten und initiierte durch Jahrzehnte das segensreiche Müttererholungswerk. In Graz zuhause wandte sie sich vor allem an die Frauen im Bereich der Stadt und unterstützte sie im Aufbau pfarrlicher bzw. dekanatlicher Strukturen und führte entsprechende Bildungsveranstaltungen durch. Seit 1952 wird auch in der Steiermark am ersten Freitag im März der „Weltgebetstag der Frauen" begangen, welcher das Gebet für alle Frauen auf der Welt zur Intention hat. 1971 weitete man den Weltgebetstag der Frauen um die ökumenische Ebene aus.

Neben dem Erholungsaspekt („Mütter auf Ferien") wurde auch der entwicklungspolitische Auftrag 1955 durch die Einführung des „Familienfasttages" am zweiten Freitag in der Fastenzeit stärker ins Bewusstsein gebracht, um zur Linderung des Hungers in der Welt beizutragen. Bis 1964 lag der Schwerpunkt der Hilfe in Korea. Später unterstützte man dort besonders die Schaffung von Wohnmöglichkeiten für Flüchtlinge und weitere Sozial- und Bildungsprojekte. Durch die Erträge des Familienfasttages passiert bis heute großartige Hilfe und Unterstützung für Bedürftige.

Es kam auch zur Bildung von speziellen Arbeitskreisen, die z. B. die Pfarrhaushälterinnen oder Ordensfrauen und ihre Sorgen und Anliegen besonders ansprachen. Gerne gelesen wurde die 1947 eingeführte Zeitschrift „Licht des Lebens", die 1964 in „Welt der Frau. Österreichische Frauenzeitschrift" umbenannt wurde, da man sich ja nicht nur kirchlich gesinnten, sondern allen Frauen hilfreich zur Seite stehen wollte.

Die von Bischof Pawlikowski 1950 um ihre Mitarbeit gebetene junge Grazerin Hilde Leb, die Gattin des bekannten Röntgendiagnostikers und Strahlentherapeuten Univ.-Prof. Dr. Anton Leb, legte ihre Funktion schon 1951 zurück, hatte aber

---

42 Bischöfl. Visitationen in Burgau und Neudau, Protokolle 1962.
43 Sonntagsblatt 1968, Nr. 16, S. 14.

bei Bischof Pawlikowski mit Nachdruck die Bestellung eines Seelsorgers für die Frauen als Grundlage für die weitere Arbeit der KFB betrieben. 1954 wurde Hilde Leb neuerlich angesprochen und nun von Bischof Schoiswohl mit der Diözesanleitung der KFB in der Steiermark beauftragt. Sie repräsentierte die KFB bis 1976 durch ihre Mütterlichkeit und natürliche Autorität. Sie war zwar nie durch Wort und Geste an die Öffentlichkeit getreten, war aber die von allen anerkannte und geschätzte „Seele dieser fraulichen Gemeinschaft".

Überall im Land nahmen die Frauen gerne an jenen Initiativen teil, welche besonders auch das eigene Wohlergehen unterstützen, wie es etwa Selbstbewusstseins-Seminare, Leiterinnenkurse oder Glaubensbildungstage sind.

Bauliche und personelle Aufstockung des Bischofshofes

Um die verschiedenen Gruppierungen der Katholischen Aktion endlich unter einem Dach aufnehmen zu können, ließ Bischof Schoiswohl dem erst 1947–1950 wiedererrichteten Bischofshof 1955 ein drittes Stockwerk aufsetzen.[44] Somit konnte nun die Arbeit der Laien an ein und demselben Ort aufgenommen werden, nachdem zuvor etwa die KJ, KFB und KMB allzu beengt in den Räumlichkeiten in der Leechgasse 24 untergebracht waren. Waren es bald nach Kriegsende an die 30 Personen, die im Ordinariat direkt ihrer Arbeit nachgingen, waren es zu Ende der 1960er immerhin schon ca. 130 Personen, während es heute ca. 220 Personen sind.[45] Mit der Steigerung der Personalzahl nahm natürlich auch die Vielfalt der dadurch abgedeckten Themenbereiche zu. Nicht alles davon konnte in den steirischen Pfarren umgesetzt werden. In einer Pfarre mit schnell überschaubarem Mitarbeiterstab kommt man bald an seine Grenzen.

Kirchenbauten und Pfarrgründungen

Der Kirchenbau nach dem Krieg hatte zunächst auf zeitbedingte Notwendigkeiten zu antworten. So wurde etwa 1948 eine Baracke vom Thalerhof als Notkirche St. Paul nach Liebenau übertragen. Barackenkirchen wurden aber auch in Lannach und Graz-Kroisbach als vorübergehende Gotteshäuser errichtet. Gleichfalls wollten auch die Menschen in den Flüchtlingslagern von Kapfenberg und Wagna bei Leibnitz seelsorglich betreut werden, wofür es erst Gottesdiensträume zu schaffen galt. Auch die zerbombten Kirchen waren wieder für den Gottesdienst herzustellen. In Donawitz wurde 1954 der erste Stahlbau gebaut. Trotz intensiver

---

44 Sonntagsblatt 1955, Nr. 34, S. 1.
45 Siehe die entsprechenden Schematismen.

theologischer Impulse aus der Richtung der Volksliturgie und dem damit verbundenen Gemeinschaftscharakter wurden die damals errichteten Kirchen von Architekten geplant, die davon nichts gehört hatten. Erst die Richtlinien der Österreichischen Bischofskonferenz für die Feier der heiligen Messe von 1965, also nach dem Konzil, brachten allgemeines Umdenken und gleichzeitig die Planung für den Kirchenbau vom Altar als Mitte nach außen bis zur bergenden Hülle. Bisher war es genau umgekehrt gemacht worden. Nun verband man eine gewisse Zeit Kirchenneubauten auch mit Seelsorgezentren wie etwa in Liebenau-St. Paul, Graz-Süd oder die Studentenkapelle Münzgraben.[46] Nach dem Krieg wurden in der Seckauer Diözese 29 Pfarrkirchen, 7 Filialkirchen und eine Messkapelle errichtet.[47] Kurioser Weise erhielt damals die neue Kirche von Stein an der Enns (Pfarre Gröbming) bei den Turmfenstern sogar drei Balkone, die wohl vordringlich für das Turmblasen gedacht waren. Ob es sonst auch noch irgendwo eine Kirche mit Balkonen gibt?

Pfarrliche Strukturen

1946 zählte die Diözese Seckau ca. 886.000 Katholiken und 951 Priester in 353 Pfarren (davon 73 Ordenspfarren) in 46 Dekanaten, welche wiederum elf Kreisdechanten untergeordnet waren. Die 1786 geschaffenen Kreisdekanate wurden 1956 auf sieben reduziert und 1973 überhaupt aufgelöst. 1970 führte der Bischof seine 1,061.392 gläubigen Katholiken mit ihren insgesamt 882 Priestern aus 379 Pfarren in 42 Dekanaten, die 1973 auf 23 verringert wurden. Seit 1996 ist die Diözese Graz-Seckau in 26 Dekanaten organisiert.

Bischöfliches Siedlungswerk

Aus der vielfachen Not und dem Ruf um Hilfe aus der ganzen Steiermark heraus wurde 1954 die Idee zur Schaffung eines bischöflichen Siedlungswerkes geboren. Somit war es nun möglich, von ihren Pfarrern befürworteten Bauwerbern einen günstigen Kredit zu gewähren, der ihnen die Errichtung eines Eigenheimes ein wenig erleichtern sollte. Umfangreiches Aktenmaterial aus dem ganzen Land gibt

---

46 *Pannold, Wilhelm*, Steirischer Kirchenbau – die Konzilsgeneration, in: Kirchliches Bauen – kirchliche Kunst in der Steiermark seit 1945. Ausstellungskatalog der Neuen Galerie, Graz 1981, S. 6–9.
47 *Kaindl, Heimo*, Kirchenbau und kirchliche Kunst des 20. Jahrhunderts in der Steiermark, in: *Gerhold, Ernst-Christian, Höfer, Ralf A., Opis, Matthias (Hg.)*, Konfession und Ökumene. Die christlichen Kirchen in der Steiermark im 20. Jahrhundert, Wien 2002, S. 219–245, hier 242 f.

beredtes Zeugnis über die Sinnhaftigkeit und Notwendigkeit dieser sozialen kirchlichen Einrichtung. Auf der übergeordneten Ebene wurde aber etwa auch die Bischofssiedlung am Stadtrand von Graz in der Wienerstraße errichtet, wo sich auch heute noch einige Wohnungen befinden, welche an Angestellte des Ordinariates für die Dauer ihrer beruflichen Tätigkeit im Ordinariat vermietet werden können.

Ungarn-Flüchtlinge 1956/57

In der Folge des Ungarn-Aufstandes 1956 „flüchteten an die 200.000 Menschen, davon allein 180.000 nach Österreich, Tausende von ihnen in die Steiermark... Den ungarischen Flüchtlingen wurde in verschiedenen steirischen Sammel- und Auffanglagern, vor allem in der Oststeiermark, Hilfe geleistet."[48] Hier fanden sie mitfühlende Aufnahme und Hilfe auch in kirchlichen Häusern wie z.B. bei den Barmherzigen Brüdern in der Anstalt Kainbach, den Benediktinern des Stiftes St. Lambrecht, den Comboni-Missionaren in Unterpremstätten, den Franziskanerinnen im St. Josephskloster Stubenberg, den Redemptoristen im Kloster Mautern oder den Chorherren im Stift Vorau, wo man durch Monate Unterkünfte im Vorgebäude sowie in der Prälatur zur Verfügung stellte.

Priesterfortbildung

Von Bischof Schoiswohl wurde die Pfarrerwoche 1958 als Fortbildungstage im gerade erst 1956 in seinen Vorstufen errichteten diözesanen Bildungshaus im Schloss Seggau bei Leibnitz auf Initiative des dortigen Rektors Karl Wagner[49] hin eingeführt. Die Pfarrerwoche findet seither alljährlich statt. Dabei legt der Bischof seinem Klerus jeweils in einem Grundsatzreferat seine Gedanken zu speziellen Themen vor wie auch die fachliche Diskussion in aktuellen Fragestellungen durch renommierte Gastreferenten angeregt wird. Als äußerst positiver Nebeneffekt wurde auch die Beziehung der Priester untereinander im ganzen Land durch diese konzentrierte gemeinsame Zeit gefördert. Um diese Einrichtung wurden die steirischen Priester von Amtsbrüdern anderer Diözesen durchaus beneidet.

Verlust der Infel

Durch die unter Kaiser Joseph II. aufgehobenen Klöster verringerte sich damit auch die Anzahl der im Landtag tätigen Prälaten auf der ihnen zugewiesenen

---

48 *Karner, Stefan*, Die Steiermark im 20. Jahrhundert, Graz 2005, S. 395.
49 *Wagner, Karl*, Seggau – mein Leben, Gleisdorf 1992, S. 68.

Bank. Zur Stärkung dieser Prälatenbank wurde deshalb neben Würdenträgern aus dem Domkapitel (Dompropst, Domdechant und Domkustos) auch den beiden Stadtpfarrpröpsten von Bruck und Graz das Recht zum Gebrauch der Pontifikalien (Infel, Stab) vom Papst zuerkannt. 1905 wurde dieses Recht jedoch allgemein wieder zurückgenommen, ausgerechnet in der Diözese Seckau aber nicht mitvollzogen. – Im Zuge der Klärung dieser Angelegenheit unter Bischof Pawlikowski einigte man sich 1941 dahin, dass den damaligen Amtsinhabern Dr. Franz Servatius Schellauf (Graz-Hl. Blut 1924–1944) und Viktor Zieserl (Bruck 1939–1970) dieses Recht auf Lebenszeit gewahrt bleiben sollte. Ihre Nachfolger tragen auch weiterhin den Titel Stadtpfarrpropst, was aber mit keinen zusätzlichen Privilegien mehr verbunden ist.[50] Erst 2006 wurde das Pfarrsiegel Bruck, welches die Infel und den Stab des Stadtpfarrpropstes zeigte, durch ein neues Siegelbild – nur mehr das Brucker Wappen – ersetzt.

Diözesansynode 1960

Die Mitarbeit der Laien in der Kirche war für Bischof Schoiswohl ein vordringliches Anliegen, weshalb er seiner Diözesansynode das Thema „Der Laie in der Kirche" zur Behandlung vorlegte. Es ging dabei besonders um die klare Definition oder besser Standortbestimmung, was die Aufgaben und Rechte der Laien in der Kirche ausmacht. Nach intensiven Vorbereitungen wurde im Juni 1960 die Synode in Graz im Heimatsaal und im Dom abgehalten und gefeiert. Inhaltlich stellte man sozusagen den Einflussbereich und die Mission der Laien in Familie und Beruf, im Privaten, Öffentlichen und Pfarrlichen vor, womit also das „Laienapostolat" gemeint war. Die verschiedenen Referate erschienen dann auch in gedruckter Form und machen deutlich, dass man in der Steiermark längst schon auf Konzilskurs lag oder diesen vorwegnahm. Als man im Folgejahr in diesem Sinn die Bedeutung der Laien durch eine „Woche der Begegnung" stärker in der Praxis bewusst machen wollte, fand sich überraschender Weise relativ wenig Unterstützung und Begeisterung im Land. Letztlich zurückgeworfen auf seine Mitarbeiter in der Katholischen Aktion, begegneten Bischof Schoiswohl derart viele Vorbehalte und Unsicherheiten, dass er an seinen besten Absichten und besonders der Reife des Verantwortungsbewusstseins der Kirchenchristen zweifelte.[51] Insofern war es

---

50 *Liebmann, Maximilian,* Die Domherren von Graz-Seckau 1886 bis 1986, Graz 1987, S. 37–42. In den Statuten von 1984 wird die Infel nicht mehr erwähnt.

51 *Amon, Karl u. Liebmann, Maximilian (Hg.),* Kirchengeschichte der Steiermark, Graz 1993, S. 425 ff

dann weniger verwunderlich, dass für ihn als Konzilsteilnehmer das Dekret über das Laienapostolat nicht mehr sein vordringliches Interesse fand.

Namensänderung des Bistums und der Diözese

Beinahe 750 Jahre trug unsere Diözese ihren Namen „Seckau" nach dem Bischofsitz im dortigen ehemaligen Augustiner-Chorherren- und Domstift Seckau in der Nähe von Knittelfeld in der Obersteiermark. Die 1786 nach der Stiftsaufhebung unter Kaiser Joseph II. erfolgte Verlegung des Bischofsitzes nach Graz veranlasste Bischof Schoiswohl im Jahre 1963 dazu mit der Umbenennung „*Graz-Seckau*" auch den geänderten historischen Verhältnissen in der tatsächlichen Namensführung Rechnung zu tragen.[52]

800 Jahre Augustiner-Chorherrenstift Vorau

Der abgeschlossene Wiederaufbau und die Renovierung der zu Kriegsende schwer in Mitleidenschaft gezogenen Stiftsgebäude fanden am großen Frauentag bzw. dem Fest Mariä Himmelfahrt 1963 in den Feierlichkeiten der 800. Wiederkehr der Gründung des Stiftes Vorau durch Markgraf Otakar III. ihr glückliches Ende. Die Stiftskirche, die in der Zeit der Aufhebung (1940–1945) in ein Hallenbad umgewandelt hätte werden sollen, und die Bibliothek waren ja verhältnismäßig wenig beschädigt worden, während die Wirtschafts- und Wohngebäude völlig ausgebrannt waren. Mit Vertrauen und Zielstrebigkeit hatte sich der Konvent mit seinen Angestellten an den Wiederaufbau des alten Klosters gemacht und hatte nun Grund genug zum Feiern.

800 Jahre Kirchweihe im ehemaligen Domstift Seckau

1964 beging man in der Benediktinerabtei Seckau das 800-Jahre-Jubiläum der vom sel. Bischof Hartmann von Brixen vorgenommenen Altarweihe. Zu diesem Anlass wurde die Basilika renoviert und der Altarraum neu gestaltet. Die Planungen für den imposanten neuen Altar samt zentraler Aufhängung der romanischen Kreuzigungsgruppe in der Abteikirche nach Vorschlag von P. Benno Roth und der Gesamtplanung von Architekt Clemens Holzmeister, welcher am 4. September 1964 geweiht wurde, waren schon abgeschlossen, ehe das 2. Vatikanische Konzil

---

52 KVBl 1963, S. 67, Nr. 72; das Umbenennungsdekret Nr. 293/1963 der Konsistorialkongregation wurde in Rom mit 22. April 1963 ausgestellt.

seine neuen liturgischen Empfehlungen vorgelegt hatte.[53] Der breite Altartisch wurde dem ehemaligen Domstift vom amtierenden Bischof Dr. Josef Schoiswohl zum Jubiläum geschenkt, wo sich durch fünf Jahrhunderte die bischöfliche Kathedrale befunden hatte.

Veränderungen im Rahmen eines Messebesuches
Kirchgang und Stuhlzins

Früher ging man zu Fuß zu seiner Pfarrkirche – man kannte auch nichts anderes. Nicht länger als eine Stunde sollte dieser Kirchgang dauern, war für Kaiser Joseph II. die Begründung zur Errichtung vieler neuer Kirchen, die dann im Lauf der Zeit auch zu Pfarrkirchen erhoben wurden.[54] Um dann aber sicher einen mit einem Namenstaferl gekennzeichneten Sitzplatz in der Kirchenbank zu haben, hatte man einmal im Jahr den Stuhlzins zu entrichten, worüber es in jedem pfarrlichen Archiv die entsprechenden Aufzeichnungen und Protokolle gibt. Angeblich konnte es selbst in der Kirche zu unguten Szenen kommen, saß jemand Fremder auf dem von einer anderen Person gemieteten Sitz. 1952 findet man im Grafendorfer Verkündbuch folgende Eintragung: „Die Kirchstuhlbesitzer mögen rechtzeitig zum Gottesdienst kommen oder bei Zuspätkommen nicht mehr den Sitzplatz beanspruchen, damit andere Gottesdienstteilnehmer, vor allem Gäste, nicht von den Plätzen vertrieben werden müssen."[55] Mit der Einhebung des Stuhlzinses wurde in den 1960ern auf breiter steirischer Ebene (in Grafendorf wurden 1966 letztmalig 15 ÖS pro Sitz eingehoben) aufgehört.[56] Das Aufkommen von Privatautos in verstärktem Maße ab den 1960ern erleichterte natürlich vieles – auch den Kirchenbesuch.

Ministranten

Früher hatten es Ministranten im Rahmen der Messfeier im tridentinischen Ritus nicht ganz einfach, hatten sie ja lateinische Gebete auswendig zu lernen, ohne sie wirklich zu verstehen. Zu Beginn der Messe wurde das Gebet an den Stufen zum Altar gemeinsam mit dem Priester verrichtet, wie sie auch im Laufe des Messegeschehens auf Latein antworten mussten. Während der Messe musste zusätzlich

---

53 *Roth, Benno,* Der Dom im Gebirge. Graz 1983, S. 126.
54 Infolge des Priestermangels wurden in letzter Zeit vielfach Pfarrverbände eingerichtet, die häufig den Pfarrgrenzen vor Kaiser Joseph II. entsprechen.
55 *Hutz, Ferdinand,* Lafnitz mit Wagendorf und Oberlungitz. Lafnitz 1999, S. 369 f.
56 Festschrift 850 Jahre Grafendorf bei Hartberg 1158–2008, S. 60.

das schwere Messbuch von einem Ministranten gehalten werden, während der Priester den Altar beweihräuchernd umschritt oder an der Kathedra ein Gebet sprach. Zusätzlich wurde das Messbuch während des Gottesdienstes vom Ministranten mehrfach am Altar seitengewechselt. In unserem Zeitraum bis 1970 gab es noch kaum Mädchen als Ministranten. Doch stellte man bereits 1978 das deutliche Auf- bzw. Überholen durch die Mädchen fest.[57] Diese kamen als Ministrantinnen in der Folge des Kirchenrechts von 1983, Can. 230 § 2 auf breiter Ebene auf, wonach dort offen formuliert steht, dass „alle Laien die Aufgaben des Kommentators, des Kantors oder andere Aufgaben" wahrnehmen können. Man legte letztere Bemerkung zugunsten der Mädchen als Genehmigung aus, dass sie ab nun offiziell ministrieren dürfen. Trotzdem gibt es auch heute noch bzw. wieder einzelne Pfarren, wo Mädchen nicht zum Altardienst zugelassen werden.

Liturgische Kleidung

Auch die liturgischen Gewänder erfuhren im Laufe der Zeit Anpassungen wie sie in der Liturgiekonstitution angeregt werden (SC 128). Die langfristige Entwicklung führte in Richtung schlichter und klarer Schönheit, ohne dass die zuvor verwendeten Gewänder (Bsp. Manipel, Dalmatik, Kasel in Bassgeigenform) strikte abgeschafft worden wären. Im entsprechenden Kontext sind alle diese noch erlaubt, aber nur selten mehr in Verwendung. Diese Veränderungen konnte man in jeder noch so kleinen Pfarre beobachten. Anfang der 1970er bürgerte sich als Messgewand fast überall die Mantelalbe ein, über welcher der Priester die Stola nach außen hin sichtbar über den Schultern trägt. Zuvor wurde die Stola, das letztlich einzige für die priesterliche Funktion ausweisende Kleidungsstück, ja unterhalb der Kasel getragen. Insofern ist es auch verständlich, dass der Priester nur für seine Amtshandlungen als solche – mit umgelegter Stola – ein Entgelt, nämlich die Stolargebühr, erhielt.

Einführung der Muttersprache in der Liturgie

Latein war immer die Sprache der Kirche, wie es auch bis heute für alle offiziellen Veröffentlichungen der Fall ist. Entsprechend hat man als Gottesdienstbesucher bei sämtlichen liturgischen Feiern bloß lateinische Texte gehört, vermutlich aber nichts davon verstanden. Diese Form des Gottesdienstes hat natürlich für jene, die Latein nicht verstanden, einen gewissen geheimnisvollen und mystischen Charakter an sich gehabt, der erst durch die liturgische Bewegung aufgebrochen

---

57 Vgl. *Amon u. Liebmann*, Kirchengeschichte, S. 463.

wurde. Das zweisprachige Volksmessbuch des Benediktiners P. Anselm Schott (1843–1896) zum Mitlesen bzw. die zusätzlichen Verlesung der Epistel und des Evangeliums sowie das Singen von Teilen der Messe in deutscher Sprache (Betsingmesse) im Sinn der Neuerungen des Klosterneuburger Chorherrn Pius Parsch (1884–1954) brachten für die feiernden Gläubigen ungeahnte Einblicke in die sakramentale Feier. Bis zur offiziellen Einführung der Muttersprache 1963 (SC 63) hatten die Priester sämtliche liturgischen Texte ausdrücklich in lateinischer Sprache zu sprechen, während aber gleichzeitig in der ganzen Diözese die Möglichkeit eingeräumt wurde, dass ein Lektor aus dem Laienstand für die Verdeutschung der Messgebete und Lesungen sorgen konnte. Das Zuwiderhandeln durch die Feier der Messe in der Muttersprache vor deren offizieller Genehmigung wurde sogar unter Androhung der Suspension verboten.[58] – Im 1936 eingeführten Seckauer Rituale finden sich erstmals deutsche Übersetzungen liturgischer Texte zu jenen priesterlichen Handlungen, die außerhalb der Messfeier geschehen, wie es etwa Taufe, Eheschließung, Krankensalbung oder besondere Segnungsfeiern sind. In diesem neuen Rituale waren aber noch Textpassagen enthalten, für welche bewusst keine Übersetzung ins Deutsche vorgesehen war bzw. solche, wo man sogar vorrangig die deutsche Fassung gebrauchen sollte. Dieses zweisprachige Rituale war natürlich ein bedeutender Fortschritt in der Seelsorge. – Durch die Genehmigung zur Verwendung der Muttersprache in der gesamten Liturgie durch die Liturgiekonstitution (SC, Nr. 36, 54, 63) wurde ein wichtiger Schritt unternommen, um das Geschehen bei der Sakramentenspendung für die Gläubigen besser und aktiv mitvollziehbar zu machen. 1965 erschien ein lateinisch-deutsches Altarmessbuch, das nun Verwendung fand. Seit dem ersten Adventsonntag 1965 wird allgemein die heilige Messe in der jeweiligen Volkssprache gefeiert. Die Erstausgabe des römischen Messbuches nach der Liturgiereform erfolgte im Jahre 1970, dessen deutschsprachige Ausgabe von den deutschsprachigen Bischofskonferenzen 1974 in Salzburg genehmigt wurde.

Predigt

Selbstverständlich wurde die Predigt bei uns immer auf Deutsch an die versammelte Gemeinde gerichtet. Das in der Steiermark bekannte alte „Tabakraucherlied" gibt kurzen, aber wohl auch beispielhaften Einblick zum ehemaligen Treiben während der Kirchtagspredigt in Scheifling in der Obersteiermark. Dort heißt es in der 1. Strophe: „Am Sunntag is Scheiflinger Kirtag, / do kemman de Tabakraucher z'samm. / Sie gehn ja net eini in d'Kircha, / ,s dauert eahna de Predi' viel

---

58 Vgl. Bischöfliche Visitation in St. Nikolai in der Sölk 1957.

z'lang. / Und wann si de Predi' tuat endn, / hat a jeder sei Pfeiferl in Händen. / |: Aft stehngans halt, stehngans halt wutzlweis zsamm, / bis alle Tabakfeuer ham." :|"
Laut Text des beliebten Volksliedes befand sich der eine Teil der Gemeinde in den Kirchenbänken, um den Worten des Pfarrers in seiner Predigt zu horchen, während also der andere Teil draußen zusammenstand, um miteinander Pfeife zu rauchen. Besonders die Länge der Predigt wird kritisiert, nicht jedoch deren Inhalt. Die Notizen in den pfarrlichen Predigtvormerkbüchern machen deutlich, dass in den Ausführungen des Priesters eher selten eine Erklärung oder Deutung der biblischen Texte stattfand. Auf jeden Fall ist generell zu bemerken, dass die Predigt 1. außerhalb der Messfeier bzw. zwischen den Gottesdiensten und 2. von der Kanzel herab als besonderem Verkündigungsort gehalten wurde, wobei der Priester den Talar, den Chorrock und die Stola trug.[59] Wann die Predigt bei uns als Element der Verkündigung innerhalb der Messfeier ihren Platz fand, lässt sich nicht genau klären. Im Herbst 1916 war diese Thematik jedenfalls den Kaplänen zur Ausarbeitung im Rahmen der Pastoralkonferenz übertragen worden. Die entsprechende Frage lautete: „Gehört die Predigt, welche im zweiten Kirchengebote nicht ausdrücklich genannt wird, auch zum gebotenen Gottesdienst, und welche Mittel wären anzuwenden, um den Besuch derselben zu erhöhen?"[60] Im Zuge der dortigen Ausführungen heißt es u. a. seien, „für das Predigthören Ablässe verliehen",[61] wobei nicht gesagt wird, ob sich das auf Länge, Inhalt oder den geistlichen Gewinn bezieht... Am Ende der Predigt dankten es ihm die Hörer durch ein „Vergelt's Gott!", wobei das natürlich in erster Linie als geistlicher Dank, und weniger als Hinweis auf die ausbaubare Qualität der Predigt oder den endlich erreichten Schlusspunkt verstanden werden sollte.

Durch die Beratungen des Konzils und die 1963 verabschiedete Konstitution über die heilige Liturgie wurde die Predigt als Auslegung und Deutung der Lesungen und des Evangeliums nun aber in die Feier der Eucharistie hereingeholt und empfohlen. (SC 52) Als Ort der Verkündigung nahm man nach dem Konzil bald Abschied von der Kanzel, die man bisweilen sogar entfernen ließ, und wechselte hin zum Ambo als Tisch des Wortes.[62]

---

59 *Schüch, Ignaz*, Handbuch der Pastoral-Theologie, Innsbruck 1889, S. 497 weist darauf hin, dass die Predigt „unter, oder auch außer (vor oder nach) der heiligen Messe, am Altare, oder auf der Kanzel stattfinden" kann.
60 KVBl 1917, V, Nr. 24, S. 37 f.
61 Ebd., S. 38.
62 Als deutliches Beispiel sei etwa auf die Pfarrkirche Sinabelkirchen hingewiesen, die bei der Renovierung von 1969 aller alten Möbel entledigt wurde und seither klaren konziliaren Geist atmet.

Fürbitten

Das allgemeine und gemeinsame Gebet in bestimmten Anliegen hat es wohl immer schon gegeben. In der Folge der Bewusstmachungsarbeit durch die Liturgische Bewegung kam es schon vor dem zweiten Vatikanischen Konzil zu einer Neubelebung von gegliederten Fürbitten, die durch den Gebetsruf der gottesdienstlichen Gemeinde beantwortet wurden.[63] Die Konstitution über die heilige Liturgie führte ganz bewusst die Fürbitten nun wieder ein. (SC 53) Ein- sowie Ausleitung erfolgen durch den Priester, während die eigentlichen Bitten nun durch Mitfeiernde im Sinne des Gebetes der Gläubigen vorgetragen und durch die Gemeinde beantwortet werden. Aktuelle bzw. lebensnahe Fürbitten werden nicht aus gedruckten Büchern[64] vorgelesen, sondern von der Gemeinde entsprechend vorbereitet. Im Falle von familiären Anlässen wie Taufe, Verehelichung oder Trauerfällen ist das allgemein verständlich und wird es auch so durchgeführt.

Volksaltar

Schon lange vor den Beratungen und Empfehlungen des 2. Vatikanischen Konzils, in deren Folge die liturgische Neuausrichtung des priesterlichen Gebets bei der Messfeier einsetzte, feierte Kaplan Josef Pfandl in der zentralen Grazer Stadtpfarrkirche 1939 Gemeinschaftsmessen mit Blickrichtung zur versammelten Gemeinde. Er bemühte sich um eine lebendige Feier der Gottesdienste und war ein talentierter Religionslehrer. Die Umkehrung des Priesters bei der Messfeier und das Sakrament im Angesicht der versammelten Gemeinde zu feiern, ging Fürstbischof Dr. Ferdinand Pawlikowski damals aber zu weit. In freundlicher Weise ließ er Pfandl mit 16. Dezember ein vorweihnachtliches Schreiben zukommen, in welchem er zur Rückkehr zum traditionellen Brauch der Zelebration aufforderte und eine etwas mehr als zweiseitige erklärende Einleitung beifügte, die Pfandl bei der nächsten Gemeinschaftsmesse vorlesen sollte, welche einen historischen Überblick zur Feier der Messe und der Position von Altar und Priester darlegte.[65]

Der Wunsch nach der Messfeier im Angesicht der Gläubigen lag schon in den 1950ern allgemein in der Luft. Insofern wurde die Empfehlung der Liturgiekonstitution Sacrosanctum Concilium (1963) gerne aufgenommen, wonach der Hauptaltar so aufgestellt werden solle, dass er umschritten werden könne bzw.

---

63 LThK, 2009, Bd. 1, Sp. 410.
64 Z.B. *Höfer, Albert*, Fürbitten. Klosterneuburg 1965; ab den 1980ern veröffentlichte P. Othmar Stary OSB von Seckau mehrfach Fürbitten-Bücher.
65 Vgl. DAGS, Personalakt Dr. Josef Pfandl; diesen Hinweis verdanke ich Herrn Bischof Dr. Johann Weber.

die Feier mit Blickrichtung zum Volk ermöglicht werde (SC 128). Der dortige Hinweis auf die Ermöglichung der Neuaufstellung des Altares wurde jedoch allgemein als Verpflichtung aufgefasst und ab nun nur mehr in dieser Weise durchgeführt.

Im Kirchlichen Verordnungsblatt bot eine Salzburger Tischlerei bereits 1965 sogenannte „Volksaltäre" an. Von Seiten der Redaktion riet man davon aber eher ab, da es sich „um häßliche Holzkisten für relativ teures Geld" handelte und man die Liturgiekommission bei Umbauplanungen einbezogen wissen wollte.[66]

Sehr schnell wurde die Idee des Volksaltars bei uns angenommen und mit Begeisterung umgesetzt, zumal bei dieser Form der Feier um den Altar der Gemeinschaftscharakter der Eucharistie deutlicher spürbar wurde und die Laien in ganz anderer Weise aktiv teilnehmen konnten als sie es bisher gewohnt waren. Zu den ersten Neuordnungen im Sinne der Liturgie-Konstitution gehörten beispielsweise der Dom in Graz, die Basilika Seckau und die Stiftskirche Admont sowie auch die Pfarrkirchen St. Nikolai in der Großsölk mit ihrem reformbegeisterten und beinahe ungeduldig drängenden Pfarrer Ernst Belasy, dann auch St. Kathrein in Haustein, Birkfeld, Haus, Graz-St. Veit, Graz-Hl. Blut und Stainz.

Konzelebration

Als Ministrant erinnere ich mich noch recht gut an die vielen gleichzeitig stattfindenden Messfeiern an den Seitenaltären im Rahmen etwa von Priesterexerzitien im Stift Vorau. Der jeweilige Priester, der den vorbereiteten Kelch samt Patene, Bursa und Velum vor sich hertrug, zog mit einem Ministranten, der das Messbuch zu tragen hatte, von der Sakristei in die Kirche ein und begab sich zu einem der Seitenaltäre. Dort wurde die heilige Messe von diesen beiden in aller Stille gefeiert, wobei der Ministrant tatsächlich die Gemeinde der Gläubigen zu repräsentieren und die entsprechenden Antworten zu geben hatte. Es war eine für alle ungewöhnliche Situation, als dann sämtliche Priester gemeinsam und bloß um einen zentralen Altar versammelt die Eucharistie feierten, wie es die Liturgiekonstitution vorgeschlagen hatte (SC 57f). Mit gewissen Änderungen des Ritus kam nun auch die typische Fingerhaltung des Priesters ab, wonach er ab der Wandlung den Daumen, Zeige- und Mittelfinger, mit denen er den Leib Christi in der Gestalt der Hostie berührt hatte, geschlossen hielt und sie bis zur Kommunion nicht mehr öffnete. Vereinzelt versuchen sich sogar heute wieder Kapläne in dieser Richtung.

---

66 KVBl 1965/VI, S. 56, Nr. 50.

Neue Textfassungen des „Vater unser", „Gegrüßet seist du, Maria" und des Glaubensbekenntnisses

Im Sinne einer schon länger angestrebten Vereinheitlichung der süddeutschen und norddeutschen Fassungen zweier zentraler Gebete, beschloss eine Kommission aller christlicher Konfessionen des deutschen Sprachraumes, wo auch unser Grazer Univ.-Prof. Dr. Karl Amon schon von Anfang an mitwirkte, die Neufassung des „Vater unser" und „Gegrüßet seist du, Maria", welche ab dem 4. Fastensonntag 1968 Gültigkeit erlangten.[67] Die Ergänzung des Herrengebets durch die bereits in der „Zwölfapostellehre" aus dem 1. Jahrhundert bekannte Schlussdoxologie „Denn dein ist das Reich und die Kraft und die Herrlichkeit in Ewigkeit" war zunächst bloß für ökumenische Gottesdienste vorgesehen, setzte sich jedoch sehr bald im Gemeindegottesdienst durch. Für die Übergangs- bzw. Lernphase wurden die neuen Textfassungen in das damals verwendete kirchliche Gesangsbuch „Gotteslob" eingeklebt, wie häufig zu beobachten war.

Die traditionellen Fassungen lauteten bei uns:

> „Vater unser, *der du bist* im Himmel, geheiligt werde dein Name; *zukomme uns* dein Reich, dein Wille geschehe, wie im Himmel, *also auch* auf Erden! *Gib uns heute* unser tägliches Brot, und vergib uns unsere Schuld, wie auch wir vergeben unseren Schuldigern; und führe uns nicht in Versuchung, sondern erlöse uns von dem *Übel*."

> „Gegrüßet seist du, Maria, voll der Gnade, der Herr ist mit dir, du bist gebenedeit unter den *Weibern*, und gebenedeit ist die Frucht deines Leibes, Jesus. Heilige Maria, Mutter Gottes, bitte für uns *arme* Sünder, jetzt und in der Stunde unseres *Absterbens*. Amen."

Auch das apostolische Glaubensbekenntnis erhielt 1970 seine noch heute gültige Formulierung. Bis dahin betete man folgendermaßen:

> „Ich glaube an Gott, den *allmächtigen Vater, Schöpfer Himmels* und der Erde. Und an Jesus Christus, seinen eingeborenen Sohn, unsern Herrn; *der empfangen ist vom* Heiligen *Geiste*, geboren *aus Maria, der Jungfrau*; gelitten unter Pontius Pilatus, gekreuzigt, gestorben und begraben; *abgestiegen zu der Hölle*, am dritten Tage *wieder* auferstanden von den Toten; aufgefahren in den Himmel, *sitzet zur rechten Hand* Gottes, des allmächtigen Vaters; von *dannen er kommen wird*, zu richten die *Lebendigen* und die Toten. Ich glaube an den Heiligen Geist; die heilige katholische Kirche, Gemeinschaft der Heiligen; *Nachlass* der Sünden; Auferstehung *des Fleisches; ein ewiges Leben*. Amen."

---

67 KVBl 1968 III 29; Sonntagsblatt 1968, 23. Jg., Nr. 13, S. 2 f.

Eucharistische Nüchternheit

Um auf die Bedeutung des Empfangs des Leibes und Blutes Christi hinzuweisen, hatte die Kirche eine dem Empfang vorhergehende eucharistische Nüchternheit geboten. Diese wurde vom Kirchenrecht 1917 ab Mitternacht festgelegt. Auch heute halten noch z.T. alte Leute – nicht nur meine Mutter – in der Tat das Nüchternheitsgebot ein, wie sie es seit Kindheit gewohnt sind, indem sie erst nach dem morgendlichen Messbesuch das Frühstück einnehmen. Zuletzt wurde durch eine Entscheidung von Papst Paul VI. vom 21.11.1964 die Dauer von einer Stunde vor Beginn der heiligen Messe festgelegt, in der man nichts mehr zu sich nehmen soll.

Entfernung der Kommunionbänke

Nun begann man anlässlich von Renovierungen auch die Speisgitter zu entfernen, wo man sich ja zuvor zum Empfang der Kommunion niederzuknien hatte. Angeblich übernahmen die Entfernung der Gitter ganz gerne reformfreudige Laien unter der Leitung der Kapläne – mitunter in Abwesenheit des Pfarrers.[68] Andrerseits veranlassten auch etliche Pfarrer ganz bewusst und klar diese sichtbaren Veränderung als deutliche Botschaft der eucharistischen Gemeinschaft. So wurde etwa auch die weitere Verfolgung des Umstands, dass man Teile der ehemaligen Kommunionbank von Graz-St. Andrä an dafür nicht vorgesehener Stelle entdeckte, fallen gelassen, als der die Veränderung verantwortende Pfarrer inzwischen an die Spitze der steirischen Kirche gelangt war, wie er mir lange nach seiner Emeritierung als Bischof schmunzelnd selber erzählte.

Kommunionspendung durch Laien

Bis in das 8./9. Jahrhundert war die Spendung der Kommunion in die gekreuzt übereinander gelegten Handflächen üblich. Bestrebungen bzw. Anregungen zur Neubelebung dieser Form der Kommunionspendung wurden vom II. Vatikanischen Konzil jedoch nicht aufgenommen. Bischof Schoiswohl beauftragte 1968 einige Männer unter bestimmten Voraussetzungen bzw. Notfällen zur Mithilfe bei der Spendung der Kommunion. Im Blick auf die praktische Situation der Pfarren hatte er sein Ansuchen nach Rom gerichtet, welches gut geheißen und vom Heiligen Stuhl für den Bedarfsfall im Juli 1968 genehmigt wurde.[69] Die Einführung der Kommunionspendung durch Laien, womit also nun auch Frauen

---

68 So geschehen etwa in der Pfarre Ilz laut Erzählung des ehemaligen Kaplans Karl Stieglbauer.
69 KVBl 1968, XII, Nr. 107.

gemeint waren, wurde einerseits hoch erfreut, andererseits aber auch sehr ablehnend aufgenommen.[70] Im Sinne der aktiven Teilnahme aller Gottesdienstbesucher wurde nun die Handkommunion 1970 neuerlich eingeführt.[71] Im Bericht an den Vatikan wurden 1972 immerhin schon „ca. 40 Laien und Ordensfrauen als Kommunionhelfer eingesetzt … Wo den Gemeinden Kommunionhelfer durch den Pfarrer vorgesetzt wurden, sind sie teilweise sehr reserviert aufgenommen und in einigen Fällen abgelehnt worden. Die Erlaubnis für die Kommunionspendung durch Laien wird für ein Jahr ausgesprochen."[72] Durch die Liturgiekonstitution wurde besonders der Gemeinschaftscharakter betont, der durch die Feier der Eucharistie und das abschließende Mahl des Herrenleibes in der Kommunion zum Ausdruck kommt. (SC 55)

Pfarrblätter

Am Ende der Messfeier werden die Termine und Veranstaltungen der kommenden Woche angekündigt. Um solche und auch weitere Informationen zum aktuellen Leben in der Pfarre möglichst breit bekannt zu machen, wurden Pfarrblätter eingeführt, die von den Kindern sehr gerne in alle Haushalte ausgetragen wurden und werden. Beispielsweise gibt es diese in Weiz schon seit 1918, in Graz als zentrales Blatt für die Stadtpfarren und die Umgebung ab 1929, dann aber auch selbständige Publikationen einiger Pfarren wie Mariä Himmelfahrt und St. Leonhard (ab 1947), St. Veit (1956), Schmerzhafte Mutter (1957), Kroisbach (1959), Straßgang (1961). Weitere Beispiele aus der Steiermark sind etwa Bad Aussee seit 1953, Bruck (1954), Hartberg (1955), Trofaiach (1957), Admont, Breitenau und Eisenerz (1959), aber etwa auch im kleinen Waldbach schon ab 1960. Verstärkt kamen die Pfarrblätter aber erst in den späten 1960ern und zu Anfang der 1970er in der ganzen Diözese in den Umlauf.

Weitere Veränderungen im kirchlichen Leben
Taufe

Da man die Kindersterblichkeit, besonders den plötzlichen Kindstod, fürchtete bzw. das Seelenheil eines ungetauften Kindes nicht auf das Spiel setzen wollte, wurde das Neugeborene traditionell sobald als möglich zur Taufe in die Kirche

---

70 Sonntagsblatt 1968, 23. Jg., Nr. 51, S. 8 f.
71 LThK 2009, Bd. 4, 1175f; Instructio „Memoriale Domini" vom 29.5.1969; KVBl 1970, V, Nr. 47.
72 DAGS, Relatio Dioecesis Graecensis-Seccoviensis 1962–1972, S. 79.

gebracht. In den meisten Fällen trugen bloß der Vater und die Patin das Kind zur Taufe, wobei also damals mit diesem freudigen Ereignis keine Spur von Familienfest verbunden war zumal auch die Kindesmutter ja im Wochenbett lag. Hieß es etwa noch beim steirischen Schriftsteller Peter Rosegger, „das Kind wird sogleich am Tage der Geburt getauft, weil man keinen Heiden im Hause haben will"[73], wusste hingegen der Volksmund bis weit ins 20. Jh. des Spaßes halber zu sagen, man habe einen Juden (zur Taufe) in die Kirche gebracht und sei mit einem Christen wieder nach Hause gekommen. Nach altem Brauch wurde dem Taufpriester an so manchem Ort zum Dank ein Taschentuch überreicht, in welches man ein Geldstück eingeschlagen hatte. Waren die Kinder zunächst bei der Taufe also nur wenige Stunden oder Tage alt, so wartete man schon in den 1950ern eine Woche und mehr, damit auch die Familie an diesem Ereignis teilnehmen konnte, wie wir in den Geburts- und Taufmatriken (früher: Tauf- und Geburtsbuch; der Nachdruck lag auf dem Taufsakrament) deutlich sehen können. Unmittelbar nach dem Krieg wurden vielfach auch jene Kinder nachträglich getauft, die während des Krieges geboren aber wegen mangelnder Kirchennähe der Eltern ungetauft geblieben waren. Nachdem das Eine wieder behoben war, konnte auch das Andere ergänzt werden.

Taufname

Vielfach reagieren heute Kinder mit Unverständnis, werden sie auf ihren Namenstag angesprochen. Der bei der Taufe empfangene Name war nicht bloß ein Vorname im üblichen Sinn, sondern ein durch die Eltern ausgesuchter, von einem Heiligen übernommener Name, dessen bestimmter Festtag im christlichen Jahreslauf gefeiert wurde und für das Kind mit der Aufnahme in die Kirche hoffentlich identitätsstiftend wirken sollte. Insofern war auch die Gratulation zum Namenstag bzw. dessen gemeinsame Feier oder wenigstens dessen Gedenken von viel größerer Bedeutung als das jährliche Zunehmen des Lebensalters. Geburtstagsfeiern in den Familien sind heute selbstverständlich. Dass aber auch des Namenstags gedacht und dazu gratuliert bzw. gefeiert wird, ist eher selten geworden. Vornamen sind natürlich Zeitströmungen und Vorlieben unterworfen (Bsp. Adolf, Hermann) – bewusst gewählte Taufnamen orientieren sich vornehmlich an Vorbildern des Glaubens.

---

73 *Rosegger, Peter,* Volksleben in Steiermark, Leipzig 1914, S. 104.

Vorsegnung

Wie es nach jüdischem Brauch für eine Mutter üblich war 40 Tage nach der Geburt ihres Kindes wieder in die Synagoge in den Gottesdienst zu kommen[74], so kamen auch die katholischen Wöchnerinnen für eine eigene Segenshandlung zur Kirche, wo sie für die Geburt eines Kindes Dank sagten und auf den Knien den Schutz Gottes in der Vorsegnung durch die Besprengung mit Weihwasser zugesagt bekamen. Bei der Vorsegnung einer verehelichten Frau hatte der Priester eine weiße Stola, ansonsten aber eine violette Stola im Sinne eines Bußaktes über die Schultern gelegt.[75] Dafür erhielt der den Segen Gottes erbittende Priester einen gewissen Geldbetrag, wie wir in sämtlichen pfarrlichen Rechnungsbüchern sehen können. Erst durch den neuen Taufritus (1969) wurde der Segen für Mutter und Kind am Ende der Tauffeier eingeführt, welcher Dank und Bitte vereint.

Firmung

Die Spendung der Firmung war durch sehr lange Zeit bloß dem Bischof und Weihbischof vorbehalten. Gerne wurde die Firmung mit den Visitationen durch den Bischof verbunden. Entweder trat man also den Weg zu einer Firmspendung an einem anderen Ort an oder man wartete mitunter Jahre bis in der eigenen Pfarre wieder einmal das Sakrament gespendet wurde. Entsprechend groß war dann auch die Zahl an Mädchen und Burschen, die sich beim Kommen des Firmspenders einfand. In unserer steirischen Diözese spenden das Firmsakrament neben dem Bischof, Dompropst und Kapitelvikar auch die Äbte und Pröpste der steirischen Klöster seit 1969.[76] Mehrfach wurde das Alter verändert, in welchem die Kinder zur Firmung geführt werden. Laut alter Tradition[77] sollte der Zeitpunkt der Firmung wenigstens bis zum 7. Lebensjahr aufgeschoben werden.[78] Mein Vater wurde z.B. 1937 im Alter von 9 Jahren gefirmt. Die steirische Diözesansynode 1960 hielt hingegen fest, es sei „anzustreben, daß die Firmung noch in der Schulzeit empfangen wird."[79] Von Bischof Josef Schoiswohl wurde mittels eines Bischofbriefes zur Firmung 1968 dargelegt, sie möge „in einem Alter erteilt werden, da

---

74 Lev. 12, 1–8.
75 Compendium Ritualis Seccoviensis, Graecii 1950, pag. 20, 29.
76 KVBl 1969, IV, Nr. 30.
77 Katechismus nach dem Beschlusse des Concils von Trient für die Pfarrer auf Befehl des Papstes Pius V. und Clemens XIII. herausgegeben 1845, Regensburg 1902, S. 157.
78 *Adam, Adolf u. Berger, Rupert,* Pastoralliturgisches Handlexikon, Freiburg i. B. 1980, S. 148.
79 Seckauer Diözesan-Synode 1960. Bericht und Statut, Graz 1961, Nr. 105, S. 101.

ein junger Mensch schon einigermaßen den Glauben kennenlernen und dessen Tragweite fürs Leben ein wenig ermessen konnte..." Des Weiteren meinte er: „Mit vielen erfahrenen Erziehern, Eltern und Seelsorgern möchte ich nun annehmen, daß im Alter des letzten Pflichtschuljahres diese Voraussetzungen vorhanden sein können. Für den Bereich der steirischen Diözese wird dieses Alter hinkünftig als das Normalalter für die Zulassung zur Firmung gelten."[80] Somit wurde das Firmalter also auf 14 Jahre angehoben. Unmittelbar danach wurde jedoch der Hinweis angeschlossen, wonach „die Dechanten bevollmächtigt wurden, in besonders begründeten Fällen Firmlinge ab dem 12. Lebensjahr ausnahmsweise zur Firmung zuzulassen." Ab nun wurden direkt die entsprechenden Jahrgänge zur Firmung eingeladen. Gleichzeitig wurde nun auch auf die Vorbereitung erhöhter Wert gelegt, was bisher der Pfarrer oder Kaplan in ein paar Zusammenkünften erledigt hatten. Nun wurden Gruppen gebildet, welche die Kirche, Pfarre und ihr Leben in Gemeinschaft kennenlernen sollten. Um das Sakrament besser erfassen zu können, wird im Bischöflichen Seminar die Firmung erst mit 16 Jahren gespendet.

Vielfach ist in den Pfarrarchiven zu beobachten, dass die Firmprotokolle bis Ende der 1960er-Jahre nicht nur den Firmling mit vollem Namen, dessen Patin oder Paten, sondern auch einen angenommenen Firmnamen verzeichnen, mit dem der Firmkandidat vom Sakramentenspender angesprochen wurde. Der Firmname war recht häufig mit dem Vornamen des Paten deckungsgleich, was wohl auch als Hinweis auf die durch die Patenschaft entstandene geistliche Verwandtschaft verstanden werden sollte. Obwohl es den einstigen abschließenden sanften Backenstreich bzw. geistlichen Ritterschlag durch den Firmspender (seit 1973) nicht mehr gibt, ist die „Ohrfeige", welche die Firmung in Erinnerung halten sollte, in der mündlichen Tradition noch immer sehr lebendig. Den Tag der Firmung verbrachten früher zumeist bloß Firmling und Pate miteinander. Das traditionelle Geschenk zum feierlichen Anlass war eine Armbanduhr.

Christenlehre

Früher wurden Kinder und Jugendliche im christlichen Glauben nicht immer bloß in der Schule unterwiesen. Zusätzlich wurden diese durch die bestehende Christenlehr-Bruderschaft aufgefangen und mit Glaubenswissen befasst, welche es in unserer Diözese seit 1760 gab[81] bzw. wie sie von Bischof Roman Zängerle 1827 neuerlich eingeführt wurde.[82] Die traditionelle Form war das Erlernen der im

---

80 KVBl 1968, III, Nr. 28, S. 14; Sonntagsblatt 1968, 23. Jg., Nr. 9, S. 2.
81 *Oer, Franz Frhr. v.*, Das Bruderschaftswesen der Diözese Seckau, Graz 1919, S. 20 f.
82 *Amon u. Liebmann*, Kirchengeschichte, S. 242.

Katechismus aufgeworfenen Fragen und deren präzise Beantwortung im Rahmen der Christenlehre. Die ausfragende Lehrmeisterin bzw. der Lehrmeister hatten sich in der entsprechenden oft nach Geschlechtern getrennten Gruppe (Christenlehrschar) um das Auswendiglernen der aufgegebenen Kapitel und Fragen zu kümmern. Möglichst positiv bei den Fragen durch den Kaplan bzw. Pfarrer in der Kirche oder bei den Christenlehren abzuschneiden war das erklärte Ziel aller. Diese Art des möglichst exakten Erlernens und gemeinsamen Wiederholens von Glaubensinhalten war für viele von besonderer Bedeutung. Bis heute hört man mit spürbarer Begeisterung von einstigen Erfolgen und Leistungen erzählen. Dass sich diese Form der Unterweisung nicht ewig halten können werde, war unvorstellbar. Wo man sich nicht zeitgerecht um Veränderungen bemühte, starb die traditionelle Christenlehre inzwischen längst schon ersatzlos aus.

Im Falle der Pfarre Hartberg, wo man sich um die Erneuerung der Form und den zeitgemäß präsentierten Inhalt der Christenlehre kümmerte, konnte aber – zwar unter innerem Widerstand und gefühlten Schmerzen – der langtradierten Form des religiösen Gesprächs neuer Atem eingehaucht werden, der dafür bis heute reicht. Dem damaligen Kaplan, der die Reform der Christenlehre initiiert hatte, wurde von ihm Nahestehenden gesagt: „Du weißt schon, was du da ausgelöst hast mit der neuen Christenlehre. Wenn die Leute könnten, sie würden dich aufhängen!"[83] Nur so ist es aber bis heute in der Pfarre Hartberg möglich, dass sich pfarrliches Leben besonders über die Schiene der zahlreichen Christenlehrscharen organisiert, mit welcher sich die Bevölkerung tatsächlich immer noch identifiziert.

Gedächtnisläuten zum Tod Jesu

Man versuchte nun auch Gebräuche auf ihre Haltbarkeit und Verständlichkeit im Alltag zu hinterfragen bzw. ihnen mehr Sinn zu geben. So meinte man etwa bisher, der Todesstunde Jesu sei am Freitag zur „neunten Stunde" (Mt 27,46) durch Glockengeläute um 9 Uhr vormittags zu gedenken.[84] Es dauerte jedoch bis 1955, dass sich allgemein die Erkenntnis durchsetzte, dass Jesus im Sinn der römischen

---

83 *Lugitsch, Magdalena,* Die Christenlehre in Schildbach – Pfarre Hartberg. Fachbereichsarbeit aus kath. Religion am BRG Hartberg, 2013, S. 24 und 45.
84 Die Neuordnung des Ordo der Karwoche von 1955 brachte in der Folge auch eine Neuordnung des freitäglichen Gedächtnisläutens an den Tod Jesu mit sich. Vgl. *Ebenbauer, Agnes,* Ereignisse, die mein Leben geprägt haben, Strallegg (o. J.), S. 10. – Mehrfache mündliche Aussagen ließen zunächst glauben, diese Neuordnung des Gedächtnisläutens am Freitag sei bloß eine oststeirische Besonderheit und Fehlinterpretation gewesen. Herzlichen Dank an Herrn Werner Rahm für diesen Hinweis.

Zeitrechnung am Nachmittag gestorben ist. Im Zusammenhang mit der Neuregelung der liturgischen Zeiten der Karwoche wurden ab nun zum Todesgedächtnis Jesu erst um 15 Uhr die Glocken geläutet.

Fußwaschung

Bei der Feier der Gründonnerstagsliturgie wurden als Aposteldarsteller traditionell ältere, arme Männer herangezogen, denen vom Bischof oder den Äbten jeweils ein Fuß gewaschen wurde. Es gibt sogar noch ein Verzeichnis zu den jährlich eingeladenen Aposteldarstellern für die Feier mit dem Bischof im Dom. In kleineren Pfarren war das in den Jahren nach dem Krieg jedoch nicht üblich. – Im Fall des Stiftes Vorau ist bekannt, dass die Apostel nach der Liturgie zum gemeinsamen Abendessen mit den Chorherren eingeladen wurden, wo sie dann auch noch einen Laib Brot zum Dank für die Teilnahme mit nach Hause bekamen. Ab den 1960ern wurden zur Fußwaschung als Apostel ganz gerne Männer aus dem lokalen Politgeschehen eingeladen, für welche die Teilnahme an der Feier ein Ehrenamt war. Auch diese wurden anschließend zum gemeinsamen Mahl geladen.

Verlegung der Osternacht

Der zuletzt sogar bis in die frühen Morgenstunden des Karsamstags vorverlegten Osternachtfeier in ihrer tridentinischen Gestalt wurde 1962 durch die Liturgiereform des Konzils wieder der Charakter einer nächtlichen Feier gegeben und ihr Beginn auf die Zeit nach Sonnenuntergang und Einbruch der Dunkelheit verlegt.[85] Laut Messbuch von 1570 hatte man die Osternacht durch fast 400 Jahre zu einem – mit heutigen Augen – unverständlichen Zeitpunkt am Morgen des Karsamstag gefeiert, was erst unter Pius XII mit einem Dekret der Ritenkongregation vom 9.2.1951 „ad experimentum" und durch die Neuordnung der gesamten Karwoche durch Generaldekret vom 16.11.1955 geändert wurde.[86] Längst hatte man aber im Land schon die Osternacht auf den Abend des Karsamstag im Sinn eines Vigilgottesdienstes verlegt, ehe diese Reform offiziell von Rom aus per Dekret geändert worden war, wie wir anhand der Verlautbarungen in den pfarrlichen Verkündbüchern ersehen können.

---

85 KVBl 1962, S. 24, Nr. 35.
86 KVBl 1956, I, Nr. 1, S. 2; *Adam u. Berger,* Pastoralliturgisches Handlexikon, S. 391.

Seelsorgehelferinnen

Nicht nur zur Aufrechterhaltung, sondern generell müssen Belange der Seelsorge immer wieder neu überdacht und organisiert werden. In diesem Sinn wurde mit Oktober 1947 im Katholischen Bildungshaus Graz, Leechgasse 24, die Seckauer Diözesanschule für Seelsorgehilfe eröffnet. Dabei orientierte man sich an ähnlichen Einrichtungen anderer Diözesen, besonders jener in Wien. Man richtete sich ganz klar an junge Frauen, die eine gediegene und vielschichtige Ausbildung erhalten sollten. Die Ausbildung war auf drei Jahre ausgelegt, wobei man im ersten Jahrgang mit 23 Frauen startete. Man verspürt sehr deutlich den Versuch der Seelsorge auch die Möglichkeit zum Atmen durch den weiblichen Lungenflügel zu bieten.

So finden wir ab 1948 junge Frauen in steirischen Pfarren, die dort als Pfarrschwestern bzw. Seelsorgehelferinnen aufgenommen und bezeichnet wurden. In ihren Aufgaben waren sie als Laienkatecheten, an der Orgel und mit dem Chor, in der Kanzlei, in Kirchenbeitragssachen, sowie Betreuung von Jugendlichen und Kindern, aber auch Armer und Kranker beschäftigt. Dass sich die konkrete Beauftragung an den vorhandenen bzw. erhofften Talenten der Personen orientierte, war selbstverständlich. 1956 waren in der gesamten Diözese Seckau 54 Seelsorgehelferinnen in den Pfarren angestellt. Zum Teil schieden die Seelsorgehelferinnen nach der Verehelichung aus ihrem Dienstverhältnis wieder aus.[87]

Mit 8. Dezember 1960 errichtete Bischof Schoiswohl die Berufsgemeinschaft der Seelsorgehelferinnen in der Diözese Seckau in offizieller Form. Diese wurde nach außen von einer Leiterin oder dem geistlichen Rektor (damals Johann Weber) vertreten. 1961 zählte die Berufsgemeinschaft immerhin 31 Mitglieder.[88] Im Berichtszeitraum 1962–1972 an den Vatikan werden 35 Seelsorgehelferinnen mit dreijähriger Ausbildung, 269 Laienkatecheten mit zweijähriger Ausbildung an der Religionspädagogischen Akademie sowie 9 Ordensfrauen im pastoralen Dienst erwähnt.[89] 1970 waren die ersten drei Pastoralassistenten mit vollem Theologiestudium im Dienst der Diözese angestellt. Frauen kamen in diesem Sinn erst später dazu.

---

87 DAGS, Ordinariatsakten, Pfarrschwestern 1939–1961.
88 DAGS, Ordinariatsakten, Seelsorgehelferinnen.
89 DAGS, Relatio 1962–1972, S. 77.

Laisierungen

Im Zuge der Vorbereitungen auf das Konzil wurde allgemein die bevorstehende Freistellung der Zölibatsverpflichtung für den Weltpriester, nicht für Ordenspriester, erwartet bzw. erhofft. Mit diesen geheimen Hoffnungen kam es in diesem Zeitraum vereinzelt zu Weihen, die letztlich auf eher wackeligen Beinen standen. Diese Unruhe führte nach dem Konzil und den damit getrübten Erwartungen zur Radikalisierung in konservative und progressive Gruppen, die für die Leitung des Priesterseminars und der Diözese anstrengend wurden. Es bestand andrerseits aber auch echte Dankbarkeit für die neue Entwicklung auf liturgischem und pastoralem Gebiet. Trotzdem kam es durch ca. 30 jüngere, enttäuschte Priester zur Niederlegung ihres Priesteramtes und zum Ansuchen um die Laisierung, um ihre Beziehungen ordnen zu können. Im Berichtszeitraum 1962–1972 waren insgesamt 99 Diözesanpriester geweiht worden. Jede Amtsniederlegung war eine zu viel, die sich natürlich auch auf das Klima in den Pfarren und in der Diözese auswirkte. – Im Priesterseminar kam es damals zu heftigen Diskussionen, die in der Neuordnung der Leitung gipfelten. Auch die Zahl der Priesteramtskandidaten war damals von 110 auf 50 eingebrochen, was langfristige Veränderungen andeuten sollte.[90]

Neue Räte

Seit 1960 war Bischof Schoiswohl bemüht, einen Laienrat einzurichten, der sich nur aus Laien zusammensetzen hätte sollen. Doch kam es letztlich erst 1970 zum tatsächlichen ersten Zusammentreffen des „Diözesanrates" unter Bischof Weber, wobei nun aber Priester und Laien gemeinsam berieten.

1963 wurde der Pfarrkirchenrat in allen Pfarren eingerichtet, der sich mit dem Fragenkomplex um das Vermögen von Pfarr- und Filialkirchen, den pfarrlichen Stiftungen sowie der Verwaltung des Friedhofes zu befassen hat.

Unter Bischof Schoiswohl kam es zu einer deutlichen Entwicklung in Richtung Einbindung möglichst vieler Betroffener. So schuf er bereits 1964 den Priesterrat, der zunächst „Collegium Presbyterorum" genannt wurde, an dem sowohl Welt- als auch Ordensklerus der Diözese mitwirken bzw. möglichst alle vertreten sein sollten. Das war übrigens der erste frei gewählte Priesterrat im ganzen deutschen Sprachraum.

1969 kam es zur Einrichtung des Pfarrgemeinderates in unserer Diözese, womit sich gewählte Vertreter der verschiedenen Gegenden und Gruppen mit dem

---

90 Ebd., S. 6 f.

Pfarrer zu Beratungen für das kirchliche bzw. pfarrliche Leben vor Ort treffen. 1973 gab es bereits in 190 steirischen Pfarren ein diesbezügliches Gremium, das vor allem durch seine apostolische Arbeit in den Ausschüssen (z.B. Liturgie, Caritas, Kinder- und Jugendarbeit, Öffentlichkeitsarbeit) überzeugte. So können sich seither auch die Vertreter mit ihren besonderen Interessen und Talenten zum Wohle der Pfarre einbringen.

Diözesanjubiläum und Pädagogische Akademie

Mit der Eröffnung der neu gebauten Religionspädagogischen Akademie wurde im September 1968 ein weiterer Meilenstein mit Langzeitwirkung von Bischof Schoiswohl gesetzt. Gleichzeitig war dieser Beginn der Ausbildung der Religionslehrer für die Diözese der Start zum großen Jubiläum „750 Jahre Diözese Graz-Seckau". Anlässlich des Diözesanjubiläums[91] wurden extra Laien gebeten, die Predigt in den Pfarrkirchen zu übernehmen. Im Laufe dieses Jahres kam es in so mancher Pfarre auch zur Durchführung von Forumsdiskussionen, die den neuen und offenen Geist der Kirche nach außen tragen sollten. In diesem Jahr traf sich auch die außerordentliche Bischofskonferenz im Bildungshaus Graz-Mariatrost unter dem Vorsitz von Kardinal Franz König, wo es zur Formulierung der Mariatroster Erklärung über die Enzyklika „Humanae vitae" kam. Damit ermöglichte man den mündigen Gläubigen die freie Gewissensbildung in der persönlichen Familienplanung.

Rücktritt von Bischof Schoiswohl[92]

Bischof Schoiswohl zeigte so viel guten Willen und Dynamik im Bemühen den Glauben in der Gegenwart bewusst erlebbar zu machen. Er förderte besonders die Katholische Aktion, die sein liebstes Kind war und ebnete die Wege für eine gedeihliche Zukunft von Laien und Klerus in der steirischen Kirche. Zur gegenseitigen Freude nahm Schoiswohl am 31. Oktober 1967 die Einladung des evangelischen Bischofs May zur Reformationsfeier der evangelischen Kirche an. In Bischof Schoiswohls Amtsperiode war gerade das Jubiläum 750 Jahre Diözese Graz-Seckau von 1968 ein gemeinsam erreichtes Ziel der steirischen Kirche. Für 1970 war wiederum eine Diözesansynode geplant. Nicht alle Visionen des Bischofs wurden aber von seinen Mitarbeitern akzeptiert und geteilt. Sein

---

91 Zum feierlichen Anlass erschienen die Festschrift: Weg der Hoffnung. 750 Jahre Diözese Graz-Seckau, Graz 1968 sowie die umfangreiche Bischofschronik (*Amon, Karl (Hrsg.)*, Die Bischöfe von Graz-Seckau 1218–1968, Graz 1969).
92 *Amon u. Liebmann*, Kirchengeschichte, S. 434.

Themenvorschlag „Seelsorge in der heutigen Zeit" wurde nicht angenommen, wie auch sein Wunschkandidat für das Generalsekretariat der Synode abgelehnt wurde. Die Fragen um die priesterliche Existenz wurden bereits in schärferem Ton geführt und etliche Geistliche legten ihr Priesteramt zurück. Auch auf Ebene der Bischofskonferenz ließ man Schoiswohl in wichtigen öffentlichen Fragen allein im Regen stehen. Bischof Schoiswohl war nun sozusagen auf allen Ebenen isoliert und an den Rand gedrängt. Er hielt noch die Andacht und Predigt im Dom am Silvestertag 1968 in gewohnter Weise ohne Andeutungen auf Kommendes zu machen. Erst in seiner Radioansprache zum Jahresende gab er – für alle anderen – völlig überraschend seinen Rücktritt als Diözesanbischof bekannt, der am 28. November bereits vom Vatikan mit Wirkung 1. Jänner 1969 angenommen worden war. Am Abend des Silvestertages zog sich Bischof Schoiswohl in das Schloss Wasserberg in der obersteirischen Pfarre Gaal zurück und traf für sich die weiteren Entscheidungen. In der Folge übersiedelte er als Seelsorger nach Wiener Neustadt und dann nach Guntramsdorf. Zum Dank für seinen bischöflichen Einsatz wurde er vom Papst mit 11. Juni 1969 zum Titularerzbischof von Monte Verde (in Tuszien in Mittelitalien) ernannt. Er starb am 26. Februar 1991 und wurde in der Kirche zu Guntramsdorf beigesetzt.

Martin Kapferer

Kirchlicher Wiederaufbau im Gebiet der heutigen Diözese Innsbruck. Wiederaufbau: pastoral – sozial-materiell – administrativ

Abstract

After political prosecution with execution of the vicar general and material and spiritual destroying during the World War the church of Tyrol started a new era of building a social church with participation of the laity under the young bishop Paulus Rusch. But it took time until 1964 to create the diocese Innsbruck.

Wiederaufbau oder Aufbau?

Diese Frage ist für das Gebiet der heutigen Diözese Innsbruck berechtigterweise zu stellen, denn manche Aktivitäten, die anderswo als Wiederaufbau deklariert werden, müssen für das Gebiet der heutigen Diözese Innsbruck als grundsätzlicher Aufbau gesehen werden. Das Kirchengebiet war, bedingt durch die politische Teilung Tirols in Folge des Ersten Weltkriegs und dem „Verlust" des Bischofssitzes Brixen an Italien, seit 1921 bzw. 1925[1] mit der Apostolischen Administratur Innsbruck-Feldkirch ein kirchenpolitisches Provisorium, das spätestens seit dem Konkordat 1933 auf die Erhebung zur Diözese wartete und in der Zwischenkriegszeit aus der Not heraus begann, kirchliche Strukturen und Einrichtungen zu begründen.

Der Aufbau von kirchlichen Ämtern in Innsbruck

Grundsätzlich galt es, erst die für die Verwaltung notwendigen Strukturen aufzubauen. Der Vergleich zwischen den im jeweiligen Schematismus verzeichneten Amtsstellen von 1938 und 1951 soll dies verdeutlichen. 1938 gab es in Innsbruck

---

1 Mit 9. April 1921 wurde der Brixener Weihbischof und Generalvikar von Vorarlberg Sigismund Waitz zum Apostolischen Administrator des bei Österreich verbliebenen Teils der Diözese Brixen bestellt. Die vollständige Abtrennung der Apostolischen Administratur Innsbruck-Feldkich samt Unterstellung unter dem Hl. Stuhl erfolgte schließlich am 12. Dezember 1925.

lediglich keinen residierenden Bischof[2], die Verwaltung lag beim Provikar mit zwei geistlichen Sekretären, das Diözesangericht unter dem Offizial, die Bischöfliche Rechnungskammer. Daneben gab es einige Kommissionen, denen verschiedenste Priester angehörten. Als Bischöfliches Knabenseminar war in Schwaz 1926 das „Paulinum" errichtet worden. Priesterseminar gab es noch keines; die Seminaristen waren großteils noch in Brixen. Einige studierten bereits in Innsbruck und wohnten entweder bei den Jesuiten im Canisianum oder im Theologischen Internat im Männerheim unter dem Regens Paulus Rusch. Im Jahre 1951 stand der Administratur Bischof Rusch vor, dann der Provikar mit zwei geistlichen Sekretären. Weiterhin gab es das Gericht. Neu im Vergleich zu 1938 war die Finanzkammer und das Seelsorgeamt mit bereits 10 Referaten.[3] Ebenfalls Teil der Diözesanverwaltung war die noch so genannte Diözesancaritasstelle. Ab 1950 gab es dann auch in Innsbruck ein eigenes Priesterseminar. Als Kuriosum ist anzusehen, dass nach dem Tod des Kanzlers Kassian Lechleitner 1946, erst 1956 wieder ein Ordinariatskanzler berufen wurde. Diese Ämterstruktur wurde grundsätzlich beibehalten, lediglich 1970 als letztes Amt das Schulamt gegründet, die einzelnen Referate aber kontinuierlich um verschiedenste Fachgebiete erweitert. Die Apostolische Administratur besaß naturgemäß kein Domkapitel – ein Umstand, der in den beiden Nachfolgediözesen Innsbruck und Feldkirch beibehalten werden sollte.

Die Frage der zu etablierenden Ämter ist auf die Amtsräume übertragbar, nicht zuletzt, da in Innsbruck vor der Landesteilung nie diözesane Kanzleien angesiedelt waren. In den 30-er Jahren waren die Kanzleien in den Räumen der Hofburg eingemietet, aus denen sie nach dem Regimewechsel 1938 ausziehen mussten. Dort hatte auch Bischof Waitz für seine Zeit in Innsbruck eine Wohnung. Mit der Bischofsweihe von Paulus Rusch und Bestellung zum Apostolischen Administrator musste erst eine Bischofswohnung gesucht werden. Der persönlich bescheidene Rusch fand nach der Vertreibung aus der zwischenzeitlichen Wohnung im Canisianum 1939 seine Bleibe in einer Kooperatorenwohnung in einem Haus der Propsteipfarre St. Jakob am damaligen Pfarrplatz, das dann 1967 von der nunmehrigen Diözese Innsbruck gekauft und zum heutigen Bischofshaus adaptiert wurde. 1951 waren die Amtsstellen über Innsbruck verteilt. Das Ordinariat und die Finanzkammer waren bei den Barmherzigen Schwestern im Innsbrucker

---

2 Apostolischer Administrator war der zwischenzeitliche Salzburger Erzbischof Waitz. Paulus Rusch erhielt erst am 30. November 1938 die Bischofsweihe.

3 Die Finanzkammer mit Sitz in Innsbruck war für das ganze Administrationsgebiet zuständig, Seelsorgeämter und Caritasstellen gab es sowohl in Innsbruck als auch in Brixen. In Innsbruck saß der Provikar für den Tiroler Teil, in Feldkirch traditionell ein Generalvikar für Vorarlberg.

Stadtteil Saggen eingemietet, das Seelsorgeamt in der Wilhelm-Greil-Straße in einem Gebäude, das 1946 beschädigt erworben wurde und noch über Jahrzehnte von Mietern teilweise genutzt werden sollte. Die Caritas war in der Museumstraße im Areal des Mädchenheims der Scheuchenstuel'schen Stiftung eingemietet. 1951 wurde mit dem Bau des Priesterseminars begonnen, das schließlich 1955 eingeweiht werden konnte.

Nationalsozialistische Repressalien und Kriegsschäden

Die Zeit der Nationalsozialistischen Herrschaft war in der Tiroler Kirche mit besonders starken Repressalien und Opfern verbunden.[4] Das Priesterseminar und das Paulinum waren geschlossen, des Weiteren 7 Kirchen und 23 Kapellen. 6 Priester waren in Anhaltelagern, 55 Weltpriester und 19 Ordensangehörige bereits zwischenzeitlich interniert. 8 Klöster waren aufgehoben, die kirchlichen Stiftungen und Vereine, die Caritas und die Vinzenzvereine waren aufgelöst.

Bereits am 30. Mai 1940 wurde der Pfarrer von Götzens, Otto Neururer im Konzentrationslager Buchenwald getötet, weitere Tiroler Priester und Ordensleute sollten folgen. Darunter sogar mit dem Innsbrucker Provikar Carl Lampert der ranghöchste Priester im ganzen Deutschen Reich.[5]

Zu diesem menschlichen Leid kamen durch NS-Repression wie Krieg noch materielle Schäden an Kirchen und Kulturgut. Besondere Schäden entstanden in Innsbruck. Allen voran an der Stadtpfarr- und Propsteikirche St. Jakob, die durch Bombentreffer am 16. Dezember 1944 massive Schäden durch eingestürzte Gewölbe davon trug. Weitere Bombenschäden betrafen bereits 1943 die Kirchen der Jesuiten und der Serviten wie die Spitalskirche. Weiters im Dezember 1944 etwas außerhalb das unweit der Bahntrasse gelegene Stift Wilten, das nach der Bombardierung Gauleiter Hofer in weiterer Folge noch zu sprengen versuchte, was nur durch beherztes Eingreifen der jungen Denkmalpflegerin Johanna Gritsch, verhindert werden konnte. Weitere große kulturell-materielle Schäden

---

4 Anschaulich zusammengefasst in einer Denkschrift vom 2.3.1940 bzw. einer Neufassung nach dem Tod Otto Neururers vom 30.6.1940 von Bischof Rusch und Seelsorgeamtsleiter Michael Weiskopf (AT-DAI 4.1.4.4). Diese Denkschrift gelangte in den Vatikan und wurde in Auszügen via Radio Vatikan verbreitet, was zweimalige Verhöre Ruschs zur Folge hatte.

5 *Tschol, Helmut / Reiter, Johann*, Liste der verhafteten Priester und Ordensleute, in: Dokumentationsarchiv des österreichischen Widerstandes (Hg.), Widerstand und Verfolgung in Tirol 1934–1945, Bd. 2, S. 332–350 Otto Neurer wurde am 24.11.1996, Carl Lampert am 13.11.2011 selig gesprochen.

entstanden durch die Schließung von Kirchen und Aufhebung der Klöster und der mutwilligen Zerstörung wertvollen Inventars.[6]

Nicht zu vergessen ist aber auch, dass während der NS-Zeit rund 2 % der Bevölkerung, in Innsbruck sogar 8 %, der Kirche durch Austritt den Rücken gekehrt haben.

In dieser Situation befand sich die Apostolische Administratur Innsbruck-Feldkirch bei Kriegsende im Mai 1945.

Politisch war Nordtirol nach der Befreiung durch die Amerikaner ab dem Sommer 1945 französische Besatzungszone, Osttirol, das während der Nationalsozialisten dem Gau Kärnten zugeschlagen wurde, bis zur Wiedervereinigung mit Tirol bis 1947 unter britischer Besatzung.

Als erstes galt es, neben dem grundsätzlichen, bereits skizzierten nötigen Aufbau von Strukturen, die zugefügten Wunden zu versorgen. So wie über den hl. Franziskus berichtet wird, er habe den Auftrag, die Kirche wieder aufzubauen in Portiuncula wörtlich genommen, so galt es, die zerstörten Bauten wieder zu errichten bzw. wieder mit Leben zu erfüllen: Waren dies die aufgehobenen Klöster, das anfangs wieder im Canisianum untergebrachte Priesterseminar oder die konfessionellen Schulen wie das bischöfliche Paulinum oder die zahlreichen Ordensschulen.

Vor allem bemühte sich die damalige Kirchenführung, dieser voran Bischof Rusch, Wege einer zeitgenössischen Seelsorge in einer pluralistisch werdenden Gesellschaft in Tirol zu finden, um neben dem materiellen v.a. den spirituellen Wiederaufbau des Landes voran zu treiben. Programmatisch im Titel „Kirche im Aufbau" heißt dies für die Tiroler Kirche in einem Ausstellungsbeiheft 1963: „Eine Kirche kann mit einer angemessenen Geldsumme und Tonnen von Material gebaut werden, aber was sich in ihr vollzieht, wiegt schwerer und kostet mehr Einsatz …"[7]

Die klare Haltung der Kirche während der NS-Zeit verschaffte ihr in der Bevölkerung einen großen Respekt, sodass in den ersten Nachkriegsjahren die Kirche zu einer Blüte gelangte.

---

6 z.B. das Franziskanerkloster samt Kirche in Hall, das als Depot für das Tiroler Landestheater fungierte; die historischen Paramente wurden für Kostüme verwendet und mutwillig zerschnitten.

7 Kat. Ausst., Die Kirche im Aufbau 1938–1963". DDr. Paulus Rusch – 25 Jahre Bischof – 30 Jahre Priester – 60 Lebensjahre. Innsbruck 1963 – Bregenz 1964.

Pfarrgründungen – Bauboom

Alleine die Bevölkerung von Innsbruck stieg von rund 81.700 Einwohnern 1939 auf knapp 101.000 im Jahre 1961, wozu u.a. neue Stadtteile an der Peripherie errichtet wurden. Die Kirche selbst leistete einen Beitrag, um der Wohnungsnot nach dem Krieg Herr zu werden bzw. galt es in weiterer Folge, die Bevölkerung der neuen Stadtteile pastoral zu versorgen, was den Bau von neuen Kirchen und Pfarrzentren nötig machte.

„Wohnbau ist Dombau" – lautete pragmatisch der Titel der 1950 von der Caritas der Apostolischen Administratur Innsbruck herausgegebenen Schrift anlässlich des Baues der „Heilig-Jahr-Siedlung" in Innsbruck[8]. Auf Initiative von Bischof Rusch, der die Wohnungsnot als Ursache körperlicher und seelischer Not benannte,[9] wurden durch die Caritas unter Direktor Dr. Steinkelderer im Westen von Innsbruck auf einem Grundstück, das die Ursulinen günstig abgetreten haben, unter kirchlicher Planung und freiwilliger Arbeit – u.a. von Rusch und zahlreichen Priestern – 41 Einfamilienreihenhäuser errichtet, die an kinderreiche Familien über ein zinsenloses Darlehen vergeben wurden. Das Grundkapital kam durch eine Caritashaussammlung zustande. Weitere kirchliche Siedlungsprojekte sollten in den kommenden Jahren folgen, so in Völs bei Innsbruck, Landeck im Oberinntal und Fiecht bei Schwaz im Unterinntal.

Das bereits zitierte Bevölkerungswachstum und der folgenden Errichtung neuer Siedlungen musste als Konsequenz die Gründung neuer Pfarren zur Folge haben; nicht zuletzt deshalb, da festgelegt wurde, dass aus pastoraler Rücksicht

---

8   Caritas der Apostolischen Administratur Innsbruck (Hg.), Wohnbau ist Dombau. Vor Wirken der Caritas im Jahre 1950. Die Heilig-Jahr-Siedung, Innsbruck o.J. (1950). Der für Bischof Rusch pragmatische Titel findet Vergleiche in den Aussagen und Handlungen des damaligen Würzburger Bischofs Julius Döpfner.

9   Vgl.: „Aber eine der größten Nöte unserer Tage ist zweifelsohne die Wohnungsnot. ... Welche Unsumme von körperlicher und seelischer Not ist in dieser Tatsache enthalten!" in: Hirtenbrief zum Heiligen Jahr 1950 vom 28. Feber 1950, in: Verordnungsblatt für das Gebiet der Apostolischen Administratur Innsbruck-Feldkirch, 25. Jg./Nr. 2, S. 13 – Bereits im Jänner 1950 von Rusch der von der Caritas und dem „Arbeitskreis Wirtschaft und Technik" der Katholischen Bewegung ausgearbeitete „Tiroler Bausteinplan" präsentiert, der fünf Punkte zur Linderung der Wohnungsnot umfasste: 1. Statt Mietshaus, Eigentum, 2. Bereitstellung zinsenloser Baugelder, 3. Heranziehung von Eigenleistung, 4. Senkung der Baukosten durch rationelle Arbeitsmethoden, 5. Wertsicherung der Gelder gegen Lohn- und Preisschwankungen – vgl. *Andergassen, Albert*, Heilig-Jahr-Siedlung und „Tiroler Bausteinplan", in: Wohnbau ist Dombau (Anm. 8), S. 11.

eine Pfarre nicht mehr als 5000 Gläubige umfassen sollte.[10] Allein im Gebiet der heutigen Diözese Innsbruck wurden so zwischen 1945 und der Diözesangründung 1964 acht Pfarren als Seelsorgestellen neu gegründet[11] und acht Kirchen errichtet, die ihrerseits die künstlerischen Ideen der Zeit wie den Wandel der liturgischen Praxis skizzieren.[12] Wichtig war auch, dass bei den Kirchen ein Pfarrzentrum angeschlossen war, in dem vielfältiges kirchliches Leben in Ergänzung zum Messbesuch einen Platz haben sollte.

Aufbau pfarrlichen Lebens

Generell wurde versucht, in der Seelsorge moderne Wege zu gehen, um möglichst breit die Gläubigen einzubinden. So ist es kein Zufall, dass die im Dezember 1945 veröffentlichte erste Seelsorgsaufgabe[13] für das kommende Jahr den Aufbau einer lebendigen Pfarre zum Inhalt hatte. In deren Zentrum steht der Altar mit dem Priester als pastor bonus. Für die Tiroler Kirche unter Bischof Rusch, der sich im Sinne eines Neuanfanges nach dem Krieg gegen Anklagen gegenüber Nationalsozialisten zeitlebens verwehrte, typisch ist die Forderung „In der Glaubensverkündigung ist nichts mehr zeitgemäßer als die Botschaft der Liebe, Verzeihung und helfender Güte"[14]. Darum sollte sich die Pfarre in fünf Kreisen um den Priester herum aufbauen: 1. Kreis: Diakonatsgruppen (Ministranten, Sängerchor, Karitasgruppe, Pfarrkirchenrat), 2. Kreis: Katechumenen (oder Kinder), welcher pfarrlich und schulisch erfolgen sollte, 3. Kreis: Pfarrjugend (Kongregationen, Pfadfinder, Heimstunde, Gemeinschaftsmesse), 4. Kreis: Pfarrvolk (Elterndiakonatsgruppe; Männer- bzw. Frauenstunde mit Standeskommunion – eventuell organisiert durch Gesellen-, Arbeiterverein, …), 5. Kreis: Pfarrliche Mission (Konvertiten, Nichtgetaufte, nicht Praktizierende). 1946 bekräftigt wird 1947 dieses Programm um den Punkt „Katholische Bewegung" erweitert, die durch zu bildende Laienräte auf Pfarr-, Dekanats- und Diözesanebene präsentiert wird, gemäß der Formulierung

---

10 Entsprach nach damaligem Denken ungefähr 1000 Familien, die ein Pfarrer im Laufe der Zeit alle persönlich kennen zu lernen im Stande sein sollte.
11 Diözesanweit in diesem Zeitraum zwölf Seelsorgestellen.
12 In Innsbruck: Schutzengelkirche/Pradl-Ost (1952/60), Priesterseminarkirche Innsbruck (1955), Pfarrkirche Wilten-West (1957), Pfarrkirche zum Guten Hirten/Höttinger Au (1959), Pfarrkirche Pius X/Neu-Arzl (1960), Pfarrkirche St. Paulus/Reichenau (1960), Pfarrkirche Maria am Gestade/Sieglanger (1962), Pfarrkirche Allerheiligen (1965)
13 Die Seelsorgsaufgabe 1945/46, in: Verordnungsblatt für das Gebiet der Apostolischen Administratur Innsbruck-Feldkirch, Jg. 1945/Nr. 3 (15. Dez. 1945), S.3f.
14 Die Seelsorgsaufgabe (Anm.), S. 3.

wonach der Laie nicht „Objekt der Betreuung", sondern „Mitträger seelsorglicher Arbeit"[15] sei. Die Kirchenleitung unter Rusch setzte offensichtlich, durchaus nicht zur Begeisterung aller, auf die Ideen der Katholischen Aktion, welche ihrerseits bereits eine Tradition im Kirchengebiet aufzuweisen hatte, die bis 1926 zurückreichte[16]. Wenngleich, der Begriff „Katholische Aktion" vermieden und stattdessen bis 1954 „Katholische Bewegung" genannt wurde.[17] Die Kirchenleitung förderte in diesem Sinne auch beispielsweise den Volksgesang während des Gottesdienstes. Nachdem während des Krieges die Veröffentlichung nicht zustande kam erschien, durch die Papiernot in der Aufmachung bescheiden, unter Einwilligung der französischen Militärregierung bereits 1946 als allgemeines Gesangsbuch für den Gottesdienst das „Gotteslob", welches im ganzen Kirchengebiet verbreitet werden sollte, um den Volksgesang in der Messe zu fördern. Eine in den nachfolgenden Jahren regelmäßig wiederholte Forderung.

Daneben bediente sich die Kirchenleitung auch „bewährter Methoden", wie die der Volksmission, so in Innsbruck, das von den Kirchenaustritten besonders betroffen war, 1949 und 1959, denen große Bedeutung beigemessen wurde.

Strukturell bedeutete das u.a. eine stärkere Einbeziehung der Dekane in die Verwaltung der Administratur. So wurde die – bis heute etablierte – Dekanekonferenz im Herbst zu Schulbeginn eingeführt, bei der Rusch samt den beiden Seelsorgeamtsleitern von Innsbruck und Feldkirch mit den Dekanen tagten und das Seelsorgeprogramm („Seelsorgsaufgabe") für das Arbeitsjahr besprochen wurde. Jenes wurde in Folge persönlich von den Dekanen auf Dekanatsebene den einzelnen Priestern weitergegeben, und so nicht nur durch das Verordnungsblatt publiziert.

Weiterbildung für Laien und Klerus

Die geforderte Mündigkeit des Laien setzt Bildung und Wissen voraus. Um dieses Wissen bis in die hintersten Täler zu bringen wurde bereits 1946 durch den Erwachsenenbildner Ignaz Zangerle das Katholische Bildungswerk gegründet. Und schon wenige Wochen nach Kriegsende wurde im Juli 1945 in Matrei am

---

15 Die Seelsorgsaufgabe 1947/48, in: Verordnungsblatt für das Gebiet der Apostolischen Administratur Innsbruck-Feldkirch, 22. Jg / 1. Oktober 1947, S. 45 f.
16 Bischof Sigismund Waitz führte im März 1926 offiziell die Katholische Aktion im Kirchengebiet ein.
17 Vgl. zusammenfassend: *Heidegger, Franz*, Geschichte der Katholischen Aktion in der Diözese Innsbruck, Innsbruck, Univ. Dipl.-Arb. 1985, S. 33.

Brenner in der ehemaligen Villa Kraft das Bildungshaus St. Michael von Bischof Rusch, u. a. zur Jugendarbeit gegründet.

Gleichzeitig forderte Rusch die konstante Weiterbildung des Klerus mit verpflichtenden Kursen einige Jahre nach Studienabschluss bzw. einen mehrwöchigen Pfarrbefähigungskurs. In den Pfarren wurden zur allgemeinen Weiterbildung zahlreiche Pfarrbibliotheken eingerichtet, aus denen vielfach die bis heute bestehenden Gemeindebibliotheken hervorgehen sollten.[18] Eine andere pädagogische Anordnung beispielsweise war 1950 das Gebot zur Anbringung von Schautafeln als kurze Kirchenführer im Bereich des Kircheneingangs.[19] Im Jahr 1966 wurde schließlich in Innsbruck das „Haus der Begegnung" eröffnet – als Bildungshaus, v. a. aber der sozialen Begegnungen zwischen Arbeitnehmern und Arbeitgebern und als Sitz der Katholischen Sozialbegegnungen.

Arbeiter- und Jugendseelsorge

Die Jahre und Jahrzehnte nach dem 2. Weltkrieg veränderten das Sozial- und Wirtschaftsgefüge des Landes massiv von einer ländlich bäuerlichen in eine urbane Industrie- und Dienstleistungsgesellschaft mit einem starken Zuzug in den urbanen Regionen wie einem rasant wachsenden Fremdenverkehr. Diese Entwicklung wurde von Seiten der Kirche mit Sorge und Skepsis betrachtet, sah man darin doch eine gesellschaftliche Gefahr bzw. wusste man bereits aus der Erfahrung anderer Regionen vom häufigen Abfall des Arbeitermilieus von der Kirche. Diesem wollte man entgegenwirken. Konkretes Handeln zeigten die bereits erwähnten Wohnbauaktionen. So ging es der Tiroler Kirche unter Bischof Rusch, der sich leidenschaftlich für das Idealbild der christlichen Familie einsetzte, um ein partnerschaftliches Gesellschaftsmodell aus Arbeitgebern und Arbeitern wachsen lassen zu können.[20] Vor allem galt die Sorge den Jungarbeitern. So wurden die KAB – Katholische Arbeiterbewegung – und KAJ – Katholische Arbeiterjugend – besonders gefördert.

---

18 Dies sollte aber nichts daran ändern, dass gerade in dieser Zeit historische Pfarrarchive und Pfarrbibliotheken mit historischem Bücherbestand aufs Ärgste vernachlässigt wurden.

19 Verordnungsblatt für das Gebiet der Apostolischen Administratur Innsbruck-Feldkirch, 25. Jg. / 1. April 1950, S. 22.

20 So sollte Bischof Rusch auch für den Sozialhirtenbrief der österreichischen Bischöfe 1957 verantwortlich sein.

Bemühen um Errichtung einer eigenen Diözese

Offiziell „überschattet" waren diese Jahre von der immer noch nicht erfolgten Diözesanerhebung. Diese wurde zwar mit dem Konkordat 1933 bereits fixiert, kam aber aufgrund der politischen Ereignisse der NS-Zeit nicht zustande. Mit der Anerkennung des Konkordats durch die Republik Österreich 1957 wäre staatsrechtlich der Weg wieder geebnet gewesen. Das jahrzehntelange Hinauszögern sollte aber realpolitische Hintergründe haben, war die Frage einer Diözese Innsbruck mit der sogenannten „Südtirolfrage" verwoben. Denn die Erhebung von Innsbruck zur Diözese galt de facto als Anerkennung der Brennergrenze. Gleichzeitig wurde nicht zuletzt durch die Tiroler Politik und Kirchenführung gefordert, dass in Südtirol, wo ein Gutteil des Landes zur – italienischsprachigen – Diözese Trient gehörte, das ganze Land zu einer Diözese vereint werde. Entsprechend war auch der Tiroler Wunsch, das zur Erzdiözese Salzburg gehörige Unterland mit Innsbruck zu vereinen. Und nicht zuletzt wünschten die Vorarlberger eine eigene, den Landesgrenzen entsprechende Diözese. Am 6. August 1964 wurden dann mit den Bullen „Sedis Apostolicae" und „Quo aptius" schließlich die Apostolische Administrator Innsbruck-Feldkirch zur Diözese erhoben und Südtirol zur neuen Diözese Bozen-Brixen vereint. Vier Jahre später 1968 wurde Vorarlberg kirchlich in der Diözese Feldkirch selbstständig. Die damit verbundenen Bemühungen, v.a. durch die damalige Landespolitik unter Landeshauptmann Wallnöfer, der kirchlichen Vereinigung des Tiroler Unterlandes mit Innsbruck sollten aber am Salzburger Widerstand scheitern.

Katholikentag 1959 als Zenit in der Zeit des Umbruchs

Ein in seiner Dimension heute nur noch schwer verstehbares Ereignis war unter dem Motto „Tirol – Erbe und Auftrag" der Katholikentag im Mai 1959, der wohl den Zenit des kirchlichen Wiederaufbaus darstellt und gleichzeitig die Nähe von der offiziellen Landespolitik zur Kirche zeigt, war 1959 mit der 150-jährigen Wiederkehr des Aufstandes der Tiroler gegen die Bayern und Franzosen 1809 unter Andreas Hofer, ein in Tirol bis heute beinahe „sakrosanktes" Ereignis. Ein Teil der zahlreichen Feierlichkeiten zum Jubiläumsjahr war die Festmesse vor dem Tiroler Landestheater in Innsbruck, zu der 35.000 Teilnehmer aus dem ganzen Land kamen.[21]

---

21 1959 wurde vom Tiroler Landtag auch der 15. August als 2. Landesfeiertag beschlossen, und mit großer Unterstützung des Landes Tirol im neuen Innsbrucker Stadtteil Reichenau die Pfarrkirche St. Paulus als Landesgedächtniskirche errichtet.

Gleichzeitig kündigte sich aber in jener Zeit der, wie ihn der spätere Generalvikar Klaus Egger als Zeitzeuge bezeichnete „Fallwind"[22] auch in der Tiroler Kirche an. Das Wirtschaftswachstum der Nachkriegszeit, besonders der rasant zunehmende Fremdenverkehr zeigte auch in Tirol massive gesellschaftliche Auswirkungen und ein Entfremden der Bevölkerung von der Kirche als Organisation und Wertegarant. „Zuerst hörte das Tischgebet auf, um die Fremden nicht zu stören; dann fiel der sonntägliche Kirchgang aus; man mußte den Fremden das Frühstück servieren. Schließlich kam an die Stelle des Herrgottswinkels der Fernsehapparat"[23] fasste Jahrzehnte später der zwischenzeitlich emeritierte Bischof Rusch resigniert diese Entwicklung zusammen. Messbar wurde diese Entwicklung um die Mitte der 60-er Jahre, als die Zahl der sonntäglichen Messbesucher „erdrutschartig"[24] weniger wurde. Die Realität der pluralistischen, materiell gesättigten europäischen Nachkriegsgesellschaft hatte auch Tirol eingeholt.

Nicht als Massenbewegung, aber qualitativ und zukunftsweisend erlebte die Kirche in der Diözese Innsbruck dann wieder einen Aufbruch nach dem Konzil bzw. bei der Diözesansynode 1971/72.

---

22 *Egger, Klaus*, Stationen der Tiroler Kirchengeschichte seit 1945, in: *Kapferer, Martin* (Hg.), notae. Historische Notizen zur Diözese Innsbruck, 1/2014, S. 49.
23 *Rusch, Paul*, Waage der Zeit-Wege der Zeit. Erfahrungen, Erkenntnisse, Wege, Innsbruck-Wien 1983, S. 23.
24 *Egger, Klaus*, Stationen (Anm. 22), S 49.

Michael Fliri

Kirchlicher Wiederaufbau im Vorarlberger Anteil der Apostolischen Administratur Innsbruck-Feldkirch

Abstract
The diocese of Feldkirch was founded in 1968. The post war years were formation years for establishing new structures and organisation in pastoral care and administration. This essay deals with continuities and certain disrupted developements within the catholic church of Vorarlberg and western Austria.

I. Voraussetzungen in Vorarlberg

Die Organisation der kirchlichen Verwaltung in Westösterreich war nach dem Ersten Weltkrieg durch die Abtrennung Südtirols einer provisorischen Neuordnung unterworfen worden. Das Gebiet des Bundeslandes Vorarlberg war seit 1818 als Generalvikariat mit einem eigenen Weihbischof der Diözese Brixen unterstellt worden. Die neue Brennergrenze durchschnitt das Gebiet der Diözese Brixen und machte eine reibungslose Verwaltung unmöglich. Deshalb wurde 1925 die Apostolische Administratur Innsbruck-Feldkirch eingerichtet und dem Vorarlberger Weihbischof der Titel eines Apostolischen Administrators mit den Vollmachten eines Bischofs verliehen.[1]

Die Kontinuität bestand im Personal: Sigismund Waitz[2] wurde von einem noch von Kaiser Franz Josef ernannten Generalvikar zum Apostolischen Administrator Westösterreichs. Auch sein Kanzleipersonal, vor allem sein Sekretär und Generalvikariatsrat Franz Tschann[3] und auch der spätere Generalvikariats-

---

1 Zur Entwicklung der Diözese Feldkirch siehe u.a. folgende Literatur: *Karlinger, Edmund, Holböck, Carl*, Die Vorarlberger Bistumsfrage, Graz 1963. *Schallert, Elmar*, Geschichte des Bistums Feldkirch, Straßburg 1999. *Gelmi, Josef*, Geschichte der Kirche in Tirol, Innsbruck 2001.
2 Sigismund Waitz (1864–1941), Priesterweihe 1886, Weihbischof und Generalvikar von Feldkirch 1913–1925, Apostolischer Administrator für Innsbruck-Feldkirch 1925–1938, Erzbischof von Salzburg 1934–1941. Vgl. zu seiner Person: *Alexander, Helmut*, Sigismund Waitz – Seelsorger, Theologe und Kirchenfürst, Innsbruck 2010.
3 Franz Tschann (1872–1956), Priesterweihe 1897, Generalvikariatssekretär in Feldkirch 1901–1917, Generalvikariatsrat 1917–1921, Provikar der Apostolischen Administratur

rat Johannes Schöch, waren Teil dieser Kontinuität. Nach der definitiven Errichtung der Apostolischen Administratur Innsbruck-Feldkirch begann auch ein beständiger Ausbau der ehemaligen Brixener Ordinariatsfiliale in Innsbruck zu einem selbständigen Generalvikariat mit eigenem Diözesangericht und Seelsorgeamt. Feldkirch blieb der Sitz des Weihbischofs und nach der Ernennung von Sigismund Waitz zum Erzbischof von Salzburg im Jahr 1934 folgte Waitz sein enger Mitarbeiter Franz Tschann als neuer Weihbischof und Generalvikar in Feldkirch. Die Ernennung von Paulus Rusch[4] zum Apostolischen Administrator in Innsbruck war als Entlastung von Bischof Waitz gedacht, der bis dahin das gesamte westösterreichische Kirchengebiet zu verwalten hatte. Dass Paulus Rusch von den nationalsozialistischen Machthabern, besonders von Gauleiter Franz Hofer[5], nicht akzeptiert wurde und die Repressionen gegen die Kirche in Tirol und Vorarlberg besonders massiv waren, prägte die Arbeit von Bischof Rusch in dieser Zeit besonders stark.[6]

II. Kriegsende und Ausgangslage

Das Kriegsende brachte im nationalsozialistischen Gau Tirol-Vorarlberg, zu dem auch das Gebiet der heutigen Diözese Feldkirch gehörte, natürlich eine deutliche Entspannung für die kirchliche Verwaltung mit sich. Die Bilanz jedoch war traurig: Beinahe ein Dutzend Priester waren im Krieg gefallen, mit Provikar Dr. Carl Lampert[7] war ein hochrangiger Kirchenvertreter der Apostolischen

---

1921–1936, Weihbischof und Generalvikar der Apostolischen Administratur Innsbruck-Feldkirch 1936–1955. Vgl. *Vallaster, Christoph*, Die Bischöfe Vorarlbergs, Dornbirn 1988, S. 102–104.

4 Paulus Rusch (1903–1986), Priesterweihe 1933, Apostolischer Administrator von Innsbruck-Feldkirch mit allen Rechten und Pflichten eines residierenden Ordinarius 1938–1964, erster Diözesanbischof der Diözese Innsbruck 1964–1980. Vgl. *Vallaster*, Bischöfe (Anm. 2), S. 59–62. *Alexander, Helmut, Kriegbaum, Bernhard*, Bischof Paulus Rusch – Wächter und Lotse in stürmischer Zeit, Innsbruck 2004. *Alexander, Helmut*, Der „rote" Bischof – Paul Rusch und Tirol, Innsbruck 2005.

5 Franz Hofer (1902–1975), Kaufmann, illegaler Nationalsozialist ab 1931, ab 1933 in Deutschland, Gauleiter Tirol-Vorarlberg 1938–1945, nach dem Krieg wieder als Kaufmann in Deutschland ansässig.

6 Vgl. auch *Rusch, Paulus*, Waage der Zeit – Wege der Zeit, Erfahrungen, Erkenntnisse, Wege, Innsbruck/Wien/München 1983.

7 Carl Lampert (1894–1944), Priesterweihe 1918, Frühmesser in Dornbirn 1918–1930, nach Doktorats-Studium in Rom Offizial in Innsbruck ab 1935, Provikar ab 1939, ab 1940 mehrfach in Haft, Gauverweis, Verurteilung und Hinrichtung am 13.11.1944 in Halle/Saale, Seligsprechung am 13.11.2011. vgl. zu seiner Person: *Gohm, Richard*, Selig

Administratur Innsbruck-Feldkirch hingerichtet worden, Vertreibung von Ordensleuten, Vermögensentzug und viele weitere Eingriffe in das kirchliche Leben waren Teil der nationalsozialistischen Repression gegen die Kirche.[8]

Die Apostolische Administratur Innsbruck-Feldkirch war 1945 folgendermaßen organisiert: In Innsbruck residierte der Apostolische Administrator Bischof Dr. Paulus Rusch, in Feldkirch Weihbischof Dr. Franz Tschann. Während in Innsbruck Ordinariat, Seelsorgeamt, Finanzkammer und das kirchliche Gericht der Apostolischen Administratur angesiedelt waren, hatte Feldkirch ein eigenes Generalvikariat sowie ein eigenes Seelsorgeamt.[9] In der Kanzlei des Generalvikariats in Feldkirch arbeiteten Dr. Johannes Schöch[10] als Administrationsrat und Johann Gruber[11] als Sekretär. Das Seelsorgeamt leitete Dr. Edwin Fasching[12].

III. Reorganisation der kirchlichen Strukturen im Jahr 1945

Bereits am 7. Mai 1945 wurde von Bischof Paulus Rusch in einem Rundschreiben an die Seelsorger der Apostolischen Administratur erklärt: „Jede innerkirchliche Beschränkung der religiösen Freiheit ist aufgehoben: Es können demnach Kinder-Gottesdienste, Kinderseelsorgestunden, Seelsorgestunden für Jugendliche im kirchlichen Raum, wozu auch Nebenräume der Kirche, Pfarrhaus usw. gehören,

---

    die um meinetwillen verfolgt werden – Carl Lampert, ein Opfer der Nazi-Willkür, Innsbruck 2008.
8 S. dazu: *Schöch, Johannes*, Chronik der NS-Zeit 1938–1945 vom Gesichtspunkt des Generalvikariats Feldkirch (=Quellen und Untersuchungen – Eine Schriftenreihe des Archivs der Diözese Feldkirch, Band 4), Feldkirch 2014. *Wanner, Gerhard*, Kirche und Nationalsozialismus in Vorarlberg (=Schriften zur Vorarlberger Landeskunde, Band 9) Dornbirn 1972. *Pichler, Meinrad*, Nationalsozialismus in Vorarlberg, Opfer, Täter, Gegner, Innsbruck 2012, S. 93 f.
9 Schematismus des Welt- und Ordensklerus der Apostolischen Administratur Innsbruck-Feldkirch 1945, S. 5 f.
10 Johannes Schöch (1887–1974), Priesterweihe 1910, Feldkurat im Ersten Weltkrieg, Seelsorger in Bregenz-Vorkloster 1919–1937, Generalvikariatsrat in Feldkirch 1937–1963, Seelsorger in Rankweil-St. Peter 1963–1974. Vgl. über seine Tätigkeit auch *Schöch*, Chronik (Anm. 8).
11 Johann Gruber (1909–1972), Priesterweihe 1934, Sekretär der Apostolischen Administratur in Feldkirch 1935–1955, Sekretär von Bischof Bruno Wechner 1955–1968, Erster Kanzler der Diözese Feldkirch 1968–1972.
12 Edwin Fasching (1909–1957), Priesterweihe 1934, Kaplan in Hard 1935–1938, Seelsorgeamtsleiter in Feldkirch 1939–1957. Gründer des Säkularinstituts „Werk der Frohbotschaft" (Batschuns). Vgl. *Gassner, Herbert u.a.*, Vom Aufbruch erzählen – Frauen auf dem Weg zur Gemeinschaft „Werk der Frohbotschaft" Feldkirch 2006, S. 229 ff.

ohne Beschränkung abgehalten werden."[13] Neben Dankgottesdiensten zum Kriegsende wurden auch Gottesdienste für Heimkehrer und Kriegsgefallene abgehalten. Bischof Rusch versuchte durch die Gründung einer Caritasstelle Not zu lindern: „Um leichter die Unterstützung vieler Notleidender möglich zu machen, wurde bei der bischöflichen Behörde eine kirchliche Caritasstelle ins Leben gerufen. [...] Desgleichen ist in allen Pfarreien eine pfarrliche Caritasstelle zu schaffen." Aus den Erfahrungen der während der Zeit des Nationalsozialismus verbotenen Vereine resultierte jedoch der Nachsatz: „Von eigentlichen Vereinsgründungen ist jedoch abzusehen. Diese sind nicht gestattet." An diesem Prinzip wurde in der Apostolischen Administratur Innsbruck-Feldkirch noch jahrzehntelang festgehalten. Die Gewinnung der Jugend war für Bischof Rusch von zentraler Bedeutung: „Tatkräftig ist sofort die Jugendseelsorge aufzugreifen. Die bisher pflichtmäßige pfarrliche Bibelstunde geht hiemit in eine wöchentliche Pfarrjugendstunde über. Die Jugendseelsorge ist also im Rahmen einer allgemeinen Pfarrjugendseelsorge auszuüben: Wöchentliche Pfarrjugendstunde und wöchentliche Gemeinschaftsmesse. In größeren Pfarreien wird sowohl für die männliche als auch für die weibliche Pfarrjugend eine getrennte Glaubensstunde abzuhalten sein. In der Pfarrjugend sind die Jugendlichen vom 14. bis 21. Lebensjahr zu erfassen."[14]

Im Herbst 1945 konnten das theologische Konvikt Canisianum in Innsbruck und die theologische Fakultät der Universität Innsbruck wieder eröffnet werden. Auch wurden sichergestellte kirchliche Geräte zur Abholung ausgeschrieben: „Die durch das Landesdenkmalamt in dankenswerter Weise sichergestellten kirchlichen Geräte (Meßkelche, Monstranzen, Rauchfässer etc.), die von der nationalsozialistischen Regierung angeblich aus Klöstern geraubt worden sind, sind vielfach von den Eigentümern noch nicht abgeholt worden. Da die Eigentümer nicht festgestellt werden können, wird nochmals auf diesem Wege gebeten, die Gegenstände möglichst bald in der Apostolischen Administratur Innsbruck abzuholen bzw. abholen zu lassen. Es ist jedoch möglich, daß diese Gegenstände auch aus anderen Kirchen oder Kapellen, nicht aus Klosterkirchen, stammen."[15] Bereits im Mai 1945 wurde ein Fragebogen zur Erhebung beschlagnahmten Kirchengutes ausgesandt. „Zugleich möge an die bischöfliche Behörde Mitteilung gemacht werden, woferne einzelnen Pfarrvorständen der Verbleib der abgenommenen

---

13 AT-ADF 1.3 GC VI.A4.g/1: Bischöfliche Weisung Nr. 756 über die Erneuerung der kirchlichen Rechte. Innsbruck 7. Mai 1945.
14 AT-ADF 1.3 GC VI.A4.g/2: Bischöfliche Weisung Nr. 907 über die Erneuerung der kirchlichen Rechte. Innsbruck 29. Mai 1945
15 AT-ADF 1.3 GC VI.A4.g/3: Weisungen und Mitteilungen der Apostolischen Administratur Nr. 2025. Innsbruck 4. September 1945.

Kirchenglocken bekannt sein sollte. Von der Metallsammlung herrührende Bestände an den Dekanats- bezw. Sammelorten mögen den Eigentümern wieder zurückerstattet werden."[16]

IV. Rückstellungen

Die Erhebungen über enteigneten Besitz der katholischen Kirche in Vorarlberg sowie Wiedergutmachungen wurden von der Finanzkammer in Innsbruck angestoßen und unmittelbar in Angriff genommen. Eine Aufstellung von Administrationsrat Dr. Schöch gibt Auskunft über den beträchtlichen Umfang der Enteignungen. Genannt werden Klöster (Mehrerau, Gallusstift Bregenz, Ursulinenkloster Innsbruck, Kapuzinerkloster Bludenz, Besitzungen der Jesuiten in Feldkirch, Kloster St. Peter zu Bludenz), Kirchenbauvereine (Lustenau, Muntlix, Rankweil), Stiftungen (Lehrerseminar Feldkirch, Wohltätigkeitsanstalt Valduna, Privat-Mädchenschulen in Schwarzach und Klösterle, Studentenkonvikt Feldkirch, Seraphisches Liebeswerk, Caritashaus Feldkirch) und vor allem Vereinsgebäude (22 Vereins- und Jugendheimgebäude).[17] Die Pfarren und Orden meldeten ihre Ansprüche ebenfalls an. Bis ins Jahr 1954 wurde der Großteil der entzogenen Vermögenswerte rückgestellt, außerdem wurden Entschädigungen für Verdienstentgang (etwa von Religionsprofessoren) und Haftentschädigung für Geistliche angemeldet.[18]

V. Caritas nach dem Krieg

Einen besonderen Schwerpunkt der Arbeit des Generalvikariats bildete die caritative Tätigkeit. Im Dezember 1945 wurde die Caritasstelle Feldkirch gegründet. Sie wurde von Dekan Oskar Schuchter[19] geleitet, der zugleich Pfarrer von Göfis war.

---

16 Ebd.
17 AT-ADF 1.3. GC 14.4.1.8: Anmeldung betr. Wiedererlangung enteigneten kirchlichen Besitzes und Wiedergutmachung: Aufstellung der Enteignungen durch Dr. Schöch o.D.
18 AT-ADF 1.3. GC 14.4.3: Vermögenssachen von Klöstern und Internaten 1948-1954; AT-ADF 1.3. GC 14.4.4: Haftentschädigung für Geistliche 1952. Über Restitution kirchlichen Besitzes in Vorarlberg s. auch: *Melichar, Peter*, Verdrängung und Expansion – Enteignungen und Rückstellungen in Vorarlberg (=*Jabloner, Clemens* u.a. (Hrsg.), Veröffentlichungen der Österreichischen Historikerkommission – Vermögensentzug während der NS-Zeit sowie Rückstellungen und Entschädigungen seit 1945 in Österreich) Wien/München 2004, S. 146 ff.
19 Oskar Schuchter (1890-1956), Priesterweihe 1913, Kaplan in Lustenau und Dornbirn, Feldkurat im Ersten Weltkrieg, Pfarrer von Göfis 1939-1956, zugleich Caritas-Direktor 1945-1952.

Bis 1952 hatte die Caritas zwei Angestellte, nämlich eine Fürsorgerin, die auch als Referentin für Kindergartenwesen, Schulung der Krankenpflegerinnen und für den Parteienverkehr der behelfsmäßigen Caritaszentrale in Feldkirch zuständig war, und einen Mitarbeiter, der für das Magazin und Verteilung von Spenden zuständig war.[20] Das Generalvikariat übernahm daneben die Organisation vieler Aktionen, etwa der Heimkehrerhilfe, der Mitarbeit der Kirche beim Landeshilfskomitee des Vorarlberger Landesausschusses, beim Vorarlberger Hilfswerk, beim Schwarzen Kreuz u.a. Einen besonderen Schwerpunkt bildete die Abgabe von kirchlichem Grund und Boden zur Errichtung von Siedlungen und Wohnungen. 1952 übernahm Johann Sähly[21] die Leitung der Caritaszentrale. Neue Arbeitsfelder der Caritas waren in dieser Zeit die Familienhilfe und Erholungsangebote für Kinder, alte Leute und andere Personengruppen, wofür das Ferienheim Hackwald-Ebnit erworben werden konnte. Schon Ende der 1950er Jahre konnte eine Beratungsstelle für Suchtkranke (Trinkerfürsorge) eröffnet werden. Seit 1961 leitete Gerhard Podhradsky[22] als Direktor die Caritas, der die Caritas-Arbeit auszuweiten begann. 1965 und 1967 eröffnete die Caritas die ersten „Beschützenden Werkstätten", die damit erstmals geistig behinderten Kindern und Jugendlichen Entfaltungs- und Lernmöglichkeiten boten. Mit den Jahren des Wirtschaftswunders nahm die Caritas auch Hilfsprojekte außerhalb Vorarlbergs und die Auslandshilfe auf, so wurden Projekte für Indien (1966), für Hochwassergeschädigte in den südlichen Bundesländern Österreichs (1965/66) und schließlich Biafra (ab 1965) angestoßen und mit Sammlungen unterstützt.[23] Der richtungsweisende Ausbau der Caritas zu einem umfassenden Hilfswerk wurde in diesen Jahren angestoßen.[24]

VI. Seelsorge

In der Festschrift zur Diözesanerrichtung 1968 wird die Seelsorge nach dem Zweiten Weltkrieg folgendermaßen charakterisiert: „Der seelsorgliche Aufbau und

---

20 AT-ADF 1.3. GC 14.3.7.
21 Johann Sähly (1909-2000), Priesterweihe 1935, verschiedene Seelsorgsstellen in Feldkirch und Dornbirn, Caritas-Direktor 1952-1960, Pfarrer in Hörbranz 1961-1985.
22 Gerhard Podhradsky (geb. 1929), Priesterweihe 1955, Frühmesser in Feldkirch-Altenstadt 1957-1966, seit 1966 Pfarrer in Röthis. Zugleich Caritas-Direktor 1961-1970, Diözesanarchivar 1981-1989.
23 Bischöfliches Generalvikariat Feldkirch (Hrsg.), Festschrift zur Erhebung der Diözese Feldkirch, Feldkirch 1968, S. 68-69.
24 Über den Aufbau der Caritas und deren Tätigkeit vor allem in den Jahren ab 1961 s.: Caritas Werkmappe. Feldkirch o. J. (zusammengestellt von Caritas-Direktor Gerhard Podhradsky).

Ausbau konnte beginnen und es war klar, daß man nicht dort fortsetzen konnte, wo man 1938 aufhören mußte. In der Zeit der Bedrängnis waren vor allem zwei Dinge klar geworden: die Pfarre allein kann nicht alle seelsorgliche Arbeit leisten und der Priester allein ebenso nicht. So ging es in diesen ersten Nachkriegsjahren vor allem um den aktiven Laienchristen und – wie man damals sagte – um die Verchristlichung der Lebensbereiche."[25]

Bereits Sigismund Waitz hatte ab den 1920er Jahren den Aufbau der katholischen Aktion in der Apostolischen Administratur Innsbruck-Feldkirch gefördert. Ab 1936 war Markus Schelling „Leiter des Seelsorgeamtes und Exerzitiensekretariates für Vorarlberg". Da die seelsorgliche Struktur Vorarlbergs durchwegs auf Vereinsbasis organisiert war, konnte die Katholische Aktion vor dem Zweiten Weltkrieg kaum Fuß fassen. Seelsorgeamtsleiter Schelling äußerte sich 1935 über den Zustand der Katholischen Aktion in Vorarlberg: „Ein Pfarrer hat ja zu diesem Herrn [gemeint ist der Dornbirner Dekan] gesagt, als der Hochwst. Herr [Bischof Waitz] nach Salzburg kam: Jetzt könne man diese Sache ad acta legen."[26]

1938 wurde Edwin Fasching vom neuen Apostolischen Administrator Paulus Rusch zum Seelsorgeamtsleiter für Vorarlberg bestimmt. Dieser versuchte während der Kriegszeit vor allem Jugendstunden, Gemeinschaftsmessen und Bibelstunden zu organisieren. Nach Kriegsende setzte der Seelsorgeamtsleiter voll auf die Katholische Aktion. Nachdem Bischof Paulus gegen die Reaktivierung der vereinsmäßigen Seelsorgestrukturen war, konnte er mit der vollen Unterstützung seines Oberhirten rechnen. Demnach war der Aufbau der Katholischen Aktion wesentlicher Inhalt der Arbeit des Seelsorgeamtes. Neben der Konstituierung eines Landeslaienrates wurden die Katholische Jugend und Jungschar, Männer- und Frauenbewegung, Arbeiterbewegung und andere Bereiche eingerichtet. Das Seelsorgeamt organisierte sich in diesen „Referaten" und wurde nach dem Tod von Edwin Fasching im Jahr 1957 über Jahrzehnte von Ernst Hofer[27] geleitet, der seine letzten Dienstjahre als Generalvikar der Diözese Feldkirch leistete. Hofers Tätigkeit prägte den Aufbau des Seelsorgeamtes über mehrere Jahrzehnte und seine Initiative zum Bau des Diözesanhauses in Feldkirch gab der zukünftigen Diözese ein eigenes Haus. Das nach der Diözesanerhebung eingerichtete Bischöfliche Seelsorgeamt griff auf diese Strukturen vollinhaltlich zurück. Die Katholische

---

25 Generalvikariat Feldkirch (Hrsg.), Festschrift zur Erhebung der Diözese Feldkirch. Feldkirch 1968, S. 40.
26 AT-ADF 1.3. CC 3.2.2.3: Katholische Aktion 1933–1936.
27 Ernst Hofer (1918–2001), Priesterweihe 1941, Kaplan in Hohenems und Bregenz 1941–1957, Seelsorgeamtsleiter in Feldkirch 1957–1982, Generalvikar der Diözese Feldkirch 1982–1989.

Aktion wurde durch die zunehmend wichtigere aktive Mitarbeit der Laien in den Pfarren bis in die 1990er Jahre eine wichtige Trägerin seelsorglicher Initiativen. Die pastorale Versorgung des Kirchengebietes von Vorarlberg war bereits in den 1960er Jahren von zunehmendem Priestermangel geprägt. Schon anlässlich der Diözesanerrichtung wurde das Thema einer „Gesamtpastoral" angedacht, die in doppelter Richtung arbeiten sollte: „Sie dezentralisiert im größeren Bereich der Diözese und zentralisiert in den kleineren Bereichen, die neu geschaffen werden."[28] Tatsächlich blieb aber das Pfarrprinzip erhalten, auch wenn in einem ersten Schritt die Dekanate geteilt wurden und einige „Spezialseelsorger" ernannt wurden. Die Initiativen des Seelsorgeamtes bauten bis in die 1990er Jahre auf die Teilorganisationen der Katholischen Aktion. Besondere Bemühungen gab es vor allem um die Erwachsenenbildung durch das Katholische Bildungswerk, das eine breite Tätigkeit entfaltete.

VII. Bauten und Institutionen

Neben der seelsorglichen Aufbauarbeit war die Gründung von neuen Pfarren und der Neubau von neuen und z.t. größeren Kirchen prägend für die Nachkriegszeit. Die Bevölkerungszahl Vorarlbergs stieg von 190.000 im Jahr 1948 auf 271.000 im Jahr 1968 an. In den Jahren 1945 bis 1968 wurden trotz der teilweise schwierigen finanziellen Verhältnisse 18 neue Kirchen gebaut; besonders in den Städten und größeren Gemeinden Vorarlbergs wurden neue Pfarrsprengel abgetrennt bzw. ein Ausbau der Seelsorgsstrukturen geplant. Diese Entwicklung erhielt durch das Konzil noch einmal einen kurzen Aufschwung, flachte dann aber in den 1970er Jahren ab.[29]

Prägende Neubauten waren neben Kirchenbauten auch die Errichtung des Bischöflichen Knabeninternats Marianum in Bregenz (eröffnet 1959), das Jugend- und Bildungshaus St. Arbogast (eröffnet 1960) oder das Bildungshaus Pius XII. in Batschuns (eröffnet 1965 vom „Werk der Frohbotschaft").

Der Bau eines Priesterseminars in Innsbruck (eröffnet 1955), das ab 1968 als gemeinsames Priesterseminar der Diözesen Innsbruck und Feldkirch weitergeführt wurde, markiert einen wesentlichen Schritt der selbständigen Entwicklung der Apostolischen Administratur zu eigenständigen Diözesen.

In Vorarlberg wurde die Zusammenfassung der diözesanen Ämter und Einrichtungen im Diözesanhaus in Feldkirch in mehreren Bauetappen durchgeführt.

---

28 Festschrift 1968, S. 33.
29 *Hofer, Johann*, Katholischer Kirchenbau in Vorarlberg von 1945–1999, Diss. Innsbruck 1999. Festschrift 1968, S. 45 ff., 62 f.

1963–1965 wurde das Gebäude errichtet und bot zukünftig Platz für die Einrichtungen des Seelsorgeamtes und der Katholischen Aktion, des Bischöflichen Generalvikariates bzw. ab 1968 des Bischöflichen Ordinariats, einer eigenen Finanzkammer, Rechtsabteilung, sowie für Kanzlei, Bauamt, Schulamt, Archiv etc.

VIII. Gemeinschaften und Schule

In Vorarlberg waren seit einer intensiven Gründungswelle vor dem Ersten Weltkrieg zahlreiche Ordensgemeinschaften ansässig, die Bildungseinrichtungen betrieben. Die Orden kehrten, nachdem sie von den Nationalsozialisten teilweise vertrieben wurden und ihre Anstalten geschlossen waren, nach Kriegsende nach Vorarlberg zurück. So öffnete das Jesuitengymnasium „Stella Matutina" seine Pforten erneut, bis es vom Orden 1979 wegen Personalmangels geschlossen wurde. Die Schulbrüder führten das Internat des im Krieg zerstörten Lehrerseminars weiter. Die Schulen der Zisterzienser in der Mehrerau, das Salvatorkolleg in Lochau-Hörbranz, die Schulen der Dominikanerinnen von Marienberg, das Sacre Coeur in Bregenz-Riedenburg und die Schulen der Kreuzschwestern in Feldkirch konnten ebenfalls alle wieder ihre Unterrichtstätigkeit aufnehmen und Internate wiedereröffnen. Einzig das Gallusstift in Bregenz nahm den vollen Betrieb nicht mehr auf, der Konvent blieb in der Schweiz und das Kloster in Bregenz wurde noch bis in die 1980er Jahre provisorisch administriert.

IX. Bischöfe und Diözesen

Die „Parallelführung" der kirchlichen Strukturen der Apostolischen Administratur Innsbruck-Feldkirch war nicht zuletzt durch den Plan bedingt, Vorarlberg in absehbarer Zeit zu einer selbständigen Diözese zu erheben. Bereits in der Bulle „Ex imposito nobis", in der Papst Pius VII. schon 1818 von einer „dioecesis futura" spricht, ist diese Diözesanlösung angedeutet. Die jahrzehntelangen Bemühungen von kirchlichen und politischen Stellen mündeten 1968 in die päpstliche Bulle „Christi caritas", mit der die Diözese Feldkirch gegründet wurde. Die Diözesangrenzen stimmen mit den Grenzen des Bundeslandes Vorarlberg überein. Nach dem altersbedingten Rücktritt von Weihbischof Franz Tschann, trat 1955 Bruno Wechner[30] seinen Dienst als Weihbischof an. Er war bereits vorher als Offizial

---

30 Bruno Wechner (1908–1999), Priesterweihe 1933, Provikar und Offizial der Apostolischen Administratur Innsbruck-Feldkirch, Weihbischof und Generalvikar in Feldkirch 1955–1968, erster Diözesanbischof von Feldkirch 1968–1989. Vgl. *Vallaster Christoph*, Die Bischöfe Vorarlbergs, Dornbirn 1988, S. 105–110.

und Provikar in der Apostolischen Administratur tätig. Auch er bemühte sich um eine endgültige Lösung der „Diözesanfrage". Zuerst wurde allerdings im Jahr 1964 die Diözese Innsbruck errichtet, aus der 1968 die Diözese Feldkirch herausgelöst wurde. Bei Bischof Rusch ließ dies eine „gewisse Wunde" zurück[31], für den ersten Diözesanbischof von Feldkirch bedeutete dies einen Aufbruch seiner neuen Diözese im Sinne des gerade abgeschlossenen Konzils. Der Religionsprofessor Georg Weber formulierte es 1968 folgendermaßen: „Die theologische Restauration der Priesterschaft, des Presbyteriums um den Bischof und seine repräsentative Verkörperung im Priesterrat sowie in abgewandeltem Maße in den anderen Räten und Kommissionen, in denen nicht bloß der Klerus und die Ordensleute, sondern auch die Laien zu konsultativem Handeln berufen sind, zielen alle darauf ab, alle Sektoren der Diözese in eine gemeinsame Verantwortung einzubegreifen und den Bischof von seiner Isolierung zu befreien."[32]

Der erste Diözesanbischof von Feldkirch, Bruno Wechner, war seit 1955 als Weihbischof und Generalvikar tätig. Mit der Diözesanerrichtung bestellte er seinen langjährigen Mitarbeiter, Administrationsrat Gustav Glatthaar[33], zum Generalvikar. Erster Kanzler wurde Bischof Wechners Sekretär Johann Gruber. Der langgediente Seelsorgeamtsleiter Ernst Hofer stand für eine kontinuierliche Entwicklung der seelsorglichen Initiativen. Daneben gewährleisteten alle genannten Protagonisten die beinahe nahtlose Überführung der Institutionen der Apostolischen Administratur in die Diözese Feldkirch.

---

31 *Alexander*, Der rote Bischof, S. 89.
32 Festschrift 1968, S. 9.
33 Gustav Glatthaar (1906–1989), Priesterweihe 1930, Kaplan in Lustenau, Sulzberg und Bregenz, Rektor an der Herz-Jesu-Kirche Bregenz 1946–1955, Stadtpfarrer in Dornbirn-Markt 1955–1963, Generalvikariatsrat und später erster Generalvikar der Diözese Feldkirch 1963–1982.

Claudia Reichl-Ham

Der Aufbau der Militärseelsorge in der Zweiten Republik

Abstract
This article deals with the (re-)establishment of the military chaplaincy in the Austrian Armed Forces after 1955, its rapidly increasing range of duties as well as the problems and challenges the chaplains were confronted with at the beginning. The clerical attendance was affiliated to the soldiers' desire for spiritual support and education in the field of military ethics.

„Wenn es Militärseelsorge nicht gäbe, müßte sie erfunden werden." – Zitat des ehemaligen österreichischen Generaltruppeninspektors, General i. R. Karl Majcen[1]

I. Einleitung[2]

Die österreichische Militärseelsorge als eine ständige Einrichtung kann auf eine lange Geschichte zurückblicken, die bis ins 17. Jahrhundert zurückreicht und im Laufe der Jahrhunderte eine Ausweitung auf sämtliche in der österreichisch-ungarischen Armee vertretene Konfessionen (Katholiken, Evangelische, Griechisch-Orthodoxe, Juden, Moslems) erfuhr. Nach dem Zerfall der Monarchie kam es in der Ersten Republik zu einer Neuorganisation der Militärseelsorge, die sich zunächst nur auf die katholische Konfession beschränkte und später auch auf die evangelische ausgedehnt wurde. Mit dem Anschluss Österreichs im Jahre 1938 verlor auch die österreichische Militärseelsorge ihre Eigenständigkeit.[3]

---

1   Vgl. *Fischer, Roland*, Die römisch-katholische Militärseelsorge beim österreichischen Bundesheer: Fakten und Möglichkeiten, Dipl. Arb., Graz 1984, S. 38.
2   An dieser Stelle darf ich mich sehr herzlich bei Herrn Gerd Hackstock für seine wertvolle Unterstützung bei der Suche nach Akten im ÖStA/AdR sowie bei Herrn Oberst i. R. Michael Haubl, Herrn Militärerzdekan Dr. Harald Tripp sowie Herrn Pfarradjunkt Silvester Frisch für die Zurverfügungstellung von wichtigen Unterlagen bedanken. Weiters gilt mein Dank meinen Kollegen Herrn Werner Fröhlich und Herrn Herwig Mackinger für deren Assistenz bei den umfangreichen Recherchen in der Zeitschrift „Der Soldat" und Frau Regina Schmidt für ihre Mithilfe bei der Erstellung der diesem Beitrag zugrundeliegenden Materialien.
3   Siehe dazu das Standardwerk zur Geschichte der österreichischen Militärseelsorge: *Gröger, Roman-Hans – Ham, Claudia – Sammer, Alfred*, Zwischen Himmel und Erde. Militärseelsorge in Österreich, Graz – Wien – Köln 2001, v.a. S. 13–136, sowie Abriß

Der Staatsvertrag vom 15. Mai 1955 und die Entschließung des Nationalrates vom 7. Juni 1955 über die Erklärung der Neutralität am 26. Oktober desselben Jahres schufen die Voraussetzungen für ein freies Österreich und dessen weitere politische Entwicklung. Mit dem Wehrgesetz vom 7. September 1955[4] wurde die gesetzliche Grundlage für die Aufstellung des Österreichischen Bundesheeres der Zweiten Republik geschaffen. Auch die Militärseelsorge fand im Wehrgesetz rechtliche Verankerung, wenn sie auch zunächst nicht explizit angeführt wurde. Im § 36 Abs. 5 wurde den Angehörigen des Österreichischen Bundesheeres die freie Religionsausübung zugesichert: „*Eine religiöse Betätigung darf jedoch nicht geschmälert werden.*"[5]

Die Verbände der am 1. September 1952 in den westlichen Besatzungszonen aufgestellten „B-Gendarmerie" (Bereitschaftsgendarmerie) bildeten den personellen Grundstock für das spätere Österreichische Bundesheer.

Mit der Einrichtung des Amtes für Landesverteidigung, der Sektion IV im Bundeskanzleramt unter Staatssekretär Ferdinand Graf (1907–1969), am 15. Juli 1955,[6] gingen die Agenden der bis zu dem Zeitpunkt dem Bundesministerium für Inneres unterstellten B-Gendarmerie an eben dieses über. Bereits zwei Wochen später wurden aus den Verbänden der B-Gendarmerie die Provisorischen Grenzschutzabteilungen aufgestellt, die ihrerseits in das 1956 neu gebildete Bundesheer transferiert wurden. In eben diesem Jahr belief sich der Personalstand auf rund 7.000 Mann, davon 340 Offiziere und 200 Unteroffiziere.

Die damalige Heeresgliederung sah folgende, nunmehr unmittelbar dem am 11. Juli 1956 errichteten Bundesministerium für Landesverteidigung unterstellte Kommanden vor:

- Gruppenkommando I in Wien, territorial zuständig für Wien, Niederösterreich und das Burgenland, führte die 1., 2. und 3. Brigade,
- Gruppenkommando II in Graz, territorial zuständig für die Steiermark und Kärnten, führte die 5. und 7. Gebirgsbrigade,
- Gruppenkommando III in Salzburg, territorial zuständig für Salzburg, Oberösterreich, Tirol und Vorarlberg, führte die 4., 6. und 8. Brigade.

(Den Gruppenkommanden unterstanden unmittelbar auch Stabs-, Versorgungs- und Unterstützungstruppen.)

---

    der Geschichte der Militärseelsorge Österreichs, in: Handbuch der katholischen Militärseelsorge Österreichs, [Wien 1975], Abschnitt X.

4   Bundesgesetz vom 07.09.1955, womit Bestimmungen über das Wehrwesen erlassen werden (Wehrgesetz). Bundesgesetzblatt für die Republik Österreich (BGBl.) Nr. 181/1955, S. 905–916.

5   Ebd., S. 912.

6   Das Bundesministerium für Landesverteidigung wurde erst am 11. Juli 1956 eingerichtet.

Dem Kommando der Luftstreitkräfte in Wien unterstanden das Fliegerführungskommando in Langenlebarn, die Flieger- und Fliegerabwehrkräfte sowie die Fliegerfernmeldeverbände.[7]

II. Der Aufbau der katholischen Militärseelsorge von 1956 bis 1974

II.1 Zur Quellenlage

Dieser Beitrag widmet sich primär dem Aufbau der Militärseelsorge in der Zeit von 1956 bis 1974. Die Primärquellenlage zur römisch-katholischen Militärseelsorge in diesem Zeitraum ist äußerst dürftig. Abgesehen von einigen wenigen Einzelakten im Bestand des Österreichischen Staatsarchivs/Archivs der Republik (Bestand: 05/LV/2.Rep.) waren keine Aktenbestände auffindbar. Wie Martin Prieschl bei seinen Recherchen zu seinem Aufsatz „Der Beginn der Militärseelsorge im Auslandseinsatz: die ‚Pionierzeit'" herausfand, dürften die Aktenbestände des katholischen Militärvikariates zu einem nicht näher bekannten Zeitpunkt leider „skartiert", i.e. aus der laufenden Verwaltung ausgeschieden und in archivwürdige und nichtarchivwürdige Bestände getrennt, und größtenteils vernichtet worden sein.[8]

Auch die Literatur zum Aufbau der Seelsorge ist überschaubar. Es sind zunächst hauptsächlich Autoren des geistlichen Standes, die diese Zeit entweder selbst unmittelbar miterlebt haben und aus ihren Erfahrungen berichten oder in späterer Zeit wichtige Ämter in der Militärseelsorge bekleideten. Generalvikar Prälat Mag. Franz Gruber (1921–2009), einer der Militärseelsorger „der ersten Stunde", wählte für sein Werk „40 Jahre Wiedererrichtung der Militärseelsorge Österreichs. 1956 bis 1996" einen biografisch-narrativen Ansatz, indem er ausgehend von den Biografien der einzelnen Militärseelsorger und deren Tätigkeit die Geschichte der Militärseelsorge und einzelne Schwerpunkte kurz umreißt, wobei er vielfach auch

---

7 Verlautbarung des Militärvikars über die Errichtung einer Militärpfarre für die katholischen Heeresangehörigen beim Fliegerführungskommando, Erlass des BMLV vom 10.01.1961, Zl. 281-Präs (VBl. Nr. 1/1961); Militärordinariat der Republik Österreich, Militärseelsorge. Errichtung im Bundesheer der Zweiten Republik, s. p. http://www.mildioz.at/index.php?option=com_content&task=view&id=62&Itemid=8 (Abfrage v. 07.04.2015).

8 *Prieschl, Martin – Schmidl, Erwin A.*, Der Beginn der Militärseelsorge im Auslandseinsatz: die „Pionierzeit", in: Ethica 2011. Seelsorger im Dienst des Friedens. 50 Jahre Militärseelsorge im Auslandseinsatz, hg. v. *Marchl, Gerhard* (Red.) – *Institut für Religion und Frieden*, Wien 2011, S. 47–79, hier S. 49. Herr Pfarradjunkt Silvester Frisch vom Militärgeneralvikariat Wien hat Ende April 2015 das Rerchercheergebnis Prieschls leider bestätigt.

persönliche Erlebnisse und Erfahrungen einfließen lässt.⁹ Hofrat Professor Monsignore Dr. Alfred Sammer (1942–2010) geht im Kapitel C „Die Militärseelsorge im Bundesheer der Zweiten Republik" des Standardwerkes zur Militärgeschichte in Österreich „Zwischen Himmel und Erde" ebenfalls von einem biografischen Ansatz aus und skizziert, von einer kurzen Einleitung abgesehen, hauptsächlich die Tätigkeit der einzelnen Militärpfarrer, um anschließend überblicksmäßig auf die Ära von Kardinal DDr. Franz König (Militärvikar 1959 bis 1969) und seinem Nachfolger Dr. Franz Žak (Militärvikar 1969 bis 1986) einzugehen. Er beschreibt in den folgenden Kapiteln zwar noch einzelne Aufgabenbereiche und Institutionen der Militärseelsorge, doch bezieht er sich hierbei vor allem auf die Zeit seines eigenen Wirkens als Ordinariatskanzler unter Militärbischof Mag. Christian Werner (* 1943) (Militärbischof 1994 bis 2015).¹⁰ Militärbischof Prälat Dr. Alfred Kostelecky (1920–1994) beschäftigte sich in seinen Werken vor allem mit der Konkordatsfrage und deren Bedeutung für die Militärseelsorge.¹¹ Auf der Homepage des Bundesministeriums für Landesverteidigung/Militärgeneralvikariat findet sich auch noch eine auf mehrere Kapitel aufgeteilte Kurzfassung zur Geschichte der Militärseelsorge der Zweiten Republik.¹² Die einzige umfassende und daher sehr wertvolle Quelle für die Jahre 1956 bis 1974 ist die Zeitschrift „Der Soldat", die in zahlreichen Artikeln und (Kurz-)Meldungen über die Entwicklung der Militärseelsorge, v.a. der katholischen, berichtet. Auch die in den Verlautbarungsblättern des Bundesministeriums

---

9 *Gruber, Franz*, 40 Jahre Wiedererrichtung der Militärseelsorge Österreichs. 1956 bis 1996, Wien [1996].

10 *Sammer, Alfred*, Die Militärseelsorge im Bundesheer der Zweiten Republik, in: *Gröger – Ham – Sammer*, Militärseelsorge in Österreich (Anm. 3), S. 137–170, hier S. 161.

11 *Kostelecky, Alfred*, Anerkennung der Rechtsgültigkeit des österreichischen Konkordates vom 5. Juni 1933 durch die Zusatzverträge mit dem Hl. Stuhl in den Jahren 1960 bis 1981, Dipl. Arb., Wien 1984; *Kostelecky, Alfred*, Die Anerkennung des österreichischen Konkordates vom 5. Juni 1933 und die Verträge der Republik Österreich mit dem Hl. Stuhl von 1960 und 1962, in: *Burghardt, Anton* u.a. (Hg.), Im Dienste der Sozialreform. Festschrift für Karl Kummer, Wien 1965, S. 431–441; *Kostelecky, Alfred*, Militärordinariat der Republik Österreich, in: Österreichisches Archiv für Kirchenrecht. Vierteljahresschrift, hg. v. *Melichar, Erwin – Potz, Richard*, Nr. 39 (1990), S. 125–134; *Kostelecky, Alfred*, Die österreichische Militärseelsorge und der Heilige Stuhl, in: *Schambeck, Herbert – Weiler, Rudolf*, Der Mensch ist der Weg der Kirche. Festschrift für Johannes Schasching, Berlin 1992, S. 399–407, hier v.a. S. 404–406.

12 Militärordinariat der Republik Österreich, Zur Geschichte der Österreichischen Militärseelsorge. http://www.mildioz.at/index.php?option=com_content&task=category &sectionid=4&id=71&Itemid=8 (Abfrage v. 07.04.2015).

für Landesverteidigung publizierten Erlässe betreffend die Militärseelsorge sind eine unverzichtbare Quelle für Informationen.

Den ersten Versuch einer wissenschaftlichen Aufarbeitung der Militärseelsorge der Zweiten Republik unternimmt Roland Fischer, damals Pfarradjunkt und Pastoralassistent der Reserve in der Militärpfarre beim Militärkommando Wien, in seiner Diplomarbeit am Institut für Ethik und Sozialwissenschaft der Universität Graz – allerdings erfährt auch hier der Aufbau der Militärseelsorge nur marginale Beachtung und bezieht sich v.a. auf eine vom Militärvikariat 1981 herausgegebene Schrift „Katholische Militärseelsorge Österreichs 1956–1981. Daten und Fakten"[13]. Im Anschluss an den geschichtlichen Abriss geht auch er ähnlich wie HR Dr. Sammer auf die aktuellen Aufgaben und Probleme der Militärseelsorge im Österreichischen Bundesheer (der 1980er Jahre) ein. Auch Martin Leopold Steiner schließt sich in seiner Diplomarbeit diesem hauptsächlich auf Gruber basierenden kursorischen Überblick zur Zeit nach dem Zweiten Weltkrieg an und beschäftigt sich dann mit der Militärseelsorge der 1990er Jahre.[14]

Dieser Mangel zeigt deutlich, dass v.a. die Aufbauzeit der römisch-katholischen Militärseelsorge im Österreichischen Bundesheer der Zweiten Republik noch einer umfassenden Aufarbeitung bedarf. Die folgende Darstellung soll einen wichtigen Beitrag dazu leisten.

II.2 Organisation und Struktur der katholischen Militärseelsorge bis 1970

Zunächst betreuten Zivilgeistliche der örtlichen Kirchen die eingerückten Soldaten. Doch die österreichische Bischofskonferenz bemühte sich bereits unmittelbar nach dem Beschluss des Wehrgesetzes um die Wiedereinrichtung der Militärseelsorge, für die aber die Konkordatsfrage[15] von eminenter Bedeutung war. Die Bischöfe beabsichtigten Monsignore Hofrat Josef Tegel († 1956) als verantwortlichen Seelsorger für die Militärseelsorge zu designieren, *„damit er alle damit verbundenen Anliegen bei den Stellen des Heeresamtes betreiben und vorbereiten könne".*[16] Nach dessen Ableben wurde im März 1956 der Salzburger Domkapitular Johann Innerhofer (1902–1966) damit beauftragt. In einem Schreiben des

---

13 *Bundesministerium für Landesverteidigung/Militärvikariat* (Hg.), Katholische Militärseelsorge Österreichs 1956–1981. Daten und Fakten, Wien 1981.
14 *Steiner, Martin Leopold*, Die Militärseelsorge, die etwas andere Art der Seelsorge, Dipl. Arb., Wien 1998, S. 15 f.
15 Siehe dazu ausführlich die in Anmerkung 11 angeführten Werke von Alfred Kostelecky.
16 *Ebd.*

geschäftsführenden Sekretärs der Bischofskonferenz, Dr. Alfred Kostelecky, vom 11. Juli 1956 wurden Ferdinand Graf, nunmehr Bundesminister für Landesverteidigung, und der Staatssekretär im Bundesministerium für Landesverteidigung, Karl Stephani (1916–1994) um Unterstützung dieses Anliegens ersucht und von der Betrauung Innerhofers in Kenntnis gesetzt.[17] Stephani antwortete Dr. Kostelecky daraufhin in einem Schreiben vom 27. Juli 1956:

> *„Ich beehre mich, in Beantwortung Ihres Briefes vom 11.7.1956 mitzuteilen, daß ich Herrn Kanonikus[18] Innerhofer in bewußter Angelegenheit empfangen und mit ihm ein sehr ausführliches Gespräch geführt habe. Ich habe dem Herrn Kanonikus mitgeteilt, daß ich seine Auffassung den Herren meiner Partei unterbreiten werde. Die Herren meiner Partei stehen auf dem Standpunkt, daß die Frage der Militärseelsorge eng mit der Konkordatsfrage zusammenhängt und auch mit dieser gelöst werden muß. Ich habe diese Auffassung meiner Partei auch dem Herrn Bundesminister für Landesverteidigung, Ferdinand Graf, mitgeteilt. Wir sind übereingekommen, bis zur Klärung dieser grundsätzlichen Konkordatsfrage eine abwartende Stellung einzunehmen. Herr Kanonikus Innerhofer wurde auch in diesem Sinne vom Herrn Bundesminister unterrichtet."*[19]

In einem weiteren Schreiben versuchte Kostelecky klarzustellen, dass die Einrichtung einer Militärseelsorge in der Ersten Republik bereits im Jahre 1920 durch den damaligen Staatssekretär Dr. Julius Deutsch erfolgt sei und zur Zeit des Konkordates *„eine gegebene Voraussetzung für die Regelung des Artikel VIII bezüglich der Bestellung der Militärseelsorgefunktionäre"* dargestellt habe.[20]

Die nun folgenden persönlichen Gespräche im Landesverteidigungsministerium hatten aber zur Folge, dass bis zum Herbst 1956 eine, wenn auch in bescheidenem Rahmen gehaltene, Militärseelsorge zunächst bei den Gruppenkommanden in Wien, Graz und Salzburg mit je einem hauptamtlichen Seelsorger und eine Stelle für Militärseelsorge im Landesverteidigungsministerium eingerichtet werden sollte.

In der Ministerratssitzung vom 4. Oktober 1956 stimmten die beiden Großparteien ÖVP und SPÖ schließlich der Einrichtung einer Militärseelsorge im Bundesheer der Zweiten Republik und den vom Sekretariat der Bischofskonferenz

---

17 Katholische Militärseelsorge, in: Der Soldat, Nr. 12, 25.10.1956, S. 6; Militärordinariat, Militärseelsorge. Errichtung im Bundesheer der Zweiten Republik (Anm. 12), s. p.
18 Laut einem Akt vom 23. November 1956 war der Leiter der Abteilung Militärseelsorge des Bundesministeriums für Landesverteidigung mit „Herr Kanonikus" anzusprechen. Österreichisches Staatsarchiv/Archiv der Republik (= AdR), Wien, 05/LV/2.Rep., 1956, Zl. 353.222-III/Org/56, 2. Entwurf vom 23.11.1956.
19 Zitiert bei: *Kostelecky*, Militärordinariat der Republik Österreich (Anm. 11), S. 131.
20 *Ebd.*

vorgeschlagenen Militärseelsorgern zu – und dass, obwohl die Konkordatsfrage zu jenem Zeitpunkt noch immer nicht geklärt war![21]
In einem Antwortschreiben von Bundesminister Graf vom 5. Oktober 1956 wurde die Bischofskonferenz von der Zustimmung in Kenntnis gesetzt und die Anstellung von vier Militärpfarrern mit 15. Oktober 1956 verfügt,[22] wobei die Zuordnung der Militärseelsorger gemäß der Heeresgliederung von 1956 verbandsbezogen erfolgte:[23]

- Monsignore Johann Innerhofer, Domkapitular in Salzburg, für die Dienststelle im Landesverteidigungsministerium – er war zugleich Leiter der Militärseelsorge,[24]
- Franz Gruber, Domvikar zu St. Stephan in Wien, beim Gruppenkommando der Heeresgruppe I (Wien),
- Franz Unger (1912 – ?), Kaplan in der Pfarre Karlau in Graz, beim Gruppenkommando der Heeresgruppe II (Graz)[25] und
- Rudolf Weinberger (1912–2002), Kooperator in Wels, beim Gruppenkommando der Heeresgruppe III (Salzburg)[26].

---

21 Nach jahrelangen eindringlichen Forderungen von Seiten des Heiligen Stuhles und in einem nicht immer einfachen Verhandlungsklima war aber schließlich auch der Weg frei für die Anerkennung des Konkordates durch die Bundesregierung am 21. Dezember 1957. Am 23. Juni 1960 unterzeichneten der Apostolische Nuntius Erzbischof Giovanni Dellepiane (1889–1961) sowie die Minister Dr. Bruno Kreisky (1911–1990) und Dr. Heinrich Drimmel (1912–1991) die Verträge zwischen dem Heiligen Stuhl und der Republik Österreich zur Regelung von vermögensrechtlichen Beziehungen (BGBl. Nr. 195/1960) und betreffend die Erhebung der Apostolischen Administratur Burgenland zu einer Diözese (BGBl. Nr. 196/1960). Der Nationalrat erteilte am 12. Juli 1960 die verfassungsmäßige Zustimmung. *Kostelecky,* Die Anerkennung des österreichischen Konkordates (Anm. 11), S. 435–437; *Kostelecky,* Anerkennung der Rechtsgültigkeit des österreichischen Konkordates (Anm. 11), S. 36 f. Siehe auch *Kostelecky,* Militärordinariat der Republik Österreich (Anm. 11), S. 132.
22 Katholische Militärseelsorge, in: Der Soldat, Nr. 12, 25.10.1956, S. 6.
23 *Bundesministerium für Landesverteidigung/Militärvikariat* (Hg.), Katholische Militärseelsorge Österreich (Anm. 13), S. 1.
24 Eine ausführliche Biografie findet sich in: *Gruber,* 40 Jahre Wiedererrichtung der Militärseelsorge Österreichs (Anm. 9), S. 24–27, sowie *Gruber, Franz,* Prälat Johann Innerhofer. Militärprovikar (Zum 10. Todestag) (= Wiener Katholische Akademie. Arbeitskreis für Kirchliche Zeit- und Wiener Diözesangeschichte, Miscellanea XXXI, Wien 1977).
25 Eine ausführliche Biografie findet sich in: *Gruber,* 40 Jahre Wiedererrichtung der Militärseelsorge Österreichs (Anm. 9), S. 29–31.
26 Eine ausführliche Biografie findet sich in: ebd., S. 31.

Anstellungserfordernis war die „*Vollendung der theologischen Studien und die Berechtigung zur Ausübung der öffentlichen Seelsorge* [...] *Für die Definitivstellung überdies eine mindestens zweijährige zufriedenstellende Verwendung im Dienstzweig.*"[27] Dienstrechtlich waren die Militärgeistlichen zunächst Vertragsbedienstete im Entlohnungsschema 1, Entlohnungsgruppe a, kirchenrechtlich unterstanden sie dem Diözesanbischof ihres Standortes.[28] Die Finanzierung der hauptamtlichen Militärseelsorger erfolgte also durch den Staat, der auch die Infrastruktur zur Verfügung stellte. Die Kirche sorgte für die Entschädigung nebenamtlicher Militärpfarrer, Vortragender und sonstige laufende Anschaffungen.[29]

Am 9. Oktober hatten sich die Militärseelsorger auf Ersuchen des Bundesministers Graf an die Bischofskonferenz zu einer ersten Besprechung bei ihm einzufinden.[30]

Beim ersten Einrückungstermin im Oktober 1956 war also durch den Dienstantritt der vier oben angeführten Militärseelsorger die katholische Militärseelsorge gewährleistet. Der Auftrag der Militärseelsorge erstreckte sich auf alle Garnisonen und Angehörigen des Bundesheeres, unbeschadet der Waffengattung und Kommandozugehörigkeit. Für die ersten Militärseelsorger gab es weder einen Vorbereitungs- oder Einführungskurs noch detaillierte Anweisungen. Anfänglich wurden die angehenden Militärseelsorger durch Gespräche in ihre Aufgaben im Österreichischen Bundesheer eingewiesen. Der Bedarf war zunächst auch nicht wirklich gegeben, da es sich anfänglich ausschließlich um kriegsgediente Männer handelte, die zum Teil sogar noch im Bundesheer der Ersten Republik aktiv gewesen waren. Als sich jedoch immer mehr Priester ohne militärische Vorkenntnisse und Erfahrungen zum Dienst im Bundesheer meldeten, mussten diese entsprechend auf den militärischen Dienstbetrieb vorbereitet werden. Allerdings gab es anfangs keine einheitlich genormte Ausbildung für angehende Militärseelsorger, diese erfolgte individuell.[31]

---

27 Fußnote zu Artikel VIII des Konkordats zwischen dem Heiligen Stuhl und der Republik Österreich. Zitiert in: *Fischer*, Die Römisch-Katholische Militärseelsorge beim österreichischen Bundesheer (Anm. 1), S. 9.

28 Militärordinariat, Militärseelsorge. Errichtung im Bundesheer der Zweiten Republik (Anm. 12), s. p.; Ausbau der Militärseelsorge, in: Der Soldat, Nr. 7, 07.04.1957, S. 5.

29 *Hanak, Julius – Trauner, Karl Reinhart*, Die evangelische Militärseelsorge im Österreichischen Bundesheer der Zweiten Republik, in: *Etschmann, Wolfgang – Speckner, Hubert* (Hg.), Zum Schutz der Republik Österreich ... (= Beiträge zur Geschichte des Österreichischen Bundesheeres, Sonderband, Wien 2005), S. 223–234, hier S. 225.

30 *Kostelecky*, Militärordinariat der Republik Österreich (Anm. 11), S. 132. Gruber gibt als Tag der ersten Besprechung den 15. Oktober 1956 an. *Gruber*, 40 Jahre Wiedererrichtung der Militärseelsorge Österreichs (Anm. 9), S. 27.

31 *Steiner, Peter*, Militärseelsorge in Österreich. Aufbau, Gliederung und Organisation (1848–1992), Dipl. Arb., Wien 1992, S. 24.

Erst von 1. bis 15. Oktober 1957 fand der erste Einführungskurs für katholische Militärgeistliche in Wien statt.[32]

Da die Militärseelsorger „der ersten Stunde" anfangs den vorherrschenden Mangel nicht abdecken konnten, wurden vorerst weiterhin viele Gottesdienste noch von den örtlichen Zivilpfarrern abgehalten. Diese wurden von den Diözesen für diese Tätigkeit zur Verfügung gestellt.[33]

Der Aufstand in Ungarn im Jahre 1956 und der dadurch bedingte Schutz der österreichischen Grenze durch das Bundesheer trugen maßgeblich zur raschen Integration der Militärseelsorger in das Bundesheer bei. Denn die seelsorgische Betreuung der Soldaten im Grenzeinsatz bot die Möglichkeit zu zahlreichen Kontaktaufnahmen mit Soldaten aller Dienstgrade einschließlich der Kommandanten. Militärsuperior Monsignore Franz Gruber berichtet rückblickend über die Anfänge der Militärseelsorge:

> *„Uns Militärpfarrern bot sich mit der seelsorglichen Betreuung unserer Soldaten im Grenzeinsatz eine Fülle rascher Kontaktaufnahmen mit Soldaten aller Dienstgrade und man hat auch seitens der Kommandanten unsere Dienste gern angenommen und die neuen Militärseelsorger wurden so schnellstens in das Bundesheer integriert, ohne ihre Notwendigkeit und Wirksamkeit überhaupt in Frage zu stellen. Bei dem außerordentlichen Kaderpersonalmangel allenthalben und den Auf- und Ausbauschwierigkeiten in allen Einheiten fiel unsere geringe Zahl auch nicht so ins Gewicht. Wir wurden in allem und jeden, was wir taten, zu einer optimistischen Einschätzung unserer Tätigkeit für die Zukunft ermutigt und so haben wir dieses erste Jahr besser über die Runden gebracht, als wir es annehmen konnten.*
>
> *Keiner von uns hätte es damals über sich gebracht angesichts der Aufgeschlossenheit, der wir überall begegneten, vor Schwierigkeiten zu kapitulieren oder gar zu resignieren. Wir verfügten über kein Dienstfahrzeug, waren aber dennoch ständig bei der Truppe und die nur notdürftig eingerichtete Kanzlei war mit ihren geringen Anforderungen noch kein Hemmschuh für unsere Tätigkeit. Was uns immer wieder zu letzten Kraftanstrengungen bei der Abhaltung dieser vielen Unterrichte und Vorträge befähigte, war das Gefühl gebraucht zu werden und angenommen zu sein."*[34]

Der Ausbau der katholischen Militärseelsorge schritt auch im Jahr 1957 zügig voran. Mit 1. Oktober erfolgte mit der Bestellung von Joseph Gaupmann[35] (1925–2009) zum Militärpfarrer der Heeresgruppe I, Militärsuperior Alfred Hirtenfelder (1915 – ?) zum Militärpfarrer der 1. Brigade (Burgenland), Pater Leo Josef Fritz

---

32 *Gruber*, 40 Jahre Wiedererrichtung der Militärseelsorge Österreichs (Anm. 9), S. 31.
33 Ausbau der Militärseelsorge, in: Der Soldat, Nr. 7, 07.04.1957, S. 5.
34 *Gruber*, 40 Jahre Wiedererrichtung der Militärseelsorge Österreichs (Anm. 9), S. 27.
35 Eine ausführliche Biografie findet sich in: ebd., S. 28 f.

OFMCap (Ordo Fratrum Minorum Capucinorum, Kapuzinerorden) (1904–1977), Guardian in Wolfsberg, zum Militärpfarrer der 7. Gebirgsbrigade (Kärnten), Alfred Hahn (1922–1992), Kaplan in Waidhofen/Thaya, zum Militärpfarrer der 3. Brigade und Albuin Jordan (1923–2003?), Kooperator in Solbad Hall, zum Militärpfarrer der 6. Gebirgsbrigade (Tirol) eine weitere personelle Aufstockung. Franz Gruber übernahm nach Einrichtung einer Gruppenpfarre beim Kommando Luftstreitkräfte mit 1. Juni 1957 die Seelsorge ebendort, wobei er laut eigener Aussage deshalb dafür bestimmt wurde, weil er mit seinem Privatfahrzeug die weit verstreuten Fliegerhorste im ganzen Bundesgebiet (Langenlebarn, Hörsching, Salzburg, Aigen im Ennstal und Graz-Thalerhof) am ehesten zu betreuen in der Lage war. Hahn wurde Anfang 1959 Akademiepfarrer an der Militärakademie in Wiener Neustadt.[36] Franz Frühwirth (*1925) (Götzendorf) und Felix Mayer (1924–1987) (Klagenfurt) wurden 1960 zu Militärseelsorgern bestellt. Militärkurat Mayer wurde im folgenden Jahr mit der Militärpfarre der 7. Gebirgsbrigade betraut.[37]

Abb. 1: Die Militärseelsorger der 1. Stunde – vorne: Milsuperior Franz Ungar, MilProvikar Johann Innerhofer, evangelischer MilDekan Hellmut May, MilOberkurat P. Leo Fritz; hinten: MilOberkurat Alfred Hirtenfelder, MilKurat Franz Gruber, MilKurat Albuin Jordan, MilKurat Josef Gaupmann, MilKurat Alfred Hahn, MilKurat Rudolf Weinberger. (Militärordinariat, , Gröger – Ham – Sammer, Zwischen Himmel und Erde. Militärseelsorge in Österreich, Bildteil).

---

36 Die 3. Brigade berichtet. Brigadepfarrer Hahn wurde Akademiepfarrer, in: Der Soldat, Nr. 3, 08.02.1959, S. 5.

37 *Bundesministerium für Landesverteidigung/Militärvikariat* (Hg.), Katholische Militärseelsorge Österreichs (Anm. 13), S. 6 f.

Nach kurzer Zeit erfolgte auch die rechtliche Gleichstellung der Militärseelsorger mit den Offizieren, womit sie auch demselben Beförderungsschema wie diese unterlagen. Rückblickend meinte Militärsuperior Josef Vollnhofer zur Einstufung der Militärgeistlichen als Offiziere:

> „Diese sei in Anerkennung der akademischen Bildung der Priester ‚wohl recht und billig'. Im übrigen würde ja auch in der Schule der Religionsprofessor zum Lehrkörper und nicht zum Forum der Schüler oder Studenten zählen." Und er verwies auf die Tatsache, dass „mit Ausnahme Deutschlands die Militärseelsorger überall Uniform trugen".[38]

Grundsätzlich galt es, für den behandelten Zeitraum von 1956 bis 1974 drei Arten von Seelsorgern zu unterscheiden:

- die aktiven Offiziere des Militärseelsorgedienstes
- die Offiziere des Seelsorgedienstes der Reserve und
- die Subsidiare[39], die in den Militärpfarren mittätig waren.

Amtstitel katholisch[40]	Amtstitel evangelisch	entspricht Dienstgrad
Militärkaplan	Militärkaplan	Oberleutnant
Militärkurat	Militärkurat	Hauptmann
Militäroberkurat	Militäroberkurat	Major
Militärsuperior	Militäroberpfarrer	Oberstleutnant
Militärdekan	Militärdekan	Oberst
Militärvikar/Militärbischof	Militärsuperintendent (ab 1969)	Generalmajor/Brigadier

Die Militärgeistlichen trugen zunächst, ausgenommen bei kirchlichen und gottesdienstlichen Handlungen, die Uniform Muster 1956. Bis zur endgültigen Regelung hinsichtlich der Waffenfarbe wurde am 23. November 1956 zunächst verfügt, dass die Aufschläge in violetter Farbe mit Silberkreuz (!) und der Vorstoß schwarz umrandet mit Goldsoutache zu sein hätte.[41]

---

38 Probleme der Militärseelsorge, in: Der Soldat, Nr. 15, 10.08.1969, S. 10.
39 Vgl. Regelung für den subsidiarischen MilSeelsorger, in: Laufende Informationen Eigenbeiträge Sonderbeiträge (= LIES). Mitteilungen der Militärseelsorge Österreichs, H. 3 (1973), o. S.
40 Fußnote zu Artikel VIII des Konkordats zwischen dem Heiligen Stuhl und der Republik Österreich. Zitiert in: Fischer, Die Römisch-Katholische Militärseelsorge beim österreichischen Bundesheer (Anm. 1), S. 9.
41 AdR, 05/LV/2.Rep., 1956, Zl. 353.222-III/Org/56, 2. Entwurf vom 23.11.1956.

Das Silberkreuz wurde von Monsignore Innerhofer unverzüglich zurückgewiesen, der darauf aufmerksam machte, dass bei einer Besprechung mit Bundesminister Graf ein goldenes Kreuz als Kragenabzeichen beschlossen worden sei. Die Verfügung wurde daraufhin umgehend abgeändert und die Militärseelsorger trugen ab nun als sichtbares Signum am Kragen des Uniformrockes ein goldgesticktes Kreuz auf violettem Kragenspiegel mit schwarzem Vorstoß, umrandet mit Goldsoutache.[42] Sie waren ihrem Dienstgrad nach unterscheidbar. In Abänderung der üblichen Dienstgradabzeichen durften die Militärseelsorger ihre Rangabzeichen auf den Ärmeln der Uniform und auf der Kappe tragen. Die Dienstgrade für die katholischen Militärseelsorger waren durch goldene Rangabzeichen am Ärmel (Ärmelstreifen/Borten) unterscheidbar:

- Militärkaplan 2 schmale Ärmelborten
- Militärkurat 3 schmale Ärmelborten
- Militäroberkurat eine 4 cm breite Borte und eine schmale Ärmelborte
- Militärsuperior eine 4 cm breite Borte und zwei schmale Ärmelborten
- Militärdekan eine 4 cm breite Borte und drei schmale Ärmelborten
- Militärvikar eine 5,3 cm breite Borte und eine schmale Ärmelborte.[43]

Eine analoge Regelung galt auch für die evangelischen Militärgeistlichen.

Die Dienstgradabzeichen auf der Kappe waren die gleichen wie bei den übrigen Offizieren.

---

42 Dienstgradabzeichen für Militärgeistliche, AdR, 05/LV/2.Rep., 1957, Zl. 200.701-Org/III/57, Dienstgradabzeichen für Militärgeistliche, Entwurf vom 21.08.1957. Siehe auch Abbildung und Bildlegende, in: Der Soldat, Nr. 8, 21.04.1957, S. 2.

43 Siehe dazu den Vorschlag des Gruppenkommandos II an das Bundesministerium für Landesverteidigung betreffend die Dienstgradabzeichen für Militärseelsorger vom 07.11.1956 in: AdR/05/LV/2.Rep., 1956, Zl. 353.222-III/Org/56 und die entsprechende Erläuterung mit Illustration – 1. Entwurf (mit Korrekturen) – bzw. die Einsichtsbemerkung vom 20.11.1956 vom Leiter der Abteilung Militärseelsorge Innerhofer, in: ebd., Zl. 353.571-III/Org/56, worin er anmerkt, dass er am 9. November dem Bundesminister bereits vorgeschlagen habe, *„als Dienstgradabzeichen wieder die Ärmelstreifen einzuführen, wie sie früher im Bundesheer getragen wurden"*. Das vom Gruppenkommando angesprochene Elliotsauge sei bei Militärseelsorgern nie üblich gewesen. Auch seien die angeführten ehemaligen Dienstgrade falsch. Siehe auch AdR, 05/LV/2.Rep., K. 406, 1957, Zl. 200.701-Org/III/57, Dienstgradabzeichen für Militärgeistliche, Entwurf vom 21.08.1957.

Ab 1966 hatten die Militärseelsorger – wie auch die anderen Offiziere in den entsprechenden Dienstklassen – am Feldanzug Aufschiebeschlaufen zu tragen.[44] Wurde das graue Uniformhemd als oberstes Bekleidungsstück getragen, war in der Mitte der rechten Brusttasche ein matt versilbertes Metall-Steckkreuz mit schwarzem Strichkreuz anzuheften. Beim Anorak sowie beim Kampf- bzw. Tarnanzug erfolgte die Kenntlichmachung durch ein aufgenähtes gelbes Balkenkreuz mit schwarzem Strichkreuz aus Stoff auf violettem Tuch mit schwarzer Umrandung in der Mitte der rechten Brusttasche.[45]

Bei kirchlichen Anlässen und Gottesdiensten trugen die katholischen Militärgeistlichen den Talar mit Binde (Cingulum), außerdem waren die Dienstgradabzeichen auf dem Ärmel mit violettem Samt unterlegt. Die evangelischen Militärgeistlichen sollten den in der evangelischen Kirche üblichen Lutherrock, aber ohne Ärmelstreifen, tragen.

Zudem wurde es den katholischen Militärgeistlichen gestattet, bei feierlichen Anlässen, wo auch die zivilen Geistlichen Mantel und Hut trugen, zusätzlich den Abbémantel mit Hut zu tragen.[46]

Gehen wir aber wieder zurück ins Jahr 1958, wo erstmals von einer organisierten Militärseelsorge in Österreich gesprochen werden kann. Mit 1. Februar 1958 wurde Monsignore Johann Innerhofer unter gleichzeitiger Ernennung zum Militärdekan zum Leiter der Abteilung Militärseelsorge im Bundesministerium für Landesverteidigung bestellt und ihm die Funktion eines „Provikars" übertragen. Sein Stellvertreter war der evangelische Militärdekan Hellmut May (1902–1997).[47]

---

44 Eine entsprechende Abbildung der Dienstgradabzeichen der Militärpfarrer findet sich in: *Trauner, Karl Reinhart* u.a., Es gibt nie ein Zuviel an Seelsorge ... 50 Jahre Evangelische Militärseelsorge im Österreichischen Bundesheer (= Schriften zur Geschichte des Österreichischen Bundesheeres, Bd. 11, Wien 2007), S. 241–243.

45 Offiziere des Militärseelsorgedienste; Metall-Steckkreuz zum Uniformhemd und Stoffkreuz zum Kampfanzug – Einführung, Erlass des BMLV vom 11.04.1962, Zl. 302.649-Org (VBl. Nr. 59/1962) inkl. Beilage mit Abbildungen; AdR, 05/LV/2.Rep./Evangelische Militärseelsorge, Kt. 2, 1966 EMSA/MilSUP, 2.a.1, Bundesministerium für Landesverteidigung, Zl. 311.628-Org/66, Heeresorganisation – Adjustierung, Festlegung der Dienstgradabzeichen des Militärseelsorgedienstes.

46 AdR, 05/LV/2.Rep., K. 406, 1957, Zl. 200.701-Org/III/57, Dienstgradabzeichen für Militärgeistliche, Entwurf vom 21.08.1957; Uniformen für Militärgeistliche, in: Der Soldat, Nr. 19, 06.10.1957, S. 14.

47 Errichtung eines Militärvikariates und Evangelischen Militärseelsorgeamtes, Erlass des BMLV vom 04.04.1960, Zl. 11.865-Präs/I (VBl. Nr. 53/1960).

Abb.2: Hellmut May, evangelischer Superintendent.

(Militärsuperintendentur, Gröger – Ham – Sammer, Zwischen Himmel und Erde. Militärseelsorge in Österreich, Bildteil).

Diese Abteilung, die in der Stiftskaserne untergebracht wurde, war organisatorisch Teil der damaligen Sektion I (Präsidialaufgaben, Recht und Personal). Ihr oblag die „*seelsorgliche Betreuung der Angehörigen des Bundesheeres; Personalangelegenheiten der Militärseelsorger*".[48]

Am 21. Februar 1959 wurde der damalige Erzbischof von Wien, Kardinal DDr. Franz König (1905–2004), mit Dekret der Heiligen Konsistorial-Kongregation durch Papst Johannes XXIII. (1881–1963) zum Vicarius Castrensis

---

48 Militärordinariat, Militärseelsorge. Errichtung im Bundesheer der Zweiten Republik (Anm. 12), s. p.

(Militärvikar) des Österreichischen Bundesheeres ernannt.[49] Die Bestellung erfolgte nach Artikel VIII, § 1, des Konkordats zwischen dem Heiligen Stuhl und der Republik Österreich, wobei der Heilige Stuhl die kirchliche Bestellung vornahm, aber zuvor bei der österreichischen Bundesregierung in vertraulicher Form anfragte, *„ob gegen die in Aussicht genommene Persönlichkeit allgemein politische Bedenken vorliegen".*[50] Dies beruhte darauf, dass gemäß dem damals geltenden Kirchenrecht, dem Codex Iuris Canonici von 1917, die vollen bischöflichen Rechte für die Militärseelsorge beim Papst lagen. Der Militärvikar übte sein Amt – als Stellvertreter des Papstes – entsprechend dem Dekret des II. Vatikanischen Konzils „Christus Dominus" über die Hirtenaufgabe der Bischöfe in der Kirche aus[51] und war Ordinarius gemäß dem Canon 334 des Codex Iuris Canonici und der Instructio der Konsistorial-Kongregation „Solemne Semper" über die Militärbischöfe vom 23. April 1951. Er stand nicht im Dienstverhältnis zum Staat.[52] Damit war die Strukturierung der Militärseelsorge nun auch gemäß dem Kirchenrecht erfolgt.

Bei der Übergabe seines Ernennungsdekretes an Verteidigungsminister Graf erklärte DDr. König:

„Es ist für mich eine große Ehre, daß ich heute eine bereits avisierte Ernennung zum Vicarius castrensis durch Überreichung des Dekretes der Konsistorialkongregation von Rom offiziell bekanntgeben darf. Ich sehe darin ein großes Interesse des Heiligen Stuhles für das österreichische Bundesheer, das durch diese Ernennung zum Ausdruck kommt, und ich darf

---

49 Kardinal DDr. Franz König, Erzbischof von Wien – Ernennung zum Vicarius Castrensis, Erlass des BMLV vom 23.04.1959, Zl. 29.400-Präs/I (VBl. Nr. 27/1959).
50 BGBl. II, Nr. 2/1934; Konkordat, zitiert bei: Fischer, Die römisch-katholische Militärseelsorge (Anm. 1), S. 10. Online unter: http://praktheol.uibk.ac.at/teilkirchenrecht/innsbruck/konkordat.html (Abfrage v. 08.04.2015).
51 Im Artikel 43 heißt es: *„Da auf die geistliche Betreuung der Soldaten wegen ihrer besonderen Lebensbedingungen eine außerordentliche Sorgfalt verwandt werden muß, werde nach Möglichkeit in jedem Land ein Militärvikariat errichtet. Sowohl der Militärbischof als auch die Militärpfarrer mögen sich in einträchtiger Zusammenarbeit mit den Diözesanbischöfen eifrig dieser schwierigen Arbeit widmen. Deshalb sollen die Diözesanbischöfe dem Militärbischof genügend Priester zur Verfügung stellen, die für diese schwere Aufgabe geeignet sind. Gleichzeitig seien sie allen Bemühungen, das geistliche Wohl der Soldaten zu fördern, gewogen."* http://www.vatican.va/archive/hist_councils/ii_vatican_council/documents/vat-ii_decree_19651028_christus-dominus_ge.html (Abfrage v. 13.04.2015).
52 Zur „Problematik", dass der Militärvikar kein Beamter sei, siehe: Bundeskanzleramt an Bundesministerium für Landesverteidigung, betreff Konkordat, Bestellung eines Militärvikars – Art. VIII des Konkordates, in: AdR, 05/LV/2.Rep., 1960, Zl. 11.865-SI/60 vom 14.03.1960.

Ihnen, Herr Bundesminister, versichern, daß ich dieses Amt, das mir übertragen worden ist, so ausüben werde, daß alle mir unterstellten Militärgeistlichen dem Wohle und dem Ansehen des Bundesheeres dienen. Ich glaube, daß ich damit meiner Aufgabe am besten entsprechen werde, wenn ich Ihnen die Versicherung gebe, daß ich alles tun werde, was nicht nur im Interesse der Heeresseelsorge, sondern auch des österreichischen Bundesheeres ist."[53]

Da Kardinal König auch Vorsitzender der österreichischen Bischofskonferenz war, war dies für den personellen Aufbau der Militärseelsorge von großer Bedeutung. Gemäß § 2 des Artikels VIII des Konkordats von 1933 hatte die kirchliche Bestellung der Militärkapläne bis 1938 durch den Militärvikar nach vorherigem Einvernehmen mit dem Bundesminister für Heerwesen zu erfolgen. Diese Tradition wurde auch im Bundesheer der Zweiten Republik fortgesetzt.

Mit Erlass vom 4. April 1960[54] erfolgten die Auflösung der Abteilung Militärseelsorge und die Errichtung des „Militärvikariates" (wie es bereits bis 1938 bestanden hatte) für die katholischen Heeresangehörigen bzw. des „Evangelischen Militärseelsorgeamtes" für die evangelischen Heeresangehörigen als dem Bundesministerium für Landesverteidigung unmittelbar nachgeordnete Dienststellen. Diese waren nun in rein kirchlichen Angelegenheiten selbstständig.

Militärdekan Johann Innerhofer wurde zum Leiter des neu errichteten Militärvikariates bestellt und mit 5. April offiziell zum Militärprovikar ernannt.[55] Militärdekan Hellmut May übernahm die Leitung des Militärseelsorgeamtes. Beide hatten unmittelbares Vortragsrecht beim Bundesminister für Landesverteidigung. Sie waren in disziplinären Angelegenheiten gemäß dem Heeresdisziplinargesetz einem Truppenkommandanten gleichgestellt und damit Disziplinarvorgesetzte der beim Militärvikariat und dem Evangelischen Seelsorgeamt eingeteilten Heeresangehörigen.

Gemäß einem auf einer Verfügung des Militärvikars basierenden Erlass vom 6. April 1967 unterstanden folgende Personen der römisch-katholischen Konfession der Jurisdiktion des Militärvikars:

„*a) Berufsoffiziere;*
b) zeitverpflichtete Soldaten, Beamte und Vertragsbedienstete der Heeresverwaltung, die zur Ausübung einer Unteroffiziersfunktion herangezogen sind;
c) die den ordentlichen Präsenzdienst leistenden Wehrpflichtigen;

---

53 Kardinal König – Militärbischof, in: Der Soldat, Nr. 9, 10.05.1959, S. 3.
54 Errichtung eines Militärvikariates und Evangelischen Militärseelsorgeamtes, Erlass des BMLV vom 04.04.1960, Zl. 11.865-Präs/I (VBl. Nr. 53/1960).
55 Verlautbarung des Militärvikars über die Errichtung von Militärpfarren für die katholischen Heeresangehörigen, Zl. 1-MV/1960, Erlass des BMLV vom 05.04.1960, Zl. 17.578-Präs/I (VBl. Nr. 54/1960).

Der Aufbau der Militärseelsorge in der Zweiten Republik   203

d) die in den Fällen des § 2 Abs. 1 des Wehrgesetzes, BGBl. 181/1955, außerordentlichen Präsenzdienst leistenden Wehrpflichtigen;
e) das in den Heereskrankenanstalten tätige geistliche Personal (geistliche Schwestern und Brüder);
f) Ehefrauen der in lit. a und b genannten Personen sowie die Kinder, solange diese unter väterlicher Gewalt stehen und dem Hausstand des Vaters angehören."⁵⁶

Unter der Ägide des Erzbischofs und Militärvikars konnten – entsprechend der damaligen Heeresgliederung – nach und nach freie Planstellen in den Militärpfarren bei den Gruppenkommanden, beim Kommando der Luftstreitkräfte und bei den Brigadekommanden besetzt werden. Die neuen Militärseelsorger stammten sowohl aus den Diözesen wie auch aus Orden.⁵⁷ 1961 standen dem Leiter des Militärvikariates für das auf mittlerweile 50.000 Mann angewachsene Österreichische Bundesheer daher bereits zwölf Militärpfarrer sowie ein Militärpfarrer für die Theresianische Militärakademie zur Verfügung.⁵⁸

Die Militärseelsorge besaß nun die folgende Struktur:

- Militärvikariat (Amtssitz Wien)
- Militärpfarren bei den Gruppenkommanden I, II und III in Wien, Graz und Salzburg
- Militärpfarre beim Kommando der Luftstreitkräfte in Wien
- Militärpfarre an der Theresianischen Militärakademie in Wiener Neustadt
- Militärpfarren bei den Kommanden der 1., 2., 3., 4., 6. und 7. Brigade
- Militärpfarre beim Fliegerführungskommando in Langenlebarn (Die Errichtung erfolgte mit 1. Jänner 1961).

(Die 5. und die 8. Gebirgsbrigade waren unbesetzt, gleichfalls unbesetzt war die Militärpfarre bei der Panzertruppenschule).⁵⁹

Josef Wallner (1917–1994), Pfarrprovisor in Strem (Burgenland), übernahm 1962 als Pfarrer mit Sondervertrag die Militärpfarre beim Militärkommando

---

56 Verfügung des Militärvikars über die Militärpfarren; Verlautbarung, Zl. 388-MV/67, Erlass des BMLV vom 06.04.1967, Zl. 4.274-PräsA/67 (VBl. Nr. 96/1967).
57 Militärordinariat der Republik Österreich, Die Entwicklung von 1960 bis 1969, s. p. http://www.mildioz.at/index.php?option=com_content&task=view&id=65&Itemid=8 (Abfrage v. 07.04.2015).
58 5 Jahre Militärseelsorge, in: Der Soldat, Nr. 20, 22.10.1961, S. 16.
59 Verlautbarung des Militärvikars über die Errichtung von Militärpfarren für die katholischen Heeresangehörigen, Zl. 1-MV/1960, Erlass des BMLV vom 05.04.1960, Zl. 17.578-Präs/I (VBl. Nr. 54/1960); AdR, 05/LV/2.Rep., 1960, Mil. Vik. Zl. 1/60, Zl. 24.370-Präs/I/60, Zl. 11.865-Präs/60, Erlaß über die Errichtung von Militärpfarren durch den Militärvikar des Österreichischen Bundesheeres vom 05.04.1960.

Steiermark.[60] Auch Johann Ortner (*1931), Pfarrer von Tauplitz, wurde 1965 zunächst als Vertragsbediensteter mit Sondervertrag in der Militärseelsorge angestellt und 1962 bei der Militärpfarre beim Militärkommando Salzburg eingeteilt.[61]

In der österreichischen Diözesaneinteilung wurde durch Verträge zwischen Österreich und dem Vatikan schrittweise eine Angleichung der Territorien der Diözesen an die Gebiete der Bundesländer durchgeführt: Im Jahr 1960 erfolgte die Errichtung der Diözese Eisenstadt, 1964 jene der Diözese Innsbruck und 1968 die der Diözese Feldkirch.

Damit gab es nun neun Diözesen, deren Territorien im Wesentlichen jenen der Bundesländer entsprachen (die größte Abweichung bestand in Niederösterreich, dessen westlicher Teil das Territorium der Diözese St. Pölten bildete, dessen östlicher Teil aber Territorium der Erzdiözese Wien war).[62]

Im Rahmen von bischöflichen Visitationen[63] war es üblich, dass der Militärvikar im Laufe der Jahre alle Kommanden, Garnisonen und Truppenübungsplätze im ganzen Bundesgebiet besuchte. Kardinal DDr. König beauftragte und ermächtigte per Erlass vom 27. September 1961 seinen Militärprovikar, Visitationen der Militärpfarren im Sinne des Canon 343 des Codex Iuris Canonici in seiner Vertretung durchzuführen, wobei sich diese *„auf die gesamte seelsorgliche Tätigkeit einschließlich des lebenskundlichen Unterrichtes, der ordnungsgemäßen Führung der Pfarrkanzlei und der Sorge für heereseigene Kirchen, Kapellen, Kultgeräte und Paramente zu erstrecken"* habe. Mit den subsidiarischen Militärgeistlichen war dabei das Einvernehmen zu pflegen.[64]

Der Ministerratsbeschluss vom 17. Juli 1962 über die Änderung der Organisation des Bundesheeres leitete die erste große Umgliederung des Österreichischen Bundesheeres ein: Den drei Gruppenkommanden unterstanden nun sieben Einsatzbrigaden mit Ausbildungstruppen, die die Grundausbildung durchzuführen

---

60 *Bundesministerium für Landesverteidigung/Militärvikariat* (Hg.), Katholische Militärseelsorge Österreichs (Anm. 13), S. 8.
61 Ebd., S. 11 f.
62 *Militärordinariat*, Die Entwicklung von 1960 bis 1969 (Anm. 57), s. p.
63 Zu den Visitationen siehe „offizielle Besuche und Visitationen durch den Militärbischof", in: LIES, Nr. 3 (1973), o. S.
Zum Ablauf der ersten bischöflichen Visitation, in diesem Fall der Militärpfarre 2 Niederösterreich durch Militärbischof Dr. Franz Žak von 22. bis 26. April 1974 siehe den Ablaufplan in: LIES, H. 4 (1974), S. 48 f. und die ausführliche Schilderung in: LIES, H. 5 (1974), S. 19–24.
64 Visitation der Militärpfarren; Erlaß des Militärvikars, Erlass des BMLV vom 02.10.1961, Zl. 10.990-Präs/Zl. 2031-MV/1961 (VBl. Nr. 191/1961).

hatten. In jedem Bundesland wurde ein Militärkommando für territoriale Aufgaben, die bisher von den Brigadekommanden wahrgenommen worden waren, und für den Bereich des Ergänzungswesens errichtet. Mit der Aufstellung der Militärkommanden im Rahmen dieser Organisationsänderung wurde die Militärseelsorge, i.e. die Militärpfarren, in eben diese integriert und damit territorial organisiert.[65] Eine Ausnahme bildete die Militärpfarre an der Theresianischen Militärakademie in Wiener Neustadt.

Mit der Errichtung der Militärkommanden wurde durch einen Erlass des Bundesministeriums für Landesverteidigung vom 21. Februar 1967 die Verfügung des Militärvikars über die Militärpfarren verlautbart und für den Bereich des Österreichischen Bundesheeres die Militärpfarren bzw. die Seelsorgebereiche der Pfarren festgelegt. Es gab gemäß Erlass vom 6. April 1967 16 Militärpfarren, die gemäß weiteren Erlässen vom 18. März und 21. August 1968 mit den nachstehend angeführten Offizieren des Militärseelsorgedienstes als Militärpfarrer besetzt wurden:[66]

- Militärpfarre beim Gruppenkommando I (Wien) – Militärsuperior (ab 1970 Militärprovikar) Monsignore Franz Gruber
- Militärpfarre beim Gruppenkommando II (Graz) – Militärdekan Monsignore Franz Unger
- Militärpfarre beim Gruppenkommando III (Salzburg) – Militärsuperior (ab 1969 Militärdekan) Monsignore Rudolf Weinberger
- Militärpfarre an der Theresianischen Militärakademie (Wiener Neustadt) – Militärsuperior (ab 1973 Militärdekan) Monsignore Alfred Hahn
- Militärpfarre beim Militärkommando Burgenland (Eisenstadt) – Militärsuperior (ab 1973 Militärdekan) Josef Wallner

---

65 *Militärordinariat*, Die Entwicklung von 1960 bis 1969 (Anm. 57), s. p.
66 Verfügung des Militärvikars über die Militärpfarren; Verlautbarung, Zl. 388-MV/67, Erlass des BMLV vom 06.04.1967, Zl. 4.274-PräsA/67 (VBl. Nr. 96/1967) – Verlautbarung des Erlasses des Militärvikars vom 21.02.1967, Zl. 388-MV/67; Verfügung des Militärvikars betreffend die Bestellung von Militärpfarrern, Zl. 235/1968, Erlass des BMLV vom 18.03.1968, Zl. 2.494-PräsA/68 (VBl. Nr. 37/1968); Verfügung des Militärvikars betreffend die Bestellung eines Militärpfarrers für die Militärpfarre beim Militärkommando Vorarlberg; Ergänzung des Erlasses vom 18. März 1968, Zahl 2.494-PräsA/68, VBl. Nr. 37/1968, Zl. 1151/1968, Erlass des BMLV vom 21.08.1968, Zl. 14.623-PräsA/68 (VBl. Nr. 94/1968).

- Militärpfarre 1 beim Militärkommando Niederösterreich (Wien)[67] – Militärsuperior (später Militärdekan) Johann Städtler (1919–1982)
- Militärpfarre 2 beim Militärkommando Niederösterreich (Götzendorf) – Militäroberkurat (ab 1978 Militärdekan) Josef Leban (1927–1989)
- Militärpfarre 3 beim Militärkommando Niederösterreich (Langenlebarn) – Militärsuperior (ab 1973 Militärdekan) Josef Gaupmann
- Militärpfarre 4 beim Militärkommando Niederösterreich (Truppenübungsplatz Allentsteig)[68] – Militäroberkurat (ab 1968 Militärsuperior) Franz Frühwirth (1925 – ?)
- Militärpfarre beim Militärkommando Wien – Militäroberkurat (ab 1968 Militärsuperior) Josef Vollnhofer (1927 – ?)
- Militärpfarre beim Militärkommando Kärnten (Klagenfurt) – Militärsuperior (ab 1974 Militärdekan) Felix Mayer
- Militärpfarre beim Militärkommando Steiermark (Graz) – Militärkurat (ab 1981 Militärdekan) Anton Schneidhofer (*1935)
- Militärpfarre beim Militärkommando Oberösterreich (Linz-Ebelsberg) – Militärsuperior (ab 1975 Militärdekan) Josef Schörghofer (1923–2009)
- Militärpfarre beim Militärkommando Salzburg (Salzburg) – Militärkurat (ab 1974 Militäroberkurat, später Militärsuperior) Johann F. Ortner
- Militärpfarre beim Militärkommando Tirol (Innsbruck) – Militärsuperior der Reserve (ab 1976 Militärdekan der Reserve) Albuin Jordan
- Militärpfarre beim Militärkommando Vorarlberg (Bregenz) – (ab 1975 Militärsuperior der Reserve) Pater Lorenz Müller MSC (1921–2007).

Zusätzlich zu den aktiven Militärseelsorgern wurden auch Offiziere des Seelsorgedienstes der Reserve sowie subsidiäre Militärseelsorger, die in Militärpfarren mittätig waren, ernannt. Bischof Dr. Stephan László (1913–1995) ernannte etwa als Subsidiare für Eisenstadt den Prälaten Dechantpfarrer Monsignore Michael Gangl (1855–1977), für Neusiedl am See Dechantpfarrer Monsignore Dr. Johann

---

67 In Abänderung des Erlasses vom 21.02.1967, Zl. 388-MV/67 wurde Sankt Pölten Sitz der Militärpfarre 1. Verfügung des Militärvikars über die Militärpfarren; Abänderung des Erlasses vom 6. April 1967, Zahl 4.274-PräsA/67, VBl. Nr. 96/1967, Zl. 234/1968, Erlass des BMLV vom 18.03.1968, Zl. 2.493-PräsA/68 (VBl. Nr. 36/1968).

68 In Abänderung des Erlasses vom 21.02.1967, Zl. 388-MV/67 wurde Mautern Sitz der Militärpfarre 4. Verfügung des Militärvikars über die Militärpfarren; Abänderung des Erlasses vom 6. April 1967, Zahl 4.274-PräsA/67, VBl. Nr. 96/1967, Zl. 234/1968, Erlass des BMLV vom 18.03.1968, Zl. 2.493-PräsA/68 (VBl. Nr. 36/1968).

Lex (1892–1961)⁶⁹ und für Kaisersteinbruch den Geistlichen Rat Pfarrer Johann Liebenritt.⁷⁰

Am 10. August 1966 verstarb Militärprovikar Prälat Johann Innerhofer. Zu seinem Nachfolger wurde mit Wirkung vom 1. November 1966 Militärdekan Pater Leo Josef Fritz OFM Cap⁷¹, bisher Militärpfarrer beim Gruppenkommando I in Wien, bestellt.⁷²

Trotz der hohen Arbeitsbelastung und seiner zahlreichen anderen Aufgaben nahm Kardinal DDr. Franz König die Funktion des Militärvikars bis Anfang 1969 wahr. In seiner Amtszeit erfolgte eine personelle und organisatorische Konsolidierung der Militärseelsorge im Österreichischen Bundesheer.

Ein persönliches Erlebnis des Kardinals sei an dieser Stelle noch angeführt: Als der Kardinal und sein Zeremoniär Helmut Krätzl (* 1954) zum Begräbnis des verstorbenen Kardinals und Primas der kroatischen Kirche, Alojzije Stepinac (1898–1960), mit dem Wagen nach Jugoslawien fuhren, hatten sie einen schweren Unfall. Aufgrund seiner Funktion als Militärvikar wurden er und Krätzl – beide schwer verletzt – nach zehn Tagen Aufenthalt in einem kleinen Krankenhaus in Varaždin von zwei Militärhubschraubern ins Allgemeine Krankenhaus nach Wien ausgeflogen – diesen relativ unproblematischen Rücktransport mittels einer „Luftbrücke" hatte er seiner Stellung als Militärvikar zu verdanken!⁷³

Anfang 1969 bat Kardinal DDr. Franz König Papst Paul VI. (1897–1978), ihn wegen Arbeitsüberlastung von den Funktionen des Militärvikars zu entbinden. Seinem Wunsch wurde entsprochen und daraufhin gemäß dem Konkordat Verhandlungen zwischen dem Heiligen Stuhl und der Republik Österreich bezüglich seines Nachfolgers eingeleitet.⁷⁴

---

69 Zu seiner Biografie siehe *Perschy, Jakob*, Dechant Msgr. Dr. Johann Lex (1892–1961), in: Neusiedler Jahrbuch. Beiträge zur Stadtgeschichte von Neusiedl am See, Bd. 13 (2011), Neusiedl am See 2012, S. 77–91. Leider findet sich darin keine Erwähnung im Hinblick auf seine Tätigkeit für die Militärseelsorge.
70 Neue Militärseelsorger, in: Der Soldat, Nr. 12, 22.06.1958, S. 6.
71 Pater Leo Fritz war zunächst Militärpfarrer bei der 7. Gebirgsbrigade, später dann beim Gruppenkommando I. Vgl. *Militärordinariat*, Die Entwicklung von 1960 bis 1969 (Anm. 57), s. p.
72 Ernennung zum Militärprovikar, Verfügung des Militärvikars vom 01.11.1966, Zl. 1195/66, Erlass des BMLV vom 08.03.1967, Zl. 2.706-PräsB/67 (VBl. Nr. 89/1967).
73 *Nagy, Thomas J.*, König – Kaiser – Kardinal. Auf den Spuren von Kardinal Franz König, Wien – Graz – Klagenfurt 2015, S. 109–111.
74 Kardinal König nicht mehr Militärbischof, in: Der Soldat, Nr. 2, 26.01.1969, S. 7; Bischof Dr. Franz Zak wurde Militärvikar, in: Der Soldat, Nr. 10, 25.05.1969, S. 3.

II.3 Die Organisation und Struktur der katholischen Militärseelsorge in den frühen 1970er Jahren

Zu Kardinal DDr. Königs Nachfolger als Militärvikar bestellte Papst Paul VI. mit Wirkung vom 8. Mai 1969 den Diözesanbischof von St. Pölten, Dr. Franz Žak (1917–2004). Mit seiner Ernennung wurde an eine alte, weit zurückreichende Tradition in der Militärseelsorge angeknüpft, denn Žak war der fünfte Bischof der Diözese St. Pölten, der das Amt eines Militärbischofs übernahm. In seiner Ansprache anlässlich seiner in Wiener Neustadt stattfindenden Amtseinführung am 8. Mai 1969 betonte Dr. Žak die Bedeutung der Militärseelsorge, der *„es nicht um das Kriegshandwerk* [gehe]*, sondern um den Menschen, um seine glaubensmäßige und sittliche Formung, um seine Persönlichkeitsbildung aus Christi Geist. Es geht also darum, ... die Jungmänner im Soldatenrock in ihrer Gewissensbildung so zu formen, daß sie nicht nur ‚dem Kaiser geben, was des Kaisers ist, sondern auch Gott, was Gottes ist'.*"[75]

Bei der Übergabe des Amtes des Militärvikars war folgende Situation der Militärseelsorge im Österreichischen Bundesheer gegeben:

- Bei den drei Gruppenkommanden bestand je eine besetzte Militärpfarre, bei den Militärkommanden 13 Militärpfarren (insgesamt also 16).
- Die dienstrechtliche Situation der Offiziere des Militärseelsorgedienstes war geregelt.
- Zur Unterstützung hatte der Militärpfarrer nun einen Unteroffizier als Pfarradjunkt, bisweilen auch einen eigenen Kraftfahrer.
- Für die seelsorgerischen Aufgaben der Militärpfarrer bzw. den Lebenskundlichen Unterricht gab es erlassmäßige Regelungen.
- Die Matrikenführung war geregelt und erfolgte nun zentral im Militärvikariat.[76]
- Im Februar 1969 hatte sich die Arbeitsgemeinschaft Katholischer Soldaten konstituiert, deren Mitglieder bisher als einzelne oder in kleineren Gruppen die Militärseelsorger unterstützt hatten (siehe dazu weiter unten).[77]

---

75 Der volle Wortlaut der Ansprache findet sich unter dem Titel „Christsein und Soldatsein sind in Österreich keine Gegensätze", in: Der Soldat, Nr. 12, 22.06.1969, S. 1. Zu seiner Amtseinführung siehe Bischof Dr. Zak übernimmt sein neues Amt als Militärvikar, in: Der Soldat, Nr. 12, 22.06.1969, S. 3.
76 Zur Matrikenführung siehe weiter unten den entsprechenden Abschnitt im Kapitel 2.4 „Aufgaben der Militärseelsorger".
77 *Militärordinariat*, Die Entwicklung von 1960 bis 1969 (Anm. 57), s. p.

Dr. Žak selbst war bestrebt, möglichst rasch enge Kontakte zu seinen Militärpfarrern und seinen „Seelsorgebefohlenen" zu knüpfen. So nützte er anlässlich der Weihe des Diözesanbischofs von Steiermark Johann Weber in Graz im Herbst 1969 die Gelegenheit, um den Soldaten der Garnison Graz sowie jenen auf dem Truppenübungsplatz Seetaler Alpe einen Besuch abzustatten, in der Garnisonskirche in Graz mehreren Soldaten das Sakrament der Firmung zu spenden, an Gesprächen der Arbeitsgemeinschaft Katholischer Soldaten teilzunehmen und am Ende des Aufenthalts noch einen feierlichen Garnisonsgottesdienst zu zelebrieren.[78] Kurz danach besuchte er Innsbruck, um dort im Rahmen des Lebenskundlichen Unterrichts einen Vortrag zum Thema „Freiheit des Gewissens" vor Offizieren, Unteroffizieren, Chargen, Beamten und Vertragsbediensteten des Garnisonsbereiches Innsbruck und Solbad Hall zu halten und bei der mehrtägigen Seelsorgertagung der 16 hauptamtlichen Militärseelsorger Österreichs den Vorsitz zu übernehmen, bei der *„alle Belange der religiösen Soldatenbetreuung eingehend besprochen und nach den Bestimmungen des 2. Vatikanischen Konzils entsprechende Beschlüsse gefaßt"* wurden.[79]

Kaum aus Innsbruck zurückgekehrt, stattete er dem Gruppenkommando I seinen Antrittsbesuch ab, wo ihm ein herzlicher Empfang bereitet wurde,[80] sowie dem Militärkommando Niederösterreich, wo er allerdings nur mit dem Militärkommandanten Brigadier Ing. Franz Zejdlik zu einem Abendessen zusammentraf.[81] Gegen Jahresende besuchte er schließlich auch die Truppen des Militärkommandos Kärnten in der Khevenhüller-Kaserne, um eine Gedächtnisstätte für die Gefallenen beider Weltkriege, für die Abwehrkämpfer und für die 127 (!) Soldaten des Österreichischen Bundesheeres zu weihen, die seit 1955 in Kärnten im Dienst verunglückt oder gestorben waren. Im Anschluss daran zelebrierte er eine Messe in der neuen Soldatenkirche in Lendorf, in deren Rahmen er 29 Soldaten das Sakrament der Firmung spendete.[82]

Militärvikar Dr. Žak nahm auch regen Anteil an der Diskussion um einen möglichen „zivilen Alternativdienst" zum Militärdienst (i.e. „Wehrersatzdienst"), der von der Öffentlichkeit vehement gefordert wurde,[83] und sprach sich klar für

---

78 Militärbischof besuchte Graz, in: Der Soldat, Nr. 19, 12.10.1969, S. 3, S. 5.
79 Militärbischof besuchte Innsbruck, in: Der Soldat, Nr. 20, 26.10.1969, S. 10.
80 Militärvikar Dr. Zak besuchte das GrpKdo I, in: Der Soldat, Nr. 21, 09.11.1969, S. 3.
81 Dr. Zak zu Gast. Das MilKdo Niederösterreich berichtet, in: Der Soldat, Nr. 22, 23.11.1969, S. 4.
82 Dr. Zak weiht Gedächtnisstätte, in: Der Soldat, Nr. 23, 07.12.1969, S. 5.
83 Zu den heftigen Diskussionen siehe *Kreuter, Siegbert*, Erlebtes Bundesheer, Teil 3: Vom Abteilungsleiter im Bundesministerium für Landesverteidigung zum Militärkommandanten

diesen aus, zumal man auch im Rahmen des 2. Vatikanischen Konzils für den Alternativdienst gestimmt habe.[84] Allerdings distanzierte er sich gemeinsam mit den anderen österreichischen Bischöfen von jeglicher Aufforderung an die Katholiken, das Bundesheer-Volksbegehren zu unterstützen, sowie von *„allen unsachlichen und beleidigenden Angriffen gegen das Bundesheer".* Äußerungen, wonach *„die österreichischen jungen Männer ... beim Bundesheer zu Mördern erzogen"* würden, seien aufs Schärfste zurückzuweisen.[85]

Nach der Versetzung von Pater Leo Fritz in den Ruhestand mit 31. Dezember 1969 wurde Militärdekan Franz Gruber mit Wirkung vom 1. Jänner 1970 zum neuen Militärprovikar bestellt.[86] Albuin Jordan wurde mit 1. März 1970 zum Leiter des Bischöflichen Schulamtes berufen; ihm folgte Josef Haselwandter, ehemals Kaplan in Wattens und Landeck und Seelsorger der Katholischen Arbeiterjugend, als neuer Militärpfarrer nach.[87]

Die kirchliche und dienstrechtliche Situation der Militärseelsorge wurde 1970 nach langen, bisweilen schwierigen Verhandlungen durch die durch den Erlass von Verteidigungsminister Dr. Georg Prader (1917–1985) herausgegebenen „Richtlinien für die katholische Militärseelsorge im Bundesheer"[88] geregelt. Gemäß diesen Richtlinien oblag die katholische Militärseelsorge den Offizieren des Militärseelsorgedienstes unter der Leitung des Militärvikars. Die zuständigen Organe waren das Militärvikariat und die Militärpfarrer. Ersterem oblagen die Leitung und Überwachung der Militärseelsorge sowie die zentrale Matrikenführung im Bundesheer nach den Verfügungen des Militärvikars ebenso wie die Anordnung von Exerzitien, Fortbildungskursen, Studientagungen etc. für die römisch-katholischen Offiziere des Militärseelsorgedienstes; ferner die Mitwirkung bei allen Personalangelegenheiten eben dieser sowie die Stellungnahme zu Erlässen und sonstigen Anordnungen, die das Aufgabengebiet der Offiziere des Militärseelsorgedienstes oder das seelsorgerische Hilfspersonal betrafen.[89]

1974 bis 1979 (= Schriften zur Geschichte des Österreichischen Bundesheeres, Bd. 6/3, Wien 2010), S. 41–43.
84 Österreichs Bischöfe für Alternativdienst, in: Der Soldat, Nr. 6, 22.03.1970, S. 3.
85 Bundesheer nicht diskriminieren. Die Bischöfe Österreichs distanzieren sich vom Bundesheer-Volksbegehren, in: Der Soldat, Nr. 7, 05.04.1970, S. 6.
86 Msgr. Gruber wird Militärprovikar, in: Der Soldat, Nr. 22, 23.11.1969, S. 7.
87 Tiroler Militärpfarrer zum Leiter des bischöflichen Schulamtes berufen, in: Der Soldat, Nr. 7, 05.04.1970, S. 4.
88 Römisch-katholische Militärseelsorgedienst im Bundesheer; Richtlinien, Erlass des BMLV, vom 20.04.1970, Zl. 3.307-Präs-A/70 (VBl. Nr. 73/1970).
89 Ebd., Punkt 3 c.

Die im Rahmen der Wehrgesetznovelle 1971 verfügte Verkürzung der Wehrdienstzeit von neun auf sechs Monate hatte auch Auswirkungen auf die Militärseelsorge. Grundwehrdiener konnten in der Folge z.B. nicht mehr an der internationalen Militärpilgerfahrt nach Lourdes teilnehmen.[90]

Zudem waren bis 1970 die aktiven Militärseelsorger in einem festen beamteten Dienstverhältnis bis zur Versetzung in den Ruhestand. Anfang der 1970er Jahre ging man allerdings dazu über, deren Dienstleistung – mit Ausnahme der Dekanatspfarrer und des Militärpfarrers an der Militärpfarre der Theresianischen Militärakademie – bis zum Erreichen des 40. Lebensjahres zu beschränken.[91]

Am 1. Jänner 1973 wurde die Militärpfarre 5 beim Militärkommando Niederösterreich mit dem Amtssitz in Allentsteig errichtet und Militärkaplan Pater Franz Dondorf (1936–2012) zum Militärpfarrer der neu errichteten Militärpfarre bestellt.[92]

In eben diesem Jahr wurde eine wesentliche Änderung in der Kommandostruktur des Österreichischen Bundesheeres vorbereitet: Erstmals sollten die großen Kommanden durch einen dem Bundesministerium für Landesverteidigung unmittelbar unterstellten Führungsstab geführt werden. Mit 1. Juli 1973 wurde das Armeekommando aufgestellt, das personell zum Großteil aus Angehörigen des früheren Gruppenkommandos I bestand. Die beiden anderen Gruppenkommanden wurden zu Korpskommanden umgegliedert. Mit der Aufstellung des Armeekommandos wurde aus der bisherigen Militärpfarre beim Gruppenkommando I die Dekanatspfarre beim Armeekommando und der zum Militärdekan beförderte Monsignore Josef Gaupmann zum Militärpfarrer der neu errichteten Dekanatspfarre bestellt. Sitz derselben war Wien.[93] Ihm wurden zur Koordinierung der Militärseelsorge die Militärpfarren Wien und Niederösterreich zugeordnet.[94]

---

90 Quinquennialbericht über den Stand der Militärseelsorge Österreichs 1968–1973, in: *Bundesministerium für Landesverteidigung/Militärvikariat* (Hg.), Katholische Militärseelsorge Österreichs (Anm. 13), S. 45.
91 Ebd., S. 46.
92 Errichtung der Militärpfarre 5 beim Militärkommando Niederösterreich, Verfügung des Militärvikars vom 16.11.1972, Zl. 1104/72, Erlass des BMLV vom 16.01.1973, Zl. 13.638-PräsA/72 (VBl. Nr. 12/1973).
93 Errichtung der Dekanatspfarre beim Armeekommando, Verfügung des Militärvikars vom 02.07.1973, Zl. 608/73, Erlass des BMLV vom 30.07.1973, Zl. 7.351-PräsA/73 (VBl. Nr. 65/1973), Verlautbarung der Verfügung vom 02.07.1973, Zl. 608/73.
94 Neugliederung der Militärseelsorge, in: LIES, H. 6 (1973), o. S. Zur Gliederung im Detail siehe auch Militärvikariat an Bundesministerium für Landesverteidigung, Zl. 520/73, in: LIES, H. 6 (1973), o. S.

Gemäß Erlass vom 8. Oktober 1973 wurden dann auch die Militärseelsorgebereiche für die römisch-katholische Militärseelsorge im Österreichischen Bundesheer neu festgelegt.[95]

Mit 1. Jänner 1974 wurden schließlich aus den bisherigen Militärpfarren beim Korpskommando I (Graz) und Korpskommando II (Salzburg) ebenfalls Dekanatspfarren. Die Militärdekane Prälat Franz Unger und Rudolf Weinberger wurden mit deren Leitung betraut.[96] Dem Militärpfarrer beim Korpskommando I wurden die Militärpfarren Steiermark und Burgenland zugeordnet, jenem beim Korpskommando II die Militärpfarren Salzburg, Oberösterreich, Tirol und Vorarlberg.[97]

Die Festlegung der Seelsorgebereiche der einzelnen Dekanats- bzw. Militärpfarrer erfolgte nach den jeweiligen seelsorgerischen Erfordernissen durch den Militärbischof über das Militärvikariat auf Vorschlag des zuständigen Militärpfarrers der Dekanatspfarre beim Armeekommando bzw. bei den Korpskommanden.[98] Die Amtssitze der Militärpfarrer wurden vom Bundesministerium für Landesverteidigung bestimmt.[99]

Die neue Heeresstruktur sah daher nun die folgende Gliederung vor, der auch die Struktur der Militärseelsorge folgte:

- Das Armeekommando in Wien mit der Dekanatspfarre beim Armeekommando (der anfänglich die Militärpfarren in Wien und Niederösterreich zugeordnet waren, später dann die Militärpfarren in Wien, an der Theresianischen Militärakademie und an der Heeresunteroffiziersschule).
- Das Korpskommando I in Graz mit der zugehörigen Dekanatspfarre, dem die Militärkommanden Niederösterreich (nun mit fünf Militärpfarren), Steiermark und Burgenland unterstellt waren.

---

95 Römisch-katholische Militärseelsorge im Bundesheer; Festlegung der Militärseelsorgebereiche, Verfügung des Militärvikars, Zl. 520/73, Erlass des BMLV vom 08.10.1973, Zl. 8.269-PräsA/73 (VBl. Nr. 88/1973).
96 Erlass des BMLV vom 07.02.1974, Zl. 686-PräsA/74 (VBl. Nr. 36/1974), Verlautbarung der Verfügung vom 16.01.1974, Zl. 72/74.
97 Neugliederung der Militärseelsorge, in: LIES, H. 6 (1973), o. S. Zur Gliederung im Detail siehe auch Militärvikariat an Bundesministerium für Landesverteidigung, Zl. 520/73, in: LIES, H. 6 (1973), o. S.
98 Fischer, Die Römisch-Katholische Militärseelsorge beim österreichischen Bundesheer (Anm. 1), S. 16.
99 Verlautbarungsblatt des Bundesministeriums für Landesverteidigung, Jg. 1970, Nr. 73, Erlass vom 20.04.1970, Zl. 3.307-Präs-A/70, Punkt 3 d.

- Das Korpskommando II in Salzburg mit der zugehörigen Dekanatspfarre, dem die Militärkommanden in Salzburg, Kärnten, Oberösterreich, Tirol und Vorarlberg unterstanden.

Die seelsorgerische Betreuung des Personals der Fliegerkräfte erfolgte durch die territorial zuständige Militärpfarre.[100]

Der Abschluss der Neuorganisation der Militärseelsorge 1974 stellt quasi das Ende des Aufbaues der Militärseelsorge in der Zweiten Republik dar. Unter Berücksichtigung der besonderen Umstände und Bedürfnisse war die „Militärkirche" nun weitgehend den zivilen Diözesanstrukturen angepasst worden.

Anfang 1974 unterstanden dem Militärbischof nun 17 Militärpfarrer, die in 17 Militärpfarren und 137 Kasernen rund 55.000 Personen (einschließlich der Familienangehörigen des Kaderpersonals) betreuten – eine geringe Anzahl an aktiven Militärseelsorgern war für ein oft weit verstreutes Seelsorgegebiet zuständig. Nimmt man das Beispiel der Militärpfarre Tirol her, so war ein Gebiet von 12.600 km² mit 17 Kasernen in zwölf Garnisonsorten zu betreuen. Einer intensiven Betreuung des Kaderpersonals waren daher enge Grenzen gesetzt.

Zusätzlich wurden etwa 1000 Soldaten, die den UN-Truppen angehörten, in Zypern und Ägypten von zwei Militärkaplänen der Reserve betreut. Zu diesen hauptamtlichen Seelsorgern kamen noch 28 Militärpfarrer der Reserve und 39 zivile Geistliche, die als Subsidiare tätig waren.[101]

II.4 Aufgaben der Militärseelsorger

> „Wir sind keine Bürostelle! Wir gehören zu den Soldaten. Wir gehen in die Kasernen, wir machen mit ihnen Dienst. Wir sollen nicht nur am Sonntag für sie da sein!"

Diese Worte von Brigadepfarrer Militärsuperior Albuin Jordan, der – selbst in der Viktor Dankl-Kaserne am Innrain in Innsbruck ansässig – die weitverstreuten Garnisonen der 6. Brigade vom Bodensee bis zu den Lienzer Dolomiten betreute,

---

100 Militärordinariat der Republik Österreich, Die Amtszeit von Bischof Dr. Franz Zak. Mai 1969 bis Dezember 1986, s. p. http://www.mildioz.at/index.php?option=com_content&task=view&id=66&Itemid=8 (Abfrage v. 07.04.2015).
101 Eine genaue Auflistung aller aktiven Offiziere des Militärseelsorgedienstes sowie aller Offiziere des Seelsorgedienstes der Reserve von 1956 bis 1974 findet sich in: *Bundesministerium für Landesverteidigung/Militärvikariat* (Hg.), Katholische Militärseelsorge Österreichs (Anm. 13), S. 1–24. Vgl. auch Quinquennialbericht über den Stand der Militärseelsorge Österreichs 1968–1973, in: ebd., S. 40.

beschrieben seine umfangreiche Tätigkeit auf geradezu treffliche Weise.[102] Sein Motto *„Für den Priester gibt es keine Dienstgrade, sondern nur unsterbliche Soldaten"* machte ihn bei Offizieren und Unteroffizieren ebenso beliebt wie bei den Mannschaften.[103]

Militärvikar Dr. Franz Žak beschrieb anlässlich seiner Amtseinführung am 8. Mai 1969 die Aufgaben der Militärseelsorge wie folgt:

„Die Aufgabe, die die Militärseelsorge an den Soldaten zu erfüllen hat, ist die gleiche, wie sie die Kirche an den Menschen dieser Welt zu erfüllen hat. Sie will also Dienst sein an den Menschen, an den Angehörigen des Bundesheeres, im Auftrag des Friedensfürsten Jesus Christus, der der Welt den Frieden gebracht hat, der durch sein Kreuz alle Menschen mit Gott versöhnt und die Einheit aller in einem Volk und in einem Leib wiederhergestellt hat."[104]

Damit legte der Militärvikar unmissverständlich die grundsätzliche Ausrichtung der Militärseelsorge beim Österreichischen Bundesheer dar, die darin bestand, Dienst zu tun zum Heil der Menschen, und das in einem besonderen Umfeld und unter speziellen Bedingungen.

Die Militärseelsorger hatten folgende grundlegende Aufgaben zu erfüllen:

- Seelsorgerische Begleitung von Soldaten aller Dienstgrade bei Einsätzen im In- und später auch im Ausland
- Matrikenführung
- Verkündigung des Glaubens in Form von Gottesdiensten
- Sakramentenspendung bei Taufen, Trauungen, Eucharistiefeiern
- Sakramentalien wie etwa Segnungen und Beerdigungen
- Ansprachen bei militärischen Feiern wie Totengedenken, Traditionstagen, bei Angelobungen sowie bei Advent- und Weihnachtsfeiern
- Ethischer/Lebenskundlicher Unterricht für Soldaten und Kaderpersonal
- Weihe von Soldatenkirchen und -kapellen, Feldzeichen, Denkmälern
- Betreuung von Soldatenkirchen und -kapellen in Kasernen sowie von kirchlichen Geräten und Paramenten

---

102 Der Pfarrer der 6. Brigade, in: Der Soldat, Nr. 21, 03.11.1957, S. 3. Vgl. auch Vom Seelsorgedienst, in: Der Soldat, Nr. 9, 11.05.1958, S. 2.

103 Tiroler Militärpfarrer zum Leiter des bischöflichen Schulamtes berufen, in: Der Soldat, Nr. 7, 05.04.1970, S. 4.

104 Žak, Franz, Christsein und Soldat, in: Christ und Verteidigung. 10 Jahre Militärbischof Dr. Franz Žak und die Arbeitsgemeinschaft Katholischer Soldaten, hg. v. Militärvikariat und der Arbeitsgemeinschaft Katholischer Soldaten, Wien 1980, s. p. Siehe auch Christsein und Soldatsein sind in Österreich keine Gegensätze, in: Der Soldat, Nr. 12, 22.06.1969, S. 1.

- Schriftapostolat und Erwachsenenbildung
- Religiöse Fortbildung
- Zusammenarbeit mit der Arbeitsgemeinschaft Katholischer Soldaten.

Der Tätigkeitsbereich der aktiven Offiziere des Militärseelsorgedienstes umfasste zusätzlich noch:

- Koordinierung der Tätigkeiten aller katholischen Militärseelsorger im Befehlsbereich
- Erstellung des monatlichen Tätigkeitsberichtes sowie Führung des Gestionsprotokolls für fachliche und sachliche Schriftstücke
- Schriftliche und mündliche Absprachen mit den Militär-Subsidiaren und sonstigen zivilen Seelsorgern
- Teilnahme an Pastoralkonferenzen und Priesterfortbildungswochen
- Befassung mit Angelegenheiten der Katholischen Aktion.[105]

Die Art und der Umfang der Tätigkeit der Militärseelsorger sind durch eigene genaue Vorschriften erlassmäßig geregelt.

Folgende Tätigkeiten fielen in den unmittelbaren Aufgabenbereich der von 1956 bis 1974 tätigen Militärseelsorger:[106]

- **Kirchliche Matrikenführung**

Seit dem 1. Jänner 1960 wurde eine eigene Militärmatrik für jene Personen, die der Jurisdiktion des Militärvikars unterstanden,[107] zentral vom Militärvikariat (später dann Militärordinariat) geführt.[108] Diese erfasste alle Taufen, Firmungen,

---

105 AdR, 05/LV/2.Rep./Evangelische Militärseelsorge, Kt. 2, 1969 EMSA/MilSUP, 2.a.4, o.Zl., Militärseelsorge – Aufgaben des Militärseelsorgers/katholisch, o.D.
106 Vgl. Fischer, Die Römisch-Katholische Militärseelsorge beim österreichischen Bundesheer (Anm. 1), S. 17 f.
107 Siehe dazu AdR, 05/LV/2.Rep., 1960, Mil. Vik. Zl. 1/60, Zl. 24.370-Präs/I/60, Zl. 11.865-Präs/60, Erlaß über die Errichtung von Militärpfarren durch den Militärvikar des Österreichischen Bundesheeres vom 05.04.1960 sowie Verlautbarung des Militärvikars über die Errichtung von Militärpfarren für die katholischen Heeresangehörigen, Zl. 1-MV/1960, Erlass des BMLV vom 05.04.1960, Zl. 17.578-Präs/I (VBl. Nr. 54/1960).
108 In einer Information an den Bundesminister entschuldigte sich Militäroberkurat Gruber für die vorzeitige Veröffentlichung der neuen Militärmatrikenführung. AdR, 05/LV/2.Rep., 1960, Zl. 11.865-SI/60, Militäroberkurat Franz Gruber an Staatssekretär Stephani, Information für den Herrn Bundesminister über die vorzeitige Veröffentlichung der neuen Militärmatrikenführung vom 05.01.1960.

Eheschließungen, Konversionen und Reversionen sowie Begräbnisse.[109] Die Führung dieser Matrik war Aufgabe der Militärpfarren. Beabsichtigte ein Bundesheersoldat eine zivile Trauung/Taufe musste er bei seinem Militärseelsorger einen Entlass-Schein einholen und dem Pfarramt, bei dem er die Hochzeit/Taufe angemeldet hatte, vorlegen. Diese Tauf- bzw. Trauungsentlassung des Militärseelsorgers galt dann als Tauf- bzw. Trauungserlaubnis in einer zivilen Pfarre.

Im Fall von Konversionen und Reversionen kam es zu einem engeren persönlichen Kontakt zwischen dem Seelsorger und den Kandidaten, da eine *„sehr intensive Auseinandersetzung des einzelnen mit verschiedenen zentralen Glaubensinhalten und -fragen"* stattfand.[110]

In den Jahren 1968 bis 1973 wurden von den Militärseelsorgern immerhin 27 Konversionen und Reversionen vorgenommen.

- **Gottesdienste und sonstige liturgische Feiern**

Eine umfassende Kontaktmöglichkeit zwischen Militärseelsorgern und Soldaten boten die zahlreichen Feldmessen und Soldatengottesdienste (Feier der Eucharistie), aber auch Taufen, Trauungen, Bußsakramente, Krankensalbungen, Beerdigungen, Firmvorbereitungen etc.

Gottesdienste

In den Militärpfarren wurden zahlreiche Gottesdienste in Form von Eucharistie- und Wortgottesdiensten abgehalten. Die Teilnahme daran sollte stets freiwillig erfolgen, allerdings gab es häufiger Beschwerden über eine „befohlene" Teilnahme und Repressalien bei einer Nichtteilnahme.

In jenen Militärpfarren, die über Garnisons- bzw. Soldatenkirchen/-kapellen verfügten (siehe unten), fand zumindest einmal pro Woche ein Gottesdienst statt. Bei bestimmten Anlässen oder während kirchlicher Besinnungs- und Festzeiten wie etwa im Advent, zu Weihnachten, in der Fasten- bzw. der Osterzeit wurden ebenfalls Gottesdienste abgehalten, wo die Soldaten im Rahmen des Lebenskundlichen Unterrichts aufgefordert wurden, zu dessen Gestaltung beizutragen, sei es durch Musik oder Lektorentätigkeit.[111]

---

109 *Militärordinariat*, Die Entwicklung von 1960 bis 1969 (Anm. 57), s. p.; Eine eigene Militärmatrik, in: Der Soldat, Nr. 1, 17.01.1960, S. 13.

110 *Fischer*, Die Römisch-Katholische Militärseelsorge beim österreichischen Bundesheer (Anm. 1), S. 48.

111 Ebd., S. 43.

Der Aufbau der Militärseelsorge in der Zweiten Republik   217

Am 6. April 1958 fand der erste offizielle Militärgottesdienst für die Garnison Graz statt, bei dem die „Österreichische Soldatenmesse" von Otto Kubicek in der Steiermark uraufgeführt wurde.[112]
Im Rahmen von Verlegungen, etwa zum Zweck der Gefechtsausbildung und -übung, wurden häufig auch Feldmessen abgehalten.[113]

Abb. 3: Feldmesse.

(Heeresbild- und Filmstelle, SW_00254_.jpg)

---

112 Erster Militärgottesdienst der Garnison Graz, in: Der Soldat, Nr. 7, 06.04.1957, S. 4.
113 So z.B. im April 1970 auf dem Truppenübungsplatz Allentsteig, wohin die 3. Panzergrenadierbrigade verlegt hatte. Diese Messe zelebrierte Militärbischof Dr. Žak selbst. Siehe dazu Hoher Gast auf dem TÜPl Allentsteig. Die Feldmesse, in: Der Soldat, Nr. 10, 17.05.1970, S. 8. Auch 1971 verlegten 1200 Mann der Brigade nach Allentsteig. Viele von ihnen nahmen an der Feldmesse, die der neue Militärpfarrer von Allentsteig, Pater Thomas, zelebrierte, teil. Vgl. 1200 Reservisten in Allentsteig, in: Der Soldat, Nr. 19, 10.10.1971, S. 6.

Abgesehen von Gottesdienstfeiern und dem Spenden der Sakramente fallen auch andere Feiern in den Bereich der Militärseelsorger:

Taufen, Trauungen
Neben den Tauffeiern für die Kinder der Soldaten äußerten bisweilen Soldaten selbst den Wunsch, in die Gemeinschaft der Katholischen Kirche aufgenommen zu werden. Einer von ihnen war der Gefreite Harald Karl Bazant, Angehöriger der Stabskompanie (Musikkapelle) des Vorarlberger Jägerbataillons Nr. 23, der im Advent 1961 in der Stadtpfarrkirche in Bregenz getauft wurde.[114]

Als Beispiel für eine der zunächst zahlreichen Trauungen sei eine „Militärhochzeit" erwähnt, die Anfang 1960 in Sankt Pölten stattfand: Zugsführer Gottfried Fahrafellner und Frau Gerlinde Gottwald wurden im Dom vom Militärpfarrer der 2. Brigade, Militärkurat Vollnhofer, getraut. Trauzeuge war der Batteriekommandant, Oberleutnant Lorenz. 20 Kanoniere der 2. Batterie bildeten das Spalier.[115]

Im Laufe der Jahre sank die Zahl der Taufen, v.a. aber der Trauungen drastisch, wie unten stehende Tabelle zeigt:

1968: 161 Taufen, 142 Trauungen
1969: 167 Taufen, 92 Trauungen
1970: 150 Taufen, 67 Trauungen
1971: 106 Taufen, 55 Trauungen
1972: 94 Taufen, 50 Trauungen
1973: 77 Taufen, 25 Trauungen
1974: 98 Taufen, 37 Trauungen.[116]

Die sinkenden Zahlen waren darauf zurückzuführen, dass viele Trauungen per Delegation von Zivilseelsorgern vorgenommen wurden; die geringere Zahl der Taufen ist auch unter dem Aspekt des Geburtenrückganges zu betrachten.

---

114 Taufe eines Soldaten in Bregenz, in: Der Soldat, Nr. 1, 15.01.1961, S. 3.
115 Militärhochzeit in St. Pölten, in: Der Soldat, Nr. 6, 27.03.1960, S. 4.
116 Die genauen tabellarischen Aufzeichnungen setzen erst mit der Übernahme des Amtes des Militärvikars durch Dr. Žak ein. *Gruber*, 40 Jahre Wiedererrichtung der Militärseelsorge Österreichs (Anm. 9), S. 67; Quinquennialbericht über den Stand der Militärseelsorge Österreichs 1968–1973, in: *Bundesministerium für Landesverteidigung/Militärvikariat* (Hg.), Katholische Militärseelsorge Österreichs (Anm. 13), S. 47; Quinquennialbericht über den Stand der Militärseelsorge Österreichs 1974–1977, in: ebd., S. 62.

Soldatenfirmungen

Soldatenfirmungen erfreuten sich zunächst großer Beliebtheit. Anfangs wurden jährlich bis zu 1000 Soldaten beim Militär gefirmt, wobei zunächst auch zivile Geistliche die Firmung vornahmen, später aber fast ausschließlich der Militärbischof bzw. der Militärprovikar.

Firmungen fanden in regelmäßigen Abständen statt, häufig in Wiener Neustadt oder in einem anderen Ort mit einer Garnisonskirche. Die Paten der Firmlinge waren zumeist Angehörige des Kaderpersonals, die auch sonst eng mit den Militärpfarrern zusammenarbeiteten. Dies förderte auch die persönlichen Beziehungen zwischen den Soldaten verschiedener Dienstgrade. Der vorbereitende Firmunterricht oblag den Militärpfarrern, die die Firmlinge territorial zusammenzogen, oft auch im Rahmen von Einkehrtagen, um ihnen eine gewissenhafte Vorbereitung auf den Empfang des Firmsakraments zu ermöglichen.[117]

Im Laufe der Jahre nahm aber auch die Zahl der Firmungen drastisch ab, wie unten stehende Tabelle zeigt – 1968 war diese bereits um etwa die Hälfte gesunken. Der Rückgang war wohl auch auf die bessere Erfassung seitens der Schulen zurückzuführen.

1968: 491 Firmungen
1969: 465 Firmungen
1970: 402 Firmungen
1971: 356 Firmungen
1972: 379 Firmungen
1973: 428 Firmungen
1974: 370 Firmungen.[118]

---

117 *Fischer*, Die Römisch-Katholische Militärseelsorge beim österreichischen Bundesheer (Anm. 1), S. 44 f.
118 *Gruber*, 40 Jahre Wiedererrichtung der Militärseelsorge Österreichs (Anm. 9), S. 68; Quinquennialbericht über den Stand der Militärseelsorge Österreichs 1968–1973, in: *Bundesministerium für Landesverteidigung/Militärvikariat* (Hg.), Katholische Militärseelsorge Österreichs (Anm. 13), S. 47; Quinquennialbericht über den Stand der Militärseelsorge Österreichs 1974–1977, in: ebd., S. 62.

Abb. 4: Eine Firmung durch Kardinal König.

(Heeresbild- und Filmstelle, SW_00821_17.jpg)

Bereits kurz nach seiner Ernennung spendete der Militärvikar Erzbischof DDr. König in der Stiftskaserne das Sakrament der Firmung für 72 Angehörige der 2. Brigade, denen 14 Offiziere als Firmpaten zur Seite standen, sowie für 38 Angehörige der Militärpfarre des Gruppenkommandos I aus der Garnison Wien mit ihren Offizieren als Firmpaten.[119] In den folgenden Jahren nahm er noch viele weitere Firmspenden persönlich vor, so etwa am 6. Juni 1958 und am 1. Juni 1959 in Wiener Neustadt[120], am 21. Mai 1959 im Wiener Stephansdom[121] oder am 19. Juni 1960 in Allentsteig[122].

Wie bereits erwähnt, spendeten auch zivile Geistliche den Segen der Firmung. Am 11. Juni 1958 fand etwa in der Kirche der Kaserne Siezenheim für

---

119 Soldatenfirmung, in: Der Soldat, Nr. 10, 31.05.1959, S. 7.
120 Die 1. Brigade. Soldatenfirmung in Wiener Neustadt, in: Der Soldat, Nr. 12, 22.06.1958, S. 2; Aus der Militärakademie. Soldatenfirmung in der St.-Georgs-Kirche der Burg, in: Der Soldat, Nr. 11, 14.06.1959, S. 5.
121 Luftstreitkräfte. Soldatenfirmung, in: Der Soldat, Nr. 10, 31.05.1959, S. 7.
122 Soldatenfirmung in Allentsteig, in: Der Soldat, Nr. 5, 05.06.1960, S. 3.

43 Angehörige aller Truppenteile der Salzburger Garnison, darunter drei Offiziere und viele Unteroffiziere, eine Firmfeier durch Erzbischof Dr. Andreas Rohracher (1892–1976) unter Assistenz von Militärdekan Innerhofer und Militärkurat Weinberger statt. Nach der Firmung gab es für sie und ihre Paten in der Kantine Siezenheim ein Festessen, und jeder Firmling erhielt als Erinnerung ein Neues Testament mit persönlicher Widmung des Erzbischofs sowie ein grünes Lederetui mit einem Mariatheresientaler und zwei 25 S Münzen.[123]

Betreuung von schwer verletzten bzw. kranken Soldaten und Angehörigen der Heeresverwaltung

Bei Unfällen sowohl im als auch außer Dienst, bei denen Soldaten bzw. Angehörige der Heeresverwaltung lebensgefährlich verletzt wurden, hatte mit der ärztlichen Erstversorgung gleich auch eine ehestmögliche seelsorgerische Betreuung durch einen Militärseelsorger zu erfolgen. Unmittelbar nach dem Einlangen der Unfallmeldung bei der Einheit des Schwerverletzten bzw. beim Brigadekommando war der territorial zuständige Militärseelsorger davon in Kenntnis zu setzen. Dieser hatte dann unverzüglich aktiv zu werden, etwa in Form eines Krankenhausbesuches.[124]

Beerdigungen von Soldaten

Militärpfarrern fiel auch die (traurige) Aufgabe zu, Soldaten, die durch Krankheit, schwere Autounfälle, Flug- oder Alpinunfälle ums Leben gekommen waren, im Beisein ihrer Kameraden zu Grabe zu tragen. Um die entsprechenden Vorbereitungen treffen zu können, war die unverzügliche Meldung des Todesfalles an den zuständigen Militärseelsorger überaus wichtig.

Im Falle des bei einer Wanderung auf der Rax abgestürzten Fähnrichs der Militärakademie Heinz Peter Lisak, der in Stockerau beerdigt wurde, nahm Militäroberkurat Hahn, Militärpfarrer der Akademie, die Einsegnung gemeinsam mit dem Ortsgeistlichen vor.[125] Kurze Zeit später wurde Wachtmeister Rudolf Gastager von der Fliegerschulkompanie Zeltweg, der beim Absturz eines Düsentrainers tödlich verunglückt war, nach Einsegnung von Militäroberkurat Gruber

---

123 Firmung bei der 8. Gebirgsbrigade, in: Der Soldat, Nr. 12, 22.06.1958, S. 2.
124 Betreuung von schwerverletzten bzw. schwererkrankten Angehörigen des Bundesheeres und der Heeresverwaltung durch Militärseelsorger, Weisungen, Erlass des BMLV vom 25.03.1960, Zl. 16.180-Präs/I (VBl. Nr. 89/1960); AdR, 05/LV/2.Rep., Zl. 11.865-Präs/60, Aktenvermerk betreffend Betreuung von schwerverletzten bzw. schwerkranken Angehörigen des Bundesheeres und der Heeresverwaltung, Weisung vom 25.03.1960.
125 Wieder griff der Tod zu, in: Der Soldat, Nr. 13, 05.07.1964, S. 5.

in Salzburg-Maxglan zu Grabe getragen.[126] Diese Beispiele sind nur einige wenige der zahlreichen Todesfälle, die im Zeitraum von 1957 bis 1974 in der Zeitschrift „Der Soldat" angeführt sind.

- **Gestaltung kirchlicher Feste (Weihnachten, Ostern, Allerseelen)**
Wie bei den Gottesdiensten so wurden auch für die Gestaltung kirchlicher Feste wie Weihnachten, Ostern oder Allerseelen bei den Einheiten Soldaten im Rahmen des Lebenskundlichen Unterrichts herangezogen. Die Militärpfarrer nahmen die Ostervorbereitung der Soldaten mit Eucharistiefeiern bei allen Einheiten vor, hielten Karwochen- und Osterliturgiefeiern und spendeten das Ostersakrament.

Im April 1969 gingen etwa laut Bericht in „Der Soldat" mehrere hundert Soldaten der Garnisonen Bregenz und Lochau, die sich in der Herz Jesu-Kirche in Bregenz zu einem gemeinsamen Gottesdienst eingefunden hatten, zur Osterbeichte und Kommunion.[127]

Als Vorbereitung auf das Ostersakrament wurden 1973 in der Militärpfarre an der Theresianischen Militärakademie zehn Einkehrtage in Katholischen Bildungshäusern veranstaltet.[128]

Häufig feierten die Militärseelsorger auch Weihnachten mit den Dienst habenden Soldaten und zelebrierten die Weihnachtschristmette. Ein Beispiel von vielen sei hier herausgegriffen: Zu Weihnachten 1959 wohnte Kardinal DDr. König persönlich der Weihnachtsfeier der 1. Brigade in Eisenstadt bei, an der alle Offiziere und eine Abordnung von je zwölf Mann von den Einheiten teilnahmen. Ein Soldat überbrachte das Friedenslicht und übergab es an DDr. König, der es vor das Krippenbild stellte. Nach einer musikalischen Einlage und der Rede des Brigadekommandanten Oberstleutnant des höheren militärfachlichen Dienstes Oberst dG Josef Knotzer wurde das Weihnachtsevangelium vorgetragen und DDr. König hielt eine Weihnachtsansprache, in der er den Satz „Ehre sei Gott in der Höhe und Frieden den Menschen auf Erden, die guten Willens sind" in den Mittelpunkt stellte. Mit dem Lied „Stille Nacht, heilige Nacht" schloss der offizielle Teil der Feier.[129]

---

126 Begräbnis Wchtm Gastagers, in: Der Soldat, Nr. 14, 26.07.1964, S. 4.
127 Soldaten-Osterbeichte in Bregenz, in: Der Soldat, Nr. 7, 13.04.1969, S. 5.
128 Quinquennialbericht über den Stand der Militärseelsorge Österreichs, in: *Bundesministerium für Landesverteidigung/Militärvikariat* (Hg.), Katholische Militärseelsorge Österreichs 1968–1973 (Anm. 13), S. 44.
129 Vgl. dazu Soldatenweihnacht 1959. Der Militärbischof bei den Soldaten, Nr. 1, 17.01.1960, S. 6.

Diese gemeinsamen Feiern boten den Militärseelsorgern eine weitere gute Möglichkeit, engere Kontakte zu den Soldaten zu knüpfen und ihnen die Werte einer christlichen Lebensführung näherzubringen.

- **Ethischer Unterricht/Lebenskundlicher Unterricht**
Innerhalb weniger Monate nach Aufstellung des Österreichischen Bundesheeres der Zweiten Republik und des Beginns der Militärseelsorge fand bereits eine Art ethischer bzw. (ab 1959[130]) Lebenskundlicher Unterricht für alle Soldaten bzw. Einheiten statt: *„Einmal im Monat steht auf dem Dienstplan der Truppe ein Vortrag des Priesters, der sich mit den verschiedensten Fragen des Soldatenlebens befaßt."*[131] Dieser monatliche Ethische bzw. Lebenskundliche Unterricht diente dazu, *„den jungen Waffenträgern unseres Volkes jenes innere Fundament zu sichern, das allein wirkliches Wehrethos und echte Vaterlandsliebe garantiert ohne Verzerrung nach dieser oder jener Richtung".*[132] Er wurde nach Konfessionen und Dienstgraden (Jungmänner und Chargen, Unteroffiziere und Offiziere) im Rahmen der Einheiten (Kompanie, Batterie) getrennt gehalten. Beim Unterricht für Unteroffiziere waren deren erzieherische Tätigkeiten im Besonderen zu berücksichtigen. Auch in die Offiziersausbildung hatte der Lebenskundliche Unterricht in geeigneter Form und regelmäßig einzufließen.

Da der Unterricht im Rahmen der Dienstzeit stattfand, war eine Abmeldung in späterer Zeit aus persönlichen Gründen zwar möglich – es musste aber ein Ersatzdienst geleistet werden. Dieser Unterricht stellte für die Militärseelsorger den regelmäßigsten und häufigsten Kontakt mit den ordentlichen Präsenzdienst leistenden Wehrpflichtigen dar.

Im Lebenskundlichen Unterricht behandelten die Militärseelsorger Themenbereiche, die für den Dienst und das Leben des einzelnen Soldaten von Relevanz waren und die besonderen Aufgaben des Soldatendienstes, der christlichen Lebensführung und der kirchlichen Gemeinschaft betrafen. Die – auch im Soldatentaschenbuch enthaltenen – Inhalte, die Jungmännern und Chargen näher gebracht werden sollten, waren in dem in diesem Beitrag behandelten Zeitraum u.a. folgende:

- Wehrdienst – Verlust oder Gewinn?
- Wehrdienst und Tötungsrecht

---

130 AdR, 05/LV/2.Rep./Evangelische Militärseelsorge, Kt. 1, 1959 EMSA/MilSUP, 1.a.4, Bundesministerium für Landesverteidigung, Zl. 66.807-Präs/I/59 vom 29.10.1959.
131 Ausbau der Militärseelsorge, in: Der Soldat, Nr. 7, 07.04.1957, S. 5.
132 Österreichische Militärseelsorge einst und jetzt, in: Der Soldat, Nr. 2, 26.01.1958, S. 6 f., hier S. 7.

- Glauben – eine Lebensfrage
- Liebe, Ehe, Familie: Leben aus Verantwortung
- Bewährung als Mann und Christ
- Keiner lebt für sich allein
- Das Leben – aus Gottes Hand
- Leitlinien für das Leben.[133]

Darüber hinaus wurden auch die Aufgaben der Militärseelsorge in anderen Bereichen angesprochen sowie eine Auseinandersetzung mit anderen Religionen geboten.

Der Unterricht für das Kaderpersonal (Unteroffiziere und Offiziere) unterschied sich in gewisser Hinsicht von jenem der Jungmänner und Chargen. Zwar waren manche Themen gleich, wurden aber intensiver abgehandelt. Zudem konnte der Unterricht auch in Form von Einkehrtagen oder mehrtägigen Veranstaltungen durchgeführt werden, was sich als zielführender erwies. Der Unterricht basierte meist auf Vorträgen des Militärseelsorgers mit anschließender Möglichkeit zur Diskussion. Auch zivile Angehörige der Heeresverwaltung konnten um Teilnahme an diesem Unterricht ansuchen.

Seit 1973 zeichnete das Militärvikariat auch für die Planung und Durchführung sogenannter „Wehrethischer Seminare" im Rahmen der Generalstabskurse der Landesverteidigungsakademie mitverantwortlich, die die Möglichkeit bieten sollten, Offizieren, die verantwortungsvolle militärische Posten übernehmen, mit Themen wie „Anwendung von militärischer Macht und Gewaltlosigkeit aus der Sicht christlicher Ethik", „Schutz der Grundwerte aus ethischer Sicht", „Wertvorstellungen unserer demokratischen Gesellschaftsordnung" oder „Die Stellung der katholischen Kirche zu Krieg und Frieden" vertraut zu machen.[134] Das erste Seminar in Reichenau an der Rax für den 7. Generalstabskurs von 14. bis 19. Jänner 1973 zum Thema „Der Wandel ethischer Grundauffassungen in der Gesellschaft, dargestellt am Beispiel der Armee" verlief zufriedenstellend; das Programm mit Grundsatzreferaten von aktiven Militärseelsorgern wie Militärsuperior Vollnhofer oder auch dem evangelischen Militärsuperintendenten Rippel, aber auch mit

---

133 Vgl. dazu z. B. *Kunzenmann, Werner* (Red.), Soldatentaschenbuch. Einführung in den österreichischen Wehrdienst – Ein Behelf für Ausbildung, Unterricht, Einsatz. Mit staatsbürgerlichem und ethischem Teil, Innsbruck – Wien – München ¹¹1966 (1. Aufl. 1956), Kapitel „Soldat und Christ", S. 297–350. Siehe auch *Fischer*, Die Römisch-Katholische Militärseelsorge beim österreichischen Bundesheer (Anm. 1), S. 40 f.
134 *Kostelecky*, Militärordinariat der Republik Österreich (Anm. 11), S. 133; *Fischer*, Die Römisch-Katholische Militärseelsorge beim österreichischen Bundesheer (Anm. 1), S. 30 f.; LIES, H. 9 (1974), S. 1 f.

Arbeitskreisen und reger Diskussion wurde von den Kursteilnehmern gut aufgenommen. Daher beschloss das Militärvikariat jedes Jahr ein derartiges Seminar für angehende Generalstabsoffiziere zu organisieren.[135]

- **Auslandseinsätze**

Nachdem 1964 ein Feldspital und Polizisten zur United Nations Peace-Keeping Force in Cyprus (UNFIYP) nach Zypern entsandt worden waren, wurde Ende 1965 erstmals ein Militärgeistlicher zur Weihnachtsbetreuung des österreichischen UN-Sanitätskontingentes ebendorthin entsandt: Militäroberkurat Franz Frühwirth, Militärpfarrer des Militärkommandos Niederösterreich.[136] In der ersten Zeit handelte es sich jedoch lediglich um gelegentliche Besuche von katholischen Militärgeistlichen aus Österreich – zumeist anlässlich hoher Feiertage wie Ostern oder eben Weihnachten. Auch Militärsuperior Albuin Jordan, Militärpfarrer beim Militärkommando Tirol, stattete den UN-Soldaten auf Zypern gelegentlich einen Besuch ab. Unter anderem besuchte er sie zu Weihnachten 1969, um im Auftrag des Militärbischofs die seelsorgerische Betreuung auf Zypern und im Nahen Osten wahrzunehmen und dem Kontingent auf Zypern eine geweihte Glocke und ein vom Kunstglasermeister Karl Beimbold gestiftetes Altarfenster für die Kapelle im österreichischen Feldlazarett zu überbringen.[137] Die seelsorgerische Tätigkeit bestand für ihn zunächst in stundenlangen Aussprachen, dann folgte die festliche Feier mit einer feierlichen Mitternachtsmette als Höhepunkt. Auch an den folgenden Tagen hielt er zwei Gottesdienste ab.[138]

Eine ständige Einrichtung wurde die Militärseelsorge von UN-Kontingenten erst 1972, als das Österreichische Bundesheer Truppenkontingente für Operationen der Vereinten Nationen in Zypern und im Nahen Osten abstellte. So wurde 1972 ein Infanteriebataillon nach Zypern und 1973 ein zweites in den Nahen Osten entsandt. Die meisten der frühen Militärseelsorger waren sechs bis neun Monate im Einsatz und wurden, sofern möglich, noch von ihren scheidenden Vorgängern eingearbeitet.

Der erste katholische Geistliche im regulären Auslandseinsatz war Kaplan Wilhelm Reitmayr (* 1942), der ab 1972 die geistliche Betreuung der Soldaten

---

135 Das wehrethische Seminar für den 7. GenStbKurs 14. – 19.01.1973, in: LIES, H. 3 (1973), o. S.; Quinquennialbericht über den Stand der Militärseelsorge Österreichs, in: *Bundesministerium für Landesverteidigung/Militärvikariat* (Hg.), Katholische Militärseelsorge Österreichs 1968–1973 (Anm. 13), S. 42.
136 Militärpfarrer war auf Zypern, in: Der Soldat, Nr. 3, 06.02.1966, S. 5.
137 Glocke für Zypern, in: Der Soldat, Nr. 23, 07.12.1969, S. 8; Weihnachten im österreichischen Feldlazarett auf Zypern, in: Der Soldat, Nr. 2, 25.01.1970, S. 3.
138 Militärpfarrer war auf Zypern, in: Der Soldat, Nr. 3, 06.02.1966, S. 5.

des österreichischen UN-Bataillons auf Zypern, der im Hauptquartier der UN-Truppen in Nikosia eingeteilten österreichischen Offiziere und Unteroffiziere sowie des medizinischen Personals des österreichischen Feldspitals in Kokkini Trimithia übernahm. Reitmayr, der nach seiner Priesterausbildung zunächst vier Jahre als Kaplan in Garsten und Schwanenstadt gearbeitet hatte, hatte sich, nachdem er erfahren hatte, dass man einen Geistlichen für den Auslandseinsatz in Zypern suchte, zur Militärseelsorge gemeldet, die Militärpfarre Oberösterreich kontaktiert und war nach der obligatorischen medizinischen Untersuchung am 1. August 1972 zu einer verkürzten Grundausbildung in eine Maturantenkompanie in die Karlskaserne in Wien eingerückt – als angehender Priester war er ja von der Wehrpflicht gemäß Bundesgesetz Nr. 181 von 1955, § 23[139], befreit gewesen. Am 20. Oktober trat er seinen Dienst auf Zypern an, nachdem er zum Militärkaplan der Reserve ernannt worden war.[140] Wie Prieschl schreibt, war Reitmayr im UN-Einsatz *"ein Pionier, der – ohne allzu viele Vorschriften oder genaue Aufträge durch seine Vorgesetzten – selbst versuchen musste, seine Rolle zu definieren und auszufüllen"* – so wie es 1956 die Militärseelsorger „der ersten Stunde" getan hatten. Zunächst galt es, die notwendige Infrastruktur für die seelsorgerische Tätigkeit und im Camp die Möglichkeit für Gottesdienste zu schaffen. Auch musste die Frage geklärt werden, wie die Seelsorgetätigkeit in den laufenden Dienstbetrieb und die kirchlichen Feiertage in die Dienstpläne eingebaut werden konnten. Kaplan Reitmayr beschränkte sich aber nicht nur auf die klassische Seelsorge, sondern suchte durch Übernahme militärischer Aufgaben wie etwa Wachdiensten, Funkdiensten oder dem Dienst am Fernschreiber engeren Kontakt zu den Soldaten zu knüpfen, um so die *"Sorgen und Ängste der Männer fern der Heimat"* genauer kennenzulernen. Denn bis heute stellen *"gesteigerter Alkoholkonsum, Beziehungsprobleme, eine gewisse ‚Verwahrlosung' der Männer ..., räumliche Enge und mangelnde Privatsphäre im Camp oder die lange Trennung von Frau, Freundin und/oder Kindern"* die Hauptprobleme von Soldaten im Auslandseinsatz dar. Und eben diesen Problemen schenkten Reitmayr

---

139 Bundesgesetz vom 07.09.1955, womit Bestimmungen über das Wehrwesen erlassen werden (Wehrgesetz). BGBl. Nr. 181/1955, S. 905–916, hier S. 908, C. § 23 (2): *„Von der Stellungspflicht sind befreit: die ausgeweihten Priester, die auf Grund absolvierter theologischer Studien im Seelsorgedienst oder in einem geistlichen Lehramt tätigen Personen und Ordenspersonen, die die ewigen Gelübde abgelegt haben, sowie Studierende der Theologie, die sich auf ein geistliches Amt vorbereiten, und zwar alle diese Personen, sofern sie einer gesetzlich anerkannten Kirche oder Religionsgesellschaft angehören."*

140 Prieschl – Schmidl, Der Beginn der Militärseelsorge im Auslandseinsatz (Anm. 8), S. 56.

und seine Nachfolger besonderes Augenmerk.[141] Nachdem er im April 1973 seinen Nachfolger, den Zisterzienserpater Mag. Franz (Peter) Pöschek aus dem steirischen Stift Rein, mit seinem Aufgabengebiet vertraut gemacht hatte, kehrte Wilhelm Reitmayr nach Österreich zurück und übernahm im Mai 1973 die Militärpfarre 4 beim Militärkommando Niederösterreich in Mautern. Pöschek weitete seinen Aufgabenbereich aus und übernahm immer öfter Aufgaben der Truppenbetreuung: Er organisierte Wallfahrten ins Heilige Land ebenso wie Kinoabende und andere kulturelle Veranstaltungen und Exkursionen – und fungierte damit als eine Art „Welfare Officer" oder Betreuungsoffizier, der für die Freizeitgestaltung der Soldaten im Auslandseinsatz zuständig war.[142]

Am 26. Oktober 1973 fand die Verlegung von Teilen des österreichischen Bataillons auf Zypern nach Ägypten statt; der eben erst in Zypern eingetroffene Pater Thomas Dondorf, der eigentlich Pöschek hätte ablösen[143] und mit dem Bataillon nach Larnaca verlegen hätte sollen, begleitete den Transport und betreute das österreichische Bataillon am Suezkanal von Anfang an. Dondorf folgte dem Beispiel von Pater Franz und sah seine Aufgaben als über die eigentliche seelsorgerische Tätigkeit hinausgehend. So betätigte er sich in der folgenden Zeit des Öfteren als Reiseleiter und Bibelinterpret, der den Soldaten die Bibel näherbringen wollte.[144] Im Kurier vom 24. Dezember 1956 bezeichnete Dondorf die Militärseelsorge im Auslandseinsatz als *„Milieuseelsorge"* und fügte hinzu, dass die Kirche *„überall präsent sein* [muss]*, wenn sie* [ihre Aufgabe] *glaubhaft werden will"*.[145]

Dondorf erwähnte in seinem Gespräch mit Glattauer ebenfalls die psychischen Probleme der Soldaten, die vor allem auf einem Mangel an Privatsphäre durch das ständige Zusammensein mit anderen, aber auch der Sehnsucht nach Frau und Kind basierten, und deren Suche nach Kompensation, und den Versuch des Militärseelsorgers, ihnen das christliche Leben näherzubringen und bewusst zu machen.[146]

---

141 Interview Mag. Prieschls mit Mag. Reitmayr, zitiert in: *Prieschl-Schmidl*, Der Beginn der Militärseelsorge im Auslandseinsatz (Anm. 8), S. 56.
142 Ebd., S. 58 f.
143 Pater Franz Pöschek kehrte schließlich Ende April 1974 nach Österreich zurück. Siehe LIES, H. 7 (1973), S. 3 f. und H. 4 (1974), S. 3 f.
144 *Prieschl – Schmidl*, Der Beginn der Militärseelsorge im Auslandseinsatz (Anm. 8), S. 63–65.
145 *Glattauer, Herbert O.*, Auch für die Soldaten ist heute Weihnacht, in: Kurier, Nr. 353, 24.12.1973, S. 3.
146 Ebd.

Auch für die Militärseelsorger und damit für sich selbst erkannte er die sich aus dem Auslandseinsatz ergebenden Probleme:

- Ein Geistlicher kann sich im Gegensatz zu einem „normalen" Offizier nicht nur auf seine Autorität als Vorgesetzter stützen.
- Es entsteht eine Doppelbelastung durch seine Funktion als Geistlicher und Betreuungsoffizier.

Pfarrer Thomas Donhofer kehrte nach dem ca. sechsmonatigen Aufenthalt bei den österreichischen UN-Truppen am 26. Mai 1974 wieder in die Heimat zurück.

Den ersten Militärseelsorgern sollten allerdings noch viele weitere folgen, die die Soldaten im Auslandseinsatz betreuten und bis heute betreuen.

Die Motive für einen seelsorgerischen Auslandseinsatz waren vielfältiger Natur und glichen jenen der Soldaten: *„Neugierde, Abenteuerlust, der Wunsch nach dem besseren Verdienst im Ausland, oft aber auch der Versuch, einer unbefriedigenden beruflichen oder familiären Situation zu entfliehen."*[147]

- **Sonstige seelsorgerische Tätigkeit und Betreuung**

Neben den bereits angeführten Tätigkeitsbereichen gab es noch weitere umfassende Betätigungsfelder für die Militärgeistlichkeit. Einkehrtage sowie Exerzitien wurden durchgeführt und Sozialaktionen, Kinderferienaktionen oder Soldatenwallfahrten ins Leben gerufen, nach Einrichtung der Arbeitsgemeinschaft Katholischer Soldaten in enger Zusammenarbeit mit eben dieser. Auch die Weihe von Soldatenkirchen und -kapellen, Denkmälern sowie von Feldzeichen, Fahnen, Fahnenbändern und Standarten stellten eine wichtige Aufgabe der Militärseelsorger dar.

Am Bundesrealgymnasium für Berufstätige (zeitverpflichtete Soldaten) und am Bundesrealgymnasium an der Theresianischen Militärakademie (Militärrealgymnasium) in Wiener Neustadt wurde der Religionsunterricht von einem vom Militärbischof bestimmten Militärseelsorger abgehalten.

Kulturelle und soziale Betreuung etwa durch Krankenbesuche, Hausbesuche, Bibelrunden und Vorträge sowie durch Einzelgespräche bei Problemen ergänzten die wirkungsvolle Arbeit der Militärseelsorger. Auch bei Manövern, bei Verlegungen auf Truppenübungsplätzen oder bei Katastropheneinsätzen

---

147 Prieschl – Schmidl, Der Beginn der Militärseelsorge im Auslandseinsatz (Anm. 8), S. 68.

waren zumeist Militärseelsorger anwesend, wobei sich gerade in diesen Fällen häufig die Gelegenheit zu persönlichen Gesprächen ergab.[148]

Die finanzielle Unterstützung von Seiten der Österreichischen Bischofskonferenz zu dem relativ bescheidenen Budget der Militärseelsorge ermöglichte eine weitgehende Förderung all dieser Aktivitäten und damit auch der zwischenmenschlichen Kontakte zwischen Seelsorgern und Gläubigen.[149]

Weihe von Feldzeichen
Die Weihe von Fahnen und Standarten war primär dem Militärvikar bzw. dem von ihm beauftragten Militärpfarrer vorbehalten. Das geweihte Feldzeichen war meist ein Geschenk einer Stadt oder eines Bundeslandes und ein Symbol der Verbundenheit von Heer und Volk. 1970 wurde etwa dem Jägerbataillon 29 eine von der Landesregierung Salzburg gestiftete Fahne verliehen, die bei einem feierlichen Festakt in der Wallner-Kaserne von Landeshauptmannstellvertreter Haslinger übergeben und von Militärdekan Weinberger im Beisein der Militäroberkuraten Ortner und Dr. Julius Hanak (evangelische Militärseelsorge) geweiht wurde.[150] Etwa zeitgleich fand auch die feierliche Übergabe einer Standarte an das Radarbataillon des Flugmelderegiments durch die Gemeinde Thalgau und von Standartenbändern an beide Bataillone des Regiments durch die Patenfirma Elin Union AG im Beisein höherer militärischer und politischer Würdenträger statt. Militärprovikar Gruber und Militäroberkurat Hanak nahmen die Weihe vor.[151]

---

148 *Fischer*, Die Römisch-Katholische Militärseelsorge beim österreichischen Bundesheer (Anm. 1), S. 46.
149 Quinquennialbericht über den Stand der Militärseelsorge Österreichs, in: *Bundesministerium für Landesverteidigung/Militärvikariat* (Hg.), Katholische Militärseelsorge Österreichs 1968–1973 (Anm. 13), S. 45.
150 Saalfelden im Zeichen des JgB 29, in: Der Soldat, Nr. 21, 08.11.1970, S. 3.
151 Standarte für Flugmelderegiment, in: Der Soldat, Nr. 21, 08.11.1970, S. 6.

Abb. 5: Fahnenweihe.

(Heeresbild- und Filmstelle, SW_00901_20.jpg)

Exerzitien, Besinnungs-, Einkehrtage

Den Militärseelsorgern, allen voran Militärkurat Josef Schörghofer, war es ein Anliegen, Soldateneinkehrtage und Exerzitienveranstaltungen für die Soldaten ihrer Garnisonen zu organisieren. Vor allem im Advent oder in der Fastenzeit wurden auch Familienangehörige eingeladen. Derartige Veranstaltungen mit bis zu 180 Teilnehmern fanden etwa im Stift Lambach, aber auch im Exerzitienhaus von Subiaco, in Puchberg bei Wels und in St. Florian statt.[152]

Für das Kaderpersonal wurden eigene Einkehrtage und Exerzitien abgehalten. 1961 und 1962 fanden z.B. Offizierseinkehrtage im Stift Lambach statt.[153]

---

152 Gruber, 40 Jahre Wiedererrichtung der Militärseelsorge Österreichs (Anm. 9), S. 39; Militärkommando Oberösterreich und 4. PzGrBrig berichten: Soldateneinkehrtage, in: Der Soldat, Nr. 1, 17.01.1971, S4.
153 Einkehrtage in Lambach, in: Der Soldat, Nr. 1, 14.01.1962, S. 4.

Der Aufbau der Militärseelsorge in der Zweiten Republik   231

Soldatenwallfahrten nach Lourdes
Die Teilnahme österreichischer Soldaten an internationalen Veranstaltungen wie Soldatenwallfahrten nach Lourdes[154] (und später auch Rom) stellte laut Kostelecky *„einen nicht unbedeutenden Teil möglicher Friedensarbeit und Völkerverständigung innerhalb der Militärseelsorge(n) verschiedener Länder dar".*[155] Federführend in der Planung, Organisation und Durchführung der internationalen Soldatenwallfahrten, aber auch vieler Pilger- und Bildungsfahrten zeichnete Militärdekan Franz Unger. Ihm zur Seite stand das Sekretariat der internationalen Militärpilgerfahrt beim Gruppenkommando II in Graz.[156]

Nachdem im Jahr 1959 eine Gruppe von vier Mann zur Beobachtung des Ablaufes einer Soldatenwallfahrt in Lourdes entsandt worden war, fand von 7. bis 16. Juni 1960 die erste internationale Soldatenwallfahrt nach Lourdes statt, an der 1300 österreichische Soldaten, aber auch deren Angehörige und Bedienstete der Heeresverwaltung auf freiwilliger Basis teilnahmen, für die ein eigenes Pilgerbuch erstellt wurde. Mit Sonderzügen wurden sie nach Lourdes gebracht. Sogar Bundesminister Graf war eigens angereist und nahm an allen Veranstaltungen teil. Am 11. Juni feierte Militärprovikar Innerhofer mit den österreichischen Teilnehmern am Gnadenaltar in der Grotte zu Lourdes die heilige Messe, am Nachmittag desselben Tages hielt Kardinal DDr. König persönlich die Andacht. In seiner Ansprache wies DDr. König auf die *„große Bedeutung dieser Militärpilgerfahrt hin als einer Huldigung an Gott, einer Demonstration für den Weltfrieden und zur persönlichen Frömmigkeit und Einkehr".* Am Abend wurde mit einer gemeinsamen Kranzniederlegung aller Gefallenen gedacht. Eine Lichterprozession bildete den Höhepunkt der Feierlichkeiten, denen etwa 40.000 Soldaten aus aller Welt beiwohnten. Auch der am Sonntag stattfindende Kreuzweg der Nationen war

---

154 Der Grundstein für die Soldatenwallfahrten war bereits im November 1958 von Ländern wie Deutschland, Belgien, Spanien, Frankreich, Luxemburg, den Niederlanden und den USA gelegt worden. Die Idee war, ein gemeinsames Gebet für die Versöhnung und den Frieden von Soldaten aus verschiedenen Ländern durchzuführen und zu diesem Zweck die Militärordinariate anderer Länder zur Teilnahme einzuladen. Der Marienwallfahrtsort Lourdes schien ihnen der geeignete Platz dafür zu sein. Vgl. *Sammer,* Die Militärseelsorge im Bundesheer der Zweiten Republik, in: Gröger – Ham – Sammer, Militärseelsorge in Österreich (Anm. 3), S. 161.
155 *Kostelecky,* Militärordinariat der Republik Österreich (Anm. 11), S. 133.
156 *Gruber,* 40 Jahre Wiedererrichtung der Militärseelsorge Österreichs (Anm. 9), S. 29; Soldatenwallwahrt nach Lourdes, in: Der Soldat, Nr. 13, 03.07.1960, S. 7 (mit Bildteil auf letzter Seite). Siehe dazu die Berichte in diversen Ausgaben von Der Soldat aus den Jahren 1962, 1964, 1967 sowie LIES, H. 6 (1973), o. S.

für die Teilnehmer ein beeindruckendes Erlebnis. Die Krankensegnung und eine Abschiedsfeier beendeten schließlich die offiziellen Feierlichkeiten.[157]

In den folgenden Jahren beteiligten sich immer wieder österreichische Abordnungen in großer Zahl an den Soldatenwallfahrten. Und auch an der Vorbereitung der Wallfahrten waren immer wieder Österreicher beteiligt.

Kinder- und Familienerholungsaktionen

Seit dem Ende der 1950er Jahre hatten es sich die Militärseelsorger zur Aufgabe gemacht, über ihre eigentliche seelsorgerische Tätigkeit hinaus auch Sozialaktionen wie etwa Kindererholungs-Aktionen durchzuführen und die Kinder zum Teil auch persönlich zu betreuen. In Spitzenzeiten gab es dann jährlich an die zwölf bis 15 Kinderferienlager, bei denen an die 1000 Kinder von mehr als 100 Helfern und Erziehern betreut wurden.[158]

Albuin Jordan, der Brigadepfarrer der 6. Gebirgsbrigade, organisierte – mit Unterstützung des Brigadekommandanten und zahlreicher privater und institutioneller Spender[159] – eine Kindererholungs-Aktion unter dem Brigadezeichen „Edelweiß". Bis zu 200 Kinder pro Jahr konnten im Ferienlager auf dem Truppenübungsplatz der Wattener Lizum erholsame Ferientage im Gebirge verleben.[160]

Durch die Unterstützung zahlreicher Gönner wurde den Kindern von Offizieren und Unteroffizieren seiner Militärpfarre im Sommer in Senegallia an der Adria ein Erholungsurlaub am Meer ermöglicht.[161]

Militärdekan Franz Unger nahm sich im Bereich des Gruppenkommandos II in Graz ebenfalls der Kinder der Soldaten an, die im Kindererholungswerk in Lignano unbeschwerte Ferien verbringen konnten.[162]

---

157 Eine ausführliche Schilderung findet sich in: Soldatenwallwahrt nach Lourdes, in: Der Soldat, Nr. 13, 03.07.1960, S. 7.
158 *Gruber,* 40 Jahre Wiedererrichtung der Militärseelsorge Österreichs (Anm. 9), S. 39; LIES, H. 6 (1974), S. 3. Eine genaue Auflistung findet sich in: Kinderferienaktion 1974, in: LIES, H. 6 (1974), S. 48 f.
159 1972 stellte etwa das Stabsbataillon 6 den Reingewinn seines Nikoloschießens, basierend auf freiwilligen Spenden, der Aktion Edelweiß zur Verfügung. Vgl. Für Aktion Edelweiß, in: Der Soldat, Nr. 6, 26.03.1972, S. 5.
160 *Gruber,* 40 Jahre Wiedererrichtung der Militärseelsorge Österreichs (Anm. 9), S. 36; Bischof Zak bei der Kinderaktion Edelweiss, in: Der Soldat, Nr. 16, 27.08.1972, S. 5.
161 Die 6. Gebirgsbrigade. Kindererholungs-Aktion Edelweiß, in: Der Soldat, Nr. 13, 06.07.1958, S. 3.
162 *Gruber,* 40 Jahre Wiedererrichtung der Militärseelsorge Österreichs (Anm. 9), S. 29; Römisch-katholische Militärseelsorge. 50 Jahre Militärseelsorge – 40 Jahre

Militärsuperior Schörghofer organisierte für seinen Seelsorgebereich beim Militärkommando Oberösterreich eine „Familienerholungsaktion", die es kinderreichen und bedürftigen Familien von Soldaten ermöglichen sollte, zwei bis drei Wochen mit allen Kindern einen erholsamen Urlaub in der Landwirtschaftlichen Fachschule in Freistadt zu verbringen (15 Familien, insgesamt 90 Personen).[163]

In der Steiermark veranstaltete die Arbeitsgemeinschaft Katholischer Soldaten Sommerferienlager – 1970 für 80 Buben und Mädchen von Kadersoldaten in Trahütten. Militärkurat Schneidhofer hatte die Leitung des Lagers übernommen, das wie ein Pfadfinderlager mit Abenteuer- und Geschicklichkeitsspielen, dem Anlegen von Feuerstellen, aber auch mit Verkehrserziehung und Erste-Hilfe-Kursen aufgebaut war.[164] 1971 wurde die Aktion, an der mittlerweile 210 Kinder im Alter von sieben bis 15 Jahren teilnahmen, auf Sankt Oswald und auf die Soboth ausgedehnt.[165]

Auch in Salzburg hatte man eine derartige Aktion ins Leben gerufen. Militäroberkurat Ortner organisierte für die Kinder von Bundesheerangehörigen in seinem Sprengel einen dreiwöchigen Ferienaufenthalt im Erholungsheim Felbertal mit Spielen, sportlichen Wettkämpfen, Ausflügen und Wanderungen. 1970 nahmen 76 Kinder an dieser Aktion teil.[166]

Das Militärkommando Niederösterreich schloss sich diesen Bemühungen an und organisierte für Kinder aus den Garnisonen Baden, Großenzersdorf, Klosterneuburg, Langenlebarn und Mistelbach ab 1971 ebenfalls zweiwöchige Kinderferienaktionen unter der Leitung der Militärgeistlichkeit in Neuberg an der Mürz.[167]

In Kärnten und im Burgenland wurden ebenfalls 1971 unter der Ägide der Arbeitsgemeinschaft Katholischer Soldaten Kindererholungsaktionen ins Leben gerufen, die unter der Leitung der Militärpfarrer Felix Mayer und Josef Wallner standen. 48 burgenländischen Kindern aus den Garnisonen Bruck/Neudorf,

---

Garnisonskirche Graz, in: WIR (Werte, Information, Religion). Aktuelles aus den Militärpfarren der Steiermark, Sonderausgabe 2006, S. 16.
163 Ebd., S. 39; Ferien für Soldatenfamilien, in: Der Soldat, Nr. 16, 27.08.1972, S. 4.
164 Schöne Ferien für Soldatenkinder. Militärpfarrer organisieren Ferienaktionen, in: Der Soldat, Nr. 17, 13.09.1970, S. 6; Römisch-katholische Militärseelsorge. 50 Jahre Militärseelsorge – 40 Jahre Garnisonskirche Graz, S. 15.
165 Jugendlager für Soldatenkinder. MilKdo Steiermark und 5. JgBrig berichten, in: Der Soldat, Nr. 18, 26.09.1971, S. 4.
166 Schöne Ferien für Soldatenkinder. Militärpfarrer organisieren Ferienaktionen, in: Der Soldat, Nr. 17, 13.09.1970, S. 6; Kindererholung, in: Der Soldat, Nr. 17, 08.09.1974, S. 7.
167 4. Kinderferienaktion, in: Der Soldat Nr. 15, 11.08.1974, S. 4.

Neusiedl am See, Kaisersteinbruch, Eisenstadt, Güssing und Pinkafeld wurde ein zweiwöchiger Ferienaufenthalt in Oberwart mit Spiel, Sport, Besichtigungen und Lagerfeuer geboten.[168]

Im Jahre 1974 wurden bereits 15 Kinderferienaktionen, mit 960 Kindern, 101 Betreuern und Erziehern (davon 25 Heeresangehörige) durchgeführt.[169]

Initiative beim Bau und der Restaurierung von Soldatenkirchen und -kapellen[170]
Ende der 1960er Jahre verfügte das Österreichische Bundesheer bereits über mehr als 20 Soldatenkirchen und -kapellen, von denen 15 überwiegend mit Hilfe von Spendengeldern gebaut worden waren.[171] Zu ihnen zählten historisch und künstlerisch bedeutende Bauten ebenso wie einfache, aber würdige Soldatenkirchen bzw. schlichte Gottesdiensträume.

In Wien stand die Stiftskirche, in Graz die Klosterkirche der Barmherzigen Brüder als Garnisonskirche zur Verfügung. Auf dem Kasernengelände von Siezenheim wurde noch während der Zeit der amerikanischen Besatzung von der US Army eine Garnisonskirche erbaut, die nach dem Abzug der amerikanischen Besatzungstruppen vom Österreichischen Bundesheer übernommen wurde.

Bereits kurz nach der Errichtung des Österreichischen Bundesheeres begann man in einigen Kasernen mit der Instandsetzung bestehender Kirchen oder Kapellen, wie etwa in der Schwarzenberg-Kaserne in Salzburg oder auf dem Truppenübungsplatz Kaisersteinbruch. Eine ebenfalls bereits während der Zeit der amerikanischen Besatzung errichtete Kapelle im Fliegerhorst Hörsching, die dringend renovierungsbedürftig war, wurde auf Initiative des Pfarrers der 4. Brigade Militärkurat Schörghofer mit finanzieller Unterstützung der örtlichen kirchlichen Stellen renoviert und Anfang 1959 feierlich eingeweiht.[172]

Die Soldaten halfen tatkräftig mit, um in ihren Garnisonen eigene Kirchen zu bauen. Beginnend mit dem Bau einer Holzkirche (Sankt-Christophorus-Kapelle)

---

168 Eine soziale Einrichtung für Soldatenkinder, die Dank verdient, in: Der Soldat Nr. 15, 11.08.1974, S. 9; Kinderferienaktion 1974, in: Der Soldat Nr. 16, 25.08.1974, S. 5.
169 LIES, H. 6 (1974), S. 3. Eine genaue Auflistung findet sich in: Kinderferienaktion 1974, in: LIES, H. 6 (1974), S. 48 f.
170 Soldatenkirchen in Österreich, in: Der Soldat, Nr. 17, 10.09.1967, S. 3.
171 *Bundesministerium für Landesverteidigung/Militärvikariat* (Hg.), Katholische Militärseelsorge Österreichs (Anm. 13), S. 44.
172 Die 4. Brigade berichtet. Kapellenumbau Hörsching, in: Der Soldat, Nr. 1, 11.01.1959, S. 5.

Der Aufbau der Militärseelsorge in der Zweiten Republik 235

auf dem Gelände der Panzertruppenschule in Götzendorf, Niederösterreich, im Jahr 1958[173] entstanden in mehreren Kasernen Kirchen oder Kapellen, die zumeist mit großer Unterstützung durch die Truppe gebaut wurden.

Bischof DDr. Laszlo ließ es sich etwa nicht nehmen, am 20. November 1958 persönlich eine Kapelle in der Schulkaserne (ab 1967 Martin-Kaserne) in Eisenstadt zu weihen.[174]

Auf dem Kasernengelände des Panzer-Grenadier-Schulbataillons in Großmittel, Niederösterreich, wurde durch den Wiener Kirchenbauverein eine Garnisonskirche errichtet und von Kardinal DDr. König am 4. Juli 1959 eingeweiht.[175]

Ein wichtiger symbolischer Akt für die Militärseelsorge war die Übernahme der St. Georgs-Kirche in der Theresianischen Militärakademie als Kirche des Militärvikars am 14. Dezember 1963 durch Erzbischof DDr. Kardinal König. Damit wurde an die traditionsreiche Beziehung der Militärseelsorge zu dieser Stadt angeknüpft.[176]

Auch auf Truppenübungsplätzen wurden Soldatenkirchen errichtet: Auf der Wattener Lizum bzw. der Seetaler Alpe wurden 1961 bzw. 1964 von den Soldaten Bergkirchen erbaut. Mittels einer Bausteinaktion sowie durch finanzielle Unterstützung des Militärvikariates konnte in Allentsteig eine Garnisonskirche errichtet und im Herbst 1967 vom Bischof von Sankt Pölten Dr. Žak eingeweiht werden. Die Kosten beliefen sich auf ca. 1,6 Millionen Schilling.[177]

Auch in Linz-Ebelsberg wurde 1963 der Bau einer Soldatenkirche vollendet; sie wurde am 29. November geweiht.[178]

---

173 Weihe einer Kapelle des Bundesheeres, in: Der Soldat, Nr. 10, 25.05.1958, S. 6.
174 Kapellenweihe in der Schulkaserne Eisenstadt, in: Der Soldat, Nr. 23, 07.12.1958, S. 3.
175 Eine Kirche inmitten von Soldaten, in: Der Soldat, Nr. 13, 12.07.1959, S. 3.
176 *Kostelecky*, Die österreichische Militärseelsorge und der Heilige Stuhl (Anm. 11), S. 406.
177 Soldatenkirche vor der Vollendung, in: Der Soldat, Nr. 10, 21.05.1967, S. 7; Soldatenkirche Allentsteig, in: Der Soldat, Nr. 21, 12.11.1967, S. 3.
178 *Bundesministerium für Landesverteidigung/Militärvikariat* (Hg.), Katholische Militärseelsorge Österreichs (Anm. 13), S. 9.

Den Soldaten standen auch Garnisonskirchen in Götzendorf, Glasenbach, Linz-Ebelsberg, Langenlebarn[179] und Lendorf[180] zur Verfügung, die fast zur Gänze von den Soldaten des Österreichischen Bundesheeres errichtet worden waren. 1967 erfolgte die Weihe einer Soldatenkapelle in Lungötz/Aualm.[181]
In der Kaserne Wetzelsdorf wurde von den Soldaten eine Hauskapelle errichtet, wo jeden Sonntag ein Gottesdienst stattfand.[182] Und in den Komplex des Heeresspitals in Stammersdorf wurde eine eigene Krankenhauskapelle integriert.[183]

- **Pastoralkonferenzen**

Die Pastoralkonferenzen für die aktiven Offiziere des Militärseelsorgedienstes stellten ein wichtiges Instrument der pastoralen Arbeit dar. Ab 1957 fand ein Mal pro Jahr eine mehrtägige Pastoralkonferenz statt, zunächst ausschließlich in Wien, ab 1969 aber auch an verschiedenen Orten in ganz Österreich wie etwa Innsbruck, St. Pölten, Graz, Zwettl oder Salzburg, die sich, abgesehen von den Erfahrungsberichten der Militärpfarrer, mit wichtigen Fragen der Militärseelsorge beschäftigte, aber auch der jeweiligen aktuellen Problematik angepasst war (Strukturfragen, Stellungnahme zur Wehrdienstverweigerung bzw. Alternativdienstleistung, Probleme bei der seelsorgerischen Betreuung, Einbeziehung der Laienarbeit, zeitgemäße Thematik für den Lebenskundlichen Unterricht, Kooperation von Zivil- und Soldatenseelsorge, Heranziehung von Laientheologen zur Arbeit in der Militärseelsorge, AKS etc.).[184]

---

179   Die Weihe erfolgte am 6. Oktober 1964. Vgl. *Bundesministerium für Landesverteidigung/Militärvikariat* (Hg.), Katholische Militärseelsorge Österreichs (Anm. 13), S. 10; 10 Jahre Soldatenkirche, in: Der Soldat, Nr. 20, 20.10.1974, S. 8.
180   Die Soldaten der Garnison Klagenfurt waren eifrig bemüht, Spenden für den Bau der Kirche zu sammeln, ob mit Sammelaktionen vor den Kirchen in Klagenfurt oder mit Bittbriefen an zahlreiche bekannte Persönlichkeiten, Unternehmen und Institutionen des Landes – letztere Aktion verlief allerdings enttäuschend. Das Gotteshaus sollte sowohl katholischen als auch evangelischen Soldaten offen stehen. Vgl. Unternehmen Soldatenkirche, in: Der Soldat, Nr. 2, 29.01.1967, S. 4; ebd., Nr. 3, 12.02.1967, S. 5; ebd., Nr. 6, 26.03.1967, S. 5; ebd., Nr. 10, 21.05.1967, S. 5; ebd., Nr. 24, 24.12.1967. Die Khevenhüller-Kaserne. http://www.jgb25.at/index.php?path=article&contentid=18 (Abfrage v. 23.04.2015). 1966 bis Oktober 1968 erbaut.
181   *Bundesministerium für Landesverteidigung/Militärvikariat* (Hg.), Katholische Militärseelsorge Österreichs (Anm. 13), S. 13.
182   Die 5. Geb.-Brigade berichtet. Der Bischof in der Wetzelsdorfer Kaserne, in: Der Soldat, Nr. 6, 29.03.1959, S. 5.
183   *Gruber*, Prälat Johann Innerhofer (Anm. 24), S. 18 f.
184   *Bundesministerium für Landesverteidigung/Militärvikariat* (Hg.), Katholische Militärseelsorge Österreichs (Anm. 13), passim; *Gruber*, 40 Jahre Wiedererrichtung der Militärseelsorge Österreichs (Anm. 9), S. 58; Verteidigungsminister Karl

Nach der Übernahme des Amtes des Militärvikars übernahm DDr. König persönlich den Vorsitz der militärgeistlichen Pastoralkonferenz von 29. November bis 1. Dezember 1960, die im Erzbischöflichen Palais in Wien stattfand.[185]
Häufig waren auch Gastredner bei diesen Konferenzen eingeladen. 1971 war dies etwa Verteidigungsminister Karl Lütgendorf (1914–1981), der ein Referat zum Thema „Notwendigkeit der Militärseelsorge in unserem Bundesheer" hielt. Darin betonte er, dass auf dem Militärseelsorger eine große Verantwortung laste, und begründete dies damit:

„Er [der Militärseelsorger] *soll … in realer, der modernen Zeit angepaßten Art und Weise die Religion und den Glauben wieder zu einem echten Bezugspunkt des österreichischen Soldaten machen. Das ist es, was wir u.a. mit Abstand an der Spitze von unseren Militärseelsorgern erwarten: Vorbild sein, gutes Beispiel geben und Staatsbürger sein, ein Staatsbürger, der sich voll und ganz zur Landesverteidigung bekennt und nicht mit einem Augenzwinkern oder mit einem Achselzucken zu ihrer moralischen Entwertung einen Beitrag leistet. Militärseelsorger sind für unser Bundesheer nur dann zweckmäßig und sinnvoll, wenn sie sich mit sehr viel Eigenverantwortung nicht nur in den Dienst des Staates stellen, dessen Bürger sie sind.*

Dies tun sie dann, wenn sie den jungen Soldaten, die sie betreuen, zur Pflicht machen, sich in ihrem Verhalten glaubwürdig zur Freiheit, zum Staate und – durch das Tragen von Mitverantwortung – aktiv zur Landesverteidigung zu bekennen."[186]

Dann fügte er noch hinzu:

„Es scheint mir, daß es in diesem Zusammenhang sehr wesentlich ist, daß die Militärseelsorger ihren Auftrag nicht nur darin sehen, im Soldaten religiöses Leben zu wecken und zu vertiefen und die charakterlichen und sittlichen Werte zu fördern, sondern daß sie im Interesse der Republik und unserer Freiheit mitwirken, von der Warte des Christentums und der Religion aus den Dienst mit der Waffe zur Verteidigung als sittliche Pflicht hinzustellen …"[187]

Diese Worte bringen deutlich die Erwartungshaltung des Ministers zum Ausdruck, dass sich die Militärseelsorger – wie in Zeiten der Monarchie – nicht nur in den Dienst der Kirche, sondern vor allem in jenen des Staates stellen und die moralische und sittliche Pflicht zum Dienst mit der Waffe sowie das moralische Recht auf einen Verteidigungskrieg herausstreichen sollten. Lütgendorf spielte in

---

F. Lütgendorf: „Militärseelsorge im Bundesheer", in: Der Soldat, Nr. 24, 25.12.1971, S. 1 (Graz); Pastoralkonferenz in Salzburg, in: Der Soldat Nr. 20, 28.10.1973, S. 2.
185 AdR, 05/LV/2.Rep., 1960, Zl. 11.865-SI/60, Militärvikariat an Bundesministerium für Landesverteidigung.
186 Auszug aus einem Referat von Verteidigungsminister Karl F. Lütgendorf: „Militärseelsorge im Bundesheer", in: Der Soldat, Nr. 24, 25.12.1971, S. 1.
187 Ebd.

seinem Referat auch auf den bereits erwähnten, damals heiß umstrittenen Wehrersatzdienst und die Haltung der Bischöfe zu eben diesem an.
An zwei Pastoralkonferenzen (1971 und 1973) wurden auch die Militärseelsorger der Reserve sowie die Subsidiare zur Teilnahme eingeladen.
Bei den Pastoralkonferenzen wurde in zunehmenden Maße das Bedürfnis geäußert,

> *„über den Rahmen der Berichterstattung und Planungsvorhaben hinaus, der priesterlichen Fortbildung entsprechend den Entwicklungen in der Kirche und Welt, mehr Beachtung zu schenken und in das Konferenzprogramm mit einzubeziehen".*[188]

Die Fülle der auf den Konferenzen behandelten Themen und Probleme ließ die Einbeziehung eines Fortbildungsprogrammes für die Militärseelsorger in die Konferenz bald nicht mehr zu, sodass man sich nach Genehmigung durch das Bundesministerium für Landesverteidigung ab 1974 zur Einführung von Priesterfortbildungswochen *„zur pastoralen Weiterbildung und geistlichen Festigung der priesterlichen Berufung"* mit gemeinsamen Priesterexerzitien als Einstimmung entschloss. Diese ersten Priesterexerzitien der Militärpfarrer Österreichs fanden von 26. bis 31. Mai 1974 im katholischen Bildungshaus Frauenberg bei Admont statt und wurden von Pater Josef Müllern SJ durchgeführt. Vorträge, Meditation und Gruppengespräche standen hierbei im Vordergrund.[189]

- **Arbeitsgemeinschaft Katholischer Soldaten (AKS)**

Die Arbeitsgemeinschaft Katholischer Soldaten (AKS) ist eine Vereinigung katholischer Offiziere, Unteroffiziere und ziviler Angehöriger des Österreichischen Bundesheeres und versteht sich als

> *„eine Bewegung der Soldaten und zivilen Angehörigen des Bundesheeres, die das Laienapostolat im täglichen Dienstbetrieb verwirklichen wollen. Als eine Gemeinschaft von Christen versuchen ihre Angehörigen, durch Erhaltung und Entfaltung christlichen Lebens im Bundesheer, durch Unterstützung der Militärseelsorger, durch gemeinsame Eucharistiefeier und*

---

188 Quinquennialbericht über den Stand der Militärseelsorge Österreichs, in: *Bundesministerium für Landesverteidigung/Militärvikariat* (Hg.), Katholische Militärseelsorge Österreichs 1968–1973 (Anm. 13), S. 41.

189 Gruber, 40 Jahre Wiedererrichtung der Militärseelsorge Österreichs (Anm. 9), S. 64 f.; LIES, H. 6 (1974), S. 5; Quinquennialbericht über den Stand der Militärseelsorge Österreichs 1968–1973, in: *Bundesministerium für Landesverteidigung/Militärvikariat* (Hg.), Katholische Militärseelsorge Österreichs (Anm. 13), S. 41; Quinquennialbericht über den Stand der Militärseelsorge Österreichs 1974–1977, in: ebd., S. 51.

religiöse Fortbildung dazu beizutragen. Dazu gehört vor allem ein ständiges Bemühen um Gewissensbildung und Schärfung des Bewußtseins."[190]

Die Arbeitsgemeinschaft ging auf eine Initiative von Militärprovikar Innerhofer zurück. Nach den ersten bescheidenen Anfängen, in denen es primär um die Unterstützung der Militärseelsorger ging, stellte Generalmajor Dipl. Ing. Dr. Friedrich Janata (1903–1983) 1962 den Antrag zur Aufnahme der im Entstehen begriffenen Arbeitsgemeinschaft in die Katholische Aktion Österreichs.

Die erste konstituierende Sitzung fand am 28. Februar 1969 in Wien statt. Bei der ersten Konferenz auf Bundesebene am 10. Oktober 1970 im Stift Melk beschloss die AKS dann ihre zukünftige Arbeitsweise.[191] In den folgenden Jahren wurde in Zusammenarbeit mit den Militärpfarren versucht, einen Kreis von Mitarbeitern aufzubauen und ihnen im Rahmen von Konferenzen, die alle zwei Jahre stattfanden, eine Weiterbildung angedeihen zu lassen. Die Mitarbeiter sollten einerseits die Militärseelsorger in ihrer Tätigkeit unterstützen und andererseits wehrethische Themen wie „Christ und Soldat", „Gerechtfertigter Einsatz von Gewalt", „Wehrersatzdienst", „Menschenrechte" behandeln sowie für die religiöse Fortbildung Sorge tragen. Ihre Mitglieder hatten die Aufgabe, die katholischen Soldaten in enger Zusammenarbeit mit der Militärseelsorge in Glaubensfragen zu unterstützen. Die Aktivitäten innerhalb der Militärpfarren umfassten Diskussionsrunden, Bildungsveranstaltungen, Einkehrtage und die oben bereits erwähnten Erholungsaktionen für Kinder von Heeresangehörigen.

International ist die AKS seit 1971 beim „Apostolat Militaire International" (AMI), einer Vereinigung von (damals zehn) Laienorganisationen von Streitkräften, die im Juni 1956 in Santiago de Compostela gegründet worden war, aktiv. Bereits 1972 fand die erste AMI-Konferenz in Österreich unter dem Motto „Der Beitrag des Soldaten zum Frieden" an der Militärakademie in Wiener Neustadt statt.[192]

---

190 Arbeitsgemeinschaft katholischer Soldaten (AKS). http://www.bundesheer.at/ organisation/beitraege/mil_seelsorge/kath_ms/aks.shtml (Abfrage v. 13.04.2015). Siehe auch: *Fischer*, Die Römisch-Katholische Militärseelsorge beim österreichischen Bundesheer (Anm. 1), S. 49.

191 *Gruber*, 40 Jahre Wiedererrichtung der Militärseelsorge Österreichs (Anm. 9), S. 42; *Haubl, Michael*, Abriß der Geschichte der Geschichte der katholischen Militärseelsorge in Österreich aus Anlaß ihres vierzigjährigen Bestehens im Bundesheer der Zweiten Republik – Kapitel „Die Arbeitsgemeinschaft Katholischer Soldaten (AKS) – die Katholische Aktion der Militärdiözese", in: ebd., S. 99–115, hier S. 114 f.

192 *Gruber*, 40 Jahre Wiedererrichtung der Militärseelsorge Österreichs (Anm. 9), S. 42 f.; Zur Tagung des „Apostolat Militaire International": Der Beitrag des Soldaten zum

Im Frühjahr 1974 fanden in Österreich die ersten Pfarrgemeinderatswahlen statt, damit wurden auch im Bereich des Militärvikariates erstmals Militärpfarrgemeinderäte gewählt, die aus dem unmittelbaren Umfeld der AKS stammten.[193]

II.5 Auszeichnungen

Für ihren vorbildlichen und unermüdlichen Einsatz als Militärseelsorger im Dienste des Österreichischen Bundesheeres erhielten die Militärseelsorger bereits in den 1960er und 1970er Jahren zahlreiche Auszeichnungen und Ehrentitel.

Militärprovikar Innerhofer wurde 1964 mit dem Großen Ehrenzeichen für Verdienste um die Republik Österreich, dem Silbernen Komturkreuz des Ehrenzeichens für Verdienste um das Bundesland Niederösterreich und dem Bundesheerdienstzeichen 3. Klasse ausgezeichnet.[194]

Militärkurat Vollnhofer wurde Anfang 1964 von Bundesminister für Landesverteidigung Dr. Karl Schleinzer (1924 –1975) das ihm von Bundespräsident Adolf Schärf (1890–1965) verliehene Goldene Verdienstzeichen überreicht.[195]

Militäroberkurat Hahn wurde 1964 mit Dekret des Papstes Paul VI. (1897–1978) zum päpstlichen Geheimkämmerer ernannt.[196]

Militärpfarrer Albuin Jordan wurde in Anerkennung seiner Verdienste um die Militärseelsorge von Tirol, aber auch um seinen Heimatort – seiner Initiative ist die Anschaffung von vier neuen Glocken kurz nach dem Krieg und der Bau des Kriegerdenkmales für die Gefallenen beider Weltkriege zu verdanken – von seiner Heimatgemeinde Birgitz zum Ehrenbürger ernannt.[197] Papst Paul VI. verlieh ihm 1974 den Ehrentitel Monsignore. Auch von Bund und Land und anderen Organisationen wurde er vielfach für seinen Einsatz ausgezeichnet.[198]

Die Militärdekane Franz Unger und Josef Schörghofer wurden 1970 von Papst Paul VI. zum päpstlichen Ehrenprälaten bzw. Ehrenkaplan ernannt,

---

Frieden, in: Der Soldat, Nr. 13, 02.07.1972, S. 2; Konferenz katholischer Soldaten, in: Der Soldat, Nr. 13, 02.07.1972, S. 3.

193 Militärordinariat, Die Amtszeit von Bischof Dr. Franz Zak (Anm. 100), s. p.; LIES, H. 4 (1974), S. 1 f.

194 *Gruber,* Prälat Johann Innerhofer (Anm. 24), S. 19.

195 Ehrenzeichen für Militärkurat Vollnhofer, in: Der Soldat, Nr. 5, 08.03.1964, S. 3.

196 Ehrung für den Akademiepfarrer, in: Der Soldat, Nr. 14, 26.07.1964, S. 5; *Bundesministerium für Landesverteidigung/Militärvikariat* (Hg.), Katholische Militärseelsorge Österreichs (Anm. 13), S. 10.

197 Militärpfarrer Jordan – Ehrenbürger, in: Der Soldat, Nr. 7, 13.04.1969, S. 4.

198 Tiroler Militärpfarrer zum Leiter des bischöflichen Schulamtes berufen, in: Der Soldat, Nr. 7, 05.05.1970, S. 4; LIES, H. 1 (1974), S. 4.

Militärprovikar Gruber 1975 ebenfalls zum päpstlichen Ehrenprälaten.[199] Schörghofer wurde zudem 1982 mit dem Goldenen Ehrenzeichen für Verdienste um die Republik Österreich ausgezeichnet.[200]

Militärsuperior Felix Mayer, der bereits 1970 zum Monsignore ernannt worden war, wurde 1972 von Bundespräsident Franz Jonas (1899–1974) das Silberne Ehrenzeichen für Verdienste um die Republik Österreich verliehen, das ihm durch den Militärkommandanten von Kärnten, Brigadier Josef Gerstmann, feierlich überreicht wurde.[201] Militärsuperior Leban erhielt diese Auszeichnung von Bundespräsident Rudolf Kirchschläger (1915–2000) im Jahre 1977; 1984 wurde er mit dem Goldenen Ehrenzeichen für Verdienste um die Republik Österreich ausgezeichnet.[202]

Militärdekan Hannes Städtler bekam 1973 von Bundespräsident Jonas das Goldene Ehrenzeichen für Verdienste um die Republik Österreich verliehen, die Militärdekane Josef Wallner 1975, Josef Gaupmann 1976 und Anton Schneidhofer 1983 von Bundespräsident Kirchschläger. Gaupmann wurde zudem noch – ebenso wie Militärsuperior Wallner – von Papst Paul VI. zum Monsignore ernannt.[203]

III. Der Aufbau der evangelischen Militärseelsorge von 1956 bis 1974

III.1 Zur Quellenlage

Im Gegensatz zur katholischen Militärseelsorge ist die Primärquellenlage für die evangelische Militärseelsorge etwas besser. Im Bestand des Österreichischen Staatsarchivs/Archivs der Republik finden sich unter der Signatur AdR, 05/LV/2.Rep./Evangelische Militärseelsorge, EMSA/MilSUP drei Kartons mit Archivmaterial aus den Jahren 1956 bis 1974, das u.a. auch auf schriftlichen Unterlagen des späteren Militärsuperintendenten Dr. Julius Hanak (* 1933) (Militärsuperintendent 1980 bis 1998) basiert. Auf ihn geht auch ein Großteil der Beiträge zur evangelischen Militärseelsorge im Bundesheer der Zweiten

---

199 Der Soldat, Nr. 6, 22.03.1970, S. 5; Päpstliche Anerkennung für Militärpfarrer, in: Der Soldat, Nr. 10, 17.05.1970, S. 5; LIES, H 1 (1976), S. 2.
200 LIES, H. 4 (1982), S. 2.
201 *Bundesministerium für Landesverteidigung/Militärvikariat* (Hg.), Katholische Militärseelsorge Österreichs (Anm. 13), S. 18; Hohe Auszeichnung für Kärntner Militärpfarrer, in: Der Soldat Nr. 19, 15.10.1972, S. 5.
202 LIES, H. 6 (1977), S. 1; LIES, H. 5 (1984), S. 1.
203 LIES, H. 11 (1973), S. 1; LIES, H. 1 (1976), S. 1; LIES, H. 3 (1983), S. 20; LIES, H. 2 (1977), S. 1.

Republik zurück. Am ausführlichsten und wissenschaftlich fundiertesten ist wohl sein Beitrag „Skizzen zur Evangelischen Militärseelsorge im Österreichischen Bundesheer der Zweiten Republik (bis 1995)" in dem von Karl Reinhart Trauner herausgegebenen Sammelband „Es gibt nie ein Zuviel an Seelsorge … 50 Jahre Evangelische Militärseelsorge im Österreichischen Bundesheer", in dem zunächst ein chronologischer Überblick geboten wird, ehe sich der Autor der Entwicklung der einzelnen Seelsorgezentren und dann den Militärdekanen bzw. Militärsuperintendenten und deren Amtszeit widmet.[204] In der Publikation „50 Jahre Evangelische Militärseelsorge im Einsatz für Österreich 1957–2007" wird nur sehr überblicksmäßig auf diesen Abschnitt der Geschichte der evangelischen Militärseelsorge eingegangen, wobei sich die Inhalte stark an Hanak anlehnen.[205] Der ebenfalls im Sammelband „Es gibt nie ein Zuviel an Seelsorge" erschienene Beitrag von Ernst Hofhansl „Die Evangelische Kirche und ihre Militärseelsorge" beleuchtet den Aufbauaspekt ebenfalls chronologisch, verwendet aber zum Teil andere Quellen und bietet daher eine willkommene Ergänzung zu den Schriften Hanaks.[206]

In der Zeitschrift „Der Soldat" finden sich – im Gegensatz zur katholischen Militärseelsorge, die, wie oben erwähnt, in zahlreichen Artikeln und (Kurz-)Meldungen vertreten ist – kaum Beiträge zur Entwicklung der evangelischen Militärseelsorge. Allerdings gilt auch für die evangelische Militärseelsorge: Die in den Verlautbarungsblättern des Bundesministeriums für Landesverteidigung publizierten Erlässe betreffend die Militärseelsorge sind eine unverzichtbare Informationsquelle.

---

204 *Hanak, Julius*, Evangelische Militärseelsorge im Bundesheer der 2. Republik, in: *Gröger – Ham – Sammer*, Militärseelsorge in Österreich (Anm. 3), S. 171–175; *Hanak – Trauner*, Die evangelische Militärseelsorge im Österreichischen Bundesheer der Zweiten Republik (Anm. 29), S. 223–234; *Hanak, Julius*, Skizzen zur Evangelischen Militärseelsorge im Österreichischen Bundesheer der Zweiten Republik (bis 1995), in: *Trauner* u.a., Es gibt nie ein Zuviel an Seelsorge (Anm. 44), S. 32–87.
205 *Wallgram, Manfred* (Red.), 50 Jahre Evangelische Militärseelsorge im Einsatz für Österreich 1957–2007, Wien 2007, v.a. S. 20–25, Organisation und Gliederung: S. 30–37.
206 *Hofhansl, Ernst*, Die Evangelische Kirche und ihre Militärseelsorge, in: *Trauner* u.a., Es gibt nie ein Zuviel an Seelsorge (Anm. 44), S. 137–148, hier v.a. S. 137–142.

III.2 Organisation und Struktur der evangelischen Militärseelsorge von 1957 bis 1974

Beim ersten Einrückungstermin im Oktober 1956 waren auch einige hundert Evangelische eingerückt, die im Gegensatz zu den Katholiken aber anfangs keine seelsorgerische Betreuung erhielten.

Dies veranlasste den Bischof der evangelischen Kirche Gerhard May (1898 –1980) in seinem Bericht in der 2. Session der 5. Generalsynode der Evangelischen Kirche (27. bis 30. November 1956) Folgendes fragend anzumerken:

> „Am 15. Oktober 1956 sind unsere jungen Männer eingerückt. Unser Militär hat jetzt an der ungarischen Grenze und bei manchen Katastrophen seine Bewährung abgelegt. Warum haben wir noch keine Evangelische Militärseelsorge?"[207]

Der katholische Militärseelsorger Rudolf Weinberger nahm sich bereits kurz nach seinem Amtsantritt auch der evangelischen Soldaten an und forcierte die ökumenische Zusammenarbeit. Er organisierte in der Walser Schwarzenberg-Kaserne[208], der größten Kaserne Österreichs, einen evangelischen Reformationsgottesdienst – in Eigeninitiative, fünf Jahre vor dem Zweiten Vatikanischen Konzil. Er stellte die dortige Soldatenkirche zur Verfügung und der Salzburger Pfarrer Gerhard Florey (1897–1996) hielt den ersten evangelischen Gottesdienst. Florey war es auch, der darüber an den Evangelischen Oberkirchenrat A.B. und H.B. nach Wien berichtete. Zudem reservierte Weinberger ebendort zwei Kanzleiräume und den

---

207 Auszug aus dem Protokoll der 5. Generalsynode [2. Session] vom 27. bis 30. November und Bericht des Oberkirchenrates A.u.H.B. an die 5. Generalsynode, [Wien] [1956], S. 5.
Von May hat sich übrigens auch eine Ansprache mit dem Titel „An unsere Soldaten" aus dem Jahr 1957 erhalten, die möglicherweise bei einer Angelobung gehalten worden sein könnte. Der gesamte Text ist abgedruckt in: *Trauner* u.a., Es gibt nie ein Zuviel an Seelsorge (Anm. 44), S. 108–110.

208 Die Kaserne war Anfang der 1950er Jahre von den amerikanischen Besatzungstruppen in Wals-Siezenheim errichtet und nach Captain Robert E. Roeder benannt worden, der 1944 in Italien gefallen war. 1955 wurde das Camp Roeder an das Österreichische Bundesheer übergeben und 1967 nach Feldmarschall Karl Philipp zu Schwarzenberg in Schwarzenberg-Kaserne umbenannt. Vgl. dazu *Fasching, Gerhard – Rainer, Otto H.*, Die Dislokation der US-Streitkräfte 1945 bis 1955 in Salzburg, in: *Kriechbaumer, Robert* (Red.) – *Bayr, Hans* u.a., Salzburg 1945–1955. Zerstörung und Wiederaufbau, Ausstellungskatalog (= Jahresschrift des Salzburger Museum Carolino Augusteum, Bd. 40/41, Salzburg 1995), S. 289–321.

Betraum, der zuvor von den amerikanischen Soldaten jüdischen Glaubens als Synagoge verwendet worden war, für die evangelische Militärseelsorge.[209]

Der Evangelische Oberkirchenrat setzte sich von Anfang an für die Einrichtung einer Militärseelsorge auch für die evangelischen Soldaten ein, und „*obwohl es nicht sicher war, daß überhaupt eine Militärseelsorge eingerichtet würde, hat der Evangelische Oberkirchenrat bereits im Jahre 1956 einen kleinen Kreis von Pfarrern, die im Kriege als Offiziere, Mannschaften oder als Kriegspfarrer gedient hatten, zu einer Beratung eingeladen, bei der die Frage behandelt wurde, ob und wie wir uns gegebenenfalls an einer Militärseelsorge beteiligen sollten*", so die Aussage im Bericht des späteren ersten evangelischen Militärseelsorgers Hellmut May, des Bruders des obgenannten Bischofs.[210]

In dem bereits erwähnten Bericht in der 2. Session der 5. Generalsynode der Evangelischen Kirche hielt May die entsprechenden Bemühungen seitens des Evangelischen Oberkirchenrates fest: Der Oberkirchenrat habe am 31. Mai 1955 eine erste entsprechende Eingabe an das Bundeskanzleramt gemacht und in der Folge mehrmals persönlich, fernmündlich und schriftlich urgiert. Nach der Ernennung der ersten katholischen Militärgeistlichen habe sich May persönlich an den Bundesminister für Landesverteidigung, Ferdinand Graf, gewandt, um ihm den Antrag für eine evangelische Militärseelsorge persönlich zu übermitteln. Dieser habe die Berufung eines hauptamtlichen evangelischen Militärseelsorgers umfasst, der zugleich als Sachbearbeiter im Bundesministerium für Landesverteidigung für den Aufbau und die Leitung der evangelischen Militärseelsorge tätig sein sollte. May forderte für die Zukunft die Anstellung von vier hauptamtlichen Militärseelsorgern – analog zu den katholischen –, die vom Bund angestellt und bezahlt, aber im Einvernehmen mit dem Evangelischen Oberkirchenrat bestellt werden sollten.

---

209 *Hanak*, Evangelische Militärseelsorge im Bundesheer der 2. Republik (Anm. 204), S. 171–175; *Hanak – Trauner*, Die evangelische Militärseelsorge im Österreichischen Bundesheer der Zweiten Republik (Anm. 29), S. 223 f.; *Hanak*, Skizzen zur Evangelischen Militärseelsorge (Anm. 204), S. 32–87, hier S. 32; *Reichl-Ham, Claudia*, Die Militärseelsorge in Geschichte und Gegenwart, M&S Themenheft 4, Wien 2005, S. 39–42, hier S. 39; *Wallgram* (Red.), 50 Jahre Evangelische Militärseelsorge im Einsatz für Österreich 1957–2007 (Anm. 205), S. 20.

210 *May, Hellmut*, Bericht über die Militärseelsorge für die Generalsynode der Evangelischen Kirche A.u.H.B. 1962, maschingeschriebenes Manuskript. Zitiert in: *Hanak – Trauner*, Die evangelische Militärseelsorge im Österreichischen Bundesheer der Zweiten Republik (Anm. 29), S. 224, *Hanak*, Skizzen zur Evangelischen Militärseelsorge (Anm. 204), S. 33, S. 20.

Die Politik unterstützte diese Forderung, denn May schloss seinen Bericht mit der Mitteilung, dass der Ministerrat am 27. November, dem Tag der Sitzung, den ersten evangelischen Militärseelsorger bestellt habe.[211]

Am 1. Februar 1957 trat Hellmuth May schließlich sein Amt als erster hauptamtlicher evangelischer Militärseelsorger an und wurde zugleich zum Leiter der evangelischen Militärseelsorge bestellt. Diese zeitliche Verzögerung beruhte auf der Tatsache, dass die gesetzlichen Voraussetzungen für die Errichtung einer evangelischen Militärseelsorge zunächst nicht gegeben waren. Wohl hatte es, wie eingangs erwähnt, in der Zeit der Monarchie bis zum Ende des Ersten Weltkrieges eine evangelische Militärseelsorge gegeben und mit 1. Jänner 1938 sollte eine permanente evangelische Militärseelsorge mit zwei hauptberuflichen Seelsorgern eingerichtet werden, die Machtübernahme der Nationalsozialisten in Österreich und die Eingliederung des Österreichischen Bundesheeres in die deutsche Wehrmacht im März 1938 hatten aber dessen Umsetzung verhindert.[212]

Im Wehrgesetz vom 7. September 1955, das, wie eingangs erwähnt, im § 36 Abs. 5 den Angehörigen des Österreichischen Bundesheeres die freie Religionsausübung zusicherte[213], fand auch die evangelische Militärseelsorge ihre rechtliche Verankerung.

Mit Erlass des Bundesministeriums für Landesverteidigung vom 4. März 1957 wurde die „Provisorische Dienstanweisung für den evangelischen Militärpfarrer" herausgegeben, der zufolge

„für die Durchführung der evangelischen Militärseelsorge im Bundesheer ... das Bundesministerium für Landesverteidigung zunächst einen evangelischen Militärseelsorger angestellt ... [hat]. Er untersteht dienstlich und disziplinär dem BMfLV [Bundesministerium für Landesverteidigung] und ist aus administrativen Gründen bei der Abteilung Militärseelsorge eingeteilt, die der Sektion I unterstellt ist. Er versieht seinen Seelsorgedienst selbständig und ist in allen militärischen und personellen Angelegenheiten ... an den Leiter der Sektion I

---

211 Auszug aus dem Protokoll der 5. Generalsynode (Anm. 207), S. 5 f.
212 Das Bundesministerium für Landesverteidigung entschied im November 1937 im Einvernehmen mit dem Bundesministerium für Unterricht, dass mit 1. Jänner 1938 eine permanente evangelische Militärseelsorge mit zwei hauptberuflichen Seelsorgern einzurichten sei. Bezüglich der Personalbesetzungen schloss sich das Bundesministerium für Unterricht „den Vorschlägen des evangelischen Oberkirchenrates vollinhaltlich" an. Österreichisches Staatsarchiv, Allgemeines Verwaltungsarchiv, Wien, Neuer Kultus, Zl. 38425/1937 und Zl. 42611/1937. Siehe auch *Reichl-Ham*, Die Militärseelsorge in Geschichte und Gegenwart (Anm. 209), S. 36 f.
213 Bundesgesetzblatt für die Republik Österreich (BGBl.) Nr. 181 vom 21.09.1955, S. 905–916, hier S. 912.

gewiesen. In religiösen Dingen untersteht er der evangelischen Kirche und der geistlichen Aufsicht des evangelischen Bischofs.

Der evangelische Militärpfarrer hat den Dienstauftrag, die einzelnen Truppen innerhalb der Gruppe I möglichst einmal im Monat aufzusuchen, die Truppenteile im übrigen Bundesgebiet zweimal im Jahr. Er kann geeignete Zivilpfarrer der Gruppenbereiche II und III zur freiwilligen Mitarbeit in der evangelischen Seelsorge im Bundesheer beantragen. ...

Die Gruppenkommanden und das Kommando der Luftstreitkräfte sind angewiesen, den evangelischen Militärpfarrer in seinem Seelsorgedienst zu unterstützen und, im Einvernehmen mit ihm, durch zweckmäßige Anordnung der Truppenbesuche und durch Beistellung von Fahrzeugen, soweit nicht Eisenbahnfahrten möglich sind, zu unterstützen."[214]

Mit 1. Februar 1958 wurde Militärdekan May Stellvertreter des Leiters der Abteilung Militärseelsorge im Bundesministerium für Landesverteidigung, Monsignore Johann Innerhofer, dem damit auch die evangelische Militärseelsorge unterstellt war.

Erst 1960 sollte es mit der Einrichtung von zwei Leitungsposten für die Militärseelsorgen zu einer Trennung kommen. May wurde am 4. April 1960 mit der Leitung des neu geschaffenen Evangelischen Militärseelsorgeamtes betraut.[215] Der Leiter des Evangelischen Militärseelsorgeamtes war der Fachvorgesetzte aller Offiziere des evangelischen Militärseelsorgedienstes. Er wurde von der Kirchenleitung vorgeschlagen und vom Bundesministerium für Landesverteidigung bestellt. Als Leiter der evangelischen Militärseelsorge war er für die Koordination der Arbeit der Militärpfarrer und der sonstigen in der Militärseelsorge tätigen Personen zuständig. Ihm oblagen die Rekrutierung, Anstellung, Aus- und Weiterbildung der ihm unterstellten Seelsorger.

1969 wurde dem damaligen Leiter des Evangelischen Militärseelsorgeamtes, Hermann Rippel, der Titel „Militärsuperintendent" verliehen.[216] Der Evangelische Oberkirchenrat ersuchte in einem Schreiben vom 4. November desselben Jahres um eine Abänderung der bisherigen Bezeichnung der Dienststelle in „Evangelische Superintendentur". Dem Änderungsvorschlag wurde aber vorerst nicht

---

214 AdR, 05/LV/2.Rep., K. 406, 1957, Zl. 11.409-Präs/I/57, Provisorische Dienstanweisung für den evangelischen Militärpfarrer vom 04.03.1957. Siehe auch Vorläufige Weisungen für die Evangelische Militärseelsorge, in: AdR, 05/LV/2.Rep./Evangelische Militärseelsorge, Kt. 1, 1957 EMSA/MilSUP, 1.a.2, Bundesministerium für Landesverteidigung, Zl. 201.016-Org/III/57 vom 28.02.1957.
215 Errichtung eines Militärvikariates und Evangelischen Militärseelsorgeamtes, Erlass des BMLV vom 4. April 1960, Zl. 11.865-Präs/I (VBl. Nr. 53/1960).
216 AdR, 05/LV/2.Rep./Evangelische Militärseelsorge, Kt. 2, 1969 EMSA/MilSUP, 2.a.4, Zl. 9091/69, Evangelischer Oberkirchenrat A. u. H.B. an Rippel vom 04.11.1969.

entsprochen.[217] Erst mit Wirkung vom 1. Jänner 1974 wurde das Militärseelsorgeamt schließlich in „Evangelische Militärsuperintendentur" umbenannt.[218] Bereits 1962 war das Militärseelsorgeamt von der Stiftskaserne in die Albrechtskaserne in der Vorgartenstraße im 2. Wiener Gemeindebezirk übersiedelt.

Eine endgültige Regelung der rechtlichen Situation der evangelischen Militärseelsorge ergab sich durch das Protestantengesetz vom 6. Juli 1961, das im § 17 die Seelsorge im Heer analog zu den Konkordatsbestimmungen von 1933 vom Staat auch der evangelischen Kirche zugesichert wurde und somit die rechtlichen Grundlagen für die evangelische Militärseelsorge schuf:

> *„(1) Der Bund hat der Evangelischen Kirche die Ausübung der Seelsorge an den evangelischen Angehörigen des Bundesheeres (Evangelische Militärseelsorge) zu gewährleisten. Er hat den für die Evangelische Militärseelsorge erforderlichen Personal- und Sachaufwand in ausreichendem Maße bereitzustellen.*
>
> *(2) Die Evangelische Militärseelsorge untersteht in geistlichen Belangen der Evangelischen Kirchenleitung* [d.h. dem Evangelischen Oberkirchenrat A. B. und H. B.],[219] *in allen anderen Angelegenheiten den zuständigen militärischen Kommandostellen.*
>
> *(3) Als Evangelische Militärseelsorger* [des Aktiv- und des Reservestandes] *sind gemäß Protestantengesetz nur geistliche Amtsträger zu bestellen, die von der Evangelischen Kirchenleitung hiezu schriftlich ermächtigt sind. Entzieht die Evangelische Kirchenlei-*

---

217 Das Ansuchen ist in einem Schreiben des Evangelischen Militärseelsorgeamtes an den Evangelischen Oberkirchenrat vom 3. März 1969 betreffend Dienststellen der evangelischen Militärpfarrer enthalten. AdR, 05/LV/2.Rep./Evangelische Militärseelsorge, Kt. 2, 1969 EMSA/MilSUP, 2.a.4, Zl. 97-evMS/69 vom 03.03.1969. Siehe auch ebd., Kt. 3, 1973 EMSA/MilSUP, 3.a.1, Zl. 9.090/69, Evangelischer Oberkirchenrat A.u.H.B. an Bundesministerium für Landesverteidigung vom 04.11.1969.
Zur Ablehnung siehe AdR, 05/LV/2.Rep./Evangelische Militärseelsorge, Kt. 3, 1973 EMSA/MilSUP, 3.a.1, Zl. 12.457-PräsA/73, Lütgendorf, Erlassentwurf vom 27.11.1973; ebd., Zl. 165/72, Evangelisches Militärseelsorgeamt an Bundesministerium für Landesverteidigung vom 23.03.1972. Zur Problematik der Umbenennung vgl. auch: Evang. Superintendentur, in: Der Soldat, Nr. 3, 19.02.1974, S. 7.
218 Evangelisches Militärseelsorgeamt; Umbenennung in „Evangelische Militärsuperintendentur" – Anordnung, Erlass des BMLV vom 27.11.1973, Zl. 12.457-PräsA/73 (VBl. Nr. 102/1973). Vgl. auch Evang. Militärsuperintendentur, in: Der Soldat, Nr. 3, 10.02.1974, S. 7.
219 Dies stellt die Freiheit der Verkündigung im Heer nach dem Grundsatz einer „freien Kirche im freien Staat" sicher.

tung diese Ermächtigung, ist der betreffende geistliche Amtsträger unverzüglich seiner Funktion als Militärseelsorger zu entheben."[220]

In die seelsorgerische Betreuung der evangelischen Militärseelsorge fallen „*alle Angehörigen des Bundesheeres, soweit sie der Evangelischen Kirche Augsburgischen Bekenntnisses, der Evangelischen Kirche Helvetischen Bekenntnisses und der Methodistenkirche in Österreich angehören*".[221]

May besuchte persönlich von 1. Februar 1957 bis 30. Jänner 1958 einmal im Monat die Kasernen des Gruppenkommandos I (Wien, Niederösterreich, Burgenland) sowie jeweils einmal pro Halbjahr die Garnisonen der Gruppe II (Steiermark, Kärnten) und der Gruppe III (Oberösterreich, Salzburg, Tirol, Vorarlberg). Zugleich versuchte er, nebenamtliche Mitarbeiter, die im Zweiten Weltkrieg als Soldaten gedient hatten oder als Seelsorger tätig gewesen waren, für den Dienst in der Militärseelsorge zu gewinnen. Das Bundesministerium für Landesverteidigung beauftragte ihn mit Erlass vom 18. April 1957,

„*jene Garnisonsorte des Bundesheeres bekanntzugeben, wo er selbst nicht in der Lage ist, eine regelmäßige bzw. ausreichende Seelsorge bei den Truppen durchzuführen und daher beantragt, einen geeigneten zivilen evang(elischen) Pfarrer fallweise oder dauernd heranzuziehen. Die vorgeschlagenen Geistlichen müssen österr(eichische) Staatsbürger sein, möglichst militärischen Vordienst aufweisen und die Eignung für die zu übertragende Aufgabe haben.*

Der Seelsorgedienst wird freiwillig, ohne Besoldung [durch das Ministerium, Anm. d. Verf.] *und gemäß einer allgemeinen Dienstanweisung geleistet, die der evang(elische)*

---

220 Bundesgesetz vom 6. Juli 1961 über äußere Rechtsverhältnisse der Evangelischen Kirche, BGBl. Nr. 182/1961 vom 06.07.1961, S. 957–961, hier S. 959 f. (§ 17). Siehe dazu auch Evangelischer Militärseelsorgedienst im Bundesheer; Richtlinien, Erlass des BMLV vom 03.05.1974, Zl. 3.933-PräsA/74 (VBl. Nr. 75/1974), sowie Hanak, Skizzen zur Evangelischen Militärseelsorge (Anm. 44), S. 34. Wichtig in diesem Zusammenhang sind auch die 1967 erlassenen Richtlinien zur Ernennung von Reserveoffizieren des Militärseelsorgedienstes, in: Amtsblatt für die Evangelische Kirche A. u. H. B. in Österreich, Jg. 1967, Nr. 7, 26.07.1967, Erlass Nr. 63, Zl. 5781/67 vom 18.07.1967, S. 55 f.
221 Evangelische Militärseelsorge im Bundesheer; Verfügung des Evangelischen Oberkirchenrates A. u. H.B. in Wien vom 7. Feber 1974, Zahl 901/74, Erlass des BMLV vom 03.05.1974, Zl. 1.959-PräsA/74 (VBl. Nr. 76/1974); AdR, 05/LV/2.Rep./Evangelische Militärseelsorge, Kt. 3, 1973 EMSA/MilSUP, 3.a.1, Zl. 479/1973, Evangelische Militärseelsorge im Bundesheer: Verfügung des Evangelischen Militärseelsorgeamtes (Militärsuperintendentur) vom 25. Juli 1973, Konzept.

Militärpfarrer ausarbeitet und dem Bundesministerium für Landesverteidigung zur Genehmigung vorlegt ..."[222]

Gemäß einem Erlass waren zunächst die evangelischen Pfarrer Walter Traidl (für die Garnison Feldbach), Siegfried Gruber (für die Garnison Wolfsberg), Franz Böhm (für die Garnison Oberwart) und Anton Steinbach (für die Garnison Stockerau) zur evangelischen Militärseelsorge heranzuziehen.[223] Diese wurden vom Evangelischen Oberkirchenrat dazu ermächtigt und vom Bundesministerium für Landesverteidigung ernannt. Ihre Aufgabe waren primär die Abhaltung des Ethischen bzw. Lebenskundlichen Unterrichts während der Dienstzeit sowie die Feier von Gottesdiensten und seelsorgerische Einzelgespräche. Wie bei der katholischen Militärseelsorge sollte der Unterricht einmal pro Monat während der Dienstzeit abgehalten werden und sich *„mehr mit lebenskundlichen Fragen des Soldaten ... auf Grundlage des Evangeliums, als mit dogmatischen Fragen"* befassen. Abzuhandelnde Themen waren auch hier u.a. *„die Stellung des Christen zu Volk, Heimat, Vaterland, Obrigkeit; die Tugenden des Soldaten; die Gefahren für den Soldaten"*, wobei Fragen der Soldaten unbedingt zu berücksichtigen waren.[224]

In weiterer Folge kamen noch 16 Pfarrer hinzu, die am 11. Februar 1958 österreichweit in den Garnisonen zum „aushilfsweisen Dienst" berufen wurden.[225] Die rechtliche Grundlage für ihr Handeln bot die „Provisorische Dienstanweisung für die mit der Militärseelsorge betrauten evangelischen Zivilpfarrer".[226]

---

222 AdR, 05/LV/2.Rep./Evangelische Militärseelsorge, Kt. 1, 1957 EMSA/MilSUP, 1.a.2, Bundesministerium für Landesverteidigung, Zl. 95.025-MS/I/57, Militärseelsorge – Verwendung evangelischer Zivilpfarrer vom 18.04.195, verlautbart in: Amtsblatt für die Evangelische Kirche A. u. H.B. in Oesterreich, Jg. 1957, Nr. 6, 15.07.1957, Erlass Nr. 46, Zl. 3.838/57 vom 09.05.1957, S. 70.
223 AdR, 05/LV/2.Rep., Zl. 11.865-SI/60, Aktenvermerk vom 14.10.1960.
224 Siehe dazu die Provisorische Dienstanweisung für die mit der Militärseelsorge betrauten evangelischen Zivilpfarrer, in: AdR, 05/LV/2.Rep./Evangelische Militärseelsorge, Kt. 1, 1957 EMSA/MilSUP, 1.a.2, Bundesministerium für Landesverteidigung, Zl. 95.100-MS/57 o.D. Verlautbart wurde sie in: Amtsblatt für die Evangelische Kirche A. u. H. B. in Oesterreich, Jg. 1958, Nr. 2, 17.02.1958, Erlass Nr. 9, Zl. 1.363/58 vom 07.02.1958, S. 5 f.
225 Die genaue Namens- und Garnisonsliste findet sich in: AdR, 05/LV/2.Rep./Evangelische Militärseelsorge, Kt. 1, 1958 EMSA/MilSUP, 1.a.3, Bundesministerium für Landesverteidigung, Zl. 95.15-MS/I/57, Heranziehung evang. Zivilpfarrer zur aushilfsweisen Militärseelsorge vom 11.02.1958, *Wallgram* (Red.), 50 Jahre Evangelische Militärseelsorge im Einsatz für Österreich (Anm. 205), S. 23, sowie *Hanak*, Skizzen zur Evangelischen Militärseelsorge (Anm. 204), S. 38.
226 Siehe Anm. 224.

Schließlich wurde 24 Zivilpfarrern die Ausübung der Militärseelsorge, v.a. aber die Erteilung des Lebenskundlichen Unterrichts in den Garnisonen gestattet.[227] Die Militärpfarrer hatten dem Oberkirchenrat jene Orte mitzuteilen, wo der Einsatz von Zivilpfarrern notwendig erschien.[228] Viele waren mit Freude bei der Sache, doch gab es auch Seelsorger, die keine Zeit hatten oder enttäuscht waren, dass nicht Gottesdienste ihre Hauptaufgabe waren.[229] Auf die Dauer belasteten diese Berufungen die Kirche und die Gemeinden jedoch sowohl personell als auch finanziell weit über deren Grenzen hinaus. Daher blieb es nach wie vor oberstes Ziel des Evangelischen Oberkirchenrates, eine vom Staat dotierte Militärseelsorge mit hauptamtlichen Seelsorgern einzurichten.[230] Am 22. Februar 1959 konnte May dem Evangelischen Oberkirchenrat zwar berichten, dass eine zusätzliche Militärseelsorgerstelle in Salzburg geschaffen worden war, der Pfarrer, der probeweise den Militärseelsorgedienst versah, allerdings mangels einer adäquaten Wohnung wieder in sein Pfarramt zurückgekehrt sei. Da auch die Bezahlung geringer sei als jene eines Zivilpfarrers, ließe sich kein geeigneter Nachfolger finden. Die Stelle sei nach wie vor vakant. Allein sei es aber unmöglich, in ganz Österreich seinen Dienst zu verrichten, zumal jährlich etwa 2500 bis 3000 evangelische junge Männer Wehrdienst leisteten.[231]

---

227   Diesbezüglich dürfte sich auch ein kleiner Disput zwischen May und Hanak ergeben haben, da Hanak statt den Zivilpfarrern den Lebenskundlichen Unterricht gehalten hatte. May ermahnte ihn daraufhin am 1. Februar 1966, *„stets nur im Einvernehmen mit den Zivilpfarrern [zum Unterricht] zu kommen, aber dafür Sorge zu tragen, daß die Organisation und der Unterricht bei den Zivilpfarrern klappt"*, und fügte hinzu: *„Denken Sie bitte daran, daß es den Zivilpfarrern, die auf Ihre Bitte das Amt übernommen haben, keine Freude machen dürfte, wenn Sie immer wieder dazwischen kommen."* AdR, 05/LV/2.Rep./Evangelische Militärseelsorge, Kt. 2, 1966 EMSA/MilSUP, 2.a.1, Zl. 197-evMS/66, May an Hanak vom 01.02.1966.
228   Zu den weiteren Anordnungen des Oberkirchenrates betreffend die Zivilgeistlichen siehe *Hofhansl*, Die Evangelische Kirche und ihre Militärseelsorge (Anm. 206), S. 138.
229   Auszug aus dem Protokoll der 5. Generalsynode 3. Session, 4. März 1959, [Wien] [1959], S. 7.
230   *Hanak – Trauner*, Die evangelische Militärseelsorge im Österreichischen Bundesheer der Zweiten Republik (Anm. 29), S. 226.
231   Auszug aus dem Protokoll der 5. Generalsynode 3. Session, 4. März 1959 (Anm. 229), S. 7; *Hofhansl*, Die Evangelische Kirche und ihre Militärseelsorge (Anm. 206), S. 138. Im Bestand der Evangelischen Militärseelsorge des Archivs der Republik finden sich auch Aufzeichnungen über Konfessionsstatistiken in den einzelnen Kommanden. Siehe AdR, 05/LV/2.Rep./Evangelische Militärseelsorge, Kt. 1, 1960 EMSA/MilSUP, 1.a.5.

Am 2. August 1958 bat May daher in einem Rundschreiben an alle Superintendenten, ihm geeignet erscheinende Bewerber (Pfarrer oder Religionsprofessoren) vorzuschlagen. Als Kriterien nannte er folgende:

„*Voraussetzung für den Bewerber wäre zusätzlich:*

Daß der betreffende Amtsbruder selbst gedient hat, womöglich Offizier oder Unteroffizier war.

Daß er Freude am Soldatenstand hat, für sich selbst körperliche Strapazen nicht scheut und gesund ist.

Daß er mit jungen Männern umgehen kann und die Gabe hat, interessant und lebendig zu sprechen.

Daß er konfessionellen Frieden will.

Daß er sich bei den Offizieren und Unteroffizieren durchsetzen kann.

Daß er körperlich gut aussieht und offiziersmäßig nach Haltung und Benehmen ist."[232]

Zwischenzeitlich war zwischen dem Bund und dem Evangelischen Oberkirchenrat die Vereinbarung getroffen worden, dass künftig in jeder der sieben evangelischen Superintendenzen Österreichs ein eigener Militärpfarrer bei den dortigen höheren Kommanden seinen Dienst verrichten sollte.[233]

1959 wurde mit Dr. Julius Hanak, dem späteren Militärsuperintendenten (1980–1998), der zweite evangelische Militärpfarrer mit Sitz beim Gruppenkommando III in Salzburg bestellt, 1963 folgte Hermann Rippel (1915–2006) als Seelsorger des Gruppenkommandos II in Graz. Der Leiter des Militärseelsorgeamtes betreute zunächst den Seelsorgebereich des Gruppenkommandos I mit. Erst 1965 konnte diese Stelle mit Hermann Rippel besetzt werden, nachdem ihm Ende 1964 Rudolf Prostrednik (*1939) in Graz nachgefolgt war.

Die letztgenannten evangelischen Militärpfarrer, die keine aktiven Kriegsteilnehmer gewesen waren, hatten wie ihre katholischen Kameraden eine militärische Grundausbildung zu durchlaufen – Dr. Hanak etwa absolvierte zwei Monate Grundausbildung bei den Feldjägern in Wien und ein Monat beim 1. Jahrgang der Militärakademie, Rippel ging zur Panzertruppe und Prostrednik absolvierte von 1. April bis 22. Dezember 1962 freiwillig den gesamten Wehrdienst in Wien, wobei er zu der Zeit bereits Wehrmänner in Wiener Kasernen betreute. Zusätzlich absolvierten sie drei Monate Dienst bei May im Evangelischen Militärseelsorgeamt

---

232 Zitiert in: *Hanak*, Skizzen zur Evangelischen Militärseelsorge (Anm. 204), S. 39, sowie *Wallgram* (Red.), 50 Jahre Evangelische Militärseelsorge im Einsatz für Österreich (Anm. 205), S. 40.

233 *Hanak*, Skizzen zur Evangelischen Militärseelsorge (Anm. 204), S. 38.

sowie im Militärvikariat, wo sie mit den Aufgaben der Militärseelsorger vertraut gemacht wurden.[234]

Ende 1967 waren nun also vier hauptamtliche Militärpfarrer und zahlreiche zivile Seelsorger[235] in der evangelischen Militärseelsorge tätig. Mit der Ruhestandsversetzung von May folgte Pfarrer Rippel am 1. Jänner 1968 als Leiter des Militärseelsorgeamtes nach. Sein Amt beim Gruppenkommando I übernahm Christian Woinovich (* 1937), den May noch persönlich zu einem Studium der Theologie an der Evangelisch-Theologischen Fakultät überredet hatte. Er legte allerdings bereits Ende 1970 sein Amt aus persönlichen Gründen nieder und kehrte der Militärseelsorge den Rücken.[236] Die Stelle konnte aber bereits am 1. Juli 1972 mit Militärdekan Dr. Werner Peyerl (1928–1996), der ab 1973 Militärpfarrer beim Armeekommando werden sollte, besetzt werden.[237] Heute ist diese Stelle übrigens unter der Bezeichnung „Militärsenior" der Militärsuperintendentur eingegliedert.

Anfangs war auch die evangelische Militärseelsorge rein territorial organisiert. *„Der hauptamtliche Militärpfarrer hat sämtliche Truppen seines territorialen Bereiches zu versorgen, ganz gleich welcher militärischen Formation sie angehören."*[238]

Die Jahre 1973/74 mit ihrer neuen Heeresgliederung hatten auch für die evangelische Militärseelsorge weitreichende Folgen, etwa durch die neue Einteilung der Seelsorgebereiche.[239] Zwar waren die Amtssitze der evangelischen Militärseelsorger (Wien, Graz, Salzburg) gleichgeblieben, doch die Gemeindegrenzen bzw. die Seelsorgebereiche erfuhren nun eine Änderung. Dies bedeutete einen gewaltigen Mehraufwand für die Militärpfarrer und stellten den Militärsuperintendenten

---

234 Ebd., S. 39 f.; Wallgram (Red.), 50 Jahre Evangelische Militärseelsorge im Einsatz für Österreich (Anm. 205), S. 24.
235 Für neun Militärpfarrer wurde im Oktober 1967 die Ernennung zu Reserveoffizieren des Militärseelsorgedienstes beantragt, wobei „ein möglichst günstiger Dienstgrad errechnet [wurde], der voraussichtlich genehmigt werden wird". AdR, 05/LV/2.Rep./ Evangelische Militärseelsorge, Kt. 2, 1967 EMSA/MilSUP, 2.a.2, Zl. 1119-evMS/67, Evangelisches Militärseelsorgeamt an die evangelischen Militärpfarrer bei den Gruppenkommanden I, II und III vom 03.10.1967.
236 Wallgram (Red.), 50 Jahre Evangelische Militärseelsorge im Einsatz für Österreich (Anm. 205), S. 25; Christian Woinovich, Vom Offizier zum Seelsorger, in: Trauner u.a., Es gibt nie ein Zuviel an Seelsorge (Anm. 44), S. 209 f.
237 Hanak – Trauner, Die evangelische Militärseelsorge im Österreichischen Bundesheer der Zweiten Republik (Anm. 29), S. 226 f.
238 Ebd., S. 226.
239 Siehe dazu Römisch-katholische Militärseelsorge im Bundesheer; Festlegung der Militärseelsorgebereiche, Verfügung des Militärvikars, Zl. 520/73, Erlass des BMLV vom 03.05.1974, Zl. 3.933-PräsA/74 (VBl. Nr. 75/1974).

Rippel vor gewaltige organisatorische Herausforderungen, die er jedoch im Laufe der 1970er Jahre erfolgreich meisterte.[240] Auch wurden neue Richtlinien für den evangelischen Militärseelsorgedienst im Bundesheer erlassen.[241]

Ein gewichtigeres Problem stellte das Fehlen einer eigenen evangelischen Militärpfarrkirche dar. Wohl hatte es zur Zeit der Habsburgermonarchie eine eigene Garnisonskirche in Wien gegeben[242], die auch während des Zweiten Weltkrieges wieder verwendet wurde. 1944 wurde sie allerdings durch Bombentreffer so schwer beschädigt, dass man sie nicht mehr wieder aufbaute. Daher bestand zu Beginn der evangelischen Militärseelsorge im Österreichischen Bundesheer lediglich in der Salzburger Schwarzenberg-Kaserne eine evangelische Kasernenkapelle als Andachtsraum. In Absprache mit Militärprovikar Innerhofer wurde zunächst eine provisorische Regelung interkonfessionellen Charakters getroffen: Die katholischen Kirchen durften von den evangelischen Militärseelsorgern bei Bedarf mitbenutzt werden, wobei wegen des Zeitplanes mit dem katholischen Militärgeistlichen das Einvernehmen zu suchen war – entweder in Form eines Dauerabkommens oder in Form von rechtzeitigen Mitteilungen im Anlassfall. Provikar Innerhofer hatte zu diesem Zweck die Anweisung ausgegeben, das Allerheiligste nicht in den Militärkirchen zu belassen.[243]

Nach seinem Tod war es allem Anschein nach „*bei der Benützung der Kirchen zu Reibereien*"[244] gekommen, weshalb es notwendig wurde, „*durch einen schriftlichen Bescheid Klarheit zu schaffen und dadurch von vornherein Mißstimmungen zu beseitigen bzw. nicht aufkommen zu lassen*". So war etwa die Soldatenkirche auf der Seetaler Alpe zwar laut Protokoll des Gruppenkommandos II vom 20. März 1963

---

240 Siehe dazu die ausführliche Schilderung in: *Hanak*, Skizzen zur Evangelischen Militärseelsorge (Anm. 204), S. 41.

241 Evangelischer Militärseelsorgedienst im Bundesheer; Richtlinien, Erlass des BMLV vom 08.10.1973, Zl. 8.269-PräsA/73 (VBl. Nr. 88/1973).

242 1861 wurde die Schwarzspanierkirche im 9. Wiener Gemeindebezirk als evangelische Kirche wiederhergestellt. Sie diente den evangelischen Soldaten der Garnison Wien als Gotteshaus, und so bürgerte sich für sie in der Bevölkerung der Name „Garnisonskirche" ein. *Czeike, Felix*, Historisches Lexikon Wien in 5 Bänden, Bd. 5, Wien 1997, S. 177; *Trauner, Karl Reinhart*, Die Evangelische Garnisonskirche, in: M&S Themenheft 9: Das „evangelische Wien". Beiträge zur evangelischen Seite einer Großstadt, hg. v. *Schwarz, Karl – Trauner, Karl Reinhart*, Wien 2005, S. 13 ff.

243 AdR, 05/LV/2.Rep./Evangelische Militärseelsorge, Kt. 2, 1966 EMSA/MilSUP, 2.a.1, Zl. 1047-evMS/66, Evangelisches Militärseelsorgeamt an Bundesministerium für Landesverteidigung vom 16.09.1966.

244 Evangelisches Militärseelsorgeamt, Rundschreiben, Zl. 1361/67 v. 17.11.1967. Faksimile in: *Hanak*, Skizzen zur Evangelischen Militärseelsorge (Anm. 204), S. 80.

als „Simultankirche" errichtet worden, bei der Militärpfarrerkonferenz am 23. Juni 1966 wurde allerdings von Seiten der katholischen Militärpfarrer behauptet, dass diese eine rein katholische Kirche sei. Außerdem wurde Militärdekan May die Taufe von zwei Kindern in einer Militärkirche untersagt, obwohl die Täuflinge, deren Eltern und Gäste bereits vor der Kirchentür standen, da das Allerheiligste sich noch im Altar befand.[245]

Das Militärvikariat erklärte sich daraufhin bereit, der evangelischen Militärseelsorge das Recht einzuräumen, in den Soldatenkirchen in Eisenstadt, Götzendorf, Großmittel, Graz-Wetzelsdorf, Langenlebarn, Seetaler Alpe, Wattener Lizum und Salzburg (Wals-)-Siezenheim *„gottesdienstliche Handlungen für* [evangelische] *Soldaten zu halten".* Pater Leo Fritz richtete am 14. November 1967 ein entsprechendes Schreiben mit dem Betreff „Soldatenkirchen –Benützungsrechte" an das Bundesministerium für Landesverteidigung.[246]

Militärdekan May gab am 17. November 1967 ein Rundschreiben heraus, indem nochmals die Bestimmung über die Benützung der Soldatenkirche durch die evangelische Militärseelsorge erörtert wurde:

> *„1.) Daß die evangelische Militärseelsorge das Recht hat, die der katholischen Kirche gewidmeten Soldatenkirchen zu benützen.*
>
> *2.) Daß eine Absprache mit dem zuständigen Militärseelsorger (dem Verwalter der betreffenden Kirche) rechtzeitig getroffen werden soll, um Unzukömmlichkeiten zu vermeiden."*[247]

Bezüglich der Feldmessen bzw. feierlichen Soldatengottesdienste wurde zu eben jener Zeit ebenfalls eine Vereinbarung zwischen den beiden Seelsorgen geschlossen, die der Zentralsektion des Bundesministeriums für Landesverteidigung am 14. November 1967 zur Überprüfung und Verlautbarung übermittelt wurde.

> *„I) Bei Feierlichkeiten in den Kasernen und des Bundesheeres überhaupt, die mit einer gottesdienstlichen Handlung verbunden sind, ist im Hinblick auf die Respektierung der Freiheit des Bekenntnisses und der Freiheit der Religionsausübung darauf zu*

---

245 AdR, 05/LV/2.Rep./Evangelische Militärseelsorge, Kt. 2, 1966 EMSA/MilSUP, 2.a.1, Zl. 1047-evMS/66, Evangelisches Militärseelsorgeamt an Bundesministerium für Landesverteidigung vom 16.09.1966.

246 Militärvikariat an Bundesministerium für Landesverteidigung, Zl. 1927/67 vom 14.11.1967. Faksimile in: *Hanak,* Skizzen zur Evangelischen Militärseelsorge (Anm. 204), S. 81.

247 Evangelisches Militärseelsorgeamt, Rundschreiben, Zl. 1361/67 vom 17.11.1967. Faksimile in: *Hanak,* Skizzen zur Evangelischen Militärseelsorge (Anm. 204), S. 80.

achten, daß die religiösen Feierlichkeiten nach Möglichkeit zwar zur selben Zeit, aber an verschiedenen Örtlichkeiten gehalten werden.

II) *Bei Feierlichkeiten, bei denen es nicht möglich ist, die religiösen Feiern getrennt zu halten, ist folgender Ablauf einzuhalten:*

> *1.) Katholische Feldmesse. Nach deren Beendigung*
> *2.) Choral (vorgetragen von der Militärmusik)*
> *3.) Evangelischer Gottesdienst.*

Fortsetzung der militärischen Feier.

III) *Bezüglich der Gestaltung nach I oder II stellen die zuständigen Militärpfarrer das Einvernehmen mit dem Kommandanten, der für die Feier verantwortlich ist, her."*[248]

III.3 Aufgaben der Militärseelsorger

Die umfassenden Tätigkeitsbereiche und Befugnisse des Evangelischen Militärseelsorgeamtes, dem die „leitende Regelung" und Überwachung der evangelischen Militärseelsorge im Österreichischen Bundesheer oblag, waren in der zuvor bereits angeführten Verfügung des Evangelischen Militärseelsorgeamtes (Militärsuperintendentur) vom 25. Juli 1973 bzw. in der Verfügung des Evangelischen Oberkirchenrates A.u.H.B. vom 7. Februar 1974 genau aufgelistet:

1.) *„Aufsicht über die Dienst- und Amtsführung und den Wandel der Offiziere des Militärseelsorgedienstes sowie die Förderung ihrer Tätigkeit, unbeschadet der Gültigkeit der Disziplinarordnung der Evangelischen Kirche A. und H.B.*

2.) *Herausgabe von Rundschreiben an die Militärpfarrer und von Nachrichten der evangelischen Militärseelsorge.*

3.) *Seelsorge an den Militärpfarren und Obsorge für deren wissenschaftliche und berufliche Fortbildung.*

4.) *Vorbereitung und Leitung von Militärpfarrerkonferenzen, Verfügung über die Teilnahme an Seminaren und Rüstzeiten, wobei die zeitliche und örtliche Festlegung nach Koordinierung mit den Kommanden, bei denen die Militärpfarrer ihren Amtssitz haben, zu erfolgen hat.*

5.) *Die Aufsicht und Entscheidung über die zweckmäßige und gerechte Verteilung des Dienstes in den einzelnen Seelsorgebereichen.*

6.) *Obsorge für die Abhaltung des evangelischen Religionsunterrichtes am Bundesrealgymnasium für Berufstätige (zeitverpflichtete Soldaten) und am Bundesrealgymnasium an der Theresianischen Militärakademie (Militärrealgymnasium) im Einvernehmen mit den Kommanden und dem zuständigen Fachinspektor für den evangelischen Religionsunterricht an höheren Schulen.*

---

248 Militärvikariat an Bundesministerium für Landesverteidigung, Zl. 1928/67 vom 14.11.1967. Faksimile in: *Hanak*, Skizzen zur Evangelischen Militärseelsorge (Anm. 204), S. 82.

7.) Obsorge für entsprechende Vertretung bei Erkrankung eines Militärpfarrers oder sonstiger Dienstverhinderung.
8.) Einweihung von Militärkirchen und anderen militärischen Objekten.
9.) Erledigung von Wünschen und Beschwerden in Angelegenheiten der Militärseelsorge, die ihm vorgebracht werden, bzw. deren Weiterzuleitung an die zuständigen militärischen oder kirchlichen Stellen.
10.) Visitation der Militärpfarrer und ihrer Seelsorgebereiche, unbeschadet des gleichen Rechtes des Vorsitzenden des Evangelischen Oberkirchenrates A. u. H.B. und, wenn dieser kein Geistlicher ist, des Bischofs der Evangelischen Kirche A.B..
11.) Stellung von Anträgen auf Ernennung von evangelischen geistlichen Amtsträgern zu Offizieren des Militärseelsorgedienstes (Berufs- und Reserveoffiziere) nach deren Ermächtigung zum Militärseelsorgedienst durch die Kirchenleitung und bei Offizieren des Militärseelsorgedienstes der Reserve gemäß Erlaß vom 13. Dezember 1973, Zahl 279.000-PersRes/73, Zuteilung in die Seelsorgebereiche und deren fachdienstliche Beaufsichtigung."[249]

Die Aufgaben des evangelischen Militärseelsorgers jener Zeit waren eng an jene seiner katholischen Kameraden angelehnt, wie eben

- Der Lebenskundliche Unterricht
- Abhaltung von Gottesdiensten und sonstige liturgische Feiern (mit Matrikenführung): Soldatengottesdienste mit oder ohne Feier des Heiligen Abendmahles, Taufen, Trauungen, Beerdigungen, Konversionen mit vorbereitenden Gesprächen, Vorbereitung auf die Konfirmation und die Konfirmation selbst
- Gestaltung kirchlicher Feste bzw. Feiern: vorweihnachtliche Feiern, Weihnacht, Ostern, Reformationsfest etc.
- Seelsorgerische Gespräche (Beratung) bei Besuchen, nach dem Lebenskundlichen Unterricht, nach Gottesdiensten etc., Brief- und Telefonseelsorge
- Weihe von Kasernen
- Betreuung kirchlicher Geräte und Paramente
- Mitwirkung bei militärischen Feiern: Totengedenken, Traditionstage, Angelobungen, Ausmusterungen an der Theresianischen Militärakademie etc.
- Seelsorgerische Betreuung bei Manövern, Verlegung auf Truppenübungsplätze, Katastropheneinsätzen, Auslandseinsätzen, Abhaltung von Rüstzeiten und

---

249 Zitiert nach: Evangelische Militärseelsorge im Bundesheer; Verfügung des Evangelischen Oberkirchenrates A. u. H.B. in Wien vom 7. Feber 1974, Zahl 901/74, Erlass des BMLV vom 03.05.1974, Zl. 1.959-PräsA/74 (VBl. Nr. 76/1974). Vgl. auch AdR, 05/LV/2. Rep./Evangelische Militärseelsorge, Kt. 2, 1973 EMSA/MilSUP, Zl. 7902-PräsA/73, 2.a.8, Evangelisches Militärseelsorgeamt an Bundesministerium für Landesverteidigung, Evangelische Militärseelsorge im Bundesheer: Verfügung des Evangelischen Militärseelsorgeamtes (Militärsuperintendentur), Zl. 478/73 vom 25.07.1973.

Seminaren, Unterstützung von Sozialaktionen, Hausbesuche, Krankenbesuche in Krankenhäusern, Anstalten, Wohnungen, Besuch von Arrestanten
- Aufsicht und Mitwirkung bei der Führung der Kirchenbücher (Matriken)
- Teilnahme an Konferenzen und Fortbildungstagungen.[250]

Die aktiven evangelischen Militärseelsorger erstatten monatlich Bericht, die nebenamtlichen alle drei Monate an das Militärseelsorgeamt.[251]

Die Militärpfarrer hatten die Pflicht zum Besuch der Pfarrer- bzw. Pastoralkonferenzen und wurden auch zu den Pfarrerkonferenzen der Superintendenz eingeladen. Offiziere des Militärseelsorgedienstes der Reserve konnten freiwillig an den Pastoralkonferenzen teilnehmen.[252]

Die evangelischen Militärpfarrer nahmen auch an den jährlich stattfindenden (interkonfessionellen) Militärpfarrerkonferenzen beim Bundesministerium für Landesverteidigung teil, wo Themen wie Lebenskundlicher Unterricht – Erfahrungen, Themen, Aussprache –, Gottesdienste, seelsorgerische Betreuung, Konfirmationen, religiöses Schrifttum, Stellung des Militärpfarrers etc. erörtert wurden.[253]

---

250 AdR, 05/LV/2.Rep./Evangelische Militärseelsorge, Kt. 1, 1959 EMSA/MilSUP, 1.a.4, Bundesministerium für Landesverteidigung, o.Zl., Militärseelsorge – Aufgaben des Militärseelsorgers/evangelisch, o.D.; AdR, 05/LV/2.Rep./Evangelische Militärseelsorge, Kt. 2, 1969 EMSA/MilSUP, 2.a.4, o.Zl., Militärseelsorge – Aufgaben des Militärseelsorgers/evangelisch, o.D.; Evangelische Militärseelsorge im Bundesheer; Verfügung des Evangelischen Oberkirchenrates A. u. H.B. in Wien vom 7. Feber 1974, Zahl 901/74, Erlass des BMLV vom 03.05.1974, Zl. 1.959-PräsA/74 (VBl. Nr. 76/1974); AdR, 05/LV/2.Rep./Evangelische Militärseelsorge, Kt. 2, 1973 EMSA/MilSUP, Zl. 7902-PRäsA/73, 2.a.8, Evangelisches Militärseelsorgeamt an Bundesministerium für Landesverteidigung, Evangelische Militärseelsorge im Bundesheer: Verfügung des Evangelischen Militärseelsorgeamtes (Militärsuperintendentur), Zl. 478/73 vom 25.07.1973; AdR, 05/LV/2.Rep./Evangelische Militärseelsorge, Kt. 3, 1973 EMSA/MilSUP, 3.a.1, Bundesministerium für Landesverteidigung/PersA, Arbeitsplatzbeschreibung Armeepfarrer evang., o.D.
251 Ebd. Von Hanak finden sich in den archivalischen Unterlagen Erfahrungsberichte über seine seelsorgerische Tätigkeit, wie etwa AdR, 05/LV/2.Rep./Evangelische Militärseelsorge, Kt. 2, 1966 EMSA/MilSUP, 2.a.1, Zl. 79-evMS/66 vom 01.03.1966.
252 AdR, 05/LV/2.Rep./Evangelische Militärseelsorge, Kt. 2, 1966 EMSA/MilSUP, 2.a.1, Zl. 9549/66, Pickel, Evangelischer Oberkirchenrat AB, Beteiligung der Evangelischen Militärpfarrer an Pfarrerkonferenzen und Superintendentialversammlung, o.D.; ebd., Kt. 3, 1974 EMSA/MilSUP, 3.a.3, Zl. 690/74, Evangelische Militärsuperintendentur an Armeekommando und Korpskommando I und II vom 17.09.1974.
253 AdR, 05/LV/2.Rep./Evangelische Militärseelsorge, Kt. 2, 1966 EMSA/MilSUP, 2.a.1, Zl. 728/66, Besprechungsthemen für die Militärpfarrerkonferenz 21. bis 25.06.1966.

Militärdekan Hellmut May schuf analog zu den katholischen Soldatenfirmungen die Gelegenheit zu jährlichen Soldatenkonfirmationen durch haupt- und nebenamtliche Seelsorger im Einvernehmen mit den Heimatpfarren der Soldaten.[254] Ab dem Jahr 1959 finden sich in den Unterlagen des Evangelischen Militärseelsorgeamtes/Evangelische Militärsuperintendentur Listen mit den Namen der Konfirmanden der einzelnen Einheiten.[255]

In der Ausgabe vom 9. April 1972 findet sich auch einer der wenigen Berichte über Soldatenkonfirmationen in der Zeitschrift „Der Soldat". Militärsuperintendent Rippel hatte 14 Konfirmanden aus Wien, Niederösterreich und dem Burgenland in die Trinitatiskirche in Wien-Hütteldorf eingeladen, um mit dem Militäroberkuraten der Reserve Pfarrer Ing. Steinbach aus Stockerau den Konfirmationsgottesdienst abzuhalten, der auch die Segnung vornahm.[256]

In der 1. Session der VI. Generalsynode von 7. bis 9. März 1962 wurde auch erstmals thematisiert, dass die Soldaten und Offiziere – als wesentliches Unterscheidungsmerkmal zur katholischen Militärseelsorge – nicht aus ihren Heimatgemeinden herausgelöst, sondern dort verankert bleiben sollten, was auch an der Matrikenführung festgemacht wurde.[257] Die evangelischen Militärseelsorger waren daher für die Vornahme von Kasualien nicht zuständig. Eine Tauf- bzw. Trauungsentlassung des Militärseelsorgers, wie sie bei den katholischen Militärseelsorgern üblich war und als Tauf- bzw. Trauungserlaubnis in einer zivilen Pfarre galt, war daher bei den Evangelischen nicht vonnöten, denn Trauungen etwa könne der Militärseelsorger in Einzelfällen „*nur per delegationem durch den Heimatpfarrer*" durchführen.[258] Militärdekan May wies in einem Schreiben an das Evangelische Pfarramt Laa an der Thaya nochmals extra darauf hin.[259] Er selbst suchte am 23. Oktober 1961 beim Evangelischen Pfarramt in Gröbming um

---

254 *Hanak*, Skizzen zur Evangelischen Militärseelsorge (Anm. 205), S. 51.
255 Siehe dazu AdR, 05/LV/2.Rep./Evangelische Militärseelsorge, Kt. 1 und 2, 1956–1965 EMSA/MilSup 1.a.4–11, und 1966–1973 EMSA/MilSUP, 2.a.1–8.
256 Soldatenkonfirmation 1972, in: Der Soldat, Nr. 7, 09.04.1972, S. 5.
257 Vgl. *Hofhansl*, Die Evangelische Kirche und ihre Militärseelsorge (Anm. 206), S. 139.
258 *Schwarz, Karl W.*, Zur Gewährleistung „der Seelsorge an den evangelischen Angehörigen des Bundesheeres": Der Staat und die Evangelische Militärseelsorge, in: Trauner u.a., Es gibt nie ein Zuviel an Seelsorge (Anm. 44), S. 130–136, hier S. 133.
259 AdR, 05/LV/2.Rep./Evangelische Militärseelsorge, Kt. 2, 1966 EMSA/MilSUP, 2.a.1, Bundesministerium für Landesverteidigung, Zl. 1258-evMS/66 vom 25.11.1966.

Der Aufbau der Militärseelsorge in der Zweiten Republik 259

„Delegation" an, die Trauung von Herrn Hauptmann Schupfer am 4. November in Gröbming vornehmen zu dürfen.[260]

Der Erlass des Bundesministeriums für Landesverteidigung betreffend die Betreuung von schwer verletzten bzw. schwer erkrankten Angehörigen des Österreichischen Bundesheeres und der Heeresverwaltung durch Militärseelsorger galt natürlich auch für die evangelischen Militärgeistlichen. So bat der nach einem Verkehrsunfall schwer verletzte Hauptmann Heinz Hruschka, der ins Krankenhaus in Melk eingeliefert worden war, beim evangelischen Pfarramt Melk um Beistand, eine Bitte, die sofort an das Evangelische Militärseelsorgeamt weitergeleitet wurde.[261]

Alle evangelischen Kadersoldaten und eingerückten Wehrpflichtigen erhielten übrigens ein evangelisches Soldatengesangs- und Gebetbuch, das mit einem Vorwort Mays und einem Liedbeiblatt für Österreich versehen war, gemeinsam mit einer Ausgabe des Neuen Testaments.[262]

Seit der Wiedereinrichtung der evangelischen Militärseelsorge wurden in diversen Veranstaltungen berufliche sowie Lebensfragen aus der Sicht des christlichen Glaubens gemäß den Methoden der Erwachsenenbildung behandelt und mögliche Lösungsvorschläge erarbeitet. Diese waren sowohl an Grundwehrdiener als auch an Kadersoldaten gerichtet. Die Bereiche des militärethischen Unterrichts und der seelsorgerischen, pastoral-psychologischen Begleitung waren hier sehr häufig miteinander verknüpft, etwa auf der Basis des Lebenskundlichen Unterrichts.[263]

Bei der Erteilung des Lebenskundlichen Unterrichts kam es jedoch laut Berichten der Militärdekane May und Hanak häufiger zu Unstimmigkeiten. Dr. Hanak beschwerte sich beim Evangelischen Militärseelsorgeamt konkret über Militärpfarrer Albuin Jordan, der bezüglich des Lebenskundlichen Unterrichts „seine eigenen Auffassungen entwickelt" habe, die mit dem Erlass des Bundesministeriums im Widerspruch stünden. Jordan sei der Ansicht, dass, da die Abteilung V (Militärseelsorge) bei seiner Brigade nach dem Prinzip der Mehrheit katholisch sei, die organisatorischen Belange der evangelischen Militärseelsorge wie etwa die Ansetzung aller Lebenskundlichen Unterrichte, Ansuchen um Trauungen etc.

---

260 AdR, 05/LV/2.Rep./Evangelische Militärseelsorge, Kt. 1, 1961 EMSA/MilSUP, 1.a.6, May an Evangelisches Pfarramt Gröbming, Zl. 1407/61 vom 23.10.1961.
261 AdR, 05/LV/2.Rep./Evangelische Militärseelsorge, Kt. 2, 1971 EMSA/MilSUP, 2.a.6, o.Zl., Aktennotiz von Hanak vom 12.07.1971.
262 *Hanak*, Skizzen zur Evangelischen Militärseelsorge (Anm. 204), S. 51.
263 *Wallgram* (Red.), 50 Jahre Evangelische Militärseelsorge im Einsatz für Österreich (Anm. 205), S. 52.

auch für die evangelischen Soldaten in seinen Verantwortungsbereich fallen würden. Dr. Hanak vermutete dahinter „*absolute Kontrolle der evangelischen Belange,* [um] *die evang(elische) Militärseelsorge in steter Abhängigkeit von der r(ömisch) k(atholischen)*" zu halten. Er ersuchte daraufhin Militärdekan May, die Angelegenheit – aber erst nach einer Aussprache zwischen ihm und Jordan – mit Provikar Innerhofer zu klären.[264]

May beklagte sich im Mai 1961 beim Präsidium des Bundesministeriums für Landesverteidigung, dass es immer wieder vorkomme, dass evangelische Soldaten zum Besuch des katholischen Lebenskundlichen Unterrichts (ebenso wie des katholischen Gottesdienstes) befohlen worden seien. Zivilpfarrer hätten ihm zudem berichtet, dass auf den evangelischen Lebenskundlichen Unterricht einfach vergessen werde und sie unverrichteter Dinge wieder heimkehren müssten. Daher sei ein Erlass des Bundesministeriums vonnöten, in dem klar festgehalten werde, dass die Kommandanten dafür Sorge zu tragen hätten, dass der Lebenskundliche Unterricht für die Evangelischen ebenso wie der katholische in den Dienstplan aufzunehmen sei und dass die Evangelischen während des katholischen Unterrichts angemessen zu beschäftigen seien. Als Anmerkung empfiehlt er, keine „*Häuseltour (!) oder eine Arbeit, die als Schikane empfunden werden kann*", zu befehlen. Außerdem solle nochmals darauf hingewiesen werden, dass es gemäß § 36 des Wehrgesetzes verboten sei, evangelische Soldaten zu einem katholischen Unterricht zu befehlen oder zu nötigen.[265]

Durch einen ergänzenden Erlass wurde dem Wunsch Mays im Februar 1962 sowohl im Hinblick auf den Lebenskundlichen Unterricht als auch auf die Abhaltung von Gottesdiensten entsprochen.[266]

Ab 1964 wurden für evangelische Soldaten einwöchige „Soldatenrüstzeiten" in den drei Gruppenkommanden abgehalten – die Teilnahme erfolgte auf freiwilliger

---

264 AdR, 05/LV/2.Rep./Evangelische Militärseelsorge, Kt. 1, 1961 EMSA/MilSUP, 1.a.6, Hanak an Evangelisches Militärseelsorgeamt vom 29.05.1961. Die Unstimmigkeiten zwischen Hanak und Jordan dürften auch im Jahr 1962 noch nicht aus der Welt geschafft worden sein, wie Hinweise in zwei Schreiben Hanaks an May vom 23.09.1962 und Mays an Hanak vom 12. Oktober 1962 vermuten lassen. AdR, 05/LV/2.Rep./ Evangelische Militärseelsorge, Kt. 1, 1962 EMSA/MilSUP, 1.a.8.

265 AdR, 05/LV/2.Rep./Evangelische Militärseelsorge, Kt. 1, 1961 EMSA/MilSUP, 1.a.6, Evangelisches Militärseelsorgeamt an Bundesministerium für Landesverteidigung/ Präsidium, Zl.833/61 vom 29.05.1961.

266 AdR, 05/LV/2.Rep./Evangelische Militärseelsorge, Kt. 1, 1962 EMSA/MilSUP, 1.a.7, Evangelisches Militärseelsorgeamt Rundschreiben vom 12.03.1962 und Erlass des Bundesministeriums für Landesverteidigung, Zl. 302.671-Zentr/62 vom 27.02.1962.

Basis –, aus denen sich später die „Lebenskunde-Seminare" für Soldaten aller Dienstgrade entwickelten.[267] Zusätzlich wurden Seminare für evangelische Offiziere organisiert, die auf reges Interesse stießen, wie etwa die von Julius Hanak geleiteten evangelischen Soldatentreffen in Salzerbad von 3. bis 7. Juni 1964 bzw. in Dachstein-Oberfeld von 9. bis 14. Juni 1967 – bei Letzterem fand übrigens auch die Verabschiedung von Militärdekan Hellmut May als Leiter der evangelischen Militärseelsorge statt.[268] Daraus entwickelten sich ab dem Jahr 1964 die regelmäßig ein bis zweimal jährlich stattfindenden Seminare für Soldaten und Angehörige der Heeresverwaltung.[269]

Im Rahmen der Offiziersausbildung und des Lebenskundlichen Unterrichts wurde beispielsweise im Mai 1966 ein Seminar mit mehreren Gastvortragenden für maximal 30 Offiziere in Salzerbad angeboten.[270] Da die Nachfrage das Angebot überstieg, wurden weitere Seminare in Aussicht gestellt. Die Teilnehmer waren, wie Hellmuth May seinem Bruder Gerhard mitteilte,

---

267 *Hanak*, Skizzen zur Evangelischen Militärseelsorge (Anm. 204), S. 51. Siehe auch AdR, 05/LV/2.Rep./Evangelische Militärseelsorge, Kt. 1, 1964 EMSA/MilSUP, 1.a.10 und 1965 EMSA/MilSUP 1.a.11, div. Schreiben zu Soldatenrüstzeiten des Gruppenkommandos III. In den Akten der Evangelischen Militärseelsorge findet sich auch die Anfrage Hanaks, ob auch 1967 wieder „Rüstzeiten" bei den Gruppenkommandos geplant seien, damit er die entsprechenden Unterkünfte am Truppenübungsplatz Dachstein-Oberfeld rechtzeitig reservieren könne. In einem Schreiben des Evangelischen Militärseelsorgeamtes an die evangelischen Militärpfarrer beim Gruppenkommando I, II und III wurde die Genehmigung der Abhaltung der Rüstzeit bestätigt und als Veranstaltungsorte Dachstein-Oberfeld, Iselsberg und Salzerbad festgelegt. AdR, 05/LV/2.Rep./Evangelische Militärseelsorge, Kt. 2, 1966 EMSA/MilSUP, 2.a.1, Zl. 432-evMS/66, Hanak an Evangelisches Militärseelsorgeamt vom 23.12.1966; ebd., Zl. 400-evMS/67 vom 29.03.1967. Siehe auch Bericht des evangelischen Militärpfarrers Hanak beim Gruppenkommando III über die Soldatenrüstzeit in der Wattener Lizum vom 25. – 29.03.1966 vom 16.05.1966, in: ebd., Zl. 210-evMS/66.
268 AdR, 05/LV/2.Rep./Evangelische Militärseelsorge, Kt. 2, 1966 EMSA/MilSUP, 2.a.1, Zl. 206-evMS/66, Hanak an Evangelisches Militärseelsorgeamt vom 10.05.1966; *Hanak, Julius – Tschürtz, Anita*, Die Wehr- bzw. Militärethischen Seminare, in: *Trauner u.a.*, Es gibt nie ein Zuviel an Seelsorge (Anm. 44), S. 262–266, hier S. 262.
269 *Wallgram* (Red.), 50 Jahre Evangelische Militärseelsorge im Einsatz für Österreich (Anm. 205), S. 54.
270 AdR, 05/LV/2.Rep./Evangelische Militärseelsorge, Kt. 2, 1966 EMSA/MilSUP, 2.a.1, Zl. 309.153-Schul/66, Bundesministerium für Landesverteidigung an Gruppen- und Militärkommanden sowie an Stellen der Heeresverwaltung vom 20.04.1966.

"voll befriedigt, in der Hoffnung, wieder einmal zusammenkommen zu können, heimgefahren. Es hat diese Tagung zweifellos auch zur Stärkung des evangelischen Bewußtseins für alle Teilnehmer beigetragen ...".[271]

Auch für die Offiziere des evangelischen Militärseelsorgedienstes wurden jährlich verpflichtende Rüstzeiten, sogenannte „Pfarrerrüstzeiten" organisiert – 1969 in Gallneukirchen, 1971 in Waiern bei Feldkirchen, 1973/74 in Sankt Pölten.[272] Diese sollten *„der wissenschaftlichen und beruflichen (pastoraltheologischen) Fortbildung der im Kirchen- und Pfarrdienst stehenden Theologen"* dienen.[273]

Im Gegensatz zur katholischen Militärseelsorge, die bereits ab 1972 zu einer ständigen Einrichtung wurde, erfolgte die seelsorgerische Betreuung durch evangelische Militärgeistliche bei den Kontingenten auf Zypern und in Ägypten nur auf Zeit und zu bestimmten Anlässen. Dr. Hanak dürfte die Truppen in Ägypten Ende 1973/Anfang 1974 besucht haben, da er nach seiner Rückkehr Anfang 1974 einen Filmvortrag darüber hielt.[274] Erste Terminvorschläge für weitere seelsorgerische Tätigkeiten im Auslandseinsatz im April und Mai 1974 wurden vom Bundesminister für Landesverteidigung zunächst zurückgewiesen und eine zeitliche Reduktion auf zweimal sieben Tage vorgeschlagen.[275]

Evangelische Soldaten nahmen ab den späten 1960er Jahren auch an internationalen Treffen für evangelische Soldaten, die seit 1951 in Südfrankreich stattfanden,

---

271 AdR, 05/LV/2.Rep./Evangelische Militärseelsorge, Kt. 2, 1966 EMSA/MilSUP, 2.a.1, Zl. 721-evMS/66, May an May vom 02.06.1966.
272 AdR, 05/LV/2.Rep./Evangelische Militärseelsorge, Kt. 2, 1969 EMSA/MilSUP, 2.a.4, Zl. 52vMSA/69, Evangelisches Militärseelsorgeamt an das Gruppenkommando II Evangelischer Gruppenpfarrer vom 12.06.1969.
273 AdR, 05/LV/2.Rep./Evangelische Militärseelsorge, Kt. 2, 1969 EMSA/MilSUP, 2.a.4, Zl. 519-EvMSA/69, Evangelisches Militärseelsorgeamt an das Bundesministerium für Landesverteidigung/Zentralabteilung vom 12.06.1969; AdR, 05/LV/2.Rep./Evangelische Militärseelsorge, Kt. 2, 1971 EMSA/MilSUP, 2.a.6, Zl. 147/71, Militärsuperintendentur des Österreichischen Bundesheeres an Gruppenkommanden I, II und III vom 16.03.1971; AdR, 05/LV/2.Rep./Evangelische Militärseelsorge, Kt. 3, 1974 EMSA/MilSUP, 3.a.2, Zl. 31/74, Evangelische Militärsuperintendentur an Bundesministerium für Landesverteidigung/Ausbildungsabteilung C vom 14.01.1974.
274 AdR, 05/LV/2.Rep./Evangelische Militärseelsorge, Kt. 3, 1974 EMSA/MilSUP, 3.a.2, Zl. 10/74, Gruppenkommando III Evangelischer Gruppenpfarrer an Evangelische Militärsuperintendentur vom 05.02.1974.
275 AdR, 05/LV/2.Rep./Evangelische Militärseelsorge, Kt. 3, 1974 EMSA/MilSUP, 3.a.2, Zl. 53/74, Korpskommando II Evangelischer Korpspfarrer an Evangelische Militärsuperintendentur vom 04.03.1974. Leider findet sich in den Akten jenes Jahres kein weiterer Hinweis mehr auf einen Auslandseinsatz Hanaks.

teil. Diese Veranstaltungen, die zunächst in Mialet, später in Les Gangieres in der Provence stattfanden, waren jedes Jahr einem speziellen Thema gewidmet, das mittels Vorträgen und Gruppenarbeiten behandelt wurde. Gemeinsame Gottesdienste, ein „Fest der Freundschaft", ein „Abend der Nationen" sowie der Besuch des Musée du Désert, des Museums zur Geschichte des Geheimprotestantismus (Hugenotten, Camisarden) in Frankreich, ergänzten das umfangreiche Programm dieser Veranstaltung.[276]

Internationale Kontakte wurden Ende der 1960er Jahre auch zur Königlich Niederländischen Soldatenseelsorge geknüpft, was sich in gemeinsamen Tagungen, auch in den Niederlanden, manifestierte.[277]

Lassen wir als abschließendes Resümee der evangelischen Militärseelsorge den Militäroberpfarrer Hermann Rippel zu Wort kommen, der über seine Tätigkeit berichtete:

„Der Dienst, den die Militärpfarrer zu leisten haben, vollzieht sich an Berufssoldaten und an den zum Dienst herangezogenen Wehrpflichtigen. Eine Gegnerschaft zur evangelischen Kirche findet man selten. Die meisten stehen religiösen Fragen gleichgültig und hilflos gegenüber, so dass der lebenskundliche Unterricht seine große Bedeutung gewinnt. Ökumenische Fragen bewegen die Soldaten nur am Rande. Der Dienst der Militärpfarrer ist echter kirchlicher Dienst. Im besten Fall kommen wir an die Wehrpflichtigen während ihres Präsenzdienstes acht- bis neunmal heran. Wir sind uns bewusst, dass sicher nur in bescheidenen Einzelfällen eine Lebensveränderung erreicht wird. Wir sind aber dankbar für die Gelegenheit, den jungen Menschen die Botschaft des Evangeliums näher zu bringen."[278]

---

276 Wallgram (Red.), 50 Jahre Evangelische Militärseelsorge im Einsatz für Österreich (Anm. 205), S. 64; Musée du Desert: Evangelisches Soldatentreffen, in: Der Soldat, Nr. 14, 23.07.1972, S. 3; Evangelisches Soldatentreffen, in: Der Soldat Nr. 9, 13.05.1973, S. 4; Soldatentreffen in Südfrankreich, in: Der Soldat Nr. 14, 28.07.1974, S. 2. Siehe dazu auch ein Schreiben des Evangelischen Militärseelsorgeamtes betreffend das Internationale Treffen evangelischer Soldaten Musée du Desert/Frankreich 1969 – Einzelweisungen (AdR, 05/LV/2.Rep./Evangelische Militärseelsorge, Kt. 2, 1969 EMSA/MilSUP, 2.a.4, Zl. 511-evang.MS/69 vom 11.06.1969), in dem festgehalten wurde, dass 42 Personen aus den Gruppenkommanden I, II und III an dem Treffen von 18. bis 25. Juni teilnahmen. Für den genauen Reiseablauf von 1970 und 1974 siehe AdR, 05/LV/2.Rep./Evangelische Militärseelsorge, Kt. 2, 1970 EMSA/MilSUP, 2.a.5, Zl. 344.154-Zentr/70, Bundesministerium für Landesverteidigung an Gruppenkommanden und Evangelisches Militärseelsorgeamt vom 16.04.1970; ebd., Kt. 3, 1973 EMSA/MilSUP, 3.a.1, Zl. 375/74, Evangelische Militärsuperintendentur an Armeekommando, Korpskommando I und II vom 20.05.1974.
277 Hanak, Skizzen zur Evangelischen Militärseelsorge (Anm. 204), S. 45.
278 Zitiert in: Hofhansl, Die Evangelische Kirche und ihre Militärseelsorge (Anm. 206), S. 140.

IV. Resümee

Seit nunmehr fast 60 Jahren leisten Militärseelsorger bei Einsätzen des Österreichischen Bundesheeres im In- und Ausland bei der Betreuung von Soldatinnen und Soldaten wertvolle Arbeit.

Stand am Beginn eine geringe Zahl an römisch-katholischen wie evangelischen Militärseelsorgern mit und weit verstreuten Seelsorgegebieten, die in erster Linie im Rahmen von Gottesdiensten, Ansprachen und Predigten bei Angelobungen bzw. Traditionsfeiern, sahen sich diese rasch wachsenden Aufgabengebieten wie der Verkündigung des Wortes Gottes im Rahmen von Gottesdiensten und liturgischen Feiern, der Seelsorge im In- und Ausland, der Lebensbegleitung der Soldaten durch pastorale Seelsorge und Vermittlung christlich-ethischer Werte oder der Beratung des Kommandanten in ethisch-moralischen Fragen gegenüber.[279]

Militärvikar Dr. Žak bringt dies mit den folgenden Worten treffend zum Ausdruck:

> *„Die Militärpfarrer [sind] in Erfüllung ihrer verantwortungsvollen Aufgabe aufrichtig bemüht ..., die ihrem priesterlichen Dienst anvertrauten Soldaten in treuer Pflichterfüllung gegenüber den Rechten Gottes und der Mitmenschen zu bestärken. Die Militärseelsorger sind sich dessen bewußt, daß gerade die säkularisierte Welt des Soldaten der unermüdlichen Verkündigung der Frohbotschaft, der steten Erneuerung des Opfers Christi und der Gnadenfülle der Sakramente bedarf, damit der Soldat, nach den Worten des Konzils, zur Sicherheit und Freiheit der Völker in der Festigung des Glaubens beitragen kann."*[280]

Der Wunsch nach pastoral-psychologischer Lebensbegleitung und militärethischer (Fort-)Bildung der den ordentlichen Präsenzdienst leistenden Wehrpflichtigen ebenso wie der Kadersoldaten und der Angehörigen der Heeresverwaltung führten zur Ausbildung einer nachhaltigen Erwachsenenarbeit im Bereich des Österreichischen Bundesheeres mit dem Lebenskundlichen Unterricht, wehrethischen Seminaren, Rüstzeiten, Exerzitien als wichtige Säule der seelsorgerischen Tätigkeit eines Militärgeistlichen. Seelsorgekonzept und -auftrag mussten im Laufe der Jahrzehnte stets den Notwendigkeiten und Gegebenheiten der militärischen Rahmenbedingungen angepasst werden. Die Militärseelsorger verstanden sich stets als Kameraden und Helfer an der Seite der Soldaten und deren Familien,

---

279 Sakrausky, Oskar, Das Selbstverständnis einer evangelischen Militärseelsorge in 50 Jahren Veränderung, in: *Trauner* u.a., Es gibt nie ein Zuviel an Seelsorge (Anm. 44), S. 149–157, hier S. 152, 154, 157.

280 Quinquennialbericht über den Stand der Militärseelsorge Österreichs 1968–1973, in: *Bundesministerium für Landesverteidigung/Militärvikariat* (Hg.), Katholische Militärseelsorge Österreichs (Anm. 13), S. 47.

bereit, für ihre „Schutzbefohlenen" auch in besonderen Härtefällen und Krisen da zu sein.

Sie bewährten sich oft auch in schwierigen Situationen und leisteten damit einen wichtigen Dienst an der Gesellschaft. Sie nahmen aber durchaus auch kritische Positionen gegenüber der Politik ein wie etwa im Hinblick auf den Wehrersatzdienst.

Im Rahmen der Soldatenwallfahrten nach Lourdes bzw. der evangelischen Soldatentreffen und der Zusammenarbeit mit Militärseelsorgen in anderen Ländern konnten wenige Jahre nach Wiedereinrichtung der Militärseelsorgen bereits wieder internationale Kontakte zu anderen Armeen geknüpft werden.

Die evangelische Militärseelsorge, die zunächst in die katholische eingegliedert war, erfuhr von Anfang an tatkräftige Unterstützung durch katholische Militärgeistliche wie Militärpfarrer Rudolf Weinheber oder Militärprovikar Johann Innerhofer. Ab 1970 wurde die ökumenische Zusammenarbeit basierend auf persönlichem Verständnis und Entgegenkommen forciert und manifestierte sich in ökumenisch gehaltenen Wortgottesdiensten bei Angelobungen, Segnungen bzw. Traditionstagen.

Die Militärseelsorgen als Teil des Österreichischen Bundesheeres waren und sind stets bestrebt, die ihnen übertragenen Aufgaben gut zu erfüllen, sich den Herausforderungen der Zeit, aber auch der Zukunft mutig zu stellen und den Soldaten als Kameraden und Begleiter in ihrem Leben zur Seite zu stehen.

V. Quellen- und Literaturverzeichnis

Quellen

Österreichisches Staatsarchiv, Archiv der Republik, Wien,
- 05/LV/2.Rep., div. Akten
- 05/LV/2.Rep./Evangelische Militärseelsorge

Literatur

Abriß der Geschichte der Militärseelsorge Österreichs, in: Handbuch der katholischen Militärseelsorge Österreichs, [Wien 1975], Abschnitt X.
Auszug aus dem Protokoll der 5. Generalsynode [2. Session] vom 27. bis 30. November und Bericht des Oberkirchenrates A.u.H.B. an die 5. Generalsynode, [Wien] [1956].
Auszug aus dem Protokoll der 5. Generalsynode 3. Session, 4. März 1959, [Wien] [1959].

Bundesministerium für Landesverteidigung/Militärvikariat (Hg.), Katholische Militärseelsorge Österreichs 1956-1981. Daten und Fakten, Wien 1981.

Fischer, Roland, Die römisch-katholische Militärseelsorge beim österreichischen Bundesheer: Fakten und Möglichkeiten, Dipl. Arb., Graz 1984.

Gröger, Roman-Hans – Ham, Claudia – Sammer, Alfred, Zwischen Himmel und Erde. Militärseelsorge in Österreich, Graz – Wien – Köln 2001.

Gruber, Franz, Prälat Johann Innerhofer. Militärprovikar (Zum 10. Todestag) (= Wiener Katholische Akademie. Arbeitskreis für Kirchliche Zeit- und Wiener Diözesangeschichte, Miscellanea XXXI, Wien 1977).

Gruber, Franz, 40 Jahre Wiedererrichtung der Militärseelsorge Österreichs. 1956 bis 1996, Wien [1996].

Hanak, Julius, Evangelische Militärseelsorge im Bundesheer der 2. Republik, in: *Gröger, Roman-Hans – Ham, Claudia – Sammer, Alfred*, Zwischen Himmel und Erde. Militärseelsorge in Österreich, Graz – Wien – Köln 2001, S. 171–175.

Hanak, Julius – Trauner, Karl Reinhart, Die evangelische Militärseelsorge im Österreichischen Bundesheer der Zweiten Republik, in: *Etschmann, Wolfgang – Speckner, Hubert* (Hg.), zum Schutz der Republik Österreich … (= Beiträge zur Geschichte des Österreichischen Bundesheeres, Sonderband, Wien 2005), S. 223–234.

Hanak, Julius, Skizzen zur Evangelischen Militärseelsorge im Österreichischen Bundesheer der Zweiten Republik (bis 1995), in: *Trauner, Karl Reinhart* u.a., Es gibt nie ein Zuviel an Seelsorge … 50 Jahre Evangelische Militärseelsorge im Österreichischen Bundesheer (= Schriften zur Geschichte des Österreichischen Bundesheeres, Bd. 11, Wien 2007), S. 32–87.

Hanak, Julius – Tschürtz, Anita, Die Wehr- bzw.. Militärethischen Seminare, in: ebd., S. 262–266.

Haubl, Michael, Die katholische Militärseelsorge im Bundesheer seit dem Jahr 1956, in: *Etschmann, Wolfgang – Speckner, Hubert* (Hg.), zum Schutz der Republik Österreich … (= Beiträge zur Geschichte des Österreichischen Bundesheeres, Sonderband, Wien 2005), S. 217–222.

Hofhansl, Ernst, Die Evangelische Kirche und ihre Militärseelsorge, in: ebd., S. 137–148.

Kostelecky, Alfred, Die Anerkennung des österreichischen Konkordates vom 5. Juni 1933 und die Verträge der Republik Österreich mit dem Hl. Stuhl von 1960 und 1962, in: *Burghardt, Anton* u.a. (Hg.), Im Dienste der Sozialreform. Festschrift für Karl Kummer, Wien 1965, S. 431–441.

Kostelecky, Alfred, Anerkennung der Rechtsgültigkeit des österreichischen Konkordates vom 5. Juni 1933 durch die Zusatzverträge mit dem Hl. Stuhl in den Jahren 1960 bis 1981, Dipl. Arb., Wien 1984.

Kostelecky, Alfred, Militärordinariat der Republik Österreich, in: Österreichisches Archiv für Kirchenrecht. Vierteljahresschrift, hg. v. *Melichar, Erwin – Potz, Richard,* Nr. 39 (1990), S. 125–134.

Kostelecky, Alfred, Die österreichische Militärseelsorge und der Heilige Stuhl, in: *Schambeck, Herbert – Weiler, Rudolf,* Der Mensch ist der Weg der Kirche. Festschrift für Johannes Schasching, Berlin 1992, S. 399–407.

Kreuter, Siegbert, Erlebtes Bundesheer, Teil 3: Vom Abteilungsleiter im Bundesministerium für Landesverteidigung zum Militärkommandanten 1974 bis 1979 (= Schriften zur Geschichte des Österreichischen Bundesheeres, Bd. 6/3, Wien 2010).

Kunzenmann, Werner (Red.), Soldatentaschenbuch. Einführung in den österreichischen Wehrdienst – Ein Behelf für Ausbildung, Unterricht, Einsatz. Mit staatsbürgerlichem und ethischem Teil, Innsbruck – Wien – München [11]1966 (1. Aufl. 1956).

Nagy, Thomas J., König – Kaiser – Kardinal. Auf den Spuren von Kardinal Franz König, Wien – Graz – Klagenfurt 2015.

Perschy, Jakob, Dechant Msgr. Dr. Johann Lex (1892–1961), in: Neusiedler Jahrbuch. Beiträge zur Stadtgeschichte von Neusiedl am See, Bd. 13 (2011), Neusiedl am See 2012, S. 77–91.

Prieschl, Martin – Schmidl, Erwin A., Der Beginn der Militärseelsorge im Auslandseinsatz: die „Pionierzeit", in: Ethica 2011. Seelsorger im Dienst des Friedens. 50 Jahre Militärseelsorge im Auslandseinsatz, hg. v. *Marchl, Gerhard* (Red.) – *Institut für Religion und Frieden,* Wien 2011, S. 47–79.

Reichl-Ham, Claudia, Die Militärseelsorge in Geschichte und Gegenwart, M&S Themenheft 4, Wien 2005.

Sakrausky, Oskar, Das Selbstverständnis einer evangelischen Militärseelsorge in 50 Jahren Veränderung, in: *Trauner, Karl Reinhart* u.a., Es gibt nie ein Zuviel an Seelsorge … 50 Jahre Evangelische Militärseelsorge im Österreichischen Bundesheer (= Schriften zur Geschichte des Österreichischen Bundesheeres, Bd. 11, Wien 2007), S. 149–157.

Schwarz, Karl W., Zur Gewährleistung „der Seelsorge an den evangelischen Angehörigen des Bundesheeres": Der Staat und die Evangelische Militärseelsorge, in: ebd., S. 130–136.

Steiner, Martin Leopold, Die Militärseelsorge, die etwas andere Art der Seelsorge, Dipl. Arb., Wien 1998.

Steiner, Peter, Militärseelsorge in Österreich. Aufbau, Gliederung und Organisation (1848–1992), Dipl. Arb., Wien 1992.

Trauner, Karl Reinhart, Die Evangelische Garnisonskirche, in: M&S Themenheft 9: Das „evangelische Wien". Beiträge zur evangelischen Seite einer Großstadt, hg. v. *Schwarz, Karl – Trauner, Karl Reinhart,* Wien 2005, S. 13 ff.

Trauner, Karl Reinhart u.a., Es gibt nie ein Zuviel an Seelsorge ... 50 Jahre Evangelische Militärseelsorge im Österreichischen Bundesheer (= Schriften zur Geschichte des Österreichischen Bundesheeres, Bd. 11, Wien 2007).

Wallgram, Manfred (Red.), 50 Jahre Evangelische Militärseelsorge im Einsatz für Österreich 1957–2007, Wien 2007.

Žak, Franz, Christsein und Soldat, in: Christ und Verteidigung. 10 Jahre Militärbischof Dr. Franz Žak und die Arbeitsgemeinschaft Katholischer Soldaten, hg. v. Militärvikariat und der Arbeitsgemeinschaft Katholischer Soldaten, Wien 1980.

Der Kurier.

Der Soldat.

Laufende Informationen Eigenbeiträge Sonderbeiträge (= LIES). Mitteilungen der Militärseelsorge Österreichs.

II. Einzelne Aspekte des kirchlichen Wiederaufbaus

Stefan Schima

„Wiederaufbau" auf rechtlicher Ebene: Die Behandlung der Frage der Weitergeltung des Konkordats seit dem Jahr 1945 unter besonderer Berücksichtigung des Vermögensvertrages von 1960

Abstract
The legal position of the Catholic Church in Austria is mainly ruled by the 1933/34 Concordat and by supplementary agreements concluded after the end of the National Socialist regime. One supplementary agreement ist the Treaty concerning the estate of the Catholic Church, which was concluded in 1960. The article shows the history of the origins of the 1933/34 Concordat, which was finalised under a newly established autoritarian regime, the fortune of this treaty during times of National Socialism and the discussions about it's validity. Then the origins of the treaty of 1960 are analysed and there is asked if the legal position of the Catholic Church in Austria is compatible with the rule of equality respectively the principle of religious neutrality.

I. „Wiederaufbau" als Erzielung weitgehender Einigkeit zwischen Staat und Kirche

„Wiederaufbau" bedeutet in unserem Kontext die Herstellung weitgehender Einigkeit zwischen Staat und Katholischer Kirche in Bereichen, die bis weit in die Zweite Republik umstritten waren und bis heute noch nicht an Bedeutung eingebüßt haben. Eine vieldiskutierte Frage bezog sich auf die Weitergeltung des Konkordats 1933/34,[1] und dies sowohl auf innerstaatlicher als auch auf völkerrechtlicher Ebene.[2] Darüber hinaus ist auch auf die so genannten „Zusatzverträge"

---

1 Bundesgesetzblatt II Nr. 2/1934.
2 Im Zuge der Unterscheidung dieser beiden Ebenen ist zu beachten, dass völkerrechtliche Verpflichtungen grundsätzlich nur den Staat treffen, nicht aber auch dessen Angehörige bzw. die der innerstaatlichen Rechtsordnung Unterworfenen. Demnach muss in der Regel ein völkerrechtlicher Vertrag erst in eine innerstaatliche Rechtsquelle umgeformt werden, um für die Rechtsunterworfenen verbindlich zu werden (Transformation). „Die Befolgung dieser innerstaatlichen Norm bewirkt den völkerrechtskonformen Zustand": *Öhlinger, Theo / Eberhard, Harald*, Verfassungsrecht, Wien [10] 2014, S. 82; vgl. ferner *Mayer, Heinz / Kucsko-Stadlmayer, Gabriele / Stöger, Karl*,

bzw. „Zusatzkonkordate" einzugehen, wobei vor allem der Vermögensvertrag von 1960,[3] zu dem mittlerweile sechs Zusatzverträge geschlossen wurden, Behandlung erfahren wird. Sowohl der Abschluss des Vermögensvertrags von 1960 als auch der des Schulvertrags von 1962[4] wurden seitens der Vertragspartner Heiliger Stuhl und Republik Österreich als notwendig empfunden, um Disharmonien zwischen völkerrechtlicher und innerstaatlicher Rechtsebene auszugleichen. Die auch heute noch rege geführten Diskussionen um die jährlichen staatlichen Zuwendungen an die Katholische Kirche in Österreich, wie sie im Vermögensvertrag von 1960 verankert sind, sind ein Beweis für die zentrale Bedeutung, die dieser Materie zugemessen wird. Auch der Schulvertrag von 1962 ist von Implikationen staatlicher Kirchenfinanzierung nicht frei.

Weitere Zusatzverträge bzw. Zusatzkonkordate sind die Diözesanerrichtungsverträge. Ihr Abschluss war ohnehin schon von vorne herein durch Art. III § 1 des Konkordats angelegt. Dort wird festgehalten, dass wesentliche Veränderungen in der österreichischen Kirchenprovinzial- bzw. Diözesangliederung der vorherigen Einigung zwischen Staat und Kirche bedürfen. Ihr Zustandekommen steht mit der Frage der Disharmonie zwischen innerstaatlicher und völkerrechtlicher Rechtsebene in keinem unmittelbaren Zusammenhang, doch konnte auch ihnen in Bezug auf die staatliche Kirchenfinanzierung Bedeutung zukommen.

Darüber hinaus ist festzuhalten dass gewisse Diskrepanzen zwischen völkerrechtlicher und innerstaatlicher Ebene nicht im Wege vertraglicher Vereinbarung harmonisiert wurden. Hier ist das Eherecht zu nennen, aber auch das Feiertagswesen ist unter diesem Blickwinkel zu beleuchten.

Wenn nun vergleichsweise ausführlich auf die vermögensrechtlich bedeutsamen Regelungen des Konkordats und der Zusatzverträge einzugehen ist, so stehen Fragen der Kirchenfinanzierung im Vordergrund. Dabei werden jene Bestimmungen weitgehend außer Betracht bleiben, die sich auf die Veräußerung beweglicher und unbeweglicher Güter durch kirchliche Einrichtungen beziehen.[5]

Grundriss des österreichischen Bundesverfassungsrechts (Manzsche Kurzlehrbuchreihe 6), Wien [11] 2015, S. 110 ff. Zur Differenzierung zwischen völkerrechtlicher und innerstaatlicher Rechtsebene siehe auch *Rieger, Josef / Schima, Johann*, Katholische Kirche – Geschichtliches, Konkordat, in: *Maultaschl, Ferdinand / Schuppich, Walter / Stagel, Friedrich* (Hg.), Rechtslexikon. Handbuch des österreichischen Rechtes für die Praxis (Loseblattsammlung), 53. Lfg., Wien 1967, hier Bl. 6 f.

3 Bundesgesetzblatt Nr. 195/1960.
4 Bundesgesetzblatt Nr. 273/1962.
5 Vgl. insb. Art. XIII Abs. 2 samt Zusatzprotokoll. Zum diesbezüglichen einschlägigen Konkordatsrecht siehe *Pree, Helmut / Primetshofer, Bruno*, Das kirchliche Vermögen,

Andererseits sind kirchenfinanzierungserhebliche Bereiche zu nennen, die allgemein nicht primär zum Vermögensrecht gerechnet werden, allerdings auf die Vermögenslage der Katholischen Kirche und ihrer Einrichtungen erheblichen Einfluss haben können: In diesem Zusammenhang ist vor allem an mehrere Aspekte des Bildungswesens (staatlich finanzierter Religionsunterricht, staatlich subventioniertes katholisches Privatschulwesen, staatlich finanzierte katholisch-theologische Fakultäten) zu denken, aber auch an die staatlich finanzierte Militärseelsorge. Wie bereits erwähnt, stand auch die Frage der Diözesangründungen in gewissem Zusammenhang mit der Kirchenfinanzierungsthematik, und dies ist schon deswegen nicht verwunderlich, weil bei den folgenden Ausführungen insbesondere jene Staatsleistungen behandelt werden müssen, die mit dem Religionsfondswesen[6] bzw. der Klerikerbesoldung in Verbindung gebracht werden können. Damit steht allerdings auch die Eherechtsthematik in Zusammenhang mit der Kirchenfinanzierung, wenn es nämlich um die so genannten Stolgebühren geht, und damit um jene Beträge, mit denen die Vornahme kirchlicher Handlungen – insbesondere der Durchführung des Aufgebots, einer Trauung oder einer Beerdigung – entgolten wurden.[7]

---

seine Verwaltung und Vertretung. Eine praktische Handreichung, Wien ²2010; *Schima, Stefan*, Vermögens- und Unternehmensnachfolge im Bereich gesetzlich anerkannter Religionsgemeinschaften, in: *Gruber, Michael / Kalss, Susanne / Müller, Katharina / Schauer, Martin* (Hg.), Handbuch Vermögens- und Unternehmensnachfolge, Wien 2010, S. 1189–1210, hier S. 1192, 1199 ff.

6   Zu den Religionsfonds siehe unten III.6.1.
7   In den vorliegenden Ausführungen kann nicht auf die abgabenrechtliche Sonderstellung der gesetzlich anerkannten Religionsgemeinschaften und damit auch der Katholischen Kirche in den zu behandelnden Zeiträumen eingegangen werden. Für die geltende Rechtslage siehe *Kalb, Herbert / Potz, Richard / Schinkele, Brigitte*, Religionsrecht, Wien 2003, S. 426 ff; *Frerk, Carsten / Baumgarten, Christoph*, Gottes Werk und unser Beitrag. Kirchenfinanzierung in Österreich, Wien 2012, S. 44 ff. (Zu diesem Buch siehe auch ausführlich unten V. 6); zu den jüngeren Rechtsentwicklungen in Bezug auf die Absetzbarkeit des Kirchenbeitrags von der Einkommensteuer siehe *Schima, Stefan*, Die wichtigsten religionsrechtlichen Regelungen des Bundesrechts und des Landesrechts, Jahrgang 2010, in: öarr Jahrgang 60/2013 (Heft 2), S. 395–415, hier S. 401 f.
    Wie schwierig eine Auflistung der abgabenrechtlichen Begünstigungen anerkannter Religionsgemeinschaften für die Zeit der Ersten Republik fällt, zeigt ein mit dem 19. Mai 1938 datiertes Telegramm des Gauleiters Joseph Bürckel, das freilich in seinem Text nicht ganz schlüssig anmutet: „Zahlungsbefreiungen und steuerliche Begünstigungen hatte die Kirche angeblich auf keinem Gebiet. Sie ist nur, wie die gesamte übrige Tote Hand, von einzelnen Abgaben befreit, wobei früher als Ausgleich ein Gebührenäquivalent gefordert wurde. Etwas Derartiges soll vor allem beim Grundverkehr

II. Das Konkordat von 1933/34 – von seinem Abschluss bis zur Kundmachung

Das Konkordat 1933/34 wurde in seiner ersten Fassung am 5. Juni 1933 in Rom unterzeichnet. Im März 1934 kam es zu kleinen Modifikationen, die vor allem durch den damaligen Kardinalstaatssekretär Eugenio Pacelli – dem späteren Papst Pius XII. (1939–1958) – veranlasst worden waren.[8] Der eigentliche Ratifikationsakt erfolgte von österreichischer Seite in der Nacht vom 30. April auf den 1. Mai – genauer gesagt um 0.05 Uhr des 1. Mai – durch Bundespräsident Miklas.[9] Dem

---

vorgelegen haben." Die Stelle ist abgedr. bei *Liebmann, Maximilian*, Theodor Innitzer und der Anschluß. Österreichs Kirche 1938, Graz 1988, S. 210. Zum Begriff „Tote Hand" siehe unten Anm. 78.

Darüber hinaus ist anzumerken, dass im Rahmen des vorliegenden Themas nur schemenhaft auf Wiedergutmachungsleistungen eingegangen werden kann, die sich etwa in der Restitution von Ordens- und Vereinsvermögen manifestierten und mit der Rückstellungsgesetzgebung in Zusammenhang stehen. In diesem Zusammenhang ist v.a. folgendes Werk von zentraler Bedeutung: *Bandhauer-Schöffmann, Irene*, Entzug und Restitution im Bereich der Katholischen Kirche (Veröffentlichungen der Österreichischen Historikerkommission. Vermögensentzug während der NS-Zeit sowie Rückstellungen und Entschädigungen seit 1945 in Österreich 22/1), Wien 2004. Dabei ist zu beachten, dass eine umfassende Erhebung des durch die Katholische Kirche erlittenen Schadens aufgrund der mangelhaften Quellenlage nicht möglich ist. Vergleichsweise quellenmäßig gut belegt ist allerdings die entsprechende Situation der Diözese Gurk, der die Autorin ein wesentliches Augenmerk gewidmet hat (vgl. ebda. S. 25 und 98 ff.).

Ferner ist festzuhalten, dass im vorliegenden Beitrag lediglich fast ausschließlich auf die Situation der Katholischen Kirche eingegangen wird und nicht auch auf die anderer gesetzlich anerkannter Religionsgemeinschaften. In diesem Zusammenhang ist vor allem auf *Potz, Richard*, Ist das Konkordat noch zeitgemäß?, in: öarr 53. Jahrgang/2006 (Heft 1), S. 45–86, hinzuweisen, wo die rechtliche Position der Katholischen Kirche, wie sie vorwiegend aufgrund des Konkordats und der Zusatzverträge vorgegeben ist, mit der anderer anerkannter Religionsgemeinschaften verglichen wird.

8   Siehe *Weinzierl, Erika*, Das österreichische Konkordat von 1933 von der Unterzeichnung bis zur Ratifikation, in: *Paarhammer, Hans / Pototschnig, Franz / Rinnerthaler, Alfred* (Hg.), 60 Jahre Österreichisches Konkordat (Veröffentlichungen des Internationalen Forschungszentrums für Grundfragen der Wissenschaften Salzburg NF 56), S. 119–134, hier S. 123 ff. Von den Ergänzungen betroffen waren jener Artikel, der die Rechtsstellung der katholisch-theologischen Fakultäten regelte (Art. V) und Bestimmungen betreffend die kirchliche Organisation katholischer Jugend (Zusatzprotokoll zu Art. XIV).

9   Unter „Ratifikation" ist jener Akt zu verstehen, durch den das hierzu berechtigte Staatsorgan die eigentliche Bindung des von ihm vertretenen Staates an das im betreffenden

Ratifikationsakt war am 30. April eine Zusammenkunft von 76 Nationalratsabgeordneten vorangegangen, die diesen durch einen entsprechenden Beschluss ermöglicht hatten. Und obgleich weder der parlamentarische noch der bundespräsidiale Vorgang von wesentlicher Unruhe begleitet waren, kann doch für diese Tagesabfolge 30. April/1. Mai 1934 ein Tiefpunkt für die Entwicklung eines demokratischen Österreich konstatiert werden. Ungeachtet dieser Tagesdaten wäre es freilich überzeichnet, von einer „Walpurgisnacht" der österreichischen Rechtskultur zu sprechen, denn schon vor diesen Ereignissen hatte es genügend Vorfälle gegeben, die die Existenz der jungen Demokratie ins Mark getroffen hatten.

In diesem Zusammenhang ist vor allem der 4. März 1933 zu nennen, der mit der so genannten „Selbstausschaltung des Parlaments" in Verbindung gebracht wird.[10] Drei im Nationalrat eingebrachte Anträge, die sich an einem Eisenbahnerstreik entzündet hatten, waren aus Geschäftsordnungsgründen darin gemündet, dass sämtliche drei Präsidenten dieser gesetzgebenden Körperschaft nacheinander ihren Vorsitz zurücklegten, um mit ihren Fraktionen mitstimmen zu können. Die Sitzung konnte nicht ordnungsgemäß beendet werden, und diese Situation machte sich der christlich-soziale Bundeskanzler Engelbert Dollfuss zunutze, um von einer „Selbstausschaltung des Parlaments" zu sprechen. Der Versuch sozialdemokratischer und großdeutscher Nationalratsabgeordneter, am 15. März 1933 die parlamentarische Tätigkeit wiederaufzunehmen, wurde von der Polizei unter Androhung von Waffengewalt unterbunden. Damit waren durch putschartige Vorgänge die Schienen in ein autoritäres System gelegt, das für Österreich fast auf den Tag genau fünf Jahre Bestand haben sollte. Das demokratische Österreich hatte jedenfalls zu existieren aufgehört.

Die am 30. April 1934 zusammengekommenen Abgeordneten stellten nur ein Rumpfparlament dar.[11] Von den insgesamt 165 Abgeordneten waren überhaupt nur 92 geladen gewesen – den sozialdemokratischen Abgeordneten war ihr Mandat aberkannt worden –, und von diesen 92 waren 16 erst gar nicht erschienen.

---

völkerrechtlichen Vertrag Festgelegte herbeiführen soll: Siehe *Mayer / Kucsko-Stadlmayer / Stöger,* Grundriss (Anm. 2) S. 114.

10 Siehe dazu *Huber, Wolfgang,* Die Gegenreformation 1933/34, in: *Neuhäuser, Stephan* (Hg.), „Wir werden ganze Arbeit leisten ..." Der austrofaschistische Staatsstreich 1934, Norderstedt 2004, S. 47–64, hier S. 50 ff.; *Tálos, Emmerich,* Das austrofaschistische Herrschaftssystem. Österreich 1933–1938 (Politik und Zeitgeschichte 8), Wien ² 2013, S. 31 ff.; zu den maßgeblichen Rechtsquellen, die dem neu etablierten autoritären Regime als Grundlage dienten, siehe *Mayer / Kucsko-Stadlmayer / Stöger,* Grundriss (Anm. 2), S. 30 f.

11 Siehe *Weinzierl,* Konkordat (Anm. 8), S. 129; *Tálos,* Herrschaftssystem (Anm. 10), S. 81.

Somit war am 30. April nicht einmal die Hälfte aller Abgeordneten zusammengekommen. Das Rumpfparlament fand sich zur Erlassung eines „Bundesverfassungsgesetzes über außerordentliche Maßnahmen im Bereich der Verfassung",[12] das als „Ermächtigungsgesetz 1934" in die Geschichte eingehen sollte, bereit – dies allerdings mit zwei Gegenstimmen. In diesem Schritt ist eindeutig ein Akt der Diskontinuität zu erblicken, der mit dem Bundes-Verfassungsgesetz von 1920 (B-VG)[13] bzw. dessen Novellierungen nicht in Einklang zu bringen war. Bereits am 24. April hatte die Bundesregierung im Rahmen einer Verordnung eine neue Verfassung erlassen,[14] deren Geltung nun durch das erwähnte Bundesverfassungsgesetz nochmals ausdrücklich bekräftigt wurde (Art. II). Die nochmalige Kundmachung der „Verfassung" 1934 wurde in der Weise verfügt, dass sie am Beginn eines zweiten Teils des Jahrgangs 1934 des Bundesgesetzblattes positioniert sein sollte.[15] Nationalrat und Bundesrat wurden ausdrücklich für aufgelöst erklärt und dies mit Wirkung vom 2. Mai 1934 (Art. III Abs. 1). Doch von großer Bedeutung ist auch die ausdrückliche Aufhebung des Art. 50 B-VG, der die Mitwirkung des Nationalrats bei der innerstaatlichen Genehmigung von gesetzes- bzw. verfassungsändernden Staatsverträgen vorgesehen hatte (Art. I).

Durch die letztgenannte Bestimmung des Ermächtigungsgesetzes 1934 war somit seitens des Rumpfparlaments ein Freibrief zur Ratifikation des Konkordates ausgestellt, dem es an jeglicher demokratischer Legitimität fehlte. Die Kundmachung der Verfassung 1934 erfolgte am 1. Mai und damit am selben Tag wie die des Konkordats, das im Bundesgesetzblatt gleich nach der Verfassung aufscheint.[16] Wenn ferner die Verfassung 1934 in ihrem Art. 30 Abs. 4 einige Bestimmungen des Konkordats in Verfassungsrang erhob, dann wird die von den Protagonisten des autoritären Staates in Szene gesetzte Verbindung zwischen dem neuen System und dem Konkordat perfekt.[17] Dies änderte allerdings per se nichts an der

---

12 Bundesgesetzblatt I Nr. 255/1934.
13 Stammfassung: Staatsgesetzblatt Nr. 450/1920; Bundesgesetzblatt Nr. 1/1920.
14 Bundesgesetzblatt I Nr. 239/1934. Zu den Rechtsgrundlagen dieser Verordnung siehe *Bei, Neda*, Die Bundesregierung verordnet sich, in: *Neuhäuser*, Arbeit (Anm. 10), S. 161–225; *Reiter, Ilse*, Kriegswirtschaftliches Ermächtigungsgesetz 1917, in: *Olechowski, Thomas / Gamauf, Richard* (Hg.), Studienwörterbuch Rechtsgeschichte & Römisches Recht, Wien ³2014, 279; *dies*. Maiverfassung 1934, ebda. S. 314 f.
15 Somit erfolgte die Kundmachung der „Verfassung 1934" im Bundesgesetzblatt unter der Fundstellenbezeichnung „II Nr. 1/1934".
16 Die Fundstellenbezeichnung siehe oben Anm. 1.
17 Siehe dazu auch *Schima, Stefan*, Überschätzt von Freund und Feind? Das österreichische Konkordat 1933/34, in: *Reiter-Zatloukal, Ilse / Rothländer, Christiane / Schölnberger Pia* (Hg.), Österreich 1933–1938. Interdisziplinäre Annäherungen an das Dollfuß-/

grundsätzlichen Aufrechterhaltung des bisherigen Verhältnisses zwischen Staat und Religionsgemeinschaften. Die einschlägigen Bestimmungen der Verfassung von 1934 entsprachen im Wesentlichen den Determinanten, die insbesondere durch Art. 15 des Staatsgrundgesetzes über die allgemeinen Rechte der Staatsbürger von 1867 (StGG)[18] vorgegeben waren. In Art. 15 StGG ist das Recht jeder gesetzlich anerkannten Religionsgemeinschaft auf gemeinsame öffentliche Religionsübung und der selbständigen Ordnung und Verwaltung ihrer inneren Angelegenheiten angesprochen, wobei diese „im Besitze und Genusse ihrer für Kultus- Unterrichts- und Wohltätigkeitszwecke bestimmten Anstalten, Stiftungen und Fonde" bleiben, dabei allerdings „wie jede Gesellschaft den allgemeinen Staatsgesetzen unterworfen" bleiben sollten. Art. 15 StGG fand nun eine Entsprechung in Art. 29 Abs. 2 der Verfassung von 1934.[19]

Schuschnigg-Regime, Wien 2012, S. 42–57, hier S. 47, Anm. 29: Von der ausdrücklichen Erhebung in den Verfassungsrang waren folgende Konkordatsbestimmungen betroffen:
– Art. I, in dem die öffentliche Religionsübungsfreiheit gewährt wurde. Dies war freilich ohnehin durch die Grundrechtslage abgedeckt. Dasselbe gilt für das Recht der Katholischen Kirche, innerhalb ihres Bereichs eigene Vorschriften zu erlassen und auch für den Schutz des freien Kommunikationsverkehrs zwischen katholischen Amtsträgern.
– Gleiches gilt für die in Art. II ausgesprochene Garantie der öffentlichrechtlichen Stellung der Katholischen Kirche und ihrer Einrichtungen.
– Art. V § 1 Abs. 1 bis 3, die insbesondere den Bestand katholisch-theologischer Fakultäten und theologischer Lehranstalten betreffen.
– Art. VI § 1 Abs. 1 und 2, wo insbesondere die Garantie des Religionsunterrichts angesprochen ist.
– Art. X § 1 Abs. 1 entsprach ebenfalls der damaligen Grundrechtslage: Orden und religiöse Kongregationen sollten frei bzw. entsprechend der innerkirchlichen Rechtslage gegründet werden können.
– Art. XIII § 1 und 4: Respektierung von Eigentum der Katholischen Kirche und Absage an jegliche Amortisationsgesetzgebung – zu dieser siehe unten III.6.1 – und Sonderbesteuerung: In weiten Teilen entsprach auch dies der Grundrechtslage.
– Art. XIV, Satz 1, samt Abs. 1 des Zusatzprotokolls: Dort wurde insbesondere die Garantie der freien Umlageneintreibung durch die Katholische Kirche festgeschrieben, aber auch die Stellung der „Katholischen Aktion" – zu dieser siehe unten III.2 – abgesichert.
– Art. XV § 1: Erklärung, wonach der Staat seine gegenüber der Katholischen Kirche aufgrund von Gesetzen, Verträgen oder besonderen Rechtstiteln bestehenden Verpflichtungen erfüllen wird.
– Art. XVI § 1: Garantie der Anstaltsseelsorge.
18 Reichsgesetzblatt Nr. 142/1867.
19 Art. 29 Abs. 2 der Verfassung von 1934 lautete: „Jede gesetzlich anerkannte Kirche und Religionsgesellschaft hat für ihre Religionsangehörigen das ausschließliche Recht der

Die Junktimierung von Verfassung 1934 und Konkordat fand auch darin ihre Bestärkung, dass die in den Untergrund abgedrängte Sozialdemokratie, die sich vor allem im Wege der damals in Brünn erscheinenden „Arbeiterzeitung" bemerkbar machen konnte, akribisch daran arbeitete, den Eindruck zu erwecken, dass die Konkordatsinhalte in spezifischer Weise klerikal-reaktionär geprägt waren.[20] Es fehlte auch nicht an der irrigen Meinung, dass das Konkordat von 1933/34 einen Wiedergänger des Konkordats von 1855[21] darstellte, das tatsächlich die Katholische Kirche in vielerlei Hinsicht vor anderen anerkannten Religionsgemeinschaften bevorzugt hatte.[22]

Dies alles lässt es nicht als verwunderlich erscheinen, wenn das Konkordat zunächst als typisches Produkt des autoritären Staates erscheint. Doch stößt man in der Literatur auf den berechtigten Hinweis, dass die meisten Konkordatsinhalte schon im Jahr 1932 ausverhandelt waren, und damit noch vor der Wandlung

---

öffentlichen gemeinsamen Religionsübung; sie ordnet und verwaltet ihre inneren Angelegenheiten selbständig; sie bleibt im Besitz und Genuß ihrer für Kultus-, Unterrichts- und Wohltätigkeitszwecke bestimmten Anstalten. Stiftungen und Fonds. Ihr Eigentum sowie ihre anderen Vermögensrechte sind gewährleistet. Hierbei sind unbeschadet der Bestimmungen des Artikels 30 die für alle geltenden Gesetze anzuwenden." In dem erwähnten Art. 30 wurden besondere Regelungen für die äußeren Rechtsverhältnisse gesetzlich anerkannter Religionsgemeinschaften angekündigt (Abs. 1), ferner wurde die Möglichkeit der Zuerkennung besonderer Rechte an einzelne gesetzlich anerkannte Religionsgemeinschaften je nach ihrer Beschaffenheit bzw. Bedeutung im staatlichen Leben in Aussicht gestellt (Abs. 2), die Absicht bekundet, derartige Regelungen für die Katholische Kirche in konkordatärem Weg zu erlassen (Abs. 3), die bereits erwähnte Erhebung bestimmter Konkordatsregelungen in den Verfassungsrang vorgenommen (Abs. 4) und für die übrigen gesetzlich anerkannten Religionsgemeinschaften in Bezug auf die Erlassung einschlägiger Gesetze ein einvernehmliches Vorgehen in Aussicht gestellt (Abs. 5).

20 *Weinzierl(-Fischer), Erika*, Die österreichischen Konkordate von 1855 und 1933, Wien 1960, S. 243 ff. Zu weiteren Maßnahmen aus dem Regierungslager, die das Konkordat mit dem neu etablierten System des autoritären Staates in enge Verbindung brachten, siehe *Schima*, Freund (Anm. 17), S. 47 f.
21 Reichsgesetzblatt Nr. 195/1855.
22 Zum Inhalt des Konkordats 1855 siehe insb. *Leisching, Peter*, Die Römisch-Katholische Kirche in Cisleithanien, in: *Wandruszka, Adam / Urbanitsch, Peter* (Hg.), Die Habsburgermonarchie, Bd. 4, Die Konfessionen, Wien 1985, S. 1–247, hier S. 30 ff. Zu dem in den Dreißigerjahren in der Öffentlichkeit verbreiteten Irrtum, dass in den Jahren 1933 und 1934 das Konkordat 1855 wieder zum Leben erweckt worden sei, siehe *Schima*, Freund (Anm. 17), S. 42 ff.

Österreichs in einen autoritären Staat.[23] Abgesehen davon kann die konkrete inhaltliche Ausgestaltung der Konkordatsmaterien im Wesentlichen als demokratiepolitisch unbedenklich bezeichnet werden.[24] Es ist durchaus berechtigt, mit *Richard Potz* im Zusammenhang mit der Entstehungsgeschichte des Konkordats, und vor dem Hintergrund des Abdriftens des Staates in eine Diktatur, von einem „Geburtsfehler" dieses Vertragswerks zu sprechen.[25] Hierzu sei die ergänzende Bemerkung gestattet, dass das Konkordat aus der Sicht der österreichischen Bevölkerung nicht unbedingt ein Wunschkind gewesen ist – jedenfalls kann ihm unter dem Blickwinkel seiner Entstehung keine (demokratische) Legitimität zugesprochen werden.

---

23 Siehe *Weinzierl(-Fischer)*, Konkordate (Anm. 20), S. 181 ff. Siehe ferner *Kremsmair, Josef*, Geschichte des österreichischen Konkordates 1933/34 von den Anfängen bis zur Unterzeichnung, in: *Paarhammer / Pototschnig / Rinnerthaler*, 60 Jahre (Anm. 8), S. 77–118.

24 Siehe *Potz*, Konkordat (Anm. 7), S. 80 ff.; *Schima*, Freund (Anm. 17), S. 48. Das schließt freilich nicht aus, dass das Konkordat 1933/34 Bestimmungen enthält, die dem italienischen Konkordat von 1929 – abgeschlossen unter der Ägide der damaligen faschistischen Regierung – nachgebildet sind. Im vorliegenden Beitrag, der unter dem Grundtenor des „Wiederaufbaus" steht, kann auf die Vorbilder der einzelnen Konkordatsbestimmungen nicht näher eingegangen werden. Siehe dazu insb. *Köstler, Rudolf*, Das neue österreichische Konkordat, in: Zeitschrift für öffentliches Recht Jahrgang 15 (1935), S. 1–33; *Kremsmair, Josef*, Der Weg zum österreichischen Konkordat von 1933/34 (Dissertationen der Universität Salzburg 2), Wien 1980, S. 167 ff. Was den Vergleich zwischen der Rechtslage gemäß dem Konkordat und der unmittelbar vorangehenden Rechtslage betrifft, so gibt auch der Motivenbericht zum Konkordat Aufschluss. Dieser ist abgedr. in *Neck, Rudolf / Wandruszka, Adam* (Hg.), Protokolle des Ministerrates der Ersten Republik, Abteilung VIII, 20. Mai 1932 bis 25. Juli 1935, Bd. 3, Kabinett Dr. Engelbert Dollfuß, 22. März 1933 bis 14. Juni 1933, bearbeitet von *Enderle-Burcel, Gertrude*, Wien 1983, S. 443 ff. In Würdigung des entsprechenden Ministerratsprotokolls in seiner Eigenschaft als Basis einer historischen Interpretation des Konkordatstexts muss zunächst angemerkt werden, dass es sich hier um die Darlegung der Standpunkte eines autoritären Regimes handelt, wobei diese Darlegung ihrerseits durch das Regime autorisiert war. Ob dieser pessimistische Standpunkt durch den Hinweis darauf, dass Erläuternde Bemerkungen zu Gesetzesentwürfen ohnehin oftmals von manipulativen Aspekten geprägt sind – gleichgültig ob ein demokratisch legitimiertes Regime dafür verantwortlich zeichnet oder nicht – Linderung erfahren kann, muss dahingestellt bleiben.

25 Dieses mündliche Zitat von *Richard Potz* findet sich bei http://oe1.orf.at/artikel/335751 (Zugriff: 22. April 2015) und http://religion.orf.at/stories/2586988/ (Zugriff: 22. April 2015); http://www.kathpress.at/site/focus/meldungen/volksbegehren/database/53955.html (Zugriff: 22. April 2015).

III. Die im Vergleich zum „Geburtsfehler" des Konkordats 1933/34 „unverfänglichen" Inhalte dieses Vertragswerkes

III.1 Allgemeines

Zum eigentlichen Konkordatstext wurden auch Erklärungen beider Vertragspartner abgegeben, die als „Zusatzprotokoll" zusammengefasst sind, das gemeinsam mit dem Konkordat kundgemacht wurde. Diese Erklärungen haben „als integrierende Bestandteile des Konkordates zu gelten", wie zu Beginn des Zusatzprotokolls bemerkt wird. Durch das Konkordat wurde das Katholikengesetz und von 1874[26] und das Religionsfondsgesetz vom selben Jahr[27] außer Kraft gesetzt (Art. XXII Abs. 3; vgl. auch Zusatzprotokoll). Es lag durchaus in der Intention der damaligen Bundesregierung, dem System der Staatskirchenhoheit, für das vor allem diese Gesetze gestanden waren, eine deutliche Absage zu erteilen.[28] Das System der Staatskirchenhoheit darf nicht mit dem Staatskirchentum verwechselt werden. Obgleich man aus staatskirchenhoheitlichem Blickwinkel bestrebt gewesen war, einen Bereich innerer Angelegenheiten von Religionsgemeinschaften zu respektieren, hatte sich die Staatsgewalt doch für berechtigt gehalten, die Grenzen zwischen sich und den Religionsgemeinschaften festzulegen. In diesem Zusammenhang hatten vor allem staatliche Aufsichts- und Kontrollrechte eine wesentliche Rolle gespielt, wie sie in den beiden genannten Gesetzen verankert gewesen waren.[29]

Verglichen mit anderen anerkannten Religionsgemeinschaften ergeben sich in Bezug auf die Rechtsstellung der Katholischen Kirche weitgehend keine

---

26 Stammfassung: Reichsgesetzblatt Nr. 50/1874.
27 Stammfassung: Reichsgesetzblatt Nr. 51/1874.
28 Zum System der Staatskirchenhoheit siehe *Kalb/Potz/Schinkele*, Religionsrecht (Anm. 7), S. 12 f.; *Schima, Stefan*, Das Islamgesetz im Kontext des österreichischen Religionsrechts, in: Österreichisches Archiv für Recht und Religion 59. Jahrgang/2012 (Heft 2), S. 225–250, hier S. 226.
29 Die Intention der Bundesregierung, dem System der Staatskirchenhoheit eine Absage zu erteilen, ergibt sich sehr deutlich aus dem Motivenbericht (Anm. 24), S. 447: Die beiden Gesetze stünden „nicht nur in ihren einzelnen Bestimmungen, sondern ihrem ganzen Geiste und ihrem Systeme nach mit dem neuen Rechtszustande im Widerspruche".

gleichheitsrechtlich bedenklichen Bevorrechtungen.[30] Dies gilt auch für die religionsrechtliche Grundordnung des autoritären Staates.[31]

Generelle Bedeutung für die übrigen Konkordatsbestimmungen kommt Art. XXII zu. Dieser enthält u.a. die so genannte „Freundschaftsklausel", der zufolge für den Fall unterschiedlicher Auslegung einzelner Vertragsbestimmungen bzw. nicht geregelter Materien, die sowohl den staatlichen als auch den kirchlichen Bereich berühren, im gemeinsamen Einverständnis eine freundschaftliche Lösung zwischen den Vertragsparteien herbeizuführen ist. Darin kann jedenfalls die Verpflichtung gesehen werden, beim Auftreten einschlägiger Probleme mit dem Vertragspartner in Kontakt zu treten.

---

30 In gewisser Hinsicht kann sogar die Einbeziehung des Staates in die Diözesangliederung (Art. III 3 § 1, siehe unten III.2), aber auch das „Verfahren der politischen Klausel" (Art. IV Abs. 2, siehe unten III.2), als Benachteiligung der Katholischen Kirche im Vergleich zur Rechtsstellung aller anderen anerkannten Religionsgemeinschaften bzw. aller in Österreich bestehenden Religionsgemeinschaften aufgefasst werden. Diese sind heute in der Einteilung ihrer inneren Jurisdiktionssprengel und bei der Berufung staatlicher Amtsträger von staatlichem Einfluss im Wesentlichen frei.
Heute nicht mehr von Bedeutung ist jene enge Ingerenz des Staates, die Kirchenämter betraf, für die ein so genanntes öffentliches Patronat maßgeblich war. Nicht mehr von Bedeutung sind auch jene Qualifikationsbestimmungen für Ämter und Funktionen, wo der Staat für die betreffenden Einkünfte zumindest Finanzierungszuschüsse leistete: Siehe insgesamt dazu unten III.6.4 und die Ausführungen zu Art. XI – unten III.6.2.
Als Benachteiligung nichtkatholischer christlicher Bekenntnisse gegenüber der Katholischen Kirche konnte in gewisser Weise das – heute nicht mehr in Geltung stehende – Konkordatseherecht betrachtet werden, das im Wesentlichen eine Fortschreibung der bisherigen Rechtslage bedeutete und beispielsweise im Fall von Mischehen das katholische Kirchenrecht berücksichtigte: Siehe *Schwarz, Karl*, Die Ehe ist ein „weltlich Ding": Anmerkungen zum österreichischen Eherecht aus protestantischer Perspektive, in: *Liebmann, Maximilian* (Hg.), War die Ehe immer unauflöslich?, Limburg 2002, S. 124–155, hier S. 139 ff. Zur Frage der privilegierten Behandlung verhafteter Geistlicher und Ordensleute (Art. XX) siehe unten insb. III.4.

31 Dabei darf allerdings nicht übersehen werden, dass das eigentliche „religiöse" Feindbild des Regimes durch die Konfessionslosen konstituiert wurde: Siehe *Schima, Stefan*, Die Rechtsgeschichte der „Konfessionslosen": Der steinige Weg zur umfassenden Garantie von Religionsfreiheit in Österreich, in: *Raadschelders Jos C. N.* (Hg.), Staat und Kirche in Westeuropa in verwaltungshistorischer Perspektive (19./20. Jh.; = Jahrbuch für Europäische Verwaltungsgeschichte, 14. Jahrgang/2000), S. 97–124, hier S. 117 ff.

III.2 Der grundsätzliche Status der Katholischen Kirche und ihrer Einrichtungen

In Art. I wird der „heiligen römisch-katholischen Kirche"[32] insbesondere das Recht der öffentlichen Religionsübung zugesichert: Dabei handelt es sich in keiner Weise um eine Neuerung bzw. Besonderheit,[33] und dasselbe gilt für die in Art. II zum Ausdruck gebrachte Garantie öffentlich-rechtlicher Stellung der Katholischen Kirche: „Die katholische Kirche genießt in Österreich öffentlich-rechtliche Stellung" (Art. II Satz 1). Eine derartige Stellung war für alle anerkannten Religionsgemeinschaften vorgesehen und daran hat sich grundsätzlich bis heute nichts geändert.[34] Ferner wurde in Art. II allen Einrichtungen, denen zum Zeitpunkt des Inkrafttretens des Konkordats gemäß kanonischem Recht Rechtspersönlichkeit zukam, öffentlichrechtliche Rechtspersönlichkeit zugesprochen. Für künftig zu errichtende derartige Einrichtungen sieht Art. II (bzw. für Orden und religiöse Kongregationen: Art. X. § 2) für den Erwerb staatlicher öffentlichrechtlicher

---

32   Dass es im konkreten Zusammenhang um die gesamte Katholische Kirche – auch in ihren östlichen Riten – geht, muss hier nicht näher ausgeführt werden: Siehe dazu *Gampl, Inge / Potz, Richard / Schinkele, Brigitte*, Staatskirchenrecht. Gesetze, Materialien, Rechtsprechung, Bd. 1, Wien 1990, S. 161, Anm. 4. Vgl. auch *Köstler*, Konkordat (Anm. 24), S. 7.

33   Zur Entwicklung des Rechts auf öffentliche Religionsübung in Österreich siehe *Schima*, Rechtsgeschichte (Anm. 31), S. 99 und S. 114.

34   Dabei ist zu betonen, dass die Katholische Kirche ebenso wie die Evangelische Kirche, die Orthodoxe Kirche und die Israelitische Religionsgesellschaft als „historisch anerkannte" Religionsgemeinschaften zu betrachten sind, wobei hier nicht unterschieden werden muss, ob die betreffende Religionsgemeinschaft damals als solche oder nur in Form ihrer Gemeinden anerkannt war.
    Zum Verständnis der öffentlichrechtlichen Personenqualität im Konkordat siehe auch *Rieger, Josef / Schima, Johann*, Katholische Kirche – Organisation, Besonderer Teil, in: *Maultaschl / Schuppich /Stagel*, Rechtslexikon (Anm. 2), 56. Lfg., Wien 1968, Bl. 13: „Die öffentlich-rechtliche Stellung besitzt je nach dem staatskirchenrechtlichen System ein verschiedenes Timbre. Zweifellos meint aber das Konkordat nicht den weiten Spannungsbogen der Öffentlich-Rechtlichkeit, reichend von den staatlichen Eingriffen bis zur Anerkennung kirchlicher Eigenständigkeit und der Anerkennung der Ordnung und Verwaltung innerer Angelegenheiten als Rechtsakte eigener Art, sondern eine Öffentlich-Rechtlichkeit im privilegierenden Sinn. Man könnte auch den normativen Begriff der Öffentlich-Rechtlichkeit zu dem in der deutschen Staatskirchenrechtslehre vielzitierten Öffentlichkeitsanspruch bzw. Öffentlichkeitsauftrag der Kirchen in Bezug setzen, der in der Bundesrepublik Deutschland gerade in den Beziehungen zwischen der Evangelischen Kirche und dem Staat so wesentliche Bedeutung erlangt hat."

Personenqualität die Hinterlegung der Errichtungsanzeige durch den zuständigen Diözesanbischof vor.[35]

Für die Gründung und Aufhebung von Kirchenprovinzen und Diözesen bzw. für bedeutende Änderungen von deren Sprengel wurde – im Wesentlichen im Einklang mit der früheren Rechtslage – das Zusammenwirken von Staat und Kirche im Wege der Vereinbarung vorgesehen (Art. III § 1). Von dieser Bestimmung waren bzw. sind die künftig abzuschließenden Diözesanerrichtungsverträge betroffen. Darüber hinaus wurden nähere Konkretisierungen vorgenommen: Dabei wurde eine Einverständniserklärung im Sinne der Erhebung der Apostolischen Administratur „Innsbruck-Feldkirch" zur Diözese, der Errichtung eines eigenen Generalvikariats für den Vorarlberger Anteil dieser Diözese mit Sitz in Feldkirch und der Erhebung der Apostolischen Administratur im Burgenland zur „Praelatura Nullius" mit Sitz in Eisendstadt abgegeben (Art. III § 2).[36]

Die Frage der Gliederung kirchlicher Einrichtungen gemäß Art. 15 des Staatsgrundgesetzes über die allgemeinen Rechte der Staatsbürger von 1867[37] ist zwar als eine „innere Angelegenheit" gesetzlich anerkannter Religionsgemeinschaften zu betrachten, doch ist davon auszugehen, dass die Katholische Kirche aufgrund der einschlägigen Konkordatsbestimmung einer Einschränkung dieses Rechtes zugestimmt hat. Dasselbe ist auch für das in Art. IV § 2 verankerte „Verfahren der politischen Klausel" festzuhalten. Demnach hat der Heilige Stuhl vor der Ernennung eines residierenden Erzbischofs, eines residierenden Bischofs oder eines Koadjutors mit Nachfolgerecht – nach geltendem Kirchenrecht sind alle Koadjutoren mit dem Recht der Nachfolge ausgestattet[38] – der österreichischen Bundesregierung den Namen des in Aussicht genommenen Kandidaten mitzuteilen. Diese kann binnen 15 Tagen Bedenken allgemein politischer Natur gegen diesen Kandidaten äußern, wobei dies mit keinem Ablehnungsrecht in Verbindung zu

---

35 Im Vergleich zur vorangehenden Rechtslage sind die staatlichen Mitwirkungsrechte als eingeschränkt zu betrachten: Motivenbericht (Anm. 24), S. 443.

36 Bei einer „Praelatura Nullius" („gefreite Prälatur") handelte es sich um territoriale von einem nicht zum Bischof geweihten Prälaten geleitete Einheit, die als organisatorische Ersatzform einer Diözese zu betrachten war, und dieser im Wesentlichen gleichgestellt sein sollte: Siehe *Köstler*, Konkordat (Anm. 24), S. 9; *Lederhilger, Severin*, Art. Territorialprälatur, in: Lexikon für Kirchen- und Staatskirchenrecht, Bd. 3, Paderborn 2004, S. 673 f. Eine wichtige Rechtsgrundlage bildeten die cc. 215 § 1 und 319–327 des CIC 1917.

37 Stammfassung: Reichsgesetzblatt Nr. 142/1867. Vgl. Art. 29 Abs. 2 der Maiverfassung 1934.

38 Vgl. c. 403 CIC 1983.

bringen ist (vgl. auch das Zusatzprotokoll). Gleich vorweg darf hier festgehalten werden, dass die Bundesregierung vom Recht, gegen einen ins Auge gefassten Kandidaten Bedenken gemäß Art. IV § 2 geltend zu machen, offensichtlich noch nie Gebrauch gemacht hat.[39]

Für die in Art. VIII geregelte Militärseelsorge – hier handelt es sich sowohl um eine kirchliche als auch um eine staatliche Einrichtung[40] – ist Besonderes zu beachten: Zwar gilt für die Bestellung des Militärvikars – heute handelt es sich um den Militärbischof – das Verfahren der politischen Klausel (Art. VIII § 1), doch sind die Ingerenzrechte der Bundesregierung etwas weiter gestaltet. Die Bundesregierung kann nämlich vor der Bestimmung durch den Heiligen Stuhl diesem in unverbindlicher Weise und auf vertraulichem diplomatischen Weg „die eine oder andere hiezu geeignet erscheinende Persönlichkeit" bekanntgeben (Zusatzprotokoll zu Art. VIII § 1). Die kirchliche Bestellung der Militärkapläne – diese sind in gewisser Weise als Pfarrer zu betrachten – hat durch den Militärvikar bzw. -bischof im Einvernehmen mit den zuständigen staatlichen Stellen zu erfolgen (Art. VIII § 2). Dabei ist zu beachten, dass das Militärordinariat nicht nur in den kirchlich-hierarchischen Bereich eingegliedert, sondern eine dem Bundesministerium für Landesverteidigung unmittelbar nachgeordnete Dienststelle ist. Im

---

39 Unter österreichischen Religionsrechtlerinnen und Religionsrechtlern wird in diesem Zusammenhang die alte Weisheit tradiert, der zufolge eine rechtliche Regelung dann als bewährt anzusehen ist, wenn sie noch niemals formell angewandt werden musste. Darüber hinaus ist festzuhalten, dass im Konkordat diesbezüglich im Wesentlichen jene Rechtslage festgeschrieben wurde, wie sie sich während der Zwanzigerjahre verfestigt hatte: Siehe *Kostelecky, Alfred*, Kirche und Staat, in: *Klostermann, Ferdinand / Kriegl, Hans / Mauer, Otto / Weinzierl, Erika* (Hg.), Kirche in Österreich 1918–1945, Bd. 1, Wien 1966, S. 201–217, hier S. 207. Bereits am 3. März 1919 hatte der österreichische Staatsrat das dem Kaiser grundsätzlich eingeräumte bischöfliche Nominationsrecht für erloschen erklärt. Zum bischöflichen Nominationsrecht während der Zeit der Monarchie siehe auch *Köstler*, Konkordat (Anm. 24), S. 9 f.

40 Siehe *Kalb / Potz / Schinkele*, Religionsrecht (Anm. 7), S. 498 f.; *Rees, Wilhelm*, Die katholische Militärseelsorge in Österreich als kirchliche und staatliche Einrichtung, in: *Wagnsonner, Christian / Trauner, Karl-Reinhart / Lapin, Alexander* (Hg.), Kirchen und Staat am Scheideweg. 1700 Jahre Mailänder Vereinbarung, Wien 2015, S. 173–210. Zur Geschichte der katholischen Militärseelsorge siehe etwa den Sammelband von *Gröger, Roman-Hans / Ham, Claudia / Sammer, Alfred* (Hg.), Zwischen Himmel und Erde. Militärseelsorge in Österreich, Graz 2001. Im vorliegenden Kontext ist folgender Beitrag zu beachten: *Gröger, Roman-Hans*, Die Militärseelsorge in Österreich von ihrer Wiedereinrichtung bis zum Ende des Zweiten Weltkrieges, ebda. S. 99–136.

Wesentlichen wurde der bisherige Rechtszustand beibehalten.[41] Obgleich sich im Konkordat bzw. dessen Zusatzprotokoll keine ausdrückliche Bestimmung über die staatliche Finanzierung der Militärseelsorge findet, ist schon allein vom zeitlichen Kontext her anzunehmen, dass man von einer solchen ausging.[42]

Neuerungen im Hinblick auf die österreichische Rechtslage brachte allerdings der sich auf das Ordenswesen beziehende Art. X mit sich. Denn diese dürfen sich grundsätzlich ohne staatliche Einbeziehung auf österreichischem Boden bilden (Art. X § 1 Abs. 1). Damit wurde eine für die Kirche erheblich günstigere Rechtslage geschaffen, als dies zuvor der Fall gewesen war.[43] Wenn zum Ausdruck gebracht wurde, dass „Obere österreichischer Ordensniederlassungen mit stabilitas loci ihrer Mitglieder" österreichische Staatsbürger sein müssen (Art. X § 1 Abs. 2) und dies auch für Ordensobere „der Provinzen, deren rechtlicher Sitz in Österreich gelegen ist", zum Ausdruck gebracht wurde (Art. X § 3), so konnte dies aus damaliger Sicht als keine ungewöhnliche Bevormundung durch die Staatsgewalt erscheinen.[44]

Eine Darstellung des Status katholischer Einrichtungen darf auch nicht am Zusatzprotokoll zu Art. XIV vorbeigehen: Dort wird „Vereinigungen, die vornehmlich religiöse Zwecke verfolgen, einen Teil der Katholischen Aktion bilden und als solche der Gewalt des Diözesanordinarius unterstehen, volle Freiheit hinsichtlich ihrer Organisation und Betätigung" zugesichert. Die Katholische Aktion war als Organisationsform durch Pius XI. (1922–1939) ins Leben gerufen

---

41 Siehe *Haring, Johann*, Kommentar zum neuen österreichischen Konkordat. Text des Vertrages mit Erklärungen, Innsbruck 1934, S. 55 f.
42 Vgl. dagegen § 17 Abs. 1 Protestantengesetz 1961 (Bundesgesetzblatt Nr. 182/1961 in geltender Fassung); § 8 Abs. 2 Israelitengesetz (Fassung der so genannten „Novelle" Bundesgesetzblatt Nr. I 48/2012); §§ 11 Abs. 3 und 18 Abs. 3 Islamgesetz 2015 (Bundesgesetzblatt I Nr. 39/2015). Dort ist jeweils in ausdrücklicher Weise die staatlich finanzierte institutionalisierte Militärseelsorge für die betreffende anerkannte Religionsgemeinschaft garantiert. Auf keiner gesetzlichen Grundlage basiert die mit Wirkung vom 1. Juli 2011 eingerichtete orthodoxe Militärseelsorge: Siehe *Schima, Stefan*, Staat und Religionsgemeinschaften in Österreich – Wo stehen wir heute? (Ein Vergleich mit der Zeit Konstantins, genannt „der Große"), in: *Wagnsonne / Trauner / Lapin* (Hg.), Kirchen (Anm. 40), S. 111–161, hier S. 130.
43 Siehe dazu *Köstler*, Konkordat (Anm. 24), S. 16 f.
44 Die vorangehende einschlägige Rechtslage war in der Weise gestaltet, dass das Erfordernis der Staatsbürgerschaft (bzw. Bundesbürgerschaft) „für alle Mitglieder einer ortsansässigen Ordensgemeinschaft vorgesehen war": *Köstler*, Konkordat (Anm. 24), S. 17.

worden.⁴⁵ Dessen Ziel war es, die Katholische Aktion als Dachverband kirchlicher Gruppierungen agieren zu lassen, und dies unter strikter Unterordnung unter die kirchliche Hierarchie. In Österreich führte dies zu einer Beschneidung der Autonomie kirchlicher Vereine, und im Zuge des im September 1933 in Wien abgehaltenen Allgemeinen Deutschen Katholikentages war das Bemühen spürbar, die Katholische Aktion nicht mehr als bloßen Dachverband agieren zu lassen, sondern den Bischöfen einen verstärkten Zugriff auf das kirchliche Vereinswesen zu schaffen. Im autoritären Staat hatte dies zur Folge, dass staatlich zugesicherte Vereinsfreiheit nur jene katholisch-kirchlichen Vereinigungen genießen sollten, die seitens der Katholischen Aktion anerkannt waren.

III.3 Eherecht

Schon seit Mitte des 19. Jh. waren öffentliche Diskussionen über das Eherecht geführt bzw. die Möglichkeit der Einführung der obligatorischen Ziviltrauung in Druckwerken erörtert worden.⁴⁶ Die eherechtlichen Bestimmungen des ABGB von 1811 nahmen – je nach Bekenntniszugehörigkeit der Brautleute – in weiten Teilen auf die innerreligiösen Vorschriften der Katholischen Kirche, der Evangelischen Kirche und der Israelitischen Religionsgesellschaft Bezug, wobei allerdings Ausnahmen zu beachten waren.⁴⁷ In diesen Fällen war die staatlich wirksame Trauung vor dem zuständigen Seelsorger abzuschließen. Das ABGB-Eherecht für Katholiken wurde dann durch das Konkordat 1855 außer Geltung gesetzt und durch das Ehegesetz von 1868⁴⁸ wieder eingeführt. Im selben Gesetz wurde die Möglichkeit der Notziviltrauung vorgesehen. Diese sollte vor allem in jenen Fällen durchgeführt werden, bei denen der Seelsorger die Vornahme einer Trauung aus

---

45 Zum Begriff „Katholische Aktion", zur Rolle Pius' XI. als deren „eigentlicher Begründer" und zum Folgenden siehe Zinnhobler, Rudolf, Der lange Weg der Kirche vom Ersten zum Zweiten Vatikanischen Konzil. Beiträge zu Bewegungen und Ereignissen in der katholischen Kirche, Linz 2005, S. 113 ff.

46 Siehe dazu Schima, Stefan, Die religionsrechtliche Dimension des ABGB von 1811 bis heute, in: Dölemeyer, Barbara / Mohnhaupt, Heinz (Hg.), 200 Jahre ABGB (1811–2011). Die österreichische Kodifikation im internationalen Kontext (Studien zur europäischen Rechtsgeschichte 267), Frankfurt a.M. 2012, S. 299–353, hier S. 331 f.

47 Zu den Diskrepanzen zwischen ABGB-Eherecht und innerreligionsgemeinschaftlichen Eherechtsbestimmungen siehe Schima, Stefan, Das Eherecht des ABGB 1811, in: Beiträge zur Rechtsgeschichte Österreichs 2. Jahrgang/2012 (Heft 1), S. 13–26, hier S. 17 ff.

48 Reichsgesetzblatt Nr. 47/1868.

staatlich nicht anerkannten Gründen verweigerte.[49] Für Ehen die von Katholiken eingegangen worden waren, war weiterhin grundsätzlich keine Scheidbarkeit im heutigen Sinn möglich, und damit stellte sich die Frage der Wiederverheiratung Geschiedener von vorne herein nicht.[50]

In der Zeit der Ersten Republik wurde zwar das Eherecht des ABGB und damit ein weitgehend konfessions- bzw. religionsbezogenes Eherecht beibehalten, doch mit der so genannten „Dispensehe" (auch: „Sever-Ehe") jenen ein Strich durch die Rechnung gemacht, die unbeirrt an einer inhaltlich weitgehenden Maßgeblichkeit innerreligionsgemeinschaftlichen Rechts für den staatlichen Bereich festhalten wollten.[51] Diese nach dem damaligen sozialdemokratischen Landeshauptmann von Niederösterreich Albert Sever benannten Ehen waren gewissermaßen das Resultat einer extensiven Auslegung bzw. Anwendung von § 83 ABGB gewesen, demzufolge staatlicherseits die Gewährung der Dispens von Ehehindernissen möglich war. Wenn nun gemäß § 111 ABGB die gültige Ehe zwischen zwei katholischen Eheleuten dem Bande nach nur durch den Tod getrennt werden konnte, so waren bereits in der Zeit der Monarchie trennungswillige Paare nicht bereit gewesen, diesen Zeitpunkt abzuwarten und hatten sich an die zuständige staatliche Behörde gewandt. Derartige Dispensen waren während der Monarchie nur äußerst selten gewährt worden, doch unter Albert Sever dürften sie zeitweise sogar den Regelfall dargestellt haben. Diese Ehedispenspraxis wurde in Wien erst im Bürgerkriegsmonat Februar 1934 eingestellt.[52]

---

49 Hierzu und zu weiteren Rechtsquellen der Notziviltrauung siehe *Schima*, Dimension (Anm. 46), S. 336 f.

50 Siehe *Hofmeister, Herbert*, Privatrechtsgesetzgebung für Österreich unter der Herrschaft des Nationalsozialismus, in: *Ders., Davy, Ulrike / Fuchs, Helmut / Marte, Judith / Reiter, Ilse* (Hg.), Nationalsozialismus und Recht. Rechtsetzung und Rechtswissenschaft in Österreich unter der Herrschaft des Nationalsozialismus, Wien 1990, S. 124–148, hier S. 130 f.
Im Rahmen der folgenden Ausführungen kann nicht auf die Differenzierung zwischen der in § 109 ABGB geregelten „Scheidung von Tisch und Bett" einerseits und der für Katholiken aufgrund von § 111 unmöglichen Trennung dem Bande nach näher eingegangen werden. Für die „Scheidung von Tisch und Bett" waren mehrere Voraussetzungen zu erfüllen, eine Wiederverheiratung mit einer anderen Person war nach Setzung eines derartigen Schrittes nicht möglich.

51 Zu den „Dispensehen" siehe *Harmat, Ulrike*, Ehe auf Widerruf? Der Konflikt um das Eherecht in Österreich 1918–1938 (Studien zur europäischen Rechtsgeschichte 121), Frankfurt a.M. 1999.

52 *Weinzierl(-Fischer)*, Konkordate (Anm. 20), S. 229.

Im Konkordat wurde grundsätzlich das für Katholiken maßgebliche materielle Eherecht des ABGB größtenteils beibehalten, und ausdrücklich wurden in Art. VII § 1 den katholisch-kirchlich geschlossenen Ehen staatliche Rechtswirkungen zuerkannt, und auch das Rechtsinstitut der Notzivilehe blieb seinem Wesen nach unangetastet. Im Ergebnis hieß dies, dass nach staatlichem Recht relevante Trauungen von Katholiken weiterhin von deren Seelsorgern vorgenommen werden mussten. Eine im Sinne der Trennung der Ehe dem Bande nach vorgenommene Ehescheidung – und damit auch eine nachfolgende Wiederverheiratung – war grundsätzlich nicht möglich.[53]

Eine besondere Rechtslage wies allerdings das Burgenland auf.[54] Denn bis zum Inkrafttreten des Konkordats war noch das aus dem ungarischen Recht übernommene Prinzip der obligatorischen Ziviltrauung maßgeblich gewesen. In Konsequenz zu diesen Vorgaben wurde nun in Burgenland das Prinzip der fakultativen Ziviltrauung maßgeblich: Wurde eine Katholikenehe vor dem zuständigen Seelsorger abgeschlossen, war sie nach staatlichem Recht gültig, doch stand burgenländischen Katholikinnen und Katholiken auch der Weg offen, eine Ehe vor einem staatlichen Trauungsorgan zu schließen. Strittig war allerdings die Frage, ob die in Burgenland geschlossenen kirchlichen Ehen nach staatlichem Recht dem Bande nach trennbar waren.[55]

Im Zusammenhang mit der nach staatlichem Recht maßgeblichen Trauungszuständigkeit von Seelsorgern darf der finanzielle Aspekt des Matrikenwesens nicht übersehen werden. In einem kaiserlichen Patent aus dem Jahr 1784 war die Zuständigkeit kirchlicher Organe im Bereich der Matrikenführung geregelt

---

53 Siehe dazu *Primetshofer, Bruno*, Offene Fragen des österreichischen Staatskirchenrechts, in: *Schambeck, Herbert* (Hg.), Kirche und Staat. Fritz Eckert zum 65. Geburtstag, Berlin 1976, S. 169–182, hier S. 172. Auf die weitere eherechtliche Fragestellungen wie etwa die im Konkordat vorgesehene Einrichtung einer für das staatliche Recht relevanten kirchlichen Ehegerichtsbarkeit – vgl. das Konkordats-Durchführungsgesetz vom 4. Mai 1934, Bundesgesetzblatt II Nr. 8/1934 – kann hier nicht näher eingegangen werden. Siehe dazu *Primetshofer*, ebda. S. 170 und 174 ff. Details zum Konkordatseherecht aus zeitnaher Betrachtung siehe auch *Köstler*, Konkordat (Anm. 24), S. 22 ff., wobei die dortige Darstellung der staatlichen Rechtsfolgen kirchlicher Ungültigkeitserklärungen und der gemäß Kirchenrecht vorgenommenen Ehetrennungen im Rahmen der vorliegenden Ausführungen nicht behandelt werden können.
54 Dabei ist zu beachten, dass das Prinzip der fakultativen Ziviltrauung für das Burgenland erst in weiterer Folge anerkannt wurde – siehe dazu ausführlich *Pototschnig, Franz*, Konkordat und Eherecht, in: *Ders. / Paarhammer / Rinnerthaler* (Hg.), 60 Jahre Konkordat (Anm. 8), S. 437–452, hier S. 444 f.
55 Siehe ausführlich *Primetshofer*, Fragen (Anm. 53), S. 172 ff.

worden.⁵⁶ In abgesonderter Weise waren ein Trauungsbuch, ein Geburten- bzw. Taufbuch und ein Sterbebuch zu führen. Unter den seelsorgerlichen Handlungen, die für die Erhebung von Stolgebühren von Bedeutung waren, ist die Vornahme von Trauungen bzw. die entsprechende Eintragung ins Ehebuch zu nennen. In mehreren Bestimmungen hatte das Katholikengesetz von 1874 auf die Stolgebühren Bezug genommen (§§ 23 bis 26).⁵⁷ Allerdings war die Bedeutung der Stolgebühren für den einzelnen Seelsorger dadurch praktisch gemindert, als diese ohnehin im Rahmen eines Pauschalbetrages in die so genannten Kongrualeistungen einzurechnen waren.⁵⁸

III.4 Bildungswesen

Einen weiteren typischen Bereich staatlich-kirchlichen Zusammenwirkens stellt das Bildungswesen dar. Was das Schulwesen betrifft, so seien hier nur die wichtigsten Bestimmungen des Art. VI angesprochen, in dem zunächst kaum Neues festgelegt wurde:⁵⁹ Das Recht der Katholischen Kirche auf Erteilung des Religionsunterrichts und Vornahme religiöser Übungen wurde im bisherigen Ausmaß bestätigt (Art. VI § 1),⁶⁰ wobei die Leitung und unmittelbare Aufsicht in beiden Fällen wie bisher der Kirche zukommen sollte (l. c.). Auch die Befugnis der Kirche,

---

56 Siehe dazu *Rieder, Franz*, Handbuch der k.k. Gesetze und Verordnungen über geistliche Angelegenheiten vom Jahre 1740 bis 1846, Wien 1848, S. 309 ff.
57 Siehe dazu auch *Hussarek, Max von*, Grundriß des Staatskirchenrechts, Leipzig ²1908, S. 41.
58 Zum Begriff der „Kongrua" siehe unten III.6.1. Zu dieser Einrechnung siehe *Heidlmair, Heinrich*, Stoltaxen (Stolordnungen), in: *Mischler, Ernst / Ulbrich, Joseph* (Hg.), Österreichisches Staatswörterbuch, Bd. 4, Wien ²1909, S. 491–494, hier S. 493 f.; zur unveränderten Rechtslage nach Inkrafttreten der Kongruanovelle 1921 siehe *Bombiero-Kremenać, Julius*, Die Entwicklung der staatlichen Kongrua-Gesetzgebung in Österreich, in: Zeitschrift der Savigny-Stiftung für Rechtsgeschichte, Kanonistische Abteilung 12. Jahrgang/1922, S. 110–167, hier S. 148.
59 Siehe dazu etwa *Kostelecky*, Kirche (Anm. 39), S. 210. Zu den schulrechtlichen Bestimmungen des Konkordats 1933/34 siehe ferner *Köstler*, Konkordat (Anm. 24), S. 18 ff.; *Schwendenwein, Hugo*, Kirche und Schule im österreichischen Konkordat und im Schulvertrag, in: *Paarhammer / Pototschnig / Rinnerthaler*, 60 Jahre Konkordat (Anm. 8), S. 505–528, hier insb. S. 506 f., 509 f., 515 f., 518 ff.
60 Zu beachten ist darüber hinaus, dass das Zusatzprotokoll zu Art. VI § 1 Abs. 1 „zur Hintanhaltung von Mißverständnissen" offenbar im Sinne von Zweifelsfällen Schultypen benennt („die gewerblichen, Handwerker-, die land- und forstwirtschaftlichen, kommerziellen und dergleichen Schuhen einschließlich der bezüglichen Fortbildungsschulen"), für die die Abhaltung von Religionsunterricht vorgesehen wurde. In der Tat

die entsprechenden Lehrpläne zu erstellen, und auch die Festschreibung des Erfordernisses innerkirchlicher Lehrbeauftragung bei Religionslehrern (l. c.) änderte nichts an der überkommenen Rechtslage. Der Religionsunterricht sollte grundsätzlich weiterhin durch Geistliche erteilt werden, doch konnten nach Herstellung des Einvernehmens zwischen den zuständigen staatlichen und kirchlichen Stellen auch Laien zum Religionsunterricht zugelassen werden (l. c.). Damit war der bisherige Rechtszustand fortgeschrieben.[61] Im Konkordat findet sich keinerlei Erwähnung der Religionslehrerfinanzierung, was nur auf den ersten Blick unverständlich sein mag. Denn, wenn Religionslehrer grundsätzlich Geistliche zu sein hatten, kann man mit Fug und Recht davon ausgehen, dass sie oftmals ohnehin aufgrund ihres Amtes aus staatlichen bzw. staatlich kontrollierten Finanzquellen ein Gehalt bezogen.[62]

Bisherige kirchliche Berechtigungen im niederen und mittleren Schulwesen sollten gewahrt bleiben (Art. VI § 2), und auch die ausdrückliche Gestattung der

---

handelte es sich hier um die Ausweitung eines Rechts der Katholischen Kirche: *Köstler*, Konkordat (Anm. 24), S. 18 f.

61 Vgl. *Putzer, Peter*, Der Religionsunterricht in der Monarchie und in der Ersten Republik, in: *Rinnerthaler, Alfred* (Hg.), Historische Aspekte des Religionsunterrichts (Veröffentlichungen des Internationalen Forschungszentrums für Grundfragen der Wissenschaften Salzburg 8), Frankfurt a.M. 2004, S. 61–74, hier S. 69.

62 Vgl. hierzu *Putzer*, Religionsunterricht (Anm. 61), S. 69 f.: „Für geistliche Religionslehrer bestand grundsätzlich eine Pflicht zur auch unentgeltlichen Erteilung des Religionsunterrichts. Eine Remuneration musste bewilligt werden – Anspruch auf staatliches Entgelt bestand nicht. Allfällige Kosten hatten direkt die Pfarrgemeinden zu tragen – in der Praxis wurden sie aber de facto vom Staat übernommen."
Zur einschlägigen Rechtslage siehe auch *Leisching, Peter*, Ansprüche der katholischen Kirche im Rahmen des Staatsvertrages und ihre Grundlagen, in: ÖAKR 8. Jahrgang/1957 (Heft 1), S. 81–112, hier S. 107, wo auf maßgebliche Gesetze aus dem Jahr 1872 – Reichsgesetzblatt Nr. 86 – und aus dem Jahr 1888 – Reichsgesetzblatt Nr. 99 – hingewiesen wird. So sah das Gesetz von 1888 eine „angemessene Remuneration" für weltliche Religionslehrer vor (§ 3 Abs. 2), und für den Fall, dass die den Religionsunterricht erteilende Person außerhalb ihres „Domicils" tätig war, sollten Transportmittel zur Verfügung gestellt oder „billige Wegentschädigungen" gewährt werden (§ 3 Abs. 3). Was die tatsächliche Anzahl derjenigen Religionslehrer betrifft, die keine Geistlichen waren, siehe die Angaben für das Schuljahr 1936/37 bei *Rinnerthaler, Alfred*, Der Religionsunterricht im Spiegel von Konfessionalisierung und Entkonfessionalisierung der Schule im Stände- und NS-Staat, in: *Ders.*, Aspekte (Anm. 61), S. 75–101, hier S. 87: „Von den 5.978 im Jahr 1936/37 in Österreich gezählten Religionslehrern, die 769.040 katholische Schüler unterrichteten, waren nur 432 Angehörige des weltlichen Standes."

Trägerschaft von Privatschulen durch die Kirche bzw. ihre Einrichtungen (Art. VI § 3) brachte nichts Neues.

Für die Kirchenfinanzierung war jene Bestimmung von Bedeutung, in der staatliche Subventionen im Hinblick auf katholische Privatschulen für den Fall in Aussicht gestellt wurden, dass derartige Schulen eine beachtliche Schülerzahl aufwiesen und dadurch Schulerhalter öffentlicher Schulen entlasteten (Art. VI § 4 Abs. 1). Hierin war eine „bedingte Verpflichtung" des Staates zur Leistung von Subventionen zu sehen.[63]

Wenn ferner das Recht insbesondere der Diözesanbischöfe zum Ausdruck gebracht wurde, sittliche Missstände in der Lebensführung der Schülerinnen und Schüler oder allfällige als ungehörig empfundene Beeinflussung in der Schule bei den staatlichen Schulbehörden zu melden (Zusatzprotokoll zu Art. VI § 1), dann wird deutlich, dass das Konkordat 1933/34 in Bezug auf den kirchlichen Einfluss auf das Schulwesen nicht annähernd so weit ging wie das Konkordat 1855, das den gesamten Unterricht der katholischen Jugend der Aufsicht der Bischöfe unterworfen hatte (siehe dort Art. V).[64]

Im Gebiet des Burgenlandes sollten konfessionelle Schulen als öffentliche Schulen weiter bestehen (Zusatzprotokoll zu Art. VI § 1).[65] Damit wurde der Bestand eines mit der Angliederung des Burgenlandes an Österreich aus dem ungarischen Recht übernommener Schultyps bestätigt, und dies betraf den überwiegenden Teil der Schulen des Burgenlandes.[66] In den Folgejahren wurde eine rechtliche Gestaltung in der Weise vorgenommen, dass Elemente ungarischer und österreichischer

---

63 *Köstler*, Konkordat (Anm. 24), S. 20.
64 Allerdings ist die im Konkordat 1933/34 verankerte „Einräumung eines besonderen Beschwerderechtes in Religionssachen" gemessen an der unmittelbar vorangehenden Rechtslage als Neuerung zu betrachten: *Köstler*, Konkordat (Anm. 24), S. 19.
65 Zu diesem Schultyp siehe *Höslinger, Robert*, Rechtsgeschichte des katholischen Volksschulwesens in Österreich, Wien 1937, S. 126 ff.; *Kriegl, Hans*, Kirche und Schule, in: *Ders. / Klostermann / Kriegl / Mauer /Weinzierl*, Kirche I (Anm. 39), S. 302–315, hier S. 311 f.; *Engelbrecht, Helmut*, Geschichte des österreichischen Bildungswesens. Erziehung und Unterricht auf dem Boden Österreichs, Bd. 5, Von 1918 bis zur Gegenwart, Wien 1988, S. 277; *Prickler, Leonhard*, Das Schul- und Bildungswesen im Burgenland seit 1945, in: *Widder, Roland* (Hg.), Burgenland. Vom Grenzland im Osten zum Tor in den Westen (Schriftenreihe des Forschungsinstitutes für politisch-historische Studien der Dr.-Wilfried-Haslauer-Bibliothek, Salzburg VI/5), Wien 2000, S. 55–112, hier S. 56 ff.; *Frank, Norbert*, Religiöses Leben im Burgenland, ebda. S. 137–177, hier S. 150.
66 Für das Jahr 1930 benennt *Kriegl*, Kirche (Anm. 39), S. 311„unter den 366 burgenländischen Pflichtschulen 224 katholische, 65 evangelische, 6 jüdische, 22 Gemeindeschulen und 49 Staatsschulen".

Bildungstradition in diesen Schultyp einflossen, etwa die strukturelle Koppelung des Lehrer- und des Mesnerdienstes aufrecht bleiben konnte und die Ortsschulbehörden weiter bestanden. Andererseits waren dem Staat etwa im Bereich des Dienstrechtes mehr Befugnisse eingeräumt, als dies beim Typus der konfessionellen Privatschule im übrigen Österreich der Fall war.

Eine weitere bedeutende Materie im Rahmen des im Konkordat geregelten Bildungswesens stellt auch das Hochschulrecht dar. In Art. V samt Zusatzprotokoll wird u.a. die Rechtsstellung der katholisch-theologischen Fakultäten geregelt, von denen insgesamt vier bestanden – und auch heute bestehen –, nämlich an den Universitäten Wien, Graz und Innsbruck und in Salzburg.[67] Was Salzburg betrifft, so existierten dort keine anderen Fakultäten, und in diesem Zusammenhang wird in der Forschung plastisch von einer „Rumpfuniversität" gesprochen.[68] Als eigentliche Aufgabe der katholisch-theologischen Fakultäten wurde die „Heranbildung des Klerus" festgeschrieben (Art. V § 1 Abs. 1). Im Zusammenhang mit der Innsbrucker Fakultät wurde zum Ausdruck gebracht, dass diese „in ihrer Eigenart erhalten" bleiben sollte, wobei sich dies vor allem auf die „Zusammensetzung ihres Lehrkörpers" zu beziehen hatte (Art. V § 1 Abs. 3). Diese „Eigenart" stand mit einer kaiserlichen Entschließung vom 4. November 1857 in Zusammenhang[69] und beinhaltete im Zeitpunkt des Abschlusses des Konkordates von 1933/34 keine Punkte mehr, die in eindeutiger Weise auf eine wesentliche Unterscheidung zur Rechtsstellung der anderen katholisch-theologischen Fakultäten schließen ließen.[70] Was die innere Einrichtung und den

---

67 Im Folgenden wird keineswegs auf alle konkordatären Bestimmungen, die die Hochschulstufe betreffen, eingegangen. Zu nennen wäre etwa auch die Rechtsstellung der katholisch-theologischen Lehranstalten (Art. V § 1 Abs. 3 samt Zusatzprotokoll) oder die Anerkennung akademischer Grade, die von den päpstlichen Hochschulen in Rom verliehen wurden (Art. V § 2).

68 So *Rinnerthaler, Alfred*, Das Ende des Konkordats und das Schicksal wichtiger Konkordatsmaterien in der NS-Zeit, in: *Ders. / Paarhammer / Pototschnig*, 60 Jahre (Anm. 8), S. 178–229, hier S. 211. Zum Plan, eine katholische Universität in Salzburg konkordatär zu verankern, siehe *Ortner, Franz*, Die Universität in Salzburg. Die dramatischen Bemühungen um ihre Wiedererrichtung 1810–1962, Regensburg 1987, S. 126 ff.

69 Siehe dazu *Rahner, Hugo*, Die Geschichte eines Jahrhunderts. Zum Jubiläum der Theologischen Fakultät der Universität Innsbruck 1857–1957, in: Zeitschrift für Katholische Theologie 80. Jahrgang/1957 (Heft 1), S. 1–65, hier insb. S. 10 ff.; *Kalb / Potz / Schinkele*, Religionsrecht (Anm. 7), S. 471 f.

70 Zur möglichen Deutung der Konkordatsbestimmung siehe auch *Coreth, Emerich*, Die Theologische Fakultät Innsbruck. Ihre Geschichte und wissenschaftliche Arbeit von den Anfängen bis zur Gegenwart, Innsbruck 1995, S. 110 ff. Der Autor – selbst ein

Lehrbetrieb der katholisch-theologischen Fakultäten betrifft, sollte gemäß dem Konkordat das kirchliche Recht maßgeblich sein, wobei explizit auf die Apostolische Konstitution „Deus Scientiarum Dominus" vom Jahr 1931[71] verwiesen wurde. Die im Konkordat geforderte Zustimmung der zuständigen kirchlichen Behörde bei der Ernennung oder Zulassung von Professoren oder Dozenten und die Enthebung der betreffenden Person für den Fall des kirchlichen Lehrentzugs stellten keine wesentlichen Neuerungen gegenüber der vorangehenden Rechtslage dar.[72] Für den Fall der Enthebung eines Professors ist primär die anderweitige Verwendung im Bundesdienst anzustreben. Bei Fehlen einer derartigen Möglichkeit wurde die Versetzung in den Ruhestand bei grundsätzlicher Einräumung eines Ruhegenusses vorgesehen.

Für die Heranbildung des Klerus sollten auch die theologischen Lehranstalten zuständig sein bzw. bleiben (Art. V § 1 Abs. 1), und in Bezug auf die „für die Erziehung der Priesteramtskandidaten bestimmten Seminare, Konvikte und dergleichen kirchlichen Anstalten" wurde die Beibehaltung der exklusiven kirchlichen Zuständigkeit festgeschrieben (Art. V § 1 Abs. 2).

---

vormaliger Provinzial der Österreichischen Provinz des Jesuitenordens – äußert wohl völlig zu Recht, dass man jegliche konkrete Festlegung bezüglich des Inhalts dieser Bestimmung bewusst vermieden habe. Der frühere Jesuitenobere geht in seiner Interpretation durchaus recht weit: Es sollte festgelegt werden, dass grundsätzlich nur Jesuiten als Professoren an die Innsbrucker Katholische Fakultät berufen werden konnten, und der Autor liefert für seine Auffassung durchaus konkrete Belege.

71 Acta Apostolicae Sedis, 23. Jahrgang/1931, S. 241–262. Zu dieser Apostolischen Konstitution siehe *Unterburger, Klaus,* Vom Lehramt der Theologen zum Lehramt der Päpste? Pius XI., die Apostolische Konstitution „Deus scientiarum Dominus" und die Reform der Universitätstheologie, Freiburg i. Br. 2010. Eine schwerpunktmäßige Darstellung der wichtigsten Diskussionspunkte im Rahmen der Genese dieser Apostolischen Konstitution findet sich bei *Ders.,* Internationalisierung von oben, oder: Schleiermacher, Humboldt und Harnack für die katholische Weltkirche? Das päpstliche Lehramt und die katholischen Fakultäten und Universitäten im 20. Jahrhundert, in: *Arnold, Claus / Wischmeyer, Johannes* (Hg.), Transnationale Dimensionen wissenschaftlicher Theologie (Veröffentlichungen des Instituts für Europäische Geschichte Mainz. Abteilung für abendländische Religionsgeschichte 101), Göttingen 2013, S. 53–68, hier S. 64 ff.

72 Vgl. *Kalb / Potz / Schinkele,* Religionsrecht (Anm. 7), S. 473. Vgl. auch *Kremsmair, Josef,* Der Weg zum österreichischen Konkordat 1933/34 (Dissertationen der Universität Salzburg 12), S. 175.

III.5 Feiertagswesen

Die Feiertagsordnung eines Staates kann vor allem hinsichtlich der faktischen Bedeutung bestimmter Kirchen bzw. Religionsgemeinschaften im betreffenden Gebiet einigen Aufschluss geben. Unstrittig war und ist die österreichische Feiertagsordnung christlich – im Speziellen katholisch – geprägt. Im Konkordat verpflichtete sich die Republik Österreich zur Anerkennung folgender von der Katholischen Kirche festgesetzten Feiertage (Art. IX): „Alle Sonntage, Neujahrstag, Epiphanie (6. Jänner), Himmelfahrtstag, Fronleichnam, Fest der heiligen Apostel Peter und Paul (29. Juni), Mariä Himmelfahrt (15. August), Allerheiligen (1. November), Tag der Unbefleckten Empfängnis (8. Dezember), Weihnachtstag (25. Dezember)." Damit wurden seitens Österreichs bis auf das „Fest des hl. Joseph" (19. März) alle im *Codex Iuris Canonici* (CIC) von 1917 aufgezählten Feiertage (vgl. c. 1247 § 1) anerkannt. Das kirchliche Recht sah die Pflicht der Anwesenheit beim Messopfer an Sonn- und gebotenen Feiertagen und die Pflicht der Enthaltung knechtlicher Arbeiten vor (c. 1248),[73] und daran hat sich auch heute nichts geändert.[74] Insbesondere das Fronleichnamsfest und der 8. Dezember geben der österreichischen Feiertagsordnung eine speziell katholische Konnotation.

Das am 27. Jänner 1933 durch den Nationalrat beschlossene Feiertagsruhegesetz[75] hatte zusätzlich den Ostermontag, den Pfingstmontag und den 26. Dezember aufgelistet. Aus dem Gesetz ging klar hervor, dass an den betreffenden Tagen grundsätzlich die Sonntagsruhe einzuhalten war. Ferner waren gemäß einem Gesetz vom 25. April 1919 der 1. Mai und der 12. November als „Ruhe- und Festtage" zu behandeln.[76] Doch wurde dieses Gesetz in der Zeit des autoritären Staates durch Verordnung der Bundesregierung vom 27. April ausdrücklich aufgehoben:

---

73 Siehe dazu *Mörsdorf, Klaus*, Lehrbuch des Kirchenrechts auf Grund des Codex Iuris Canonici. Begründet von *Eichmann, Eduard*, Bd. 2, Sachenrecht, München ⁹1958, S. 344.

74 Für das geltende Recht der lateinischen Kirche siehe c. 1247 CIC 1983.
Die Festtage der Landespatrone waren gemäß der Rechtslage des CIC 1917 keine gebotenen Feiertage (c. 1247 § 2), und auch daran hat sich bis heute nichts geändert. In den dem erwähnten Gesetz von 1933 vorangehenden Beratungen war zwar der Versuch unternommen worden, eine bundesgesetzliche Bestimmung für die staatliche Anerkennung der Landespatronatsfeste zu schaffen, doch einigte man sich schließlich darauf, diese Zuständigkeit den einzelnen Bundesländern zu überlassen, wobei allerdings damals kein weiterer rechtlicher Schritt in diese Richtung unternommen wurde. *Haring*, Kommentar (Anm. 41), S. 57.

75 Bundesgesetzblatt Nr. 31/1933.

76 Staatsgesetzblatt Nr. 246/1919.

Damit entfiel der 12. November als Feiertag, und der 1. Mai wurde als Gedenktag an die (bevorstehende!) Proklamation der neuen Verfassung etabliert.[77]

III.6 Zentrale Aspekte der Kirchenfinanzierung

III.6.1 Allgemeines

Bereits im Zuge der vorangehenden Behandlung von Konkordatsmaterien wurden einzelne Aspekte der Kirchenfinanzierung angesprochen: So wurde im Zusammenhang mit der Rechtsstellung kirchlicher Einrichtungen auf die staatliche Finanzierung der Militärseelsorge hingewiesen, und in der Folge wird noch auf den Zusammenhang zwischen staatlicher Kirchenfinanzierung und Diözesangründungen einzugehen sein. Für den Bereich des Eherechts wurden die Stolgebühren angesprochen, und im Hinblick auf das Bildungswesen waren die Finanzierung des Religionsunterrichts wie auch die ins Auge gefassten Beiträge zur Erhaltung des katholischen Privatschulwesens zu erwähnen. Darüber hinaus war auch der Typ der konfessionellen Schule in Burgenland aus dem Blickwinkel der Kirchenfinanzierung zu betrachten, und ferner handelt es sich bei den staatlichen katholisch-theologischen Fakultäten um Einrichtungen, die zur Gänze vom Staat finanziert sind.

Nicht in detaillierter Weise kann auf jene Konkordatsbestimmungen eingegangen werden, die die kirchliche Vermögenslage in Form des Schutzes vor staatlichen Eingriffen betreffen, nicht aber im Sinne von Staatsleistungen. So verpflichtete sich Österreich zur ausdrücklichen Respektierung der beweglichen und unbeweglichen Güter der kirchlichen Einrichtungen und sprach der Kirche das Recht des Erwerbs weiterer Güter zu (Art. XIII § 1). Damit war der so genannten „Amortisationsgesetzgebung" eine klare und völkerrechtlich abgesicherte Absage erteilt.[78] Das Vermögen der kirchlichen Einrichtungen sollte

---

77 Bundesgesetzblatt I Nr. 249/1934. Während dem 1. Mai die Konnotation eines „roten" Feiertages zugekommen war, hatte es sich beim 12. November um den im Jahr 1919 erstmals begangenen Nationalfeiertag zum Gedenken an die Republikgründung im Jahr davor gehandelt. In beiden Fällen konnte man somit von einem so genannten „Staatsfeiertag" sprechen.

78 Siehe dazu *Kalb / Potz / Schinkele*, Religionsrecht (Anm. 7), S. 397 f.; *Schima*, Vermögens- und Unternehmensnachfolge (Anm. 5), S. 1192 und S. 1207. Dabei handelte es sich um Gesetze zur Beschränkung bzw. Verhinderung des freien Vermögenserwerbs. Typischer Weise richteten sich derartige Gesetze gegen den Erwerb unbeweglichen Vermögens durch die Katholische Kirche, durch die infolge des gemäß innerkirchlichem Recht grundsätzlich geltenden Veräußerungsverbots viel Vermögen dem rechtsgeschäftlichen Verkehr entzogen worden wäre. Die Kirche bzw. ihre Einrichtungen

durch die zuständigen kirchlichen Einrichtungen verwaltet und vertreten werden, wobei staatlichen Stellen nur dann ein Zustimmungsrecht bei Veräußerungen oder Belastungen zukommen sollte, wenn derartige Vorgänge eine finanzielle Unterstützung aus öffentlichen Mitteln bedingten (Art. XIII § 2). Im Vergleich zur früheren Rechtslage waren damit wesentliche staatliche Aufsichtsrechte weggefallen.[79] Ferner wurde den kirchlichen Stellen ausdrücklich die Befugnis zur Ordnung und Verwaltung kirchlicher Stiftungen zugesprochen (Art. XIII § 3)[80] und jegliche Sonderbesteuerung kirchlicher Rechtsträger insoweit ausgeschlossen, als eine solche nicht auch für andere Rechtsträger eingeführt würde (Art. XIII § 4). Darüber hinaus wurde Exekutionsfreiheit des geistlichen Einkommens anerkannt, und dies im selben Ausmaß, wie dies bei Bezügen „der Angestellten des Bundes" der Fall war (Art. XVII).[81] Dieses Privileg ist im Zusammenhang mit

---

wurden somit als „Tote Hand" betrachtet. Noch Art. 6 Abs. 2 des Staatsgrundgesetzes über die allgemeinen Rechte der Staatsbürger aus dem Jahr 1867 hatte derartige Gesetze für grundsätzlich zulässig erklärt. Nicht in unmittelbaren Zusammenhang mit dem Konkordat standen jene staatliche Regelungen, die Beschränkungen der Erwerbs- und Erbfähigkeit von Religiosen mit feierlichen Gelübden zum Inhalt hatten, aber auch jene Regelungen, die sich auf die Erbfolge nach Weltgeistlichen bezogen. Diese Bestimmungen sind heute nicht mehr in Geltung. Darüber hinaus ist auch § 573 ABGB, der die grundsätzliche Testierunfähigkeit von Ordenspersonen zum Inhalt hat, heute nicht mehr von Bedeutung: Zu den einschlägigen Bestimmungen bzw. der Nichtgeltung bzw. Nichtanwendbarkeit siehe etwa *Primetshofer*, Fragen (Anm. 53), S. 177 ff.; *Schima, Stefan*, Die religionsrechtlichen Aspekte des Ersten Bundesrechtsbereinigungsgesetzes 1999, III. Teil: Die in die Anlage zum 1. BRGB nicht aufgenommenen religionsrechtlich relevanten Rechtsquellen, in: öarr 49. Jahrgang/2002 (Heft 3), S. 449–463, hier S. 449 ff.; *Ders.*, Vermögens- und Unternehmensnachfolge (Anm. 5), S. 1207 ff.

79 *Hollnsteiner, Johannes*, Das Konkordat in seiner kirchen- und staatsrechtlichen Bedeutung unter besonderer Berücksichtigung der eherechtlichen Bestimmungen, Leipzig 1934, S. 21 f.
80 Nicht näher einzugehen ist auf Art. XIII § 2 Abs. 3: Demnach bedurfte die Veräußerung oder Belastung von kirchlichem Stammvermögen dann der Zustimmung der staatlichen Kultusverwaltung, wenn ein derartiger Vorgang die Leistung von Zuschüssen aus öffentlichen Mitteln bedingte. Dass die Freiheit der Kirche in Veräußerungs- und Belastungsfragen dadurch beschränkt sein musste, dass dem Staat aus dieser Freiheit keine Nachteile erwachsen durfte, erscheint als durchaus berechtigt.
81 Siehe dazu *Haring*, Kommentar (Anm. 41), S. 86. Für das staatliche Recht war die so genannte „Exekutionsnovelle" (sic!) von 1922 (Bundesgesetzblatt Nr. 460/1922) maßgeblich, die durch eine Verordnung aus dem Jahr 1926 (Bundesgesetzblatt Nr. 61/1926) konkretisiert wurde. Dabei ist zu bedenken, dass die Bundesangestelltengehälter nicht gänzlich von Exekutionen befreit waren.

der so genannten „Rechtswohltat des Notbedarfs" zu sehen, wie sie im CIC 1917 verankert war (c. 122).[82]
Was die zentralen Aspekte der Kirchenfinanzierung betrifft, so ist zunächst ein Blick auf die Religionsfonds zu richten: Dieser Begriff ist richtigerweise im Plural zu verwenden, da es sich um mehrere Vermögensmassen handelte.[83] Diese waren zunächst den Ländern der Habsburgermonarchie zugeordnete Fonds gewesen. Als ihr eigentlicher Begründer ist Joseph II. (Alleinherrschaft: 1780–1790) zu betrachten. Auch wenn in diese kirchlichen Zwecken dienenden Vermögensmassen Gelder eingeflossen waren, die aus älteren Fonds stammten, kam dem Erlös aus den rund 700 durch den Herrscher aufgehobenen Klöstern die weitaus größte Bedeutung zu. Das hieraus lukrierte Vermögen wurde vor allem zum Zweck der Gründung neuer Pfarren verwendet. Allerdings sollte hierzu grundsätzlich nicht das Stammvermögen der Religionsfonds, sondern nur dessen Erträgnisse herangezogen werden.[84] Die ausschließliche Zweckwidmung der Religionsfonds war

---

82 Die betreffende Regelung hatte dabei vorgesehen, dass Klerikern, die unverschuldet in Not geraten waren, für den Fall der Zwangsvollstreckung noch über so viel Vermögen verfügen können sollten, wie nach dem Urteil der betreffenden Vorgesetzten für den ehrbaren Lebensunterhalt erforderlich war: Siehe auch *Hommens, Maximilian*, Art. Benefizium, in: Lexikon (Anm. 36) Bd. 1, Paderborn 2000, S. 236 f., hier S. 237.

83 Zu den Religionsfonds siehe *Hussarek*, Grundriß (Anm. 57), S. 43 f.; *Ders.*, Religionsfonds, in: *Mischler / Ulbrich*, Staatswörterbuch IV (Anm. 58) S. 92–103; *Melichar, Erwin*, Der rechtliche Charakter der katholischen Religionsfonds, in: ÖAKR 2. Jahrgang/1951 (Heft 1), S. 31–46; *Ritter, Sebastian*, Die kirchliche Vermögensverwaltung in Österreich. Von Patronat und Kongrua zum Kirchenbeitrag, Salzburg 1954, S. 80 ff.

84 Das Vermögen des Religionsfonds wird für den Zeitpunkt von dessen Auflösung in der Zeit des Nationalsozialismus bei *Bandhauer-Schöffmann, Irene*, Der Staatsvertrag als Grundlage der Neuordnung des Verhältnisses zwischen katholischer Kirche und österreichischem Staat 1955–1960, in: *Suppan, Arnold / Stourzh, Gerald / Müller, Wolfgang* (Hg.), Der österreichische Staatsvertrag: Internationale Strategie, rechtliche Relevanz, nationale Identität. The Austrian State Treaty: International Strategy, Legal Relevance, National Identity (Archiv für österreichische Geschichte 140), Wien 2005, S. 697–754, hier S. 699, folgendermaßen angegeben: „Das Vermögen umfasste forst- und landwirtschaftliche Liegenschaften im Ausmaß von rund 60.000 Hektar, 13 Häuser, 29 Pfarrhöfe, 7 Klöster, 36 Kirchen und Wertpapiere. Das Wertpapiervermögen war bereits nach dem Ersten Weltkrieg dezimiert worden und daher zur NS-Zeit mit 154.861 RM minimal." Siehe auch *Bandhauer-Schöffmann*, Entzug (Anm. 7), S. 38. Hinsichtlich des Liegenschaftsvermögens siehe auch *Kolb, Ernst*, Gegenwärtige Aufgaben der Kultusverwaltung in Österreich, in: ÖAKR 4. Jahrgang/1953 (Heft 1), S. 38–52, hier S. 46, wo zum Stand von 1953 geäußert wird, dass immer noch 64.000 Hektar forstlicher Liegenschaften und 2.600 Hektar „landwirtschaftlichen Besitzes […] im grundbücherlichen

bis zur Zeit ihrer Aufhebung in der Periode des Nationalsozialismus unstrittig: Das Vermögen sollte kirchlichen Zwecken dienen, doch stellte die Frage der Verfügungsbefugnis ein langlebiges Konfliktthema dar, das je nach Vorzeichen der gerade maßgeblichen Staat-Kirche-Beziehung zu behandeln war. Das war schon insofern nicht befremdlich, als staatlicherseits das Kirchenvermögen als eine Art Stiftung betrachtet wurde, über deren Erträgnisse der Staat entscheiden konnte. Damit im Zusammenhang stand das landesfürstliche Selbstverständnis, für Angelegenheiten der Kirchenfinanzierung zuständig zu sein. So hatte Joseph II. die Einhebung der Stolgebühren minutiös geregelt,[85] und im Zusammenhang mit den Religionsfonds ist es nicht verwunderlich, dass sich der Staat auch für die Bemessung der Kongrua-Ergänzung als zuständig erachtete. Unter *portio congrua* („passender Teil") wurde das Mindesteinkommen verstanden, das einem Geistlichen, der ein Seelsorgeamt innehatte, zukommen sollte.[86] Konnte der Lebensunterhalt von Geistlichen aus den herkömmlichen Mitteln (Pfründenvermögen) nicht bestritten werden, so war die Kongrua zu ergänzen. Im Sprachgebrauch wurden schließlich „Kongrua" und „Kongrua-Ergänzung" synonym verwendet.[87] Die entsprechenden Beträge, die durch einzelne Gesetze („Kongruagesetze") sowohl während der Monarchie als auch während der Ersten Republik geregelt wurden, flossen den Religionsfonds, deren Erträgnisse für die Besoldung des Klerus keineswegs ausreichten, zu. Die letzte maßgebliche Kongruagesetznovelle stammte aus dem Jahr 1921.[88] Darin wurde der Grundgedanke der Subsidiarität

---

Eigentum des Deutschen Reiches" stünden, wobei 460 Hektar in der Zeit der nationalsozialistischen Herrschaft verkauft worden seien. Hinsichtlich der Gebäude finden sich bei Kolb dieselben Zahlen. Zu beachten ist, dass *Leisching*, Ansprüche (Anm. 62), S. 64, der sich auf Kolb beruft, offensichtlich versehentlich von „26.000 Hektar landwirtschaftlichen Besitzes" spricht, was insgesamt etwa 90.000 Hektar forstlichem und landwirtschaftlichem Liegenschaftsbesitz bzw. -eigentum der Religionsfonds ergeben würde.

85 Zum Begriff der Stolgebühren siehe oben I.
86 Siehe dazu *Singer, Heinrich*, Kongrua, in: *Mischler / Ulbrich*, Staatswörterbuch (wie Anm. 58), Bd. 3, Wien ²1907, S. 145–161, hier S. 145. Zur Kongruagesetzgebung in der österreichischen Rechtsentwicklung siehe *Bombiero-Kremenać*, Entwicklung (Anm. 58), S. 110 ff. Zur Kongruagesetzgebung von den Achtzigerjahren des 19. Jh. bis in die frühen Dreißigerjahre des 20. Jh. siehe auch *Ritter*, Vermögensverwaltung (Anm. 83), 96 ff. *Leisching*, Ansprüche (Anm. 62), S. 87 ff. Insgesamt ist zu beachten, dass schon vor Einrichtung der Religionsfonds die ersten Kongruagesetze erlassen worden waren.
87 *Singer*, Kongrua (Anm. 86), S. 145.
88 Bundesgesetzblatt Nr. 403/1921. Siehe dazu *Ritter*, Vermögensverwaltung (Anm. 83), S. 97 f.

der Kongruabezüge zwar beibehalten, aber der Kreis der anspruchsberechtigten Personen ausgeweitet.[89] Darüber hinaus wurden die Kongruabezüge großzügiger berechnet als vorher und allen anspruchsberechtigten Personen Ruhegenüsse zugesichert.

Auch sah sich der Staat zur Erlassung von Baulastregelungen autorisiert. Bei den Baulasten handelt es sich um Verpflichtungen, die zumeist mit dem Patronatswesen in Zusammenhang zu bringen sind und sich insbesondere auf die Instandhaltung von kirchlichen Baulichkeiten beziehen.[90] Der Begriff der „Baulastkonkurrenz" bezieht sich auf die Rangfolge mehrerer Verpflichteter. Vor allem im 19. Jh. wurden Baulastordnungen und so genannte „Kirchenkonkurrenznormalien", denen in der Zeit des Konkordatsabschlusses Bedeutung zukam und heute noch zum Teil zukommt, erlassen.[91]

Mit dem Patronatswesen, dem nicht zuletzt in Österreich zum Zeitpunkt des Konkordatsabschlusses eine zentrale Bedeutung zukam, die im Laufe des 20. Jh. drastisch zurückging, hat man einerseits Rechte des Stifters einer Kirche und seiner Rechtsnachfolger im Hinblick etwa auf die Bestellung des Pfarrers in Verbindung zu bringen.[92] Im Wesentlichen ist hier das Recht gemeint, dem Diözesanbischof einen Kandidaten für das Amt des Pfarrers vorzuschlagen (Präsentationsrecht).

---

89 Zu den im Gesetz neu genannten Gruppen kongruabezugsfähiger Personen gehörten die in den Ordinariaten, Konsistorien und Seminaren tätigen Priester.
90 *Leisching*, Ansprüche (Anm. 62), S. 95, zählt aus der Sicht des staatlichen Rechts die wesentlichen Fälle der Baulast auf: Diese erstreckt sich „a) auf das Kirchengebäude (Gotteshaus), b) auf die Pfarr-(Wohn-) und die Wirtschaftsgebäude samt Anhang, wie Umzäunung und Wasserversorgung, c) auf konfessionelle Friedhöfe samt Totenkammer und der Umfassungsmauer, d) meist auch auf die Mesnerwohnung." Zu den Kultusbaulasten und der maßgeblichen Rechtslage zum Zeitpunkt des Konkordatsabschlusses siehe auch *Dienstleder, Alois*, Die Kultus-Baulast. Mit besonderer Berücksichtigung des Partikularrechtes in Österreich, Wien 1934.
91 Die einschlägigen Rechtsquellen sind bei *Leisching*, Ansprüche (Anm. 62), S. 95 ff., angeführt. Siehe auch *Gampl / Potz / Schinkele*, Staatskirchenrecht I (Anm. 32), S. 219 ff.; *Bandhauer-Schöffmann*, Entzug (Anm. 7), S. 32 f.
92 Zur Bedeutung des Patronatswesens in Österreich bei Konkordatsabschluss siehe *Hagel, Walter*, Die Entwicklung des Patronatsrechtes 1939–1989, in: *Paarhammer, Hans* (Hg.), Kirchliches Finanzwesen in Österreich. Geld und Gut im Dienste der Seelsorge, Thaur 1989, S. 167–187, hier S. 167: „Da nach josephinischen Grundsätzen jede Kirche einen Patron haben mußte, wobei bei den josephinischen Pfarren mangels Bereitschaft des Grundherrn, das Patronat zu übernehmen, dieses dem zuständigen Religionsfonds übertragen wurde, bestand 1939 im Gebiete der vom Großdeutschen Reich okkupierten Republik Österreich praktisch ein lückenloses Netz von Patronatsrechten. Lediglich diejenigen Pfarren, die nach der josephinischen Pfarregulierung entstanden waren,

Die Patronatsrechte sind andererseits stets mit Pflichten verbunden, worunter man typischerweise v.a. die Baulast und die Besoldung des an der Kirche tätigen Personals versteht. Bei den Patronaten ist zwischen öffentlichen Patronaten und zwischen Privatpatronaten zu unterscheiden. Im ersten Fall agiert eine dem Staat zuzurechnende Einrichtung als Patron – und somit sind wesentliche Aspekte staatlicher Kirchenfinanzierung angesprochen. Öffentliche Patronatspflichten resultierten im Wesentlichen aus den landesfürstlichen Realpatronaten (diese hafteten an den eigentlichen Staatsdomänen), den landesfürstlichen Personalpatronaten (diese waren dem Landesfürsten als solche zugestanden und damit als Hoheitsrecht der Krone zu betrachten gewesen), den Religionsfondspatronaten und den Studienfondspatronaten, wobei hinsichtlich der letztgenannten Gruppe festzuhalten ist, dass die Studienfonds im Jahr 1896 aufgelöst worden und in der Folge den landesfürstlichen Realpatronaten gleichzuhalten waren.[93] Städtische und Gemeindepatronate wurden zum Zeitpunkt des Konkordatsabschlusses den Privatpatronaten zugerechnet.[94]

Doch noch ein weiterer Aspekt der Kirchenfinanzierung ist zu erwähnen: Nur wenige Jahre vor Konkordatsabschluss – nämlich im Jahr 1929 – wurde ein

---

insbesondere jene, welche nach dem Inkrafttreten des CIC/1917 gegründet wurden, hatten keinen Patron." Der allgemeine Niedergang der Bedeutung des Patronates ist kirchenrechtlich vorgegeben: Siehe dazu *May, Georg*, Das Kirchenamt, in: *Listl, Joseph / Schmitz, Heribert*, Handbuch des katholischen Kirchenrechts, Regensburg ²1999, S. 175–187, hier S. 181; *Olschewski, Jürgen*, Patronat, katholisch, in: Lexikon III (Anm. 36), S. 179 f.; *Pree / Primetshofer*, Vermögen (Anm. 5), S. 175. Mit dem Inkrafttreten des CIC 1917 war keine Entstehung neuer Patronatsrechte mehr möglich (vgl. c. 1450), und ausdrücklich wurde der Verzicht auf sie gewünscht (c. 1451). Durch das Motu proprio *Ecclesiae sanctae* (*Acta Apostolicae Sedis* Jahrgang 58/1966, S. 757–797) wurden in Umsetzung von Forderungen des Zweiten Vatikanischen Konzils alle lastenfreien Präsentationsrechte von Patronen aufgehoben (n. 18 § 1). Zwar kennt der CIC 1983 den Patronatsbegriff nicht mehr, doch ist von einer Überführung ins Partikularrecht auszugehen. Im Sinne von c. 4 genießen bestehende Patronate als wohlerworbene Rechte bzw. Privilegien weiterhin Schutz.

93 *Ritter*, Vermögensverwaltung (Anm. 83), S. 93 f. Zu den Studienfondspatronaten, deren Vermögen auf das des im Jahr 1773 aufgehobenen Jesuitenordens zurückzuleiten war, siehe *Kušej, Jakob Radoslav*, Die öffentlichen Patronate im kaiserlichen Österreich und ihre Schicksale in seinen Nachfolgestaaten, in: Zeitschrift der Savigny-Stiftung für Rechtsgeschichte, Kanonistische Abteilung 19. Jahrgang/1930 (Heft 2), S. 171–214, hier S. 173. Ungeachtet ihrer eigentlichen Auflösung war allerdings in der Rechtssprache auch weiterhin von „Studienfonds" die Rede. Vgl. etwa *Bandhauer-Schöffmann*, Entzug (Anm. 7), S. 246.

94 *Ritter*, Vermögensverwaltung (Anm. 83), S. 94.

Bundesgesetz erlassen, das insbesondere Regelungen über die Ablösung von Naturalleistungen, die als auf Grund und Boden haftende Verpflichtungen an katholische Kirchen und Pfründen sowie zugunsten entsprechender Amtsträger zu leisten waren, enthielt.[95] Darin wurden die entsprechenden regelmäßig wiederkehrenden Giebigkeiten und Arbeitsleistungen grundsätzlich für ablösbar erklärt.[96] Die Landesgesetzgebung wurde prinzipiell ermächtigt, derartige Ablösungen auch ohne vorangehenden Wunsch der Verpflichteten oder der Berechtigten zu verfügen. Von der Ablösung ausgenommen wurden allerdings insbesondere regelmäßig wiederkehrende Naturalleistungen, die aufgrund eines Patronates zu leisten waren. Ein bestimmter Teil der Zahlungen wurde durch den Bund übernommen. Diese waren in Form von 25 gleichen Jahresraten zu leisten (Art. III Abs. 1), wobei deren Höhe für das Jahr 1938 mehr als 200.000 Schilling betrug.[97]

III.6.2 Besetzung und Erträgnisse kirchlicher Benefizien

Für die Thematik der Kirchenfinanzierung sind zunächst insbesondere Art. XI bzw. die einschlägigen Bestimmungen des Zusatzprotokolls zu beachten. Art. XI, der heute nur mehr zum Teil anwendbar ist, bezieht sich auf die Besetzung kirchlicher Benefizien, worunter man gemäß dem CIC 1917 juristische Personen verstand, denen ein Kirchenamt mit einer damit verbundenen nutzungsfähigen Vermögensmasse zuzuordnen war (c. 1409). Zunächst wurde die geltende Rechtslage zum Ausdruck gebracht, wonach die Besetzung von Benefizien grundsätzlich eine

---

95 Bundesgesetzblatt Nr. 232/1929. Siehe dazu *Kolb*, Aufgaben (Anm. 84), S. 48; *Leisching*, Ansprüche (Anm. 62), S. 103; *Bandhauer-Schöffmann*, Entzug (Anm. 7), S. 34.
96 Zum Begriff der „Giebigkeiten" siehe *Puza, Richard*, Entwicklungen in Österreich, in: *Gatz, Erwin* (Hg.), Geschichte des kirchlichen Lebens in den deutschsprachigen Ländern seit dem Ende des 18. Jahrhunderts – Die Katholische Kirche, Bd. 6, Die Kirchenfinanzen, Freiburg i. Br. 2000, S. 200–212, hier S. 200 f.; *Bandhauer-Schöffmann*, Entzug (Anm. 7), S. 34: Bei den Giebigkeiten handelte es sich zum einen um Leistungspflichten, die aus der im Zuge der Grundentlastung Mitte des 19. Jh. abgeschafften Zehentpflicht resultierten. Der Zehent hatte damals grundsätzlich an Grund und Boden gehaftet und diente nicht mehr automatisch kirchlichen Zwecken. Zum anderen konnte es sich um selbständige lokale Abgaben, die zumeist in Form von Naturalien zu erbringen waren und Bezeichnungen wie „Holzbeitrag", „Getreidedeputat" und „Viktualiendeputat" trugen, handeln.
97 *Leisching*, Ansprüche (Anm. 62), S. 103. Die Bemessung der Höhe der Jahresraten wurde in Art. III Abs. 2 geregelt. Für den Bereich des Burgenlandes galt allerdings eine modifizierte Berechnungsweise, wie aus einem am selben Tag erlassenen Bundesgesetz – Bundesgesetzblatt Nr. 233/1929 – hervorgeht (siehe dessen § 1).

innerkirchliche Angelegenheit war; als Ausnahmen wurden die auf kanonischen Sondertiteln beruhende Patronats- bzw. Präsentationsrechte genannt (Art. XI § 1). Darüber hinaus wurden in Anbetracht der Ausgaben des Bundes für die Bezüge bestimmter Gruppen von Geistlichen besondere Ernennungserfordernisse (österreichische Staatsbürgerschaft, Absolvierung ausdrücklich genannter Studien) normiert, wobei folgende Gruppen in abschließender Weise benannt wurden: Geistliche, die zur Leitung und Verwaltung der Diözesen berufen sind; zum Pfarrer bestellte Geistliche und jene Geistliche die als Religionslehrer in den öffentlichen Schulen eingesetzt sind; schließlich Geistliche, für die „eine Dotation (Kongruaergänzung) aus öffentlichen Mitteln gesetzlich vorgesehen ist" (Art. XI § 2). In vielerlei Hinsicht ist diese Bestimmung, die im Wesentlichen keine neue Rechtslage schuf,[98] in Zusammenhang mit öffentlichen Patronaten zu sehen.[99]

Hinsichtlich der Frage, ob eine Kirche oder Pfründe einem Patronat unterliegt oder wem überhaupt dieses Patronat zusteht, wurden kirchliche Stellen als entscheidungsbefugt betrachtet (Zusatzprotokoll zu Art. XI § 1). Derartige Fragen waren zuvor durch staatliche Stellen entschieden worden.[100] Im Gegenzug stimmte der Heilige Stuhl zu, dass sämtliche Streitigkeiten, die Leistungen betrafen, die mit einem aufrechten Patronat in Zusammenhang standen, von der zuständigen staatlichen Behörde entschieden wurden (Zusatzprotokoll zu Art. XI § 2). Für den Fall, dass hinsichtlich des Bestehens eines Patronates noch keine rechtskräftige kirchliche Entscheidung ergangen war, sollten bei Gefahr im Verzug staatliche Behörden „aufgrund des bisherigen ruhigen Besitzstandes oder, soweit derselbe nicht

---

98 Vgl. den Motivenbericht (Anm. 24), S. 445.
99 Zu den öffentlichen Patronaten im konkreten Bedeutungszusammenhang des Art. XI siehe Haring, Kommentar (Anm. 41), S. 63 f: Zu den öffentlichen Patronaten „gehören die Patronate der Religions- und Studienfonds und anderer öffentlicher Fonds (Salinenärar, überhaupt Fonds, die der Staatsverwaltung unterstehen); dann die so genannten landesfürstlichen Patronate. Letzterer Ausdruck ist eine ziemlich ungenaue Bezeichnung, insofern man darunter nicht bloß die von Landesfürsten als Privatperson erworbenen Patronate, sondern auch die im Laufe der Zeit den österreichischen Landesfürsten verliehenen Patronate (oft nur Nominatsrechte), ja sogar die Patronate der staatlich (landesfürstlich) verwalteten öffentlichen Fonds versteht." Was die „bischöflichen" Stellen und die Domherrenstellen betrifft, so sei man nach dem Untergang der Monarchie einig gewesen, dass entsprechende Nominationsrechte des Kaisers weggefallen seien. „Hinsichtlich der übrigen Benefizien wird ein etwa bestehendes landesfürstliches Patronat als fortdauernd angesehen."
100 Vgl. Motivenbericht (Anm. 24), S. 445.

sofort ermittelt werden kann, auf Grund der summarisch erhobenen tatsächlichen und rechtlichen Verhältnisse ein Provisorium verordnen" (l. c.).[101]

In Art. XII wurden u.a. Bestimmungen für den Fall der Vakanz weltgeistlicher Pfründen getroffen: Verwaltung und Genuss der entsprechenden Einkünfte sollten sich nach den Bestimmungen des kanonischen Rechts richten; insoweit aber für eine derartige „Pfründe ein grundsätzlicher gesetzlicher Anspruch auf finanzielle Leistungen aus dem Religionsfonds bzw. staatlichen Mitteln" bestand, hatten diese Einkünfte während der Vakanz dem Religionsfonds zuzufließen (Art. XII § 2). Auch wenn sich der Staat hier formal zu einem Zugeständnis an die Kirche herbeiließ, wurde damit „bei der ganz überwiegenden Mehrzahl der weltgeistlichen Pfründen praktisch keine wesentliche Änderung des bisher bestehenden Zustandes" bewirkt.[102]

III.6.3 Ausschreibung von Umlagen

In Art. XIV wurde ausdrücklich das grundsätzliche Recht der Kirche festgeschrieben, Umlagen einzuheben (Abs. 1), wobei unter „Umlagen" im Wesentlichen Mitgliedsbeiträge zu verstehen sind. Bei deren Vorschreibung sollte im Einvernehmen mit den zuständigen staatlichen Stellen vorgegangen werden (l.c.). Die zuständigen kirchlichen Diözesanstellen sollten ferner im Einvernehmen mit der Kultusverwaltung einschlägige Richtlinien aufstellen (Art. XIV Abs. 2). Damit wird nicht zum ersten Mal in staatlich-normativer Hinsicht der Gedanke zum Ausdruck gebracht, dass Angehörige der Katholischen Kirche zu Beitragsleistungen für kirchliche Zwecke herangezogen werden sollten. So hatte das Katholikengesetz von 1874 zur Einbringung von innerkirchlichen Abgaben und anderen Leistungen ausdrücklich die staatliche Exekutierbarkeit im Verwaltungsweg eingeräumt (§ 23). Ferner war vom Recht die Rede gewesen, entsprechende Beitragszahlungen für die Deckung der Bedürfnisse von Pfarrgemeinden auszuschreiben, sofern dies nicht auf andere Weise erreichbar war (§ 36). Im Katholikengesetz war auch die Erlassung weiterer Bestimmung zur Konkretisierung der rechtlichen Situation der Pfarrgemeinden vorgesehen worden (§ 37), doch wurden derartige Regelungen nie erlassen. Auch erfuhren die einschlägigen Bestimmungen des Art. XIV des Konkordats keine Umsetzung.

Wenn schließlich zum Ausdruck gebracht wurde, dass bei der „Hereinbringung von Leistungen seitens der Mitglieder von kirchlichen Verbänden" der Kirche

---

101 Siehe dazu *Leisching*, Ansprüche (Anm. 62), S.104: „Dies kann besonders dann praktisch sein, wenn der Bauzustand der Gebäude einen Aufschub der Reparatur bis zur kirchenbehördlichen Entscheidung der Vorfrage schwer zuläßt."
102 Motivenbericht (Anm. 24), S. 445.

staatlicher Beistand zu gewähren sei, „sofern diese Leistungen im Einvernehmen mit der Staatsgewalt auferlegt wurden oder aus sonstigen Titeln zu Recht bestehen" (Art. XIV Abs. 3), dann bezog sich der Verbandsbegriff – anders als im Katholikengesetz – nicht auf Pfarrgemeinden, sondern auf Zusammenschlüsse, deren Zweck in der Umlageneinhebung, der kirchlichen Vermögensverwaltung und der Behandlung von Baulastangelegenheiten liegen konnte.[103] Ungeachtet dessen, dass im CIC 1917 der Grundsatz formuliert war, demzufolge die Kirche unabhängig von jeder weltlichen Gewalt Abgaben ihrer Mitglieder für kirchliche Zwecke einheben konnte (c. 1496), ist zu bedenken, dass dem Staat aus vielerlei Gründen daran gelegen war, in derartige Festlegungen einbezogen zu sein.

Unter „Leistungen" waren nicht nur Geldleistungen im Sinne von Mitgliedsbeiträgen gemeint, sondern etwa auch die Stolgebühren.[104]

Bei der Umlageneintreibung im Sinne des Art. XIV war nicht an ein System gedacht, dass dem des im Jahr 1939 eingeführten Kirchenbeitrags nahekam,[105] sondern an staatliche Unterstützung im Verwaltungsweg, wie es den damals maßgeblichen religionsrechtlichen Strukturen entsprach.[106] Somit war nicht daran gedacht, dass zahlungssäumige Kirchenmitglieder vor Gericht zu klagen waren.

Insgesamt wurde in der angekündigten „Neuregelung" etwas in Aussicht gestellt, das neue behördliche Organisationsstrukturen und weitere Verträge zwischen Kirche und Staat erwarten ließ.[107] Allerdings sollten bisherige Vorschriften, unter denen ausdrücklich das Forensengesetz von 1894[108] genannt wurde, bis zum

---

103 Vgl. *Haring*, Kommentar (Anm. 41), S. 76.
104 Vgl. *Leisching*, Ansprüche (Anm. 62), S. 104.
105 Siehe dazu unten IV.6.2.
106 Vgl. nicht nur § 23 des Katholikengesetzes, der als Vorgängerbestimmung von Art. XIV Abs. 3 des Konkordates gesehen werden kann – vgl. *Leisching*, Ansprüche (Anm. 62), S. 104 –, sondern auch § 14 des Anerkennungsgesetzes 1874, Stammfassung: Reichsgesetzblatt Nr. 68/1874.
107 *Haring*, Kommentar (Anm. 41), S. 76. Zur damaligen innerkirchlichen Rechtslage, aber auch zur Rechtslage im Deutschen Reich und seinen Ländern vor Abschluss des Reichskonkordats siehe *Triebs, Franz*, Gutachten über Kirchensteuer, Teil 1, in: Theologisch-praktische Quartalschrift 84. Jahrgang/1931 (Heft 1), S. 29–42; Teil 2, ebda. (Heft 2), S. 243–259.
108 Reichsgesetzblatt Nr. 7/1895. Zu diesem Gesetz siehe *Hussarek*, Grundriß (Anm. 57), S. 42 f. Unter „Forensen" waren die nicht im Pfarrsprengel wohnhaften Katholiken zu verstehen. Das in Ergänzung zu § 36 des Katholikengesetzes ergangene Forensengesetz bezog sich nicht nur auf die Forensen desselben Ritus, sondern auch auf bestimmte juristische Personen und bestimmte Personengesamtheiten, die eine ähnliche Rechtsstellung genossen wie juristische Personen (§ 1).

Abschluss einer speziellen Vereinbarung weiterhin in Geltung bleiben (Abs. 4 des Zusatzprotokolls zu Art. XIV). Abgesehen vom Forensengesetz ist in diesem Zusammenhang insbesondere an die damals in Geltung stehenden Baulastbestimmungen zu denken.[109]

Auch wenn im Vergleich zur bisherigen Rechtslage der Eindruck entsteht, dass nun die Katholische Kirche in intensiverer Weise auf das Einvernehmen mit dem Staat verwiesen wurde, so ist doch anzumerken, dass für den Fall mangelnden Einvernehmens das Recht der Kirche auf Eintreibung von Umlagen nicht in Abrede gestellt worden wäre.[110]

Zu den angekündigten Rechtsänderungen und zur Ausschreibung der hier angesprochenen Umlagen ist es nie gekommen. Und in Bezug auf die Eintreibung anderer Leistungen lässt sich im Rückblick festhalten, dass die Katholische Kirche „nur in untergeordnetem Maße von der Rechtshilfe der Verwaltungsexekution Gebrauch gemacht" hatte.[111]

III.6.4 Staatsleistungen

Von zentraler Bedeutung war Art. XV, in dem die Republik Österreich zunächst ihre Bereitschaft bekräftigte, ihre finanziellen Pflichten zu erfüllen – gleichgültig, ob diese auf direkter gesetzlicher Grundlage, Vertrag oder besonderen Rechtstiteln beruhten (Art. XV § 1). Bereits in diesem Zusammenhang ist Art. XVI zu nennen, der sich auf die kategoriale Seelsorge im Bereich insbesondere der öffentlichen Krankenanstalten und der Strafvollzugsanstalten bezieht. Im Motivenbericht wird ausdrücklich festgehalten, dass finanzielle Leistungen des Bundes in der Höhe des bisherigen Ausmaßes von der Garantie des Art. XV Abs. 1 erfasst sein sollten.[112] Als „gesetzliche Grundlage" im Sinne des Art. XV ist v.a. das Kongruagesetz von 1921 zu betrachten.[113] Mit „Vertrag" waren wohl die in Art. XV in weiterer Folge in Aussicht gestellten Vereinbarungen gemeint.[114] Unter

---

109 *Haring*, Kommentar (Anm. 41), S. 76 f. Zu den Baulastbestimmungen siehe oben III.6.1.
110 *Plöchl, Willibald M.*, Zur Vorgeschichte und Problematik des Kirchenbeitragsgesetzes in Österreich, in: *Grundmann, Siegfried* (Hg.), Für Kirche und Recht. Festschrift für Johannes Heckel zum 70. Geburtstag, Köln 1959, S. 108–119, hier S. 113, Anm. 9.
111 *Plöchl*, Vorgeschichte (Anm. 110), S. 114.
112 Motivenbericht (Anm. 24), S. 447.
113 *Haring*, Kommentar (Anm. 41), S. 80.
114 *Haring*, Kommentar (Anm. 41), S. 81.

„besonderen Rechtstiteln" konnten etwa Staatsleistungen in Form von Subventionen von Priesterseminaren gemeint sein.[115]

Was die Grundlage der Bezahlung der Klerikergehälter betrifft, so wurde eine einvernehmliche Neuregelung ins Auge gefasst; bis zu deren Inkrafttreten hatte die bisherige durch die Kongruagesetzgebung konstituierte für den aktiven und pensionierten Klerus maßgebliche Rechtslage maßgeblich zu bleiben, wobei für allfällige Änderungen des Einkommens staatlicher Bediensteter eine gleichartige Regelung für den Klerus getroffen werden sollte (Art. XV § 2).

Den Erzbischöfen, Diözesanbischöfen – einschließlich des Praelatus Nullius –, den Koadjutoren (gleichgültig ob mit oder ohne Nachfolgerecht) und Generalvikaren, die nicht mit hinreichenden Einkünften ausgestattet waren, sollte gemäß einem mit dem Heiligen Stuhl abzuschließenden Vertrag, soweit dies für den Staat in finanzieller Hinsicht zumutbar war, eine angemessene Ergänzungssumme aus öffentlichen Mitteln ausbezahlt werden (Art. XV § 3). Auf dieselbe Weise war die Tätigkeit der Ordinariatskanzleien zu berücksichtigen, sofern für diese nicht besondere Vorsorge getroffen war (Zusatzprotokoll).

Für die im Vereinbarungsweg zwischen Staat und Heiligem Stuhl neu zu errichtende Diözese Innsbruck-Feldkirch sollte, sobald dem Staat entsprechende finanzielle Leistungen zumutbar waren, ein Kapitel errichtet und die Zahl der Dignitäre und Kanoniker einvernehmlich festgelegt werden (Art. XV § 4). Hier wird deutlich, wie sehr Diözesangründungspläne mit Aspekten der staatlichen Kirchenfinanzierung in Zusammenhang gebracht wurden.

Soweit das Vermögen der Metropolitan- und Kathedralkirchen für die Erhaltung der betreffenden Kirchengebäude, für die Deckung der Kosten des Gottesdienstes und die Entlohnung der erforderlichen nichtgeistlichen Bediensteten nicht ausreiche, hatte der Bund zumindest im Rahmen seiner bisherigen Leistungen und im Rahmen finanzieller Zumutbarkeit zur Abdeckung der entsprechenden Ausgaben beizutragen (Art. XV § 5). Somit wurde der bisherige Rechtszustand bekräftigt.[116] Waren derartige Leistungen dem Bund nicht mehr zumutbar, sollten Kürzungen nur nach Fühlungnahme mit dem Heiligen Stuhl erfolgen (Zusatzprotokoll).

Der Bund wurde verpflichtet, den gemäß kirchlichem Recht errichteten Priesterseminaren wie bisher und im Rahmen der finanziellen Zumutbarkeit

---

115 *Haring*, Kommentar (Anm. 41), S. 81, weist in diesem Zusammenhang auf ein Hofkanzleidekret vom 1. März 1825 hin. Dieses ist abgedr. bei *Rieder, Franz*, Handbuch der k.k. Gesetze und Verordnungen über geistliche Angelegenheiten vom Jahre 1740 bis 1846, Wien 1848, S. 7.

116 Siehe dazu auch *Leisching*, Ansprüche (Anm. 62), S. 101.

Finanzhilfen zukommen lassen, wobei auch für diesen Bereich eine zwischen Staat und Heiligem Stuhl einvernehmlich erzielte Neuregelung in Aussicht gestellt wurde; die Rechnungslegungspflicht gegenüber dem Bund sollte dabei unberührt bleiben (Art. XV § 6).

Für den Fall der Errichtung kirchlicher Stellen, zu deren Finanzierung der Bund im Wege der Kongruaergänzung beitragen sollte, war die Zustimmung der zuständigen staatlichen Behörde einzuholen; andere kirchliche Stellen konnten frei von staatlicher Zustimmung errichtet werden; in Bezug auf Änderungen von Pfarrsprengeln wurde zwar allein der Diözesanordinarius für zuständig erklärt, doch war es dem Staat erlaubt, diesbezügliche Änderungen aus finanziellen Einsparungsgründen anzuregen (Art. XV § 7).

Gebäude bzw. Liegenschaften des Bundes, die kirchlichen Zwecken dienten, sollten weiterhin diesen Zwecken gewidmet bleiben, allerdings unter Bedachtnahme auf allfällige bereits bestehende Verträge (Art. XV § 8).

Den Religionsfonds wurde kirchlicher Charakter zuerkannt und ihre juristische Personenqualität im staatlichen Recht explizit zum Ausdruck gebracht; wie bisher waren sie „im Namen der Kirche vom Bund verwaltet" zu verwalten, wobei im Verhältnis zwischen den Religionsfonds und dem Bundesschatz, insbesondere im Hinblick auf dessen finanziellen Ergänzungspflichten, keine Änderung eintreten sollte (Art. XV § 9). In der ausdrücklichen Erwähnung des staatlichen Rechtspersonencharakters der Religionsfonds lag die normative Klärung einer lange Zeit hindurch strittigen Frage.[117] Was die Rechtsnatur der staatlichen Leistungspflichten aus den Religionsfonds betrifft, so wurden diese als Beiträge und nicht als rückzahlungspflichtige Darlehen angesehen.[118]

Weitere Staatsleistungen an die Katholische Kirche wurden im Zusatzprotokoll zu Art. X § 3 im Zusammenhang mit den Orden und Kongregationen und deren Engagement in der Pfarrseelsorge in Aussicht gestellt: So würde die Bundesregierung für den Fall der Umwandlung von inkorporierten Pfarren in weltgeistliche Pfarren bzw. eines entsprechenden Austausches von Pfarren im Rahmen der finanziellen Möglichkeiten des Bundes ihre Kooperationsbereitschaft bezeigen. Diese Bestimmung war aus relativ jungen Bestrebungen der Reform von Orden und Kongregationen resultiert. Sowohl bei den Benediktinern, als auch bei den Zisterziensern und Chorherren hatte sich das Bedürfnis gezeigt, vor allem wegen der großen Entfernung inkorporierter Pfarren von der jeweiligen Niederlassung

---

117 *Haring*, Kommentar (Anm. 41), S. 85.
118 *Haring*, Kommentar (Anm. 41), S. 85.

inkorporierte Pfarren der Weltgeistlichkeit zu überantworten bzw. die Zuständigkeit für bestimmte Pfarren auszutauschen.[119]

Staatsleistungen waren auch durch Art. XX betroffen, der die staatliche strafgerichtliche Belangung und Verurteilung von Geistlichen bzw. Ordenspersonen regelt. Zunächst wurden staatliche Mitteilungspflichten an den zuständigen Diözesanordinarius verankert und für den Fall der Verhaftung oder Anhaltung in Haft eines Geistlichen oder einer Ordensperson eine Behandlung eingemahnt, die deren Stand und deren hierarchischem Grad gebührend berücksichtigen sollte (Abs. 1). Für den Fall, dass ein Geistlicher wegen eines Verbrechens unbedingt verurteilt wurde und der Diözesanordinarius diesen nicht von seinem Amt entfernte, sollte die Bundesregierung die Einstellung der diesem Geistlichen zukommenden „Dotation (Kongruaergänzung)" verfügen (Abs. 2).

Was nun die faktische Seite dieser Bestimmungen betrifft, so wird das Gesamtausmaß staatlicher Leistungen an die Katholische Kirche im Jahr 1937 mit ca. 16 Millionen Schilling beziffert.[120]

IV. Das Schicksal des Konkordats in der Zeit des Nationalsozialismus (1938–1945)

IV.1 Allgemeines

Dem „Anschluss" Österreichs an das Deutsche Reich im März 1938 folgte eine grundlegende Neugestaltung des Staat-Kirche-Verhältnisses. Diese Neugestaltung kann insgesamt mit dem Begriff „Entkonfessionalisierung" bezeichnet werden.[121]

---

119 Siehe dazu *Haring*, Kommentar (Anm. 41), S. 60 f. Ebda. 61 wird davon gesprochen, dass die „räumlich oft weite Entfernung" von Sitzen inkorporierter Pfarren von der betreffenden Ordensniederlassung zu einer „Erschlaffung der klösterlichen Disziplin" geführt hätte. „Darum verlangen neuere Reformbestrebungen die Übergabe der inkorporierten Pfarren an die Weltpriester oder wenigstens eine derartige Arrondierung der Stiftspfarren, daß die Einhaltung der klösterlichen Disziplin erleichtert wird." Aus heutiger Sicht könnte man nun bemerken, dass bei der großen Zahl von Pfarren, die Orden bzw. Kongregationen anvertraut sind, ähnliche Probleme zu konstatieren sind. Dies ist allerdings schon deswegen nur in bedingter Weise zutreffend, als infrastrukturelle Verbesserungen bzw. die Benutzung von PKWs grundsätzlich ein leichteres Zurücklegen der Entfernungen zwischen der Niederlassung des Ordens und der betreffenden Pfarre garantieren würden.

120 *Bandhauer-Schöffmann*, Entzug (Anm. 7), S. 35.

121 Siehe *Kalb / Potz / Schinkele*, Religionsrecht (Anm. 7), S. 14. Vgl. auch *Rieger / Schima*, Katholische Kirche – Geschichtliches, Konkordat (Anm. 2), Bl. 10f. Wenn im Folgenden die Darstellung der Entwicklung des Staat-Kirche-Verhältnisse in der Zeit

In Bezug auf die Katholische Kirche stellte sich vor allem die Frage nach der Weitergeltung des Konkordats.[122] Dieses wurde am 12. Juli für erloschen erklärt, und dabei ausdrücklich festgehalten, dass Österreich nicht dem örtlichen Geltungsbereich des Reichskonkordates von 1933 zugehöre.[123] Folglich war Österreich als konkordatsfreier Raum zu betrachten, bzw. – wie es in der Erklärung wörtlich hieß –, es herrschte ein „konkordatsloser Zustand".

Wie in der Folge zu zeigen sein wird, waren praktisch alle Rechtsvorschriften, durch die die Katholische Kirche in der Zeit des Nationalsozialismus Benachteiligungen erfuhr, mit einer Schlechterstellung in vermögensrechtlicher Hinsicht verbunden.[124]

IV.2 Der grundsätzliche Status der Katholischen Kirche und ihrer Einrichtungen

An der öffentlichrechtlichen Stellung der Katholischen Kirche änderte sich zwar grundsätzlich nichts,[125] doch kam es gleich mit dem „Anschluss" vom März 1938

---

des Nationalsozialismus vor allem rechtlich akzentuiert ist, sei hier doch auch auf Literatur zur allgemeinen Entwicklung dieses Verhältnisses hingewiesen: *Weinzierl, Erika*, Der Weg der Kirche in die Zweite Republik, in: *Liebmann, Maximilian / Renhart, Erich / Woschitz, Karl Matthäus* (Hg.), Metamorphosen des Eingedenkens. Gedenkschrift der Katholisch-Theologischen Fakultät der Karl-Franzens-Universität Graz 1945–1995, Graz 1995, S. 69–80, hier insb. S. 75 ff.; *Liebmann, Maximilian*, Von der Dominanz der katholischen Kirche zu freien Kirchen im freien Staat – vom Wiener Kongreß 1815 bis zur Gegenwart, in: *Leeb, Rudolf / Liebmann, Maximilian / Scheibelreiter, Georg / Tropper, Peter G.*, Geschichte des Christentums in Österreich. Von der Spätantike bis zur Gegenwart, S. 361-S. 456, hier S. 423 ff.; *Blaschke, Olaf,* Die Kirchen und der Nationalsozialismus, Stuttgart 2014, S. 169 f.

122 Siehe dazu ausführlich *Scholder, Klaus*, Österreichisches Konkordat und nationalsozialistische Kirchenpolitik 1938/39, in: Zeitschrift für evangelisches Kirchenrecht, 20. Jahrgang/1975, S. 230–243; *Potz, Richard*, Nationalsozialismus und Staatskirchenrecht, in: *Davy / Fuchs / Hofmeister / Marte / Reiter*, Nationalsozialismus (Anm. 50), S. 266–284, hier S. 275 ff.; *Rinnerthaler*, Ende (Anm. 68), S. 180 ff.

123 Das Reichskonkordat ist kundgemacht in Deutsches Reichsgesetzblatt II S. 639/1933. Die Erklärung ist abgedruckt bei *Potz*, Nationalsozialismus (Anm. 122), S. 276.

124 Ein Verzeichnis von Gesetzen und Verordnungen, die mit Vermögensentzug, Rückstellung und Entschädigung in Österreich in Zusammenhang stehen, findet sich unter der Internetadresse http://www.ns-quellen.at/gesetze_anzeigen.php (Zugriff: 30. Juni 2015).

125 Zu beachten ist allerdings der Hinweis bei *Leisching*, Ansprüche (Anm. 62), S. 109, demzufolge durch Erlass des Ministeriums für innere und kulturelle Angelegenheiten vom 26. Februar 1940, Z. IV K/a-2773/1940 einigen Einrichtungen der Katholischen

zu entscheidenden Eingriffen in das katholische Vereinigungswesen.[126] Häufig kam es zur Auflösung kirchlicher Vereine – wobei solche, deren Wirken man im rein religiösen Bereich ortete, tendenziell eher verschont blieben.[127] Dieses Vorgehen war nicht nur durch den Willen nach Beeinträchtigung kirchlichen Lebens, sondern auch durch die Verlockungen des entsprechenden Vereinsvermögens motiviert.[128] Es dürfte allerdings nicht an katholischen Proponenten gefehlt haben, denen die diesbezüglichen Eingriffe nicht ganz ungelegen kam: Denn in der Folge wurde die Pfarrstruktur noch stärker in den Mittelpunkt kirchlichen Lebens gestellt als dies in den Jahrzehnten zuvor der Fall gewesen war.[129]

Die Jagd nach dem Vereinsvermögen äußerte sich in Beschlagnahmen, die „wild" oder in vergleichsweise geordneter Form vor sich gehen konnten.[130] Häufig floss das Vermögen aufgelöster katholischer Vereine gewissermaßen an nationalsozialistische „Pendants": So kam Vermögen katholischer Mädchen- und Frauengruppen häufig der NS-Frauenschaft zu. Allerdings war es oft möglich, das Vermögen aufgelöster Vereine bei katholischen Institutionen zu halten, wobei

---

Kirche die Zuerkennung der Rechtspersönlichkeit im Rahmen des staatlichen Rechts verweigert wurde.
126 Siehe etwa *Kristöfl, Siegfried*, Die Liquidationsstelle der katholischen Verbände. Zur Auflösung der katholischen Vereine in der Diözese Linz – Gau Oberdonau (Veröffentlichungen der Österreichischen Historikerkommission. Vermögensentzug während der NS-Zeit sowie Rückstellungen und Entschädigungen seit 1945 in Österreich 22/2), München 2004, S. 11 ff.
127 Siehe dazu die Aufstellung bei *Kristöfl*, Liquidationsstelle (Anm. 126), S. 16. Von zentraler Bedeutung war das am 17. Mai 1938 kundgemachte „Gesetz über die Überleitung und Eingliederung von Vereinen, Organisationen und Verbänden", Gesetzblatt für das Land Österreich Nr. 136/1938.
Allgemein ist zu konstatieren, dass jene Vereine, von denen eine (weiterhin andauernde) politisch bedeutsame Tätigkeit zu erwarten war – wie etwa Pressvereine – eher der Auflösung anheimfielen als rein karitative Organisationen, die etwa in einem entsprechenden Caritasverband vereinigt werden konnten. Für das Beispiel Oberösterreichs siehe *Slapnicka, Harry*, Die Kirche Oberösterreichs zur Zeit des Nationalsozialismus, in: *Zinnhobler, Rudolf* (Hg.), Das Bistum Linz im Dritten Reich (Linzer Philosophisch-theologische Reihe 11), Linz 1979, S. 1–29, hier S. 4 f.
Zu Vereinsauflösungen bzw. Entzug von Vereinsvermögen auf dem Gebiet der Diözese Gurk siehe *Bandhauer-Schöffmann*, Entzug (Anm. 7), S. 108 ff.; 148 ff.
128 *Zinnhobler*, Weg (Anm. 45), S. 126.
129 Siehe *Zinnhobler*, Weg (Anm. 45), S. 129. Für den Bedeutungsgewinn der Pfarren im Bereich karitativen Wirkens siehe *Rudolf, Karl*, Aufbau im Widerstand. Ein Seelsorge-Bericht aus Österreich 1938–1945, Salzburg 1947, S. 153.
130 Siehe *Kristöfl*, Liquidationsstelle (Anm. 126), S. 11 ff.

im letzten Fall eigene „Liquidationsstellen" der Kirche die Geldflüsse regelten. Typischerweise profitierten dann Pfarren und Diözesen von diesem Vorgehen. War eine derartige „Liquidationsstelle" besonders aktiv, konnte die Formel „Auflösung ist Rückgewinnung" zur Anwendung kommen: So gelang es besonders eifrigen Liquidatoren, bereits konfiszierte Sparbücher aufgelöster katholischer Vereine wieder in kirchliche Verfügungsmacht zu bringen.[131] Auf staatlicher Seite kam dem „Stillhaltekommissar für Vereine, Organisationen und Verbände" eine wichtige Rolle zu.[132] Dieser Reichskommissar handelte durch Beauftragte, die dann Ansprechpartner der kirchlichen Stellen waren. Im Wesentlichen dürften die Liquidationsvorgänge im Jahr 1940 abgeschlossen gewesen sein.

Zahlreiche Maßnahmen des Regimes richteten sich gegen Orden. So kam es zu zahlreichen Enteignungen aber auch zur Aufhebung von Stiften.[133] Von Enteignungen konnten auch Pfarrpfründen betroffen sein, wobei diese keinerlei Zusammenhang mit Ordensniederlassungen aufweisen mussten.[134] Auch zwangsweise Vermietungen von Immobilien bzw. Räumlichkeiten kirchlicher Einrichtungen aufgrund staatlicher Anordnungen stellten nichts Ungewöhnliches dar.[135] Was die Orden betrifft, konnte es auch zu Ausweisungen der betreffenden Mitglieder aus Gebieten aufgelöster Niederlassungen kommen.[136]

Darüber hinaus ist zu bemerken, dass die Befreiungsmöglichkeit von der neu eingeführten Wehrpflicht – sie betraf jene katholischen Priester, die einen selbstständigen Seelsorgeposten bekleideten – im Wege der Schaffung entsprechender Posten zur erheblichen Verdichtung des Pfarrnetzes beitrug.[137] Darüber hinaus wurde vor allem die Stellung der Diözesanbischöfe innerkirchlich insofern gestärkt, als sich aus der Katholischen Aktion Seelsorgeämter entwickelten, die unter

---

131 Siehe *Kristöfl*, Liquidationsstelle (Anm. 126), S. 48 ff.
132 Siehe *Kristöfl*, Liquidationsstelle (Anm. 126), S. 51 ff.
133 Siehe dazu *Koberger, Gebhard F.*, 1938 und die Folgen. Die österreichischen Stifte und Klöster in der Zeit des Nationalsozialismus, in: Ordensnachrichten 33. Jahrgang/1994, S. 30–37.
134 Zu diesen Maßnahmen gegen Orden und Pfarrpfründen, die sich – wie oben Anm. 7 ausgeführt – vergleichsweise genau für das Gebiet der Diözese Gurk darstellen lassen, siehe *Bandhauer-Schöffmann*, Entzug (Anm. 7), S. 100 ff.
135 Siehe *Bandhauer-Schöffmann*, Entzug (Anm. 7), S. 106 ff.
136 Für das Jesuitenkloster in St. Andrä im Lavanttal siehe *Bandhauer-Schöffmann*, Entzug (Anm. 7), S. 113 ff.
137 Hierzu und zum Folgenden siehe *Zinnhobler, Rudolf*, Die Errichtung „geschützter Seelsorgeposten" im Bistum Linz, in: *Ders.*, Bistum Linz (Anm. 127), S. 127–137 (ebda. 127 f. zur einschlägigen Rechtslage hinsichtlich der Wehrdienstbefreiung); *Ders.*, Weg (Anm. 45), S. 129 f.

direkter bischöflicher Aufsicht arbeiteten und vor staatlichem Zugriff vergleichsweise sicher waren.[138]

Was die Militärseelsorge betrifft, so wurden die bisherigen Strukturen zwar im Wesentlichen zerschlagen, doch konnte eine katholische Militärseelsorge im Rahmen der Wehrmacht weiter bestehen.[139] Nun erstreckte sich – wie erwähnt – der Geltungsbereich des Reichskonkordats 1933, in dem der Bestand einer Militärseelsorge garantiert war,[140] nicht auf Österreich, doch liegt es auf der Hand, dass diesbezüglich nicht zwischen aus Österreich und aus dem „Altreich" stammenden Soldaten unterschieden werden sollte. Abgesehen davon konnte dem nationalsozialistischen Regime der Bestand einer institutionalisierten Militärseelsorge – ganz unabhängig von der Frage, ob und in welchem Maße diese ideologisch ausgerichtet war – im Wesentlichen nur dienlich sein, und dies vor allem nach Ausbruch des Zweiten Weltkriegs. Tatsächlich war es bereits im November 1938 zur (Wieder-)Einstellung von Militärgeistlichen aus der Zeit der Ersten Republik gekommen.

IV.3 Eherecht

Dem Motto der Entkonfessionalisierung wurde die Ehegesetzgebung des Nationalsozialismus durchaus gerecht. Denn bereits am 6. Juli 1938 wurde das Ehegesetz erlassen, und durch dieses die obligatorische Ziviltrauung eingeführt.[141] Damit war für die staatliche Wirksamkeit einer Eheschließung der Abschluss einer solchen vor dem zuständigen staatlichen Trauungsorgan nötig, und vor dem Seelsorger geschlossene Ehen sollten im staatlichen Recht nicht mehr gültig sein. Folgerichtig war nun die Scheidung (im Sinne der Trennung dem Bande nach) unter bestimmten Voraussetzungen möglich, und auch der nachfolgenden Wiederverheiratung mit einer anderen Person stand nach staatlichem Recht grundsätzlich nichts entgegen.[142] Für das Eherecht bedeutsam war auch jene

---

138 Zinnhobler, Weg (Anm. 45), S. 130. Zu den Seelsorgeämtern siehe auch Rudolf, Aufbau (Anm. 129), S. 353 ff.
139 Siehe Gröger, Militärseelsorge (Anm. 40), S. 119 ff., insb. 122 ff.
140 Art. 27 des Reichskonkordats. Zur Militärseelsorge im Dritten Reich siehe Röw, Martin, Militärseelsorge unter dem Hakenkreuz. Die katholische Feldpastoral 1939–1945 (Krieg in der Geschichte 83), Paderborn 2014.
141 Deutsches Reichsgesetzblatt I S. 807/1938. Siehe dazu Hofmeister, Privatrechtsgesetzgebung (Anm. 50), S. 130 ff.
142 Auf die Voraussetzungen einer Scheidung muss hier nicht näher eingegangen werden. Erwähnt sei, dass dem Zerrüttungsprinzip bereits damals ein beachtlicher Stellenwert eingeräumt wurde: Siehe Hofmeister, ebda. S. 131.

Bestimmung des deutschen Personenstandsgesetzes aus dem Jahr 1937,[143] die die Vornahme kirchlicher bzw. religionsgemeinschaftlicher Trauungen vor Eingehung der entsprechenden Ehe nach staatlichem Recht untersagte (§ 67). Zuwiderhandeln war grundsätzlich mit Haft- oder Geldstrafe zu ahnden.

Die Einführung der obligatorischen Ziviltrauung zeitigte insofern Folgen im Bereich der Kirchenfinanzierung, als es nun in nachvollziehbarer Weise nicht mehr zweckmäßig erscheinen konnte, die Führung der für den staatlichen Bereich relevanten Matriken weiterhin anerkannten Religionsgemeinschaften zu überlassen. Das erwähnte im Juli 1938 übernommene deutsche Personenstandsgesetz sah grundsätzlich die Matrikenführung durch Standesbeamte vor (§ 1). Die Personenstandsbücher waren zunächst noch bis 31. Dezember 1938 regulär von den religionsgemeinschaftlichen Stellen und nach diesem Zeitpunkt als „Altmatriken" weiterzuführen.[144]

IV.4 Bildungswesen

Viel änderte sich auch im Bereich des Bildungswesens.[145] Bereits am 19. Juli 1938 wurde im Erlassweg allen konfessionellen Privatschulen bzw. konfessionellen Schulen das Öffentlichkeitsrecht entzogen.[146] Offensichtlich in Reaktion zur Demonstration katholischer Jugendlicher am 7. Oktober 1938 auf dem Stephansplatz wurden schließlich alle konfessionellen Privatschulen am 17. Oktober 1938 für aufgehoben erklärt – die Knabenseminare eingeschlossen.[147]

---

143 Deutsches Reichsgesetzblatt I S. 1146/1937. Das Gesetz wurde durch die Verordnung vom 2. Juli 1938, Gesetzblatt für das Land Österreich Nr. 287/1938, übernommen.
144 Siehe *Kolb*, Aufgaben (Anm. 84), S. 41. Eine wichtige Rechtsquelle stellt die Zweite Verordnung über die Einführung des deutschen Personenstandsrechtes im Lande Österreich vom 23. Dezember 1938 dar: Gesetzblatt für das Land Österreich Nr. 11/1939. Siehe dort v.a. § 1; siehe ferner *Klecatsky/Weiler*, Staatskirchenrecht (Anm. 153), S. 38.
145 Siehe dazu ausführlich *Potz*, Nationalsozialismus (Anm. 122), S. 279 f.; *Rinnerthaler*, Ende (Anm. 68), 211 ff.; *Ders.*, Vom Entstehen des kirchlichen Privatschulwesens bis zu dessen Beseitigung, in: *Ders.* (Hg.), Das kirchliche Privatschulwesen – historische, pastorale, rechtliche und ökonomische Aspekte (Veröffentlichungen des Internationalen Forschungszentrums für Grundfragen der Wissenschaften Salzburg 16), Frankfurt am Main 2007, S. 95–137, hier S. 121 ff.; *Bandhauer-Schöffmann*, Entzug (Anm. 7), S. 27 ff.
146 *Potz*, Nationalsozialismus (Anm. 122), S. 279.
147 *Bandhauer-Schöffmann*, Entzug (Anm. 7), S. 27, gibt die Zahl der in Österreich aufgelösten katholischen Privatschulen mit 1.417 an. Was die Erziehungsanstalten für künftige Priester betrifft, siehe auch *Bandhauer-Schöffmann*, ebda. S. 28: „[…] die

Schon im September 1938 war die Auflösung aller konfessionellen Schulen des Burgenlandes verfügt worden („Portschyerlass").[148] Zwar verblieben die entsprechenden Einrichtungen im kirchlichen Eigentum, doch wurde den betroffenen Kirchen das Verfügungsrecht über die betreffenden Schulgebäude und deren Einrichtung im Sinne staatlicher Zweckverwendung entzogen.

Vergleichsweise unübersichtlich war die Rechtslage des Religionsunterrichts gestaltet.[149] Durch Erlass vom 17. September 1938 wurde die Möglichkeit eingeräumt, sich vom Religionsunterricht abzumelden. Schließlich wurden die religiösen Übungen abgeschafft und am 19. November 1938 der Religionsunterricht der staatlichen Schulaufsicht unterworfen. Das Einholen der kirchlichen Lehrbefugnis für Religionslehrer wurde untersagt und überhaupt eine Prüfung der weltanschaulichen Zuverlässigkeit von Religionslehrern angeordnet. Es folgte schließlich die Umwandlung des Religionsunterrichts vom Pflichtfach zum anmeldepflichtigen Freifach. Ferner entfiel die staatliche Besoldung der Religionslehrer.[150]

Was die katholisch-theologischen Fakultäten betrifft, so kam es bald nach der Erklärung des konkordatslosen Zustandes am 20. Juli 1938 zur Aufhebung der Innsbrucker Fakultät und einige Wochen später zur Aufhebung der Salzburger Fakultät. Die Grazer Fakultät wurde schließlich mit Wirkung vom 31. März 1939 mit der Wiener Fakultät zusammengelegt, was unter wesentlichen Gesichtspunkten einer Aufhebung gleichkam.[151]

---

zehn bischöflichen Knabenseminare wurden aufgehoben [...]". Zu den Knabenseminaren siehe auch *Frank*, Leben (Anm. 65), S. 154 (hier das Beispiel des Burgenländischen Knabenseminars in Mattersburg).

148 Siehe *Leisching*, Ansprüche (Anm. 62), S. 105 ff.; *Rieger / Schima*, Katholische Kirche – Geschichtliches, Konkordat (Anm. 2), Bl. 14, mit Hinweis auf das Verordnungsblatt für den Amtsbereich des Landeshauptmannes des Burgenlandes, Nr. 3/1938; *Prickler*, Schul- und Bildungswesen (Anm. 65), S. 59 f.; *Frank*, Leben (Anm. 65), S. 150.

149 Siehe *Rudolf*, Aufbau (Anm. 129), S. 196 ff.; *Potz*, Nationalsozialismus (Anm. 122), S. 279 f.

150 *Bandhauer-Schöffmann*, Entzug (Anm. 7), S. 28; siehe auch *Leisching*, Ansprüche (Anm. 62), S. 108.

151 Zu den einschlägigen Maßnahmen des nationalsozialistischen Regimes siehe *Rahner*, Leben (Anm. 69), S. 62 ff.; *Ortner*, Universität (Anm. 68), 173 f.; *Coreth*, Fakultät (wie Anm. 70), S. 113 ff.; *Liebmann, Maximilian*, Die Theologische Fakultät im Spannungsfeld von Universität, Kirche und Staat von 1827 bis zur Gegenwart, in: *Freisitzer, Kurt / Höflechner, Walter / Holzer, Hans-Ludwig / Mantl, Wolfgang* (Hg.), Tradition und Herausforderung. 400 Jahre Universität Graz, Graz 1985, 156–185, hier S. 173 f.; *Ders.*, Aufhebung und Wiedererrichtung der Theologischen Fakultät der Universität Graz, in: *Ders. / Renhart, / Woschitz* (Hg.), Metamorphosen (Anm. 121), S. 35–53;

IV.5 Feiertagswesen

In der Zeit des Nationalsozialismus wurde die Zahl der staatlich anerkannten Feiertage erheblich gemindert, wobei hier nicht nur weltanschauliche Vorzeichen bedacht werden müssen, sondern auch die durch das Regime konstatierten Kriegserfordernisse.[152] Zwar kam es zunächst zur Übernahme des Feiertagsruhegesetzes aus dem Jahr 1933, doch schließlich erfolgte die Verlegung des Christi-Himmelfahrts-Tages und des Fronleichnamstages auf einen Sonntag, und für die Dauer des Krieges wurden dann der 6. Jänner, der 29. Juni, der 15. August, der 1. November und der 8. Dezember zu Werktagen erklärt. Somit waren in den letzten Kriegsjahren nur mehr sechs gesetzliche Feiertage vorgesehen: Der 1. Jänner, der Oster- und Pfingstmontag, der 1. Mai und der 25. und 26. Dezember.

IV.6 Zentrale Aspekte der Kirchenfinanzierung

IV.6.1 Die Erlassung des Kirchenbeitragsgesetzes und zugehöriger Verordnungen

Im Bereich der Kirchenfinanzierung machten sich zahlreiche Umwälzungen bemerkbar. Ohne Einbeziehung kirchlicher Stellen wurde schließlich im April 1939 das Kirchenbeitragsgesetz erlassen.[153] Die Genese dieses Gesetzes weist eindeutig

---

Kremsmair, Josef, Nationalsozialistische Maßnahmen gegen Katholisch-theologische Fakultäten in Österreich, in: *Liebmann, Maximilian / Paarhammer, Hans / Rinnerthaler Alfred* (Hg.), Staat und Kirche in der „Ostmark" (Veröffentlichungen des Internationalen Forschungszentrums für Grundfragen der Wissenschaften Salzburg N.F. 70), Frankfurt a.M. 1998, S. 133–169. Speziell für Wien siehe auch *Klieber, Rupert / Schwarz, Karl*, Gerüstet für eine „Neuordnung der gesellschaftlichen Verhältnisse"? Die beiden Theologischen Fakultäten der Universität Wien von 1945 bis 1955 zwischen Rückbruch und Aufbruch, in: *Grandner, Margarete / Heiss, Gernot / Rathkolb, Oliver* (Hg.), Zukunft mit Altlasten. Die Universität Wien 1945 bis 1955 (Innsbruck 2005), S. 89–120, hier S. 92 ff.

152 Siehe *Schima, Stefan*, Feiertage: Zankäpfel zwischen Kirche und Staat?, in: *Hameter, Wolfgang / Niederkorn, Meta / Scheutz, Martin* (Hg.), Ideologisierte Zeit. Kalender und Zeitvorstellungen im Abendland von der Antike bis zur Neuzeit (Querschnitte 17), Innsbruck 2005, S. 185–204, hier S. 196 f.

153 Gesetzblatt für das Land Österreich Nr. 543/1939. Siehe dazu *Klecatsky, Hans / Weiler, Hans*, Österreichisches Staatskirchenrecht (Handausgabe österreichischer Gesetze und Verordnungen NF I, 15), Wien 1958, S. 152 ff.; *Plöchl*, Vorgeschichte (Anm. 110), S. 108 ff.; *Beroun, Helmut*, Geschichte der Finanzkammer der Diözese St. Pölten, St. Pölten 1989, S. 9 ff.; *Kostelecky, Alfred*, Das Kirchenbeitragsgesetz. Seine Entstehung und Auswirkung bis heute, in: *Paarhammer*, Finanzwesen (Anm.

auf die Absicht des nationalsozialistischen Regimes hin, die Katholische Kirche zu schädigen. Zunächst sollte nur diese dem neuen Kirchenbeitragssystem unterzogen werden, doch schließlich wurde auch die Einbeziehung der Evangelischen und der Altkatholischen Kirche ins Auge gefasst, und dies ebenfalls in der Absicht, aufgrund des einzuführenden Beitrags einen Mitgliederschwund bei den betroffenen Kirchen herbeizuführen.[154] Wenn zwischen 1939 und 1942 300.000 Personen aus der Katholischen Kirche austraten,[155] so dürfte diese Zahl unter den Erwartungen der nationalsozialistischen Machthaber geblieben sein.

Bald nach dem Anschluss waren Erwerbsbeschränkungen zu Lasten der Toten Hand erwogen worden,[156] wobei die im Kirchenbeitragsgesetz verankerten gleich zu besprechenden staatlichen Aufsichtsrechte über die Verwendung von Kirchenvermögen ohnehin solche Beschränkungen in Bezug auf die Katholische Kirche weitgehend überflüssig gemacht hätten.

IV.6.2 Der Inhalt des Kirchenbeitragsgesetzes und der Verordnungen

Entgegen den ursprünglichen Plänen wurde nun in § 1 die Geltung des Kirchenbeitragsgesetzes nicht nur für die Katholische, sondern auch für die Evangelische und die Altkatholische Kirche vorgesehen. Die betreffenden Kirchen sollten „nach Maßgabe von ihnen zu erlassender Kirchenbeitragsordnungen" berechtigt sein,

---

92), S. 123–135; *Liebmann*, Innitzer (Anm. 7), S. 209 ff.; *Ders.*, Die Genese des Kirchenbeitragsgesetzes vom 1. Mai 1939, in: *Paarhammer*, Finanzwesen (Anm. 92), S. 93–121; *Slapnicka, Helmut*, Geschichtliche Entwicklung der Kirchenfinanzierung in Österreich seit 1938, in: *Paarhammer*, Finanzwesen (Anm. 92), S. 77–92; *Höfer, Rudolf K.*, Hat Österreichs Kirchenbeitragsgesetz aus der NS-Zeit Zukunft oder ist Steuerwidmung für Kirchen und Staat die Alternative?, in: *Ders.* (Hg.), Kirchenfinanzierung in Europa. Modelle und Trends (Theologie im kulturellen Dialog 25), Innsbruck 2014, S. 87–120, hier S. 89 ff.

154 Siehe *Plöchl*, Vorgeschichte (Anm. 110), S. 111. Ebda. S. 112: In Bezug auf die Orthodoxe Kirche kam für die nationalsozialistischen Machthaber deswegen keine Auferlegung des Kirchenbeitragssystems in Betracht, als man mit Blick auf die ausländische Herkunft sehr vieler Mitglieder Spannungen mit den betreffenden Staaten vermeiden wollte. Was die Israelitische Religionsgesellschaft betrifft, so war in Anbetracht der repressiven antijüdischen Maßnahmen nicht daran zu denken, diese zu zivilrechtlich einklagbaren Beiträgen an ihre Religionsgemeinschaft zu verpflichten.

155 *Höfer*, Kirchenbeitrag (Anm. 153), S. 90.

156 Siehe *Liebmann*, Innitzer (Anm. 7), S. 211. Zum Begriff der „Toten Hand" siehe oben 78.

"zur Deckung des kirchlichen Sach- und Personalbedürfnisses Kirchenbeiträge zu erheben".[157]

Es folgen in § 2 Bestimmungen betreffend die Beitragspflichtigen – die volljährigen Mitglieder der betreffenden Kirchen –, und in § 3 wurde die Festsetzung und Erhebung der Kirchenbeiträge als Angelegenheit der betreffenden Kirche fixiert; dabei wurde ausdrücklich für die Geltendmachung des Anspruchs auf Kirchenbeiträge der Rechtsweg für zulässig erklärt (§ 3 Abs. 1). Die Kirchenbeitragsordnungen bzw. jene kirchlichen Beschlüsse, durch die Kirchenbeiträge festgesetzt wurden, unterlagen der staatlichen Genehmigungspflicht (§ 3 Abs. 2). Mit „Rechtsweg" war der Zivilrechtsweg gemeint,[158] und somit konnte die Einbringung ausstehender Kirchenbeiträge nur durch Klage der zahlungsunwilligen Kirchenmitglieder vor Gericht ins Werk gesetzt werden. Damit wurde eine bedeutende Unterscheidung zu den Kultusumlagen konturiert, für deren Einbringung der Verwaltungsweg vorgesehen gewesen war, dessen Beschreitung grundsätzlich als vergleichsweise verfahrensökonomisch zu beurteilen ist. Darüber hinaus ist festzuhalten, dass die kircheninterne Einhebung der Beiträge hohe Kosten verursacht.[159] Doch andererseits war das Kirchenbeitragswesen insofern nicht als

---

157 Zur Kirchenfinanzierung der Evangelischen und der Altkatholischen Kirche vor Inkrafttreten des Kirchenbeitragsgesetzes siehe *Schwendenwein, Hugo*, Österreichisches Staatskirchenrecht (Beihefte zum Codex Iuris Canonici 6), Münster 1992, S. 259 f.
158 *Klecatsky / Weiler*, Staatskirchenrecht (Anm. 153), S. 155.
159 Vgl. dazu *Kostelecky*, Kirchenbeitragsgesetz (Anm. 153), S. 607 f.: In dem 1985 erschienenen Aufsatz wird auf einen Kostenanteil der kircheneigenen Beitragsverwaltung von „etwa 10 bis 15% der Kirchenbeitragseinnahmen" verwiesen, „während die staatliche Kirchensteuer-Verwaltungshilfe in der Bundesrepublik Deutschland mit der Zahlung von 3 bis 4% des Kirchensteueraufkommens – großzügig – abgegolten wird." Der Nationalsozialismus hatte im „Altreich" das System der an den Staat zu leistenden Kirchensteuer übernommen, und daran hat sich bis heute im Wesentlichen nichts geändert. Zum System der deutschen Kirchensteuer siehe *Uhle, Arnd*, Kirchenfinanzierung in Europa: Erscheinungsformen, Eignung, Zukunftsperspektiven, in: *Rees, Wilhelm / Roca María / Schanda, Balász* (Hg.), Neuere Entwicklungen im Religionsrecht europäischer Staaten (Kanonistische Studien und Texte 61), Berlin 2013, S. 743–788, hier: S. 757 ff. und 779 ff. (Der Beitrag wurde unter dem Titel „Kirchenfinanzierung in der Diskussion. Anmerkungen zu den Finanzierungsformen der Gegenwart" neuerlich veröffentlicht in: *Müller, Ludger / Rees, Wilhelm / Krutzler, Martin* [Hg.], Vermögen der Kirche – Vermögende Kirche? Beiträge zur Kirchenfinanzierung und kirchlichen Vermögensverwaltung, Paderborn 2015, S. 89–130. Siehe hier S. 101 ff. und 122 ff.); *Hartmann, Gerhard / Holtkamp, Jürgen*, Die Kirche und das liebe Geld. Fakten und Hintergründe, Kevelaer 2015, S. 57 ff.

erratischer Block im Rechtsleben zu betrachten, als die betroffenen Kirchen in Bezug auf die Eintreibung ihrer Beiträge ähnlich wie Vereine zu behandeln waren.[160]

In § 4 wurde die Vorlage eines durch die betreffende Kirche zu erstellenden Haushaltsplans über die beabsichtigte Verwendung der Einnahmen an die zuständige staatliche Behörde geregelt, wobei auch die staatliche Befugnis zur Einsichtnahme in die kirchliche Vermögensverwaltung explizit verankert wurde (Abs. 1). Darüber hinaus wurde die zuständige staatliche Behörde für ermächtigt erklärt, „in die Vermögensverwaltung Einsicht zu nehmen und über die Haushaltsposten jede ihr erforderlich erscheinende Auskunft zu verlangen. Sie kann einzelne Haushaltsposten mit der Wirkung beanstanden, daß der betreffende Haushaltsposten zu streichen ist" (Abs. 2). Diese Bestimmungen stellten eine wesentliche Einschränkung der bisherigen Rechtsposition der Katholischen Kirche dar.[161] Denn nun konnte der Staat über die Verwendung der kirchlichen Einnahmen entscheiden, wobei diese Zielrichtung ohnehin schon durch die staatliche Genehmigungspflicht von Kirchenbeitragsordnungen (§ 3 Abs. 2) vorgegeben war.

In § 5 wurden mit Blick auf die Einführung des Kirchenbeitrags „die Verpflichtungen des Staates, der in staatlicher Verwaltung stehenden Fonds, der Gemeinden, der Kultusverbände (Pfarr- und Kultusgemeinden) und der öffentlichen Patrone zur Deckung des im § 1 genannten Beitrages beizutragen", für aufgehoben erklärt. Desgleichen galt für all jene Verpflichtungen zur Entrichtung regelmäßig wiederkehrender Leistungen, die von anderen zu entrichten waren, „soweit sie nicht auf dem privaten Patronat oder auf Privatrechtstiteln beruhen."

Ausdrücklich wurden in § 6 frühere dem Kirchenbeitragsgesetz entgegenstehende Bestimmungen außer Geltung gesetzt und in § 7 das Inkrafttreten des Gesetzes mit dem 1. Mai 1939 angeordnet.

In Verordnungen wurden konkrete Bestimmungen über die Festsetzung und Einhebung der Kirchenbeiträge getroffen und Ergänzungen zum Kirchenbeitragsgesetz vorgenommen. So wurden in einer Verordnung aus dem Jahr 1939 – der so genannten „Erste Kirchenbeitragsverordnung"[162] – für den Bereich der Katholischen Kirche die Diözesanordinariate für die Erlassung von Kirchenbeitragsordnungen zuständig erklärt (§ 1), und dies für ihren jeweiligen gesamten

---

160 Rieger, Josef, Die vermögensrechtlichen Beziehungen zwischen Kirche und Staat auf Grund der Konvention vom Jahre 1960, in: ÖAKR 15. Jahrgang/1964 (Heft 1), S. 42–69, hier S. 46. Vgl. auch Höfer, Kirchenbeitrag (Anm. 153), S. 90.
161 Siehe Plöchl, Vorgeschichte (Anm. 110), S. 114 f.
162 Gesetzblatt für das Land Österreich Nr. 718/1939 in der Fassung Nr. 1408/1939. Die Novellierung aus dem Jahr 1939 wird als Zweite Kirchenbeitragsverordnung gezählt. Vgl. auch Schwendenwein, Staatskirchenrecht (Anm. 157), S. 260.

Zuständigkeitsbereich (§ 2). Im Regelfall sollten Kirchenbeitragsverordnungen daher für jede Diözese erlassen werden, keinesfalls aber für ein Teilgebiet derselben. Die Kirchenbeitragsordnungen hatten u.a. die Benennung der für die Erhebung des Kirchenbeitrags zuständigen Stellen zu enthalten (§ 3 Abs. 2).

Darüber hinaus enthielt die „Erste Kirchenbeitragsverordnung" eine – allerdings nicht abschließende Aufzählung der durch das Kirchenbeitragsgesetz außer Geltung gesetzten Regelungen (§ 4). Im Wesentlichen handelte es sich um Bestimmungen, die die die staatliche Finanzierung von Klerikergehältern betrafen.

Ferner wurde in der „Ersten Kirchenbeitragsverordnung" ausdrücklich festgehalten, dass Baulastverpflichtungen – genannt wurden „Bestreitung der Kosten der Herstellung und Erhaltung der katholischen Kirchen- und Pfründengebäude", und die „Beischaffung der Kirchenparamente, Einrichtung und Erfordernisse" – durch das Kirchenbeitragsgesetz abgeschafft wurden, sofern sie „sich auf die Beitragspflicht des Pfründeninhabers, des öffentlichen Patronates und der Gemeinden (Pfarrlinge)" bezogen (§ 5 Abs. 1). D.h., dass Gemeindepatronate in dieser Beziehung gleich zu behandeln waren wie öffentliche Patronate. Die aufgrund bisheriger einschlägiger Bestimmungen aufzubringenden Kosten sollten nun durch die Kirchenbeiträge gedeckt werden (l.c.). Für eine Übergangszeit wurden den durch das Kirchenbeitragsgesetz betroffenen Kirchen „freiwillige Zuschüsse aus öffentlichen Mitteln" in Aussicht gestellt (§ 8 Abs. 1).

Die Zahl der aufgehobenen öffentlichen Patronate wurde im Lauf der Entschädigungsverhandlungen der Fünfziger Jahre mit 1.200 angegeben.[163]

In einer weiteren Verordnung vom 29. März 1940 – im Titel als „Dritte Verordnung"[164] zum Kirchenbeitragsgesetz bezeichnet und im wissenschaftlichen Sprachgebrauch „Religionsfondsverordnung" genannt – wurde mit Wirkung vom 1. April 1940 die Auflösung der Religionsfonds verfügt, wobei deren Rechte und Verpflichtungen auf das Deutsche Reich übergingen (§ 1).

Dem bisherigen System der Kirchenfinanzierung war nun eine deutliche Absage erteilt worden. Die durch die Kirchenbeitragsbestimmungen abgeschafften Staatsleistungen an die Katholische Kirche waren somit folgende: „alle Leistungen der Religionsfonds (darunter die Kongruaergänzung) und der öffentlichen Patronate, die Beitragspflicht zur Kirchenbaulast des Pfründeninhabers, des öffentlichen Patronates und der Gemeinde, die Naturalabgaben von Gemeinden, Grundeigentümern und Einzelpersonen, soweit sie öffentlich-rechtlicher Natur

---

163 Siehe *Bandhauer-Schöffmann*, Entzug (Anm. 7), S. 32.
164 Gesetzblatt für das Land Österreich Nr. 45/1940.

waren, z.B. nur auf der Zugehörigkeit zu einem Pfarrverband beruhten. Gesetzlich unangetastet blieben nur die Leistungen, die auf einem Privatpatronat oder Privatrechtstitel beruhten."[165] Darüber hinaus darf auch nicht vergessen werden, dass von den neuen Bestimmungen auch bisher geleistete staatliche Beträge für die Krankenanstaltenseelsorge betroffen waren.[166]

Im Gegensatz zum bisherigen System stand die Kirchenfinanzierung nun auf unsicheren Beinen, und zu Recht wurde in diesem Zusammenhang festgestellt, dass die neue Art der Finanzierung keinen Ersatz für die weggefallenen Leistungen bieten konnte.[167]

IV.6.3 Die Umsetzung der Kirchenbeitragsbestimmungen in der Zeit des Nationalsozialismus

Es ist durchaus nachvollziehbar, wenn die österreichischen Bischöfe in einer Eingabe an den zuständigen Reichsminister vom Mai 1939 Kritik am neuen Gesetz übten.[168] Doch war in der Möglichkeit der Eintreibung von Kirchenbeiträgen im Zivilrechtsweg ein Ansatz kirchlicher Autonomie in der Kirchenfinanzierung gegeben, der freilich im Hinblick auf die im Gesetz verankerten staatlichen Aufsichtsrechte in der Zeit des Nationalsozialismus noch nicht zum Durchbruch gelangen konnte.

Noch vor der Konzeption der Kirchenbeitragsordnungen kam es zu innerkirchlichen Erhebungen betreffend den Finanzbedarf.[169] Im September 1939 wurden schließlich die neu erlassenen Kirchenbeitragsordnungen staatlicherseits

---

165 *Bandhauer-Schöffmann*, Entzug (Anm. 7), S. 36. Vgl. auch *Plöchl*, Vorgeschichte (Anm. 110), S. 113: „Ganz allgemein gesprochen wurden alle Leistungen der öffentlichen Hand eingestellt. Für die katholische Kirche fielen insbesondere die Gehälter bzw. Gehaltszuschüsse und alle sonstigen Dotationen weg. Die Lasten der öffentlichen Patronate und die damit verbundenen staatlichen Verpflichtungen wurden aufgehoben."
166 Zur weitgehenden Eigenfinanzierung der kirchlichen Krankenanstaltenseelsorge in der NS-Zeit siehe *Rudolf*, Aufbau (Anm. 129), S. 135 ff.
167 Siehe *Rieger*, Beziehungen (Anm. 160), S. 46: „Derartige dem Grunde und der Höhe nach unsichere Einnahmen – deren gerichtliche Eintreibung im Hinblick auf die damalige Kirchenaustrittsbewegung höchst problematisch war – konnten aus tatsächlichen und rechtlichen Gründen keine Vorteilsausgleichung für entzogene feststehende Leistungen darstellen."
168 Diese ist abgedr. bei *Liebmann*, Innitzer (Anm. 7), S. 227 ff.
169 Siehe etwa *Beroun*, Geschichte (Anm. 153), S. 21.

genehmigt.¹⁷⁰ Innerhalb der Diözesen wurden Finanzkammern errichtet.¹⁷¹ Diese wurden zunächst im Wege der Pfarrkirchenräte tätig, die nicht nur Stammblätter an die im Pfarrbereich wohnenden Katholiken zu verteilen, sondern auch die Beiträge einzuheben hatten¹⁷². Dies erforderte nicht selten Courage, und so gab es auch im Zusammenhang mit der Tätigkeit der Pfarrkirchenräte Konflikte mit dem nationalsozialistischen Regime. Aufgrund eines Beschlusses der Österreichischen Bischofskonferenz kam es schließlich am 24. Januar 1941 zur Konstituierung der „Interdiözesanen Kanzlei", die ihren Sitz in Wien hatte und die Tätigkeit der Diözesen in Finanzsachen koordinieren sollte.¹⁷³ Diese Stelle hatte bis zum Jahr 1945 Bestand. Insgesamt kann es nicht verwundern, wenn sich schon während der NS-Zeit ein gewisser Mangel an Zahlungswilligkeit bei den Kirchenmitgliedern breit machte.¹⁷⁴

Kurz nach Inkrafttreten der Dritten Kirchenbeitragsverordnung wurden die die Religionsfonds betreffenden Grundbuchseintragungen durchgeführt.¹⁷⁵ Für Gebäude bzw. Liegenschaften der Religionsfonds, die weiterhin durch kirchliche Institutionen benutzt wurden, musste nun seitens der Katholischen Kirche Miete gezahlt werden.¹⁷⁶

Was die durch die NS-Gesetzgebung erlittenen Verluste betrifft, so war die Katholische Kirche am deutlichsten durch den Wegfall der Kongrua betroffen.¹⁷⁷ Staatliche Leistungen für den kirchlichen Personalbedarf wurden in weiterer

---

170 *Beroun*, Geschichte (Anm. 153), S. 26.
171 Für das Beispiel der St. Pöltner Finanzkammer siehe *Beroun*, Geschichte (Anm. 153), S. 27 ff.: Bereits im Januar 1939 war die Gründung der Finanzkammern Thema von Verhandlungen zwischen katholischen Kirchenvertretern. Allgemein sollten eigene Finanzabteilungen von den Ordinariatskanzleien abgetrennt werden. Die Schließung theologischer Lehranstalten setzte die Arbeitskraft ehemaliger Studenten und Professoren frei. In weiterer Folge wurde der frühere Professor für Altes Testament an die Spitze der Finanzkammer gestellt, nachdem der Kirchenrechtsprofessor der eben geschlossenen Lehranstalt als zu wenig flexibel und daher für diesen Posten nicht geeignet beurteilt worden war. Einziehungen zum Militär- und Sanitätsdienst sorgten schon recht bald für einen Aderlass bei der Sankt Pöltner Finanzkammer.
172 Siehe *Bohaczek, Karl*, Erinnerungen. 45 Jahre Kirchenbeitrag, Wien 1984, S. 13; *Beroun*, Geschichte (Anm. 153), S. 32 ff.
173 Siehe *Beroun*, Geschichte (Anm. 153), S. 44 f.; *Bandhauer-Schöffmann*, Entzug (Anm. 7), S. 147.
174 Siehe *Beroun*, Geschichte (Anm. 153), S. 47.
175 *Kolb*, Aufgaben (Anm. 84), S. 46.
176 *Bandhauer-Schöffmann*, Entzug (Anm. 7), S. 46.
177 *Ritter*, Vermögensverwaltung (Anm. 83), S. 125.

Folge sukzessive eingestellt.[178] Dass die Abschaffung der öffentlichen Patronate einen staatlichen Rückzug aus dem Kirchenbauwesen bedeutete, war in Anbetracht der neuen Gesetzgebung durchaus zu erwarten.[179] Darüber hinaus wurden die politischen Gemeinden im Hinblick auf ihre bisherigen kirchenfinanziellen Leistungspflichten als öffentliche Institutionen behandelt und somit diese Leistungspflichten als aufgehoben betrachtet.[180]

Darüber hinaus ergaben sich noch Fragen in Bezug auf Fruchtgenussrechte zu Gunsten kirchlicher Stellen, die mit Religionsfonds-Liegenschaften in Verbindung standen.[181] Etliche dieser Fruchtgenussrechte wurden unter Berufung auf das Kirchenbeitragsgesetz grundbücherlich gelöscht.[182] Dies stieß selbst in der Zeit des Nationalsozialismus nicht auf einhellige Zustimmung der Rechtsprechung.[183]

Insgesamt lassen sich für die Katholische Kirche in Anbetracht des neuen Finanzierungssystems auch Vorteile erkennen. Denn nicht nur die bereits erwähnte Zurückdrängung des kirchlichen Vereinslebens, sondern auch das neue System der Kirchenfinanzierung trug zu einer Stärkung der Pfarrstrukturen bei, und dies in zweifacher Weise: Diözesen und Pfarren wurden nun vom Staat weitgehend unabhängig, und darüber hinaus schuf der über die Pfarren laufende Einhebungsmodus des Kirchenbeitrags Möglichkeiten, mit den Kirchenmitgliedern in

---

178   Siehe *Ritter*, Vermögensverwaltung (Anm. 83), S. 127 f.
179   Siehe *Ritter*, Vermögensverwaltung (Anm. 83), S. 126. Ebda. auch der Hinweis auf einen staatlichen Erlass vom 12. Mai 1939, in dem die Gleichstellung künftig zu errichtender Kirchenbauten mit Profanbauten in baurechtlicher Hinsicht angeordnet wurde.
180   Siehe dazu *Ritter*, Vermögensverwaltung (Anm. 83), S. 127.
181   Siehe *Bandhauer-Schöffmann*, Entzug (Anm. 7), S. 38 ff.
182   *Bandhauer-Schöffmann*, Entzug (Anm. 7), S. 38 f. nennt als Beispiel die Religionsfonds-Güter Garsten-Gleink, Waldhausen und Ochsenburg. Diese Religionsfonds-Güter „waren so genannte Dotationsgüter, d. h. das Fruchtgenussrecht war für eine kirchliche Institution, etwa für das Bistum Linz, grundbücherlich als Servitut eingetragen, der Religionsfonds war bücherlicher Eigentümer ohne eigentliche Rechte am Besitz."
183   Zu einem Rechtsstreit in Tirol und dem entsprechenden Urteil des Reichsgerichts vom 31. Oktober 1942, VII 30/42, siehe *Klecatsky / Weiler*, Staatskirchenrecht (Anm. 153), S. 157 f. und *Bandhauer-Schöffmann*, Entzug (Anm. 7), S. 39, Anm. 45. Das Reichsgericht vertrat den Standpunkt, dass privatrechtliche Forderungen kirchlicher Einrichtungen aus gegenseitigen entgeltlichen Rechtsgeschäften durch das Kirchenbeitragsgesetz nicht berührt würden. Dabei sei es gleichgültig, ob der Schuldner eine Privatperson oder eine in § 5 genannte juristische Person öffentlichen Rechts sei.

intensiveren Dialog zu treten.[184] Im Wesentlichen war es den nationalsozialistischen Machthabern relativ bald einsichtig, dass der Staat in Anbetracht des Wegfalls der von ihm betriebenen Kirchenfinanzierung nun keine Präsentationsrechte mehr ausüben konnte.[185]

IV.6.4 Finanzielle Benachteiligungen der Katholischen Kirche im Vergleich zur vorangehenden Rechtslage außerhalb des Bereichs der Kirchenbeitragsgesetzgebung

Abgesehen von den finanziellen Nachteilen, die der Katholischen Kirche im Rahmen der Kirchenbeitragsgesetzgebung erwachsen waren, wurden bereits andere Schäden erwähnt, die der Katholischen Kirche in der Zeit des Nationalsozialismus erwachsen waren: Diese waren mit repressiven Maßnahmen gegen Orden und der Auflösung von Vereinen verbunden, oder sie standen mit der Einführung der obligatorischen Ziviltrauung, der Abschaffung des konfessionellen Schulwesens in Burgenland, dem Wegfall der Religionslehrerremunerationen oder des katholischen Privatschulwesens bzw. der Auflösung der Knabenseminare in Zusammenhang. Auch die Einschränkung des katholischen Fakultätswesens kann als finanzieller Nachteil gegenüber der Zeit vor 1938 angesehen werden.

Vermögensrechtliche Nachteile erstanden der Katholischen Kirche ferner auf dem Gebiet des Sammlungswesens. Im inhaltlichen Konnex zum Reichssammlungsgesetz wurden durch einen Erlass des Ministeriums für innere und kulturelle Angelegenheiten die Sammlungen der Mendikantenorden bzw. der Barmherzigen Brüder verboten.[186]

---

184 Zinnhobler, Weg (Anm. 45), S. 129. Vgl. auch das Resümee bei Kronawetter, Burkhard, Gurk, in: Paarhammer, Finanzwesen (Anm. 92), S. 559–567, hier S. 561: „Der Kirchenbeitrag war mit Pessimismus erwartet worden. Die befürchteten Schwierigkeiten und Probleme, wie etwa eine große Aufregung bei den meisten Gläubigen und Massenaustritte, blieben aber aus. Im Gegenteil: Der Kirchenbeitrag brachte eine ganze Reihe von wichtigen Ansatzpunkten für die Seelsorgearbeit in den Pfarren mit sich, sodaß er zum modernen Seelsorgemittel wurde."
185 Siehe Ritter, Vermögensverwaltung (Anm. 83), S. 129.
186 Siehe dazu Leisching, Ansprüche (Anm. 62), S. 109, der die Erlasszahl Z. IV-3-43.844a-1938 nennt. Ebda. geht der Autor auch auf die vorangehende Rechtslage ein, für die der Erlaß des Ministeriums des Inneren vom 13. Juni 1857, Z. 4128/M. I., maßgeblich war. Demnach waren Sammlungen für inländische Einrichtungen der Katholischen Kirche, die insbesondere die Deckung von deren laufenden Bedürfnissen zum Gegenstand hatten im Wesentlichen als mildtätige Sammlungen anzusehen, die durch die zuständige(n) staatliche(n) Behörde(n) bewilligt werden sollten.

V. Wiederaufbau mit Einschränkungen: Das Schicksal der Konkordatsmaterien zwischen 1945 und den Neunzigerjahren

V.1 Allgemeines

Am 27. April 1945 wurde von Vertretern der neu formierten Parteien „Österreichische Volkspartei" (ÖVP), „Sozialistische Partei Österreichs" (SPÖ; seit 1991 „Sozialdemokratische Partei Österreichs") und „Kommunistische Partei Österreichs" (KPÖ) eine Proklamation unterzeichnet, die als „Unabhängigkeitserklärung" bekannt wurde.[187] Darin wurde der Anschluss Österreichs an das Deutsche Reich für „null und nichtig" erklärt. Damit stellte sich nicht zuletzt die Frage nach der Überleitung bisher erlassener Rechtsvorschriften bzw. die Frage nach der Verbindlichkeit völkerrechtlicher Verträge, und beide Ebenen – sowohl die innerstaatliche als auch die völkerrechtliche – sind für das Konkordat von 1933/34 von Relevanz. In Bezug auf alle zwei Ebenen kam es zu einer Auseinandersetzung vor allem zwischen SPÖ und ÖVP – beide Parteien sollten durchgehend zwischen 1945 und 1966 in jeder (!) Bundesregierung vertreten sein, was als umso brisanter zu beurteilen ist, als Beschlüsse der Bundesregierung grundsätzlich der Einstimmigkeit bedürfen[188] –, und nicht zuletzt die Thematik der Konkordatsweitergeltung stellte das Verhältnis zwischen den beiden „Großparteien" auf eine gehörige Belastungsprobe.

Unter völkerrechtlichen Vorzeichen mündete der Konflikt in der Frage, ob Österreich zwischen 1938 und 1945 – bei Einschränkung seiner Handlungsfähigkeit – bloß okkupiert war und demnach als Völkerrechtssubjekt weiter bestanden

---

187 Staatsgesetzblatt Nr. 1/1945. Siehe dazu etwa *Öhlinger / Eberhard*, Verfassungsrecht (Anm. 2), S. 47.

188 Siehe dazu *Berka, Walter*, Verfassungsrecht. Grundzüge des österreichischen Verfassungsrechts für das juristische Studium, Wien ⁴2012, S. 225, demzufolge man davon auszugehen habe, „dass es sich um einen der seltenen Fälle handelt, in dem Verfassungsgewohnheitsrecht existiert." Nicht zuletzt im Hinblick auf die Frage des damaligen Auftretens der Bundesregierung in der Frage der Konkordatsweitergeltung sind die Ausführungen des Autors von Interesse: „Die praktische politische Bedeutung dieser Regel ist groß, vor allem wenn es sich um eine Koalitionsregierung handelt: In solchen Fällen müssen sich die Regierungsparteien jedenfalls einigen, wenn sie etwa Gesetzesvorlagen einbringen oder andere wichtige Entscheidungen (zB Personalentscheidungen) treffen sollen, die eines Ministerratsbeschlusses bedürfen; in einem solchen Fall hat jeder Koalitionspartner bzw. jeder Minister die Möglichkeit, durch seine Gegenstimme eine Beschlussfassung in der BReg zu blockieren."

hätte (Okkupationstheorie), oder ob Österreich im Jahr 1938 annektiert und somit als Völkerrechtssubjekt untergegangen war (Annexionstheorie). Gemäß der ersten – vor allem von ÖVP-Politikern vertretenen – Ansicht wäre Österreich an völkervertragsrechtliche Verpflichtungen, die vor der Wiedererlangung seiner Unabhängigkeit eingegangen worden waren, weiterhin gebunden gewesen. Folglich wurde auch von der Weitergeltung des Konkordats ausgegangen.[189] Gemäß der Annexionstheorie wäre Österreich im Jahr 1938 seiner völkerrechtlichen Verpflichtungen enthoben worden, und demnach auch nicht von einem völkerrechtlichen Weiterbestand des Konkordats auszugehen gewesen. Dass die Frage, welcher Theorie der Vorzug zu geben sei, sehr stark mit der Debatte um die Konkordatsgeltung verbunden wurde, zeigt sehr deutlich eine Äußerung des damaligen Vizekanzlers und SPÖ-Vorsitzenden Adolf Schärf, der die Okkupationstheorie vertrat. So meinte Schärf im Jahr 1950, dass für den Fall der Bejahung der Okkupationstheorie das Konkordat weiter gelten würde, „ohne daß uns diese Theorie sonst etwas nützt".[190] Dabei darf allerdings nicht übersehen werden, dass der Vizekanzler durchaus einige tragfähige Argumente im Sinne der Annexionstheorie vorbrachte.[191]

Im Jahr 1955 bot schließlich die Endfassung des Staatsvertrags von Wien[192] Anhaltspunkte im Sinne der Okkupationstheorie.[193] In einer im Auftrag der österreichischen Bischofskonferenz herausgegebenen und bereits im Zuge einer

---

189 Dabei darf allerdings nicht außer Acht gelassen werden, dass die ÖVP schon seit 1945 Modifikationen des Konkordats gefordert hatte, ohne die Gültigkeit an sich in Frage zu stellen: Siehe *Bandhauer-Schöffmann*, Entzug (Anm. 7), S. 214 ff. Dabei ging es insbesondere um die Zuständigkeit kirchlicher Ehegerichte im staatlichen Bereich, aber auch um die Grundlagen der Kirchenfinanzierung. Nicht wenigen ÖVP-Politikern erschien die Wiederherstellung der Religionsfonds als utopisch.
190 *Schärf, Adolf,* Gilt das Konkordat? War der Anschluß Annexion oder Okkupation, in: Die Zukunft. Sozialistische Monatsschrift für Politik, Wirtschaft, Kultur 5. Jahrgang/1950 (Heft 2), S. 34–37, hier S. 37.
191 Dabei konnte der Vizekanzler nicht zuletzt auf die oben erwähnte Unabhängigkeitserklärung vom 27. April 1945 hinweisen, in der von der „Annexion" Österreichs gesprochen worden war: *Schärf,* Konkordat (Anm. 190), S. 35. Argumente im Sinne der Okkupationstheorie finden sich etwa bei *Verdross, Alfred,* Die völkerrechtliche Identität von Staaten, in: *Braun, Rudolf / Verdross, Alfred / Werner, Leopold* (Hg.), Festschrift Heinrich Klang zum 75. Geburtstag, Wien 1950, S. 18–21.
192 Bundesgesetzblatt Nr. 152/1955.
193 Siehe *Paarhammer, Hans,* Kirche und Staat in der Zweiten Republik, in: *Pototschnig, Franz / Rinnerthaler, Alfred* (Hg.), Im Dienst von Kirche und Staat – In memoriam Carl Holböck (Kirche und Recht 17), Wien 1985, S. 557–576, hier S. 563 f.

Pressekonferenz vom 1. Juni vorgestellten Schrift mit dem Titel „Kirche und Staat in Österreich", wurde die Gelegenheit wahrgenommen, von offizieller kirchlicher Seite zu den strittigen Punkten Stellung zu nehmen.[194]
Im Lauf des Jahres 1957 kam es schließlich innerhalb der Bundesregierung zu einer Einigung auf die grundsätzliche Anerkennung des Konkordats. So war Adolf Schärf, der im Mai zum Bundespräsidenten gewählt wurde, offenbar schon zu Wahlkampfzeiten nicht wirklich daran gelegen, gegen die Katholische Kirche mobil zu machen,[195] und sein Nachfolger als SPÖ-Parteivorsitzender und Vizekanzler, Bruno Pittermann, fuhr überhaupt einen wesentlich kirchenfreundlicheren Kurs. Insgesamt kann es nicht verwundern, wenn Schärf am Tag seiner Angelobung am 22. Mai 1957 zum Ausdruck brachte, dass in Österreich „in Kulturfragen ein anderes Klima hergestellt ist, als es früher herrschte. Ich will alles daransetzen, daß in diesem Klima eine Regelung des Verhältnisses zwischen dem Staat und der römisch-katholischen Kirche erfolgt, ohne daß dabei Sentimentalitäten von einst geweckt werden."[196]

Bereits am 28. Mai 1957 fasste der Ministerrat einen Beschluss, dem zufolge konkrete Schritte zur Beendigung des Konfliktes zwischen Staat und Kirche

---

194 Zu dieser Schrift, die mir in dritter Auflage – sie stammt den Angaben des Wiener Universitätskatalogs zufolge ebenfalls aus dem Jahr 1955 – vorliegt, siehe *Kostelecky, Alfred*, Anerkennung der Rechtsgültigkeit des Österreichischen Konkordates vom 5. Juni 1933 durch die Zusatzverträge mit dem Hl. Stuhl in den Jahren 1960 bis 1976, in: *Schambeck, Herbert* (Hg.), Kirche und Staat. Fritz Eckert zum 65. Geburtstag, Berlin 1976, S. 215–239, hier S. 223.

195 Siehe dazu *Olah, Franz*, Erlebtes Jahrhundert. Die Erinnerungen, Wien² 2008, S. 161 ff. (Der Autor war damals Präsident des „Österreichischen Gewerkschaftsbunds"): „Das Problem für Schärf war freilich, daß er keine besonders guten Beziehungen zur katholischen Kirche hatte. Er war nicht nur konfessionslos, er galt auch als wütender Gegner des Konkordats. […] Es konnte ihm natürlich empfindlich schaden, wenn die Gegner darauf zurückgreifen würden und die Kirche dabei mittat. […] Wir versuchten also zunächst einen Kontakt zum neuen Erzbischof von Wien, Dr. Franz König, herzustellen, der erst seit Mai 1956 als Nachfolger Innitzers im Amt war. Am 28. März 1957 kam es zum ersten Gespräch. Unserer Gruppe wartete ab, bis es dunkel war, und ging dann so unauffällig wie möglich ins Erzbischöfliche Palais: Pittermann, Justizminister Tschadek, der niederösterreichische Landeshauptmannstellvertreter Franz Popp (wichtig auch in seiner Funktion als Obmann der sozialistischen Lehrer), Slavik und ich. Wir bekräftigten gegenüber König […], daß auch wir an einer dauernden, für beide Seiten zufriedenstellenden Regelung des Verhältnisses von Kirche und Staat interessiert seien. Das Konkordat würde bei den kommenden Verhandlungen im Prinzip anerkannt werden, nur wären gewisse Retuschen nötig."

196 Zitiert bei *Kostelecky*, Kirche (Anm. 39), S. 214.

gesetzt werden sollten.[197] Schließlich kam es zur Einsetzung eines Ministerkomitees, dessen Konstituierung am 17. Juli erfolgte. Am 21. Dezember 1957 teilte die Bundesregierung dem Heiligen Stuhl in einer vom Komitee zuvor gebilligten Note mit, dass man von der Weitergeltung des Konkordats ausgehe.[198] Wenn dabei auf die Einstimmigkeit bei der Beschlussfassung hingewiesen wurde, so ist dies insofern bemerkenswert, als man ohnehin von der Einstimmigkeit von Regierungsbeschlüssen auszugehen hat.[199] Am 30. Jänner 1958 wurde schließlich durch den Heiligen Stuhl der Empfang der Note bestätigt und gleichzeitig beteuert, für künftige kleine Abänderungen grundsätzlich zur Verfügung zu stehen, wenn die österreichische Bundesregierung ihrerseits Vertragstreue walten lasse. Diese Erklärung ließ auf Differenzen schließen, die noch nicht gänzlich ausgeräumt waren.

Was den Konflikt um die Weitergeltung des Konkordats aus dem Blickwinkel der innerstaatlichen Rechtsebene betraf, stellte sich eine andere Frage, nämlich die, ob das Konkordat als Verfassungsgesetz oder als einfaches Bundesgesetz zu betrachten war. Von der Beantwortung dieser Frage hing vieles ab, das mit dem im Jahr 1945 geregelten Rechtsüberleitungsmechanismus in Zusammenhang stand.[200] Denn im ersten Fall wäre eine Übernahme des Konkordats in Anbetracht des Verfassungsüberleitungsgesetzes vom 1. Mai 1945[201] nicht möglich gewesen. Diesem zufolge waren lediglich jene Bundesverfassungsgesetze bzw. bundesverfassungsgesetzlichen Bestimmungen in Wirksamkeit zu setzen, die zum Stichtag 5. März 1933 in Geltung waren (Art. 1 und 2). Es ist kein Zufall, dass es sich dabei um jenen Tag handelte, der der so genannten „Selbstausschaltung des Parlaments" unmittelbar gefolgt war. Damit war nicht nur dem Nationalsozialismus, sondern auch den Verfassungsstrukturen des im Jahr 1933 etablierten autoritären Staates eine entschiedene Absage erteilt. Für den Fall, dass das Konkordat als Verfassungsgesetz zu betrachten war, war somit von keiner Weitergeltung auf der Ebene innerstaatlichen Rechts auszugehen.

In Bezug auf die Überleitung unterverfassungsgesetzlichen Rechts traf das Rechtsüberleitungsgesetz, das ebenfalls am 1. Mai 1945 erlassen wurde,

---

197 Hierzu und zum Folgenden siehe *Kostelecky*, Kirche (Anm. 39), S. 214.
198 Hierzu und zum Folgenden siehe *Paarhammer*, Kirche (Anm. 193), S. 12 f.
199 Siehe oben Anm. 188.
200 Zum Rechtsüberleitungsmechanismus des Jahres 1945 siehe *Rieger / Schima*, Katholische Kirche – Geschichtliches, Konkordat (Anm. 2), Bl. 10f.; *Reiter-Zatloukal, Ilse / Sagmeister, Maria*, Die Rechtsüberleitung 1945 und die Kontinuität nationalsozialistischen Rechts, in: Juridikum. Zeitschrift für Kritik–Recht–Gesellschaft-Jahrgang 27/2015 (Heft 2), S. 188–198.
201 Staatsgesetzblatt Nr. 4/1945.

Regelungen.[202] Demnach sollten diese Rechtsschichten grundsätzlich weiterhin maßgeblich bleiben, und dies selbst dann, wenn die entsprechenden als Gesetze oder Verordnungen zu betrachtenden Regelungen nach dem 13. März 1938 erlassen worden waren. Dies sollte allerdings dann nicht der Fall sein, wenn diese Gesetze und Verordnungen bzw. einzelne ihrer Bestimmungen „mit dem Bestand eines freien und unabhängigen Staates Österreich oder mit den Grundsätzen einer echten Demokratie unvereinbar" waren oder „dem Rechtsempfinden des österreichischen Volkes" widersprachen „oder typisches Gedankengut des Nationalsozialismus" enthielten (§ 1). Wäre das Konkordat einhellig als einfachgesetzliche Kodifikation betrachtet worden, so hätte seine (Weiter-)Geltung auf innerstaatlicher Rechtsebene keine Probleme bereitet.

Doch herrschte in dieser Frage Uneinigkeit, und es lässt sich unschwer erraten, dass vor allem SPÖ-Politiker einer Einordnung in Verfassungsrang das Wort sprachen, während die ÖVP den einfachen Gesetzesrang befürwortete. In der Tat stellten sich damals Einordnungsfragen nicht nur in Bezug auf das Konkordat 1933/34, sondern auch auf zahlreiche Rechtsvorschriften, die in der Zeit des Nationalsozialismus erlassen worden waren.[203] Zu folgen war der so genannten materiellen Einordnungsmethode, wonach zu fragen war, ob eine bestimmte Vorschrift unter Berücksichtigung der einschlägigen Bestimmungen des Bundesverfassungsgesetzes von 1920 als Gesetz oder als Verordnung hätte erlassen werden müssen. Wenn nun die Verfassung von 1934 einigen Bestimmungen des Konkordats bzw. des Zusatzprotokolls Verfassungsrang zugeschrieben hatte,[204] konnte sich auch die Frage stellen, ob nun einige Konkordatsbestimmungen durch den Rechtsüberleitungsmechanismus von 1945 übernommen wurden, andere wiederum nicht. Ein Urteil des Obersten Gerichtshofs aus dem Jahr 1956, das noch wiederholt inhaltliche Bekräftigung erfahren sollte, verhalf schließlich der Ansicht, wonach das Konkordat als einfaches Bundesgesetz zu betrachten war, zum Durchbruch.[205] Jenen Konkordatsbestimmungen, denen die Verfassung 1934 Verfassungsrang zuerkannt hatte, waren nun als dieses Ranges entkleidet zu betrachten, und auch ihnen wurde einfachgesetzlicher Charakter zugemessen.

Grundsätzlich war somit von einer Weitergeltung des Konkordats auf der Ebene innerstaatlichen Rechts auszugehen. Besonders in der Juristensprache ist der

---

202 Staatsgesetzblatt Nr. 6/1945.
203 Hierzu und zum Folgenden *Berka*, Verfassungsrecht (Anm. 188), S. 12 f.; *Mayer / Kucsko-Stadlmayer / Stöger*, Grundriss (Anm. 2), S. 38 ff.
204 Siehe oben Anm. 17.
205 Zur Entscheidung des Obersten Gerichtshofs vom 19. September 1956, 3 Ob 366/56, siehe etwa *Gampl / Potz, / Schinkele*, Staatskirchenrecht I (Anm. 32), S. 160.

„Wiederaufbau" auf rechtlicher Ebene 329

Gebrauch des Wortes „grundsätzlich" nachgeradezu verdächtig, viele Ausnahmen zuzulassen, und dies war auch im Hinblick auf das Konkordat der Fall. Denn gerade in Bereichen des Schulrechts, des Eherechts und nicht zuletzt der Kirchenfinanzierung waren in der Zeit des Nationalsozialismus Regelungen erlassen bzw. maßgeblich geworden, die in Widerspruch zu zahlreichen Konkordatsbestimmungen standen und nun im Jahr 1945 durch das Rechtsüberleitungsgesetz übernommen wurden. Gemäß dem Grundsatz, wonach die spätere Norm die frühere aufhebt (*lex posterior derogat legi priori*), gingen die einschlägigen in der Zeit des Nationalsozialismus maßgeblich gewordenen Bestimmungen dem Konkordatsrecht prinzipiell vor.[206]

Dieses Ergebnis zeitigte Disharmonien zwischen völkerrechtlichen Verpflichtungen Österreichs und dem innerstaatlichen Rechtsbestand. Diese ließen es als ratsam erscheinen, Zusatzverträge zum Konkordat 1933/34 abzuschließen. Darüber hinaus bestand Interesse an der endgültigen Beantwortung offener Fragen der Diözesangliederung.[207] Der Pontifikatswechsel von Pius XII. zu Johannes XXIII. im Herbst 1958 dürfte einiges zur weiteren Entspannung des Staat-Kirche-Verhältnisses in Österreich beigetragen haben.[208] Im März 1959 setzte die Bundesregierung konkrete Maßnahmen für die Einleitung von Verhandlungen zur Errichtung der Diözese Eisenstadt, woraufhin seitens des Heiligen Stuhles der Vorschlag zur gleichzeitigen Regelung der vermögensrechtlichen Beziehungen erstattet wurde. Bereits zur Jahreswende 1959/60 hatte man sich in wesentlichen Punkten geeinigt, es kam am 23. Juni 1960 zum Abschluss des Diözesangründungsvertrags Eisenstadt und des Vermögensvertrages, und am 12. Juli erteilte der Nationalrat beiden Verträgen seine Zustimmung.[209]

Während der Vermögensvertrag der Beseitigung von Disharmonien zwischen der innerstaatlichen und der völkerrechtlichen Ebene im Bereich der Kirchenfinanzierung diente, handelte es sich beim Diözesanerrichtungsvertrag ohnehin um ein im Konkordat vorgesehenes Instrument. Dasselbe gilt für die

---

206 Vgl. *Rieger / Schima*, Katholische Kirche – Geschichtliches, Konkordat (Anm. 2), Bl. 7.
207 Zum Folgenden siehe *Paarhammer*, Kirche (Anm. 193), S. 565 ff.
208 Siehe dazu die lebendige Schilderung einer Abordnung sozialistischer Politiker in Rom, die dem neuen Papst im Oktober 1959 ihre Aufwartung machte: *Olah*, Jahrhundert (Anm. 195), S. 166 ff.
209 Diözesangründungsvertrag Eisenstadt: Bundesgesetzblatt Nr. 196/1960. Dass eine derartige Zustimmung verfassungsrechtlich gefordert war und damit eine andere Ausgangssituation gegeben war als bei der Ratifikation des Konkordats selbst, ergibt sich stringent aus den Bestimmungen des Verfassungsüberleitungsgesetzes.

Diözesanerrichtungsverträge Innsbruck-Feldkirch vom 7. Juli 1964[210] und Feldkirch vom 7. Oktober 1968.[211] Ähnliche Zwecke wie der Vermögensvertrag verfolgte der am 9. Juli 1962 abgeschlossene Schulvertrag. Auch in diesem Bereich sollten Unstimmigkeiten zwischen innerstaatlichem Recht und völkerrechtlichen Verpflichtungen ausgeräumt werden. In weiterer Folge kam es noch zum Abschluss eines Zusatzvertrages zum Schulvertrag im Jahr 1971,[212] in dem seitens des Staates erstmals Subventionen des Lehrpersonals an katholischen Privatschulen in der Höhe von 100 Prozent zugesichert wurden. Was den Vermögensvertrag betrifft, so wurden mittlerweile sechs Zusatzverträge geschlossen, die im Einzelnen noch gesonderter Erläuterung bedürfen.

V.2 Der grundsätzliche Status der Katholischen Kirche und ihrer Einrichtungen

Ungeachtet aller Diskussionen über die Frage der Weitergeltung des Konkordats geriet die öffentlichrechtliche Stellung der Katholischen Kirche als solche offenbar nie in für sie bedrohlich erscheinende Auseinandersetzungen. Für die der Zeit des Nationalsozialismus unmittelbar folgenden Jahrzehnte stellten die erwähnten Diözesanerrichtungsverträge eine Stärkung der öffentlichrechtlichen Position katholischer Einrichtungen dar. In allen drei Vereinbarungen verpflichtete sich der Staat zu einmaligen Vermögensleistungen an die betreffenden Diözesen: Im Fall der Diözese Eisenstadt zur Leistung einer Dotation von rund 300 Hektar forstwirtschaftlich genutztem Grund und einer Summe von 5 Millionen Schilling, im Fall von Innsbruck- Feldkirch von 10 Millionen Schilling und im Fall von Feldkirch 4,5 Millionen Schilling, wobei die Vertragspartner erklärten, die Absicht des Landes Vorarlberg, der neu gegründeten Diözese ebenfalls 4,5 Millionen Schilling zukommen zu lassen, zur Kenntnis nahmen.[213] Im Wesentlichen ist hier nicht von Wiedergutmachungsleistungen auszugehen, sondern eher von finanziellen Starthilfen.[214]

---

210 Bundesgesetzblatt Nr. 227/1964.
211 Bundesgesetzblatt Nr. 417/1968.
212 Bundesgesetzblatt Nr. 289/1972.
213 Diese Kirchenfinanzierungsbestimmungen wurden jeweils in Art. 6 der betreffenden Vereinbarung verankert.
214 Vgl. etwa die Erläuternden Bemerkungen zur Regierungsvorlage zum Diözesangründungsvertrag Eisenstadt, 231 der Beilagen zu den stenographischen Protokollen des Nationalrates, IX. Gesetzgebungsperiode, S. 4.

Die Vereinigungsfreiheit gestattete nun ein erneutes Aufleben des katholischen Vereinswesens. Die Katholische Aktion fasste nun wieder Tritt.[215] Dabei konnte es noch in den Fünfzigerjahren zu einem direkten politischen Engagement in Form der Erstellung von Gemeinderatswahllisten, die von der Katholischen Aktion dominiert waren und so der ÖVP das Wasser abgruben, kommen.[216] Auch kam es in den Jahren nach 1945 zu einem Wiedererstarken des Ordenswesens, das nicht zuletzt durch die Restitutionsgesetzgebung materiellen Halt wiedererlangen konnte.[217]

Was die katholische Militärseelsorge, die sowohl als staatliche als auch als kirchliche Einrichtung betrachtet werden kann, betrifft, so wurde diese durch Erlass vom 4. Oktober 1956 erneut ins Leben gerufen[218] – und dies kurz vor Einberufung der ersten Wehrpflichtigen zum wieder eingeführten Bundesheer am 15. Oktober desselben Jahres.[219] Im Laufe der Achtzigerjahre kam es dann schließlich zur Umbenennung des Militärvikariats in „Militärordinariat der Republik Österreich", und im Jahr 1986 wurde der erste Militärbischof der Zweiten Republik geweiht.

V.3 Eherecht

Aufgrund der Rechtsüberleitungsregelungen konnte das Ehegesetz 1938 in seinen meisten Bestimmungen übernommen werden.[220] Im Ergebnis war somit von der Aufrechterhaltung des Prinzips der obligatorischen Ziviltrauung auszugehen, auch wenn sich zunächst in dieser Frage einige Unklarheiten bemerkbar gemacht hatten.[221] In Anbetracht der im Jahr 1945 verankerten

---

215 Siehe etwa *Zinnhobler*, Weg (Anm. 45), S. 131 ff.
216 Siehe *Frank*, Leben (Anm. 65), S. 142.
217 Siehe dazu unten V.6.1.
218 *Kostelecky*, Anerkennung (Anm. 194), S. 226.
219 Siehe http://www.bundesheer.at/facts/50jahrebh/geschichte/index.shtml (Zugriff: 9. Juni 2015). Details der Wiedereinrichtung der Militärseelsorge siehe *Sammer, Alfred*, Die Militärseelsorge im Bundesheer der Zweiten Republik, in: *Gröger / Ham / Sammer*, Himmel (Anm. 40), S. 137–170, hier S. 137 ff.
220 Nicht übernommen wurden etwa jene Bestimmungen, die auf die Nürnberger Rassegesetze verwiesen (§§ 4 und 5 Ehegesetz). Detaillierte Überleitungsregelungen finden sich im Gesetz vom 26. Juni 1945 über Maßnahmen auf dem Gebiete des Eherechtes und des Personenstandsrechtes und des Erbgesundheitsrechtes, Reichsgesetzblatt Nr. 31/1945.
221 Siehe dazu *Schima*, Dimension (Anm. 46), S. 348 f. So wurden kirchlich geschlossene Ehen, die nach der Befreiung Österreichs geschlossen worden waren und denen etwa durch den zuständigen alliierten Besatzungskommandanten Rechtmäßigkeit für den staatlichen Bereich zuerkannt wurde, nachträglich gesetzlich saniert.

Rechtsüberleitungsmechanismen kann es nicht erstaunen, wenn auch jene Bestimmung des Personenstandsgesetzes 1937, die die Vornahme kirchlicher bzw. religionsgemeinschaftlicher Trauungen vor Eingehung der Ehe vor dem Standesbeamten untersagt hatte (§ 67), weiter übernommen wurde. Allerdings hob der Verfassungsgerichtshof diese Bestimmung u.a. mit Blick auf Art. 15 StGG auf: Dabei wurde festgehalten, dass die Vornahme derartiger Akte bzw. Feierlichkeiten zum inneren Bereich einer anerkannten Religionsgemeinschaft gehört, in den der Staat nicht eingreifen darf.[222]

Hatte das für das Burgenland geltende Eherecht zwischen 1934 und 1938 die Möglichkeit der fakultativen Ziviltrauung beinhaltet, so gab es in der Zweiten Republik durchaus Bemühungen, diesem Modell in ganz Österreich zum Durchbruch zu verhelfen.[223] Ein solches wäre mit dem Konkordatseherecht nicht im Widerspruch gestanden.[224]

Insgesamt lässt sich für den auch heute noch maßgeblichen Rechtszustand in Anbetracht des im Ehegesetz verankerten Prinzips der obligatorischen Ziviltrauung ein Verstoß gegen das Konkordat konstatieren, der weder durch ein Zusatzkonkordat noch durch einen anderen Rechtsakt ausgeräumt werden konnte.

V.4 Bildungswesen

Bei näherer Betrachtung des Bildungswesens fällt zunächst eine durchaus ambivalente Entwicklung im Bereich der Privatschulen auf.[225] Sehr bald kamen die in der

---

222 Sammlung der Erkenntnisse und wichtigsten Beschlüsse des Verfassungsgerichtshofes Nr. 2944/1955; siehe dazu *Gampl / Potz / Schinkele*, Staatskirchenrecht I (Anm. 32), S. 34 f. und 38.
223 Siehe dazu *Potz, Richard / Schinkele, Brigitte*, Die kirchliche Trauung im staatlichen Recht Österreichs. Ein Beitrag zur Geschichte des Verhältnisses von Staat und Katholischer Kirche in den langen Fünfzigerjahren, in: *Paarhammer, Hans / Rinnerthaler, Alfred* (Hg.), Österreich und der Heilige Stuhl im 19. und 20. Jahrhundert (Veröffentlichungen des Internationalen Forschungszentrums für Grundlagenforschungen der Wissenschaften Salzburg NF 78), Frankfurt a. M. 2001, S. 401–442, hier S. 406 ff.
224 Vgl. *Kostelecky*, Kirche (Anm. 39), S. 210; *Primetshofer*, Fragen (Anm. 53), S. 177. Zu möglichen rechtstechnischen Nachteilen, die sich aus einer Einführung des Systems der fakultativen Ziviltrauung ergeben könnten, siehe *Schima, Stefan*, Rezension zu *Fuhrmann, Inken*, Die Diskussion über die Einführung der fakultativen Zivilehe in Deutschland und Österreich seit Mitte des 19. Jahrhunderts (Frankfurt a. M. 1998), in: öarr 47. Jahrgang/2000 (Heft 1), S. 161–164, hier S. 164.
225 Hierzu und zum Folgenden siehe *Fürst, Leopold Robert*, Die Entwicklung des kirchlichen Privatschulwesens in der Zweiten Republik, in: *Rinnerthaler*, Privatschulwesen (Anm. 145), S. 137–153, hier S. 138 ff.

frühen Zweiten Republik maßgeblichen Parteien zwar überein, das konfessionelle Schulwesen wieder zuzulassen, doch wurde wiederholt im Erlassweg das Verbot von Neugründungen ausgesprochen. Erst durch Erkenntnis des Verwaltungsgerichtshofs vom 3. Juli 1951 wurde schließlich die Eröffnung einer Privat-Hauptschule ermöglicht, deren Träger der der Katholischen Kirche nahestehende Verein „Neuland Schulstiftung" war.[226] Ungeachtet dessen ging auch die Wiedereröffnung aufgehobener katholischer Privatschulen bzw. die neuerliche Verleihung des Öffentlichkeitsrechts sehr langsam vor sich, und erst im Jahr 1953 ließ sich dann aus katholischer Perspektive ein befriedigender Zustand konstatieren.

Nicht wiederhergestellt wurde der im Burgenland maßgebliche Typ der „konfessionellen Schule", und dies trotz des Bemühens seitens maßgeblicher ÖVP-Politiker.[227]

Der Religionsunterricht wurde bereits durch Erlass vom 7. Juni 1945 wieder zum Pflichtgegenstand erklärt, wobei allerdings ein Recht auf Abmeldung bestand.[228] Durch das Religionsunterrichtsgesetz 1949 wurde schließlich die bereits im Jahr 1945 wieder eingeführte staatliche Finanzierung des Religionsunterrichts auf gesetzlicher Ebene verankert.[229] Allerdings erwies sich die Frage, ob der Religionsunterricht auch an berufsbildenden Schulen als Pflichtgegenstand etabliert werden sollte, als langlebiges Thema intensiver Diskussionen.[230]

Was man aus Sicht der Katholischen Kirche als nach dem Zweiten Weltkrieg wieder erlangte Errungenschaft bezeichnen kann, wurde im Jahr 1962 auf völkerrechtlicher Ebene im Schulvertrag erneut abgesichert. Dabei ist von einer grundsätzlichen Weitergeltung der Schulbestimmungen des Konkordats auszugehen,

---

226 Erkenntnis Zl. 245/51, abgedr. in ÖARK 2. Jahrgang/1951 (Heft 2), S. 260 f. Darin brachte der Verwaltungsgerichtshof seine Meinung zum Ausdruck, dass ein derartiges Verbot u.a. den einschlägigen Bestimmungen des Staatsgrundgesetzes über die allgemeinen Rechte der Staatsbürger von 1867 widersprach, wobei er allerdings das Hauptaugenmerk darauf richtete, dass der einschlägige Erlass mangels gehöriger Kundmachung weder für die Verwaltungsbehörden noch für ihn selbst maßgeblich sei.

227 Siehe *Prickler*, Schul- und Bildungswesen (Anm. 65), S. 61 f.; *Frank*, Leben (Anm. 65), S. 139 und S. 150.

228 *Potz*, Nationalsozialismus (Anm. 122), S. 280. Zur Stellung der Katholischen Kirche und ihrer Einrichtungen im Schulwesen zwischen 1945 und 1962 siehe auch *Kriegl*, Kirche (Anm. 39), S. 307 ff.

229 Stammfassung: Bundesgesetzblatt Nr. 190/1949. Wiedereinführung der Besoldung im Jahr 1945: Siehe *Bandhauer-Schöffmann*, Entzug (Anm. 7), S. 28.

230 *Bandhauer-Schöffmann*, Entzug (Anm. 7), S. 28.

sofern nicht im Schulvertrag Änderungen vorgenommen wurden.[231] Die völkerrechtlichen Absicherungen betreffen etwa den staatlich finanzierten katholischen Unterricht an den meisten mit Öffentlichkeitsrecht ausgestatteten Schulen, wobei eine Herabsetzung des gegenwärtig bestehenden Stundenausmaßes nur nach Einigung zwischen Kirche und Staat vorgenommen werden darf (Art. I, §§ 2 und 3). Auch verpflichtete sich Österreich zur Finanzierung von Religionsunterrichtsinspektorenposten (Art. I, § 4 Abs. 3). Erneut wurde das Recht der Führung von Privatschulen völkerrechtlich abgesichert (Art. II), wobei der Staat sich zur Erstattung laufender Zuschüsse zum Personalaufwand katholischer Privatschulen bereit erklärte. Im Wesentlichen wurde dabei ein Ersatz von 60% des Lehrerpersonalaufwandes garantiert. Dieser Punkt des Schulvertrags kann insofern als wesentliche Neuerung betrachtet werden, als man im Gegensatz zum Konkordat nicht mehr von einer programmatischen Erklärung zur grundsätzlichen Übernahme von Kosten katholischer Privatschulen durch den Staat auszugehen hatte, sondern nun das konkrete Ausmaß in bindender Weise benannt wurde.[232] Die Höhe des Ersatzes des Lehrerpersonalaufwandes stieß auf katholischer Seite nicht auf einhellige Gegenliebe, wurde doch davon ausgegangen, dass damit lediglich 30 Prozent des Gesamtaufwandes ersetzt wurden.[233]

Doch nicht nur diese Garantien bargen erhebliche kirchenfinanzierungsrelevante Implikationen. Denn schließlich wurde der Diözese Eisenstadt gleichsam als Ersatz für die Auflösung des öffentlichen konfessionellen Schulwesens in Burgenland als Einmalleistung der Betrag von 45 Millionen Schilling garantiert (Art. III).

Wenn bei der Darstellung des Schulvertrages im Rahmen des vorliegenden Beitrags lediglich jene Aspekte zu berücksichtigen sind, die mit der Kirchenfinanzierung in Zusammenhang stehen, so sei hier doch ergänzend erwähnt, dass sich Österreich erstmals auf völkerrechtlicher Ebene unter bestimmten Voraussetzungen zur Anbringung von Schulkreuzen in Klassenzimmern verpflichtete

---

231 *Kostelecky*, Kirche (Anm. 39), S. 216. Ebda.: Der Schulvertrag „nimmt im wesentlichen die durch das Religionsunterrichtsgesetz von 1949 geschaffene rechtliche Situation zur Kenntnis, ohne jedoch den Artikel VI des Konkordates außer Kraft zu setzen."
232 Vgl. *Kostelecky*, Kirche (Anm. 39), S. 216 f.
233 Vgl. *Kriegl*, Kirche (Anm. 39), S. 310. Ebda. S. 313, spricht der Autor in seinem im Jahr 1966 veröffentlichen Beitrag davon, dass den katholischen Stuhlen rund 1.300 Dienstposten durch den Staat zur Verfügung gestellt würden, was als „jährliche Ausgabe von mehr als 80 Millionen Schilling" zu betrachten sei.

"Wiederaufbau" auf rechtlicher Ebene 335

(Schlussprotokoll). Eine derartige Bestimmung war im Konkordat 1933/34 nicht verankert gewesen.[234]

Im Jahr 1971 kam es schließlich zum Abschluss des bereits erwähnten Zusatzvertrages mit dem Heiligen Stuhl, in dem der Staat statt der bisherigen 60% die gänzliche Finanzierung des Lehrerpersonalaufwands an katholischen Privatschulen übernahm – wobei diese Rechtslage in Bezug auf alle anerkannten Religionsgemeinschaften maßgeblich ist. Der erste von der SPÖ gestellte Bundeskanzler der Zweiten Republik – Bruno Kreisky – suchte damals alles zu vermeiden, was zu einem Kulturkampf führen konnte. Bereits in dieser Zeit hatte sich die bevorstehende „große" Reform des Strafrechts abgezeichnet, die zu einer milderen Behandlung des Abtreibungstatbestandes führen sollte, was Konflikte mit der Katholischen Kirche am Horizont erahnen ließ.[235] Doch Bruno Kreisky – dem persönlich die durch seine Partei beschlossene „Fristenlösung" übrigens zu weit ging – war ein Politiker, der wusste, dass er als Sozialist mangels politischen Gegenwindes der Katholischen Kirche viel weiter entgegenkommen konnte, als es einem ÖVP-Kanzler möglich gewesen wäre.[236]

Was die katholisch-theologischen Fakultäten betrifft, so wurden die von Graz, Innsbruck und Salzburg wieder eröffnet, und dies noch im Jahr 1945.[237] Damit wurde der vor dem „Anschluss" von 1938 maßgebliche *status quo* wieder

---

234 Zu einschlägigen innerstaatlichen Rechtsquellen vor 1962 siehe *Schima*, Freund (Anm. 17), S. 50, insb. mit Anm. 43.
235 Zur Junktimierung dieser beiden Themenbereiche siehe *Hanisch, Ernst,* Der lange Schatten des Staates. Österreichische Gesellschaftsgeschichte im 20. Jahrhundert. Österreichische Geschichte 1890–1990, Wien 1994, S. 466 f.
236 Im Übrigen fehlt es nicht an Stimmen, die ein weiteres monetäres Entgegenkommen Kreiskys konstatieren, das gewissermaßen als Linderung bevorstehender Blessuren der Katholischen Kirche in Sachen „Fristenlösung" verstanden werden konnte: In diesem Zusammenhang ist eine Subvention in der Höhe von 500.000 Schilling zu nennen, die Kreisky gegen Jahresende 1972 an eine karitative kirchliche Organisation überweisen ließ: Siehe *Nagy, Thomas J.,* König – Kaiser – Kardinal. Auf den Spuren von Kardinal Franz König, Wien 2015, S. 232. Ebda. wird aus einer Rede Kardinal Königs zitiert, die dieser am 27. Februar 1973 vor dem ÖGB-Bundesvorstand hielt. Nachdem König auf die ablehnende Haltung der Katholischen Kirche zur „Fristenlösung" hingewiesen hatte, meinte er Folgendes: „Aber in grundsätzlichen Fragen kann sich die Kirche nicht arrangieren, auch nicht um des guten Einvernehmens, auch nicht um des guten Geldes willen, das dahinter steckt […] Die Kirche kann im Grundsätzlichen keine Arrangements treffen, keine Geschäfte machen."
237 Siehe *Rahner*, Leben (Anm. 69), S. 64 f.; *Ortner*, Universität (Anm. 68), S. 185; *Coreth*, Fakultät (Anm. 70), S. 119 ff.; *Liebmann*, Fakultät (Anm. 151), S. 174 f.; *Ders.*, Aufhebung (Anm. 151), S. 44 ff.

hergestellt. Im Bereich des katholischen Fakultätswesens kam es zu Konflikten, deren Dimension aus heutiger Sicht rückblickend noch nicht genau abschätzbar ist, und die vor allem die Berufung von Professoren bzw. Professorinnen zum Inhalt hatten bzw. haben. Dabei ist etwa zu bedenken, dass im Bereich des innerkirchlichen Hochschulrechts statt der Apostolischen Konstitution „Deus Scientiarum Dominus" nun v.a. die Apostolische Konstitution „Sapientia Christiana" aus dem Jahr 1979[238] samt den dazugehörigen „Ordinationes"[239] maßgeblich ist, was zu einer Verdichtung römisch-kurialer Einflussnahme bei Postenbesetzungen geführt hat.[240] Nicht selten kam es zu Verzögerungen bei Lehrstuhlbesetzungen bzw. zur Verweigerung des „nihil obstat" seitens der zuständigen kirchlichen Stellen. Doch auch an Entzug von Lehrbefugnissen seitens der zuständigen Diözesanbischöfe hat es nicht gefehlt. Ein Fall, der für mediales Aufsehen sorgte, war schließlich die Wahl und Wiederwahl der Innsbrucker Universitätsprofessorin Herlinde Pissarek-Hudelist zur Dekanin der Theologischen Fakultät.[241] Die erste Wahl erfolgte im Jahr 1988 für die Periode von 1989 bis 1991, die Wiederwahl erfolgte für die Jahre 1991 bis 1993. Nun kann man zwar der Ansicht sein, dass die im Konkordat vorgesehene Wahrung der Eigenart der Innsbrucker Fakultät keine wesentlichen Unterschiede zur Rechtsstellung anderer theologischer Fakultäten in Österreich zeitigt, doch schien wenigstens die Wahl einer Frau für den höchsten Fakultätsposten in einem gewissen Spannungsverhältnis zur einschlägigen Konkordatsbestimmung zu stehen – sind doch die Jesuiten ausschließlich und eindeutig ein Männerorden. Letztlich wurde die Frage der Zulässigkeit einer solchen Wahl mit der Begründung bejaht, dass mit Berufung an eine Professorenstelle auch das Recht auf Ausübung akademischer Funktionen verbunden sei.

Auch kam es seit 1945 zur Wiedereröffnung von Anstalten, die für die Erziehung künftiger Priester zuständig waren.[242]

---

238 *Acta Apostolicae Sedis*, 71. Jahrgang/1979, S. 469–499.
239 *Acta Apostolicae Sedis*, 71. Jahrgang/1979, S. 500–521.
240 Der konkordatäre Verweis auf das innerkirchliche Recht wird von der herrschenden Lehre als „dynamisch" aufgefasst: Siehe etwa *Kalb / Potz / Schinkele*, Religionsrecht (Anm. 7), S. 470. Daher ist nun die jüngere – und dabei im Hinblick auf den Einfluss der römischen Kurie zentralistisch gestaltete – kirchliche Rechtslage maßgeblich.
241 Siehe dazu *Schima, Stefan*, Die „Tiroler Glaubenseinheit" vor dem Hintergrund der österreichischen Rechts- und Verfassungsentwicklung im 19. Jahrhundert, in: Jahrbuch für die Geschichte des Protestantismus in Österreich 123. Jahrgang/2007, S. 65–119, hier: S. 119, Anm. 246. Ausführlicher – allerdings möglicherweise nicht ganz unbefangen – *Coreth*, Fakultät (Anm. 70), S. 157 f.
242 Siehe *Frank*, Leben (Anm. 65), S. 154, hier das Beispiel des Burgenländischen Knabenseminars Mattersburg.

V.5 Feiertagswesen

Der „Wiederaufbau" der staatlich anerkannten Feiertagsordnung gestaltete sich durchaus als Politikum.[243] Durch das Feiertagsruhegesetz vom 7. August 1945[244] wurden außer den Sonntagen folgende für die Katholische Kirche bedeutsamen Tage als staatliche Feiertage anerkannt: 1. Jänner, Ostermontag, Christi Himmelfahrt, Pfingstmontag, Fronleichnam, 15. August, 1. November, 25. und 26. Dezember. Nicht mehr genannt wurden der 6. Jänner, der 29. Juni und der 8. Dezember. Dies zog Proteste von Kirchenvertretern nach sich. Durch Novellen des Feiertagsruhegesetzes in den Jahren 1949 und 1955 wurden schließlich der 6. Jänner und der 8. Dezember als staatlich anerkannte Feiertage wieder eingeführt.[245] Damit war allerdings den Erfordernissen des Art. IX des Konkordats 1933/34 genau genommen noch immer nicht Genüge getan: Unter den staatlich anerkannten Feiertagen fehlte nämlich der 29. Juni (Peter- und Paulfest). Doch konnte eine Einigung zwischen Staat und Katholischer Kirche insofern herbeigeführt werden, als im Wege päpstlicher Dispens der 29. Juni in Österreich im Ergebnis als kirchlich gebotener Feiertag abgeschafft wurde.[246]

Damit waren nun im Wesentlichen alle Dissonanzen in Bezug auf das Feiertagswesen ausgeräumt. Doch kam es im Jahr 1984 zu einer vorübergehenden Verstimmung im Staat-Kirche-Verhältnis, die einigen Nachhall auf sich zog. Damals gestattete der Salzburger Landeshauptmann Wilfried Haslauer (senior) das

---

243 Zum Folgenden siehe *Schima*, Feiertage (Anm. 152), S. 197 f.
244 Stammfassung: Staatsgesetzblatt Nr. 116/1945. Nach Inkrafttreten des Zunächst 1. Bundesrechtsbereinigungsgesetz (Stammfassung: Bundesgesetzblatt I Nr. 191/1999) musste der Eindruck entstehen, dass das Feiertagsruhegesetz 1945 irrtümlich außer Kraft gesetzt wurde: Siehe *Schima, Stefan*, Die religionsrechtlichen Aspekte des Ersten Bundesrechtsbereinigungsgesetzes 1999, Teil I: Genese, Inhalt und grundsätzliche Probleme des Gesetzes, in: öarr 41. Jahrgang/2000 (Heft 2), S. 200–219, hier S. 205; zustimmend zu meinen Ausführungen *Kommenda, Benedikt*, in: „Die Presse" vom 7. Jänner 2002, S. 7; siehe ferner *Schima*, Aspekte III (Anm. 78), S. 458 f. Doch wurde mittlerweile das Feiertagsruhegesetz 1945 durch die bisher einzige Novelle des 1. Bundesrechtsbereinigungsgesetz (Bundesgesetzblatt I Nr. 113/2006) in dessen Anhang der weiter zu übernehmenden Gesetze aufgenommen. Diese Aufnahme geschah „gleichsam in Form einer authentischen Interpretation" der Stammfassung, wie in den Erläuternden Bemerkungen zu dieser Novelle, 1410 der Beilagen der XXII. Gesetzgebungsperiode des Nationalrats, zu lesen ist.
245 Siehe Bundesgesetzblatt Nr. 173/1949 und Nr. 227/1955.
246 Siehe *Rieger / Schima*, Katholische Kirche – Konkordat, Geschichtliches (Anm. 2), Bl. 11.

Offenhalten von Geschäften am 8. Dezember.[247] Wenn der ÖVP-Politiker durch diese wirtschaftspolitisch motivierte Maßnahme der nahen deutschen Konkurrenz das Wasser abgraben wollte, so kam es in der Folge zu Konflikten, die für einige Wochen der politischen Karriere Haslauers gefährlich werden konnten. Da der Landeshauptmann mit der Gestattung der Geschäftsoffenhaltung einer im Wege der mittelbaren Bundesverwaltung erteilten ministeriellen Weisung zuwidergehandelt hatte, kam es schließlich zu einer Verurteilung durch den Verfassungsgerichtshof. Mit dieser wurde allerdings keine Rechtsfolge verknüpft, so dass das Urteil lediglich einem Sturm im Wasserglas gleichkam. Langfristig dürfte diese Episode zu einer Verbesserung des Verhältnisses zwischen Katholischer Kirche und SPÖ beigetragen haben, die im Interesse der Arbeitnehmerseite für den Verbleib des 8. Dezember in der Sphäre des Sakrosankten eingetreten war.

V.6 Zentrale Aspekte der Kirchenfinanzierung – Der Vermögensvertrag von 1960 und seine Zusatzverträge

V.6.1 Allgemeines

Schon in den Vierzigerjahren kam es zur Rückstellung entzogener Güter, und dies vor allem im Sinne der so genannten Rückstellungsgesetzgebung.[248] Das wieder erstarkende Ordenswesen, aber auch das katholische Vereinigungswesen konnte

---

247 Siehe dazu *Schima*, Feiertage (Anm. 152), S. 198.
248 Zur Rückstellungs- und Entschädigungsgesetzgebung allgemein siehe außer *Bandhauer-Schöffmann*, Entzug (Anm. 7; im Besonderen: S. 226 ff.) auch *Bailer-Galanda, Brigitte*, Die Opfergruppen und deren Entschädigung, in: *Schulze, Heidrun / Wolfgruber, Gudrun* (Hg.), Wieder gut machen? (Informationen zur politischen Bildung), Innsbruck 1999, S. 90–96; *Dies.*, Die Entstehung der Rückstellungs- und Entstehungsgesetzgebung. Die Republik Österreich und das in der NS-Zeit entzogene Vermögen (Veröffentlichungen der Österreichischen Historikerkommission. Vermögensentzug während der NS-Zeit sowie Rückstellungen und Entschädigungen seit 1945 in Österreich 3), Wien 2003; *Wohnout, Helmut*, Eine „Geste" gegenüber den Opfern? Der Nationalfonds für Opfer des Nationalsozialismus und der schwierige Umgang Österreichs mit den Überlebenden nationalsozialistischer Verfolgung, in: *Angerer, Thomas / Bader-Zaar, Birgitta /Grandner, Margarete* (Hg.), Geschichte und Recht. Festschrift für Gerald Stourzh zum 70. Geburtstag, Wien 1999, S. 247–278; *Graf, Georg*, Die österreichische Rückstellungsgesetzgebung. Eine juristische Analyse (Veröffentlichungen der Österreichischen Historikerkommission. Vermögensentzug während der NS-Zeit sowie Rückstellungen und Entschädigungen seit 1945 in Österreich 2), Wien 2003.

vor allem aufgrund der Rückstellungsgesetzgebung materielle Stärkung erfahren.[249] Von zentraler Bedeutung für anerkannte Religionsgemeinschaften war das Zweite Rückstellungsanspruchsgesetz aus dem Jahr 1951.[250]

In Hinblick auf die Rückstellungsgesetzgebung stand aus katholischer Sicht die Rechtsfrage im Mittelpunkt, ob die Aufhebung der Religionsfonds eine „Entziehung" im Sinne der Rückstellungsgesetzgebung dargestellt hatten, oder ob es sich mit Blick auf die Kirchenbeitragseinführung lediglich um ein eine Art „Tauschgeschäft" handelte, bei dem die Katholische Kirche allerdings nicht als freiwillige Akteurin aufgetreten war.[251] Im Jahr 1953 kam es zwischen ÖVP und SPÖ vor dem Hintergrund eines aus dem durch die ÖVP kontrollierten Finanzministerium erstellten Entwurfes für ein „4. Rückstellungsanspruchsgesetz" zu emotional geführten Diskussionen.[252] In diesem Entwurf wurde die Auflösung der Religionsfonds als Vermögensentziehung im Sinne der Rückstellungsgesetzgebung behandelt. Ein entsprechendes Gesetz wurde dann mangels Einigung der Großparteien nicht erlassen, und erst die bereits erwähnten dem Staatsvertrag von Wien folgenden Vorgänge konnten zu großangelegten Einigungen führen.

---

249 Siehe *Bandhauer-Schöffmann*, Entzug (Anm. 7), S. 162 ff. Im Rahmen der vorliegenden Ausführungen kann nicht näher auf die Position katholischer Einrichtungen zur Bodenreform eingegangen werden. Siehe ebda. S. 219 ff. Bereits im Jahr 1945 war die Bodenreform wiederholt Verhandlungsgegenstand der Österreichischen Bischofskonferenz. Im Lauf der Jahre kam es zu regen Diskussionen zwischen österreichischen Bischöfen und Ordensvertretern. Dabei ist zu beachten, dass diejenigen Orden, die weitgehend nicht der diözesanbischöflichen Kontrolle unterstanden, den größten Anteil am kirchlichen Liegenschaftseigentum hielten. Die Grundstücke des Religionsfonds können bei dieser Betrachtung außer Acht bleiben, da es sich bei ihnen im eigentlichen Sinn nicht um kirchliches Eigentum gehandelt hatte. Was überhaupt mit einer bevorstehenden „Bodenreform" zu verbinden war, stand gewissermaßen in den Sternen. Aus dem Munde des damaligen Staatssekretärs Ernst Fischer (KPÖ), der einschlägige Maßnahmen mit ersatzlosen Enteignungen verbinden wollte, wenn die Kirche ihnen nicht zustimmte, bedeutete die Inaussichtstellung einer „Bodenreform" durchaus etwas anderes als etwa bei Vertretern der ÖVP.
250 Stammfassung: Bundesgesetzblatt Nr. 176/1951. Siehe dazu *Bandhauer-Schöffmann*, Entzug (Anm. 7), S. 226 f. Im Bereich der anerkannten Religionsgemeinschaften waren die Katholische Kirche, die Evangelische Kirche, die Orthodoxe Kirche, die Altkatholische Kirche und die Israelitische Religionsgesellschaft betroffen. Entschädigungen im Zusammenhang mit den Religionsfonds waren vom Anwendungsbereich dieses Gesetzes ausdrücklich ausgenommen.
251 *Bandhauer-Schöffmann*, Entzug (Anm. 7), S. 47.
252 Siehe dazu *Bandhauer-Schöffmann*, Entzug (Anm. 7), S. 66. Zum Entwurf siehe auch ebda. S. 233 f.

Was die kirchliche Sammlungsfreiheit betrifft, so wurde diese wieder hergestellt. Allerdings waren rechtliche Fragen bezüglich der Zuständigkeit für kirchliche Sammlungen im Bereich der Gesetzgebung zu klären.[253]

Allgemein lässt sich das kirchliche Bestreben feststellen, nicht mit Restitutionsansprüchen, die mit der Judenverfolgung bzw. mit dem Holocaust in Zusammenhang standen, in Verbindung gebracht zu werden. Dies war insofern sachlich gerechtfertigt, als im Fall des der Katholischen Kirche zugefügten Schadens in erster Linie der Staat der Profiteur gewesen war, während sich am jüdischen Vermögen vorwiegend Privatpersonen bereichert hatten.[254] Ferner konnte die Katholische Kirche nicht *per se* als Opfer des Nationalsozialismus betrachtet werden.[255] Dabei ist allerdings festzuhalten, dass eine assoziative Konnotation mit jüdischen Restitutionsansprüchen zum einen aus antisemitischen Motiven und zum anderen deswegen vermieden wurde, weil der mit dem Holocaust zu verbindende Schaden erheblich größer war und man letztlich vom Staat befürchtete Dammbrüche im Zusammenhang mit den Leistungspflichten von vorne herein unterbinden wollte.[256]

V.6.2 Der Weg zum Vermögensvertrag von 1960

Wenn im Sinne der Rechtsüberleitungsmechanismen grundsätzlich von einer Weitergeltung der in der nationalsozialistischen Zeit erlassenen Kirchenbeitragsbestimmungen auszugehen war,[257] so stand das neue System der Kirchenfinanzierung im Widerspruch zum Konkordat.

Folgerichtig blieben kirchliche Stellen für die Einhebung des Kirchenbeitrags zuständig, und es kam auf dieser Ebene zu einer Intensivierung in der Aufbauarbeit des kirchlichen Finanzwesens.[258]

---

253 Siehe dazu *Hellbling, Ernst C.*, Die fünfte evangelische Generalsynode und die sich daraus ergebenden Rechtsfragen, in: ÖAKR 7. Jahrgang (1956), S. 187–198, hier S. 193 f.
254 Siehe dazu *Bandhauer-Schöffmann*, Entzug (Anm. 7), S. 18.
255 Siehe *Bandhauer-Schöffmann*, Entzug (Anm. 7), S. 19.
256 Siehe *Bandhauer-Schöffmann*, Entzug (Anm. 7), S. 23 f.
257 Zur Frage der Weitergeltung von § 4 siehe allerdings unten Anm. 280.
258 Was die faktische Situation der Finanzkammern betrifft, so ist – zumindest für das Beispiel Sankt Pölten – eine Änderung der Personalstruktur zu verzeichnen. Die Finanzkammer Sankt Pölten wurde in gewisser Weise zu einem Hort ehemaliger Nationalsozialisten, wobei vor allem Angehörige der Polizei zu nennen sind, die der Partei angehört hatten: Siehe *Beroun*, Geschichte (Anm. 153), S. 61.

Allerdings zeigte man sich kirchlicherseits über jene staatliche Entscheidungspraxis nicht erfreut, seitens derer man weiterhin davon ausging, dass die Löschung eingetragener zu Gunsten kirchlicher Einrichtungen bestandener Fruchtgenussrechte durch § 5 des Kirchenbeitragsgesetzes gedeckt war.[259]

Als Anker für noch ausstehende Wiedergutmachungsleistungen wurde schließlich der Staatsvertrag von Wien aus dem Jahr 1955 herangezogen.[260] Dieser enthält in seinem fünften Teil („Eigentum, Rechte und Interessen") in Art. 26 Bestimmungen betreffend die Restitution von „Vermögenschaften", die Eigentümern etwa wegen deren Religion entzogen worden waren. Unter diesen Eigentümerbegriff wurden auch katholische Institutionen subsumiert, und dies ungeachtet dessen, dass sich dieser Artikel seiner Überschrift nach auf „Minderheitsgruppen" bezieht:

Auch nach 1945 erfolgte die Einhebung des Kirchenbeitrags zunächst durch Pfarrkirchenräte, doch Ende der Vierzigerjahre begannen die Finanzkammern die Beiträge mit Hilfe ihrer eigenen Funktionäre einzuheben. Noch Ende der Vierziger Jahre war auch ein breit gefasster Kreis ehrenamtlicher Mitarbeiter an der unmittelbaren Eintreibung der Kirchenbeiträge beteiligt. *Bohaczek*, Erinnerungen (Anm. 172), S. 23, hat sehr plastisch die Praxis der Kirchenbeitragseinhebung bzw. die Schwierigkeiten eines Greißlers aus dem 15. Bezirk geschildert, der im Herbst 1949 mit der unmittelbaren Einhebung bzw. „Bescheid"-Unterzeichnung befasst war: Der gestresste Mann kam eines Tages in die Pfarrkanzlei von „Maria vom Siege gelaufen", warf die „Bescheide" auf den Tisch und rief: „I bitt Ihna, lassen S de Bescheide unterschreiben, von wem S wolln, nur von mir net! I bin ruiniert wegn der deppertn Bescheide […] Hörns S […] I bin der Greißler da oben in der Clementinengassn und hab de ersten Bescheide von Ihnan unterschriebn. I hab ma nix denkt dabei und a de nextn unterschrieben. Dann haben Se de ersten ausgschickt. Und dann is es angangen. I grfreu mi no in der Fruah beim Aufsperrn, daß s heut a guats Gschäft gibt, weil scho a Masse Leit do warn. Aber statt guate Bestellungen hab i zum Hörn kriagt:'Se Pülcha, Se ölendicha! Zwanzig Jahr kauf i bei Ihnan jetzt ein. Und jetzan schickns ma des Se Gfraßt!' Wissen S, in unserer Gegend hört ma des berühmte Zitat vom Goethe garn nimmer; oba so oft wia heut hab is sunst des ganze Jahr net ghört. De haun mia no des Gschäft zsamm, de rabiatn Weiba, de! I bin ruiniert!"

Dies lässt es als verständlich erscheinen, dass die unmittelbare Einhebung des Kirchenbeitrags schließlich ortsfesten kirchlichen Stellen überlassen wurde und der institutionelle Ausbau des Kirchenbeitragswesens insofern voranschritt, als Anfang der Fünfzigerjahre die Gründung von Landeskirchenbeitragsstellen erfolgte.

259   Siehe *Bandhauer-Schöffmann*, Entzug (Anm. 7), S. 39; 67 ff. Eine wichtige Entscheidung gegenteiligen Inhalts wurde dann durch die Oberste Rückstellungskommission am 23. Juni 1960 gefällt (*Bandhauer-Schöffmann* ebda. 71, wo allerdings nicht auf eine vielleicht nicht ganz unbedeutende Koinzidenz eingegangen wird: Am selben Tag wurde nämlich der Vermögensvertrag abgeschlossen.)

260   Bundesgesetzblatt Nr. 152/1955.

Diese lautet nämlich „Vermögenschaften, Rechte und Interessen von Minderheitsgruppen in Österreich".

In einem im Dezember 1955 ergangenen Bundesgesetz („Erstes Staatsvertragsdurchführungsgesetz"; auch „Vermögensgesetz" genannt)[261] wurde deutlich zum Ausdruck gebracht, dass die Katholische Kirche als Geschädigte im Sinne des Art. 26 des Staatsvertrags zu behandeln war. So bezog sich das Gesetz auf die „Verluste von Vermögenschaften, gesetzlichen Rechten und Interessen der gesetzlich anerkannten Kirchen und ihrer einzelnen Einrichtungen, die zufolge nationalsozialistischer Maßnahmen" herbeigeführt worden waren und nannte dabei in demonstrativer Weise das Kirchenbeitragsgesetz 1939 samt seinen Durchführungsverordnungen (§ 1 Abs. 1).[262] Für die Geltendmachung der Ansprüche wurde für katholische Einrichtungen die Erzdiözese Wien namhaft gemacht (§ 1 Abs. 2), und damit erfolgte in diesem Gesetz die erste ausdrückliche Nennung der Katholischen Kirche. Man kann nun mit Fug und Recht in Zweifel stellen, dass katholische Einrichtungen aufgrund des Staatsvertrags von Wien als mögliche Geschädigte zu betrachten waren. Doch kann diese Frage insofern außer Betracht bleiben, als man sich seitens der Republik Österreich ohnehin den Ansprüchen der Katholischen Kirche stellen musste. Wenn darüber hinaus eine Regelung betreffend die Befriedigung der entsprechenden geltend gemachten Ansprüche binnen eines Jahres nach dem Inkrafttreten des Vermögensgesetzes angekündigt wurde (§ 2 Abs. 2), so war damit die Beschreitung eines zielgerichteten Weges binnen relativ kurzer Zeit vorgezeichnet. Diese Frist musste allerdings wiederholt verlängert werden.[263] Ferner wurde ausdrücklich festgehalten, dass „die durch die Auflösung der Religionsfonds eingetretenen Vermögensübertragungen" als „Vermögensentziehung" im Sinne des Staatsvertrags von 1955 anzusehen waren (§ 3). Damit war die in der Regierung vertretene SPÖ der Katholischen Kirche überraschend weit entgegengekommen.[264] Zwecks Durchführung der Restitution wurde die Religionsfonds-Treuhandstelle ins Leben gerufen (§ 4). Auf diese hatte

---

261 Bundesgesetzblatt Nr. 269/1955. Zu Genese und Inhalt des Gesetzes siehe *Bandhauer-Schöffmann*, Entzug (Anm. 7), S. 232 ff. Das Gesetz ist teilweise deutlich durch den Entwurf zu einem „4. Rückstellungsanspruchsgesetz" aus dem Jahr 1952 beeinflusst: Siehe ebda. S. 233.

262 Dabei ist zu beachten, dass das oben V.6.1 erwähnte Zweite Rückstellungsanspruchsgesetz von 1951 lediglich entzogenes Vermögen zum Gegenstand hatte: Vgl. *Bandhauer-Schöffmann*, Entzug (Anm. 7), S. 227.

263 Bundesgesetzblatt Nr. 270/1956 und 258/1957.

264 Vgl. dagegen die in den frühen Fünfzigerjahren geführten Diskussionen um die Rechtsnatur der Religionsfonds bei *Leisching*, Ansprüche (Anm. 62), S. 82 ff.

nun jenes Vermögen überzugehen, das im Eigentum der Religionsfonds gestanden war und nun von österreichischen Bundesdienststellen verwaltet wurde. Dies hatte in sinngemäßer Anwendung des Ersten Rückstellungsgesetzes[265] zu geschehen (§ 5).[266] Wurde das entsprechende Vermögen der Religionsfonds nicht mehr von österreichischen Bundesdienststellen verwaltet – zu denken ist hier an eine Weiterveräußerung an dritte Personen –, so war die Religionsfonds-Treuhandstelle berechtigt, als geschädigter Eigentümer im Sinne der Rückstellungsgesetzgebung Ansprüche geltend zu machen (§ 6).[267]

Seitens der österreichischen Bischöfe war man nicht säumig, den durch das Erste Staatsvertragsdurchführungsgesetz vorgegebenen Weg der Geltendmachung von Ansprüchen auf Restitution zu beschreiten.[268] Bereits in den ersten Monaten des Jahres 1956 wurden seitens der österreichischen Bischöfe zwei grundlegende Schreiben eingebracht. Darin fand selbst das Eherecht als Materie Erwähnung, im Zusammenhang mit der es zu finanziellen Einbußen der Katholischen Kirche gekommen sei.[269]

Die tatsächliche Errichtung der Religionsfond-Treuhandstelle erfolgte im Jahr 1956.[270] Sie trug u.a. dafür Sorge, dass mit den Erträgnisse aus den Religions-Fonds-Forsten nicht zuletzt Kirchenrenovierungen durchgeführt wurden: So gelang es, jene Gebäude, die im Vermögensvertrag von 1960 der Katholischen Kirche zugesprochen wurden, zumindest in jenen Standard zu versetzen, der baurechtlich gefordert war.[271]

Stand dann das Jahr 1957 – wie oben beschrieben – im Zeichen eines allgemeinen Tauwetters zwischen Staat und Katholischer Kirche, so erfolgte in vermögensrechtlicher Hinsicht im Jahr 1958 ein legistischer Schritt, der auf eine bevorstehende endgültige Einigung schließen ließ: Gegen den vehementen Widerstand der Freiheitlichen Partei Österreichs (FPÖ) und der KPÖ wurde am 17.

---

265 Bundesgesetzblatt Nr. 156/1946.
266 Zu diesem Verweis siehe *Graf*, Rückstellungsgesetze (Anm. 248), S. 461 f.
267 Siehe dazu *Rieger*, Beziehungen (Anm. 160), S. 46. Zur Umsetzung dieser Bestimmung siehe auch *Bandhauer-Schöffmann*, Entzug (Anm. 7), S. 72 f., wo auf das Verhältnis zwischen dem Ersten Staatsvertragsdurchführungsgsetz und der Rückstellungsgesetzgebung eingegangen wird.
268 Siehe dazu ausführlich *Bandhauer-Schöffmann*, Entzug (Anm. 7), S. 242 ff. Ebda. finden sich auch genaue Berechnungen der Schäden mitsamt Berücksichtigung der Valorisierung zum Zeitpunkt der Schadensaufstellungen.
269 Siehe dazu oben IV.3.
270 *Bandhauer-Schöffmann*, Entzug (Anm. 7), S. 46.
271 *Bandhauer-Schöffmann*, Entzug (Anm. 7), S. 46.

Dezember 1958 ein Gesetz beschlossen, das die Katholische, die Evangelische und die Altkatholische Kirche für die Jahre 1958 und 1959 mit „Vorschüssen" bedachte.[272] Für die Katholische Kirche waren das 100 Millionen Schilling jährlich, für die Evangelische Kirche 5 Millionen und für die Altkatholische Kirche 300.000 Schilling. In einer Novelle zum Gesetz von 1958 wurden ein Jahr später Vorschüsse in gleicher Höhe für das Jahr 1960 vorgesehen.[273] Die Höhe des an die Katholische Kirche zu leistenden jährlichen Betrages, von dem grundsätzlich dann auch im Vermögensvertrag von 1960 bei der Bemessung der jährlich wiederkehrenden Leistungen ausgegangen wurde – wenn auch dort geteilt zur Hälfte in einen 50 Millionen-Fixbetrag und einem Äquivalent in Beamtengehältern – wird in den Materialien zum Vermögensvertrag wie folgt begründet: „Der Betrag von 100 Millionen Schilling stellte im Jahre 1960 bei einem Budgetrahmen von 41 Milliarden Schilling rund 0,25% der Gesamtausgaben des Staates dar und beläuft sich somit prozentmäßig gesehen auf ein Drittel dessen, was der Staat der Kirche im Jahre 1932 zukommen ließ."[274] Diese Überlegungen zu den Ausgaben des Jahres 1960 lassen sich schematisch auch auf die budgetären Größenordnungen der späten Fünfzigerjahre anwenden. Sie dürfen allerdings nicht Anlass zum Missverständnis geben, man hätte hier davon auszugehen, dass man für den Rest der aufzubringenden Einnahmen in sachlicher Weise das nunmehr bestehende Kirchenbeitragsaufkommen zu veranschlagen hätte. Dabei ist insbesondere zu berücksichtigen, dass in der Zeit des Nationalsozialismus auch Leistungen von Ländern und Gemeinden weggefallen waren.[275]

Im Vermögensvertrag von 1960 wurde die Finanzierung der Katholischen Kirche auf breite Grundlagen gestellt. Dieser Vermögensvertrag bildet – wie der Schulvertrag aus dem Jahr 1962 – für sich ein eigenes Konkordat, ein völkerrechtliches Abkommen zwischen Heiligem Stuhl und einem anderen Völkerrechtssubjekt, eben der Republik Österreich. Der Volltitel des Vermögensvertrages lautet „Vertrag zwischen dem Heiligen Stuhl und der Republik Österreich vom 23. Juni 1960 zur Regelung von vermögensrechtlichen Beziehungen". Völlig zutreffend wurde in der Literatur auf den nicht abschließenden Charakter dieses Vertrages in Bezug auf vermögensrechtliche Fragen im Verhältnis von Staat und Katholischer Kirche hingewiesen.[276] So enthält auch der Schulvertrag Bestimmungen,

---

272 Bundesgesetzblatt Nr. 294/1958.
273 Bundesgesetzblatt Nr. 300/1959.
274 Erläuternde Bemerkungen zur Regierungsvorlage zum Vermögensvertrag, 232 der Beilagen der IX. Gesetzgebungsperiode des Nationalrats, S. 6.
275 *Bandhauer-Schöffmann*, Entzug (Anm. 7), S. 334.
276 *Rieger*, Beziehungen (Anm. 160), S. 43 f.

die für vermögensrechtliche Bereiche bzw. die Kirchenfinanzierung an sich von Bedeutung sind. Doch nichts desto trotz darf die Bedeutung des Abschlusses des Vermögensvertrages nicht unterschätzt werden: Der 12. Juli 1960 – jener Tag, an dem der Nationalrat dem Vermögensvertrag seine Zustimmung erteilte – „stellte einen entscheidenden Wendepunkt in der österreichischen Konkordatspolitik dar. Jetzt erst war das Klima geschaffen, ein gedeihliches Gespräch über kulturpolitische Fragen zu führen."[277]

Auch bei der Evangelischen Kirche, der Altkatholischen Kirche und nicht zuletzt auch bei der Israelitischen Religionsgesellschaft konnte man über die erzielte Einigung zufrieden sein. Denn in gesetzlichen Bestimmungen aus den frühen Sechzigerjahren wurden nun periodisch wiederkehrende Staatsleistungen festgesetzt.[278]

V.6.3 Der Inhalt des Vermögensvertrags von 1960

Wenn in Art. I zum Ausdruck gebracht wird, dass durch den Vermögensvertrag „gewisse vermögensrechtliche Beziehungen zwischen der Katholischen Kirche und dem Staat" geregelt und dabei „verschiedene Vorschriften" des Konkordats bzw. des Zusatzprotokolls abgeändert würden, ist zu beachten, dass damit keine abschließende Vereinbarung im Hinblick auf die vermögensrechtlichen Verhältnisse der Katholischen Kirche abgeschlossen wurde.[279] Unter anderem bedeutet dies, dass nicht zwingend alle vermögensrechtlich relevanten Konkordatsbestimmungen durch den Vertrag von 1960 außer Kraft gesetzt wurden.

Ungeachtet der nun zugesicherten Staatsleistungen wurde in Art. II die Möglichkeit der Einhebung von Kirchenbeiträgen – gemeint ist: im Sinne des Kirchenbeitragsgesetzes 1939 – weiterhin vorgesehen und dabei die freie Verfügbarkeit der entsprechenden Erträgnisse zum Ausdruck gebracht (Abs. 4). Somit wurde § 4 des Kirchenbeitragsgesetzes im Hinblick auf die Katholische Kirche spätestens durch den Vermögensvertrag außer Kraft gesetzt, und es konnte nicht mehr von der Pflicht zur Vorlage eines Haushaltsplans gegenüber den staatlichen Behörden

---

277 *Kostelecky*, Kirche (Anm. 39), S. 216.
278 Die Rechtsquellen samt Materialien siehe *Bandhauer-Schöffmann*, Entzug (Anm. 7), S. 299, Anm. 725. Ebda. S. 299 ff. geht die Autorin auf die Haltung der Evangelischen und der Altkatholischen Kirche zur Höhe der entsprechenden Leistungen ein.
279 Vgl. das Erkenntnis des Verwaltungsgerichtshofs vom 13. April 1966, Zl. 440/65, inhaltlich wiedergegeben bei *Gampl / Potz / Schinkele*, Staatskirchenrecht I (Anm. 32), S. 202.

und deren Recht zur Veranlassung der Streichung von Haushaltsposten ausgegangen werden.[280]

In Art. II wurden ferner zwei Arten von jährlich wiederkehrenden Leistungen zugesichert, die der Katholischen Kirche durch den Staat zukommen sollten. Zum einen ein Betrag von 50 Millionen Schilling (Abs. 1 lit. a) und zum anderen der „Gegenwert der jeweiligen Bezüge von 1250 Kirchenbediensteten unter Zugrundelegung eines Duchschnittsbezuges" eines Bundesbeamten (Abs. 1 lit. b). Dabei wurden folgende Leistungsgründe in offensichtlich nicht abschließender Aufzählung[281] genannt (Abs. 1):

- Wegfall der Klerikerdotierung, die gemäß der früheren Kongruagesetzgebung geleistet worden war;
- „Wegfall der öffentlichen Patronate und Kirchenbaulasten";
- Ersatz für jene Ansprüche, die von Seiten der Katholischen Kirche in Bezug auf das Religionsfondsvermögen geltend gemacht worden waren.

Innerhalb der Katholischen Kirche Österreichs wurden die 50 Millionen Schilling im Verhältnis 88% zu 12% an die Diözesen einerseits und die Orden andererseits verteilt.[282]

---

280 Siehe dazu *Schwendenwein*, Staatskirchenrecht (Anm. 157), S. 262, wo auch die Möglichkeit erörtert wird, dass § 4 des Kirchenbeitragsgesetzes bereits im Jahr 1945 aufgrund der Übernahme des Bundes-Verfassungsgesetzes von 1920 in der Fassung von 1929 außer Geltung gesetzt oder verfassungswidrig wurde. Vgl. auch *Kostelecky*, Kirchenbeitragsgesetz (Anm. 153), S. 696 f.
Was die in § 3 Abs. 2 festgelegte staatsaufsichtliche Genehmigungspflicht der Kirchenbeitragsordnungen betrifft, hatte der Verfassungsgerichtshof im Jahr 1959 ausgesprochen, dass eine derartige Genehmigung lediglich bedeute, dass gegen die betreffende Kirchenbeitragsordnung keine Bedenken bestehen. Die Genehmigungspflicht selbst binde die Gerichte in der Frage der Verbindlichkeit der betreffenden Kirchenbeitragsordnung gegenüber den Kirchenmitgliedern in keiner Weise: Sammlung der Erkenntnisse und wichtigsten Beschlüsse des Verfassungsgerichtshofes Nr. 3657/1959; siehe dazu auch ÖAKR 32. Jahrgang/1981 (Heft 3), S. 426 ff.

281 Vgl. *Puza, Richard*, Die Kirchenfinanzierung in Österreich seit dem Zweiten Weltkrieg, in: *Gatz*, Geschichte VI (Anm. 96), S. 341–357, hier S. 345.

282 *Bandhauer-Schöffmann, Irene*, Der Staatsvertrag als Grundlage der Neuordnung des Verhältnisses zwischen katholischer Kirche und österreichischem Staat 1955–1960, in: *Suppan, Arnold / Stourzh, Gerald / Müller, Wolfgang* (Hg.), Der österreichische Staatsvertrag: Internationale Strategie, rechtliche Relevanz, nationale Identität. The Austrian State Treaty: International Strategy, Legal Relevance, National Identity (Archiv für österreichische Geschichte 140), Wien 2005, S. 697–754, hier S. 751.

Insbesondere über diese periodisch wiederkehrenden Leistungen war im Vorfeld des Abschlusses des Vermögensvertrages diskutiert worden.[283] Von Seiten des Finanzministeriums war zeitweise der Vorschlag der Einhebung einer Kultussteuer ins Rampenlicht gerückt worden. Da diese im Wege eines Verwaltungsverfahrens durchsetzbar gewesen wäre, wären der Katholischen Kirche nicht wenige Vorteile im Vergleich zum Kirchenbeitragssystem erwachsen.[284] Schließlich war man dann im Finanzministerium zur Ansicht gelangt, dass befristete Jahresbeiträge für eine Wiedergutmachung am besten geeignet wären. Von Seiten der SPÖ war für einige Zeit der Vorschlag ventiliert worden, die zu gewährenden Staatsleistungen als Darlehen zu behandeln. In Bezug auf die Betragshöhe der dauernden Leistungen ist festzuhalten, dass ursprünglich – wie im Gesetz von 1958 – die Höhe von 100 Millionen Schilling geplant gewesen war, seitens des Heiligen Stuhls allerdings Bedenken wegen der mangelnden Wertsicherung geäußert worden waren. Daraufhin machte der damalige Außenminister Bruno Kreisky (SPÖ) den Vorschlag, 50 % der Summe an Beamtengehälter einer konkreten Dienstklasse zu binden.[285]

Was die einmaligen Leistungen an die Katholische Kirche betrifft, so ist zwischen zwei Arten zu unterscheiden, nämlich jenen, die aus dem Vermögen der Religionsfonds-Treuhandstelle (Art. III und Art. V Abs. 2) und jenen, die direkt durch die Republik Österreich zu erbringen waren (Art. V Abs. 1 und Art. VI).

Im Hinblick auf die Aufteilung des Vermögens der Religionsfonds-Treuhandstelle ist zwischen vier Vermögensmassen, von denen folgende drei der Katholischen Kirche zugutekamen, zu unterscheiden:

1. Jenes Vermögen, das aus welchem Titel auch immer durch eine kirchliche Einrichtung zu den Stichtagen 13. März 1938 oder 1. September 1959 verwendet wurde – in demonstrativer Weise wurden Kirchen, Pfarrhöfe und Klostergebäude mit Einschluss der dazugehörigen mit diesen in wirtschaftlichem Zusammenhang stehenden Grundstücke, Dotationsgüter und ähnliches – aufgezählt, ging in das Eigentum der Katholischen Kirche über (Art. III Abs. 1 Ziffer 1). Im Ergebnis handelte es sich dabei um 36 Kirchengebäude, sieben Klostergebäude und 29 Pfarrhöfe.[286]

2. Zum Zweck der Erhaltung des in Ziffer 1 genannten Vermögens wurden der Katholischen Kirche „forstlich genutzte produktive Liegenschaften mittlerer Art und Güte im Ausmaß von rund 5600 ha", die zum Zeitpunkt des Abschlusses des Vermögensvertrages durch die österreichischen Bundesforste für

---

283 Siehe ausführlich *Bandhauer-Schöffmann*, Entzug (Anm. 7), S. 278 ff.
284 Zu den Vorteilen des Eintreibens im öffentlichrechtlichen Weg siehe oben III.6.3.
285 *Bandhauer-Schöffmann*, Entzug (Anm. 7), S. 324.
286 *Kostelecky*, Kirche (Anm. 39), S. 216. Vgl. dazu oben Anm. 84.

die Religionsfonds-Treuhandstelle verwaltet wurden, zugesprochen (Art. III Abs. 1 Ziffer 2). Dabei handelte es sich um „annähernd 10% der produktiven Fläche" der durch die Religionsfonds-Treuhandstelle forstwirtschaftlich genutzten Liegenschaften.[287]

Für das Vermögen im Sinne der Ziffer 1 war die Eigentümerschaft der Erzdiözese Wien vorgesehen, für das Vermögen im Sinne der Ziffer 2 die Eigentümerschaft der Erzdiözese Salzburg (Art. III Abs. 1 Ziffer 3).

3. Dem Erzbischöflichen Stuhl Salzburg wurden ferner 560 Hektar forstlich genutzter produktiver Liegenschaften mittlerer Art und Güte zugesprochen (Art. V Abs. 2). Damit sollte für den genannten Erzbischöflichen Stuhl dieselbe vermögensrechtliche Situation geschaffen werden, wie sie in den meisten anderen Diözesen Österreichs bereits bestand. Noch vor Abschluss des Vermögensvertrags war eine grundsätzliche Einigung bezüglich der konkreten Liegenschaften zustande gekommen: Es handelte sich um einen „Teil der Forstverwaltung Weyer" im oberösterreichischen Traunviertel.[288]

Bei der vierten – nicht der Katholischen Kirche zukommenden – Vermögensmasse handelte es sich um das der Religions-Fondstreuhandstelle nach Durchführung dieser Leistungen verbliebene Vermögen. Dieses wurde der Republik Österreich zugesprochen (Art. III Abs. 1 Ziffer 4).

Direkt und nicht im Wege des Religionsfonds war die Republik Österreich durch folgende beiden Leistungspflichten betroffen:

1. Die Zusicherung der Übertragung konkreter Liegenschaften an kirchliche Stellen in der Stadt Salzburg, die mit insgesamt 8 Einlagezahlen angegeben waren (Art. V Abs. 1). Als Empfänger wurde die Erzdiözese Salzburg vorgesehen, wobei allerdings der Salzburger Erzbischof binnen einer bestimmten Frist andere juristische Personen als Empfänger namhaft machen konnte. Diese Bestimmungen bezogen sich nicht auf den Verlust von Berechtigungen bzw. Vermögenswerten, die durch das nationalsozialistische Regime verursacht worden waren, sondern auf Einbußen, die mit der Säkularisation des frühen 19. Jh. in Zusammenhang

---

287 Erläuternde Bemerkungen (Anm. 274), S. 7.
288 Erläuternde Bemerkungen (Anm. 274), S. 8. Zur Rechtsstellung des Baufonds Weyer und seiner Entwicklung siehe *Bandhauer-Schöffmann*, Entzug (Anm. 7), S. 329 f.; *Lidicky, Josef*, Die kirchliche Finanz- und Vermögensverwaltung des Erzbistums Salzburg im Spannungsfeld innerkirchlicher Umbrüche und eines knappen Wirtschaftswachstums, in: Metropolitankapitel zu Salzburg (Hg.), In signo crucis omnia. Festschrift zum 75. Geburtstag von Erzbischof Dr. Georg Eder, Salzburg 2003, S. 335–346, hier S. 345.

standen.[289] Im Rahmen des Vermögensvertrages ergab sich nun die Gelegenheit, eine vergleichsweise lange Diskussion zum Abschluss zu bringen. Eine zentrale Rolle spielte die Einziehung von Gütern des Domkapitels im Jahr 1807. Zum Zeitpunkt des Abschlusses des Vermögensvertrags vertrat das Erzbistum Salzburg den Standpunkt, dass Österreich als Rechtsnachfolger des früheren Salzburger Kirchenstaates, von dem es im Endeffekt das gesamte kirchliche Vermögen übernommen habe, zu betrachten sei und aus dem entsprechenden Vermögen sei auch kein Religionsfonds gebildet worden. Konkret handelte es sich bei den genannten Liegenschaften bzw. den dazugehörigen Gebäuden um „auch heute noch von der Kirche auf Dauer benötigte Gebäude, wie die Erzbischöfliche Residenz, die für das Metropolitankapitel bestimmten Wohnhäuser, das Dompropsteigebäude, das Domstadtpfarrhaus, das sogenannte Kapellhaus, das Franziskaner- und das Kapuzinerkloster".[290] Das waren Gebäude, die im Zeitpunkt der Säkularisation „ausgesprochen kirchlichen Zwecken dienten".[291]

2. Die Zusicherung eines Betrages von 10 Millionen Schilling an die Apostolische Administratur Burgenland bzw. die Diözese Eisenstadt aus dem Titel der bisherigen „Inanspruchnahme der im Eigentum der Katholischen Kirche oder ihrer Orden, Kongregationen und sonstiger kirchlicher Einrichtungen stehenden Gebäude, Grundstücke, Einrichtungsgegenstände, Lehrmittel und Bücher, die im Bereich dieser Apostolischen Administratur (Diözese) gelegen und Schulzwecken gewidmet sind oder waren" (Art. VI Abs. 1). Somit handelte es sich dabei um Entschädigungsleistungen, die mit dem so genannten „Portschyerlass" vom 12. September 1938 in Zusammenhang standen.[292]

In weiteren Bestimmungen wurden Abgabenbefreiungen für bestimmte Vermögensübertragungen vorgesehen, die mit dem Vermögensvertrag in Zusammenhang standen (Art. VII).

Ferner wurden Regelungen getroffen, die mit der Frage der Weitergeltung früherer Rechtsvorschriften in Zusammenhang stehen (Art. VIII). Zunächst wurde erwähnt, dass im vorliegenden Vertrag die finanziellen Pflichten der Republik Österreich neu geregelt würden, wobei sich vorab ein Hinweis auf die Auflistung jener Bestimmungen findet, die ausdrücklich als nicht mehr in Geltung stehend zu betrachten sind (Art. VIII Abs. 1 mit Verweis auf Abs. 2). Ausdrücklich wurde festgehalten, dass nun alle sich aus Teil V des Staatsvertrages von 1955 sich

---

289 Siehe dazu *Kolb*, Aufgaben (Anm. 84), S. 48 ff.; *Plöchl, Willibald M.* (Hg.), Die Regelung der Salzburger Vermögensfrage 1803–1961 (Kirche und Recht 2), Wien 1962.
290 Erläuternde Bemerkungen (Anm. 274), S. 8.
291 Erläuternde Bemerkungen (Anm. 274), S. 8.
292 Siehe auch Erläuternde Bemerkungen (Anm. 274), S. 8.

ergebenden Ansprüche der Katholischen Kirche und ihrer Einrichtungen gegenüber der Republik Österreich als abgegolten zu betrachten seien (Art. VIII Abs. 1). Eine derartige Bestimmung („Extinktionsartikel") war im Entwurfsstadium seitens der österreichischen Bischöfe abgelehnt worden.[293]

Einige Vorschriften des Konkordats und des Zusatzprotokolls wurden ausdrücklich als nicht mehr in Geltung stehend bezeichnet (Art. VIII Abs. 2):

Dabei waren folgende Bestimmungen des eigentlichen Konkordatstextes betroffen:

- Art. XI, § 1, letzter Absatz, der die Mitteilungspflicht des zuständigen Diözesanbischofs bzw. Praelatus nullius bei der Bestellung eines Pfarrbenefiziums zum Inhalt hatte. Eine derartige Bestimmung musste sich nun erübrigen, da es keine Benefizien mehr gab, zu deren Versorgung der Bund durch zweckgerichtete Zahlungen beitrug.

- Art. XI § 2 Abs. 1 bis 3: Abs. 1 hatte für die Bezüge von Geistlichen bzw. weiteren Personen, deren Gehalt durch öffentliche Dotationen bzw. Kongruaergänzungen finanziert war, das Erfordernis der österreichischen Staatsbürgerschaft und ein bestimmtes Ausbildungsniveau vorgesehen. Eine derartige Regelung erübrigte sich nun aus demselben Grund wie beim Wegfall von Art. XI § 1. Art. XI § Abs. 2 und 3 hatten Ausnahmen von Abs. 1 vorgesehen und waren daher ebenfalls als aufgehoben zu betrachten.

- Art. XII Abs. 2, letzter Halbsatz: In Anbetracht des nun einvernehmlich anerkannten Wegfalls der Religionsfonds erübrigte sich auch jene Bestimmung, der zufolge bei Vakanz von Pfründen, die durch die Religionsfonds zumindest unterstützt worden waren, die entsprechenden Einkünfte diesen zufließen sollten.

- Art. XIII § 2 Absatz 3: Hier war die Zustimmungsbefugnis der staatlichen Kultusverwaltung für den Fall der Veräußerung oder Belastung von kirchlichem Stammvermögen vorgesehen worden, wenn diese die Leistung von Zuschüssen aus öffentlichen Mitteln bedingte.[294] Eine derartige Regelung erübrigte sich spätestens mit dem vollen Gewinn der Freiheit der Katholischen Kirche zur Verwaltung ihres Vermögens.

- Art. XV, §§ 2, 3, 5, 6, 7 Absatz 1 erster Satz und Absatz 2 letzter Satz und § 9: Die Zusicherung bzw. in Aussichtstellung staatlicher Zahlungen war insofern gegenstandslos, als diese Materie ohnehin durch den Vermögensvertrag neu geregelt wurde.

---

293 Siehe *Bandhauer-Schöffmann*, Entzug (Anm. 7), S. 325 ff.
294 Siehe oben III.6.1.

- Art. XX Abs. 2: In Anbetracht des beiderseitig anerkannten Wegfalls staatlicher Kongrualeistungspflichten erübrigte sich auch die Beibehaltung jener Bestimmung, der zufolge die Bundesregierung die Einstellung derartiger Leistungen für den Fall der strafgerichtlichen Verurteilung eines Geistlichen verfügen konnte.

Folgende Regelungen des Zusatzprotokolls wurden als nicht mehr in Geltung stehend festgestellt:

- Die Bestimmungen des zweiten Absatzes zu Art. X § 3: Diese hatten finanzielle staatliche Hilfen für den Fall innerkirchlicher Organisationsmaßnahmen im Zusammenhang mit der Umwandlung inkorporierter Pfarren in weltgeistliche Pfarren bzw. den Austausch von Ordenspfarren und weltkirchlichen Pfarren in Aussicht gestellt. Staatlicher Mitwirkung bedurfte es in Anbetracht der entfallenen zweckgebundenen Leistungen für das Pfarrwesen nunmehr nicht, und somit war die entsprechende Bestimmung des Zusatzprotokolls ihres Sinngehalts entleert.

- Abs. 4 des Zusatzprotokolls zu Art. XIV wurde lediglich in Anbetracht des dort genannten Forensengesetzes von 1894[295] für aufgehoben erklärt. Da in dem nunmehr durch beide Vertragspartner anerkannten Kirchenbeitragsgesetz die Mitgliedsbeiträge für die dort geregelten Kirchen abschließend geregelt sind, konnte der Hinweis auf das Forensengesetz als gegenstandslos betrachtet werden.

- Die Zusatzprotokollteile zu Art. XV § 3 und § 5: Die betreffenden Paragraphen des Art. XV hatten staatliche Leistungen in Bezug auf Diözesen und Kirchengebäude vorgesehen und zählten ohnehin zu jenen, die nun durch den Vermögensvertrag ausdrücklich als nicht mehr in Geltung stehend festgestellt wurden.

Die Frage der Unterscheidung zwischen öffentlichen und privaten Patronaten sollte allerdings noch eine bedeutende Rolle spielen und im Hinblick auf den gleich zu besprechenden Zweiten Zusatzvertrag zum Vermögensvertrag von 1960 bedeutsam sein.

Schließlich wurde im für den Fall künftig auftretender Unstimmigkeiten in der Auslegung des Vermögensvertrags die sinngemäße Anwendung der Freundschaftsklausel (Art. XXII Abs. 2 des Konkordats) vorgesehen (Art. VIII). Im Vermögensvertrag selbst wurde nicht ausdrücklich vom Erfordernis des Abschlusses von Zusatzvereinbarungen für den Fall der Geldwerterhöhung oder der Geldwertverminderung ausgegangen. Dies wäre freilich im Hinblick auf die periodisch wiederkehrende Leistung von 50 Millionen Schilling von Bedeutung gewesen. Allerdings hatte man sich am 2. Mai 1960 auf politischer Ebene auf eine entsprechende Formel geeinigt: „Im Falle einer Werterhöhung oder Wertverminderung des Schillings über 20% soll in neue Verhandlungen zwecks Revision der in Art. II

---

295 Siehe dazu oben III.6.3.

Abs. 1, lit. a) des Vermögensvertrages bezeichneten Summe von 50 Millionen Schilling eingetreten werden."[296]

Eine zufriedenstellende Beantwortung der Frage, ob der Katholischen Kirche durch den Vermögensvertrag „Gerechtigkeit" wiederfahren ist oder der Staat gewissermaßen „über den Tisch gezogen" wurde, muss aus mannigfaltigen Gründen unterbleiben. Nicht nur, dass „Gerechtigkeit" näher definiert werden müsste – es kann auch nicht Aufgabe der vorliegenden Ausführungen sein, zu klären, wem eigentlich die Verfügungsmacht über die im Religionsfonds seit der Zeit ihrer Gründung hätte wirklich zustehen sollen. Was das Ausmaß der jährlich wiederkehrenden Leistungen betrifft, so hatte die Gesetzgebung der späten Fünfzigerjahre dieses schon präfiguriert, und im Zusammenhang damit konnte bereits darauf hingewiesen werden, dass man in Anbetracht der Nichtberücksichtigung weggefallener Leistungen von Bundesländern und Gemeinden bei der offiziellen Begründung der Höhe dieser Leistungen nicht genau vorgegangen war.[297] Doch lässt sich im Wesentlichen festhalten, dass mit dem Vermögensvertrag kirchlichen Wünschen Rechnung getragen wurde, die schon seit vielen Jahren im Rahmen konkreter Vorschlägen geäußert worden waren.[298]

Das durch den Vermögensvertrag festgelegte System der Kirchenfinanzierung unterschied sich in vielerlei Beziehung zu jenem, das durch das Konkordat umrissen war. Und was die zugesagten Staatsleistungen im Besonderen betrifft, so ist festzuhalten, dass man in bewusster Distanzierung zur Kongruagesetzgebung keinerlei Zweckbindung für die nunmehr vorgesehenen Zuwendungen festlegte.[299]

Wenn nun durch den Vermögensvertrag die im Jahr 1939 erfolgte Aufhebung öffentlicher Patronate kirchlicherseits anerkannt wurde, so können private Patronate weiterhin bestehen bleiben. Für diese sind heute weiterhin die „Baulastnormalien" maßgeblich, und dies nicht als Landesgesetze, sondern als Bundesgesetze mit eingeschränktem territorialem Geltungsbereich.[300] Der im CIC

---

296 Zitiert bei *Bandhauer-Schöffmann*, Entzug (Anm. 7), S. 325.
297 Siehe oben V.6.2. Weitere Berechnungsdetails und aufgezeigte Unschärfen bei *Bandhauer-Schöffmann*, Entzug (Anm. 7), S. 334 ff.
298 Siehe etwa *Bandhauer-Schöffmann*, Entzug (Anm. 7), S. 51, wo auf Vorarbeiten der Finanzkammerdirektoren aus dem Jahr 1950 eingegangen wird, die durch Josef Schoiswohl, den damaligen Administrator des Burgenlandes, koordiniert worden waren.
299 Vgl. Erläuternde Bemerkungen (Anm. 274), S. 7.
300 *Pree / Primetshofer*, Vermögen (Anm. 5), S. 175.

„Wiederaufbau" auf rechtlicher Ebene   353

1917 angeratene Patronatsverzicht (c. 1451)[301] ist in Österreich allerdings nicht ohne Wirkung geblieben. Es kam zur Ablösung zahlreicher privater Patronate.[302]

V.6.4 Die Zusatzverträge zum Vermögensvertrag von 1960

Wie bereits erwähnt, wurden inzwischen sechs Zusatzverträge zum Vermögensvertrag von 1960 geschlossen. In diesen wurde der 1960 verankerte Fixbetrag von 50 Millionen Schilling erhöht, wobei stets der Gedanke an die Inflationsanpassung eine Rolle spielte. Dies war allerdings nicht das ausschließliche Motiv der Betragserhöhung.

Der erste Zusatzvertrag wurde im Jahr 1969 abgeschlossen und im darauffolgenden Jahr kundgemacht.[303] Der jährlich zu bezahlende Fixbetrag wurde von 50 auf 67 Millionen Schilling erhöht. In den Erläuterungen zur Regierungsvorlage[304] findet sich der Hinweis, dass die ständigen jährlichen Leistungen des Bundes ihren Entschädigungscharakter verloren hätten. Dies komme „schon dadurch zum Ausdruck, daß die erforderlichen Budgetmittel im jeweiligen Bundesfinanzgesetz seit dem Jahre 1967 nicht mehr im Kapitel 26 Staatsvertrag, sondern in Kapitel 14 Kultus veranschlagt und somit für Kultuszwecke geleistet werden." Ferner wird darauf hingewiesen, dass sich der Sach- und Bauaufwand der Katholischen Kirche seit dem Jahr 1958 stark erhöht habe. „Abgesehen von den erhöhten Baupreisen ist dies auch auf den Baunachholbedarf zurückzuführen, der durch die jahrzehntelange Stagnation der Bautätigkeit und durch die Bevölkerungsumschichtungen usw. bedingt ist. Diese der Befriedigung religiöser Bedürfnisse der österreichischen Katholiken dienende Bautätigkeit muß als im öffentlichen Interesse gelegen

---

301 Siehe oben Anm. 92. Zur Frage, ob ein Patron ohne kirchliche Zustimmung auf sein Patronat verzichten und damit auch die entsprechenden Pflichten zum Erlöschen bringen kann und ihre Regelung durch die Kleruskongregation, siehe *Pree / Primetshofer*, Vermögen (Anm. 5), S. 176.
302 Siehe dazu *Hagel*, Entwicklung (Anm. 92), S. 178 ff. Als eines von vielen Beispielen ist für den Bereich des Burgenlandes die Ablösung der so genannten „Esterházyschen Patronate" zu erwähnen, deren Ende durch einen Vertrag zwischen dem Patronatsherrn und Heiligem Stuhl vom 24. September 1963 besiegelt wurde: Siehe *Frank*, Leben (Anm. 65), S. 151 f.
303 Bundesgesetzblatt Nr. 107/1970.
304 Erläuternde Bemerkungen zur Regierungsvorlage 1412 der Beilagen zur XII. Gesetzgebungsperiode des Nationalrats. Die einschlägigen Stellen sind auch abgedr. in *Gampl / Potz / Schinkele*, Staatskirchenrecht I (Anm. 32), S. 207.

angesehen werden, weil auch die katholische Kirche in Österreich gemäß Artikel II des Konkordates BGBl. Nr. 2/1934, öffentlich-rechtliche Stellung genießt."[305]

In dem im Jahr 1976 abgeschlossenen Zweiten Zusatzvertrag[306] wurde eine Anhebung des jährlich zu zahlenden Fixbetrages von 67 auf 97 Millionen Schilling vorgenommen. Die als exorbitant erscheinende Höhe des neuen Betrages beruht auf einem besonderen Grund und steht mit einer Änderung in der Rechtsprechung des Verwaltungsgerichtshofes im Jahr 1967 in Zusammenhang.[307] Dabei hatte das Höchstgericht in der Frage zu entscheiden, auf welche Weise die Abgrenzung zwischen öffentlichen und privaten Patronaten vorzunehmen war. Die Entscheidung dieser Frage war deswegen von fundamentaler Wichtigkeit, weil öffentliche Patronate durch das Kirchenbeitragsgesetz abgeschafft worden waren. Bis 1967 war die Titeltheorie, die dem Kriterium des historischen Entstehungstitels gefolgt war, maßgeblich gewesen,[308] ab 1967 die Inhabertheorie: D.h., dass nun gefragt wurde, wer zum Zeitpunkt des Inkrafttretens des Kirchenbeitragsgesetzes Inhaber des Patronats war. Dies war insofern von Brisanz, als es zum Stand vom 1. Mai 1939 (Inkrafttreten des Kirchenbeitragsgesetzes) 64 private Patronate gab, die sich bei Abschluss des Zweiten Zusatzvertrages in öffentlicher Hand befanden.[309]

Im Dritten Zusatzvertrag von 1981[310] erfolgte eine Erhöhung der Summe auf 128 Millionen Schilling, im Vierten Zusatzvertrag von 1990[311] auf 158 Millionen

---

305 Erläuternde Bemerkungen (Anm. 304).
306 Bundesgesetzblatt Nr. 220/1976.
307 Siehe die Erläuternden Bemerkungen zur Regierungsvorlage zum Zweiten Vermögensvertrag, 97 der Beilagen zur XIV. Gesetzgebungsperiode des Nationalrats. Die einschlägigen Stellen sind auch abgedr. in *Gampl / Potz / Schinkele*, Staatskirchenrecht I (Anm. 32), S. 208 f. Siehe ferner *Kostelecky, Alfred*, Private Patronate in öffentlicher Hand und der Zweite Zusatzvertrag mit dem Heiligen Stuhl zur Regelung von vermögensrechtlichen Beziehungen vom 9. Jänner 1976, in: *Leisching, Peter / Pototschnig, Franz / Potz, Richard* (Hg.), Ex Aequo et Bono (Willibald M. Plöchl zum 70. Geburtstag; Forschungen zur Rechts- und Kulturgeschichte 10), Innsbruck 1977, S. 447–456; *Puza*, Kirchenfinanzierung (Anm. 281), S. 353 ff.; *Bandhauer-Schöffmann*, Entzug (Anm. 7), S. 35.
308 Einen prominenten Vertreter hatte die Titeltheorie in *Höslinger, Robert*, Das private Patronat des gegenwärtigen österreichischen Staatskirchenrechtes, in: Österreichische Juristenzeitung 3. Jahrgang/1948 (Heft 6), S. 128–131, gefunden.
309 *Kostelecky*, Patronate (Anm. 307), S. 451. Ebda, S. 451 ff. detaillierte Angaben zu einzelnen Patronaten, die von der Judikaturänderung betroffen waren.
310 Bundesgesetzblatt Nr. 49/1982.
311 Bundesgesetzblatt Nr. 86/1990.

Schilling. Durch den Fünften Zusatzvertrag aus dem Jahr 1995[312] wurde die Summe auf 192 Millionen Schilling erhöht und durch den sechsten und bisher letzten Zusatzvertrag aus dem Jahr 2009 auf 17, 295 Millionen Euro.[313]

V.6.5 Kirchenfinanzierung zwischen Wiederaufbau und Defensive

Im Jahr 1962 gelangte schließlich der schon lange gehegte Gedanke der Gründung einer Salzburger Universität – und dies über den theologischen Fakultätsbestand hinaus – zur Umsetzung. Die Universität besteht in staatlicher Trägerschaft, und der lange Weg dorthin wurde von Gedanken begleitet, die kirchenfinanzierungsmäßige Implikationen enthielten. So schlug der Benediktiner Alois Mager, der der erste Dekan der theologischen Fakultät seit 1945 war, bald nach deren Wiedererrichtung vor, die Reaktivierung einer Salzburger Universität aus Kirchenbeitragsgeldern zu bewerkstelligen.[314] Eine Fakultätskommission konkretisierte diesen Vorschlag dann insofern, als zehn Prozent des Gesamtbeitragsvolumens im Sinne einer Universität Salzburg zweckgewidmet werden sollten. Dabei wurden die früheren nationalsozialistischen Machthaber als „Feinde der Kirche" bezeichnet, aus deren durch diese eröffneten Quelle – den im Jahr 1939 eingeführten Kirchenbeitrag – man nun eine Art Wiedergutmachung leisten könne.[315] Es mag für amtskirchliche Protagonisten der frühen Nachkriegszeit als typisch erscheinen, dass man nun die Einführung des Kirchenbeitrags regelrecht verteufelte, wobei der von einem St. Pöltner Finanzkammerdirektor im Jahr 1947 gebrauchte Ausdruck „NS-Kuckucksei"[316] als Euphemismus erscheinen mag. Auch fehlte es nicht an kirchlichen Forderungen im Sinne der Einführung des deutschen Kirchensteuersystems.[317]

---

312 Bundesgesetzblatt Nr. 609/1996.
313 Bundesgesetzblatt III Nr. 120/2009. Siehe dazu *Schima, Stefan*, Die wichtigsten religionsrechtlichen Regelungen des Bundesrechts und des Landesrechts, Jahrgang 2009, in: öarr 59. Jahrgang/2012 (Heft 2), S. 346–390, hier S. 365. Vgl. dazu die derzeit maßgeblichen jährlichen Beträge für die Evangelische Kirche (1,113.000 Euro), die Altkatholische Kirche (51.000 Euro) und die Israelitische Religionsgesellschaft (308.000 Euro). Diese Beträge wurden durch ein ebenfalls aus dem Jahr 2009 stammendes Bundesgesetz – Bundesgesetzblatt Nr. I 92/2009 – angepasst. Siehe dazu *Schima*, ebda. S. 351.
314 Siehe *Ortner*, Universität (Anm. 68), S. 186 f.
315 Zitiert bei *Ortner*, Universität (Anm. 68), S. 187.
316 Zitiert bei *Höfer*, Kirchenbeitrag (Anm. 153), S. 95.
317 Siehe *Höfer*, Kirchenbeitrag (Anm. 153), S. 95 ff. Zur deutschen Kirchensteuer siehe oben Anm. 159.

Im Jahr 1988 wurde durch eigenes Bundesgesetz die Auflösung der Religionsfonds-Treuhandstelle verfügt.[318] Dabei wurde der Vermögensübergang auf die Republik Österreich vorgesehen (§ 2). Vermögensteile, deren Vorhandensein erst nachträglich festgestellt würde, und die gemäß dem Vermögensvertrag von 1960 an die Katholische Kirche zu übertragen wären, sind demnach als Vermögen der Erzdiözese Wien kenntlich zu machen (§ 3 Abs. 1). Entsprechende grundbücherliche Rechte, die erst nachträglich entdeckt werden, sind für die Erzdiözese Salzburg auszuweisen (§ 3 Abs. 2).

Unter der Auflösung darf man sich keinen nachhaltig beeindruckenden Liquidationsakt vorstellen: Mitglieder des für diese Angelegenheiten zuständigen Kultusamtes waren auf das Konto der personell nicht besetzten Religionsfonds-Treuhandstelle gestoßen. Vor Auflösung derselben musste allerdings ein Akt des Gesetzgebers urgiert werden, da sie ihrerseits durch Gesetz eingerichtet worden war.[319]

VI. Neunzigerjahre und 21. Jahrhundert: Die Katholische Kirche Österreichs zwischen „Wertestudien", Äußerungen der Konkordatskritik und weiteren Härtetests

VI.1 Allgemeines

Von katholischer Seite aus – konkret sei hier vor allem an die römische Kurie, aber auch die österreichischen Ortsbischöfe gedacht – kann die seit 1945 erfolgende Wiederaufbauarbeit, unter der hier die Klärung der grundsätzlichen Weitergeltung des Konkordats 1933/34 und der Abschluss der Zusatzverträge verstanden werden soll, als zum größten Teil geglückt betrachtet werden. Das ändert allerdings nichts an der Tatsache, dass das Konkordat und die Zusatzverträge insbesondere medialer Kritik unterzogen werden. Dabei ist keineswegs an eine Sturmflut kritischer Äußerungen zu denken, deren Eignung, das gesamte Vertragswerk hinwegzufegen, zwingend anerkannt werden müsste, doch lassen sich Tendenzen erkennen, die durchaus nicht unerwähnt bleiben sollen.

Wenden wir unsere abschließenden Überlegungen zunächst weniger der Rechtsordnung und Aspekten ihrer Anwendung zu: Es fehlt nicht an Studien, in denen v.a. aufgrund von Statistiken durchaus schlüssig nachgewiesen wird, dass in Österreich der Katholischen Kirche – wie im Großen und Ganzen den

---

318 Bundesgesetzblatt Nr. 98/1988. Zu diesem Gesetz siehe auch *Graf*, Rückstellungsgesetzgebung (Anm. 248), S. 464.
319 Für einschlägige Informationen bin ich Herrn Univ. Prof. Dr. *Richard Potz* dankbar.

institutionalisierten Formen von Religion – immer weniger Ansehen in der Bevölkerung zukommt.[320] Dies ist zweifelsohne zutreffend, und muss nicht notgedrungen (nur) auf das Versagen von Kirchenvertretern zurückgehen. Inwieweit etwa das im Verlauf der Sechziger Jahre zu zentraler Bedeutung gelangte Fernsehen einen Grundstein gelegt hatte, traditionelle Bindungen – wie etwa an das katholische Vereinsleben – zu lockern, kann hier nicht beziffert werden. Doch ist andererseits gerade für die Zeit der Zweiten Republik ein Ansehensgewinn der Katholischen Kirche in politisch maßgeblichen Kreisen zu konstatieren, der auch heute anhält. Dem konnte auch die geänderte päpstliche Politik der Bischofsernennungen, wie sie sich seit der zweiten Hälfte der Achtziger Jahre bemerkbar machte, keinen Einhalt gebieten. Mit den entsprechenden Bischofsernennungen war „eine deutliche Änderung innerhalb der katholischen Kirche" verbunden gewesen,[321] und als im Jahr 1995 Fälle von Kindesmissbrauch in der Öffentlichkeit bekannt wurden, in die der Wiener Erzbischof Kardinal Hans Hermann Groër verwickelt gewesen war, führte dies zu einem Erdbeben in der Katholischen Kirche Österreichs. Nach einer nicht sachgemäßen Reaktion einiger österreichischer Bischöfe gelang ihr allerdings der Aufbau von Strukturen, die zu einer kirchlichen Enttabuisierung dieser Vorfälle beitragen konnten, doch ist fraglich, ob der nachhaltige Vertrauensverlust in die Katholische Kirche dieses Landes wettgemacht werden konnte.

Doch trotzdem lässt sich heute – zum Stand des Jahres 2015 – festhalten, dass keine der im Nationalrat vertretenen Parteien einen Kurs, der als „antikirchlich" oder „betont kirchenkritisch" beurteilt werden kann, verfolgt.[322] Selbst in der kleinsten Parlamentsfraktion – den seit dem Jahr 2013 im Nationalrat vertretenen NEOS – sind jene Kräfte, die eine weitere Entflechtung von Staat und Kirche in großem Maß befördern wollen, offensichtlich nicht in der allerersten Reihe anzutreffen.[323]

---

320 Siehe dazu etwa *Zulehner, Paul M. / Polak, Regina*, Religion – Kirche – Spiritualität in Österreich nach 1945. Befund, Kritik, Perspektive (Österreich – Zweite Republik. Befund, Kritik, Perspektive 13), Innsbruck 2006, S. 52 ff.
321 *Hanisch*, Schatten (Anm. 235), S. 460.
322 Dabei spielen die Programme der Parlamentsparteien keine so große Rolle, wie die Tatsache, dass die Katholische Kirche einerseits als Traditionsbewahrerin und andererseits als Player der Zivilgesellschaft und dies vor allem im karitativen Bereich gesehen wird.
323 Dies belegt etwa die parteiinterne Absetzung des NEOS-Abgeordneten und vormaligen Initiators des „Volksbegehrens gegen Kirchenprivilegien", Niko Alm, als „Religionssprecher" seiner Partei bzw. Fraktion im Juni 2014. Siehe dazu http://diepresse.com/home/politik/innenpolitik/3818555/Religionssprecher-ohne-Nudelsieb_Strolz-ersetzt-Alm (Zugriff: 6. Juli 2015).

Ebenfalls im Jahr 2013 hatte die „Initiative gegen Kirchenprivilegien" ein Volksbegehren veranlasst, das v.a. die Kündigung des Konkordats zum Inhalt hatte.[324] Dieses wurde von bloß 56.660 Wahlberechtigten unterschrieben, und dies sind 0,89 Prozent aller Wahlberechtigten. Abgesehen davon, dass Volksbegehren etwa erst dann als „erfolgreich" betrachtet werden können, wenn 100.000 Wahlberechtigte dieses unterschrieben haben – erst in diesem Fall muss sich der Nationalrat damit befassen –, handelt es sich um das Volksbegehren, das in der Zweiten Republik die geringste Zahl an Unterstützungserklärungen erhielt.[325] Dabei wird man allerdings auch zu bedenken haben, dass vor allem in ländlichen Gegenden noch immer eine Scheu der Bevölkerung anzutreffen ist, offen gegen die Katholische Kirche Stellung zu beziehen. Konkret ist festzuhalten, dass von den 8.637 Unterstützungserklärungen, die im Sinne der Durchführung des Volksbegehrens bis zum 31. Dezember 2012 abgegeben wurden, allein 44% aus der Bundeshauptstadt Wien stammten.[326] Doch kann dieses Volksbegehren nichts desto trotz als Gradmesser dafür betrachtet werden, dass die Reduzierung von „Kirchenprivilegien" nicht zu den Hauptanliegen der Bevölkerung zählt.

Wenn mit dem genannten Volksbegehren auch das Anliegen nach einseitiger Kündigung des Konkordats und der Zusatzverträge durch Österreich in Verbindung zu bringen ist, so ist die Frage der rechtlichen Zulässigkeit eines derartigen Schrittes sehr differenziert zu beantworten,[327] und in ihrer Bedeutung wohl durch den Aspekt des Faktischen überlagert. Doch wie bereits festgestellt, dürfte das Interesse an einer Konkordatskündigung derzeit in Österreich kein allzu großes sein.

Doch das ändert nichts daran, dass grundrechtliche Vorgaben und deren Interpretation in einem Spannungsverhältnis mit Konkordatsbestimmungen stehen

---

In gewisser Weise können die NEOS als Nachfolgepartei des im Jahr 1993 gegründeten „Liberalen Forums" aufgefasst werden. Dass das Scheitern dieser Partei bei den Nationalratswahlen des Jahres 1999 – ihr gelang nicht mehr der Einzug in diese parlamentarische Körperschaft – mit einer medial verstärkten Propagierung der Trennung von Staat und Kirche in Zusammenhang zu bringen ist, kann im Rahmen der vorliegenden Ausführungen nicht schlüssig belegt, aber immerhin als Vermutung in den Raum gestellt werden.

324 Siehe dazu http://de.wikipedia.org/wiki/Initiative_gegen_Kirchenprivilegien (Zugriff: 3. Juni 2015).
325 Siehe dazu die Liste der bisher stattgefundenen Volksbegehren, http://de.wikipedia.org/wiki/Liste_der_Volksbegehren_in_%C3%96sterreich (Zugriff: 3. Juni 2015).
326 http://de.wikipedia.org/wiki/Initiative_gegen_Kirchenprivilegien (Zugriff: 3. Juni 2015).
327 Siehe dazu Schima, Freund (Anm. 17), S. 56 f.

können. Dem aus Art. 15 StGG abgeleiteten Paritätsprinzip, bei dem es v. a. um die Gleichbehandlung anerkannter Religionsgemeinschaften geht, kommt zentraler Stellenwert im österreichischen Religionsrecht zu,[328] und es ist in diesem Sinne zu fragen, ob konkordatär zugesicherte Berechtigungen auch anderen anerkannten Religionsgemeinschaften zukommen, und, für den Fall, dass dem nicht so ist, ob entsprechende Unterscheidungen sachlich gerechtfertigt sind. Dabei ist auch das so genannte „Meistbegünstigungsprinzip" zu erwähnen, das im 1961 erlassenen Protestantengesetz enthalten ist (§ 1 Abs. 2 Pkt. III[329]) und eine einfachgesetzliche Abstützung des Paritätsgrundsatzes darstellt.[330] Auch wenn in der Praxis die Ansicht vertreten wird, dass kein Anspruch auf Durchsetzung des Meistbegünstigungsprinzips besteht, ist doch daran zu denken, dass die im Schulvertrag von 1962 enthaltene Zusicherung, wonach das gegenwärtige Stundenausmaß des Religionsunterrichts nicht herabgesetzt werden soll und eine Neufestsetzung nur im Einvernehmen zwischen Staat und Kirche vorgenommen werden könne (Art. I § 1 Abs. 3), aus paritätsrechtlichen Gründen im Ergebnis allen gesetzlich anerkannten Religionsgemeinschaften zu Gute kommt.[331]

In Bezug auf internationale Vorgaben und Rahmenbedingungen des österreichischen Religionsrechts und damit auch der Rechtsstellung der Katholischen Kirche ist vor allem an die Europäische Menschenrechtskonvention (EMRK) aus dem Jahr 1950 zu denken, der Österreich im Jahr 1958 beigetreten ist[332] und der rückwirkend im Jahr 1964 Verfassungsrang zuerkannt wurde.[333] Religionsrechtlich relevant ist zunächst der die Religionsfreiheit betreffende Art. 9, und darüber

---

328 Zum Stellenwert des Paritätsprinzips im Sinne der „religionsrechtlichen Ausformung des Gleichheitssatzes" siehe *Kalb / Potz / Schinkele*, Religionsrecht (Anm. 7), S. 62 ff.
329 Die Bestimmung lautet: „Alle Akte der Gesetzgebung und Vollziehung, die die Evangelische Kirche betreffen, haben den Grundsatz der Gleichheit vor dem Gesetz im Verhältnis zur rechtlichen und tatsächlichen Stellung der anderen gesetzlich anerkannten Kirchen und Religionsgesellschaften zu beachten."
330 Siehe dazu ausführlich *Kalb / Potz / Schinkele*, Religionsrecht (Anm. 7), S. 549 f.
331 *Schima, Stefan*, Die wichtigsten religionsrechtlichen Regelungen des Bundesrechts und des Landesrechts, Jahrgang 2003, in: öarr 51. Jahrgang/2004 (Heft 2), S. 323–340, hier S. 332, wo auch die einschlägigen innerstaatlichen Rechtsvorschriften genannt werden. Einzig für die Katholische Kirche besteht allerdings eine entsprechende völkerrechtliche Absicherung, und auch von dieser können in gewisser Weise alle anderen anerkannten Religionsgemeinschaften in Anbetracht des Paritätsprinzips profitieren. Vgl. auch *Potz*, Konkordat (Anm. 7), S. 84.
332 Bundesgesetzblatt Nr. 210/1958.
333 Bundesgesetzblatt Nr. 59/1964.

hinaus ist auch an Art. 2 des 1. Zusatzprotokolls von 1952[334] zu denken, dem zufolge der Staat u.a. das Recht der Eltern zu achten hat, die Erziehung und den Unterricht der Kinder entsprechend deren eigenen religiösen Überzeugungen bzw. Weltanschauungen sicherzustellen. Ferner räumt der Europäische Gerichtshof für Menschenrechte (EGMR) in seiner Rechtsprechung der Nichtdiskriminierungsbestimmung des Art. 14 („Verbot der Benachteiligung") immer größere Bedeutung ein, und dies nicht zuletzt auf der religionsrechtlichen Ebene.[335]

Im Hinblick auf die genannten Bestimmungen der EMRK ist auch zu fragen, ob die aus verfassungsrechtlicher Sicht teils bedenkliche Ungleichbehandlung zwischen Religionsgemeinschaften und nicht religiösen Weltanschauungsgemeinschaften der Rechtsprechung des EGMR standhalten wird.[336]

Ferner ist im Zusammenhang mit dem österreichischen Religionsrecht und dabei insbesondere der weiteren Maßgeblichkeit einzelner Konkordatsbestimmungen auch der Beitritt Österreichs zur Europäischen Union am 1. Jänner 1995 zu beachten, denn auch Unionsbestimmungen können zu religionsrechtlichen Regelungen – seien es rein innerstaatliche Vorschriften oder Vorschriften in völkerrechtlichen Verträgen – in einem Spannungsverhältnis stehen. Dass sich darüber hinaus insbesondere mit dem Inkrafttreten des Vertrags von Lissabon[337] am 1. Dezember 2009 die Verknüpfungen zwischen EU-Recht und den Regelungen der EMRK beträchtlich verdichtet haben, verdient im diesem Kontext ebenfalls

---

334 Dieses wurde wie die Europäische Menschenrechtskonvention unter Nr. 210/1958 kundgemacht, und ihm kommt – wie allen durch Österreich ratifizierten Zusatzprotokollen – Verfassungsrang zu.
335 Siehe *Grabenwarter, Christoph / Pabel, Katharina*, Europäische Menschenrechtskonvention, München ⁵2012, S. 519 ff.
336 Zu dieser Ungleichbehandlung und der Frage nach ihrer sachlichen Rechtfertigung siehe *Schima*, Staat (Anm. 42), S. 132 f. Zu nennen ist hier etwa die Möglichkeit der Konstituierung von Religionsgemeinschaften als Vereine, eingetragene Bekenntnisgemeinschaften mit Rechtspersönlichkeit oder gesetzlich anerkannten Religionsgemeinschaften, während nichtanerkannte Religionsgemeinschaften grundsätzlich nur als Vereine agieren können. Zu erwähnen ist etwa auch die Heranziehung gesetzlich anerkannter Religionsgemeinschaften zum Religionsunterricht an öffentlichen Schulen bzw. Privatschulen mit Öffentlichkeitsrecht. Nichtreligiöse Weltanschauungsgemeinschaften könnten nicht zu einem adäquaten Unterricht herangezogen werden.
337 Zur religionsrechtlichen Relevanz des Vertrags von Lissabon insbesondere vor dem Hintergrund der österreichischen Rechtsordnung siehe *Schima*, Regelungen (Anm. 313), S. 365 ff.

Beachtung. Unter gleichheitsrechtlicher Sicht ist in Bezug auf das EU-Recht vor allem an Antidiskriminierungsrichtlinien zu denken, die geeignet sein könnten, gewisse Turbulenzen im konkordatären Gefüge auszulösen. Allerdings hat man zu berücksichtigen, dass das Konkordat vor dem EU-Beitritt Österreichs abgeschlossen wurde und daher vom EU-Recht grundsätzlich nicht berührt wird (Art. 351 Abs. 1 AEUV[338]). Demgegenüber ist jedoch ein grundsätzliches Harmonisierungsgebot zu beachten: Es soll nach Möglichkeit eine Vereinheitlichung zwischen dem EU-Recht und zeitlich vorangehenden völkerrechtlichen Verträgen hergestellt werden (Art. 351 Abs. 2 AEUV[339]).

Dass die Materie des österreichischen Religionsrechts in jüngster Zeit einem beachtlichen Wandel unterworfen ist, haben zunächst die Neufassung des Israelitengesetzes von 1890 im Jahr 2012[340] und die Verabschiedung des Islamgesetzes 2015[341] gezeigt. Beide Gesetze weisen nämlich Tendenzen auf, die in beachtlichem Maß in Richtung eines Systems der Staatskirchenhoheit deuten.[342] Dabei ist festzuhalten, dass das Islamgesetz 2015 gegen den Widerstand eines nicht unbeträchtlichen Teils der Islamischen Glaubensgemeinschaft erlassen wurde. Dies ist schon deswegen beachtlich, weil Österreich in einer Tradition des Konsenses

---

338 Art. 351 Abs. 1 AEUV lautet: „Die Rechte und Pflichten aus Übereinkünften, die vor dem 1. Januar 1958 oder, im Falle später beigetretener Staaten, vor dem Zeitpunkt ihres Beitritts zwischen einem oder mehreren Mitgliedstaaten einerseits und einem oder mehreren dritten Ländern andererseits geschlossen wurden, werden durch die Verträge nicht berührt."

339 Art. 351 Abs. 2 AEUV lautet: „Soweit diese Übereinkünfte mit den Verträgen nicht vereinbar sind, wenden der oder die betreffenden Mitgliedstaaten alle geeigneten Mittel an, um die festgestellten Unvereinbarkeiten zu beheben. Erforderlichenfalls leisten die Mitgliedstaaten zu diesem Zweck einander Hilfe; sie nehmen gegebenenfalls eine gemeinsame Haltung ein."

340 Zu dieser so genannten „Novelle", die in Wirklichkeit eine völlige inhaltliche Neufassung des überkommenen Israelitengesetzes darstellt, siehe: *Gartner, Barbara*, Das neue österreichische Israelitengesetz: Eine historische Annäherung, in: Rees / Roca / Schanda, Entwicklungen (Anm. 159), S. 183–211; *Schima, Stefan*, Neuerungen im österreichischen Anerkennungsrecht, ebda. S. 616–637, hier S. 635 ff.; *Potz, Richard / Schinkele, Brigitte*, Das neue Israelitengesetz 2012, in: öarr 60. Jahrgang (2013), S. 303–335.

341 Bundesgesetzblatt I Nr. 39/2015. Wenn in der Folge wiederholt Stellungnahmen zum entsprechenden Ministerialentwurf genannt werden, so ist die entsprechende Internetseite http://www.parlament.gv.at/PAKT/VHG/XXV/ME/ME_00069/index.shtml (Zugriff: 14. Juli 2015) zu beachten. Dort sind auch die im Rahmen des Gesetzesbegutachtungsverfahrens abgegebenen Stellungnahmen genannt.

342 Zum Begriff der Staatskirchenhoheit siehe oben III.1.

steht, was die Regelung der äußeren Rechtsverhältnisse konkreter Religionsgemeinschaften betrifft.[343]

VI.2 Der grundsätzliche Status der Katholischen Kirche und ihrer Einrichtungen

Auf den ersten Blick hat sich am Status der Katholischen Kirche und ihrer Einrichtungen verglichen mit der Zeit des Inkrafttretens des Konkordats grundsätzlich nichts geändert: Die Katholische Kirche genießt die Stellung einer Körperschaft des öffentlichen Rechts, und dies ist auch für jene ihrer Einrichtungen der Fall, für die ein Wunsch nach derartiger Rechtspersönlichkeit besteht. Allerdings haben Formulierungen des Israelitengesetzes in seiner Fassung von 2012 und des Islamgesetzes 2015 Diskussionen über die Eigenschaft anerkannter Religionsgemeinschaften als Körperschaften öffentlichen Rechts ausgelöst,[344] wobei sich die Vermutung aufdrängt, dass man staatlicherseits die gesetzlich anerkannten Religionsgemeinschaften mehr in die Pflicht nehmen will, als dies vor Erlassung der beiden Gesetze der Fall gewesen war.[345] So ist zu Beginn des Israelitengesetzes über die Israelitische Religionsgesellschaft zu lesen: „Sie ist eine Körperschaft öffentlichen Rechts" (§ 1), und bezüglich der Islamischen Religionsgesellschaften heißt es folgerichtig „Sie sind Körperschaften öffentlichen Rechts" (§ 1 Islamgesetz 2015). Damit ist freilich nur ein Aspekt im Sinne der Staatskirchenhoheit angesprochen, doch es sind auch Kontroll- und Aufsichtsrechte zu nennen, die in diese Richtung weisen.[346] Es ist nicht ausgeschlossen, dass hier Trends vorgegeben

---

343 Siehe *Potz*, Konkordat (Anm. 7), S. 75.
344 Zu den entsprechenden Formulierungen siehe *Potz / Schinkele*, Israelitengesetz 2012 (Anm. 340), S. 314; *Wieshaider, Wolfgang*, Zur Rechtspersönlichkeit gesetzlich anerkannter Religionsgesellschaften, in: öarr 60. Jahrgang/2013 (Heft 2), S. 336–346, hier S. 340 f.
345 Vgl. dazu oben Anm. 34 die Ausführungen zum konkordatären Verständnis der „Öffentlich-Rechtlichkeit" der Katholischen Kirche.
346 Für das Israelitengesetz vgl. vor allem die Möglichkeit der Wahlaufsichtsbeschwerde (§ 20 Abs. 2) und die Möglichkeit der Bestellung eines staatlichen Kurators (§ 21), wobei festgehalten werden muss dass eine solche dem jüdisch-religiösen Selbstverständnis weniger entspricht, als dies bei der Orthodoxen Kirche der Fall ist, für deren Bereich derartiges durch das Orthodoxengesetz 1967 vorgesehen wird (§ 12 Abs. 2). Für das Islamgesetz 2015 vgl. vor allem die Pflicht zur Auflösung bestimmter Vereine bei Anerkennung einer islamischen Religionsgesellschaft (§ 3 Abs. 4), das so genannte „Verbot der Auslandsfinanzierung" (§ 6 Abs. 2) – auf dieses wird noch unten VI.6 einzugehen sein – und die Möglichkeit der Bestellung eines staatlichen Kurators (§ 29).

werden, die im Sinne paritätsrechtlicher Transformation einmal die Katholische Kirche betreffen könnten.

Was nun die Ämterbesetzung in der Katholischen Kirche betrifft, konnte schon festgehalten werden, dass von der Möglichkeit der Einwendung von Bedenken gegen einen Kandidaten für ein hohes Kirchenamt (Art. IV § 2 des Konkordats) durch die Bundesregierung noch nie in formeller Weise Gebrauch gemacht wurde. Doch schenkt man neueren Nachrichten Glauben, die sich auf die zweite Hälfte der Achtzigerjahre und die Neunzigerjahre beziehen, dann gab es wiederholt konkrete Pläne damaliger Regierungsmitglieder, im Sinne des Verfahrens der politischen Klausel die Äußerung konkreter Bedenken gegen Kandidaten für höhere Kirchenämter zu veranlassen.[347]

Was die katholische Militärseelsorge betrifft, so zeigt schon allein das Bestehen institutionalisierter bzw. staatlich finanzierter Militärseelsorge im Bereich von mehr gesetzlich anerkannten Religionsgemeinschaften als dies bisher in der Zweiten Republik der Fall war,[348] dass das entsprechende staatliche Interesse ein ungebrochenes ist. Dass in Anbetracht der finanziell prekären Situation sowohl Österreichs als auch der Katholischen Kirche in diesem Land im Lauf der letzten Vakanz der Militärdiözese zumindest in mündlicher Form Pläne tradiert wurden, wonach diese auf ein Militärvikariat zurückgestuft werden könnte, kann in Anbetracht der monetären Nöte insbesondere der Katholischen Kirche nicht verwundern. Die Ernennung eines neuen Militärbischofs am 16. April 2015 dürfte entsprechende Vorschläge offenbar zum Verstummen gebracht haben.[349]

Mit dem Status der Katholischen Kirche ist in gewisser Weise auch jene Konkordatsbestimmung in Verbindung zu bringen, der zufolge ein katholischer Geistlicher (bzw. jede katholische Ordensperson) im Fall der Verhaftung bzw.

---

347 Siehe *Nagy*, König (Anm. 236), S. 277 ff. Konkret ist hier die Bestellung Hans Hermann Groërs zum Wiener Erzbischof im Jahr 1986 anzusprechen, aber auch den auf Seiten der römischen Kurie gefassten Plan, den späteren Bischof von Sankt Pölten, Kurt Krenn, als Koadjutor Groërs in Wien einzusetzen. Es ist freilich nicht sehr zufriedenstellend, wenn der Autor in diesem Zusammenhang von einem „Veto" spricht, das in beiden Fällen hätte geltend gemacht werden können. Der Bundesregierung kommt jedenfalls kein Vetorecht in Bezug auf Bischofs- bzw. Koadjutorenbestellungen zu. Zur „Verhinderung" der Einsetzung Kurt Krenns als Koadjutor bzw. Erzbischof von Wien siehe auch *Zulehner, Paul Michael*, Mitgift. Autobiografisches anderer Art, Ostfildern ²2015, S. 118.
348 Siehe dazu oben Anm. 42.
349 Zur gegenwärtigen Selbstdarstellung der Militärdiözese siehe http://www.kathpress.com/site/nachrichten/database/70468.html (Zugriff: 6. Juli 2015).

Anhaltung in Haft „mit der seinem Stande und seinem hierarchischen Grade gebührenden Rücksicht behandelt werden" soll (Art. XX).[350] Ungeachtet dessen, dass das Protestantengesetz eine ähnliche Bestimmung enthält (§ 12 Abs. 4),[351] sind hier gleichheitsrechtliche Bedenken anzumelden. Eine derartige Bevorzugung von Geistlichen bzw. Ordenspersonen scheint heute nicht mehr gerechtfertigt zu sein. Dabei ist allerdings festzuhalten, dass etwa aufgrund des § 12 Abs. 2 Strafvollzugsgesetz[352] ohnehin allen Strafgefangenen eine menschenwürdige Behandlung zukommen muss.

Im Zusammenhang mit dem Recht der Europäischen Union sind jene Bestimmungen des Art. X des Konkordats zu problematisieren, in denen die österreichische Staatsbürgerschaft bestimmter Ordensoberer gefordert wird.[353] Hier ist an Bestimmungen des Vertrags über die Arbeitsweise der Europäischen Union (AEUV) zu denken, die sich auf die EU-Staatsbürgerschaft bzw. auf die Freizügigkeit von EU-Bürgerinnen und -bürgern beziehen (Art. 20 und 45). Wie bereits dargelegt hat man in einem derartigen Fall zu berücksichtigen, dass das Konkordat vor dem EU-Beitritt Österreichs abgeschlossen wurde und daher vom EU-Recht grundsätzlich nicht berührt wird (Art. 351 Abs. 1 AEUV), jedoch grundsätzlich das Harmonisierungsgebot zu beachten ist (Art. 351 Abs. 2). In der Praxis verblasst die Bedeutung einschlägiger Rechtsfragen allerdings schon insofern, als man bereits vor dem Beitritt Österreichs zur Europäischen Union in der Praxis Ausländern, die für derartige im Konkordat genannte Ordenspositionen ins Auge gefasst worden waren, die österreichische Staatsbürgerschaft verliehen hatte.[354]

---

350 Zu dieser Bestimmung siehe auch oben III.6.4. Zur Diskussion und inhaltlichen Kommentierung im Jahr 2012 siehe auch http://derstandard.at/1328507458866/ Konkordat-Warum-Geistlichen-in-Haft-gebuehrende-Ruecksicht-zusteht (Zugriff: 8. Juni 2015).

351 Vgl. ferner etwa den Verweis in § 7 Abs. 1 Orthodoxengesetz (Stammfassung: Bundesgesetzblatt Nr. 229/1967).

352 Bundesgesetzblatt Nr. 144/1969 in der Fassung I 190/2013.

353 Siehe auch *Schima*, Islamgesetz (Anm. 28), S. 233. Zu den einschlägigen Bestimmungen des Vertrags über die Gründung der Europäischen Gemeinschaft (EGV) und die daraus resultierende Rechtslage siehe *Kalb / Potz / Schinkele*, Religionsrecht (Anm. 7), S. 500. Materiell hat sich durch den AEUV im Vergleich zu der durch den EGV vorgegebenen Rechtslage nichts geändert.

354 Für diese Information bin ich Herrn Univ. Prof. Dr. *Richard Potz* zu Dank verpflichtet.

VI.3 Eherecht

Die Diskrepanz zwischen völkerrechtlichen Verpflichtungen und innerstaatlichen Eherechtsvorschriften in Bezug auf die obligatorische Ziviltrauung vermag heute keine schwerwiegenden Irritationen zwischen der Republik Österreich und dem Heiligem Stuhl hervorzurufen bzw. aufrechtzuerhalten. Allerdings begegnet man auch heute noch Äußerungen von Nuntien, in denen dieser konkordatswidrige Zustand in den Fokus gerückt wird.[355] Dies ist insofern verständlich, als man sich seitens des Heiligen Stuhls nicht in völkerrechtlich relevanter Weise verschweigen will, wenn es um konkordatäre Rechtszusicherungen geht. Anderseits kann aus Sicht der römischen Kurie ein Aufbauschen dieser Angelegenheit nur kontraproduktiv sein – würden dadurch zweifelsohne politische Diskussionen über die Beibehaltung des Konkordats und seiner Zusatzverträge ausgelöst, die von römischer Seite durchaus nicht wünschenswärt wären.

Doch wird die Forderung nach Änderung des staatlichen Eherechts im Sinne des Konkordats durchaus auch in der juristischen Fachliteratur vertreten. Und dabei fehlt es nicht am Hinweis auf europäische Staaten, in denen das Prinzip der fakultativen Ziviltrauung maßgeblich ist.[356]

Wenn in den vergangenen Jahren seitens katholischer Amtsträger Protest gegen die Einführung des Rechtsinstituts der eingetragenen Partnerschaft erhoben wurde, und sich heute aus diesem Bereich warnende Stimmen gegen die Gleichstellung eingetragener Partnerschaften mit der Ehe geltend machen,[357] so steht

---

355 Siehe *Schima*, Freund (Anm. 17), S. 55.
356 *Lackner, Heinz*, Die obligatorische Ziviltrauung ist konkordatswidrig und unzeitgemäß (§ 15 EheG), in: Richterzeitung 88. Jahrgang/2010, S. 66 f. Der Autor nennt in nichtabschließender Aufzählung Dänemark, Finnland, Großbritannien, Irland, Island, Italien, Norwegen, Portugal, Schweden, Spanien und Litauen. Vgl. auch *Puza, Richard*, Die Fakultative Zivilehe in den Konkordaten, in: *Paarhammer / Pototschnig / Rinnerthaler*, 60 Jahre Konkordat (Anm. 8), S. 421–435, hier insb. S 434 f.
357 Das Eingetragene Partnerschaft-Gesetz (Stammfassung: Bundesgesetzblatt I Nr. 135/2009) trat am 1. Jänner 2010 in Kraft. Zur Position von in Österreich bestehenden Religionsgemeinschaften zu diesem Gesetz siehe *Schima, Stefan*, Das Eingetragene Partnerschaft-Gesetz (EPG) vor dem Hintergrund religionsgemeinschaftlicher Stellungnahmen, in: öarr 58. Jahrgang/2011 (Heft 2), S. 380–420. Religionsgemeinschaftliche Stellungnahmen im Rahmen eines Gesetzesbegutachtungsverfahrens gibt es lediglich zum Ministerialentwurf eines Lebenspartnerschaftsgesetzes (189/ME, 23. Gesetzgebungsperiode des Nationalrats). Die Stellungnahme des Generalsekretariats der Österreichischen Bischofskonferenz vom 21. Mai 2008 trägt die Nummer 5/SN-189/ME. Siehe dazu *Schima*, ebda. S. 399 ff.

dies mit gegenwärtig diskutierten Konkordatsfragen in keinem unmittelbaren Zusammenhang. Wenn von katholischer Seite Widerspruch gegen die rechtliche Anerkennung nichtehelicher Partnerschaften zwischen Personen unterschiedlichen Geschlechts erhoben wird, so kann es allerdings zu einer paradox anmutenden Konstellation kommen. Denn wenn heute etwa in Fragen des Mietrechts eine Art Gleichstellung zwischen ehelicher Partnerschaft und außerehelichen Lebensgemeinschaften vorgenommen wird – etwa wenn es um das Eintrittsrecht auf Mieterseite geht –, dann können (bloß) kirchliche Eheschließungen als schlüssiges Indiz im Sinne des Vorliegens einer außerehelichen Lebensgemeinschaft bewertet werden, und auf diese Weise kann der (lediglich) vor dem Seelsorger geschlossenen Ehe sehr wohl Bedeutung im staatlichen Recht zukommen. Dabei könnte man zur Feststellung gelangen, dass diese Faktenlage nur zufällige Ähnlichkeiten mit dem Inhalt des Art. VII des Konkordats aufweist ...

VI.4 Bildungswesen

Auf die Katholische Kirche warten im Bereich des Bildungswesens in den kommenden Jahren zweifelsohne beträchtliche Herausforderungen, und dies vor allem im Zusammenhang mit dem Religionsunterricht. Da ist zum einen auf den Ethikunterricht hinzuweisen, der in Österreich im Rahmen von Schulversuchen seit dem Schuljahr 1997/98 angeboten wird.[358] Im Schuljahr 2009/10 besuchten etwa 6.000 österreichische Schülerinnen und Schüler den Ethikunterricht, und dies hauptsächlich an Oberstufen an Allgemeinen Höheren Schulen und Berufsbildenden Höheren Schulen, selten auch an Unterstufen von Allgemeinen Höheren Schulen. Das Fach wird als Ersatz für nicht besuchten Religionsunterricht angeboten. Die Zahl der Abmeldungen vom Religionsunterricht dürfte an jenen Standorten, an denen Ethikunterricht angeboten wird, um rund 20% zurückgegangen sein. In den entsprechenden Lehrplänen steht sowohl die Vermittlung des Wissens über Ethik und dabei auch Religionskunde als auch die Förderung eigenständiger ethischer Reflexion im Mittelpunkt. Der Charakter des Ethikunterrichts als Ersatz für nicht besuchten Religionsunterricht ist insofern problematisch, als ihm damit der Aspekt einer Sanktion zukommt.[359] Traut man den Umfragen und

---

358 Hierzu und zum Folgenden siehe *Bucher, Anton A.*, Eine unendliche Geschichte: Ethikunterricht in Österreich, in: öarr Jahrgang 58/2011 (Heft 1), S. 25–36.

359 *Schinkele, Brigitte*, Religions- und Ethikunterricht in der pluralistischen Gesellschaft – Überlegungen aus religionsrechtlicher Sicht, in: öarr Jahrgang 58/2011 (Heft 1), S. 13–24, hier S. 20.

Evaluierungen, dann erfreut sich der Ethikunterricht überdurchschnittlicher Beliebtheit. Doch hat seine schulversuchsweise Einführung dem Religionsunterricht im Hinblick auf die Zahl der diesen besuchenden Schüler nicht geschadet.

Nun ist allerdings nicht ausgeschlossen, dass der EGMR die Ungleichbehandlung zwischen Religionsunterricht und Ethikunterricht in den kommenden Jahren nicht unbeanstandet lassen wird bzw. das Fach „Ethik" auch ohne entsprechende Entscheidung aus Straßburg lehrplanmäßig in den Vordergrund gerät. Dies könnte den Religionsunterricht in der heutigen Form beeinträchtigen, und dies nicht zuletzt aufgrund von Finanzierungsproblemen.[360] Wenn nun ein Autor – selbst Professor an einer katholisch-theologischen Fakultät – in diesem Zusammenhang gemeint hat, kein Konkordat sei „so beständig wie Granit",[361] dann ist hier vor allem eine faktische Ebene angesprochen, die nicht außer Acht gelassen werden darf. Katholischen Kirchenvertretern darf allerdings der Trost zuteilwerden, dass vermutlich fast niemand unter Österreichs kirchenkritischen Politikerinnen und Politikern gerne dazu bereit ist, die eigenen scharfen Zähne am Wahrheitsgehalt dieser Aussage zu erproben.

Was die katholisch-theologischen Fakultäten betrifft, so dürfte deren Bestand und staatliche Finanzierung ungefährdet sein. Dem kann man auch noch hinzufügen, dass die im Islamgesetz 2015 vorgesehene Einrichtung islamisch-theologischer Studien an der Wiener Universität (§ 24) nicht nur einem paritätsrechtlichen Erfordernis entspricht, sondern darüber hinaus unterschiedlich motivierten Wünschen von Seiten nichtislamischer Protagonisten gerecht wird, so vor allem der Möglichkeit qualifizierter Ausbildung islamischen geistlichen Nachwuchses in Österreich. Insgesamt stützt damit das neue Islamgesetz das staatlich finanzierte theologische Studienwesen.[362]

---

360 Zu beachten ist freilich auch, dass die Zahl der Abmeldungen vom Religionsunterricht voraussichtlich hochschnellen würden: Siehe dazu *Pabel, Katharina*, Verfassungsrechtliche Rahmenbedingungen des Religionsunterrichts in Österreich, in: öarr 59. Jahrgang/2012 (Heft 1), S. 64–86, hier S. 84.
361 *Bucher*, Geschichte (Anm. 358), S. 25.
362 Ob es allerdings für die Dauer bei einer derartig engen Verbindung zwischen Katholischer Kirche und den katholisch-theologischen Fakultäten bleiben wird, ist indes fraglich. Der Ministerialentwurf zum Islamgesetz hatte keinerlei Bestimmung enthalten, die eine Zugehörigkeit der im Rahmen des Studiums tätigen Lehrpersonen zu einer islamischen Religionsgesellschaft zum Gegenstand gehabt hätte (vgl. § 15 des Entwurfs). Dies ist in Anbetracht der inneren Strukturen des Islam durchaus verständlich, doch findet sich nun in der Endfassung sehr wohl eine entsprechende Bestimmung (§ 24 Abs. 4). Diese ist inhaltlich nicht völlig klar gestaltet, und es ist

VI.5 Feiertagswesen

Das Feiertagswesen der letzten beiden Jahrzehnte ist von durchaus ambivalenten Tendenzen geprägt. Zum einen betrifft dies die spezifisch christliche – bzw. in diesem Fall – katholische Färbung des Kalenders staatlich anerkannter Feiertage. So waren zu Beginn dieses Jahrtausends Diskussionen um die Einführung zumindest eines islamischen Feiertags geführt worden, dem im staatlichen Recht derselbe Rang zukommen sollte wie den anderen staatlich anerkannten Feiertagen.[363] Diese Diskussionen dürften mittlerweile verebbt sein, und tatsächlich weisen das Israelitengesetz in seiner Fassung von 2012 und das Islamgesetz von 2015 in eine Richtung, die die christliche Konnotation der staatlichen Feiertagsordnung durchaus verstärkt. Denn die dort verankerten Feiertagsschutzbestimmungen (§ 10 des Israelitengesetzes, §§ 13 und 20 des Islamgesetzes 2015) berühren das Arbeitsrecht nicht in unmittelbarer Weise.[364]

Andererseits ergeben sich aus katholischer Sicht im Hinblick auf das staatliche Feiertagsrecht insofern Bedenken, als dem erwähnten Salzburger

---

    davon auszugehen, dass die dort verankerte Zugehörigkeitsregelung in Zukunft zu rechtlichen Diskussionen führen wird.
    Gegenwärtig ist im Protestantengesetz für die Mitglieder des Lehrkörpers der Evangelisch Theologischen Fakultät das Erfordernis der Zugehörigkeit zur Evangelischen Kirche vorgesehen (§ 15 Abs. 2). Für den Bereich der katholisch-theologischen Fakultäten ist durch das Konkordat (vgl. Art. V) zwar nicht zwingend die Zugehörigkeit zur Katholischen Kirche vorgesehen, doch es bestehen die oben – III.4 – erläuterten kirchlichen Zustimmungserfordernisse. Es ist nicht auszuschließen, dass sich künftig ergebende rechtliche Unklarheiten bezüglich des Islamgesetzes zu Diskussionen führen werden, die eine gewisse Auflockerung im Verhältnis zwischen der Katholischen Kirche und den katholisch-theologischen Fakultäten mit sich bringen werden. So könnte für den Fall der Verweigerung des *nihil obstat* oder den Entzug der kirchlichen Lehrbefugnis durch die zuständige kirchliche Stelle daran zu denken sein, dass derartige Akte nur dann für den Staat Bedeutung haben sollen, wenn die entsprechende Begründung rechtsstaatlichen Standards genügt: Siehe *Schima*, Islamgesetz (Anm. 28), S. 247.

363 Siehe *Schima*, Feiertage (Anm. 152), S. 202.
364 Vgl. die Erläuternden Bemerkungen zur Regierungsvorlage zum Israelitengesetz in seiner Fassung von 2012, 1689 der Beilagen, XXIV. Gesetzgebungsperiode und zum Islamgesetz 2015, 446 der Beilagen, XXV. Gesetzgebungsperiode. Das schließt freilich nicht aus, dass jüdische und islamische Feiertage aufgrund dieser Bestimmungen etwa in Kollektivverträgen gesonderte Berücksichtigung finden. Dass es darüber hinaus schon seit langer Zeit zahlreiche Regelungen zur Respektierung von Feiertagen religiöser Minderheiten gibt, kann hier nicht näher ausgeführt werden; siehe dazu *Schima*, Feiertage (Anm. 152), 197 f.

Landeshauptmann eine gewisse Vorreiterstellung zu konzedieren ist: Denn sein „Wagnis" der Gestattung der Offenhaltung von Geschäften am 8. Dezember hat indes so Schule gemacht, dass man nicht zuletzt mit dem Blick auf die gesamtösterreichische Rechtslage zu dem Schluss kommen muss, dass derartiges heute der „Normalfall" sein kann. Allerdings gingen noch der Erlassung des Öffnungszeitengesetzes 2003[365], in dem die Möglichkeiten einer durch den Landeshauptmann zu erteilende Genehmigung von Geschäftsöffnungen an Sonn- und Feiertagen bei Vorliegen eines besonderen regionalen Bedarfes erweitert wurden (§ 5 Abs. 2), Proteste seitens der Österreichischen Bischofskonferenz voraus:[366] Es wurde eine Verletzung des Konkordats befürchtet und davon ausgegangen, dass es die Sachlage nötig mache, die Mechanismen der in Art. XXII verankerten „Freundschaftsklausel" in Gang zu setzen.

Da mag es beinahe als versöhnlicher Akt erscheinen, wenn sich schon seit fast zwei Jahrzehnten Vertreterinnen und Vertreter der Regierungsparteien und in Österreich anerkannter Kirchen zusammenfinden, um den Schutz des Feiertagswesens vor völliger Aushöhlung zu garantieren, und in diesem Zusammenhang ist die „Allianz für den freien Sonntag" zu nennen, in der insbesondere Kirchen und Gewerkschaftsorganisationen ein Forum der Kooperation gebildet haben.[367]

VI.6 Kirchenfinanzierung

Dass der Vermögensvertrag von 1960 nicht die kirchenfinanzierungsrechtlichen Seiten des Konkordats völlig überlagert hat, zeigt sich auch heute noch anhand

---

365 Stammfassung: Bundesgesetzblatt I Nr. 48/2003. Hierzu und zum Folgenden siehe *Schima*, Feiertage (Anm. 152), S. 200 f.
366 Siehe die Stellungnahme der Österreichischen Bischofskonferenz vom 2. April 2003 zum entsprechenden Ministerialentwurf, http://www.parlament.gv.at/PAKT/VHG/XXII/ME/ME_00015_01/imfname_000000.pdf (Zugriff: 3. Juli 2015).
367 Siehe http://www.freiersonntag.at/index.php?option=com_content&view=article&id=72&Itemid=74 (Zugriff: 3. Juli 2015). Diese Vereinigung steht in einem engen Kooperationsverhältnis zur „Europäischen Sonntagsallianz", http://www.europeansundayalliance.eu/ (Zugriff: 3. Juli 2015). Hier erfolgt insbesondere eine Befassung mit dem rechtlichen Schutz der Feiertage auf der Ebene des Europäischen Unionsrechts. In Bezug auf diesen Rechtskreis ist v.a. festzuhalten, dass man wiederholt auf Versuche katholischer Kirchenvertreter stößt, im Rahmen von Arbeitsruhebestimmungen explizit den Sonntagsschutz zu forcieren: Siehe dazu etwa *Wieshaider, Wolfgang*, Stellungnahmen von religiösen und weltanschaulichen Gemeinschaften zum Entwurf einer Grundrechtscharta der Europäischen Union, in: öarr 48. Jahrgang/2001 (Heft 1), S. 78–98, hier S. 87.

virulent werdender Rechtsprobleme. So wurde erst kürzlich Art. XV § 8 problematisiert, dem zufolge Gebäude bzw. Liegenschaften des Bundes, die zum Zeitpunkt des Konkordatsabschlusses kirchlichen Zwecken dienten, „auch fernerhin unter Bedachtnahme auf allenfalls bestehende Verträge diesen Zwecken überlassen" bleiben. Konkret ging es dabei um eine Kirche, die sich auf dem Gelände eines Wiener Geriatriezentrums befindet, das seinerseits im Eigentum der Gemeinde Wien steht. Im Zuge der Absiedlungspläne dieses Zentrums stellte sich die Frage, ob die im frühen 20. Jh. errichtete Kirche als ein im Eigentum eines Bundeslandes stehender Bau überhaupt den Konkordatsbestimmungen (bzw. damit auch den Bestimmungen des Vermögensvertrages von 1960) unterliegt. Die Frage wurde in einem im Jahr 2014 abgefassten Gutachten in der Weise beantwortet, dass Gebäude bzw. Liegenschaften, die im Eigentum eines Bundeslandes stehen, sehr wohl unter diese Bestimmung fallen können, da sich diese überhaupt auf staatliches Eigentum bezieht, und damit nicht nur auf im Eigentum des Bundes stehende Objekte.[368]

Aus heutigem Blickwinkel ist allerdings auch festzuhalten, dass sich Konkordatsbestimmungen gewissermaßen aus ihrer Anwendbarkeit „verabschieden" können, ohne, dass davon breite Notiz genommen wird. Und dies kann – zumindest mittelbar – auch Fragen der Kirchenfinanzierung betreffen. Dies ist bei Art. XVII der Fall, in dem die Exekutionsfreiheit des geistlichen Einkommens im selben Ausmaß wie bei Bezügen der „Angestellten des Bundes" verankert war. Nun war eine derartige Vorschrift für Bundesbedienstete noch im Lohnpfändungsgesetz 1985 enthalten gewesen, das allerdings im Jahr 1991 aufgehoben wurde.[369] In legistischer Hinsicht wurde seither kein entsprechender Ersatz geschaffen.[370]

---

[368] Das Gutachten stammt von Univ. Prof. Dr. *Richard Potz*, dem ich für diese Auskunft zu Dank verpflichtet bin. Potz berief sich dabei im Wesentlichen auf *Haring*, Kommentar (Anm. 41), S. 84.

[369] Diese Aufhebung erfolgte durch die Exekutionsordnungs-Novelle 1991, Bundesgesetzblatt Nr. 628/1991 (Art. XXXIII Z. 1).

[370] Vgl. *Kalb / Potz / Schinkele*, Religionsrecht (Anm. 7), S. 532 f. Art. XVII des Konkordats ist in dieser Hinsicht mit dem – allerdings die Kirchenfinanzierung nicht betreffenden – Art. XXI zu vergleichen, der den Schutz des kirchlichen bzw. Ordensgewandes regelt und damit den „Uniformschutz" betrifft. Darin wird der Missbrauch dieses Gewandes „unter den gleichen Sanktionen und Strafen verboten, mit welchen der Mißbrauch der militärischen Uniform verboten und bestraft wird." Ein derartiger Schutz ist aufgrund des Ersten Bundesrechtsbereinigungsgesetzes, Bundesgesetzblatt I Nr. 91/1999, mit Ablauf des 31. Dezember 2004 weggefallen: Siehe dazu *Schima, Stefan*, Die wichtigsten religionsrechtlichen Regelungen des Bundesrechts und des Landesrechts, Jahrgang 2004, öarr 52. Jahrgang/2005 (Heft 2), S. 313–347, hier S. 313 ff. Dabei muss allerdings festgehalten werden, dass der staatliche Schutz

Wenn es heute um die Kritik am Weiterbestehen des Konkordats und der Zusatzverträge geht, so nimmt die Thematik der Kirchenfinanzierung eine zentrale Rolle ein. Begreiflicherweise steht damit vor allem der Vermögensvertrag von 1960 zentral im Visier der Kritiker, doch in der im Jahr 2012 erschienenen monographischen Darstellung „Gottes Werk und unser Beitrag. Kirchenfinanzierung in Österreich"[371], die großes Medienecho erfuhr, werden auch die staatliche Finanzierung bei Religionsunterricht, konfessionellen Privatschulen und theologischen Fakultäten, die abgabenrechtliche Sonderstellung der anerkannten Religionsgemeinschaften, die Denkmalschutzleistungen der öffentlichen Hand und nicht zuletzt auch staatliche Unterstützungen im Bereich kirchlich karitativen Wirkens einer herben Kritik unterzogen. Beachtenswert ist auch die Darstellung des unternehmerischen Wirkens kirchlicher Einrichtungen. Das Buch besticht nicht zuletzt durch Zahlenangaben. Ob diese Angaben tatsächlich in allem stimmig sind, kann freilich hier nicht einer Prüfung unterzogen werden. Tatsächlich ist allerdings festzuhalten, dass das Vermögen der Katholischen Kirche durch ihre Einrichtungen getragen wird und daher im Gesamten nicht beziffert werden kann.[372] Dass darüber hinaus zahlreiche Leistungen anerkannter Religionsgemeinschaften nicht in Geld bemessen werden können und dies etwa dann, wenn es um das Engagement karitativer Organisationen geht, gestehen oft und wiederholt auch Personen gerne ein, die selbst mit diesen Religionsgemeinschaften in institutioneller Weise nicht viel zu tun haben wollen. Dass der Schutz von Baudenkmalen ein Anliegen darstellt, das ökonomischen Sekundäreffekten, wie etwa dem Florieren der Tourismusbranche nützlich sein kann, muss hier nicht näher erörtert werden. Dass andererseits insbesondere anerkannte Religionsgemeinschaften unter Berufung auf ihre „inneren Angelegenheiten" in ihrer vermögensrechtlichen Gebarung zumindest teilweise frei von staatlicher Kontrolle handeln können, ist insofern zu hinterfragen, als vor allem katholische Einrichtungen in den letzten Jahrzehnten großes Wirtschaftsgeschick bewiesen haben. Dieses Geschick soll hier keineswegs

---

des geistlichen bzw. des Ordensgewandes grundsätzlich nur insofern weggefallen ist, als er mit dem unbefugten Tragen derartiger Kleidung in Verbindung stand. Der Missbrauch des geistlichen Gewandes bzw. des Ordensgewandes kann in Verbindung mit Handlungsweisen, durch die eigene strafrechtlich relevante Tatbestände erfüllt werden, so z.B. die „Herabwürdigung religiöser Lehren" im Sinne des § 188 des geltenden Strafgesetzbuches (Stammfassung: Bundesgesetzblatt Nr. 60/1974), rechtliche Bedeutung erlangen.

371 *Frerk / Baumgarten*, Werk (Anm. 7).
372 Zum Echo, das die Darstellung von *Frerk* und *Baumgarten* auslöste, siehe etwa http://derstandard.at/1345166410203/Viel-Geld-fuer-Gottes-Segen (Zugriff: 6. Juli 2015).

ironisiert werden, und dies vor allem schon deswegen nicht, weil vor allem in den letzten Jahrzehnten etwa Stifte sehr maßgeblich dazu beigetragen haben, ländliche Regionen vor dem ökonomischen Niedergang zu bewahren – und derartige Auswirkungen lassen sich durchaus nicht in genaue Zahlenaufstellungen zwängen.

Was den Kirchenbeitrag betrifft, so stellt dieser heute unstrittig ein Movens für die zahlreichen Austritte dar. Auch hat es nicht an Krisen gefehlt, die aufgrund geänderter rechtlicher Konstellationen hervorgerufen worden waren. Erinnert sei in diesem Zusammenhang an die in den Neunzigerjahren virulent gewordene „Meldezettelproblematik", die durch legistische Maßnahmen akut geworden war, die den Datentransfer zwischen dem Staat und den gesetzlich anerkannten Religionsgemeinschaften zunächst zu beeinträchtigen drohten.[373] Nachdem in der Folge zur Absicherung dieses Transfers durch das Hauptwohnsitzgesetz 1994[374] die Angabe des Religionsbekenntnisses im Meldezettel verfügt worden war, sprach der Verfassungsgerichtshof im Jahr 1999 aus, dass die Unterlassung einer derartigen Angabe nicht als Verwaltungsübertretung verfolgt werden durfte.[375] Der im Zusammenhang mit diesem Erkenntnis erwartete Einbruch der Zahlungsmoral dürfte allerdings ausgeblieben sein.

Auf unterschiedliche Vorschläge rechtlicher Neugestaltung kann hier nicht näher eingegangen werden[376] – im vorliegenden Zusammenhang sei lediglich auf das „Kultursteuermodell" hingewiesen, das in modifizierten Formen in einigen europäischen Staaten maßgeblich ist: In der Regel ist die Möglichkeit der Teilzweckbindung der Einkommenssteuer vorgesehen; besondere Bedeutung hat dieses Modell in Italien und Spanien erlangt. In Österreich wird diese Forderung vor allem seit den Neunzigerjahren in aller Deutlichkeit erhoben.[377] Dabei geht es um eine Zweckwidmung eines Teils einer staatlichen Steuer, die unabhängig von der Zugehörigkeit zu einer bestimmten Religionsgemeinschaft erfolgen kann.[378]

---

373 Zum Folgenden siehe *Puza*, Kirchenfinanzierung (Anm. 281), S. 350 f.; *Schima, Stefan*, „Staat – Kirche – Individuum": Aktuelle Rechtsprobleme aus dem Jahr 1848, in: öarr 56. Jahrgang/2009 (Heft 3), S. 375–383, hier S. 376 ff.
374 Bundesgesetzblatt Nr. 505/1994.
375 Sammlung der Erkenntnisse und wichtigsten Beschlüsse des Verfassungsgerichtshofes Nr. 15.541/1999.
376 Siehe *Kostelecky*, Kirchenbeitragsgesetz (Anm. 153), S. 608 ff.
377 Siehe *Puza*, Kirchenfinanzierung (Anm. 281), S. 352 f.; *Höfer*, Kirchenbeitrag (Anm. 153), S. 103 ff.
378 *Puza*, Kirchenfinanzierung (Anm. 281), S. 353, stellt den Vorschlag wie folgt dar: „Jeder Steuerpflichtige sollte jährlich entscheiden, wem er aus einem namentlich vorgegebenen Katalog seinen pflichtigen Kulturbeitrag zukommen lassen wolle. Dieser Auswahlkatalog sollte die staatlich anerkannten Religionsgemeinschaften

Der Widerstand der „österreichischen Amtskirche" ließ nicht lange auf sich warten, und dieser Widerstand dürfte insbesondere auf dem Respekt vor der Allmacht des Prinzips „Wer zahlt, schafft an" beruhen, denn eine derartige Änderung des Systems der Kirchenfinanzierung könnte demokratischen Tendenzen innerhalb der Kirchenmauern Vorschub leisten. Schließlich wäre es nun an den – nicht immer als zahm zu betrachtenden – Schäfchen gelegen, allfällige missliebige Maßnahmen ihrer Hirten durch Umwidmungen des Beitrags in nichtkirchliche Bereiche zu sanktionieren.

Fragen wir zum Schluss, ob jüngste religionsrechtliche Entwicklungen allenfalls Einfluss auf das derzeit maßgebliche System der Finanzierung der Katholischen Kirche in Österreich ausüben könnten, so ist nochmals auf das Islamgesetz 2015 hinzuweisen. Seine umstrittenste Bestimmung stellt zweifelsohne § 6 Abs. 2 dar, dessen Inhalt in den Medien als „Verbot der Auslandsfinanzierung" dargestellt wird. Hier heißt es: „Die Aufbringung der Mittel für die gewöhnliche Tätigkeit zur Befriedigung der religiösen Bedürfnisse ihrer Mitglieder hat durch die Religionsgesellschaft, die Kultusgemeinden bzw. ihre Mitglieder im Inland zu erfolgen." Diese Bestimmung ist im österreichischen Religionsrecht einzigartig, und wenn im Zuge der Gesetzeswerdung darauf hingewiesen wurde, dass der hier zum Tragen kommende Grundsatz schon im Anerkennungsgesetz 1874 und im Orthodoxengesetz 1967 enthalten sei,[379] dann muss diese Aussage als rechtlich nicht zutreffend bezeichnet werden.[380]

---

und entsprechend ausgewiesene kulturdenkmalpflegerische Institutionen (z.B. das Bundesdenkmalamt) umfassen. Der Promille- bzw. Prozentsatz sollte so hoch sein, daß das Aufkommen des Kirchenbeitrages erreicht wurde."

379 Erläuternde Bemerkungen zur Regierungsvorlage des Islamgesetzes 2015, 446 der Beilagen der XXV. Gesetzgebungsperiode des Nationalrates.
380 In der einschlägigen Stelle der Erläuternden Bemerkungen (Anm. 379), S. 4, wird zum Ausdruck gebracht, dass § 6 Abs. 2 des Islamgesetzes 2015 „den Grundsatz der Selbsterhaltungsfähigkeit einer Religionsgesellschaft" konkretisiere. Dieser sei „dem österreichischen Religionsrecht schon seit 1874 innewohnend und zeigt sich unter anderem in der Regelung des § 5 AnerkennungsG oder § 2 OrthodoxenG."
§ 5 des Anerkennungsgesetzes lautet: „Die staatliche Genehmigung zur Errichtung einer Kultusgemeinde (§ 4) ist durch den Nachweis bedingt, daß dieselbe hinreichende Mittel besitzt, oder auf gesetzlich gestattete Weise aufzubringen vermag, um die nötigen gottesdienstlichen Anstalten, die Erhaltung des ordentlichen Seelsorgers und die Erteilung eines geregelten Religionsunterrichtes zu sichern.
Vor erteilter Genehmigung darf die Konstituierung der Kultusgemeinde nicht stattfinden."

Nun sind Diskussionen über die Frage, inwieweit eine Andersbehandlung islamischer Religionsgesellschaften in Fragen der Auslandsfinanzierung gerechtfertigt ist oder nicht, prinzipiell durchaus nachvollziehbar, doch ist eine derartige Bestimmung dazu angetan, Irritationen bei allen in Österreich vertretenen Religionsgemeinschaften auszulösen. Was speziell die Katholische Kirche betrifft, die von der Thematik der Auslandsfinanzierung in verhältnismäßig geringem Maße betroffen ist, ist allerdings festzuhalten, dass Konkordat und Vermögensvertrag die katholische Kirchenfinanzierung soweit abschließend geregelt haben, dass die Erlassung einer dem § 6 Abs. 2 des Islamgesetzes 2015 adäquaten Vorschrift jedenfalls einer Einigung zwischen Staat und Heiligem Stuhl bedürfte. Doch für den Fall, dass die genannte Bestimmung des Islamgesetzes der Judikatur des Verfassungsgerichtshofs standhält bzw. die Folgewirkungen eines stattgebenden Urteils des Europäischen Gerichtshofs für Menschenrechte „übersteht", könnte dies Änderungen für die gesamte österreichische religionsrechtliche Landschaft nach sich ziehen – Änderungen die tendenziell in die Richtung staatskirchenhoheitlicher Ansätze weisen, und dies im Sinne verstärkter staatlicher Aufsicht über religionsgemeinschaftliche Finanzen.

Nicht zuletzt in diesem Zusammenhang stellt sich die Frage, ob das Islamgesetz 2015 auch bei „offiziellen" katholischen Stellen auf Irritationen stößt oder nicht. Man könnte zunächst zum Eindruck gelangen, dass diese Frage unter Heranziehung jener Stellungnahmen zu beantworten ist, die im Rahmen des Gesetzgebungsverfahrens zum entsprechenden Ministerialentwurf abgegeben wurden. Katholische Einrichtungen, wie etwa das Generalsekretariat der Österreichischen Bischofskonferenz, Ordinariate, aber auch Organisationen der Caritas haben in

---

Was diese Bestimmungen betrifft, gibt es keine Anzeichen dafür, dass man damals davon ausging, dass die Erhaltung der Kultusgemeinde durch ausländische Geldgeber vermieden werden sollte. Darüber hinaus haben *Richard Potz* und *Brigitte Schinkele* in ihrer im Namen der Wiener Rechtswissenschaftlichen Fakultät abgegebenen Stellungnahme zum entsprechenden Ministerialentwurf (102/SN-69/ME der XXV. Gesetzgebungsperiode des Nationalrates) darauf hingewiesen, dass zwar die Frage der Auslandsfinanzierung im Zuge des Anerkennungsverfahrens für die Herrnhuter Brüderkirche in den Achtzigerjahren des 19. Jh. eine Rolle spielte, allerdings im Wege der Aufforderung an entsprechende ausländische Stellen, in Österreich Kapital zur materiellen Sicherstellung der betroffenen Gemeinden zu deponieren, diese Problematik gelöst worden sei.

Auch aus § 2 Orthodoxengesetz ergibt sich kein Hinweis auf ein Verbot laufender Finanzierungen aus dem Ausland. Im Rahmen der vorliegenden Ausführungen bleibt leider kein Raum zur Erörterung der Frage, ob und wie viel materielle Unterstützung etwa die Russisch-Orthodoxe Kirche in Österreich heute aus dem Ausland erlangt.

den letzten Jahren eine lebhafte Tätigkeit im Wege von Stellungnahmen zu Gesetzesentwürfen entfaltet, und die Internetseite, auf der die Gutachten zum genannten Ministerialentwurf aufgelistet sind, weist nicht weniger als 162 Texte auf.[381] Doch abgesehen von Texten von „Pax Christi Österreich"[382] und der „Katholischen Sozialakademie Österreichs"[383] existieren offensichtlich keine Stellungnahmen katholischer Einrichtungen. Dies ist als Traditionsbruch zu betrachten, der gerade in Anbetracht einschlägiger „offizieller" evangelischer, altkatholischer und orthodoxer Texte[384] ein wenig befremdet und in Wahrheit darauf hindeuten dürfte, dass dem neuen Islamgesetz von katholischer Seite große Bedeutung zugemessen wird – eine Bedeutung, die nicht unbedingt mit positiven Folgewirkungen für die Katholische Kirche einhergehen könnte…

---

381 Siehe dazu oben Anm. 341.
382 Zur Selbstdarstellung („Pax Christi ist eine Teilorganisation der internationalen katholischen Friedensbewegung Pax Christi International. Sie wurde nach dem 2. Weltkrieg – ursprünglich als Versöhnungswerk zwischen Franzosen und Deutschen – gegründet. Heute bestehen weltweit etwa 30 nationale Sektionen.") siehe http://w3.khg.jku.at/pax/blog/?page_id=520 (Zugriff: 9. Juli 2015). Die Stellungnahme 6/SN-69/ME vom 21. Oktober 2014 ist mit 21. Oktober 2014 datiert.
383 Zur Selbstdarstellung („gesamtösterreichische Einrichtung der katholischen Kirche") siehe http://www.ksoe.at/ksoe/index.php?option=com_content&task=view&id=14&Itemid=29 (Zugriff: 9. Juli 2015). Die mit dem 6. November 2014 datierte Stellungnahme 95/SN-69/ME wurde gemeinsam mit der Evangelische Akademie Wien und dem „Privaten Studiengang für das Lehramt für islamische Religion an Pflichtschulen (irpa)" abgegeben.
384 Siehe dazu oben Anm. 341.

Josef Kremsmair

Der Schulvertrag 1962 und die Diözesanerrichtungsverträge

Abstract
Catholic private schools and religious education have a long tradition in Austria. The school contract from 1962, negotiated between the Republic of Austria and the Vatican, replaced Article VI of the Austrian Concordat of 1933/34. The most important provision of the school contract was the financial compensation of teachers at a level of 60 percent. In 1971, the school contract from 1962 was amended so that since then teacher fees in public private schools have been paid completely by the state.
Another article deals with the establishement of dioceses Eisenstadt, Innsbruck-Feldkirch and Feldkirch.

Religionsunterricht und katholisches Privatschulwesen haben in Österreich eine lange Tradition. Dazu ist festzuhalten, dass der Religionsunterricht erst in späterer Zeit als Schulfach organisiert wurde. Es bestand jedoch in der Form der religiösen Erziehung eine religiöse Unterweisung, die mit dem Religionsunterricht im weiteren Sinne zu verstehen ist. Erst als unter dem Einfluss der Aufklärung der Staat Ende des 18. Jahrhunderts die Verantwortung für die Schulen übernahm, entwickelte sich der Religionsunterricht zum Schulfach im heutigen Sinne. Katholisches Privatschulwesen war in Österreich besonders in den Dom- und Klosterschulen seit dem Frühmittelalter belegt und war vor allem für die Ausbildung des Klerus, später auch für die der Laien vorgeschrieben. Im Früh- und Hochmittelalter waren diese Schulen die wichtigsten Bildungsstätten im Abendland. Es blieb den konkordatären Vereinbarungen des 19. und 20. Jahrhunderts vorbehalten, sowohl den Religionsunterricht als auch das katholische Privatschulwesen durch Konkordate zu regeln.

Über den in Rom im Herbst 1953 stattgefundenen Ad limina Besuch der österreichischen Bischöfe konnte Botschafter Kripp am 3. Oktober 1953 Außenminister Gruber berichten, dass Papst Pius XII. anlässlich der Audienz der österreichischen Bischöfe sehr bald auf die Konkordatsfrage zu sprechen gekommen sei. Bekanntlich war zu dieser Zeit die Geltung des österreichischen Konkordates von 1933/34 wegen der von der Sozialistischen Partei aus politischen Erwägungen nicht anerkannt, sodass bis zur politischen Einigung der beiden Koalitionsparteien vom 21.

Dezember 1957 in Österreich das Konkordat keine Geltung besaß[1]. Nach Wien hatte der Botschafter außerdem berichtet, dass Staatssekretär Dr. Bock vom Papst in Privataudienz empfangen wurde und Dr. Bock auch auf das katholische Privatschulwesen in Österreich zu sprechen kam. Dieser erhoffte sich vom Papst eindeutige Direktiven zu einigen Punkten über die Privatschulen, da „*innerhalb der Katholiken Österreichs noch keine einheitliche Auffassung bestehe, so über die Aufsichtsbehörde, die Finanzierung usw. Der Papst habe sogleich geantwortet: Das alles sei im Konkordat günstig geregelt worden, das wäre eine gute Grundlage für den Aufbau des katholischen Schulwesens"*[2] Staatssekretär Dr. Bock brachte daraufhin seine private politische Meinung zum Ausdruck, da die Wiederinkraftsetzung des Konkordats nun einmal politisch nicht durchsetzbar sei, man vielleicht versuchen könnte, ein neues politisch leichter durchsetzbares Konkordat abzuschließen. Auf diesen Vorschlag sei der Papst aber nicht eingegangen.

Der Schulvertrag vom Jahr 1962, abgeschlossen zwischen dem Apostolischen Stuhl und der Republik Österreich, hat den Artikel sechs des Österreichischen Konkordates von 1933/34 ersetzt. Dadurch ist auch eine Anpassung an die geänderten Verhältnisse der 2. Republik Österreichs im Bereich des Schulwesens vorgenommen worden. Ein bereits am 18.10.1960 vom Apostolischen Nuntius an die österreichischen Bischöfe gerichtetes Schreiben urgierte die noch ausstehenden

---

1 *Schärf, Adolf,* Gilt das Konkordat? War der Anschluss Annexion oder Okkupation? In: Die Zukunft. Sozialistische Monatsschrift für Politik und Kultur, Jg. 1950, Heft 2, S. 34–37; *derselbe,* Gilt das Konkordat? Ein Nachwort zur Debatte. In: Die Zukunft, 1950, Heft 5, S. 117–125; *derselbe,* Staat und Kirche in Österreich. In: Die Zukunft, 1950, Heft 9, S. 237–241. Wie sehr die Fronten 1954 noch verhärtet waren, zeigt eine Stellungnahme von Vizekanzler Schärf zur Ernennung vom damaligen Apostolischen Administrator des Burgenlandes Josef Schoiswohl zum Bischof von Seckau, wobei der Vizekanzler im Ministerrat vom 12. Jänner 1954 noch die Meinung vertrat, dass die Zustimmung der Bundesregierung zur Ernennung des Bischofs von Seckau nicht aufgrund der Bestimmungen des Konkordates, sondern aufgrund der Allgemeinen Bestimmungen des Kirchenrechts erfolge. Vergleiche dazu ÖStA, AdR, BMAA Österreich 4, Zl. 140816-pol/54.

2 ÖStA, AdR, BMAA Österreich 4, 1953, Zl. 321903; Österreichische Botschaft beim Hl. Stuhl, Zl.58-Pol/53, Rom, den 3. Oktober 1953. Zur Problematik des kirchlichen Privatschulwesens während der 2. Republik: *Fürst, Leopold Robert,* Die Entwicklung des kirchlichen Privatschulwesens in der 2. Republik, in: *Rinnerthaler, Alfred (Hrsg.),* Das kirchliche Privatschulwesen – historische, pastorale, rechtliche und ökonomische Aspekte, Peter Lang 2007, S. 136–153, hier bes. S. 150–153; *Pinsker, Anton,* Der Schulvertrag zwischen dem Hl. Stuhl und der Republik Österreich, in: Stimmen der Zeit, 171 (1962), S. 103–116.

Konkordatsdurchführungen, nämlich Schule und Ehe³. Die Bischöfe formulierten in ihrem Antwortschreiben ausführliche Stellungnahmen. Im Bereich der Schule sei der Wortlaut des Konkordates in den wesentlichen Punkten erfüllt. Es gebe aber auch offene Fragen: diese seien die Subventionen der katholischen Schulen, die finanzielle Entschädigung der Enteignung, der konfessionellen Schulen des Burgenlandes und der Religionsunterricht an den Berufsschulen. Diese „Diskrepanzen" zwischen dem bestehenden gesetzlichen Zustand und den Bestimmungen des Konkordates dürften nach Meinung der Bischöfe überbrückbar sein. Auch der Religionsunterricht sei als Pflichtgegenstand an Volks- und Hauptschulen sowie an Mittelschulen eingeführt. Lediglich an Berufsschulen, mit Ausnahme von Tirol und Vorarlberg, sei Religionsunterricht als Pflichtgegenstand nicht eingeführt und dies widerspreche Artikel VI § 1, Abs.1 des Konkordates. Ein Entwurf des Unterrrichtsministeriums sehe jedoch vor, dass an jenen Berufsschulen, an denen Religionsunterricht nicht obligat erteilt werde, dieser als Freigegenstand geführt werde, was allerdings dem Konkordat ebenso widerspreche. Bezüglich der Religiösen Übungen schlugen die Bischöfe vor, diese staatlicherseits im Rahmen der schulrechtlichen Vorschriften nicht zu fordern, sondern den „*Verpflichtungscharakter der Religiösen Übungen der Kirche zu überlassen. Die Verpflichtung zu einem religiösen Tun solle nicht von der staatlichen Schulgesetzgebung, sondern von einem kirchlichen Organ abhängen*"⁴ Die vom Nuntius verlangte Beseitigung des Elternrechts, ihre Kinder vom Religionsunterricht abmelden zu können, hielten die Bischöfe „*aus seelsorglichen Gründen*" nicht für opportun. Die bisherige Regelung könne toleriert werden, da sich diese in keiner Weise zum Nachteil der Kirche ausgewirkt habe, und wie die Statistiken zeigen, die Eltern von diesem Recht keinen Gebrauch machen würden. Hingegen verlangten die Bischöfe den Widerruf der den 14-Jährigen gesetzlich gegebenen Möglichkeit, sich vom Religionsunterricht abmelden zu können und begründeten dies damit, da der Minderjährige sowohl nach staatlichem wie auch nach kirchlichem Recht nur beschränkt handlungsfähig sei. Ein weiterer Kritikpunkt des Nuntius betraf den Religionsunterricht. Dazu konnten die Bischöfe darauf verweisen, dass der Religionsunterricht durch die betreffende gesetzlich anerkannte Kirche oder Religionsgesellschaft besorgt, geleitet und unmittelbar beaufsichtigt werde und dies auch staatlich geltendes Recht sei. Auch die religiöse Erziehung der Studierenden an

---

3   In seinem Schreiben vom 18.10.1960 ist der Apostolische Nuntius noch von den damals ungelösten Konkordatsmaterien Ehe und Schule ausgegangen. Das Konkordatseherecht gilt bis zum heutigen Tage als ungelöst.

4   AES 20/86 Bischofskonferenz. Protokoll der Herbstkonferenz der österreichischen Bischöfe am 9. und 10. November 1960 in Wien, S. 9–11.

den Universitäten wurde vom Nuntius zur Sprache gebracht, wozu die Bischöfe auf eine gut funktionierende organisierte Hochschulseelsorge verwiesen. Bei der Lehrerbildung sei ebenfalls der Religionsunterricht obligates Lehrfach.

In der Frage der Anerkennung des Konkordatseherechtes urteilten die Bischöfe sehr weitblickend, indem sie *„leider feststellen müssen, dass es zurzeit unmöglich sei, den Gesetzeszustand vor 1938 wieder herzustellen",* da auch die beiden Koalitionsparteien nicht bereit seien, sich im Parlament dafür einzusetzen. Eine der bitteren Folgen wären zweifellos häufige Kirchenaustritte[5]

Am 18. März 1961 überreicht der Nuntius Außenminister Kreisky ein Memorandum, das sich mit der Schulproblematik befasste. Darin monierte der Nuntius, dass das Religionsunterrichtsgesetz dem Staat das Recht einräumen würde, den Religionsunterricht zu inspizieren (§2 Abs. 1) und schließlich das Recht, über die Religionsbücher zu entscheiden (§2 Abs. 2). Bei seiner Argumentation dürfte sich der Nuntius nicht gänzlich sicher gewesen sein, denn er formulierte, dass diese Rechte im Gegensatz zu den Bestimmungen des Konkordates *„zu stehen scheinen, und die Bundesregierung müsste diese widerrufen".* Dem Staat könne das Recht der Aufsicht über den Religionsunterricht in den staatlichen Schulen *„in didaktischer, disziplinärer und organisatorischer Hinsicht eingeräumt werden".* Genau dies war aber in §2, Abs.1 gemeint und nicht eine generelle Aufsicht. Ebenso auch §2, Abs. 2 des Religionsunterrichtsgesetzes war in Anlehnung an §7 Abs. 1 und 2 des Gesetzes vom 25. Mai 1868, RGBl. NR. 48, worin grundsätzliche Bestimmungen über das Verhältnis der Schule zur Kirche erlassen wurden, formuliert. Als weiteren Punkt bezeichnete der Nuntius die Abmeldemöglichkeit vom Religionsunterricht. Im Konkordat Artikel VI §1 Abs. 3 sei festgelegt, dass die Verbindlichkeit des Religionsunterrichtes samt den religiösen Übungen im bisherigen Ausmaß gewährleistet werde. Das Bundesgesetz vom 13. Juli 1949 BGBl Nr. 190, betreffend den Religionsunterricht in der Schule hingegen enthalte noch keine für die religiösen Übungen entsprechenden Bestimmungen. Insbesondere dürfe nicht geduldet werden, dass den Kindern die Möglichkeit gegeben werde, nach Erreichung des 14. Lebensjahres sich vom Religionsunterricht selbst abmelden zu können, da dies jeder österreichischen Rechtstradition widerspreche. Diese Auffassung des Nuntius steht nicht nur im Widerspruch zum österreichischen Recht, sondern verstößt auch gegen das Elternrecht bzw. dem Recht des Kindes und der Religionsfreiheit[6].

---

5 AES 20/86 Bischofskonferenz, (Anm. 4) S. 10.
6 ÖSTA, AdR, BMAA, Pol. Zl.21507-Pol/61. Herrn Dieter Lautner vom ÖSTA danke ich sehr herzlich für die Überlassung einer Kopie des Memorandums des Nuntius.

Am 25. März 1961 überreichte der Nuntius Minister Kreisky ein zweites Memorandum, das eine Abänderung des Artikels V §2 des Konkordates und des Zusatzprotokolls betraf. In diesem Memorandum war gefordert worden, Österreich solle alle an katholischen Universitäten erworbenen theologischen Doktorate staatlich anerkennen. Dies lehnten die österreichischen Bischöfe aber strikt ab und somit blieb es bei der im Konkordat bestehenden Regelung[7].

Eine ausführliche Expertise des damaligen Unterrichtsministers Dr. Drimmel an Kardinal König vom 17. Oktober 1961 hat in der Herbstkonferenz der österreichischen Bischöfe vom 6./7. November 1961 zu neuerlichen Verhandlungen geführt[8]. Im Einbegleitungsschreiben informierte Minister Drimmel den Kardinal darüber, dass bei den Schulgesetzverhandlungen die Sozialisten in der Frage des Religionsunterrichtes an berufsbildenden Schulen einen sehr zurückhaltenden Standpunkt eingenommen hätten. Außerdem habe der Minister keine Unklarheit darüber gelassen, dass insbesondere die Frage des Religionsunterrichtes und der konfessionellen Privatschulen auch vom Standpunkt der konkordatären Verpflichtungen aus einer Lösung bedürfen und tragbare Vorschläge für eine „Restaurierung" des Konkordates gefunden werden müssten. Minister Drimmel spricht hier erstmals offen von Konkordatsverhandlungen im Bereich der Schule, doch sei bisher noch keine Einigung in jenen Punkten zustande gekommen, die Verhandlungen mit Rom als zielführend erscheinen ließen. Das Ergebnis der bisherigen Verhandlungsbasis mit den Sozialisten fasste Minister Drimmel in Bezug des Religionsunterrichtes in vier Punkte zusammen.

1. Religionsunterricht ist Pflichtgegenstand mit dem Recht der Abmeldung an allen Schulen (einschließlich der Pädagogischen Akademien)[9]

---

7 ÖSTA, AdR, BMAA, Pol. Zl. 21.507-Pol/61.
8 AES 20/86 Bischofskonferenz. Protokoll der österreichischen Bischöfe vom 6./7. November 1961 Wien, S. 3-4.
9 AES 20/86 Bischofskonferenz. Aus einem Privatbrief des damaligen Unterrichtsministers Drimmel an Bundeskanzler Raab vom 7. November 1961 geht hervor, dass die Vertreter der Sozialistischen Partei bei den Schulgesetzverhandlungen für die künftigen Pädagogischen Akademien die Zustimmung zu einem obligatorischen Religionsunterricht verweigert hätten. Die Vertreter der Sozialistischen Partei seien der Ansicht, es sei ein neuer Schultyp, also eine Neueinführung des Religionsunterrichtes und daher könne es nur eine freiwillige Teilnahme am Unterricht dieses Faches geben. Diese Forderung sei für die Katholische Kirche unannehmbar, da selbst an den bisherigen Lehrerbildungsanstalten der Religionsunterricht Pflichtgegenstand sei. Nach längerer Diskussion habe Drimmel vorgeschlagen, die Sitzungen für 14 Tage zu unterbrechen, um nach Befragung der Parteigremien nochmals eine Lösung zu suchen. Beide Parteien

2. An den sonstigen gewerblichen und kaufmännischen Berufsschulen wird der Religionsunterricht als Freigegenstand geführt.
3. Die Teilnahme an religiösen Übungen ist nicht verpflichtend.
4. Das Kreuz ist in allen Schulklassen anzubringen, in den die Mehrheit am Religionsunterricht eines christlichen Bekenntnisses teilnimmt.

Diese 4 Punkte waren im Wesentlichen die Verhandlungsgrundlage des Unterrichtsministeriums mit den Sozialisten und wich von Artikel VI des Konkordates nicht unwesentlich ab. Dazu mahnten die Bischöfe ausdrücklich ein, dass die Sozialisten bei den Verhandlungen den Religionsunterricht an den künftigen Pädagogischen Akademien nur als Freigegenstand zulassen wollen. Religion müsse an den genannten Akademien eine „unabdingliche Forderung" darstellen und dies nicht allein vom religiösen Standpunkt, sondern auch vom pädagogischen, da die Lehrer später auch selbst Religionsunterricht erteilen sollen. Obwohl mehrere österreichische Bischöfe den Standpunkt vertraten, Religionsunterricht müsse auch an allen Berufsschulen Pflichtgegenstand sein, war dieser Gegenstand im

---

seien sich einig gewesen, die Öffentlichkeit über den Vorfall nicht zu unterrichten und in der Budgetdebatte am 8. November 1961 zum Thema Unterricht den Zwischenfall nicht zu erwähnen. Für die Österreichische Volkspartei schlug Drimmel vor, zunächst in einem kleinen Kreis das Problem zu erörtern, dem der Bundeskanzler, der Generalsekretär, Professor Gabriel, Minister Bock, die Nationalräte Weiss und Harwalik und der Unterrichtsminister angehören sollten. Am Schluss seines Privatbriefes formulierte Drimmel geradezu beschwörend: *„Wir können es nicht auf uns laden, dass wir die Verhandlungen hochgehen lassen, die SPÖ scheut es ihrerseits. Ich werde versuchen, einige kirchliche Gewährsleute um Rat anzugehen. Wichtig ist, dass zunächst der Stand der Dinge nicht dramatisiert wird"*. Denselben Sachverhalt schilderte wenige Tage später am 13. November 1961 Bischof Zauner von Linz Erzbischof Rohracher in einem Privatschreiben. Bischof Zauner war nämlich am 11.November 1961 von den beiden Ministerialräten Dr. Josef Rieger und Dr. Leo Kövesi im Auftrag des Ministers Drimmel aufgesucht worden, um über den Stand der Verhandlungen in der Frage des Religionsunterrichtes an den Pädagogischen Akademien unterrichtet zu werden. Bischof Zauner konnte aus der erst zu Ende gegangenen Herbstkonferenz der österreichischen Bischöfe berichten, dass diese jede Zustimmung zu den Schulgesetzen ablehnen werden, sollte an den Pädagogischen Akademien der Religionsunterricht als Freigegenstand geführt werden. Die beiden Ministerialräte ersuchten Bischof Zauner im Auftrag des Ministers auch, an direkten Verhandlungen kirchlicherseits mit den Mitgliedern der sozialistischen Kommission teilzunehmen. Zauner erklärte sich dazu auch bereit, nur wolle er auch, dass Prälat Dr. Weinbacher und Bischof Zak an dieser Besprechung teilnehmen. In den Salzburger Akten sind jedoch über diese Aktivitäten in dieser Angelegenheit keine weiteren Unterlagen vorhanden.

Protokoll der Bischofskonferenz von 1961 nicht behandelt worden. Hingegen argumentierten die Bischöfe in Bezug der Religiösen Übungen dahingehend, diesen Satz überhaupt zu streichen, damit nicht der Anschein erweckt würde, *„die Kirche sehe die Teilnahme an den religiösen Übungen nicht für verpflichtend an".* Außerdem soll nicht die weltliche Behörde in die Urgierung der Verpflichtung eingeschaltet werden[10].

Ein weiterer Punkt des Schreibens an Kardinal König betraf die konfessionellen Privatschulen. Die freie Errichtung dieser Schulen sei aufgrund Artikel 17 des Staatsgrundgesetzes bei Erfüllung der gesetzlich vorgeschriebenen Bedingungen zugesichert. Auch sei die Verleihung des Öffentlichkeitsrechtes an Schulen, deren Schulerhalter eine öffentlich-rechtliche Körperschaft sei, rechtlich gesichert. Hingegen knüpfte Minister Drimmel die Subventionierung der konfessionellen Schulen, die durch eine näher zu bestimmende Anzahl von Jahren das Öffentlichkeitsrecht besitzen, an die Gewährung der sogenannten lebenden Subvention an. Danach sollte im ersten Jahr der Zuerkennung des Öffentlichkeitsrechtes lediglich je Klasse ein Lehrer staatlich besoldet werden und spätestens nach drei Jahren das gesamte Lehrerpersonal[11]. Die Subventionierung nichtkonfessioneller Privatschulen sollte nach Maßgabe des jeweiligen Bundesfinanzgesetzes erfolgen. Außerdem war vorgesehen, der Diözese Eisenstadt als Entschädigung für die Enteignung des konfessionellen Privatschulwesens des Burgenlandes im Jahr 1938 eine Subventionierung zuzugestehen[12]. In der Frage der Subventionierung der katholischen Privatschulen waren sich die Bischöfe einig, dass dies ein Gegenstand der Verhandlungen für den Nuntius sein müsse. Über das Ausmaß der Subventionierung katholischer Schulen gaben die Bischöfe noch keine Stellungnahme ab, ihnen war aber klar, dass es jetzt darum gehe, ein neues Schulgesetz zu schaffen, da der gegenwärtige Zustand keinerlei Gewähr biete. Dieses Ziel dürfe aber nicht um den Preis weltanschaulicher Opfer erkauft werden. Kardinal König versprach, dem Nuntius *„ein ausführliches Memorandum"* über die Schulproblematik zu

---

10 AES 20/86 Bischofskonferenz (wie Anm. 8).
11 AES 20/86 Bischofskonferenz (wie Anm. 8).
12 Portschy Tobias hat als Gauleiter des Burgenlandes im Jahr 1938 das öffentliche konfessionelle Privatschulwesen des Burgenlandes beseitigt. *Mindler, Ursula,* Dr. Tobias Portschy. Biographie eines Nationalsozialisten. Die Jahre bis 1945. Amt der Burgenländischen Landesregierung, Eisenstadt 2006. Burgenländische Forschungen, Bd. 92. *Höslinger, Robert,* Die nationalsozialistischen Maßnahmen gegen das kirchliche Schulwesen in Österreich, in: Im Dienste des Rechts in Kirche und Staat, FS für *Franz Arnold* zum 70. Geburtstag, hrsg. v. *Plöchl, Willibald M. / Gampl, Inge,* Kirche und Recht Bd. 4, 1963, S. 111–125.

übergeben und Bischof Laszlo werde für das Burgenland eine eigene Eingabe an die Nuntiatur machen[13].

Ein im Jänner 1962 vom Kultusamt fertiggestellter erster Entwurf betreffend die Schulartikel des Konkordates wurde am 30. Jänner 1962 an das Außenministerium zur weiteren Behandlung übersandt. Dieser Entwurf enthielt lediglich drei Artikel, deren erster den Religionsunterricht, der zweite die katholischen Privatschulen und der dritte die Vertretung der Kirche in den Körperschaften der staatlichen Schulbehörden enthielt. Dieser Entwurf orientierte sich sehr stark an Artikel VI des Konkordates von 1933/34 und umfasste zu Artikel I insgesamt 7 Paragraphen zu den Themen Religionsunterricht, Religionslehrer, Lehrpläne und Religiöse Übungen. In Artikel II war das konfessionelle Schulwesen geregelt. Die Subventionierung katholischer Privatschulen war noch nicht nach einem bestimmten Schlüssel veranschlagt, sondern es wurde zum Ausdruck gebracht, dass die Schulen der Kirchen, die das Öffentlichkeitsrecht besitzen und deren Schülerzahlen im Wesentlichen jenen der gleichartigen öffentlichen Schulen entsprechen, nach einem in den staatlichen Schulgesetzen vorgesehenen Zeitraum vom Staat Zuschüsse zum Personalaufwand erhalten werden. *„Diese Zuschüsse werden nach Maßgabe der wirtschaftlichen Leistungsfähigkeit des Staates bis zur Höhe des Personalaufwandes gewährt werden".* Im Artikel drei des Entwurfes waren noch die Vertreter der Kirche in den Körperschaften der staatlichen Schulbehörden mit beratender Stimme vorgesehen[14].

Am 16. und 19. Februar 1962 fanden interministerielle Verhandlungen zwischen Unterrichts- und Außenministerium in der Konkordatsfrage statt. Gegenstand war der vom Unterrichtsministerium erstellte Entwurf in der Schulfrage. Der Entwurf des Unterrichtsministeriums wurde ohne wesentliche Abänderungen angenommen. Die Besprechungen fanden im Außenministerium statt, anwesend waren vom Außenamt Gesandter Dr. Kirchschläger, von Seiten des Bundeskanzleramtes Verfassungsdienst Sektionschef Dr. Loebenstein und Sektionsrat Dr. Weiler, von Seiten des Unterrichtsministeriums/Kultusamt Ministerialrat Dr. Rieger und Ministerial-Sekretär Dr. Schima, sowie von der Abteilung 10 Ministerialrat Dr. Kövesi und Dr. Jellouschek. Über den Inhalt der Besprechungen sind von Dr. Rieger Protokolle angefertigt worden, woraus die einzelnen Stand-

---

13 AES 20/86 Bischofskonferenz (wie Anm. 8), Privatschreiben Minister Drimmel an Kardinal König.
14 ÖSTA, AdR, BMU Zl. 35283–10/62. Frau Mag. Hana Keller danke ich herzlich für die Bereitstellung des Archivmaterials.

punkte klar erkennbar sind[15]. Auch im Februar waren sich die Regierungsparteien über die Aufnahme von Konkordatsverhandlungen noch nicht einig. Gesandter Dr. Kirchschläger konnte lediglich darauf verweisen, dass Mitte März eine Entscheidung fallen solle. Daran anschließend erläuterte Dr. Kövesi die Grundtendenz des vorliegenden Entwurfes. Eine einhellige Auffassung bestand bei allen Sitzungsteilnehmern, dass die Schulgesetze erst dann im Parlament eingebracht werden können, wenn man sich mit dem Apostolischen Stuhl geeinigt habe. Sektionschef Loebenstein wies darauf hin, dass der vorliegende Entwurf Bestimmungen enthalte, die self executing und solche, welche non self executing seien. Es werde also nach dem Entwurf des Unterrichtsministerium Bestimmungen geben, die eine Ausführung durch die nationale Gesetzgebung bedürfen. Gesandter Dr. Kirchschläger verwies im Laufe der Diskussion darauf, dass die Verwendung von unmittelbar anwendbaren Bestimmungen, die nur den Gesetzgeber binden, in einem Vertrag in der österreichischen Staatsvertragspraxis nichts Neues sei. Nach diesen Diskussionen wurden Abänderungen am Entwurf vorgenommen, die in der Mehrzahl stilistischer Natur waren[16].

Am Montag, den 19. Februar 1962 wurde die Besprechung über den Entwurf der Schulartikel des Konkordates fortgesetzt. Zunächst sind noch einige Verbesserungsvorschläge zu Artikel 1 des Entwurfes vorgenommen worden, bevor Artikel 2 über die konfessionellen Privatschulen zur Sprache kam. Die Diskussionen an diesen Beratungen behandelten vor allem die Subventionierung der konfessionellen Privatschulen. Gesandter Dr. Kirchschläger beteuerte, dass die Regierungsparteien nach konkreten Prozentpunkten der Abgeltung der Lehrer an konfessionellen Schulen verlangen würden. Demgegenüber legte Ministerialrat Dr. Kövesi die Gründe dar, warum das Unterrichtsministerium einer Prozentklausel nicht nähertreten könne. Das Bundesministerium für Unterricht werde vielmehr einer Lösung zustimmen, die einerseits die bereits bestehenden konfessionellen Schulen mit Öffentlichkeitsrecht berücksichtige und andererseits für künftig zu errichtende konfessionelle Schulen mit Öffentlichkeitsrecht einen bestimmten Zeitraum der Bewährung (gedacht war an einen Zeitraum von 25 Jahren) vorsehe. Zu diesem Punkt stellte Gesandter Kirchschläger fest, dass bisher noch keine Einigung zwischen den Regierungsparteien erzielt worden sei. Auch die Regelung der Subventionierung der katholischen Privatschulen wurde fast wörtlich vom 1. Entwurf übernommen und unterscheidet sich grundlegend vom

---

15 Die Protokolle über die beiden Sitzungen liegen im Akt ÖSTA, AdR. BMU Zl. 41466, mit den Nr. AE 39647-KA/62 und AE 39648-KA/62.
16 ÖSTA, AdR, BMU, Zl.41466–10/62. Entwurf für die Schulartikel des Konkordates.

Schulvertrag vom 9. Juli 1962. In Artikel II Absatz 3 des Entwurfes war schließlich noch festgelegt worden, dass die Republik Österreich der Diözese Eisenstadt für die Aufhebung des öffentlichen katholischen Privatschulwesens in Burgenland eine einmalige Zahlung leisten solle. Das Unterrichtsministerium veranschlagte dafür einen Betrag von 30 Millionen Schilling. Wie (äußerst) angespannt die damalige Situation zwischen den Regierungsparteien noch war, geht aus einer Bemerkung des Gesandten Kirchschläger hervor, der anregte, in der Übersendungsnote an den Außenminister „nicht von Besprechungen mit dem Bundesministerium für Auswärtige Angelegenheiten" zu sprechen, sondern lediglich von einer „Fühlungnahme auf Beamtenebene" zwischen dem Bundesministerium für Unterricht und dem Bundeskanzleramt – Verfassungsdienst, bei Anwesenheit eines Beamten des Außenministeriums zu sprechen. Nach der Sitzung vom 16. Februar 1962 konnte Kirchschläger Kreisky nur kurz über die Besprechungen berichten, und er habe dabei eine etwas gedrückte Stimmung bei Kreisky feststellen können[17].

Bundesminister Dr. Drimmel hat die Kirchen und Religionsgemeinschaften nicht nur mit den die katholische Kirche im Besonderen mit dem Konkordat zusammenhängenden Fragen befasst, sondern auch die Stellungnahme der anerkannten Religionsgemeinschaften zum gesamten Schulgesetzprogramm des Jahres 1962 eingeholt. Im Namen der österreichischen Bischofskonferenz hat Kardinal König am 28. Februar 1962 nach Befragung aller Ordinarien eine umfangreiche Stellungnahme abgegeben[18] Diese war zweigeteilt, in einen allgemeinen und einen spezifischen Teil. Im allgemeinen Teil schien es zunächst dem Kardinal notwendig zu sein, gewisse Dinge noch besser geklärt und gesichert dargestellt zu haben, so etwa der Religionsunterricht an den Pädagogischen Akademien und im Polytechnischen Jahr. Auch eine ausreichende Subventionierung der katholischen Privatschulen, die nach Inkrafttreten der Schulgesetze neu errichtet werden, schien ihm für notwendig. Darüberhinaus verlangte er eine entsprechende religiöse Disziplin sowohl im Vorlesungsbetrieb wie auch im seminaristischen Teil der

---

17 ÖSTA, AdR, Zl. BMU, 41466–10/62.
18 AES 20/86 Bischofskonferenz. Erzbischof Rohracher hat seine Stellungnahme am 24. Februar 1962 abgegeben, dessen Inhalt in die umfangreiche Stellungnahme des Kardinals teilweise einging. In Salzburg hat eine Konsistorialsitzung am 13. Februar 1962 sich mit dem Schulprogramm des Jahres 1962 befasst und einen Diözesanausschuss eingesetzt, der in seinen Sitzungen vom 23.2. und 20.3.1962 eine in acht Punkten zusammengefasste Anregung verfasste. Unter Vorsitz von Landeshauptmann Lechner hat der Landesschulrat von Salzburg schon am 5. Februar 1962 seine Beratungen über das Schulgesetzprogramm der Koalitionsparteien abgehalten.

Lehrerausbildung an den staatlichen Akademien. Die ungehinderte Errichtung von katholischen Privatschulen und die Verleihung des Öffentlichkeitsrechtes bei Erfüllung der gesetzlichen Voraussetzungen waren weitere Forderungen. Auf keinen Fall dürfte die Gesamtmaterie unter Ausklammerung dieser Fragen gesetzlich geregelt werden[19].

Im speziellen Teil bedauerten die Bischöfe die Nichteinführung eines fünften Volksschuljahres, das entwicklungspädagogisch notwendig sei und die zu frühe Auffächerung des Lehrstoffes wesentlich zur Verflachung des Wissens beitrage. In der Hauptschule sei *„auf jeden Fall"* die Trennung nach Geschlechtern einer Teilung in Klassenzüge der Vorzug zu geben. Wünschenswert wäre auch, dass in der ersten Klasse der Hauptschule noch eine gewisse Konzentration der Fächer in der Hand einiger Lehrer erfolge und dass wenigstens das erste Semester, wenn schon nicht das erste Jahr, fremdsprachenfrei gehalten werde. Auch bei der Ausbildung der Hauptschullehrer könnte sich eine Schwierigkeit ergeben. Während nämlich für den Hauptschullehrer eine einjährige Ausbildung vorgesehen sei, sei bisher für den Religionslehrer an Hauptschulen nur das Absolutorium der Theologie erforderlich. Dies müsse auch bei dem neuen Schulgesetzprogramm weiterhin der Fall sein. Für die neunte Schulstufe müsste auch der Religionsunterricht mit zwei Wochenstunden gesichert werden. Im Bereich der Realschulen und der musisch-pädagogischen Mittelschulen sei vorgesehen, den Abgängern die volle Hochschulreife zuzuerkennen, was nach Ansicht der Bischöfe zu einem *„äußerst billigen Weg der Zulassung zur Hochschule"* eröffne und zu einem Absinken der Allgemeinbildung beitrage. Der Religionsunterricht an den Pädagogischen Akademien solle obligat mit zwei Wochenstunden durchgeführt werden und die Vorlesungen in Religion sollen auf die *„religiöse Erziehung und Bildung, auf die religiöse Einflussnahme auf die Vermittlung eines religiös-sittlichen Weltbildes und auf die praktische religiöse Betätigung hinzielen"*. Mit bloßer Religionswissenschaft und Religionspädagogik dürfe man sich nicht zufrieden geben. Außerdem wäre eine entsprechende Regelung für die Bestellung des Religionslehrers an den Pädagogischen Akademien vorzusehen[20].

Der nächste Punkt betraf den Religionsunterricht. Zunächst ging Kardinal König auf jenes Memorandum vom 18. März 1961 ein[21], worin der Nuntius den Widerruf der dem Konkordat entgegengesetzten Bestimmungen hinsichtlich des Religionsunterrichtes verlangte. Auch der geplante Religionsunterricht an

---

19 ÖSTA, AdR, BMU Zl. 45092–19/62. Stellungnahme des Sekretariates der Bischofskonferenz an Bundesminister für Unterricht Dr. Heinrich Drimmel.
20 ÖStA, AdR, BMU, Zl. 45.092–10/62.
21 Siehe oben.

den gewerblichen und kaufmännischen Berufsschulen als Freigegenstand (mit Ausnahme von Tirol und Vorarlberg) sei optisch zwar ein Erfolg gegenüber dem bisherigen Zustand, *„im Effekt aber kaum ein Fortschritt"*. Als Freigegenstand werde er an den Unterrichtsrand gedrückt und äußerst schwach besucht sein. Ein Freigegenstand *„ohne Zeugnisvermerk und ohne Zeugnisnote"* sei eine bittere Abwertung des Religionsunterrichtes und müsse abgelehnt werden. Analog zur geplanten Subventionierung der katholischen Privatschulen wäre zu wünschen, dass dieselbe auch auf die kirchlichen Kindergärten ausgedehnt werde. Zu klären wäre vor allem noch die Frage, inwieweit katholische Privatschulen, die in Zukunft neu errichtet würden, eine Subvention erhalten. Am besten schiene es, eine Anzahl von Jahren festzulegen, nach deren Verlauf jeweils die betreffende Schule in die Begünstigung der vollen Subventionierung des Personalaufwandes komme. Für die konfessionellen Pädagogischen Akademien hätte die Bezahlung des Personalaufwandes sofort bei der Neugründung zu erfolgen. Eine Sonderstellung nehme das Burgenland ein, da es in diesem Bundesland nicht so sehr um das Privatschulwesen, sondern um die Entschädigung der Enteignung des konfessionellen öffentlichen Schulwesens durch den Nationalsozialismus gehe. Der Bischof von Eisenstadt sei sowohl mit dem Bundesminister für Unterricht als auch dem Nuntius im Gespräch. Zum Thema Schulaufsicht verlangten die Bischöfe die Wiederherstellung des Rechts der Kirche vor 1938. Demnach wären nicht nur kollegiale Landes- und Bezirksschulbehörden, sondern auch die Ortschulräte wieder herzustellen. Außerdem wurde für die Vertreter der Kirche und die Elternvertreter in den kollegialen Schulbehörden das beschließende Stimmrecht verlangt. Auch für den Bereich der Kindergärten sind einige Forderungen erhoben worden. Dies betraf vor allem die Ausbildung der Kindergärtnerinnen und die Aufsicht, dass an allen Kindergärten das religiöse Moment bei der Betreuung der Kinder nicht zu kurz komme. Das neue Schulgesetzprogramm würde auch die Horte und Internate nicht berücksichtigen. In den Internaten und Horten müsste den Kindern Gelegenheit zu religiösen Übungen geboten werden. Schließlich seien die Kindergärten ebenso wie die Schulen durch lebende Subventionen zu unterstützen[22].

Am Schluss seiner Stellungnahme resümierte der Vorsitzende der österreichischen Bischofskonferenz über die Hauptmerkmale des österreichischen Schulwesens wie folgt:

> *Zuerst müsse es heißen, eine religiöse-sittliche Erziehung nicht umgekehrt. Nur auf der Religion kann eine wahre Sittlichkeit aufgebaut werden ... es wäre doch einmal an der Zeit,*

---

22 ÖSTA, AdR, BMU, Zl.45092–10/62.

mit den Fragen Religion und Sittlichkeit in unserer Heimat wirklich ernst zu machen. Will man durch Verwaschung der Begriffe ein weiteres Absinken der religiöse-sittlichen Anschauungen unserer Jugend? Der Religionsunterricht vermag die religiös-sittliche Erziehung der Jugend nicht zu leisten, wenn nicht die anderen Unterrichtsfächer nicht dagegen arbeiten. Der Religionsunterricht kann nur dann seine Aufgabe in der religiös-sittlichen Erziehung der Jugend leisten, wenn ihm von den weltlichen Lehrgegenständen keine Hindernisse entgegengesetzt werden".

Als Aufgabe der österreichischen Schule formulierte der Kardinal folgende Ziele:

„Im ersten Absatz sind die religiösen Anlagen des Menschen zu ergänzen. Der Mensch hat nicht allein sittliche, geistige und körperliche Anlagen, sondern auch religiöse Anlagen. Warum werden in dem vorliegenden Schulprogramm nicht offen und ehrlich auch die religiösen Anlagen, die doch heute unumstritten sind, genannt?"[23].

Am 5. März 1962 richtete der Bischof von Eisenstadt Stephan László an Bundesminister Drimmel einen Brief, worin der Bischof auf die Schulanliegen zu

---

23 ÖSTA, AdR, BMU, Zl.45092-10/62. Im Schulorganisationsgesetz (SchOG von 1962) ist diesem Anliegen in § 2, dem sogenannten Zielparagraph voll Rechnung getragen worden: „Die österreichische Schule hat die Aufgabe, an der Entwicklung der Jugend nach den sittlichen, religiösen und sozialen Werten sowie nach den Werten des Wahren, Guten und Schönen durch einen ihrer Entwicklungsstufe und ihrem Bildungsweg entsprechenden Unterricht mitzuwirken. Sie hat die Jugend mit dem für das Leben und den künftigen Beruf erforderlichen Wissen und Können auszustatten und zum selbständigen Bildungserwerb zu erziehen". Vergleiche dazu die Novelle zum B-VG, Artikel 14, Abs. 5a. BGBl. I 31/2005 durch die Ziele der österreichischen Schule auf Verfassungsebene gehoben werden. „Demokratie, Humanität. Solidarität, Friede und Gerechtigkeit sowie Offenheit und Toleranz gegenüber den Menschen sind Grundwerte der Schule, auf deren Grundlage sie der gesamten Bevölkerung, unabhängig von Herkunft, sozialer Lage und finanziellem Hintergrund, unter steter Sicherung und Weiterentwicklung bestmöglicher Qualität ein höchstmögliches Bildungsniveau sichert. Im partnerschaftlichen Zusammenwirken von Schülern, Eltern und Lehrern ist Kindern und Jugendlichen die bestmögliche geistige, seelische und körperliche Entwicklung zu ermöglichen, damit sie zu gesunden, selbstbewussten, glücklichen, leistungsorientierten, pflichttreuen, musischen und kreativen Menschen werden, die befähigt sind, an den sozialen, religiösen und moralischen Werten orientiert Verantwortung für sich selbst, Mitmenschen, Umwelt und nachfolgenden Generationen zu übernehmen. Jeder Jugendliche soll seine Entwicklung und seinen Bildungsweg entsprechend zu selbständigem Urteil und sozialen Verständnis geführt werden, dem politischen, religiösen und weltanschaulichen Denken anderer aufgeschlossen sein sowie befähigt werden, am Kultur- und Wirtschaftsleben Österreichs, Europas und der Welt teilzunehmen und in Freiheits- und Friedensliebe an den gemeinsamen Aufgaben der Menschheit mitzuwirken".

sprechen kam, wobei dieser der Lehrerbildung eine bedeutende Rolle zugemessen hat. Die Vertreter der beiden im Burgenland bestehenden Katholischen Lehrerbildungsanstalten hätten dem Bischof versichert, dass beide Anstalten gewillt seien, auch als Pädagogische Akademien

> *"Vollanstalten zu sein und dies nach Möglichkeit allein in unserem Land. Dies ist für uns bei einem Aufgeben der öffentlichen katholischen Schule wohl eine selbstverständliche Erwartung. Freilich sind wir uns der Schwierigkeit dieser Aufgabe bewusst; ich darf aber annehmen, dass bei dem guten Willen, den ich schon so oft erfahren habe, es gelingen wird, auch in dieser Angelegenheit eine Lösung zu finden".*

In der am 16. März 1962 erfolgten Beantwortung des Briefes an Bischof László kam Minister Drimmel auch auf die von László geäußerten Vorstellungen zur Lehrerbildung zu sprechen:

> *"Was die Lehrerbildung anlangt, wird es der Kirche in jedem Bundesland selbstverständlich freistehen, sowohl musisch-pädagogische Mittelschulen als auch Pädagogische Akademien zu führen. Eine Monopolstellung würde allerdings der sowohl für den Staat als auch für die Kirche geltenden Grundsatz der freien Schulführung widersprechen. Im Übrigen bin auch ich der Meinung, dass eine Lösung der burgenländischen konfessionellen Schulfrage möglich sein wird, wobei ich mir vorstellen kann, dass dies in Form einer außerordentlichen Subventionierung der Kirche im Burgenland, insbesondere eines Zentrums der Lehrerbildung in Eisenstadt, erfolgen könnte*[24].

In den Monaten April und Mai 1962 ist zwischen dem Unterrichtsministerium und dem Außenministerium ein dritter Entwurf erarbeitet worden, der bereits weitgehend mit dem Vertrag zwischen dem Heiligen Stuhl und der Republik Österreich vom 9. Jul 1962 identisch ist[25]. Artikel I dieses Entwurfes ist im Vertrag im Wesentlichen in die Präambel eingegangen, sodass Artikel II des Entwurfes im Vertrag Artikel I wurde. Gegenstand dieses Artikels, der der umfangreichste ist, ist der Religionsunterricht. Der Paragraph I, Absätze 1 und 2 sind mit dem Vertrag identisch. Der Absatz 3 des Entwurfes fand Aufnahme im Schlussprotokoll des Vertrages als Punkt 1. Der Absatz 4 des Entwurfes, im Vertrag Absatz 3, war wesentlich abgeändert worden. Im Entwurf hieß es: *"Vor Festsetzung des Stundenausmaßes des Religionsunterrichtes wird der Kirche Gelegenheit zur Stellungnahme gegeben werden"*, während es im Vertrag dazu um das Festhalten des bisherigen Stundenausmaßes ging: *"Das gegenwärtig bestehende Stundenausmaß wird zwischen der Kirche und dem Staat einvernehmlich erfolgen"*. Der Paragraph II qualifiziert in Absatz 1 den Religionsunterricht grundsätzlich als Pflichtgegenstand

---

24 ÖStA, AdR,BMU, Zl. 46.897–10/62, Karton 2153.
25 AES 20/86 Bischofskonferenz.

an allen öffentlichen und mit dem Öffentlichkeitsrecht ausgestatteten Schulen, wobei im Schlussprotokoll die staatlicherseits vorgesehene Abmeldemöglichkeit vom Religionsunterricht berücksichtigt wird. Bei den gewerblichen und kaufmännischen Berufsschulen war in Absatz 2 des Entwurfes eine Einschränkung des Absatzes 1 festgelegt, wobei ein in einzelnen Bundesländern bisher bestehender Zustand unberührt bleiben sollte. Der Paragraph 3 regelt die Anstellung und zum Teil auch die dienstrechtliche Stellung der Religionslehrer. Diese Bestimmungen entsprechen im Wesentlichen dem bisherigen Rechtszustand, wobei die Regelungen über die missio canonica und über die Vermittlung des katholischen Lehrgutes im Besonderen der kirchlichen Autonomie Rechnung tragen. Der Paragraph 3, Absatz 4 regelt den Entzug der missio canonica. Diese Religionslehrer werden für die Erteilung des Religionsunterrichtes nicht mehr verwendet werden und werden nach Maßgabe der staatlichen Vorschriften entweder in eine anderweitige Dienstverwendung genommen, oder in den Ruhestand versetzt oder aus dem staatlichen Dienstverhältnis ausgeschieden. Der Absatz 5 legt fest, dass alle Religionslehrer hinsichtlich der Vermittlung des katholischen Lehrgutes ausschließlich den kirchlichen Vorschriften und Anordnungen unterstehen. Im Übrigen unterstehen auch die Religionslehrer in der Ausübung ihrer Lehrtätigkeit auch den allgemeinen staatlichen Rechtsvorschriften. Der Absatz 6 trifft Bestimmungen über den gesamten Personalaufwand für den Religionsunterricht, wobei die Unterscheidung zwischen staatlich und kirchlich bestellten Religionslehrer getroffen wird. Der Paragraph 4 regelt die Besorgung, Leitung und Beaufsichtigung des Religionsunterrichtes, wobei er im Besonderen auch Bestimmungen über die Remuneration der Religionsinspektoren und über die Inspektion staatlicher Schulaufsichtsorgane über den Religionsunterricht in organisatorischer und schuldisziplinärer Hinsicht trifft. Auch wird auf die kirchliche Autonomie Rücksicht genommen, insbesondere wird den Diözesanordinarien das Recht eingeräumt, nach den kirchenrechtlichen Vorschriften zur Visitation des Religionsunterrichtes auch sonst berufene kirchliche Organe einzusetzen. Der Paragraph 5 enthält Bestimmungen über Lehrpläne, Lehrmittel und Lehrbücher. Bei den in Rom geführten Verhandlungen haben die vatikanischen Vertreter zu Paragraph 5 Absatz 2 über Lehrbücher und Lehrmittel einen Zusatz hineinreklamiert, sodass dieser Absatz im Vertrag nun heißt: Für den Religionsunterricht werden von der Kirche nur Lehrbücher und Lehrmittel verwendet werden, die der staatsbürgerlichen Erziehung „nach christlicher Lehre" förderlich sind. Die in Paragraph 6 Absätze 1 und 2 enthaltenen Regelungen über die Schülergottesdienste und religiöse Übungen des Entwurfes wurden in einen Absatz umformuliert und unwesentlich sprachlich abgeändert. Im Entwurf ist ein Paragraph 7 über Schulkreuze noch angeführt. Diese Bestimmung enthält im Vertrag des Schlussprotokolls eine Anmerkung, dass eine Änderung dieses Zustandes nicht ohne Einvernehmen mit dem Heiligen Stuhl stattfinden wird.

Artikel 2 des Vertrages behandelt die in Aussicht genommene gesetzliche Regelung über das Privatschulwesen.[26] Bis auf zwei Abweichungen sind hier Artikel II des Vertrages und der Entwurf identisch. Paragraph 1 Absatz 2 des Entwurfes ist im Schlussprotokoll des Vertrages als Nr. 1 aufgenommen worden. Von gravierender Bedeutung ist der in Paragraph 2 Absatz 5 des Vertrages vorgenommene Einschub nach dem 1. Satz. Dieser hat folgenden Wortlaut:

> *„Die Aufteilung der zur Verfügung stellenden Lehrerdienstposten auf die einzelnen katholischen Schulen erfolgt durch die oberste staatliche Schulbehörde auf Antrag des Diözesanordinarius".*

Damit ist dem Diözesanordinarius für die zu zuteilenden Lehrer eingeräumt worden und somit die Stellung des Diözesanordinarius bei der Bestellung der Lehrer an den katholischen Schulen wesentlich gestärkt worden. Von großer Bedeutung ist jedoch die in Paragraph 2, Absätze 2–4 vorgenommene Übernahme zu 60 % jener Lehrerdienstposten, die im Schuljahr 1961/62 zur Erfüllung des Lehrplanes an diesen Schulen erforderlich waren. Damit ist auch einer Forderung des Artikel 26 des Staatsvertrages von 1955 entsprochen worden, wonach für die nationalsozialistische Enteignung des gesamten katholischen Schulwesens im Jahr 1938 eine teilweise Entschädigung gewährt wurde.[27] Im Schlussprotokoll Punkt 4 ist im Bezug der Zuweisung zu Artikel II Paragraph 2 Absatz 5 noch folgender Zusatz vereinbart worden:

> *„Bei der Zuweisung von staatlich angestellten Lehrern im Sinne des Artikels II Paragraph 2, Absatz 5 wird die bisherige Praxis beibehalten werden, wonach Personen (Geistliche, Ordensangehörige und Laien), die vom Diözesanordinarius für die Verwendung an katholischen Schulen vorgeschlagen werden und die staatlichen Anstellungserfordernisse erfüllen, für die Anstellung beziehungsweise Zuweisung bevorzugt berücksichtigt werden".*

Da dieser Passus sich nicht im 3. Entwurf zum Schulvertrag findet, wird diese Bestimmung erst bei den mündlichen Verhandlungen im Juni 1962 in Rom vereinbart worden sein.

---

26 Im Entwurf Artikel III.
27 *Fürst*, Katholisches Schulwesen (Anm. 2), S. 148 ff. Im Vermögensvertrag vom 23. Juni 1960 erhielt die Diözese Eisenstadt in Artikel VI für die während des Nationalsozialismus erfolgte Beseitigung des öffentlichen katholischen Schulwesens in Burgenland einen Betrag von 10 Millionen Schilling. Dieser Betrag war vor allem für die Enteignung der im kirchlichen Eigentum gestandenen Schulgebäude gedacht.

Zum Zweck der Errichtung des katholischen Schulwesens in Burgenland wird die Republik Österreich eine einmalige und endgültige Leistung von 45 Millionen Schilling erbringen, die in Raten zu bezahlen ist. Diese zu Artikel III des Vertrages von 1962 für die Beseitigung des konfessionellen Schulwesens in Burgenland durch die Nationalsozialisten zu leistende finanzielle Zuwendung des Staates diente dazu, um die Errichtung des kirchlichen Schulwesens in Burgenland zu ermöglichen. Im Februar 1962 hat die interministerielle Verhandlungsdelegation als Betrag für das burgenländische Schulwesen nur 30 Millionen Schilling vorgesehen.

Der Artikel V des Entwurfes, der die Vertretung der Kirche in den Körperschaften der staatlichen Schulbehörden sichert, war festgelegt, dass die Vertreter der Kirche in diesen Kollegien das Recht der Mitgliedschaft mit beratender Stimme haben. Im Schulvertrag wurde nur mehr vereinbart, dass die Vertreter der Kirche das „*Recht der Mitgliedschaft* haben".

Der Artikel VI des Entwurfes ist im Schulvertrag 1962 nur teilweise übernommen worden. Der Paragraph 1 dieses Entwurfes ist ersatzlos gestrichen worden. Der Wortlaut ist folgender:

> „*Paragraph 1, Artikel VI des Konkordates vom 5. Juni 1933 sowie die Bestimmungen zu Artikel VI des Zusatzprotokolles vom 5. Juni 1933 werden als nicht mehr in Geltung stehend festgestellt*"[28].

Offenbar haben die römischen Verhandler nicht akzeptiert, dass Teile des österreichischen Konkordates außer Kraft gesetzt werden, und dies dürfte auch der Grund sein, warum der Paragraph 1, Artikel VI des Entwurfes im Schulvertrag 1962 keine Berücksichtigung fand. Hingegen ist der Paragraph 2 des Artikels VI des Entwurfes unverändert als Artikel V im Schulvertrag 1962 aufgenommen worden. Der Wortlaut des Artikels V ist wie folgt:

> „*Die beiden vertragsschließenden Teile behalten sich das Recht vor, bei wesentlicher Änderung der derzeitigen Struktur des öffentlichen Schulwesens oder wesentlicher Änderung der staatsfinanziellen Lage Verhandlungen über eine Modifikation des Vertrages zu begehren*".

Der Artikel VI entspricht der formelhaften Erklärung, dass dieser Vertrag, dessen italienischer und deutscher Text identisch ist, ratifiziert werden soll und die Ratifikationsurkunden sobald als möglich in der Vatikanstadt ausgetauscht werden sollen und der Vertrag einen Monat nach Austausch der Ratifikationsurkunden in Kraft tritt.

---

28 AES 20/86 Bischofskonferenz.

Ein Schlussprotokoll findet sich im Entwurf nicht, dieses dürfte in Rom verhandelt worden sein. Es umfasst vier Punkte, die kurz zusammengefasst sind:

1. Der vorliegende Vertrag findet auf alle Schulen mit Ausnahme der Hochschulen und Kunstakademien Anwendung.
2. Zu Artikel I, Paragraph 2, Absatz 1:
   a) Die nach den staatlichen Vorschriften vom Religionsunterricht abgemeldeten Schüler sind von der Schulleitung ohne Verzug dem zuständigen Religionslehrer mitzuteilen.
   b) Der Heilige Stuhl nimmt davon Kenntnis, dass nach den österreichischen Rechtsvorschriften in allen Klassenräumen, wenn die Mehrzahl der Schüler einem christlichen Bekenntnis angehört, ein Kreuz angebracht wird. Eine Änderung dieses Zustandes wird nicht ohne Einvernehmen mit dem Heiligen Stuhl stattfinden.
3. Zu Artikel I, Paragraph 6:
   Betrifft das zeitliche Ausmaß der religiösen Übungen, die im Einvernehmen zwischen dem Diözesanordinarius und der zuständigen staatlichen Schulbehörde zur Verfügung gestellt werden sollen.
4. Zu Artikel II, Paragraph 2, Absatz 5:
   Betrifft die Zuweisung von staatlich angestellten Lehrern an katholischen Privatschulen.

Der Entwurf zum Schulvertrag 1962 ist den österreichischen Bischöfen vom Nuntius Opilio Rossi am 5. Juni 1962 zur Stellungnahme übermittelt worden.[29] Nuntius Rossi schrieb damals an Erzbischof Rohracher Folgendes:

„Nun bin ich in der Lage, Euer Exzellenz und den Hochwürdigsten Episkopat mit dem Text eines Vertrages mit dem Heiligen Stuhl bekannt zu machen, welcher vom Unterrichtsministerium mit dem Außenministerium zusammen ausgearbeitet und dem Heiligen Stuhl vorgelegt wird".

Schließlich ersucht der Nuntius die Bischöfe „*sobald als möglich*" ihre Stellungnahmen zum Schulgesetzentwurf vorzulegen, die er dann an das Staatssekretariat weiterleiten werde. Eine Stellungnahme von Erzbischof Rohracher zum Entwurf des Schulvertrages ist in den Akten des erzbischöflichen Archivs nicht auffindbar. In der Zwischenzeit hat Rohracher am 14. Juni 1962 an den Nuntius einen beschwörenden Brief gerichtet, der die Politisierung der Schule betraf.

---

29 AES 2086 Bischofskonferenz, Rundschreiben Nr. 619 vom 5. Juni 1962 des Apostolischen Nuntius Opilio Rossi an Erzbischof Rohracher.

„Wie ich erfahre, hat der Entwurf des neuen Schulgesetzes Zusätze erfahren, die sehr bedenklich erscheinen. Hauptsächlich gilt dies hinsichtlich der Bestimmung, dass Anstellung der Schulbehörden wie die Anstellung der Lehrpersonen zahlenmäßig nach den politischen Parteien (Proporz) erfolgen soll.

Mir scheint die Forderung der Sozialisten eine schwere Gefährdung des ganzen Geistes des Schulgesetzes und es wird auf diese Weise das Schulwesen noch mehr verpolitisiert als es schon bisher der Fall war.

Jedenfalls scheint es richtig zu sein, wenn Zeit gewonnen wird und diese so wichtige Frage noch vor der Einbringung des Entwurfes in den Nationalrat bereinigt wird und ich glaube, dass der Heilige Stuhl in der Lage wäre, diese erwünschte Verzögerung zu veranlassen".[30]

Der von Erzbischof Rohracher angesprochene Proporz in Schulangelegenheiten hat seine ausdrückliche negative Auswirkung bis zum heutigen Tag. Der politische Einfluss auf die Bestellung der schulischen Leiterstellen ist von Erzbischof Rohracher als „sehr bedenklich" richtig erkannt worden. Er war aber politischer Kompromiss ohne den wahrscheinlich das Schulgesetzprogramm von 1962 nicht durchgesetzt werden konnte. Hingegen blieb der Wunsch von Erzbischof Rohracher auf Zeitgewinn bei den römischen Verhandlungen zum Schulvertrag unerfüllt. Er konnte nicht wissen, dass Papst Johannes XXIII. auf einen baldigen Abschluss mit Österreich drängte und auch der erst seit 1961 amtierende Nuntius in Österreich großes Interesse daran hatte, durch einen rasch zustande gekommenen Abschluss des Schulvertrages seine ersten Erfolge in der diplomatischen Laufbahn zu erzielen. Dies beweist auch die Tatsache, dass der Nuntius die Stellungnahmen des österreichischen Episkopates schon am 15. Juni 1962 nach Rom abgehen ließ[31]. In eben diesem Brief berichtet der Nuntius, dass von Seiten des Kardinalstaatssekretärs eine Reihe von Punkten in der Schulfrage an ihn ergangen ist und er bitte „mit größtmöglicher Eile" eine Stellungnahme dazu von allen Bischöfen wie auch von jenen Personen und Körperschaften, die dafür zuständig oder daran interessiert sind. Die Absicht der Kongregation für die Auswärtigen kirchlichen Angelegenheiten war nämlich eine möglichst umfassende Dokumentation hinsichtlich der zu treffenden Entscheidung über den eventuellen Abschluss einer Vereinbarung mit der österreichischen Regierung zu erhalten. Zur leichteren Entscheidung wurde für die Beantwortung ein römischer Fragebogen versandt.

---

30 AES 2086 Bischofskonferenz, Brief Erzbischof Rohracher an Nuntius Opilio Rossi vom 14. Juni 1962.
31 AES 2086 Bischofskonferenz, Brief Nr. 651 des Nuntius an Erzbischof Rohracher vom 15. Juni 1962.

Am 22. Juni 1962 sandte Erzbischof Rohracher seine Antwort auf den Brief des Nuntius vom 15. Juni 1962, also zu einem Zeitpunkt, als die österreichischen Vertreter in Rom bereits mündlich verhandelten. Hinsichtlich des Religionsunterrichtes verlangte Rohracher die Aufrechterhaltung des gegenwärtigen rechtlichen Zustandes. Künftighin sollten die Religionslehrer aber enger in der Pfarrseelsorge eingebunden sein und sich nicht allein bei ihrer Tätigkeit auf die Schule beschränken. An den Mittelschulen sollen die Religionslehrer vom Staat definitiv angestellt werden, wenn die rechtlichen Voraussetzungen dafür erfüllt sind. Bezüglich der religiösen Übungen würden die Bestimmungen des Konkordates genügen[32]. Die öffentliche konfessionelle Schule bestand bis 1938 in Österreich nur im Burgenland. Diese sollte nach Rohracher in Burgenland wieder eingeführt werden. Den katholischen Eltern sollte jedoch in ganz Österreich das Recht zuerkannt werden, öffentlich-konfessionelle Schulen zu verlangen. Den von der Kirche oder katholischen Organisationen erhaltenen Schulen sollen die gleichen Rechte zuerkannt werden wie den staatlichen Schulen. Auch soll diesen Schulen eine die Kosten völlig deckende Subvention gewährt werden. Rohracher war auch der Ansicht, dass in den Orts-, Bezirks- und Landesschulbehörden die Vertreter der Kirche mit beschließender Stimme teilnehmen sollten. Schließlich wäre nach Rohracher zu wünschen, in die neuen Schulgesetze aufzunehmen, dass schon in den Kindergärten ein kindergemäßer Religionsunterricht obligat wäre, ein entsprechendes Schulgebet verrichtet werde und das Kreuz in den Kindergärten angebracht werden soll. Die Stellungnahme von Rohracher wurde am 23. Juni 1962 von Salzburg abgesandt, es ist nicht anzunehmen, dass diese noch Gegenstand bei den mündlichen Verhandlungen in Rom war.

Der von den Ministerien des Unterrichts- und Außenamtes erstellte dritte Entwurf zum Schulvertrag 1962 war die Verhandlungsgrundlage bei den mündlich geführten Verhandlungen in Rom. Diese fanden vom 22. Juni bis 26. Juni 1962 statt und standen unter der Verhandlungsführung von Rudolf Kirchschläger. Auf österreichischer Seite waren u.a. Sektionschef Adolf Merz und Ministerialrat Josef Rieger und vom Vatikan u.a. Augusto Caseroli und Michele Cechini vertreten[33]. Der Vertrag enthält sechs Artikel und ein Schlussprotokoll mit vier Punkten. Unterzeichnet wurde der Schulvertrag in Wien am 9. Juli 1962 vom Nuntius Opilio Rossi und Außenminister Bruno Kreisky und Unterrichtsminister Heinrich Drimmel. Die Ratifikationsurkunden wurden am 2. August 1962 im Vatikan

---

32 Konkordat vom 5. Juni 1933, Artikel VI, Paragraph 1, Abs. 3 und Zusatzprotokoll zu Artikel VI, Paragraph 1, Absatz 3, Satz 1.
33 *Fürst*, Katholisches Schulwesen (Anm. 2), S. 148 ff.

ausgetauscht und der Schulvertrag trat einen Monat nach dem Austausch der Ratifikationsurkunden in Kraft. Die Materien des Schulvertrages sind nicht nur rechtlich und finanziell, sondern auch völkerrechtlich abgesichert worden. Dies ist besonders bedeutsam für den Religionsunterricht. Der Artikel I umfasst den Religionsunterricht, die Religionslehrer, die Besorgung, Leitung und Beaufsichtigung des Religionsunterrichts, die Lehrpläne für den Religionsunterricht und die Teilnahme an den Schülergottesdiensten und religiösen Übungen. Gemäß Artikel I, Paragraph 1, Absatz 3 Schulvertrag wird eine Neufestsetzung des Stundenausmaßes zwischen der katholischen Kirche und dem Staat einvernehmlich erfolgen. In Paragraph 2, Absatz 2 Religionsunterrichtsgesetz ist jedoch den gesetzlich anerkannten Kirchen und Religionsgesellschaften vor der Festsetzung und jeder Änderung der Wochenstundenzahl für den Religionsunterricht nur Gelegenheit zur Stellungnahme zu geben. Hier ist zwischen dem Zusammenwirken von Staat und Kirche eine unterschiedliche Regelung feststellbar[34].

Die wesentliche Änderung vom Entwurf und endgültigen Vertrag ist in Artikel II, Paragraph 1 und 2 vorgenommen worden. In diesem Paragraph 1 ist festgelegt, dass *„der Staat der katholischen Kirche laufend Zuschüsse zum Personalaufwand der katholischen Schulen gewähren wird"*, und im Paragraph 2 ist normiert, dass *„der Staat für die katholischen Schulen 60 % jener Lehrerdienstposten zur Verfügung stellen wird, die im Schuljahr 1961–1962 zur Erfüllung des Lehrplanes an diesen Schulen erforderlich waren".* Außerdem sind der Diözese Eisenstadt zur Errichtung des katholischen Schulwesens in Burgenland eine einmalige und endgültige Leistung im Betrag von 45 Millionen Schilling zugesprochen worden[35]. Bei den parlamentarischen Verhandlungen über den Schulvertrag vom 25. Juli 1962 war durch die Regierungsparteien gesichert, dass der Vertrag auch im Bundesgesetzblatt publiziert werden konnte[36]. Am 28. Juli 1962 konnte der Apostolische Nuntius Opilio Rossi an Erzbischof Rohracher den Schulvertrag vom 9. Juli 1862 übersenden. Der Nuntius wies aber ausdrücklich darauf hin, dass die Publikation des Vertragstextes erst nach der Veröffentlichung des Schulvertrages im Bundesgesetzblatt in den diözesanen Publikationsorganen erfolgen solle. Zum Schluss resümierte der Nuntius den Verhandlungsgang folgendermaßen:

---

34 *Schinkele, Brigitte,* Minderheitenschutz und Religionsunterricht. Überlegungen zu Paragraph 7a, Absatz 1 Religionsunterrichtsgesetz, in: öarr 52 (2005) Heft 2, S. 194–207, hier besonders S. 197 mit Anm. 8.
35 Artikel III des Schulvertrages. Ein Jahr zuvor hat die österreichische Verhandlungsdelegation noch einen Betrag von 30 Millionen Schilling veranschlagt.
36 BGBl. Nr. 273/1962.

„Es erübrigt sich, Euer Exzellenz zu versichern, dass in den Verhandlungen mit der Regierung, die vorwiegend im Staatssekretariat seiner Heiligkeit geführt wurden, der Hl. Stuhl sich immer die Stellungnahme und die Wünsche des hochwürdigsten österreichischen Episkopates vor Augen gehalten hat. Er hat versucht, das Beste für die Kirche zu erreichen, das in den gegenwärtigen politischen Umständen zu erreichen war[37]*".*

Am 30. Juli 1962 gratulierte Erzbischof Rohracher dem Nuntius mit folgender Erklärung:

„Zugleich erlaube ich mir Euer Exzellenz von Herzen zu gratulieren über den Erfolg Ihrer diplomatischen Tätigkeit. Dass man bei einem Vertragswerk nicht alles erreichen kann wie man möchte, liegt in der Natur der Sache. Uns kann das Bewußtsein beglücken, das Möglichste für die Interessen der Kirche erreicht zu haben"[38].

Der österreichische Botschafter beim Heiligen Stuhl Coreth berichtete am 27. August 1962 an Außenminister Kreisky:

„Im Staatssekretariat zeigt man sich über das erzielte Abkommen außerordentlich befriedigt. Monsignore Samoré sagte mir, dass auch der Heilige Vater ihm gegenüber seiner großen Genugtuung Ausdruck verliehen habe, dass dieses zweite und große Teilstück des Konkordates eine alle Teile befriedigende Lösung gefunden habe"[39].

Glückwünsche und Dankesworte sandte aber auch Kardinal König an Unterrichtsminister Heinrich Drimmel:

„… um meiner Freude und Genugtuung Ausdruck zu geben, dass das Schulgesetz sowie der Vertrag mit Rom glücklich unter Dach gebracht werden konnte. Ich weiß, wie sehr sie im vergangenen Jahr darum gerungen und gekämpft haben. Ich möchte in meinem Namen sowie im Namen der österreichischen Bischöfe meine besondere Anerkennung zu Ihrer großen Leistung auch auf schriftlichem Wege zum Ausdruck bringen"[40].

In der 2. Hälfte des Jahres 1970 fanden wieder Verhandlungen mit dem Heiligen Stuhl über die Übernahme auch der restlichen Personalkosten der katholischen Schulen durch den Staat statt. Daraufhin wurde am 8. März 1971 der Zusatzvertrag zum Schulvertrag 1962 zwischen dem Apostolischen Nuntius in Wien und dem Unterrichtsminister Leopold Gratz und Außenminister Kirchschläger unterzeichnet[41]. Abgeändert wurde allein der Artikel II Paragraph 2, Absätze 1

---

37 AES 20/86 Bischofskonferenz, Brief Nr. 874 des Apost. Nuntius Erzbischof Opilio Rossi an Erzbischof Rohracher vom 28. Juli 1962.
38 AES 20/86 Bischofskonferenz, Brief Erzbischof Rohracher vom 30.7.1962 an Apostolischen Nuntius Opilio Rossi.
39 ÖStA, AdR, BMAA-Pol.Zl.72.623–4/62.
40 ÖStA, AdR, BMU Zl. 93.068–10/62.
41 BGBl. 289/1972.

bis 3. Im Absatz 1 wurde lediglich nach „katholischen Schulen" der Zusatz „mit Öffentlichkeitsrecht" eingefügt. Wenn nunmehr ausdrücklich von „katholischen Schulen mit Öffentlichkeitsrecht" gesprochen wird, so sollte dies vor allem der Klarstellung und Anpassung an die bisher geübte Praxis dienen. In Absatz 2 dieses Zusatzvertrages wurde vereinbart, dass an den katholischen Schulen mit Öffentlichkeitsrecht jene Lehrerdienstposten zur Verfügung gestellt werden, die zur Erfüllung des Lehrplanes der betreffenden Schulen erforderlich sind, soweit das Verhältnis zwischen der Zahl der Schüler und der Zahl der Lehrer der betreffenden katholischen Schule im Wesentlichen jenem an öffentlichen Schulen gleicher oder vergleichbarer Art und vergleichbarer örtlicher Lage entspricht. Im Paragraph 2 Absatz 2 wurde anstelle der 60%igen Zuweisung der Lehrerdienstposten nunmehr die 100%ige Subventionierung des Lehrerpersonalaufwandes der katholischen Schule festgelegt. Der Absatz 3 gibt im Wesentlichen die bisherige Regelung des Paragraphen 2, Absatz 5 des Schulvertrages 1962 wieder. Da im Zusatzvertrag die Zuschüsse in der vollen Höhe des Lehrerpersonalaufwandes den katholischen Schulen ab 1. September 1971 gewährt wurden, war auch eine Bestimmung über die Aufteilung der zur Verfügung gestellten Lehrerdienstposten nicht mehr erforderlich.

Dem Zusatzvertrag vom 25. April 1972 wurde ein Protokoll angeschlossen, das die Leistung des Lehrerpersonalaufwandes für den Zeitraum 1. September 1971 bis zum 31. August 1972 vorsah. Dieser Aufwand war durch die Bezahlung des Betrages von 106,200.000,-- Schilling abgegolten. Da das Genehmigungsverfahren für den Zusatzvertrag wegen der im Jahr 1971 durchgeführten Nationalratswahl während der laufenden Gesetzgebungsperiode des Nationalrates nicht mehr abgeschlossen werden konnte, der Zusatzvertrag selbst jedoch im Falle seiner Genehmigung rückwirkend mit 1. September 1971 in Kraft trat, musste für die Zeit ab 1. September 1971 eine Übergangsregelung geschaffen werden. Diese ist in dem Protokoll zum Zusatzvertrag verlautbart worden. Das Protokoll bildet einen integrierenden Bestandteil des Zusatzvertrages und trat gemeinsam mit diesem rückwirkend mit 1. September 1971 in Kraft. Der Zusatzvertrag wurde in der Sitzung des Nationalrates vom 30. Mai 1972 einstimmig angenommen[42].

---

42 Sten. Protokoll, 31. Sitzung des Nationalrates der Rep. Österreich, XIII. Gesetzgebungsperiode vom 30. Mai 1972, S. 2546–2565.

Die Diözesanerrichtungsverträge

I. Diözese Burgenland

Im Friedensvertrag von Saint-Germain 1919 wurde der Teil Westungarns, der in der Mehrheit von Deutschen bewohnt wird, Restösterreich zugesprochen. Dieses Gebiet gehörte bisher zu den Diözesen Raab (Györ) und Stein am Anger (Szombathely). Bei der Ablösung der beiden Diözesanteile an Österreich nahmen die beiden Bischöfe eine unterschiedliche Stellungnahme ein. Bischof Fetser von Raab fand sich mit den Gegebenheiten ab, während Bischof Graf Mikes von Stein am Anger für seinen Anteil nach wie vor die Jurisdiktion verlangte. Er ließ bis 1922 in Burgenland noch Rundschreiben und Hirtenbrief publizieren und er ernannte für sein Gebiet auch einen Generalvikar. Die Unsicherheit dieses Zustandes konnte nicht länger untätig hingenommen werden. Am 18. Mai 1922 wurde der Wiener Kardinal Gustav Piffl durch Dekret der Wiener Nuntiatur zum Apostolischen Administrator für das Burgenland ernannt und am 24. September 1922 übernahm der Kardinal die kirchliche Verwaltung des Burgenlandes[43]. Seither konnte kirchliche Organisation und Verwaltung in Burgenland ungehindert aufgebaut werden. Die getroffene Lösung trug dennoch alle Züge eines Provisoriums an sich. Die endgültige Regelung konnte auch durch das Konkordat 1933/34 nicht erreicht werden[44]. Nach dem Tod von Kardinal Piffl am 21. April 1932 übernahm kurzfristig Weihbischof Kamprath von Wien die Leitung der Apostolischen Administratur. Der im September 1932 neu ernannte Erzbischof von Wien, Dr. Theodor Innitzer wurde bereits am 31. Oktober 1932 zum Apostolischen Administrator für das Burgenland ernannt. Zum Provikar ist Dr. Josef Köller bestellt worden. Der neue Apostolische Administrator legte mit zwei neugegründeten Lehrerbildungsanstalten, eine in Eisenstadt und eine zweite in Mattersburg den Grundstein

---

43 *Hlawati, Franz,* Artikel Burgenland, in Staatslexikon Bd 1, 5. Auflage, Freiburg 1926 Spalte 1123 ff.; *László, Stefan,* Das Werden und Wachsen der Apostolischen Administratur Burgenland, in: ÖAfKR 1 (1950) S. 195–206. *Stierling, Anton,* Die Apostolische Administratur Burgenland. Eine rechtsgeschichtliche Untersuchung, Eisenstadt 2000. *Frank, Norbert,* Genese einer Diözese. Stationen auf dem langen Weg zur Errichtung der Diözese Eisenstadt, in: Diözese Eisenstadt. 90 Jahre selbständige Teilkirche 1922–1960–2012. Eisenstadt 2012. *Ildiko, Farkas,* Brückenbauer im Dienste der Kirche. Diözesanbischof Laszlo in Lebensbildern, Eisenstadt 2013.

44 Die Apostolische Administratur Burgenland wurde zwar durch die Erhebung zur Praelatura Nullius aufgewertet. Die Durchführung dieser grundsätzlichen Einigung blieb jedoch einer besonderen Vereinbarung zwischen dem Apostolischen Stuhl und der österreichischen Bundesregierung vorbehalten. Artikel III, Paragraph 2 des Konkordates von 1933/34.

für eine effizientere Lehrerbildung für das konfessionelle Schulwesen. Im Herbst 1933 eröffnete das burgenländische Priesterseminar in Wien und bald darauf ist in Eisenstadt ein Knabenseminar errichtet worden. Auch die kirchliche Verwaltung übersiedelte im Herbst 1934 von Wien nach Eisenstadt[45].

Im Konkordat von 1933/34 ist dann die Erhebung der Apostolischen Administratur Burgenland zwar zur Praelatura Nullius vereinbart, die Durchführung dieser Maßnahme ist jedoch während der Ersten Republik nicht mehr vorgenommen worden[46]. Im Zusatzprotokoll zu Artikel VI, Paragraph 2, Abs. 2 des Konkordates ist in Bezug auf das Schulwesen vereinbart worden, dass *„insbesondere Einverständnis besteht, dass in Burgenland konfessionelle Schulen als öffentliche Schulen bestehen"*[47]. Nationalsozialistische Maßnahmen setzten 1938 allen diesen Bestrebungen ein jähes Ende. Nach den Zerstörungen des 2. Weltkrieges war der Wiederaufbau der seelsorglichen Strukturen und Institutionen eine zentrale Aufgabe. Die Anforderungen für den Administrator wurden mit der Zeit immer umfangreicher, sodass Kardinal Innitzer im Jahr 1949 um Entbindung dieser Verpflichtung bat und zugleich den Wunsch äußerte, einen selbständigen Administrator zu bestellen. Diesem Anliegen ist die Konsistorialkongregation am 12. November 1949 nachgekommen und hat den Pfarrer von Mauer, Dr. Josef Schoiswohl zum Apostolischen Administrator des Burgenlandes ernannt. Die feierliche Amtsübergabe fand am 4. Dezember 1949 in Eisenstadt statt[48].

Im Juni 1953 weilte Bischof Schoiswohl in Rom und wurde auch von Papst Pius XII. in Privataudienz empfangen. Bei dieser Gelegenheit kam der Papst auch auf das Konkordat zu sprechen und dieser habe seine unveränderte Auffassung zum Ausdruck gebracht, dass das Konkordat aus dem Jahr 1933 gelte, dass man auch von Seite des Heiligen Stuhles zu Verhandlungen über notwendige Abänderungen bereit sei, doch müsse der Ausgangspunkt der Verhandlungen das Konkordat bilden[49]. Auch habe Bischof Schoiswohl damals den Wunsch zur Sprache gebracht, die Apostolische Administratur Burgenland zur Praelatura Nullius zu erheben. Des Weiteren wurde ein hoher ungarischer Prälat befragt, wie sich der ungarische Episkopat zu dieser Frage verhalten werde. Dieser habe geantwortet, dass der

---

45 *László*, Apostolische Administratur (Anm. 43), 200 ff.
46 *Klecatsky, Hans / Weiler, Hans*, Österreichisches Staatskirchenrecht, Wien 1958, Artikel III, Paragraph 2 des Konkordates, S. 238.
47 *Klecatsky, Hans / Weiler, Hans*, Österreichisches Staatskirchenrecht, Wien 1958, zu Artikel VI, Paragraph 2 Abs. 2 des Konkordates von 1933/34 mit der Anm. 2, S. 264.
48 *László*, Apostolische Administratur (Anm. 43), S. 206.
49 ÖStdA, AdR, BMAA, Zl. 321903-pol/53. Bericht des Botschafters Kripp vom 6. Juni 1953, Österr. Botschaft Zl. 36-pol/53.

ungarische Episkopat keine Einwände zu einer Erhebung der Administratur zur Praelatura Nullius vorbringen werde[50]. Diesem Vorhaben war damals noch kein Erfolg beschieden.

Im Jänner 1954 wurde Bischof Schoiswohl zum Diözesanbischof von Graz-Seckau ernannt. Ihm folgte der am 30. Jänner 1954 ernannte Stefan Laszlo als Apostolischer Administrator nach, der sogleich nach seinem Amtsantritt am 1. März 1954 die Erhebung der Administratur zur Diözese betrieb. Der Apostolische Nuntius in Österreich informierte das römische Staatssekretariat bereits am 16. April 1954, dass die burgenländische Administratur nach der von Laszlo „geäußerten Meinung" zur Diözese erhoben werden könnte. In seiner Antwort vom 9. Mai 1954 wies das Staatssekretariat darauf hin, dass das Konkordat von 1933/34 in Artikel III, Paragraph 2 zwar die Errichtung einer Praelatura Nullius im Burgenland vorsieht, bemerkte jedoch, dass diese konkordatäre Bestimmung nur nach vorangehender Vereinbarung der zwei Verhandlungspartner abgeändert werden könnte, um dadurch den Weg zur Errichtung einer Diözese freizumachen. Wenn die österreichische Bundesregierung dies wünsche, so wäre es notwendig, dass sie ihren Wunsch bezüglich der Abänderung des Konkordates und ihr Einverständnis hiezu bekanntmachen müsste[51]. Auf den Brief des Nuntius antwortete Laszlo am 17. November 1954, dass er den

> „zum wiederholten Male zum Ausdruck gebrachten Wunsch der österreichischen Bundesregierung bestätigen könne, eine eigene Diözese in Burgenland errichtet zu sehen. Die österreichische Bundesregierung ist vollkommen damit einverstanden, dass die gegenwärtige Apostolische Administratur in Burgenland anstatt zu einer Praelatura Nullius zu einer Diözese erhoben wird[52].

Es sei nun Gelegenheit, den Wunsch der Bundesregierung an das Staatssekretariat heranzutragen und zu betonen, welch große Bedeutung die österreichische Bundesregierung einer baldigen Lösung dieser Frage beimessen würde.

Außenminister Leopold Figl hat in einem kurzen Schreiben an den Nuntius bereits am 3. August 1954 die Bereitschaft der Bundesregierung bestätigt, dass diese die Aufwertung der Praelatura Nullius, wie sich Figl ausdrückte, zur Diözese begrüßen würde und der Nuntius diesen Wunsch der Bundesregierung dem

---

50 ÖStdA, ADR, BMAA, Zl.321904-pol./53. Bericht des Botschafters Kripp vom 6. Juni 1953. Österr. Botschaft Zl.38-pol./53.
51 Aus dem Brief des Apostolischen Nuntius in Österreich, Erzbischof Giovanni Dellepiane, vom 24. August 1954 an Stefan László.
52 ÖstA, AdR, BMAA, 01 Auswärtiges-pol., Österreich 4/54 Z. 145595-pol./54.

Heiligen Stuhl „*in geeignete Erwägung ziehen wolle*"[53]. Zu den Verhandlungen der Bundesregierung mit dem Vatikan wäre damals noch die Bereitschaft des Koalitionspartners notwendig gewesen, der zu dieser Zeit dazu aber noch nicht seine Zustimmung gegeben hätte. Zu sehr war 1954 noch die Ablehnung des Dollfuß Konkordates durch die sozialistische Partei gegenwärtig. Daher war auch die Initiative des Apostolischen Administrators in dieser Angelegenheit noch nicht von Erfolg gekrönt. Eine gewisse Aufwertung erhielt die Administratur durch die Ernennung des Administrators zum Titularbischof von Metellopolis vom 20. September 1956[54].

Noch bevor sich die Regierungsparteien über die Gültigkeit des Konkordates von 1933/34 einigen konnten, reichte Bischof Laszlo am 12. Jänner 1957 beim Heiligen Stuhl die Bitte um Errichtung der Diözese Burgenland ein[55]. Bischof László musste sich dabei bewusst sein, dass er nicht der richtige Antragsteller für dieses Unternehmen war. Erst im März 1959 ersuchte die österreichische Bundesregierung den Vatikan, die Apostolische Administratur Burgenland in den Rang einer Diözese zu erheben[56]. Diese Verhandlungen zur Diözesanerhebung konnten umso leichter geführt werden, als parallel dazu die vermögensrechtlichen Belange des Konkordates geführt wurden[57], und beide Verträge sind auch am selben Tag unter-

---

53 ÖStA, AdR, BMAA, 01 Auswärtiges-pol./, Österreich 4/54 Zl. 145594-pol./54.
54 Stefan Laszlo wurde am 25. Februar 1913 in Pressburg geboren, aufgewachsen ist er in Trausdorf an der Wulka, Burgenland. Seine Gymnasialzeit verbrachte er in Eisenstadt, Wien Hietzing und Hollabrunn. 1931 Eintritt in das Wiener Priesterseminar, 1933/34 Wechsel in das neu gegründete burgenländische Priesterseminar. 1936 Priesterweihe. 1936–1937 Kaplan in Schaudorf, 1937 Dr. theol. in Wien, 1937–1939 Studium des kanonischen Rechts an der Gregoriana, 1939 Dr. iur. can. 1939 Sekretär der Apostolischen Administratur. 1945 Leiter der Caritas, 1949 Kanzleidirektor. Am 30. Jänner 1954 Bestellung zum Apostolischen Administrator des Burgenlandes. Am 20. September 1956 Ernennung zum Titularbischof von Metellopolis. 1960 Errichtung der Diözese Eisenstadt. Am 14. Oktober 1960 Diözesanbischof. Gestorben am 8. März 1995. Über Stefan László gibt die Biographie von *Farkas Ildiko* mit dem Titel: Brückenbauer im Dienste der Kirche. Diözesanbischof Stefan László in Lebensbildern, Eisenstadt 2013, ausführlich Auskunft. Dazu noch weitere Literatur: *Stirling, Anton,* Die apostolische Administratur Burgenland. Eine rechtsgeschichtliche Untersuchung. Eisenstadt 2000. *Frank, Norbert,* Genese einer Diözese. Stationen auf dem langen Weg zur Errichtung der Diözese Eisenstadt: in: Die Diözese Eisenstadt. 90 Jahre selbständige Teilkirche 1922–1960–2012. Eisenstadt 2012.
55 *Ildiko, Farkas,* Brückenbauer (Anm. 54) S. 142.
56 *Ildiko, Farkas,* Brückenbauer (Anm. 54) S. 135 f.
57 BGBl. Nr. 195/1960 vom 23. Juni 1960. Vermögensvertrag.

zeichnet worden[58]. Aber noch zu diesem späten Zeitpunkt wurde von ungarischer Seite die Diözesanerhebung zu verhindern versucht. Das Gebiet des heutigen Burgenlandes war ziemlich genau 1000 Jahre ungarisches Territorium und kam endgültig erst 1921 zu Österreich. Um die ehemals ungarischen Diözesangebiete zu schützen, überreichte ein ungarisches Befreiungskomitee zur Burgenlandfrage im Staatssekretariat des Vatikans am 4. Juli 1959 ein Memorandum, worin festgehalten wurde, dass nach kirchlichem Recht das Burgenland auch 1959 noch zu Ungarn gehöre und zwar als historischer Teil der Diözesen Raab und Stein am Anger[59]. Diese Aktion, die in der kommunistischen Ära Ungarns erfolgte, konnte die weiteren Verhandlungen in der Diözesanerhebung des Burgenlandes nicht mehr verhindern.

Eine letzte Hürde musste insofern noch genommen werden, als es im Konkordat von 1933/34 in Artikel III Paragraph 2 heißt, dass die Apostolische Administratur im Burgenland zur Praelatura Nullius zu erheben ist. Diese Abänderung des Konkordates erfolgte einvernehmlich durch die Erhebung der Administratur zur Diözese. Der Vertrag wurde am 23. Juni 1960 in Wien von Nuntius Erzbischof Dr. Giovanni Dellepiane, Außenminister Kreisky und Unterrichtsminister Drimmel unterzeichnet. Der Austausch der Ratifikationsurkunden wurde in Rom am 13. August 1960 vorgenommen, und am 15. August 1960 erließ Papst Johannes XXIII. die Bulle „*Magna quae*" mit der die Diözesanerrichtung erfolgte[60].

II. Diözese Innsbruck – Feldkirch

„Die Errichtung der Diözesen Bozen-Brixen, Innsbruck-Feldkirch und Feldkirch ist zweifelsohne eines der spannendsten Kapitel der neueren Tiroler Kirchengeschichte wegen der nicht nur länder- und staatsübergreifenden, sondern auch politischen Implikationen, die dieser kirchliche Vorgang mit sich brachte"[61].

Mit dieser Einleitung umschreibt der langjährige und äußerst kundige Kirchenhistoriker der Diözese Bozen-Brixen Josef Gelmi nicht nur die lange Dauer der Diözesanwerdung der genannten Diözesen, sondern auch deren markanten Persönlichkeiten und handelnden Vertreter der Diözesen und Staaten, wobei die Bearbeitung der

---

58 BGBl. Nr. 196/1960 vom 23. Juni 1960. Errichtung der Diözese Eisenstadt.
59 *Ildiko, Farkas*, Brückenbauer (Anm. 54), S. 142.
60 *Ildiko, Farkas*, Brückenbauer (Anm. 54), S 142 f.
61 *Gelmi, Josef,* Die Errichtung der Diözesen Bozen-Brixen, Innsbruck-Feldkirch und Feldkirch. Eines der spannendsten Kapitel der Tiroler Kirchengeschichte, in *Alexander, Helmut / Kriegbaum, Bernhard,* Bischof Paulus Rusch. Wächter und Lotse in einer stürmischen Zeit, Gedenkschrift, Innsbruck 2004, S. 100–122, hier S. 100.

Diözese Bozen-Brixen außer Betracht bleibt. Die ursprüngliche Diözese Brixen umfasste das Gebiet der alten Grafschaft Tirol und seit 1818 war auch das Gebiet von Vorarlberg dem Bischof von Brixen in seelsorglichen Belangen anvertraut worden, sodass Brixen zu den größten Diözesen auf deutschem Gebiet zählte. Seit 1820 amtierte für Vorarlberg in Feldkirch ein vom Brixener Bischof eingesetzter Generalvikar, der immer die Bischofsweihe besaß und mit den entsprechenden Vollmachten ausgestattet war. Kurz vor Ausbruch des 1. Weltkrieges ist am 24. April 1913 der Moralprofessor des Priesterseminars von Brixen, Dr. Sigismund Waitz[62] zum Generalvikar von Feldkirch vom Brixener Fürstbischof Franz Egger (1912–1918) ernannt worden[63]. Weihbischof Waitz war nicht nur ein politischer Kopf, sondern auch ein Anhänger der Habsburgmonarchie, der zu den Lehrern des Kaiser Karl I. zählte und als solcher auch die Restauration der Monarchie verfolgte. Die Entscheidungen erfolgten aber in politischen Nachkriegsgeschehen nicht im westlichsten Teil Österreichs in Feldkirch, sondern in der ehemaligen Haupt- und Residenzstadt in Wien.

„Faktum ist aber, dass über das bischöfliche Büro in Feldkirch (…) die Fäden zu Karl ins Schweizer Exil liefen, der seinerseits Waitz über seine Pläne, wie etwa die Restauration des Königtums in Ungarn auf dem Laufenden hielt"[64].

Seit dem Zusammenbruch der Donaumonarchie zählte zu den wichtigen Tätigkeiten von Pastors diplomatischer Mission im Vatikan die Diözesanorganisation des Bistums Brixen. Das bischöfliche Ordinariat von Brixen trug der Zerreißung Tirols bereits am 5. November 1918 dadurch Rechnung, dass der Weihbischof und Generalvikar von Feldkirch, Sigismund Waitz, mit Sondervollmachten für jene Gebiete betraut wurde, die außerhalb des italienischen Teiles der Diözese Brixen lagen. Mit Rücksicht auf die Sedisvakanz in Brixen – Fürstbischof Franz Egger war im Mai 1918 verstorben – war Bischof Waitz am 25. Mai 1918 mit verschiedenen Spezialmandaten ausgestattet worden. Der Kapitelvikar von Brixen, Dr. Franz Schmid, erteilte am 15. Dezember 1918 zusätzlich dem Vizekanzler, Josef Mutschlechner, den Auftrag, in Innsbruck eine Expositur des Ordinariates Brixen für Nordtirol zu errichten. Zwei Tage später ernannte das Staatssekretariat Weihbischof Waitz zum delegatus Sanctae Saedis mit allen Vollmachten eines

---

62 Sigismund Waitz – Vom Brixner Weihbischof und Generalvikar von Vorarlberg zum Apostolischen Administrator von Innsbruck-Feldkirch, in: *Alexander, Helmut* (Hg.), Sigismund Waitz - Seelsorger Theologe und Kirchenfürst, Innsbruck-Wien-Bozen 2010, S. 173–224.
63 *Fliri, Michael*, Waitz als Generalvikar in Vorarlberg, in: *Alexander, Helmut* (Hg.), Sigismund Waitz- Seelsorger, Theologe und Kirchenfürst, Innsbruck-Wien-Bozen 2010, S. 137–172.
64 *Alexander, Helmut*, Sigismund Waitz, (Anm. 62), S. 173–176.

Kapitelvikars für jenen Anteil der Diözese Brixen, der nicht von italienischen Truppen besetzt war⁶⁵. Diese Vollmacht wurde Bischof Waitz jedoch am 8. Jänner 1920 für das Gebiet Nordtirol wieder entzogen, wozu Papst Benedikt XV, am 7. Juli 1921 zu Botschafter Ludwig von Pastor sagte:

> „Wir wollen nicht durch eine Abtrennung Nordtirols auf den Friedensvertrag St. Germain das Siegel drücken und der schwer betroffenen Bevölkerung einen neuen Schmerz beifügen"⁶⁶.

Diese geänderte Haltung des Vatikans in der Tiroler Bistumsfrage war eine der ersten Folgeerscheinungen des heftig geführten Kampfes um den bisherigen Bestand des Bistums Brixen. Die italienische Regierung war nicht gewillt, die Aufrechterhaltung der alten Diözesangrenzen zu dulden. Der österreichischen Bundesregierung war an der Wiedervereinigung von Nord- und Südtirol gelegen. Sie war bestrebt, die Einheit Tirols wenigstens in den kirchlichen Diözesangrenzen zu erhalten. Der Vatikan hingegen hielt wegen der schwierigen schwebenden Beziehungen zum Königreich Italien an einer Politik der äußersten Vorsicht in allen Fragen, die Tirol betrafen, fest. Einflussreiche italienische Kardinäle befürworteten eine Abtrennung Nordtirols und Vorarlbergs von der Diözese Brixen⁶⁷. Bedeutend erschwert und kompliziert wurden die Verhandlungen durch das Eintreten für die Tiroler Belange seitens des Bischofs Waitz, der im Norden der Diözese Brixen mit größter Energie und Ausnützung aller Einflussmöglichkeiten auf die Durchsetzung eines eigenen Bistums Innsbruck-Feldkirch hinarbeitete. Sein Eifer war so groß, dass Ludwig von Pastor nach Wien berichten konnte:

> „Alle diese Pläne sind geeignet, hier ein starkes Unbehagen hervorzurufen, das umso größer ist, weil es ein alter Grundsatz der Kurie ist, ohne die äußerste Not an der hergebrachten kirchlichen Einrichtung zu rütteln"⁶⁸.

Erst als Bischof Waitz mit Dekret der Konsistorialkongregation vom 9. April 1921 für den österreichischen Teil der Diözese Brixen zwar zum Apostolischen Administrator, aber noch nicht mit den Rechten und Pflichten eines Residenzialbischofs, sondern in Abhängigkeit vom Bischof von Brixen, dessen Auxiliarbischof er weiterhin verblieb, bestellt wurde, glaubte Pastor „einen entscheidenden Erfolg" in der Brixener Bistumsfrage nach Wien melden zu können⁶⁹.

---

65 *Wechner, Bruno,* Die Apostolische Administratur Innsbruck-Feldkirch, in: ÖAkR 3 / 1952) 69–85, hier bes. S. 69 ff.
66 *Wechner,* Apostolische Administratur (Anm. 65) S. 71.
67 HHStA, NPA, Karton 87 Zl. 1 pol. vom 1.1.1921 und Zl. 19 Pol. vom 14.2.1921.
68 HHStA, NPA, Karton 88 Zl. 145 /pol. vom 17.12.1926.
69 HHStA, NPA, Karton 87, Zl. pol. vom 15.4.1921

Mit den erreichten Zielen gab sich Bischof Waitz keineswegs zufrieden. Er intervenierte neuerlich 1923 zur nicht geringen Ungehaltenheit der römischen Kurie und drängte auf Errichtung eines Bistums[70]. Pastor versuchte daraufhin die Kurialbehörden des Vatikans damit zu beschwichtigen, dass die Errichtung eines Nordtiroler Bistums schon aus finanziellen Gründen nicht in Frage käme und Bischof Waitz sich mit seiner gegenwärtigen Stellung zufrieden geben müsste. Bischof Waitz aber gab sich damit nicht zufrieden. Im März 1925 betrieb er in Rom neuerlich die Errichtung einer Diözese Innsbruck-Feldkirch, ein Vorgehen, das gerade bei der Bevölkerung in Tirol Missstimmung hervorrufen musste, *„da sofort eine Agitation wegen Preisgabe deutschsprechenden Landes einsetzen würde"*[71], berichtete Pastor nach Wien. Er sprach von einem *„gefährlichen Plan"* und sein Urteil teilte auch der Wiener Kardinal. Die Situation des Bischof Waitz in Tirol war sicherlich keine leichte. Der neu ernannte Fürstbischof von Brixen, Johannes Raffl, ernannte am 1. Juli 1921 Urban Traxel zu seinem Provikar von Nord- und Osttirol mit Sitz in Innsbruck. Wenn Bischof Waitz in Innsbruck residierte, bewohnte er im Servitenkloster eine 3-Zimmer Wohnung, ein Zustand, den Seipel 1924 *„als eine ganz unwürdige Situation"* bezeichnete[72]. Außerdem verfügte Waitz über keine Kanzlei und kaum über finanzielle Mittel. Die Italiener behinderten nicht unbeträchtlich den amtlichen Verkehr zwischen den geistlichen Behörden von Innsbruck und Brixen. Daher konnte selbst Pastor den mit Bischof Waitz gewiss nicht Angenehmes verband, nach Kenntnis der Umstände sich nicht enthalten, in Wien folgenden Vorschlag zu deponieren:

„Wenn die Bundesregierung in der Lage wäre, den berechtigten Wünschen des Bischofs, besonders nach angemessener Wohnung in Innsbruck und der Kanzleiangelegenheiten Folge zu geben, so hätte dies gewiss eine Entspannung der Situation zur Folge"[73].

Die Unterstellung Nordtirols unter das Bistum Brixen hatte der Vatikan immer nur als Provisorium angesehen. Sie war nur auf die dringliche Intervention Pastors im Jahr 1921 erfolgt. Am 12. Dezember 1925 war die seit langem drohende Abtrennung Nordtirols und Vorarlbergs vom Bistum Brixen nunmehr Tatsache geworden. Rom hatte die Entwicklung in Tirol nicht länger aufhalten können, nachdem in vielen anderen Fällen die Diözesen an die Landesgrenzen angeglichen wurden. Mit dieser Entscheidung hatte der Vatikan dem Drängen Italiens

---

70 HHStA, NPA, Karton 87, Zl. 121/pol. vom 7. Juli 1923.
71 HHStA, NPA, Karton 87, Zl. 48/pol. vom 18. März 1925.
72 Brief Bischof Waitz an Pastor vom 21. April 1925, HHStA, NPA, Karton 87/ pol. Zl. 13204.
73 HHStA, NPA, Karton 87, Zl. 71/pol. vom 4. Mai 1925.

nachgegeben, das die Verbindung zwischen den österreichischen mit den italienischen Teilen Tirols möglichst aus der Welt schaffen wollte[74]. Das Provisorium aufrecht zu erhalten war

> „umsoweniger möglich, weil der Heilige Stuhl ängstlich jeden Anschein vermeiden will, als nehme er für die deutsche Opposition in dem italienisch gewordenen Teil Tirols Partei. Um aber auch andererseits den Anschein einer Parteinahme für Italien zu vermeiden, wird bei der ganzen Maßnahme betont, dass sie nur administrativen Charakter habe"[75].

Bischof Sigismund Waitz, der seine Residenz in Feldkirch hatte und nur in Innsbruck zu bestimmten Amtstagen weilte, wurde nun zum Apostolischen Administrator ad nutum Sanctae Sedis mit allen Rechten, Vollmachten und Pflichten eines Residentialbischofs bestellt, sein Sprengel der Salzburger Kirchenprovinz eingegliedert und Salzburg als 2. Instanz für Appellationen in Gerichtssachen bestimmt. Über die Frage der Einkünfte und Mensalgüter der Diözese Brixen zu entscheiden, behielt sich der Apostolische Stuhl für einen späteren Zeitpunkt vor[76].

Im Februar 1926 suchte Bischof Waitz neuerlich durch Intervention im Vatikan die für die Administratur sehr entscheidende „Seminarfrage" in Angriff zu nehmen[77]. Weder in Feldkirch noch in Innsbruck bestanden damals als diözesane Einrichtungen für die Heranbildung von Priesteramtskandidaten ein kleines Seminar. Auch für die Theologenausbildung gab es kein Priesterseminar. Die künftigen Studenten der Theologie aus dem Bereich der Administratur waren daher gezwungen, in Brixen die Knabenseminare Vinzentinum und Cassianum und in der Folge das dort bestehende Priesterseminar zu besuchen. In Italien war 1922 der Faschismus an die Macht gelangt und brachte für die deutschsprachigen Schulen bedeutende Änderungen mit sich. Am 24. Oktober 1923 wurde Italienisch als Unterrichtssprache in allen Schulen eingeführt und ein Jahr später gab das dortige bischöfliche Gymnasium Vinzentinum sein Öffentlichkeitsrecht auf, um weiterhin den Unterricht in deutscher Sprache abhalten zu können. Im März 1926 richtete Bischof Waitz einen heftigen Protest gegen die italienische Schulpolitik in Südtirol an die Regierung in Rom und wandte sich speziell gegen die Maßnahmen, die das Vinzentinum besonders betrafen. Daraufhin verbot die italienische Regierung den Schülern aus dem Bereich der Apostolischen Administratur Innsbruck-Feldkirch den Besuch des Gymnasiums in Brixen. Weihbischof

---

74 *Engel-Janosi, Friedrich,* Vom Chaos zur Katastrophe. Vatikanische Gespräche 1918–1938, Wien-München 1971, S. 96.
75 HHStA, NPA, Karton 87, Zl. 149/pol. vom 28. Dezember 1925.
76 *Alexander, Helmut,* Sigismund Waitz, (Anm. 62), S. 201–212.
77 HHStA, NPA, Karton 88, Zl.25/pol. vom 23. Februar 1926.

Waitz ließ daher die ehemalige Landesschützenkaserne in Schwaz adaptieren und so konnte im Herbst 1926 das bischöfliche Gymnasium in Schwaz als „*Paulinum*" mit dem Unterricht beginnen[78]. Bischof Waitz wollte auf diese Weise Rom dafür gewinnen, für Innsbruck-Feldkirch der Errichtung von Diözesanseminarien zuzustimmen. Dass er sich damit in eine sehr heikle politische Auseinandersetzung begab, in der der Vatikan gegenüber der italienischen Regierung höchste Vorsicht bewies, hatte Bischof Waitz offensichtlich gänzlich außer Acht gelassen. Die Verstimmung im Vatikan gegen Bischof Waitz war beträchtlich, und Pastor berichtete nach Wien, dass Waitz durch seine Einmischung in der Südtirolfrage als eine „*persona ingrata*" gilt[79].

Im Vatikan, der damals mit Italien nur indirekte Beziehungen unterhielt, bestand keinerlei Bereitschaft, die an sich gespannten Beziehungen zusätzlich einer neuerlichen Belastung auszusetzen. Das Vorgehen von Bischof Waitz musste auch bei der österreichischen Regierung auf Ablehnung stoßen, da Wien naturgemäß einer endgültigen Teilung der Nord- und Südtiroler Diözesangebiete widerstrebte[80]. Als im Jahr 1929 Bischof Waitz neuerlich an den Heiligen Vater mit einer Bitte herantrat[81], in der er um die Errichtung eines Kathedralkapitels, der Verlegung seines Sitzes von Feldkirch nach Innsbruck und höhere Dotierung des Administrators aus der bischöflichen Mensa von Brixen nachsuchte, versprach Bundeskanzler Seipel zwar die Eingabe bei Nuntius Sibilia und dem Gesandten Kohlruss zu unterstützen, über ausdrückliche Weisung des Bundeskanzlers Seipel unterblieb jedoch jede weitere Verständigung des Bischof Waitz über den Fortgang der Verhandlungen in Rom[82].

In seinem Antwortbrief suchte Seipel Bischof Waitz unter Hinweis auf eine eventuelle Verstimmung der Vorarlberger von seinem Vorhaben abzubringen, und gab damit indirekt zu verstehen, dass ihm eine Änderung nicht gelegen käme[83]. Die Bistumserhebung der Apostolischen Administratur ist in der weiteren Folge staatlicherseits nicht mehr betrieben worden.

---

78 *Alexander, Helmut,* Sigismund Waitz (Anm. 62), S. 188 f.
79 HHStA, NPA, Karton 88, Zl.34-pol. vom 5. März 1926 und Zl.138-pol. vom 5. Dez.1926.
80 HHStA, NPA, Karton 88, Zl.38-pol. vom 28. März 1926.
81 HHStA, NPA, Liasse Österreich 3/II, Karton 317, Zl.20444–13/29.
82 HHStA, NPA, Liasse Österreich 3/II, Karton 317, Zl.21180–13/29.
83 HHStA, NPA, Liasse Österreich 3/II, Karton 317, Zl. 20444–13/29. „*Eine formelle Transferierung des Wohnsitzes Euer bischöflicher Gnaden von Feldkirch nach Innsbruck würde leicht bei den Vorarlbergern eine Gegenbewegung auslösen, die ihre Wellen möglicherweise auch bis nach Rom werfen könnte*".

Vorerst aber gab es im Jahr 1926 Bestrebungen, in Vorarlberg ein gesondertes Bistum zu errichten. Der Initiator dieses Planes war der damalige, aus Vorarlberg stammende Bundesminister für Unterricht, Schneider, der im Frühjahr 1926 mit Bischof Waitz hierüber einen „Gedankenaustausch" eröffnete[84]. Gesandter Pastor winkte aber ab und verwies darauf, dass die Errichtung eines Vorarlberger Bistums auch die Frage der völligen Abtrennung Nordtirols von der Diözese Brixen in Fluss bringen und Tirol dem Salzburger Diözesangebiet völlig eingegliedert werden könnte. Nach Informationen, die Pastor von einem Prälaten erhalten hat, der mit Waitz „in näherer Beziehung" stand, schien Bischof Waitz den Anschluss Nordtirols an Salzburg „für eine fernere Zukunft im Auge zu haben, um für den Fall der Erledigung des Salzburger Bischofsstuhles diese Stelle anzustreben"[85]. Die Abtrennung Nordtirols vom Bistum Brixen stehe aber sehr im Gegensatz zu den Wünschen der Bevölkerung Nordtirols. Nach dem früheren Vorgehen von Bischof Waitz sei leider zu befürchten, dass er neuerdings die Frage ins Rollen bringen könnte. Ein halbes Jahr später wurde dieses Vorhaben tatsächlich aktuell. Bischof Waitz plante nicht nur die Errichtung einer eigenen Diözese Vorarlberg, sondern nach gänzlicher Abtrennung Nordtirols von Brixen die Erhebung der Apostolischen Administratur Innsbruck-Feldkirch zum Bistum Tirol mit Sitz in Innsbruck[86]. Den Plan einer gemeinsamen Diözese Innsbruck-Feldkirch widersetzten sich aber die Vorarlberger, die mit der „Unterordnung unter Tirol" immer unzufrieden waren. Nun wollte man die zukünftige Diözese Tirol durch Zuschlag des Tiroler Anteiles der Salzburger Erzdiözese für den Verlust Vorarlbergs entschädigen und zwei unabhängige Bistümer errichten. Dieses Vorhaben musste den heftigsten Protest des Salzburger Erzbischofs hervorrufen, der in einem Schreiben vom 25. November 1926 an den Präfekten der Konsistorialkongregation Kardinal de Lai den Verbleib des Tiroler Anteils bei der Erzdiözese mit massiven Gründen zu untermauern suchte[87]. Gesandter Pastor hat bei Kardinalstaatssekretär Gasparri schriftlich und mündlich die Gründe gegen eine Abtrennung des Tiroler Anteiles der Salzburger Erzdiözese vorgebracht, und diese im Sinne von Erzbischof Rieder voll und ganz gewürdigt. Im Vatikan brächten solche Pläne nur „starkes Unbehagen

---

84 HHStA, NPA, Karton 88, Zl.33-pol. vom 5. März 1926.
85 HHStA, NPA, Karton 88, Zl.38-pol. vom 28. März 1926.
86 HHStA, NPA, Karton 88, Zl.138/pol. vom 5. Dezember 1926.
87 HHStA, NPA, Karton 88, Zl.138/pol. vom 5. Dezember 1926. Erzbischof Rieder hat Pastor aber auch persönlich gebeten, die Interessen Salzburgs zu vertreten: „Es ist mir überaus wertvoll, dass Sie über die ganze Sache informiert sind, und ich bitte sehr, Ihren ganzen Einfluss bei den hohen maßgebenden Stellen geltend zu machen, um eine solche Schädigung der Erzdiözese Salzburg hintanzuhalten".

hervor" erwiderte Gasparri[88]. Damit war die Gefahr für Salzburg beseitigt und die Pläne auf Errichtung der Bistümer Innsbruck und Feldkirch in eine ferne Zukunft gerückt. Eine ähnliche Aktion, wie sie Bischof Waitz vor 14 Jahren initiiert hatte, ist auch von Gauleiter Hofer von Tirol 1940 unternommen worden, in dem dieser an das Reichskirchenministerium in Berlin das Ersuchen stellte, den Tiroler Anteil der Salzburger Erzdiöze in die Administratur Innsbruck einzugliedern. Für Alfred Rinnerthaler bedeutete dies eine *„späte Rache der Geschichte",* dass Erzbischof Waitz plötzlich zum Verteidiger der uralten Grenzziehung zwischen Salzburg und Tirol auftreten musste. Jedenfalls hat der Erzbischof gegen diese geplante Grenzziehung heftig in Berlin protestiert, sodass diese Angelegenheit nicht mehr weiter verfolgt wurde[89].

Bischof Waitz versuchte nun im Wege eines Konkordates seine Ziele zu erreichen. In der Herbstkonferenz der österreichischen Bischöfe vom 26.-28. November 1929 trug Bischof Waitz sein umfangreiches Referat zur Konkordatsfrage vor und behandelte unter jenen Punkten, die im Konkordat Aufnahme finden sollten, auch die Frage der Diözesangrenzen. Ihm war ganz besonders daran gelegen, dass die Bischofskonferenz *„jeder anderen Initiative zuvorkäme",* da sonst Rom von sich aus in die österreichischen Verhältnisse eingreifen könnte[90]. Infolge der instabilen politischen Verhältnisse in Österreich nach den Nationalratswahlen vom November 1930 kam es zur Stagnation der von Bischof Waitz initiierten Konkordatsverhandlungen. In dem am 5. Juni 1933 in Rom feierlich unterzeichneten Konkordat war allerdings lediglich festgestellt worden, dass grundsätzlich Einverständnis darüber bestehe, dass die Apostolische Administratur Innsbruck-Feldkirch zur Diözese mit dem Sitz in Innsbruck erhoben wird und ein eigenes Generalvikariat für den Vorarlberger Anteil der neuen Diözese mit dem Sitz in Feldkirch erhält. Die Durchführung dieser grundsätzlichen Einigung sollte durch

---

88 HHStA, NPA, Karton 88, Zl. 145/pol. vom 17. Dezember 1926.
89 Zur Tiroler Diözesanfrage im III. Reich: *Rinnerthaler, Alfred,* Fürsterzbischof Sigismund Waitz, 1934-1941. Ein Tiroler Patriot auf dem Salzburger Bischofsstuhl, in: *Helmut Alexander,* Sigismund Waitz. Seelsorger, Theologe und Kirchenfürst, Innsbruck-Wien-Bozen 2010, S. 363-428, hier besonders S. 402-406. *Paarhammer, Hans,* Der Tiroler Anteil des Erzbistums Salzburg, in: Traditionen-Wegweisung in die Zukunft, Festschrift für Johannes Mühlsteiger, Berlin 2001, S. 147 ff.; *Mitterecker, Thomas,* Der Tiroler (An-) Teil der Erzdiöze Salzburg zwischen 1818 und 1968 – Ein Zankapfel?. In: notae. Historische Notizen der Diözese Innsbruck 1/2014, S. 74-85.
90 *Kremsmair, Josef,* Geschichte des österreichischen Konkordates 1933/34. Von den Anfängen bis zur Unterzeichnung, in: 60 Jahre österreichisches Konkordat, hrsg. von *Paarhammer, Hans / Pototschnig, Franz / Rinnerthaler, Alfred,* München 1994, S. 77-118, hier S. 78.

besondere Vereinbarung zwischen dem Heiligen Stuhl und der Bundesregierung erfolgen, sobald insbesondere bezüglich der neu zu errichtenden Diözese Innsbruck-Feldkirch die nötigen Vorkehrungen getroffen sind[91].

„Im Laufe der nächsten Jahre erreichte man mit dem Wiener Amt für Kultus und Unterricht in allen Fragen ein Einverständnis. Die Genehmigung des Heiligen Stuhles zur Errichtung der neuen Diözese, um die man durch die Wiener Nuntiatur angesucht hatte, ist aber bis zu dem am 13. März 1938 erfolgten Anschluss Österreichs an Deutschland nicht eingelangt"[92].

Nach dem Anschluss war Bischof Paul Rusch 1938 ohne Einvernehmen mit der Gauleitung zum Administrator von Innsbruck-Feldkirch ernannt worden und aus diesem Grund war Gauleiter Hofer grundsätzlich gegen die Errichtung einer Diözese.

Auf die Errichtung der Diözese Innsbruck-Feldkirch wurde nach dem zweiten Weltkrieg beharrlich hingearbeitet. Ein Hindernis bedeutete bekanntlich die Nichtanerkennung des Dollfuß-Konkordates von 1933/34 unmittelbar nach 1945 durch die Sozialistische Partei. Erst durch den Staatsvertrag von 1955 und der Koalitionsvereinbarung vom 21. Dezember 1957 waren beide Koalitionsparteien bereit, durch Teilverträge das Konkordat in Geltung zu setzen. Bereits am 26. August 1958 verlangten hohe Geistliche Vertreter der Administratur und alle Tiroler Dekane mit Zustimmung von Bischof Rusch in einem Memorandum an die Tiroler Landesregierung die Errichtung der Diözese Innsbruck. Wörtlich heißt es in dem Dokument:

„Nach Ansicht des Tiroler Klerus, die übrigens verbürgtermaßen hohe Kreise des geistlichen und zivilen Bereichs von Südtirol teilen, wäre die Zusammenfassung bzw. Zusammenlegung des deutschen Gebietes von Trient mit Brixen, die vor 36 Jahren vor der Verwirklichung stand, ein gewisser Schutz für die um ihr Volkstum kämpfenden Deutschen in Südtirol. Abgesehen davon wäre auch im Sinne des zwischen dem Heiligen Stuhl und Italien abgeschlossenen Konkordates, gemäß welchen sich die Diözesangrenzen mit den Provinzgrenzen nach Tunlichkeit decken sollten. Die römische Kurie, so ist die Ansicht einsichtiger Persönlichkeiten, wird nicht so leicht an die Verwirklichung der Vergrößerung der Diözese Brixen herantreten, solange in Nordtirol die Fiktion der Zugehörigkeit zur Diözese Brixen aufrecht erhalten wird. Denn Brixen wäre, so gesehen, wenn auch nur auf dem Papier, eine große Diözese und es bestünde territorial kein Anlass zu einer Erweiterung. Gibt man aber in Tirol nördlich des Brenners endlich den Widerstand gegen die Errichtung einer eigenen Diözese auf, dann wird Brixen auch de jure das, was es de facto bereits ist, eine Zwergdiözese, die noch dazu zerrissen ist, weil das zu Brixen gehörende Dekanat Mals nur über Trienter

---

91 Konkordat vom 5. Juni 1933, Artikel III Paragraph 2.
92 *Gelmi, Josef,* Die Errichtung der Diözesen, (Anm. 61), S. 106.

Gebiet zu erreichen ist. Dann wäre der triftige Anlass gegeben, die Diözese Brixen durch die Einverleibung des deutschen Anteils von Trient zu erweitern"[93].

Wegen der noch ungelösten Südtirolfrage kam es jedoch zu keinen weiteren Verhandlungen. Nachdem in Burgenland die Diözese Eisenstadt im Juli 1960 errichtet werden konnte, richtete das Sekretariat der österreichischen Bischofskonferenz am 25. November 1960 an Bundeskanzler Raab ein Schreiben und teilte ihm mit:

> *"Bei ihren Beratungen sind die Bischöfe übereingekommen, sich in einem Schreiben an Sie, hochverehrter Herr Bundeskanzler, mit der Bitte zu wenden, den Bestimmungen des österreichischen Konkordates gemäß, die Errichtung einer Diözese Innsbruck-Feldkirch in Angriff zu nehmen".*

Im Jahr 1961 kam es aber in Südtirol zur bekannten „Feuernacht", die das politische Klima derart anheizte, dass die Frage der Diözesanwerdung auf unbestimmte Zeit in den Hintergrund trat. Der aus Schluderns im Vintschgau stammende Tiroler Landeshauptmann Eduard Wallnöfer informierte den Vatikan am 2. September 1963 darüber, dass eine Diözesanerrichtung der Administratur Innsbruck-Feldkirch nur dann erfolgen könne, wenn die mehrheitlich deutschsprachigen Dekanate Trients Brixen angegliedert würden. Nach längeren Verhandlungen und Überwindung politischer und kirchlicher Schwierigkeiten und der Zuteilung der mehrheitlich deutschsprachigen Dekanate Trients an Brixen wurde am 7. Juli 1964 ein entsprechender Vertrag zwischen dem Wiener Nuntius Opilio Rossi, Außenminister Kreisky und Unterrichtsminister Theodor Piffl-Percevic geschlossen, der am 16. Juli 1964 vom Nationalrat bestätigt wurde. Die päpstliche Errichtung der Diözese erfolgte am 6. August 1964 durch die Bulle „*Sedis Apostolicae*". Am 26. September 1964 wurde Bischof Paul Rusch zum ersten Diözesanbischof von Innsbruck-Feldkirch ernannt.

---

93 *Gelmi, Josef*, Die Errichtung der Diözesen, (Anm. 61), S. 111.

III. Diözese Feldkirch

Das Gebiet von Vorarlberg gehörte bis zum Beginn des 19. Jahrhunderts diözesan zu den Bistümern Chur[94], Konstanz[95] und Augsburg[96]. Die österreichische Regierung hatte damals das Bestreben, das eigene Staatsgebiet unter einheimischen Bischöfen zu wissen. So verfügte schon Kaiser Josef II. im Jahr 1783 die Errichtung eines eigenen Bistums Vorarlberg mit Sitz in Bregenz. Der Kaiser hatte auch schon den Wiener Weihbischof Edmund Maria Graf von Artz zum Bischof von Bregenz ernannt. Dieser Plan scheiterte jedoch am Widerstand der betroffenen Bischöfe, die damals noch Reichsfürsten waren und einer Abtrennung ihrer Gebiete entgegentraten.

Nach den Wirren der französischen Kriege und nach längeren Verhandlungen mit der österreichischen Regierung erließ Papst Pius VII. im Jahr 1818 die Bulle *„Ex imposito"*, die die Errichtung eines eigenen Bistums Vorarlberg vorsah. Diese in Aussicht genommene Diözese wurde freilich durch diese Bulle noch nicht in Rechtskraft errichtet, dies sollte erst später durch eine neue Errichtungsbulle geschehen. Die Vorstellungen der römischen Kurie und der kaiserlichen Verhandler gingen jedoch in der Errichtung des Vorarlberger Landesbistums durchaus auseinander. Der Papst wollte in Vorarlberg ein Bistum errichten, in Wien war man aus finanziellen Gründen nicht in der Lage, gegenwärtig der Forderung des Papstes zu entsprechen. Diese Gründe dürfte Papst Pius VII. erkannt haben und deshalb bezeichnete er in der Bulle *Ex imposito* nur die Pfarreien, die zur künftigen Diözese Feldkirche gehören sollten. Die in der Bulle angeführten 100 Pfarreien wurden endgültig von den drei genannten Diözesen abgetrennt und in der

---

94 Chur zählt zu den ältesten Bischofssitzen Raetiens und lässt sich bis in 4. Jahrhundert zurückfolgen. Im Mittelalter umfasste die Diözese Chur auch Teile des südlichen Vorarlbergs und so blieb es bis 1818. Vgl. dazu: Lexikon für Theologie und Kirche, 2. Band, Freiburg-Basel-Rom-Wien, 1994 Spalte 1193 f; *Karlinger, Edmund / Holböck, Carl*, Die Vorarlberger Bistumsfrage. Geschichtliche Entwicklung und kirchenrechtliche Beurteilung Graz 1963; *Karlinger, Edmund*, Die Entwicklung eines neuen Kirchengebietes, in: Diözese Feldkirch, 15. Dezember 1968, Festschrift zur Erhebung der Diözese Feldkirch, Hrsg. vom bischöflichen Ordinariat Feldkirch, 17–22.

95 Das Bistum Konstanz wurde bereits Ende des 6. Jahrhunderts gegründet und zählte zu den größten Bistümern des allemannischen Herrschaftsgebietes. Vgl. dazu: Lexikon für Theologie und Kirche, 6. Band, Freiburg-Basel-Rom-Wien 1997 Spalte 317–321, mit neuerer Literatur.

96 Augsburg ist seit dem 4. Jahrhundert Bischofssitz und hatte in Vorarlberg nur Pfarreien im Kleinen Walsertal und auf dem Tannberg. Lexikon für Theologie und Kirche, Band 1, Freiburg-Basel-Rom-Wien 1993, Spalte 1225 f.

Zwischenzeit zur geistlichen Leitung dem Bischof von Brixen unterstellt, ohne dass Vorarlberg ein Teilgebiet der Diözese Brixen werden sollte. Damit aber für die geistlichen Bedürfnisse der Gläubigen der zu errichtenden Diözese besser gesorgt werde, wurde dem Bischof von Brixen zugleich aufgetragen, für Vorarlberg einen eigenen Generalvikar zu ernennen und diesem die geeigneten jurisdiktionellen Vollmachten zu übertragen.

Zur finanziellen Ausstattung der künftigen Diözese Vorarlberg unternahm das österreichische Kaiserreich jedoch nichts. Während des 19. Jahrhunderts ist es in der Bistumsfrage Vorarlbergs mehrfach zu Verhandlungen gekommen, ein Erfolg war diesen aber nicht beschieden[97]. Erst durch die Abtrennung Nordtirols und Vorarlbergs von der Diözese Brixen nach dem 1. Weltkrieg ist dieses Gebiet von Vorarlberg zunächst provisorisch einem Administrator unterstellt worden. Bischof Waitz, der nach wie vor seine Residenz in Feldkirch hatte, ist am 9. April 1921 zum Apostolischen Administrator, aber nicht mit den Rechten und Vollmachten eines Residenzialbischofs und in unmittelbarer Abhängigkeit vom Bischof von Brixen bestellt worden[98]. Bischof Waitz von Feldkirch hatte mehrfach versucht, nicht zum geringen Unmut des damaligen österreichischen Vatikanbotschafters, Ludwig von Pastor, der einer Zerreißung der alten diözesanen Einheit von Nord- und Südtirol entgegentrat, das Gebiet einer Apostolischen Administratur Innsbruck-Feldkirch zur Diözese erhoben zu sehen. Als seine Bemühungen ohne Erfolg blieben, versuchte es Waitz mit der Verankerung der Diözesanerhebung im Konkordat. Das Konkordat von 1933/34 sah vor, dass die Apostolische Administratur Innsbruck-Feldkirch zur Diözese mit dem Sitz in Innsbruck erhoben werde und in Feldkirch ein Generalvikariat mit dem Sitz in Feldkirch verbleiben solle. Die Durchführung dieser Maßnahme war einer besonderen Vereinbarung vorbehalten. 1934 ist Bischof Waitz zum Erzbischof von Salzburg gewählt worden, der bis 1938 auch Apostolischer Administrator von Innsbruck-Feldkirch blieb.

---

97 Zur Geschichte des Vorarlberger Landesbistums informiert ausführlich: *Karlinger, Edmund /Holböck, Carl,* Vorarlberger Bistumsfrage (Anm. 94); *Wechner, Bruno,* Die Apostolische Administratur Innsbruck.-Feldkirch, in: ÖAKR 3 (1953), 69–85. *Plöchl, Willibald M.,* Zur Frage des Vorarlberger Landesbistums, in: *Plöchl, Willibald M./ Gampl, Inge (Hg.)* Im Dienste des Rechts in Kirche und Staat, Festschrift für Franz Arnold zum 70. Geburtstag, S. 154–167; *Plöchl, Willibald M,* Die Bestrebungen zur Errichtung eines Bistums im Bundesland Vorarlberg, in: ÖAKA, 11 (1969), S. 112–130.

98 *Fliri, Michael,* Waitz als Generalvikar von Vorarlberg, in: *Alexander, Helmut (Hg.),* Sigismund Waitz, Seelsorger, Theologe und Kirchenfürst, Innsbruck 2010, S. 137–168; *Kremsmair, Josef,* Der Weg zum österreichischen Konkordat von 1933/34, Wien 1980, S. 101.

Diesem folgte im Oktober 1938 Dr. Paul Rusch als Apostolischer Administrator, der jedoch von den Nationalsozialisten nicht anerkannt wurde. Erst nach dem Ende des zweiten Weltkrieges ist von Vorarlberger Seite, insbesondere von der damaligen Landesregierung die Errichtung eines Bistums für Vorarlberg in Angriff genommen worden.

Die Vorarlberger Landesregierung fasste bereits am 14. April 1953 einen Antrag zur Fassung einer Entschließung zur Frage der kirchlichen Vermögensorganisation[99]. Anlass für diesen Antrag war offensichtlich ein am 25. Februar 1952 gestelltes Ansuchen des Bischofs Paul Rusch an die Vorarlberger Landesregierung um Gewährung eines Darlehens zum Bau des Innsbrucker Priesterseminars in Höhe von einer Million Schilling. Dieses Darlehen ist vom Landtag auch am 29. Dezember 1952 gewährt worden, der Vorarlberger Landtag hat allerdings für die Gewährung des Darlehens gewisse Wünsche zur Frage der kirchlichen Verwaltungsorganisation vorgebracht. Bischof Rusch teilte diese Vorstellungen des Vorarlberger Landtages nicht und zog sogar mit Schreiben vom 19. März 1953 sein Ansuchen um eine Darlehensgewährung zurück. Die Vorarlberger Landesregierung war jedoch trotzdem der Meinung, dass diese Fragen einer Erörterung zu unterziehen seien und deshalb fasste der Landtag einstimmig am 14. April 1953 eine Entschließung, die am 12. Mai 1953 dem Apostolischen Nuntius vom Landeshauptmann Ilg überreicht wurde. An Papst Pius XII. erfolgte am 21. Juli 1954 die Überreichung einer umfassenden Eingabe in lateinischer Sprache, die Professor Carl Holböck persönlich vornahm[100]. Das Staatssekretariat teilte im Wege der Nuntiatur in Wien am 4. Oktober 1954 mit, dass der Heilige Stuhl neue Diözesen in Österreich gemäß dem bestehenden Konkordat nur mit Zustimmung der österreichischen Bundesregierung errichten könne. Wenn die Bundesregierung solche Verhandlungen aufnehme, werde der Heilige Stuhl die Frage mit gebührender Sorgfalt prüfen. Am 16. Oktober 1954 richtete die Vorarlberger Landesregierung ein entsprechendes Schreiben an das Bundeskanzleramt und Außenministerium, um dem Apostolischen Nuntius die Errichtung eines Bistums für Vorarlberg zur Kenntnis zu bringen. Eine offizielle Behandlung ist

---

99 *Plöchl*, Bestrebungen (Anm. 97), S. 113–130.
100 ÖStA, ADR, BMAA Österreich 4/1954 Zl. 145398 pol.-54. Österreichische Botschaft beim Heiligen Stuhl, Zl. 248-Res/54. Der Bericht des Botschafters hat folgenden Wortlaut: „*Prof. Dr. Carl Holböck, den die Vorarlberger Landesregierung mit der Vertretung ihres Wunsches wegen Errichtung einer eigenen Diözese Feldkirch betraut hat, überreichte Papst Pius XII. eine in lateinischer Sprache verfaßte Eingabe mit diesem Anliegen der Vorarlberger Landesregierung, unterzeichnet von Landeshauptmann Ilg*", Rom 22. Juli 1954.

damals nicht erfolgt, da innerhalb der Koalitionsregierung über die Geltung des Konkordates von 1933/34 keine einheitliche Meinung bestand. Am 22. Mai 1957 wurde dem Nuntius vom Landeshauptmann neuerlich eine Eingabe überreicht und am 6. Juli 1957 teilte die Nuntiatur mit, dass Papst Pius XII. der Ansicht sei, dass die gewünschte Neuregelung im Hinblick auf die gegenwärtigen Umstände nicht angebracht zu sein scheint.

Nachdem in den Jahren 1959/60 eine grundsätzliche Einigung über die Errichtung eines Bistums für das Burgenland erfolgt ist, erneuerte der Vorarlberger Landtag 1960 seinen schon 1953 erfolgten Wunsch nach Errichtung einer Diözese Vorarlberg und ersuchte die österreichische Bundesregierung, dem Heiligen Stuhl formell die Einleitung von Verhandlungen vorzuschlagen[101]. Dabei verheimlichte die Vorarlberger Landesregierung nicht, dass Mitglieder der Tiroler Landesregierung wegen der ungeklärten Frage Südtirols und einer möglichen Trübung der Beziehungen zur Erzdiözese Salzburg, die in Tirol bis zum Zillertal reicht, einer neuen Diözese Vorarlberg ein gewisser Widerstand entgegengebracht wird. Diesen Vorbehalten suchte die Vorarlberger Landesregierung dadurch zu entkräften, indem diese argumentierte *„dass dem Land Tirol in der Frage der kirchlichen Verwaltung Vorarlbergs keine Parteistellung zukommen kann".* Außerdem könne die kirchliche Verwaltungsorganisation Vorarlbergs den Gang der Verhandlungen in Südtirol nicht beeinflussen. Durch die Errichtung der Diözese Vorarlberg könnten auch die Beziehungen Nordtirols zur Erzdiözese Salzburg nicht berührt werden, da der Nordtiroler Anteil an der Apostolischen Administratur Innsbruck größer als Vorarlberg und somit ebenfalls lebensfähig sei. An eine Abtrennung des Nordtiroler Anteiles der Erzdiözese Salzburg im Falle der Errichtung eines Bistums Vorarlberg würden weder die in Frage kommenden kirchlichen Oberen noch die Bevölkerung dieses Gebietes denken. Gegen Bischof Rusch, der einer Verkleinerung seines Einflussbereiches durch die Errichtung eines Bistums Vorarlberg ablehnte und von Anfang an gegen ein selbständiges Bistum Vorarlberg eintrat, war schließlich der letzte Absatz der Eingabe an die Bundesregierung gerichtet.

„Sollte es aus Gründen des persönlichen Prestiges untunlich erscheinen, den Generalvikar von Vorarlberg vor dem Apostolischen Administrator von Innsbruck zum Diözesanbischof zu erheben, so wäre die Vorarlberger Landesregierung äußersten Falls bereit, die vorläufige Erhebung des Generalvikariates Vorarlberg zu einer selbständigen Apostolischen Administratur statt einer ordentlichen Diözese hinzunehmen".

---

101 AES, Archiv 20/87, Rohracher, Bischofskonferenz 1963–1965. Die Vorarlberger Landesregierung hat am 29. Februar 1960 die Bitte an die österreichische Bundesregierung gerichtet.

Mit der Eingabe der Vorarlberger Landesregierung hat sich der Ministerrat vom März 1960 befasst und den Bundesminister für Unterricht beauftragt, die Frage der Errichtung einer eigenen Diözese Vorarlberg zu prüfen. Im Bundesministerium für Unterricht fand bereits am 11. März 1960 eine informative Aussprache unter Vorsitz des Bundesministers für Unterricht zwischen den Landeshauptmännern von Tirol und Vorarlberg und den Staatssekretären Grubhofer und Gschnitzer statt. Die Vertreter der beiden Landesregierungen wurden beauftragt, den Fragenkomplex einer neuerlichen Prüfung zu unterziehen, um anschließend daran eine weitere informative Aussprache im Bundesministerium für Unterricht in Aussicht zu nehmen[102]. Am 27. Mai 1960 richtete das Amt der Vorarlberger Landesregierung an das Unterrichtsministerium seine Stellungnahme, um zu betonen, dass das Land Vorarlberg von der Errichtung einer eigenen Diözese Vorarlberg niemals ablassen und dieses Ziel mit allen Kräften anstreben werde. Nur für den Fall, dass die Erhebung des Generalvikariates Vorarlberg zu einer selbständigen Apostolischen Administratur hingenommen werden müsse, präzisiere die Vorarlberger Landesregierung ihre Auffassung dahingehend, dass in diesem Falle die Bundesregierung einen entsprechenden Beschluss in folgender Form fassen müsste:

> *Die österreichische Bundesregierung anerkennt die geschichtliche und sachliche Berechtigung einer eigenen Diözese Vorarlberg. Im Hinblick darauf, dass die Tiroler Landesregierung derzeit durch die Errichtung einer Diözese Vorarlberg im Hinblick auf Südtirol Schwierigkeiten für die kirchliche Organisation Nordtirols befürchtet, beantragt die Bundesregierung vorläufig beim Heiligen Stuhl lediglich, den Generalvikar für Vorarlberg in Feldkirch zum Apostolischen Administrator für Vorarlberg zu ernennen. Sobald die erwähnten Gründe es erlauben, wird die Bundesregierung beim Heiligen Stuhl den Antrag auf vertragliche Festlegung der Errichtung einer Diözese Vorarlberg stellen"*[103].

Inzwischen hat sich die Herbstkonferenz der österreichischen Bischöfe im Jahr 1960 ebenfalls mit der Frage des Landesbistums Vorarlberg befasst und dazu im Protokoll folgendes festgehalten:

> *Bei ihren Beratungen sind die Bischöfe übereingekommen, sich in einem Schreiben an Sie, hochverehrter Herr Bundeskanzler mit der Bitte zu wenden, den Bestimmungen des*

---

102 AES, 20/87, Rohracher, Bischofskonferenz 1963–1965. Es handelt sich hier um ein Schreiben des Bundesministeriums für Unterricht vom 21. März 1960, Zl. 45052-Ka/60.

103 AES, 20/87 Rohracher, Bischofskonferenz 1963–1965, Schreiben der Vorarlberger Landesregierung an das Bundesministerium für Unterricht vom 27. Mai 1960.

österreichischen Konkordates gemäß die Errichtung einer Diözese Innsbruck-Feldkirch in Angriff nehmen zu wollen"[104].

Bundeskanzler Raab hat daraufhin den Ministerrat bei seiner Sitzung am 6.Dezember 1960 vom Inhalt dieser Zuschrift in Kenntnis gesetzt und laut Beschlussprotokoll Nr. 6 vom 6. Dezember 1960 den Bundesminister für Unterricht zwecks Prüfung und weiterer Berichterstattung beauftragt. Am 15. Februar 1961 hat Bundesminister Drimmel den Landeshauptmann von Vorarlberg gebeten, die Meinung des Landes Vorarlberg zu dem Antrag der Bischofskonferenz bekanntzugeben. Die Vorarlberger Landesregierung beantwortete die Anfrage des Bundesministeriums erst am 12. Juni 1962 und führte dafür vor allem Meinungsverschiedenheiten mit Bischof Rusch an. Dieser habe die finanzielle Ausstattung einer künftigen Diözese Vorarlberg angezweifelt und auch die derzeitig unzureichende Wohnmöglichkeit des Generalvikars von Vorarlberg zur Sprache gebracht. Letzteres Argument wurde aber dadurch entkräftet, als die Vorarlberger Landesregierung dem künftigen Bischof die Gassnerische Villa in Feldkirch zur Verfügung stellte. Der Standpunkt der Vorarlberger Landesregierung blieb allerdings unverrückt, als diese nach wie vor auf die schon 1818 vom Papst vorgesehene und mit Zustimmung des Staates in Aussicht genommene Errichtung der Diözese Vorarlberg bestand. Vorarlberg sei kirchlich nie ein Teil der Diözese Brixen geworden, sondern dem Bischof von Brixen sei nach heutigem kirchenrechtlichen Verständnis lediglich die Befugnis eines Apostolischen Administrators zuerkannt worden. Was den Beschluss und das Schreiben der österreichischen Bischofskonferenz betreffe, so erblicke das Land Vorarlberg keinen Widerspruch auf Errichtung einer eigenen Diözese.

„Die Bischofskonferenz könnte vorher nicht anders als vom gültigen Konkordat ausgehen. Sie wollte, dass die Diözesanerhebung für die Länder Tirol und Vorarlberg in Angriff genommen werde, wobei es unausgesprochen jedem Mitglied er Bischofskonferenz klar war, dass dabei zwangsläufig auch über die Frage einer eigenen Diözese Vorarlberg verhandelt werde".

Insbesondere sei auch Bischof Wechner selbst der Antragsteller bei der Bischofskonferenz gewesen. Diese habe auch nach Ansicht der Vorarlberger Landesregierung zum Ausdruck gebracht, dass die Bischofskonferenz sich dem Argument der Tiroler Landesregierung nicht anschließt, wonach die endgültige Regelung der Diözesanfrage nördlich des Brenners im Hinblick auf Südtirol verschoben werden müsse. Die Vorarlberger Landesregierung bittet daher neuerlich, ehestens Verhandlungen mit dem Heiligen Stuhl über die Errichtung einer Diözese Vorarlberg

---

104   AES, 20/87 Rohracher, Bischofskonferenz 1963–1965. Brief des Bundesministers Drimmel an den Landeshauptmann von Vorarlberg Ulrich Ilg vom 15. Februar 1961.

bzw. über die vorläufige Bestellung eines eigenen Apostolischen Administrators für Vorarlberg aufzunehmen[105].

Einem gesonderten Bistum Feldkirch widersetzten sich sowohl Bischof Rusch als auch der Erzbischof von Salzburg, Rohracher. Dem Tiroler Landeshauptmann schrieb Bischof Rusch:

> *„Meine Meinung hinsichtlich der von Vorarlberg aus beabsichtigten Errichtung einer eigenen Diözese ist die gleiche wie früher, dass ich nämlich diesen Plan aus pastoralen Gründen ablehne. Dabei bleibt es für mich gleich, ob man nun in Vorarlberg eine Diözese oder nur eine Apostolische Administratur errichten möchte. Schon mit der Errichtung einer Apostolischen Administratur ist nämlich die kirchenrechtliche Trennung vollzogen, was für mich der entscheidende Schritt wäre. Vorarlberg gehört dann nicht mehr zum hiesigen Kirchengebiet"*[106].

Rohracher befürchtete hauptsächlich die Abtrennung des Tiroler Anteils der Erzdiözese und war schon deshalb ein Gegner einer selbständigen Diözese Feldkirch. Die politischen Kräfte Tirols, die von Südtiroler Seite unterstützt wurden, die erst dann einer Diözese Innsbruck-Feldkirch zustimmen wollten, wenn die deutschsprachigen Teile Südtirols, die noch zur Erzdiözese Trient gehörten, mit der Diözese Brixen vereint würden. So waren lange Zeit sowohl kirchliche als auch politische Gründe dafür ausschlaggebend, dass die Diözese Feldkirch erst 1968 errichtet werden konnte. Tatsächlich ist auch die Diözesanregulierung zwischen Trient und Bozen-Brixen zu einem Zeitpunkt erfolgt, als die Apostolische Administratur Innsbruck-Feldkirch zur Diözese im Jahr 1964 erhoben worden ist.

Nach der Erhebung der Apostolischen Administratur Innsbruck-Feldkirch zur Diözese wurde der Wunsch der Vorarlberger nach einer eigenen Diözese immer lauter gestellt. Erst als 1964 der Tiroler Landeshauptmann Eduard Wallnöfer seinem Vorarlberger Kollegen Ilg versicherte, die Tiroler Landesregierung werde einer allfälligen Initiative der Bundesregierung zur Errichtung einer eigenen Diözese Feldkirch keinen Einwand mehr erheben, war der Weg frei für abschließende Verhandlungen. Am 7. Oktober 1968 ist der Vertrag zwischen dem Apostolischen Stuhl und der Republik Österreich über die Errichtung der Diözese Feldkirch in Wien durch den Apostolischen Nuntius Dr. Opilio Rossi dem Bundesminister für Auswärtige Angelegenheiten Dr. Kurt Waldheim und dem Bundesminister für

---

105 AES, 20/87 Rohracher, Bischofskonferenz 1963–1965. Brief der Vorarlberger Landesregierung an das Bundesministerium für Unterricht vom 12. Juni 1962.
106 *Gelmi, Josef,* Die Errichtung der Diözesen Bozen, Brixen, Innsbruck-Feldkirch und Feldkirch, in: *Alexander, Helmut / Kriegbaum, Bernhard* (Hg.), Bischof Paulus Rusch. Wächter und Lotse in stürmischer Zeit, S. 115.

Unterricht, Dr. Piffl-Percevic unterzeichnet worden[107]. Mit der päpstlichen Bulle „Christi caritas" vom 8. Dezember 1968 wurde Feldkirch von Innsbruck getrennt und zur eigenständigen Diözese erhoben. Zum 1. Diözesanbischof wurde am 9. Dezember 1968 Weihbischof und Generalvikar Dr. Bruno Wechner bestellt. Damit fand das Provisorium von 1818, genau nach 150 Jahren, seine glückliche Erfüllung.

---

107 BGBl. Nr. 417/1968.

Erwin Konjecic

Die Wiedererrichtung des katholischen Privatschulwesens nach 1945 und seine Verankerung durch die Schulgesetzgebung 1962

Abstract
The reinstatement of the Catholic private school system began immediately after 1945. After the resolution of the conflict between the political powers and the Catholic church the way was open for the private school act of 1962. Thereby the further existence of the Catholic school system was ensured and finaly recognised by the state.

I. Die Zerschlagung des kirchlichen Bildungswesens durch das NS-Regime

Bereits nach den Märztagen 1938 war deutlich geworden, dass die nationalsozialistischen Machthaber das katholische Privatschulwesen durch zahlreiche Verfolgungshandlungen zu zerschlagen trachteten. Adolf Hitler entschied am 22. Mai 1938, dass das österreichische Konkordat nicht mehr gelte und auch das Reichskonkordat von 1933 für die „Ostmark" nicht anwendbar sei. In Wels wurden auf Flugblätter Eltern von Kindern in katholischen Privatschulen zum Schulwechsel aufgefordert, denn „Eltern, die ihre Kinder weiterhin der konfessionellen Erziehung anvertrauen, würden Sabotage an der Zukunft des Volkes" üben. Die kirchlichen Verantwortlichen glaubten zunächst noch an den Weiterbestand der katholischen Privatschulen, bis am 19. Juli 1938 durch einen Ministerialerlass allen katholischen Privatschulen das Öffentlichkeitsrecht entzogen und die Eröffnung eines ersten Jahrganges (Klasse) untersagt wurde. Die durch den Entzug des Öffentlichkeitsrechts erhöhte finanzielle Belastung für Schule und Eltern führte zur Leerung der katholischen Privatschulen und zur Einstellung des Unterrichtsbetriebes. Die österreichische Kirche, die durch Verhandlungen mit den nationalsozialistischen Machthabern eine Sonderlösung für Österreich anstrebte, hat im September 1938 eingestehen müssen, dass dieses Ansinnen gescheitert war[1].

---

1 *Engelbrecht, Helmut*, Relikt oder Zukunftsmodell? Zur Geschichte der katholischen Privatschulen in Österreich, Wien 2000, S. 191 ff.

Es folgte die Zeit der fast gänzlichen Schließung und Aufhebung katholischer Lehr- und Erziehungsanstalten durch die Nationalsozialisten. Nachdem die konfessionellen Privatschulen verboten wurden, man die Lehrkörper von geistlichen Personen säuberte und den Orden und Kongregationen die ökonomische Grundlage entzog, häuften sich ab Herbst 1938 die antikirchlichen Maßnahmen im Schulbereich. Schulgottesdienst, Schulandacht und Schulgebet wurden grundsätzlich verboten. Im Frühjahr 1939 wurde für den Gegenstand Religion die Bezeichnung „Konfessionenunterricht" eingeführt, sehr offensiv auf die Möglichkeit der Abmeldung hingewiesen und die stundenplanmäßige Setzung an den Rand des Unterrichtstages verfügt[2]. Ab 1940 wurde der Konfessionenunterricht nur mehr für Schulpflichtige als unverbindlicher Freigegenstand angeboten und im Zeugnis nicht mehr ausgewiesen.

Erst ab 1941, als der Krieg immer mehr Opfer forderte, begann das NS-Regime zurückhaltender aufzutreten und die Kirche konnte neue Kräfte sammeln. Die Gottesdienste wurden immer besser besucht, die Kircheneintritte nahmen stark zu und das Bedürfnis nach Religionsunterricht wuchs zusehends. Als sich das Ende der nationalsozialistischen Herrschaft abzeichnete, war die Kirche bereits wieder so erstarkt, dass sie für die Wiedererrichtung des katholischen Privatschulwesens bereit war[3].

II. Der Neubeginn nach 1945

Bereits 1945 begannen die Bemühungen um Wiedererrichtung der verlorengegangenen Bildungseinrichtungen und Neuerlangung der mitgestaltenden Rolle im Schulwesen. Zunächst durften nur jene konfessionellen Privatschulen wiedereröffnet werden, die schon 1938 bestanden hatten, obwohl Art. 17 des Staatsgrundgesetzes von 1867, der 1945 mit der Wiedererlangung der Handlungsfähigkeit Österreichs geltende Verfassungsbestimmung geworden war, die Freiheit zur Gründung von Privatschulen garantierte[4]. Erst Anfang der 1950er Jahre fand dieses ungesetzliche Vorgehen ein Ende. Durch Erkenntnis des Verwaltungsgerichtshofes vom 3. Juli 1951 wurde der Erlass von 1945, der Neugründungen verbot, zur

---

2   Vgl. *Rinnerthaler, Alfred*, Der Konfessionsunterricht im Reichsgau Salzburg, Salzburg 1991, S. 53 ff.
3   *Engelbrecht*, Katholische Privatschulen (Anm. 1), S. 203 ff.
4   *Fürst, Leopold Robert*, Die Entwicklung des kirchlichen Privatschulwesens in der Zweiten Republik, in: *Rinnerthaler, Alfred* (Hg.), Das kirchliche Privatschulwesen – historische, pastorale, rechtliche und ökonomische Aspekte, Frankfurt am Main 2007, S. 138.

Gänze aufgehoben, weil er der verfassungsmäßig garantierten Unterrichtsfreiheit widersprach und die notwendige Kundmachung fehlte[5]. Die staatliche Praxis der Nachkriegsjahre war zudem von einem restriktiven Verleihungsmodus des Öffentlichkeitsrechts an katholische Privatschulen gekennzeichnet. Das Öffentlichkeitsrecht war für Privatschulen von besonderer Bedeutung, da es den Zeugnissen die Rechtskraft öffentlicher Urkunden verlieh und die damit verbundenen Berechtigungen einräumte. Erst dadurch konnte eine für die Schulerhalter und Eltern mit Rechtssicherheit verbundene und gleichwertige Alternative zur öffentlichen Schule gewährleistet werden.

Nachdem zunächst den katholischen Privatschulen nur jeweils für das laufende Schuljahr das Öffentlichkeitsrecht verliehen wurde, begann sich ab 1951 die rigide Praxis des Unterrichtsministeriums zu lockern, und es wurde den Privatschulen das Öffentlichkeitsrecht auch für das Folgejahr zuerkannt. Erst am 1. März 1953 verlieh das Unterrichtsministerium der überwiegenden Anzahl der kirchlichen Schulen das Öffentlichkeitsrecht für die Dauer der Erfüllung der gesetzlichen Bedingungen. Damit war ein großer Schritt in Richtung Gleichberechtigung von kirchlichen und öffentlichen Schulen vollzogen[6].

An vielen Schulstandorten Österreichs begannen die kirchlichen Schulerhalter gleich nach Kriegsende mit dem engagierten Wiederaufbau des Schulwesens.

Das fürsterzbischöfliche/erzbischöfliche Knabenseminar Kollegium Borromäum in Salzburg, dessen Gründung bereits auf das Jahr 1848 zurückging und das nach 1938 von den Nationalsozialisten schrittweise enteignet und zur Unterkunft des Reichsnährstandes „Gaismairhof" umfunktioniert wurde, konnte zunächst den Schulbetrieb im eigenen Haus in Parsch nicht aufnehmen. Vorerst schloss sich das Borromäum, wie zuvor kurzzeitig von 1939 bis zur endgültigen Schließung sämtlicher konfessioneller Privatschulen, dem Privatgymnasium St. Rupert bei Bischofshofen an, das am 20. Oktober 1945 mit einer ersten Gymnasialklasse den Schulbetrieb eröffnete. Die 23 Schüler des Borromäums und die 9 des Missionshauses wurden gemeinsam unterrichtet, im Internat war hingegen teilweise eine Trennung gegeben. Nachdem am 15. Juli 1946 das Borromäum vollständig geräumt und der Diözese zurückgegeben wurde, konnte am 10. Oktober 1946 mit fünf Klassen und 146 Schülern der Internats- und Schulbetrieb im Parscher Haus eröffnet werden. Das Borromäum war somit wiederhergestellt, und im Sommer 1950 konnten dort wieder Reifeprüfungen stattfinden[7].

---

5 *Engelbrecht*, Katholische Privatschulen (Anm. 1), S. 212.
6 *Fürst*, Entwicklung des kirchlichen Privatschulwesens (Anm. 4), S. 141.
7 *Scheichl, Walter*, Erzbischöfliches Kollegium Borromäum – 150 Jahre 1848–1998, Salzburg 1989, S. 27 ff.

Das bereits 1888 gegründete Missionshaus Liefering der Herz-Jesu-Missionare bei Salzburg begann den Wiederaufbau der Schule als „Studienanstalt". Zunächst kamen nur vereinzelt Schüler, und erst ab Herbst 1946 konnte mit einer ersten Klasse mit 10 Schülern begonnen werden. Aufgrund der großen Fluktuation war die Schülerzahl in den allmählich aufsteigenden höheren Schulklassen extrem niedrig. Es war notwendig, dass Schüler aus Liefering als Externe den Schulunterricht am bereits mit Öffentlichkeitsrecht ausgestatteten Borromäum besuchten. Diese Kooperation mit dem Borromäum dauerte bis zur Verleihung des eigenen Öffentlichkeitsrechts am 24. Juni 1954[8].

Die Ursulinen in Salzburg eröffneten 1945 und 1946 Haushaltungsschulen, im Jahr 1947 wurde dann der Wiederaufbau des Realgymnasiums mit der Eröffnung einer ersten Klasse begonnen. Nach Jahren der Unterrichtserteilung unter großer Raumnot konnte erst 1957 der Schulneubau fertiggestellt werde. Es war nun genügend Platz für das Realgymnasium, die noch im Aufbau befindliche Lehrerinnenbildungsanstalt und eine neu eröffnete erste Klasse Volksschule vorhanden[9].

Die im 8. Jahrhundert gegründete Benediktinerabtei Michaelbeuern bei Salzburg kann quellenmäßig auf eine Konventschule bereits ab dem 13. Jahrhundert verweisen. Seit 1923 gab es in der Sängerknabenschule von Michaelbeuern, die sich aus der zur Heranbildung junger Mönche „inneren" Schule entwickelte, Bürgerschulunterricht. Die Schüler mussten, um gültige Zeugnisse zu erlangen, eine Jahresprüfung an einer öffentlichen Bürger- bzw. Hauptschule ablegen. Um Nachwuchs für den Konvent zu fördern, wurden ab Herbst 1931 zwei Gymnasialklassen geführt, die ihre Semesterprüfungen am Borromäum in Salzburg ablegten. Danach sollten die geeigneten Schüler nach Mülln ins Juvenat kommen und von dort aus das Borromäum bis zur Matura besuchen. Im September 1938 wurde jedoch die Konventschule verboten. Erst am 13. September 1949 konnte sie in der vor der Schließung bestehenden Form wiedereröffnet werden und wurde bis 1962 weitergeführt. Im Jahre 1963 wurde zunächst eine Internatshauptschule für Knaben errichtet, ab dem Schuljahr 1984/85 wurde die neue Hauptschule eingeführt und für Mädchen geöffnet. Das Juvenat im Mülln wurde 1951 wiederhergestellt[10].

Der 1723 von Maria Theresia Zechner gegründete Orden der Halleiner Schulschwestern (Franziskanerinnen) begann in den ersten Nachkriegsmonaten den

---

8 *Lerch, Bernd / Clemen, Gustav*, Schule und Internat der Herz-Jesu-Missionare in Salzburg-Liefering 1888–2000, Donauwörth und Salzburg 2000, S. 170 ff.
9 *Leitinger, Helga / Mayr, Waltraud*, Die Ursulinen-Schulen – ein historischer Überblick, in: *Konvent der Ursulinen Salzburg (Hg.)*, 300 Jahre Ursulinen Salzburg 1695–1995, Salzburg 1995, S. 42.
10 *Egelseder, P. Berthold*, Benediktinerabtei Michaelbeuern, Michaelbeuern 1985, S. 286 ff.

Die Wiedererrichtung des katholischen Privatschulwesens nach 1945 427

schwierigen Aufbau der Kongregation. Das Mutterhaus war von Ämtern und anderen Einrichtungen ebenso besetzt worden wie die Schulhäuser. Im Schuljahr 1945/46 wiedereröffneten die Halleiner Schwestern vorerst nur die dreijährige Gewerbeschule, die spätere Fachschule für Damenkleidermacher und heutige Höhere Lehranstalt für Mode und Bekleidungstechnik, wobei Internat und Schule auf engstem Raum nebeneinander existierten. Im ersten Nachkriegsschuljahr meldeten sich 100 Mädchen für die erste, 18 für die zweite Klasse. Im Schuljahr 1946/47 konnte auch wieder die Haushaltungsschule, die spätere Fachschule für wirtschaftliche Berufe, mit einer kleinen Schar Schülerinnen beginnen. Beide Schulen erhielten am 21. April 1948 das Öffentlichkeitsrecht auf Dauer verliehen. Die Koch-und Haushaltungsschule „Elisabethinum" in St. Johann i. P. war in der NS-Zeit als NS-Frauenschafts-Haushaltungsschule weitergeführt worden und bot nach 1945 ein Bild der Verwüstung, nachdem sie nach Abzug der amerikanischen Besatzung von der einheimischen Bevölkerung geplündert wurde. Die beharrlichen Schwestern konnten jedoch bald Räume zurückerhalten und benutzten die frühere Kapelle als Nähschule, die am 1. Oktober 1945 mit 20 Schülerinnen startete. Die Haushaltungsschule und das Internat mit 24 Schülerinnen konnte am 1. März 1946 wiedereröffnet werden. Auch das Elisabethinum erhielt am 21. April 1948 das Öffentlichkeitsrecht verliehen[11].

In der Erzdiözese Wien wurde am 5. September 1949 die seit dem Jahr 1857 bestehende und 1938 aufgehobene Volksschule am Judenplatz als ausschließlich katholische Knabenschule wiedereröffnet. Der planmäßige Unterricht für 54 Schüler in zwei ersten und einer dritten Klasse aufgenommen und ebenfalls ein Halbinternat mit 38 Kindern eröffnet[12]. Die Volksschule Maria Enzersdorf gehörte zu jenen Schulen, die am raschesten nach dem Krieg ihre Pforten öffneten und Kinder aufnahmen: schon im September 1945 wurde die Volksschule samt Internat eröffnet, 1953 folgte eine Hauptschule und ab 1955 wurden Sonderschulklassen an die Volksschule angeschlossen[13].

Die Schwestern der Marienanstalt in Wien begannen gleich nach Kriegsende mit den ersten Aufräumungsarbeiten und konnten 1947 als erstes das Internat

---

11 *Ortner, Franz*, Theresia Zechner 1697–1763 und die Halleiner Schulschwestern 1723–1997, Salzburg 1997, S. 243 ff.
12 *Mann, Erwin*, Geschichte der Diözesanschule am Judenplatz, in: Festschrift „Volksschule Judenplatz der Erzdiözese Wien", Erzbischöfliches Amt für Unterricht und Erziehung (Hg.), Wien 2005, S. 129.
13 *Mann, Christine und Erwin*, Geschichte des Schulzentrums Maria Enzersdorf, in: Festschrift „St. Raphael – Schulzentrum der Erzdiözese Wien Maria Enzersdorf", Erzbischöfliches Amt für Unterricht und Erziehung, Wien 2003, S. 97 ff.

mit der einjährigen Haushaltungsschule wiedereröffnen. Bereits 1948 erfolgte die Wiedereröffnung der dreijährigen Hauswirtschaftsschule. Der Betrieb der Handelsschule konnte 1951 aufgenommen werden, und 1954 wurde eine Handelsakademie errichtet[14].

Mit dem Schuljahr 1946/47 konnte im Bischöflichen Gymnasium Graz der Unterricht wieder aufgenommen werden, sodass 1952 die erste Matura abgehalten werden konnte[15]. Die Grazer Schulschwestern eröffneten bereits am 25. Juli 1945 den ersten Kindergarten und ab dem Schuljahr 1945/46 sukzessive ihre Schulstandorte[16].

Das Gymnasium in Volders/Tirol konnte erst 1953 mit einer 1. und 3. Klasse und insgesamt 21 Schülern sowie 7 Lehrkräften eröffnet werden, nachdem das Klostergebäude von 1945–48 von französischen Besatzungssoldaten benutzt wurde, es von 1949–51 der Novizenausbildung diente und danach dem Unterricht des Landesgendarmeriekommandos zur Verfügung stand. Nachdem im Schuljahr 1961/62 das Öffentlichkeitsrecht erstmalig und nur für die 1. Klasse verliehen wurde, erhielt die Schule das Öffentlichkeitsrecht auf Dauer am 3. Mai 1974[17].

Bis zum Jahre 1954 konnten in Österreich 292 katholische Lehranstalten eröffnet werden, bis 1956 waren es bereits 304. Knapp über zwei Drittel davon vermittelten Allgemeinbildung; 97 wurden als Volksschulen geführt, 67 als Hauptschulen und 41 als „Mittelschulen". Die übrigen dienten der Berufsbildung. Das waren bei weitem nicht alle schulischen Einrichtungen, die vor 1938 von Orden und Kongregationen betreut worden waren, aber immerhin wurden von ihnen bereits 3,5% der österreichischen Gesamtschülerschaft erfasst[18].

III. Alte Gegensätze in den Positionen von Parteien und Kirche

Die ideologischen Gegensätze der Ersten Republik und die sich daraus ergebenden Forderungen wurden von den Parteien bald erneut aufgegriffen und mit alter Heftigkeit diskutiert.

---

14 *Mann, Christine und Erwin*, Geschichte der Marienanstalt in Wien, in: Festschrift „Marienanstalt – 100 Jahre Handelsschule, 60 Jahre Handelsakademie am Sacré Coeur Rennweg", Schulstiftung der Erzdiözese Wien (Hg.), Wien 2014, S. 189 ff.
15 *Greifeneder, Justinus*, 150 Jahre Bischöfliches Gymnasium im Bischöflichen Seminar Graz – Festschrift, Graz 2005, S. 18.
16 *Petz, Sr. Maria Andrea*, Mitten unter den Menschen Zeichen christlicher Hoffnung – Band III, Graz 2005, S. 276.
17 *Waldner, Gerhard*, 100 Jahre PORG Volders – Festschrift zum Jubiläum 2007, Volders 2007, S. 28.
18 *Engelbrecht*, Katholische Privatschulen (Anm. 1), S. 214 f.

Von sozialistischer Seite redete man wieder von der Entfernung der Schulkreuze, sprach sich gegen das Schulgebet außerhalb des Religionsunterrichts aus und verlangte die Verlegung der religiösen Übungen in die unterrichtsfreie Zeit. Besonders stellte sich die SPÖ, wie auch die KPÖ, gegen jede Subventionierung und Vermehrung der katholischen Privatschulen, wobei die zahlreichen konfessionellen Lehrer- und Lehrerinnenbildungsanstalten ein besonderer Stein des Anstoßes waren. Aus Sicht des prominenten Bildungspolitikers der SPÖ und damaligen geschäftsführenden Präsidenten des Stadtschulrates für Wien (1947), Dr. Leopold Zechner, würden die Privatschulen dem Bürgertum zur Festigung seiner „wankenden Herrschaft" dienen, und es sei nicht wünschenswert, den Schulunterricht immer mehr in die Hände von Nonnen und Mönchen zu geben, die sich „vor den Fährlichkeiten der Welt hinter Klostermauern zurückgezogen haben". Die finanzielle Unterstützung von „Gesinnungsschulen" würde seiner Meinung nach „zur Aufspaltung unseres ganzen Schulwesens nach Weltanschauungen" führen, und die „einseitige Erziehung in Haus und Schule" würde eine Unaufgeschlossenheit gegenüber anderen Weltanschauungen fördern.

Im sozialistischen Schulprogramm von 1945 vertrat man die Auffassung, dass jene, die ihre Kinder in Privatschulen schicken, sich außerhalb der Reihen der Gesamtheit stellen würden und dies daher auf eigene Kosten tun müssten. Es wurde nicht nur die Subventionierung der Privatschulen aus Mitteln des Bundes, der Länder oder der Gemeinden strikt abgelehnt, sondern ebenso verlangt, dass Schüler der Privatschulen sich nur durch Prüfungen an öffentlichen Schulen staatsgültige Zeugnisse erwerben können.

Seitens der Österreichischen Volkspartei verstand man den Anspruch auf konfessionelle Privatschulen als ein „demokratisches Grundrecht der Katholiken". Ein staatliches Schulmonopol sei mit den naturgegebenen Elternrechten unvereinbar. Wenn die Privatschulen als „Schulen der freien Elternwahl" den Vorschriften für die öffentlichen Schulen entsprächen, müssten sie das Öffentlichkeitsrecht und einen Schulkostenbeitrag vom Staat erhalten. Aber auch im Bereich der Lehrerbildung verfolgten ÖVP und SPÖ unterschiedliche Ziele. Während die ÖVP die Beibehaltung der Lehrerbildungsanstalten und ihren Ausbau zu Lehrerakademien wünschte, verlangte die SPÖ, dass die berufliche Ausbildung der Volksschullehrer an Pädagogischen Instituten mit Hochschulrang zu erfolgen hätte.

Die Kirche hingegen setzte sich schon früh für die freie Wahl der Schulform durch die Eltern ein. Bereits bei ihren Beratungen im März und September 1947 in Wien wehrten sich die Bischöfe gegen die Haltung, konfessionellen Schulen generell den öffentlichen Charakter abzusprechen. Zudem lehnten sie die finanzielle Doppelbelastung der Eltern, die ihre Kinder in eine katholische Privatschule schicken, zugleich aber Steuern für das öffentliche Schulwesen leisten müssen, vom Standpunkt der Gleichheit aller Staatsbürger ab[19].

Das Primat des elterlichen Erziehungsrechts wurde sowohl von der Erziehungsenzyklika „Divini illius Magistri" des Papstes Pius XI. vom 31. Dezember 1929[20], als auch von der Universellen Erklärung der Menschenrechte der Vereinten Nationen von 1948[21] gestützt.

Die Bischöfe sahen es als ihre Aufgabe an, für eine Erziehung der Jugend in den Schulen nach christ-katholischen Grundsätzen zu sorgen. Die Eltern sollten nicht gezwungen werden, ihre Kinder einer „religionslosen Erziehung" auszusetzen und „ungläubigen Lehrern" zu überantworten. Die katholische Kirche forderte aus diesen Erwägungen heraus die Schaffung der öffentlichen katholischen Schule. Die öffentliche katholische Schule, die bereits im Burgenland der 1920er Jahre aufgrund der Übernahme der konfessionellen Ausrichtung des ungarischen Schulsystems ein Beispiel fand, ging wesentlich weiter als ein bloß staatlich anerkanntes und subventioniertes Privatschulsystem. Dieses wiederholt geäußerte Schulbegehren der katholischen Kirche war für die kirchenkritischen Kräfte eine Provokation und verschärfte die gegensätzlichen Positionen im Schulkampf[22].

IV. Das Konzept der öffentlichen katholischen Schule

Die Kirche sah insbesondere in den Jahren 1946–1953 reale Möglichkeiten für die Begründung eines katholischen Schulwesens und hatte bereits Überlegungen angestellt, nach welchen Grundsätzen die Kirche neben den staatlichen

---

19 *Engelbrecht*, Katholische Privatschulen (Anm. 1), S. 216 ff.
20 Auszug aus der autorisierten deutschen Übersetzung, Herder, Freiburg im Breisgau 1930, S. 65: „Daraus gerade folgt, dass die sog. neutrale oder weltliche Schule, aus der Religion ausgeschlossen ist, sich zu fundamentalsten Erziehungsgrundsätzen in Widerspruch setzt. Übrigens ist eine derartige Schule praktisch gar nicht möglich, da sie sich in Wirklichkeit zur religionsfeindlichen Schule entwickelt. ... Wir erneuern und bekräftigen ihre Erklärungen *[Anm.: der Päpste Pius XI. und Leo XIII.]* und gleichzeitig die Vorschriften der heiligen Kanones *[Anm.: Kanon 1374 CIC 1918]*, wonach der Besuch der nichtkatholischen Schulen, ob weltliche oder Simultanschulen ... den katholischen Kindern verboten ist, und dass der Besuch dieser Schulen nur mit Rücksicht auf bestimmte örtliche und zeitliche Verhältnisse unter besonderen Sicherungen geduldet werden kann.."
21 Der einschlägige Art. 26 Abs. 3 der Menschenrechtserklärung lautet: „In erster Linie haben die Eltern das Recht, die Art der ihren Kindern zuteil werdenden Bildung zu bestimmen."
22 *Engelbrecht*, Katholische Privatschulen (Anm. 1), S. 228.

Simultanschulen öffentliche katholische Schulen errichten dürfe. In sog. Simultan- oder Mischschulen werden Schülerinnen und Schüler verschiedener religiöser Bekenntnisse oder Weltanschauungen unterrichtet, und es können an ihr nicht nur katholische, sondern auch nichtkatholische Lehrer Unterricht erteilen. Dieser Schultyp ist nach Ansicht der in der Erziehungsenzyklika „Divini illius Magistri" von 1929 dargelegten katholischen Lehrmeinung für Katholiken nicht als normale Form anzuerkennen und nur mit Rücksicht auf bestimmte örtliche und zeitliche Verhältnisse zu dulden[23].

Im Rahmen der österreichischen Bischofskonferenz am 7. September 1948 wurde der Unterrichtsminister Dr. Felix Hurdes zu einem Austausch eingeladen, bei der er über die Parteienverhandlungen bezüglich der Schulmaterien berichtete. Danach stünden die Sozialisten einer Subventionierung der katholischen Schulen ablehnend gegenüber und wünschten eine möglichst indifferente Schulerziehung. Er persönlich habe als Maximalforderung die katholische Staatsschule gefordert, sei aber – auch in der ÖVP – damit nicht durchgedrungen. Gerade die Frage der Lehrerbildung sei diejenige, derentwegen die Sozialisten am schärfsten gegen das Privatschulwesen aufträten. Abschließung ersuchte er die Kirche und die katholische Aktion, in der Schulfrage klare Forderungen zu stellen und sich argumentativ zu rüsten. Der auf die Beratungen folgende Antrag des damals für Schulagenden zuständigen Salzburger Erzbischofs Andreas Rohracher, dass die Kirche grundsätzlich die Bekenntnisschule fordern sollte, fand keinen Widerspruch[24].

Anfang der 1950er Jahre verstärkte die Kirche ihre Bemühungen um eine „Schule der freien Elternwahl" und beauftragte als Folge der Bischofskonferenz im März 1951 das Erzbischöfliche Amt für Unterricht und Erziehung, ein Konzept einer solchen Schule zu erstellen. Das Amt holte daraufhin Informationen über das Schulwesen in einer Reihe von katholischen Staaten Europas ein, wo bereits ähnliche Einrichtungen bestanden, und arbeitete gemeinsam mit den Schulreferenten der Diözesen einen Vorentwurf aus. Nach neuerlichen Beratungen im Februar 1952 wurde das sogenannte „Organisations-Statut der Schule der freien Elternwahl" beschlossen und der Bischofskonferenz zur Bestätigung vorgelegt[25].

---

23 *Sacher, Wilhelm*, Die katholische Schule, Tyrolia Verlag, Innsbruck 1954, S. 15; vgl. auch die Erziehungsenzyklika „Divini illius Magistri".
24 Protokoll der der ÖBIKO vom 7.09.1948 in Wien, S. 1–4, Archiv der Erzdiözese Salzburg; *Sohn-Kronthaler, Michaela*, Positionen und Rolle von Erzbischof Andreas Rohracher innerhalb der Österreichischen Bischofskonferenz in den Nachkriegsjahren, in: *Hintermaier, Ernst / Rinnerthaler, Alfred / Spatzenegger, Hans (Hg.)*, Erzbischof Andreas Rohracher – Krieg, Wiederaufbau, Konzil, Salzburg 2010, S. 404.
25 *Engelbrecht*, Katholische Privatschulen (Anm. 1), S. 226.

Darin wurde die begriffliche Unterscheidung zwischen den öffentlichen Schulen des Staates und den Privatschulen vorgenommen und für die „Elternwahlschulen" die Bezeichnung „Eigenschulen" eingeführt. Mit dem Namen Eigenschule wollte man ausdrücken, dass es sich um eine der Diözese, der Pfarre, des Ordens usw. eigene Schule handle. Dabei entsprach die Schule einem staatlich geführten und genehmigten Schultyp, dem die gleichen Rechte wie der öffentlichen Schule zukamen. Der Begriff „Privatschulen" wurde hingegen auf jene Lehranstalten eingeschränkt, deren Erhalter ein Verein oder eine Einzelperson war. Ihnen konnte, musste aber nicht das Öffentlichkeitsrecht oder eine Subvention gewährt werden[26].

Im Fastenhirtenbrief (auch: Schulhirtenbrief) vom 10. Februar 1952 bekräftigten die Bischöfe den Anspruch der „Schule der freien Elternwahl". Darin heißt es: „ ... Um so entschiedener tritt sie *[die Kirche]* für die gläubigen Katholiken ein, die begehren, daß jene Schulen als öffentliche katholische Schulen geführt werden, für die es die überwiegende Mehrheit der Eltern in freier Willensentscheidung wünscht. Die Schule dieser Art zeichnet sich durch eine entsprechende Lehrplangestaltung und durch katholische Erzieherpersönlichkeiten aus. ... Orten mit mehreren Schulen wären so viele öffentlich-katholische Schulen zuzubilligen, als der Entscheidung der Eltern anteilsmäßig entspricht. In Orten mit nur einer Schule wäre eine qualifizierte Mehrheit für die Bestimmung des Charakters der Elternwahlschule maßgebend. Wo eindeutige Mehrheitsverhältnisse nicht zustande kommen, bliebe die staatliche Simultanschule als Notlösung bestehen. Aber auch sie hätte es als vornehmste Pflicht zu betrachten, der Familie zu dienen und den Wünschen der Eltern gerecht zu werden. ... Sie hätte auch wie heute den obligatorischen Religionsunterricht zu pflegen und streng darauf zu achten, die religiöse Überzeugung der gläubigen Kinder und Eltern nicht zu verletzen. Auch ihr Erziehungsziel müßte ein „sittlich-religiöses" bleiben."[27]

Die Schulresolution des österreichischen Katholikentages in Wien 1952 forderte im Einklang mit dem Hirtenbrief die Anerkennung des von Österreich abgeschlossenen Konkordats und die Durchsetzung des Elternrechts in einer Schule der freien Elternwahl. In einer Radioansprache am 14. September 1952 stärkte Papst Pius XII. die österreichischen Katholiken mit folgender Botschaft: „In der Sorge um euren Glauben besteht darauf, dass euren Kindern die katholische Schule gesichert und erhalten bleibe. Was nützt die christliche Erziehung im Elternhaus, wenn die Schule wieder abbaut, was jene sorgsam aufgebaut hat!

---

26 *Engelbrecht*, Katholische Privatschulen (Anm. 1), S. 227.
27 Auszug aus dem Fastenhirtenbrief vom 10.02.1952, abgedruckt in: *Sacher*, Die katholische Schule (Anm. 23), S. 218 f.

Aus schwersten Erfahrungen, welche die Kirche allenthalben und immer wieder macht, besteht sie hier bis zum Letzten auf dem Rechte ihrer Gläubigen und mahnt euch, auch eurerseits bis zum Letzten euer Recht zu beanspruchen."[28]

Die SPÖ ließ signalisieren, dass eine solche aus ihrer Sicht planmäßige Zerschlagung des öffentlichen, interkonfessionellen Schulwesens, nicht als Begleiterscheinung, sondern als Ziel abgelehnt werde. Die katholische Kirche sehe die interkonfessionelle Schule als Notlösung, bis die öffentliche konfessionelle Schule erreicht sei, was aber ohne die SPÖ unmöglich und mit ihr ausgeschlossen sei[29]. Die Haltung der Sozialistischen Partei und ihr eingebrachter Entwurf eines Schulgesetzes wurden von der katholischen Kirche offensiv kritisiert. Im Entwurf der SPÖ war vorgesehen, dass Schüler einer Privatschule nur in Verbindung mit einer Prüfung an einer gleichgearteten öffentlichen Schule ein staatsgültiges Zeugnis erlangen konnten und Privatschulen keinerlei finanzielle Zuwendungen des Staates erhalten dürften[30].

Das Konzept der öffentlichen katholischen Schule und der darauf lautende Anspruch der Katholiken wurden auf der historischen, gesellschaftlichen, pädagogischen und theologischen Ebene begründet. Eine katholische Schule im vollen Sinne des Wortes sei jene, in welcher katholische Schüler von katholisch denkenden, fühlenden und praktizierenden Lehrern unter Berücksichtigung der katholischen Lehrauffassung im katholischen Geiste unterrichtet und gebildet werden. Die katholische Kirche sei Trägerin der abendländischen Kultur, könne auf über tausendjährige Erfahrung in Bildungs- und Erziehungsfragen zurückgreifen und habe bis zur Theresianischen Schulreform das Schulwesen in Alleinverantwortung getragen. Die katholische Schule habe ein klares Programm, sei Schatzkammer der erzieherischen Weisheit und wolle Christus als Maß aller Dinge in die Welt tragen und dort zur lebensgestaltenden Kraft und Mitte des christlichen Daseins machen. Um das Ethos des katholischen Schulwesens zu gewährleisten, sei aus organisatorischer Sicht eine Schulaufsicht notwendig, die von katholischen Schulaufsichtsorganen geführt werden müsse. Die Anstellung eines Lehrers an einer katholischen Schule und von Schulaufsichtsbeamten, sowie diesbezügliche Qualifikations- und Disziplinarverfahren sollten nach Stellungnahme des zuständigen kirchlichen Oberhirten formell durch die staatliche Oberbehörde erfolgen[31].

Auch wenn die katholische Kirche große Anstrengungen unternahm, ihren Anspruch zu begründen und die Kritiken des Konzepts der katholischen öffentlichen

---

28 *Sacher*, Die katholische Schule (Anm. 23), S. 20.
29 *Sacher*, Die katholische Schule (Anm. 23), S. 19.
30 *Engelbrecht*, Katholische Privatschulen (Anm. 1), S. 230 f.
31 *Sacher*, Die katholische Schule (Anm. 23), S. 24 f und 59 ff.

Schulen argumentativ zu entkräften, so war die öffentliche katholische Schule bzw. die „Schule der freien Elternwahl" doch eine Extremforderung, die aufgrund des starken politischen Widerstandes keine Aussicht auf Realisierung hatte. Erst in der folgenden Phase des Ringens um einen Kompromiss zwischen Staat und Kirche, die auch die Abkehr von der katholischen Forderung bedeutete, konnte in einem Klima der Annäherung zwischen Kirche und politischen Kräften das katholische Privatschulwesen nachhaltig abgesichert werden.

V. Der Weg zur Schulgesetzgebung 1962

Die festgefahrenen Positionen der Parteien konnten bis Mitte der 1950er Jahre nicht aufgelöst werden. Während die Kirche, unterstützt von der ÖVP, für eine grundsätzliche Gleichstellung von Privatschulen und öffentlichen Schulen hinsichtlich des Öffentlichkeitsrechts und des finanziellen Aufwands kämpfte, war aus Sicht der SPÖ die Privatschule nur ohne rechtlich und finanziell abgesicherte Stellung geduldet. Die innenpolitischen Gegensätze traten nach Abschluss des Staatsvertrages von 1955 und des Abzugs der Besatzungstruppen verstärkt in den Vordergrund, und die Kirche versuchte schon vorher im Diözesanschulrat in Wien, bei dem auch Beamte des Ministeriums vertreten waren, die Möglichkeiten auszuloten und eine Verhandlungs- und Kompromisslinie festzulegen. Der Staatsvertrag selbst hat aufgrund der Bestimmungen seines Artikels 26, in dem von angemessenen staatlichen Zuschüssen die Rede ist, für die Kirche nahegelegt, dieses Versprechen mit der Frage des konfessionell-öffentlichen Schulwesens im Burgenland und des konfessionellen Privatschulwesens im Allgemeinen zu verknüpfen[32].

Das Konkordat zwischen der Republik Österreich und dem Hl. Stuhl vom 7. April 1933 wurde bereits 1931 auf Initiative von Bundeskanzler Schober verhandelt. Bundeskanzler Dollfuß und der Justiz- und Unterrichtsminister Schuschnigg haben die Verhandlungen zu Ende geführt, und es trat am 1. Mai 1934 zeitgleich mit der autoritären Ständestaat-Verfassung in Kraft. Die SPÖ unter Adolf Schärf weigerte sich nach Kriegsende, das Konkordat anzuerkennen, da es in der Dollfuß-Zeit unterzeichnet und von den Christlichsozialen für sich beansprucht worden war. Papst Pius XII. war tief gekränkt, dass das Konkordat, das er als Staatssekretär 1934 unterzeichnete, keine Anerkennung gefunden hat[33].

---

32 *Fürst*, Entwicklung des kirchliches Privatschulwesens (Anm. 4), S. 148.
33 *Nagy, Thomas J.*, König Kaiser Kardinal – Auf den Spuren von Kardinal Franz König, Wien-Graz-Klagenfurt 2015, S. 151 f.

Erst als es im Zuge des Generationenwechsels in der SPÖ zu einer Annäherung an die katholische Kirche kam, bekamen die seit dem Amtsantritt des Unterrichtsministers Dr. Heinrich Drimmel im Jahre 1954 engagierten Gespräche und Verhandlungen über die Streitfragen neuen Auftrieb und Aussicht auf einen Kompromiss. Gedrängt durch Erkenntnisse des Verfassungsgerichtshofes und des Obersten Gerichtshofes sowie durch wiederholte Aufforderungen des Heiligen Stuhls anerkannte die SPÖ 1957 die Gültigkeit des Konkordats, allerdings unter Äußerung von Änderungswünschen. Das neue Parteiprogramm von 1958 versicherte, dass Sozialismus und Religion keine Gegensätze seien und jeder religiöse Mensch auch Sozialist sein könne[34].

Dabei war es von Vorteil, dass Dr. Franz König, der seit 1956 neuer Erzbischof von Wien war und 1958 von Papst Johannes XXIII. zum Kardinal ernannt wurde, sich aus den alten historischen und politischen Bindungen lösen konnte und zur Entpolitisierung der Kirche beigetragen hat. König erlebte die politische Stimmung damals so: „Man hat gemeint, christlichsozial und katholische Kirche ist dasselbe. Die Spannung war sehr groß und zum Teil doch große Bitterkeit festzustellen."[35] Kardinal König überließ es nun den Parteien, Nähe oder Distanz zu den kirchlichen Positionen und Wünschen auszudrücken und erreichte dadurch für die Kirche einen erweiterten Handlungsspielraum. Die Kirche trug seither manche Anliegen direkt und ohne sich der ÖVP zu bedienen erfolgreich an die SPÖ heran (Pragmatisierung der Religionslehrer, Bezahlung der Religionsinspektoren, Religionsunterricht an Berufschulen). Ebenso gab es auch seitens der SPÖ keine Scheu vor direkten Gesprächen mit dem Kardinal und dem Apostolischen Nuntius. In diesem Klima der neu erlangten Gesprächs- und Kompromissfähigkeit gelang es bereits 1960, die ersten Vertragstexte zu vermögensrechtlichen Fragen zwischen Kirche und Staat und zur Erhebung der Apostolischen Administratur Burgenland zu einer Diözese fertigzustellen und parlamentarisch zu beschließen[36]. Der am 23. Juni 1960 verabschiedete Vermögensvertrag beinhaltete in seinem Art. VI auch eine für kirchliche Schulen relevante Regelung, indem der neu errichteten Diözese Burgenland 10 Millionen Schilling für die Inanspruchnahme der im kirchlichen Eigentum stehenden Schulgebäude zugestanden wurden[37]. Damit gab der Apostolische Stuhl auch völkerrechtlich die Wiedererrichtung des konfessionellen

---

34 *Engelbrecht*, Katholische Privatschulen (Anm. 1), S. 238.
35 *Nagy*, Kardinal Franz König (Anm. 33), S. 202.
36 *Engelbrecht*, Katholische Privatschulen (Anm. 1), S. 239.
37 Davon zu unterscheiden ist die im Art. III des Schulvertrags von 1962 festgelegte einmalige Leistung von 45 Millionen Schilling für den Aufbau eines katholischen Schulwesens in Burgenland, das in der NS-Zeit zerschlagen wurde (*Schwendenwein, Hugo,*

Schulwesens im Burgenland auf und ließ die noch beim Katholikentag 1952 geforderte „Schule der freien Elternwahl" fallen[38].

Die entscheidenden Schulverhandlungen zwischen ÖVP und SPÖ wurden am 22. Dezember 1960 aufgenommen und deren Ergebnisse im Herbst 1961 als „Schulgesetzprogramm" der Öffentlichkeit vorgestellt. Die SPÖ hatte bezüglich der katholischen Privatschulen zugestimmt, dass es der Kirche freisteht, unbeschränkt Schulen zu errichten und zu führen. Es wurde auch eingesehen, dass es nicht im Ermessen des Ministers liegen dürfe, Privatschulen das Öffentlichkeitsrecht zu verleihen, sondern dies in einem Rechtsstaat zwingend sei, wenn alle Voraussetzung erfüllt seien. Grundsätzlich bekannte sich die SPÖ auch zu einer Subventionierung der katholischen Privatschulen in Form der „lebenden Subvention". Beide Parteien waren sich jedoch einig, dass es dem Staat unmöglich sei, auch für Sachaufwand und Baukosten aufzukommen. Nach dem Wortlaut des Konkordats müssten hier nur angemessene Zuschüsse gewährt werden.

Über das Ausmaß der Subvention konnte vorerst kein Einvernehmen erzielt werden. Die SPÖ ging von einer fixen, dem Stand des Jahres 1933 entsprechenden Dienstpostenanzahl aus, die ÖVP hingegen favorisierte eine Etappenlösung. Zunächst sollte nur je ein Lehrer pro Klasse vom Staat besoldet werden, was für die Volksschulen ein 90%ige, die Hauptschulen eine 67%ige und für die mittleren Schulen eine 50%ige Subventionierung bedeutet hätte, und erst nach drei Jahren sollten die vollen Personalkosten übernommen werden. Die SPÖ, die immer wieder die Befürchtung äußerte, eine volle Subventionierung würde die katholischen Schulen rasch wachsen lassen und das interkonfessionelle Schulwesen verdrängen, wünschte vor allem eine Begrenzung der anspruchsberechtigten Schulen und Lehrer.

Die in den Entwürfen jener Teile des Konkordats, welche die Schule betreffen, letzten Endes festgeschriebene 60%ige Subventionsregelung versetzte die schulerhaltenden Orden in tiefe Unzufriedenheit, da sie damit keine Möglichkeit des Weiterbestandes und der Weiterentwicklung ihrer Schulen sahen, es sei denn, es gäbe eine umfassende und dauernde kirchliche finanzielle Unterstützung. Das Erzbischöfliche Amt für Unterricht und Erziehung in Wien trat daher für eine 75%ige Subventionierung der Personalkosten ein und verlangte wie die Orden die staatliche Besoldung und dienstrechtliche Absicherung der Religionslehrer an katholischen Schulen. Bei den zwischen dem 22. und 24. Juni 1962 im Staats-

---

Staatskirchenrecht, Essen 1992, S. 577). Ebenso wurden für diesen Zweck der Evangelischen Kirche 9,5 Millionen Schilling bezahlt (BGBl. Nr. 249/1962).
38 *Fürst*, Entwicklung des kirchlichen Privatschulwesens (Anm. 4), S. 150.

sekretariat des Vatikans in Rom stattfindenden Gesprächen zwischen Vertretern der österreichischen Kirche und des Vatikans wurde deutlich, dass ein höherer Subventionssatz aufgrund des Widerstandes der SPÖ nicht verhandelbar sei. Den österreichischen Vertretern war neben einer höheren Subvention daran gelegen, dass die Subvention auf Parallelklassen und neu eingeführte Schulformen anzuwenden sein müsse und der Staat keine Lehrer gegen den Willen des Schulerhalters zuweisen können solle[39].

Im Zuge der dem Gesetzesbeschluss vorausgehenden Debatte verwies die SPÖ auf das schwierige Verhältnis der Sozialisten zur Kirche in der Vergangenheit. Trotz des Bejahens des Standpunkts der Verständigung vergaß man in der SPÖ nicht die ablehnende Haltung der Kirche in den Enzykliken „Quadragesimo anno" und „Mater et Magistra", in denen es heißt, dass ein Katholik nicht Sozialist sein könne. Trotzdem sei festzustellen, dass nahezu die Hälfte der österreichischen Bevölkerung, die katholisch ist, sozialistisch wähle. Maßgeblich sei, dass sich die katholische Kirche von der Parteipolitik fernhalte und sich nicht darin verwickeln oder davon missbrauchen lasse. Dabei werde nicht erwartet, dass sie sich vom öffentlichen Leben fernhalte, und freilich könne sie dazu Stellung nehmen. Ein staatliches Schulmonopol, das konfessionelle Schulen ausschließe, sei kein Ziel, jedoch könne auch keine unbegrenzte Lehrersubventionierung erfolgen, damit der Staat nicht Gefahr laufe, mit eigenen Mitteln die öffentliche Schule zugrunde zu richten[40].

Die Freiheitliche Partei, die die in den Schulgesetzen enthaltene Novelle des Religionsunterrichtsgesetzes[41] noch unterstützte, sprach sich gegen das Privatschulgesetz aus. Zum einen könne die Kirche aus dem Konkordat von 1933, dem die Legitimität abgesprochen werde und das erst durch das Zusatzkonkordat von 1962 rechtlich anerkannt werde, kein unbedingtes Recht auf Zuteilung von Staatszuschüssen für private konfessionelle Schulen ableiten, zum anderen bekenne man sich zum öffentlichen Schulwesen. Man anerkenne die verfassungsgesetzlich eingerichtete Möglichkeit der Schulerrichtung durch die Religionsgemeinschaften.

---

39 *Engelbrecht*, Katholische Privatschulen (Anm. 1), S. 242 ff.
40 Bundesministerium für Unterricht (Hg.), Die Materialien der Schulgesetzgebung 1962, Wien 1962, S. 318 f.
41 Die Novelle enthält im Wesentlichen die Ausdehnung des Religionsunterrichts als Pflichtgegenstand auf die berufsbildenden mittleren und höheren Schulen und als Freigegenstand auf die Berufsschulen (soweit nicht Tirol oder Vorarlberg betreffend). Weiters wird die Stellung der religiösen Übungen geklärt, die Frage der Anbringung des Kreuzes in den Klassenräumen entschieden und werden einige sprachliche Präzisierungen vorgenommen (siehe: Materialien der Schulgesetzgebung (FN 40)), S. 190 ff.

Der Aufwand solle jedoch aus privaten Mitteln abgedeckt werden, und eine staatliche Förderung solle im Sinne der Gleichbehandlung aller Bürger für alle Errichter und Erhalter privater Schulen gelten. Kritisiert werde in besonderem Maß die Möglichkeit der Nachsichterteilung von der österreichischen Staatsbürgerschaft für Lehrer und Schulleiter sowie die Aufhebung der Zuweisung eines Lehrers aus religiösen Gründen, das dem Kirchenrecht Einflussnahme auf die staatliche Ordnung eröffne[42].

Der dann am 9. Juli 1962 unterschriebene und bereits am 25. Juli 1962 vom Nationalrat genehmigte Vertrag zwischen dem Heiligen Stuhl und der Republik Österreich[43] (Schulvertrag) hatte nicht alle Wünsche der Kirche berücksichtigt. Weiterhin bestand die Möglichkeit der Abmeldung vom Religionsunterricht, die Personalsubventionierung der katholischen Privatschulen war auf 60% festgelegt und die Lehrerzuweisung erfolgte zwar durch den Staat, konnte jedoch durch den Diözesanordinarius beeinsprucht werden bzw. konnte dieser die Aufhebung der Zuweisung beantragen. Da im Vertragstext nicht ausdrücklich festgestellt wurde, dass mit dem Vertrag von 1962 der Schularticle VI des Konkordats von 1933[44] ersetzt wurde, blieb in den Augen der Kirche dieser in Geltung, was jedoch nicht zu weiteren Konfrontationen führte.

Auch in dem für die katholische Kirche wichtigen Bereich der Lehrerbildung konnte ein bedeutender Fortschritt erzielt werden. Da die Lehrerbildung Herzstück des katholischen Privatschulwesens war, wünschte die Kirche die Beibe-

---

42 Materialien der Schulgesetzgebung (FN 40), S. 350 ff.
43 BGBl. Nr. 273/1962.
44 Artikel VI: „... § 3. Die Kirche, ihre Orden und Kongregationen haben das Recht, unter Beobachtung der allgemeinen schulgesetzlichen Bestimmungen Schulen der im § 2 genannten Art zu errichten und zu führen, denen auf die Dauer der Erfüllung dieser Voraussetzung die Rechte einer öffentlichen Lehranstalt zukommen.
§ 4. Wo solche Schulen (§ 3) eine verhältnismäßig beträchtliche Frequenz aufweisen und infolgedessen den Bestand, die Erweiterung oder Errichtung öffentlicher Schulen gleicher Art in einer Weise beeinflussen, daß der betreffende Schulerhalter eine finanzielle Entlastung erfährt, haben sie aus dem hiedurch ersparten öffentlichen Aufwand nach Maßgabe der Besserung der wirtschaftlichen Verhältnisse angemessene Zuschüsse zu erhalten. Solcher Zuschüsse können unter den gleichen Voraussetzungen auch von katholischen Vereinen geführte Schulen dieser Art teilhaftig werden, wenn und solange sie vom zuständigen Diözesanordinarius als katholische Schulen anerkannt sind und den gesetzlichen Bedingungen für die Erwerbung der Rechte einer öffentlichen Lehranstalt entsprechen. Durch diese Maßnahmen soll das katholische Schulwesen in Österreich gefördert und damit auch die Voraussetzung für die Entwicklung zur öffentlichen katholisch-konfessionellen Schule geschaffen werden."

haltung der seminaristischen Ausbildung, während die SPÖ grundsätzlich eine hochschulmäßige forderte. Die seminaristische Ausbildung sollte nämlich der Kirche aufgrund der Subventionsfähigkeit die Erhaltung solcher Einrichtungen ermöglichen. Die SPÖ kam hier der Kirche entgegen, indem sie den Diözesen die Führung eigener Pädagogischer Akademien und in den Stundentafeln den Einbau eines verpflichtenden Faches Religionspädagogik zusicherte[45]. Damit war der Weg zum Abschluss der Schulgesetze offen[46].

VI. Das Privatschulgesetz 1962

Das Bundesgesetz vom 25. Juli 1962 über das Privatschulwesen (Privatschulgesetz)[47] ist in engem Zusammenhang mit dem Schulvertrag zu sehen. Wesentliche Passagen des Schulvertrages zwischen katholischer Kirche und dem Staat sind nämlich

---

45 Diese Form der Lehrerinnen- und Lehrerbildung blieb bis zum 1. Oktober 2007 aufrecht, als im Zuge der Reformbestrebungen diese dem postsekundären Bildungsbereich zugeordnet wurde und die Pädagogischen Akademien in Pädagogische Hochschulen umgewandelt wurden.
Da die Transformation weit mehr als eine Umbenennung bedeutete, wurde vom Außenministerium in Vertretung der Republik Österreich der Apostolischen Nuntiatur mit Verbalnote vom 8. März 2006 mitgeteilt, dass der Schulvertrag von 1962, BGBl. Nr. 273/1962, in der Fassung BGBl. Nr. 289/1972 – trotz der Formulierung in Ziffer 1 des Schlussprotokolls – auch auf die als Pädagogische Hochschulen bezeichneten Einrichtungen Anwendung findet. Dieser Feststellung hat der Heilige Stuhl mit Note der Nuntiatur vom 15. November 2006 zugestimmt. Das hat zur Folge, dass an den Pädagogischen Hochschulen im Rahmen der Lehrerinnen- und Lehrerbildung wie an den bisherigen Pädagogischen Akademien „Religionspädagogik" zu lehren ist und auch die kirchlichen Pädagogischen Hochschulen personalsubventioniert werden. Nunmehr enthält das Hochschulgesetz 2005 i.d.F. BGBl. I Nr. 71/2008 im § 7 Abs. 4 bis 6 die gesetzliche Grundlage für die Subventionierung der konfessionellen (nicht nur der katholischen) Pädagogischen Hochschulen (*Jonak, Felix / Kövesi, Leo*, Das österreichische Schulrecht, 13. Auflage, Wien 2012, S. 1350).
46 *Engelbrecht*, Katholische Privatschulen (Anm. 1), S. 245.
Neben dem Privatschulgesetz und dem Schulvertrag zwischen dem Heiligen Stuhl und der Republik Österreich waren Gegenstand der Schulgesetzgebung 1962 auch die Abänderung des Bundesverfassungsgesetzes 1929 hinsichtlich des Schulwesens (BGBl. Nr. 215/1962), das Bundes-Schulaufsichtsgesetz (BGBl. Nr. 240/1962), das Schulpflichtgesetz (BGBl. Nr. 241/1962) das Schulorganisationsgesetz (BGBl. Nr. 242/1962), die Religionsunterrichtsgesetz-Novelle 1962 (BGBl. Nr. 243/1962), der Beitrag des Bundes zur Errichtung des evangelischen Schulwesens im Burgenland (BGBl. Nr. 249/1962) und das Landeslehrer-Dienstrechtsüberleitungsgesetz 1962 (BGBl. Nr. 245/1962).
47 BGBl. Nr. 244/1962.

unmittelbar in die Textierung des Privatschulgesetzes eingeflossen, das dann aber das Privatschulwesen im Allgemeinen regelt und nicht bloß das katholische Privatschulwesen. Der Gesetzestext spricht von konfessionellen Schulen und eröffnet gemäß dem Grundsatz der Gleichbehandlung (Parität) die zwischen dem Heiligen Stuhl und der Republik Österreich vereinbarten Möglichkeiten jeder gesetzlich anerkannten Kirche oder Religionsgesellschaft.

Neben der völkerrechtlichen Absicherung der katholischen Privatschulen durch den Schulvertrag fußt das Privatschulgesetz verfassungsrechtlich auf Art. 17 Abs. 2 des Staatsgrundgesetzes über die allgemeinen Rechte der Staatsbürger[48]. Geschützt wurden die konfessionellen Privatschulen auch durch Art. 14 Abs. 7 Bundesverfassungsgesetz (B-VG), das bei Erfüllung der gesetzlichen Voraussetzungen die Verleihung des Öffentlichkeitsrechts garantierte. Dieser für die inhaltliche Gleichstellung der öffentlichen und konfessionellen Privatschulen besondere Punkt war eine wesentliche Frage in den Verhandlungen zur Schulgesetzgebung 1962. Damit durch Änderung des Privatschulgesetzes nicht die Rechte der Schulerhalter – und somit auch der Kirchen und Religionsgesellschaften – eingeschränkt werden konnten, bestimmte zudem Art. 14 Abs. 10 B-VG, dass u.a. in den Angelegenheiten der Privatschulen und des Verhältnisses von Schule und Kirchen (Religionsgesellschaften) Bundesgesetze nur mit den gleichen Beschlusserfordernissen wie Verfassungsgesetze erlassen werden können[49].

Das Privatschulgesetz enthielt für das konfessionelle im Gegensatz zum nichtkonfessionellen Privatschulwesen eine Reihe von Privilegierungen. Das für konfessionelle Privatschulen so wichtige Öffentlichkeitsrecht wurde gemäß § 14 Privatschulgesetz idF 1962 (PrivSchG idF 1962) nicht nur bei Vorliegen der gesetzlichen Voraussetzungen zwingend verliehen, sondern es wird kraft Gesetzes angenommen, dass die in den Bestimmungen des Abs. 1 lit. a und Abs. 2 lit. a genannten Voraussetzung von Schulen gesetzlich anerkannter Kirchen und Religionsgesellschaften von vornherein erfüllt sind. Das Öffentlichkeitsrecht entfaltet nicht nur Rechtswirkungen in Bezug auf Zeugnisse, sondern es sind damit auch für Schüler vorgesehene sozioökonomische Maßnahmen (Schul- und

---

48 RGBl. Nr. 142/1867.
Die Europäische Menschenrechtskonvention (EMRK) mit seinem in Art. 2 des Zusatzprotokolls normierten elterlichen Erziehungsrecht als weitere Begründung des Privatschulwesens erlangte erst mit BGBl. 59/1964 Verfassungsrang.
49 *Jonak, Felix*, Das Verhältnis Republik – Katholische Kirche in Schulfragen, in: *Kaluza, Hans Walther / Klecatsky, Hans R./ Köck, Heribert Franz / Paarhammer, Johannes* (Hg.), Pax et Iustitia, Festschrift für Alfred Kostelecky zum 70. Geburtstag, Berlin 1990, S. 96 f.

Heimbeihilfe, „Gratisschulbücher", Schulfahrtbeihilfe und Schülerfreifahrt) und die für den Schulerhalter bedeutsame Zurverfügungstellung staatlichen Lehrpersonals verbunden[50].

Bis zum lehrplanmäßigen vollen Ausbau darf der Privatschule nur für bestehende Klassen bzw. Jahresstufen und jeweils nur für ein Jahr das Öffentlichkeitsrecht verliehen werden. Wenn Gewähr für eine fortdauernde Erfüllung der gesetzlichen Bedingungen besteht, ist das Öffentlichkeitsrecht bei lehrplanmäßigem Vollausbau der Schule für die Dauer der Erfüllung der gesetzlichen Bedingungen zu verleihen (§ 15 PrivSchG idF 1962).

Das nur den konfessionellen Schulen gewährte gesetzliche Recht auf Subvention des Personalaufwandes ist die zweite tragende Säule des katholischen Privatschulwesens. Unter konfessionellen Schulen sind die von gesetzlich anerkannten Kirchen und Religionsgesellschaften und deren Einrichtungen erhaltenen Schulen sowie von Vereinen, Stiftungen und Fonds erhaltene Schulen zu verstehen, die von der zuständigen kirchlichen (religionsgesellschaftlichen) Oberbehörde als konfessionelle Schulen anerkannt werden (§ 17 PrivSchuG idF 1962). Der Rechtsanspruch auf Gewährung von Subventionen kommt daher den gesetzlich anerkannten Kirchen und Religionsgesellschaften, nicht aber den einzelnen Schulerhaltern zu[51]. Auf diese Weise ist es möglich, dass auch nichtkirchliche Einrichtungen katholische Privatschulen führen können, wenn Sie die kirchlichen Anforderungen in Bezug auf Schulprofil und Wertevermittlung („Geist" der Schule) erfüllen.

Das Ausmaß der Subvention entspricht 60% jener Lehrerdienstposten, die im Schuljahr 1961/62 zur Erfüllung des Lehrplans an den betreffenden konfessionellen Schulen erforderlich waren. Die Zahl der Lehrerdienstposten darf sich ab einem Schwellenwert im gleichen Verhältnis erhöhen, wie die Zahl der an öffentlichen Pflichtschulen verwendeten Lehrer. Darüberhinaus kann jeweils 60% des Mehrbedarfs an Lehrerdienstposten als Subvention bedeckt werden, wenn sich dies aufgrund der Bestimmungen des Schulorganisationsgesetzes ergibt. Die Aufteilung der als Subvention zur Verfügung zu stellenden Lehrerdienstposten auf die einzelnen konfessionellen Schulen obliegt dem Bundesministerium für Unterricht auf Antrag der zuständigen kirchlichen (religionsgesellschaftlichen) Oberbehörde (§ 18 PrivSchG idF 1962).

---

50 *Jisa, Werner*, Die rechtliche Verankerung und Ausgestaltung des Privatschulwesens in Österreich, in: Recht der Schule, 3–4/88, Wien 1988, S. 82.
51 *Kövesi, Leo / Morawek, Robert / Plattner Max (Hg.)*, ABS Handbuch – Vorschriftensammlung für das allgemein bildende Schulwesen, Innsbruck 1962–1964, Privatschulgesetz, S. 17 FN 2.

Wegen der ausdrücklichen gesetzlichen Nennung der Lehrerpersonalsubventionierung hat sich bereits 1962 die Frage erhoben, ob eine Sachsubventionierung zulässig sei. Das Bundesministerium für Unterricht hat daher mit Erlass[52] festgestellt, dass über den Lehrerpersonalaufwand gemäß Privatschulgesetz hinausgehende Beträge, insbesondere zum Sach- oder Bauaufwand von Privatschulen und privaten Schülerheimen, durch die Bestimmungen des Privatschulgesetzes nicht ausgeschlossen sind. Sie können allerdings nur insoweit gewährt werden, als das jeweilige Budget des Bundes, der Länder oder der Gemeinden entsprechende Förderkredite vorsieht[53].

Die Subvention der konfessionellen Privatschulen erfolgt in der Regel durch Zuweisung von Bundes- oder Landeslehrkräften. Wenn dies nicht möglich ist, so hat die Subventionierung subsidiär durch Leistung eines nach einem Schlüssel festgelegten Geldbetrages durch den Bund an den Schulerhalter zu erfolgen, der wiederum die Lehrkraft daraus analog der Bezahlung von Bundes- oder Landeslehrkräften voll zu bezahlen hat (§ 19 PrivSchG idF 1962). Die Unmöglichkeit einer solchen Zuweisung kann entweder dadurch verursacht sein, dass keine staatlich angestellten Lehrkräfte zur Verfügung stehen bzw. die Anstellung einer an einer Privatschule tätigen Lehrkraft durch den Staat aus dienstrechtlichen Gründen nicht möglich ist oder sich bei der Aufteilung (siehe § 18) der Dienstposten auf die einzelnen Schulen Bruchzahlen ergeben und die Zuweisung eines Lehrers entsprechend den sich ergebenden Bruchzahlen an mehreren Schulen nicht durchführbar ist[54].

Den subventionsberechtigten Schulen dürfen nur Lehrkräfte zugewiesen werden, die sich damit einverstanden erklären und deren Zuweisung an die betreffende Schule die zuständige Kirche oder Religionsgesellschaft beantragt oder gegen deren Zuweisung sie keinen Einwand erhoben hat. Die Zuweisung kann durch Antrag der Kirche oder Religionsgesellschaft aufgehoben werden, wenn die Weiterverwendung der Lehrkraft aus religiösen Gründen für untragbar erklärt wird (§ 20 PrivSchG idF 1962). Im Vergleich zur Zuweisung, deren Ablehnung durch die Kirche oder Religionsgesellschaft nicht begründet werden muss, sind bei der Aufhebung der Zuweisung religiöse Gründe Voraussetzung[55].

---

52 Erlass vom 28. September 1962, Zl. 95.795–10/62.
53 *Jonak*, Das Verhältnis Republik – Katholische Kirche in Schulfragen (Anm. 49), S. 98.
54 Materialien der Schulgesetzgebung 1962 (Anm. 40), S. 209.
55 *Kövesi, Leo / Morawek, Robert / Plattner Max (Hg.)*, ABS Handbuch, Privatschulgesetz, S. 21, FN 1 zu § 20.

Die Wiedererrichtung des katholischen Privatschulwesens nach 1945

Andere als konfessionelle Privatschulen haben keinen gleichartigen rechtlichen Anspruch auf Personalsubvention, können jedoch nach Maßgabe der staatlichen Möglichkeiten dennoch subventioniert werden (§ 21 PrivSchuG idF 1962).

In den erläuternden Bemerkungen zum Privatschulgesetz wird festgehalten, dass die unterschiedliche Behandlung konfessioneller und nichtkonfessioneller Privatschulen hinsichtlich der Subventionierung nicht als eine Verletzung des Gleichheitsgrundsatzes anzusehen sei, weil die öffentlichen Schulen – ebenso wie die nichtkonfessionellen Privatschulen – interkonfessionell sind und die konfessionellen Privatschulen daher eine Ergänzung des öffentlichen Schulwesens darstellen, die es den Eltern erleichtert, die ihrer religiösen Auffassung entsprechende Erziehung ihrer Kinder frei zu wählen[56]. Dazu komme, dass bezüglich der katholischen Privatschulen aufgrund der Bestimmungen des Konkordats auch eine völkerrechtliche Bindung Österreichs gegeben sei, nach der ein derartiger Rechtsanspruch vorzusehen ist, der gemäß dem Paritätsgrundsatz allen gesetzlich anerkannten Kirchen und Religionsgesellschaften zusteht[57].

Es war überraschend, dass die SPÖ am Beginn ihrer Alleinregierung (1970) ihre Ablehnung gegenüber dem katholischen Privatschulwesen aufgab. Die deswegen einsetzenden Verhandlungen zwischen dem Heiligen Stuhl und der Republik Österreich wurden im März 1971 abgeschlossen und führten zur Änderung der Schularitkel des Konkordats und im Mai 1972 zur Novellierung des Privatschulgesetzes[58].

Im Zusatzvertrag zum Schulvertrag vom 8. März 1971[59] sowie dem Privatschulgesetz in der Fassung BGBl. Nr. 290/1972 wurde nun eine 100-prozentige Subventionierung aller laut Lehrplan notwendigen Lehrerdienstposten festgeschrieben, soweit das Verhältnis der Schüler- und Lehrerzahl im Wesentlichen jenem an öffentlichen Schulen vergleichbarer Art und örtlicher Lage entsprach (§ 18 PrivSchG idF 1972). Es wurde jedoch im Zuge der Bemühung der nationalratsmäßigen Genehmigung des Zusatzvertrages die Einfügung eines §20a in das Privatschulgesetz überlegt, durch den eine über den Lehrerpersonalaufwand hinausgehende Subventionierung verboten werden sollte. Diese Bestimmung

---

56 Vgl. dazu Erkenntnisse des VwGH vom 28.3.2002, Zl. 95/10/0265 und vom 20.06.1994, Zl. 90/10/0075, Beschwerde an die EKMR Nr. 23.419/94 im Hinblick auf Art. 14 EMRK (*Jonak, Felix / Kövesi, Leo,* Das österreichische Schulrecht, 13. Auflage, Wien 2012, S. 1379).
57 Materialien der Schulgesetzgebung 1962 (Anm. 40), S. 208; *Jonak,* Das Verhältnis Republik – Katholische Kirche in Schulfragen (Anm. 49), S. 99.
58 *Engelbrecht,* Katholische Privatschulen (Anm. 1), S. 248.
59 BGBl. Nr. 289/1972.

wurde letzten Endes aufgrund des Widerstandes der ÖVP nicht eingefügt, und so blieb es bei der Möglichkeit auch der Förderung des Sachaufwandes gemäß dem vorher genannten Erlass von 1962[60]. Eine weitere Änderung betraf die Vergütung von Lehrern, die keine Bundes- oder Landeslehrer waren. Diese Vergütung war fortan nicht mehr an den Schulerhalter zu bezahlen, sondern direkt an die Lehrkraft, es sei denn, die Lehrkraft war Ordens- oder Kongregationsangehöriger und die Schule wurde von diesem Orden oder dieser Kongregation erhalten (§ 19 PrivSchG idF 1972).

Diese Subventionierungsregelung gilt bis heute und war eine entscheidende Grundlage für den Weiterbestand des katholischen Privatschulwesens, da aufgrund der Abnahme der ordenseigenen Lehrkräfte und der hohen Sachkosten für Schulerhalt und -führung die finanzielle Last bei Beibehaltung der 60%-Subvention auf Dauer eine Überforderung der Schulträger dargestellt hätte.

VII. Die Zeit des Ausbaus und der Stärkung des katholischen Privatschulwesens

In der Zeit nach 1962 war dem Privatschulwesen ein fester und vom Grundsatz her unbestrittener Platz in der Bildungslandschaft eingeräumt worden. Die Zuerkennung von Subventionen bedeutete für Kirche und Orden eine finanzielle Erleichterung, die in den Folgejahren zu Schulumgründungen von alten Formen führte, damit unter neuem Namen um das Öffentlichkeitsrecht angesucht werden konnte. Neuerrichtungen von Schulen stießen dennoch an Grenzen, da häufig die dafür notwendigen finanziellen Mittel und auch zunehmend Lehrkräfte fehlten. Dennoch setzte jetzt eine letzte größere Welle von Gründungen ein, zum Teil durch die veränderten schulorganisatorischen Strukturen erzwungen, zum Teil von der Bildungseuphorie dieser Zeit angetrieben[61].

Innerkirchlich erhielt das kirchliche Engagement im Bildungswesen in dieser Zeit durch das Zweite Vatikanische Konzil (1962–1965) Auftrieb. In der am 28. Oktober 1965 promulgierten Erklärung „Declaratio de educatione Christiana", besser bekannt als „Gravissimum educationis", spiegelt sich die Bereitschaft der Kirche zum Dienst gegenüber der Menschheit, neues ökonomisches Denken und die Anerkennung der Rolle des Staates wider[62]. Auch wenn im vatikanischen

---

60 *Jonak*, Das Verhältnis Republik – Katholische Kirche in Schulfragen (Anm. 49), S. 98; *Engelbrecht*, Katholische Privatschulen (Anm. 1), S. 248.
61 *Engelbrecht*, Katholische Privatschulen (Anm. 1), S. 256.
62 Vgl. auch die späteren Verlautbarungen der Kongregation für das Katholische Bildungswesen: „Die Katholische Schule" (19.03.1977), „Der katholische Lehrer – Zeuge

Dokument das Schulmonopol des Staates abgelehnt wird, wird dem Staat subsidiär zur Erziehungsaufgabe der Eltern die Pflicht zuerkannt, Schulen unter Beachtung der elterlichen Wünsche einzurichten. Es wird die Koedukation nicht mehr grundsätzlich abgelehnt, sondern nur mehr von Erziehung gesprochen, die dem Unterschied der Geschlechter Rechnung trägt. Als besondere Aufgabe der katholischen Schule wird gesehen, dass sie eine Schulgemeinschaft schafft, in der der Geist der Freiheit wie die Liebe des Evangeliums lebendig ist und sich die Persönlichkeit des Einzelnen entfalten kann. Die Kooperation mit nichtkatholischen schulischen Einrichtungen sei im Interesse des Wohls der gesamten menschlichen Gesellschaft zu fördern[63]. Bei der Erziehungsarbeit sollen die Erkenntnisse von Psychologie, Pädagogik und Didaktik aufgegriffen werden. Im Dokument sind weder Werturteile noch Äußerungen über vermeintliche pädagogische „Irrlehren" zu finden[64].

Neben dem Ausbau der Schuleinrichtungen für Berufe in der Sozial- und Behindertenarbeit sowie in der Krankenpflege legte die katholische Kirche besonderes Augenmerk auf die Lehrerinnen- und Lehrerbildungsanstalten, die vor 1962 wesentlicher Bestandteil des katholischen Privatschulwesens gewesen waren. Der Lehrerbildung selbst war durch das Schulgesetzwerk von 1962 ein Platz zwischen Höherer Schule und Hochschule zugewiesen worden. Die Kirche wagte in Fortführung einer großen Tradition den Sprung in den postsekundären Bildungsbereich, nachdem die Bemühungen um die Gründung einer katholischen Universität in Salzburg gescheitert waren[65]. In der Erzdiözese Wien trat infolge der Gründungsinitiative des Kardinals schon am 21. September 1962 ein Komitee zusammen, um die notwendigen Schritte für die Einrichtung von Lehrerinnen-

---

des Glaubens in der Schule" (15.10.1982), „Die religiöse Dimension der Erziehung in der Katholischen Schule" (7.04.1988), „Die Katholische Schule an der Schwelle zum dritten Jahrtausend" (28.12.1997), „Personen des geweihten Lebens und ihre Sendung in der Schule" (28.10.2002), „Gemeinsames Erziehen in der Katholischen Schule" (8.09.2007) und das " Rundschreiben bezüglich des Religionsunterrichts an den Schulen" (5.05.2009).

63 *Engelbrecht*, Katholische Privatschulen (Anm. 1), S. 249 ff.
64 *Frick, Rafael*, „Gravissimum educationis" im pädagogischen Kontext der weltkirchlichen Bildungsdokumente von 1929 bis 2002, in: *Pollak, Gertrud / Sajak, Claus Peter (Hg.)*, Katholische Schule heute, Freiburg im Breisgau 2006, S. 60.
65 Vgl. *Zecha, Gerhard*, Vom „Traum" einer katholischen Universität in Salzburg bis zur Errichtung des Internationalen Forschungszentrums für Grundfragen der Wissenschaften Salzburg, in: *Hintermaier, Ernst / Rinnerthaler, Alfred / Spatzenegger, Hans (Hg.)*, Erzbischof Andreas Rohracher – Krieg, Wiederaufbau, Konzil, Salzburg 2010, S. 319 ff.

und Lehrerbildungsanstalten vorzubereiten. Es kam zur Errichtung von insgesamt fünf Pädagogischen Akademien in diözesaner Trägerschaft: Wien-Strebersdorf (Erzdiözese Wien), Krems (Diözese St. Pölten), Linz (Diözese Linz), Graz (Diözese Graz-Seckau) und Stams (Diözese Innsbruck). Die Akademie der Diözese St. Pölten in Krems war als Erste fertiggestellt, Kindergarten und Übungsschule nahmen schon 1967 ihren Betrieb auf. Nicht alle Diözesen konnten sich aufgrund des hohen finanziellen Aufwandes zur Gründung einer eigenen Anstalt durchringen: Feldkirch, Klagenfurt-Gurk und Salzburg verzichteten auf eine Gründung, da sie mit zu geringen Studierendenzahlen rechnen mussten. Die Diözese Eisenstadt richtete gemeinsam mit dem Bund eine Stiftung für eine Private Pädagogische Akademie Burgenland ein, stellte das Schulgebäude zur Verfügung und bot auch der evangelischen Kirche Mitsprachemöglichkeiten. In Graz, Innsbruck und Linz entstanden an den Privaten Pädagogischen Akademien Kollegs für Sozialpädagogik, in Wien, Graz, Klagenfurt, Linz, Innsbruck und Salzburg kam es im Rahmen der weiteren Entwicklungen zur Errichtung von diözesanen Religionspädagogischen Akademien[66].

In der Erzdiözese Salzburg besuchten ab 1970/71 die Laien-Religionlehrerinnen und -lehrer zunächst die Ausbildungskurse in Wien, bis in Salzburg eine Expositur der Religionspädagogischen Akademie (RPA) der Erzdiözese Wien eingerichtet wurde. Diese Ausbildung umfasste nur den Volksschulbereich. Erst am 1.01.1986 errichtete die Erzdiözese Salzburg eine eigene RPA und bildete in Form eines Fernstudiums Religionslehrerinnen und -lehrer für Volks- und Hauptschulen aus[67].

Seit 1976, im Schulversuch seit 1971, werden an kirchlichen Akademien auch Lehrkräfte für Hauptschulen, Sonderschulen und Polytechnische Lehrgänge ausgebildet.

Bereits 1988 begann jedoch wieder von staatlicher Seite die Diskussion über die Pflichtschullehrerinnen- und -lehrerausbildung und führte zum Regierungsbeschluss der SPÖ-ÖVP-Koalitionsregierung im Jahre 1999, die Pädagogischen Akademien in Pädagogische Hochschulen überzuführen[68]. Durch das Hochschul-

---

66 Vgl. *Hagel, Walter / Mann, Christine*, Die Pädagogischen Akademien: Von kirchlichen Privatschulen mit Öffentlichkeitscharakter zu Hochschulen für Pädagogische Berufe, in: *Paarhammer, Hans / Katzinger, Gerlinde (Hg.)*, Kirche und Staat im Horizont einer globalisierten Welt, Frankfurt am Main 2009, S. 296 f.
67 *Klaushofer, Johann / Zippusch, Ursula*, Die Religionspädagogische Akademie der Erzdiözese Salzburg, in: Christlich-pädagogische Blätter 1996/Heft 1, Wien 1996, S. 51.
68 *Engelbrecht*, Katholische Privatschulen (Anm. 1), S. 258.

gesetz 2005[69] fielen die kirchlichen Lehrerinnen- und Lehrerbildungsanstalten aus dem Bereich des Privatschulgesetzes und es wurde durch § 1 Abs. 2 iVm. § 7 Abs. 4 Hochschulgesetz eine eigene Rechtsgrundlage für die Gründung von privaten pädagogischen Hochschulen geschaffen, mit der die Subventionierung von Lehrkräften gesichert wurde. Damit konnte in dieser Hinsicht die Kirche ihre durch das Konkordat eingeräumten Rechte wahren.

Derzeit stehen die staatlichen und kirchlichen pädagogischen Hochschulen durch die bereits 2011 von der Regierung eingeleitete und am 12. Juni 2013 gesetzlich verankerte „Pädagoginnenbildung Neu"[70] vor neuen Herausforderungen. Der Anspruch, für die Lehrkräfte aller Schulbereiche unter Verlängerung der Ausbildungsdauer die Masterqualifikation einzuführen und die damit verbundene gesetzliche Verpflichtung zur Kooperation der Hochschulen mit den Universitäten im Bereich der Sekundarstufe führt in den Institutionen zu umfangreichen koordinativen und organisatorischen Prozessen, die im Moment noch nicht abgeschlossen sind.

VIII. Zusammenfassung und Ausblick

Der Wiederaufbau des katholischen Privatschulwesens schritt unter schwierigsten Voraussetzungen gleich nach 1945 zügig voran und ermöglichte nach Überwindung der kulturkämpferischen Auseinandersetzungen zwischen den staatstragenden Parteien ÖVP und SPÖ und der Entpolitisierung der Kirche den wegweisenden Konsens in Form des Schulgesetzwerks von 1962. Durch das Privatschulgesetz war das katholische Schulwesen nicht nur finanziell in seinem Weiterbestand gesichert, sondern auch seitens des Staates endgültig anerkannt und in seine Bildungslandschaft integriert. Die Kirche konnte fortan ihre Bildungstätigkeit bis in den postsekundären Bildungsbereich erstrecken und ihren Dienst an der Gesellschaft unter gesetzlich gesicherten Rahmenbedingungen verrichten, die bis zum heutigen Tage Bestand haben und weitgehend unbestritten sind. Waren bis zum Jahre 1954 in Österreich 292 katholische Schulen wiedereröffnet worden und besuchten 3,5% der Schülerinnen und Schüler eine katholische Privatschule, so gibt es im Schuljahr 2014/15 insgesamt 350 Schulen bei einem Anteil von 7,27% am Schulwesen[71].

---

69 BGBl. I Nr. 30/2006 idF BGBl. I Nr. 38/2015.
70 BGBl. I Nr. 124/2013.
71 Daten des Schuljahrs 2014/15: Privatschulabteilung des Erzbischöfliches Amtes für Unterricht und Erziehung der Erzdiözese Wien; Daten 1954: *Engelbrecht*, Katholische Privatschulen (Anm. 1), S. 214 f.

Trotz der hart erkämpften und bestandsichernden Erfolge blieben und bleiben neue Herausforderungen für die katholischen Privatschulen bestehen. Die Finanzkraft der Schulerhalter wurde durch den rasch zunehmenden Ausfall von Ordensmitgliedern in Unterricht und Erziehung geschwächt. Aufgrund der durch schulpolitische Maßnahmen notwendig gewordenen Umbauten und Ausgaben für die Ausstattung der Klassen und der Lehrmittel kommen Privatschulen immer wieder in Geldnot. Der Schwund in den Ordensleitungen sowie der generelle Rückgang der Schülerpopulation sind weitere Problemlagen, die auch zu Schulschließungen führten. Die Orden und Kongregation haben bereits vielerorts für den Erhalt der Schulen große Teile ihres Vermögens aufgebraucht, können aufgrund des Selbstverständnisses der katholischen Privatschule jedoch nur eingeschränkt kostendeckend Schulgeld einheben. Die Forderung der Schulerhalter, der Staat solle auch die Kosten des Nichtlehrer-Personals übernehmen, damit der reine Sachaufwand eine bewältigbare Größe bliebe, ist ein unerreichbares Ziel geblieben: derzeit werden im Gegenteil legistische Maßnahmen gesetzt, die die bisher durch die Personalsubvention gedeckten Kosten in den Sachaufwand verlagern und somit eine zusätzliche Belastung für die Erhalter darstellen.

Obwohl die katholischen Privatschulen nach wie vor hohes Ansehen in der Bevölkerung genießen, sind zwischenzeitlich auch die öffentlichen Schulen durch Profilierung, Schwerpunktsetzungen und gute Ausstattung starke Konkurrenten, und dies ohne das die Eltern finanziell belastende Schulgeld. Daher wird es auch verstärkt notwendig sein, durch Qualität, Innovationen und Konturierung des „Propriums" der katholischen Privatschulen sichtbar zu machen, in welcher Hinsicht diese eine „Ergänzung des öffentlichen Schulwesens" darstellen.

Seit den achtziger Jahren kommt es zu verstärkter Zusammenarbeit und Zusammenschlüssen der Schulen in kirchlicher Trägerschaft, um die gemeinsamen Probleme leichter zu bewältigen und bei Verhandlungen mit staatlichen Behörden stärker gehört zu werden. Die zunehmende gesellschaftliche Profanisierung und die finanzielle Not des Staates lässt die in Bezug auf die Personalsubvention festgeschriebene Privilegierung der staatlich anerkannten Kirchen und Religionsgesellschaften immer wieder in Diskussion geraten und bedarf qualifizierter Rechtfertigung.

Dennoch ist die katholische Kirche bemüht, den Fortbestand der katholischen Privatschulen zu sichern, um gesellschaftlich wirksam zu bleiben und ihrem Evangelisierungsauftrag nachzukommen. Es ist deutlich geworden, dass die Kirche die jungen Menschen kaum mehr über die Pfarrgemeinden erreicht. Die katholischen Privatschulen sind unter diesen Rahmenbedingungen in besonderer Weise geeignet, das christliche Wertefundament in die Gesellschaft zu tragen, zumal auch der katholische Religionsunterricht, der österreichweit noch ca. 92,8% der katholischen und 66,6%[72] aller Schülerinnen und Schüler erreicht, immer häufiger offensiv in Frage gestellt wird.

Um dieser Aufgabe gerecht zu werden, wird auch der Weg der Zusammenarbeit mit nicht originär kirchlichen Trägern beschritten. Die vom Privatschulgesetz eröffnete Möglichkeit der zwingenden Personalsubventionierung durch den Staat, wenn Kirchen und Religionsgesellschaften Schulen zu konfessionellen Privatschulen erklären, machen Kirchen und Religionsgesellschaften zu attraktiven Partnern von profanen Schulerhaltern. Derartige Partnerschaften sind eine Herausforderung für die Kirche als „Subventionsgarant" und das Selbstverständnis der katholischen Privatschule. Mit ausgewählten Kooperationspartnern und hohem Verantwortungsbewusstsein kann der Kirche jedoch die Balance gelingen, das Wesen einer katholischen Schule zu wahren und die Chance auf neue Entwicklungen im katholischen Privatschulwesen zuzulassen.

---

72 Daten: Erzbischöfliches Amt für Unterricht und Erziehung der Erzdiözese Wien, Schuljahr 2014/15.

Gerlinde Katzinger

Wiederaufbau des katholischen Religionsunterrichts in den Jahren 1945 bis 1968 im Spannungsfeld von kirchlicher und staatlicher Rechtsordnung unter besonderer Berücksichtigung der Situation in der Erzdiözese Salzburg

Abstract
The article gives an overview of the structure and the development of religious education in the Archdiocese of Salzburg between 1945 and 1968. The main issues are the relation between ecclesiastical and state legal order as well as the influence of the society.

I. Vorspann: Streiflichter zur Beziehung von katholischer Kirche und Schule im Zeitraum 1919 bis 1945

Kein anderes Fach im schulischen Fächerkanon muss sich gegenwärtig einer derart intensiven gesellschaftlichen und politischen Diskussion und Auseinandersetzung stellen wie der konfessionelle Religionsunterricht. Der Blick in die wechselvolle Geschichte des Religionsunterrichts in Österreich im 20. Jahrhundert zeigt, dass diese Situation nicht neu ist. Im Hinblick auf schul- und erziehungspolitische Fragen waren die politischen Kräfte der Ersten Republik von einem starken Lagerdenken geprägt, das einen Konsens in dieser Materie unmöglich machte.[1] Die Bildungspolitik dieser Zeit ist eng mit dem Namen Otto Glöckel verbunden, dem damaligen sozialdemokratischen Unterstaatssekretär für Unterricht, der konsequent auf die Entfernung des konfessionellen Religionsunterrichts aus der öffentlichen Schule und dessen Ablöse durch einen religionsfreien

---

1 Putzer, Peter, Der Religionsunterricht in der Monarchie und in der Ersten Republik, in: Rinnerthaler, Alfred (Hg.), Historische und rechtliche Aspekte des Religionsunterrichts, Frankfurt am Main 2004, S. 61–74, hier S. 70.
Vgl. Engelbrecht, Helmut, Geschichte des österreichischen Bildungswesens. Erziehung und Unterricht auf dem Boden Österreichs, Bd. 5, Wien 1988.

Moralunterricht hinarbeitete.[2] Bekannt geworden ist der sogenannte „Glöckel-Erlass", der die Verpflichtung zur Teilnahme an religiösen Übungen abschaffte und die bildungspolitische Kontroverse zwischen dem sozialdemokratischen und dem christlich-sozialen Lager im Hinblick auf den Religionsunterricht massiv befeuerte.[3]

Die Bildungspolitik im Ständestaat war ebenfalls von intensiven politischen Eingriffen geprägt und brachte eine Gegenbewegung, die auf eine Konfessionalisierung der Schule zielte.[4] Schon am 10. April 1933 wurde der „Glöckel-Erlass" aufgehoben.[5] Für die Schulen im Zuständigkeitsbereich des Landesschulrates Salzburg galt für die Teilnahme an religiösen Übungen für katholische Schülerinnen und Schüler folgende Regelung:

- Gemeinsames Gebet der katholischen Schülerinnen und Schüler in Volks- und Hauptschulen am Beginn und am Ende des Unterrichts. Das Gebet bestimmte der Religionslehrer.
- Verpflichtung zum Besuch des Gottesdienstes an Sonn- und gebotenen Feiertagen, sowie am Beginn und Ende des Schuljahres.

---

2 Vgl. *Putzer*, Religionsunterricht (Anm. 1), S. 72 f.
3 Der sogenannte Glöckel-Erlass (Zl. 950/U, aus: Volkserziehung, Amtliche Nachrichten des Deutschösterreichischen Unterrichtsamtes, Jg. 1919, Stück IX, S. 71) verfügte die Abschaffung der Verpflichtung zur Teilnahme an religiösen Übungen:
„*Im Grunde des Art. 14, Abs. 3 des StGG vom 21. Dezember 1867, RGBl Nr. 142 über die allgemeinen Rechte der Staatsbürger finde ich anzuordnen, daß an allen dem Staatsamte für Inneres und Unterricht unterstehenden mittleren Lehranstalten jeder Zwang zur Teilnahme an religiösen Übungen untersagt ist. Die Nichtteilnahme an einer religiösen Übung darf auf die Klassifikation des Schülers keinen Einfluß ausüben.*
Ebenso hat an den allgemeinen Volksschulen und an den Bürgerschulen jedweder Zwang in der angedeuteten Richtung zu entfallen, insoferne landesgesetzliche Vorschriften nicht entgegenstehen. Die Bestimmungen der §§ 10, 63, 74 und 191 der Schul- und Unterrichtsordnung, soweit sie sich auf die religiösen Übungen beziehen, treten außer Kraft."
Vgl. *Adam, Erik*, Die Schul- und Bildungspolitik der österreichischen Sozialdemokratie in der Ersten Republik. Entwicklung und Vorgeschichte, Wien 1983.
Vgl. *Dachs, Herbert*, Die politische Erziehung an Österreichs Schulen 1918–1938, Salzburg 1980, S. 32. (ungedruckte Habilitationsschrift).
4 *Rinnerthaler, Alfred*, Der Religionsunterricht im Spiegel von Konfessionalisierung und Entkonfessionalisierung der Schule im Stände- und NS-Staat, in: *Rinnerthaler, Alfred* (Hg.), Historische und rechtliche Aspekte des Religionsunterrichts, Frankfurt am Main 2004, S. 75–101, hier S. 79.
Vgl. *Dachs*, Politische Erziehung (Anm. 3), S. 371–373.
5 *Rinnerthaler*, Religionsunterricht (Anm. 4), S. 80.

- Sechsmal im Jahr Empfang der Sakramente der Buße und der Eucharistie, davon einmal zur österlichen Zeit.
- Teilnahme an der Fronleichnamsprozession. Im Hinblick auf die Teilnahme von Schülerinnen und Schülern an Bittgängen waren die Schulen zu einer großzügigen Gewährung von Freistellungen aufgerufen.[6]

Die rechtlichen Rahmenbedingungen des katholischen Religionsunterrichts in der Zeit des Ständestaates wurden wesentlich durch den Abschluss des österreichischen Konkordates[7] bestimmt, das für den schulischen Religionsunterricht sowohl eine völkerrechtliche als auch eine zusätzliche verfassungsrechtliche Garantie brachte.[8] Eine einschneidende Veränderung für die Position des Religionsunterrichts brachte weniger der einschlägige Art. VI mit sich, als vielmehr das Zusatzprotokoll, das, wie Rinnerthaler schreibt, „enorme klimatische Auswirkungen" zur Folge hatte.[9] Art. VI Abs. 1[10] legt das Recht der Kirche auf Erteilung des Religionsunterrichts und die Vornahme religiöser Übungen im bisherigen Ausmaß fest.[11] Deren Leitung und unmittelbare Beaufsichtigung liegt in der Zuständigkeit der Kirche, ebenso die inhaltliche Gestaltung der Lehrpläne und Schulbücher. Entsprechend der damaligen personellen Situation der Kirche wurde die Zuständigkeit für die Erteilung des Religionsunterrichts in erster Linie den Geistlichen

---

6 Verfügung des fürsterzbischöflichen Ordinariates Salzburg, veröffentlicht im Verordnungsblatt des Landesschulrates Salzburg Nr. 49/1933.
7 Konkordat zwischen dem Heiligen Stuhl und der Republik Österreich BGBl II Nr. 2/1934.
8 *Rinnerthaler*, Religionsunterricht (Anm. 4), S. 85 f.
9 Ebda, S. 87.
10 Die Änderungen, die Art. VI durch den Zusatzvertrag von 1962 erfahren hat, werden im Abschnitt 2.3. behandelt.
11 Das Ausmaß der Religionsstunden pro Woche war in den einzelnen Bundesländern unterschiedlich festgelegt. Generell wurden – so wie heute – zwei Religionsstunden pro Woche unterrichtet. In Salzburg war aufgrund alter Sonderrechte eine höhere Anzahl an Religionsstunden vorgesehen als in den anderen Bundesländern: in einklassig ungeteilten Volksschulen vier Wochenstunden, in einklassig geteilten Schulen zwei Stunden für die Unterstufe und drei Stunden für die Oberstufe, in zweiklassigen Volksschulen für jede Klasse je drei Stunden.
Rinnerthaler, Religionsunterricht (Anm. 4), S. 86.
Pfliegler Michael, Der elementare Religionsunterricht in Österreich, in: *Krebs, Leopold* (Hg.), Der elementare katholische Religionsunterricht in den Ländern Europas in monographischen Darstellungen, Wien 1938, S. 59–99, hier S. 66 f.

übertragen. Der Einsatz von Laien wurde nur ersatzweise vorgesehen und gemäß Art. V § 4 an den Besitz der missio canonica gebunden.[12]

Im Zusatzprotokoll wurde den Diözesanordinarien das Recht zugestanden, „religiös-sittliche Missstände" den staatlichen Schulbehörden zu melden,[13] eine Verfügung, die von den katholischen Lehrerinnen und Lehrern zwar als unterstützende Maßnahme begrüßt, von einem großen Teil der Lehrerschaft aber als unzulässige Einmischung und als Verstoß gegen das Prinzip der Interkonfessionalität der Schule abgelehnt wurde.[14]

Auf die im Ständestaat forcierte „Konfessionalisierung" der Schule folgte die Phase der „Entkonfessionalisierung" im Dritten Reich. Adolf Hitler verfügte bereits am 22. Mai 1938, dass die konkordatären Bestimmungen zu ignorieren seien.[15] Im Hinblick auf die Situation des schulischen Religionsunterrichts bedeutete dies die Vorbereitung seiner Eliminierung.[16] Weitere Maßnahmen zur Erreichung dieses Ziels waren die Ablösung des Abmelde- durch ein Anmeldesystem,[17] die Aufhebung der geistlichen Schulaufsicht und ein Verbot von religiösen Übungen.

---

12 Im Jahr 1936/37 unterrichteten in Österreich 5.978 Religionslehrer, davon nur 432 Laien.
Rinnerthaler, Religionsunterricht (Anm. 4), S. 87.

13 Zusatzprotokoll zu Art. VI § 2: *„Es besteht Einverständnis darüber, daß den Diözesanordinarien und deren Beauftragten das Recht zusteht, Mißstände im religiös-sittlichen Leben der katholischen Schüler wie auch deren nachteilige oder ungehörige Beeinflussung in der Schule, insbesondere etwaige Verletzungen ihrer Glaubensüberzeugung oder religiösen Empfindungen im Unterricht bei den staatlichen Schulbehörden zu beanstanden, die auf entsprechende Abhilfe Bedacht nehmen werden. ..."*

14 *Rinnerthaler*, Religionsunterricht (Anm. 4), S. 87.
Dachs, Politische Erziehung (Anm. 3), S. 371–373.

15 Vgl. *Scholder, Klaus*, Österreichisches Konkordat und nationalsozialistische Kirchenpolitik 1938/39, in:
Zeitschrift für evangelisches Kirchenrecht, Bd. 20/1975, S. 230–243, hier S. 235 f.
Vgl. *Rinnerthaler, Alfred*, Das Ende des Konkordats und das Schicksal wichtiger Konkordatsmaterien in der NS-Zeit, in: *Paarhammer, Hans, Potoschnig Franz, Rinnerthaler, Alfred (Hg.)*, 60 Jahre Österreichisches Konkordat, München 1994, S. 179–229.

16 Bereits am 28. April 1938 wurde in Salzburg der Religionsunterricht aus dem Stundenplan der gewerblichen Fortbildungsschulen gestrichen – als Vorwegnahme einer österreichweiten Aktion. *Rinnerthaler*, Religionsunterricht (Anm. 4), S. 93.

17 Der Abmeldemodus wurde bereits 1939 von einem Anmeldesystem abgelöst, was den Religionsunterricht zu einem Freifach machte und massive Rückgänge bei den Schülerzahlen zur Folge hatte.

Das Schulgebet wurde durch den deutschen Gruß ersetzt.[18] Diese Verfügungen veranlassten den Salzburger Erzbischof Sigismund Waitz im Oktober 1941 zu einem Hirtenbrief, in dem er die Eltern aufforderte, den schulischen Religionsunterricht zu boykottieren und ihre Kinder zur religiösen Unterweisung in die Kirche zu schicken.[19] Als Reaktion auf diesen Hirtenbrief verfügte Gauleiter Friedrich Rainer die Einstellung des Religionsunterrichts im Reichsgau Salzburg.[20]

II. Wiederaufbau des Religionsunterrichts nach 1945

Nach dem Zusammenbruch des NS-Regimes und dem Ende des Zweiten Weltkriegs war die provisorische Staatsregierung unter Karl Renner vor die dringende Aufgabe gestellt, für rechtliche Stabilität zu sorgen. Am 1. Mai 1945 wurde das sogenannte Rechts-Überleitungsgesetz erlassen,[21] mit der Intention, so rasch als möglich rechtliche Unsicherheiten zu beseitigen und die Zweite Republik auf ein rechtlich solides Fundament zu stellen. Es erschien angesichts der drängenden Situation als beste Möglichkeit, jene Gesetze und Verordnungen, die zwischen 1938 und 1945 in Rechtskraft gesetzt worden waren, grundsätzlich in Geltung zu belassen und nur jene Normen außer Kraft zu setzen, die im Widerspruch zu demokratischen Grundsätzen standen oder nationalsozialistisches Gedankengut enthielten.

Die Geltung des Konkordats war, wie schon erwähnt, während der NS-Diktatur außer Kraft gesetzt. Um die Frage nach der Weitergeltung des Konkordats entbrannten durchaus heftige Auseinandersetzungen zwischen Kirche und Staat und zwischen den politischen Parteien, die auch die Frage nach der Wiedereinführung

---

18 *Rinnerthaler*, Religionsunterricht (Anm. 4), S. 93 f.
   Ders., Der Konfessionsunterricht im Reichsgau Salzburg, Salzburg 1991, S. 53 f.
19 *Rinnerthaler*, Religionsunterricht (Anm. 4), S. 99.
20 Ebda, S. 100.
21 Verfassungsgesetz vom 1. Mai 1945 über die Wiederherstellung des Rechtslebens in Österreich StGBl Nr. 6/1945 idF BGBl I Nr. 100/2003: § 1 Abs. 1: „*Alle nach dem 13. März 1938 erlassenen Gesetze und Verordnungen sowie alle einzelnen Bestimmungen in solchen Rechtsvorschriften, die mit dem Bestand eines freien und unabhängigen Staates Österreich oder mit den Grundsätzen einer echten Demokratie unvereinbar sind, die dem Rechtsempfinden des österreichischen Volkes widersprechen oder typisches Gedankengut des Nationalsozialismus enthalten, werden aufgehoben.*"
   § 2: „*Alle übrigen Gesetze und Verordnungen, die nach dem 13. März 1938 für die Republik Österreich und ihre Teilbereiche erlassen wurden, werden bis zur Neugestaltung der einzelnen Rechtsgebiete als österreichische Rechtsvorschriften in vorläufige Geltung gesetzt.*"

und rechtlichen Ausgestaltung des Religionsunterrichts umfassten.[22] Während die österreichischen Bischöfe im Hinblick auf die Wiedereinsetzung des Konkordats, v. a. im Hinblick auf die Konkordatsehe zurückhaltend agierten, bestand bezüglich der Wiedereinführung des Religionsunterrichts vollständige Übereinstimmung.[23] Die Forderung nach der Einführung eines konfessionellen Religionsunterrichts, allerdings mit der Möglichkeit zur Abmeldung, findet sich auch in den Programmatischen Leitsätzen der ÖVP aus dem Jahr 1945.[24] Bei der Lektüre dieser Leitsätze überrascht, dass in diesem Programm bereits die Forderung nach einem verpflichtenden Ersatzunterricht für Kinder ohne religiöses Bekenntnis erhoben wird[25] – ein Projekt, das mit dem Ethikunterricht in Österreich erst 1997 in den mittleren und höheren Schulen eingeführt wurde und sich bis heute im Stadium eines Schulversuches befindet.[26] Im Aktionsprogramm der Sozialistischen Partei von 1947 wird der Religionsunterricht nicht dezitiert angesprochen. Religion wird ausdrücklich zur Privatsache erklärt und die Unterstützung konfessioneller Anliegen und Einrichtungen abgelehnt – eine Haltung, die für einen schulischen Religionsunterricht keinerlei Raum ließ.[27]

---

22 Vgl. *Liebmann, Maximilian*, Freie Kirchen im freien Staat. Heinrich Drimmels Kultur- und Bildungspolitik, in: *Binder, Dieter A., Lüdicke, Klaus, Paarhammer, Hans* (Hg.), Kirche in einer säkularisierten Gesellschaft, Innsbruck 2006, S. 91–101.
   Vgl. *Schwendenwein, Hugo*, Kirche und Schule im österreichischen Konkordat und im Schulvertrag, in: *Paarhammer, Hans, Potoschnig Franz, Rinnerthaler, Alfred* (Hg.), 60 Jahre Österreichisches Konkordat, München 1994, S. 505–528, hier S. 505.
23 Liebmann, Freie Kirchen (Anm. 22), S. 94.
24 Programmatische Leitsätze 1945 II. Abs. 9: *„In kulturpolitischer Hinsicht will die österreichische Volkspartei: Sicherung der religiösen Erziehung der Jugend im Rahmen der jeweiligen Religionsgemeinschaft, Erteilung des Religionsunterrichts in der Schule an alle bekenntnismäßig gebundenen Kinder, soweit es deren Eltern nicht ausdrücklich ablehnen, …";*http://austria-forum.ort/af/AEIOU/%C3%96österreichische_Volkspartei_%C3%96VP/Programmatische_Leits%C3%A4tze_1945
25 *„… und Einführung eines pflichtgemäßen Ersatzunterrichtes für die bekenntnismäßig nicht gebundenen Kinder. …"* Ebda.
26 Die Diskussion zum Verhältnis Religions- und Ethikunterricht wird sehr intensiv und kontrovers geführt. Am 4. Mai 2011 fand zu diesem Thema eine Parlamentarische Enquete des Nationalrates statt. http://www.parlament.gv.at/PAKT/VHG/XXIV/VER/VER_00006/index.shtml
27 *„Religion ist Privatsache: Ablehnung jedes Gewissenszwanges, Sicherung der Glaubensfreiheit und der freien Religionsausübung. Keine Bevorzugung einer Konfession, keine Unterstützung einer Konfession oder konfessionellen Einrichtung aus Staatsmitteln."* http://www.renner-institut.at/uploads/media/1947_SPOE-Aktionsprogramm_01.pdf

Derart gegensätzliche Positionen ließen jede Hoffnung auf einen Konsens in diesen Fragen aussichtslos erscheinen. So trafen die beiden Koalitionsparteien die pragmatische Entscheidung, vorerst keine kulturpolitischen Themen zu diskutieren.[28] Die einzige Ausnahme stellte der Religionsunterricht dar, der vom kommunistischen Unterrichtsminister Ernst Fischer wieder im schulischen Fächerkanon verankert wurde,[29] noch bevor mit dem Religionsunterrichtsgesetz 1949[30] eine aktuelle Rechtsgrundlage vorlag. Die Erteilung eines schulischen Religionsunterrichts wurde der katholischen Kirche, der evangelischen Kirche AB und HB, der altkatholischen Kirche sowie der israelitischen Religionsgesellschaft zugestanden.[31] Die fehlende Erwähnung der orthodoxen Kirchen und der islamischen Religionsgesellschaft – beide Religionsgemeinschaften waren 1945 gesetzlich

---

28 Vgl. *Magenschab, Hans,* Die zweite Republik zwischen Kirchen und Parteien, Wien-München 1968, S. 28.
   Vgl. *Schwarz, Karl,* Befreite Kirchen im freien Staat. Zur Religionspolitik der Republik Österreich in den 50er-Jahren, in: ÖAKR 44/1995–97, S. 289–314, hier S. 296.
29 Ebda.
30 Bundesgesetz vom 13. Juli 1949, betreffend den Religionsunterricht in der Schule BGBl 190/1949.
31 Erlass des Staatsamtes für Volksaufklärung, für Unterricht, Erziehung und für Kultusangelegenheiten vom 7. Juni 1945, Zl. 505/45:
   „Vorbehaltlich einer gesetzlichen Regelung wird bezüglich des Religionsunterrichts an öffentlichen Schulen angeordnet:
   - *Der Unterricht in Religion ist mit den Einschränkungen der Punkte 2 und 3 Pflichtgegenstand an Volksschulen, Hauptschulen, Sonderschulen und Mittelschulen (Gymnasien, Realgymnasien, Realschulen, Lehrerbildungsanstalten.*
   - *Die Eltern sind berechtigt, anläßlich der Wiederaufnahme des Schulunterrichts und weiterhin jeweils vor Beginn des Schuljahres ihre Kinder von der Teilnahme am Religionsunterricht abzumelden.*
   - *Nach Vollendung des 14. Lebensjahres ist der Schüler selbst berechtigt, zu den genannten Terminen seine Teilnahme abzumelden.*
   - *Für das Stundenausmaß sind die letzten Lehrpläne vor der Okkupation Österreichs grundsätzlich maßgebend. Bei Not- und Wechselunterricht kann im Einvernehmen mit der betreffenden Kirchenbehörde die Schulbehörde eine Verringerung des Stundenausmaßes verfügen.*
   - *Die Teilnahme an religiösen Übungen ist nicht obligatorisch.*
   - *Die Religionslehrer werden von der zuständigen Kirchenbehörde bestellt.*
   - *Neubestellte Religionslehrer werden nicht vom öffentlichen Schulerhalter besoldet. Religionslehrern jedoch, die bisher vom öffentlichen Schulerhalter besoldet wurden, bleiben diesem gegenüber die gehaltsrechtlichen Ansprüche gewahrt. Die Weiterverwendung solcher Religionslehrer erfolgt im Einvernehmen der zuständigen Kirchenbehörde mit dem öffentlichen Schulerhalter.*

anerkannt – erklärt sich mit der religionsgemeinschaftlichen Zusammensetzung der österreichischen Gesellschaft nach dem Ende des Zweiten Weltkrieges. Mit dem Erlass vom 7. Juni 1945 wurde für den Religionsunterricht die Rechtssituation, wie sie vor 1938 bestanden hatte, grundsätzlich wieder hergestellt. Eine Neuerung stellte die Einführung der Möglichkeit zur Abmeldung dar. Schülerinnen und Schüler unter 14 Jahren, die nicht am Religionsunterricht teilnehmen wollten, mussten von ihren Eltern schriftlich abgemeldet werden. Schülerinnen und Schüler, die älter als 14 Jahre waren, konnten die Abmeldung eigenständig und ohne Einverständnis der Eltern vornehmen.[32] Dieser Modus besteht bis heute. Neu geregelt wurde im Erlass auch die Besoldung neubestellter Religionslehrer, die nicht mehr vom öffentlichen Schulerhalter übernommen werden sollte.[33] Diese Bestimmung wurde nicht ins Religionsunterrichtsgesetz übernommen.

Den österreichischen Bischöfen war es ein großes Anliegen, sobald als möglich wieder den Religionsunterricht in der Schule zu etablieren. Im September 1945 wurde die erste Bischofskonferenz nach dem Zweiten Weltkrieg einberufen. In einem gemeinsamen Hirtenwort betonten die Bischöfe die Bedeutung des Religionsunterrichts für die Bildung der Kinder und Jugendlichen und forderten die flächendeckende Wiedereinführung des Religionsunterrichts in allen Schultypen. Im Hinblick auf die Möglichkeit zur Abmeldung artikulierten die österreichischen Bischöfe ihre Ablehnung mit dem Hinweis auf schwerwiegende sakramentenrechtliche Folgen mehr als deutlich – bis hin zur Androhung der Verweigerung eines kirchlichen Begräbnisses.[34] Weitere Kritikpunkte waren die Abschaffung

---

- *Zur Erteilung des Religionsunterrichtes können auch weltliche Lehrer verwendet werden, die sich dazu bereit erklären; hiedurch darf jedoch ihr sonstiger Dienst nicht beeinträchtigt werden.*
- *Als gesetzlich anerkannte Kirchen- und Religionsgesellschaften gelten: Die katholische Kirche, die evangelische Kirche A.B. und H.B., die altkatholische Kirche und die israelitische Religionsgesellschaft."*

32 Vgl. Stenographisches Protokoll der 116. Sitzung des Nationalrates der Republik Österreich vom 13. Juli 1949, V. Gesetzgebungsperiode S. 3320. http://www.parlament.gv.at/PAKT/VHG/V/NRSITZ/NRSITZ_00116/imfname_141323.pdf

33 Ebda.

34 „… *Sollten Eltern und Erziehungsberechtigte nicht wünschen, daß ihre Kinder und Zöglinge den Religionsunterricht mitmachen und sie daher von der Teilnahme abmelden, so bedauern wir das zutiefst, und zwar nicht nur aus kirchlichem Interesse, sondern auch aus Liebe zum Staat und zur Volksgemeinschaft. Denn solche Bürger verzichten auf ein aufbauendes Element grundsätzlicher Bedeutung und Wichtigkeit. Dieser Verzicht wird sich niemals wohltuend, sondern nur nachteilig für die Volksgemeinschaft auswirken, gar nicht zu reden von der Glaubensgemeinschaft. Solche Katholiken, die die*

des Religionsunterrichts in den Berufsschulen, sowie des Schulgebets außerhalb des Religionsunterrichts. Dieses müsse den einzelnen Schulleitungen freigestellt bleiben. Als kirchenfeindliche Maßnahme empfanden die Bischöfe auch, dass an den Lehrerbildungsanstalten der Erwerb der Lehrbefähigung für Religion nicht mehr verpflichtend vorgeschrieben war.[35]

Auf der Frühjahrskonferenz 1946 wurde noch einmal die Frage nach der Abmeldung aufgegriffen und in jedem Fall eine schriftliche Zustimmung der Eltern gefordert, auch wenn die betreffenden Schülerinnen und Schüler das 14. Lebensjahr bereits vollendet hatten.[36]

In der Erzdiözese Salzburg richtete Erzbischof Andreas Rohracher zu Pfingsten 1945, also unmittelbar nach Kriegsende, ein Pastoralschreiben an den Salzburger Klerus, in dem er ein überzeugtes Plädoyer für den schulischen Religionsunterricht ablegte, den er in Verbindung mit pfarrlichen Kinderkatechesen[37] und einer entsprechenden Mütterseelsorge als zentrale Stütze der religiösen Kindererziehung und Bildung betrachtete.[38]

Diese entschiedene Haltung vertrat der Salzburger Erzbischof auch gegenüber den Landesschulräten von Salzburg und Tirol. In Anknüpfung an die Rechtslage, wie sie vor 1938 bestanden hatte, verlangte Rohracher eine Abkehr vom Anmeldesystem, wie es im Nationalsozialismus zwangsweise praktiziert worden war, und forderte die Wiedereinführung des Religionsunterrichts als Pflichtfach im

---

Religionsunterweisung ihrer Kinder vernachlässigen, verfehlen sich schwerstens gegen eine der wichtigsten Pflichten ihres Standes und können bei hartnäckiger Beharrung auf diesem Standpunkt weder zum Empfang der heiligen Sakramente zugelassen, noch im Sterbefall kirchlich beerdigt werden."
VBl Diözese Gurk 8/1945, Anhang 4 (ohne Paginierung).
Paarhammer, Hans, Die Restauration der religiösen Erziehung von 1945–1962, in: *Rinnerthaler, Alfred* (Hg.), Historische und rechtliche Aspekte des Religionsunterrichts, Frankfurt am Main 2004, S. 103–131, S. 113.
35 AES 20/85 EB Rohracher, Bischofskonferenz 1944–1952, maschinschriftliche Notiz „Schulfrage".
Sohn-Kronthaler, Michaela, Positionen und Rolle von Erzbischof Andreas Rohracher innerhalb der Österreichischen Bischofskonferenzen in den Nachkriegsjahren, in: *Hintermaier, Ernst u. a. (Hg.),* Erzbischof Andreas Rohracher, Krieg – Wiederaufbau – Konzil, Salzburg 2010, S. 381–417, hier S. 395.
36 Ebda, S. 399.
37 Die Kinder und Jugendkatechesen hatten v. a. in der Zeit des Nationalsozialismus als Ersatz für den Religionsunterricht große Bedeutung erlangt.
Vgl. *Rinnerthaler,* Konfessionsunterricht im Reichsgau Salzburg (Anm. 18), S. 153 f.
38 Vgl. *Paarhammer,* Religiöse Erziehung (Anm. 34), S. 104 f.

Fächerkanon aller Schultypen, allerdings mit Abmeldemöglichkeit – zur Wahrung des Elternrechts und des Grundrechts auf Religionsfreiheit. Der Religionsunterricht in den Volks- und Hauptschulen sollte ausschließlich von Seelsorgsgeistlichen und nicht mehr von sogenannten „Berufskatecheten" getragen werden. Diese Position setzte Erzbischof Rohracher auch in der Bischofskonferenz durch.[39] Das Ausmaß des Religionsunterrichts betrug damals eine Wochenstunde. Im Tiroler Teil der Erzdiözese Salzburg wurde in allen Schultypen Religion unterrichtet, in Salzburg nur in den Volks-, Haupt- und Mittelschulen, nicht aber in den Handels- und Gewerbeschulen.[40]

Kinder, deren Eltern in der Zeit des Nationalsozialismus aus der Kirche ausgetreten waren, durften ohne Formalitäten am Religionsunterricht teilnehmen, wenn die Eltern darum ersuchten.[41]

II.1 Das Religionsunterrichtsgesetz 1949 (RUG)

Als erstes Schulgesetz der Zweiten Republik wurde im Jahr 1949 das Religionsunterrichtsgesetz[42] erlassen und in den einzelnen Bundesländern zwischen dem 1. Jänner und dem 1. März 1950 in Kraft gesetzt.[43]

---

39 „... *eine vakant gewordene Stelle eines Berufskatecheten nicht mehr besetzt werde. Die dadurch frei gewordenen Religionsstunden sind von der Pfarrgeistlichkeit zu übernehmen, der eine erhöhte Zahl von Kooperatoren beigegeben wird. Auch für die Religionsprofessoren an den Mittelschulen sei derselbe Grundsatz in Zukunft zu verfolgen.*"
Sohn-Kronthaler, Rohracher in der Bischofskonferenz (Anm. 35), S. 390.

40 VBl ED Salzburg 38/1944/45, S. 138 f: „*Demgemäß wird mit Beginn des Schuljahres 1945/46 der Religionsunterricht an allen Schultypen wieder eingeführt, und zwar mit ‚verbindlichem' Charakter, allerdings mit der Möglichkeit, daß am Anfang des Schuljahres die Eltern oder Erziehungsberechtigten das Kind bzw. die Schüler nach vollendetem 14. Lebensjahr sich selbst vom Religionsunterricht abmelden können. Es bedarf also zum Schulbeginn 1945 keiner formellen Anmeldung zum Religionsunterricht.*"
AES 20/85 EB Rohracher, Bischofskonferenz 1944–1952.
Vgl. *Sohn-Kronthaler*, Rohracher in der Bischofskonferenz (Anm. 35), S. 385.

41 Vgl. Weisung bezüglich der Wiederaufnahme in die katholische Kirche vom 1. Juni 1945.
VBl ED Salzburg 15/1945, S. 127 f.
Paarhammer, Religiöse Erziehung (Anm. 34), S. 106 f.

42 Bundesgesetz vom 13. Juli 1949, betreffend den Religionsunterricht in der Schule BGBl Nr. 190/1949.

43 Damit das Religionsunterrichtsgesetz in Kraft treten konnte, musste es als Bundesgesetz und für jedes Bundesland als Landesgesetz erlassen werden.

Das Religionsunterrichtsgesetz 1949 steht für einen religions- und kulturpolitischen Konsens, der zwischen den beiden Parteien ÖVP und SPÖ gefunden wurde und angesichts der über Jahrzehnte andauernden konfliktreichen Vorgeschichte keinesfalls selbstverständlich war.

Während die SPÖ in ihrem Aktionsprogramm 1947 noch jede Unterstützung konfessioneller Anliegen ablehnte, war das Religionsunterrichtsgesetz, wie der Abgeordnete Neugebauer (SPÖ) formulierte, „*mit verhältnismäßiger Leichtigkeit zustande gekommen*". Als Ursache für diese positive Entwicklung wird der Rückzug der Kirchen, speziell der katholischen Kirche, aus der Parteipolitik benannt.[44] Das Religionsunterrichtsgesetz stehe – so Neugebauer – für eine Absicherung der Rechtsposition der Kirchen und sei ein Ausdruck staatlichen Wohlwollens.[45] Den beiden Neuerungen, nämlich der Einführung einer Abmeldemöglichkeit vom Religionsunterricht und der vollständigen Übernahme der Besoldung der Religionslehrer stand die SPÖ uneingeschränkt positiv gegenüber.[46]

Seitens der ÖVP wurde in der Sitzung auf die niedrige Abmelderate, die unter zwei Prozent lag, hingewiesen und daraus auf eine außerordentlich große Akzeptanz des Religionsunterrichts seitens der Eltern geschlossen.[47] Das Religionsunterrichtsgesetz wurde als Kompromiss gewürdigt, vor allem im Hinblick auf die Möglichkeit der Abmeldung, die nicht im Sinne der Religionsgemeinschaften war, sowie im Hinblick auf die Altersgrenze, die mit vierzehn Jahren als zu niedrig angesehen wurde.[48]

Mit der Inkraftsetzung des Religionsunterrichtsgesetzes wurde der Religionsunterricht in die österreichische Schule vollständig integriert und auf eine tragfähige rechtliche Basis gestellt. Somit war – wie Hans Paarhammer treffend

---

Paktierte Gesetzgebung aufgrund des § 42 Verfassungs-Übergangsgesetz 1920 i.d.F. 1929.

Jonak, Felix, Das Verhältnis Republik Österreich – Katholische Kirche in Schulfragen, in: *Kaluza, Walter u. a. (Hg.)*, Pax et Iustitia. Festschrift für Alfred Kostelecky zum 70. Geburtstag, Berlin 1990, S. 89–106, hier S. 93.

44 Vgl. Stenographisches Protokoll der 116. Sitzung des Nationalrates der Republik Österreich vom 13. Juli 1949 (Anm. 32), S. 3321.

45 Während ursprünglich der Religionsunterricht vom ersten bis zum dritten Schuljahr in die Seelsorgeverpflichtung der Priester eingerechnet und nicht vom Staat finanziert wurde, verfügte das Religionsunterrichtsgesetz die gesamte Finanzierung des Religionsunterrichts ab dem ersten Schuljahr. Ebda 3322.

46 Ebda 3325.

47 Ebda 3323.

48 Ebda 2224.

formuliert – „*ein bedeutsamer Meilenstein zur Restauration des Konkordanzverhältnisses zwischen Staat und Kirche gesetzt.*"[49]

II.2 Weißbuch der Österreichischen Bischofskonferenz

Als Weißbuch wird der Forderungskatalog der österreichischen Bischöfe bezeichnet, den diese im Anschluss an den Staatsvertrag im Juni 1955 veröffentlichten.[50] Unter dem Titel „Kirche und Staat in Österreich" listeten die österreichischen Bischöfe ihre Desiderata auf, die in den Bereichen Ehegesetzgebung, Schulgesetzgebung und vermögensrechtliche Wiedergutmachung offen geblieben waren.

Fragen rund um das Verhältnis Kirche und Schule und den Religionsunterricht thematisierte das Weißbuch im vierten Kapitel. Das Religionsunterrichtsgesetz wurde grundsätzlich positiv gewürdigt. Starke Kritik übten die Bischöfe aber an der im Gesetz festgelegten Abmeldemöglichkeit.[51] Sie forderten die rechtliche Gleichstellung der Religionslehrer mit dem übrigen Lehrpersonal, v. a. im Hinblick auf die Pragmatisierung. Als qualitätsfördernde und -sichernde Maßnahme wurde die Einführung einer staatlich finanzierten Schulinspektion für den Religionsunterricht verlangt und die Einführung des Religionsunterrichts in den Berufsschulen moniert.[52]

---

49 *Paarhammer*, Religiöse Erziehung (Anm. 34), S. 117.
   Zur ausführlichen Darstellung des Religionsunterrichtsgesetzes siehe *Schwendenwein, Hugo*, Das österreichische Katechetenrecht. Religionsunterricht in der österreichischen Schule. Eine Handreichung für Religionslehrerinnen und -lehrer, Wien-Münster 2009.
50 Als Herausgeber wird Franz Jachym genannt. Verfasser des Weißbuches war der damalige Sekretär der Bischofskonferenz Alfred Kostelecky.
   Das Weißbuch wurde im Selbstverlag der österreichischen Bischofskonferenz Wien herausgegeben.
   Paarhammer, Religiöse Erziehung (Anm. 34), S. 119.
   Schwarz, Befreite Kirchen im freien Staat (Anm. 28), S. 299.
51 Auch seitens der evangelischen Kirche wurde die Forderung nach einer Streichung der Abmeldemöglichkeit erhoben.
   Vgl. *Schwarz*, Befreite Kirchen im freien Staat (Anm. 28), S. 309.
52 Weißbuch der Bischöfe „Kirche und Staat in Österreich", S. 55 f.
   Vgl. *Paarhammer*, Religiöse Erziehung (Anm. 34), S. 119 f.
   Bis heute ist der Religionsunterricht in den Berufsschulen nur in den Bundesländern Tirol und Vorarlberg als Pflichtgegenstand mit Abmeldemöglichkeit im Fächerkanon verankert. In den anderen Bundesländern wird Religionsunterricht – wenn überhaupt – als Freigegenstand, zu dem sich die Schülerinnen und Schüler anmelden müssen, angeboten.
   Vgl. *Schwendenwein*, Katechetenrecht (Anm. 49), S. 39.

II.3 Der Religionsunterricht in der Schulgesetzgebung von 1962

Das Jahr 1962 markiert eine rechtliche Neuausrichtung des österreichischen Schulwesens, die mit der Novelle des Religionsunterrichtsgesetzes,[53] der Verabschiedung des Privatschulgesetzes[54] und schließlich mit dem Inkrafttreten des Vertrages zwischen dem Heiligen Stuhl und der Republik Österreich zur Regelung von mit dem Schulwesen zusammenhängenden Fragen vom 9. Juli 1962,[55] kurz Schulvertrag genannt, auch für den Religionsunterricht zentrale Neuerungen mit sich brachte. Während die Regelungen des Religionsunterrichtsgesetzes und des Privatschulgesetzes für alle gesetzlich anerkannten Kirchen und Religionsgesellschaften gelten, regelt der Schulvertrag ausschließlich Rechtsfragen des Verhältnisses zwischen katholischer Kirche und der Republik Österreich. Die Neuregelung des Fragenkomplexes Kirche und Schule war erst mit der Anerkennung der Gültigkeit des Konkordats von 1933/34 durch die österreichische Bundesregierung möglich geworden[56] und ist eng mit dem Namen des damaligen Unterrichtsministers Heinrich Drimmel verbunden.[57]

In der Debatte des Nationalrats am 25. Juli 1962[58] wurde die Forderung der gesetzlich anerkannten Kirchen und Religionsgesellschaften, den Religionsunterricht auf alle berufsbildenden Schulen auszudehnen, diskutiert.[59] Dieser Forderung wurde – mit Ausnahme der Berufsschulen – in der Novelle des Religionsunterrichtsgesetzes stattgegeben.[60] Die Gesetzesnovelle war auch deshalb notwendig geworden, um eine Konkordanz mit dem Schulvertrag herzustellen.[61]

---

53 BGBl 243/1962.
54 Bundesgesetz vom 25. Juli 1962 über das Privatschulwesen BGBl 244/1962.
55 BGBl 273/1962.
56 Vgl. *Schwendenwein,* Kirche und Schule (Anm. 22), S. 506.
57 Vgl. *Liebmann,* Freie Kirchen (Anm. 22), S. 98 f.
58 Stenographisches Protokoll der 109. Sitzung des Nationalrates der Republik Österreich vom 25. Juli 1962, IX. Gesetzgebungsperiode. http://www.parlament.gv.at/PAKT/VHG/IX/NRSITZ/NRSITZ_00109/imfname_156933.pdf
59 Das RUG 1949 sah den Religionsunterricht als Pflichtgegenstand nur an allgemeinbildenden Schulen vor, sowie an jenen berufsbildenden Schulen, an denen er schon im Jahre 1933 Pflichtgegenstand gewesen war.
Ebda, S. 4832.
60 *Jonak,* Schulfragen (Anm. 43), S. 94.
61 Stenographisches Protokoll der 109. Sitzung des Nationalrates der Republik Österreich vom 25. Juli 1962, IX. Gesetzgebungsperiode, S. 4832.
Melichar, Erwin, Die Schulgesetzgebung 1962, in: ÖAKR 15 (1964), S. 277–296, hier S. 286.

Für den katholischen Religionsunterricht enthält der Schulvertrag folgende Grundsätze, die in Verbindung mit den Detailbestimmungen des Religionsunterrichtsgesetzes gelesen und interpretiert werden müssen. Gemäß Art. I § 1 hat die katholische Kirche das Recht, Religionsunterricht an allen öffentlichen und mit Öffentlichkeitsrecht ausgestatteten Schulen zu erteilen. Im Unterschied zu § 1 des Religionsunterrichtsgesetzes umfasst der Schulvertrag auch die mit Öffentlichkeitsrecht ausgestatteten Privatschulen mit eigenem Organisationsstatut.[62]

Im Hinblick auf das Stundenausmaß enthält der Schulvertrag die Zusage, dass das zum Zeitpunkt des Vertragsabschlusses bestehende Stundenausmaß nicht herabgesetzt wird. Neufestlegungen brauchen das Einvernehmen beider Vertragspartner (Art. I § 1 Abs. 3). Für die meisten Schularten sind zwei Wochenstunden vorgesehen.[63]

Sowohl das Religionsunterrichtsgesetz als auch der Schulvertrag verankern den Religionsunterricht als Pflichtfach im Fächerkanon, ausgenommen die Berufsschulen.[64] Allerdings findet im Schulvertrag die Möglichkeit der Abmeldung vom Religionsunterricht keine Erwähnung. Hier sind die einschlägigen Bestimmungen des § 1 Abs. 2 Religionsunterrichtsgesetzes und des Durchführungserlasses zum Religionsunterricht[65] anzuwenden. Die Abmeldung muss schriftlich während der ersten fünf Tage des Schuljahres bei der Schulleitung erfolgen. Schülerinnen und Schüler, die das 14. Lebensjahr noch nicht vollendet haben, müssen von ihren Eltern abgemeldet werden. Nach Erreichen der Religionsmündigkeit können sie sich selbstständig, d. h. ohne Zustimmung der Eltern schriftlich abmelden.

Regelungsgegenstand des Art. I § 3 ist die dienstrechtliche Stellung der Religionslehrer an öffentlichen Schulen. Die Republik Österreich verpflichtet sich im Schulvertrag, den gesamten Personalaufwand für alle Religionslehrer an öffentlichen Schulen zu übernehmen. In Übereinstimmung mit dem Religionsunterrichtsgesetz legt der Schulvertrag fest, dass Religionslehrer entweder vom Staat angestellt oder von der Kirche bestellt werden können. Für die Religionslehrer an Privatschulen gelangt Art. II § 2 zur Anwendung, wonach diese entweder als staatlich bedienstete Lehrer, sogenannte „lebende Subventionen",[66]

---

62 *Jonak*, Schulfragen (Anm. 43), S. 101 f.
   Vgl. *Schwendenwein*, Katechetenrecht (Anm. 52), S. 40.
63 Zu den Ausnahmen vgl. ebda, S. 68.
64 Zu den Sonderregelungen für die Berufsschulen vgl. Anm. 52.
65 Durchführungserlass zum Religionsunterricht BMUKK-10.014/2-III/3/2007.
66 Mit der Vereinbarung vom 8. März 1971 wurde die Abgeltung des Lehrpersonalaufwandes von 60 Prozent – wie im Schulvertrag vereinbart – auf 100 Prozent erhöht. Im Anschluss an diese Vereinbarung erfolgte eine Novellierung des Privatschulgesetzes. BGBl 289/1972.

der Schule zugewiesen werden oder als kirchlich bestellte Religionslehrer Verwendung finden.[67] Voraussetzung für ein Dienstverhältnis als Religionslehrer an einer öffentlichen Schule ist der Besitz der missio canonica,[68] deren Zuerkennung oder Aberkennung als innere Angelegenheit gemäß Art. 15 StGG der zuständigen kirchlichen Behörde zusteht. Wird einem Religionslehrer die missio canonica entzogen, ist ein Einsatz im Religionsunterricht nicht mehr möglich. Diese Personen müssen entweder in anderen Aufgabenbereichen eingesetzt, in den Ruhestand versetzt oder aus dem staatlichen Dienstverhältnis ausgeschieden werden.

Im Schulvertrag verpflichtet sich die Kirche, nur Personen mit österreichischer Staatsbürgerschaft zu Religionslehrern zu bestellen. Dieses Erfordernis kann allerdings nachgesehen werden. Mit dem Beitritt Österreichs zu Europäischen Union werden EU-Bürger österreichischen Bürgern gleichgestellt.[69]

Art. I §§ 4 und 5 des Schulvertrages klären die Zuständigkeiten für den Religionsunterricht. Für die Erstellung der Lehrpläne und die inhaltliche Gestaltung des Religionsunterrichts inklusive der Beaufsichtigung und Qualitätssicherung ist die Kirche zuständig. Die Besoldung der Fachinspektoren für Religion[70] trägt der Staat. Allgemein schulorganisatorische Fragen sowie Fragen der Schuldisziplin fallen in die Zuständigkeit der staatlichen Schulaufsichtsorgane.[71]

§ 6 mit den Grundsatzregelungen zu den religiösen Übungen bildet den Abschluss des Art. I. Religiöse Übungen während der Schulzeit werden mindestens im bisherigen Ausmaß ermöglicht, d. h. niemand darf zur Teilnahme verpflichtet, aber auch nicht an der Teilnahme gehindert werden. Allerdings kann die betreffende Kirche bzw. Religionsgesellschaft ihre Religionslehrer

---

67 Vgl. *Schwendenwein*, Katechetenrecht (Anm. 49), S. 79 f.
Vgl. *Jonak*, Schulfragen (Anm. 43), S. 102.
68 Vgl. *Riedel-Spangenberger, Ilona,* Sendung in der Kirche. Die Entwicklung des Begriffes „missio canonica" und seine Bedeutung in der kirchlichen Rechtssprache, Paderborn – Wien 1991.
Künzel, Heike, Die „Missio Canonica" für Religionslehrerinnen und Religionslehrer. Kirchliche Bevollmächtigung zum Religionsunterricht an staatlichen Schulen, Essen 2004.
69 Vgl. § 4 BDG
Kövesi, Leo u. a. (Hg.), Handbuch. Vorschriftensammlung für das allgemein bildende Schulwesen, Loseblattsammlung, 85. Ergänzungs-Lieferung, Innsbruck 2012.
70 Vgl. *Kalb, Herbert,* Verfassungsrechtliche Verankerung des Religionsunterrichts, in: *Rinnerthaler, Alfred* (Hg.), Historische und rechtliche Aspekte des Religionsunterrichts, Frankfurt am Main 2004, S. 209–239, hier S. 220 f.
71 Vgl. Art. 17 StGG.

selbstverständlich zur Organisation und Teilnahme an diesen Veranstaltungen verpflichten.[72] Ausdrücklich genannt werden religiöse Übungen zu Beginn und Ende des Schuljahres.[73]

---

[72] Vgl. Art. 14 Abs. 1 und 3 StGG.
Schwendenwein, Katechetenrecht (Anm. 49), S. 101 f.
[73] Vgl. § 2a RUG.
Für den Bereich der Erzdiözese Salzburg gelten aktuell je nach Bundesland unterschiedliche Regelungen. Für das Bundesland Salzburg ist folgendes Ausmaß an religiösen Übungen festgelegt:
- Schülergottesdienste am Beginn und Ende des Schuljahres.
- Sakramentsempfang: bis zu 12 Unterrichtseinheiten pro Klasse und Schuljahr bis zur 8. Schulstufe; bis zu 6 Unterrichtseinheiten pro Klasse und Schuljahr ab der 9. Schulstufe.
- Ortsübliche kirchliche Feiern und Ministrantendienste: Freistellung für die erforderliche Zeit.
- Für Schulentlassfeiern kann ein Schultag verwendet werden, wenn diese von der Religionsgemeinschaft organisiert oder im Zusammenhang mit einem Schulgottesdienst oder Sakramentsempfang stattfindet.

In der Vereinbarung sind auch Ortspatrozinien und Firmtage erwähnt. Für diese religiösen Übungen werden allerdings nur noch sehr selten Freistellungen beantragt.

Für den Tiroler Teil der Erzdiözese Salzburg werden vier Kategorien religiöser Übungen unterschieden:
- Schulgottesdienste am Beginn und Ende des Schuljahres.
- Religiöse Übungen und kirchliche Feiern (Sakramentsempfang, Einkehrtage, Schulentlasstage, …) an allgemein bildenden Pflichtschulen insgesamt 30 Stunden, an höheren und mittleren Schulen insgesamt 15 Stunden.
- Religiöse Veranstaltungen für alle Schülerinnen und Schüler einer Schule: an höheren und mittleren Schulen kann der betreffende Tag aufgrund einer schulautonomen Verordnung für schulfrei erklärt werden. An allgemeinbildenden Pflichtschulen ist auf die schulautonomen Tage zurückzugreifen.
- Religiöse Übungen für einzelne Schülerinnen und Schüler: Freistellung durch den Klassenvorstand für die erforderliche Zeit. Neben dem Ministrantendienst werden auch religiöse Übungen anderer Konfessionen erwähnt, wie z. B. der Konfirmandenunterricht.

VBl ED Salzburg 6/1975, S. 106 f.
RS LSR für Tirol 6/2013.
Konjecic, Erwin, Religionsunterricht & Recht, Leitfaden für den Religionsunterricht, Salzburg 2014, S. 12 f. http://katamt.kirchen.net/Portals/katamt/pdf/RechtlGrundlagendesRUinOEsterreich.pdf

III. Der Religionsunterricht in der Erzdiözese Salzburg im Spiegel der Diözesansynoden 1948, 1958, 1968

Die Nachkriegsjahre stellten für den Wiederaufbau des kirchlichen Lebens eine große Herausforderung dar. Unter Einbeziehung des Klerus und der neu zu organisierenden Katholischen Aktion sollten im Rahmen einer Diözesansynode das Partikularrecht neu geordnet und die Neuausrichtung der Pastoral diskutiert werden. Diese erste Diözesansynode nach dem Zweiten Weltkrieg fand von 21. bis 23. September 1948 in die Dreifaltigkeitskirche statt.[74]

Fragen rund um religiöse Bildung und den Wiederaufbau des Religionsunterrichts wurden unter der Überschrift „Lehrdienst" der zweiten Synodalkommission zu Beratung zugewiesen. In den vorbereitenden Sitzungen einigten sich die Kommissionsmitglieder auf die Behandlung folgender Punkte: altersgemäße Ausrichtung religiöser Bildung, Kooperation von schulischen und außerschulischen Angeboten, Einsatz von „Laien-Religionslehrern", sowie die Situation religiöser Bildung an Fortbildungs- und Berufsschulen.[75]

In die Synodalkonstitutionen fand der Religionsunterricht in Art. II § 4 unter der Überschrift „Religiöse Bildung der Kinder und Jugend" Eingang. Im promulgierten partikularrechtlichen Gesetzeswerk wird an die Katechese ein hoher Anspruch gestellt. Sie dürfe nicht auf die bloße Vermittlung von Wissen reduziert werden, sondern wird als *„allumfassende Seelsorge"* gesehen. Die Verantwortung dafür liegt beim Katecheten. Dieser ist zur gewissenhaften Vorbereitung, zur bestmöglichen Ausnützung der vorhandenen Unterrichtszeit, sowie zur Weiterbildung und zur Teilnahme an Konferenzen und Berufsvereinigungen verpflichtet. Die Zusammenarbeit mit den übrigen Lehrkräften wird dringend empfohlen.[76]

Die Lektüre der Synodenbeschlüsse erhellt deutlich, dass die Synodalen die Besorgung des Religionsunterrichts idealerweise in der Hand des Klerus sehen und auf die Unterstützung von Laien nur bei großem Priestermangel zurückzugreifen ist.[77] Das Bild des Religionslehrers wurde sehr überhöht und idealisiert

---

74 AES 19/10 Ankündigung und Einberufung der Diözesan-Synode 1948.
 Vgl. *Laireiter, Gottfried, Das synodale Element in der Erzdiözese Salzburg im 20. Jahrhundert*, Salzburg 1999, S. 116 f (ungedruckte Dissertation).
 Paarhammer, Religiöse Erziehung (Anm. 34), S. 124.
75 *Laireiter*, Synodales Element (Anm. 74), S. 127.
76 Ebda, S. 192. *Erzbischöfliches Ordinariat Salzburg (Hg.)*, Salzburger Diözesansynode 1948, Salzburg 1950.
77 Ebda, S. 30–33.

dargestellt.[78] Hans Paarhammer ist beizupflichten, wenn er die Ansprüche der Diözesansynode 1948 an den Religionsunterricht und die Religionslehrer als überzogen und realitätsfern kritisiert.[79]

Entsprechend den kirchenrechtlichen Vorgaben erfolgte zehn Jahre später für die Zeit von 31. August bis 3. September 1958 die Einberufung der nächsten Diözesansynode zum Thema „Verkündigung des Wortes Gottes". Eines der zentralen Themen dieser Synode war der schulische Religionsunterricht. Zum Vorsitzenden der Kommission wurde der damalige Domkapitular und spätere Erzbischof Dr. Eduard Macheiner bestellt. Der Wiederaufbau des Religionsunterrichts in der Erzdiözese Salzburg nach dem Zweiten Weltkrieg ist eng mit seinem Namen verbunden. Unter seiner Leitung wurde das damalige „Schulreferat" im Jahr 1954 zum „Katechetischen Amt" ausgebaut. Besonders hervorzuheben ist auch sein Einsatz für die Ausbildung von Religionslehrern. Mehr als 200 „Laien-Religionslehrer" konnten während seiner Amtszeit (bis 1969) für den Einsatz im Religionsunterricht ausgebildet werden.[80]

In den promulgierten Synodenbeschlüssen[81] findet der Religionsunterricht in sechs Abschnitten ausführlich Erwähnung. Einleitend skizzieren die Beschlüsse Grundlagen der Katechese, die sich nicht in einer bloßen kognitiven Wissensvermittlung erschöpfen dürfe und eine enge Verbindung zum Kirchenjahr aufweisen solle. In den Bestimmungen ist bereits der Gedanke des Gratisschulbuches – zumindest für bedürftige Kinder – zu finden[82] – ein Prinzip, das in Österreich erst mit der Einführung des Gratisschulbuches 1972 flächendeckend eingeführt wurde.

Die Synodalen der Diözesansynode 1958 betrachteten die Erteilung des Religionsunterrichts ebenfalls noch hauptsächlich als klerikale Aufgabe.[83] Der Einsatz

---

78 „Der Religionslehrer betrachte sich als Seelsorger der Studenten in der Schule wie zu Hause, in den Ferien wie nach der Entlassung von der Anstalt, an der Hochschule wie im späteren Leben."
79 Paarhammer, Religiöse Erziehung (Anm. 34), S. 125.
80 Berg, Karl, Eduard Macheiner – Leben und Werk, in: Huber, Wolfgang (Hg.), Parare viam domini. Gedächtnisschrift für Erzbischof Eduard Macheiner, Salzburg 1972, S. 17–22, hier S. 18.
   Weinzierl, Erika, Eduard Macheiner in der Kirche seiner Zeit, in: Ebda, S. 25–30, hier S. 27.
81 VBl ED Salzburg 9/1960, S. 92. Zur Diskussion in den Gremien vgl. Laireiter, Synodales Element (Anm. 74), S. 221 f.
82 VBl ED Salzburg 9/1960, S. 92.
83 Vgl. die Ausführungen zur „katechetischen Persönlichkeit", in denen vor allem auf die Bedeutung einer gediegenen Aus- und Fortbildung, sowie auf die Notwendigkeit der Kontaktpflege mit dem Elternhaus hingewiesen wird.

von „Laien-Religionslehrern" wurde erst allmählich Usus und lange Zeit hauptsächlich als Folge des Priestermangels und Ersatzlösung betrachtet. Bis zu 18 Religionsstunden durfte/sollte ein Priester neben der Seelsorge unterrichten. Bei Überlastung sahen die Synodenbestimmungen den Einsatz von Laienkatecheten vor.[84]

Insgesamt zeigen die Beschlüsse der Diözesansynode 1958 aber eine zunehmende Sensibilität für den vermehrt notwendigen Einsatz von Laienkatecheten im Religionsunterricht. Zur Sicherstellung einer qualitätsvollen Ausbildung sollte ein Katechetisches Institut errichtet werden.[85] In den Synodenbestimmungen sind aber auch gewisse Vorbehalte gegenüber dieser Gruppe von Religionslehrern spürbar, wenn z. B. die geistlichen Religionslehrer nur während der ersten sechs Unterrichtsjahre zur Führung eines Vorbereitungsheftes mit Stundenbildern verpflichtet wurden, während die Laienkatecheten für die gesamte Dauer ihrer Berufstätigkeit zur Führung und Vorlage eines solchen Heftes verpflichtet waren.[86]

Die religionspädagogischen Erwägungen, die im Rahmen der Synode angestellt wurden, zielten vor allem auf gründliche Vorbereitung und methodische Gestaltung des Religionsunterrichts, den Einsatz neuer Medien, sowie die Notwendigkeit einer guten Kontaktpflege zwischen Schule und Pfarre.[87]

Im Zentrum der Diözesansynode 1968, die von 16. bis 19. Oktober im Kongresshaus abgehalten wurde, stand vorrangig die Rezeption der Dokumente

---

84   Ebda, S. 94. 1961 unterrichteten in der Erzdiözese Salzburg 86 Laien im Pflichtschulbereich, zwanzig Jahre später waren es 510. Im Höheren Schulbereich war der Religionsunterricht zur Gänze in der Verantwortung des Klerus. 1962 war nur ein Laie im Religionsunterricht im höheren Schulbereich tätig.
     Vgl. *Appesbacher, Matthäus*, Religionsunterricht – Aufgabe der Pfarrgemeinde, in: Dom- und Metropolitankapitel von Salzburg (Hg.), Dr. Karl Berg. Festschrift zur Vollendung des 75. Lebensjahres, Salzburg 1983, S. 86–88, hier S. 86.
85   Erst 1973 wurde auf Initiative des damaligen Leiters des Katechetischen Amtes, Matthäus Appesbacher, eine Expositur der Religionspädagogischen Akademie Wien errichtet. Als erste der österreichischen Diözesen errichtete Salzburg 1976 das Religionspädagogische Institut, um die Fort- und Weiterbildung der Religionslehrerinnen und -lehrer auf einem hohen Niveau sicherzustellen.
     Appesbacher, Matthäus, Religionsunterricht in der Erzdiözese Salzburg. Rückblicke – Ausblicke, in: Christlich Pädagogische Blätter 1/1996, S. 45–46.
86   VBl EB Salzburg 9/1960, S. 95 Aufbau und Durchführung der Katechese.
87   Vgl. *Laireiter*, Synodales Element (Anm. 74), S. 253 f.

des Zweiten Vatikanischen Konzils.[88] Fragen rund um den Religionsunterricht nahmen im Unterschied zur vorangegangenen Synode nur einen verhältnismäßig kleinen Raum ein und wurden unter der Überschrift „Verkündigung in der Schule" in der Subkommission II/3 diskutiert. Ein Blick in die Personalstatistik des Jahres 1968 macht deutlich, dass in dieser Zeit die Verschiebung von geistlichen Religionslehrern hin zu Laien-Religionslehrern in Gang gekommen war, wenngleich 1968 immer noch ein Großteil der Religionslehrer dem geistlichen Stand angehörte.[89] In den Synodenbeschlüssen wurde empfohlen, dass an jeder Schule zumindest ein Geistlicher Religion unterrichten solle, mit einer besonderen Verantwortung für Gottesdienste und den Sakramentenempfang. Schulen, an denen ausschließlich Laien den Religionsunterricht besorgten, sollte ein Geistlicher für diesen Dienst zugeordnet werden.[90]

IV. Ausblick

Ein großer Teil der rechtlichen Bestimmungen, die den konfessionellen Religionsunterricht heute regeln, wurde in den Jahren 1945 bis 1968 in Kraft gesetzt, v. a. das Religionsunterrichtsgesetz 1949 und der Schulvertrag 1962. Grundsätzlich ist festzuhalten, dass der konfessionelle Religionsunterricht im österreichischen Rechtssystem sehr gut abgesichert ist. Im Gegensatz zur rechtlichen Stabilität, auf die der konfessionelle Religionsunterricht in Österreich bauen kann, ist die tatsächliche Situation des Religionsunterrichts in den österreichischen Schulen sehr großen Veränderungen ausgesetzt. Die religionsgemeinschaftliche Zugehörigkeit und Bindung der Menschen ist stark rückläufig. Dies verändert auch den Zugang bzw. die Haltung zum konfessionellen Religionsunterricht. Der Bogen spannt sich von Schulen an städtischen Standorten, wo die katholischen Schülerinnen und Schüler mancherorts zahlenmäßig bereits eine Minderheit darstellen bis hin zu Schulen in ländlichen Gebieten, wo immer noch nahezu hundert Prozent der Schülerinnen und Schüler der katholischen Kirche angehören und am Religionsunterricht teilnehmen. Auch im Hinblick auf die Wahrnehmung der Abmeldemöglichkeit

---

88 *Paarhammer, Hans,* Die Diözesansynoden 1948, 1958 und 1968, in: *Hintermaier, Ernst u. a. (Hg.),* Erzbischof Andreas Rohracher. Krieg – Wiederaufbau – Konzil, Salzburg 2010, S. 283–304, hier S. 293 f.
89 1968 unterrichteten im Bereich der Erzdiözese Salzburg 516 Religionslehrer, 339 Priester (davon 46 Ordenspriester) und 117 Laien (56 Männer, 121 Frauen, davon 26 Ordensschwestern).
90 *Laireiter,* Synodales Element (Anm. 74), S. 276.
Vgl. AES 19/12 Salzburger Diözesansynode 1968.

gibt es eine große Bandbreite und je nach Schultypen und Schulstandorten starke Unterschiede. Grundsätzlich ist festzuhalten, dass entgegen mancher Meldungen von extrem hohen Abmelderaten die Anzahl der Schülerinnen und Schüler, die sich vom Religionsunterricht abmelden, in den letzten Jahren im Wesentlichen gleich geblieben ist und kaum Steigerungen zu verzeichnen sind.[91]

Eine große Herausforderung für die Organisation des konfessionellen Religionsunterrichts stellt unbestritten die religiöse Vielfalt an Österreichs Schulen dar, die bedingt durch Migration und den demografischen Wandel weiterhin zunehmen wird. Dieser Umstand hat zur Folge, dass bedingt durch die kleineren Gruppen und die zunehmende Zahl der Religionen und Konfessionen, die Religionsunterricht in der Schule anbieten, sowohl der organisatorische als auch der finanzielle Aufwand für den Religionsunterricht im Steigen begriffen sind. Die Forderung nach einem Ethik- oder überkonfessionellen Religionskundeunterricht wird oft auch mit möglichen Einsparungen und einer einfacheren Organisation des Schulbetriebes begründet.

Zu den offenen Fragen, die der Kirche seit Jahrzehnten ein großes Anliegen sind, zählt die religiös-ethische Bildung von jungen Menschen, die bereits im Berufsleben stehen. Diese Frage wurde in Salzburg in den letzten Jahren intensiv diskutiert. Am Institut für Religionspädagogische Bildung der Kirchlichen Pädagogischen Hochschule Edith Stein in Salzburg startete im Studienjahr 2014/15 erstmals ein Hochschullehrgang „Religionspädagogische Professionalisierung in Berufsschulen". Der Hochschullehrgang erstreckt sich über vier Semester und hat das Ziel, Berufsschullehrerinnen und -lehrer zur Vermittlung einer religiös-ethischen Bildung an Berufsschulen entsprechend zu qualifizieren. Im Sommersemester 2015 schlossen erstmals 21 Kolleginnen und Kollegen diesen Lehrgang ab. Um die religiös-ethische Bildung an Berufsschulen auf ein solides Fundament zu stellen und herauszufinden, welches Format für die Ausbildung der betreffenden Lehrerinnen und Lehrer als am besten geeignet erscheint, dazu wird es

---

91 Abmeldestatistik der Erzdiözese Salzburg für das Schuljahr 2014/15, zur Verfügung gestellt von DDr. Erwin Konjecic, Katechetisches Amt der Erzdiözese Salzburg: Insgesamt haben sich im Schuljahr 2014/15 im Bereich der Erzdiözese Salzburg 4.823 Schülerinnen und Schüler vom Religionsunterricht abgemeldet, das sind 7,5 % aller katholischen Schülerinnen und Schüler.
Allgemeinbildende Pflichtschulen: 2,3%, Allgemeinbildende höhere Schulen: 14,6 %, Berufsbildende mittlere Schulen: 18,3 %, Berufsbildende höhere Schulen: 19,3 %, Bildungsanstalten für Kindergartenpädagogik: 0,7 %, Land- und forstwirtschaftliche Schulen: 0,6%.

einen aufmerksamen Blick auf die Entwicklung in den Schulen, sowie offene und unvoreingenommene Reflexionen brauchen.

Abschließend ist festzuhalten, dass bei allem Vertrauen in die gute rechtliche Absicherung des konfessionellen Religionsunterrichts, Gesetze immer auch der gesellschaftlichen Akzeptanz bedürfen. Diese Akzeptanz kann nur mit überzeugenden inhaltlichen und pädagogischen Argumenten erreicht und gehalten werden. Der Mehrwert eines konfessionellen Religionsunterrichts steht auf dem Prüfstand und wird von verschiedenen gesellschaftlichen Gruppierungen durchaus kritisch hinterfragt. Die Kirchen und Religionsgesellschaften müssen sich dieser Herausforderung stellen, wenn sie den konfessionellen Religionsunterricht positiv und langfristig in der österreichischen Schule positionieren wollen.

Herbert Kalb

Ethikunterricht

Abstract

In 1962, comprehensive legislation in the field of education brought a significant relaxation of the discussions concerning the relationship between the State and the Church and therefore also in relation to religious education. Other problems in the education system became apparent, such as inter alia multi-confessional questions, discussion of privileges as well as examination of ethics education. This Article deals with the genesis of the latter and the inherent problem of conceiving it as substitute religious education.

I. Einleitung

In der Zweiten Republik wirkten die überkommenen unterschiedlichen kultuspolitischen Vorstellungen bezüglich des Verhältnisses Staat–Kirche–Schule nach, doch waren die Heftigkeit und der Ton milder. Eine gravierende Entspannung bewirkte das umfangreiche Schulgesetzgebungswerk 1962, ein einheitlicher Komplex von mehreren Schulgesetzen, der auch eine Neufassung der verfassungsrechtlichen Grundlagen hinsichtlich des Schulwesens sowie eine konkordatäre Vereinbarung mit dem Hl. Stuhl umfasste.[1] Ermöglicht wurde dieser Kompromiss zwischen den beiden Regierungsparteien unter Einbindung der gesetzlich anerkannten Kirchen und Religionsgesellschaften, insbesondere der Katholischen Kirche durch ein Abrücken von „Maximalforderungen" sowie durch ein entspannteres Verhältnis der Sozialdemokratie zur Kirche.[2] Verfolgt man den weiteren Diskurs um den Religionsunterricht, so treten die traditionellen, „vergangenheitsgesättigten" Auseinandersetzungen in den Hintergrund, stattdessen werden andere Problemlagen im Schulwesen virulent, zu nennen sind multikulturelle bzw. multikonfessionelle Fragestellungen, Privilegiendiskussionen sowie die Auseinandersetzung um den Ethikunterricht.

---

1 *Kalb, Herbert*, Verfassungsrechtliche und einfachgesetzliche Verankerung des Religionsunterrichts, in: *Rinnerthaler, Alfred* (Hg.), Historische und rechtliche Aspekte des Religionsunterrichts, Frankfurt a. Main 2004, S. 209–239, S. 211 ff.
2 *Leitner, Franz*, Kirche und Parteien in Österreich nach 1945. Ihr Verhältnis unter dem Gesichtspunkt der Äquidistanzdiskussion, Paderborn etc. 1988; *Schnell, Hermann*, Bildungspolitik in der Zweiten Republik, Wien / Zürich 1993.

Öffentlichkeitswirksam wurde das Thema Ethikunterricht im Zusammenhang mit der am 4. Februar 1993 gegründeten Partei „Das Liberale Forum".
Im Parteiprogramm ist unter dem Kapitel „Der Staat" ein eigener Abschnitt dem Thema „Kirchen und Staat" gewidmet. In der dort niedergelegten programmatischen Festlegung wird auf die Wertigkeit der Gewissens- und Bekenntnisfreiheit verwiesen und für eine „klare Trennung von Kirchen und Staat und für Neutralität staatlicher Institutionen in Religionsfragen" plädiert. Ablehnung einer Bindung gesellschaftlicher Normen an religiöse Überzeugungen, eines „ethischmoralischen Wächteramtes" von Kirchen, wohl aber eine Anerkennung des „sozialen, pädagogischen und erwachsenbildnerischen Engagements" der Kirchen sind weitere zentrale Punkte der Programmatik. Von Seiten der Kirchen wird überdies eingefordert, dass diese „als gesellschaftliche Institution ihren Mitgliedern im Rahmen ihres Selbstverständnisses ein Höchstmaß an Mitsprache und Meinungsfreiheit einräumen".

Daraus wird eine Reihe von „Folgerungen" gezogen. Für den Bereich des Religionsunterrichts wird grundsätzlich eine Berücksichtigung religiöser Inhalte in der Schule bejaht, der Pflichtcharakter wird abgelehnt und anstelle des derzeit geltenden „Abmeldungsprinzips" die Anmeldung zum Religionsunterricht (Religionsunterricht als Freifach) eingefordert. Im Hinblick auf eine langfristige Perspektive wird anstelle des konfessionellen Unterrichts die Einrichtung eines Unterrichtsfachs angestrebt, „in dem Fragen der Lebensgestaltung, Ethik und Religion unter Mitwirkung der Kirchen behandelt werden". Weiters wird verlangt, dass der Religionsunterricht dem „grundsätzlichen gesellschaftlichen Konsens über die allgemeinen Bildungsziele" nicht widersprechen dürfe und „im besonderen einem demokratischen Menschenbild verpflichtet sein" müsse. Insgesamt wird dann noch für alle religionsrechtlichen Regelungen auf die Abhängigkeit von Recht und Gesellschaft verwiesen und eine jeweilige Anpassung auch der staatskirchenrechtlichen Normen an die „gesellschaftlichen Wertvorstellungen und die aktuellen Erfordernisse" eingemahnt.[3]

Das Liberale Forum präsentierte damals die umfangreichste Programmatik zum Thema „Kirchen und Staat" und wurde von der Bundessprecherin *Dr. Heide Schmidt* mit auch unübersehbarem persönlichem Engagement medienwirksam in der Öffentlichkeit vertreten. Allerdings wurde eine sachgerechte Diskussion um die Einführung eines Ethikunterrichts dadurch keineswegs erleichtert, denn im

---

3 Abdruck bei *Kalb, Herbert,* Nachwort des Herausgebers. Der Religionsunterricht heute – Anmerkungen zu einer aktuellen Debatte, in: *Huber, Gerhard,* Der Religionslehrer im Spannungsfeld zwischen kirchlichem und staatlichem Recht, Linz 1995, S. 224–243, hier S. 241 ff.

Mittelpunkt stand und steht die Korrelation mit dem Religionsunterricht, eingebettet in ein verschiedentlich sehr komplexitätsreduziertes Verständnis religionsrechtlicher Systeme.[4]

II. Historische Genese – Parteiprogramme

Die österreichische Diskussion ist durch Impulse aus der Bundesrepublik Deutschland (mit)bestimmt.[5] Erstmals führte Bayern mit dem Schuljahr 1972/73 ab der fünften Klasse an ausgewählten Schulen einen Ethikunterricht für Schüler, die nicht am Religionsunterricht teilnehmen, ein. In der Folgezeit wurde dieser Ersatzunterricht in allen Schulen etabliert. Bereits der Verfassungstext des Jahres 1946 sah vor, dass für Schüler, die nicht am Religionsunterricht teilnehmen, ein Unterricht über die allgemeinen Grundsätze der Sittlichkeit einzurichten ist (Art 137 Abs 2 BayVerf).[6] Die Konkretisierung zu Beginn der 70er Jahre erfolgte auf dem Hintergrund der „Krise des Religionsunterrichts" und der

---

4   Zu Recht merkt *Breinbauer, Ines Maria*, Ethikunterricht – ein Anachronismus, in: *Volker, Ladenthin / Schimöller, Reinhard* (Hg.), Ethik als pädagogisches Projekt. Grundfragen schulischer Werterziehung, Opladen 1999, S. 202–222, hier S. 204, an: „In Verfolgung dieser Argumentation kann dann schon der Eindruck des Anachronismus ... aufkommen, wenn z.b. bildungstheoretische Fragen in bunter Amalgamierung mit Konkordatsfragen abgehandelt werden, Ethik und Kultur und Religion als Geltungsgebiete mit diffusen Gemeinsamkeiten und diffusen Unterschieden zur Verhandlung stehen ... .".
5   Aus der reichhaltigen Literatur zur historischen Genese vgl. *Bucher, Anton A.*, Ethikunterricht in Österreich, Innsbruck 2001, S. 35 ff; *ders.*, Ethikunterricht in Österreich: noch einiges unklar, in: *Rinnerthaler, Alfred* (Hg.), Historische und rechtliche Aspekte des Religionsunterrichts, Frankfurt a. Main etc. 2004, S. 297–310; *ders.*, Eine unendliche Geschichte: Ethikunterricht in Österreich, in: öarr 58. Jahrgang/2011, S. 25–36; sowie – sehr emotional – *ders.*, Der Ethikunterricht in Österreich. Politisch verschleppt – pädagogisch überfällig!, Innsbruck / Wien 2014.
6   Gesetz- und Verordnungsblatt für den Freistaat Bayern 1946 Nr. 23 vom 8. Dezember 1946; vgl auch Art 131 Abs 1: Die Schulen sollen nicht nur Wissen und Können vermitteln, sondern auch Herz und Charakter bilden. Abs 2: Oberste Bildungsziele sind Ehrfurcht vor Gott, Achtung vor religiöser Überzeugung und vor der Würde des Menschen, Selbstbeherrschung, Verantwortungsgefühl und Verantwortungsfreudigkeit, Hilfsbereitschaft, Aufgeschlossenheit für alles Wahre, Gute und Schöne. Durch Gesetz vom 20. Juni 1984 (GVBl. S. 223) wurde dem Absatz 2 die Worte „und Verantwortungsbewußtsein für Natur und Umwelt" angefügt.

damit einhergehenden Zunahme von Abmeldungen.[7] Mittlerweile haben alle Bundesländer mit Ausnahme des Landes Brandenburg[8] einen Ethikunterricht

---

[7] Diese Motivierung kann kaum in Abrede gestellt werden; vgl. z.b. den langjährigen bayerischen Kultusminister *Hans Maier*, Einleitung zu Diskussion, in: *Zinser, Hartmut*, (Hg.), Marburg 1991, S. 53–57, hier S. 53: „Von Anfang an aber hatten wird in Bayern drei Vorteile: Erstens den klaren Verfassungsauftrag ... Zweitens die nicht unfreundliche Einstellung der Eltern gegenüber dem Ersatzunterricht. In der Zeit nach 1968 ... waren die Eltern etwas besorgt, was mit ihren Kindern geschehe, und daher ganz froh über das Fach Ethik als eine Art Auffangstellung. Drittens die Unterstützung der Religionslehrer. Angesichts der leerwerdenden Klassen und um der guten Ordnung halber sollten diejenigen, die sich vom Fach Religion abgemeldet hatten – es war damals schon die beginnende Oberstufe –, nicht einfach in Cafés herumsitzen, sehr zum Ärger der anderen Schüler, die noch bei der Stange geblieben waren;" vgl. auch *Maier, Hans*, Kurze Geschichte des Schulfachs Ethik, in: *Bohnert, Joachim et al.* (Hg.), Verfassung – Philosophie – Kirche. FS Alexander Hollerbach (70), Berlin 2001, S. 735–745, hier S. 738 f; vgl. allerdings: Entscheidungen des Bundesverwaltungsgerichts 107 (1999), S. 75–95 (über die Verfassungsmäßigkeit der Einführung und Ausgestaltung des Ethikunterrichts in Baden Württemberg): ..."Ein entgegenstehender historischer Wille des Landesgesetzgebers ist nicht mit der erforderlichen Eindeutigkeit zu ermitteln. Es ist insbesondere nicht davon auszugehen, dass Ethikunterricht im wesentlichen deshalb eingeführt worden ist, um einer Häufung von Abmeldungen vom Religionsunterricht entgegenzuwirken. Ein derartiges Motiv wird zwar vielfach vermutet. Indes fehlen für eine entsprechende Annahme ausreichende Anhaltspunkte. Der Begründung des Gesetzentwurfs der Landesregierung vom 30. September 1982 ... lässt sich insoweit nichts entnehmen. Allerdings verband der damalige Kultusminister mit der Einführung des Faches Ethik die Hoffnung, dass damit „manche Abmeldung vom Religionsunterricht" vermieden würde (vgl. LT-Prot. 56. Sitzung vom 11. November 1982, S. 4336 f.). Auf eine derartige Äußerung lässt sich ein eindeutiger gesetzgeberischer Wille allein noch nicht zurückführen.".

[8] Das Land Brandenburg führte ein überkonfessionelles neues Fach „Lebenskunde – Ethik – Religion (LER)" ein, ein konfessionell gebundener Religionsunterricht war nur als zusätzliches Wahlfach vorgesehen. Verfassungsrechtlich ging es um die Frage, ob die sog. „Bremer Klausel" (Art 141 GG), die von der durch Art 7 Abs 3 Satz 1 GG statuierten Verpflichtung – der Religionsunterricht ist in den öffentlichen Schulen mit Ausnahme der bekenntnisfreien Schulen ordentliches Lehrfach – befreit, auf die neuen Bundesländer anzuwenden ist. Die Auseinandersetzung endete mit einem vor dem Bundesverfassungsgericht geschlossenen Vergleich, der an den Kernelementen des LER-Konzepts festhält; vgl. zu diesem „verfassungsrechtlichen Novum" *Korioth, Stefan*, Konfessioneller Religionsunterricht in Deutschland – zukunftsfähig oder Auslaufmodell?, in: öarr 59. Jahrgang/2012, S. 47–63, hier S. 54 f; *von Campenhausen, Alexander / de Wall, Heinrich*, Staatskirchenrecht. Eine systematische Darstellung des

eingeführt, in einigen neuen Bundesländern als Wahlpflichtfach neben dem Religionsunterricht.⁹

In Österreich begann eine intensive Diskussion in den 90er Jahren. *Ulrich Hemel*, Religionspädagoge in Regensburg plädierte in den „Christlich-Pädagogischen Blätter(n)"¹⁰ mit Verweis auf die deutschen Bundesländer für die Einführung eines Ethikunterrichts. Demgegenüber beurteilte *Christine Mann* (Wiener Erzbischöfliches Schulamt) – ohne das Bildungsanliegen grundsätzlich in Frage zu stellen – eine Einführung als Ersatzfach für verfrüht, nicht zuletzt, weil im Schuljahr 1990/91 97% aller römisch-katholischen Schüler am Religionsunterricht teilnahmen.¹¹

Eine Öffnung in Richtung Ethikunterricht präsentierte die sog. *„Schlägler-Erklärung"* anlässlich einer Tagung der diözesanen Schulamtsleiter im Stift Aigen-Schlägl (14–16. Juni 1993): „Die Leiter der diözesanen Schulämter Österreichs haben bei ihrer Tagung vom 14.-16. Juni 1993 die Situation des Religionsunterrichts überlegt. Unter anderem kam dabei auch die Frage nach einem Ethikunterricht als Ersatzunterricht zur Sprache, der für Schüler und Schülerinnen vorzusehen wäre, die an keinem konfessionsgebundenen Religionsunterricht teilnehmen. Ein solcher Ersatzunterricht wird in letzter Zeit des Öfteren von verschiedenen Gruppierungen gefordert. Die Schulamtsleiter stellen dazu übereinstimmend fest, dass es nicht primär zu ihren Aufgaben gehört, einen solchen Ersatzunterricht einzufordern. Sie sind aber der Meinung, dass eine ethische Fundierung durch einen Unterrichtsgegenstand für solche Schüler und Schülerinnen, die an keinem konfessionsgebundenen Religionsunterricht teilnehmen, im Interesse einer humanen Gesellschaft gelegen sein muss. Kirchlicherseits ist daher die Bereitschaft zu einem konstruktiven Dialog in dieser Frage jederzeit gegeben."¹²

Religionsverfassungsrechts in Deutschland und Europa, München⁴ 2006, S. 210 ff; *Unruh, Peter*, Religionsverfassungsrechts, Baden-Baden ²2012, S. 255 ff.

9 Vgl. die Übersicht bei *Meckel, Thomas*, Religionsunterricht im Recht. Perspektiven des katholischen Kirchenrechts und des deutschen Staatskirchenrechts, Paderborn / München / Wien / Zürich 2011, S. 304 ff, S. 350 ff.

10 *Hemel, Ulrich*, Ethikunterricht in der demokratischen Gesellschaft. Eine Stellungnahme aus religionspädagogischer Sicht, in: Christlich-pädagogische Blätter 104/1991, S. 57–61.

11 *Mann, Christine*, Ethikunterricht in Österreich? Nüchterne Fakten zur Beruhigung der Diskussion, in: Christlich-pädagogische Blätter 104/1991, S. 110–115 (mit allerdings teils kleinlichen Repliken).

12 Zitiert nach *Bucher*, Ethikunterreicht in Österreich (FN 5), S. 45.

Eine Intensivierung und Verschärfung der Diskussion erfolgte mit den – bereits angeführten – Überlegungen des 1993 geründeten Liberalen Forums. Verschärfung deshalb, weil in einer langfristigen Perspektive anstelle eines konfessionellen Unterrichts die Einrichtung eines Unterrichtsfaches Lebensgestaltung, Ethik, Religion unter Mitwirkung der Kirchen gefordert wurde.

1997/1998 wurde Ethikunterricht als Ersatzpflichtgegenstand auf der Sekundarstufe II an acht Standorten als Schulversuch eingeführt, im Schuljahr 2011/2012 waren es bereits 214 Standorte (AHS, BMHS). Wesentlicher Anstoß für die Einführung war – so BM *Claudia Schmied* in ihrem Bericht an den Nationalrat 2012[13] – die Zunahme von Schülern ohne religiösem Bekenntnis, der massive Anstieg von Abmeldungen vom konfessionellen Religionsunterricht an diversen Schulstandorten sowie das Nichtzustandekommen von Religionsunterricht wegen kleiner Gruppen.

Der Ethikunterricht als Schulversuch ist als „Ersatzpflichtgegenstand" für Schüler, die keinen Religionsunterricht besuchen, konzipiert. Schüler, die einer gesetzlich anerkannten Kirche oder Religionsgesellschaft angehören und sich vom Religionsunterreicht abgemeldet haben, müssen den Ethikunterricht als „Ersatzpflichtgegenstand" besuchen. Schüler, die einer staatlich eingetragenen Bekenntnisgemeinschaft angehören – für diese ist ein schulischer Religionsunterricht nicht vorgesehen – müssen grundsätzlich den Ethikunterricht besuchen. Sollten die Schüler eine Teilnahme an einem (internen) Religionsunterricht von Bekenntnisgemeinschaften, der von diesen im eigenen Wirkungsbereich durchgeführt wird, bestätigt erhalten, sind diese Schüler von der Verpflichtung zum Besuch am Ethikunterricht befreit. Überdies besteht die Möglichkeit mit Zustimmung des Religionslehrers den Religionsunterricht einer gesetzlich anerkannten Kirche oder Religionsgesellschaft zu besuchen und damit ebenfalls von der Verpflichtung zum Besuch des Ethikunterrichts befreit zu werden. Schüler ohne religiöses Bekenntnis haben den Ethikunterricht zu absolvieren, doch besteht auch für sie die Möglichkeit, mit Zustimmung des jeweiligen Religionslehrers einer gesetzlich anerkannten Kirche oder Religionsgesellschaft Religion als Freigegenstand zu absolvieren (Freigegenstand Religion oder Ersatzpflichtgegenstand Ethik). Die Anzahl der Wochenstunden des „Ersatzpflichtgegenstandes" Ethik richtet sich nach § 7 RelUG.[14]

---

13 <parlament.gv.at/PAKT/VHG/XXIV/III/III_00357/imfname_271036.pdf> (31.08.2015).

14 Landesschulrat für Tirol. Rundschreiben Nr. 8/2001; <uibk.ac.at/praktheol/kirchenrecht/ru-recht/gese-tze/lsrtirol/ethikunterricht.html> (31.08.2015).

Die in § 7 Abs 6 SchOG vorgesehene Evaluierung[15] wurde von einem Salzburger Religionspädagogen im Rahmen eines Forschungsauftrages durchgeführt und 2001 veröffentlicht.[16]
Die Österreichische Bischofskonferenz akzeptierte den Ethikunterricht in Form des Ersatzunterrichts[17], ebenso der Ökumenische Rat der Kirchen Österreichs[18].

---

15 § 7 Abs 6: Die Schulversuche sind von der zuständigen Schulbehörde, bei allgemeinbildenden Pflichtschulen vom Landesschulrat, zu betreuen, zu kontrollieren und auszuwerten, wobei Einrichtungen der Lehreraus- und -fortbildung herangezogen werden können. Hiebei kommt dem Bundesinstitut für Bildungsforschung, Innovation und Entwicklung des österreichischen Schulwesens gemäß dem BIFIE-Gesetz 2008, BGBl. I Nr. 25/2008, beratende Tätigkeit zu.
16 *Bucher*, Ethikunterricht in Österreich (FN 5); vgl. auch *Clark-Wilson, Christine*, Ethikunterricht in Österreich 2010. Eine Replikationsstudie zu den Ergebnissen der wissenschaftlichen Evaluation der Schulversuche Ethikunterricht Anton A. Buchers (2001), Diplomarbeit, Wien 2011.
17 Presseerklärungen der Frühjahrsvollversammlung der Österreichischen Bischofskonferenz, 9. bis 12. März 2009: „Es ist jedoch angebracht, für jene Schüler, die aus vielfältigen Gründen keinen konfessionellen Religionsunterricht besuchen, einen verpflichtenden Ethikunterricht vorzusehen. In einer Gesellschaft, in der eine nicht unbedeutende Zahl von Menschen ihre Werte säkular begründet, ist das angemessen. Darüber gibt es einen seit längerem bestehenden gesellschaftlichen Konsens. Es ist im Interesse von Staat und Gesellschaft, dass sich jeder junge Mensch im Lauf seiner Bildungslaufbahn in systematischer Form mit der Frage von Werten und Normen auseinander setzt. Bei aller positiven Sicht eines solchen ergänzenden Ethikunterrichts muss aber eines festgehalten werden: In einem Land, in dem etwa 90 Prozent der Bevölkerung einer Religionsgesellschaft angehören, soll der Ethikunterricht nicht für alle Schüler verpflichtend sein. Das würde eine Relativierung des konfessionellen Religionsunterrichts bedeuten." Bereits am 5. Mai 2009 forderte die Kongregation für das katholische Bildungswesen mit einem Rundschreiben an die Bischofskonferenzen, dass sich der bekenntnisgebundene Religionsunterricht nicht in neutraler, vergleichender Religionskunde erschöpfen darf („Moreover, if religious education is limited to a presentation of the different religions, in a comparative and 'neutral' way, it creates confusion or generates religious relativism or indifferentism"), <vatican.va/roman_curia/congregations/ccatheduc/documents/rc_con_ccatheduc_doc_20090505_circ-insegn-relig_en.html> (31.08.2015); vgl. *Merkel*, Religionsunterricht (FN 9), S. 157 f.
18 „Die Mitgliedskirchen des Ökumenischen Rates der Kirchen in Österreich vertreten die Auffassung, dass im Sinn der laufenden Schulversuche an der Oberstufe ein Ethikunterricht nur „Ersatz" für den Religionsunterricht für jene Schülerinnen und Schüler sein kann, die entweder keiner Konfession angehören oder sich vom Religionsunterricht abgemeldet haben", <oekumene.at/site/presse/oerkoeerklaerungen/article/936.html> (31.08.2015).

Bereits das Regierungsübereinkommen vom November 2008 sah eine parlamentarische Enquete zum Ethikunterricht vor, wobei insbesondere auf das Verhältnis zum Religionsunterricht Bedacht zu nehmen ist.[19] Diese Enquete wurde am 4. Mai 2011 unter dem Titel „Werteerziehung durch Religions- und Ethikunterricht in einer offenen, pluralistischen Gesellschaft" durchgeführt. Drei Modelle standen im Mittelpunkt: „Ethik" als eigenständiger (zusätzlicher) Pflichtgegenstand („einstündig" oder „zweistündig"[20]); „Ethik" als alternativer Pflichtgegenstand zum Religionsunterricht – dieses Modell liegt den Schulversuchen zu Grunde[21]; „Ethik" als Lehrbestandteil eines Pflichtgegenstandes.[22] Auf der Basis dieser Enquete bzw. gemäß Entschließung des Nationalrates[23] legte BM Schmied im Herbst 2012 dem Nationalrat ihren Bericht vor.[24]

Unübersehbar – die politischen Stellungnahmen in der Enquete verdeutlichen dies nochmals unmissverständlich[25] – ist die Bewertung des Verhältnisses

---

19 Regierungsprogramm für die XXIV. Gesetzgebungsperiode, Kapitel 8 „(Qualitätssicherung"). „Die Details der Einführung eines Gegenstandes „Ethikunterricht" in der Sekundarstufe II, insbesondere die Frage nach dem Verhältnis zum Religionsunterricht, sind in einer parlamentarischen Enquete unter Einbeziehung der Kirchen und Religionsgemeinschaften zu prüfen."; <bka.gv.at/DocView.axd?CobId=32966> (31.08.2015).

20 Die einstündige Version erfordert im Vollausbau (18.363 Klassen) 897,5 Planstellen, Gesamtkosten p.a 45,014.740,00 Euro; Die zweistündige Variante ist mit 1.795 Planstellen, Gesamtkosten p.a. 90,029.480,00 Euro berechnet.

21 Im Vollausbau sind 704,5 Planstellen, Gesamtkosten p.a.40,063.871,80 Euro kalkuliert.

22 Bei zwei zusätzlichen Stunden belaufen sich die kalkulierten Kosten für 12.296 Klassen: 576,8 Planstellen, Ausgaben 25,257.099,50 Euro p.a. Ohne Erhöhung der Stundentafel – Notwendigkeit der Überarbeitung facheinschlägiger Lehrpläne durch Entnahme und Ergänzung mit anderen Lehrinhalten wird von Kostenneutralität ausgegangen.

23 Entschließung des Nationalrates vom 19.01.2012 betreffend Ethik-Unterricht (221/E XXIV. GP): „Die Bundesministerin für Unterricht, Kunst und Kultur wird ersucht, auf Basis der im Rahmen der Parlamentarischen Enquete diskutierten Vorschläge dem Nationalrat bis 1.10.2012 in Form eines Berichts mögliche Modelle für den Ausbau eines Ethik-Unterrichts, einschließlich der jeweiligen Kosten für das Unterrichtsbudget und unter Einbeziehung von Fragen der Aus- und Fortbildungsmöglichkeiten für jene Lehrer/innen, die Ethik unterrichten sollen, vorzulegen."

24 Bericht der Bundesministerin für Unterricht, Kunst und Kultur betreffend Ethik-Unterricht aufgrund der Entschließung des Nationalrates vom 19. Jänner 2012, E 221-NR/XXIV. GP; <parlament.gv.at/PAKT/VHG/XXIV/III/III_00357/imfname_271036.pdf> (31.08.2015); die Statements sind abgedruckt auch in öarr 58. Jahrgang/2011, S. 61 ff.

25 „4.4. Resümee: Nach Elmar Mayer (Abgeordneter zum Nationalrat, SPÖ) steht der Ethikunterricht außer Streit. Offen sind die Fragen, wie er organisiert und gestaltet werden soll, und wie er finanziert werden kann. ‚Wir wollen einen Ethikunterricht, der

Ethikunterricht/Religionsunterricht, ein Problemfeld, das auch die einschlägigen Parteiprogramme widerspiegeln.

SPÖ

Das SPÖ Grundsatzprogramm 1998 enthält keine Positionierung zum Bereich Religionsunterricht/Ethikunterricht. Aussagen führender politischer SPÖ-Bildungsexperten zielen aber auf einen Ethikunterricht für alle ab.[26]

ÖVP

Das Grundsatzprogramm 2015 der Österreichischen Volkspartei sieht einen Ethikunterricht für jene vor, die keinen konfessionellen Religionsunterricht besuchen: „Wir anerkennen die Bedeutung von Kirchen und Religionsgemeinschaften für Sinnstiftung und die Sehnsucht nach Transzendenz sowie für Bildung und karitatives Engagement. Der moderne, säkulare Staat lebt von Werthaltungen

---

selbstständig vom Staat mit speziell ausgebildeten Lehrern nach einem einheitlichen Lehrplan angeboten wird". *Silvia Fuhrmann* (Abgeordnete zum Nationalrat, ÖVP) findet die Enquete positiv und hält die Vermittlung ethischer, religiöser und sozialer Werte in einer pluralistischen Gesellschaft für wichtig. Alle SchülerInnen sollen Zugang zur Wertevermittlung haben, auch jene, die sich vom Religionsunterricht abmelden. Sie fordert, den Schulversuch ins Regelschulwesen zu überführen und plädiert für eine gute Zusatzausbildung der LehrerInnen an Pädagogischen Hochschulen. *Dr. Walter Rosenkranz* (Abgeordneter zum Nationalrat, FPÖ) plädiert für die Freiheit, ‚den Ethikunterricht als Wahlfach zu nehmen, Religion als Wahlfach zu nehmen, und auch, beides zu nehmen. Warum ist das ausgeschlossen? Warum soll das auf einmal ausgeschlossen sein, wenn beide Seiten so überzeugt sind, dass beide Unterrichtsarten so hervorragend sein werden? Es muss aber auch möglich sein, beides nicht zu nehmen. Das ist eigentlich unser Zugang.' Er bekennt sich dazu, dass ‚die Religionen ein wesentlicher Bestandteil unseres kulturellen Erbes sind und daher auch Bestandteil unserer Gesellschaft'. *Harald Walser* (Abgeordneter zum Nationalrat, Grüne) hält einen erfolgreichen Ethik- und Religionsunterricht nur für sinnvoll, wenn dies mit allen SchülerInnen möglich ist. Er sieht eine Krise des Religionenunterrichts, der sich schon lange selbst in Richtung eines allgemeinen Ethikunterrichts entwickle. Dieser Tendenz sollte der Staat Rechnung tragen und einen allgemeinen Ethikunterricht entwickeln. *Stefan Petzner* (Abgeordneter zum Nationalrat, BZÖ) wendet sich gegen einen Ethikunterricht und verweist auf Erfahrungen in der früheren DDR, wo staatlich verordneter Weltanschauungsunterricht als politischer Gesinnungsunterricht missbraucht wurde. Eigentlich gehe es darum, die jungen Menschen ‚das Werten' zu lehren und nicht, bestimmte politische Werte zu vermitteln."

26 Vgl. <laienrat.at/wp-content/uploads/f07ethikunterricht.pdf> (31.08.2015).

und ideellen Ressourcen, die er nicht selbst hervorbringen kann: Kirchen und Religionsgemeinschaften können in diesem Sinn wichtige Beiträge leisten. Alle Aktivitäten der Kirchen und Religionsgemeinschaften haben im Rahmen von Verfassung, Gesetzen und Verträgen zu erfolgen. Religionen, die Staat und Menschenrechte nicht anerkennen oder zu Gewalt aufrufen, treten wir konsequent entgegen. Religiöse Bildung soll auch in der Schule erfolgen. Wir bekennen uns zum konfessionellen Religionsunterricht. Kinder und Jugendliche, die den Religionsunterricht nicht besuchen, sollen verpflichtend an einem Ethik-Unterricht teilnehmen."[27]

Diese Linie wurde von der ÖVP konsequent verfolgt[28], 2008 präsentierte der damalige Bildungssprecher der ÖVP, *Fritz Neugebauer*, einen Gesetzesentwurf, wonach in § 6 SchOG nach Absatz 5 folgender Absatz angefügt werden soll: „Für alle Schularten mit Ausnahme der Pflichtschulen ist für Schülerinnen und Schüler, die an keinem Religionsunterricht einer anerkannten Kirche oder Religionsgesellschaft teilnehmen, der Unterrichtsgegenstand Ethik vorzusehen. Für die Organisation des Ethikunterrichts gelten die Regelungen des Religionsunterrichtsgesetzes sinngemäß." In den Erläuterungen wird als notwendige Begleitmaßnahme die Schaffung einer „berufsbegleitenden Zusatzausbildung an den Pädagogischen Hochschulen für Lehrer/innen, die bereits im Dienststand sind (vergleichbar dem so genannten ,kleinen Religionslehrer')" sowie eine Ausbildung als Zusatzqualifikation zu bestehenden Lehrämtern (kein eigenes Hochschulstudium).[29]

FPÖ

Das Grundsatzprogramm der FPÖ 2011 enthält keine expliziten Aussagen zum Ethikunterricht, unmissverständlich war allerdings das Parteiprogramm 2005: „Den großen christlichen Kirchen kommt eine entscheidende Rolle zur Bewahrung des europäischen Wertekonsenses zu. Da dies auch der Freiheitlichen

---

27 <https://www.oevp.at/down.load?file=Grundsatzprogramm.pdf> (31.08.2015).
28 Bereits in den programmatischen Leitsätzen 1945 forderte die ÖVP die Einführung eines Ersatzunterrichtes für bekenntnismäßig nicht gebundene Kinder (Leitsatz 9: „Sicherung der religiösen Erziehung der Jugend im Rahmen der jeweiligen Religionsgemeinschaft, Erteilung des Religionsunterrichtes in der Schule an alle bekenntnismäßig gebundenen Kinder, soweit es deren Eltern nicht ausdrücklich ablehnen, und Einführung eines pflichtgemäßen Ersatzunterrichtes für die bekenntnismäßig nicht gebundenen Kinder"), vgl. *Wakolbinger, Doris*, Neues Verhältnis von Parteien und Kirche nach 1945, in diesem Band.
29 Abdruck des Gesetzesvorschlags bei *Bauer, Wolfram*, Rechtliche Probleme eines verpflichtenden Ethikunterrichts in Österreich, Diplomarbeit, Linz 2008, 91 (Anhang II).

Bewegung ein politisches Anliegen ist, sieht sie sich als natürlicher Partner der christlichen Kirchen. Daraus folgt, dass die FPÖ auch für die Erhaltung des Religionsunterrichtes an öffentlichen Schulen eintritt und Bestrebungen, statt dessen einen hinsichtlich seiner philosophischen und weltanschaulichen Grundlagen fragwürdigen „Ethikunterricht" einzuführen, eine klare Absage erteilt."[30] Die derzeitige Position ist – soweit erkennbar – auf der Linie der Konzeption der Schulversuche, der konfessionelle Religionsunterricht müsse aber staatlich überprüft werden.[31]

Die Grünen

Das Grüne Bildungsprogramm aus 2009 plädiert für einen verpflichtenden „Ethik- und Religionenunterricht", der konfessionelle Religionsunterricht soll als Freifach angeboten werden: "Aus unserem grundsätzlich aufklärerischen Zugang zu Bildung heraus wollen wir auch einen überkonfessionellen Religionen- und Ethikunterricht als Pflichtfach. Ein solcher Unterricht entspräche der Vielfalt der Herkunftsmilieus der Kinder und Jugendlichen, und er würde in einer multikulturell und multiideologisch gewordenen Gesellschaft den Sinn wesentlicher, für ein friedfertiges Zusammenleben unverzichtbarer, Grundwerte vermitteln. Der gegenwärtige konfessionell gebundene Religionsunterricht soll jedoch als Freifach gewählt werden können."[32]

III. Rechtliche Problematik – legitimatorische Aspekte – Stellungnahme

Zentrales Thema des Diskurses um den Ethikunterricht ist die Korrelation mit dem Religionsunterricht, Ethik als „Ersatzunterricht".

---

30 Vgl. <fpoe-bildungsinstitut.at/parteiprogramme-konzepte> (31.08.2015).
31 Vgl. z.B. die Aussagen des Klubobmanns der FPÖ-Fraktion im OÖ. Landtag *Günther Steinkellner* vom 14.5.2015: „Wir wissen, dass es immer mehr Kinder gibt, die am Nachmittag oder am Wochenende in Hinterhofmoscheen religiösen Privatunterricht erhalten. Niemand überprüft die dort vermittelten Werte auf ihre Rechtsstaatlichkeit. Wir wollen daher, dass alle Kinder entweder einen staatlich überprüften Religionsunterricht oder einen Ethikunterricht erhalten", <fpoe-ooe.at/fpoe-fordert-verpflichtenden-ethikunterricht/> (31.08.2015).
32 <gruene.at/.../die-gruene.../das-gruene-bildungsprogramm.pdf> (31.08.2015); vgl auch die Stellungnahme des Bildungssprechers der Grünen, *Harald Walser*, <gruene.at/themen/bildung-wissenschaft/ethikunterricht-fuer-alle-schuelerinnen> (31.08.2015).

In der Beurteilung muss deutlich zwischen juristischem und legitimatorischem Entdeckungszusammenhang unterschieden werden. Die rechtlichen Rahmenbedingungen für den Religionsunterricht sind geprägt von einer Abgrenzung zwischen religionsgemeinschaftlichem Selbstbestimmungsrecht und staatlicher Schulhoheit. So ist für den Religionsunterricht in den Schulen von der betreffenden Kirche oder Religionsgesellschaft Sorge zu tragen – diese sind „Unternehmer des Religionsunterrichts" – , dem Staat kommt aber rücksichtlich des gesamten Unterrichts- und Erziehungswesens das Recht der obersten Leitung und Aufsicht zu (Art 17 Abs 4 und 5 StGG).[33]

Mit dieser verfassungsrechtlichen Vorgabe wurde ein radikaler Bruch mit dem kirchlichen Schulmonopol vollzogen. Der konfessionelle Charakter des Schulwesens bestand in Österreich bis in die Mitte des 19. Jhs., einen abschließenden Höhe-(und End-)punkt erlangte die Dominanz der Katholischen Kirche im Neoabsolutismus durch das Konkordat 1855[34]. Durch die liberale Schulgesetzgebung (Art 17 StGG über die allgemeinen Rechte der Staatsbürger, Schule-KircheG

---

33 Aus der reichhaltigen Literatur zum Religions- und Ethikunterricht vgl. *Kalb, Herbert / Potz, Richard / Schinkele, Brigitte*, Religionsrecht, Wien 2003, S. 341 ff; *Ballestrem, Karl / Belardinelli, Sergio / Cornides, Thomas*, Kirche und Erziehung in Europa, Wiesbaden 2005 (*Mann, Christine / Schinkele, Brigitte*, Österreich, 203–224); *Luf, Gerhard*, Religionsunterricht – ein Privileg der Kirchen?, in: *Leisching, Peter / Pototschnig, Franz / Potz, Richard* (Hg.), Ex aequo et bono (FS Plöchl 70), Innsbruck 1977, S. 457–471; *Spielbüchler, Karl*, Bestand und Bedeutung der Grundrechte im Bildungsbereich, in: EuGRZ 12. Jahrgang/1981, S. 675–686; *Pabel, Katharina*, Religion im öffentlichen Schulwesen, in: *Prisching, Manfred / Lenz, Werner / Hauser, Werner* (Hg.), Bildung und Religion, Wien 2006, S. 39–76; *dies.*, Verfassungsrechtliche Rahmenbedingungen des Religionsunterrichts in Österreich, in: öarr 59. Jahrgang/2012, S. 64–86; *Rees, Wilhelm*, Neue Fragen um Schule und Religionsunterricht in Österreich, in: *Ders. / Roca, Maria / Schanda, Balázs* (Hg.), Neuere Entwicklungen im Religionsrecht europäischer Staaten, Berlin 2013, S. 499–534; *Schinkele, Brigitte*, Staatskirchliche Überlegungen zur aktuellen Diskussion um Religions- und Ethikunterricht, in: ÖAKR 42. Jahrgang/1993, S. 220–255; *dies.*, Religions- und Ethikunterricht in der pluralistischen Gesellschaft. Überlegungen aus religionsrechtlicher Sicht, in: öarr 58. Jahrgang/2011, S. 13–24; *Potz, Richard*, Religionsunterricht und säkularer Staat im europäischen Vergleich, in: *Hafez, Farid / Shakir, Amena* (Hg.), Religionsunterricht und säkularer Staat, Berlin 2012, S. 13–29; *Schwendenwein, Hugo*, Das österreichische Katechetenrecht. Religionsunterricht in der Schule. Eine Handreichung für Religionslehrerinnen und -lehrer, Wien 2009; vgl. die Beiträge in *Rinnerthaler*, Historische und rechtliche Aspekte des Religionsunterrichts (FN 1).
34 RGBl. 1855/195.

1868[35], ReichsvolksschulG 1869[36]) wurde die Identität von öffentlicher und katholischer Schule beseitigt und die Kirchen und Religionsgesellschaften auf den Religionsunterricht, eingebunden in die staatliche Schulhoheit, beschränkt.

Aus der systematischen Schau von Art 15 StGG mit Art 17 Abs 4 StGG lässt sich eine Grundrechtsqualität eines Rechts der Kirchen und Religionsgesellschaften auf Erteilung des Religionsunterrichts vertreten.[37] Aus den durch den Religionsunterricht an öffentlichen Schulen berührten Grundrechten von Schülern und Eltern (Religionsfreiheit, Recht auf Bildung/Elternrecht), lässt sich zwar keine Gewährleistungsverpflichtung für das Angebot des Religionsunterrichts „im grundrechtsdogmatisch strikten Sinne" ableiten, allerdings kann man den „positiv-fördernden Charakter mit den Grundrechten in Verbindung bringen, ohne dass damit die Erfüllung einer staatlichen Pflicht angenommen wird"[38].

1962 wurden in § 2 SchOG, dem sog. Zielparagraphen, die Bildungsziele der österreichischen Schule vorgegeben. Danach hat die Schule die Aufgabe, „an der Entwicklung der Anlagen der Jugend nach den sittlichen, religiösen und sozialen Werten sowie nach den Werten des Wahren, Guten und Schönen durch einen ihrer Entwicklungsstufe und ihrem Bildungsweg entsprechenden Unterricht mitzuwirken" (Satz 1). Ergänzt wird dieser individualbezogene Bildungs- und Erziehungsauftrag durch sozialbezogene Bildungsziele, wonach Schüler zu sozialem Verständnis geführt, dem politischen und weltanschaulichen Denken anderer aufgeschlossen und befähigt werden sollen, am Wirtschafts- und Kulturleben Österreichs, Europas und der Welt Anteil zu nehmen und in Freiheits- und Friedensliebe an den gemeinsamen Aufgaben der Menschheit mitzuwirken (§ 2 Abs 1 Satz 4 SchOG).

Mit der B-VG Novelle 2005 erfuhr das pluralistische Bildungszielbündel eine verfassungsmäßige „Überhöhung", indem mittels eines Programmsatzes der verfassungsrechtliche Auftrag des österreichischen Schulwesens verankert wurde.

---

35 RGBl. 1868/48.
36 RGBl. 1869/62.
37 Zu einer allfälligen Pflicht der anerkannten Kirchen und Religionsgesellsaften zur Besorgung des Religionsunterrichts vgl. *Kalb / Potz / Schinkele*, Religionsrecht (FN 33), S. 352 f; *Pabel*, Verfassungsrechtliche Rahmenbedingungen (FN 33), S. 71 ff; m.E. ist eine „Pflicht" auf die legitimatorische Ebene beschränkt (institutionalisierte Verfassungserwartungen an anerkannte Kirchen und Religionsgemeinschaften, öffentlich rechtliche Stellung), insoweit missverständlich § 9 Abs 1 IsraelitenG (RGBl 1899/57 idF BGBl I 2012/48) und Materialien, die auf Art 14 Abs 5a B-VG als rechtliche Verpflichtung verweisen.
38 *Pabel*, Verfassungsrechtliche Rahmenbedingungen (FN 33), S. 76.

Danach gehört auch zu den Bildungszielen, Kinder und Jugendliche zu Menschen auszubilden, die an den sozialen, religiösen und moralischen Werten orientiert Verantwortung übernehmen (Art 14 Abs 5a B-VG[39]).

Diese Bildungsziele können auf der legitimatorischen Ebene zur Rechtfertigung des Religionsunterrichts herangezogen werden; eine Ableitung einer rechtlichen Verpflichtung des Staates zum Angebot eines konfessionell gebundenen Religionsunterrichts – in der derzeitigen Ausprägung – ist damit aber nicht verbunden.

Die verfassungsrechtlich vorgegebene Bereichsscheidung zwischen Staat und Kirche im Schulwesen wird durch die Ausführungsgesetzgebung zu Art 17 Abs 4 StGG näher konkretisiert. Die gesetzlichen Grundlagen finden sich – abgesehen von den noch relevanten Bestimmungen des Schule-KircheG 1868 – im ReligionsunterrichtsG 1949 (RelUG)[40]. Zwischen dem Hl. Stuhl und der Katholischen

---

[39] „Demokratie, Humanität, Solidarität, Friede und Gerechtigkeit sowie Offenheit und Toleranz gegenüber den Menschen sind Grundwerte der Schule, auf deren Grundlage sie der gesamten Bevölkerung, unabhängig von Herkunft, sozialer Lage und finanziellem Hintergrund, unter steter Sicherung und Weiterentwicklung bestmöglicher Qualität ein höchstmögliches Bildungsniveau sichert. Im partnerschaftlichen Zusammenwirken von Schülern, Eltern und Lehrern ist Kindern und Jugendlichen die bestmögliche geistige, seelische und körperliche Entwicklung zu ermöglichen, damit sie zu gesunden, selbstbewussten, glücklichen, leistungsorientierten, pflichttreuen, musischen und kreativen Menschen werden, die befähigt sind, an den sozialen, religiösen und moralischen Werten orientiert Verantwortung für sich selbst, Mitmenschen, Umwelt und nachfolgende Generationen zu übernehmen. Jeder Jugendliche soll seiner Entwicklung und seinem Bildungsweg entsprechend zu selbständigem Urteil und sozialem Verständnis geführt werden, dem politischen, religiösen und weltanschaulichen Denken anderer aufgeschlossen sein sowie befähigt werden, am Kultur- und Wirtschaftsleben Österreichs, Europas und der Welt teilzunehmen und in Freiheits- und Friedensliebe an den gemeinsamen Aufgaben der Menschheit mitzuwirken"; die Genese dieses „Zielbündelkatalogs" sowie damit einhergehend die Reduktion der „Quasiverfassungsgesetze" im Schulbereich (Art 14 Abs 10: In den Angelegenheiten der Schulgeldfreiheit sowie des Verhältnisses der Schule und Kirchen (Religionsgesellschaften) einschließlich des Religionsunterrichtes in der Schule, soweit es sich nicht um Angelegenheiten der Universitäten und Hochschulen handelt, können Bundesgesetze vom Nationalrat nur in Anwesenheit von mindestens der Hälfte der Mitglieder und mit einer Mehrheit von zwei Dritteln der abgegebenen Stimmen beschlossen werden) sind ein Lehrstück großkoalitionärer Politik vgl. *Schnizer, Johannes,* Schulreform und Verfassung. Zur Interpretation der neuen Bestimmungen des Art 14 B-VG, in: JPR 2005, S. 197–206.

[40] BGBl. 1949/190 idF. BGBl. I 2012/36.

Kirche wurde 1962 der sog. „Schulvertrag"[41] geschlossen, durch den die schulrechtlichen Bestimmungen des Konkordats 1933/34[42] grundsätzlich ersetzt wurden.

Für die Diskussion um den Ethikunterricht ist wesentlich, dass der Religions--unterricht als ein konfessionell gebundenes Fach von der Grundrechtsgewährleistung des Art 15 StGG erfasst ist.

Die Lehrpläne für den Religionsunterricht werden hinsichtlich des Lehrstoffes und seiner Aufteilung auf die einzelnen Schulstufen von der betreffenden anerkannten Kirche oder Religionsgesellschaft erlassen. Daran schließt die – deklaratorische – Kundmachung durch den zuständigen Bundesminister (§ 2 Abs 2 RelUG).

Auch die Verwendung von Lehrmitteln ist eine innere Angelegenheit der betreffenden Kirche oder Religionsgesellschaft, doch dürfen diese nicht im Widerspruch zur staatsbürgerlichen Erziehung stehen (§ 2 Abs 3 RelUG)[43]. Die Vorschriften zur Eignungsfeststellung von Unterrichtsmitteln finden gem. § 14 Abs 8 SchulUG keine Anwendung.

Demgegenüber ist der Ethikunterricht eine Möglichkeit, den verfassungsrechtlichen Bildungsauftrag einzulösen. Es dürfen – anders als im Religionsunterricht – keine Glaubenswahrheiten verkündet werden, die Vermittlung muss pluralistisch und wertneutral erfolgen, den Anforderungen der Neutralität des Staates in religiösen und weltanschaulichen Fragen entsprechen.[44]

Auf diesem Hintergrund ist es auf der legitimatorischen Ebene nicht überzeugend, den Ethikunterricht in Form eines Religionsersatzunterrichts zu konzipieren. Eine Korrelation verkennt die unterschiedlichen bildungspolitischen Zielsetzungen, etwa die diskursive Reflexion der ethischen Herausforderungen in der Postmoderne im Kontext der Pluralität von Sinnentwürfen auf der einen, den konfessionell gebundenen Unterricht, der staatlicher Ingerenz weitgehend

---

41 Vertrag zwischen dem Heiligen Stuhl und der Republik Österreich vom 9. 7. 1962 zur Regelung von mit dem Schulwesen zusammenhängenden Fragen, BGBl. 1962/273 idF. BGBl. 1972/289.
42 BGBl. II 1934/2.
43 Darüber hinausgehend sieht Art I § 5 Schulvertrag vor, dass nur Lehrbücher und Lehrmittel verwendet werden dürfen, „die der staatsbürgerlichen Erziehung nach christlicher Lehre förderlich sind".
44 Vgl. z.B. EGMR 7.12.1976, 5095/71 (Kjeldsen/v. Dänemark), Z 53; *Grabenwarter, Christoph / Pabel Katharina*, Europäische Menschenrechtskonvention. Ein Studienbuch, München / Basel / Wien⁵ 2012, S. 282 f; für die Bewertung Ethikunterricht als Ersatzunterricht nicht ergiebig VwGH 29. 3. 2005, 2001/10/0121.

entzogen ist, auf der anderen Seite. Dem Hinweis, dass im Sinne einer notwendigen Einbindung des Religionsunterrichts in die allgemeinen Schulzwecke die konfessionelle Gebundenheit des Religionsunterrichts nicht als „Gemeindekatechese" in der Schule verstanden werden dürfe, eine „normativistische Katechetik" und Fokussierung auf einen Kanon heilsnotwendiger Wahrheiten verfehlt ist, kann nur zugestimmt werden, doch betrifft dies ausschließlich die Rechtfertigungsebene. Rechtlich wären auch fundamentalistische Engführungen etc. möglich.

Ethikunterricht – als ein vom Staat im Rahmen seines umfangreichen Gestaltungsraumes konzipiertes Unterrichtsfach – wird von staatlich ausgebildeten Lehrern unterrichtet. Die Heranziehung von Religionslehrern wird kritisch beurteilt[45], doch bewegen sich die Einwände auf der legitimatorischen Ebene.

Verfassungsrechtlich kann aber auf die Problematik eines Ersatzfaches Ethik mit der Bezugnahme auf die Abmeldung vom Religionsunterreicht verwiesen werden, da der „Ersatzdienst Ethikunterricht" in der Bewertung vereinzelt als „Sanktion einer Grundrechtsausübung" gedeutet wird. Da Schüler des Religionsunterrichts den Ethikunterricht nicht besuchen müssen bzw. nicht können, ist auch das Spannungsfeld zum Sachlichkeitsgebot unübersehbar.[46]

Letztlich ist m.E. bei Realisierung eines Unterrichtsfachs Ethik jegliche Korrelation zum Religionsunterricht zu vermeiden. Beim Ethikunterricht geht es um eine Konzipierung des Lernfeldes „Sinn- und Wertorientierung" für alle Schüler, unabhängig von den heterogenen und vielfältigen Ausgestaltungen des konfessionell gebundenen Religionsunterrichts. Mit der Qualifikation als „Religionsersatzunterricht" wird man weder dem Ethikunterricht noch dem Religionsunterricht gerecht.

Resümierend ist festzuhalten, dass ein Ethikunterricht, in welcher Form auch immer, aber für alle Schüler, jedenfalls unabhängig vom Religionsunterricht zu sehen ist. Durch den Ethikunterricht für alle darf jedoch der konfessionell gebundene Religionsunterricht nicht zur Disposition gestellt werden. So ist es wohl

---

45 Vgl. *Kalb / Potz / Schinkele*, Religionsrecht (FN 33), S. 372; pointiert *Bauer*, Ethikunterricht (FN 29), S. 67: „Kann etwa ein katholischer Religionslehrer im Ethikunterricht bei Fragen der Homosexualität, der Abtreibung, der Bioethik, der Genethik etc wirklich unabhängigen Unterricht bieten. Tut er es, dann könnte ihm seitens der Kirche die missio canonica [für den Religionsunterricht] entzogen werden …".

46 *Jeand'Heur, Bernd / Korioth, Stefan*, Grundzüge des Staatskirchenrechts, Stuttgart etc. 2000, S. 215 ff; *Czermak, Gerhard*, Religions- und Weltanschauungsrecht, Berlin / Heidelberg 2008, S. 159 ff; *Korioth, Stefan*, Konfessioneller Religionsunterricht in Deutschland – zukunftsfähig oder Auslaufmodell?, in: öarr 59. Jahrgang/2012, S. 47–63, hier S. 52 f.

unbestritten, dass die überwiegende Zahl der österreichischen Bürger religiöse Interessen verfolgt. Wie ein Staat auf religiöse Interessen reagiert, ob er sie grundsätzlich in den Bereich des Privaten verweist, ob er ihnen gesamtgesellschaftlich Bedeutung zumisst oder sie gar bekämpft, ist entscheidend für die jeweilige Konzeption der Beziehungen von Staat und Kirchen. In diesem Zusammenhang bekennt sich der österreichische Gesetzgeber nicht nur zur rechtsstaatlichen Ausgrenzung eines Freiheitsbereichs für religiöse Interessen, sondern – unter Wahrung der verfassungsrechtlichen Vorgaben von religiöser und weltanschaulicher Neutralität und Parität – zu einer aktiven und positiven Berücksichtigung religiöser Interessen. Diese positive Berücksichtigung der religiösen Sphäre ist ein Essentiale des freiheitlich-demokratischen Rechtsstaates in einer pluralen, offenen Gesellschaft und findet seine entscheidende Grundlegung in der Religionsfreiheit, Religion – eine Konstante des Politischen im demokratischen Verfassungsstaat[47]. Der Staat fördert die pluralen Interessen seiner Bürger um deren Freiheit und Selbstverwirklichung wegen, und er hat religiöse Interessen seiner Bürger auch und gerade im Hinblick auf eine umfassende (positive) Religionsfreiheit zu unterstützen, er stellt durch seine Förderung die Bedingungen für eine adäquate Grundrechtsverwirklichung erst her. Im Rahmen einer „positiven Religionspflege" wird den gesetzlich anerkannten Kirchen und Religionsgesellschaften ein Bewährungs- und Entfaltungsraum in der öffentlichen Sphäre eingelöst, kulturstaatlicher Verantwortung Rechnung getragen und – letztlich entscheidend – Religionsfreiheit verwirklicht.[48] Allerdings, wenn auch die Förderung religiöser Interessen durch den Staat in einen weiten Legitimationszusammenhang gerückt wird, resultiert daraus keine einklagbare Förderungspflicht. „Positive Berücksichtigung religiöser Interessen" und „kulturstaatliche Verantwortung" bedeuten nicht eine pauschale Rechtfertigung des religionsrechtlichen Status quo. Die konkrete Ausgestaltung einer positiven Berücksichtigung der religiösen Sphäre hängt in starkem Maße von der gesellschaftlichen Realität ab. Der religionsrechtliche Ordnungsrahmen – orientiert am einzelnen Bürger – ist ein dynamischer; die jeweilige Konkretisierung und Legitimierung der positiven Berücksichtigung auch der Kirchen und Religionsgesellschaften als institutionelle Bezugs- und Kristallisationspunkte religiöser Interessen hängt entscheidend vom Engagement der dieser und ihrer Mitglieder ab.

---

47 *Stein, Tine*, Himmlische Quellen und irdisches Recht. Religiöse Voraussetzungen des freiheitlichen Verfassungsstaates, Frankfurt/New York 2007.
48 Zur Deutung als Grundrechtsofferte vgl. *Hildebrandt, Uta*, Das Grundrecht auf Religionsunterricht. Eine Untersuchung zum subjektiven Rechtsgehalt des Art. 7 Abs. 3 GG, Tübingen 2000, S. 194 ff.

Bezüglich einer Konzeption der Übernahme des Ethikunterrichts in das Regelschulwesen gehe es nicht mehr um das „Ob" sondern um das „Wie" merkt *Brigitte Schinkele*[49] zutreffend an. Beim „Wie" sollte aber die Berücksichtigung für Ethik, sei es als selbständiges Fach oder – durchaus sinnvoll – eingebunden im Philosophieunterricht, die Teilnahmeverpflichtung alle Schüler umfassen. Unter Berücksichtigung der österreichischen Realverfassung und der finanziellen Möglichkeiten ist aber eine Lösung „Ethik als Lehrgegenstand eines Pflichtfaches ohne Erhöhung der Stundentafel" nicht auszuschließen und es gilt der für österreichische Politikmaßnahmen nicht unbekannte Satz aus der „Ars poetica" von *Horaz*: „Paturient montes, nascetur ridiculus mus".

---

49 Religions- und Ethikunterricht (FN 33), 24.

Annemarie Fenzl

1945/1955 – Kriegsende – Freiheit – Geschenk und Auftrag – der Beitrag der Kirchen zur Zweiten Republik

Abstract
The slogan of a "free church in a new state" strongly influenced the relation of state and church in the second republic. The author describes this relationship with all ups and downs from the perspective of the archdiocese of Vienna. Her article closes with a brief glimpse on the Catholic Chruch's role in today's social life.

Im April 1945, in den letzten Kriegstagen, als St. Stephan zu brennen begann, war weithin über der ganzen Stadt der Schein des Feuers zu sehen. Auf die ohnehin bereits verängstigte und deprimierte Bevölkerung Wiens wirkte diese Nachricht niederschmetternd. Der brennende Dom schien das ganze Elend des totalen Zusammenbruchs überdeutlich zu symbolisieren.

Aber buchstäblich vom nächsten Tag an wurde der zerstörte Dom auch zum Symbol des Neubeginns. Von Kardinal Innitzer wird erzählt, dass er sich gleich am nächsten Tag auf den noch rauchenden Trümmern seiner Bischofskirche eingefunden und gesagt haben soll: *„Na, dann werden wir ihn halt wieder aufbauen müssen".*[1] Und dann legte er selbst mit Hand an.

Und so wie der Dom, das Zeichen der Kirche in diesem Lande, bis auf den heutigen Tag unaufhörlich erneuert werden muss, weil zu den Schäden des Krieges neue, damals nicht vorstellbare Wunden, aus schädlichen Umwelteinflüssen resultierend, hinzukamen und kommen, ebenso verhält es sich mit dem Verhältnis der Kirche zu der Gesellschaft, in welche sie gewissermaßen eingebettet ist: auch daran musste und muss unaufhörlich gearbeitet werden, denn viele Altlasten wurden und werden noch mitgeschleppt; und wenn auch vieles inzwischen „entsorgt" worden ist, so tauchten und tauchen – bis auf den heutigen Tag – immer wieder neue Probleme auf, die aufgearbeitet und nach Möglichkeit gelöst werden müssen.

Die Herrschaft des 1000-jährigen Reiches hatte in Österreich nur wenig mehr als sieben Jahre gedauert. Das Jahr 1945 brachte das Ende des Nationalsozialismus

---

1 Vgl. dazu: *Mühldorf, Karl* (Hg.), Unser Kardinal, Erzbischof Dr. Theodor Innitzer, ein Erinnerungsbuch, Wien 1956, S. 32.

und das Wiedererstehen Österreichs. Das Land war allerdings nicht frei, bis zum Staatsvertrag am 15. Mai 1955 blieb es von den aliierten Mächten besetzt.

Die Kirche im Lande, deren Stellung in Staat und Gesellschaft in der ersten Republik, bis zum Jahr 1938, durch eine enge Bindung an die politischen Machthaber gekennzeichnet war, versuchte nun, frei von staatlicher Bevormundung und weltanschaulicher Behinderung, wieder mit der ihr aufgetragenen Arbeit zu beginnen.

I. Die Grundlagen schaffen

Die geänderten Verhältnisse gestatteten jedoch nicht, an die Positionen von, bzw. vor 1938 anzuknüpfen. Im erklärten Gegensatz zur Vorkriegszeit zog sich die Kirche zur Gänze aus der aktiven Tagespolitik zurück, zu der sich die großen Parteien in einer Koalition zusammenfanden. Die im Diözesanblatt, dem offiziellen Organ der Kirche von Wien veröffentlichte Weisung lautete:

> *„Gemäß can.138 CIC darf kein Priester ein öffentliches Amt ohne Ordinariatserlaubnis übernehmen. Es ist mein ausdrücklicher Auftrag, daß die Priester sich von der Übernahme öffentlicher Ämter fernhalten, in politische Angelegenheiten sich nicht einmengen und keinerlei Empfehlungen für weltliche Stellen geben."*[2]

Als Vorsitzender der Bischofskonferenz prägte Kardinal Innitzer damals die Devise von einer *„freien Kirche im neuen Staat"*. Diese *„freie Kirche im neuen Staat"* war aber mit verschiedenen Problemen belastet.

Zunächst mit jenem von den damaligen nationalsozialistischen Machthabern in eindeutiger Schädigungsabsicht eingeführten und am 1. Mai 1939 in Kraft getretenen Gesetz *„Über die Einhebung von Kirchenbeiträgen im Lande Österreich"*,[3] welches die Rechtsstellung der katholischen Kirche im Lande beachtlich beeinträchtigte, indem es diese praktisch zu einem privaten Verein herabminderte und darüber hinaus die bis dahin bestandene Verpflichtung des Staates zur Zahlung von Staatsleistungen an die Kirche aufhob.

Wenn auch die Rechnung der Nationalsozialisten zunächst nicht aufging, – die Bevölkerung kam ihrer Beitragspflicht, wohl nicht zuletzt auch im Sinne einer Solidarisierungsaktion gegen das zum großen Teil bereits gehasste Regime voll nach – so begannen die Zahlungen aber nach Kriegsende, im Sommer 1945, zu stocken. Die Katholiken glaubten mit dem Ende des NS-Staates auch das Ende des Kirchenbeitragsgesetzes gekommen. Der neue Staat sah das aber anders: das Rechtsüberleitungsgesetz,

---

2 Wiener Diözesanblatt, Jahrgang 1945, S. 9, Weisung vom 17. April.
3 Vgl. dazu: *Fenzl, Annemarie*, Das Gesetz über die Einhebung von Kirchenbeiträgen in der Ostmark, in: Beiträge zur Wiener Diözesangeschichte, 30. Jg., Nr. 1, 1989, S. 18 f.

welches untragbare Vorschriften aus der nun wieder österreichischen Rechtsordnung zu entfernen hatte, brachte dem Kirchenbeitragsgesetz Eingang in die österreichische Rechtsordnung. Im Übrigen wäre es für die neuerstandene Republik nahezu unmöglich gewesen, alle enteigneten Güter wieder zurückzuerstatten; die Entscheidung, ein funktionierendes System zu belassen, lag daher mindestens ebenso im Interesse des Staates. Die Kirche, die nun selbst weiterhin auch für ihren Personal- und Sachaufwand aus eigenen Mitteln aufkommen wollte, behielt vorderhand die Einhebung der Kirchenbeiträge, wie von den Nationalsozialisten eingeführt, bei.

Eine weitere, grundsätzliche Auseinandersetzung bahnte sich um die Gültigkeit des 1933 abgeschlossenen Konkordates an, welches von der Sozialistischen Partei, in Erinnerung an das Dollfuß-Regime, mit dem Hinweis auf die sogenannte Annexionstheorie abgelehnt wurde. Ein weiteres Problem, nämlich die ebenfalls von den Nationalsozialisten angeordnete Einführung der obligatorischen Zivilehe, derzufolge die kirchliche Trauung erst nach vollzogener Ziviltrauung vorgenommen werden konnte, wurde bereits auf der Herbstkonferenz 1950 des österreichischen Episkopates in Angriff genommen.

Aufgrund der allgemein schwierigen politischen Situation konnte die Kirche aber in diesen Jahren lediglich versuchen, durch Klarstellung der Rechtsfragen künftigen positiveren Verhandlungen, vor allem im Hinblick auf die Konkordatsfrage, vorzuarbeiten.

Eine entscheidende Weichenstellung leistete hiebei die von 1. bis 4. Mai 1952 in Mariazell abgehaltene Studientagung, welche der geistigen Vorbereitung auf den ersten Nachkriegskatholikentag, der unter dem Motto: *"Freiheit und Würde des Menschen"* stand, dienen sollte. Priester und Laien aus ganz Österreich versuchten gemeinsam, die gegenwärtige Situation ihrer Kirche zu analysieren und zu prüfen, um jene Grundlagen zu finden, auf welchen das zukünftige Leben und Wirken aufbauen konnte. Vergangenheit und Gegenwart wurden durchleuchtet, Missstände erkannt und neue Ansatzpunkte gefunden.

Das Ergebnis dieser Beratungen von 1952, welches als *"Mariazeller Manifest"* in die österreichische Kirchengeschichte eingegangen ist, zeichnete die Konturen einer *"freien Kirche in einer freien Gesellschaft"* vor. Eine solcherart freie Kirche bedeutete daher:

> *"Keine Rückkehr zum Staatskirchentum vergangener Jahrhunderte..., Keine Rückkehr zu einem Bündnis von Thron und Altar..., Keine Rückkehr zum Protektorat einer Partei über die Kirche...!"*[4]

---

4 Eine freie Kirche in einer freien Gesellschaft. Die Beratungen der Studientagung des Österreichischen Katholikentages in Mariazell, in: Kirche in neuer Zeit. Reden und

Eine solcherart freie Kirche bedeutet aber nicht eine Kirche des katholischen Ghettos; eine solche Kirche ist vielmehr bereit zur

> „Zusammenarbeit mit allen: zur Zusammenarbeit mit dem Staat in allen Fragen, die gemeinsame Interessen berühren, also in Ehe, Familie und Erziehung; zur Zusammenarbeit mit allen Ständen, Klassen und Richtungen zur Durchsetzung des gemeinsamen Wohles; zur Zusammenarbeit mit allen Konfessionen auf der Grundlage des gemeinsamen Glaubens an den lebendigen Gott; zur Zusammenarbeit mit allen Menschen, wer immer sie seien und wo immer sie stehen, die gewillt sind, mit der Kirche für den wahren Humanismus, für ‚Freiheit und Würde des Menschen' zu kämpfen."[5]

Als große anstehende Probleme, die der Lösung harrten, wurde die Not der Familien, das Wohnungselend, die Rolle der Frauen, der Schutz der Kinder, aber auch die Krise des geistigen Arbeiters und schließlich die Tragödie der hunderttausenden Heimatvertriebenen aufgezeigt.

> „Die Kirche ist für alle da, für jene, die an sie glauben, aber auch für jene, die sie bekämpfen, die nichts mehr von ihr wissen wollen ... und unbelastet von den Bindungen der Vergangenheit, in unlösbarer Gemeinschaft mit der Weltkirche, schreitet sie in die Zukunft, die sie mitgestalten wird, als freie Kirche in freier Gesellschaft, als eine wahre Kirche des 2o. Jahrhunderts."[6]

In logischer Konsequenz dieser Grundeinstellung begann sich der österreichische Episkopat, unmittelbar nach der Befreiung Österreichs durch den Staatsvertrag vom 15. Mai 1955, entschieden zunächst für die Klärung der Konkordatsfrage einzusetzen, deren Behandlung vorher, infolge der schwierigen politischen Lage, nicht möglich gewesen war.

Bereits mit Datum vom 18. Mai 1955 veröffentlichte der damalige Sekretär der österreichischen Bischofskonferenz, Erzbischof-Koadiutor Dr. Franz Jachym, in deren Auftrag ein Weißbuch mit dem Titel „Kirche und Staat in Österreich"[7], worin der Standpunkt der Kirche zu dem Problem der Gültigkeit des Konkordates, zur Reform des geltenden Ehegesetzes, zu Erziehung und Schulgesetzgebung, sowie zu vermögensrechtlichen Fragen nochmals klar dargelegt wurde. Diese Darlegungen schienen besonders wichtig zu sein zu einem Zeitpunkt, „da Österreich nun

---

Erklärungen des Österreichischen Katholikentages 1952. Sehen-urteilen-handeln. Schriften des „Volksboten" Nr.1, Tyrolia 1952, S. 45.
5   Eine freie Kirche in einer freien Gesellschaft, S. 46.
6   Eine freie Kirche in einer freien Gesellschaft, S. 50.
7   Kirche und Staat in Österreich, 2. Auflage, hrsg. v. d. Österreichischen Bischofskonferenz; Wien 1955.

darangehen kann, in voller Unabhängigkeit sich selber Gesetz und Ordnung für den Gang in die Zukunft zu geben."[8]

II. Erste Früchte

In der Folgezeit begann sich langsam ein wachsendes Verständnis für die Notwendigkeit der Schaffung einer befriedigenden Grundlage des Verhältnisses von Kirche und Staat abzuzeichnen. So wurde in Ergänzung des Feiertagsruhegesetzes aus 1945 mit Wirkung vom 7. Dezember 1955 der 8. Dezember wieder als gesetzlicher Feiertag anerkannt. Mit Wirkung vom 19. Dezember 1955 wurde jener Paragraph 67 des Personenstandsgesetzes aus 1937 aufgehoben, kraft dessen ein Priester, welcher die kirchliche Trauung ohne vorausgegangene standesamtliche Trauung vornahm, eingesperrt werden konnte. Mit Wirkung vom 20. Dezember 1955 traf der Nationalrat Bestimmungen zur Durchführung des Art. 26 des Staatsvertrages hinsichtlich des Anspruches der geschädigten Kirchen auf Wiedergutmachung.[9]

Zu einer allmählich sich wandelnden Einstellung der SPÖ zur Kirche hat, neben anderen Gründen, vor allem der von Bischof Rusch (Innsbruck) konzipierte Sozialhirtenbrief der österreichischen Bischöfe vom 16. Oktober 1956 beigetragen: neben einer klaren Verurteilung des liberalen Kapitalismus, des Kommunismus, sowie einer sozialistisch-materialistischen Weltanschauung anerkennen die Bischöfe *„den gemäßigten Sozialismus von heute"*, der eine sozialere *Gesellschaftsordnung anstrebt und bezeichnen diesen Vorgang ausdrücklich* „als gut".[10]

Am 22. März 1957, am Tage seiner Angelobung, verspricht der neugewählte Bundespräsident Dr. Schärf, alles daranzusetzen, dass in einem nun geänderten Klima in Kulturfragen *„eine Regelung des Verhältnisses zwischen dem Staat und der römisch-katholischen Kirche erfolgt, ohne daß dabei Sentimentalitäten von einst geweckt werden".*[11]

Nun schien die Zeit reif geworden zu sein: mit 28. Mai 1957 wurde kraft eines Ministerratsbeschlusses die Lösung der Konkordatsfrage in Angriff genommen. Infolge divergierender Ansichten über die praktischen Konsequenzen, vor allem

---

8   *Jachym, Franz*, Kirche und Staat in Österreich, S. 3.
9   Vgl. dazu *Kostlecky, Alfred*, Kirche und Staat, in: Fritz Eckert zum 65. Geburtstag, *Schambeck, Herbert* (Hg.), Berlin 1976, S. 215–239.
10 Sozialhirtenbrief der österreichischen Bischöfe vom 16. Oktober 1956; vgl. dazu *Fenzl, Annemarie*, Der „rote" Bischof, in: Bischof Paulus Rusch. Wächter und Lotse in stürmischer Zeit, Gedenkschrift, Innsbruck 2004, *Alexander, Helmut / Kriegbaum, Helmut* (Hg.).
11 *Kostelecky*, Kirche und Staat, S. 214.

in vermögensrechtlicher Hinsicht, kamen die Verhandlungen vorübergehend ins Stocken und wurden bis zum Tode Papst Pius XII. nicht wieder aufgenommen. Unter seinem Nachfolger, Papst Johannes XXII. begann man, den Weg von Teillösungen zu beschreiten, was im April 1957 zur Aufnahme von Verhandlungen über die vermögensrechtlichen Beziehungen führte. Um die Jahreswende 1959/60 waren die Vorgespräche abgeschlossen, sodass mit Datum vom 23. Juni 1960 der damalige Apostolische Nuntius in Österreich, Giovanni Dellepiani, Außenminister Bruno Kreisky und Unterrichtsminister Heinrich Drimmel die Verträge zwischen dem heiligen Stuhl und der Republik Österreich zur Regelung von vermögensrechtlichen Beziehungen und über die Erhebung der Apostolischen Administratur Burgenland zu einer Diözese unterzeichnen konnten.[12] Am 9. Juli 1962 wurde der Vertrag zwischen dem Heiligen Stuhl und der Republik Österreich zur Regelung von mit dem Schulwesen zusammenhängenden Fragen abgeschlossen. Neu war in diesem Zusammenhang die Festlegung der Subventionierung der katholischen Schulen durch den Staat im Ausmaß von zunächst 60 % der Personalkosten.[13] Schließlich kam es durch die Verträge mit dem Heiligen Stuhl vom 7. Juli 1964, sowie vom 7. Oktober 1968 zur Errichtung der Diözesen Innsbruck und Feldkirch.[14]

Somit war das Verhältnis von Kirche und Staat, sowie auch das Verhältnis zu den beiden großen Parteien des Landes durchaus zufriedenstellend geregelt: von Seiten der Politiker im Großen und Ganzen Verständnis und Mäßigung, von Seiten der Kirche die besonders von Kardinal König immer wieder betonte und bewiesene parteipolitische Unabhängigkeit der Kirche und ihr Offensein zum Gespräch mit allen, die dazu bereit waren. Der seit 1945 von den österreichischen Bischöfen aus seelsorglichen Gründen bewusst eingeschlagene Weg schien sich zu bewähren und hielt auch diversen Wahlgängen, sowie einer Reihe von nicht unumstrittener Gesetzesänderungen im Bereich des Strafrechtes stand.

In diesen Jahren begannen auch die behutsamen Kontakte, die der Wiener Erzbischof aus einem grundsätzlichen Verständnis seiner Aufgabe als oberster Hirte Österreichs unmittelbar nach seinem Amtsantritt zu knüpfen begonnen hatte, langsam Früchte zu tragen. Die unverrückbaren Maximen seines bischöflichen

---

12 Konkordat, Urfassung: BGBl. II Nr.2/1934; Vertrag zwischen dem Heiligen Stuhl und der Republik Österreich zur Regelung von vermögensrechtlichen Beziehungen: BGBL. Nr.195/1960.
13 Vertrag zwischen dem Heiligen Stuhl und der Republik Österreich zur Regelung von mit dem Schulwesen zusammenhängenden Fragen: BGBl. Nr. 273/1962.
14 a.a.O.: BGBl. Nr. 227/1964 (für Innsbruck) und BGBl. Nr. 417, 1968 (für Feldkirch).

Dienstes beschrieb der Kardinal selbst später in seiner Rede vor dem Bundesvorstand des Österreichischen Gewerkschaftsbundes klar:

> „Ich bin kein Bischof der ÖVP und kein Bischof der SPÖ, kein Bischof der Unternehmer und keiner der Gewerkschafter, nicht ein Bischof der Bauern und nicht einer der Städter: Ich bin der Bischof aller Katholiken. Die Kirche ist für alle da, sie fühlt sich verantwortlich für alle Menschen, auch für jene, die ihr formell nicht zugehören.
>
> Die Kirche muß politisch handeln, sie darf aber nicht politisieren. Das politische Freund-Feind-Verhältnis kommt für die Kirche nicht in Betracht, da sie grundsätzlich für alle Menschen da sein muß; ihr Blick muß immer so klar sein, daß sie im vermeintlichen Gegner von heute den möglichen Verbündeten von morgen sehen kann."[15]

III. Eine erste Belastungsprobe

Eine sehr ernste und eigentlich bis auf den heutigen Tag andauernde Belastungsprobe aber sollte die Auseinandersetzung um die sogenannte Fristenlösung werden. In Fortführung einer alten sozialdemokratischen Tradition aus dem Jahr 1923, welche eine Abänderung der Paragraphen 144–148 des Strafgesetzes anstrebte, hatte die aus 5 Mitgliedern des Justizausschusses des Parlaments bestehende, seit dem Jahr 1954 im Auftrag des Nationalrates eine Gesamtreform des Strafgesetzes konzipierende Strafrechtskommission einen Strafgesetzentwurf erarbeitet, der 1962 auch der Öffentlichkeit zugänglich gemacht wurde. Hier wurde nun versucht, auch die bisher immer umgangene Frage der Abtreibung im Sinne eines Kompromisses zu lösen. Eine im Jahr 1968, in der Zeit der ÖVP-Alleinregierung daraus weiterentwickelte, modifizierte Regierungsvorlage wurde von der Opposition nicht besonders positiv aufgenommen. Die Regierungsvorlage 1971 der SPÖ-Alleinregierung unter Bundeskanzler Kreisky wollte die Schwangerschaftsunterbrechung ursprünglich nur bei medizinischer Indikation straffrei stellen, – allerdings sollte auch die soziale, ethische und eugenische Komponente der medizinischen Indikation mitberücksichtigt werden. Von der ÖVP war zu diesem Zeitpunkt zu erwarten, dass diese einer erweiterten Indikationslösung ihre parlamentarische Zustimmung nicht verweigern würde. Diese Lösung begann sich nun bereits abzuzeichnen – trotz anhaltendem Widerstand in katholischen Kreisen, der sich nicht zuletzt in der beachtlichen Zahl von 823.000 Gegenunterschriften,

---

15 Kardinal Franz König, Die gemeinsame Basis ist der Mensch, Rede vor dem Österreichischen Gewerkschaftsbund am 27. Februar 1973; DAW, Manuskript, Kardinal König-Archiv; gedruckt in: Arbeit und Wirtschaft 4/1973.

welche von der von engagierten Katholiken gegründeten „Aktion Leben" aufgebracht wurden, dokumentierte.

Der Parteitag 1972 in Villach brachte die endgültige Wende: einem dort vorgebrachten Vorstoß der Frauenbewegung der SPÖ nach Einführung der sogenannten Fristenlösung (=Freigabe der Schwangerschaftsunterbrechung bis zum dritten Monat nach der Empfängnis) schlossen sich der Parteitag und vor allem auch der damalige Justizminister Broda an.

Die leidenschaftlichen Proteste der „Aktion Leben" verhallten ungehört. Die österreichischen Bischöfe versammelten sich am 31. Jänner 1973 zu einer außerordentlichen Konferenz in Linz, die den Fragen im Zusammenhang mit der geplanten Strafrechtsreform gewidmet war. Als Vorsitzender der Österreichischen Bischofskonferenz richtete Kardinal König in deren Auftrag am 1. Februar 1973 einen Brief an Bundeskanzler Kreisky, worin es hieß:

> „Die Bischöfe bringen ihre wiederholten deutlichen Erklärungen in Erinnerung, daß sie der Preisgabe des Schutzes des ungeborenen Lebens nicht zustimmen können. ... An der Haltung gegenüber den Mitmenschen am Beginn ihrer Existenz erweist der Mensch, ob er sich selbst achtet. Die Anerkennung des unteilbaren Rechtes auf den Schutz des Lebens ist eine wesentliche Grundlage für den Bestand der menschlichen Gesellschaft. Die österreichischen Bischöfe appellieren nachdrücklich an Sie, Herr Bundeskanzler, in dieser, die Lebensinteressen der Gesellschaft so stark berührenden Frage, voreilige Beschlüsse zu vermeiden, und ehrlichen Willens eine in diesem Land allgemein annehmbare Lösung zu suchen. Eine solche Lösung müsste die prinzipielle Aufrechterhaltung des unbedingten Schutzes des ungeborenen Lebens mit der Milde in überprüften, schwerwiegenden und durch Hilfen nicht behebbaren Konfliktsituationen vereinen und von umfassenden sozialpolitischen Hilfsmaßnahmen für schwangere und für Familien begleitet sein."[16]

Im Antwortbrief des Bundeskanzlers vom 16. Februar wurde der Standpunkt der Regierungspartei nochmals ausführlich dargelegt, auf die Untauglichkeit der Verhängung gerichtlicher Strafen als Mittel zur Lösung menschlicher Konfliktsituationen hingewiesen und die Gewissensentscheidung der einzelnen Frau absolut gesetzt.

Gerade in diese Zeit fiel ein Ereignis, welches ein wesentliches Element des Programmes von Kardinal König augenscheinlich und damals wohl aufsehenerregend dokumentierte: in Konsequenz seines Bemühens von Anfang an, den Dialog zu führen mit allen, die ehrlich dazu bereit waren, anstatt mit bekannten Schlagworten und Pauschalurteilen zu operieren, zu nuancieren und zu differenzieren, und vor allem das Verhältnis der Kirche zu den politischen Parteien des Landes zur Diskussion zu stellen, war es eines seiner Hauptanliegen, die in

---

16 Abgedruckt in: Kathpress vom 9. Februar 1973.

der Vergangenheit aufgebrochenen, zum Teil tiefen Gräben zwischen Kirche und Arbeiterschaft, welche damals nahezu zur Gänze in der SPÖ beheimatet war, zuzuschütten; zu brechen mit der Grabenmentalität, die da lautete: Die stehen drüben, wir stehen da, wir können reden, aber der Graben bleibt. Dieses Zuschütten des Grabens war damals mitten im Gange. Dementsprechend fragil und diffizil war das neu wachsende Verhältnis in der österreichischen gesellschaftspolitischen Szene. Die Gräben verfielen zwar langsam, aber sie waren noch da. Man traute einander nicht ganz.[17]

In diese Tage fiel ein aufsehenerregendes Ereignis: die Einladung an den Erzbischof von Wien, vor dem Bundesvorstand des ÖGB zu sprechen. Ganz konsequent seiner Linie folgend, immer das Gemeinsame über das Trennende zu stellen, sprach der Kardinal zum Thema: *„Die gemeinsame Basis ist der Mensch".* Er sprach von einer Kirche, die politisch handelt, aber nicht politisierend ist; er sprach von der gebotenen Zurückhaltung der Kirche in Fragen, wo ihr die nötige Sachkenntnis fehlt, er stellte aber deutlich klar, wo die Kirche reden muss, nämlich:

„wenn es um die Grundfragen des menschlichen Lebens geht. Hier muß ihre Seelsorge auch Menschensorge sein. Ich bitte, mich zu verstehen, wenn ich vor Ihnen und gerade vor Ihnen, nicht schweigen darf zu einer Angelegenheit, in der viele von Ihnen wahrscheinlich anderer Meinung sind. Sie wissen, was ich meine: die in Gang befindlich Diskussion über die frage der Abtreibung".

Klar und deutlich legte der Kardinal noch einmal den Standpunkt der Kirche dar und wich auch vor einem besonders sensiblen Punkt nicht zurück, als er sagte:

„In der Diskussion ist das Wort gefallen, die Kirche werde es sich wohl überlegen, wegen dieser Frage ihre guten Beziehungen zu Staat und Regierung aufs Spiel zu setzen. Dahinter steht die Meinung, die Kirche werde sich schon arrangieren, mit der Kirche werde man auch hier auf gleich kommen. Das ist ein großes Missverständnis. Weil ich hier über Kirche und Gesellschaft zu Ihnen spreche, glaube ich, daß es meine Pflicht ist, auch darüber offen zu reden. Natürlich ist die Kirche an guten Beziehungen zu Regierung, Staat und Gesellschaft interessiert. Natürlich anerkennt sie dankbar, daß sie in Österreich in Frieden und Freiheit arbeiten kann, daß der Staat ihr in vielen Fällen Hilfe und Unterstützung gewährt.

Aber in grundsätzlichen Fragen kann sich die Kirche nicht arrangieren, auch nicht um des guten Einvernehmens, auch nicht um des lieben Geldes willen, das dahintersteckt. ... Die Kirche ist nicht in allen Fragen Herr ihrer eigenen Entscheidungen, sie ist gebunden an ein Gesetz, das sie nicht ändern und das sie auch nicht mit Taktik überspielen kann. Als „Geschäftspartner" in Grundsatzfragen, die die natürliche und übernatürliche Bestimmung des

---

17 Vgl. dazu: *Barta, Richard,* Äqui-Distanz. Versuch eines politischen Psychogramms eines unpolitischen Bischofs, in: Kardinal König, hrsg. von *Fenzl, Annemarie,* Wien-München 1985, S. 213.

Menschen betreffen, ist die Kirche ungeeignet, weil sie sich immer auf eine höhere Instanz berufen muß, die letztlich doch nicht zu umgehen ist, die außerhalb ihrer Einflußsphäre liegt und mit der man auch nicht paktieren kann: nämlich auf Gott.

Entschuldigen Sie, wenn ich auf diese Frage ausführlicher eingegangen bin, aber es wäre mir unehrlich erschienen, sie gerade vor diesem Forum zu umgehen. Denn sie ist nicht nur derzeit sehr aktuell, sondern sie berührt auch im Grundsätzlichen die Möglichkeiten und die Grenzen, die der Kirche im Verhältnis zur Gesellschaft gesetzt sind. Die Kirche kann im Grundsätzlichen keine Arrangements treffen, keine Geschäfte machen."[18]

Am 27. Februar des Jahres beschloss der pastorale Diözesanrat die Schaffung eines Diözesanen Hilfsfonds für Schwangere in Notsituationen, im Sinne der begleitenden und unterstützenden Maßnahmen.

Ungeachtet aller Bedenken, auch von Seiten der Opposition, wurde die große Strafrechtsreform aber dennoch, allerdings nur mit den Stimmen der absoluten Mehrheit der SPÖ, im Nationalrat am 29. November 1973 und nach dem Einspruch des Bundesrates als Beharrungsbeschluss am 23. Jänner 1974 angenommen.

Die österreichischen Bischöfe, an ihrer Spitze Kardinal König, sahen in dem Beschluss der Fristenlösung eine starke Belastung des Verhältnisses zwischen der Kirche in Österreich und der derzeitigen Regierungspartei, schlossen aber eine kulturkampfähnliche Frontenbildung der Katholiken gegen die SPÖ und damit eine Rückkehr zur kulturpolitischen Atmosphäre der Ersten Republik, zumindest zu Beginn des Jahres 1974, noch aus.[19] Als Antwort darauf war aber wohl das im Juni desselben Jahres vom Aktionskomitee der Aktion Leben eingeleitete Volksbegehren für ein „Bundesgesetz zum Schutz des menschlichen Lebens", das von der Bischofkonferenz am 2. Juli 1974 als *„eigenständige Initiative der österreichischen Katholiken"* begrüßt wurde, zu sehen. Aus einer wohl nicht ganz unbegründeten Angst heraus, mit dem Volksbegehren einen Kirchenkampf zu entfesseln, sollte die Unterschriftensammlung dafür erst nach dem Katholikentag im Oktober 1974 beginnen. Hochgeschaukelte Emotionen auf allen Seiten nötigten Kardinal König schließlich in seiner Rede beim Österreichischen Katholikentag, der unter dem Motto „Versöhnung" stand, in der Wiener Stadthalle am 13. Oktober 1974, in Anwesenheit des Bundeskanzlers zu der bitteren Feststellung:

---

18 Wie Anmerkung 18: Rede vor dem Bundesvorstand des ÖGB, abgedruckt in: Arbeit und Wirtschaft 4/1973; Auszug in: Worte der österreichischen Bischöfe, Nr.1 zum Schutz menschlichen Lebens, S. 42/43.
19 Vgl. dazu: *Weinzierl, Erika*, Kirche und Staat, in: Das neue Österreich. Geschichte der Zweiten Republik, hrsg. von *Kurt Skalnik* und *Erika Weinzierl*, Graz-Wien-Köln 1975, S. 214–257, hier S. 254.

"Lassen Sie mich hier ein offenes Wort zu einem aktuellen Anliegen sagen. In wenigen Tagen beginnt die Sammlung von Unterschriften für ein Volksbegehren zum Schutz des menschlichen Lebens. Man stellt gelegentlich die Sache so dar, als ob die Bischöfe sich davon distanzieren wollten. dazu eine Klarstellung. Wir haben uns die Sache nicht leicht gemacht. Im Bewußtsein unserer Verantwortung für den inneren Frieden unseres Volkes haben wir gezögert und lange überlegt, haben gewartet auf ein kleines Zeichen des Entgegenkommens, das dieses Volksbegehren nicht notwendig gemacht hätte. Dieses Zeichen ist nicht gekommen. Heute aber stehen alle Bischöfe – und auch der Kardinal von Wien – hinter dem Volksbegehren, nicht leichtfertigen Herzens, sondern weil man uns keinen anderen Weg gelassen hat. Wir wissen uns aber auch mit der Aktion Leben einige, daß durch dieses Volksbegehren keine Gräben der Vergangenheit aufgerissen werden sollen, daß der Friede im Lande erhalten bleibt. Wir hoffen, daß man uns dabei hilft. Auch diese Hilfe ist ein Beitrag zur Versöhnung".[20]

Diesen Worten des Kardinals folgte stürmischer Applaus.

Obwohl das im Spätherbst 1975 eingeleitete Hauptverfahren des Volksbegehrens der Aktion Leben mit ca. 820.000 Stimmen eine der meist unterstützten Kundmachung des Volkswillens darstellte, wurde an der Fristenlösung nicht mehr gerüttelt. Heute scheinen sich weite Kreise mit dieser Tatsache abgefunden zu haben; neue ebenfalls zum Teil heftig umstrittene „Errungenschaften", wie die sogenannte „Pille danach" boten bald neuen Diskussionsstoff.

IV. Wertewandel in Staat und Gesellschaft

Eben in diesen Jahren des Kampfes um die Fristenlösung, in den sogenannten „Sechzigerjahren", veränderte sich das gesellschaftliche Umfeld der Menschen in Europa in einem noch nie zuvor gekannten Ausmaß. Ja, es schien plötzlich, dass sich die gesamte Welt in einer rasanten, nicht mehr zu stoppenden Entwicklung befände. Alterprobte Werte schienen nicht mehr zu gelten, neue Perspektiven verunsicherten mehr, als dass sie einen Ausweg zeigten.

Im Bereich der studentischen Kultur vollzog sich ein völliger Umbruch, aber auch in der allgemeinen Bevölkerung war eine grundsätzliche kulturelle Veränderung zu beobachten: man sprach vom Anspruch auf Selbstbestimmung, Selbstverwirklichung, von der Freiheit des Individuums und von der Selbststeuerung des Lebens. Zum „Untertan", um mit Prof. Zulehner zu sprechen, war nur mehr eine psychisch besonders geprägte Minderheit bereit.

---

20 Kardinal Franz König, Ansprache bei der Abschlussfeier des Österreichischen Katholikentages 1974 am 13. Oktober 1974 in der Wiener Stadthalle, Auszug, abgedruckt in: Worte der österreichischen Bischöfe, Nr.1 zum Schutz menschlichen Lebens, S. 73.

Althergekommene Gewohnheiten wandelten sich: es veränderte sich die Rolle der Frauen, im Zusammenhang damit die Familienstrukturen, wie auch die Erziehungsziele; man machte sich Gedanken über Arbeit und Freiheit, über Lohn und Gerechtigkeit, über Selbstverwirklichung auch am Arbeitsplatz. Ganz neue Problemstellungen tauchten auf: steigende Sensibilität für ökologische Probleme, verbunden damit Angst vor der Zukunft und der Zerstörung des Lebensraumes, auch durch Atomkraft; Hand in Hand mit einer zunehmenden Skepsis gegenüber den traditionellen Institutionen stieg das Interesse für neue soziale Bewegungen, wie Umwelt-, Friedens-, Menschenrechts-, Frauenbewegung.

Ein Prozess der Pluralisierung auf nahezu allen Gebieten des Lebens löste immer mehr überkommene Ordnungen auf, die zugleich Identität boten; aufgelöst wurde auch die Geschlossenheit der gesellschaftlichen Deutungsmuster.

Der gesteigerte Pluralismus führte nicht selten zu starkem Individualismus und weiter zu Egoismus und Vereinzelung mit allen negativen Folgen. Autorität, bzw. eine bestimmte Art des Umganges mit Autoritäten wurde in zunehmendem Maße abgelehnt.

Dieser Wandel machte auch vor dem Bereich des Religiösen nicht Halt. Zwischen religiöser Selbsteinschätzung und religiöser Handlungsweise klafft ein zunehmend breiter werdender Spalt. Religiöse Erwartungen an die Kirche bei kritischen Übergängen des Lebens, wie Geburt und Tod sind allerdings immer noch erheblich stärker vorhanden, als Erwartungen nach christlichen Handlungen, wie Messen lesen, Beichte hören und Kirchen bauen.

Infolge kontinuierlich gestiegener Leistungen des Staates auf sozialem Gebiet erwarten Menschen soziale Aufgaben ausschließlich von der Kirche.

Äußere Zeichen, wie religiöse Erziehung, Besuch des Sonntagsgottesdienstes, nehmen eher ab; dagegen sind die Austritte aus der Gemeinschaft kontinuierlich steigend.

Insgesamt ist eine wichtige Veränderung in der Beziehung der Kirchenmitglieder zur Kirche zu erkennen: überkommene soziale Motive haben im Hinblick auf das Zugehörigkeitsgefühl weitgehend an Bedeutung verloren; die allgemeine Mobilität, die als ein Teil der modernen Kultur auch die Kirche erfasst hat, bringt eine höhere Störungsanfälligkeit in der Kirchenbeziehung mit sich; persönliche Religiosität – mit allen damit verbundenen Problemen – als Grundlage der Kirchenbindung gewinnt immer mehr an Bedeutung.

Die Christen standen diesem Wandel der modernen Welt hilflos gegenüber. Sie fühlten sich ausgeschlossen und nicht fähig, in geeigneter Weise mit einer solchen Welt in Kontakt zu treten.[21]
In dieser Zeit setzte der Geist Gottes eine denkwürdige Tat.

V. Das II. Vatikanische Konzil

Als Papst Johannes XXIII. am 25. Jänner 1959 das II. Vatikanische Konzil einberief, tat er das, wie er selbst immer wieder sagte, nicht aufgrund irgendeiner Anregung oder Überlegung, etwa aus der Kirchengeschichte, sondern er tat es, nach intensivem Gebet, die ganze Weltgebets-Oktave hindurch und wusste am Schluss, dass es eine göttliche Eingebung gewesen war.

Auf diesem Konzil (1962–65) trat Kardinal König erstmals auf weltkirchlicher Ebene in Erscheinung, und er gehört zu dessen führenden Persönlichkeiten. (Beiträge unter anderem zum Offenbarungsschema, zur Religionsfreiheit, zum interreligiösen Dialog und zur Ökumene).

Das Konzil war – er hat es auch oft ausdrücklich gesagt, – die hohe Zeit seines Priester- und Bischofslebens und ist für ihn fortan immer Grundlage seines Denkens und Handelns geblieben. Denn hier, das erkannte er klar, wurden die Weichen für die Zukunft der Kirche in einer sich rasch ändernden Welt gestellt.

In zahllosen Ansprachen, Predigten, Aufsätzen und Vorträgen hat Kardinal König in den darauf folgenden Jahrzehnten versucht, den Menschen das Konzil nahezubringen: Immer und immer wieder sprach er von den *„unverzichtbaren und wegweisenden Impulsen"* dieses Konzils für eine Kirche auf dem Weg in das dritte Jahrtausend: das Bewusstsein, Weltkirche zu sein, die ihr abendländisches Kleid ablegt; die lebendige Kraft des Ökumenismus – *„heute ist es entscheidend, das gemeinsame Erbe der Vergangenheit höher zu schätzen als das Trennende"*, diesen Ausspruch des Kardinals haben viele noch immer im Ohr; weiters die eingehende Auseinandersetzung des Konzils mit *„dem Stand jener Christgläubigen, die man Laien nennt"*; weiters und ganz besonders wichtig: das Verhältnis der katholischen Kirche zu den nichtchristlichen Religionen – Kardinal König bezeichnete dieses Konzilsdokument, *„Nostra aetate"* immer als *„das kürzeste, aber wichtigste Dokument"* für das 21. Jahrhundert; und schließlich die heftig umkämpfte Erklärung über die Religionsfreiheit.

---

21 Vgl. dazu *Kraxner, Alois*, Evangelisierung in der Welt von heute, in: Zwischenrufe. Wort ergreifen, Schweigen brechen, Tatensetzen in Kirche und Gesellschaft, Festschrift zum 60. Geburtstag von Eduard Ploier, hrsg. von *Feichtlbauer, Hubert*, Linz 1990, S. 71.

Ganz wichtig war ihm, klarzustellen, dass man nicht mehr hinter das Konzil zurückgehen könne. Wörtlich meinte er in einem Vortrag an der Universität Wien im November 1990:

> *„So kann man in Beantwortung der oft gehörten Frage, ob man das Konzil „korrigieren" könne, und etwa in die Zeit vor dem II. Vatikanum zurückkehren könne, nur klar und deutlich feststellen: ...Das Konzil, ... ist die „Magna Charta" für den weiteren Weg der Kirche in das 3. Jahrtausend."*[22]

Und indem das Konzil versuchte, alle Fragen und Nöte der Zeit in umfassender Weise anzusprechen, keiner Herausforderung auszuweichen, lieferte es das Rüstzeug für die Christen, um im Widerstreit neuer Ideen und Wertmaßstäbe bestehen zu können.

VI. Die Wiener Diözesansynode (1969–71)[23]

Um die Ergebnisse und die daraus folgenden Richtlinien des Konzils von der Weltebene auf die Diözesan- und Pfarrebene zu transportieren, hatte der Erzbischof von Wien bereits am 15. Mai 1965, noch während des Konzils, auf einem Diözesanmännertag in Wiener Neustadt erstmals öffentlich die Einberufung einer Wiener Diözesansynode zur Verwirklichung der Konzilsbeschlüsse, soweit diese die diözesane Ebene betrafen, erwähnt. In seiner Fernsehansprache am 13. September 1965, am Vorabend der 4. Sitzungsperiode des Konzils, wiederholte er diese Ankündigung. Von Rom aus gab er den Auftrag, Seelsorgeämter und katholische Aktion sollten Vorschläge für eine österreichische Nationalsynode machen, jedoch konnte die Bischofskonferenz vom 29. März 1966 sich nicht auf eine Nationalsynode einigen. So wurde mit Datum vom 1. März 1966 für die Erzdiözese Wien die Errichtung eines Priester- und Laienrates beschlossen. Mit 1. April desselben Jahres wurden unter dem Vorsitz von Erzbischof Jachym als Präsidenten 7 Kommissionen zur Vorbereitung der künftigen Synode eingerichtet. Die Arbeitsweise der sieben damals gegründeten Kommissionen sollte vom Studium der Konzilstexte ausgehen und diese mit der Situation in der Erzdiözese konfrontieren. 1969 feierte die Erzdiözese ihr fünfhundertjähriges Bestehen. In diesem Jahr begann die Diözesansynode und tagte in drei Sessionen bis 1971 in der Lainzer Konzilsgedächtniskirche und stellte die Weichen

---

22 DAW-Kardinal König-Archiv, Manuskript: Die Grundbotschaft des Zweiten Vatikanischen Konzils, Vortrag an der Universität Wien, 8. November 1990.
23 Vgl. zum Folgenden: Leben und Wirken der Kirche von Wien. Handbuch der Synode 1969–71, hrsg. v. eb. Ordinariat Wien.

für eine „*innere Erneuerung der Ortskirche*", wie Kardinal König es ausdrückte. Priester und Laien der Diözese hatten sich auf Einladung des Bischofs zusammengefunden, um gemeinsam zu beten, im Gespräch neue Wege zu suchen und Beschlüsse zu fassen, die nicht nur das innerkirchliche Leben, wie Organisation und pastorale Lebensordnung betrafen, sondern die sich auch mit den pastoralen Diensten der Kirche an der Gesellschaft, an der Mission und Entwicklungshilfe, aber auch mit der Begegnung der Kirche mit Nichtkatholiken, Juden und Nichtchristen auseinandersetzten. „*Damit die Gemeinschaft unseres Glaubens unter uns wirksam werde*" – wie Kardinal König in seiner Eröffnungsansprache die Richtung vorgab.

Im Sinne der katholischen Soziallehre wurde der Dienst der Kirche in der Welt der Wirtschaft, der Arbeit und der Politik konkretisiert und definiert; besonderer Wert wurde auf das „politische Engagement des Christen" gelegt, der, in der Spannung als Wanderer zwischen den Welten, in letzter Instanz an sein vom Glauben geprägtes, sachkundig informiertes Gewissen gebunden bleibt. Seine Richtschnur wird immer die Offenbarung und die auf ihr beruhende Glaubens- Sitten- und Soziallehre sein. Von ihm ist daher eine erhöhte persönliche Verantwortung gefordert.[24]

Als Schwerpunkte politischen Handelns wurden schon damals der Friede und die weltweite Verantwortung, die Integration der Gastarbeiter, – mit einem Appell an die Massenmedien, „*durch sachgerechte Aufklärung ihren Beitrag zum Abbau von Vorurteilen, Intoleranz und Misstrauen zu leisten*" – die Sozialpolitik, Kultur- und Bildungspolitik, die Kommunalpolitik, der Persönlichkeitsschutz und – in der Zeit der Arbeit an der Gesamtreform des Strafgesetzes – der Schutz des Lebens genannt.

Die Mitwirkung der Kirche an Erziehung und Bildung, vor allem der Gewissensbildung als grundlegende Aufgabe jeder Erziehung wurde ebenso behandelt, wie das Verhältnis zur Autorität als solche und die Sexualerziehung. Eine neu einzurichtende Diözesankommission für „Bildung und Erziehung" soll die Plattform für die Auseinadersetzung mit den jeweils aktuellen Problemen bieten.

Besondere Aufmerksamkeit wurde den Massenmedien gewidmet, die als „Mittel der sozialen Kommunikation" eine mitunter unberechenbare Bedeutung erlangt haben, indem sie „die Gesellschaft widerspiegeln und manche Tendenzen in ihr zu prägenden Leitbildern und Verhaltensmodellen" verdichten; dementsprechend groß ist ihre Verantwortung gegenüber der Gesellschaft.

---

24 Vgl. dazu: Handbuch der Synode, S. 192.

Die Synode empfahl weiters,

"gemäß dem sich wandelnden Verständnis vom Bild der Frau und den neuen theologischen und humanwissenschaftlichen Einsichten Stellung und Aufgaben der Frau in Kirche und Gesellschaft neu zu überdenken".[25]

Über den Gartenzaun blickte die Synode auch auf die Mission und – zukunftsweisend, – entsprechend den Konzilsdokumenten über die Religionsfreiheit, bzw. über das Verhältnis der Kirche zu den nichtchristlichen Religionen „Nostra aetate", auf die christlich-jüdische Begegnung; und so setzte die Synode, lange vor dem Gedenkjahr 1988, wegweisende Impulse für den Umgang mit den „älteren Geschwistern" der Christen und empfahl ganz konkrete Konsequenzen, zum Beispiel für den Unterricht der Jugend, wo in den Lehrbüchern

"nicht nur unrichtige Aussagen über das jüdische Volk vermieden, sondern auch die scheinbar negativen Aussagen der Schrift im Lichte der paulinischen Theologie erklärt werden"

müssten.[26] – Ebenso wurde den Institutionen der katholischen Erwachsenenbildung in der Erzdiözese empfohlen, die Beschäftigung mit den Themen „Altes Testament" und „Judentum" zu intensivieren.

Zuletzt würdigte die Synode die „Träger der kirchlichen Dienste", Priester wie in den verschiedenen Verbänden und Gruppen engagierten Laien und vergaß auch nicht den Dienst der Christen im Ordensstand.

Das umfassende Sachregister am Schluss des Synodenhandbuches bezeugt ohne viel weiter benötigten Kommentar das Wirken der Kirche in zahlreichen Bereichen des menschlichen Lebens.

Dieses geistige Rüstzeug, wurde unterstützt und ergänzt durch eine großzügige, wenn auch nicht immer vorbehaltlos geschätzte, organisatorische Umstrukturierung: Errichtung von drei Vikariaten, sowie Einrichtung diverser Leitungs- und Beratungsgremien für die seelsorglichen Einheiten der Diözese: Pastoraler Diözesanrat zur mitverantwortlichen Unterstützung des Bischofs bei der Leitung der Diözese; Pastoraler Vikariatsrat zur Unterstützung des bischöflichen Vikars, pastoraler Dekanatsrat als kollegiales Leitungsorgan unter dem Vorsitz des Dechanten; sowie schließlich die Einrichtung der Pfarrgemeinderäte. Aus diesen Maßnahmen sprach letztlich – trotz gelegentlicher Reibungsflächen – ein Geist der kollegialen Zusammenarbeit und der Wille zur gemeinsam getragenen Verantwortung für die Kirche Christi.

---

25 Handbuch der Synode, S. 225 f.
26 Handbuch der Synode, S. 236.

VII. Das „Zentrum des Apostolates"

Im November 1966 war unmittelbar neben dem Erzbischöflichen Palais, im 5. und 6. Stock des Zwettlerhofes, der schon seit längerer Zeit gehegte Gedanke, ein modernes „Zentrum des Apostolates" zu schaffen, verwirklicht worden. Hier sollten vor allem die immer zahlreicher werdenden Laienmitarbeiter des alten Seelsorgeamtes, heute Pastoralamt, sowie verschiedener Abteilungen der Katholischen Aktion, um der besseren Kommunikation willen, zentral untergebracht werden.

Für die damalige Zeit eher ungewohnt, aber deshalb besonders begrüßt, wurden mehrere kleine Beratungs- und Konferenzräume, Klubräume, eine Bibliothek, sowie ein rund 200 Personen fassender Saal für Veranstaltungen verschiedenster Art, von Dekanatsführerbesprechungen bis hin zu Pastoralkomitees und Synodalberatungen, eingerichtet. Die Konzentration der diözesanen Kräfte an einem Ort gewährleistete ein besseres Koordinieren der Arbeit, vor allem bei größeren Aktionen. „Bildung, Begegnung und Beratung" – diese drei großen Aufgabengruppen sollten im neuen Zentrum vor allem verwirklicht werden.

In der Folgezeit gingen viele, oft nicht immer gleich ins Auge springende Anregungen von diesem Zentrum aus. Neue Abteilungen kamen hinzu, so nur zum Beispiel im Jahr 1974 das Referat für Altenpastoral oder 1980 ein Referat für pastorale Dienste.

Trotz gelegentlicher kritischer Bemerkungen über das Überhandnehmen eines gewissen Bürokratismus im Zentrum kann man nicht umhin, das große Angebot an Fortbildungskursen, Vorträgen, Sprachkursen usw. anzuerkennen, das dort bestand und besteht; wieviele Aktionen von dort aus organisiert wurden: Dreikönigs- und Fastenaktionen, „Bruder in Not", die Karfreitagsaktion, die Aktion „Schwangere in Not" usw. Flugreisen in das Heilige Land, Behelfe für Gesänge zur Meßfeier, Plakatangebote der Tourismuspastoral.

Hier in den Dienststellen des Zentrums geschah in oft mühsamer Kleinarbeit die Unterstützung vieler gesellschaftspolitisch bedeutsamer Ereignisse: von der Aufarbeitung der Konzilsbeschlüsse, soweit sie die Diözese betrafen, über die in den Jahren 1966–69 erfolgte Vorbereitung der Diözesansynode, wohl zum teil später auch des Österreichischen Synodalen Vorganges; hier wurde ein Großteil der organisatorischen Arbeit im Zusammenhang mit dem Volksbegehren der Aktion Leben im Jahr 1975 geleistet; Hilfe zur Meinungsbildung im christlichen Sinn boten z.B. die regelmäßigen Frühjahrskonferenzen der KMB mit aktuellen Themen, wie 1976: „Gesellschaftspolitik aus dem Glauben" an. Die Vorbereitung und Begleitung des ORF-Kollegs „Wem glauben?" (1977) hat im Zentrum stattgefunden; ebenso die Vorbereitung von Katholikentag und Papstbesuch (1983);

im Gedenkjahr 1988 ging die Planung und Koordinierung der verschiedenen Aktionen zum großen Teil von hier aus.

So war die Arbeit der Kirche in der Welt und für die Welt, ohne die Mitarbeit der Laien und ihrer Organisationen, nicht mehr vorstellbar.

Kardinal König ließ die Menschen arbeiten, ließ sie Pläne entwickeln, denken, arbeiten, ausführen. Er ließ seinen Mitarbeitern, so weit möglich, freie Hand, ließ sie Verantwortung übernahmen und tragen, gab auch immer den nötigen Rückhalt.

In der Öffentlichkeit – und nicht nur in der katholischen Öffentlichkeit – hat der Kardinal vornehmlich durch seine Reden gewirkt. Er sprach zum Jahreswechsel, am Silvester- oder Neujahrstag. Diese Neujahrsansprache durch ein Vierteljahrhundert hindurch, waren immer Marksteine auch in der innenpolitischen Entwicklung Österreichs. Kardinal König wandte sich dabei nicht nur an das Kirchenvolk, sondern immer an alle Österreicher. So zum Beispiel am 31 Dezember 1971: „Zu den Diskriminierten, den Unterprivilegierten, den Vergessenen und Abgeschriebenen gehören die alten Menschen, ob sie nun hilflos in ihrer Wohnung frieren oder hungern, weil niemand da ist, der ihnen Kohlen aus dem Keller und Milch und Brot vom Kaufmann holt, oder ob sie in einem provisorischen Spitalsbett dahindämmern. Dazu gehören auch die Kinder, die in einer kinderfeindlichen Umwelt aufwachsen ... Dazu gehören auch die vielen tausenden fremder Arbeiter im Lande, die wir zwar beschönigend Gastarbeiter nennen, die wir aber als Gäste nicht aufnehmen, die wir als Menschen nicht annehmen wollen. Als Arbeitskräfte sind sie uns willkommen, als Menschen sehen wir an ihnen vorbei. Aber das Vorbeisehen nützt nichts. Sie sind da ... Wir können nicht wegschauen und können uns nicht loskaufen und nicht lossprechen, indem wir alles auf andere abschieben, auf den Staat, auf die Sozialversicherung, auf die Krankenkassen, auf die Caritas, der wir ein paar Schillinge geben. Die menschliche Verpflichtung kann nicht mit Resolutionen, nicht mit Forderungen an andere, nicht mit Geld abgegolten werden, nur durch unser eigenes Tun. – Und zu den Diskriminierten, zu den Lästigen und Abgeschobenen gehören auch die ungeborenen Kinder. Sie verstehen, dass ich auch davon sprechen muß. Nicht bloß aus einer religiösen Verpflichtung heraus, sondern auch aus einer menschlichen. ... Der Mensch muß für den Menschen stehen, ganz gleich, ob er gläubig ist oder nicht..."[27]

„*Nie wieder darf Bruder gegen Bruder stehen*" sagte der Kardinal am 10. Februar 1984 während eines Wortgottesdienstes zum Gedenken an die Opfer des

---

27 Kardinal Franz König, Sylvesteransprache 1971, abgedruckt in Kathpress vom 1. Jänner 1972.

Bürgerkrieges im Februar 1934: „Denk an die Tage der Vergangenheit, lerne aus den Jahren der Geschichte". Diese Worte aus der Heiligen Schrift des Alten Bundes sind das Leitwort unserer Zusammenkunft. ... Wir alle haben zu lernen, dass politische Gegnerschaft nicht Feindschaft sein muss. In der ersten Republik sind sich die politischen Gegner vielfach in Hass gegenübergestanden. Und wie ist es in unseren Tagen? Ja, gewiss, Politiker reden miteinander. Aber rückwärts, in der zweiten Linie fehlt es nicht an solchen, die bereit sind, die Gegensätze zu verschärfen. Und manche unter uns, denen die Demokratie sonst zu langweilig ist, haben ihre Freude daran. – Wir alle haben zu lernen, dass Gespräch nicht Monolog, sondern Dialog heißt. Wir alle haben zu lernen, dass zum Reden auch das Anhören gehört. Wir alle haben zu lernen, dass auch der Starke wissen muss, was er dem Schwächeren an Lasten zumuten darf; dass man dem Schwächeren nie die Würde rauben darf..."[28]) Und der Kardinal schloss mit den Worten:

„Was auch immer geschieht in diesem Land, eines darf es nie wieder geben: daß Bruder gegen Bruder steht. – Gott sei uns allen gnädig."

Und 40 Jahre „danach", bei einem festlichen Dankgottesdienst in St. Stephan, aus Anlass des Jubiläums „40 Jahre 2. Republik, 30 Jahre Staatsvertrag", in Anwesenheit zahlreicher Vertreter des öffentlichen Lebens, rief er zu einer kritischen Selbstbesinnung auf: „Wir erhielten die Freiheit, aber was haben wir aus ihr gemacht? Steht unsere Gesellschaft nicht in der Gefahr einer geistigen Gleichgültigkeit, in der die Grenzen zwischen Wahrheit und Lüge, zwischen Recht und Unrecht, zwischen Gut und Böse zerfließen? Ist das nicht eine Freiheit ohne Verantwortung?" Aber auch die Kirche selbst muss sich kritisch fragen: „Die Christen, die Kirche werden zu den mitgestaltenden Kräften dieses Landes gezählt. Haben ihre Vertreter, hat der Bischof selbst das Gebot der Stunde erkannt, um ein aufrüttelndes Wort zur rechten Zeit zu sagen? Haben sich nicht viele Christen in das private Leben zurückgezogen und ihre politische Verantwortung nicht wahrgenommen?"[29]

VIII. Im Kräftespiel der pluralistischen Gesellschaft

Das Instrumentarium war durch Konzil und Synode sozusagen neu geschärft worden: in den darauffolgenden Jahren wurde damit gearbeitet, unter schwieriger werdenden Bedingungen, inmitten einer pluralistischen Gesellschaft, in der die

---

28 Kardinal König, Predigt im Wiener Stephansdom, abgedruckt in: Kathpress vom 10. Februar 1984.
29 Kardinal Franz König, Predigt beim Dankgottesdienst in St. Stephan, 40 Jahre 2. Republik, abgedruckt in Kathpress 1985.

Kirche in zunehmendem Maße nur mehr eine von vielen gestaltenden Kräften geworden war.

Abgesehen von den Bischöfen, deren Erklärungen mit unterschiedlicher, aber eigentlich immer mit relativ großer öffentlicher Resonanz aufgenommen wurden, bildeten die Katholikentage seit jeher, und in zunehmendem Maße die Aktionen und Erklärungen diverser Laien-Organisationen, allen voran der Katholischen Aktion und ihrer Untergruppierungen, gesellschaftspolitische Kristallisationspunkte. Die Themenschwerpunkte der KAÖ-Frühjahrs- bzw. Herbstkonferenzen[30] griffen immer aktuelle Themen, manchmal auch heiße Eisen auf, so 1985: „Mensch-Umwelt-Schöpfung"; 1986: „Neue Medien: Macht und Verantwortung"; 1989: „Familie im gesellschaftlichen Wandel"; 1990: „Gesellschaftsvisionen der Staaten in Osteuropa"; 1991: „Das Kirchenbild heute"; 1992: „Demokratische Kultur in Österreich – Tendenzen und Gefährdungen"; 1993: „Herausforderung von rechts…" und trugen so zur Meinungsbildung bei.

VIII.1 Die Katholikentage und das Diözesanforum

Die Katholikentage nach dem 2. Weltkrieg, insgesamt vier an der Zahl, 1952 in Wien, (mit einem vorausgegangenen Studientag in Mariazell), 1962 in Salzburg, (mit einem Studientag in St. Pölten), 1974 wieder in Wien, diesmal in Anschluss an den Österreichischen Synodalen Vorgang, – und schließlich 1983 wiederum in Wien, in Verbindung mit dem tief beeindruckenden ersten Pastoralbesuch Papst Johannes Pauls II., wurden, entsprechend der neuen Struktur des österreichischen Katholizismus in der 2. Republik, zur Gänze von der Katholischen Aktion, in enger Verbindung mit den Bischöfen, organisiert.[31]

Ihre Devisen, 1952: „Freiheit und Würde des Menschen", 1962: „Löscht den Geist nicht aus!", 1974: „Versöhnung", 1983 schließlich: „Hoffnung geben – Hoffnung leben" widerspiegeln klar und deutlich den Weg der Kirche durch diese Zeit:

1952, noch unter dem unmittelbaren Eindruck der Vergangenheit, die es erst zu überwinden galt, stellte der Katholikentag „Zehn Gebote" auf, fundamentale Aussagen über Staat und Kirche, über Gewissen und Freiheit, über Solidarität und Verantwortung, über Demokratie und Frieden.

---

30 Vgl. dazu: *Lehner, Markus*, Vom Bollwerk zur Brücke: die Katholische Aktion in Österreich, Thaur/Tirol 1992.
31 Vgl. dazu: *Fenzl, A.*, Katholikentage in Österreich – eine historische Hinführung. Referat vor der Herbstvollversammlung der Österreichischen Bischofskonferenz im November 2003, Manuskript.

1962 hatten sich die Verhältnisse bereits grundlegend geändert: Österreich war frei und hatte seinen Staatsvertrag. Die Frage des Konkordates war gelöst. Die Weltkirche, unmittelbar vor dem II. Vatikanischen Konzil, befand sich in Aufbruchsstimmung. Das Wort vom „aggiornamento" setzte vieles in Gang. Die Beschlüsse dieses Katholikentages, in welchen deutlich die konsequent weitergeführte Herauslösung der Kirche aus der Tagespolitik zum Ausdruck kommt, bauten bewußt auf jenen von 1952 weiter. Das Selbstverständnis der Kirche war zusammengefasst in der selbstbewussten Feststellung: „Sie, die Kirche, leistet ihren Dienst in der Gesellschaft vor allem dadurch, dass sie die Stimme eines öffentlichen Gewissens ist." Der damals von Kardinal König in seiner Schlussansprache in den Raum gestellte Vorschlag, „ein zentrales Komitee einzusetzen, das beauftragt ist, die Verwirklichung, die Umsetzung und Durchsetzung der Beschlüsse dieses Katholikentages zu beobachten und zu verfolgen, ... im Sinne des Leitwortes dieses Katholikentages: ‚Löscht den Geist nicht aus!', wurde – aus heutiger Sicht, – vielleicht zu wenig beachtet.

1974, am Höhepunkt einer schweren Zerreißprobe des inneren Friedens, infolge des Parlamentsbeschlusses der Fristenlösung, war die Kirche, angesichts des Katholikentags-Generalthemas „Versöhnung" in eine schwierige Lage gekommen. Es ist der klugen Haltung Kardinal Königs zu verdanken, dass ein vielleicht unüberbrückbarer Konflikt mit weitreichenden Folgen letztlich doch vermieden werden konnte. Andererseits hatte sich der Kardinal, zu wiederholten Malen, und vor allem bei seiner Schlussansprache in der Stadthalle klar und deutlich, ja, leidenschaftlich für den Schutz des ungeborenen Lebens eingesetzt.

1983, in Verbindung mit dem ersten Besuch Papst Johannes Pauls II. in Österreich, sprengte der Katholikentag seinen rein österreichischen Charakter und wurde zu einem „bedeutsamen Ereignis der Weltkirche", wie Kardinal König es ausdrückte. In seiner Ansprache bei der Europavesper am Heldenplatz am 10. September 1983 sprach der Papst Österreich als das Land im Herzen Europas an, das die Geschicke des Kontinents in besonderer Weise geteilt und entscheidend mitgeprägt hat und bezeichnete Österreich, in dessen Territorium sich die „Wesenszüge von Kelten und Romanen, von Germanen und Slawen tief eingegraben haben und in der Bevölkerung lebendig" sind, als einen „Spiegel und ein Modell Europas".[32]

Zum ersten Mal trug ein Katholikentag auch durch Miteinbindung der anderen Kirchen des Landes einen deutlichen ökumenischen Akzent. – „Doch wir dürfen nicht an den Grenzen des Christentums stehen bleiben", sagte der Kardinal weiter,

---

32 Aviso, 16.

„wir denken in diesen Tagen an alle Menschen, die – wie wir – an den einen Gott glauben und die Notwendigkeit der persönlichen und gemeinschaftlichen religiösen Erneuerung als vordringlich erkennen. Im Gebet sind wir außerdem verbunden mit den Gläubigen aus dem Judentum und dem Islam".

Die ausgearbeiteten „Perspektiven unserer Hoffnung" versuchten, die Verantwortung des Christen in den verschiedenen Lebensbereichen darzustellen: Die Menschenrechte werden ebenso genannt, wie eine neue Sicht der Gemeinschaft von Frauen und Männern; der gemeinsame Auftrag der verantworteten Elternschaft wird ebenso angesprochen, wie die Aufforderung zum Beistand für geschiedene und Wiederverheiratete. Verantwortung für eine kinderfreundliche Kirche, Gesellschaft und Umwelt; Verpflichtung zur ständigen Weiterbildung des Christen durch die Katholische Erwachsenenbildung; schließlich die Verantwortung für eine Weltgestaltung in umfassender Menschenwürde, in Freiheit und Frieden – die Erfüllung all dieser Postulate sollte die Kirche zu einem wahren Ort der Hoffnung in einer bereits deutlich schwieriger werdenden Zeit machen.

Das sechs Jahre danach, am 12. April 1989, von Kardinal Groer auf Anregung des Priesterrates einberufene „Diözesanforum der Erzdiözese Wien"[33] ist vielleicht nicht in einem Atemzug mit den Katholikentagen zu nennen. Als mutiger Versuch einer Standortfindung in innerkirchlich schwieriger Zeit – in der weisen Einsicht, dass eine in sich uneinige Kirche zu keinem furchtbringenden Wirken nach außen imstande ist, – stellte das Diözesanforum einen Meilenstein im Ringen um innerkirchliche Geschlossenheit dar. In vier Sessionen im Zeitraum von 1989–92 sollte das Forum ein „die ganze Diözese umfassender offener Platz" werden, wo jeder kommen und auf seine Weise mitwirken kann, wie Kardinal Groer in seiner Eröffnungsansprache formulierte. Die schließlich verabschiedeten Fassungen der Vorlagen: „Miteinander Kirche sein – zu gemeinsamer Verantwortung gerufen", „Frauen-Kirche", sowie „Ehe und Familien" waren das Ergebnis intensiver Gespräche und Beratungen und geben Zeugnis von der grundsätzlichen Möglichkeit, auch in der Spannung unterschiedlicher Standpunkte geschwisterlich mit einander umzugehen.

VIII.2 Gedenkjahr 1988 und 2. Papstbesuch

In der Mitte der 80er Jahre kam es in Österreich, unter der trügerisch gewordenen dünnen Decke der Wohlstandsgesellschaft zu einer zunehmenden Bereitschaft,

---

33 Diözesanforum der Erzdiözese Wien: Ergebnisse der Delegiertenversammlungen zu den Themen: Miteinander Kirche sein – zu gemeinsamer Verantwortung berufen; Frauen – Kirche; Ehe und Familien, Wien-Vikariat-Stadt 1992.

1945/1955 – Kriegsende – Freiheit – Geschenk und Auftrag

in einem neu erwachten Freund-Feind-Denken, „Andere", Andersdenkende jeder Art, Volksgruppen-Minderheiten, Ausländer, vor allem aber in Österreich beheimatete jüdische Mitbürger – zunächst mit „starken Worten" – zu insultieren. Nach einer ersten Schrecksekunde über die offensichtliche Rückkehr einer auf Nimmerwiedersehen geglaubten Denkweise, wuchs die Entschlossenheit, solchen Anfängen zu wehren. In zwei eindrucksvollen Abenden im Herbst 1986 versuchte die Katholische Aktion Österreichs, gemeinsam mit dem Österreichischen Laienrat, hier deutliche Akzente zu setzen. Neben Persönlichkeiten aus Staat und Gesellschaft erinnerte der im Jahr zuvor neu ernannte Erzbischof Hans Hermann Groer an die Notwendigkeit, „an die eigene Brust zu klopfen und ... etwas zu tun. ... Eine Tat ist dieses Treffen heute", sagte der Kardinal, „und es möge ein erster Schritt sein", und im Vertrauen auf den Herrn sollten wir ihn bitten, „er möge uns den zweiten Schritt und den dritten Schritt und einen Weg schenken, daß wir ihn gemeinsam finden zu einem gemeinsamen Ziel für alle Ewigkeit."[34]

Das „Gedenk-Jahr" 1988, in dem die Österreicher aufgerufen waren, ihre Vergangenheit mehr oder weniger gut zu überdenken und zu „bewältigen", brachte den zweiten Pastoralbesuch Johannes Pauls II. und in diesem Zusammenhang unter anderem einen Besuch des Papstes im ehemaligen Konzentrationslager Mauthausen in Oberösterreich. Der Papst gedachte dort der Opfer und traf mit ehemaligen Häftlingen zusammen. Im Anschluss an die Klagelieder des Jeremia stellte der Papst die Frage nach dem weiteren Weg Europas, das aus dieser Erfahrung der totalitären Herrschaft „einer der schrecklichsten seiner Geschichte, besiegt hervorgegangen ist, ...besiegt in dem, was sein Erbe, seines Sendung zu sein schien." Das Kreuz des Schmerzensmannes bleibt gegenwärtig in der Geschichte der Welt. „Dürfen wir uns von diesem Kreuz entfernen? Können wir an ihm vorbei in die Zukunft gehen? Europa, kannst du an ihm vorbeigehen?" fragte der Papst, „Musst du nicht wenigstens bei ihm stehenbleiben, auch wenn die Generationen deiner Söhne und Töchter daran vorbeigehen und in die Vergangenheit entschwinden?"[35]

Bereits am 25. Oktober 1987 hatte die Katholische Aktion Österreichs eine Christlich-jüdische Gedenkstunde mit dem hoffnungsträchtigen Titel: „Schalom für Österreich – Wege in die Zukunft", veranstaltet, in der Zeitzeugen ebenso zu Wort kamen, wie Jugendliche, für die all das Grauenhafte nur Geschichte war.

---

34 Vgl. dazu: Shalom für Österreich 1, S. 26.
35 Ansprachen im Zusammenhang mit dem 2. Pastoralbesuch Johannes Paul II., 1988, S. 48.

VIII.3 Der Sozialhirtenbrief

Auf der Frühjahrskonferenz der KAB Österreichs, am 19. März 1986 wurde erstmals der Wunsch nach einem neuen Sozialhirtenbrief der österreichischen Bischofskonferenz laut. Neben Stellungnahmen zu aktuellen sozial- und gesellschaftspolitischen Fragen könnte auf diese weise zugleich eine Einstimmung auf das 100-Jahr-Jubiläum von „Rerum novarum" erfolgen. Die österreichische Bischofskonferenz griff dieses Anliegen in ihrer Herbstsitzung 1986 auf und bestimmte den Linzer Bischof Maximilian Aichern zum Hauptverantwortlichen.

Ein von einer Arbeitsgruppe erstellter Grundtext wurde in der Folge einer breiten Öffentlichkeit zur Diskussion gestellt, zahlreiche Hearings wurden abgehalten, um das Gespür für die Vielschichtigkeit der sozialen Probleme zu vertiefen. In offenen und kritischen Gesprächen wurden gegensätzliche Positionen geklärt.

Was dann am 15. Mai 1990[36] veröffentlicht wurde, fand breite und uneingeschränkte Anerkennung: die Bischöfe hatten klare und eindeutige Worte gefunden – die Kirche Österreichs werde auch in Zukunft" an kein besonderes politisches, wirtschaftliches oder gesellschaftliches System gebunden sein"; vor allem aber hatten sie, nach vorausgegangener eingehender Information und Befragung ihrer sogenannten „Basis", eindeutig zugunsten der Benachteiligten der Wohlstandsgesellschaft Stellung bezogen.

Im IV. Kapitel: Sinnfragen, Werte und Ziele, wurde neben dem Lebensrecht der Ungeborenen auch der andere Grenzbereich Ende des menschlichen Lebens, die Sorge um ein menschenwürdiges Sterben in die Überlegungen miteinbezogen.

Als vordringliche gesellschaftspolitische Ziele der Kirche in Österreich nannte der Sozialhirtenbrief neben intensiver Bewusstseins- und Gewissensbildung, neue Zusammenarbeit mit allen Christen, den Angehörigen der großen Weltreligionen und allen Menschen guten Willens. Um die komplexen gesellschaftlichen Probleme lösen zu können, – Sinnerfüllung in der Erwerbsarbeit, aber auch Arbeitslosigkeit, gerechte Verteilung des Wohlstandes usw., bedürfe es einer zunehmenden Solidarität, aber auch solider Sachkenntnis und Kompetenz. Die Förderung von Bildungseinrichtungen wird daher als besonders wichtiges Desiderat erkannt. Bezugnehmend auf den tiefgreifenden Wandel in der Sozialen Frage seit den Zeiten Leos XIII. wurden erstmals auch die „Flüchtlinge und Einwanderer" gesondert erwähnt: im Hinblick auf eine Welt mit immer durchlässigeren nationalen und politischen Grenzen ist ein entsprechend größeres Maß an Vorurteilslosigkeit und

---

36 Sozialhirtenbrief der katholischen Bischöfe Österreichs v. 15. Mai 1990, hrsg. vom Sekretariat der Österreichischen Bischofskonferenz, Wien 1990.

Bereitschaft zum Teilen, nicht nur in finanzieller, sondern ebenso in sozialer und kultureller Hinsicht gefordert.

VIII.4 Das Lichtermeer

Die sich überstürzenden Ereignisse des Jahreswechsels 1989/90 und ihre Folgen bestätigten diese Mahnung der Bischöfe. Die mit dem Zusammenbruch des Kommunismus in den östlichen Nachbarstaaten einsetzende große Völkerwanderung stellte den Westen bald vor scheinbar unlösbare Probleme: Oft künstlich geschürte Angst vor dem Fremden im Allgemeinen, Befürchtungen im Zusammenhang mit dem Arbeitsplatz, usw. nährten eine latent vorhandene Fremdenfeindlichkeit. Ein neues Asylgesetz, ein drohendes Volksbegehren, Schändung jüdischer Friedhöfe, tendenziöse Presseberichte, – all' dem entgegenzutreten, wurde die überparteiliche Plattform SOS-Mitmensch gegründet, als eine breite Suche nach einem neuen Konsens zu Humanität und Solidarität in Österreich (Schüller, 124). Die Katholische Aktion als größte Laienorganisation der katholischen Kirche beteiligte sich aktiv, namhafte Vertreter der Kirche unterstützten SOS-Mitmensch persönlich. Die Kardinäle Groer und König fanden sich am 23. Jänner 1993 beim Lichtermeer ein. *„Wovor haben wir Angst?"* fragte Kardinal König damals in seiner Rede auf dem Stephansplatz.

> *„Ist es nicht in erster Linie unser Wohlstand, um den wir uns sorgen, ohne zu bedenken, wie brüchig er ist in unserer sich so rasch ändernden Welt? Ist es nicht einfach das Fremde, das andere, das uns Angst macht? Hier hilft nicht das Aufreißen von Gräben, sondern nur das Bauen von Brücken, mit dem Blick in die Zukunft."*[37]

Am Rathausplatz appellierte Weihbischof Florian Kuntner leidenschaftlich an die Menschen des Landes, die Augen nicht zu schließen vor dem Elend ringsum, um nicht – zum eigenen Schaden – an Menschlichkeit zu verlieren. „Ich weiß nicht", sagte der Bischof, „wie viele Österreicher das Volksbegehren „Österreich zuerst" unterzeichnen werden. Aber ich bin davon überzeugt, dass die Mehrheit der Österreicher anders denkt. Dass für diese Mehrheit Solidarität mit Menschen in Not kein leeres Wort ist und vor allem kein nationales Mascherl hat."[38]

Auf dem Heldenplatz fasste Helmut Schüller als Präsident der Caritas die Botschaft dieses Abends zusammen. „In der Sprache derer, die sich um nationale Interessen sorgen: Heimat bleibt für niemanden Heimat, wenn an ihren

---

37 DAW – Kardinal König-Archiv, Reden und Ansprachen, Lichtermeer am 23. Jänner 1993.
38 Weihbischof Florian Kuntner, S. 91; vgl. auch: Spuren eines Weges. Texte aus dem Nachlass. *Nowak, Lucia* (Hg.) Päpstl. Missionswerke in Österreich – Missio, Wien 1997.

Staatsgrenzen die Menschlichkeit aufhört. – In der Sprache der Liberalen: Wirkliche Freiheit ist nie auf Kosten anderer zu haben. – In der Sprache der Sozialdemokraten: Ohne internationale Solidarität zerfällt die Welt in neue Klassen. – Und in der Sprache der Christen: Fürchten wir uns nicht vor dem Einsatz für den Menschen. Einer unmenschlichen Wohlstandsfestung fehlt der Segen Gottes."

Zahlreiche Aktionen der Caritas, wie „Nachbar in Not", gemeinsam mit ORF und Rotem Kreuz, „Ein Dach über dem Kopf", „Wohnen nach der Flucht", „Saat der Hoffnung" sorgten begleitend dafür, dass der Beitrag der Christen sich nicht in Worten erschöpfte.

VIII.5 Europa

Mit dem Zusammenrücken von Ost und West Hand in Hand ging die Frage nach dem Vereinten Europa der Zukunft. Das „5. Forum Ostarrichi", die Bildungswoche des Katholischen Laienrates Österreichs, im August 1993 in Neuhofen / Ybbs zusammengekommen, stand unter dem Generalthema: „Christen im zukünftigen Europa" und suchte die Verantwortung der Christen angesichts der historischen Wende in Ost-Mitteleuropa und der damit verbundenen Folgen zu ergründen.

Das Frühjahr 1994 stand im Zeichen der Beitrittsverhandlungen Österreichs zur Europäischen Union. Die Frage: „Für oder gegen Europa?", im Hinblick auf eine geplante Volksabstimmung, erhitzte die Gemüter. Die Frühjahrs-Vollversammlung der Österreichischen Bischofskonferenz unterstrich die „besondere Tragweite" der Entscheidung über einen EU-Beitritt Österreichs, bezeichnete es als eine „demokratische Selbstverständlichkeit", dass „alle Bürgerinnen und Bürger, denen das Wohl Österreichs am Herzen liegt, sich an einer solchen Volksabstimmung beteiligen und sich vorher sorgsam über die Gründe für oder gegen einen Beitritt informieren". Den Bischöfen stehe eine Empfehlung, welcher Art auch immer, nicht zu. Allerdings wird ein bewusster Christ „bei aller gebotenen sorgsamen Abwägung des Für und Wider zur weiteren Integration den Auftrag und die Chance ernstnehmen, auf dem Bauplatz Europa mit den Maßstäben des Evangeliums mittätig zu sein."[39]

Diese „kluge Mittellinie" der Bischöfe wurde in Österreichs Medien sehr positiv aufgenommen und gewürdigt.

---

39 Dazu: Bericht in Kathpress vom 25.3.94.

IX. Wo stehen wir heute?

Die Kirche, das heißt, Bischöfe, Priester und Laien, jeder einzelne Christ für sich allein, wie auch in den verschiedenen katholischen Organisationen, sind heute und werden auch in Zukunft durch die absehbare politische und gesellschaftliche Entwicklung in unserem Lande immer wieder herausgefordert: ausgehend von der immer vielschichtiger gewordenen und daher differenzierter zu sehenden persönlichen Lebenssituation des Einzelnen hin zu den aktuellen Problemen: von der Frage des Schutzes des ungeborenen Lebens über den Stellenwert der Familie und deren Unterstützung, hin zu Fragen der sozialen Gerechtigkeit und wirtschaftlichen Sicherheit; aber auch der Blick über den Gartenzaun wird notwendig sein: die Behandlung der Flüchtlinge und Gastarbeiter, schließlich der Bewahrung oder Zerstörung unserer Umwelt; der globale Friede als Frucht weltweiter Gerechtigkeit im Hinblick auf die Dritte Welt, aber auch die Nord-Süd-Achse. Alle diese Entwicklungen gilt es, mit wachem Auge zu beobachten und wenn nötig, sich im Interesse des Gemeinwohles, auch zu Wort (und Tat) zu melden. Dass dies möglich ist, haben die Christen im Lande schon des Öfteren bewiesen. Einige grundlegende Veränderungen zu den „guten alten Zeiten" werden dabei aber in Betracht zu ziehen sein.

Wie Paul Zulehner es im Titel des Österreichteiles seiner 1991 erschienenen „Europäischen Wertestudie"[40] treffend formuliert hat: Der „Untertan" hat sich in einen „Freiheitskünstler" verwandelt, wobei letzterer durch einen starken Willen zur Selbstverwirklichung, unter Umständen auch durchaus auf Kosten seiner Umgebung, charakterisiert erscheint. „Freiheitsanspruch plus Solidaritätsmangel", so oder ähnlich lautet die nicht besonders günstige Diagnose. Wie kann die Kirche in einem solchen Umfeld ihrer Aufgabe nachkommen?

Wir müssen uns von der Illusion freimachen, als ob unser Land noch so wie früher ein katholisches Land wäre. Auch als staatlich anerkannte Kirche, in Verbindung mit den anderen christlichen Kirchen als ökumenische Gemeinschaft, müssen wir mit einer statistisch erfassbaren, aber auch noch nicht erfassbaren Gruppe rechnen, die äußerlich und zum Teil wohl auch innerlich nicht mehr in Gemeinschaft mit der katholischen Kirche lebt. Was das öffentliche Wirken der Kirche angeht, ist auf die wirkliche Situation der „anderen" Bezug zu nehmen.

Daher verweise ich auf folgende Punkte:

---

40 Zulehner, Paul M. / Denz, Hermann: Wie Europa lebt und glaubt. Europäische Wertestudie, Düsseldorf 1993; vgl. dazu auch: Vom Untertan zum Freiheitskünstler. Eine Kulturdiagnose anhand der Studien Religion im Leben der Österreicher 1970–1990 und der Europäischen Wertestudie – Österreichteil 1990, Wien 1992.

1. *Einheit in der Vielfalt:* in der gegenwärtig pluralistischen Gesellschaft muss es die Kirche verstehen, bei aller gegebenen Vielfalt ihre christlichen Werte so klar leuchten zu lassen, dass ihre religiöse Botschaft als menschlicher Wert akzeptiert wird und ein allgemeiner Grundkonsens in gesellschaftlicher und staatlicher Hinsicht möglich wird.

2. *Angebot, Leistung und Überzeugung anstatt Forderungen, Gebote und Vorschriften:* in einer pluriformen Leistungs-Gesellschaft muss auch die Kirche auf Leistungen hinweisen können, die sie, unabhängig vom Bekenntnis des Einzelnen, für die Gesellschaft erbringt. Dort, wo dies geschieht, (katholische Kindergärten, Schulen) wird ihre Arbeit auch honoriert und (auch finanziell) unterstützt. Wenn die Gesellschaft den menschlichen und geistig-geistlichen Wert einer Kirche für alle Menschen, ohne Unterschied des Standes, erkennen kann, dann wird sie diese auch als wichtigen mitgestaltenden Faktor akzeptieren und unterstützen. Das gilt nicht zuletzt für die Aufbringung der Kirchenbeiträge. Erst wenn es wirklich gelungen ist, die Gesellschaft von den „Leistungen" der Kirche zu überzeugen, kann man darangehen, die oft nicht populären, weil nicht unmittelbar jedermann zugänglichen transzendenten „Ursachen" für diese Leistungen darzustellen und die Solidarität der Menschen auch für diese zu mobilisieren.

Es kann in einem solchen Zusammenhang daher nur heißen: Was bieten wir der Gesellschaft, und nicht: Was können wir von ihr fordern.

3. *Auf jeden Einzelnen kommt es an:* Die Stellung der kirchlichen Hierarchie ist nicht mehr dieselbe wie in früheren Zeiten. Unbedingter Gehorsam in der Öffentlichkeit ist nicht mehr so selbstverständlich, wie früher, einzufordern. Andererseits haben die Menschen heute ein feines Gespür: Wenn die Hirten klare und deutliche Worte finden für die bestehenden Schwierigkeiten und sich nicht einfach hinter „Vorschriften" verschanzen, dann gehen die Menschen mit ihnen mit. So sind die Bischöfe, so ist eine ganze Bischofskonferenz, ohne jeglichen sonstigen Rückhalt, im freien Spiel der außerkirchlichen gesellschaftlichen Kräfte, immer nur so stark, wie ihre Argumente sind.

Wenn man heute gelegentlich klagen hört, dieses oder jenes gesellschaftspolitische Anliegen sei nicht mehr durchzusetzen, – so zum Beispiel in der Frage der Fristenlösung, – so ist dem entgegenzuhalten: Klagen ist der falsche Weg. Die Kirche ist so stark wie ihr schwächstes Glied. Erst dann, wenn der letzte Christ aufgegeben hat, seine Stimme in einer ihm wichtig erscheinenden Sache zu erheben, ist Grund zu Resignation gegeben. Erst dann, wenn keiner mehr da ist, der sich die Mühe macht, aus christlicher Überzeugung zu argumentieren, ist die Sache verloren.

4. Die gesellschaftliche Bedeutung der katholischen Erwachsenenbildung: Argumente überzeugen, wenn sie fundiert sind. Diskutieren, argumentieren und schließlich überzeugen kann nur, wer auch weiß, wovon er spricht. In einer immer komplizierter werdenden Welt ist daher die Hilfe bei der Auswahl und Verarbeitung von Informationen und beim Aufbau des Überblicks notwendiger denn je. Denn nur mit profundem Wissen kann die Eigenverantwortung mündiger Bürger sinnvoll unterstützt werden, wie Weihbischof Krätzl, als für die Erwachsenenbildung zuständiger Referatsbischof, es formulierte.

Hier hat die Kirche eine wichtige Aufgabe zu erfüllen. Und sie kommt ihr auch nach, wie bei einem Überblick über das vielfältige Angebot zu sehen ist, das von einem Netz Katholischer Bildungswerke und Bildungsheime in ganz Österreich, bis hinein in fast jede Pfarre, ausgehend, – über Borromäuswerk und Sozialakademie, den Fernkurs für Theologische Bildung und Bibelwerk, das Literarische Forum und Arbeiterbildungswerk, bis hin zu Familien- und Kolpingwerk, zum Akademikerverband, zur Frauenbewegung und zum Zentrum für Massenkommunikation reicht. Hier wird nicht nur religiöse Information angeboten, sondern alles, was der Mensch von heute braucht. Wichtig wird aber vor allem eine solide theologische Bildung der katholischen Erwachsenen sein. Denn mitgestalten und verändern kann nur, wer fundierte Alternativen anzubieten hat, wer aber andererseits auch weiß, was zu bewahren ist.

X. Schlussbemerkung

Das Verhältnis von Gesellschaft und Kirche ist, wie ich zu zeigen versucht habe, heute in vielen Bereichen schwieriger geworden. Je mehr aber die Kirche versucht, das zu sein, was ihrem ureigensten Auftrag entspricht, nicht mehr und nicht weniger, desto sicherer wird ihr Beitrag auch in einer säkularisierten Gesellschaft anerkannt und geschätzt werden.

Doris Wakolbinger
Neues Verhältnis von Parteien und Kirche nach 1945

Abstract
This Article analyses the relevant elaborations on religion and churches in party manifestos of the First Republic and the post-war decades in order to illustrate the relationship between political parties and the Catholic Church as well as the respective developments after 1945. One cannot but notice the diametrically opposed developments of the ÖVP and SPÖ in relation to the church. These are most obvious where the interests of the state and the church overlap, as is prominently the case in marriage and family legislation, which are used as an example to depict the relationship and developments in detail.

I. Vorbemerkungen

Um das Verhältnis der politischen Parteien zur Kirche bzw. dessen Entwicklung nach 1945 aufzuzeigen, werden in einem ersten Schritt die religions- und kirchenrelevanten Ausführungen in den Parteiprogrammen der Ersten Republik sowie der Nachkriegsjahrzehnte ausführlich analysiert. Besonders deutlich wird das Verhältnis der Parteien zur Kirche dort, wo sich die Interessen des Staates mit jenen der Kirche fundamental überschneiden. Solche Schnittpunkte ergeben sich insbesondere bei Fragen der Ehe- und Familiengesetzgebung, an deren Beispiel das Verhältnis und dessen Entwicklungsverlauf im Folgenden gesondert dargestellt werden.[1]

II. Verhältnis der Parteien zur Kirche

II.1 Die Österreichische Volkspartei

1945 trat die Österreichische Volkspartei (ÖVP) weitgehend das Erbe ihrer – zumindest ideologisch als solche zu bezeichnenden – „Vorgängerpartei", der

---

1 Zur Entwicklung in Deutschland und der Schweiz u.a. *Rauscher, Anton* (Hg.), Kirche-Politik-Parteien, Köln 1974; *ders.* (Hg.), Kirche und Katholizismus 1945–1949, Paderborn 1977; *Conzemius, Victor / Greschat, Martin / Kocher, Hermann* (Hg.), Die Zeit nach 1945 als Thema kirchlicher Zeitgeschichte, Göttingen 1988.

Christlichsozialen Partei Österreichs (CSP), an.[2] Der wesentliche Unterschied zwischen den Parteien liegt in ihrem Verhältnis zur Katholischen Kirche. Dies ist nicht nur im institutionellen und personellen Bereich[3] zu verorten, sondern auch in den programmatischen Äußerungen.

So heißt es im „Linzer Programm" der christlichen Arbeiter Österreichs von 1923 noch, die Grundsätze der Glaubens- und Sittenlehre müssen für die Politik oberste Richtschnur sein.[4] Auch im Programm der CSP von 1926 wird die Überzeugung proklamiert, dass oberstes Ziel des Staates die Förderung der Wohlfahrt der Gesamtheit in vollem Umfang sei und dieses Ziel nur erreicht werden könne, wenn die Grundsätze des Christentums zur Richtschnur genommen werden. Das Zusammenwirken von Kirche und Staat sowie deren gegenseitige Förderung sei im Interesse beider gelegen. Inhaltlich fordert die CSP ein Festhalten am Eherecht für Katholiken sowie den Schutz des keimenden Lebens, Ziel im Schulwesen sei überdies die konfessionelle Schule.[5]

Die neugegründete ÖVP[6] vermied hingegen Äußerungen, die sie unmittelbar als konfessionelle Partei deklariert hätten[7], dennoch ist eine insgesamt recht positive Haltung der Partei gegenüber der Kirche und religiösen Inhalten unverkennbar.[8] Bereits im Juni 1945 konnte die ÖVP mit einem neuen Programm aufwarten,

---

2   Zur Sicht der Katholischen Kirche auf die ÖVP vgl. *Katholische Sozialakademie Österreichs* (Hg.), ÖVP und Kirche, Wien 1979.

3   Die starke Verbindung zwischen der CSP und der Kirche zeigte sich auch in ihrer engen personellen Verknüpfung. Unter den „Priester-Politikern" ist neben etlichen Mandataren der CSP vor allem der oberösterreichische Landeshauptmann Prälat *Johann Nepomuk Hauser* erwähnenswert; *Leitner, Franz*, Kirche und Parteien in Österreich nach 1945. Ihr Verhältnis unter dem Gesichtspunkt der Äquidistanzdiskussion, Paderborn 1988, S. 81 f.

4   Weiters heißt es: Die Gesellschaft ruht auf den drei Grundpfeilern Familie, Beruf und Siedlung. Ihr stärkster ist die Familie. Christliches Eherecht gibt ihr den Schutz, christliche Kindererziehung den Inhalt.

5   *Berchtold, Klaus*, Österreichische Parteiprogramme 1868–1966, München 1967, S. 272 f.

6   Anders als der SPÖ war es der ÖVP als gewollte Parteineugründung nicht möglich, auf ein Grundsatzprogramm der Vorkriegszeit zurückzugreifen; *Kadan, Albert / Pelinka, Anton*, Die Grundsatzprogramme der österreichischen Parteien. Dokumentation und Analyse, St. Pölten 1979, S. 35.

7   Im Unterschied zu anderen christlich demokratischen Parteien Europas verzichtete die ÖVP auf den Begriff „christlich" in ihrem Parteinamen; *Stifter, Gerald*, Die ÖVP in der Ära Kreisky 1970–1983, Innsbruck 2006, S. 79.

8   Auch die Österreichische Bischofskonferenz erblickte in der ÖVP keine katholische, sondern eine bürgerliche Partei; *Liebmann, Maximilian*, Die ÖVP im Spiegel der

in dessen kulturpolitischem Abschnitt neben Gewissens- und Religionsfreiheit auch die Freiheit und Unabhängigkeit der Kirche und Religionsgemeinschaften im Staat sowie der Abschluss eines Staatsvertrages mit der Katholischen Kirche gefordert wird – eine Forderung, die zumindest andeutet, dass die Geltung des Konkordates 1933[9] in Frage gestellt wird.[10] Ferner die Forderung nach Schutz der Sonn- und Feiertagsruhe, Sicherung der seelsorglichen Betreuung in öffentlichen Anstalten (z.B. Kranken-, Waisen- und Siechenhäusern, im Bereich des Heeres) sowie Selbstverwaltung und materielle Unabhängigkeit der Kirchen und Religionsgemeinschaften durch das Recht, Beiträge von ihren Mitgliedern zu erheben. In Bezug auf das Eherecht wird die fakultative Zivilehe gefordert, somit soll auch den kirchlich geschlossenen, den Standesämtern unverzüglich zu meldenden Ehen staatliche Geltung zukommen. Darüber hinaus fordert die Partei in ihren Leitsätzen die Sicherung der religiösen Erziehung der Jugend, die Erteilung des Religionsunterrichts in der Schule an alle bekenntnismäßig gebundenen Kinder, soweit es deren Eltern nicht ausdrücklich ablehnen, und die Einführung eines pflichtgemäßen Ersatzunterrichtes für diesbezüglich ungebundene Kinder. Ergänzend findet sich die Forderung nach Zulassung von Privatschulen und Erziehungsanstalten – auch konfessionellen bzw. kirchlichen Charakters – und Erteilung des Öffentlichkeitsrechts an diese, soweit sie den staatlichen Interessen Rechnung tragen. Für die Kirchen und Religionsgemeinschaften selbst wird die freie Entfaltungsmöglichkeit, der Schutz ihrer Kultureinrichtungen sowie die Rückgabe des von den Nationalsozialisten geraubten kirchlichen Vermögens gefordert.[11]

Bischofskonferenz von 1945, in: *Kriechbaumer, Robert / Schausberger, Franz* (Hg.), Volkspartei – Anspruch und Realität. Zur Geschichte der Volkspartei seit 1945, Wien 1995, S. 253–280, hier S. 257 ff.

9   Konkordat zwischen dem Heiligen Stuhle und der Republik Österreich samt Zusatzprotokoll, BGBl. II 2/1934.

10 Ähnlich auch *Magenschab, Hans*, Die 2. Republik zwischen Kirche und Parteien. Forschungen zur Kirchengeschichte Österreich Bd. II, Wien 1968, S. 17; *Weinzierl* erkennt im Juniprogramm 1945 überhaupt die Forderung nach einem neuen Konkordat; *Weinzierl, Erika*, Kirche, Staat und Gesellschaft in der Zweiten Republik, in: *Kriegl, Hans* (Hg.), Österreich 1945–1970, Wien 1970, S. 331–364, hier S. 338.

11 *Berchtold*, Parteiprogramme (Anm. 5), S. 377 f; nach *Kriechbaumer* nimmt die Soziallehre der Katholischen Kirche, wie sie vor allem in den beiden Sozialenzykliken „Rerum novarum" 1891 und „Quadragesimo anno" 1931 definiert worden war, eine dominierende Stellung in den programmatischen Leitsätzen der ÖVP ein; *Kriechbaumer, Robert*, Die Arbeitnehmer in den Programmen der Salzburger ÖVP, in: *Kohl, Andreas / Ofner, Günther / Stirnemann, Alfred* (Hg.), Österreichisches Jahrbuch für Politik 1990, Wien und München 1991, S. 611–629, hier S. 613.

Bemerkenswerterweise nehmen die kirchenpolitischen bzw. kirchenfreundlichen Aussagen – trotz beabsichtigter Lösung der Partei von der Kirche – insgesamt den bisher größten Raum in den bis zu diesem Zeitpunkt veröffentlichen Parteiprogrammen ein.

Im folgenden Programm der ÖVP aus dem Jahre 1952 wird ein Bekenntnis zur christlich-abendländischen Kulturauffassung abgelegt, in dem die Partei weitgehenden Einfluss der Lehren Christi auf das Zusammenleben der Bürger wünscht. Dennoch sei sie eine konfessionell ungebundene Partei. Auch in diesem Programm finden sich die bekannten Forderungen nach Gewissens- und Religionsfreiheit, der freien Ausübung der staatlich anerkannten Bekenntnisse sowie Selbstverwaltung und materielle Unabhängigkeit der Religionsgemeinschaften. Im Schulwesen wird jedes staatliche Schulmonopol abgelehnt und das primäre Erziehungsrecht der Eltern anerkannt, von welchem sich alle anderen Erziehungsrechte, wie z.B. jenes des Staates, nur ableiten. Darüber hinaus wird ein ordentlicher – der christlichen Kultur Österreichs entsprechender Religionsunterricht – gefordert, wobei dieser ohne Beeinträchtigung der Gewissensfreiheit der Kinder, welche keine religiöse Unterweisung wünschen, abzuhalten sei.[12] Zur Frage der Gültigkeit des Konkordates 1933 bzw. der Notwendigkeit seiner Modifizierung wird nicht mehr Stellung bezogen. Obwohl die Partei betont ungebunden auftritt, wird in diesem Programm durch die Bezugnahme auf die Lehren Christi insgesamt ein stärkeres Bekenntnis zum Christentum als 1945 abgelegt.[13]

Im dritten Parteiprogramm von 1958 wird das Bekenntnis zur christlich-abendländischen Kultur gegenüber dem Programm aus 1952 abgeschwächt. Von einem gewünschten Einfluss der Lehren Christi ist nicht mehr die Rede, sondern nur mehr von der Bedeutung der Religion für die Erziehung und die Gestaltung des Zusammenlebens der Menschen. Neben der erhofften baldigen Lösung der Konkordatsfrage wird auch auf ein neues Protestantengesetz gedrängt. Auf einen bedeutenden Aspekt des Konkordates 1933 wird im Programm noch einmal gesondert eingegangen, nämlich auf die Forderung, die Kosten für öffentliche Schulen und mit Öffentlichkeitsrecht ausgestattete Privatschulen aus öffentlichen Mitteln aufzubringen. Ferner sei ohne Zwang zur Teilnahme für die Erteilung eines Religionsunterrichts zu sorgen. Hingewiesen wird weiters auf die Bedeutung der Familie als *„Keimzelle der Gesellschaft"* und damit verbundene

---

12 *Kadan / Pelinka*, Grundsatzprogramme (Anm. 6), S. 117 ff.
13 Ähnlich auch *Magenschab*, Kirche und Parteien (Anm. 10), S. 19.

familienpolitische Maßnahmen sowie die Notwendigkeit[14] des vollen Schutzes auch des ungeborenen Lebens.[15]

Im „Klagenfurter Manifest", dem Parteiprogramm von 1965, wird der Wert der Familie für die Gesellschaft wiederholt. Ein echtes allgemeines Bekenntnis zum Christentum sucht man auch in diesem Programm allerdings vergeblich. Lediglich in Bezug auf die gerechte Verteilung der Güter bekennt sich die Partei zur christlichen Soziallehre. Weiter abgeschwächt liest man, dass sich die ÖVP – wiederum ohne sich an eine Konfession zu binden – vom christlichen, familienhaften Menschen- und Gesellschaftsbild leiten lässt. Sie sei österreichisch, solidaristisch, christlich und demokratisch.[16]

Nach den Wahlniederlagen der Jahre 1970/71 von der Regierungsmacht verdrängt – für die ÖVP eine völlig gewandelte Situation –, beschloss die Partei 1972 sich eine neue Ausrichtung zu geben. Ein kleiner Teil der ÖVP meinte, die Partei müsse durch einen kämpferischen Konservatismus ein neues, schärfer konturiertes Profil erlangen. Demgegenüber stand eine vornehmlich christlich motivierte „linke" Reformströmung. Beide stellten ihre Bestrebungen zugunsten der Mehrheitsfähigkeit der Partei hintan, mit dem Ergebnis einer mehrheitsorientierten Reformströmung, die man als „progressive christliche Demokraten" einerseits und „aufgeklärte Liberaldemokraten" andererseits bezeichnen kann.[17]

Im neuen Programm, dem „Salzburger Programm" finden sich sodann vermehrt Aussagen zum Christentum und zur Kirche. So heißt es in der Einleitung, dass dieses Grundsatzprogramm u.a. dem neuen Selbstverständnis der Kirche, wie es vor allem im II. Vatikanischen Konzil zum Ausdruck gekommen ist, gerecht werden will. Weiters liest man, dass sich die ÖVP als Nachfolgerin der politischen Bewegung christlicher Demokratien sieht, die Träger großer geschichtlicher Leistungen sind. Sie sei *„offen für Christen und für alle, die sich aus anderen Beweggründen zu einem humanistischen Menschenbild bekennen".* Ihren politischen Gestaltungswillen leite sie aus einem christlich begründeten Verständnis von Mensch und Gesellschaft ab. Sie anerkenne die Selbständigkeit der Kirchen und Religionsgemeinschaften und trete für deren freies öffentliches Wirken ein. Wie schon in früheren Programmen wird jedoch gleichzeitig die Unabhängigkeit der Partei von jeder Konfession oder kirchlichen Institution betont. Bekannt

---

14 *Dachs, Herbert*, Über den Stellenwert der Familie in der österreichischen Volkspartei, in: *Weinzierl, Erika / Stadler, Karl R.* (Hg.), Geschichte der Familienrechtsgesetzgebung in Österreich, Wien 1978, S. 1–12.
15 *Berchtold*, Parteiprogramme (Anm. 5), S. 388 f.
16 *Kadan / Pelinka*, Grundsatzprogramme (Anm. 6), S. 135 ff.
17 Ausführlich *Stifter*, ÖVP in der Ära Kreisky (Anm. 7), S. 54 ff.

ablehnende Worte finden sich zum Schwangerschaftsabbruch, welcher als Instrument der Geburtenregelung unzulässig sei. Seine strafrechtliche Verfolgung müsse jedoch auf Konfliktsituationen Rücksicht nehmen. Dafür öffnet sich die Partei in ihrem Familien- und Ehebild, bekennt sich zum partnerschaftlichen Prinzip in der Ehe und erkennt damit die Zeichen der Zeit.[18]

Zusammenfassend lässt sich konstatieren, dass sich gegenüber der ideologischen „Vorgängerpartei" CSP – trotz weiterhin sehr positiver Grundhaltung und entsprechenden Aussagen in den Programmen – eine Tendenz zur Emanzipation der Partei gegenüber der Kirche in den Nachkriegsjahrzehnten ergibt.[19]

II.2 Sozialistische Partei Österreichs

Die Sozialistische Partei Österreichs (SPÖ) deklarierte sich nach ihrer Wiedergründung 1945 als Nachfolgepartei der Sozialdemokratischen Arbeiterpartei Österreichs bzw. des großen linken Lagers der Vorkriegszeit und übernahm deren „Linzer Programm" aus 1926[20], in welchem sich zahlreiche antiklerikale Äußerungen bzw. Forderungen finden. So etwa die Forderung nach Trennung von Staat und Kirche[21], des weltlichen Charakters des Unterrichts- und Erziehungswesens, des Ausschlusses der theologischen Fakultäten aus dem Verband der Universitäten, eines einheitlichen Eherechts für alle Staatsbürger ohne Unterschied des Bekenntnisses, der Eheschließung vor staatlichen Behörden[22] und der gesetzlichen Anerkennung der Dispensehe. Kein Staatsbürger soll zu wirtschaftlichen Leistungen an die Kirche, zur Teilnahme am kirchlichen Religionsunterricht und Kulthandlungen sowie zur Unterwerfung unter kirchliche Gebote gezwungen sein. Darüberhinaus wird auch zur Abtreibungsfrage deutlich Stellung bezogen. Die Unterbrechung der Schwangerschaft soll nicht durch Strafdrohung, sondern

---

18 Kadan / Pelinka, Grundsatzprogramme (Anm. 6), S. 190 ff.
19 Leitner, Kirche und Parteien (Anm. 3), S. 24; Stifter, ÖVP in der Ära Kreisky (Anm. 7), S. 58 f.
20 Kadan / Pelinka, Grundsatzprogramme (Anm. 6), S. 33.
21 Alle Weltanschauungen, egal ob Religionen, philosophische und wissenschaftliche Bekenntnisse sind vor dem Gesetz gleichberechtigt. Jedermann hat das Recht, über seine Zugehörigkeit zu einer Weltanschauungsgemeinschaft frei zu entscheiden; über Kinder bis zum vierzehnten Lebensjahr entscheiden die Eltern. Alle Weltanschauungsgemeinschaften sind Körperschaften privaten Rechts, sie ordnen und verwalten ihre Angelegenheiten selbst und verleihen ihre Ämter ohne Mitwirkung des Staates. Aufwendungen aus öffentlichen Mitteln sind ausgeschlossen.
22 Die Ehehindernisse der Religionsverschiedenheit, der Weihen und Gelübde sowie die Untrennbarkeit der katholischen Ehe haben gegenüber dem Staat keine Geltung.

durch Beratung und soziale Fürsorge bekämpft werden. Der Abbruch ist für straffrei zu erklären, wenn er durch einen Arzt in einer öffentlichen Heilanstalt auf Antrag der Schwangeren vorgenommen wird. Des Weiteren sei die Operation unentgeltlich vorzunehmen.[23]

1947 verfasste die SPÖ ein Aktionsprogramm, in welchem sich nur mehr einzelne – eher programmatische, denn inhaltliche – Äußerungen zu Kirche und Religion finden lassen: Religion sei Privatsache, jeder konfessionelle und Gewissenszwang sei abzulehnen, Sicherung der Glaubensfreiheit und der freien Religionsausübung, keine Bevorzugung einer Konfession, keine Unterstützung einer Konfession oder konfessionellen Einrichtung aus Staatsmitteln.[24]

Waren die Programme davor eher kritisch in Bezug auf Religion und Kirche verfasst, so kann dem Programm aus 1958 eine deutliche Wendung im Sinne einer weltanschaulichen Öffnung entnommen werden.[25] Anstelle der alten Äußerung, wonach Religion Privatsache sei, heißt es nun, die Sozialisten achten das Bekenntnis zu einem religiösen Glauben wie zu einer nichtreligiösen Weltanschauung als innerste Entscheidung jedes Einzelnen. Sie stehen zum Grundsatz der Gleichberechtigung aller Bekenntnisse in der staatlichen Ordnung. Ebenso ist eine positive Haltung gegenüber dem Christentum erkennbar. So liest man etwa, dass von den großen Religionsgemeinschaften insbesondere die christlichen Kirchen die Notwendigkeit von sozialen Reformen erkennen, *„Sozialismus und Religion sind keine Gegensätze. Jeder religiöse Mensch kann gleichzeitig Sozialist sein"*. Zwischen dem auf einer sittlichen Gesinnung beruhenden Sozialismus und den Religionsgemeinschaften kann es keine Konflikte geben, vorausgesetzt diese vermeiden es, für die Durchsetzung ihrer Forderungen oder in der Auseinandersetzung mit anderen Weltanschauungen staatliche Machtmittel anzuwenden.[26]

Dennoch war das Verhältnis der SPÖ zur Kirche bis in die frühen Sechzigerjahre auch von der Diskussion rund um die Anerkennung des Konkordates 1933 bestimmt, welche von der SPÖ zunächst abgelehnt wurde. Diese Ablehnung unter der Führung des damaligen Vizekanzler *Adolf Schärf* beruhte auch auf

---

23 *Kadan / Pelinka*, Grundsatzprogramme (Anm. 6), S. 85 ff.
24 *Berchtold*, Parteiprogramme (Anm. 5), S. 270, 277.
25 *Stifter*, ÖVP in der Ära Kreisky (Anm. 7), S. 80, welcher von *„Kursänderung"* spricht; *Weinzierl* von einem *„markanten Abrücken"* von den kulturpolitischen Positionen der Sozialisten im Aktionsprogramm von 1947 und erst recht vom Parteiprogramm von 1926; *Weinzierl*, Kirche, Staat und Gesellschaft (Anm. 10), S. 346 f.
26 *Kadan / Pelinka*, Grundsatzprogramme (Anm. 6), S. 96; *Berchtold*, Parteiprogramme (Anm. 5), S. 289.

Ressentiments gegenüber der „*Dollfuß*-Ära".[27] 1957 kam es zu einem Kompromiss und das Konkordat 1933 wurde mit den Stimmen der SPÖ unter der Auflage anerkannt, dass einzelne Punkte im Ehe- und Schulwesen neu zu verhandeln seien.[28] Noch gesonnenere Worte als im Programm aus 1958 finden sich im nächsten Programm aus 1978. Dort wird der Sozialismus als eine internationale Bewegung, in der Menschen aufgrund humanistischer Wertvorstellungen, marxistischer oder anders begründeter sozialer oder „religiöser Überzeugungen" (!) für eine bessere Gesellschaft zusammenwirken, beschrieben. So liest man unter anderem, dass die sozialistische Bewegung den christlichen Kirchen und anderen Religionsgemeinschaften keine weltanschauliche Konkurrenz machen wolle, sie anerkenne deren Leistung und sichere ihnen die volle Freiheit zu. Zudem wird der Wandel in den christlichen Kirchen und das gesellschaftliche Engagement von Christen begrüßt. Millionen Christen stehen heute in der sozialistischen Bewegung, weil sie überzeugt sind, in ihr für ihre sittlichen Grundwerte am wirksamsten eintreten zu können. „*Sie sind Sozialisten nicht obwohl, sondern weil sie Christen sind.*"[29] Dieses Parteiprogramm geht damit in seiner „Aufgeschlossenheit" gegenüber dem Christentum insgesamt noch einmal wesentlich weiter als die Programme davor, insbesondere jenes aus der Ersten Republik, welches von einer noch sehr deutlichen antiklerikalen Haltung geprägt ist. Stellten 1958 Sozialismus und Christentum keine Gegensätze dar – jeder religiöse Mensch könne gleichzeitig Sozialist Sozialist sein –, so sind im Jahre 1978 Menschen Sozialisten nicht obwohl, sondern weil sie Christen sind.

II.3 Freiheitliche Partei Österreichs

In den Programmen des liberal-nationalen Lagers vor 1945 kommt in der Regel eine antiklerikale Gesinnung zum Ausdruck. So heißt es im „Salzburger Programm" der Großdeutschen Volkspartei aus 1920, dass der Klerikalismus der Kulturentwicklung des deutschen Volkes schade und zum Internationalismus führe. Man erkenne zwar die Bedeutung der Religion als Kulturbestandteil und lehne jede Glaubensfeindlichkeit ab, jedoch bekämpfe man im Klerikalismus das

---

27 *Weinzierl*, Kirche, Staat und Gesellschaft (Anm. 10), S. 338 f.
28 *Liebmann*, ÖVP im Spiegel der Bischofskonferenz (Anm. 8), S. 280; *Stifter*, ÖVP in der Ära Kreisky (Anm. 7), S. 80; *Magenschab*, Kirche und Parteien (Anm. 10), S. 20.
29 *Kadan / Pelinka*, Grundsatzprogramme (Anm. 6), S. 144 f; ausführlich *Kriechbaumer, Robert*, Zwischen Revisionismus und Dogmatismus – Die Diskussion der SPÖ zum neuen Parteiprogramm 1978, in: *Kohl, Andreas / Stirnemann, Alfred* (Hg.), Österreichisches Jahrbuch für Politik 1981, Wien und München 1982, S. 111–141, hier S. 130 ff.

Streben, weltliche Machtziele durch die Vorschützung religiöser Zwecke zu erreichen. Staat und Kirche haben wesensverschiedene Aufgaben, seien daher strikt zu trennen und haben voneinander unabhängig zu sein. Zur Ehe liest man, dass das Recht, ihre bürgerliche Wirkung zu regeln, nur der staatlichen Gesetzgebung zukomme.[30]

1945 gab es vorerst keine unmittelbare Nachfolgepartei, erst im Februar 1949 war es gelungen, das alte liberal-nationale Lager zu einer politischen Blockbildung unter der Bezeichnung „Verband der Unabhängigen" (VdU) zusammenzuführen. In dieser Gruppe fanden sich neben dem ehemaligen deutschnationalen Lager (Großdeutsche Volkspartei, Landbund) auch Angehörige aus dem liberalen Bürgertum und vor allem nichtsoziale Antiklerikale.[31] In deren Wahlprogramm wird ein Bekenntnis zu den sittlichen Grundsätzen des wahren Christentums abgelegt, der Missbrauch der Religion zu politischen Zwecken wird abgelehnt. Im folgenden Programm, dem „Ausseer-Programm" aus 1954, wird Toleranz in religiösen Fragen und die Freiheit der persönlichen Entscheidung des Einzelnen in Bezug auf Religion gefordert. Die Zugehörigkeit oder Nichtzugehörigkeit zu bestimmten Glaubensgemeinschaften darf niemandem zum Vor- oder Nachteil werden. Man stünde auf dem Boden der abendländisch-christlichen Ethik, wolle jeden konfessionellen Hader aus dem Volk verbannt wissen und die Achtung vor jedem wie immer gearteten Glaubensbekenntnis zum Allgemeingut werden lassen.[32]

Nach bescheidenen Wahlerfolgen der VdU kam es zu einem neuen organisatorischen Zusammenschluss in Form der Freiheitlichen Partei Österreichs (FPÖ). Gleich nach ihrer Gründung wurde 1955 ein Kurzprogramm veröffentlicht, in welchem man Äußerungen zur Religion oder Kirche jedoch vergeblich sucht. Zwei Jahre danach wurde dieses Programm von den neuen Parteirichtlinien abgelöst. Darin wird zur Wiedereinführung einer Ehegesetzgebung im Sinne des Konkordates von 1933 kritisch Stellung bezogen, dies sei eine Zwangsmaßnahme, welche aufs Schärfste abgelehnt werde. Gefordert wird eine die gesamte Jugend umfassende öffentliche Schule zur Erziehung auf Grundlage eines gesunden Volksbewusstseins, der abendländischen Ethik und des Gedankengutes des Humanismus. Diese Schule solle jedoch auch den staatlich anerkannten Religionsgemeinschaften zur religiösen Erziehung offen stehen. Überdies sollen auch kirchliche und weltliche Einrichtungen Privatschulen errichten können, die in der Bestellung ihre

---

30 *Berchtold,* Parteiprogramme (Anm. 5), S. 452 f.
31 *Reiter, Erich,* Programm und Programmentwicklung der FPÖ, in: *Ermacora, Felix* (Hg.), Österreichische Schriften für Rechts- und Politikwissenschaften Bd. V, Wien 1982, S. 3 f; *Leitner,* Kirche und Parteien (Anm. 3), S. 33.
32 *Berchtold,* Parteiprogramme (Anm. 5), S. 485, 490.

Lehrkräfte frei sind, jedoch der staatlichen Schulaufsicht unterliegen müssen und keinen Anspruch auf Unterstützung aus staatlichen Mitteln haben sollen. Dieses Programm wurde 1964 durch das „Salzburger Bekenntnis" ergänzt, in dem jedoch ebenso wie im Kurzprogramm 1955, zur Religion und den Kirchen keine Stellung bezogen wurde.[33]

Im Programm von 1968, dem sogenannten „Bad Ischler Programm", wird erneut die Trennung von Kirche und Staat verlangt und Toleranz gegenüber jeder Weltanschauung bekundet. Das Ehe- und Familienrecht sei an die Erfordernisse einer fortschrittlichen Gesellschaft anzupassen. Als Ergänzung zu diesem Parteiprogramm trägt das „Freiheitliche Manifest zur Gesellschaftspolitik" von 1973 wenig Neues bei. Es findet sich lediglich die Aussage, dass es zur Freiheit jedes Menschen gehöre, sich moralischen, religiösen oder anderen Autoritäten von sich aus, ohne dazu genötigt zu werden, unterzuordnen.[34]

II.4 Vergleich der Verhältnisse

Vergleicht man die Beziehungen bzw. vielmehr deren Entwicklung vor und nach 1945 der einzelnen Parteien zur Kirche – wie sie sich aus deren Programmen ergeben –, so könnten diese kaum unterschiedlicher sein. Interessant ist dabei allen voran die diametrale Entwicklung der Verhältnisse der ÖVP und SPÖ zur Kirche:

So versucht die ÖVP ab 1945 und in den Jahrzehnten danach das klerikale Kleid ihrer ideologischen Vorgängerpartei abzustreifen und will trotz ihrer immer noch sehr positiven Haltung gegenüber der Kirche, dem Christentum und religiösen Belangen als konfessionell ungebundene Partei verstanden werden.

Eine umgekehrte Entwicklung durchläuft die Beziehung der SPÖ zur Kirche. Das „Linzer Programm" aus 1926 nimmt eindeutig antiklerikale Standpunkte ein und verfolgt damit teilweise die marxistische Religionskritik. Darin heißt es noch, dass die Sozialdemokratie *„im Gegensatz zum Klerikalismus, der die Religion zur Parteisache macht, um die Arbeiterklasse zu spalten und breite proletarische Volksmassen in der Gefolgschaft der Bourgeoisie zu erhalten"*, die Religion als Privatsache des Einzelnen erachte; die Sozialdemokratie bekämpfe die Kirchen und Religionsgesellschaften, die ihre Macht über die Gläubigen ausnütze um dem Befreiungskampf der Arbeiter entgegenzuwirken.[35] Später

---

33 *Ebenda*, Parteiprogramme (Anm. 5), S. 500 ff, 509 ff.
34 *Reiter*, Programm der FPÖ (Anm. 31), S. 86 f, 89, 93; Kadan / Pelinka, Grundsatzprogramme (Anm. 6), S. 214, 219.
35 *Berchthold*, Parteiprogramme (Anm. 5), S. 259.

in den Nachkriegsjahrzehnten ist hingegen eine weltanschauliche Öffnung der Partei zu beobachten.

Am Ende des Tages lesen sich die Programme der beiden Parteien – von anfangs höchst unterschiedlichen Startpositionen in der Ersten Republik ausgehend – ähnlich freundlich. Der wesentliche Unterschied liegt in der konkreten Weise, in der die beiden Parteien im „gläubigen Wählerlager fischen": Während die ÖVP „nicht nur" für Christen offen sein will, möchte die SPÖ nach 1945 „auch" für Christen offen sein.

Gänzlich anders gestaltet sich das Verhältnis des dritten Lagers zur Katholischen Kirche – dieses ist von einer gleichbleibenden Distanz geprägt.

III. Verhältnis am Beispiel des Eherechts

Mit der Einführung des deutschen Ehegesetzes im Juli 1938 (EheG)[36] erfolgte die längst „*überfällige Entkonfessionalisierung*" des staatlichen Eherechtes – dadurch wurden die Bestimmungen des Art. VII des Konkordates 1933 zur Ehe[37] nach einer kurzen Episode innerstaatlich derogiert. Fortan galt die obligatorische Zivilehe, gemäß den §§ 15 ff EheG hat die Eheschließung vor einem Standesbeamten stattzufinden. Dieses neue Eherecht war areligiös, das Scheidungsrecht einer Kombination von Verschuldens- und Zerrüttungstatbeständen verpflichtet.

---

36 Gesetz zur Vereinheitlichung des Rechts der Eheschließung und der Ehescheidung im Lande Österreich und im übrigen Reichsgebiet vom 6. Juli 1938, dRGBl. I S 807/1938.

37 Die Republik erkennt den nach kanonischem Recht abgeschlossenen Ehen die bürgerliche Rechtswirkung zu (§ 1); Die Zuständigkeit der kirchlichen Gerichte und Behörden zum Verfahren bezüglich der Ungültigkeit der Ehe und der Dispens von einer geschlossenen, aber nicht vollzogenen Ehe wird vom Staat anerkannt (§ 3), für den Eintritt der bürgerlichen Rechtswirksamkeit ist eine Vollstreckbarkeitserklärung durch den OGH notwendig. Im Zusatzprotokoll anerkannte Österreich auch die Zuständigkeit der kirchlichen Behörden zum Verfahren bezüglich des *Privilegium Paulinum* – der Heilige Stuhl anerkannte, dass das Verfahren bezüglich der Trennung von Tisch und Bett den staatlichen Gerichten zusteht (Zusatzprotokoll zu Art. VII Abs 1 und 2); aus der breit gefächerten Literatur sei verwiesen auf *Kalb, Herbert / Potz, Richard / Schinkele, Brigitte*, Religionsrecht, Wien 2003, S. 455 ff; *Kremsmair, Josef*, Der Weg zum österreichischen Konkordat 1933/34, Wien 1980; *ders.*, Geschichte des Konkordates 1933/34. Von den Anfängen bis zur Unterzeichnung, in: *Paarhammer, Hans / Pototschnig, Franz / Rinnerthaler, Alfred* (Hg.), 60 Jahre österreichisches Konkordat, München 1994, S. 77–118; *Weinzierl, Erika*, Die österreichischen Konkordate von 1855 und 1933, Wien 1960; *dies.*, Das österreichische Konkordat von 1933. Von der Unterzeichnung bis zur Ratifizierung, in: *Paarhammer, Hans / Pototschnig, Franz / Rinnerthaler, Alfred* (Hg.), 60 Jahre österreichisches Konkordat, München 1994, S. 119–134.

Abgesehen von den „völkisch-rassischen" Inhalten kann dem Gesetz ein modernisierender Effekt und Säkularisierungsschub beigemessen werden. Nach 1945 wurden die rassisch-biologistischen Einlassungen[38] aus dem Eherecht entfernt, im Übrigen blieb es aber in Geltung.[39] Das war die Ausgangssituation für die Eherechtsentwicklung in der Zweiten Republik – welche Standpunkte ergriffen nun die Parteien, welche die Kirche? Die bereits vor der Ära des Nationalsozialismus geführte Auseinandersetzung, ob nun der Staat oder die Kirche zur Nominierung des Eheschließungsrechts befugt sei, ging nach 1945 jedenfalls weiter.

Die Kirche versuchte nach 1945 zu erreichen, dass der Eheschließung nach kanonischem Recht wie vor 1938 wieder staatliche Wirkung zukommt. Daher beharrte der Heilige Stuhl auf der Einhaltung des Konkordates 1933. Darüber hinaus forderte die Kirche die Beseitigung von § 67 des Personenstandsgesetzes (PStG)[40], welcher die gerichtliche Verfolgung jener Geistlichen vorsah, die eine kirchliche Trauung vor der standesamtlichen Eheschließung vornahmen (Verbot der religiösen Voraustrauung).[41] Die Bestimmung stammte aus dem 1937 im Deutschen Reich erlassenen PStG und war 1945 ebenso in das österreichische Recht übernommen worden. 1955 gelangte zumindest diese kirchliche Forderung zum Durchbruch – der VfGH hob die Bestimmung aufgrund eines Antrages der Tiroler und Vorarlberger Landesregierungen wegen Verstoßes gegen Art 15 StGG

---

38 Z. B. Eheverbot der Blutverschiedenheit, Mangel an Ehetauglichkeit, Scheidungsgrund der Unfruchtbarkeit; Gesetz vom 6. Juni 1945 über Maßnahmen auf dem Gebiete des Eherechtes, des Personenstandsrechtes und des Erbgesundheitsrechtes, StGBl. 31/1945.
39 Verfassungsgesetz vom 1.5.1945 über die Wiederherstellung des Rechtslebens in Österreich (R-ÜG, StGBl. 6/1945); Gemäß §§ 1 Abs. 1 R-ÜG wurden alle nach den 13. März 1938 erlassenen Normen, die u.a. „*dem Rechtsempfinden des österreichischen Volkes widersprechen oder typisches Gedankengut des Nationalsozialismus enthalten*", aufgehoben. Alle übrigen Gesetze und Verordnungen wurden bis zur Neugestaltung in vorläufige Geltung gesetzt. Gemäß § 1 Abs. 2 stellt die Provisorische Regierung „*mittels Kundmachung fest, welche Rechtsvorschriften des Abs. (1) als aufgehoben zu gelten haben*". Eine derartige Kundmachung ist bezüglich des EheG nicht erfolgt; *Potz, Richard / Schinkele Brigitte*, Die kirchliche Trauung im staatlichen Recht Österreichs. Ein Beitrag zur Geschichte des Verhältnisses von Staat und Katholischer Kirche in den langen Fünfzigerjahren, in: *Paarhammer, Hans / Rinnerthaler, Alfred* (Hg.), Österreich und der Heilige Stuhl im 19. und 20. Jahrhundert, Frankfurt a. Main 2001, S. 401–442, hier S. 402 f; *Hanisch, Ernst*, Bis daß der Tod euch scheidet. Katholische Kirche und Ehegesetzgebung in Österreich, in: *Weinzierl, Erika / Stadler, Karl R.* (Hg.), Geschichte der Familienrechtsgesetzgebung in Österreich, Wien 1978 , S. 17–31, hier S. 30.
40 DRGBl. I S. 1146/1937.
41 Kritisch zu § 67 leg cit *Plöchl, Willibald M.*, Konkubinat, Gewissensehe, Zwangszivilehe und Religionsfreiheit, in: ÖAKR 1. Jahrgang/1950 (Heft 1), S. 10–16.

und Art 63 Abs 2 StVStGermain als verfassungswidrig auf. Der Gerichtshof führte aus, dass die religiöse Feierlichkeit der Eheschließung aller gesetzlich anerkannten KuR einen Akt der gemeinsamen öffentlichen Religionsausübung darstelle. Da seit Inkrafttreten des EheG 1938 einer Eheschließung vor einem Organ einer Religionsgemeinschaft keinerlei Wirkung für den staatlichen Bereich zukomme, gehöre dieser Akt und auch die Bestimmung seines Zeitpunktes in den Bereich der selbständigen Ordnung und Verwaltung der inneren Angelegenheiten einer KuR.[42] Dies sollte in der längeren Auseinandersetzung rund um das Eherecht und dessen Reform der einzige Erfolg seitens der Kirche bleiben.

Während die bis 1966 bestehende Koalition von ÖVP und SPÖ auf vielen Gebieten gemeinsame Lösungen finden konnte, fehlte diese Konsensfähigkeit im Bereich des Ehe- und Familienrechts. Die Frage nach der Aufrechterhaltung der obligatorischen Zivilehe gedieh zu einem kulturpolitischen Streit, der darüber hinaus in die Auseinandersetzung über die grundsätzliche (Fort-)Geltung des Konkordates 1933 eingebettet war. Die kirchliche Forderung der fakultativen Zivilehe erhielt Schützenhilfe von der ÖVP, in deren Leitsätzen aus 1945 ein dementsprechendes Eherecht gefordert wird. Ihre diesbezüglichen Anträge scheiterten jedoch am Widerstand der SPÖ. Diese verlangte 1945, noch aus dem Programm von 1926 stammend, ein einheitliches Eherecht für alle Staatsbürger ohne Unterschied des Bekenntnisses und die Eheschließung vor staatlichen Behörden (d.h. Beibehaltung der obligatorischen Zivilehe). Ergänzend sollte es möglich sein, sich nach der staatlichen Eheschließung auch kirchlich trauen zu lassen.[43] Überdies fürchtete die SPÖ bei Durchbruch der kirchlichen Forderungen als nächsten Schritt die Anerkennung der teilweisen kirchlichen Gerichtsbarkeit und eine Einschränkung des Scheidungsrechtes.[44] Der Standpunkt der FPÖ ist durch eine ablehnende Haltung gegenüber dem abwertend

---

42 VfSlg. 2944/1955; *Weinzierl*, Kirche, Staat und Gesellschaft (Anm. 10), S. 342; zur Auseinandersetzung rund um § 67 leg cit sowie zum späteren Erkenntnis des VfGH *Potz / Schinkele*, Kirchliche Trauung (Anm. 39), S. 415 ff, 429f.

43 Obwohl SPÖ-Justizminister *Otto Tschadek* anlässlich einer Tagung der sozialistischen Katholiken überraschenderweise erklärte, dass auch die fakultative Zivilehe möglich wäre: *„Wenn die Ehefähigkeit im Sinne der staatlichen Vorschriften von einer Behörde bescheinigt wird und die kirchlich vollzogene Ehe im staatlichen Personenstandsregister eingetragen ist, hätte ich persönlich keine Bedenken, auf die obligatorische Zivilehe zu verzichten."*; *Magenschab*, Kirche und Parteien (Anm. 10), S. 58; *Lehner, Oskar*, Familie – Recht – Politik. Die Entwicklung des österreichischen Familienrechts im 19. und 20. Jahrhundert, Wien 1987, 218 ff.

44 Bis in die Sechzigerjahre vermittelte die Kirche den Eindruck, die Einführung der Wahlzivilehe wäre nur das erste Zugeständnis an das kirchliche Eheverständnis; *Potz / Schinkele*, Kirchliche Trauung (Anm. 39), S. 440.

als „Dollfuß-Konkordat" bezeichneten Konkordat 1933 gekennzeichnet. Dementsprechend war die Einstellung der FPÖ zum Konkordatseherecht.[45] Derlei gestalteten sich die unterschiedlichen ideologischen Grundpositionen der Parteien in den ersten Nachkriegsjahren.

1949 kam eine neue Dynamik in die Ehereformdiskussionen. Der Sozialist und praktizierende Katholik *Otto Tschadek* übernahm das Justizressort und machte die Reform des Ehe- und Familienrechtes zu einem Herzstück seiner Amtszeit. Großer Erfolg war ihm jedoch nicht beschieden, denn die Reformdiskussion gerierte sich zu einer Grundsatzdebatte um die Neupositionierung von Kirche und Staat bzw. von Kirche im Staat. 1950 mahnte Erzbischof *Giovanni Dellepiane* erneut die Anerkennung des Konkordates 1933 ein – dies führte zu einer Verstärkung der Ablehnung der SPÖ gegenüber diesem. Vizekanzler *Adolf Schärf* diagnostizierte bereits aufgrund der Möglichkeit einer Wahlzivilehe eine verfehlte Gleichrangigkeit von Kirche und Staat. Um die Weitergeltung des Konkordates hintanzuhalten, bemühte er sogar die Annexionstheorie. Der so eingeleitete Konflikt definierte die Linie in der Diskussion in den Fünfzigerjahren. Die Eherechtsentwürfe – geprägt von den Professoren im Dunstkreis der „Österreichischen Gesellschaft für Kirchenrecht" – waren allesamt nicht mehrheitsfähig. Die von *Tschadek* 1951 einberufene große Familienrechts-Enquete scheiterte.[46]

Diese auch kultuspolitische Problematik führte 1952 seitens der Kirche zum „Mariazeller Manifest" und mit diesem zu einer Absage an den politischen Katholizismus.[47] Dessen praktische Umsetzung dauerte jedoch an, forderte sie doch ein massives Umdenken im Verhältnis von Kirche, Partei und Staat. Diese neue Vorstellung einer Partei als Partner im gesellschaftlichen Dialog anstatt wie bisher

---

45 *Leitner*, Kirche und Parteien (Anm. 3), S. 52.
46 *Kalb, Herbert*, Das Eherecht in der Republik Österreich 1918–1978, in: *Kohl, Gerald / Olechowski, Thomas / Staudigl-Chiechowicz / Täubel-Weinreich, Doris* (Hg.), BRGÖ Bd. I (Jahrg. 1), Wien 2012, S. 27–43, hier S. 38; *Dachs*, Familie in der österreichischen Volkspartei (Anm. 14), S. 7 ff; *Lehner*, Familie – Recht – Politik (Anm. 43), S. 224 ff.
47 *„Keine Rückkehr zum Staatskirchentum vergangener Jahrhunderte, das die Religion zu einer Art ideologischen Überbau der staatsbürgerlichen Gesinnung degradierte, das Generationen von Priestern zu inaktiven Staatsbeamten erzog. Keine Rückkehr zu einem Bündnis von Thron und Altar, das das Gewissen der Gläubigen einschläferte und sie blind machte für die Gefahren der inneren Aushöhlung. Keine Rückkehr zum Protektorat einer Partei über die Kirche, das vielleicht zeitbedingt notwendig war, aber Zehntausende der Kirche entfremdete. Keine Rückkehr zu jenen gewaltsamen Versuchen, auf rein organisatorischer und staatsrechtlicher Basis christliche Grundsätze verwirklichen zu wollen."* (Text abrufbar auf www.bischofskonferenz.at/pages/bischofskonferenz/publikationen/hirtenbriefe/article/110483.html).

als bloßer Empfänger kirchlicher Direktiven musste seitens der Kirche erst verinnerlicht werden.[48]

Erst die Fünfzigerjahre brachten eine Aufweichung der Fronten. Zudem hievte die Aufhebung des § 67 PStG die Auseinandersetzung auf eine sachliche Ebene. Wie oben dargestellt, kam es zu einer Öffnung der SPÖ gegenüber der Kirche und damit auch zu einer geänderten Sicht auf das Konkordat 1933. 1957 beschloss der Ministerrat die Einsetzung eines Ministerkomitees zur Lösung der Konkordatsfrage. Es folgte ein einstimmiger Beschluss der Bundesregierung, mit dem das Konkordat anerkannt wurde, verbunden jedoch mit dem Wunsch gegenüber dem Heiligen Stuhl, man möge ehestmöglich Verhandlungen über ein neues Konkordat, welches insbesondere die Ehe- und Schulfrage regeln soll, aufnehmen. Auch die konkordatäre Neuregelung vermögens- und schulrechtlicher Belange 1960[49] und 1962[50] dokumentiert ein neues Maß an Kompromissbereitschaft von Seiten der SPÖ – übrig blieb jedoch die Neugestaltung des Eherechtes.[51]

Den eigentlichen Startschuss für eine Familienrechtsreform gab erst die SPÖ Alleinregierung unter Justizminister *Christian Broda*. Begünstigt wurde der Reformdiskurs auch durch einen Paradigmenwechsel in der ÖVP, was sich, wie oben dargestellt, in deren „Salzburger Programm" äußerte, in welchem die Partei das Leitbild der partnerschaftlichen Familie zur Grundlage ihrer Familienpolitik erhoben hat. Dieser ideologische Wandel schuf eine Basis für den Konsens mit der SPÖ. Noch zentraler für den Diskurs waren jedoch die geänderten gesellschaftlichen Rahmenbedingungen.[52]

So gelang in mehreren Teilreformen ein neues Ehe- und Familienrecht: Mit dem Reformgesetz 1975 war der Mann nicht mehr das Oberhaupt der Familie, die persönlichen Rechte und Pflichten der Ehegatten im Verhältnis zueinander wurden als gleich definiert und die Ehegatten hatten fortan ihre eheliche Lebensgemeinschaft einvernehmlich zu gestalten.[53] 1978 wurde mit der Aufhebung der §§ 1238–1241

---

48 *Kalb*, Eherecht 1918–1978 (Anm. 46), S. 39.
49 Vertrag zwischen dem Heiligen Stuhl und der Republik Österreich zur Regelung von vermögensrechtlichen Beziehungen, BGBl. 195/1960.
50 Vertrag zwischen dem Heiligen Stuhl und der Republik Österreich zur Regelung von mit dem Schulwesen zusammenhängenden Fragen samt Schlußprotokoll, BGBl. 273/1962.
51 *Potz / Schinkele*, Kirchliche Trauung (Anm. 39), S. 431, 441 f.
52 *Kalb*, Eherecht 1918–1978 (Anm. 46), S. 40; *Lehner*, Familie – Recht – Politik (Anm. 43), S. 238.
53 Bundesgesetz vom 1. Juli 1975 über die Neuordnung der persönlichen Rechtswirkung der Ehe, BGBl. 412/1975; ausführlich *Lehner*, Familie – Recht – Politik (Anm. 43), S. 337 ff.

ABGB die Privilegierung des Mannes im Ehegüterrecht beseitigt. Bei der Reform des Eherechts ging es neben anderen Fragen auch um die Erneuerung des Scheidungsrechts. Die einvernehmliche Scheidung vor dem Außerstreitrichter, bei der eine von beiden zugestandene unheilbare Zerrüttung nicht weiter zu erforschen ist, wurde eingeführt (§ 55a EheG). Eine gesondert verabschiedete Ergänzung des § 55 EheG in Abs 3[54], nach der dem Scheidungsbegehren jedenfalls stattzugegeben sei, wenn die häusliche Gemeinschaft der Ehegatten seit sechs Jahren aufgehoben ist, wurde mit den Stimmen von SPÖ und FPÖ gegen die Stimmen der ÖVP angenommen. Die ÖVP sah durch eine derartige „Fristenautomatik" eine massive Benachteiligung des schuldlosen Ehegatten sowie eine Relativierung der Institution der Ehe. Aus ähnlichen Gründen sprach sich auch die Kirche gegen diesen Automatismus aus.[55] Damit war der Anfang für ein modernes Ehe- und Familienrecht gemacht.

IV. Abschließende Würdigung

Während die Jahre bis 1938 durch eine besonders enge Bindung der Kirche an die politische Macht geprägt waren, änderte sich dies in der Zweiten Republik. So entschieden die österreichischen Bischöfe bereits bei ihrer ersten Zusammenkunft nach dem Krieg, den Klerus aus der aktiven Politik fernzuhalten und jede politische Bindung an eine Partei zu unterlassen. Im Herbst 1946 verlautbarte die Bischofskonferenz neuerlich, dass sie nicht den Zustand der Kirche vor 1938 in Betracht ziehe und keinerlei Bindung an eine politische Partei wünsche. Die Entwicklung der Nachkriegsjahrzehnte lässt sich schlagwortartig als Entpolitisierung der Kirche bzw. als Entkirchlichung der Politik beschreiben[56]. Deutlich wird diese Entwicklung auch im Mariazeller Manifest von 1952 mit seiner Absage an den politischen Katholizismus. Dennoch kam es im Rahmen des Diskurses um die Ehe- und Familienrechtsreform in den *„langen Fünfzigerjahren"*[57] zu einer Verlängerung des Säkularisierungsprozesses der Politik.

---

54 Bundesgesetz vom 30. Juni über eine Änderung des Ehegesetzes, BGBl. 303/1978; *Lehner,* Familie – Recht – Politik (Anm. 43), S. 539 ff (542).

55 Bundesgesetz vom 15. Juni 1978 über Änderungen des Ehegattenerbrechts, des Ehegüterrechts und des Ehescheidungsrechts, BGBl. 280/1978; *Leitner,* Kirche und Parteien (Anm. 3), S. 50 f; *Lehner,* Familie – Recht – Politik (Anm. 43), S. 455 ff, 511 ff.

56 *Zulehner, Paul. M,* Die kirchlichen Institutionen, in: *Fischer, Heinz* (Hg.), Das politische System Österreichs, Wien 1982, 3. Auflage, S. 625–641, hier S. 632 f; *Weinzierl,* Kirche, Staat und Gesellschaft (Anm. 10), S. 331, 335 f.

57 *Potz / Schinkele,* Kirchliche Trauung (Anm. 39), S. 401 unter Verweis auf *Hanisch, Ernst,* Der lange Schatten des Staates. Österreichische Gesellschaftsgeschichte im 20. Jahrhundert, Wien 1994, S. 426.

Die ÖVP setzte sich von Anfang an für die Anerkennung des Konkordates 1933 bzw. der konkordatären Forderungen der Kirche ein. Nach einer entsprechenden Öffnung der SPÖ gelingt den Parteien gemeinsam der Abschluss von inzwischen dringenden neuen Verträgen zwischen der Republik Österreich und dem Heiligen Stuhl. Bei der Lösung offener Konkordatsmaterien, angefangen von der prinzipiellen Gültigkeit des Konkordates 1933 bis hin zur Ehefrage und einer Reform des Scheidungsrechts, gab es im Wesentlichen eine konstante Übereinstimmung der Haltung der ÖVP mit jener der Kirche.

Das Verhältnis der SPÖ zur Kirche ist hingegen durchwachsen. Die unmittelbaren Nachkriegsjahre werden von einer ablehnenden Haltung gegenüber der Gültigkeit des Konkordates 1933 und den damit korrespondierenden Forderungen der Kirche dominiert. In der anschließenden Phase ab 1958 öffnete sich die Partei und ermöglicht dadurch den Abschluss neuer Verträge und stimmte der Anerkennung des Konkordates 1933 zu.

In den Siebzigerjahren findet parallel zur SPÖ-Alleinregierung und einem Paradigmenwechsel innerhalb der ÖVP auch längst ein gesellschaftlicher Wandel statt – diese gemeinsamen Entwicklungen bringen eine endgültige Lösung des kirchlichen Einflusses auf die Ehe- und Familienrechtsentwicklung der folgenden Jahrzehnte und schließen dadurch den Säkularisierungsprozess ab.

Maximilian Liebmann

Interregnum und Zäsur

Abstract
Outgoing the Nazi era the controversy between the Catholic Church-Related Organisations (KA) and the Independent Catholic Organisations (AKV) will be exposed and supported with corresponding statements of popular theologians.
  As the Nazi era for the Catholic Church-Related Organisations was just an interregnum, this period went to an unconquerable break for the Independent Catholic Organisations.
  The virulence of the conciliar lay theology will be targed with the reference „The council views the task of the non-professional completely different".

Katholisch-kirchlich (KA) versus katholisch-eigenständig (AKV)

„Katholische Vereine sind Hindernis der Seelsorge und Hauptspindernis der Katholischen Aktion".

Einen knappen Monat nach dem Anschluss Österreichs an Hitler-Deutschland bzw. eine Woche nach dem Fest der Auferstehung Christi im April 1938 hatte der gleich bahnbrechende wie effizient wirkende österreichische Pastoraltheologe des 20. Jh., Professor an der Wiener Theologischen Fakultät, Michael Pfliegler[1], dem NS-Regime öffentlich und schriftlich dafür gedankt, dass es die katholischen Vereine, Verbände und Verbindungen aufgelöst bzw. liquidiert hatte. Pfliegler wörtlich: „Die Idylle der Vereinskirche ist endgültig vorbei. Sagen wir es nur ehrlich: Gott sei Dank. Wie oft hatten wir verlangt, die katholischen Vereine sollen Mittel der Seelsorge werden. Sie waren vielfach ihr, wenn auch unschuldiges Hindernis ... Die Katholische Aktion hätte in den katholischen Vereinen ihre eigentlichen Kerntruppen haben sollen, wäre es zu dieser Umstellung gekommen, sie wäre auf wenige wahrhaft apostolische Laien zusammengeschmolzen, aber es kam nicht zum Umbau, die katholischen Vereine blieben bis zum Schluss vielfach das Hauptspindernis der Katholischen Aktion."[2]

---

1 Weißensteiner, Johann, Michael Pfliegler, Rufer über die Grenzen, 1891–1972, in: Mikrut, Jan (Hg.), Faszinierende Gestalten der Kirche Österreichs, Bd. 5, Wien 2002, S. 263–313.
2 In: Der Seelsorger, 14. Jg., Nr. 7, April 1938, S. 196; Schönere Zukunft 13, 24.04.1938, S. 787–789, Fortsetzung, ebd. 01.05.1938, S. 815–817.

Auch Theodor Kardinal Innitzer

Im gleichen Sinne, aber nicht euphorisch, sondern tröstend, zur Struktur der Katholischen Aktion hinführend, äußerte sich Theodor Kardinal Innitzer sechs Monate später in seiner berühmten Predigt bei der Jugendandacht im hohen Dom zu St. Stephan am 7. Oktober: „Liebe katholische Jugend, ihr habt in den letzten Monaten viel verloren: Eure Verbände, Eure Jugendgemeinschaften, die ihr mit einem so schönen Idealismus aufgebaut hattet, sind nicht mehr da. Eure Fahnen – Ihr dürft sie nicht mehr tragen." Motivierend ließ der Kardinal sogleich die Grundprinzipien seines 1935 durchgeführten sogenannten „Wiener Pastoralkonzils", das heißt der vierten Wiener Seelsorgetagung[3] einfließen: „Ihr habt aber auch etwas gewonnen, was noch mehr wert ist, als was ihr verloren habt und was all das überdauern kann und muß, etwas was wir alle eigentlich selbst gleichsam neu entdeckt haben, das ist unsere Pfarre, das ist die Gemeinschaft."[4]

Keine Wiedererrichtung der katholischen Vereine

Zäsurlos und konsequent lautet dementsprechend der Beschluss der österreichischen Bischofskonferenz nach dem NS-Interregnum im September 1945 in Salzburg: „Die BIKO (Bischofskonferenz) beschließt, daß sie sich zur Errichtung der früheren Vereine ebenso ablehnend verhält wie zur Errichtung der früheren Jugendorganisationen. Wenn im Einzelfalle eine Wiedererrichtung notwendig ist, um das frühere Vermögen wiedergewinnen zu können, so geschehe das bloß formell, ohne den Vereinsbetrieb zu aktivieren, die Auflösung des Vereines ist hernach ehestens einzuleiten."[5]

Nur Interregnum

Der Grazer Fürstbischof, Römischer Graf und Päpstlicher Thronassistent, Suffraganbischof des Primas Germaniae, Fürsterzbischof Andreas Rohracher, Ferdinand Stanislaus Pawlikowski, hat in seinem Verordnungsblatt am 31. Dezember 1946, konform diesem Beschluss, seine Diözese wissen lassen: „Die katholische Aktion

---

3 Katholische Aktion und Seelsorge, Referate, Wien 1935; *Liebmann, Maximilian*, „Heil Hitler" – Pastoral bedingt. Vom Politischen Katholizismus zum Pastoralkatholizismus, Wien-Köln-Weimar 2009, S. 53 ff.
4 *Liebmann*, „Heil Hitler" (Anm. 3), S. 89.
5 Diözesanarchiv Graz (DAG), Bischofskonferenz (BIKO), Protokolle und Niederschriften, 1945.

ist nur durch das nationalsozialistische Interregnum in der Öffentlichkeit eingestellt worden, die eigentliche Aufgabe ist geblieben."

Zäsur

Damit stand der Umgang bzw. die Einordnung der katholisch-eigenständigen Vereine auf dem pastoralen Programm. Theodor Kardinal Innitzer hatte im Dezember 1934 die Richtlinie erlassen: „Für die Bildung der Laienapostel sind die katholischen Vereine von großer Wichtigkeit. Die Vereine, die keine Einschränkung der seelsorglichen Wirksamkeit herbeiführen, ihre Mitglieder zu Laienaposteln heranbilden und sie den Aufgaben der katholischen Aktion zuführen, sind ein wertvoller Behelf. Vereine, die nur der Organisation willen bestehen und keine Bedeutung für die Katholische Aktion haben, sind abzulehnen."[6]). Im Klartext hieß dies für die Vereine nichts anderes als ihr struktureller Wechsel von der bürgerlich-staatlichen in die kirchlich-hierarchisch-konkordatäre Rechtsordnung.

Diözese Graz-Seckau lädt zum Beitritt in die KA ein

Im Sinne dieser Vorgaben wurden z. B. in der Diözese Graz-Seckau penible Vorarbeiten getätigt, die in die am 23. Jänner 1936 promulgierten „Statuten der Katholischen Aktion" mündeten. Statt der Leitung der KA, die in den Händen des Fürstbischofs liege, heißt es nun im Sinne der Pastoraldoktrin, in der der Bischof zum Führer proklamiert wird: „Der oberste Führer der Katholischen Aktion in der Diözese ist, dem hierarchischen Apostolat entsprechend, der Diözesanbischof."[7]

In einem Schreiben vom Juni 1936 lud der Diözesanbischof die katholischen Verbände, Vereinigungen und Verbindungen seiner Diözese ein, der kirchlich-hierarchischen Bewegung, d.h. der Katholischen Aktion, beizutreten.

Bedingungen

Hierfür stellte der Diözesanbischof drei Bedingungen:

1. „Um sich des Rechtsschutzes des Konkordates (Zusatzprotokoll zu Art. XIV) zu erfreuen, ist es aber notwendig, daß sich die einzelnen kirchlichen Organisationen der Katholischen Aktion einordnen. ... In die Katholische Aktion können nur solche Organisationen aufgenommen werden, die kirchlich-religiöse und

---

6 Der Aufbau, Jahrbuch der Katholischen Aktion von Österreich 1935, hg. von *Rudolf, Karl*, Wien 1935, S. 20.
7 Kirchliches Verordnungsblatt für die Diözese Seckau (KVBl)1936, I., Nr. 2, S. 2.

kulturell-soziale Zwecke und Aufgaben erfüllen, also ein katholisches Programm verfolgen und bereit sind, sich in ihrer Leitung und in der Erfüllung ihrer Aufgaben der kirchlichen Autorität bzw. dem Diözesanbischof zu unterstellen. Dem Diözesanbischof steht auch zu, Vereine und Organisationen aus der Katholischen Aktion auszuschließen, wenn sie ihre Aufgaben nicht mehr erfüllen oder der Gemeinschaft der Pfarre nicht dienen."[8]

Diese spirituell-theologische Bedingung ergänzte der Fürstbischof ein halbes Jahr später durch zwei organisatorisch-strukturelle Bedingungen:

2. „Sämtliche Vereinigungen, die ... der KA angehören, haben, wenn bei ihnen der Vorstand satzungsgemäß durch Wahl bestellt wird, binnen einer Woche nach erfolgter Wahl um die kirchliche Bestätigung der Gewählten in ihrer Eigenschaft nachzusuchen. ... Sie gilt als gegeben, wenn binnen 14 Tagen nach Überreichung des Gesuches kein Einspruch erhoben wird. Wird ein solcher erhoben, so ist in angemessener Frist eine Neuwahl vorzunehmen. Die Weigerung, dieses zu tun, begründet die Ausschließung aus der K. A."

3. „Ebenso haben diese Vereine ihre Vermögensverwaltung der kirchlichen Aufsicht zu unterstellen, die wieder, je nachdem, durch den Seelsorgsvorsteher oder durch das Ordinariat ausgeübt wird."[9]

CV lehnt ab und bleibt identisch

Nur von einer solcherart eingeladenen Organisation ist eine schriftliche Absage, die vier Maschinschreibseiten umfasst, bekannt, und zwar vom Cartellverband (CV). Die adressierte Studentenschaft antwortete erst nach fürstbischöflicher Urgenz, akkordiert mit dem Gesamtverband (ÖCV), am 11. Dezember 1936 mit einer begründeten Absage: „Wenngleich der Cartellverband der farbentragenden kathol. deutschen Studentenverbindungen und im besonderen die Grazer CV-Verbindungen das Bekennen ihrer Weltanschauung in Wort und Tat, sowie die Unterstützung katholischer Belange auf den Hochschulen als einen wesentlichen Punkt ihres selbst gesteckten Zieles allzeit erklärt und, wie wir glauben, auch nicht ganz ohne Erfolg in der Hinsicht seit Jahrzehnten gearbeitet haben, in dem allgemein weitesten Sinne des Wortes also gewiss einen Teil der Kathol.-Aktion darstellen, so geht doch aus den Satzungen des Gesamtverbandes wie der einzelnen Verbindungen klar hervor, dass mit der religiös kulturellen Seite unser

---

8   KVBl (Anm. 7).
9   DAG, Katholische Aktion (KA) 1935–1936, XIVª19. Vgl. KVBl, 31.12.1937, XV, Nr. 148.

Verbandszweck sich nicht erschöpft und wir auch weitgehende gesellschaftliche und sonstige Ziele verfolgen. Sowohl aus dieser satzungsgemäßen inneren Zwecknatur unseres Verbandes, wie aus der geschichtlichen, gewordenen Lebensform unserer Verbindungen, deren Wesenselement die selbständige Führung ihrer Angelegenheiten durch ihre freigewählten Organe darstellt, folgt klar die Unvereinbarkeit mit Bindungen, wie sie eingangs dargestellt wurden. Sie würden das Wesen unserer Organisationsform und die Grundlagen unseres Bestandes durchaus verändern."[10] Damit wahrte der CV seine Identität, blieb identisch-katholisch-eigenständig und wechselte nicht in die katholisch-kirchlichen Formationen der KA.

Kollektiver Beitritt vom „Bund Neuland"

Bemerkenswert und folgereich trat hingen der „Bund Neuland" geschlossen der Katholischen Aktion bei. Hierfür waren am Abend des 5. Mai 1936 über 800 Neuländer und Neuländerinnen mit wehenden Fahnen in den Arkadenhof des erzbischöflichen Palais von Wien einmarschiert. Der Bundesführer des „Bundes Neuland", Anton Böhm, bat in einer Ansprache Erzbischof Theodor Kardinal Innitzer um kollektive Aufnahme des Bundes in die inzwischen katholisch-kirchlich umstrukturierte KA. Das engagierte und tonangebende Mitglied des Bundes, Otto Mauer[11], hatte für die einzelnen Stände des Bundes die passenden Sprüche verfasst. Kardinal Innitzer begrüßte segnend und höchst erfreut den wohl organisierten Einmarsch bzw. den geschlossenen Beitritt des Bundes.[12]

Bilanz

Mit 31. Dezember 1937 zog der Grazer Fürstbischof Bilanz über seine Einladungen, 29 namentlich genannte katholische Vereine und Einrichtungen waren ihnen gefolgt.

Die Wege der katholisch-kirchlichen Bewegung, der KA also, und die der katholisch eigenständigen, nicht von der KA aufgesogenen Vereine hatten sich getrennt und blieben dies bis heute.

---

10 DAG (Anm. 9).
11 *Rombold, Günter*, Otto Mauer – Kreatives Christentum (1907–1973), in: *Mikrut, Jan* (Hg.): Faszinierende Gestalten der Kirche Österreichs, Bd. 2, Wien 2001, S. 205–231.
12 *Kapfhammer, Franz Maria*, Neuland – Erlebnis einer Jugendbewegung, Graz 1987, S. 124 ff.; *Liebmann, Maximilian*, Franz Kardinal König. Unterwegs mit den Menschen, Innsbruck-Wien 2004, S. 312 f.

Im pastoralen Out

Der CV hatte zwar seine Identität voll gewahrt; geriet jedoch ins kirchlich-hierarchische Out und fiel aus der Ingerenz der Pastoralämter. Verschiedentlich wurde die kirchlich-hierarchische Bewegung im Sinne von Romano Guardini als Erwachen der Kirche in der Seele qualifiziert bzw. theologisiert.

Schwerer Fehler

Andere wie zum Beispiel kein Geringerer als der berühmte Dompfarrer von Wien, der wortgewaltige Domprediger und Wiedererbauer von St. Stephan, Karl Raphael Dorr[13], vertrat schon Jahre vor Beginn des II. Vatikanums die These: „Es sei ein schwerer Fehler gewesen, in einer demokratischen Umwelt, wie sie sich nach 1945 entwickelte, innerkirchlich die autoritären Strukturen der Zwischenkriegszeit weiterführen zu wollen.[14]

Exkludiert

Die katholisch-eigenständigen Vereine dürfen an der Fronleichnamsprozession nicht authentisch teilnehmen.[15]

Ausgehend von Wien wurde nach der Beendigung der NS-Katastrophe den wiedererstandenen katholisch-eigenständigen Vereinen untersagt, bei öffentlichen kirchlichen Festen, insbesondere bei der Fronleichnamsprozession, authentisch teilzunehmen,[16] Graz und Innsbruck folgten.

---

13 *Gruber, Reinhart H.*, Domkapitular Dompfarrer Prälat Dr. Karl Raphael Dorr, Wiedererbauer von St. Stephan und wortgewaltiger Prediger, 10. August 1905–05. März 1964.
14 Schultes Gerhard weiß zu berichten, dass der berühmte Wiener Domprediger Prälat Karl Dorr sich hat vernehmen lassen: „… es sei ein schwerer Fehler gewesen, in einer demokratischen Umwelt, wie sie sich nach 1945 entwickelte, innerkirchlich die autoritären Strukturen der Zwischenkriegszeit weiterführen zu wollen." Vgl. *Csoklich, Fritz / Opis, Matthias / Petrik, Eva / Schnuderl, Heinrich* (Hg.), ReVisionen, Katholische Kirche in der Zweiten Republik, Graz-Wien-Köln 1996, S. 226.
15 „Der Fronleichnamsstreit", in: *Hartmann, Gerhard*, Für Gott und Vaterland, Geschichte und Wirken des CV in Österreich, Kevelaer 2006, S. 549 f.
16 Die Kenntnis dieses Wiener Verbotes verdanke ich der schriftlichen Mitteilung von Prälat Hofrat Dr. Gerhard Schultes.

Die Kirchen sind voller geworden

Michael Pfliegler war bei seinem Standpunkt geblieben und meldete sich 1946 wieder zu Wort und zog geradezu ein schwärmerisches Resümee für die pastorale Wirkmöglichkeit in der vereinsfreien NS-Zeit. Davor sei das katholische Vereinswesen zu einer verwirrenden Fülle ausgewachsen, welche sogar die Übersichtlichkeit und „damit die Lenkbarkeit in Frage stellte". Die Abende, die bei den Geistlichen früher mit Vereinstätigkeit angefüllt gewesen waren, seien für andere Arbeiten frei gewesen. Die Kirchen seien voller geworden und die Kirche selber sei dem Menschen nun begegnet. Der Pfarrer habe selbst ohne viele Sitzungen und Befragungen entscheiden können. Der Altar sei immer mehr als Mitte der Seelsorge erkannt worden. Die Vereine seien durch die direkte Seelsorge an den Naturständen abgelöst worden. „Es ging auch ohne Vereine und es ging gut."[17] Dann wiederholt Pfliegler beinahe gleichlautend seinen vereinsnegierenden, kirchlich-klerikalen Standpunkt, wie er ihn 1938 im Dank an das NS-Regime formuliert hatte: „Die Vereine sind so viel wert, wie sie Kerntruppen des Laienapostolates sind. Es muß immer wieder gesagt ... (und es soll nicht mißdeutet) werden: Die Vereine waren oft nicht Mittel, sondern Hindernis der Seelsorge."

Der gute Hirt

In den katholischen Vereinen seien bloß ein bis höchstens fünf Prozent der Pfarrangehörigen erfasst gewesen, diese hätten die Kapläne oft so in Anspruch genommen, „daß sie zur Seelsorge der übrigen 95 Prozent ... nicht mehr kamen". Damit sei der umgekehrte Fall von jenem Ideal eingetreten, „das den guten Hirten kennzeichnet: dieser ließ die 99 Getreuen zurück, um dem einen verlorenen Schaf nachzugehen".

---

17 *Pfliegler, Michael*, Die Seelsorge in Österreich nach dem März 1938, in: Gloria Dei. Christliche Zeitenwende – Zeitschrift für Theologie und Geistesleben I, 1946/47, Heft 4, S. 337–344; hier S. 340. In diesem Resümee, knapp nach Beendigung des NS-Regimes verfasst, hat diese außergewöhnliche pastoraltheologische Persönlichkeit Michael Pfliegler noch immer keinen Zugang zur persönlichkeitsbildenden Kraft der katholischen Vereine und Verbände mit ihrer Glaubens-, Kirchen-, Papst- und Bischofstreue gefunden. ... Die Formulierung und Realisierung einer neuen Pastoraldoktrin die auf der Laientheologie bzw. Laienapostolatstheologie des II. Vatikanums und der von Papst Franziskus aufbaut und nicht der auf der Mandatstheologie der Pius-Päpste, erscheint als Gebot der Stunde.

Zu befürchten

Da nun nach dem Ende des NS-Regimes wieder demokratische Zeiten angebrochen seien und „alle geistigen Mächte von vor 15 Jahren noch da sind", stehe zu befürchten, so witterte Pfliegler ernsthafte Gefahren für „seinen" Pastoralkatholizismus, dass die alten katholischen Vereine wieder erstehen würden. Eine Hoffnung, wenngleich nur eine kleine, bestehe darin, dass wenigstens nicht alle katholischen Vereine wiedererstehen. Am Schluss seiner Ausführungen unterstreicht Pfliegler zwar nochmals seinen etatistisch-integralistischen Grundsatz und wird damit zum Paradezeugen für das Kontinuum der integralistischen KA-Theologie österreichischer Provenienz, öffnet zugleich aber doch einen Türspalt zu demokratisch-pluralistischen Strukturen im Bereich der katholisch-eigenständigen Vereine: „denn auf das Laienapostolat kommt es an, *mit und ohne Vereine*. Für dieses müssen die Vereine Mittel und dürfen nie wieder Hindernis der Seelsorge sein."[18]

Elite und Diakone

Analog zu Michael Pfliegler triumphierte auch Ferdinand Klostermann[19] über die großen Erfolge der Pastoraldoktrin während der NS-Zeit: „Von der Peripherie war man zur religiösen Mitte gezwungen worden, von der Masse zur Elite, aus Verbandszentralen waren wie von selbst bischöfliche Stellen geworden, aus Turn- und Bundesbrüdern Christen, aus Vereinsfunktionären Diakone der Kirche, und der Priester war statt eines Faktotums wieder Seelsorger geworden ... Der Triumph und Primat der Seelsorge und das Neuentdecken der Kirche war das christliche Ergebnis jener bitteren Jahre."[20] Was den Eventscharakter jener Zeit betrifft, ist meines Erachtens Klostermann beizupflichten: Die wiedererstandene und neu durchstrukturierte KA wurde, insbesondere in ihren Jugendformationen – Gliederungen genannt – von ungeahnter Begeisterung, Selbstlosigkeit und Opferbereitschaft getragen. Eine euphorische Aufbruchstimmung sondergleichen erfasste Pfarre, Dekanat und Diözesen. Die Katholische Jugend eroberte die lang verbotenen Straßen und Plätze, demonstrierte ihre Stärke und feierte so förmlich den Sieg über den Nationalsozialismus mit seinem Regime. Parallel

---

18 *Pfliegler,* Die Seelsorge in Österreich, (Anm. 17), S. 344.
19 *Zinnhobler, Rudolf,* Professor Dr. Ferdinand Klostermann – Ein Leben für die Kirche, in: *Mikrut, Jan* (Hg.), Faszinierende Gestalten der Kirche Österreichs, Bd. 7, Wien 2003, S. 101-144.
20 *Klostermann, Ferdinand,* Das organisierte Apostolat der Laien und die Katholische Aktion, in: *Klostermann, Ferdinand / Kriegl, Hans / Mauer, Otto / Weinzierl, Erika* (Hg.), Kirche in Österreich 1918-1965, Bd. 2, Wien-München 1967, S. 68-137, hier 125.

zu den Jugendformationen wurden die Formationen der Erwachsenen im Sinne des naturständischen Denkens, Männer- und Frauenbewegung, bis in entlegene Pfarren organisiert.

AKV muss verhindert werden

Die leidenschaftliche Ablehnung, ja Bekämpfung der katholisch-eigenständigen Vereine, Verbände und Verbindungen entlud sich bei Otto Mauer und Ferdinand Klostermann, als diese trotz bischöflicher Untersagung wiedererstanden und sich 1954 zu einer Arbeitsgemeinschaft Katholischer Verbände (AKV) zusammenschlossen.[21]

Otto Mauer: „Die AKV, die sich als actio catholicorum definiere, ist heute nicht nur überflüssig, sondern auch unheilvoll, da dadurch ... die Katholische Aktion zu einer Mesnerorganisation degradiert wird."[22] Ferdinand Klostermann: „Die AKV ist ein gefährlicher Konkurrent für die KA und muß deshalb verhindert werden, noch ehe sie gegründet ist."[23]

Das Konzil sieht die Aufgabe des Laien ganz anders

Im Jahre 1960 hatte der Grazer Diözesanbischof Josef Schoiswohl (1901–1991, Diözesanbischof von 1954 bis 1968), seine wohl vorbereitete und durchgeplante Diözesansynode mit dem zeitgeistigen Thema „Der Laie in der Kirche" gehalten.[24]

Sechs Jahre später, am 29. September 1966, hielt er vor seinem „Collegium Presbyterorum" (Priesterrat) das laienapostolisch-konziliare Grundsatzreferat: „Neue Wege in der Laienarbeit und in der KA".[25] Die Formulierung des Themas allein ließ seine Priester bzw. seinen „Priesterrat" aufhorchen.

---

21 *Müller, Erich Raphael,* Die Geschichte der AKV 1954–1989, in: AKV Information, Wien 1989, Nr. 3. Dazu: *Liebmann, Maximilian,* Die ÖVP im Spiegel der Bischofskonferenzakten von 1945 bis zur Anerkennung des Konkordates, in: *Kriechbaumer, Robert / Schausberger, Franz* (Hg.), Volkspartei –Anspruch und Realität. Zur Geschichte der ÖVP seit 1945. Wien-Köln-Weimar 1995, S. 283–280.
22 Protokolle der Frühjahrestagung der KA 1954. Protokolle und Niederschriften der BIKO, DAG
23 Expose von Ferdinand Klostermann an Bischof Franz Zauner in Linz, 29.3.1954.
24 Der protokollarisch-literarische Niederschlag „Bericht und Statut" wie „Beiträge und Referate" erschienen in Graz 1960/61. Dazu: *Posch, Wolfgang Franz,* Seckauer Diözesansynode 1960. Theol. Diplomarbeit. Graz 1983.
25 Protokoll Collegium Presbyterorum, 29.09.1966, und von Schoiswohl handschriftlich ausgearbeiteter Vortrag, DAG, Nachlass Schoiswohl; *Liebmann, Maximilian,* Das

Konzilsvater und Referent in der Bischofskonferenz für KA-Obliegenheiten, Schoiswohl, wörtlich: „Die Arbeit des Laien ... war ‚Mitarbeit' am hierarchischen Apostolat (Pius XI.). Das Konzil sieht die Aufgabe des Laien ganz anders: Der Grundstand in der Kirche ist der des Christen, zu dem Kleriker und Laien gehören. Das Apostolat ist Teilnahme an der Heilssendung Christi."[26]

Was nun mit den katholisch-eigenständigen Vereinen?

Schoiswohls Folgerung: „Es erhebt sich darum die Frage nach dem Apostolat jener, die nicht in der KA sind, und denen es deswegen oft abgesprochen wird."[27] Wen meint Konzilsvater Schoiswohl mit jenen, „denen es deswegen oft abgesprochen wird"? Das können nur die sein, die ein Hindernis der Seelsorge und ein Haupthindernis der Katholischen Aktion sind, und das sind die katholisch-eigenständigen Vereine.

Ausgehend von der dargebotenen konziliaren Laientheologie begannen in Bischof Schoiswohls Diözese die Nachforschungen nach den katholischen Vereinen und Verbänden, die sowohl das NS-Regime als auch die Fährnisse der KA-Doktrin überstanden hatten. Nachdem sowohl im Pastoralamt wie auch in der bischöflichen Kanzlei keine derartigen Vereine bekannt bzw. aufgelistet waren, wurden sie von ausgewiesenen Persönlichkeiten nach kurzen Recherchen namentlich eruiert. Darauf trafen sich die Vorsitzenden jener verpönten, eigenständigen, übrig gebliebenen, katholischen Vereine, Verbände und Verbindungen, fünf an der Zahl, am 3. Juli 1970. Hierbei konstituierten sie sich als „Diözesankomitee Katholischer Organisationen (DKO).

Was in den vorkonziliaren Jahren undenkbar war, wurde nun vom Diözesanbischof Johann Weber herzhaft begrüßt und willkommen geheißen.

Zurzeit ist das DKO bereits auf 24 entsprechende katholische Vereine angewachsen.[28]

Experiment des Collegium Presbyterorum der Diözese Graz-Seckau (1964–1968) unter Bischof Josef Schoiswohl im Sog konziliaren Auf- und Umbruchs, in: *Messner, Reinhard /Pranzl, Rudolf* (Hg.), Haec sacrosancta synodus. Konzils- und kirchengeschichtliche Beiträge, Regensburg 2006, S. 267–284.

26 Protokoll Collegium Presbyterorum, (Anm. 25).
27 Ebd.
28 *Fraisler, Karl M.*, Diözesankomitee Katholischer Organisationen Steiermarks, Graz 2010; dazu: *Liebmann, Maximilian*, Das Konzil sieht die Aufgabe des Laien ganz anders – Lebenserinnerungen, Linz 2014, S. 84 ff.

Das unvollendete Konzil

"Lumen Gentium"(LG) "Apostolicam actuositatem"(AA)

„Die geweihten Hirten aber sollen die Würde und Verantwortung der Laien in der Kirche anerkennen und fördern. Sie sollen gern deren klugen Rat benutzen, ihnen vertrauensvoll Aufgaben im Dienst der Kirche übertragen und ihnen Freiheit und Raum im Handeln lassen, ihnen auch Mut machen, aus eigener Initiative Werke in Angriff zu nehmen. Mit väterlicher Liebe sollen sie Vorhaben, Eingaben und Wünsche, die die Laien vorlegen, aufmerksam in Christus in Erwägung ziehen. Die gerechte Freiheit, die allen im irdischen bürgerlichen Bereich zusteht, sollen die Hirten sorgfältig anerkennen. Aus diesem vertrauten Umgang zwischen Laien und Hirten kann man viel Gutes für die Kirche erwarten. In den Laien wird so der Sinn für eigene Verantwortung gestärkt, die Bereitwilligkeit gefördert." (LG, Art. 37):

Vom Herrn selbst berufen

„Das Apostolat der Laien ist Teilnahme an der Heilssendung der Kirche selbst. Zu diesem Apostolat werden alle vom Herrn selbst durch Taufe und Firmung bestellt ... So ist jeder Laie kraft der ihm geschenkten Gaben zugleich Zeuge und lebendiges Werkzeug der Sendung der Kirche selbst." (LG, Art. 33). Dem folgt die theologisch-sakramentale Begründung: „Denn durch die Taufe dem mystischen Leib Christi eingegliedert und durch die Firmung mit der Kraft des Heiligen Geistes gestärkt, werden sie vom Herrn selbst mit dem Apostolat betraut." (AA, Art. 3). Damit wurde das Konzept der Katholischen Aktion, „nach dem die Laien nur am Apostolat der Hierarchie Anteil erhalten oder gegebenenfalls an ihm mitwirken können, einfach fallen gelassen", konstatiert der Dogmatiker Peter Neuner.[29]

Laienapostolische Bewusstseinsbildung Klostermanns

Der geistliche Assistent der KA Österreichs und Konzilstheologe Ferdinand Klostermann wurde sich der konziliaren Laientheologie bzw. der Laienapostolatstheologie, die das Konzil gegenüber der von den Päpsten Pius XI. und Pius XII. gelehrten herbeigeführt hat, erst bei der Übersetzung der entsprechenden Dekrete bewusst.

---

29 *Neuner, Peter,* Der Laie und das Gottesvolk, Frankfurt a. M. 1988, S. 121.

Nur so lässt sich seine Wortmeldung bei der Konzilspressekonferenz, gleich nach der Verabschiedung des Laiendekretes, in Rom am 22. November 1965 hinreichend erklären, Kathpress vom 22. November 1965, Nr. 271, S. 5: „Prof. Klostermann gestand, dass er während der Mitwirkung bei der Übersetzung des Dekretes ins Deutsche seine vorherige skeptische Haltung revidiert habe. Die Reserve gegenüber diesem Dekret ist nicht mehr berechtigt, sagte Klostermann und hob als wichtigste Erkenntnis des Dekretes hervor, dass der Laie im Rahmen seiner Sendung einen ihm eigentümlichen Platz einnimmt, auf dem er nicht vertreten werden kann, ja, dass in vielen Bereichen der Welt die Kirche nur durch den Laien präsent und wirksam ist."

Dass Klostermann andererseits bis in einzelne Passagen am Laiendekret mitgewirkt hat, wie sowohl der profunde Kirchenhistoriker Rudolf Zinnhobler[30] als auch Hanjo Sauer[31] stringent nachgewiesen haben, tut seiner späten Rezeption der konziliaren Laientheologie keinen Abbruch.

Vertreter der Hierarchie, nicht der Laien

Der weitestgehend unbestrittene Dogmatiker und Konzilstheologe Karl Rahner hat, fußend auf den Konzilsentscheidungen, zwei Jahre nach dem Konzil überzeugend dargelegt (Kathpress 10.02.1967, Nr. 34, S. 4 f.) dass die KA nicht die Repräsentation der mündigen Laien bei der Hierarchie ist und auch gar nicht sein kann, sofern sie von ihr organisiert, bestellt oder ernannt ist, und dass unter dieser Prämisse die KA nichts anderes als „eine Vertretung der Hierarchie bei den Laien" sei.

---

30 *Zinnhobler, Rudolf,* Österreich und das Zweite Vatikanum, in: *Wolf, Hubert / Arnold, Claus* (Hg.), Die deutschsprachigen Länder und das II. Vatikanum (Programm und Wirkungsgeschichte des II. Vatikanums, Bd. 4), Paderborn-München-Wien-Zürich 2000, S. 103–132, hier S. 116.

31 *Sauer, Hanjo,* Die Kirche und der „einfache Mensch", in: *Kalb, Herbert / Sandgruber, Roman* (Hg.), Festschrift Rudolf Zinnhobler zum 70. Geburtstag, Linz 2001, S. 229–251; *Zinnhobler,* Professor Dr. Ferdinand Klostermann (Anm. 19), hier S. 126.

Rudolf K. Höfer

Versuche, das Kirchenbeitragsgesetz aus der NS-Zeit zu ändern – Alternative neue Modelle Religionsgemeinschaften zu finanzieren

Abstract
Attempts to modify the Church Funding Act back from the NAZI Era – New Models for Financing Religious Communities
The Church Funding Act was imposed on Austria in 1939 after the occupation and annexation by NAZI Germany and has not been changed for more than 75 years. In Austria the rate of those leaving the church is one of the highest in Europe. It will be analyzed why all the attempts to modify the financing system in Austria have failed so far and new options will be presented.

Das nach der Okkupation Österreich 1938 im folgenden Jahr 1939 oktroyierte Kirchenbeitragsgesetz ist mittlerweile mehr als ein Dreivierteljahrhundert alt, und hat sich entgegen anfänglicher Erwartungen lange Zeit bewährt. Die politischen und gesellschaftlichen Veränderungen haben aber schon in der Vergangenheit zu mehreren Versuchen geführt, das von der NS-Regierung verordnete Kirchenbeitragsgesetz zu ersetzen, bzw. die negativen Folgen abzumildern. Seit den 90er Jahren sind die negativen Wirkungen des Kirchenbeitragsgesetzes so massiv geworden, dass wiederholt Änderungsvorschläge vorgebracht wurden, deren Scheitern im Folgenden analysiert und die jüngeren Entwicklungen aufgezeigt werden sollen.

I. Der historische Ausgangspunkt

Die Katholische Kirche in Österreich wurde bis zum Jahr 1939 wurde aus dem Religionsfonds, der unter Kaiser Joseph II. ab dem Jahr 1782 aus der Vermögenssubstanz von 700 bis 800 aufgehobenen Klöstern gebildet worden war, und durch die staatliche Kongrua finanziert, nachdem die Erträge aus dem Religionsfonds für die vielfältigen Erfordernisse nicht mehr ausreichten. Joseph II. wollte diese Vermögenssubstanz für kirchliche Zwecke sichergestellt wissen, immerhin war es kein Raubzug am Kirchengut wie etwa in Frankreich, auch wenn manche Verluste damit einhergingen.

II. Kirchenbeitragsgesetze in annektierten Ländern

Die Besetzung Österreichs durch Hitlers Truppen erfolgte am 12. März 1938 und das Land wurde unter Begeisterung nicht geringer Teile der Bevölkerung annektiert. Mit einer Übergangsfrist von drei Tagen wurde ab 1. Mai 1939 vom NS-Regime das Kirchenbeitragsgesetz in Österreich für vier anerkannte Religionsgemeinschaften (Katholiken, Evangelische, Reformierte und Orthodoxe) im Gesetzblatt für Österreich publiziert. Kirchenbeitragsgesetze wurden nach der Annexion auch im Sudetenland, bei der Annexion von Schlesien und im dort umschriebenen Warthegau in Polen, dann für das Gebiet von Eupen-Malmedy (Belgien), in Elsass-Lothringen (1940) (Frankreich), in der Untersteiermark und Oberkrain (1941) Jugoslawien, erlassen. Verträge und Gesetze in diesen Ländern wurden ignoriert und die bisherigen finanziellen Leistungen an die Kirchen ersatzlos gestrichen.[1] Das Gesetz in Österreich sollte zum Modell für eine „spätere reichseinheitliche Regelung" im gesamten Deutschen Reich werden. In den genannten Ländern wurden nach der Befreiung durch alliierte Truppen im Jahr 1945 die NS-Kirchenbeitragsgesetze wieder beseitigt, nur in Österreich wurde dieses beibehalten.

III. Das Ziel des Kirchenbeitragsgesetzes

Die beabsichtigte Wirkung des geplanten Kirchenbeitragsgesetzes umschreibt ein Brief des Gauinspektors Hans Berner vom 6. Dezember 1938 an den Gauleiter Josef Bürckel mit folgendem Satz: „Bei der Mentalität der hiesigen Bevölkerung, welcher der Begriff einer katholischen Kirchensteuer völlig fremd ist, würde die Einführung einer solchen einen vernichtenden Schlag gegen die Kirchenorganisation bedeuten".[2] Der nationalsozialistische Staatskommissar Friedrich Plattner, Leiter der Abteilung IV im österreichischen Ministerium für innere und kulturelle

---

1 *Gatz, Erwin*, Wie es zur Kirchensteuer kam. Zum Wandel der Kirchenfinanzierung in Mitteleuropa, in: HK 54. Jg./2000, S. 564–569, hier S. 567; *Ders.*, Die Zeit der nationalsozialistischen Herrschaft in Deutschland und in den annektierten Gebieten, in: *Gatz, Erwin* (Hg.), Die Kirchenfinanzen. (Geschichte des kirchlichen Lebens 6), Freiburg – Basel – Wien 2000, S. 272–280, hier S. 276–279.

2 *Plöchl, Willibald M.*, Zur Vorgeschichte und Problematik des Kirchenbeitragsgesetzes in Österreich, in: *Grundmann, Siegfried* (Hg.), Für Kirche und Recht. FS für Johannes Heckel zum 70. Geburtstag, Köln – Graz 1959, S. 108–119, hier S. 108; *Liebmann, Maximilian*, Die Genese des Kirchenbeitragsgesetzes vom 1. Mai 1939, in: *Paarhammer, Hans* (Hg.), Kirchliches Finanzwesen in Österreich. Geld und Gut im Dienste der Seelsorge, Thaur bei Innsbruck 1989, S. 93–115, hier S. 93.

Angelegenheiten, verfasste mit dem nach Wien beorderten Oberregierungsrat Kurt Krüger den Entwurf des geplanten Kirchenbeitragsgesetzes, den der Chef der Reichskanzlei, Hans Lammers, Adolf Hitler vorlegte. Hitler verlangte die im Entwurf vorgesehene staatliche Verwaltungsvollstreckung zu streichen und hat damit die Kirchen in Österreich auf den Zivilrechtsweg verwiesen.[3] Es war die Weisung Hitlers das für Österreich bestimmte Gesetz nicht wie in Deutschland seit dem Jahr 1919 als Kirchensteuergesetz (staatliche Steuer) sondern nur Kirchenbeitragsgesetz (Beiträge für private Vereine) zu bezeichnen.[4] Kleinere anerkannte Religionsgemeinschaften wie die Israelitische wurden in das neue Gesetz nicht einbezogen. Das Österreichische Konkordat von 1933/34 hatte Hitler bereits am 22. Mai 1938 für ungültig erklärt und dass zurzeit „ein konkordatsloser Zustand herrscht".[5]

IV. Betragsgesetz behandelt Kirchen als Vereine

Im Gesetzblatt für das Land Österreich wurde das Kirchenbeitragsgesetz unter dem Titel: „Gesetz: Erhebung von Kirchenbeiträgen im Lande Österreich" im Umfang von zwei Druckseiten veröffentlicht und vom Reichsstatthalter Arthur Seyß-Inquart nach der Publikation am 27. April drei Tage später in Kraft gesetzt.[6]

Für die NS-Politik hatten die Kirchen keinen Platz, nur die NS-Formationen sollten den öffentlichen Raum beherrschen, die Kirchen dagegen verdrängt

---

3 *Slapnicka, Helmut*, Geschichtliche Entwicklung der Kirchenfinanzierung in Österreich seit 1938, in: *Paarhammer*, Finanzwesen (Anm. 2), S. 77–92, hier S. 82; *Klecatsky, Hans R.*, Lage und Problematik des österreichischen Kirchenbeitragsgesetzes, in: *Krautscheidt, Joseph / Marré, Heiner* (Hg.), Essener Gespräche zum Thema Staat und Kirche, Münster 1972, S. 54–102, hier S. 54; *Liebmann, Maximilian*, Theodor Innitzer und der Anschluß. Österreichs Kirche 1938 (Grazer Beiträge zur Theologiegeschichte und kirchlichen Zeitgeschichte 3), Graz – Wien 1988, S. 221.

4 Gesetz: Erhebung von Kirchenbeiträgen im Lande Österreich, in: Gesetzblatt für Österreich, 111. Stück, Jg. 1939, Nr. 543; *Liebmann*, Theodor Innitzer (Anm. 3), S. 217.

5 *Scholder, Klaus*, Österreichisches Konkordat und nationalsozialistische Kirchenpolitik, in: ZevKR 20 (1985), S. 230–243, hier S. 232–234; *Rinnerthaler, Alfred*, Das Ende des Konkordats und das Schicksal wichtiger Konkordatsmaterien, in: *Paarhammer, Hans / Pototschnig, Franz / Rinnerthaler, Alfred* (Hg.), 60 Jahre Österreichisches Konkordat, München 1994 (Veröffentlichungen des internationalen Forschungszentrums für Grundfragen der Wissenschaften Salzburg, NF 56), S. 179–229, hier S. 183.

6 Gesetz: Erhebung (Anm. 4), Nr. 543, Faksimile gedruckt bei *Liebmann, Maximilian*, Genese (Anm. 2), S. 107, wo auch die Gesetzesentwürfe abgedruckt sind. *Klecatsky*, Lage und Problematik (Anm. 3), S. 54.

werden.⁷ Nach der einseitigen Erklärung Hitlers, dass das Österreichische Konkordat mit dem Hl. Stuhl erloschen sei, folgte bald der Kirchenkampf in Österreich mit der Beschlagnahme hunderter Klöster, das Verbot der religiösen Vereine und die Auflösung von etwa 1400 Privatschulen als Umsetzung dieser Ideologie.⁸ Betroffen waren auch die Evangelische und die Altkatholische Kirche sowie weitere Religionsgemeinschaften.

Erklärtes Ziel war es, „die Kirchen als private Vereine verkümmern zu lassen und sie zu gegebener Zeit zu liquidieren".⁹ Die mit dem Gesetz erhoffte Austrittsbewegung sollte die Kirchen finanziell aushungern. Die Folgen wurden rasch sichtbar. In einer ersten Austrittswelle von 1939 bis 1942 verließen über 300.000 Gläubige die Katholische Kirche in Österreich. Erst mit dem Kriegseintritt der USA und der absehbaren Niederlage begannen die Eintritte wieder zu steigen.

Mit der dritten Durchführungsverordnung wurden der Religionsfonds und sein Vermögen in Österreich per Erlass vom 30. Juli 1940 rückwirkend ab 1. April 1940 dem deutschen Reichsministerium für Finanzen einverleibt, d. h. beschlagnahmt. Die Verwaltung des Religionsfonds wurde den Gauleitern übertragen.¹⁰

V. Österreichs Bischöfe protestieren gegen das Kirchenbeitragsgesetz

Die katholischen Bischöfe protestierten gegen das vom NS-Regime erlassene Kirchenbeitragsgesetz am 31. Mai 1939 schriftlich und geschlossen, wobei sie „die ernstesten Vorstellungen gegen dieses Gesetz" erhoben, weil „den Gläubigen eine Last auferlegt [wurde], (wohl) ohne dafür der Allgemeinheit eine entsprechende Ermäßigung der staatlichen Steuern zu bringen". Weiter heißt es im Protestschreiben: „Wogegen wir uns aber mit allem Nachdruck zunächst wenden müssen, ist, dass durch das Gesetz alle Verpflichtungen des Staates, der in staatlicher Verwaltung stehenden Fonds, der Gemeinden, der Pfarrverbände und der öffentlichen Patrone zur Deckung der kirchlichen Sach- und Personalbedürfnisse aufgehoben

---

7   *Höfer, Rudolf K.*, Kulturkampfversuch, der an Zeiten des Terrors erinnert, in: Die Presse, 6. April 2013, S. 33.
8   *Slapnicka*, Geschichtliche Entwicklung (Anm. 3), S. 82.
9   *Gatz*, Kirchensteuer (Anm. 1), S. 567 f.; *Scholder*, Konkordat (Anm. 5), S. 232 f.
10 Schreiben des Reichsstatthalters von Niederdonau vom 28. Aug. 1940, im DA St. Pölten, Memelauer, 2; *Beroun, Helmut*, St. Pölten, in: *Paarhammer*, Finanzwesen (Anm. 2), S. 510–523, hier S. 510.

werden."[11] Außerdem haben die Bischöfe „den Geist der Verdrängung der christlichen Religion aus der staatlichen Öffentlichkeit" benannt.[12]

VI. Kirchenbeitragsgesetz blieb nach 1945

Steigende Kirchenbeitragsaufkommen noch während des Krieges wurden damit erklärt, dass kaum Möglichkeiten bestanden, Geld zu verbrauchen. Zudem wurde berichtet, dass viele Menschen die Beitragsleistung als Zeichen ihrer Ablehnung des NS-Regimes verstanden haben.[13] Das Rechtsüberleitungsgesetz 1945 hat das Kirchenbeitragsgesetz nicht eliminiert sondern beibehalten.[14] Die Eintritte haben wieder zugenommen. Viele entrichteten wieder bereitwillig den Beitrag. Die Bischöfe konnten allein über die eingehobenen Kirchenbeiträge verfügen. Bald stellte die Kirche ehemalige Nationalsozialisten, die ihre Arbeit im staatlichen Bereich verloren hatten, ein. So z. B. hat Bischof Ferdinand Stanislaus Pawlikowski von Graz-Seckau ehemalige und außer „Dienst gestellte nationalsozialistische Polizisten, Gendarmen in einem Akt der Versöhnung in der Kirchenbeitragsstelle beschäftigt". Sie brachten „die fachlichen Voraussetzungen für die Erfassung der zur Beitragsleistung verpflichteten Katholiken mit", schreibt der ehemalige Finanzkammerdirektor von Graz-Seckau.[15]

VII. Anerkennung des Konkordats als ein Schritt zum Abschied vom NS-Denken

Die innenpolitischen Auseinandersetzungen um die Frage, ob das von Hitler für ungültig erklärte Österreichische Konkordat nach dem Kriegsende weiterhin gelten soll oder nicht, blieb während der gesamten Besatzungszeit durch alliierte Mächte seit 1945 und darüber hinaus ohne Konsens. Die Koalitionsregierung von Österreichischer Volkspartei und Sozialdemokratischer Partei einigte sich am 21. Dezember 1957 und bestätigte dem Hl. Stuhl die weitere Gültigkeit des

---

11 *Scholder*, Konkordat (Anm. 5), S. 239; *Liebmann*, Genese (Anm. 2), S. 108.
12 Ebd., S. 108.
13 *Schoiswohl, Josef,* Beginn der Kirchenbeitragseinhebung in Österreich und Gründung der Finanzkammer Wien. Ein Zeitzeuge erzählt, in: *Paarhammer,* Finanzwesen (Anm. 2), S. 253–266, hier S. 262.
14 *Slapnicka*, Geschichtliche Entwicklung (Anm. 3), S. 89.
15 *Gross, Josef,* Rezeption des Kirchenbeitrages, in: *Paarhammer,* Finanzwesen (Anm. 2), S. 569–580, hier S. 575.

1933 abgeschlossenen Konkordats.[16] Der neu gewählte Bundespräsident Adolf Schärf unterstützte das neue Klima in Österreich: „Ich will alles daran setzen, dass in diesem Klima eine Regelung des Verhältnisses zwischen dem Staat und der römisch-katholischen Kirche erfolgt, ohne dass dabei Sentimentalitäten von einst geweckt werden."[17]

Im Staatsvertrag von 1955 musste die Republik Österreich Restitutionsverpflichtungen eingehen und die Wiedergutmachung für verursachte Schädigungen am kirchlichen Vermögen durch § 5 des Kirchenbeitragsgesetzes und Schäden infolge Beschlagnahme des Religionsfonds durch die NS-Regierung übernehmen. Die weiteren Verhandlungen führten zum Zusatzvertrag von 1960[18] zwischen der Republik Österreich und dem Hl. Stuhl, der die Verwaltung des Religionsfonds und die Ausgleichszahlung durch die Republik Österreich festlegte.[19] Im Art. II, Abs. 4 des Vermögensvertrages wurde der Kirchenbeitrag aufgenommen: „Die Kirchenbeiträge werden weiter eingehoben".[20]

Gegen die Einsichtnahme in die kirchlichen Haushaltspläne und Genehmigung der Kirchenbeitragsordnung wandte sich 1946 die Salzburger Finanzkammer an Erzbischof Andreas Rohracher: „… die geforderte Einsichtnahme in die Verwendung eigener kirchlicher Mittel durch den Staat wiederspricht der Freiheit der Kirche, die nach dem Kirchenrecht eine societas perfecta darstellt".[21] Auf die staatliche Genehmigung der Kirchenbeitragsordnung gemäß § 3 Abs. 2

---

16 *Kostelecky, Alfred*, Anerkennung der Rechtsgültigkeit des österreichischen Konkor-dats durch die Zusatzverträge mit dem Hl. Stuhl in den Jahren 1960 bis 1976, in: *Schambeck, Herbert* (Hg.), Kirche und Staat. Fritz Eckert zum 65. Geburtstag, Berlin 1976, S. 215–239.
17 Wiener Zeitung, 23. Mai 1957, S. 2; *Paarhammer, Hans*, Kirche und Staat in der zweiten Republik, in: *Pototschnig, Franz / Rinnerthaler, Alfred* (Hg.), Im Dienst von Kirche und Staat. In memoriam Carl Holböck. (Kirche und Recht 17), Wien 1985, S. 557–576, hier S. 564.
18 *Maximilian Liebmann*, Von der Dominanz der katholischen Kirchen zu freien Kirchen im freien Staat – vom Wiener Kongreß 1815 bis zur Gegenwart, in: *Leeb, Rudolf / Liebmann, Maximilian / Scheibelreiter, Georg / Tropper, Peter G.* (Hg.), Geschichte des Christentums in Österreich. Von der Spätantike bis zur Gegenwart. (Österreichische Geschichte), Wien 2003, S. 361–456, S. 517–536, hier S. 444.
19 *Puza, Richard*, Die Entwicklungen in Österreich seit dem Zweiten Weltkrieg, in: *Gatz*, Kirchenfinanzen (Anm. 1), S. 341–357, hier S. 343.
20 Ebd., S. 349; *Paarhammer*, Finanzwesen (Anm. 2), S. 650.
21 Diözesan-Finanzkammer Salzburg an Fürsterzbischof Rohracher, 1. 10. 1946, Zl.: Fk -2351/46, KAS, Akten, 20/76, zit. nach *Schernthaner, Peter*, Salzburg, in: *Paarhammer*, Finanzwesen (Anm. 2), S. 543–557, hier S. 549.

Kirchenbeitragsgesetz durch Bescheid wurde danach verzichtet, sie wird vom zuständigen Ministerium für Kultus nur mehr „zur Kenntnis" genommen, wenngleich durch den Vermögensvertrag 1960 es „scheint, dass Art. II. Abs. 4 Vermögensvertrag 1960 (für die katholische Kirche) ... an der Forderung nach staatlicher Genehmigung nichts geändert haben".[22]

Beim Vermögensvertrag sind die im KB-Gesetz § 4 enthaltenen Bestimmungen zur Vorlage eines Haushaltsplanes und eines Rechnungsabschlusses an die staatliche Kultusbehörde nicht enthalten.[23] Im Vermögensvertrag von 1960 zwischen der Republik Österreich und dem Hl. Stuhl wurde die öffentlich-rechtliche Stellung der Katholischen Kirche in Österreich festgehalten, „als eine unter zahlreichen anerkannten Religionsgemeinschaften". Der Kirchenbeitrag hat aber nicht den Charakter einer öffentlich-rechtlichen Abgabe, obwohl ein staatliches Gesetz die Grundlage dafür bildet.[24] Der Sprecher der SPÖ, Max Neugebauer, betonte am 12. Juli 1960 zum neuen Verhältnis von Kirche und Staat: „Die Vereinigten Staaten haben Kirche und Staat getrennt, unsere Tradition ist eine andere, für uns existiert das Prinzip des Zusammenwirkens".[25] Die Leistungen des Staates sind seit 1967 unter dem Titel „Kultus" verzeichnet.[26]

VIII. Vorstöße zur Änderung des Kirchenbeitragsgesetzes

Die Diskussion zur Änderung und Einführung eines anderen Beitragssystems hat der St. Pöltener Finanzkammerdirektor, Kanonikus Karl Draxler, in der Finanzkammer-Direktorenkonferenz am 13. März 1947 in Salzburg angestoßen und diese geht bis in die Gegenwart weiter. Er bezeichnete den Kirchenbeitrag als „NS-Kuckucksei". Er schlug eine vom Staat eingehobene „Kultussteuer" (was immer er damit gemeint haben mag) nach bayerischem Vorbild vor. Die Mehrheit der Direktoren stimmte für Draxlers Vorschlag. Der Wiener FK-Direktor, Prälat Otto Taschner vertrat die Beibehaltung und hatte schon vor Draxler referiert. Er brachte das Abstimmungsergebnis zu Draxlers Vorschlag mit den eigenen Gegenargumenten vor die Bischofskonferenz (BK). Im Protokoll der BK steht dann:

---

22 *Schwendenwein, Hugo*, Österreichisches Staatskirchenrecht, Essen 1992, S. 272, Anm. 197.
23 *Slapnicka*, Geschichtliche Entwicklung (Anm. 3); *Schwendenwein*, Staatskirchenrecht, S. 272.
24 *Kostelecky, Alfred*, Das Kirchenbeitragsgesetz. Seine Entstehung und Auswirkung bis heute, in: *Paarhammer*, Finanzwesen (Anm. 2), S. 123–137, hier S. 127.
25 *Liebmann*, Dominanz (Anm. 18), S. 445.
26 *Kostelecky*, Anerkennung (Anm. 16), S. 236.

„Die Bischöfe befassen sich mit der grundsätzlichen Frage, ob auf das Kirchensteuergesetz [!] nicht überhaupt verzichtet werden soll zugunsten eines Kirchensteuergesetzes nach bayerischem Vorbild".[27]

Mehrere Diözesen drängten nach dem Krieg darauf, ein Kirchensteuersystem nach deutschem Vorbild einzuführen.[28] Der neu ernannte Wiener Erzbischof, Franz König, hat in seinen Notizen zum Protokoll der Bischofskonferenz am 13. November 1956 festgehalten, dass ein einstimmiger Beschluss gefasst wurde, „die Einhebung einer allgemeinen Kultussteuer durch den Staat als die günstigste Form ... zur Verhandlungsgrundlage für die Regierung zu nehmen." Der Beschluss war streng vertraulich, „damit nicht die Finanzkammerbeamten in unnötige Aufregung gelangen", sickerte aber an den Wiener Finanzkammerdirektor Taschner durch, der darauf beim zuständigen Referenten der Bischofskonferenz, Josef Schoiswohl, vorstellig wurde.[29] Finanzminister Reinhard Kamitz, selbst ehemals auch NSDAP-Mitglied[30], lehnte unter der Regierung Julius Raab (1953–1956), nach beiden ist der „Raab-Kamitz-Kurs" benannt, jedoch die damals ventilierte Einhebung durch den Staat ab. Prälat Taschner „jubelte über das Scheitern dieser Bemühungen tief befriedigt".[31]

Ein seit 1966 eingesetztes Kontaktkomitee der Katholischen, Evangelischen und Altkatholischen Kirche arbeitete den Entwurf einer Neuregelung des Kirchenbeitragswesens aus. In der Frühjahrssitzung der Bischofskonferenz ist festgehalten, dass der Entwurf zum Kirchenbeitragsgesetz „der Bundesregierung überreicht werden kann mit dem Ersuchen, auf Grund dieses Entwurfes das Weitere zu veranlassen. Das Bundesministerium für Unterricht wird den Entwurf mit einem Motiven Bericht an den Nationalrat weitergeben. Die Konferenz stimmte zu, dass der Entwurf mit einem Begleitbrief an das Bundeskanzleramt

---

27 *Beroun*, St. Pölten (Anm. 10), S. 503–523, hier S. 518; Prot. BK vom 25. März 1947 in Wien. DA St. Pölten, Memelauer 4.
28 *Schernthaner, Peter*, Salzburg (Anm. 21), S. 543–557, hier S. 549.
29 *Liebmann, Maximilian*, Kirchenbeitrag/Kirchensteuer – Kultussteuer/Kultursteuer, in: ThPQ, 156. Jg. 2008, S. 19–33, hier S. 27; DAG, Nachlass Pawlikowski, Bischofskonferenz (BIKO); *Liebmann, Maximilian*, Von der „Kirchensteuer" zum Kulturbeitrag. Zur Geschichte des Kirchenbeitrages in Österreich, in: *Liebmann, Maximilian*, Kirche in Gesellschaft und Politik. Von der Reformation bis zur Gegenwart. Beiträge zur Geschichte der Kirche in Österreich von der Reformation bis zur Gegenwart. Festgabe für Maximilian Liebmann zum 65. Geburtstag. *Kronthaler, Michaela* (Hg.), Graz 1999, S. 438–447, hier S. 443.
30 *Scheidl, Hans-Werner*, Am Anfang gab es nur drei Listen, in: Die Presse, 27. Aug. 2013.
31 *Liebmann*, Kirchenbeitrag (Anm. 29), S. 28 f.

weitergeleitet wird."³² Kardinal Franz König übersandte ihn dem damaligen Bundeskanzler Josef Klaus am 7. März 1967 mit dem Ersuchen, dass „das aus der nationalsozialistischen Zeit stammende Gesetz zur Gänze durch ein österreichisches Gesetz ersetzt würde, das den heutigen Verhältnissen freundschaftlicher Zusammenarbeit zwischen Staat und Kirchen entspricht."³³ Im September 1968 wurde der „Entwurf eines Bundesgesetzes über die staatliche Mitwirkung bei der Erhebung von Kirchenbeiträgen, wobei die Vorschreibung von Kirchenbeiträgen als innere Angelegenheit im Sinn Art. 15 StGG den Kirchen frei überlassen werden und ihnen auf dem Verwaltungsweg die Einbringung vollstreckbarer Bescheide eingeräumt werden solle", vorgelegt.³⁴ Die Kirchen hätten nicht mehr als private Kläger auftreten müssen, die Grundstruktur des NS-Gesetzes wäre aber geblieben. Über den schließlich gescheiterten Gesetzesentwurf heute zu urteilen mag leicht sein, aber vom Ansatz her war er überzogen und nicht durchsetzbar, denn vollstreckbare Beitragsvorschreibungen ohne staatliche Kontrolle fanden schon damals keine Akzeptanz. Wie kam es zum Scheitern des Gesetzesentwurfs?

IX. Medialer, kirchlicher und politischer Widerstand

Im Begutachtungsverfahren wurde der vom Bundesministerium für Unterricht im September 1968 ausgesandte Entwurf von verschiedenen Institutionen und Medien massiv abgelehnt und kritisiert.³⁵ Die Kleine Zeitung, Graz, hat unter dem seit 1960 verantwortlichen Chefredakteur, Fritz Csoklich, in der Berichterstattung vom Beginn an eine reservierte Haltung eingenommen und schon dem ersten Bericht mit der Überschrift *"Staat soll Kirchensteuer einheben?"* in kursiven Lettern eine Mahnung der Redaktion angefügt: *„Die ungemein starken antiklerikalen Affekte in der Bundesrepublik Deutschland, die nicht zuletzt durch die staatliche Mitwirkung bei der Einhebung des Kirchenbeitrages* (dort ist es die Kirchensteuer) *immer wieder aufs Neue angeheizt wurden, sollten zur Vorsicht mahnen. Die Redaktion".*³⁶ Bischof Josef Schoiswohl sollte im Namen des

---

32 DAG, Protokoll der Bischofskonferenz vom 1.–3. April 1968, Wien, S. 16.
33 Begleitnote vom 12. Sept. 1968, Zl. 118–520-Kc/68, *Klecatsky*, Lage und Problematik (Anm. 3), S. 63, Anm. 41.
34 *Klecatsky*, Lage und Problematik (Anm. 3), S. 65.
35 *Klecatsky*, Lage und Problematik (Anm. 3), S. 65.
36 Staat soll Kirchensteuer einheben? Kleine Zeitung, 11. Sept. 1968, S. 2. Mit der Verwendung des für Deutschland zutreffenden, aber negativ besetzten Begriffs „Kirchensteuer", während für Österreich richtig „Kirchenbeitrag" gewesen wäre, und die damit geplante staatliche Durchsetzung, war der Widerstand dagegen vorgegeben. Fritz Csoklich hat davor in deutschen Zeitungen Erfahrungen gesammelt.

Verhandlungskomitees für die Katholische, Evangelische und Altkatholische Kirche am folgenden Tag beruhigen.[37] Die Neue Zeit hatte schon im ersten Bericht auf der Titelseite fälschlich ein „Gesetz über direkten Lohnabzug" in den Raum gestellt.[38] Die Presse, Wien, berichtete am 11. September sachlich über die Vorlage eines Gesetzesentwurfs durch Unterrichtsminister Theodor Piffl-Perčević,[39] und informierte auch am folgenden Tag über die Stellungnahme von Schoiswohl. Die Neue Zeit brachte die bischöfliche Stellungnahme und wies auf die „Verwaltungsvollstreckung" hin.[40] In einem Kommentar auf der nächsten Seite meinte Sepp Raminger „eine krasse Benachteiligung aller Arbeitnehmer gegenüber den einkommensteuerpflichtigen selbständigen Berufstätigen"[41] zu erkennen. Kaum zwei Wochen später behauptete die Neue Zeit in der Überschrift auch noch Einsicht in Steuerlisten, was die Emotionen vieler angeheizt haben dürfte.[42]

Fünf Wochen nach der Vorlage des Gesetzesentwurfs berichtete die Kleine Zeitung über einen von 51 steirischen Pfarrern und Kaplänen des Arbeitskreises für Industrie- und Stadtseelsorge unterzeichneten Brief an Bischof Schoiswohl gegen die Novellierung des Kirchenbeitragsgesetzes aus Sorge vor einem „Anwachsen der kirchenfeindlichen Stimmung". Die Kleine Zeitung brachte am gleichen Tag Schoiswohls Dementi, wonach in „keiner Weise an eine Einsicht kirchlicher Stellen in staatliche Steuerunterlagen gedacht" sei.[43] Am 18. Oktober berichtete die Presse über die briefliche Stellungnahme von Bischof Schoiswohl an die 51 steirischen Pfarrer und Kapläne.[44] Wenige Tage später hat Helmut Grieß in der Kleinen Zeitung mit dem Kommentar „Das Misstrauen der Arbeiter" Aufsehen erregt.[45] Geradezu alarmierend wirkte ein Bericht der Kleinen Zeitung am Tag

---

37 Es ändert sich wenig. Bischof Dr. Schoiswohl nimmt zum geplanten Kirchenbeitragsgesetz Stellung, in: Kleine Zeitung, 12. Sept. 1968, S. 5.
38 Staat will Kirchensteuer eintreiben, in: Neue Zeit, 11. Sept. 1968, S. 1.
39 Hilfe der Behörden für die Kirchen, in: Die Presse, 11. Sept. 1968, S. 2.
40 Grazer Bischof zur Kirchensteuerfrage, in: Neue Zeit, 12. Sept. 1968, S. 1.
41 *Raminger, Sepp*, Kirchensteuer und soziales Gewissen, in: Neue Zeit, 12. Sept. 1968, S. 2.
42 Kirchen können Steuerlisten einsehen, in: Neue Zeit, 24. Sept. 1968, S. 2, dazu auch der Kommentar „Zwischen gestern und morgen", ebd., S. 3.
43 Um das neue Kirchenbeitragsgesetz, in: Kleine Zeitung, 16. Okt. 1968, S. 4; „Steuergeheimnis wird nicht verletzt" , in: Kleine Zeitung, 16. Okt. 1968, S. 4, berichtet auf der gleichen Seite über eine Meldung in der Kathpress.
44 Schoiswohl beruhigt Pfarrer, in: Die Presse, 18. Okt. 1968, S. 2.
45 *Grieß, Helmut*, Das Misstrauen der Arbeiter, in: Kleine Zeitung, 22. Okt. 1968, S. 3. Einen zusammenfassenden Abschlussbericht von Betriebsseelsorgern auf der gleichen Seite hat die Zeitung provokant übertitelt „Die Pfaffen tun doch nichts".

darauf über auffallend viele Kirchenaustrittsschreiben in gleichen Briefumschlägen aus dem Industrieort Veitsch an die zuständige Bezirkshauptmannschaft in Mürzzuschlag, die fast alle mit derselben Schreibmaschine geschrieben waren und viele das Datum 1. Oktober aufwiesen.[46]

Politische Institutionen wie Gewerkschaftsfraktionen, Arbeiterkammer und der Österreichische Arbeiter- und Angestelltenbund (ÖAAB) meldeten sich auch zu Wort und politischen Widerstand an. Die Bundesfraktion Christlicher Gewerkschafter (FCG) lehnte den zur Begutachtung ausgesandten Entwurf in geheimer Abstimmung mit überwiegender Mehrheit ab, weil „das Recht auf unbeschränkte Datenauskunft bei öffentlichen Dienststellen" vorgesehen sei, und weil „nicht bezahlte Beiträge ohne Anrufung eines Gerichts sofort exekutierbar werden".[47] Am gleichen Tag berichtete die Presse, dass von der Arbeiterkammer „in zahlreichen Punkten ernste verfassungsrechtliche Bedenken" gesehen würden.[48]

Überaus wirksam brachte am 19. Oktober 1968 die SPÖ-nahe Neue Zeit in Graz auf der Titelseite pointiert den Aufmacher: „Salzburger Erzbischof lehnt das Kirchensteuergesetz ab". Der Metropolit hatte auf der Salzburger Diözesansynode den 122 Synodalen nach einer vorgebrachten Resolution zugesichert, gegen das geplante Kirchensteuergesetz aufzutreten.[49]

Zuletzt berichtete die Neue Zeit über die Stellungnahme des politisch bedeutenden ÖAAB und erinnerte an den Widerstand durch den FCG. Abgelehnt wurde die Auskunftserteilung durch Gebietskörperschaften, ebenso vollstreckbare Kirchenbeiträge im Verwaltungsweg. Auskünfte der Sozialversicherungsträger könnten „nur bis zur gesetzlichen Höchstbemessungsgrundlage erfolgen, die Spitzenverdiener also ausgeklammert wären", somit auch „nicht zur Erreichung einer Steuergerechtigkeit" führen, wurde argumentiert.[50] Der mediale Widerstand gegen den Gesetzesentwurf und die Ablehnung durch FCG, ÖAAB und Arbeiterkammer, die Delegierten der Salzburger Diözesansynode und schließlich des

---

46 Veitsch: Plötzlich eine Kirchenaustritts-Welle, in: Kleine Zeitung, 23. Okt. 1968, S. 2.
47 Widerstand gegen Kirchensteuergesetz, in: Kleine Zeitung, 15. Okt. 1968, S. 4; FCG gegen Kirchenprivileg, in: Die Presse, 15. Okt. 1968, S. 2; Erstes Votum gegen Kirchensteuergesetz. Christliche Gewerkschafter lehnen die beabsichtigte Zwangseintreibung ab, in: Neue Zeit, 15. Okt. 1968, S. 2.
48 Konflikt um Kirchensteuer. Front quer durch Parteien? – Christliche Fraktion exponiert, in: Die Presse, 16. Okt. 1968, S. 2.
49 Salzburger Erzbischof lehnt Kirchensteuergesetz ab. Rückziehung des kirchlichen Antrags verlangt – Grazer Stadtsenat und Sozialversicherungen lehnen Mitwirkung bei Eintreibung ab, in: Neue Zeit, 19. Okt. 1968, S. 1.
50 Auch ÖAAB gegen Kirchensteuergesetz, in: Neue Zeit, 25. Okt. 1968, S. 2.

Metropoliten, ließen die Annahme des Gesetzesentwurfs nach wenigen Wochen gänzlich aussichtslos erscheinen.

Nach der Bischofskonferenz im Herbst 1968 berichtet das Protokoll unter TOP 28, "dass Äußerungen staatlicher, kirchlicher und privater Stellen der Sache sehr geschadet haben."[51] Noch am 14. März 1969 berichtete die Kathpress, dass aufgrund einer Empfehlung der Konferenz der Finanzkammerdirektoren aller Diözesen die Bischöfe beschlossen, "den Entwurf eines neuen Kirchenbeitragsgesetzes nicht zurückzuziehen, sondern nach Neubearbeitung auf Grund der im Begutachtungsverfahren eingelangten Stellungnahmen" weiter zu behandeln.[52] In der Frühjahrssitzung der Bischofskonferenz vom 24. und 25. März 1969 steht im Punkt B des Protokolls: "Die Bischofskonferenz schließt sich der Meinung an, die Einreichung eines umgearbeiteten Entwurfs soll erst nach der Wahl erfolgen."[53] Nach der Nationalratswahl am 1. März 1970 und der von der FPÖ unterstützten Minderheitsregierung Bruno Kreiskys wurden aber vorerst keine weiteren Initiativen von den Kirchen gesetzt.[54] Der Historiker Harry Slapnicka meinte, der erste Versuch scheiterte 1968 – nachdem er bereits den Ministerrat passiert hatte – an der innerkirchlichen Kritik gegen die darin vorgesehene Auskunftspflicht der Behörden und die Verwaltungsvollstreckung. Ein zweiter Versuch ist eingeleitet.[55]

X. Scheitern des Gesetzesentwurfs – Rücktritt des Bischofs

Der Oberhirte von Graz-Seckau, Josef Schoiswohl, der führend in der Kommission für die Änderung des Beitragssystems tätig gewesen war, trat 1968 zurück. Die Gründe für seinen Rücktritt sind nur teilweise geklärt. Einer der Gründe schien in einem am 29. Juni 1967 gehaltenen Grundsatzreferat "Neue Wege in der Laienarbeit und in der KA" (Katholische Aktion) des Bischofs vor seinem "Collegium Presbyterorum" gelegen zu sein, in dem er erklärte, "das Konzil sieht die Aufgabe des Laien ganz anders". Schoiswohl weiter: "Es erhebt sich die Frage nach dem Apostolat jener, die nicht in der KA sind und denen es deswegen oft abgesprochen wird".[56] Diese grundlegende Frage des Bischofs an die Katholische Aktion als nach

---

51 *Kostelecky*, Kirchenbeitragsgesetz (Anm. 24), S. 130.
52 Ebd., S. 131; Kathpress, Nr. 61, 14. März 1969.
53 *Kostelecky*, Kirchenbeitragsgesetz (Anm. 24), S. 131.
54 Ebd., S. 131.
55 *Slapnicka*, Geschichtliche Entwicklung (Anm. 3), S. 91.
56 *Liebmann, Maximilian*, "Das Konzil sieht die Aufgabe des Laien ganz anders". Laienvereine und Laientheologie im Strom zeitgeistiger ekklesiologischer Entwicklung des 20. Jahrhunderts, in: Identität und offener Horizont. Festschrift für Egon Kapellari.

Pius XI. von der Hierarchie beauftragtem Apostolat führte im Juli 1967 zu einem Brief des Generalsekretärs der steirischen KA, der dem Bischof schriftlich das Vertrauen entzog.[57] Wäre der Brief bestimmend für den Rücktritt gewesen, dann hätte Schoiswohl schon 1967 seinen Rücktritt eingereicht. Ein Jahr später war im September und Oktober Bischof Schoiswohl als Sprecher der Bischofskonferenz zum Gesetzesentwurf für eine modifizierte Kirchenbeitragseinhebung mit medialem, politischem und kirchlichem Widerstand konfrontiert.[58]

Eine Resolution der Salzburger Diözesansynodalen gegen den Gesetzesentwurf, nach der der Metropolit und Salzburger Fürsterzbischof Andreas Rohracher öffentlich gegen die geplante Änderung des Kirchenbeitragsgesetz aufgetreten ist,[59] die er zuvor in der Bischofskonferenz mitbeschlossen hatte, dürfte das Fass zum Überlaufen gebracht haben. Nun stand für Bischof Schoiswohl neben der breiten (auch kirchlichen) Medienfront, politischen Institutionen nun auch sein Metropolit Andreas Rohracher gegen ihn.[60] Wann Schoiswohl seinen Rücktritt als Bischof eingereicht hat, geht aus der Literatur nicht hervor, auch die Akten geben darüber keine Auskunft.[61] Der Bischof dürfte noch vor Allerheiligen 1968 oder knapp danach sein Rücktrittsgesuch in Rom eingereicht haben. Es war mit Datum 28. November 1968 bereits angenommen.[62] Dass sich Bischof Schoiswohl dann in seine Heimatgemeinde Guntramsdorf zurückgezogen hat, ist verständlich.

Lackner, Franz / Mantl, Wolfgang, (Hg.), Wien – Graz – Klagenfurt 2006, S. 317–332, hier S. 325; DAG, Nachlass Schoiswohl.

57 Ebd., S. 325–330; Brief des Generalsekretärs Hans Hafner in DAG, Nachlass Schoiswohl, Mappe KA; *Liebmann, Maximilian*, Die Katholische Kirche – getrennt vom Staat, in: Vom Bundesland zur europäischen Region. Die Steiermark von 1945 bis heute. hrsg. v. *Desput, Joseph F.* (Geschichte der Steiermark 10), Graz 2004, S. 643–704, hier S. 678 f.

58 Vgl. *Höfer, Rudolf K.*, Hat Österreichs Kirchenbeitragsgesetz aus der NS-Zeit Zukunft oder ist Steuerwidmung für Kirchen und Staat die Alternative?, in: *Höfer, Rudolf K.* (Hg.), Kirchenfinanzierung in Europa. Modelle und Trends (Theologie im kulturellen Dialog 25), Innsbruck 2014, S. 87–120, hier S. 97–101.

59 Salzburger Erzbischof lehnt Kirchensteuergesetz ab, in: Neue Zeit, 19. Okt. 1968, S. 1.

60 Vgl. Anm. 49 oben.

61 Auskunft von Em. Univ.-Prof. Dr. Maximilian Liebmann, für die ich herzlich danke.

62 *Liebmann*, Katholische Kirche (Anm. 57), S. 479.

XI. Finanzdirektoren und Pastoralkommission für den Kirchenbeitrag

Nach dem Rücktritt von Bischof Schoiswohl brachte ein Beschluss eine Kehrtwende. Die Finanzkammerdirektoren (FK) und die Pastoralkommission Österreichs (PKÖ) tagten am 28. September 1970 in Wien und traten nun gemeinsam für die Beibehaltung des Kirchenbeitrages und „enge Zusammenarbeit zwischen Finanzkammern und pastoralen Gremien auf allen Ebenen als dringend geboten" an die Österreichische Bischofskonferenz heran.[63] Der Vorsitzende der (PKÖ) Monsignore Schramm und der Vorsitzende der Konferenz der FK-Direktoren Ernst Pieber forderten in der Eingabe: „Um die Information über das kirchliche Leben und Wirken in der Öffentlichkeit zu intensivieren, wird in allen Diözesen ein Pressereferent – soweit nicht schon vorhanden – bestellt, der zusammen mit den zuständigen Stellen auch für eine verständliche und durchsichtige Information über Aufbringen und Verwendung der finanziellen Mittel der Kirche zu sorgen hat."[64]

Auch eine 2012 erschienene 16-seitige Hochglanzbroschüre „Kirchenbeitrag in Österreich" leiten kooperativ der Pastoralamtsleiter der Diözese Feldkirch, Walter Schmolly, und die Leiterin der Kirchenbeitragsstelle von Graz-Seckau, Hertha Ferk, ein. Darin wird unrichtig eine seit dem Jahr 2000 in Schweden nicht mehr bestehende Staatskirche erwähnt und die seit 2004 vom Staat dort auch für die Katholische Kirche erhobene Kirchensteuer als „die Katholische Kirche lebt überwiegend von Spenden" dargestellt.[65]

In der Broschüre steht: „Transparenz ist selbstverständlich: detaillierte Aufstellungen der Einnahmen und Ausgaben sind bei der Wirtschaftsdirektion bzw. Finanzkammer erhältlich."[66] Bei den ins Internet gestellten diözesanen Jahresabschlüssen ist kein Vergleich möglich, weil jede Diözese Ausgaben und Einnahmen anders darstellt. Nur die Diözesen Feldkirch und Wien weisen z. B. die

---

63 *Klecatsky*, Lage und Problematik (Anm. 3), S. 67.
64 DAG, Ordinariatsakten Neubestand, Bischofskonferenz 1969–1976 Schachtel I, Protokoll der Bischofskonferenz, 3. bis 5. Nov. 1970 in Wien, 5; *Kostelecky*, Kirchenbeitragsgesetz, (Anm. 24) S. 131.
65 Hochglanzbroschüre: Es geht nicht nur ums Geld. Kirchenbeitrag in Österreich. Argumente und Fakten. Hrsg. v. den österreichischen diözesanen Finanzkammern. Red. Hertha Ferk u.a., Mattersburg 2012, S. 1–16, hier S. 14; *Jeanrond, Werner G.*, Ausstrahlungskraft und Selbstblokaden. Herausforderungen für die katholische Kirche in Schweden, in: HK 58 (2004), S. 202–207, hier S. 205; vgl. *Werner, Yvonne Maria*, Kirche, Staat und Kirchenfinanzierung in den nordischen Ländern, in: *Höfer*, Kirchenfinanzierung (Anm. 58), S. 69–86, hier S. 80.
66 Es geht nicht nur ums Geld (Anm. 65), S. 12.

Kosten der Einhebung aus. Die erhaltenen Auskünfte bei den Recherchen waren unbefriedigend.

XII. Bischofskonferenz startet einen neuen Versuch

Einen neuen Vorstoß startete am 9. März 1982 die Bischofskonferenz mit dem Ersuchen an den Apostolischen Nuntius, „auf die Notwendigkeit eines neuen Kirchenbeitragsgesetzes in einer Note an das Bundesministerium für auswärtige Angelegenheiten hinzuweisen."[67] Die Bischöfe Österreichs hielten damals eine völkerrechtliche Regelung eines neuen Gesetzes für entbehrlich, ein Bundesgesetz schien dafür ausreichend zu sein. Die Antwort auf die Verbalnote der Nuntiatur durch das Bundesministerium für auswärtige Angelegenheiten (Außenminister war der parteifreie Willibald Pahr) vom 1. Juni 1982 Zl. *1055.250/2-I.2.a/82* lautete, „dass der vorgelegte Entwurf eines Kirchenbeitragsgesetzes den österreichischen Zentralstellen zur Prüfung zugeleitet wurde. Diese Prüfung wird längere Zeit in Anspruch nehmen".[68] Seit der hinhaltenden Antwort des Außenministeriums sind dreiunddreißig Jahre vergangen.

Im Blick auf Änderungen des Meldegesetzes stellte der Sekretär der Österreichischen Bischofskonferenz, Bischof Alfred Kostelecky, im Jahr 1989 fest: „Die staatliche Beistandspflicht wurde ... immer mehr ausgehöhlt. Es ist nun tatsächlich an der Zeit ... eine einvernehmliche Lösung zwischen Kirche und Staat zu suchen".[69] Die Folgen des NS-Gesetzes für die Kirchen umschrieb Kostelecky 1994 so: „Und die Absicht Adolf Hitlers, die Kirche in finanzielle Schwierigkeit zu bringen, geht immer mehr auf".[70] Im Jahr 2004 hat Karl Schwarz, Ministerialrat und Leiter des Kultusamtes in Wien, in einem Vortrag an der Theologischen Fakultät in Graz den erschwerten Zugang zu Daten für anerkannte Religionsgemeinschaften kritisch angemerkt: „Die staatlicherseits vorgesehene Auskunftspraxis ist absolut unbefriedigend, sie ist viel zu kostspielig und insgesamt der öffentlich-rechtlichen Stellung der gesetzlich anerkannten

---

67 *Klecatsky*, Lage und Problematik (Anm. 3), S. 67
68 DAG, Ordinariatsakten Neubestand, Bischofskonferenz 1969–1976 Schachtel I, Protokoll der Bischofskonferenz, 3. bis 5. Nov. 1970 in Wien, 5; *Kostelecky*, Kirchenbeitragsgesetz (Anm. 24), S. 132 f.
69 *Kostelecky*, Kirchenbeitragsgesetz (Anm. 24), S. 134.
70 Kathpress, 19. Jän. 1994, S. 2; Die Presse, 19. Jän. 1994, S. 7; *Liebmann*, Kirchenbeitrag (Anm. 32), S. 32.

Kirchen nicht angemessen".[71] Da nach dem österreichischen Meldegesetz Religionszugehörigkeit nicht verpflichtend ausgefüllt werden muss, kann die Religionszugehörigkeit nicht ohne weiteres festgestellt werden.[72]

XIII. Diskussion zum Kirchenbeitragsgesetz geht weiter

Die mediale Diskussion zur Änderung des NS-Beitragssystems flammte bald wieder auf und reicht bis in die Gegenwart. Ein erster Impuls kam 1993 vom Dekan der Grazer Katholisch-Theologischen Fakultät, Univ.-Prof. Maximilian Liebmann, der am Beispiel des italienischen Modells für einen „Kulturbeitrag" eintrat.[73] Bischof Johann Weber von Graz-Seckau lehnte damals den Vorstoß postwendend ab.[74]

Drei Jahre später hat der ORF-Journalist Werner Ertel ein Volksbegehren für einen wahlweise zu widmenden „Kulturbeitrag" angekündigt. Ertl war überzeugt, „dass mit dem Wegfall des Zwangs in den Christen ungeahnte ‚Kräfte der Solidarität' wach würden". Die grüne Klubobfrau Madeleine Petrovic unterstützte die Initiative voll und ganz, auch Heide Schmidt vom Liberalen Forum sprach sich gegen die „Zwangseintreibung" durch die Kirchen aus. Unterstützung kam vom ÖVP-Klubobmann Andreas Kohl. Der Sekretär der Österreichischen Bischofskonferenz, Msgr. Michael Wilhelm, trat damals strikt gegen Ertels Vorstoß auf und behauptete einen 4 bis 6 Prozent hohen Steuerzuschlag für die von ihm so bezeichnete „Kultursteuer".[75] Wilhem übernahm die Zahlen einer Publikation des

---

71 Diskussion über Kirchenfinanzierung geht weiter, in: Kathpress, 20. Dez. 2004; *Schwarz, Karl*, Zwischen Subvention, Mitgliedsbeitrag und Kultursteuer: Wege der Kirchenfinanzierung in Österreich, in: ÖARR 52 (2004), S. 244–260, hier S. 258.
72 *Schwarz, Karl*, Zwischen Subvention, Mitgliedsbeitrag und Kultursteuer: Wege der Kirchenfinanzierung in Österreich, in: ÖARR 52 (2004), S. 244–260.
73 *Liebmann, Maximilian*, Von der „Kirchensteuer" zum Kulturbeitrag. Zur Geschichte des Kirchenbeitrages in Österreich, in: *Paarhammer, Hans / Pototschnig, Franz / Rinnerthaler, Alfred* (Hg.), 60 Jahre Österreichisches Konkordat, München 1994 (Veröffentlichungen des internationalen Forschungszentrums für Grundfragen der Wissenschaften Salzburg, NF 56), S. 529–543, hier S. 540f. oder gekürzt in: *Paarhammer*, Konkordat (Anm. 5), S. 529–543, hier 540f.; Kirchenbeitrag: Theologe will „Kulturbeitrag" für alle, in: Kathpress, 1. Dez. 1993, S. 3.
74 Kirchenbeitrag: Weber skeptisch zu Liebmann–Vorschlag, in: Kathpress, 2. Dez. 1993, S. 2; *Liebmann, Maximilian*, Kirchensteuer oder Kirchenbeitrag. Über bewährte neue Modelle nachdenken, in: Die Furche, 2. Dez. 1993, S. 22.
75 Volksbegehren gegen Kirchenbeitrag „unrealistisch", in: Kathpress, 3. Febr. 1996, S. 3 f. Vgl. unten die Berechnungen, bei einer Steuerwidmung von ca. 2 % der Lohnsteuer oder 0,2 % des Staatsbudgets könnte für anerkannte Religionsgemeinschaften jedenfalls eine akzeptable Finanzierung im bisherigen Umfang gesichert sein.

Österreichischen Pastoralinstituts, in der ein 4- bis 6-prozentiger Steuerzuschlag als Szenario behauptet wurde.[76] Der Plan dahinter dürfte wohl die Abwehr des italienischen Modells der Steuerwidmung gewesen sein. Die Seriosität des postulierten Steuerzuschlags hat 2004 auch Karl Schwarz, Leiter des Kultusamtes in Wien, in Frage gestellt.[77] Ähnlich tendenziell äußerte sich am 9. November 2013 Wolfgang Paset, Leiter des Kirchenbeitragsdienstes der Erzdiözese Wien, beim Forschungsseminar „Wenn das Geld im Kasten klingt, die Seele aus dem Fegfeuer springt" an der Wiener Katholisch-Theologischen Fakultät in der Diskussion nach dem Referat von Bischof Klaus Küng, beim italienischen Modell „ottopermille" würden „20 Prozent der Erträge für Werbung ausgegeben". In Wirklichkeit sind es exakt 2,05 Prozent.[78]

Im Jahr 2000 kam ein neuer Vorschlag von Maximilian Liebmann zur Einführung des italienischen Modells der Kirchen- bzw. Staatsfinanzierung.[79] Den unterstützte umgehend der katholische AKV-Präsident Johannes Martinek.[80] Der Bericht in der Kathpress dazu verwendet tendenziell den Begriff „Kultursteuer", ebenso der Bericht über die Unterstützung durch den AKV-Präsidenten Johannes Martinek.[81] Eine informative Zusammenfassung möglicher Kirchenfinanzierung hat Karl Schwarz schon im Jahr 2004 vorgelegt.[82]

XIV. Kirchenaustritte und Diskussion um das Beitragssystem seit 2011

Im Jänner 2011 wurde angesichts der hohen Austrittszahlen für das Jahr 2010 mehrfach ein frei zu widmender „Kulturbeitrag" bzw. eine Steuerwidmung analog zum italienischen Modell vorgeschlagen. Für den Fundamentaltheologen Kurt

---

76 *Schwarz, Alois,* (Hg.), Kirchenfinanzierung – „Kultursteuer" in Italien und Spanien – ein Diskussionsbeitrag, Wien 1995, S. 10.
77 *Schwarz,* Subvention (Anm. 72), S. 260; siehe die Berechnungen auf Basis der Steuerleistung im Jahr 2012, vgl. unten Anm. 133 und 134.
78 *Mitterhofer, Michael,* 8x1000 – ottopermille. Das System der Kirchenfinanzierung in Italien, in: *Höfer,* Kirchenfinanzierung (Anm. 58), S. 121–147, hier S. 136, Anm. 33, für Fernsehwerbung wird davon weniger als die Hälfte, etwa 0,8–0,9 Prozent aufgewendet.
79 Liebmann will Debatte über Kultursteuer statt Kirchenbeitrag, in: Kathpress, 5. Aug. 2000, S. 2.
80 Katholische Verbände für „Kultursteuer statt Kirchenbeitrag", in: Kathpress, 7./8. Aug. 2000, S. 4.
81 Vgl. Anm. 79 und 80.
82 *Schwarz,* Subvention (Anm. 72); vgl. *Müller, Ludger / Krutzler Martin* (Hg.) Vermögen der Kirche – Vermögende Kirche, Paderborn 2014.

Appel, Wien, ist der Kirchenbeitrag „der Grund, warum die Kirche in kaum einem anderen Land der Welt so abgelehnt wird wie in Österreich".[83] Appel verstärkte im Jahr darauf sein Urteil und sah im Kirchenbeitrag einen doppelten Konstruktionsfehler: „Diese Behördenmentalität widerspricht dem Wesen der Kirche. Außerdem ist der Hass auf die Kirche in keinem Land so ausgeprägt wie hier, das hängt auch mit der Kirchensteuer zusammen ... Wer die Kirche als Unternehmen versteht, versteht sie falsch."[84] Der Vorstoß des Oberösterreichischen Bauernbund-Obmannes, Max Hiegelsberger, wurde wegen seiner Zielrichtung nach Besteuerung Ausgetretener massiv abgelehnt.[85] „Alles andere als bauernschlau" titelte die Presse zum Vorschlag, meinte aber: „Es ist nicht des Teufels, Alternativen zum Kirchenbeitrag zu überlegen. Sie dürfen aber keine Strafsteuern sein".[86] Missverstanden hat den Vorschlag die inzwischen aus der SPÖ ausgetretene Kultursprecherin und Nationalratsabgeordnete Sonja Ablinger, als sie darunter eine „Zwangsabgabe" an die Katholische Kirche sehen zu müssen meinte.[87] Die Einführung einer neuen Steuer ist politisch praktisch völlig ausgeschlossen.

Unmittelbar danach meldete sich FK-Direktor Herbert Beigelböck, Graz-Seckau, es gebe „ein sehr bewährtes System der Kirchenfinanzierung" und „es obliege nicht der Kirche, sich einzumischen, wer wie besteuert würde".[88]

---

83 *Appel, Kurt*, Weg mit der Kirchensteuer, in: Der Standard, 13. Jän. 2011, S. 27; *Höfer, Rudolf K.*, Kultur- statt Kirchenbeitrag, in: Die Presse, 14. Jän. 2011, S. 30; Ders., Ein Kulturbeitrag wäre gerechter, in: Wiener Zeitung, 3. Juni 2011, S. 2.
84 *Seidl, Conrad*, Pro Kulturbeitrag statt Kirchensteuer: Geld für weltliche Leistungen, in: Der Standard, 6. Jänner 2012, http://derstandard.at/1325485791642/Pro-Kulturbeitrag-statt-Kirchensteuer-Geld-fuer-weltliche-Leistungen; *Höfer, Rudolf K.*, Kulturbeitrag oder NS-Privileg, in: Kleine Zeitung, 11. Jän. 2012, S. 36; *Höfer, Rudolf K.*, Was für die Einführung eines Kulturbeitrages spricht, in: Die Presse, 20. Jänner 2013, S. 30; *Kapeller, Lukas*, „Du darfst Kirchensteuer zahlen, bis du tot umfällst", in: Der Standard, 13. März 2012, http://derstandard.at/1331206950084/Du-darfst-Kirchen-steuer-zahlen-bis-du-tot-umfaellst.
85 Bauernbund-Vorschlag „Kultusbeitrag" findet keinen Anklang, in: Der Standard, 5. Jän. 2012, http://derstandard.at/1325485712538/Reaktionen-Bauernbund-Vorschlag-Kultusbeitrag-findet-keinen-Anklang [abgefragt am 10.9.2013]; „Kulturbeitrag": Kirchenvertreter für Diskussion offen, in: Kathpress, 5. Jän. 2012.
86 *Ettinger, Karl*, Alles andere als bauernschlau, in: Die Presse, 6.1.2012, S. 5.
87 Die Presse, 6. Jän. 2012, S. 4, https://frauen.spooe.at/2012/06/27/sp-kultursprecherin-ablinger-vp-vorschlag-einer-kirchensteuer-fuer-konfessionsfreie-ist-voellig-absurd/ (abgefragt 13.7.2015); http://www.heute.at/news/politik/art23660,1169517.
88 „Kulturbeitrag" (3),– Diözese Graz-Seckau äußert Bedenken, in: Kathpress, 5. Jän. 2012.

Dagegen sind von Kardinal Christoph Schönborn und Bischof Klaus Küng sehr offene Stellungnahmen dazu gekommmen. Als Vorsitzender und Sprecher der Bischofskonferenz-Finanzkommission hat Klaus Küng, St. Pölten, zur neu aufgeflammten Diskussion im Jahr 2012 festgestellt: „eine allgemein verpflichtende Steuerabgabe im Sinne eines Kultur- und Sozialbeitrages mit der Möglichkeit einer Zweckwidmung an die Kirche – ähnlich der Regelung in Italien und Spanien – scheint mir interessant und diskussionswürdig".[89] Der Wiener Erzbischof, Kardinal Christoph Schönborn, bekräftigte und begrüßte am 16. Jänner 2012 bei einer Pressekonferenz eine Diskussion: „Es lohnt sich, andere Modelle der Kirchenfinanzierung zu diskutieren",[90] die Auseinandersetzung blieb aber zunächst aus.

XV. Die eigene Beitragseinhebung ist teuer

In der Evangelischen Kirche, so eine mündliche Auskunft von Kirchenrat Walter Gösele aus Wien, heben Gemeinden die Beiträge selbst ein und dürfen 25 bis 29 Prozent als Anteil behalten. Außerdem können sie zusätzlich eine Gemeindeumlage einheben. Die Finanzierung der Evangelischen Kirche deckt sich zu 66 Prozent aus den Beiträgen. Die Kosten der Einhebung konnten mir nicht mitgeteilt werden.[91]

Für die Diözesen der Katholischen Kirche in Österreich seien hier einige Zahlen zusammengefasst, die publik sind. Sie hatten 2010 Einkünfte von ca. € 498,61 Millionen, davon waren € 393,26 Millionen Kirchenbeiträge. In der Literatur wird der Sach- und Personalaufwand für Kirchenbeitragseinhebung um 1968/69 mit ca. 10 Prozent angegeben, höhere Kosten galten als nicht mehr vertretbar.[92] Der Sekretär der österreichischen Bischofskonferenz, Alfred Kostelecky, setzte die Kosten 1989 höher an: „Die kircheneigene Beitragsverwaltung kostet etwa 10 bis 15 Prozent der Kirchenbeitragseinnahmen, während in Deutschland die staatliche Einhebung mit 2 bis 4 Prozent – nach Ländern verschieden – großzügig abgegolten wird".[93] Die Einführung der Annexsteuer

---

89 *Knecht, Doris,* Jetzt erst Knecht: Debatte mit Nebenwirkung, in: Kurier, 6. Jänner 2012; „Kulturbeitrag": Kirchenvertreter für Diskussion offen, in: Kathpress, 5. Jän. 2012.
90 Schönborn offen für Diskussion über Kirchenfinanzierungsmodelle, in: Kathpress, 16. Jän. 2012.
91 Freundliche Mitteilung von Herrn Walter Gösele, Kirchenrat, Wien, dem ich herzlich danke.
92 *Klecatsky,* Lage und Problematik (Anm. 3), S. 61.
93 *Kostelecky,* Kirchenbeitragsgesetz (Anm. 24), S. 127.

wie in Deutschland 1919 war nach Ende des Zweiten Weltkrieges im Blick, ist heute aber nicht mehr denkbar.

Der ehemalige Wiener Generalvikar Helmut Schüller betonte bei der Enquete zur Kirchenfinanzierung im Jahr 2012 in Eisenstadt dezidiert, dass die Kosten der Einhebung für die Diözesen etwa 15 Prozent betragen. Damit könnte der Aufwand für die Einhebung im Jahr 2010 bis zu 56 Millionen € betragen haben. Die Überprüfung der Kosten erfolgt durch bischöflich beauftragte Prüfer, ein Punkt, der schon bisher Kritik ausgelöst hat.[94] Die Einnahmen der Diözesen in Österreich bestehen zu ca. 80 Prozent aus Kirchenbeiträgen.[95] Bischöfliche Mensen, Orden und Klöster sind eigene Wirtschaftskörper und nicht dem Diözesanbudget zuzurechnen.

XVI. Die Folgen des Kirchenbeitragssystems

Die Zahl der Kirchenaustritte stieg nach der NS-Zeit in Österreich auf den höchsten Wert im Jahr 2010. In keinem europäischen Land ist ihre Zahl so hoch wie in Österreich. Vergleicht man dazu Deutschland, so sind dort im Jahr 2010 exakt 181.193 Austritte bei 24,5 Millionen Katholiken, also 0,75 Prozent der Gesamtzahl ausgetreten,[96] dagegen sind in Österreich im gleichen Jahr von ca. 5,45 Millionen Katholiken 87.393 ausgetreten,[97] das sind knapp 1,6 Prozent, eine mehr als doppelt so hohe Austrittsrate.

---

94 *Pawlowsky, Peter*, Kirchenbeitrag – Zahlen ohne Mitbestimmung, in: Kirche In 1/2013, S. 24–27, hier S. 27. „Die Bischöfe kontrollieren sich selbst". In Eisenstadt hielten am 17. Nov. 2012 vier Reformbewegungen eine Tagung zum Thema Kirchenfinanzierung ab und verabschiedeten eine Resolution: Wer zahlt, muss mitbestimmen können. Kirchliche Finanzhoheit im Rechtsstaat, in: Kirche in, 76/ Dez. 2012, S. IX f.; *Pawlowsky, Peter*, Der Umgang mit Geld in den religiösen Gemeinschaften, in: Wer zahlt, muss mitbestimmen können. Kirchliche Finanzhoheit im Rechtsstaat. Dokumentation eines Studientags am 17. November 2012 in Eisenstadt. Febr. 2013, S. 54–56.
95 Es geht nicht nur ums Geld (Anm. 65), S. 6.
96 Nach Missbrauchsfällen: Katholiken treten massenhaft aus der Kirche aus, in: http://www.spiegel.de/panorama/gesellschaft/nach-missbrauchsfaellen-katholiken-treten-massenhaft-aus-der-kirche-aus-a-777407.html 29. Juli 2011, http://www.kath.net/de-tail.php?id=32516 [abgefragt am 24.9.2012].
97 Rekordhoch: Kirchenaustritte stiegen 2010 um 64 Prozent auf 87.393 Personen, in: Der Standard, 11. Jän. 2011; http://derstandard.at/1293370377600/Rekordhoch-Kirchenaustritte-stiegen-2010-um-64-Prozent-auf-87393-Personen.

Die Gründe für die Austritte wurden bereits mehrfach erhoben. Auch neueste Umfragen mit mehreren Antwortmöglichkeiten bestätigen den Kirchenbeitrag als ersten Austrittsgrund.[98]

Das Amtsblatt der Österreichischen Bischofskonferenz benannte schon 1998 eindeutig den Hauptgrund: „Aus internen Umfragen wissen wir, dass zwei Drittel der Ausgetretenen – neben anderen Gründen – den Kirchenbeitrag als Motiv für den Austritt angeben." Das Amtsblatt weiter: „Mit vielen dieser Katholiken hatten unsere Mitarbeiter in den Pfarren und Kirchenbeitragsstellen zu wenig persönlichen Kontakt. Das möchten wir ändern".[99] Seither sind siebzehn Jahre mit durchwegs höheren Austrittsraten vergangen, ohne dass eine Wende sichtbar ist. Nicht minder gravierend ist der Einfluss der Kirchensteuer in Deutschland. Bei einer Umfrage des anerkannten Instituts für Demoskopie in Allensbach gaben 72 Prozent die Kirchensteuer als Grund für den Austritt an.[100]

Hinzu kommt der Zwangscharakter des vom NS-Regime eingeführten Kirchenbeitrages, der vielfach als Bevormundung empfunden und immer weniger akzeptiert ist.

Mathematisch auffallend ist, dass trotz der von 2010 bis 2014 erfassten 87.393, 59.023, 52.336, 54.869 sowie 54.939 Austritte im Jahr 2014, insgesamt 307.087 Austritte, in den Jahren 2010–2013 in Österreich das Beitragsaufkommen von 393.262 Millionen € auf 399.427, 2012 auf 418.498 und 2013 auf 427.563 Millionen € gestiegen ist. Dabei liegt in der Personengruppe mit Jahreseinkommen von 50.000 bis 150.000 € der Anteil der Ausgetretenen mit 44 Prozent um exakt 100 Prozent über allen anderen Personengruppen mit niedrigeren oder höheren Einkommen.[101]

Die Kirchenaustritte bieten für Gegner der Religionsgemeinschaften ein willkommenes Argument, um die Rücknahme staatlicher Finanzierung angesichts der abnehmenden Zahl der Konfessionsangehörigen zu fordern, wie z. B. in der

---

98 Matt, Thomas, Papst büßt Rolle als Reibebaum ein, in: Vorarberger Nachrichten, 14. Jän. 2014; http://www.vorarlbergernachrichten.at/lokal/vorarlberg/2014/01/14/papst-buesst-rolle-als-reibebaum-ein. [abgefragt am 26.1.2014]
99 Kirchenbeitrag, in: Amtsblatt der Österreichischen Bischofskonferenz, Nr. 22, 20. Mai 1998, S. 2.
100 Puza, Modalitäten (Anm. 92), S. 188.
101 Eine statistische Aufstellung von Ferk, Hertha, „Kirchenbeitrag – Kirchenaustritt und Kirchenbindung. Pastoralkonferenz 9. Februar 2012", für die ich Frau Hertha Ferk herzlich danke.

Sendung „Großer Gott: Wer braucht heute noch die Kirche?" im Servus-TV am 19. März 2015.[102]

XVII. Steuerwidmung für Religionsgemeinschaften in Europa

Bei der Kirchenfinanzierung wurde seit den 80er Jahren in einigen Ländern Europas in einer Übereinkunft zwischen Religionsgemeinschaften und Politik ein bestimmter Prozentsatz des Steueraufkommens definiert, der frei von den Bürgern entweder dem Staat oder einer anerkannten Religionsgemeinschaft zugewiesen werden kann. In Italien wurde das 1984 in einem Konkordat vereinbart. Steuerpflichtige können 8 Promille frei und demokratisch dem Staat oder einer anerkannten Religionsgemeinschaft wie bei einer Wahl im Zuge der Steuererklärung mit ihrer Stimme widmen.[103] Ein analoges Widmungsmodell hat Spanien (1978)[104] Ungarn (2004)[105], Polen[106] ab 2014[107]. Dabei wurde keine neue Steuer eingeführt, deshalb sind auch Bezeichnungen wie Kulturbeitrag, Kultursteuer irreführend, weil mit diesen Begriffen eine neue Steuer suggeriert wird, und geeignet, damit vielleicht das italienische Modell abzuwehren. In der Slowakei Slowakei[108] war Steuerwidmung in Verhandlung.

---

102 www.servustv.com/at/Medien/Talk-im-Hangar-788 [abgefragt am 8.7.2015].
103 *Puza*, Modalitäten (Anm. 92), S. 190 f.
104 3. Jän. 1979, Vertrag mit dem Hl. Stuhl ein Grundsatzabkommen, konkretisiert 23. Dez. 1987, 1988 erstmals die Widmung umgesetzt. *Marré, Heiner,* Die Kirchenfinanzierung in Kirche und Staat der Gegenwart (Beihefte zum Münsterischen Kommentar 4), Essen ⁴2006, S. 34 f.
105 *Wildmann, János*, Durchwachsene Bilanz, Religion und Kirche in Ungarn im Spiegel einer neuen Untersuchung, in: HK 63 (2009), S. 520–525, hier S. 521.
106 Polens Bischöfe für Reform der Kirchenfinanzierung, in: Kathpress, 12. Okt. 2011. Schon bisher konnten Polens Bürger ein Prozent ihrer Einkommenssteuer kirchlichen Stiftungen oder für Caritas zuweisen. Die Bischöfe Polens haben 2011 noch ein weiteres Prozent als mögliche Widmung gefordert, um im Gegenzug auf Staatsgelder aus dem seit 1950 bestehenden Kirchenfonds zu verzichten.
107 Kirchenfinanzierung: Polen übernimmt 2014 italienisches Modell. *Kathpress*, 22. Feb. 2013; ab 2014 sollen 0,5 % eines Steueranteils für die Religionsgemeinschaften gewidmet werden können. Darüber haben sich der Minister für Staatsverwaltung, Michal Boni und der Warschauer Erzbischof, Kardinal Kazimierz Nycz, verständigt.
108 Slowakische Kirchenfinanzierung: Italienisches Modell präsentiert, in: Kathpress, 8. Feb. 2012. Die geplante Widmung in der Slowakei für eine der 18 anerkannten Kirchen oder den „dritten Sektor" soll nach dem Entwurf ein Prozent der Steuerleistung betragen.

In Slowenien ist die 2007 eingeführte Steuerwidmung durch mehrere Tausende Empfänger praktisch für alle von marginaler Bedeutung.[109]

XVIII. Steuerwidmung als Weg der Bürgerbeteiligung

Den Begriff Steuerwidmung als Möglichkeit der Bürgerbeteiligung hat in Österreich 2012 der damalige Staatssekretär und jetzige Außenminister Sebastian Kurz in die politische Diskussion gebracht.[110] Die Bürgerinnen hätten dabei die Möglichkeit über die Verwendung eines Teils der ohnehin geleisteten Steuern ohne Zwang und frei zu entscheiden. Begriffe wie „Kultursteuer, Mandatssteuer" sind nicht zutreffend. Niemand spricht von Spitals-, Straßen-, Heeres-, Polizei- oder Eisenbahnsteuer, um nur einige Verwendungsbereiche für Steuern zu nennen.

Dass es sich, wie oft behauptet wird, dabei um eine Finanzierung durch den Staat handle, geht schon deshalb fehl, weil die Lohn- und Einkommenssteuern die Bürger leisten und auch diesen wieder in den vielen Leistungen der Religionsgemeinschaften zugute kommen. Den Bürgern wird nur eine Entscheidung über die Verwendung eines Teils ihrer Steuern übertragen. Auch bei anderen Finanzierungsmodellen wie z.B. bei Spenden oder bei Steuermodellen wie in Deutschland, Dänemark oder Schweden zahlen eben auch die Bürger.

XIX. Alternativen zum Kirchenbeitrag – Steuerwidmung mit Steuersenkung

Welche Auswege sind aus der durch die nationalsozialistische Gesetzgebung seit 1939 geschaffenen Lage der Kirchen in Österreich mit der höchsten Austrittsrate Europas realistisch?

Der Versuch, die staatliche Vollstreckung der Kirchenbeiträge im Jahr 1968 in Österreich einzuführen, ist zu Recht gescheitert. Eine Annexsteuer wie in Deutschland auch in Österreich einzuführen, würde eine zusätzliche Steuer bedeuten und hat keinerlei Aussicht auf politische Umsetzung. Einem Spendenmodell traut niemand eine hinreichende Finanzierung der Religionsgemeinschaften zu. Die Rückkehr zur Finanzierung durch den Religionsfonds wie bis 1939 in Österreich ist nach dem Vermögensvertrag 1960 heute ebenso ausgeschlossen.

---

109 Seit 2007, allerdings mit Tausenden Empfangsberechtigten wie Sportvereinen u.a. Vgl. *Saje, Andrej,* Ist die Einführung einer Kirchensteuer oder eines Kulturbeitrages die richtige Lösung für die Finanzierung der Katholischen Kirche in Slowenien?, in: *Höfer,* Kirchenfinanzierung (Anm. 58), S. 209–237, hier S. 232.
110 Kurz will Steuer-Zweckwidmung, in: Kurier, 26. März 2012.

Bleibt als Möglichkeit einer alternativen Finanzierung die Steuerwidmung an Staat und Religionsgemeinschaften für ihre vielfältigen Leistungen auf dem Gebiet der Seelsorge, Fürsorge, Schulwesen, usw. sowie beim Erhalt der Kulturgüter. Sollte für Atheisten einmal ein ähnlicher Status wie für anerkannte Religionsgemeinschaften erreicht werden, wären diese auch in die Widmung einzubeziehen, weil damit ein Konfliktfeld in Österreich ausgeräumt werden könnte.

Der vom NS-Regime eingeführte Kirchenbeitrag könnte mit Einführung der Steuerwidmung entfallen und brächte für ca. 80 Prozent der Bevölkerung in Österreich eine reale Steuersenkung der bisher durch ein staatliches Gesetz verpflichtenden Beitragsbelastung. Der Kirchenbeitrag ist Teil einer staatlichen Steuerquote nur für einen Teil der Bevölkerung. Ihn wegen der Austrittsmöglichkeit als freiwillig zu bezeichnen, stellt auch der Kirchenrechtsprofessor Richard Puza, Tübingen, in Frage.[111]

Wenn Bürgerinnen über die Verwendung eines Steueranteils mitbestimmen dürfen, entsteht deshalb kein Staatskirchentum. Über staatliche Strukturen werden ja auch Beiträge für die Ärztekammer, Landwirtschaftskammer, Arbeiterkammer, Gewerkschaftsbeiträge usw. eingehoben.

XX. Widmung für Staat und Kirchen ohne neue Steuer finanzieren

Ein Bericht des Rechnungshofes hat für die steuerliche Absetzbarkeit des „Kirchenbeitrages" in Österreich für das Jahr 2009 bereits € 135 Millionen an Kosten festgestellt,[112] die durch Erhöhung der Absetzbarkeit der Kirchenbeiträge von € 200,– auf € 400,– ab 2012 ein erst 2016 vorliegendes Ausmaß erreichen dürften. Bei Einführung der Steuerwidmung würden dazu auch noch staatliche Kosten für ca. zehntausend Exekutionen, Pfändungen, für ca. 30.000 Klagen sowie für die Bearbeitung von etwa 50.000–80.000 Austrittsakten in Bezirksämtern pro Jahr sowie die Bearbeitung der Anträge beim Finanzamt auf Absetzbarkeit der Kirchenbeiträge wegfallen.

Die Zahl gerichtlicher Mahnklagen stieg z. B. im Jahr 2010 auf 30.691 Fälle an. Die Zahl der gerichtlichen Exekutionen, Pfändungen einschließlich der Miet- und

---

111 *Puza*, Modalitäten (Anm. 92), S. 186.
112 *Ungerboeck, Luise*, Des Fiskus' Kreuz mit Kirchenbeiträgen, in: Der Standard, 29. April 2013, http://derstandard.at/1363706508350/Des-Fiskus-Kreuz-mit-Kirchenbeiträgen.

Pachtforderungen stieg auf 12.130 Fälle.[113] Erinnerungen wegen fälliger Kirchenbeiträge im Jahr 2012 in der Steiermark per SMS an etwa 17.000 Beitragspflichtige wurden für die Diözese mit einer Strafe unter € 10.000,– geahndet. Schlagzeilen, die man sich ersparen könnte.

Durch Einsparung aller genannten Kosten kann die Umstellung auf Steuerwidmung höchstwahrscheinlich völlig kostenneutral für den Staatshaushalt umgesetzt werden. Entscheidend wird sein, ob der nicht gewidmete Prozentsatz des Steueranteils im Verhältnis der Widmungen proportional wie in Italien dem Staat bzw. den Religionsgemeinschaften zugewiesen wird.[114]

Die Berechnung ist auf Basis des Lohnsteueraufkommens in Österreich im Jahr 2012 von etwa 30 Milliarden € angelegt. Danach kann etwa ca. 2 Prozent der Steuerleistung nach Entfall der Kosten für Absetzbeträge, für Klagen, Exekutionen und Bearbeitung von Austrittsakten, Bearbeitung von Steuerausgleichsanträgen für Absetzbeträge ohne Abgang für den Staatshaushalt, frei und demokratisch einem staatlichen Kulturfonds oder anerkannten Religionsgemeinschaften zugewiesen werden. Der Prozentsatz der Widmung sollte in einem Akt Zusammenwirkens zwischen Staat und Religionsgemeinschaften so festgelegt werden, sodass die Religionsgemeinschaften ihre bisherigen Leistungen aufrechterhalten können.

Auch dem Staat würden bei Steuerwidmung z. B. für einen Kulturfonds beachtliche Mittel für den Erhalt der Kulturgüter verbleiben.

Ein erhöhtes Steueraufkommen für den Staat durch die für die Bürger frei werdenden Mittel würde diesen zusätzlich zum Gewinner einer Umstellung machen.

Eine Gefährdung des religiösen Friedens durch Werbung für die Widmung ist in Italien nicht beobachtet worden. Das Argument der Unabhängigkeit vom Staat kann für Diktaturen und vergleichbare Regime gelten, ist aber für die Republik Österreich seit 1945 nicht zutreffend, außer es will jemand am das Bild der „societas perfecta" für die Kirche und dem vom „bösen Staat" festhalten.

In Italien wurden mit der Steuerwidmung durchwegs gute Erfahrungen gemacht.[115] Es hat sich gezeigt, dass Minderheitenkirchen bei der Widmung besser aussteigen, als es ihrer Mitgliederzahl entspricht, aber auch für die Katholische Kirche ist ein moderat variierendes, aber steigendes Widmungsergebnis bis auf 89,8 % im Jahr 2005 festgestellt worden.[116]

---

113 Kirchenbeitrag: Klagen und Exekutionen angestiegen, in: Kleine Zeitung, 16. April 2011; http://www.kleine zeitung.at/nachrichten/chronik/missbrauch/27233098/kirchenbeitrag.
114 *Schwarz*, Subvention (Anm. 72), S. 258.
115 *Mitterhofer*, Italien (wie Anm. 78), S. 133 f.
116 Ebd., S. 133 f.

Die Beitragsangestellten sind bei einer allfälligen Widmungseinführung abzusichern, sie sind aufgrund ihrer Zahl im Verhältnis aller übrigen kirchlich Angestellten durchaus für andere kirchliche Tätigkeiten unterzubringen.

XXI. Wirkungsmöglichkeiten der Kirchen sichern

Im April 2013 ist das in Österreich zur Unterzeichnung aufgelegte „Kirchenprivilegien-Volksbegehren" von 56.673 oder 0,89 Prozent der Wahlberechtigten unterstützt worden – die geringste Unterstützung aller bisherigen Volksbegehren.[117] Die dem Volksbegehren zugrundegelegten Behauptungen sind von der Bevölkerung nicht übernommen worden.

Dagegen weist eine jüngst vorgestellte Studie zum „Wirtschaftsfaktor Kirche" nach, dass Kirche enorm viel an Wertschöpfung für die Gesellschaft bringt, sodass insgesamt der Staat, der wir alle sind, wesentlich davon profitiert, weil den aufgewendeten Kosten von 5,91 Mrd. € der monetär bewertete Nutzen für Wirtschaft und Gesellschaft von 8,48 Mrd. € gegenübersteht. Aus der Studie geht auch die Bedeutung der Kirche in der Altenpflege, in Krankenhäusern und im Schulwesen hervor, Unter den Spenden, Kollekten, Pfarrsammlungen und Spenden an karitative Einrichtungen, Konsum im Rahmen der Feier der Sakramenten und Kirchenbeitrag, die immerhin 873 Mio. €[118] ergeben, macht der Kirchenbeitrag 2013 mit ca. 427 Millionen € nicht einmal die Hälfte davon aus, von den nach der genannten Studie im Zusammenhang mit Kirche aufgewendeten gesamten Kosten beträgt der Kirchenbeitrag gar nur ca. 7,22 %. Wenn also der Kirchenbeitrag noch 1993 empathisch als nahezu unveränderbar dargestellt wurde[119], so wäre eine Änderung des Beitragssystems hin zur Steuerwidmung wie in Italien schon aus diesem Grund quantitativ als relativ unbedeutend einzustufen, weil mit dem gleichen Aufkommen wie bisher auch bei der Steuerwidmung gerechnet werden kann. Die gesellschaftspolitische Wirkung wäre mit dem Abschied von einem

---

117 Volksbegehren klar gescheitert: Zwei neue Schlusslichter, in: Wiener Zeitung, 22. April 2013; http://www.bmi.gv.at/cms/BMI_wahlen/volksbegehren/vb_xx_periode/anti_kirchepriv/endg_gesamtergebnis.aspx. Dass vier Initiatoren Mag. Nikolaus Alm, Sepp Rothwangel, Prof. Heinz Oberhummer, Dr. Christian Fiala durch einen Wiener Rechtsanwalt vom Autor eine – nicht abgegebene – Erklärung verlangten „sinngleiche – Behauptung … zu unterlassen", ist im Blick auf Demokratieverständnis und Meinungsfreiheit erwähnenswert. Vgl. auch *Höfer*, Kulturkampfversuch (Anm. 7).
118 http://www.katholisch.at/themen/2015/wirtschaftsfaktor-kirche [abgefragt am 13.7.2015].
119 *Paarhammer, Hans,* Probleme des Kirchenbeitragswesens, in: *Paarhammer,* Konkordat (wie Anm. 5), S. 545–561, hier 554 f.

Zwangsgesetz und der demokratischen Mitbestimmung bei der Verwendung von Steuern aber enorm.

Für das italienische Modell der Widmung eines Steueranteils sind in Deutschland auch Politiker und Bundestagsabgeordnete des Bündnisses 90/Grüne beim Katholikentag in Mannheim im Jahr 2012 eingetreten.[120] Sprecher der großen Kirchen haben den Vorschlag sofort zurückgewiesen und sich für die Beibehaltung des bisherigen deutschen Kirchensteuersystems ausgesprochen.[121]

Gerechtigkeit und Gleichbehandlung ist bei der Widmung eines definierten Steueranteils eher als bei Beitragsschätzungen und ausgehandelten Kirchenbeitragsvorschreibungen gegeben. „Nicht minder zeitraubend gestaltete sich das händische Höherschätzen und der Erlagscheinversand" schrieb ein Finanzkammerdirektor.[122] In Deutschland sind nur etwa 60 Prozent der Bevölkerung steuerpflichtig und zahlt Kirchensteuer.[123] Die Abgeltung in Deutschland in der Höhe von 2 bis 4 Prozent der erhobenen Kirchensteuer wurde kritisiert, weil diese zu einer Zeit festgelegt wurde, als Finanzämter noch mit Karteikarten arbeiteten.[124] Zudem forderten Jungpolitiker aus der FDP, SPD und der Linkspartei überhaupt die Abschaffung des staatlichen Kirchensteuereinzugs mit Hinweis auf „Trennung von Kirchen und Staat". Dagegen wurde argumentiert, dass der Staat vom Einzug profitiere.[125]

Hingegen wird in Österreich nach der Beitragsordnung im Gefolge des NS-Gesetzes, das Religionsgemeinschaften wie Vereine behandelt, grundsätzlich ein Mindestkirchenbeitrag wie einem Vereinsmitglied vorgeschrieben. Das gilt auch für jene Bevölkerungsgruppen, die von Steuern befreit sind (Bezieher von Kinder-, Pflegegeld, Ausgleichszulagen, Mindestpensionisten) und trotzdem Beitragsvorschreibungen erhalten.

---

120 Kirche, Steuer und Austritte, in: FAZ (Frankfurter Allgemeine Zeitung), 5. Juni 2012; http:// www.seiten.faz-archiv.de/faz/20120605/fd2201206053519026.html [abgefragt am 30.10.2013].
121 Die Kirchen- in eine Kultursteuer umwandeln? Die EKD ist dagegen: Das jetzige System ist „sehr gerecht". http//www.ekbo.de/.
122 *Gross*, Rezeption des Kirchenbeitrages (Anm. 15), S. 575.
123 *Puza*, Modalitäten (Anm. 92), S. 186.
124 Vgl. *Hartmann, Gerhard,* Die Kirchensteuer in Deutschland – Vorbild oder Auslaufmodell?, in: *Höfer*, Kirchenfinanzierung (Anm. 58), S. 31–68, hier S. 41 f., Anm. 22–23.
125 Debatte um Kirchensteuer ist neu entbrannt, in: Kath.net, 8. April 2013; http://www.kath.net/news/40806 [abgefragt am 2.10.2013].

Sollte in Österreich Steuerfreiheit nicht auch vom Kirchenbeitrag befreien?[126] Dem Ansehen der Kirche wäre ein solcher Schritt mehr als förderlich, denn schon 2012 hat Kurt Appel von „Hass auf die Kirche" gesprochen, der seiner Meinung auch „mit der Kirchensteuer" zusammenhängt.[127] Eine bereits 2009 durchgeführte ORF-Umfrage zum Kirchenbeitrag hat ergeben, dass unter drei gestellten Fragen 85 % der Befragten eine „Alternative zum Kirchenbeitrag für längst überfällig" halten.[128]

Die Gesellschaft insgesamt würde mit der Steuerwidmung einen demokratiepolitischen Impuls und eine Stärkung des Zusammenhalts erfahren, weil das Ausloten eines finanziellen Vorteils bei Austrittsüberlegungen wegfiele. In Italien gibt es auch auf Grund historischer Entwicklungen praktisch keinen Kirchenaustritt. Die Religionsgemeinschaften sind auch jetzt schon nicht untätig, sondern müssten sich wie bisher der Vielfalt der Religionsgemeinschaften stellen.

Die Austritte sind keineswegs generell mit kirchenfeindlichen Ansichten gleichzusetzen. Die meisten Menschen treten nicht aus dem Glauben aus, sondern verstehen den Austritt nur für die durch das Kirchenbeitragsgesetz geschaffene finanzielle Verpflichtung und damit erzeugte öffentliche Meinung. In Gespächen hört mann immer wieder, dass Ausgetretene für ihre ehemalige Kirche widmen würden, aber eben aus rein finanziellen Überlegungen wegen des zusätzlichen Beitrages den Schritt setzten.

Der Austritt aus einer Religionsgemeinschaft ist in Österreich seit 1868 möglich und zu jedenfalls zu erhalten.

XXII. Kulturgüter und Denkmalschutz

Zu den gemeinsamen Angelegenheiten von Staat und Kirchen gehört die Sicherung der Kulturgüter. Das ist in Österreich auch im Art. 15 Staatsgrundgesetz festgelegt[129] und heute zunehmend ein Anliegen im öffentlichen Bewusstsein.[130]

---

126 *Höfer, Rudolf K.*, Verschärft der Kirchenbeitrag Armut? in: Kleine Zeitung, 7. August 2015, S. 36; *Ders.*, Kirchenbeitrag von „Armen", in: Wiener Zeitung, 14.10.2015, S. 2.
127 Vgl. Anm. 83.
128 http://wiev1.orf.at/stories/392598 [abgefragt, 27. Aug. 2015].
129 *Kandler-Mayr, Elisabeth,* Die Erweiterung einer denkmalgeschützten Kirche – Überlegungen zu § 5 Abs. 4 DSchG, in: *Paarhammer,* Finanzwesen (Anm. 2), S. 467–480, hier S. 469.
130 *Pree, Helmut,* Österreichisches Staatskirchenrecht, Wien–New York 1978, S. 188; *Hirnsperger, Johann,* Das neue kirchliche Gesetzbuch und die Kulturgüter, in: *Paarhammer,* Finanzwesen (Anm. 2), S. 453–466.

Der Erhalt der Kulturgüter ist nur in der Wahrnehmung der gemeinsamen Verantwortung aller möglich.[131]

In Frankreich, wo die vor 1905 errichteten Kirchengebäude im Staats-, Département- oder Gemeindebesitz sind und erhalten werden[132], wurde im Jahr 2005 ein Gesetz für den „gesellschaftlichen Zusammenhalt" beschlossen, das Spenden bis zu 66 Prozent der Summe wieder den Spendern zurückleitet.[133] Der Vorschlag des Pfarrers Wolfgang Pucher in Graz, „dass Kirchengebäude dem Staat überantwortet" werden sollen, setzt die Möglichkeit und den Willen durch die öffentliche Hand voraus.[134]

Die Katholische Kirche hat in Österreich ca. 10.000–12.000 Baudenkmäler zu erhalten. Mit dem NS-Gesetz 1939 wurden im § 5 alle „Leistungen des Staates, der in staatlicher Verwaltung stehenden Fonds (Religionsfonds) der Gemeinden, der Kultusverbände und der öffentlichen Patrone aufgehoben, soweit sie nicht auf dem privaten Patronat oder Privatrechtstiteln beruhen",[135] und die Baulast den Religionsgemeinschaften auferlegt.

Der staatliche Beitrag ist bei herausragenden Bauwerken punktuell höher, aber bei den übrigen Kulturdenkmälern kaum existent. Das Bundesdenkmalamt macht bei Renovierungen genaue Vorgaben, steuert aber oft nur 5 Prozent oder weniger als die geleistete Mehrwertsteuer an den Staat bei. So wurde in der Pfarrei St. Johannes in Leonding-Hart ein Pfarrhof aus dem Jahr 1905 mit einem Aufwand von 1,5 Millionen € saniert. Vom Bundesdenkmalamt kamen „ins Geld gehende" Auflagen (doppelte Kastenfenster), „der Beitrag des Bundesdenkmalamtes war: Null €".[136] Diesen Umstand hat Kardinal Christoph Schönborn am 16. Jänner 2012 bei den Erhaltungskosten angesprochen: „Es ist einfach nicht

---

131 Ebd., S. 453.
132 *Puza*, Modalitäten (Anm. 92), S. 183, 186; *Siegel, Rainer,* Die Finanzierung anerkannter Kirchen und Religionsgemeinschaften. Ein Vergleich zwischen Österreich und Frankreich, Linz 1994, S. 109 ff.
133 Vgl. *Moisset, Jean-Pierre,* Die Finanzierung der religiösen Tätigkeiten in Frankreich von 1802 bis heute, in: *Höfer,* Kirchenfinanzierung (Anm. 58), S. 183–208, hier S. 204.
134 *Weniger, Christian,* „Haben den Weg zu den Armen verlassen" , in: Kleine Zeitung, 20. Okt. 2013, S. 4 f.
135 *Puza, Richard,* Die Kirchenfinanzierung in Österreich seit dem Zweiten Weltkrieg, in: *Gatz, Erwin,* (Hg.), Die Kirchenfinanzen. (Geschichte des kirchlichen Lebens in den deutschsprachigen Ländern seit dem Ende des 18. Jahrhunderts – die Katholische Kirche), Freiburg i. B. 2000, S. 353; *Schwendenwein, Hugo,* Die Finanzierung des Religionsunterrichts, in: *Paarhammer,* Finanzwesen (Anm. 2), S. 608 ff.
136 Freundliche Mitteilung von Dr. Fritz Punz, Leonding-Hart, Oberösterreich, per E-Mail, 11. Feb. 2011, für die ich danke.

gerecht, dass die Kirche weit mehr an Mehrwertsteuer zahlt, als sie an Zuschüssen dafür bekommt".[137] Pfarrgemeinden bringen für Kulturgüter, die von nicht geringer Bedeutung für den Tourismus sind, oft 80 Prozent und mehr der Kosten auf.

XXIII. Perspektiven für das Kirchenbeitragssystem

Dass das NS-Kirchenbeitragsgesetz von keinem Land in Europa übernommen, sondern vielmehr von allen anderen von den Hitler-Truppen okkupierten Ländern wieder beseitigt wurde, sagt einiges über das Beitragssystem aus, das Religionsgemeinschaften auf die Stufe von Vereinen stellte. Die nahezu konstant steigende Austrittsrate hat von 1989–2014 mehr als eine Million (1.123.334) Austritte in Österreich gezeitigt, wobei sich Eintritte und Wiedereintritte auf dem Niveau von ca. 10 % der Ausgetretenen bewegen. Die jährlichen Zahlen sind im Amtsblatt der Bischofskonferenz bzw. in den Verordnungsblättern der Diözese Graz-Seckau angeführt. Die Lage der Kirche in Österreich wird in der Literatur mit einem objektiven Zahlenvergleich vom Jahr 1950 mit noch 89 Prozent katholischer Bevölkerung, 2001 mit 73,6 Prozent und 2014 mit einem 62,3 Prozent Katholikenanteil in Österreich erläutert. Für den größten Teil des Rückgangs des katholischen Bevölkerunganteils sind die Kirchenaustritte und damit zusammenhängend der Kirchenbeitrag ursächlich.[138] „Welche Rolle bei den Austritten der Kirchenbeitrag spielt, wird nicht erhoben", heisst es in einer ORF-Meldung für Oberösterreich.[139] Dafür wird aber auf die demographische Entwicklung verwiesen, die noch etwa zehn Jahre ein stabiles Beitragsaufkommen erwarten lässt. So schreibt Mag. Herbert Beigelböck, Wirtschaftsdirektor von Graz-Seckau: „Einnahmenprognosen, die in mehrern Diözesen unabhängig voneinander erstellt wurden, lassen erwarten, dass wir zumindest noch ein Jahrzehnt mit weitgehend gleichbleibenden Einnahmen in absoluten Zahlen rechnen können".[140] Die Austritte scheinen bei den Überlegungen keine Rolle zu spielen, sie werden nicht erwähnt, obwohl sich diese beschleunigt haben, zumal in den Jahren von 2010

---

137 Schönborn offen für Diskussion über Kirchenfinanzierungsmodelle, in: Kathpress, 16. Jän. 2012.
138 *Rinnerthaler, Alfred*, § 121: Kirche und Staat in Österreich, in: Handbuch des katholischen Kirchenrechts, hg. von *Häring, Stephan, Rees, Wilhelm* und *Schmitz, Heribert*, Regensburg 2015, S. 1866–1887, hier S. 1870.
139 http://ooe.orf.at/news/stories/2647845/[abgefragt am 27.8.2015].
140 *Beigelböck, Herbert*, Mit gesteigerter Normalität zu neuer Qualität, in: *Bucher, Rainer* (Hg) Nach der Macht. Zur Lage der katholischen Kirche in Österreich. Innsbruck-Wien 2014 (Theologie im kulturellen Dialog 30), S. 22–34, hier S. 32.

bis 2014 allein 307.087 Austritte von Katholiken verzeichnet werden mussten, während gleichzeitig von 2010 bis 2013 das Beitragsaufkommen in Österreich um mehr als sechs Prozent gestiegen ist. In etwa einem Jahrzehnt wird offensichtlich ein massiver Rückgang beim Beitragsaufkommen erwartet. Das bestätigt auch der Salzburger Erzbischof Franz Lackner in einem Standard-Interview auf die Frage nach dem Kirchenbeitrag: „Aber die Finanzkämmerer sagen klar, dass sich das ändern wird. Und zwar relativ abrupt – die Kurve fällt dann, so die Prognose, steil ab".[141] Kann man unter diesem Aspekt so wie bisher fortfahren?

Die negativen Auswirkungen des von Adolf Hitler aufgezwungenen Kirchenbeitragsgesetzes werden von kirchlichen Finanzkammern aufgrund des Beschlusses der Österreichischen Pastoralkommission und Finanzkammerdirektoren im Jahr 1970[142], am Beitragssystem festzuhalten, nicht thematisiert, ausser in Umfragen mit ausdifferenzierten Fragestellungen, um den Aspekt Kirchenbeitrag möglichst herunterzuspielen.[143]

Aber vielleicht ist auch hier schon ein leises Umdenken feststellbar. Der Wiener Finanzkammerdirektor Dr. Josef Weiss hat in einer Stellungnahme in „Die ganze Woche" diesbezüglich Offenheit gezeigt. „Wenn es ein System gäbe, das den Kirchen die gleichen Finanzmittel zur Verfügung stellt, dann wird keiner dagegen sein", meinte Weiss.[144]

Allen Bemühungen und Anstrengungen in seelsorglicher Hinsicht zum Trotz gehen die Austrittszahlen mit wenigen Abweichungen nach oben, auch ist die Pastoraltheologie bestens aufgestellt, m. E. wird jedoch der in der Vergangenheit schon wiederholt festgestellte Zusammenhang von Kirchenaustritt und Kirchenbeitragssystem nicht thematisiert. Ohne eine diesebezügliche Strukturreform durch Einführung der Steuerwidmung anstelle des Kirchenbeitragsgesetzes ist ein Ende der Austrittswelle nicht absehbar, der Begriff „Bereinigungsaustritte" hat das Bild von Kernkatholiken vor sich. Auch der für das Jahr 2014 prognostizierte „Franziskus-Effekt" als personalisierte Hoffnung auf Einzelpersonen hat sich bisher nicht eingestellt, vielmehr sind ca. 40 % der Katholiken nach einer Studie aus 2010 im „Austritts-Stand-by", es bedarf nur mehr eines Anlasses.[145]

---

141 *Rohrhofer, Markus / Neuhold, Thomas*, Salzburger Erzbischof: „Vor einer Religion muss Satire nicht haltmachen. Interview in: Der Standard, 21. Jänner 2015.
142 *Klecatsky*, Lage und Problematik (Anm. 3), S. 67.
143 Vgl. *Matt*, Papst (Anm. 98).
144 Weg mit der Kirchensteuer, in: Die ganze Woche, 18. März 2015, S. 6 f.
145 *Zulehner*: „Franziskus-Effekt greift erst heuer", in: Kleine Zeitung, 14. Jän. 2014; http://www.kleinezeitung.at/k/kaernten/4118374/Interview_Zulehner_FranziskusEffektgreift-erst-heuer [abgefragt 25. Aug. 2015].

Ist bei einer Umstellung auf Steuerwidmung anstelle des Kirchenbeitrages eine Änderung des Österreichischen Konkordats erforderlich wie immer wieder behauptet wird? Die Antwort ist klar Nein, weil beim Konkordatsabschluss 1933 das Kirchenbeitragsgesetz von 1939 noch nicht existierte. Im Konkordatstext kommt das Wort „Kirchenbeitrag" nicht vor. Die Verknüpfung mit einer Konkordatsänderung, die mehrheitlich niemand in Österreich will, führt naturgemäß in eine Ausweglosigkeit bzw. Sackstraße: „Wir sind im Kirchenbeitragssystem gefangen", sagte der hochgeachtete Altabt Gregor Henckel-Donnersmarck bei einer Fernsehdiskussion im März 2015.[146] Gemeint dürfte er den Vermögensvertrag von 1960 haben, in dem auf Intervention der Salzburger Finanzkammer der Passus aufgenommen wurde: „Der Kirchenbeitrag werden weiter eingehoben". Lediglich für diesen Passus wäre das Einvernehmen mit dem Hl. Stuhl herzustellen oder ihn mit Einführung der staatlichen Steuerwidmung einfach als obsolet zu betrachten; wofür es auch andere Beispiele gibt.

Österreichs Katholische Kirche, das würde analog auch für andere gelten, könnte mit der Steuerwidmung die Ausstrittsmisere überwinden und nach Beseitigung dieser Fessel aus der Vergangenheit mit Vertrauen und Mut in die Zukunft Österreich mitgestalten. „Für Kardinal Christoph Schönborn sind andere Modelle als der verpflichtende Kirchenbeitrag durchaus vorstellbar. Es fehle derzeit aber am ‚politischen Willen'".[147] Politiker und Bischöfe sind sind gefordert, mutige Schritte zu setzen. Die Weichen dafür müssten im Zusammenwirken von Religionsgmeinschaften und Politik gestellt werden.

---

146 http://www.servustv.com/at/Medien/Talk-im-Hangar-788 [abgefragt am 25. Aug. 2015].
147 http://wievl.orf.at/stories/392598 [abgefragt am 27. Aug. 2015].

Sonja Pallauf

Die Hospitalorden und ihr Beitrag zum kirchlichen Wiederaufbau am Beispiel der Barmherzigen Brüder

Abstract
After the collapse of the Nazi regime in May 1945, many religious orders offered an invaluable contribution to the reconstruction of ecclesiastical structures in Austria, one of them being the "Barmherzigen Brüder" (Brothers of Mercy), running seven hospitals in Austria. Confessional hospitals and nursing homes are an important component of the Austrian healthcare system. Despite having to start over after the massive destructions convents and hospitals had suffered during World War II, the "Barmherzige Brüder" succeeded in transforming their charitable institution into a modern and competitive healthcare enterprise.

I. Einführende Bemerkungen

Nach dem Ende der nationalsozialistischen Gewaltherrschaft im Mai 1945 bot sich ein von den alliierten Truppen besetztes Land dar, das sich in einem auflösenden Zustand befand.

Die katholische Kirche, viele ihrer Teilorganisationen[1] und auch sämtliche katholischen Ordensgemeinschaften gehörten zu jenen Institutionen, die den Zusammenbruch des nationalsozialistischen Regimes überlebten. Durch ihre Resistenz gegenüber dem Nationalsozialismus verband man mit ihnen in der unmittelbaren Nachkriegszeit eine gewisse moralische Kontinuität. Sie verkörperten also das, was an sozialer Ordnung geblieben oder greifbar war.[2]

Das Bewusstsein moralischer Integrität und die strukturelle Intaktheit ermöglichten es den kirchlichen Verbänden und Gemeinschaften unterstützend in viele Bereiche des öffentlichen und sozialen Lebens[3], die weit über religiöse bzw.

---

1 Zum Beispiel die Caritas.
2 *Birke, Adolf M.*, Katholische Kirche und Politik in der Phase des Neubeginns 1945–1949, in: *Conzemius, Victor /Greschart, Martin / Kocher, Hermann* (Hg.), Die Zeit nach 1945 als Thema kirchlicher Zeitgeschichte, Referate der internationalen Tagung in Hüningen/Bern 1985, Göttingen 1985, S. 179–193, hier S. 181.
3 Zum Beispiel in der Armenfürsorge, im Gesundheits- und Bildungswesen.

kirchliche Aufgaben[4] hinausgingen, einzugreifen. Vor allem galt es der extremen wirtschaftlichen Not im Land entgegenzuwirken.

So leisteten die vielen weiblichen und männlichen Ordenskongregationen in Österreich nach Kriegsende einen unverzichtbaren Beitrag zum Wiederaufbau! Zunächst mussten die Ordensgemeinschaften nach ihrer kriegsbedingten Auflösung von neuem werden, ihre Konvente aufgebaut und der damit verbundene „Kampf" um die Rückgabe des meist enteigneten Ordensvermögens in die Wege geleitet werden.

So wie sich die Schulorden[5] für die Zurückgewinnung ihrer konfessionellen Privatschulen einsetzten, traten die Hospital- bzw. Pflegeorden[6] mit Nachdruck für die Zurückgewinnung ihrer ordenseigenen Spitäler, Altersheime, Pflegeanstalten, Kurheime etc. ein.

Im Zuge dieser Rückübertragungen waren die Ordensoberen nebst den ordensinternen Problemen mit primär finanziellen und auch rechtlichen Problemen konfrontiert. Es galt primär die Kriegsschäden von durch Bombenangriffe oft sehr beschädigten Gebäuden zu beseitigen. Nur so war eine rasche Inbetriebnahme sämtlicher ordenseigener Institutionen möglich.

II. Der Hospitalorden der Barmherzigen Brüder in der Nachkriegszeit (1945–1955) und sein Beitrag zum Wiederaufbau

Historisch betrachtet ist die Errichtung von Krankenhäusern und Pflegeheimen eng mit der Ausbildung der Hospitalorden verbunden. Wie sich aus dem Begriff „Hospitalität"[7] ableiten lässt, sind die Krankenpflegeorden – vor allem getragen vom Ideal der christlichen Nächstenliebe – überwiegend in der Armenfürsorge,

---

4 Wie Reaktivierung des katholischen Religionsunterrichtes, Zurückgewinnung der katholischen Privatschulen und Privatspitäler, Flüchtlingsseelsorge, Reorganisation katholischer Verbände und Vereine etc.
5 Z.B. Jesuiten, Herz-Jesu Missionare, Piaristen, Ursulinen, Schulschwestern vom hl. Franziskus, Congregatio Jesu („Englische Fräulein") etc.
6 Wichtige Hospitalorden in Österreich sind zum Beispiel die Barmherzigen Brüder, die Elisabethinen, die Barmherzigen Schwestern vom hl. Vinzenz von Paul, die Franziskaner(innen), die Johanniter, die Kamillianer etc.
7 Das lateinische Wort „hospitalitas" heißt übersetzt Gastfreundschaft. Diese Gastfreundschaft wird hier weit interpretiert und bedeutet im Sinne der Barmherzigen Brüder die vorbehaltslose und bedingungslose Zuwendung zum hilfesuchenden Menschen. Dazu www.barmherzige-brueder.at/site/lebenswelt/seelsorgehospitalität. Zuletzt besucht: 3.6.2015.

Kranken- und Altenpflege tätig. Bis zur Mitte des 20. Jahrhunderts lag in Österreich die professionelle Pflege fast ausschließlich in Händen von männlichen und weiblichen „Arbeitsorden."[8]

Zu einem der bedeutendsten und größten privaten Träger von Gesundheitseinrichtungen in Österreich entwickelte sich der Orden der *Barmherzigen Brüder*. Die Gemeinschaft entstand als Fortsetzung der karitativen Tätigkeit des heiligen Johannes von Gott (1495–1550), einem großen Reformer der Krankenpflege und zugleich Wegbereiter des modernen Krankenhauswesens, Mitte des 16. Jahrhunderts in Granada/Spanien.[9] Das Institut wurde vom Papst Pius V. im Jahr 1572 approbiert und erhielt die Regel des heiligen Augustinus. Als Orden wurde die Gemeinschaft im Jahr 1586 von Papst Sixtus erstmals anerkannt.[10]

Johannes von Gott revolutionierte die Pflege der Frühneuzeit grundlegend. Er gab jedem Kranken sein eigenes Bett, trennte die Patienten nach Geschlecht und Krankheitsarten und führte schriftliche Aufzeichnungen über den Krankheitsverlauf. Jeder Kranke erhielt geistliche Begleitung, und es gab vorbildliche Hygienemaßnahmen. Seine Zuwendung zu den Pflegebedürftigen war vorbehaltslos. Konfession und sozialer Status spielten dabei keine Rolle.[11]

Diese gelebte Hospitalität einschließlich des völlig neuartigen Pflegekonzeptes konnte von den Hospitalbrüdern über Jahrhunderte hinweg kontinuierlich trotz vieler Rückschläge fortgeführt werden.

Zu den ersten Ordensniederlassungen auf dem Territorium des heutigen Österreichs zählen Wien (1614) und Graz (1615). In weiterer Folge kam es zu einer raschen Ausbreitung des Ordens im mitteleuropäischen Raum unter Federführung des berühmten Chirurgen und Generalvikars für die deutschen Länder Frater Gabriel Ferrara, unterstützt durch viele Förderer aus dem europäischen Hochadel.[12]

---

8   Im Gegensatz zu kontemplativen Ordensgemeinschaften („Betorden") widmen sich „Arbeitsorden" nicht nur spirituellen Aufgaben, sondern gehen karitativen Tätigkeiten, insbesondere im Sozial- und Gesundheitsbereich aber auch im Bildungsbereich nach.
9   Weiterführende Literatur zu Johannes von Gott: *Bader, Wolfgang,* Barmherziger Bruder. Johannes Grande, Ein kleines Lebensbild, München 1996; *Chrobak, Werner / Moosburger, Uwe,* Johannes von Gott, Hirte-Abenteurer-Krankenhauspionier, München 1995.
10 Dazu www.barmherzige-brueder.at/site/barmherzigebrueder/brueder. Zuletzt besucht: 2.6.2015.
11 Näher *Polednik, Heinz,* Die Barmherzigen Brüder in Österreich 1918–1977, Wien 1977, S. 9–18; *Sajovitz, Meinhard,* Die Barmherzigen Brüder in Österreich 1978–2000, Wien 1999, S. 7–14.
12 Zur Geschichte der Österreichischen Ordensprovinz: *Österreichische Provinz der Barmherzigen Brüder* (Hg.), 500 Jahre Johannes von Gott, Festschrift zum 500. Geburtstag

Jede Ordensniederlassung war zugleich mit einer Hospitalgründung verbunden. Die Zahl der Brüder aus dem deutschen Sprachraum nahm rasant zu und die Kapazitäten der Spitäler wurden aufgrund des enormen Bedarfes durch die notleidende Bevölkerung stetig vergrößert. Diese Expansion erfolgte trotz vieler Rückschläge durch blutige Glaubenskonflikte, Kriege, Seuchen und Pestepidemien, Brände und Türkenbelagerungen etc. All diese schweren Prüfungen galt es zu meistern, und sie konnten dank der guten inneren Organisation des Ordens, dank des fortlebenden Charismas des Ordensstifters, dank des unermüdlichen Einsatzes der Brüder und dank der finanziellen Förderer überwunden werden.

Nach Gründung der „Provinz zum heiligen Erzengel Michael"[13] im Jahr 1659 kam es zu zahlreichen weiteren Ordensniederlassungen[14] und zu einem fortwährenden Aus- und Umbau der bereits bestehenden Spitäler. Diese Blütezeit des Ordens geriet Ende des 18. Jahrhunderts im Zeitalter der Aufklärung durch die josephinische Kirchenreform im Jahr 1783 ins Stocken. Der Orden entging zwar aufgrund seiner karitativen Ausrichtung der Aufhebung, musste jedoch massive Eingriffe in die Ordensstruktur hinnehmen.

Es folgte im weiteren Verlauf des 19. Jahrhunderts eine Welle der Modernisierung und Reformierung, welche jedoch durch Beginn des Ersten Weltkrieges 1914 abrupt gestoppt wurde. Konvente und Krankenhäuser wurden an den Rand ihrer Existenz gebracht und durch das Auseinanderbrechen der Donaumonarchie blieben der „Wiener Provinz" nur mehr die Spitäler in Wien und Linz. Die neuerliche Konsolidierungsphase des Ordens erstreckte sich lediglich über drei Jahrzehnte und endete schlagartig mit dem Hitlerregime.[15]

Unmittelbar nach Machtübernahme durch die Nationalsozialisten im Jahr 1938 wurden sämtliche Einrichtungen der Barmherzigen Brüder unter kommissarische Verwaltung gestellt. Nicht nur die Verfügungsgewalt über Spitäler und Heime wurde ihnen entzogen, sondern sie verloren ihr gesamtes Eigentum. Denn bis auf das Wiener Haus wurden alle österreichischen Ordensniederlassungen wegen angeblicher Volks- und Staatsfeindlichkeit enteignet und kriegsbedingt zu Lazaretten umfunktioniert. Alle Hospitalbrüder waren massivsten Verfolgungen durch

---

des Ordensgründers der Barmherzigen Brüder, des heiligen Johannes von Gott (1495–1550), Wien 1995, S. 55–58 und *Österreichische Provinz der Barmherzigen Brüder* (Hg.), 400 Jahre Barmherzige Brüder in Mitteleuropa, Wien 2005, S. 22–23.

13 Zu dieser Provinz gehörten sechs Krankenhäuser in den österreichischen Erbländern der Habsburger, nämlich Feldsberg, Wien, Prag, Graz, Neuburg an der Donau und Triest. Siehe *Polednik*, Barmherzige Brüder (Anm. 11), S. 19–22.
14 z.B. Linz (1757) und Eisenstadt (1760).
15 Dazu *Barmherzige Brüder*, Festschrift 500 Jahre Johannes von Gott (Anm. 12), S. 66–69.

die nationalsozialistischen Machthaber ausgesetzt. Hierbei gab es jedoch regionale Unterschiede, abhängig von der Willkür der einzelnen Gauleiter. Viele der Brüder wurden zur deutschen Wehrmacht eingezogen, einige traten aus dem Orden aus, nur wenige konnten als Sanitätssoldaten in den jeweiligen Krankenhäusern bleiben. Insbesondere Ordensobere wurden abgesetzt, verleumdet, verhaftet, aber in der Regel nicht verurteilt. Als der Krieg im totalen Chaos endete, waren Konvente, Kirchen, Spitäler und Heime zum Teil massiv durch Bombenangriffe zerstört.[16]

Jetzt musste man sich den neuen Herausforderungen, die die Zeit nach dem zweiten Weltkrieg, welche ganz im Zeichen des Wiederaufbaues stand, mit sich brachte, stellen:

Unmittelbar nach Kriegsende war es das vorrangige Ziel der Ordensoberen, die Ordensgemeinschaften in den einzelnen Bundesländern neu auf zu stellen. Die meisten der Hospitalbrüder[17] versahen während des zweiten Weltkrieges Kriegsdienst. Jene, die nicht gefallen und nicht ausgetreten waren, konnten in den Sommermonaten des Jahres 1945 wieder in ihre früheren Konvente und Wirkungsstätten zurückkehren.

Ihrem pragmatischen Ansatz treu versuchten die Barmherzigen Brüder mit besonderer Einsatzbereitschaft ihrer Mitarbeiter und der Bevölkerung allererste Aufbauarbeit zu leisten.[18] Oberstes Ziel war es, den Lazarett- und Krankenhausbetrieb fortzuführen[19] bzw. wieder zu übernehmen und für Zivilkranke zu öffnen.[20]

---

16 *Polednik*, Barmherzige Brüder (Anm. 11), Die Zeit der Verfolgung und Bewährung 1938-1945, S. 41-45 u. *Wagner, Helmut*, Konvent und Krankenhaus der Barmherzigen Brüder in der Zeit des Nationalsozialismus (1938-1945), in: *Braun, Karl-Heinz* (Hg.), Christliche Gastfreundschaft – einst und jetzt. 250 Jahre Konventspital Barmherzige Brüder Linz, Linz 2007, S. 89-103.

17 Die älteren nicht zur Wehrmacht eingezogenen Hospitalbrüder fanden in der nationalsozialistischen Ära Unterschlupf in den nicht aufgelassenen Konventen in Wien und Bayern.

18 Ausführlich *Polednik*, Barmherzige Brüder (Anm. 11), Die Zeit des Wiederaufbaues, S. 45-61.

19 Das Krankenhaus in Wien- Leopoldstadt war die einzige Einrichtung der Barmherzigen Brüder auf österreichischem Boden, die die nationalsozialistische Ära ohne Enteignung und Beschneidung sonstiger Verfügungsrechte überstand. Nach Ende des zweiten Weltkrieges beabsichtigte die russische Besatzungsmacht das Spital für sich zu vereinnahmen, was glücklicherweise nicht gelang. Siehe *Polednik*, Barmherzige Brüder (Anm. 11), S. 70-74.

20 So konnte zum Beispiel das vollkommen ausgeplünderte Krankenhaus in Graz (Annenstraße), welches jedoch nicht am Gebäude direkt zerstört wurde, unmittelbar nach Kriegsende seinen Betrieb wieder aufnehmen. Siehe *Polednik*, Barmherzige Brüder

Viele ihrer Einrichtungen wurden von Granaten und Bomben schwer beschädigt. Schuttberge wurden abgetragen, umfangreiche Räumungs- und Reinigungsarbeiten vorgenommen und erste bauliche Maßnahmen zur Restaurierung getroffen. Finanziert wurden diese ersten Maßnahmen unter anderem von in allen Bundesländern erfolgreich durchgeführten Geldsammlungen. Diese mussten von staatlicher und kirchlicher Seite jährlich genehmigt werden. Dank der finanziellen Unterstützung durch die Bevölkerung, der staatlichen Subventionen und des enormen organisatorischen Einsatzes der Hospitalbrüder[21] konnte die Betriebsaufnahme der Spitäler zügig vorangetrieben werden.[22]

Bei der Einleitung und Durchführung rechtlicher Maßnahmen wie der Rückstellung von Liegenschaften und Vermögenswerten ins Ordenseigentum kam es hingegen zu oftmals jahrelangen Verzögerungen. Das Bundesgesetz vom 6. Februar 1947 (Zweites Rückstellungsgesetz, BGBl. Nr.53/1947) regelte die Rückführung des von den Nationalsozialisten enteigneten Vermögens, das sich nach Kriegsende im Eigentum der Republik Österreich befand. Im Falle der Barmherzigen Brüder kam das Zweite Rückstellungsgesetz zur Anwendung, da fast alle ihre Liegenschaften mit Ausnahme jener des Wiener Krankenhauses ins Staatseigentum übertragen und im Grundbuch eingetragen worden waren.

Probleme taten sich beim beweglichen Vermögen (Kunstgegenstände, Spitalsinventar) auf. Vieles wurde zu Kriegsende geplündert, zerstört oder war einfach nicht mehr auffindbar. Abhängig vom Zeitpunkt der Antragstellung und von der Anzahl und Komplexität der von den einzelnen Finanzlandesdirektionen durchgeführten Verfahren erfolgte die Rückgabe des Ordensvermögens in den einzelnen Bundesländern zu unterschiedlichen Zeitpunkten im Zeitraum zwischen 1947 und 1950.[23]

(Anm. 11), S. 86–89. In Linz wurde das Krankenhaus nach Kriegsende noch weiter als Militärlazarett geführt und im Sommer 1946 konnte der zivile Krankenhausbetrieb wieder aufgenommen werden. Siehe *Polednik,* Barmherzige Brüder (Anm. 11), S. 97–100.

21 So erleichterten zum Beispiel die von den Hospitalbrüdern vielerorts gesammelten Vorräte an Lebensmitteln und Wäsche etc., die meist vorhandene Eigenstromversorgung und natürlich auch die Patientenlebensmittelkarten den Neustart.

22 Mit Ausnahme des Krankenhauses in Salzburg. Das im Krieg als Militärlazarett fungierende Spital wurde in der Nachkriegszeit als Krankenhaus der Flüchtlingsorganisation „UNRRA" bzw. ihrer Nachfolgeorganisation „IRO" geführt und erst im Sommer 1950 von den Barmherzigen Brüdern übernommen. Ausführlich *Spitzer, Ingeborg,* Kirchliches Spitalwesen in Österreich, Frankfurt am Main 2010, S. 196–203.

23 Anders in Salzburg. Das Salzburger Krankenhaus war nie im Eigentum der Barmherzigen Brüder, sondern gehörte der Republik Österreich. 1947 wurde der Orden erneut

Noch ein weiteres rechtliches und gleichzeitig strukturelles Problem galt es in der unmittelbaren Nachkriegszeit zu lösen: Auf österreichischem Boden gab es zwei selbständige Organisationseinheiten der Barmherzigen Brüder – die „alte" österreichische und die „junge" im Jahr 1879 errichtete steiermärkische Provinz.[24]

Im Jahr 1947 visitierte der Ordensgeneral der Barmherzigen Brüder Ephraem Blandeau die beiden Provinzen, und es wurde aufgrund ihrer territorialen und personellen Größe ein Zusammenschluss als organisatorisch zweckmäßig erachtet. Der damalige Wiener Provinzial P. Alanus Neulinger wurde noch im selben Jahr provisorisch als Provinzial für beide Provinzen eingesetzt. Beim Provinzkapitel im Juni 1951 kam es dann endgültig zur Gründung der neuen österreichischen Provinz – ein organisatorisches Ereignis der Nachkriegszeit, das die Entwicklung des Ordens in der zweiten Hälfte des 20. Jahrhunderts nachhaltig beeinflusste.[25]

Im Zuge dessen wählte das damalige Kapitel unter der Leitung des Apostolischen Visitators Erzbischof Andreas Rohracher und des Ordensgenerals Ephraem Blandeau den Wiener Metropolitanprior P. Alfons Fink zum neuen Provinzial. Er hatte bereits über Jahrzehnte die Geschicke der alten österreichischen Ordensprovinz wesentlich mitgestaltet und konnte nun in seiner Amtszeit als Provinzial entscheidende Weichen für die Zukunft des Ordens und seiner Werke stellen. Die organisatorische Festigung der Ordensprovinz sollte mit einer wirtschaftlichen und finanziellen einhergehen.

Kurz vor Abhaltung des Provinzkapitels fand in den Monaten Dezember 1950 bis Februar 1951 die Apostolische Visitation in allen österreichischen Hospitalkonventen der Barmherzigen Brüder statt.[26] Im Blickwinkel dieser Visitation standen neben Fragen der Ordensdisziplin, der Frömmigkeit, des Ordensnachwuchses, der Seelsorge, der Anstellung der Ärzte vor allem die wirtschaftliche Führung der Krankenhausbetriebe. *Der gute Eindruck der renovierten Krankenhäuser und die*

---

rechtmäßiger Mieter des Krankenhauses. 1953 konnte dieser das Spital erwerben. Ausführlich *Spitzer*, Kirchliches Spitalwesen (Anm. 22), S. 202.
24 Die steiermärkische Provinz („Grazer Provinz") entstand im Jahr 1879 aus der altösterreichischen Provinz („Wiener Provinz"), und sie wurde als sogenannte Reformprovinz errichtet. Die Brüder der Reformprovinz traten für eine strengere Observanz und eine stärkere Anbindung an die Ordensleitung in Rom ein. Trotz der Verluste vieler ihrer Standorte nach Auflösung der Habsburgermonarchie blieb die steiermärkische Provinz bis 1951 selbständig und direkt dem Generalat in Rom unterstellt.
25 Näher *Polednik*, Barmherzige Brüder (Anm. 11), S. 48–49.
26 Dazu ausführlich *Spitzer*, Kirchliches Spitalwesen (Anm. 22), S. 200–202 und AT-AES (Archiv der Erzdiözese Salzburg) 2.17.1.12/23 Rx12 und AT-AES 2.1.19/37, Barmherzige Brüder.

vollbrachten Leistungen des Wiederaufbaues dürfen nicht darüber hinwegtäuschen, daß die Provinz vor ernsten Wirtschaftssorgen steht, so der Apostolische Visitator Andreas Rohracher in seinem Abschlussbericht vom 31. März 1951 unter dem Punkt "Wirtschaftliches". Darin werden genaue Anregungen zur Personalrekrutierung, Bettenanzahl, staatlichen Subventionierung sowie zur Investitionsplanung, Betriebsprüfung und Rechnungskontrolle gegeben. In diesem Zusammenhang vermerkt sei, dass viele der im Zuge der damaligen Visitation vorgeschlagenen wirtschaftlichen Reformen nichts an Aktualität eingebüßt haben. Der Apostolische Visitator schließt seine *Erledigung* mit folgenden Worten:

> *Unter dem offensichtlichen Segen Gottes ist es den Barmherzigen Brüdern gelungen, ihre vielfach vom Kriegsgeschehen schwer hergenommenen Anstalten wieder herzustellen, ja noch auszubauen, besondere Verdienste haben sich mehrere Konvente um ihre Gotteshäuser erworben. Möge auch der innere Aufbau und die geistige Erneuerung mit demselben Eifer und Mut aufgenommen werden!* [27]

Auch hier wird auf den gelungen Neustart der Barmherzigen Brüder nach Kriegsende hingewiesen und zugleich versucht, die wesentlichen Weichen für die Zukunft des Ordens zu stellen.

Um wirtschaftlich und personell überleben zu können, musste in den fünfziger und sechziger Jahren des vorigen Jahrhunderts eine weitgehende „Durchforstung" der neuen österreichischen Ordensprovinz erfolgen. Dies führte zum Verkauf von drei Spitälern und einem Erholungsheim.[28] Alle übrigen Ordenswerke wurden kontinuierlich modernisiert, um- und ausgebaut.

Die rasante Entwicklung des medizinischen und vor allem des medizintechnischen Fortschritts veränderten die Strukturen der Krankenhäuser und Pflegeeinrichtungen grundlegend. Um den jeweiligen aktuellen Standard gerecht zu werden, mussten medizinische Schwerpunkte gesetzt und Kooperationen geschlossen werden. Der Krankenhausbetrieb wurde durch die wachsende Spezialisierung zunehmend personalintensiver.

Durch die Austrittswelle zu Beginn der national-sozialistischen Ära im Jahr 1938 und durch den zweiten Weltkrieg hatten sich die Reihen der Ordensbrüder massiv gelichtet. *Die Provinz musste* in der Nachkriegszeit *ihre ganze Aufmerksamkeit dem Wiederaufbau der Häuser widmen; darüber ist die Nachwuchsfrage*

---

27 AT-AES 2.17.1.12/23 Rx12, Fasc. 941, Erledigung der Apostolischen Visitation der österreichischen Provinz des Hospitalordens des hl. Johannes von Gott v. 31.03.1951.

28 1945 das Krankenhaus in Wien-Gersthof, 1959 das Hospital in Nazareth, 1961 das Krankenhaus in Kreckelmoos bei Reutte in Tirol, 1962 das Erholungsheim in Hütteldorf.

unverhältnismäßig ins Hintertreffen geraten. Sie bedarf nun einer ausserordentlichen Initiative und Förderung – so der Apostolische Visitator in seinen Anmerkungen zum Visitationsbericht 1951.[29]

Trotz der daraufhin unternommenen intensiven Bemühungen des Ordens[30] um Ordensnachwuchs konnte der zunehmende Rückgang an Ordensbrüdern nicht gestoppt werden. Die geistlichen Brüder mussten ihre ursprüngliche Tätigkeit am Krankenbett aufgeben und vielfach Führungs- und Veraltungsaufgaben übernehmen.

Geistliche Schwestern konnten verstärkt als Pflegekräfte gewonnen werden. Sie waren zunächst vor allem in den neu errichteten Frauenabteilungen[31] tätig. Aufgrund des stetig wachsenden Brüdermangels wurden immer mehr weltliche Mitarbeiter in der Pflege und der Verwaltung eingesetzt. Die Identität der Laienmitarbeiter mit den Zielen des Ordens kennzeichnet die Aufbauarbeit in den Jahren der Reorganisation im besonderen Maße.[32]

III. Zusammenfassende Bewertung

Der Streifzug in die Ordensgeschichte der Barmherzigen Brüder zeigt uns, dass die Folgen von politischen und sozialen Umbrüchen meist mit Veränderungen der Ordensstrukturen und der Ordensprovinzen einhergehen. Doch ausschließlich organisatorische Maßnahmen in einer Phase der Konsolidierung – des Wiederaufbaues – umzusetzen, wäre sicherlich nicht ausreichend. Nach vielen schwerwiegenden Rückschlägen in der Ordensentwicklung war jener in der nationalsozialistischen Ära ein besonders einschneidender.

Trotz des fast völligen Neustarts nach dem Zweiten Weltkrieg, eines zunehmenden Mangels an geistlichen Brüdern und einer immer stärker werdenden Kommerzialisierung bildet die Krankenfürsorge der Barmherzigen Brüder neben vielen anderen kirchlichen Einrichtungen seit jeher eine unverzichtbare Säule des österreichischen Gesundheitssystems. Die privat-gemeinnützigen Einrichtungen des Ordens – mit oder ohne Öffentlichkeitsrecht – sind seit Ende der fünfziger Jahre des 20. Jahrhunderts gut in das staatliche Gesundheits- und Wohlfahrtswesen und seiner Sozialgesetzgebung eingebettet.

---

29 AT-AES 2.1.19/37, Barmherzige Brüder, Anmerkungen zum Visitationsbericht des Ordens der Barmherzigen Brüder 1950/1951.
30 Wie beispielsweise die Errichtung eines Juvenates.
31 Die Hospitäler der Barmherzigen Brüder waren ursprünglich Männerkrankenhäuser.
32 Dazu näher *Barmherzige Brüder*, Festschrift 500 Jahre Johannes von Gott (Anm. 12), S. 70.

Dank der „Kollegialen Führung", zentraler Verwaltungsstrukturen und dem Einsatz moderner wirtschaftlicher Führungskriterien gelang es den Barmherzigen Brüdern in den letzten Jahrzehnten ihre karitativen Einrichtungen in marktfähige moderne Gesundheits- und Sozialunternehmen zu wandeln.[33] Sie führen mit über 5000 Mitarbeitern sieben Krankenhäuser, zahlreiche Pflege - und Altersheime, Ambulatorien, Therapiestationen sowie eine Kuranstalt.[34]

In einer Zeit der Ökonomisierung und des Wettbewerbes ist es zweifelsohne schwieriger geworden, die Hospitalität[35] im Sinne des Ordensstifters „Johannes von Gott" - nämlich den absolut selbstlosen Dienst an Kranken und Pflegebedürftigen - überzeugend zu leben. Diese Rückbesinnung und konsequente Orientierung am Ursprung[36] prägen das Selbstverständnis des Ordens wesentlich. Es ist aber auch ein Selbstverständnis, das den jeweiligen Rahmenbedingungen angepasst werden muss, ohne dabei einen Identitätsverlust zu riskieren. Es war Fundament und zugleich Motor für die gesamte Ordensentwicklung - vor allem nach dem Neustart im Jahr 1945. Und es wird auch weiterhin untrennbar mit der Zukunft ordenseigener Werke verknüpft sein.

---

33 Dazu *Sajovitz, Meinhard*, Die Barmherzigen Brüder in Österreich 1978–2000, Wien 1999, S. 36–40.

34 Krankenhäuser: In Eisenstadt, Graz mit den Standorten Eggenberg und Graz/Annengasse, Klagenfurt, Linz, Salzburg, St.Veit/Glan, Wien; Pflegezentren: In Kainbach bei Graz, Kritzendorf bei Wien, Schenkenfelden bei Freistadt und Pinsdorf bei Gmunden; Therapiestation für Drogenkranke in Kainbach bei Graz; Kurhaus in Schärding am Inn.

35 = uneingeschränkte, kompetente und christliche Gastfreundschaft.

36 Die Diakonie war und ist Grunddimension jeglichen christlichen Handelns. Dazu *Frankl, Karl Heinz*, Wie christlich kann heute ein Krankenhaus sein?, in: *Barmherzige Brüder*, Festschrift 500 Jahre Johannes von Gott (Anm. 12), S. 26–31.

Hans Spatzenegger

„Kirche in der Freiheit": Die Aufbaujahre 1945–1948 in Salzburg

Abstract
The Church of Salzburg could take advantage of the religious updraft in the years after the World War II – active and passive – because of a respected archbishop, reorganized lay associates and a broadly based social competence.

Für die Katholische Kirche bedeutete der Fall der NS-Herrschaft 1945 nicht die Stunde „Null". Keine andere Instituition hat das 1000jährige Intermezzo[1] strukturell, organisatorisch und personell so unbeschadet überstanden. Gesuchter, wenn auch nicht unbegründet, ist das Ende unsere Betrachtungszeitraumes: 1948 stirbt Sr. Anna Berta von Königsegg (12. Dezember), die dem Nationalsozialismus am entschiedensten widerstanden hat; 1948 findet die Firstfeier des bombenzerstörten Domes – Symbol des Wiederaufbaues – statt (27. November); 1948 endet die Funktionsdauer des ersten Diözesanausschusses (24. September), und wird Dr. Josef Klaus, bisher ein Motor dieses Kreises, zum Bezirksobmann der ÖVP Tennengau gewählt (9. Oktober); 1948 stellt hinsichtlich quantifizierbarer Daten den Höhepunkt des kirchlichen Lebens dar und bringt neue Weichenstellungen mit der Diözesansynode. Auch das „Lesebuch zur Geschichte Salzburgs" (hgg. von R. Floimair, Salzburg 1994) lässt die Jahre des politisch wirtschaftlichen „Wiederaufbaus" 1949 auslaufen.

„Glaubwürdig"

„Nun gilt es, an den Wiederaufbau unseres österreichischen Vaterlandes zu schreiten. Zum Glück ist es ja nicht gelungen, in den Österreichern die Liebe zu ihrer Heimat und ihrem Vaterlande zu ersticken und zu zerstören ... Wir wissen aber auch genau, dass der Aufbau ohne Gott niemals gelingen wird. Darum erwarten wir von den Baumeistern des neuen Österreich, dass sie dem Herrgott das erste Hausrecht einräumen; darum verlangt die Kirche das überall so laut verkündete Recht der Glaubens- und Gewissensfreiheit. Je freier die Kirche arbeiten kann,

---

1   Oder wie sich der Vatikan ausdrückte: „Nach der peinlichen Unterbrechung, die durch die kriegerischen Operationen bedingt war ...": AES, Akten 12/6.

umso besser wird es für das Volk sein. Wer die Kirche in der Freiheit ihrer Arbeit und Seelsorge hindert, schadet in Wirklichkeit dem Volke selbst."

Dieser fordernde Aufruf der österreichischen Bischöfe am 21. September 1945 von Salzburg[2] aus – vielleicht noch etwas vom staatskirchlichen Denken der Ersten Republik angekränkelt – drückte in erster Linie das berechtigte Selbstbewusstsein der katholischen Kirche am Beginn einer neuen Ära aus.

Zwar konnte die Kirche den Zusammenbruch des totalen Staates nicht als ihren Verdienst buchen, aber im Gegensatz zu 1918 ging sie jedenfalls „ohne Kompromittierung durch den Staat hervor, ja als eine, wenn nicht die führende Widerstandskraft gegen den totalitären Nihilismus".[3] Noch differenzierter beurteilte Erika Weinzierl die Haltung der österreichischen Kirche in diesen sieben Jahren der Verfolgung: „Sie verlor dabei nicht nur eine Hülle, die vielen das Antlitz ihrer Liebe verborgen hatte, sondern sie konnte auch die Erziehung des Volkes zu seelischer Eigenständigkeit in der Zeit religiöser Vereinsamung mit Erfolg versuchen. Darüberhinaus hat ihre Haltung während der Verfolgung, ihr Eintreten für die ‚wahren und echten Menschenrechte', für die Freiheit der Person, des Lebens und der Überzeugung, die Kirche im Jahr 1945 nicht nur für die Katholiken glaubwürdig gemacht."[4]

Protestiert haben wir ja, „aber wir hätten schreien müssen", bekannte Bischof Kurt Scharf selbstkritisch. Das trifft auch auf die Salzburger Kirche zu, die jedoch auf keine Erfahrung in Überlebensstrategien gegen eine vergleichbare Terrorherrschaft zurückgreifen konnte und folglich zunächst besorgt war, ihre Existenz und ihre Aufgabe zu sichern.

Manche haben vom „Ende des Josephinismus" gesprochen. Unbestritten ist jedenfalls, dass die Kirche – im Vergleich zur 1. Republik – nun mit dem Wegfall liebgewonnener Privilegien auch Pflichten und Ballast abwerfen konnte.

Nach diesem ersten – freilich notgedrungenen – Versuch, ohne „weltlichen Arm" auskommen zu müssen, fühlten sich die Bischöfe jedenfalls stark genug, die Entscheidung von 1933 zu erneuern, Priester nicht mehr in der aktiven Politik tätig sein zu lassen. Dazu kam der Beschluss, keinerlei Bindung mehr zu einer politischen Partei einzugehen.

---

2   Ausformuliert von EB Rohracher.
3   Wort und Wahrheit, hrsg. von *Mauer, Otto* und *Strobl, Karl*, 2. Jg. (1947), Heft 2, S. 123 (gezeichnet: P. V.).
4   *Weinzierl, Erika*, Österreichs Katholiken und der Nationalsozialismus, Sonderdruck aus: Wort und Wahrheit, 18. Jg. (1963), S. 55.

Die personelle Situation war 1945 angespannt: von den 14 Diözesanpriestern, die in die KZ geschickt worden waren, kamen nur mehr 10 zurück.[5] 110 Priester und Theologen hatte man zur Wehrmacht einberufen: 23 fanden den Tod, 20 (inkl. Ordensangehörige) galten 1948 als Kriegsgefangene und 7 noch als vermisst. Durch die Aufhebung des Borromäums[6], der Theologischen Fakultät und des Priesterseminars[7] waren einige Weihejahrgänge ausgefallen: von 1941–1945 beträgt das Verhältnis der Verstorbenen zu den Neugeweihten 60 : 8. Ein derartiger „Aderlaß" hätte bei längerer Dauer dieser Restriktionen der Kirche den entscheidenden Schlag versetzt.[8]

„Aufwind" oder „Konjunkturchristen"

Auch dem Sozialforscher erscheinen die Nachkriegsjahre als „Zeit des gesellschaftlichen Aufwindes".[9] Nach dem Chaos war die katholische Kirche als Hort der Stabilität und der Werte wieder gefragt. Die Reversionen vermochten allerdings die Austritte vor dem Krieg nicht ganz wettzumachen: Von 1930–1933 hatten sich die beiden Gruppen fast die Waage gehalten (102 bis 145 pro Jahr). 1934 schnellte die Zahl der Apostaten auf das Fünffache hinauf, während die Konversionen nahezu konstant blieben. Mit dem Anlaufen der NS-Propaganda lautete das Verhältnis für 1938 und 1939 65 bzw. 88 Konversionen und 5.340 bzw. 5.268 Austritte.[10] Bis 1942, als sich beide Trends bereits umkehrten, hatten rund 5% der 346.000 Katholiken ihre Kirche verlassen: im Vergleich zum seinerzeitigen Aufwand der Kirchengegner[11] und ihren nie so genau aufgeschlüsselten „Erfolgsmeldungen", kein Grund zur Entmutigung auf Seiten der Hierarchie. Im Gegenteil: dieses Wissen um die Glaubenstreue hätte sie noch entschiedener auftreten lassen können.

Standen 1943 in der Diözese Salzburg noch 469 Apostaten 343 Konvertiten gegenüber, so hatte sich im nächsten Jahr das Blatt schon gewendet (351 Konvertiten,

---

5 Personalstand der Welt- und Ordensgeistlichkeit der Erzdiözese Salzburg für das Jahr 1948: 107 Priester hatte man inhaftiert, 6 landesverwiesen, 139 mit Schulverbot belegt.
6 1946 wieder eröffnet.
7 1945 mit 130 Hörern bzw. 48 Alumnen wiedereröffnet.
8 1947 waren trotz 49 zugewanderter Priester 41 Kooperatorenstellen unbesetzt.
9 *Zulehner, Paul M.*, Wie kommen wir aus der Krise? Wien/Freiburg/Basel 1978, S. 56.
10 Rupertiboote (= RB), 3. Jg. Nr. 26 u. 27.
11 Immerhin trugen auch der Kirchenbeitrag und die obligatorische Zivilehe ihr Scherflein bei; nicht zu reden von Schikanen gegen beruflich Abhängige.

288 Apostaten). 1945 lautete das Verhältnis 2.631 zu 77, 1946 1.935 : 96 und 1947 gab es noch immer 1.522 Eintritte zu 113 Austritten.[12]

Die Problematik dieser „Bekehrungen" war den Pfarrern durchaus bewusst: „Vorsicht vor Konjunkturchristen" mahnte einer.[13] Aber nicht in allen Fällen versteifte man sich auf den vorgesehenen dreimonatigen Unterricht und die „längere Bewährungsfrist".

Die Bilanz war zahlenmäßig besser, als dies kritische Beobachter gelten lassen wollten: Die „Front" der Bauern hatte – zwar angeschlagen – gehalten; mit dem eher liberalen Bürgertum hatte sich die Kirche immer schwer getan; hingegen schien die Arbeiterschaft das freidenkerische Erbe nicht mehr zu betonen. Leonhard Steinwender, der bereits als Mitstreiter Franz Rehrls in den dreißiger Jahren für Verständigung plädierte und zwei Jahre im KZ mit Linken zusammengesessen hatte, begrüßte die von einem sozialistischen Katholiken 1946 begonnene Diskussion.[14]

Auch Simmerstätter, später mit Wahlempfehlungen nicht zimperlich, glaubte 1948 noch an eine Annäherung: „Der Sozialismus versucht gegenwärtig eine faire Haltung der Kirche gegenüber einzunehmen; er will alles vermeiden, was nach ‚Kulturkampf' riecht"[15] Die Kirche konnte nicht mehr als die mit der Staatsmacht liierte abgetan werden (reich waren die Salzburger ja schon seit der Säkularisation nicht mehr) und die gemeinsame Verfolgung hatte zusätzlich einige menschliche Brücken gebaut.[16] Pfarrer Eduard Angermann verhandelte bereits 1945 mit dem

---

12 *Zulehner, Paul M.*, Krise?, S. 135 ff.
13 AES, Akten 12/54, Visitationsbericht Mülln 1945–1947.
14 „Sie wird vielleicht nicht nur aus gefühlsmäßigen Gründen, sondern in ihrer ganzen Tragweite von denen am klarsten erfaßt, die das gemeinsame Erleben des KZ getragen haben. In dieser gemeinsamen, fast abgrundlosen Tiefe erklang wohl das erste gemeinsame seelische „de profundis" zum ewigen Gotte. Der in den letzten Schritten noch zögernde, durch Gewissenszwist gehemmte katholische Sozialist hat die Kernpunkte eines Problems aufgerissen, dessen wirkliche Lösung einen grundlegenden Wandel auf vielen Gebieten anbahnen könnte." Allerdings: „Die aufgerollten Fragen und die Zeit, an die sie gestellt werden, sind für nur taktische Auseinandersetzungen zu ernst." In: RB, I. Jg., Nr. 40, S. 1 f. Siehe dazu: *Spatzenegger, H.*, „Kampf der Geister" – „Geist der Versöhnlichkeit" / Leonhard Steinwender und seine Zeit, Nachwort z. L. Steinwenders „Christus im KZ", das 1985 (Salzburg) nachgedruckt wurde.
15 RB, 3. Jg., Nr. 28.
16 „Ich habe im KZ einige Pfarrer kennengelernt, die um ihres Glaubens willen leiden mußten, so wie ich um meiner politischen Überzeugung. Ich habe manche Lehre daraus gezogen und weiß, daß auch viele meiner geistlichen Leidensgenossen im Umgang mit uns mancherlei Neues lernten. Die Kirche und unsere Partei haben meines Wissens

Tyrolia-Verlag wegen der Herausgabe eines Buches zur Arbeiterfrage. Es ging ihm darin, wie er dem Erzbischof mitteilte, um die Unterscheidung zwischen „christlichem und marxistischem Sozialismus".[17]

Als im April 1948 der Diözesanausschuss (= DA) eine Großkundgebung „gegen die Schulreform der Roten" inszenieren wollte, hatte sie der Erzbischof wegen des derzeitigen „Burgfriedens" abgeblasen.[18]

Eine hoffnungsvolle Chance hatte sich für die Kirche auch in den „Kreisen der Intelligenz" geboten (beginnend bei den Mittelschülern), die nicht nur eine neue Orientierung[19] suchten, sondern auch ihr Engagement einzubringen gewillt waren.

Der Gottesdienstbesuch und die Osterkommunion[20] stiegen 1945–1948 im Vergleich zu den übrigen Diözesen stark an. Die wenigen Austritte nahmen leicht zu,[21] die Re- und Konversionen, die 1945 2.631 betrugen, gingen allmählich zurück (1948: 619).

---

im vergangenen Jahr keine Taten gesetzt, die bei der Gegenseite hätte Ärger oder gar Verbitterung auslösen können ... Kein Gewissenszwang, sondern volle Freiheit dem einzelnen, aber auch kein Kampf gegen die Kirche und deren Einrichtungen oder gar gegen den Glauben. Die Mehrheit unserer Anhänger ist katholisch. Ich werde dies immer respektieren und darnach handeln." LR Heinz Kraupner am 25. November 1946 an EB Rohracher.

17 „AES, Akten 19/1. Der ursprüngliche Text erschien – angereichert – dann ein Jahrzehnt später in einem anderen Verlag unter dem Titel „Entscheidet der Arbeiter das Schicksal der Welt?" – Rohracher hätte einen Zuschuss, wenn notwendig, gegeben. Erzbischof F. König empfahl es in der Bischofskonferenz: Frdl. Mitteilung v. E. Angermann v. 22. Jänner 1985.

18 AES, Akten 19/51. Bis zum 24. Juni 1946 hatte beispielsweise der Erlass auf sich warten lassen, in Klassen, in denen sich die Mehrheit nicht vom Religionsunterricht abgemeldet hatte, Kreuze anzubringen: AES, Akten 19/3. Aber erst die massiven Weigerungen prominenter Sozialisten (bes. auf Bundesebene), sich mit den Konkordatsfragen zu befassen, verschlechterten das Verhältnis. Angriffe auf Rohracher gab es dann auch auf Grund seiner Innsbrucker Rede 1947, die, nach Ansicht mancher Sozialisten, ehemalige Nazis in den Stall der ÖVP lotsen sollte.

19 Siehe: Naturrechtsdiskussion. – Zu ähnlichen Schlüssen kam 1946 eine Untersuchung des Salzburger „Institutes für Wirtschaft und Politik": Zit. in RB, 2. Jg. Nr. 17.

20 Gottesdienstbesuch 1945: 40,6 Prozent; 1948: 47,6 Prozent (höchster Stand mit Ausnahme 1952; über dem Durchschnitt: die Tiroler Dekanate). Osterkommunion: 1945: 42,8 Prozent; 1948: 60 Prozent (höchster Stand); aus: *Zulehner, Krise?*, S. 108 u. S. 117.

21 Von 77 auf 132 Prozent, das sind ca. 0,4 Promille der Katholiken: *Zulehner, Krise?*, S. 135. Stand 1951: 89 Prozent Katholiken, 6,2 Prozent Evangelische, 3,8 Prozent o. B.

„Diener Jesu Christi"[22]

Es bestand kein Zweifel, wer innerhalb der Kirche von Salzburg wie auch nach außen[23] das Sagen hatte: Fürsterzbischof Andreas Rohracher. Weihbischof Dr. Johannes Filzer, neuerdings zum Generalvikar bestellt, ging als „erster Diener seines Erzbischofs"[24] diesem vornehmlich bei den Firmungen und Visitationen zur Hand.[25] Publizistisch traten noch Simmerstätter bzw. Steinwender[26], je nach Anlass, in Erscheinung.

Bereits in der NS-Zeit kämpfte Rohracher nicht nur für die kirchlichen Belange, sondern machte sich auch zum Sprecher der Salzburger. Nachdem er bei seiner bekannten Antrittspredigt 1943 seine Devise der geltenden „Herrenmoral" entgegengestellt[27] und sich damit „gegen den Führer und die NSDAP in abträglicher Weise geäußert" hatte, wurde wenige Tage nachher eine Predigt in Hallein zum Stein des Anstoßes: Der Erzbischof hatte, so der Vorwurf des Kirchenreferenten Dr. Franz von Lospichl, vor irdischen Idolen gewarnt, die dann die Menschen enttäuscht hatten, „so daß alles in sich zusammengebrochen" sei.[28] Gauleiter Dr. Scheel hatte interessanterweise damals Rohracher in Schutz genommen. Jener suchte nun in regelmäßigen Gesprächen, einzelne Freiheiten zu erreichen bzw. Behinderungen abzustellen: mit wechselndem Erfolg. Es entwickelte sich jedoch ein „erträgliches Verhältnis".[29] Das kultivierte Auftreten Scheels beeindruckte

---

22 Devise des am 3. Februar 1943 vom Domkapitel gewählten Fürsterzbischofs (Den Fürstentitel hat Pius XII. 1951 abgeschafft). Biographisches, sein weiteres Wirken und zusätzliche Literatur, siehe: *Spatzenegger, H.*, Andreas Rohracher (1892–1976) in: Die Bischöfe der deutschsprachigen Länder 1785/1803 bis 1945, hgg. von *Gatz, Erwin*, Berlin 1983, S. 625–628. Erzbischof Andreas Rohracher / Krieg Wiederaufbau Konzil, hhg.v. *Hintermaier, E. / Rinnerthaler, A. / Spatzenegger, H.*, Salzburg 2010.
23 Ein Alleingang des DA an die Landesregierung zugunsten kinderreicher Familien dürfte der einzige geblieben sein.
24 *Spatzenegger*, Johannes Filzer (1874–1962), in: Bischofslexikon 1785–1945, S. 190.
25 VO-Blatt 1946, Nr. 7.
26 1948 nominierte ihn der Erzbischof als seinen Kontaktmann zu den Regierungen und zur ÖVP!
27 „Diener Jesu Christi ... Uralt, aber unzeitgemäß. So denken sich vielleicht manche; denn Dienen riecht nach Sklavenmoral. Herrschen ist zeitgemäß. Weite Kreise anerkennen nur mehr den Herrenmenschen, nicht aber einen Diener." VO-Blatt 1943, Nr. 68. Weiters: „ ... doch war das Leben selten so umdroht wie heute. Selten wurde so viel Leben vernichtet als heute".
28 AES, Akten 20/90.
29 Dazu gab es innerkirchlich auch kritische Stimmen: z.B. war für Domvikar Dr. Alois Wimmer der Dank des Erzbischofs an die Gauleitung bei der Silvesterpredigt 1944 zu entgegenkommend: AES Akten 19/36.

Rohracher entschieden stärker als die ruppige Art des Kärntner Gauleiters Rainer, bei dem er viel entschiedener und öfter protestierte (z.b. gegen die Beseitigung geistig Behinderter bzw. in der Slowenenfrage).[30]

„Offene Stadt"

Einem Gedächtnisprotokoll Rohrachers ist zu entnehmen, dass er am 30. April 1945 mit Scheel die kampflose Übergabe der Stadt sehr detailliert besprochen hatte: Der Gauleiter wollte sich mit der Truppe hinter den Pass Lueg zurückziehen; Regierungsdirektor Hausner wurde angewiesen, die Regierung zu übergeben.[31] Da zu all dem die Zustimmung General Julius Ringels[32] eingeholt werden musste, mit dem Rohracher verschwägert war, kann ein Zusammenspiel dieser drei Personen durchaus stärker hervorgehoben werden.[33]

Der Erzbischof ging nur ungern zu diesem letzten Gespräch, da ihm hinterbracht worden war, er stünde auf der Geiselliste der SS. Auf die wiederholte Aufforderung begab er sich schließlich doch in die Residenz, wo ihm dann Gauleiter Scheel nicht nur seine Familie anempfahl,[34] sondern auch den „Befehl" zu geben versprach, Salzburg nicht zu verteidigen.

Eine Episode, die durch die Weltpresse ging, war die Verwahrung der Handreliquie des hl. Stephanus und des ungarischen Krönungsmantels[35]. US-Truppen hatten sie (mit der Stephanskrone) der nach Mattsee geflüchteten „Pfeilkreuzler"-Regierung abgenommen und am 18. April 1945 dem Erzbischof anvertraut.[36]

---

30 AES, Akten 19/3.
31 AES, Akten 20/90.
32 Ringel, ein gebürtiger Kärntner, war mit der Schwester Gisela Rohrachers verheiratet, die nach dem Tode ihres Mannes Theobald Rohracher später einige Zeit dem bischöflichen Haushalt vorstand. – Er war als Befehlshaber im Wehrkreis XVIII für den Aufbau der „Alpenfestung" im Raum Salzburg zuständig.
33 Die Darstellung von *Lackerbauer, Ilse*, Das Kriegsende in der Stadt Salzburg im Mai 1945 (Wien 1977), bleibt dadurch unberührt. Auch Rohracher hatte dem Einsatz von Lepperdinger und Co. durch seine Intervention Rechnung getragen.
34 Rohracher hatte sich um diese ebenso gekümmert, wie er auch für Scheel intervenierte und sogar für den Kirchensachbearbeiter SS-Obersturmführer Dr. Lospichl, weil er von dessen Reue überzeugt war: AES, Akten 19/31.
35 AES, Akten 19/34.
36 *Spatzenegger*, Die Stephanskrone in Mattsee, in: RB, 23. Jg. Nr. 48.

Mitarbeiter

Der Erzbischof hatte bei seinem Amtsantritt ein Domkapitel mit einem Durchschnittsalter von knapp 70 Jahren zur Seite, wobei der Jüngste[37] wegen eines Gauverbotes eine Tiroler Pfarre versah. 1944 berief er Benedikt Stampfl an die Spitze der Finanzkammer und ebenso wie Josef Dillersberger[38] in das Kapitel und damit in sein Beratungsgremium: das Konsistorium. Dieses beschäftigte sich mit pastoralen, personellen, liturgischen und finanziellen Fragen.

Themen, die weniger routinemäßig anfielen, z. T. brisanter waren bzw. prospektiver, griff der Diözesanausschuss auf; allerdings mit dem Risiko, dass der Ordinarius die Ergebnisse korrigierte.

Laien *„in der richtigen hierarchischen Form"*

Schon vor dem Zusammenbruch des NS-Regimes hatten sich katholische Akademiker dem Erzbischof zur Mitarbeit angeboten. Sie wollten ihrer Bewegung den Namen „Christliches Leben" geben. Bereits am 15. Juni 1945 erschien ein Hirtenwort an die Gläubigen der Erzdiözese Salzburg mit der Einladung, in jeder Pfarre einen „Pfarrausschuß" zu bilden, um die Mitarbeit der Laien an den Aufgaben der Kirche nach der Zerschlagung des Vereinskatholizismus wieder auf die Beine zu stellen. Am 18. September 1945 erging – aufgrund einiger Besprechungen mit dem Erzbischof – ein sehr konkretes Konzept an ihn, das von Dillersberger, Dr. Erwin Domanig und Dr. Hans Hanke gezeichnet war: „Der Diözesan-Ausschuß ist eine Arbeitsgemeinschaft, die gewillt ist, im Geist der actio catholica für das Reich Gottes zu wirken. Sie untersteht unmittelbar dem Bischof, der auch ihren Vorsitzenden ernennt. Die Mitglieder werden vom Bischof bestätigt."[39] In vordenkender und ausführender Funktion wären demnach Arbeitsgemeinschaften zu allen relevanten Fragen einzurichten; analog auch in den Pfarren. Der „Rupertibote" wurde als gemeinsames Presseorgan empfohlen. Weil man sich von allen „politischen Strömungen" fernhalten wollte, knüpfte man zunächst nicht an die „Katholische Aktion" (= KA) an, wie sie vor 1938 bestanden hatte, sondern wählte die Bezeichnung „Diözesanausschuß".[40]

---

37 Der 45jährige F. Simmerstätter war Provisor in Rattenberg.
38 Universitätsprofessor für Neues Testament.
39 AES, Akten 19/13. Domanig war als Primar, Hanke journalistisch tätig. Domanig hatte – ebenso wie Dompfarrer Daniel Etter – mit der vom Itzlinger Seelsorger Johann Vogl gegründeten „0–6" kooperiert.
40 Bei einem Gespräch am 30. August hatte Rohracher u. a. folgende Namen ins Auge gefasst: Jugendseelsorger Franz Wesenauer, Franz Zöchbauer, Mathilde von Schön

Die kirchlichen Vereinsstrukturen wurden bewusst also nicht mehr in ihrer vollen Vielfalt installiert. Der Erzbischof dachte vielmehr an eine neue Form der „Katholischen Aktion".[41]
Allerdings entwickelte sich der Versuch einer eigenständigen Laienmitarbeit eher zögerlich.

Nachdem am 30. September 1945 Domkapitular Dr. Simmerstätter das Seelsorgeamt übertragen erhalten hatte, kümmerte er sich auch um den Einbau der Laienmitarbeit „in die richtige hierarchische Form".[42] Am 10. Jänner 1946 erfolgte die erste Zusammenkunft.[43] Überraschend war, dass der Erzbischof sehr wohl von der KA sprach und ihr Programm folgendermaßen umriss: „Es gilt: Die Rückkehrenden wieder der Gottesfamilie einzuverleiben. Ein Großteil des Volkes ist dazu wie noch nie disponiert. Ihre Welt ist zusammengebrochen; sie sehen als einzigen ruhenden Fels die Kirche. Erschütternd spricht diese Erkenntnis aus vielen Lagerbriefen." Weiters seien die „noch immer abseits Stehenden zu gewinnen"; ferner gelte es, „den Kampf gegen die Christus- und Kirchengegner, der auch heute weitergeht, zu kämpfen". Aber „auch die Guten bedürfen der Vertiefung ihres religiösen Wissens und christlichen Lebens. Das Endziel der KA ist die Verchristlichung des gesamten Volkes und der ganzen Menschheit."

(Jugend), designierter „Rupertibote"-Redakteur Leonhard Steinwender, SN-Redakteur Dr. Viktor Reimann (Presse), Bankbeamter Fritz Rücker, Vikar Dr. Jakob Rieser (Soziales), Lehrer Richard Treuer (Kultur), Sr. Sieglinde Simmerstätter (Kinder), Caritassekretär Georg Kriechbaum, Univ.-Prof. P. Albert Auer OSB, Stadtschulinspektor Anton Porenta(Weltanschauung), Bankbeamter Rupert Wittauer (Familie), J. Dillersberger (Gottesdienst).

41 *Rinnerthaler, Alfred*, Von der religiösen Wiederaufbaueuphorie zum „Neuen Kirchenkurs". Kirchliches Leben in Salzburg 1945–1995, in: *Hanisch, Ernst / Kriechbaumer, Robert* (Hg.), Salzburg. Zwischen Globalisierung und Goldhaube, Wien / Köln / Weimar 1997, S. 500. *Spatzenegger, Hans*, Die Katholische Kirche von der Säkularisation (1803) bis zur Gegenwart, in: *Dopsch, Heinz / Spatzenegger, Hans* (Hg.), Geschichte Salzburgs, Stadt und Land, Bd. II/4, Salzburg 1981–1991, S. 1500.
42 AES, Akten 19/51 und 19/13: stellen die Quellen für dieses Kapitel dar.
43 Notizen des Erzbischofs enthalten folgende Namen: Berufsschulinspektor Ing. Anton Sobota (Gottesdienst), Verleger Otto Müller, V. Reimann (Glaubensverkündigung, Schrifttum), Stadtschulinspektor A. Porenta (Schule), Dr. Kurt Biedrawa (Caritas), Lehrerin Martha Weiser (Frauen), R. Wittauer (Familie), Mittelschulprofessor Dr. Karl Gordon (Kultur), F. Rücker (Soziale Fragen, Politik).

Die Organisation entsprach dem seinerzeitigen Vorschlag, nur unterstellte der Ordinarius auch die Pfarrausschüsse dem Präsidenten: Dr. Domanig wurde als erster gewählt und vom Bischof bestätigt (mit Biedrawa als Stellvertreter).

Zu den vorhin erwähnten Mitarbeitern waren noch die Rechtsanwälte Dr. Josef Klaus (als Schriftführer) und Dr. Reinhold Möbius, der Mittelschulprofessor Dr. Jakob Lechner, Dr. Sieglinde Rödleitner und der Hotelier Karl Wimmer gestoßen. (Die vorgenannten Priester dürften die entsprechenden Referate im Seelsorgeamt übernommen haben. Die Transmission stellte Simmerstätter her, der bei allen Sitzungen des DA dabei war.)

Die Zusammenkünfte fanden in der Regel monatlich statt (ab 1948 entschloss man sich vierteljährlich zu einem Einkehrtag).

Zum ersten Mal trat der DA am 10. März 1946 aus Anlass der Papstfeier[44] an die Öffentlichkeit. Domanig hielt die Festrede, die aus dem übervollen Festspielhaus auf die Straße übertragen werden musste.

Bis Anfang Mai wurden 139 Pfarrausschüsse aus der Diözese gemeldet, wovon einige – wie sich später herausstellte – nur auf dem Papier existierten. (Einzelne Pfarrer machten überhaupt prinzipielle Einwände geltend.)

Erste Initiativen betrafen Hilfen für Arbeitssuchende, den Aufbau des Borromäuswerkes (Konzept von O. Müller), die Sonntagspredigt im Sender Rot-Weiß-Rot, neue Gottesdienstgestaltungen, die Konstituierung des Katholischen Lehrervereines (1946: ein Drittel der Lehrer). Der Preßverein wurde aufgefordert, eine katholische Buchhandlung zu eröffnen. P. Anton Pinsker SJ benötigte Räume für die Studentenseelsorge. Erziehungsberatungsstellen wurden angestrebt. Neue Arbeitsgemeinschaften entstanden[45]: für religiöse Kultur (Gilbert Schuchter) und christliche Weltanschauung (J. Klaus).

Im Herbst wurden den Mitgliedern der Pfarrausschüsse vier regionale Tagungen angeboten, die sehr gut besucht waren. Die entscheidenden Impulse für die Bildungsarbeit kamen aus dem DA (Klaus). Abgemacht war z.B. ein Vortragszyklus zur Arbeiterfrage gemeinsam mit dem Gewerkschaftsbund

---

44 Zum 70. Geburtstag von Papst Pius XII.
45 An weiteren Mitgliedern kamen hinzu der Verlagsleiter Dr. Wilheim Reinermann, Schulinspektor Dr. Franz Hörburger, F. Wesenauer, Dr. Anton Bittner, Maria Donnenberg (Frauen), Steffi Seemann (KJ), Rita Brandstätter (KJ) und der Bankbeamte Josef Tauer, der statt Wimmer „die Männer" übernahm: offenbar wegen dessen politischer Funktion (W. hatte seit 1945 ein Mandat der ÖVP im Landtag); Gordon, Reimann und Zöchbauer (dieser wahrscheinlich studienbedingt) scheinen 1946 nicht mehr unter den Anwesenden auf.

(einen der Abende sollte der Erzbischof bestreiten). Heizprobleme verhinderten die Durchführung.

Bei der (jährlich gebotenen) Neuwahl am 9. Dezember 1946 hatte der DA Domanig bestätigt; nur Klaus und Biedrawa tauschten die Funktionen.

Zu Beginn des Jahres 1947 wurden beim Erzbischof „in der Zeit des zu erwartenden Friedensvertrages" (!) Bittandachten angeregt.[46] Als Gründe der zunehmenden Abtreibungen wurden neben der Not und Unmoral die „Diffamierung der ledigen Mütter" angesehen: materielle Hilfen und Beratungen hatte man der Caritas übertragen.[47] Die Pfarrausschüsse sollten sich um die Führung einer Bücherei kümmern; selbst wollte man bei den fehlenden Finanzen zunächst Kleinschriften verbreiten.

Die Arbeitsgemeinschaft für Sozialfragen war Hans Steinacher übertragen worden;[48] in ihr waren auch Sozialisten tätig.

Von der gesamtösterreichischen Zusammenkunft am 23. März 1947 in Salzburg berichtete Domanig, dass eine „bewußte und ausgerichtete Laienbewegung" nur hier bestehe, während sie sich in Linz und Innsbruck um das Bildungswerk, in Graz um die „Akademikergemeinde" gruppiere. Bei der Vorbereitung der Fronleichnamsprozession wurden gegen eine geschlossene Teilnahme der Regierung Bedenken geäußert.

Am Pfingstmontag trafen sich die Pfarrausschüsse in der Aula: Klaus, Sobota und Frau Weiser hielten die Referate.

Im Herbst empfahl Klaus zu seiner Unterstützung – u.a. bei der Fortsetzung des Theol. Laienkurses – die Anstellung Hans Jahns als Sekretär für das Katholische Bildungswerk (KBW) und den DA.

Bei der Wahl zum Präsidenten stellte sich erstmals auch Klaus zur Wahl. Da aber Domanig eindeutig mehr Stimmen erhielt, blieb er Vizepräsident. Eine der neuen Entscheidungen brachte die Einrichtung einer „Pressestelle", die Ruth Medger anvertraut wurde (mit Sitz im DA).

Zur Finanzierung der eigenen Aktivitäten, wie auch zur Einrichtung von Pfarrheimen, Kinderkrippen und dgl. erfand man die Einhebung des „Rupertischillings":

---

46 Diese Hoffnung beruhte damals auf einer Erklärung der amerikanischen Bischöfe, die zu einem Friedensschluss mahnten.
47 Kinderheime werden daraufhin für Saalfelden, Mauterndorf und Hallein in Angriff genommen.
48 Dazugekommen waren als Mitglieder: der Lehrer Hans Stuchetz, L. Steinwender, Lehrerin Dr. Anna Spitzl, Buchhändler Augustin Weis; wieder aufgetaucht ist: Prof. Zöchbauer, der aber bald vom Jugendführer Herbert Glaser abgelöst wurde; ausgeschieden ist: Martha Weiser.

„Ein Krügl Bier pro Monat" muss uns die KA wert sein.[49] Ausführlich erörterte man ein weiteres Mal die Arbeiter-[50] und die Flüchtlingsfrage: als Vertreter der Flüchtlinge wurde der Arzt Dr. Johann Schreckeis berufen.[51] Im März 1948 trat Domanig wegen beruflicher Überlastung zurück.[52] (Damit ging auch beim Treffen der Diözesanlaienvertreter am 13. Mai in Lambach der Vorort von Salzburg nach Wien über.)

Den Diözesantag für die Pfarrausschüsse und das Rupertifest am 23./24. September hatte deshalb Klaus vorzubereiten: er, wie auch Fritz Rücker, der von den ca. 300 Delegierten zum neuen Präsidenten gewählt wurde, hatte mehrere Einsätze als Redner. Es ging um die Aktivierung der Laienmitarbeit auf Pfarr- und Dekanatsebene: im Ausschuss an der Seite des Pfarrers und zu seiner Unterstützung: im Männer-, Frauen- und Jugendwerk, die sich inzwischen in den Diözesen zu formieren begonnen hatten.

Damit war das „dreijährige Provisorium" zu Ende: Im neuen DA verlagerte sich der Schwerpunkt stärker zu den Naturständen der KA[53], doch hatten die Referate weiterhin ihre Aufgaben. Obwohl am 26. November von einer Neukonstituierung die Rede war, wurde personell die Kontinuität großteils gewahrt.[54]

---

49 RB, 3. Jg., Nr. 56.
50 Arbeitergottesdienste und die Behebung arbeitsrechtlicher Defizite in kirchlichen Betrieben wurden angeregt. Der Erzbischof stellte einen eigenen Seelsorger in Aussicht.
51 Vorher war schon Dr. med. Lotte Hampl beigezogen worden, die Erzbischof Rohracher 1946 als Referentin für Ehe- und Erziehungsfragen geholt hatte. Mit ihren Aufklärungsvorträgen wirkte sie bahnbrechend über Salzburg hinaus.
52 Ebenso Tauer und Steinacher, dessen soziales Referat Klaus nach der Rechtsanwaltsprüfung zu übernehmen versprach.
53 HS-Direktor R. Treuer (Männer), M. Donnenberg (Frauen), Wolfgang Waldstein und R. Brandstätter (KJ).
54 Klaus, Bittner, Lechner, Porenta, Sobota, Reinermann, Medger, Schreckeis, Möbius und Domanig arbeiteten weiterhin mit. Dazu kamen Dr. Ferdinand Wagner (Bildung/Schule), NR Martin Gassner (Öffentliches Leben), Dr. Eduard Seifert (Kultur), Bankbeamter Franz Kickinger (Rupertifonds) und Vizebürgermeister Ing. Richard Hildmann. Dr. Hörburger und Hampl wurden 1949 zu Vizepräsidenten bestellt.

„Ohne Verein und Ausweis"

Die KA[55] solle völlig ausgerichtet auf Diözese und Pfarre sein, die als einzige die „Nacht des 20. Jahrhunderts" überdauert hatten, während alle Vereine aufgelöst worden waren,[56] sowie „fest unter der Kontrolle des Episkopates"[57] arbeiten.

„Wir sind ein wenig müde geworden für Versammlungen, Reden u. dgl. Wir möchten gerne Ruhe haben und in unserer Familie leben können ..."[58]

Diese Einstellung scheint die Frauen – erschöpft von der NS-Propaganda – zunächst geprägt zu haben. Trotzdem fanden sie sich sogleich zu Pfarrrunden zusammen, aber „ohne Verein und Ausweis", ja ohne die ausdrückliche Verpflichtung, wiederzukommen.

Die Männer hatten noch weniger Übung im kirchlichen Raum. Zwar saßen sie laut Kirchenbeitragsgesetz 1939 in den Pfarrkirchenräten als „Mitverwalter" und wären „dem kirchlichen Wollen nach, vielmehr als es geschehen ist, zur Mitarbeit" herangezogen worden,[59] doch der Krieg hatte die Waffenfähigen geholt. Und die ehemaligen Soldaten? „Ich rechne bestimmt darauf, daß sie halten, was sie in tausendfältigen Todesgefahren gelobt"[60], erinnerte sie der Erzbischof zur Begrüßung.

Spontan, bereitwillig und in Scharen bot sich die Jugend an.[61] Zum Teil hatten die ersten Zusammenkünfte schon in der NS-Zeit stattgefunden, besonders in den Stadtpfarren.[62] „Nach Jahren stummer und oft unsichtbarer Betätigung treten wir wieder in die Tageshelle. Wir freuen uns der Freiheit, die uns neu

---

55 Die Katholische Aktion existierte in Italien seit 1922 und bestand auch in Österreich als Koordinierungsstelle der Vereine bereits vor dem 2. Weltkrieg. Siehe auch: *F. Klostermann, F. / Klemen, J. / Leeb, J.*, Das katholische Organisationsleben der Gegenwart, in: Kirche in Österreich 1918–1965, hrsg. von *Klostermann, F. / Kriegl, H. / Mauer, O. / Weinzierl, E.*, Wien-München 1967, 2. Bd., S. 145 ff. – Der Erzbischof hatte die KA und das Borromäuswerk sogleich, nachdem ihm sein Palais wieder verfügbar war, dort untergebracht
56 *Simmerstätter, F.*, Der Laie in der Kirche, RB, 3. Jg., Nr. 52.
57 *Wodka, Josef*, Kirche in Österreich, Wien 1959, S. 385.
58 RB, 1. Jg., Nr. 1.
59 RB, 1. Jg., Nr. 1.
60 RB, 1. Jg., Nr. 1.
61 Ihre Organisation wurde auch als erste bereits am 2.10.1946 von der Bischofskonferenz bestätigt.
62 U.a. Dompfarren St. Andrä, Parsch, St. Elisabeth. Aus manchen Landpfarren wurde der Gauleitung ein beunruhigendes Anwachsen der Ministrantengruppen gemeldet: AES, Akten 12/39. Aber es kam auch vor – wie in Anif 1943 –, dass die Jugendstunden „ganz gut besucht" waren, sich aber nach dem Krieg wieder auflösten: AES, Akten 12/45.

geschenkt ist. Aber es gab auch in vergangenen Zeiten viel Schönes. Es lockten Wagnis und Mut, die Klarheit des Kampfes hatte es uns angetan." So heißt es im ersten Aufruf im November 1945.[63] Diese Bewährung war im Dorf, an der Front, in der Schule, zu bestehen gewesen. „Wenn in der vergangenen Kampfzeit manches gelungen ist, worüber wir uns schließlich selbst gewundert haben, so war es nicht unsere Tüchtigkeit oder Klugheit, sondern zweifellos der Schutz einer betenden Gemeinschaft. Ein Kettenbrief, der viel abgeschrieben wurde, hat sie zusammengehalten. Die Tapfersten hielten eine nächtliche Gebetsstunde, die besonders den Priesterstudenten galt." So beschreibt „Onkel Franz" (Wesenauer) die illegale Zeit.[64]

Zum ersten Jugendtag im Tiroler Anteil am 11. November 1945 in Wörgl war ein Sonderzug eingesetzt worden. Insgesamt 7.000 nahmen am Christkönigsfest 1946 teil.[65] Stolze Zahlen wurden aus manchen Pfarren gemeldet[66] (auch was die Hilfssendungen für Wiener Jugendliche anlangte). Jedenfalls stellte die Katholische Jugend die weitaus größte Organisation im Lande dar. Da Anreise und Unterbringung noch große Probleme aufwarfen, wurden 1948 die „Bekenntnistage" wieder regional abgehalten: „In vergangener Zeit hat es gegolten zu scheiden und zu bewahren, in Zukunft heißt es, zum Angriff überzugehen": wurde vom Jugendseelsorger als Parole ausgegeben.[67] Nach dem religiösen Appell kamen aber auch Sport, Gesang und Laienspiel auf ihre Rechnung.[68]

„Religiös-kirchlicher Wiederaufbau"

In diesem Zeichen stand die Diözesansynode vom 21.–23. September 1948, die von 10 Kommissionen vorbereitet worden war: Religionsunterricht, Caritas, Priester- und Ordensnachwuchs, Volksmission, Pressewesen – also praktisch alle anstehenden pastoralen Anliegen – standen zur Debatte. Neben aktuellen

---

63 RB, 1. Jg., Nr. 2.
64 RB, 3. Jg., Nr. 64. Bereits im Mai 1945, gleich nachdem das „Johanneum" zurückgegeben wurde, richtete „Onkel Franz" dort einen Repetitionskurs für Gymnasiasten ein, damit die im Stollen verlorenen Unterrichtsstunden bis zum Herbst nachgeholt werden konnten. Einer der Nutznießer war Thomas Bernhard.
65 Sonderzüge aus Jenbach, Krimml, Saalfelden und Oberndorf.
66 Z.B.: je 3 Burschen- und Mädchengruppen in Parsch; 110 Mädchen und 60 Burschen besuchten in Kuchl die Heimstunden; immerhin noch ein Drittel in Strobl.
67 *Regner, Bruno*, in: RB, 3. Jg., Nr. 36.
68 Mattsee 600, Maria Bühel 400, Kitzbühel 300, Kufstein 800, Lungau 900, St. Johann i. P. 1.000 Teilnehmer; eine ähnliche Anzahl traf sich in Maria Plain.

Seelsorgsthemen[69] – so insbesondere Hilfen in der zeitbedingten „ungeheuren Ehenot"[70] – kam es zu einigen rechtlichen Dekretierungen, u.a. der Pfarrausschüsse. Nach mehreren Jahrhunderten kam mit KA-Präsident Rücker wieder ein Laie bei einem Diözesankonzil zu Wort.[71]

Zusammenfassend kann gesagt werden:

Die Anfänge dieses bischöflichen „Braintrust" gingen auf eine eigenständige Initiative von Laien zurück, die sich dem Bischof zur Verfügung gestellt hatten – in bewusster Eingliederung in die gewohnte hierarchische Ordnung.[72] Es handelte sich in der Mehrzahl um führende Akademiker; die mehrmals – auch vom Erzbischof – gewünschte Öffnung für Arbeiter, Angestellte und Bauern[73] klappte nur ansatzweise.

Hingegen lässt sich eine deutliche Bereitschaft zur Öffnung gegenüber den Sozialisten herauslesen, wenn auch überwiegend ÖVP-Politiker (und solche, die es noch werden wollten) mitarbeiteten und an den Exerzitien 1947 teilnahmen.[74] Der Aufbau dieser Laienorganisation erfolgte zunächst auf „Stabsebene" und dann

---

69 *Rinnerthaler, Alfred*, Von der religiösen Wiederaufbaueuphorie zum „Neuen Kirchenkurs". Kirchliches Leben in Salzburg 1945–1995, in: *Hanisch, Ernst / Kriechbaumer, Robert* (Hg.), Salzburg. Zwischen Globalisierung und Goldhaube, Wien / Köln / Weimar 1997, S. 490 ff; *Spatzenegger, Hans*, Die Katholische Kirche von der Säkularisation (1803) bis zur Gegenwart, in: *Dopsch, Heinz / Spatzenegger, Hans* (Hg.), Geschichte Salzburgs, Stadt und Land, Bd. II/4, Salzburg 1981–1991, S. 1500.

70 Trotz der Betonung der Ständeseelsorge sah Dillersberger bereits damals die Zukunft in der Familienpastoral.

71 *Spatzenegger, H.*, Das synodale Wirken in der Erzdiözese Salzburg, in: Erneuerung der ED Salzburg durch lebendige Christengemeinden, hg. v. *Widrich, H.*, Salzburg 1969, S. 287–306.

72 Wenngleich es vorkam, dass Rohracher bei seinen häufigen Teilnahmen eine Debatte beenden zu müssen glaubte: „daß die KA da ist, den Bischof zu unterstützen, nicht zu kritisieren" (lt. Protokoll vom 14. März 1947; AES, Akten 19/51). Am 1. April 1948 kritisierte der Erzbischof eine Terminverlegung und die Tagesordnung: Der DA ist mein „Beratungsorgan und entspricht dem geistlichen Konsistorium auf der Laienseite".

73 Die Berufung von Frl. Enser, von Josef Rehrl (Liefering) und dem Bauern Bartl Kemetinger sollte diesem Manko Rechnung tragen.

74 Neben LTAbg. Wimmer, die kommenden Abgeordneten Karl Glaser und Hans Ungar. – So wurde eine „Vereinigung christlicher Sozialisten" angeregt, und in der AG „Soziale Frage" waren Sozialisten beteiligt.

erst an der Basis, während etwa in der Apostolischen Administratur Innsbruck zuerst die Gruppen in den Pfarren mobilisiert werden sollten.[75]

„Bildungsauftrag"

Im Einvernehmen mit der heilsgeschichtlichen Seelsorge (und sie unterstützend) hatte die Wahrnehmung des traditionellen Bildungsauftrages zu stehen.[76] Er wurde in der 2. Republik ziemlich ernst genommen: Unter der Patronanz des DA begann Josef Klaus mit dem KBW. Bereits im Oktober 1946 konnte er u.a. Abendkurse der Professoren P. Auer (Dogmatik, Philosophie und Kirchengeschichte), J. Dillersberger (Altes und Neues Testament) sowie der Dozenten P. Erhard Drinkwelder (Liturgie) und P. Basilius Binder (Moral) ankündigen.[77]

Professor Friedrich Schneider bot für Jugendliche das Thema „Selbsterziehung" an. Neben verschiedenen Einzelvorträgen[78] (auch in den Pfarren) wurde damals auch schon an musische Veranstaltungen gedacht.

Die Hochschulwochen fanden schon 1945 ihre Fortsetzung;[79] mit dem erklärten Ziel, die Katholische Universität vorzubereiten, in die der „Primas Germaniae" den gesamten deutschen Sprachraum einbinden wollte.[80] Einen Ansatz bildeten die Institute für „Vergleichende Erziehungswissenschaften" (Prof. F. Schneider) und für „Religiöse Volkskunde" (Doz. Rudolf Kriss).

---

75 Brief von Ignaz Zangerle v. 18. Februar 1948: AES, Akten 19/55: KA.
76 *Rinnerthaler, Alfred,* Von der religiösen Wiederaufbaueuphorie zum „Neuen Kirchenkurs". Kirchliches Leben in Salzburg 1945–1995, in: *Hanisch, Ernst / Kriechbaumer, Robert* (Hg.), Salzburg. Zwischen Globalisierung und Goldhaube, Wien / Köln / Weimar 1997, S. 483.
77 Nach den übrigen theologischen Fächern im Sommersemester eröffnete eine Prüfung die missio canonica (gerade für den Konvertitenunterricht brauchte man Lehrer).
78 Pius XII., die Kardinäle Faulhaber, Spellmann und Galen, P. Claudel, Th. Haecker, Ch. Dawson und Reinhold Schneider wurden als „führende Gestalten" der heutigen Kirche präsentiert.
79 „Das christliche Abendland. Seine Vergangenheit. Gegenwart und Zukunft". Siehe auch *Padinger, F.,* Geschichte der Salzburger Hochschulwochen, in: Christliche Weltdeutung / Salzburger Hochschulwochen 1931–1981, hrsg. von *Gordan, P.,* Graz-Wien-Köln 1981, S. 37 ff. – 1947 nahmen bereits 746 Hörer an dem 4-wöchigen Programm teil.
80 Während Unterrichtsminister F. Hurdes sehr für das Salzburger Projekt war, blieb Kardinal Innitzer skeptisch. – Zwei Förderer aus der Zwischenkriegszeit, P. Wilhelm Schmidt SVD und P. Agostino Gemelli OFM, erhielten 1948 das Ehrendoktorat der Fakultät; siehe auch *A. Rinnerthaler* zur Idee einer katholischen Universität, hier S. 657 ff.

Trotz Papiersorgen konnte der „Rupertibote" nach einem Jahr bereits die Auflage auf 48.700 anheben.[81] Zur „Verbreitung guter Bücher" beschloss die Bischofskonferenz am 2. Oktober 1946 das „Borromäuswerk". Mit dem Aufbau wurden Reinermann und Domprediger Josef Tomaschek betraut.[82] Von den damals 24 Salzburger Verlagen galten 4 als katholisch. Das Kloster St. Peter hatte den österreichischen Bischöfen 1946 die Einrichtung des „Institutum Liturgicum" als volksliturgische Hilfe angeboten.[83]

„Bedingungsloses Helfenwollen"

Groß zu veranschlagen sind die Verdienste der Kirche auf karitativem Gebiet. Der Grundgedanke hieß: „vorbehaltloses und bedingungsloses Helfenwollen": „Jede Not, ohne Unterschied, jeder Leidende, welcher Gesinnung immer, ohne Grenze der Religion, der Rasse und Partei ist Aufgabe der christlichen Caritas. Sie muss ohne jede Art von Bürokratismus sein, einfach im Leben stehen und alle umfassen".[84]

Schon am 25. Mai 1945 bat Rohracher Bürgermeister Hildmann um die zur Demolierung vorgesehenen Baracken für die Caritas.[85] Der langjährige Direktor Dr. Franz Fiala war am 13. November 1945 gestorben; so lag die Hauptverantwortung beim Sekretär Georg Kriechbaum.[86] Bei der

---

81 Mit großem Einsatz von A. Weis. Im Vergleich dazu hatte „der Katholik" nur eine Auflage von ca. 30.000 Exemplaren. Siehe: *Spatzenegger, H.*, Kampf der Geister – Geist der Versöhnlichkeit. Leonhard Steinwender und seine Zeit, in: *Steinwender, Leonhard*, Christus im Konzentrationslager. Wege der Gnade und des Opfers, Nachdruck Salzburg 1985. – Überdurchschnittlich viele Abonnenten gab es in kleineren Pfarren (z.B.: in Flachau: 95 Exemplare bei 350 Einwohnern); aber auch in Tamsweg, Straßwalchen, Thalgau und Kitzbühel lag die Quote zwischen 10 und 15 Prozent: AES, Akten 20/89.
82 120 Pfarren der Diözese wollten sogleich beliefert werden. 1948 war die Gebarung bereits aktiv: AES, Akten 20/89.
83 Seither tagte hier auch Jahr für Jahr die Österreichische Liturgiekommission.
84 DA vom 8. April 1946. Auch der seit 1871 in Salzburg bestehende Vinzenzverein, dem u. a. Landeshauptmann Franz Rehrl angehörte, nahm – als einer der wenigen Vereine – 1946 seine karitative Tätigkeit unter der Leitung von Univ.-Prof. Mathias Premm wieder auf: RB, 2. Jg., Nr. 44. Zur Caritas insbesondere *Spatzenegger, H.*, Geschichte Salzburgs, S. 1496 f.
85 AES, Akten 12/14.
86 Natürlich bestand das 1923 eingerichtete Heim für behinderte Kinder in St. Anton weiter. Doch die Agenden der Caritas waren wesentlich vielfältiger, ja für die Salzburger Bevölkerung unverzichtbar geworden.

gesamtösterreichischen Caritaskonferenz im Herbst wurden erste Koordinationen getroffen.[87]

7.600 Wohnungen allein in der Stadt Salzburg waren zumindest als beschädigt gemeldet worden, Flüchtlingsströme benötigten Unterkünfte und Nahrung: das ungarische Kinderlager in Weißbach z.B. war am Verhungern.[88] Bei einer Lehrlingsuntersuchung wurde bei 60 Prozent eine Lungenschwäche diagnostiziert, bei Schülern gab es bis zu 13 kg Untergewicht.[89] Nachdem sich Rohracher bereits am 16. Juli 1945 an die Schweizer Bischöfe gewandt hatte, suchte er sie im Auftrag der Bischofskonferenz im Oktober auf. Da er bereits 1945 zu Papst Pius XII. reisen konnte, vermochte er bei dieser Gelegenheit entscheidende Kontakte zum amerikanischen Hilfswerk „National Catholic Welfare Conference" (NCWC) zu knüpfen. Sofort anlaufende Sendungen von Medikamenten, Nahrungsmitteln, Kleidungsstücken und Büchern machten das Helfen leichter. Für Salzburg fielen auch die von der Trapp-Familie initiierten Care-Pakete ins Gewicht.

Im ersten Jahr kamen den Diözesen Salzburg und Innsbruck von amerikanischer Seite 15 Tonnen Spenden zugute. Laut Vereinbarung vom 19. Oktober 1945 mit dem US-Rotkreuz wurden die Reste (nicht Abfälle) der Soldatenküchen „der Bahnhofsmission und den Schulkindern überlassen".[90]

Die „Bahnhofsmission" suchten damals täglich bis zu 1.000 Hilfsbedürftige auf; 200 Suppen wurden verabreicht, mit Reisegeld und Übernachtungen[91] konnte das Ärgste verhindert werden: K. Biedrawa, die Schwestern der Caritas Socialis und freiwillige Helfer standen Tag und Nacht im Einsatz.[92]

Im Herbst 1945 konnten 35 Kindergärten öffnen; zwei Jahre später bestanden 53 auf dem Land und 15 in der Stadt.

---

87 Sie tagte, wie auch die folgenden, in Salzburg.
88 Aber auch die 67 übrigen „Kinderlandverschickungslager" der HJ mit rund 4.000 Insassen, getrennt von den Eltern, waren in einer prekären Situation: so die 250 Mädchen in Fuschl, die 300 Jugendlichen in Abtenau, die 460 in Golling. Besonders den reichsdeutschen Kindern wollte man keine Lebensmittel mehr ausfolgen.
89 RB, 3. Jg., Nr. 34.
90 AES, Akten 18/11.
91 Zunächst im Ursulinenkloster (bis Ende Juli über 20.000 Nächtigungen), bei den Barmherzigen Schwestern, im Priesterseminar (bis Herbst außerdem täglich 240 Mittagessen für Kinder), später in St. Sebastian bzw. in der Baracke 20 in der Erzherzog-Eugen-Straße.
92 Jänner 1946: 36.345 Hilfesuchende, 5.281 l Suppe, 15.560 Schalen Kaffee, 45.607 Brote, 969 Schlafplätze, 44 Transporte betreut: RB, 1. Jg., Nr. 16.

"Kirche in der Freiheit": Die Aufbaujahre 1945–1948 in Salzburg 611

Zu den frühesten Bemühungen gehörte die Kindererholungsaktion: über 1.000 Familien boten sich an, als der Erzbischof um Kostplätze warb (Kuchl mit 50, sowie Großarl mit 37 und Faistenau mit 34 gingen mit gutem Beispiel voran).[93] Wohl die Transportprobleme schoben die Realisierung bis in den April 1946 hinaus, dann aber genossen 1.348 Wiener Kinder die Salzburger Gastfreundschaft.[94] Zahlenmäßig nicht erfaßt sind die „Glockenspielkinder", die 2 bis 3 Monate auf Bauernhöfen zubringen durften. Außerdem wurden Aufenthalte bei Gasteltern im Ausland vermittelt. Der Katholischen Jugend billigte der Erzbischof eine Sammlung zu, die eigenes Kochgeschirr, Wolldecken sowie die nötigen Kalorien für die Schulungslager erbrachte.[95]

Die Zusammenarbeit mit dem Vatikan ermöglichte einen Suchdienst[96], mit „Rot-Weiß-Rot" eine Sendung über Erziehungsfragen. Dazu kamen die Hauskrankenfürsorge und die Lagerbetreuung. Zwar braucht beim „Geben im Namen Christi" die linke Hand nicht zu wissen, was die rechte tut, aber Rechenschaftsberichte lassen immerhin auch die unvorstellbaren Nöte erahnen: In den Monaten nach dem Zusammenbruch gingen 167.839,– Schilling bei der Caritas ein und wieder aus: S 60.000,– für Ausgebombte, S 40.000,– für politisch, rassisch und religiös Verfolgte, S 26.735,– für Heimkehrer und Flüchtlinge, S 11.256,– für die Kinder- und Jugendfürsorge; der Rest für die übrigen Aufgaben. 38.171 Personen konnte eine vorübergehende Bleibe verschafft werden. Dank der NCWC und der Schweiz gingen an 25.420 zumeist alte Menschen Lebensmittel und Medikamente. 10.680 Kleidungsstücke gelangten zur Verteilung.[97]

Die Caritas-Haussammlung 1946 erbrachte S 660.627,–, wovon für lokale Anliegen S 184.850,– in den Pfarren verblieben und der Löwenanteil die diözesanen

---

93 AES, Akten 19/30.
94 240 im Tiroler Anteil.
95 Eine Intervention im DA bewirkte die Herabsetzung des Beitrages für einen Einkehrtag von 4 auf 3 Schilling. Dazu war noch Brot und Zucker mitzubringen, sowie die Lebensmittelmarken für je 50 g Roggenbrot, Fleisch und Mehl sowie 20 g Fett (RB, 1. Jg., Nr. 34). Bei Großveranstaltungen – auch der Erwachsenen – wurden Gaststätten genannt, in denen „Mitgebrachtes verzehrt werden" durfte.
96 Im ersten Jahr wurden 6.960 Suchmeldungen weitergegeben; 4.306 auswärtige Nachrichten zugestellt.
97 RB, 1. Jg., Nr. 47.

Aktivitäten finanzierte.[98] Zu den bisherigen Hilfsorganisationen gesellten sich die schwedische Caritas[99] und die ehemalige Kaiserin Zita (Kanada).

In den Folgejahren hatte sich die Situation noch nicht wesentlich entspannt. (Der Erzbischof erklärte 1948 zum „Jahr der Nächstenliebe" und propagierte die Caritasbruderschaft in allen Pfarren.) An neuen Spendern waren dazugekommen: der Papst, karitative Stellen in Argentinien, Irland, Holland und Portugal.[100]

Die Gebefreudigkeit hielt 1948 unvermindert an: trotz der Währungsreform brachten ehrenamtliche Sammler in der gesamten Diözese S 416.410,- zusammen.[101] Nicht unbeträchtlich waren die Sachspenden, worunter Brenn- und Bauholz viele Projekte erst ermöglichten. Bemerkenswert erscheint die Relation zum Dombauopfer.[102] Zahlenmäßig nicht erhoben sind spontane pfarrliche Sammel- und Unterstützungsaktionen, betrieben von den anlaufenden Caritasbruderschaften.[103]

Die Siedlungsaktion

Christlich gehandelt hatte die Bischofskonferenz als sie am 25. März 1947 (mit Zustimmung der Klöster) beschloss, von den insgesamt 37.779 ha nutzbaren Grundes 10.000 Bauplätze (von 500 m² bis 1000 m²) den Neubürgern zur Verfügung zu

---

98   U.a. S 60.000,- für Bombengeschädigte, S 26.722,- für Kindergärten und Jugendfürsorge, S 16.282,- für Heimkehrer und Flüchtlinge; der Rest ging für die Bahnhofsmission, für Familien-, Kranken-, Schülerunterstützungen sowie die Suchaktionen auf. Medikamente benötigten 4.909, Nahrungsmittel 27.200, ein Nachtlager 28.630 Menschen; 13.640 Kleider- und Wäschestücke fanden Abnehmer. In: RB, 2. Jg., Nr. 34.

99   Organisiert vom Salzburger Diözesanpriester Josef Egger.

100 Der Katholischen Bahnhofsmission standen S 10.932,- für Soforthilfen zur Verfügung, an Flüchtlinge und Heimkehrer wurden S 40.371,- weitergegeben, über S 100.000,- kamen Kindern und Jugendlichen zugute: RB, 3. Jg., Nr. 24.

101 In der Stadt ragte die Gebefreudigkeit im bombengeschädigten St. Andrä hervor (mit ca. S 20.000,-), es folgten die Dompfarre und Maxglan. An der Spitze stand Straßwalchen (über S 2,- pro Kopf), nicht viel darunter lagen Mariapfarr, Bischofshofen, Altenmarkt, Abtenau und Hallein.

102 In Bramberg und Dienten wurde für die Caritas das 10fache gegeben (1947). Hallein: S 11.830,- für die Caritas, S 1.959,- für die Domsammlung. Nur das Dompfarramt machte begreiflicherweise eine Ausnahme: RM 51.458,- für den Dom (1945).

103 Vier Pfarren stellten auf Weihnachten 9 t Lebensmittel für die Lager bereit. In Saalfelden wurden 1946 S 18.116,- gesammelt und verteilt. In Kufstein brachten 1947 54 Helfer über S 80.000,-, von denen nur ein Zehntel der Diözesancaritas überwiesen wurde, und 3.000 Kleidungsstücke zusammen. Hüttschlag schickte 20 m³ Holz. Für die Ausgebombten in Itzling z.B. startete der Pfarrer eine private Hilfsaktion.

stellen und kleine landwirtschaftliche Betriebe (mit einigen ha) aus größerem Gutsbesitz auszugliedern.[104]

Die Erzdiözese konnte, 1803 säkularisiert, keine Gründe anbieten. Die Pfarren wollten mit rund 4 ha helfen. Bis 1951 hatten sie jedoch schon 12 ha an 153 Siedler bereitgestellt; dazu kamen noch über 14 ha von Seiten der Klöster.[105]

„Vater der Verfolgten"

Nach dem Kriegsende rechnete die Diözesan-Caritas mit einer Zahl von 68.000 Flüchtlingen in 24 Lagern, die aber zeitweise auf über 100.000 anstieg. Sie stellten für das ausgehungerte Land eine schwere Belastung dar und führten bei den Einheimischen auch zu „unliebsamen Reaktionen"[106]; auch bei den Amerikanern bestand anfangs wenig Rücksicht.

Der Erzbischof machte sich bei seinen Besuchen in den Lagern selbst ein Bild vom Elend dieser Familien und sicherte Hilfe zu: als Tiroler wisse er, was die Heimat bedeute.[107] Bereits 1944 hatte er die Schirmherrschaft über die erste volksdeutsche Betreuungsstelle in Österreich, das Christliche Hilfswerk in Salzburg, übernommen.[108] Gerade die Volksdeutschen bildeten einen Schwerpunkt in der Caritasarbeit (gemeinsam mit P. Josef Stefan), weil sie weniger internationale Unterstützung genossen als die sog. DP (displaced persons).

1948 betreute die Caritas noch ca. 50.000 Flüchtlinge[109] in 10 Lagern und 3 Unterkünften. Sie betrieb 5 Kindergärten (mit 250 Kindern) sowie Horte für Jugendliche; diesen wurden auch Schneider-, Web- und Krankenpflegekurse

---

104 Von den 169.181 ha Kirchengrundes (lt. Kathpress Stand 1931) kamen 107.402 ha Wald nicht in Frage; der Rest war für Baugründe ungeeignet bzw. in der NS-Zeit enteignet worden (Autobahn z.B.). Abg. Isidor Grießner dankte am 10. April 1947 Rohracher für diese Aktion „zur rechten Zeit", um der damaligen „Bodenreform-Agitation" des politischen Gegners den Wind aus den Segeln zu nehmen.
105 Allein 8 ha beanspruchte die Siedlung Elsbethen AES, Akten 20/94. Aus dem Siedlungsreferat der Caritas entwickelte sich 1951 die Wohnbau- und Siedlungsgesellschaft „Heimat Österreich".
106 *Medger, R.*, Vater der Verfolgten, in: Diener Jesu Christi, Salzburg 1965, S. 132.
107 AES, Akten 19/16.
108 R. vertrat auch die Meinung, dass die meisten Volksdeutschen in die SS nur gezwungenermaßen geraten waren.
109 15.000 kg Nahrungsmittel und 3.000 Bekleidungsstücke: AES, Akten 18/55.

angeboten. P. Stefan bezifferte die Volksdeutschen in der Erzdiözese mit 22.341; davon 5.291 in Lagern.[110]

Der Erzbischof machte wirklich jedes Anliegen, das an ihn herangetragen wurde – und dies waren bei den vielen Volksgruppen[111] (ohne konfessionelle Unterschiede) nicht wenige – zu seinem eigenen: Neben individuellen Erfolgen verbuchte er Verdienste mit der Ausreiseerlaubnis der Kinder jugoslawischer Flüchtlinge und bei der Auswanderung (insbesondere nach Brasilien). Wiederholt urgierte er ein Flüchtlingsstatut.[112]

„Ohne Rücksicht auf die Parteirichtung"

Die Verbindungen Rohrachers zur ÖVP waren allein durch seine Mitarbeiter im DA gewährleistet. Bereits am 10. Mai 1945 hatte Dr. Adolf Schemel den Erzbischof aufgesucht[113], während Dompfarrer Daniel Etter und Franz Donat schon vorher für die „Christlich-soziale Volkspartei" tätig geworden waren: durch das Pastoralschreiben zu Pfingsten wurden dann allerdings alle Priester von jeder

---

110 Etwa die Hälfte stammte aus Jugoslawien, je ein schwaches Viertel aus der CSSR bzw. aus Rumänien: AES, Akten 18/55.

111 Noch im Mai 1945 stellte sich R. als Vorsitzender des Ehrenkomitees zur Verfügung, das die Interessen der Litauer, Letten, Esten, Polen, einer russischen bzw. einer jugoslawischen Gruppe vertrat.

112 „Wie kein österreichischer Staatsmann empfindet der Fürsterzbischof die Gefahr, die dem kleinen Österreich droht, wenn es selbst die Grundsätze der christlichen Nächstenliebe, der Menschlichkeit und der politischen, wirtschaftlichen und sozialen Gleichberechtigung preisgibt." So bestärkte das Blatt der Donauschwaben „Neuland", 2. Jg., Nr. 38, diese Bemühungen Rohrachers. Seinen Ausspruch: „Umso bedauerlicher ist es, daß eine maßgebende Persönlichkeit den Flüchtlingen das Herz schwer gemacht hat, indem sie ihnen in Aussicht stellte, daß sie keine Arbeitsmöglichkeit mehr finden würden. Wer so eingestellt ist, ist unsozial!" wird quittiert mit: „In Deinem Lager steht Österreich ...!" Es ist verständlich, dass der Erzbischof solchen Hoffnungen gegenüber nicht unempfindlich blieb.

113 *Schmidt, Gerhard*, Patrioten, Pläne und Parteien, Salzburg 1971, S. 22. Lt. Angabe von Stadtpfarrer J. Vogl, dem die Widerstandsgruppe „0–6" in Salzburg zu verdanken war, hatte er bereits vor Kriegsende Schemel, Neumayr und Dr. Martin Huber in die Wohnung von Primar Dr. Josef Wegleitner geholt. Dabei sind angeblich bereits die personellen Entscheidungen für die späteren Spitzenfunktionen getroffen worden (einschließlich jener von Dipl.-Ing. Hildmann als Bürgermeister). Vogls letzter politischer Auftritt erfolgte dann bei der Vorstellung der von den Amerikanern akzeptierten Landeshauptmänner Schemel und Neumayr beim Militär-Gouverneur im heutigen Justizgebäude (Frl. Mitteilung v. 20. Februar 1985).

"politischen Betätigung" in die Seelsorge zurückgeholt. Die weiteren Kontakte der Erzdiözese zu Stadt und Land beschränkten sich auf Interventionen.[114] Mehr Interesse vermochte der Informationsaustausch mit Unterstaatssekretär (für Kultus) Dr. Ernst Hefel, der mittels Kuriere zustandekam, zu wecken bzw. eine Initiative von Dr. Azis Cotta Bey[115], den Rupertiwinkel und das „deutsche Eck" heimzuführen; oder die allmählich beginnenden Gespräche mit österreichischen Ministern: besonders mit Unterrichtsminister Dr. Felix Hurdes.[116] Das Erziehungsrecht, Schulfragen, die Entschädigung von Vermögenswerten und die Wiedereinführung kirchlicher Feiertage[117] blieben jahrelang auf der Tagesordnung.

Im Juni 1945 erfolgte die erste Fühlungnahme mit der SPÖ. Von welcher Seite die Initiative ausgegangen war, darüber gehen die Aussagen auseinander. Unbestritten sind die Themen: Eherecht, Religionsunterricht, Kirchenbeitrag. Bei „Übergriffen" in Versammlungen oder in der Presse werde der Fürsterzbischof bzw. die Parteileitung „verbietend einschreiten".[118] Auf die Frage von Landeshauptmann-Stellvertreter Anton Neumayr[119], ob ein Katholik Sozialist sein könne, habe er, so Rohracher, die Möglichkeit bestätigt, wenn er, die materialistische und marxistische Einstellung aufgebe, alles Kulturkämpferische und Kirchenfeindliche beiseite lasse und sich der Glaubens- und Sittenlehre unserer Kirche füge".

---

114 Wohnungs- und Ernährungsprobleme, Schulangelegenheiten, Flüchtlinge. Bei Ing. Hochleitner mahnte R. eine Filmklassifizierung ein sowie flankierende Maßnahmen zum §144, während jener seine Bedenken gegen die Erziehungsmethoden im Borromäum deponierte.
115 Präsident der Ägyptischen Handelskammer in Deutschland. Er führte mit Gen. Collins und Gen. Béthouart diesbezügliche Gespräche. Auch Landeshauptmann Schemel schien nicht ganz abgeneigt. Beides: Akten 20/100 (Sommer 1945).
116 Nach der ersten Romreise im Dezember 1945, bei der R. u. a. für die Beibehaltung der Abendmesse eintrat, deponierte er am 21. Jänner 1946 bei Außenminister Dr. Karl Gruber, dass dem Vatikan ein Botschafter Dr. Kurt Schuschnigg nicht unerwünscht wäre: AES, Akten 20/100.
117 Schulgebet und -gottesdienste, katholische Privatschulen bzw.: Dreikönigs- (6. Jänner) und Josefitag (19. März), Peter und Paul (29. Juni), Maria Empfängnis (8. Dezember).
118 Aus einem Brief von Vizekanzler Dr. Schärf an Kan. Dr. Weinbacher v. 8. Juni 1949: AES, Akten 20/100.
119 Mit dabei auch noch LR Franz Peyerl.

Die Glückwünsche zum Jahreswechsel 1946/47 zeugen davon, dass der schon erwähnte „Burgfriede" noch intakt war.[120] Eine Änderung bahnte sich an, als die ständig urgierten Konkordatsmaterien offenbar auf die lange Bank geschoben wurden: und zwar von beiden Großparteien (wenn auch aus unterschiedlichen Motiven). Dies dürfte auch Grund genug für den stark in staatskirchenrechtlichen Kategorien denkenden Erzbischof gewesen sein, dass eine Abkühlung des Verhältnisses spürbar wurde; und zwar zunächst auch gegenüber der ÖVP.[121] Die inzwischen in Gang gekommene Parteikarriere des Josef Klaus und schließlich die unerwünschte Kandidatur der „Vierten Partei" dürften in der Folge zu einer Überprüfung der politischen Strategie geführt haben.[122]

---

120 Peyerl: „Viele der Besten unserer Zeit in aller Welt, ohne Beachtung ihres Herkommens und ihres Bekenntnisses, sind doch vielleicht Sucher nach Ewigkeitswerten, die mit dem ihnen anvertrauten Pfunde wuchern, damit eine bessere Ordnung des menschlichen Zusammenlebens erreicht werden kann." R. wünscht hinwiederum einen „Wiederaufbau mit vereinten Kräften ohne Rücksicht darauf, welcher Religion, Parteirichtung und Gesellschaftsklasse man angehören mag". AES, Akten 20/100.

121 Ausdruck dessen ist eine offizielle Anfrage der Stadtbezirksleitung an den EB im Herbst 1947, ob die Stornierung der VP-Mitgliedschaft kirchlicher Angestellter – wie dies Ortsgruppen mitteilen – auf eine Weisung der „kirchlichen Behörde" zurückgegangen sei. Rohracher bestritt das: AES, Akten 19/36.

122 Sie hatte sich mit der Silvesterpredigt 1948 schon angekündigt: „Es ist notwendig, daß sich die Männer zusammenschließen. Nicht in Organisationen, aber daß die katholischen Männer wissen: Wir gehören zusammen und kämpfen gemeinsam für das katholische Ideal, für die Durchführung der christlichen Grundsätze auch in der Öffentlichkeit. Durchsetzen – ich sage es bewußt – auch mit dem Stimmzettel in der Hand!" AES, Akten 19/4.
Um diese Zeit hatte auch Dr. Herbert A. Kraus anscheinend ziemlich spät – den Erzbischof von seinem Vorhaben des VdU informiert. R. hatte ihm die Zersplitterung der „antikommunistischen, bürgerlichen Einheitsfront" (Kathpress vom 3. Oktober 1949) entgegengehalten und die Sorge, dass nach ihm (Kraus) scharfe Nationalsozialisten das Ruder ergreifen könnten. – Da sich Kraus bei Wahlreden auf die Billigung seines Programms durch Rohracher und Bischof Rusch berief, kam es infolge einer Pressekampagne zu einer teilweisen Klarstellung der Standpunkte (Salzburger Nachrichten vom 21. September 1945 und Die Neue Front. 1. Jg., Nr. 32).
Übrigens, bereits im September 1945 hatte Dr. Hanke Rohracher von einem Zeitungsprojekt mit Kraus und Reimann unterrichtet, das sich damit „in den Händen überzeugungstreuer und im besten Sinne moderner Katholiken" befinden würde: AES, Akten 20/100 und 19/13. Rohracher hielt viel von Kraus: 1946 tauchte dessen Name sogar im Zusammenhang mit einem politikwissenschaftlichen Institut an der Katholischen Universität auf: AES, Akten 20/102.

„Gnade für Recht"

In einem Bericht vom 12. Juli 1945[123] machte sich Rohracher noch eine Stimmung zu eigen, die eine raschere Säuberung von den Nazis forderte; bald aber geschah dies seiner Meinung nach zu undifferenziert: gerechte Strafe und Verzeihen standen sich gegenüber.[124] Wie Bischof Galen, mit dem Rohracher im Briefverkehr stand, lehnte auch er die Kollektivschuld ab.

Hilferufe, Bekenntnisse, Berichte aus den Lagern der Besatzer: Tausende Briefe aus ganz Österreich. Kaum einer blieb unbeantwortet; gelegentliche Prüfung der Angaben: manch einer hat nicht alles gesagt.[125]

Bereits die 2. Bischofskonferenz appellierte dann an die Interalliierte Militärkommission u.a. für Parteimitglieder, die „auch Gutes" getan haben, die „aus ehrlicher Überzeugung ihre Gesinnung geändert haben", sowie für jene, die durch Zwang oder „raffinierte Propaganda" mitgetan haben.[126] Etwas abstrakter hören sich die Mahnungen des Papstes[127] und der amerikanischen Bischöfe[128] an die Sieger an.

Sehr deutlich dann wieder unsere Bischöfe 1946: ein Mitläufer wäre mit „kleiner, klug bemessener Strafe leichter für immer zu bekehren gewesen", als durch lange Lagerhaft mit fanatischen SS-Leuten. So gäbe es „heute eher wieder mehr

---

Das Ende dieser „relativen Äquidistanz" zu den Parteien mündete in eine ziemlich unverhohlene Wahlempfehlung zugunsten der ÖVP im Pastoralschreiben vom 20. August 1949.

123 AES, Akten 20/93.
124 Bereits in der NS-Zeit handelte er sich wegen eines derartigen Predigt-Themas eine Verwarnung ein: bei der Totenmesse am 26. November 1944 für die Bombenopfer: AES. Akten 19/3.
125 „Ich kenne den Genannten in keiner Weise, weiß auch nicht, was er sich zuschulden kommen ließ. Trotzdem möchte ich auf Grund meines feierlichen Weiheeides, mich für alle Bedrängten und Leidenden einzusetzen, auch in diesem Falle Gnade für Recht erbitten", wird zum Stehsatz. Eine der Hauptanlaufstellen ist Staatssekretär Ferdinand Graf.
126 AES, Akten 20/85. Ähnlich hatten Kardinal Faulhaber und der evangelische Landesbischof Meiser schon am 20. Juli 1945 argumentiert.
127 Weihnachtsansprache 1945 und 1946 bzw. am 22. Februar 1946; RB, 1. Jg., Nr. 10 und 2. Jg., Nr. 14
128 „Es ist unwürdig für die Sieger, Ungerechtigkeit zu rächen durch Beugung des Menschenrechtes und durch angehäufte Beleidigungen der menschlichen Würde. Wie die Dinge jetzt stehen, könnte es geschehen, daß spätere Generationen die Sieger mit der Schuld von Unmenschlichkeiten belasten, die an Nazismus und Faschismus erinnern.": RB, 2. Jg., Nr. 16

nazistische Gedankengänge" als vor einem Jahr.¹²⁹ Sogar Ernst Fischer wollte Abgeirrte zurückgewinnen: „Denn Rache vergiftet, Gerechtigkeit reinigt die Atmosphäre!"¹³⁰

Rohrachers berühmteste und umstrittenste Rede, jene in Innsbruck am 7. März 1947, ist also nicht so einzig und allein dastehend, wie sie immer wieder gesehen wird. Ausgelöst wurde sie durch das ziemlich harte NS-Gesetz. Der Erzbischof forderte eingangs die Eigenständigkeit und Freiheit Österreichs, das auch beträchtliche Opfer zu beklagen hatte, kam dann auf die mangelnde Unterscheidung des Gesetzes zu sprechen („ein Irrweg") und protestierte gegen die zu Unrecht „verfolgten Mitläufer": „Ich weiß, man wird mich jetzt wieder den Nazibischof heißen. Ich danke Gott, daß ich zur Zeit des Nationalsozialismus niemals und nirgends als solcher gegolten habe ..."¹³¹ Die Stöße von Bittbriefen, die nicht nur Wohnungen, Aufenthaltsgenehmigungen und die Freilassung aus den Kriegsgefangenenlagern zum Inhalt hatten, sondern von allem Anfang an von Nazis aller Ränge stammten, sowie ihre Behandlung deuten darauf hin, dass Rohracher sehr früh zwischen dem „Nazigeist" und dem einzelnen Verirrten unterschied,¹³² für

---

129 AES, Akten 20/85. Am 10. Jänner 1947 hatte Kardinal Innitzer an den Bundeskanzler geschrieben, dass die Kirche das überscharfe Ausnahmegesetz ablehne. Diese Ansicht wurde von den Bischöfen Rusch und Fliesser ausdrücklich gebilligt (Innsbrucker „Kirchenblatt", 3. Jg., Nr. 3). Und selbst der Berichterstatter zu diesem Gesetz, der Sozialist Dr. Alfred Migsch, gab zu, dass die Antinazibestimmung im russisch besetzten Sachsen bedeutend milder sei: denn durch die Einbeziehung der Jugendlichen in die Sühnepflicht werde jeder 6. Österreicher betroffen: SN v. 14. Februar 1947. Auch die Evangelisch-theologische Fakultät hatte sich Rohracher gegenüber negativ zum Gesetz geäußert: AES, Akten 19/3.

130 *Fischer, E.*, Das Jahr der Befreiung, Wien 1964, S. 138.

131 Der Volksbote, 47. Jg., Nr. 11. Fragwürdiger erscheint mir persönlich, in der „unerträglichen Einengung des deutschen Lebensraumes eine Mitursache" der Katastrophe zu sehen. – Ignaz Zangerle hatte diese Rede als die „Stimme des österreichischen Gewissens", die „Arbeiterzeitung" als „Seelenfang" bezeichnet. AES, Akten 10/36.

132 Im Mai 1946 protestierte der Erzbischof gegen „eine ausgesprochene Naziherrschaft" im Camp V (Glasenbach), wo anders oder religiös Eingestellte benachteiligt und verspottet würden: AES, Akten 19/3. Der Mutter von Karl Springenschmid antwortete er: „Ich kann aber nicht verstehen, daß Sie mich bitten, ich möge Ihrem Sohne verzeihen und ihm versöhnlich sein. Selbstverständlich verzeihe ich jedem Menschen, wenn er sich innerlich wirklich eines besseren besinnt. Das ist bei Ihrem Sohne sicher notwendig, denn das Unheil, das er durch seine Schulpolitik gerade an den Kindern und an der Jugend angerichtet hat, ist sehr groß, und ich muß dasselbe an jungen Menschen, denen man den Sinn für übernatürliche Werte systematisch geraubt hat, immer wieder feststellen." AES, Akten 19/34. – Allerdings soll nicht

den die Kirche damals ja wirklich die einzige Anlaufstelle war, weil sie auf Grund eigener Verfolgung über jeden Verdacht eines vordergründigen Kalküls erhaben war; allerdings mit dem Risiko des nachträglichen Vorwurfes, die Trauerarbeit und die zwangsläufige Mitverantwortung gehemmt zu haben. Dass dieses Amalgam aus dem „Geist des Widerstandes" und dem „Urgeist der Anpassung"[133] vor 1945 – und nachher wieder – für jede Gesellschaft ein Problem darstellt, sei nicht bestritten. Dazu kommt, dass sich diese beiden Elemente nicht überall klar trennen lassen, sondern in ein und demselben Menschen ihr Widerspiel treiben.

Erschwert und erleichtert wurde diese Konfrontation der sich scheinbar ausschließenden Geister durch die Notwendigkeit, dass „das Leben eben weitergehen musste". In einer christlich geprägten Gesellschaft wird diese Konfliktsituation einerseits kompliziert, andererseits relativiert durch die Kategorien: Schuld und Verzeihen.

Für den Erzbischof kam zu dieser allgemeinen Problematik die spezielle Salzburger Situation[134] hinzu und das beträchtliche Erfolgserlebnis[135], wobei sein engster Mitarbeiter F. Simmerstätter diesen Einsatz, der 1950 in das „Soziale Friedenswerk" mündete, so beurteilte: „oft mißverstanden, öfter auch mißbraucht".

Der Kriegsverbrecherprozess gegen Gauleiter Rainer in Ljubljana im Juli 1947 wärmte ein Thema wieder auf, in dessen Kontext der Name Rohracher stand: der Plan einer Kaltenbrunner-Regierung in „Großösterreich"[136] im Einvernehmen mit den Amerikanern.

---

verschwiegen werden, dass diese versöhnliche Haltung Rohrachers für manche, die um ihrer Überzeugung willen schwer unter dem NS-Regime gelitten hatten, zu rasch und zu unterschiedlich erfolgte.

133 *Greiner, Franz*, Die Katholiken in der technischen Gesellschaft der Nachkriegszeit, in: Deutscher Katholizismus nach 1945, hrsg. von *Maier, Hans*, München 1964, S. 124.

134 E. Hanisch errechnet für 1947 rund 30.000 registrierte NS und noch immer 8.500 Inhaftierte im Camp Marcus W. Orr (auch als Lager Glasenbach bezeichnet), in: SN v. 6. Oktober 1984.

135 Nicht zufällig wurde zu seinem ersten Namenstag in Freiheit das Bild des Apostels abgewandelt: „Andreas weigert sich, den Göttern zu opfern" (= NS-Zeit). Dann: „Ist er vielleicht der einzige, der über sein Volk hinausdenkt und auch den Heiden das Reich der Herrlichkeit gönnt?", in: RB, 1. Jg., Nr. 5.

136 Mit Einschluss Sloweniens, Kroatiens und Ungarns. Als weitere Akteure neben dem Gestapochef wurden Kardinal Schuster (Mailand), LH Heinrich Gleißner, Julius Raab, SS-Obergruppenführer Wolf und General Edmund Glaise-Horstenau genannt: Volksstimme v. 17. Juli 1947. Manfried Rauchensteiner, Der Sonderfall, Graz-Wien-Köln 1979, S. 99, nennt auch noch Gauleiter Hofer, mit dem sich Rohracher bestimmt ebensowenig wie mit Kaltenbrunner zusammen spannen hätte lassen (u.a. auch Ernst

Schon im Vorjahr hatte der SPÖ-Abg. Albrecht Gaiswinkler die Behauptung publiziert,[137] dass diese als Gegenregierung gegen die von Karl Renner gebildete im Salzkammergut gedacht war. Auf Grund einer parlamentarischen Interpellation kam es damals zur Vernehmung Rohrachers, wobei er unter Eid aussagte, weder Kaltenbrunner noch einen von ihm Abgesandten jemals gesprochen zu haben: er nannte es „geradezu einen Irrsinn, denn der Klerus und Gläubige hatten durch Kaltenbrunner und seine Gestapo genug zu leiden".[138]

„Do bless all Americans ..."

Das Verhältnis zu den Amerikanern entwickelte sich blendend. Wegen seiner allzeitigen Interventionsbereitschaft hielt Rohracher allerdings auch mit dem britischen und französischen Hauptquartier Kontakt.

Am 11. Mai 1945 überbrachte ein Hauptmann die Rahmenbedingungen für die Übergangszeit.[139] Eine Woche später stattete Col. Russel V. D. Janzan seine Antrittsvisite ab, bei der er sich nach der Stimmung in der Bevölkerung erkundigte und nach Wünschen beim Aufbau der Schule. Der Erzbischof wies auf die Opfer

---

    Koref, Karl Seitz und Leopold Figl; Raab und Gleißner jedoch nicht, im Gegensatz zu den zitierten Zeitungen). Dass alle Regierungslisten nur „Spinnereien" waren, sagte Rauchensteiners Gewährsmann Wilhelm Höttl.

137 Salzburger Tagblatt v. 27. April 1946.

138 AES, Akten 20/90; Protokoll vom 26. September 1946, aufgenommen durch OLGR Arnold Sucher. Ein Gespräch mit Glaise-Horstenau vor dessen Verhaftung bestätigte der EB. Doch habe nie jemand eine Regierungsbildung erwähnt (zum ersten Mal habe er davon „durch die Zeitungsnotiz" erfahren): „Daß ich zum Nazisystem nicht meine Zufriedenheit ausdrückte, daß ich ihm soweit er diese Ablehnung zum Ausdruck brachte, beipflichtete und auch erklärte, daß ich eine Befreiung bzw. Änderung herbeisehne, kann mir, glaube ich, wohl nicht übel genommen werden." Zur Anspielung Gaiswinklers auf einen Goldschatz erinnerte sich der EB, dass ihm bereits „nach der Befreiung" ein Dr. Hummel („ein Adjutant oder Sekretär Bormanns") eine Aktentasche mit der Münzensammlung von Kremsmünster übergeben hatte, die dieser wegen des Zusammenbruches nicht mehr nach Italien zu bringen vermochte. Da Gouverneur Janzan in den nächsten Tagen beim EB war, wollte er ihm die Tasche übergeben. Der Offizier hatte sie jedoch nicht genommen. Sie wurde erst nach der Verhaftung Hummels von den Amerikanern abgeholt.

139 Die grundsätzliche Freiheit der Kirche; niemand darf jedoch für das NS-Gedankengut und gegen die Alliierten Stellung beziehen; Eigentum wird respektiert bzw. zurückerstattet; Gottesdienste im Rahmen der Ausgehbeschränkungen; bestimmte Priester können Passagierscheine erhalten; Schulbücher werden überprüft: AES, Akten 22/99. Für die folgenden Details: Gedächtnisprotokolle des Erzbischofs.

der Kirche unter der NS-Herrschaft hin, kritisierte Übergriffe der US-Truppen gegenüber der Bevölkerung und bat um Besserung auf dem Ernährungssektor. Schon am nächsten Tag erfolgte der Gegenbesuch: Durch die Freundlichkeit ermutigt betonte Rohracher, dass Österreich von den Nazis als „Eroberungsland" behandelt wurde und dass weder Deutschland als Ganzes noch das österreichische Volk für „Grausamkeiten" der NS verantwortlich zu machen seien. Er dankte für die Schonung der Stadt und wollte die verdienten Offiziere Lepperdinger, Nake, Nürnberger sowie den italienischen Feldkaplan Nikolai vor der Kriegsgefangenschaft bewahren. Aufgeschlossener verhielt sich Janzan zur Bitte, sich um den verschleppten Landeshauptmann F. Rehrl zu kümmern.[140]

Es folgte noch ein Dutzend Wünsche: Bistumszeitung, Seelsorge in den Lagern und Lazaretten, Entlassung der Priester aus der Wehrmacht, Russen, Slowaken, Kroaten u.a. sollten nicht in die russische Zone zurückgeschickt, Härten bei der Rückführung der Reichsdeutschen vermieden werden. Alles wurde zugesagt.[141] Interessant war Rohrachers „Lektion" über die gebotene Unterscheidung der Salzburger Bevölkerung: Die Antinazi, die zu den „neuen Ämtern" berufen seien, die Nationalsozialisten[142] und schließlich die Mitläufer[143].

Am 23. Mai ging es um die Rückgabe des Kircheneigentums, insbesondere der Seminarien und wenigstens eines Domherrenhauses, sowie um die hungernden

---

140 Am 3. Mai hatte Schwester Maria Rehrl den Erzbischof eingeschaltet, der sofort ein erstes Bittschreiben an die Amerikaner verfasst hatte. Lt. Aussage von Dr. W. Reinermann (Verlag Pustet) habe ihn übrigens Gestapochef König als Kontaktperson zwischen von Witzleben und Goerdeler bzw. Franz Rehrl vermutet. Eine rechtzeitige Absprache mit Frl. Rehrl habe die Vernehmung „ergebnislos" verlaufen lassen. AES, Akten 19/13.

141 Rohracher selbst nannte die Kontakte „herzlich": besonders zu Gen. Collins, dem er „ganze Wunschlisten" vorlegte und der „Hunderte vor der Auslieferung rettete": *Spatzenegger, H. / Widrich, H.*, Hirten im Wiederaufbau, Grödig 1977, S. 96. Es würde mit dem Urteil Manfried Rauchensteiners (Der Sonderfall, Graz-Wien-Köln, 1979, S. 96 f.) übereinstimmen, dass die Amerikaner den Fürsterzbischof als Gesprächspartner dem Landeshauptmann vorzogen.

142 „Wo Vergehen und Verbrechen vorliegen, sollen diese der Gerechtigkeit zugeführt werden. Abzulehnen sei aber eine unterschiedlose Behandlung und Bestrafung aller Illegalen."

143 Die „unter Druck, teilweise wirtschaftlicher Vorteile willen sich der Partei angeschlossen haben, ohne ihre Gewalt zu mißbrauchen. Solche könnten nicht bestraft werden, weil die Zugehörigkeit zur Partei nicht in sich Schlechtes sei. Allerdings verdienen solche P. G. nicht Vertrauensstellungen, sondern müßten sich einige Zeit bewähren."

Italiener im Lager Glasenbach.[144] Zum Gespräch mit dem Stadtkommandanten Maj. William C. Reynolds, dem auch an guten Beziehungen gelegen war, betrat der Erzbischof am 28. Mai zum ersten Mal „sein Palais": Kirchliche Beschwerden gab es praktisch keine.[145]

Am 1. Juni war der Erzbischof schon wieder im Gebäude des Landesgerichtes bei Col. Janzan zu Gast. Was hier mündlich deponiert wurde,[146] monierte Rohracher auch in einer schriftlichen Eingabe. Es waren ihm nämlich weitere diesbezügliche Briefe von Pfarrern aus dem Pongau und Lungau zugegangen. Diese Ängste und verschiedene Beschränkungen – so schrieb er – würden mit der Zeit den anfänglichen guten Eindruck von der Armee schwächen. Es gäbe auch schon wieder Stimmen, „die das abgetane System positiv, das gegenwärtige negativ werten". Und dann ein wirksames „Geschütz": „Der Kommunismus findet dabei einen bereiten Nährboden".

Die Unterredung am 19. Juni (Ausweisung der Reichsdeutschen, Auslieferung der Russen u. a.) scheint die letzte gewesen zu sein, denn wenig später protestierte der Bischof bei den Amerikanern gegen die Abberufung von Janzan, der die Regierung gebildet habe und in den noch vorgesehenen fünf Jahren (!) der Besatzung gut gewirkt hätte.[147]

Aber auch der Draht zu General Harry J. Collins funktionierte tadellos: am 23. August machte dieser dem Erzbischof in St. Peter seine Aufwartung, die jener binnen einer Woche erwiderte.[148] Er besorgte dem Erzbischof einen

---

144 Rohracher ersuchte noch um die Rückführung von Prinz Leopold von Preußen aus dem KZ Dachau. (Anwesend war auch Landeshauptmann Dr. Schemel, den der Erzbischof zufällig getroffen hatte.) Als sich zwei Tage später Maj. Henkel vorstellte, kamen wieder die Härten der Einquartierung, Erkundigungen über Vermisste zur Sprache. Grenzübertritte in die Schweiz, ins „Altreich", ja sogar nach Niederösterreich, konnte Henkel für die Petenten nicht zusagen; hingegen wollte er den Rat prüfen, einen Teil der 12.000–15.000 Gefangenen von der Riedenburg auf die Festung zu verlegen. Zu den Rückgabeverhandlungen siehe *Rinnerthaler, A.*, S. 484 f.

145 Missverständnisse nur im Kloster Nonnberg, St. Jakob am Thurn, Unken. Über die private Rot-Kreuz-Initiative des russischen Grafen Kamarowski wollte der Major die Meinung Rohrachers wissen.

146 U. a. auch die Restituierung der verschiedenen Ordenshäuser, die Plünderung auf dem Land durch Besatzer und versteckte SS-Leute.

147 Rohracher deutete sogar an, dass Col. Bennet zugunsten des Vorgängers zum Verzicht bereit wäre! – Diese rasch wechselnden Militärregierungen in Salzburg kritisierte übrigens auch der Korrespondent des „Time Magazine" am 4. April 1945.

148 Collins erhielt am 8. September vom Papst das Laterankreuz verliehen. Militärkaplan E. Saunders wurde später eb. Konsistorialrat.

„6-Zylinder-Chrysler", nachdem diesem das Auto bereits zweimal gestohlen worden war. Er bewilligte auch die Schweiz-Reise (s. Caritas), versprach die anhängigen Wünsche prüfen zu lassen oder vertröstete. Eine Sammlung für die internierten Soldaten bei ihren Angehörigen lehnte er ab. (Mitglieder der Waffen-SS, die unter dem Rang eines Unterscharführers standen, werden – so Collins – in der US-Zone entlassen.[149])

Anscheinend an Mark W. Clark war ein Brief vom 2. Oktober gerichtet, der alle bisher unerledigt gebliebenen Themen ansprach, die ja z. T. in die Kompetenz des Oberbefehlshabers fielen.

Im Folgejahr ersuchte Collins, nicht jedes Gesuch an ihn zu richten. Trotzdem gab Rohracher nicht nach, einen Passierschein für Priester im Camp Marcus W. Orr zu bekommen, das Palais zurück zu erhalten[150], die Aufhebung seiner Briefzensur zu bewirken ...[151]

Die Sympathien zum „Primas Germaniae" blieben ungetrübt. Als er seine 42. (Regenbogen-)Division Anfang 1948 verlassen hatte, wurde Collins sogar noch in den USA für eine Dombauaktion eingesetzt.[152]

Gen. Hume verabschiedete sich mit dem Kompliment: „What we did in Austria and elsewhere could not have been done without the very activ and cordial support of the church."[153] Rohracher wusste die Offiziere durchaus zu beeindrucken[154] und konnte so überdurchschnittlich viel erreichen; auch in Belangen, für

---

149 Um „mehr Milde" für die, die ehrlich ihre Gesinnung geändert haben, hat auch die Bischofskonferenz vom 28. November 1945 ersucht; „weil sonst von nationalsozialistischen Ideen vergiftete junge Menschen innerlich kaum von dieser Ideologie abzubringen sind, wenn man ihre Väter hart behandelt." – Die Amnestie (und eine Zigarettenpackung) erhielten in Salzburg zu Weihnachten 1945 224 Verurteilte.
150 Erfolgte teilweise am 21. November 1946 (Rohracher wollte ebenerdig eine Wärmestube öffnen).
151 Aber auch Collins hatte Wünsche an die Kirche: z.B. bei der Propagierung von US-Saatgetreide und -erdäpfel für eine ergiebigere Ernte.
152 Schon in seiner Salzburger Zeit hatte er ein Konzert zugunsten des Domes veranstaltet. Auch um die Glocken in Strobl hatte er sich gesorgt.
153 Ebenso persönlich hatte sich auch Janzan verabschiedet:"It has been a greet privilege to know you und to have had the opportunity, to feel His Presence while beeing with you."
154 Zweimal schickte man ihm einen Mr. Canady, der einmal (24. August 1945 mit ORR Josef Rehrl) das Thema Restauration der Habsburger (Rohracher „privat": nicht abgeneigt, aber nicht zu diesem Zeitpunkt) und dann (3. September 1945) die Einstellung zur Wiener Regierung (R.: als Übergang „tragbar"; bei einer Neubildung: F. Rehrl „als Präsident"; Möbius, Ritscher und Haslauer „für leitende Stellung") sondierte.

die eigentlich andere zuständig gewesen wären. Er selbst sah seine Rolle so: Ich bin „für das mir jederzeit geschenkte Vertrauen außerordentlich dankbar, weil ich dadurch meinem Volke doch etwas helfen, der Regierung aber ihre schwere Arbeit erleichtern kann".[155] Für die Fraternisierung auf der unteren Ebene gab es, wie man weiß, vielfältige Formen. Nußdorfer Kinder erfreuten bei einer gemeinsamen Weihnachtsfeier die spendablen Soldaten mit dem Gedicht:

„*The last little candle is also for You,*

dear little Jesus, how do you do!

Do bless all Americans being so good

and keep them always in happy good mood!"[156]

Religiöser Aufbruch und „*Vergnügungswut*"

Die allgemeine Erleichterung in der katholischen Bevölkerung nach dem „Zusammenbruch" war begreiflich, ja geradezu greifbar. Eine streckenweise Euphorie, auch was den religiösen Aufbruch anlangte[157], verflachte indes, je mehr der Alltag sein Recht verlangte.

Auf der pfarrlichen Ebene konnte die NS-Zeit am wenigsten anrichten: Zwar hatte es durch den freiwilligen Religionsunterricht und die Austrittspropaganda[158] Einbrüche gegeben, aber nachdem die erste Ernüchterung über die neuen „Herren" spürbar geworden war, ließ sich sogar eine Intensivierung des religiösen

---

155 Im Juli 1945 war der Andrang der Bittsteller so angewachsen, dass er Dillersberger mit einem Teil der Fürsprachen betraute. ÖVP-Politiker schickten nicht wenige der Hilfesuchenden: Der VP-Vertreter im Wohnungsausschuss der Stadt erschien im Auftrag der beiden anderen Parteien, um R. zum Einschreiten gegen die Requirierung von Wohnungen zu bewegen (bes. in der Weichselbaumsiedlung, wo es deswegen bereits zu 3 Selbstmorden gekommen war).
156 RB, 2. Jg., Nr. 16.
157 Der RB brachte am 21. Dezember 1947 einen Artikel von Dr. Karl Rudolf: „Aus einer schier allzu langen, schwergewichtigen Statik eines allzu institutionell gewordenen Daseins ist die Kirche neu erwacht zum dynamischen Drängen einer organischen Lebendigkeit. Sie durchbricht heute alle Ghettos ... sie will keine Furcht mehr kennen, weder vor politischen, noch technischen, philosophischen oder sonstwie wissenschaftlichen Tagesgötzen und Systemen." Mehr oder weniger dramatisch formuliert, blieb die „Verchristlichung aller Bereiche" bis zum 2. Vatikanum die hochgegriffene Parole.
158 Es wird häufig betont, dass der Großteil der Apostaten „Zugewanderte" sind: z.B. in Zell am See rund die Hälfte der Erwachsenen, die ausgetreten sind.

Lebens feststellen.[159] Denunziationen und Schikanesucht Einzelner hatten die tiefsten Wunden in einigen Dorfgemeinschaften aufgerissen, die nach 1945 nur langsam heilten.[160]

Die kirchlich gestalteten Heimkehrerfeste und -wallfahrten[161] erlebten einen gewaltigen Zulauf. Jeder Pfarrer leitete sogleich eine Volksmission in die Wege und suchte die dezimierte oder beschlagnahmte Pfarrbücherei wieder instandzusetzen. Das Engagement der Laien gestaltete sich vorläufig unterschiedlich. Die Mitarbeit im Pfarrkirchenrat, der die finanziellen Fragen behandelte, hatte in der NS-Zeit bereits eingesetzt; jene in den Pfarrausschüssen, die das kirchliche Leben und die Animation der Michristen entzünden sollte, geschah eher zögernd. Bei mehr passiven Veranstaltungen (etwa die sog. „Standeslehren"[162]) war die Bereitschaft unverkennbar (die Hoch-Zeit der pfarrlichen Männer- und Frauenbewegung kam ja erst in den fünfziger Jahren). Auch die Jugend litt unter dem Fehlen ausgebildeter Führer, nahm aber, um dem abzuhelfen, große Opfer auf sich und kompensierte eine schwächere Eigeninitiative mancherorts mit zentral organisierten Großveranstaltungen.

F. Simmerstätter, der „pastorale Stabstrompeter"[163], forderte für die lebendige Pfarrgemeinde neben dem Pfarr„Ausschuß"[164] einen Pfarrkirchenrat, die Caritas, einen Kindergarten, ein Pfarrheim, katholische Lehrpersonen, Pfarrhelfer, eine Bücherei und einen Schriftenstand, eine „Kirchenpost" sowie geschulte Ständevertreter.

„Skeptisch"

Doch relativ bald machten sich partielle Enttäuschungen bemerkbar, weil in dieser Umbruchsituation nicht alles wunschgemäß funktionierte, weiterhin Einschränkungen erforderlich waren und sich manche in einer unvorstellbaren Not

---

159 Siehe die Auswertung der Seelsorgsberichte in: Widerstand und Verfolgung in Salzburg 1934–45, Wien / Salzburg 1991. Georg Rendl: „Die Gläubigen waren tapfer; nie waren die Kirchen voller als in dieser Zeit ..." (Manuskript im Pfarrarchiv St. Georgen a.d.S.).
160 Als der Pfarrer von Zell am See am 13. Mai 1945 von einem neuen „Zusammenstehen" sprach, erntete er in seiner Predigt einen ungewohnten Applaus (Pfarrchronik).
161 7.000 Wallfahrer in Maria Stein (15. März 1946)
162 Getrennt nach Männer, Frauen, Jugend (Kaprun 1946: 90 Prozent der Jugend; Großgmain bei der Volksmission über 80 Prozent Kommunikanten). Ganz allgemein war der Kommunionempfang 1945 um ein Fünftel höher als 1937.
163 Ironisches Gedicht auf den „Seelsorgeplan" vom Henndorfer Pfarrer Dr. Max Gmachl.
164 RB, 3. Jg., Nr. 7: Nicht nur lauter Greise; „nicht bloß Jasager, noch weniger Neinsager".

befanden.¹⁶⁵ Dazu kam unzweifelhaft ein Schüren dieser Unzufriedenheit durch die „Ehemaligen".¹⁶⁶

Allgemein kritisierten die Pfarrer die (aus der Zeit heraus verständliche) „Vergnügungswut"¹⁶⁷, die Zerrissenheit vieler Familien und das Fortbestehen der Konkubinate. „Zur Nazizeit hat man aus Opposition leichter die Leute zusammengebracht"¹⁶⁸, wurde geklagt. Gegen die „Schmutzwelle" sollte im Interesse der Jugend ein Gesetz beschlossen werden. „Die Heimkehrer waren viel areligiöser geworden als nach dem 1. Weltkrieg"¹⁶⁹, „ausgebrannt, skeptisch, voll Mißtrauens gegen alle ‚Ideale'"¹⁷⁰. Die „Amimädchen wurden zu einem feststehenden traurigen Begriff"; die Frauenwürde galt manchen als käuflich für: „Zigaretten, Schokolade, Autofahrten und Abenteuer"¹⁷¹.

Aber auch der Klerus zeigte sich bei der Gewichtsverlagerung von der „Verwaltung" zur Seelsorge – im Zuge des Abschieds vom Josephinismus – nicht überall gleich trittsicher. Die faktische Drittelung in praktisch Abgefallene (die vielleicht noch die sittlichen Werte schätzen), in Saisonkatholiken und in die praktizierenden Katholiken, begann sich anzubahnen.

In der Stadt und einigen Zentral-Orten klagten die Seelsorger auch über die Nachwirkungen der antireligiösen HJ-Erziehung.

Der Erzbischof selbst leitete seine Silvester-Bilanz 1948 mit dem Befund ein: „Es geht uns schlecht ..."¹⁷² Er stellte zunächst eine innere Gewissenserforschung an und folgerte sodann bedauernd: Die Kirche „hat nicht die Stellung, die ihr gebührt!" Die Bauern erinnerte er an die „moralische Pflicht", ihr vorgeschriebenes Quantum abzuliefern, um so eher den Schleichhandel hintanhalten zu können.

---

165 Der wirtschaftliche Engpass ab 1946 entmutigte zusätzlich. (Der Kirchenbeitrag wurde bei vielen zu einem echten Problem.)
166 Der Polizeidirektor spricht am 5. September 1945 von einer „Generaloffensive der Nazi", wobei besonders die neuen Parteien diffamiert wurden: AES, Akten 20/99,
167 Theater, Kino, Tanz, Mode ... Wenig Erfolg war den Pfarrern beschieden, die ungeliebten Samstagabend-Veranstaltungen abzustellen.
168 AES, Akten 12/47: Seelsorgsberichte (Wagrain).
169 Pfarrchronik von Zell am See.
170 *Montesi, Gotthard*, Zwischen Gestern und Morgen, in: Wort und Wahrheit, 2. Jg., H. 9, S. 530.
171 RB, 1. Jg., Nr. 12.
172 AES, Akten 19/4: „Wir sehen uns einer ungeheuer entchristlichten Welt gegenüber. Auf der einen Seite der gottlose Materialismus, auf der anderen Seite – ich sage nicht: das Christentum, sondern ich sage: auf der anderen Seite der gottheuchlerische, diesseits eingestellte Liberalismus. Und das Christentum, das wird überhaupt nicht beachtet."

Die Domkuppel

F. Simmerstätter, vor dem Gauverbot Chef der durch das Gesetz 1939 notwendig gewordenen Finanzkammer, bezeichnete die Zahlung der Kirchenbeiträge[173] als „erste eindeutige und klare Antwort des katholischen Volkes" an das Regime.[174] Diese Unabhängigkeit wollte man – allerdings auf einer österreichischen Rechtsgrundlage – durchaus beibehalten. Bei einem Hebesatz (anfangs weit unter 1 Prozent) betrug die Kopfquote 1945: S 3,99 und 1948: S 10,87.[175] Die Währungsreform dezimierte die Reserven der Kirchenkassen, die für Renovierungen bestimmt gewesen wären, sobald die nötigen Materialien wieder erhältlich sein würden.

Zügiger hatte man die Wiederherstellung des Domes[176] in Angriff genommen, sodass die bis dahin gespendeten S 1,5 Millionen bereits verbaut waren.[177] Quadersteine der Reichsautobahn dienten als erste Bauelemente. Zu Ruperti 1947 konnten dann die Reliquien der Diözesanpatrone Rupert und Virgil wieder in den Dom übertragen werden, der (durch eine Zwischenwand) im Langhaus bereits 1946 benützbar gemacht worden war. Die zerschlagene Kuppel bedurfte allerdings erst einer kühnen Konstruktion, um wieder geschlossen zu werden.

Dabei war die Entscheidung zu treffen gewesen, ob sie ihre Symmetrie innen oder außen erhalten sollte.[178] Als dann 1949 das Gerüst abgebaut wurde, schienen viele mit dem Ergebnis unzufrieden, nicht nur jene, die den Dom ohnehin lieber von außen sehen.

Ansteigende materielle Interessen und die traditionell kritisch beäugte „Vergnügungssucht" bzw., um es mit Hanns Haas zu sagen, die Lockerung der

---

173 Von Kirchen„steuer" zu reden, war in der NS-Zeit bei Strafe verboten.
174 RB, 2. Jg., Nr. 12.
175 AES, Akten 20/76: höchste Kopfquote 1945 in Mattsee (S 11,12), 1948 in Salzburg-Müllegg (S 25,48), niederste Kopfquote 1945 in Hallwang (S 1,40), 1948 in Embach (S 5,10); 1945 wurden S 1,3 Mio., 1946 S 1,5 Mio., 1947 S 2,3 Mio. und 1948 S 3,7 Millionen eingehoben. Die Gehälter vom Kooperator bis zum Domherrn bewegten sich zwischen S 120,- und S 300,- im Monat.
176 Beim Fliegerangriff vom 16. Oktober 1944 getroffen.
177 Obwohl von der dringend notwendigen Wohnhaussanierung keine Arbeiter abgezogen werden durften: RB, 1. Jg., Nr. 47. Flachgauer und Tennengauer hatten in vielen Robotschichten zuallererst 3.500 m³ Schutt beseitigt. Brennbares kam ärmeren Salzburgern zugute. Die Sammlung am 15. August 1945 ergab dann bereits fast 1 Million RM, in: Der Dom zu Salzburg/Symbol und Wirklichkeit, Salzburg 1959, S. 119.
178 Beides ist bekanntlich unmöglich, wenn ein Aufstieg zur Laterne gemacht werden soll.

„lebensweltlichen Sinnprovinzen"[179], setzten dann in den Fünfziger-Jahren verstärkt ein; zunächst im städtischen Milieu, später auch auf dem Land; im Tiroler Anteil etwas verzögert. Gesellschaftliche Differenzierung, Individualisierung, soziale und räumliche Mobilisierung erfassten naturgemäß alle Bevölkerungskreise und wirkten demnach auch auf das kirchliche Leben zurück. Das Wort von den „Konjunkturchristen" wurde geprägt.[180]

Diese „religiöse Wiederaufbaueuphorie", wie sie auch Alfred Rinnerthaler in seiner viel längeren Beobachtungsperspektive (1945–1995) registriert, ging also zu Ende.[181]

Sinnigerweise dienten Steine für die Reichsautobahn als erste Baumaterialien für den am 16. Oktober 1944 zerbombten Dom, dessen intaktes Langhaus schon am 27. Oktober 1946 wiedereröffnet werden konnte und aus den Pfosten vom Russenlager in Grödig wurde die Jedermann-Bühne gezimmert.[182]

---

179 *Haas, Hanns*, Salzburger „Städtische Lebenswelten" vom Ende des Weltkrieges bis zur Jahrtausendwende, in: *Haas, Hanns / Hoffmann, R. / Kriechbaumer, Robert*, Salzburg. Städtische Lebenswelt(en) seit 1945, Wien/Köln/Weimar 2000, S. 11.
180 *Spatzenegger, Hans*, Die Katholische Kirche von der Säkularisation (1803) bis zur Gegenwart, in: Geschichte Salzburgs, hgg. von *Dopsch, H. / Spatzenegger, H.*, Stadt und Land, Bd. II/4, Salzburg 1981–1991, S. 1498.
181 *Rinnerthaler, Alfred*, Von der religiösen Wiederaufbaueuphorie zum „Neuen Kirchenkurs" / Kirchliches Leben in Salzburg 1945–1995, in: Salzburg / Zwischen Globalisierung und Goldhaube, hgg. von *Hanisch, Ernst / Kriechbaumer, Robert*, Wien/Köln/Weimar 1997, S. 481.
182 *Spatzenegger, H.*, Die Katholische Kirche von der Säkularisation (1803) bis zur Gegenwart, in: Geschichte Salzburgs, hgg. von *Dopsch, H. / Spatzenegger, H.*, Stadt und Land, Bd. II/4, Salzburg 1981–1991, S. 1.500.

Roland Cerny-Werner

Eine neue Art Diözesansynode? Die Vorbereitungsphase der Diözesansynode 1968 in Salzburg – (kirchen-)geschichtliche Anmerkungen

Abstract
This article lays the focus on the role of the salzburgian archbishop Rohracher during preparation of the after-Vaticanum II. synod 1968 in Salzburg – the first diocesan synod after the II. Vaticanum in Austria. Also in consideration is the empirical monitoring during the prologue of the diocesan synod like a stage of groundwork.

„*... Das bedeutendste Ereignis in der Erzdiözese Salzburg, gleichsam Brennpunkt aller ihrer Probleme, Sorgen und Pläne, ist die Feier der Diözesansynode 1968. [...] Die Synode 1968 bemüht sich, die Gedanken des II. Vatikanischen Konzils auf unsere Erzdiözese anzuwenden und versucht sie zu realisieren. Das Konzil hat ja die Feier von Synoden mit den Worten empfohlen: ‚Die heilige ökumenische Synode wünscht, daß die ehrwürdige Einrichtung der Synoden und Konzilen mit neuer Kraft aufblühe. Dadurch soll besser und wirksamer für das Wachstum des Glaubens und die Erhaltung der Disziplin in den verschiedenen Kirchen entsprechend den Gegebenheiten der Zeit vorgesorgt werden. (Dekret über die Hirtenaufgaben der Bischöfe in der Kirche Nr. 36)'. Dieser Wunsch des Konzils war uns ein besonderer Anlass, das Dezennium einzuhalten und 1968 wieder eine Diözesansynode zu feiern. Schon beim Abschluss des Konzils wurde der Plan einer solchen Kirchenversammlung gefasst und mit ihrer Vorbereitung von 2 ½ Jahren begonnen.*"[1]

Die Diözesansynode des Jahres 1968 in der Erzdiözese Salzburg stellt ohne Frage ein Großereignis der Kirchengeschichte des vergangenen Jahrhunderts dar. Umso erstaunlicher erscheint es aus Sicht des Kirchenhistorikers, dass es noch keine systematisch-kirchenhistorische Arbeit zu diesem Thema gibt. Einige wenige verdienstvolle wissenschaftliche Arbeiten gibt es, die sich dem Phänomen aus der Perspektive des Kirchenrechtlers nähern[2], doch eine intensivere

---

1   Referat EB Rohracher auf der Dekanatskonferenz vom 21.9.1967, o.Dat. in: Archiv der Erzdiözese Salzburg (AT-AES), Bestand 2.1. EB Rohracher, Faszikel 19/8 Dekanatskonferenzen, unpaginiert (unpag.).
2   *Paarhammer, Hans*, Die Diözesansynoden 1948 1958 und 1968, in: *Hintermaier, Ernst / Rinnerthaler, Alfred / Spatzenegger, Hans (Hg.)*, Erzbischof Andreas Rohracher: Krieg – Wiederaufbau – Konzil, Salzburg 2010, S. 283–304, & *Laireiter, Gottfried*, Das synodale

kirchengeschichtliche Aufarbeitung ist nicht zu finden. Die Erforschung der Synoden und synodalen Phänomene im Jahrzehnt nach dem II. Vatikanischen Konzil, stellt allerdings einen Bereich der kirchlichen Zeitgeschichte dar, der in den nächsten Jahren einen merklichen Aufschwung nehmen wird. Diese historisch analytisch-systematische Erarbeitung der nachkonziliaren Diözesansynoden und anderer synodaler Erscheinungen in Europa ist schon im Gange, angestoßen von ausgesprochen lobenswerten Arbeiten[3], die explizit zu interdisziplinären und übernationalen Betrachtungen einladen. Die in diesen Arbeiten jedoch auch bewusst gelassenen Leerstellen, fordern zur Analyse der regionalen synodalen Phänomene auf.

Diese auffordernde Einladung für Salzburg anzunehmen, stellt sich dieser Beitrag als Aufgabe. Dabei steht nicht die (Kern-)Synode selbst und deren Verlauf im Mittelpunkt der Betrachtung, sondern vielmehr deren intensive, mehr als zweijährige Vorbereitung. Besonderes Augenmerk liegt dabei auf der Rolle des damaligen Erzbischofs Andreas Rohracher und der im deutschsprachigen Raum erstmaligen sozio-empirischen Vorarbeit der Synode im Rahmen einer Befragung aller Haushalte der Erzdiözese Salzburg im ersten Halbjahr 1967.

Einleitung

Diözesansynoden nachvatikanischen Typs – Synode neuen Typs?

In der nachkonziliaren Ära der sechziger und siebziger Jahre des 20. Jahrhunderts, wurde die Katholische Kirche in globalem Ausmaß durch viele geschichtliche Großereignisse bewegt, verändert und erschüttert. Das II. Vatikanische Konzil stellte ohne Frage einen höchst relevanten kirchengeschichtlichen Marker dar, der den Katholiken und Katholikinnen grundsätzliche Veränderungen zumutete.

Element in der Erzdiözese Salzburg im 20. Jahrhundert – Die Diözesansynoden 1937 1948 1958 1968 in der Erzdiözese Salzburg, Univ.Diss., Salzburg 1999.

3   Das deutsch-österreichisch-schweizerische wissenschaftliche Großprojekt *Europas Synoden nach dem Zweiten Vatikanischen Konzil* wird wohl auf lange Sicht das umfangreichste diesbezügliche Projekt sein, dies manifestiert sich vor allem durch die umfangreichen Tagungen und im Besonderen durch die drei Tagungsbände: *Schmiedl, Joachim (Hg.)*, Nationalsynoden nach dem Zweiten Vatikanischen Konzil – Rechtliche Grundlagen und öffentliche Meinung, Fribourg 2013, *Rees, Wilhelm / Schmiedl, Joachim (Hg.)*,Unverbindliche Beratung oder kollegiale Steuerung? Kirchenrechtliche Überlegungen zu synodalen Vorgängen, Freiburg i. Brg. u.a. 2014, *Schmiedl, Joachim / Walz, Robert (Hg.)*, Die Kirchenbilder der Synoden – Zur Umsetzung konziliarer Ekklesiologie in teilkirchlichen Strukturen, Freiburg i. Brg. 2015.

Es brachte theologisch und kirchlich epochenmachende Umgestaltungen hervor, aber es war auch ein Fixpunkt kirchlich-regionaler Entwicklungen. Für die Diözese Salzburg hieß das, dass die turnusmäßig geplante Diözesansynode 1968 fraglos im Kontext des 1965 zu Ende gegangenen II. Vaticanums stattfand. So war eine Synode geplant, deren wesentlicher Impulsgeber das Konzil war, aber es wurde auch eine Synode vorbereitet, deren Abhaltung der kirchenrechtlichen und ekklesiologischen Konzeption der pianischen Ära entsprach. Das bedeutet nach cc. 356–362 CIC/1917 die Ausrichtung einer traditionellen Versammlung des Diözesanklerus', dessen formaler Sinn in der Beratung des allein gesetzgebenden Bischofs lag.[4]

Die in diesem Beitrag zu behandelnde Salzburger Diözesansynode stellt eine interessante Besonderheit dar, insofern sie die zweite Diözesansynode nach dem II. Vatikanischen Konzil im deutschsprachigen Raum und die erste in Österreich war und als erste zum Abschluss gebracht wurde.[5]

Die Betrachtung der Salzburger Ereignisse erscheint somit im besonderen Maße fruchtbar, da die Synode zum einen in der unmittelbaren Frühphase der Rezeption des II. Vaticanums stattfand und zum anderen war sie die kürzeste und die einzige Diözesansynode im deutschsprachigen Raum, die lediglich eine Sitzungsperiode dauerte. Dabei waren dieser Synode fraglos wesentliche Elemente nachkonziliarer Prägung inhärent, so die konzeptionell gewünschte Beteiligung von Laien, darunter zahlreiche Frauen, die relative Offenheit der Themen und Themenfindung, das erkennbare Bemühen der örtlichen kirchlichen Hierarchie um Transparenz und die intensive Pressearbeit zur Diözesansynode im Vorfeld der Kernsynode. Damit war geradezu zwangsläufig die Notwendigkeit einer deutlich längeren, angestrengteren und profilierteren Vorbereitungsphase verbunden, als es bei allen anderen Diözesansynoden in der Erzdiözese Salzburg zuvor der Fall war. Erzbischof Rohracher nahm zu diesem Umstand in einem Referat zur

---

4   Zusammenfassend zu den kirchenrechtlichen Bestimmungen der Diözesansynode, vgl. *Laireiter*, Das synodale Element (Anm. 2), S. 10–17. Und *Rees, Wilhelm*, Synoden und Konzile – Geschichtliche Entwicklung und Rechtsbestimmungen in den kirchlichen Gesetzbüchern von 1917 und von 1983, in: *Rees / Schmiedl (Hg.)*, Unverbindliche Beratung (Anm. 3), S. 26–31.

5   Die Diözesansynode in Hildesheim begann ein halbes Jahr früher, wurde jedoch nach drei Sessionen erst im November 1969 beendet. Zu den Eckdaten der wichtigsten Diözesansynoden in der nachkonziliaren Dekade, vgl. *Hartelt, Konrad*, Die Diözesan- und Regionalsynoden im deutschen Sprachraum nach dem Zweiten Vatikanum – Rechtshistorische u. rechtstheologische Aspekte der Verwirklichung des Synodalprinzips in der Struktur der Kirche der Gegenwart, Leipzig 1979, S. 44–64.

Diözesanwallfahrt im Advent 1967 sehr deutlich Stellung. Er betonte, dass sein Entschluss eine Diözesansynode in seiner Erzdiözese zu halten schon in der Endphase des II. Vaticanums feststand und er sah die wichtigste Aufgabe der anstehenden Synode in der Justierung gesellschaftspolitischer Relevanz von Kirche in einer soziopolitisch veränderten Umwelt. Er erläuterte, dass diese Entscheidung von dem Bewusstsein geleitet war, dass das Wissen um die sozipolitische Beschaffenheit der eigenen Diözese bisher von vielen Fehlannahmen geprägt war. Folglich war die Einbeziehung von Laien als weitere Vertreter des Diözesanvolkes für ihn unausweichlich:

> „... Werdegang: KO[nzil] empf[ohlen]. / schon in Rom Plan gefasst / heim gekommen 3 Ko[nzil] Väter / Entschluß: Arbeit beginnt vor 2 ½ Jahren" „... Aufg[aben]: Erheb[un]g. des Zustandes / viele Täuschungen / Hauptgedanken: Kolleg[ialität] Laien"[6].

In dieser kurzen Notiz richtete er gleichsam den Blick auf eines der wichtigsten und deutlichsten Unterscheidungsmerkmale zu den Synoden vor dem II. Vaticanum: Das von den ersten Momenten der Vorbereitung an gewollte Evozieren gesellschaftspolitischer Relevanz der Synode als Kirchenversammlung. Der Salzburger Erzbischof war sich dabei erkennbar der Reziprozität dieser gewollten Wechselwirkung bewusst. Auch sah er sich damit im Einklang mit den kirchenpolitischen Konzeptionen der Päpste nach dem 1. Weltkrieg und vor allem den Dokumenten des II. Vaticanums.

Der Vorlauf der Salzburger Diözesansynode gestaltete sich so, wie es allen folgenden Diözesansynoden eigen war: Es gab eine intensive und über die kirchlichen Belange weit hinausreichende Vorbereitung, die erstmals auch durch eine empirische Befragung der Bewohner und Bewohnerinnen der Erzdiözese flankiert wurde. Inwieweit deren Ergebnisse nachweislich Eingang in die vorbereitende Kommissionsarbeit fanden, ist noch zu eruieren. In jedem Fall ist aber der Mut hervorzuheben, den die vorbereitenden Protagonisten mit Erzbischof Rohracher an der Spitze bewiesen, denn sie waren bereit, ihren Diözesanen einen empirisch-qualitativ ausgerichteten und relativ umfangreichen Fragebogen zu zumuten. Diese intensive sozio-empirische Befragungen, die als eine Säule der inhaltlichen Vorbereitungsarbeit gedacht war, stellte eines der wichtigsten Charakteristika der Vorbereitung der Diözesansynode / des synodalen Prozesses in Salzburg und allen weiteren in Österreich dar, die dem Konzil auf den Spuren der „Zeichen der Zeit" folgen wollten.

---

6 Handschriftliche Notizen EB Rohracher zur Diözesanwallfahrt, o.Dat. (nach 18.12.1967), in: AT-AES, Bestand 2.1. EB Rohracher, Faszikel 19/11 Synode 1968 allgemein, Kommissionen 3, unpag.

Die Salzburger Synode stellte, so die These, eine Transformationsform für die Diözesansynoden nach dem II .Vatikanischen Konzil dar.

Zwischen Konsultation und Decisivum – Die (Diözesan) Synode als kirchenhistorisches Phänomen[7]

Diözesansynoden in der Kirchengeschichte

(Diözesan)Synoden stellen eine der traditionsreichsten Institutionen der Kirche dar. Durch die Jahrhunderte veränderten sich jedoch immer wieder die Art ihrer Abhaltung und die jeweilig zeitgenössische Relevanz.

Frühchristliche Synoden[8] waren in einem vielfältigen Kontext aus entstehender Kirchlichkeit, prekärer Staatlichkeit und diffundierender Religiosität verortet und als solche bis heute bedeutende und wirkmächtige Elementarereignisse der Kirche und der Glaubensfundierung – Orte heterogen-fundamentaler Theologie.

Mittelalterliche Synoden zeichneten sich hingegen durch die kontextuale Prägung aus Intention zur expansiv-strukturellen Kirchlichkeit, relativer religiöser Homogenisierung in Westeuropa und institutionellem Durchherrschungswillen seitens der makrosoziologischen Akteure aus. Sie bildeten – bei aller auch erkennbaren Heterogenität – schwerpunktmäßig eine nachhaltig wirkmächtige Herrschaftsdynamik aus. Das Innovationspotential, der Verständigungs- und

---

7 Ganzheitlich und trotzdem kompakt zur historischen Entwicklung von Synoden, vgl. *Hartelt, K.*, Die Diözesan- und Regionalsynoden, (Anm. 5), S. 3–42. & *Rees, W.*, Synoden und Konzile, (Anm. 3), S. 10–31. Umfänglich aber auch kompakt, zur historischen Entwicklung von Konzilien / Synoden: *Lange, Christian*, Einführung in die allgemeinen Konzilien, Darmstadt 2012.

8 Die Unterscheidung von Konzil und Synode, wie sie meist retrospektiv als wissenschaftliche, vor allem kirchenrechtliche Ordnungskategorie für synodale Phänomene der Kirchengeschichte genutzt wird, war zeitgenössisch im 1. Jahrtausend und darüber hinaus nicht ausgeprägt. Zumal von einer biblischen Urkonziliarität (*Rees, W.*, a.a.O. S. 10 f) auszugehen ist und *Konzil* und *Synode* zumindest im 1. Jahrtausend nach Christus synonym verwendet wurden (a.a.O. S. 11 f). Eine klare Unterscheidung macht spätestens das Tridentinische Konzil und letztendlich der CIC/1917 (cc. 356-362). Die Entwicklungen außerhalb der katholisch-westeuropäischen Kirchengeschichte, kann hier nicht nachgegangen werden, sollten aber Beachtung finden, vgl. u.a. *Unruh, Peter*, Synoden in der evangelischen Kirche, in: *Rees / Schmiedl (Hg.)*, Unverbindliche Beratung (Anm. 3), S. 212–230 & *Anapliotis, Anargyros*, Die Teilnahme der Laien an der Kirchenverwaltung der Orthodoxen Kirche am Beispiel des russischen, rumänischen und bulgarischen Patriarchats, in: a.a.O. S. 231–245 & *Pree, Helmuth*, Die Synoden im recht der katholischen orientalischen Kirchen, in: a.a.O. S. 246–263.

Dialogwillen vieler frühchristlicher Synoden war diesen Synoden nur ansatzweise eingelagert.

Die Diözesansynoden der Neuzeit, durch den Impetus des Tridentinischen Konzils belebt, können als Element der Stärkung zentralisierender Kirchlichkeit gelesen werden. Auch wenn es regional deutlich unterschiedliche Entwicklungen und Verzögerungen gab, so stellte dieses Wiederbeleben einen wichtigen Schritt zur real(kirchen)politischen Ausgestaltung des Konfessionellen Zeitalters dar. Damit einhergehend gewannen vor allem die Diözesansynoden kurzfristig und regional unterschiedlich als Transformationselement zur Implementierung der Ergebnisse des Tridentinums an Bedeutung. Die Ausbildung des tridentinischen Bischofsideals jedoch ließen sie auch immer mehr zu einem kirchenpolitischen (Herrschafts-)Instrument der ortskirchlichen Hierarchie werden. Die Diözesansynode als regionales Partizipationsmoment des Presbyteriums und Ort kirchenpolitischer Entscheidungsfindung verlor so gegenüber der zentralistisch ausgerichteten Jurisdiktionsgewalt des Bischofs weithin an Bedeutung.

Das Zeitalter der Konfessionalisierung, die Gegenreformation und die Abwehrkämpfe im Zeitalter der Großen Revolutionen des Langen 19. Jahrhunderts[9] ließen als Grundparadigma von synodalen Phänomenen die *Grundsätzliche Festigung und Bewahrung des Glaubens unter den Katholiken und Katholikinnen* hervortreten und so verlor auch die nachtridentinische Synodalität immer mehr an Relevanz. Synoden wurden zu kirchenpolitischen Einzelereignissen, deren Bedeutung meist zwischen kirchlich-römischem Zentralismus und weltlicher Nationalstaatsbildung zerrieben wurden.

Trotz der in der pianischen Epoche zementierten, schon im I. Vaticanum seinen Höhepunkt findenden, theologischen und kirchenpolitischen Zentralisierung, fanden Anfang des 20. Jahrhunderts die entstehenden vielfältigen katholischen Laienorganisationen und zaghaften Reformbestrebungen auch in einer wiedererstarkten Synodenhäufigkeit in West und Mitteleuropa ihren Niederschlag. Zwar war der diesbezügliche institutionelle Rahmen vorgegeben, denn der CIC/1917 empfahl eine Diözesansynode alle zehn Jahre und diese Synoden fanden unter dem uneingeschränkten Jurisdiktionsprimat des Diözesanbischofs statt. Doch war allein deren Abhaltung schon ein durchaus symbolisches Ereignis, das die Institution der (Diözesan)Synode auch in das Bewusstsein der Gläubigen vor

---

9 Osterhammel, Jürgen, Auf der Suche nach einem 19. Jahrhundert, in: *Conrad, Sebastian (Hg.)*, Globalgeschichte – Theorien Ansätze Themen, Frankfurt 2007, S. 109–130. & *Bauer, Franz*, Das lange 19. Jahrhundert (1789–1917) – Profil einer Epoche, Stuttgart 2004.

Ort zurückholte, selbst wenn sie nur sehr begrenzte Einflussmöglichkeiten auf die vom Klerus dominierten Zusammenkünfte hatten.

Zwar waren Synoden von Beginn der Existenz der Kirche an wesentliches Element der Entwicklung von Glauben, Kirche und Theologie, jedoch verloren sie im zweiten Jahrtausend der christlichen Zeitrechnung, vom Hochmittelalter bis in die erste Hälfte des zwanzigsten Jahrhunderts hinein immer mehr an Relevanz für die Ausgestaltung von Kirche. Umso bedeutsamer erscheint die Art und Weise, mit der sich gläubige Katholiken und Katholikinnen den Impuls und den Reformimpetus des II. Vaticanums zu Eigen machten, diesen fortzuentwickeln versuchten und so die Diözesansynoden als Locus Theologicus zurückzugewinnen.

Friktionen – Zeichen – Bruchlinien und Geist der Synode

Für die synodalen Prozesse in der Zeit nach dem II. Vaticanum veränderten sich nun die Eckpunkte der Konstitution dieser Ereignisse. Teilweise basisdemokratische Elemente fanden Einzug in die Durchführung der Synoden, intensive empirische Vorforschungen wurden durchgeführt, um die Stimmungslage des Volkes Gottes UND darüber hinaus Fernstehender Kreise zu eruieren. So sollte eine breite Beteiligung ermöglicht und gesellschaftspolitische Relevanz evoziert werden. Diese Synoden waren nicht sehr häufig durch Beschlüsse zu nachhaltigen Veränderungen gekennzeichnet, die über Willenserklärungen und Konzeptualisierungsaufträge hinausgingen – mit Ausnahme wichtiger Beschlüsse zur regionalen Implementierung der liturgischen Konzeption des II. Vaticanums und einigen (durchaus bedeutsamen) Strukturveränderungen, wie sie in den neuen Pfarrgemeindeordnungen beschlossen wurden. Auch die Salzburger Diözesansynode vollzog in diesem Zusammenhang den Versuch, den Konzilswillen aus den relevanten Dokumenten des II. Vaticanums zu extrahieren und so zu gestalten, dass er in lokale Bestimmungen einfließen konnte. Die in diesem Zusammenhang meistgenannten Konzilskonstitutionen waren neben der Konstitution über die heilige Liturgie *Sacrosanctum Concilium*, die dogmatische Konstitution *Lumen Gentium* und vor allem *Gaudium et Spes*, die pastorale Konstitution über die Kirche in der Welt von heute[10].

Einer der nachhaltigsten aber auch umstrittensten Beschlüsse stellte, in Salzburg wie in den meisten anderen Diözesen auch, der neu errichtete Pfarrgemeinderat

---

10 *Rahner, Karl / Vorgrimler, Herbert,* Kleines Konzilskompendium – Sämtliche Texte des Zweiten Vatikanischen Konzils – Allgemeine Einleitung – 16 spezielle Einführungen – ausführliches Sachregister, Freiburg i. Brg. u.a. 2008^{35}.

dar[11]. Im Diskurs um diese neue Institution zeigten sich jedoch auch sehr deutlich Bruchlinien, die die Rezeption des Konzils gleichsam erzeugte. Die Dynamik, welche die Konzilsväter in der Aula hervorgebracht hatten, übertrug sich schnell auch auf die einzelnen Glieder der Kirche als Leib Christi[12]. Das Konzil und dessen Intentionen kamen in den Diözesen, den Ortskirchen an. Die Salzburger Diözesansynode stellte also auch den Versuch dar, der grundsätzlichen Antwort des Konzils auf die ekklesiologische Frage nach der Verfasstheit des Volkes Gottes, eine lokale Implementierung anbei zustellen. So sollte ein Beitrag geleistet werden, die regionale und umfängliche Wiederbelebung der Idee des *Wandernden Gottesvolkes* an den Bedürfnissen der Zeit vor Ort zu orientieren.

Damit einher ging ein neues Selbstbewusstsein der Laien, deren intensive Mitwirkung das Konzil konsequenter Weise einforderte[13] und das in der Diözesansynode 1968 und deren Vorbereitung in Salzburg sehr stark zu spüren war. Dieser Umstand war es auch, der die Friktionen und Unbehaglichkeiten vieler Teilnehmender in Salzburg mit befeuerte, da dieses wiedergewonnene Selbstbewusstsein auf ein teilweise ausgeprägtes Beharrungsvermögen einiger Beteiligter stieß und so einige Teilhabenden nach und nach zu Antagonisten werden ließ.[14] Die Auseinandersetzungen verliefen dabei nicht nur bilateral zwischen Laien und Klerus,

---

11 Die Salzburger Pfarrgemeindeordnung und Dokumentation des diesbezüglichen Einführungsreferats Jakob Mayrs (damals Stadtpfarrer in Wörgl und ab 1971 Weihbischof in der Erzdiözese Salzburg) und den Änderungsanträgen und – Beschlüssen auf der Diözesansynode 1968, in: *Widrich, Hans*, Erneuerung der Erzdiözese Salzburg durch lebendige Christengemeinden – Bericht und Dokumentation über die Salzburger Diözesansynode 1968, Wien 1969, S. 247–259.
Einen letzten Entwurf der Pfarrgemeindeordnung vor der endgültigen Beschlussvorlage für die Synode, mit handschriftlichen Verbesserungen Erzbischof Rohrachers (!) vom August 1968, in: Entwurf der Pfarrgemeindeordnung (PGO) der Subkommission V/3 Leitungs- und Beratungsgremien der Diöze o. Dat. (Ende August 1968), in: AT-AES, Bestand, 2.1. EB Rohracher, Faszikel 19/11 Synode 1968 allgemein, Kommissionen 1, unpag.
12 Lumen gentium 7, in: *Rahner / Vorgrimler*, Kleines Konzilskompendium (Anm. 10).
13 LG 32 ff, a.a.O.
14 Bis heute sind diese Verwerfungen teilweise spürbar. So z.B. auf einem Treffen von Teilnehmenden der Synode von 1968 am 24.10.2013 im Bildungshaus des Katholischen Bildungswerks Salzburg. Einige der noch lebenden eifrigsten Reformisten/Progressisten und Traditionalisten/Konservativen sagten, in ihren Begründung mit dem Verweis auf immer noch bestehende Verletzungen durch die Ereignisse, allerdings vor allem in der Nachbereitungsphase der Diözesansynode von 1968, ihr Kommen ab, vgl. Protokoll des Treffens der ehemaligen Teilnehmer und Teilnehmerinnen an der Salzburger Diözesansynode 1968, (Protokoll erstellt von Univ.Ass. Dr. Roland Cerny-Werner).

vor allem nicht nur vertikal in der Hierarchie, vielmehr stellten sie häufig einen Generationenkonflikt zwischen jungen Priestern und altgedienten Pfarrer dar.

Diese Begebenheiten können jedoch nicht überdecken, dass sich in der Vorbereitung, Durchführung und Rezeption der Synode in Salzburg ebenfalls eine Dynamik herausbildete, die von einer (wie auch immer zu qualifizierenden) atmosphärischen Aufbruchsstimmungen geprägt war und sich in den meisten österreichischen Diözesansynoden im Jahrzehnt nach Beendigung des Konzils wiederentdecken ließ. Der vielerorts erkennbare Gestaltungswille der Laien UND des Klerus', als übergreifendes Merkmal der Synoden in den Jahren nach dem II. Vaticanum, prägte ein Jahrzehnt der Kirchengeschichte, das als Spannungsfeld protodemokratischer Mitbestimmung in der Kirche und der immer wieder durchschlagenden Jurisdiktionsvollmacht der Diözesanbischöfe beschreibbar ist. So war das Gelingen oder Scheitern der Synoden auch immer wieder von den persönlichen Einflussnahmen derjenigen Kleriker an der Spitze der Hierarchie abhängig, die mit letztinstanzlicher Entscheidungs- bzw. Promulgationsvollmacht ausgestattet über die Wirkungsmacht einer Synode konstitutiv mit entscheiden konnten. Das gilt auch für die Erzdiözese Salzburg mit Andreas Rohracher als deren Oberhirten, der als Konzilsvater[15] nach eigenem Bekenntnis[16] schon während des Konzils den Entschluss fasste, unmittelbar nach seiner Rückkehr in seine Erzdiözese, die Vorbereitung der Diözesansynode zu beginnen. Die vielen Konzilsvätern häufig unterstellte Konzilseuphorie lässt sich bei Andreas Rohracher als greifbar benennen. Ein Zeitgenosse und Mitarbeiter des früheren Erzbischofs, der damalige Regens des Priesterseminars Leonhard Lüftenegger, beschreibt diesen Umstand, der sich in den Referaten, Notizen und Predigten Rohrachers in den Jahren der Vorbereitung der Diözesansynode in Salzburg klar und deutlich verifizieren lässt:

„*... Erzbischof Andreas Rohracher war als Konzilsteilnehmer tief beeindruckt von seinen Erlebnissen und Erfahrungen beim Konzil. Bei verschiedenen Anlässen hat er das deutlich zum Ausdruck gebracht. Er betonte wiederholt, dass für ihn die Begegnung mit so vielen Bischöfen aus aller Welt, der geistige Austausch untereinander und die Darlegung der*

---

15 Auf der Diözesansynode waren drei Konzilsväter aus der Erzdiözese Salzburg anwesend: Erzbischof Andreas Rohracher / Weihbischof Edurad Macheiner (vgl zu den Biographien: *Ortner, Franz*, Salzburgs Bischöfe in der Geschichte des Landes 696–2005, Frankfurt a. M. 2005) und der Abt der Benediktinerabtei Michaelbeuern Maurus Riha (Kurzbiographie vgl. zu: Riha, Maurus, in: Biographia Benedictina (Benedictine Biography), Version vom 30.5.2013, URL: http://www.benediktinerlexikon.de/wiki/Riha,_Maurus).

16 Vgl. Anm. 6.

Konzilstheologen ein besonders großes Geschenk waren. Dankbar bekannte er auch, so wie andere Bischöfe, viel Neues dazu gelernt zu haben."[17]

„Fragen an die Kirche" – Die Vorbereitung der Diözesansynode 1968 in der Salzburger Erzdiözese unter besonderer Berücksichtigung der Rolle Erzbischof Rohrachers

Das Jahr 1966 kann als ein entscheidendes Jahr der synodalen Entwicklung in Salzburg angesehen werden, denn es markiert den Beginn der Vorbereitungen der Diözesansynode 1968. In vielen Äußerungen Erzbischof Rohrachers war immer wieder zu finden, dass er diesen Prolog nicht nur als notwendig ansah, sondern vielmehr konzeptionell als Teil der geplanten Diözesansynode hervorhob. Er interpretierte die kommende Synode so bewusst als nachkonziliar und sah in diesem Umstand eine deutliche Unterscheidung zu Diözesansynoden nachtridentinischer Prägung. Besonders deutlich wurde dieser Faktor im Vortrag, den er am 8. Mai 1968 auf einer Dekanatskonferenz in Kufstein hielt. Bei dieser Gelegenheit, vor vielen wichtigen Mitgliedern des Diözesanklerus' ging er der – vor diesem Publikum – fast schon als provokant zu bezeichnenden Frage nach „... Was geht uns die D[iözesan]S[synode] an?"[18]. Und er beantwortete die Frage prägnant. Er sprach von der Synode als Locus Theologicus und hob deren fortwährende Bedeutung für die Gesamtkirche hervor, indem er auf die Zusammensetzung und Abhaltung des Apostelkonvents[19] als *Versammlung der Apostel und der Ältesten mit der Gemeinde* verwies. Er brach dann, wie fast immer in seinen diesbezüglichen Stellungnahmen während der Vorbereitungsphase der Synode, diese gesamtkirchliche Bedeutung konsequent auf die Ortskirche als Teil des Leib Christi herunter. Er folgte hier schlüssig und unbeirrt der Ekklesiologie des II. Vaticanums. Rohracher entwarf so eine Theologie der Synode in seinem Bistum als eine *Synode neuen Typs* und verdeutlichte das vor dem

---

17 *Lüftengger, Leonhard*, ‚Unser Los ist stets der Kampf!' Dr. Franz Simmerstätter 1898–1997 Ein Leben im Dienst der Kirche – Bericht eines Zeitgenossen und Mitarbeiters, Salzburg 2004, S. 97.
18 Handschriftliche Notizen Rohracher zum Einführungsreferat Dekanatskonferenz Kufstein am 8.5.1968 o. Dat., in: AT-AES, Bestand 2.1. EB Rohracher, Faszikel 19/11 Synode 1968 allgemein, Kommissionen 3, unpag.
19 Apg. 15,6–15,35.

versammelten Klerus explizit. Er sprach ausdrücklich von einer: „... Neuen Art von D[iözesanS[ynode]: L[eitung], Vorbereit[ung], Durchf[ührung]."[20]

Dass dies nicht nur eine momentane, der Konzilseuphorie geschuldeten Idee des zum Zeitpunkt dieser Rede fast 76jährigen Erzbischofs war, zeigen vor allem die vielfältigen Stellungnahmen des Salzburger Oberhirtens, die er in der zweieinhalbjährigen Vorbereitung der Synode vor verschiedenstem Publikum und zu den unterschiedlichsten Anlässen – öffentlich oder hinter den verschlossenen Türen des Konsistorialsaals – abgab und die durchdrungen waren, von dem Willen der eigenen Erkenntnis auf dem Konzil, in seiner Diözese zum Durchbruch zu verhelfen. Der Konzilsvater Rohracher sah die Diözesansynode dabei als wesentliches Transformationselement an, den Konzilswillen in seine Diözese hineinwirken zu lassen.

In diesem Zusammenhang ist auch unverkennbar, dass ihm die vielfach auch in seiner Diözese geäußerte Kritik, die den Prozess der Synode (Vorbereitung, Kernsynode, Nachbereitung) begleitete, bewusst war. Doch sah er in der Diözesansynode und der so angestrebten Regionalisierung der Konzilsbeschlüsse gerade eine Möglichkeit, Klarheit und Struktur zurückzugewinnen und trotzdem den Auftrag, den das Konzil stellte zu erfüllen. Einen Konzilswillen, der teilweise nur unspezifisch ausgesprochen wurde und der Entscheidungen und Texte hinterließ, die nicht immer konsequent zu Ende gedacht waren. Diese Ambiguität löste vielerorts und so auch in Salzburg Bedenken, Ängste und Verstimmungen aus. Nicht nur im Klerus, sondern auch unter den Laiendiözesanen[21].

Die Kritik war zum Teil sehr harsch und setzte unmittelbar nach Beginn der vorbereitenden Arbeiten zur Synode ein, wie schon frühe Wortmeldungen erkennen ließen. So wendete sich beispielsweise der damaligen Konsistorialarchivar Ernst Wenisch, im Februar 1967 an Erzbischof Rohracher mit einem persönlichen Schreiben, in dem er seine Kritikpunkte darstellte und mit den Worten schloss:

„... Es kann unmöglich der Sinn einer Synodalvorbereitung sein, zu einem breiten Einfallstor des Neo- Modernismus zu werden. Im Gegenteil, die Synode hätte das Überhandnehmen des Modernismus und Progressismus, der sich in der katholischen Welt in einer so

---

20 „Handschriftliche Notizen Rohracher zum Einführungsreferat Dekanatskonferenz Kufstein am 8.5.1968 o. Dat., in: AT-AES, Bestand 2.1. EB Rohracher, Faszikel 19/11 Synode 1968 allgemein, Kommissionen 3, unpag.
21 Die Rückmeldungen auf den Fragenbogen als Anhang zum Bischofsbrief Jänner 1967 lässt vereinzelt Unmut über jedwede Veränderung erkennen, vgl. AT-AES, Bestand Synode 68, Faszikel 20/77, Diözesansynode Bischofsbriefe, unpag.

erschreckenden und erschütternden Weise ausweitet, abzuwehren und an seine Stelle die gesunde Lehre und Praxis unserer hl. katholischen Kirche zu setzen."[22]

Ein hervorzuhebender Umstand dabei ist, dass fast jede Kritik an der Vorbereitung und Abhaltung der Diözesansynode, gleichfalls mit den Beschlüssen des II. Vaticanums argumentierte. Die Kritiker der Ausrichtung der Synode als Diskursraum zur Stärkung der Weltzugewandheit der global agierenden und lokal verankerten Katholischen Kirche waren sich der Bedeutung des Konzils und dessen Reformimpetus folglich sehr wohl bewusst. Im Besonderen erkannten sie, dass der Salzburger Erzbischof dieser Interpretation des Konzils große Bedeutung beimaß. Stellungnahmen mussten aus der Perspektive der Kritiker fürderhin ein Bekenntnis zum Konzil beinhalten:

„*... Die innere Thematik kann sich m. E. nur und ausschließlich am II. Vatikanischen Konzil orientieren. Die überwältigende Fülle dessen, was durch das Wirken des Hl. Geistes in den Konzilsdokumentationen objektiviert und formuliert vorliegt, muß durch ein lauschendes und meditatives Studium in uns eingehen, uns umgestalten, in uns Früchte bringen. Ich habe die Befürchtung – und die vorliegenden Arbeitspapiere scheinen mir dies zu bestätigen, daß dieser Vorgang noch viel zu wenig, wenn nicht überhaupt nicht, begonnen hat, sondern daß es vorgefaßte Konzepte und Meinungen sind, die vielfach hier einfließen. Ich erinnere daran, daß Generalsekretär Dr. Krön*[23] *vor einigen Monaten in einer Veranstaltung zur Vorbereitung der Diözesansynode – ich glaube, es war um Ruperti 1966 – davor gewarnt hat, immer gleichsam auf das Konzil zurückzublicken, statt in die Zukunft vorauszuschauen, die Kirche müsse immer in Bewegung bleiben, sie müsse immer ein Bauplatz bleiben, das Zurückblicken auf das Konzil berge die Gefahr eines vorzeitigen Erstarrens. Hierin scheint mir ein fundamentaler Irrtum zum Ausdruck zu kommen.*"[24]

Wenn sich die Antwortschreiben Rorachers erhalten haben, zeugen sie von Verständnis für die Kritiker und lassen den Willen zum Ausgleich erkennen:

„*... Wenn ich auch das eine oder andere Vorkommnis anders sehe, bin ich doch sehr dankbar für die Mitteilung Ihrer Überzeugung und im Wesentlichen stimme ich mit Ihnen völlig überein und werde auch die entsprechenden Weisungen treffen. Zu berücksichtigen ist wohl, daß wir augenblicklich nur in der Erforschung des Zustandes in unserer Erzdiözese stehen und die einzelnen Meinungen erst gesichtet werden müssen. [...] Um Ihre weitere energische Mitarbeit bittend, grüßt herzlich.*"[25].

---

22 Schreiben Ernst Wenisch an EB Rohracher vom 25.2.1967, in: AT-AES, Bestand 2.1. EB Rohracher, Faszikel 19/11 Synode 1968, Allgemein 3, unpag.
23 Dr. Peter Krön, damals Generalsekretär der Katholischen Aktion Salzburg.
24 Schreiben Ernst Wenisch, a.a.O.
25 Schreiben EB Rohracher an Ernst Wenisch vom 11.3.1967, in: AT-AES, Bestand 2.1. EB Rohracher, Faszikel 19/11 Synode 1968, Allgemein 3, unpag.

Auch in dieser Antwort, selbst wenn sie beschwichtigend erstellt war und deutlich machte, dass der Erzbischof jedweden Aktionismus und vor allem ideologische Manöver verhindern wollte, blieb Rohracher der Grundidee treu, eine offene und unverblümte Analyse der Gegebenheiten seiner Erzdiözese zu erstellen. Diese sollte das Fundament der Diözesansynode bilden, auf dem der Raum zum Weiterdenken des Konzils konstruiert werden konnte. Dort sollten der Versuch unternommen werden, nicht Konzilsbeschlüsse buchstabengetreu umzusetzen, sondern den Konzilswillen in den Lebens- und Alltagsvollzug der Gläubigen der Erzdiözese Salzburg Einzug halten zu lassen.

Mit welcher Vehemenz, Klarheit, ja gar Schonungslosigkeit der Salzburger Oberhirte dieses Vorhaben vorantrieb war eben aus seinen vielen und umfangreichen Reden ersichtlich, die er vor vielen gesellschaftlichen Gruppen hielt. Unverkennbar wurde das nicht zuletzt, als er vor hunderten interessierten Salzburgern und Salzburgerinnen, die von ihm Antworten auf die *Fragen an die Kirche* erwarteten, Rede und Antwort stand. Rohracher zeigte auch bei dieser Gelegenheit, dass er gewillt war der Idee einer *Synode Neuer Art* Taten folgen zu lassen, indem er die Kirchenversammlung nicht nur den aktiven, organisierten Laien öffnete, sondern – vielmehr noch – das geplante Konvent als (gesamt-)gesellschaftliches Ereignis auf dem Territorium seiner Diözese verstanden wissen wollte und die Mitarbeit aller Diözesanen erbat. *Die Fragen an die Kirche* waren dabei nur ein, wenn auch herausragendes Großereignis: Am 24. Mai und am 20. Oktober 1966 lud die Erzdiözese gemeinsam mit der Katholischen Aktion Salzburg zu einer Großveranstaltung in die Große Aula der Universität. Zu beiden Veranstaltungen erschienen jeweils ca. 700 Personen. Erzbischof Rohracher konnte krankheitsbedingt nur an der Oktoberveranstaltung teilnehmen.[26] Eine thematische Einengung wurde nicht vorgenommen und konkret wurden meist Fragen aus den Themenkreisen Priester und Laien, Glaubensfragen, seelsorgerische Praxis, Kirche und moderne Kunst, Kirche-Staat-Politik, Toleranz und Ökumene angesprochen. Die interessierenden Punkte, waren im Grunde allen im Konzil aufgeworfenen Problemfeldern und so gleichsam logisch dem Arbeitsthema der Salzburger Diözesansynode zu zuordnen: „Wie kann die Kirche von Salzburg ihrem göttlichen Auftrag, Seine Botschaft in die heutige Welt zu verkünden, gerecht werden?"[27]. Die Idee Rohrachers, einen

---

26 Vgl. zu den Veranstaltungen: Rupertusblatt – Kirchenzeitung der Erzdiözese Salzburg, Jhrg.21, Nr. 22, 5.6.1966, S. 1 f und Nr. 43, 30.10.1966, S. 1 & S. 3.
27 Zum Arbeitsthema der Diözesansynode, vgl. Zusammenfassung des Standes der Vorbereitungen zur Synode 1968 durch das Seelsorgeamt Salzburg o.Dat. (nach dem 24. 8. 1966), in: AT-AES, Bestand 2.1. EB Rohracher, Faszikel 19/11 Synode 1968 Allgemein, Kommissionen 2, unpag.

Diskursraum Synode entstehen zu lassen wurde klar erkennbar von den Diözesanen angenommen, was nicht nur die zu beiden Veranstaltungen bis auf den letzten Platz gefüllte Aula der Universität Salzburg bewies, sondern auch die Rezeption in der Erzdiözese. So berichtete das Rupertusblatt über die erste Veranstaltung auf der ersten Seite unter der Headline: „Dialog wird Wirklichkeit!"[28] und in der Berichterstattung zur Oktoberveranstaltung auf der Rohracher selbst anwesend war, war der Satz zu finden: „… die pointenreichen Antworten, die Erzbischof Dr. Rohracher auf Fragen aus den verschiedenen Themenkreisen gab, fanden beim Publikum viel Applaus."[29]

Doch die Vorbereitungsarbeiten und deren kontinuierliche Dokumentation in der regionalen Presse ließen auch an anderer, unerwarteter Stelle Partizipationswillen erkennen:

Ende August 1967 erreichte ein Brief eines protestantischen deutschen Urlaubers den Erzbischof von Salzburg:[30]

---

28 Rupertusblatt, Nr. 22 (Anm. 26), S. 1.
29 Rupertusblatt, Nr. 43 (Anm. 26), S. 3.
30 Schreiben Hartmut K. an Erzbischof Rohracher 28.8.1997, in: AT-AES, Bestand 2.1. EB Rohracher, Faszikel 19/11 Synode 1968 Allgemein, Kommissionen 3, unpag. Wortlaut des Briefes: „… Sehr geehrter Herr Erzbischof! In der Kirchenzeitung „Rupertusblatt" las ich etwas über Sie, das mir Mut machte, ihnen zu schreiben. Hier in Reith verlebe ich 14 Tage meinen Urlaub und so ergab es sich, daß ich an zwei Sonntagen zur Messe ging, stets um 19 Uhr. Ich selber bin Protestant, meine jedoch, daß wir Christen, egal wo, sonntags in die Kirche gehören. Ich freute mich daher auf den Gottesdienst. Doch eines stimmte mich traurig, als ich aus den beiden Gottesdiensten kam. Die Predigt wurde stets mit dem ‚Zeigefinger', d.h. ‚ihr müßt, ihr habt' usw., vollzogen. Zwei wunderbare Stellen hatte sich der Priester ausgesucht. Einmal (20.8.) aus der Bergpredigt „Trachtet zuerst nach dem Reiche Gottes" und am 27.8. ebenfalls die Lesung. Nie kam ein helfendes Wort, wie man im Trubel dieser Zeit nach ‚Gott trachten kann' oder wie man, wenn man geistlich müde wird, wieder frisch werden kann. Wenn was kam, dann waren es ‚geistliche Vokabeln'. Zuerst dachte ich, es wäre von mir eine schlechte Kritik. Vielleicht sogar eine eingebildete und stolze. Darum sprach ich mit einigen Gemeindegliedern. Und da merkte ich, da? Es ihr schwerwiegender Kummer war. Auch sie erwarteten mehr reale geistliche Lebenshilfe in der Predigt. Es liegt mir fern, den Hirten der Gemeinde schlecht zu machen und darum bitte ich sie, Ort und Person zu vergessen. Nur um eines bitte ich Sie ganz herzlich, sagen Sie es ihren Hirten, sie mögen es sich nicht immer so leicht machen, sie mögen mehr reale geistliche Lebenshilfe geben, dazu ist auch die Predigt da, auch wenn einmal ermahnt werden muß. Sie werden vielleicht sagen, das tue ich. Ich glaube es. Aber eben diese Bitte lag mir am Herzen und als Bruder und Christ fühle ich mich auch dieser Reither Gemeinde und ihrem Priester verantwortlich. Bestimmt ist das Predigen mit dem Zeigefinger

Welcher Artikel es war, der den Urlauber aus dem Norden Deutschlands zu seinem Schreiben veranlasste, bleibt Spekulation, aber dieser Brief lässt den Tenor der Berichterstattung erahnen. Denn auch wenn es nur eine von vielen Anregungen an den Salzburger Erzbischof war, so kann sie doch exemplarisch für den Geist stehen, der in der Erzdiözese herrschte und der zu einem großen Teil durch das Wirken Rohrachers mitentstand. Nicht zuletzt war auch der Antwortbrief des Erzbischofs an Hartmut K. ein klares Indiz für eben diesen Geist:

> „…*Sehr geehrter Herr K. Ihr gesch[ätztes] Schreiben vom 28.d[ieses Monats]. hat mich erreicht und ich bedaure sehr die Feststellungen, die Sie beim Besuch der Gottesdienste an Ihrem Ferienort machen mußten. Wir stehen, jetzt in der Vorbereitung auf eine Diözesan-Synode, bei der einer der Hauptpunkte die Verkündigung des Wortes Gottes ist. Ohne Namen und Ort zu nennen, werde ich von Ihrer Zuschrift gelegentlich Gebrauch machen. Mit den besten Segenswünschen zeichnet Erzbischof*"[31]

---

ungewollt, darum täte ein Anstoß für alle Prediger nicht schlecht. Sehr würde ich mich freuen, wenn Sie meine Bitte ernst nehmen und mir mein Anliegen glauben. In herzlicher Verbundenheit. Hartmut K."

31 Schreiben EB Rohracher an Ernst Wenisch vom 11.3.1967, in: AT-AES, Bestand 2.1. EB Rohracher, Faszikel 19/11 Synode 1968, Allgemein 3, unpag.

Ganz offensichtlich ermöglichten der Salzburger Oberhirte und seine Mitarbeiter und Mitarbeiterinnen im Ordinariat, die vielen interessierten Laien vor allem der Katholischen Aktion, die zahlreichen Journalisten und Journalistinnen, die der entstehende Diözesansynode meist sehr wohlwollend gegenüberstanden und die aktiv mitarbeitenden Priester der Erzdiözese einen Dialog, der bisherige Grenzziehungen unerheblich werden ließen und sogar deutsche Protestanten ermutigte, sich an diesem Dialog zu beteiligen. Einen Dialog, der mit den Veranstaltungen *Fragen an die Kirche*, der vielfältigen Kritik, sowohl eher traditionalistisch ausgerichteter Beschwerdeführer als auch teilweise aktionistisch-drängender Reklamanten und der sehr umfangreichen journalistischen Begleitung immer lebendiger wurde, doch noch nicht an seinem Höhepunkt angekommen war:

Auf einer Vorbereitungstagung zur Diözesansynode vom 24.-26. August 1966, die maßgeblich vom Seelsorgeamt organisiert wurde, dem die Vorbereitungsarbeit der Synode oblag, sollte nicht nur der Personenkreis derer, die mit der Synodenvorbereitung befasst waren, beträchtlich erweitert werden (auf ca. 40 Personen), sondern es wurde auch die Bedeutung einer empirischen Untersuchung herausgestellt. So sollte die Analyse der geistlich-kirchlichen Beschaffenheit der Erzdiözese eruiert werde und so die Problemfelder der kommenden Synode auf festem Grund gesellschaftlicher Relevanz verankert werden. Die Vorstellungen wie und mit welchem empirisch-methodischen Design dies geschehen sollte, waren zwar noch eher vage, aber die Notwendigkeit dieser Befragung wurde hervorgehoben und vom Erzbischof unterstützt.[32] Die konzeptionelle Verflechtung der Kernsynode mit deren Vorbereitung zu einem synodalen Prozess war wohl kaum deutlicher sichtbar, als bei der Findung der zu behandelnden Themenfelder durch die explizit gewünschte und von Beginn an betriebene Mitwirkung aller Diözesanen. Diese Mitwirkung sollte, von denen die Mitwirken wollten, leicht zu bewerkstelligen sein. Die Beschaffenheit der Erzdiözese in urbane Zentren, allen voran die Stadt Salzburg mit dem Sitz des Erzbischofs, aber auch kleinere urbane Zonen wie Bischofshofen, Zell am See oder Kufstein, konnte relativ einfach mit Veranstaltungsformaten wie *Fragen an die Kirche* bedient werden; nur der rural geprägte Großteil der Erzdiözese, war so schwierig zu erreichen. Die eingeforderte Mitarbeit aller Bewohner und Bewohnerinnen der Erzdiözese Salzburg, machte demnach ein empirisches Design von Nöten, mit dem alle Winkel des Diözesanterritoriums erreicht werden konnte. Flankiert wurde diese geplante Befragung flächendeckend

---

32 Protokoll der Vorbereitungstagung für die Diözesansynode 1968 vom 24.-26. August 1966 & Arbeitspapier zur Diözesansynode 1968 o. Dat. (nach 26.8. vor 15.9.1966), in: AT-AES, Bestand 2.1. EB Rohracher, Faszikel 19/11 Synode 1968 Allgemein, Kommissionen 2, unpag.

Eine neue Art Diözesansynode? 645

und kontinuierlich durch Glaubensseminare, sogenannte Hausmessen und andere Informationsveranstaltungen in den Pfarren, die ebenfalls vom Seelsorgeamt koordiniert wurden. Erzbischof Rohracher sah in diesen lokalen Geschehnissen der Synodenvorbereitung gleichsam wichtige grundsätzliche Notwendigkeiten, die eine lebhafte geistliche Verfasstheit der einzelnen Gemeinden über die Diözesansynode hinaus ermöglichen sollte. In seinen Notizen zur Dekanatskonferenz in Kufstein am 8. Mai 1966, war diesbezüglich stichwortartig zu lesen:

> „... *Ziel: christliche freie frohe Existenz / Weg dazu: Gespräche, Kleine Runden, Bildungskurse, Exerzitien, Wochenenden, Einkehrtage, Seminare, katholische Glaubensinformationen, Fernkurse in Briefen, Pfarrbüchereien, Büchereiwesen, Beratungsstellen, Presse (Rupertusblatt: Wünsche), Rundfunk, Film und Fernsehen: jede Pfarrgemeinde Tonbildprojektor, Diözesanfilmverleih, Erziehung zum Umgang mit Massenmedien, Kleinschriften. Ohne Mitarbeit der Laien unmöglich.*"[33]

Auf der Dekanatskonferenz in Kufstein machte Rohracher auch klar deutlich, dass Mitwirkung ermöglicht werden muss. In der Vorbereitungsphase der Diözesansynode sah er auch eine gute, durch gemachten Erfahrungen zu justierende Vorlage, zur weiteren langfristigen Beteiligung der Bistumsbewohner und Bistumsbewohnerinnen. Dies veranlasste ihn mit dazu, den Pfarrern seines Bistums einen umfangreichen Möglichkeitskatalog vorzustellen, der kontinuierliche und umfängliche Partizipation in der Erzdiözese gangbar machen sollte.

Wenn jedoch die Diözesansynode als gesellschaftspolitisches Ereignis konsequent betrieben werden sollte und ein ganzheitliches Eruieren der Stimmung und Geisteshaltung in der Diözese das Ziel war, musste ein Weg über die Kirchengrenzen hinweg gesucht werden. Und so wurde erstmals in der Geschichte der Diözesansynoden, in Salzburg eine umfassende empirische Untersuchung aller Haushalte in einer (Erz-)diözese durchgeführt. Gemeinsam mit einem Bischofsbrief vor der Fastenzeit 1967[34], der nicht dem Fastenhirtenbrief eingegliedert war, sondern eine eigenständige Verlautbarung an alle Haushalte der Diözese darstellte[35], wurde ein Fragebogen verschickt. Dieser entsprach unter dem gegebenen

---

33 Handschriftliche Notizen Rohracher zur Dekanatskonferenz Kufstein am 8.5.1968 o. Dat. in: AT-AES, Bestand 2.1. EB Rohracher, Faszikel 19/11 Synode 1968 Allgemein, Kommissionen 3, unpag.
34 Der Bischofsbrief wurde als Faksimile eines handschriftlich von Rohracher geschriebenen Briefes versendet. vgl. Bischofsbrief vom 27.1.1967, in: AT-AES, Bestand 2.1. EB Rohracher, Faszikel 19/11 Synode 1968 Allgemein, Kommissionen 2, unpag.
35 Laut Finanzplan der Synode für 1967 sollten 150.000 Bögen verschickt werden (vgl. Finanzplan Synode 68 1967 o. Dat. (Ende 1966), AT-AES, Bestand 2.27. Seelsorgeamt, Faszikel AX 558 Diözesansynode, unpag.) 110.000 wurden tatsächlich versandt (vgl.

Zeitdruck nicht vollumfänglich den methodischen Anforderungen eines solchen Vorhabens, was die teilweise unspezifischen Rückantworten bestätigen[36]. Da aber, was für derartige Vorhaben notwendig ist, ein qualitativ empirisches Design mit teilweise offenen Fragen gewählt wurde, waren so oder so Unschärfen in der Beantwortung der sechs Fragengruppen[37] zu erwarten. Die Themenkomplexe sollten am besten in Kleingruppen bis 15 Personen beantwortet werden, z.B. in

---

Der Bischofsbrief o.Dat. AT-AES, Bestand 2.27. Seelsorgeamt, Faszikel AX 557 Diözesansynode, unpag.).

36 Vgl. Auswertung Bischofsbriefe o. Dat. (Juni – September 1967), in: AT-AES, Faszikel 20/77 Synode 68 Diözesansynode, Bischofsbriefe, unpag.

37 Die Fragen waren: „… 1. Manchen Christen ist die Kirche fremd geworden. ihnen gilt unsere besondere Sorge: Welche Schwierigkeiten haben diese Christen, an Christus zu glauben und am kirchlichen Leben teilzunehmen? Warum erscheint den Menschen von heute die Kirche oft unglaubwürdig? 2. Eine andere Frage betrifft den Sonntagsgottesdienst. Da er für das Leben jeder christlichen Gemeinde von entscheidender Bedeutung ist, werden Sie verstehen, wie viel uns an einem bewußt gefeierten Gottesdienst liegt: Was muß geschehen, daß möglichst alle Christen den Gottesdienst besser verstehen und mitfeiern können? Was gefällt ihnen an der neuen Form der Meßfeier? Was gefällt ihnen nicht? Wie können die vorhandenen Schwierigkeiten behoben werden? 3. Über eine große Sorge wurde schon oft geschrieben und gesprochen: Über den Mangel an Mitarbeitern. Um den Anforderungen in unserer Diözese gerecht zu werden, brauchen wir mehr Priester, Ordensleute, Seelsorgshelferinnen, Laienkatecheten und Mitarbeiter für verschiedene andere Aufgabenbereiche in Pfarre und Diözese: Warum können sich so wenige junge Menschen zu diesen Berufen entschließen? Würden Sie einem ihrer Kinder oder Angehörigen zu einem dieser Berufe raten? Wenn aber nicht, warum ? 4. Eine Hauptaufgabe der Kirche besteht darin, die Botschaft Jesu Christi den Menschen mitzuteilen. Wir erreichen jedoch auch in unserer Diözese viele nicht mehr: Welche neuen Möglichkeiten müssen wir suchen, um unseren Mitmenschen die Botschaft Jesu Christi nahebringen zu können? Worüber und wie sollte heute gepredigt werden, um die Menschen anzusprechen? Welche Anregungen für einen zeitgemäßen Religionsunterricht in der Schule haben Sie? Welche Verbesserungsvorschläge haben Sie für unsere kirchliche Presse (Rupertusblatt, Zeitschriften usw.)? 5. Das Entscheidende wird jedoch sein, daß uns klar bewußt wird: Kirche ist das gesamte Volk Gottes. Nicht nur Bischof und Priester, sondern alle Getauften bilden die Kirche und sind für sie verantwortlich. Dieses Bewußtsein ist bei vielen Christen noch nicht vorhanden: Wie kann es geweckt werden? Welche Aufgaben, die heute noch vielfach die Priester wahrnehmen, sollen immer mehr von Laien in eigener Verantwortung übernommen werden? 6. Welche anderen Fragen erscheinen ihnen für eine Reform der Kirche von Salzburg wichtig?", vgl. Fragebogen zum Bischofsbrief, in: AT-AES, Bestand 2.1. EB Rohracher, Faszikel 19/11 Synode 1968 Allgemein, Kommissionen 2, unpag.

Familie, im Pfarrausschuss, unter Arbeitskollegen oder in der Nachbarschaft[38]. In der Auswertung der Beantwortung des Bischofsbriefes ging Kanonikus Regner auf diese Idee der Gruppendiskussion ein und konstatierte ihn als konzeptionell und essenziell:

> „…*Es wurde eigens betont, daß nicht wie bei einer Volksbefragung alle Fragen beantwortet werden sollten, sondern daß man die Themen, zu denen man etwas zu sagen hatte, ausführlich behandeln möchte. Da es um gut überlegte Stellungnahmen, nicht um Meinungsforschung im üblichen Sinn, ging, hatte man auch davon abgesehen, Fragen zu stellen, die einfach mit Ja oder Nein zu beantworten gewesen wären. Damit wäre ein Hauptziel der Briefe ausgeschaltet gewesen: daß sich nämlich Menschen zusammentun und gemeinsam Überlegungen anstellen, diskutieren und Meinung bilden und diese Meinung auch zu Papier bringen – eine gewaltige geistige Bewegung also, die ausgelöst werden sollte.*"[39]

Der Erfolg, wenn Rückmeldungen bzw. nachweislich beteiligte Personen als Gradmesser dienen, war sehr groß: mindestens 21.000 Personen befassten sich mit der Beantwortung der Fragen[40] und so kann der Einschätzung Bruno Regners beigepflichtet werden, wenn er einschätzt, dass so: „… ein gewaltiger Impuls für religiöse Gespräche und Diskussionen gegeben [war], welcher dann tatsächlich mehr als man hoffen konnte wirksam wurde."[41]

Die Auswertung der Umfrage war jedoch kompliziert und ausgesprochen schwierig, was vor allem den zu umfangreichen und inhaltlich sehr dichten Fragestellungen geschuldet war. Zudem erfolgte die Auswertung der Fragebögen nicht durch methodisch geschultes Personal, sondern durch Mitarbeiterinnen und

---

38 Dieser Umstand erklärt die geringe Rücklaufquote von nur 3321 Bögen, diese wurden jedoch von Personengruppen zwischen 2 und 50 Personen durchgeführt, was die Beteiligtenzahl an der Umfrage deutlich erhöht. vgl. Auswertung Bischofsbriefe o. Dat. (Juni – September 1967), in: AT-AES, Faszikel 20/77 Synode 68 Diözesansynode, Bischofsbriefe, unpag.
39 Der Bischofsbrief o.Dat. AT-AES, Bestand 2.27. Seelsorgeamt, Faszikel AX 557 Diözesansynode, unpag.
40 Widrich, H., Erneuerung der Erzdiözese Salzburg, (Anm.11), S. 27.
41 Der Bischofsbrief o.Dat., AT-AES, Bestand 2.27. Seelsorgeamt, Faszikel AX 557 Diözesansynode, unpag.

Mitarbeiter des Ordinariats.[42] Die Fragebögen wurden nach 17 Kategorien[43] ausgewertet, denen die einzelnen Antworten zugeordnet wurden. Trotz allem erfolgte eine fleißige und gewissenhafte Auswertung aller bis Juni 1967 eingegangener Fragebögen. Seelsorgeamtsleiter Bruno Regner, einer der aktivsten und wichtigsten Vorbereiter der Diözesansynode 1968, verfasste im Sommer 1967 ein achtseitiges Schreiben für die Weiterarbeit in den Vorbereitungs-Arbeitskreisen[44]. In dem stellte er die Konzeption, die Durchführung und die Ergebnisse des Fragebogens als Teil des Bischofsbriefs dar. Es ist erkennbar, dass das wesentliche und herausragende Ergebnis dieser grundsätzlich vollkommen neuen Art der Einbindung des Volkes Gottes in einer Diözese, nicht aus der inhaltlichen Auswertung extrahiert wurde. Vielmehr stellte die Interpretation der Ergebnisse durch das Seelsorgeamt die atmosphärische und methodische Veränderung des Zugehens auf das Diözesanvolk, mit dem klaren Auftrag die Fernstehenden Katholiken wieder an die Kirche heranzuführen in den Mittelpunkt der Betrachtungen. Weiterhin glückte die Konzeption, die Diözesansynode als gesellschaftliches Ereignis auf dem Territorium des Bistums stattfinden zu lassen: Nicht nur, dass sich Christen anderer Konfessionen ermutigt fühlten teilzuhaben, mehr noch schrieben vereinzelt Juden und Muslime; aber vor allem fühlten sich Atheisten und eben die fernstehenden

---

42 Die Durchführung der Befragung erfolgte zwar unter zu Hilfenahme der Expertise namhafter Soziologen (z.B. Dr. Vaslkovics vom Soziologischen Institut in Linz und Prof. Dr. Erich Bodzenta Wien, Leiter des Instituts für kirchliche Sozialforschung) und es wurde Ende 1966 eine Probebefragung durchgeführt, deren Ergebnis zur Trennung von Bischofsbrief und Fragebogen und zur Straffung des Fragebogens führte, jedoch machte sich der Zeitdruck und die fehlende Expertise der weiteren Mitarbeiter und Mitarbeiterinnen durchaus bemerkbar.

43 Die ausgewählten Kategorien waren (die Ziffern in den eckigen Klammern – „[x]" zeigen die Reihung der Häufigkeit der Zuordnung zu den jeweiligen Kategorien an, Top 3): „… 1. Schwierigkeiten [der Kirche in der modernen Welt] [1.] / 2. Unglaubwürdigkeit [der Kirche] a) Geld [Verschwendung, Prachtentfaltung und Reichtum] b) Lieblosigkeit / 3. Verständnis des Gottesdienstes / 4. Meßform [2.] / 5. Vorschläge zur Liturgie / 6. Personalmangel [3.] / 7. An- und Abraten [zu geistlichen Berufen, Priestertum] / 8. Neue Möglichkeiten der Verkündigung / 9. Predigt / 10. Religionsunterricht / 11. Presse / 12. Kirchenverständnis / 13. Laienarbeit / 14. Kirchenbeitrag / 15. Sakramente / 16. Ökumene / 17. Fragen außerhalb des Fragebogens [am häufigsten Fragen zum Zölibat]", (Auswertung Bischofsbriefe, o. Dat. (Juni – September 1967), in: AT-AES, Faszikel 20/77 Synode 68 Diözesansynode, Bischofsbriefe, unpag.

44 Der Bischofsbrief o. Dat., AT-AES, Bestand 2.27. Seelsorgeamt, Faszikel AX 557 Diözesansynode, unpag.

Nominalkatholiken bzw. auch aus der Kirche Ausgetretene angesprochen, dieses Partizipationsangebot umfangreich wahrzunehmen:

„*... Eine der interessantesten Gesprächsgruppen war sicher ein Kreis junger Familien, deren Mitglieder fast alle aus der kommunistischen Jugendbewegung kamen. Ebenso hat ein psychologisches Institut der Universität zwanzig Studenten, die im Nationale ‚ohne religiöses Bekenntnis' eingetragen hatten, zur Beantwortung einiger Fragen aus dem Bischofbrief eingeladen. Sie sandten ihre Antworten tatsächlich ein.*"[45]

Regner schätzte auch ein, dass selbst über die eingegangenen Fragebögen und deren vielfache Wertigkeit für die Auswertung hinaus, noch weitaus mehr Personen in Diskussionen und Gespräche eingebunden waren:

„*... Registriert können nur die eingesandten Briefe werden. Wir wissen aber, daß darüber hinaus bei jeder Gelegenheit, selbst beim Friseur und beim Einkaufen, der Bischofbrief im Gespräch war.*"[46]

Zur unmittelbaren Verwertung der Ergebnisse der Befragung, mag der Seelsorgeamtsleiter aufgrund der eingegangenen Rückmeldungen und der methodischen Schwierigkeiten nicht ausführlich Stellung nehmen:

„*... Der Stand der religiösen Erkenntnis des noch willigen Teiles des Volkes (der sich zu einem Brief aufrafft) scheint doch etwas unter dem zu liegen, was wir in unseren Predigten und Vorträgen und Artikeln der Kirchenpresse voraussetzen. Selbst unter den Kirchgängern gibt es anscheinend viele ‚Christentümer', die von einem allgemeinen Gottglauben bis zu einem Bergpredigt-Christentum reichen. Daraus müßten sich doch manche Fragen für unsere Verkündigung ergeben.*"[47]

Die Bedeutung dieser erstmalig stattgefunden Befragung sieht Regner aber gerade und vor allem in deren atmosphärischen Wert. So konnte er im Sinne der Konzeption des synodalen Prozesses der auf die Kernsynode im Oktober 1968 zuläuft, von einem Erfolg sprechen:

„*... Wenn auch durch die Stellungnahmen zum Bischofbrief eine ergiebige Fundgrube für weitere Untersuchungen gegeben ist, und wenn die Ergebnisse einen wertvollen Beitrag für die Salzburger Synode 1968 bedeuten, so kann man wohl sagen, daß das ungeahnte Interesse so vieler Menschen an religiösen und kirchlichen Fragen einen Schatz darstellt, der gehoben und entfaltet werden muß. Der Bischofbrief muß einen Anfang darstellen.*"[48]

---

45 A.a.O.
46 A.a.O.
47 A.a.O.
48 A.a.O.

Erzbischof Rohracher und die Diözesansynode – Eine Rede aus dem Jahr 1966 als möglicher Indikator der intellektuellen Haltung des Primas Germaniae nach seiner Rückkehr vom Konzil

Erzbischof Rohracher stellte für die Diözesansynode ohne Frage die wichtigste Einzelperson dar, die durchaus über Wohl und Wehe der Synode hätte entscheiden können. Er machte aber von Beginn der Vorbereitungen an klar, dass er diese Intention unter keine Umständen habe, wenngleich er natürlich gewillt war strukturierend und ausgleichend einzugreifen und zur Not in Einzelfragen in seiner kanonischen Stellung als alleiniger Gesetzgeber der Diözese aufzutreten.

Andreas Rohracher ließ aber auch keinen Zweifel daran aufkommen, dass dies die letzte Möglichkeit wäre und in der Vorbereitungsphase griff er nie derartig autoritär-episkopal ein, sondern versuchte Friktionen und Probleme vor einer Entscheidung konsensual im Dialog zu lösen.

Die vorbereitenden Personen um Kanonikus Bruno Regner konnten die Geisteshaltung ihres Oberhirten zu den Veränderungen in der Welt immer wieder sehr deutlich erkennen, denn die inhaltliche Ausprägung der umfangreichen nachkonziliaren Vortragstätigkeit des Erzbischofs war ihnen selbstverständlich bekannt. So schaffte nicht nur der Salzburger Oberhirte das geistige und geistliche, theologische und kirchenpolitische Umfeld, in dem die Diözesansynode entstehen sollte und stattfand, sondern auch viele seiner Mitarbeiter im Ordinariat, die – ermutigt oder aufgefordert durch sein Vorbild – die anstehende Kirchenversammlung intensiv unterstützten.

Die hier wiedergegebenen handschriftlichen Notizen Rohrachers zu einer Rede auf der Generalversammlung und Pädagogischen Tagung des „Christlichen Landeslehrervereins Salzburg" am 2. Mai 1966 in Salzburg[49], sollen als eine exemplarische Handreichung dienen, um das geistige Umfeld der Diözesansynodenvorbereitung ab 1965/66 zu beleuchten. Diese Rede Rohrachers stellt eine der schonungslosesten Analysen und daraus abzuleitenden Handlungsrichtlinien für die Kirche in Salzburg dar, wenngleich der inhaltliche Tenor in den allermeisten Reden Rohrachers, bis hin zur Eröffnungsrede des Erzbischofs zur Diözesansynode am 16. Oktober 1968, zweifelsfrei immer wiederzuentdecken war, in dieser Offenheit und Schärfe jedoch nie wieder.

---

49 Vollständiges und unkommentiertes Transkript der handschriftlichen Notizen Erzbischof Andreas Rohrachers zur Rede mit dem Titel *Die Kirche im Dialog mit der modernen Welt*, in: AT-AES, Bestand 2.1. EB Rohracher, Faszikel 19/11 Synode 1968 Allgemein, Kommissionen 3, unpag.

Rohracher hielt diese Rede am 2. Mai 1966, ein knappes halbes Jahr nach seiner Rückkehr aus Rom vor christlich engagierten Lehrern, bei Anwesenheit des Landeshauptmannes Dr. Hans Lechner und des Landtagspräsidenten Hans Zyla. Sein Vorredner war ein protestantischer Bruder aus der Ordensgemeinschaft von Taizé, der über die „Weltanliegen der Christenheit" sprach. Erzbischof Rohracher folgte ihm mit dem Titel seiner Rede „Die Kirche im Dialog mit der modernen Welt".[50] In diesem Kontext, vor der Spitze der Salzburger Landespolitik gehalten, lässt sich die Rede des Salzburger Erzbischofs durchaus als programmatisch ansehen:

„...

[1]

Einladung gern angenommen, in der Generalvers[ammlung] S[alzburger] L[ehrer]

Alle Glieder des V[olkes] G[ottes] aus Taufe u. Firmung / Verpfl[ichtung] mitzudenken, -reden, -sorgen -tun damit die Sendung Xi erfüllt w

So besonders jene, die im Lehrerberuf tätig / Ganze Generationen formen bilden beeinflussen / Daher im Ko[nzil] wiederholt die Rede von Lehrer, Schule [und] Einfl[uss] auf die Gestaltung der Zukunft

Das Thema, um das zu behandeln gebeten [rote Schrift]

K[irche] im Dialog mit der modernen Welt

[2]

In den letzten Jahrzehnten oft die Rede von K[irche] im Ghetto / trotz aller Aktivität war der Katholizismus in der Minderheitssituation, mehr auf Verteidigung bedacht als auf eine wagemutige, großzügige vertrauensvolle Haltung / Man wollte mit den Kräften sparen, Zersplitterung verhüten, Einbruch des Gegners abwehren / Nicht zu leugnen, dass diese Tendenz eine historische u. auch eine zeitgemäße Berechtigung [hatte] / Kennzeichnend für diese Situation die Mahnung einer deutschen Zeitung, man soll den schlafenden Hund nicht wecken / gab damit den Rat: nicht durch zu viel Rührigk[eit] u. Tätigk[eit] auf sich aufmerksam zu machen dem Feind zu zeigen / Der typische Zustand wie in einer Festung / Im Belagerungszustand nicht alle Freih[eiten] z[ur] Wahl

[3]

Man bleibt lieber beisammen / Schickt nicht kleinere Truppen nach allen Seiten die leicht überwältigt w[erden] k[önnen] wenn Ernstfall / Man öffnet erst dann die Tore vertrauensvoll wenn handfeste Garantien völlige u. uneingeschränkte Freih[heit] für Gegw[art] u. Zukunft ges[ichert]

---

50 Bericht zur Generalversammlung und zur Pädagogischen Tagung, in: Mitteilungsblatt des christlichen Landeslehrervereins Salzburg, Nr. 2 April/Mai/Juni, 1966, S. 22 f.

Das II. Vat[ikanische] Ko[nzil] hat die Tore der K[irche] geöffnet das Leben in der Festung im Ghetto überwunden / Ist von der apologetischen, defensiven, kontrov[ersen] polem[ischen] Haltung zurückgetreten / Schon in Durchf[ührung] des Ko[zils]! / Im Ko[nzil] keine Heimlichtuerei / Ganze Welt soll K[irche] ruhig sehen, beobachten, beurteilen / Daher Beobachter beim Ko[nzil]: getr[ennte]. Br[üder], Vertr[eter] aus allen christl[ichen] Konf[essionen] / Überall dabei k[önnen] alles sehen, hören, beurteilen /

[4]

erhalten dieselben Unterlagen wie Ko[nzils] Väter / auf PresseKonf[erenz]. weiter inform[iert] / ergreifen dort selbst das Wort

Vorwurf: K[irche] lebe nur in Vergangenh[eit] blicke nur zurück zu Unrecht erhoben / von Paul VI. vor kurzem zurückgewiesen / Blick auf Verg[angenheit]: Jesus X[Christ]us,

Entwicklung K[irchen]G[eschichte] / geöffnet für Gegenwart: Zeichen der Z[eit] / offen für die Zukunft / Kirche auf dem Ko[nzil] aus der Defensive u. Polemik z[u]. offenen u. völlig positiven Betr[achtung]. der Dinge übergegangen / strebt dadurch nicht einen Neokatholizismus s[ondern]. verjüngten, offenen Kath[olizismus] an / öffnet sich der ganzen Welt / allen anderen / In diesem Sinne der Durchbruch der Isolierung vom Volk / zusehen die lit[urgische] Erneuerung / nicht unverstandene Handlungen, Sprache / damit Lit[urgie] = Gemeinsames Werk, tätig, bewußt, mit Verständnis vollzogen

[5]

Heraus aus dem Ghetto der Festung / Durchstoß der isolierenden Mauer von den getr[ennten]. Br[üdern] / Sekr. f. die Einh[eit] der X[Christ]en – Joh[annes] XXIII. / Dekr[et] über Ökumenismus / Missverständnisse aufklären / sich g[e]g[en]s[eitig] kennenlernen / Gemeinsames betonen / Trennendes durchdenken / Vergangenes verzeihen / Dekr[et] über Kath[olische] Ostkirchen / erster Schritt der Annäherung z[ur] orthod[oxen] K[irche] / Riten, Rechtsentw[icklung] / Beton[ung] Rechte u. Posi[tion] der Patriarchate / Beton[ung] Vielh[eit] schadet nicht Einh[eit] / oriental[ischer] G[o]ttesd in Ko[nzils]-Aula / Zusammentreffen Paul VI. mit Athanagoras 7. XII. 65: Widerruf der Bannbullen / Rückgabe des Hauptes des 1. Andreas

[6]

Die gewaltigste Öffn[un]g / ein Durchbruch von unabsehbarer Bedeutung ggüber Welt / Pastoralkonst[itution]: K[irche] in der modernen W[elt] gibt Zeugnis einer Welt die immer in Bewegung war / stand eine K[irche] gegenüber, die sich selbst als Fels in der Brandung der Zeit empfand / sie betr. sich selbst als unberwindl[iche] Fest[un]g / Haus auf Felsen, das allen Angr[iffen] siegr[eich] widersteht / Kontakt verloren / aber die Welt braucht die K[irche] / die K[irche] die W[elt] / Denn K[irche] dazu gestiftet, der Unheilen Welt das Heil zu bringen / sie ist für die W[elt] da / für sie gestiftet / zu ihr von G[ott] gesandt / W[elt] weiß aus den neg[ativen] Erfahrungen, daß sie Öffnung nach oben braucht / die Öffnung nach oben kann nur die K[irche] zeigen

Eine neue Art Diözesansynode? 653

[7]

Ein Verbind[un]g von K[irche] und W[elt] / von beiden als notw[endig] erkannt / Kann nur auf Basis der Urform menschl[icher] Kommunikation, auf Basis des Gesprächs erfolgen / Nicht Monolo[g] – Selbstgespräch s[ondern]. Dialog – brüderl[iches] Gespr[äch] / Joh[annes] XXIII. Gespräch mit der Welt begonnen / Wie sehr die Welt darauf gewartet: enthusiastisches Echo mit der W[elt] den P[apst] begr[üßt] / Tauer bei s[einem] Tod / Paul [VI.] hat das Gespr[äch] fortgesetzt / in ein System gebr[acht] Ecclesiam Suam: Gespr[äch] mit getr[ennten] Br[ürdern], Nichtx[christ]en, Nichtgl[aubenden] / K[irche] schließt sich nicht mehr selbstgenügsam, selbstgerecht aus s[ondern] will mit den anderen reden: mit den getr[ennten] Br[ürdern], Nichtx[christ]en, mit denen, die den Gl[auben] ablehnen bekämpfen

[8]

Der Kath[olik] nicht bloß Antiprotestant, -mohammedaner, -buddhist, -atheist sein / Kirche aus der Position des Kampfes, g[e]g[en]s[eitigen] neg[ativen] Haltung zur Position des Gesprächspartners übergehen, der Fragen stellt, zu verstehen sucht, helfen will / Die Welt nicht etwas Feindliches vor dem man sich isolieren, bewahren, bekämpfen [muss] / W[elt] etwas Eigenständiges, vor dem die K[irche] nicht fliehen es überwältigen s[ondern] bewältigen soll / mit Verständnis, Einfühlung, Hilfsbereitsch[aft], Dienstbereitsch[aft]

[9]

Der Gl[auben] ist nicht, wie die Atheisten meinen Hindernis für die M[enschen] diese W[elt] sich Untertan zu machen, Natur u. ihre Kraft zu beherrschen / Ath[eismus]=Erscheinung dieser Welt / Eigenes Sekr[etariat] / Ath[eismus] als Erscheinungsform dieser W[elt] kennenzulernen, ihn in seinen Aussagen ernst zunehmen s[eine] Wurzeln und Ursachen nachzuspüren / Card[inal] König, Verbindung des Ath[eismus] mit einer Staatsideologie darf nicht verleiten Ath[eismus] unbesehen nur im Kommun[istischen] Bereich auszumachen / Ath[eismus] gibt es überall / Ath[eismus] bei uns vielleicht gefährlicher Dort wo Ath[eismus] offen kämpft, kann man offen entgegen treten, widerstehen, zwar nicht leicht aber wenn Ath[eismus] als eine Art selbstverständl[iche] Begleitersch[einung] des mod[ernen] Lebens, Wohlstandes, Denkfaulh[eit] verstand[en] [wird] unangreifbar

[10]

Ath[eismus] der Ath[eisten] weniger gefährl[ich] als Ath[heismus] jener, die sich noch X[Christ]en nennen, deren Glauben aber erstorben / Pastoralkonst[itution]: Schema XIII: Versuch, Isolierung zw[ischen] W[elt] u. K[irche] aufzuheben, bewußt nicht endgültige Aussagen / Ko[nzil] geht von Einstellung aus, daß über Dinge d[ie] noch im Fluß [in] der Disk[ussion] sind nicht endgültig entschieden / letztes Wort gesagt / weil es sich um veränderl[iche] Dinge handelt / Schema XIII nimmt die Evol[ution] der W[elt] z[ur] Kenntnis mit der Entw[icklung] der W[elt] ist auch die K[irche] als menschl[iche] Gem[meinschaft] in Entw[icklung] / Dabei hat Ko[nzil] zur Zeit gesprochen, nicht in der Pose eines Richters s[ondern] in Form einer Mutter u. Lehrerin die verstehend helfen will / die sich dieser Welt schwesterl[ich] verbunden weiß / dadurch fähig und geeignet zum Dialog

[11]

Damit ist ein neues Verh[ältnis] z[ur] pluralistischen Ges[ellschaft] / Ausdr[uck] in gewonnenen Erkl[ärung] über Rel[igions]freih[eit] / Freiheit der Person von jedem Zwang, sei es von Seiten Einzelner, -von Gruppen / In rel[igiösen] Dingen darf niemals jemand gezwungen w[erden] gegen sein Gewissen zu handeln / Abkehr von allem Zwang / Absage an Rel[igions] Kriege / Inquis[ition] / führt die Gedanken von Leo XIII., Pius XI. u. XII. zu Ende / So ist die K[irche] bereit zum Dialog mit der modernen Welt, herausgetreten aus Ghetto und Festung / Ausdruck ihrer Gewissheit im Besitze der Wahrh[eit] zu sein / Himmel u. Erde werden vergehen / Bewußtsein ihrer Sendung an die M[enschen] aller Zeiten"[51]

Zusammenfassung

Das Konzil kommt Unten an

Die inhaltliche und konzeptionelle Vorbereitungsphase der Diözesansynode, vor allem die ersten 20 Monate[52] und dabei heraushebenswert die Befragung im Rahmen des Bischofsbriefes und deren Auswertung vom Jänner 1967, zeigten sehr

---

51 Eine zusammenfassende Wiedergabe der Rede in: Bericht zur Generalversammlung, a.a.O. („…In klarer Anschaulichkeit zeigte er, wie sich die Kirche durch das 2. Vatikanische Konzil aus jahrhundertelanger Isolation und Abgeschlossenheit gegenüber der Dynamik der Welt zu innerem Aufbruch durchgerungen habe. Nach drei Seiten hin habe die Kirche die Tore weit aufgestoßen. Zum ersten habe sie die heilige Handlung reformiert, damit es allen Gläubigen möglich sei, aktiv und verständnisvoll mitzufeiern. Zum andern sollten die verschiedenen christlichen Konfessionen im Gespräch einander genähert werden; altes Unrecht müsse fallen. Zum dritten sei die Kirche in den Dialog, in bewußte Wechselbeziehung mit der diesseitigen Welt, auch mit der nichtchristlichen, getreten. Kirche und Welt brauchten einander; die Kirche könne von der Welt viel lernen, andererseits aber bringe sie der Welt das Heil und biete der Menschheit das Fenster ins Jenseits, das diese zur Bewältigung des Lebens brauche. Die Kirche distanziere sich nun von jedem Zwange in religiösen Belangen. Jeder Mensch solle sich in Freiheit mit Gott auseinandersetzen. Gerade in dieser Haltung äußere sich das Bewußtsein der Kirche, im Besitze der ewigen Wahrheit zu sein.").
52 Die Benennung eines Promoters, Weihbischof Eduard Macheiner, und die damit verbundene Formalisierung des Synodenprozesses im September 1967, stellt nicht nur einen formellen Einschnitt dar, sondern markierte auch den beginnenden Rückzug des Salzburger Erzbischofs Rohracher aus der intensiven Vorbereitung. Er tat dies nicht nur aus gesundheitlichen Gründen, die die Belastung der intensiven und immer umfangreicher werdenden Vorarbeiten nicht mehr erträglich erscheinen ließen, sondern auch weil die Synode aus der Perspektive Rohrachers nun mehr als auf einem guten Weg war und er sich ruhigen Gewissens etwas – keinesfalls ganz! – aus den Vorbereitungen herausnehmen konnte.

deutlich: Der dynamische und reformorientierte Impetus des II. Vaticanums wird in der Erzdiözese Salzburg angenommen – das Konzil *kommt Unten an*. Es kommt an, weil es weitergeleitet wird, weitergeleitet von Erzbischof Andreas Rohracher und es wird dynamisiert von den vorhandenen Bestrebungen, von interessierten und aktiven Klerikern und Laien, die stellenweise in einer gewissen Konzilseuphorie agierten, diese jedoch schnell und umfänglich in konzeptionelle Ideen umformten, ohne dabei die Verbindung zum Salzburger Oberhirten zu verlieren, der seinerseits diese Verbindung immer wieder suchte. Die *Diözesansynode in der Erzdiöze Salzburg 1968* stellte einen Prozess von 1965–1969[53] dar und kann somit als ein unmittelbarer Transmissionsriemen des Konzilswillens angesehen werden: Die ekklesiologische, liturgische und kirchenpolitische Neuorientierung in der zeitgenössischen Welt von heute vor Ort.

Erzbischof Rohracher war dabei eines der wichtigsten intellektuellen Schwungräder der Neu- und Re-konstruktion des kirchenpolitischen Instruments Diözesansynode. Er agierte dabei in ausbalancierter Abwägung aus Verzicht und Ausübung seiner diözesanen Regierungsgewalt und kanonischen Stellung und war dadurch Dreh- und Angelpunkt der von ihm wesentlich mitinitiierten Diözesansynode. Er war nicht der alleinige Urheber der Synode, aber wohl der bedeutsamste und seine Unterstützung eines freien und vielfältigen Prologs der Synode, ließ schon sehr früh das Konzil in der Synode regional und lokal erlebbar machen.

Welche Veränderungen, welche Wirkungsmacht sich entfalteten, sowohl inhaltlich als auch methodisch-atmosphärisch, ob sie die kurz- und langfristigen Erwartungen erfüllten, muss in einer Betrachtung über die Chronologie und Systematik der Diözesansynode 1968 und deren Vorbereitung hinaus eruiert werden. Die vielzitierte Enttäuschung nach der Konzilseuphorie[54] jedenfalls machte auch vor den Toren Salzburgs nicht Halt und auch die Diözesansynode 1968 riss Gräben zwischen Traditionalisten und Progressisten auf. Denn auch in Salzburg wurde die Synode zum gesellschaftspolitischen Ereignis und öffnete, transparenter denn je den Blick auf die Wechselwirkungen zwischen Kirchenvolk und örtlicher Hierarchie. Ein Aufeinanderbezogensein, das nie friktionsfrei war und nie wurde, aber das eine kollegiale Neujustierung erfuhr, und das die Diözesansynode – mal mehr mal weniger – überdauerte. Die Diözesansynode in Salzburg war so auch ein Scharniereignis zwischen Aufbruch und (erneuter) Stagnation, zwischen Begeisterung und Enttäuschung.

---

53 1965: Ende des Konzils und explizit dort schon gefasste Idee Rohrachers der Abhaltung der Diözesansynode im Geist des Konzils & 1969/70: Jahr der Promulgation der wichtigsten Beschlüsse.
54 *Lange, C.*: Einführung, (Anm. 7), S. 127 ff.

Für die Diözesansynode 1968 in Salzburg aber kann und muss festgehalten werden: Sie war die erste nach dem II. Vaticanum in Österreich und nicht nur dieser Umstand machte sie zu einem wichtigen kirchenhistorischen Ereignis. Es war auch die Einzigartigkeit dieser Synode, die sie kirchenpolitisch auszeichnete. Anders als alle anderen nachkonziliaren Diözesansynoden in Österreich bis 1975 dauerte sie lediglich drei Sitzungstage.

Sie kann daher als eine Art Brückensynode gesehen werden. Im Besondern wird im Fall der Salzburger Synode von 1968 das so entstandene Spannungsfeld aus struktureller Verfasstheit der Synode und konzeptionell-theologischem Kontext deutlich und kristallisierte sich in der Person des Erzbischofs. Die Grenzen dieses Spannungsfeldes wurden bestimmt durch die formalen Vorgaben des CIC/1917. In Struktur und Kirchenrecht war sie der tridentinischen Diözesansynoden-Idee sehr nah, die eine umfängliche und ausgeprägte Teilhabe des Gottesvolkes, der Diözesanen – Kleriker wie Laien – nicht wollte und so nicht vorsah. Doch fand sie vor einer zeitgenössisch, gesellschaftlich und kirchenpolitisch radikal veränderten Projektionsfläche statt: Gesellschaftliche Veränderungen wie Globalisierung, ideologische Spaltung der Welt, verstärkte Säkularisierung und fundamentale soziologische Veränderungen, trafen auf eine im Konzil neu ausgerichtete Ekklesiologie und Gottesvolktheologie. Als Lösungsansatz, sich in dieser Welt wieder und neu zu positionieren, sah das Konzil die Synoden als eines der Transformationswerkzeuge an, das die Idee der breiten Teilhabe des Volkes Gottes lokal und regional implementieren helfen sollte.

Erzbischof Rohracher und seine Mitarbeiter und Mitarbeiterinnen nahmen diesen Auftrag an und ließen so selbstreflexiv, am anderen Ende der Brücke eine *Neue Art der Synode* entstehen, einen Ort theologischer Erkenntnis, der die Diözesansynode als Kommunikations- und Entscheidungsraum für die ganze Ortskirche begriff.

Alfred Rinnerthaler

Die Renaissance der Idee einer katholischen Universität in Salzburg als „Waffenschmiede im Kampf gegen die Mächte der Finsternis"[1]

Abstract
The movement of establishing catholic universities saw its apex during the 19th century. Following the episcopal conference in Würzburg in 1848, the foundation of a „free catholic university" for the German-speaking countries was demanded with increasing emphasis. Among others, also the city of Salzburg was considered as a potential location. During

---

1 Bei diesem Beitrag handelt es sich um eine Kompilation aus mehreren früheren Arbeiten des Verfassers, die sich allesamt mit der Geschichte der Salzburger Universität und/oder den Bestrebungen nach Errichtung einer freien katholischen Universität in Salzburg befassten: *Rinnerthaler, Alfred*, Der Universitätsverein und der Traum von einer Katholischen Universität in Salzburg, in: *Buschmann, Arno* (Hg.), Jahrbuch der Universität Salzburg 1983–1985, Salzburg 1987, S. 46–75; *Rinnerthaler, Alfred*, Die „Katholisch-Theologische Fakultät Salzburg" im Jahr 1938, in: Salzburg Archiv. Schriften des Vereines Freunde der Salzburger Geschichte, Bd. 12/1991, S. 293–318; *Rinnerthaler, Alfred*, Die „Fe. Theologische Diözesanlehranstalt Salzburg", in: Mitteilungen der Gesellschaft für Salzburger Landeskunde, Bd. 132/1992, S. 309–329; *Rinnerthaler, Alfred*, Die Theologische Fakultät und die ihr nachfolgende Diözesanlehranstalt in Salzburg, in: *Burkhard, Dominik / Weiß, Wolfgang* (Hg.), Katholische Theologie im Nationalsozialismus, Bd.1/1: Institutionen und Strukturen, Würzburg 2007, S. 545–573; *Rinnerthaler, Alfred*, Von der barocken Benediktiner- zur Staatsuniversität. Vom Werden der Salzburger „Alma Mater", in: *de Wall, Heinrich / Germann, Michael* (Hg.), Bürgerliche Freiheit und Christliche Verantwortung. Festschrift Christoph Link zum siebzigsten Geburtstag, Tübingen 2003, S. 787–826; *Rinnerthaler, Alfred*, Zwischen alter und neuer Universität. Eine dunkle Periode in der Salzburger Wissenschaftsgeschichte, in: *Reith, Reinhold* (Hg.), Die Paris Lodron Universität Salzburg. Geschichte-Gegenwart-Zukunft, Salzburg 2012, S. 62–79. Die Inhalte dieser Beiträge wurden aktualisiert und ergänzt durch weitere Literaturhinweise und zusätzliches Quellenmaterial, das vom Autor zwischenzeitlich aufgefunden wurde.

Das Zitat im Titel stammt aus einer Ansprache des Salzburger Erzbischofs Andreas Rohracher, die dieser anlässlich der Eröffnung des Studienjahres 1946/47 an der Theologischen Fakultät in Salzburg gehalten hatte. – UAS, FA CLXXIII/1, Vom Werden der Salzburger Hochschule, Manuskript ohne Autor und Jahr (vermutlich 1953), S. 12.

the subsequent decades there were several efforts to materialize that catholic university in Salzburg, but they all failed. The last attempt was made after World War II. This article deals with the renaissance of this century-old dream.

I. Die Idee einer katholischen Universität in Salzburg

Das 19. Jahrhundert war eine Zeit der katholischen Universitätsgründungen, da die nach der Französischen Revolution zunehmend säkular gewordenen Staaten der Katholischen Kirche keine Gewähr mehr für die Tradierung katholischer Werte und Moralvorstellungen boten. Die – so wie die Staaten – „interkonfessionell gewordenen Universitäten" waren nach kirchlicher Auffassung sogar „zum obersten und festesten Hauptbollwerk der antichristlichen Weltanschauung" geworden.[2] Diese – nach kirchlicher Auffassung – „Fehlentwicklung" suchte man durch die Gründung der folgenden katholischen Universitäten gegenzusteuern: Universität Löwen (1835), Universität Dublin (1854), Universitäten bzw. Fakultäten von Paris, Lille, Angers, Lyon und Toulouse (1875/77), Freiburg (1889), New York (1846), Québec (1852), Milwaukee (1855/81), Chicago (1870/98), Montreal (1876) und Washington (1889).[3]

Ähnliche Bestrebungen kann man auch in Deutschland und Österreich seit der Würzburger Bischofskonferenz des Jahres 1848 feststellen. Der Freiburger Kirchenrechtler Joseph Ritter von Buß forderte damals von den in Würzburg versammelten deutschen Bischöfen eine Restauration der katholischen Universitäten sowie die Gründung einer ausschließlich dem deutschen Episkopat unterstehenden „freien katholischen Universität". Als mögliche Universitätsstandorte wurden die Bischofsstädte Bamberg, Fulda, Köln, Mainz, Münster und Salzburg in Betracht gezogen.[4] Während Fulda und Münster als Favoriten bei der Standortwahl galten und Salzburg zunächst nur Außenseiterchancen zukamen, verbesserten sich die

---

2 *Der katholische Universitäts-Verein zu Salzburg* (Hg.), Dem hochwürdigsten Episkopate und den Katholiken Österreichs zum 25jährigen Vereins-Jubiläum 1884 bis 1904 gewidmet vom Zentral Ausschuss, Salzburg 1909, S. 14.
3 Franzen, *August*, Art. „Universitäten", in: Lexikon für Theologie und Kirche, Bd. 10, Freiburg im Breisgau ²1965, Sp. 510–517, hier Sp. 516; *Ammer, Josef*, Art. „III. Katholische Universität", in: Lexikon für Theologie und Kirche, Bd. 10, Freiburg im Breisgau ³2001, Sp. 420–428, hier Sp. 426 f. Für Deutschland siehe *Brandt, Hans Jürgen*, Eine katholische Universität in Deutschland?: das Ringen der Katholiken in Deutschland um eine Universitätsbildung im 19. Jahrhundert, Köln 1981.
4 *Ritter von Buß, Franz Joseph*, Die Reform der katholischen Gelehrtenausbildung in Teutschland an Gymnasien und Universitäten, die Gründung einer freien katholischen Universität teutscher Nation, Schaffhausen 1852, S. 500.

Aussichten der Salzachstadt durch den Abschluss des Österreichischen Konkordates von 1855 erheblich. Denn in einer Note an den Heiligen Stuhl vom 18. August 1855 teilte der österreichische Unterhändler, der Wiener Erzbischof Kardinal Josef Othmar Rauscher, seinem vatikanischen Verhandlungspartner, Kardinal Michele Viale-Prelà, mit, dass der Kaiser das höchste Interesse am Gedeihen von Glauben und Frömmigkeit in den Universitätsstudien habe; Rauscher berichtete sogar von einer grundsätzlichen Genehmigung zur Errichtung einer nur den Bischöfen unterstehenden Universität.[5] Alle diese hoffnungsvollen Ansätze wurden jedoch durch das Ende der großdeutschen Hoffnungen aufgrund der Ereignisse der Jahre 1866 und 1871 gegenstandslos. In Österreich kamen noch hinzu das Erstarken des Liberalismus, das Ausbrechen des Kulturkampfes und die Aufkündigung des Konkordats im Jahr 1870.

Zumindest in Österreich lebte der Traum von einer katholischen Universität erst auf dem ersten österreichischen Katholikentag von 1877 wiederum auf. Auf die dort erhobenen Forderungen nach einer freien katholischen Universität reagierte die Salzburger Landespolitik, indem der Landtag am 18. Oktober 1884 den mehrheitlichen Beschluss fasste, die „Neuherstellung"[6] einer katholischen Universität zu Salzburg mit allen Kräften anzustreben".[7] Diesem ersten Schritt folgte die Errichtung eines „Vereines zur Gründung und Erhaltung einer freien katholischen Universität zu Salzburg". Dessen Statuten wurden von der Landesregierung am 16. November 1884 genehmigt. Nach ersten Anfangserfolgen – so konnten schon in den ersten Jahren eine große Zahl von Mitgliedern gewonnen, eine Reihe von Zweigvereinen errichtet und seitens des Landtages eine fühlbare

---

5 Note „Ecclesia catholica" vom 18. August 1855, abgedruckt in AkathKR, Bd. 1/1857, S. XX–XXIII.
6 Angespielt wurde hierbei auf eine Wiedererrichtung der 1620/22 gegründeten alten Salzburger Universität, die in der Zeit der bayerischen Herrschaft, genauer im Jahr 1810, aufgehoben worden war. – Zu deren Geschichte siehe u.a. *Apfelauer, Richard W.,* Die historische Entwicklung der Universität Salzburg 1617–1810. Versuch eines Überblicks, in: *Buschmann, Arno* (Hg.), Jahrbuch der Universität Salzburg 1991–1993, München-Salzburg 1995, S. 191–206; *Hermann, Karl Friedrich,* Die Gründung der alten Salzburger Universität (1617-ca. 1635), Habilitationsschrift Salzburg 1949; *Kaindl-Hönig, Max / Ritschel, Karl Heinz,* Die Salzburger Universität 1622*1964, Salzburg 1964.
7 Selbständiger Antrag der Abgeordneten Lienbacher und Genossen, in: Verhandlungen des Salzburger Landtages, I. Session, 6. Periode 1889, S. 1114; Bericht des ad hoc gewählten Spezial-Ausschusses über den Antrag der Herren Abgeordneten Lienbacher und Genossen betreffend die Errichtung einer freien katholischen Hochschule in Salzburg, in: Verhandlungen des Salzburger Landtages, I. Session, 6. Periode,1884, S. 1609–1614; der Inhalt der Landtagsdebatte folgt auf den Seiten 1615–1630.

Unterstützung[8] erhalten werden – musste die Vereinsführung aber auch empfindliche Rückschläge zur Kenntnis nehmen. So lösten sich alle Hoffnungen auf einen Erhalt des Vermögens des „Salzburger Studienfonds" – man vermutete in ihm ein Barvermögen in der Höhe von mindestens 41.000 fl und einen erheblichen Immobilienbesitz (das alte Universitätsgebäude, die Universitätskirche, das Anatomiegebäude und das sogenannte „Polier- und Gärtnerstöckl") – alsbald in Rauch auf, als man erfuhr, dass dieser in Wahrheit Verbindlichkeiten von über zwei Millionen Gulden gegenüber dem k.k. Ärar hatte.[9] Auch von gesamtstaatlicher Seite war mit keinen finanziellen Unterstützungen zu rechnen, hatte dieser doch durch die 1874 erfolgte Errichtung einer Hochschule in Czernowitz[10] noch mit den finanziellen Folgen diese Maßnahme zu kämpfen.

Der Universitätsverein sah sich deshalb weitgehend auf eigene Initiativen angewiesen. So gelang es ihm im Jahr 1884, auch die Stadt Salzburg mit ins Boot der Universitätsförderer zu holen. Der Gemeinderat beschloss am 18. November dieses Jahres, einen Fonds zur Errichtung einer katholischen Universität einzurichten, der mit jährlich 3.000 fl – vorläufig befristet auf zehn Jahre – dotiert werden sollte.[11] Zu den nennenswerten Aktivitäten zählte auch ein 1892 beschlossener „Subskriptionsplan", wonach sich die Förderer der Salzburger Universitätsbestrebungen auf mindestens zehn Jahre verpflichten sollten, jährlich einen Betrag von mindestens

---

8 Am 22. Dezember 1887 beschloss der Landtag eine Spende von 10.000 fl (auszahlbar in zehn jährlichen Raten von je 1.000 fl) „zum bleibenden Andenken an die Priester-Sekundiz Sr. Heiligkeit des Papstes Leo XIII. und aus Dankbarkeit für Höchstdessen huldvolles Breve vom 4. März 1885". – Siehe den Bericht des Jubiläums-Ausschusses über den selbständigen Antrag der Abgeordneten Lienbacher und Genossen betreffend die Leistung eines Landesbeitrages zur Wiederherstellung der Salzburger Universität, in: Verhandlungen des Salzburger Landtages, 8. Sitzung der IV. Session der 6. Periode 1887, S. 1168.
9 So der Bericht des Landes-Ausschusses des Herzogtums Salzburg über den Vollzug des Landtags-Beschlusses vom 11. November 1890, betreffend die Errichtung einer freien katholischen Hochschule in Salzburg, in: Verhandlungen des Salzburger Landtages, 4. Sitzung der II. Session der 7. Periode, 1891, S. 563 f.
10 Die Universität in Czernowitz wurde durch kaiserliche Verfügung vom 7. Dezember 1874, die mit 31. März 1875 in Kraft trat, errichtet. – Siehe hierzu *Wagner, Rudolf,* Die deutschsprachige Nationalitäten-Universität in Czernowitz. Festschrift zum 100. Jahrestag ihrer Eröffnung 1875, München 1975.
11 *Der katholische Universitäts-Verein zu Salzburg* (Hg.), Dem hochwürdigen Episkopate und den Katholiken Österreichs zum 25jährigen Jubiläum 1884 bis 1904 gewidmet vom Zentral-Ausschuss, Salzburg 1909, S. 72 ff.

20 Kronen zur Verfügung zu stellen.[12] Eine weitere bemerkenswerte Initiative war schließlich der sogenannte „Liechtensteinplan". Dieser von Prinz Eduard von und zu Liechtenstein ausgearbeitete Finanzierungsvorschlag sah eine Art „Kopfsteuer" für alle „deutschen Katholiken der deutsch-österreichischen Alpenländer", also von den Gläubigen in den Kirchenprovinzen Wien und Salzburg, vor.[13] Obwohl dieser Plan vom Papst durch eine Breve unterstützt wurde,[14] scheiterte dieses Unterfangen an den hohen finanziellen Vorgaben von ca. 4,5 Millionen Gulden, die für eine Universitätsgründung hätten aufgebracht werden müssen. Als sich das Scheitern des Liechtensteinplanes bereits abzeichnete, versuchte der Zentralausschuss des Universitätsvereines diesen mittels einer „Hilfsaktion" noch zu retten. In Form einer Bausteinaktion sollten 100.000 Bausteine à 100 K für eine baldige Errichtung einer katholischen Universität in Salzburg sorgen.[15] So wie dieses Unterfangen scheiterte auch eine zweite Bausteinaktion, die 1912 gestartet wurde. Ihr bereitete der Ausbruch des Ersten Weltkrieges ein allzu frühes Ende.

Wenn auch alle Finanzierungsversuche gescheitert waren, so konnte doch ein nicht unbedeutender Erfolg gefeiert werden. Auf ihrer Vollversammlung in Wien vom 12. bis zum 20. November 1901 stellten sich nämlich die Bischöfe geschlossen hinter die Salzburger Universitätsbestrebungen. In dieser Sache wurde auch ein gemeinsamer Hirtenbrief verfasst, der im Frühjahr 1902 von allen Kanzeln verlesen wurde.[16] Auch von päpstlicher Seite wurde erneut Schützenhilfe geleistet, indem zum dritten Mal ein Breve in Angelegenheiten der „Gründung der katholischen Universität" erlassen wurde. Dieses päpstliche Breve gibt allerdings Zeugnis von einem großen, den tatsächlichen Gegebenheiten keineswegs gerecht werdenden, Optimismus. Nüchtern betrachtet, konnte nämlich keine Rede davon sein, dass die Ausführung oder gar Vollendung der Universitätspläne bereits „glücklich

---

12 *Der katholische Universitäts-Verein zu Salzburg,* Dem hochwürdigen Episkopate (Anm. 11), S. 67 ff.
13 *Rinnerthaler,* Von der barocken Benediktiner- zur Staatsuniversität (Anm. 1), S. 796 f.
14 Breve Papst Leo XIII. vom 17. August 1900, abgedruckt in: *Der katholische Universitäts-Verein zu Salzburg,* Dem hochwürdigen Episkopate (Anm. 11), S. 112 f. Eine erste Breve stammt vom 4. März 1885 und findet sich ebenfalls abgedruckt in: *Der katholische Universitäts-Verein zu Salzburg,* Dem hochwürdigen Episkopate (Anm. 11), S. 42–44.
15 *Der katholische Universitäts-Verein zu Salzburg,* Dem hochwürdigen Episkopate (Anm. 11), S. 120 ff.
16 Die Beschlüsse und den Hirtenbrief findet man abgedruckt in: *Der katholische Universitäts-Verein zu Salzburg,* Dem hochwürdigen Episkopate (Anm. 11), S. 133–142.

der Inangriffnahme zueile".[17] Im Gegenteil, die allzu großen finanziellen Hürden aber auch der Ausbruch des Ersten Weltkrieges und der Zusammenbruch der Donaumonarchie machten noch auf längere Sicht nennenswerte Fortschritte in der Salzburger Universitätsfrage unmöglich.

Abb. 1: Flugblatt des katholischen Universitätsvereins.

---

17 Den lateinischen und deutschen Text der Breve findet man in: *Der katholische Universitäts-Verein zu Salzburg,* Dem hochwürdigen Episkopate (Anm. 11), S. 147 f.

Obwohl in den Kriegsjahren an eine Universitätsgründung eigentlich nicht zu denken war, eröffneten gerade die Kriegsereignisse eine völlig unerwartete Chance für Salzburg, zu einer Hohen Schule zu kommen. Am 28. November 1916 fasste nämlich der Salzburger Gemeinderat den Beschluss, der von der russischen Brussilow-Offensive bedrohten deutschsprachigen Universität in Czernowitz das Gastrecht an der Salzach anzubieten. Sogar von kirchlicher Seite konnte die Zustimmung für eine solche „Kompromissuniversität" erlangt werden. Von einem Kompromiss wurde deshalb gesprochen, da nunmehr eine staatliche Universität mit zwei Fakultäten (Philosophie und Rechtswissenschaften) nach Salzburg geholt und hier mit der bereits seit 1850 bestehenden – ebenfalls staatlichen – Theologischen Fakultät vereinigt und mit einer Reihe durch den katholischen Universitätsverein zu finanzierender Institute ergänzt werden sollte. Auch an den Aufbau einer medizinischen Fakultät war gedacht. Als Sitz dieser Universität war das Schloss Mirabell und als Name „Kaiser Karl Universität" vorgesehen, da sich der Kaiser am 23. April 1917 – anlässlich einer Vorsprache einer Salzburger Delegation – mit diesen Plänen einverstanden erklärt hatte. Diese unerwartete Gelegenheit wurde allerdings leichtfertig verspielt durch Widerstände seitens der Salzburger Theologischen Fakultät, durch eine intensive Kontroverse in der Presse über diese Frage, durch eine zögerliche und eher distanzierte Haltung der Unterrichtsminister Hussarek und Cwiklinski und durch die Berufung von Professor Dr. Ignaz Seipel, eines Motors der Salzburger Universitätsbestrebungen, von Salzburg nach Wien.[18]

Nach dem Zusammenbruch der Donaumonarchie und nach dem Verlust des fast gesamten Geldvermögens des Vereines brachte erst die 1923 erfolgte Dreihundertjahrfeier der Salzburger Theologischen Fakultät einen neuen Schwung in die Universitätsbestrebungen. Zu diesem Anlass äußerte der inzwischen zum Bundeskanzler aufgestiegene Ignaz Seipel seine Überzeugung, dass „Gott diese Fakultät nicht als absterbender Rest der alten Salzburger Universität sondern als Keimzelle für eine neue ‚Alma mater' solange bestehen" haben lasse.[19] Am Tage der Feier, also am 12. November 1923, traten die deshalb in Salzburg weilenden

---

18 Zu diesen Vorgängen siehe u.a. *Apfelauer, Richard*, Der Plan der Verlegung der deutschen Universität Czernowitz nach Salzburg und die Migration der dortigen Hochschullehrer, in: *Buschmann, Arno*(Hg.), Jahrbuch der Universität Salzburg 1987–1989, Salzburg 1991, S. 209–219; *Frisch, Hans*, Die Verlegung der K.K. Franz-Josef-Universität von Czernowitz nach Salzburg, Salzburg 1916; *Singer, Heinrich*, Einige Worte über die Vergangenheit und Zukunft der Czernowitzer Universität, Wornsdorf 1917.

19 Mitteilungen vom katholischen Universitätsverein in Salzburg (Universitätsblatt), 27. Jahrg./1929, Nr. 1, S. 7.

Benediktineräbte zu einer Sitzung zusammen, in der sie beschlossen, ein Ordensstudienhaus in Salzburg zu errichten sowie alle notwendigen Schritte für den Ausbau der Theologischen Fakultät zu einer Philosophisch-Theologischen Hochschule zu setzen.[20] Selbst die grundsätzliche Bereitschaft zur Errichtung der Universität durch den Benediktinerorden war gegeben.[21] Zu einem begeisterten Verfechter der Idee einer „Alma Mater Benedictina" wurde in der Folge Petrus Klotz, der als Abt des Klosters St. Peter den Bau des Benediktinerkollegs betrieb und dieses auf dem Grund des Stiftes errichten sowie die notwendigen Kredite zu Lasten des Klosters hypothekarisch sicherstellen ließ. Am 1. Mai 1926 konnte die Weihe des Neubaues gefeiert werden. Die bald darauf einsetzende Weltwirtschaftskrise und die mangelnde Solidarität der übrigen Benediktinerklöster brachten das Stift St. Peter an den Rand des Ruins und führten zum erzwungenen Rücktritt von Erzabt Klotz.[22]

Klotz war es auch gewesen, der in Gesprächen mit der Erzdiözese Salzburg und der Bundesregierung eine Erweiterung der Theologischen Fakultät um einige Lehrstühle, die von Benediktinern besetzt werden sollten, erwirkt hatte. So sollte eine Lehrkanzel für Christliche Philosophie errichtet und nach und nach zu einer Philosophischen Fakultät ausgebaut werden. Die Bundesregierung sicherte diesem Plan ihre finanzielle Unterstützung zu. 1927 reichte die Theologische Fakultät offiziell um die Errichtung eines Philosophischen Institutes päpstlichen Rechts ein. Dieses Institut sollte den Kern einer künftigen „freien katholischen Fakultät" im Rahmen einer geplanten Volluniversität bilden. Mit Dekret der römischen Studienkongregation vom 10. Jänner 1928 wurde dieses Institut kanonisch errichtet und mit einem päpstlichen Promotionsrecht ausgestattet. Dieses Institut besteht bis heute an der Salzburger Universität und steht im Rang einer Fakultät päpstlichen Rechts.[23]

---

20 *Ortner, Franz*, Die Universität in Salzburg. Die dramatischen Bemühungen um ihre Wiedererrichtung (1810–1962), Salzburg 1987, S. 108.
21 Eine ausdrückliche Zustimmung der Äbte für die Übernahme der Trägerschaft der Universität durch den Benediktinerorden erfolgte am 28. April 1924. Am 3. November desselben Jahres wurde zu diesem Zweck ein förmlicher Bund zwischen den deutschen, österreichischen und schweizerischen Klöstern geschlossen.
22 *Hanisch, Ernst*, St. Peter in der Zwischenkriegszeit 1919–1938, in: *Kolb, Aegidius* (Hg.), Festschrift St. Peter zu Salzburg 582–1982, Salzburg 1982, S. 361–382, hier S. 367 f. und 379; *Weber, Konrad*, Das Benediktinerkolleg zu St. Peter, in: Salzburger Hochschulkalender 1927/28, S. 44–47; *Österreichische Benediktinerkongregation* (Hg.), Deo et Fratribus. Kolleg St. Benedikt 1926–1976, Salzburg 1976.
23 *Warnach, Viktor*, Philosophisches Institut an der Theologischen Fakultät der Universität Salzburg, in: Wissenschaft und Weltbild. Zeitschrift für Grundfragen der

Dieser Erfolg ermutigte den Universitätsverein zu neuen Aktivitäten. Am 25. November 1928 veranstaltete er einen „Salzburger Universitätstag", an dem neben Vertretern der Politik auch der gesamte österreichische Episkopat sowie die deutschen Kardinäle Michael von Faulhaber (München und Freising) und Karl Josef Schulte (Köln) teilnahmen. Im Anschluss tagte die österreichische Bischofskonferenz und beschloss die Einführung eines jährlichen Universitätssonntages in allen Diözesen und die Herausgabe eines gemeinsamen Hirtenbriefes über die Frage einer katholischen Universität in Salzburg. Dieser Hirtenbrief wurde am 10. Februar 1929 von den Bischöfen unterzeichnet und am 10. März 1929 von allen Kanzeln in Österreich verlesen.[24] Mit der Verlesung war auch eine Sammlung zugunsten der Salzburger Universität verbunden. Mit der Herausgabe einer Werbeschrift startete der Universitätsverein auch eine intensive Werbekampagne. Der Heilige Vater nahm sogar persönlich Einsicht in diese Broschüre und unterstützte deren Anliegen mit dem folgenden huldvollen Handschreiben: „Allen die opferwillig und hilfreich zu Gunsten der neuen für Kirche und Land so verheißungsvollen Salzburger Hochschule eintreten werden, erteilen Wir ganz besondere herzlichste Apostolische Segen. 25.XI.28 Pius PP.XI. am Tage der heiligen Katharina v. Alex.".[25]

Forschung, 21. Jahrg./1968, S. 202–216; ebenso *Mager, Alois*, Das philosophische Institut an der theologischen Fakultät in Salzburg, in: Salzburger Hochschulkalender 1928/29, S. 26–29; Statuten des Päpstlichen Philosophischen Institutes „ad instar facultatis" bei der Theologischen Fakultät der Universität Salzburg, Salzburg 1978.

24 Der Hirtenbrief ist abgedruckt in: Mitteilungen vom katholischen Universitätsverein in Salzburg (Universitätsblatt), 27. Jahrg./1929, Nr. 1, S. 1–4.

25 Abgedruckt in: *Katholischer Universitätsverein* (Hg.), Die deutsche katholische Universität. Vom Wachsen und Werden der Salzburger Hochschule, Salzburg o.J., S. 3.

Abb. 2: Flugblatt des katholischen Universitätsvereins.

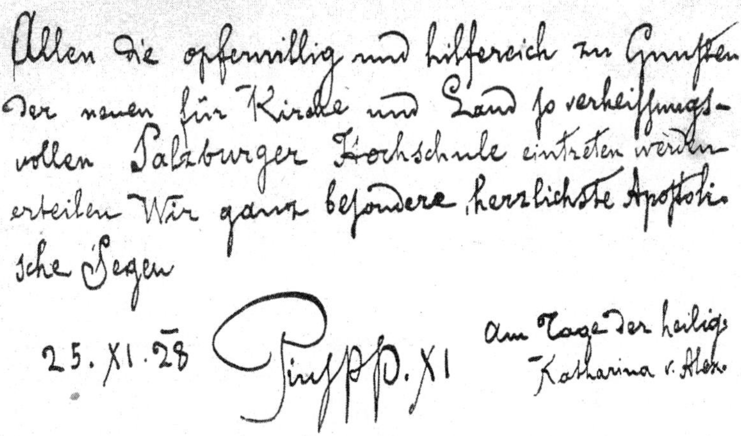

Allen die opferwillig und hilfreich zu Gunsten der neuen für Kirche und Land so verheißungsvollen Salzburger Hochschule eintreten werden erteilen Wir ganz besondere, herzlichste Apostolische Segen

25.XI.28 Pius PP. XI am Tage der heiligen Katharina v. Alex.

Herzliche Bitte

Mitzuarbeiten an unserem großen nationalen und kulturellen Werk durch Beitritt zum Katholischen Universitätsverein.
Minimal=Mitgliedsbeitrag 1 Schilling bezw. 1 Mark
als Wohltäter . . . 10 Schilling ⎫
als Förderer . . . . 100 Schilling ⎬ oder diesen Betrag in
als Gründer . . . . 1000 Schilling ⎨ anderer Währung.
als Stifter . . . . . 5000 Schilling ⎭
(Bitte, beiliegenden Erlagschein zu benützen.)

Wenn jemand bereits Mitglied ist, neue Mitglieder werben zu helfen in seinem Kreise. Vielleicht könnten Sie uns Adressen bekanntgeben, an die wir uns mit Hoffnung auf Erfolg wenden würden oder uns durch sonstige praktische Mitarbeit oder zielführende Ratschläge unter= stützen.

Wenn jemand wider Erwarten wirklich gar nichts für die große Sache übrig hätte, den ersuchen wir um die Gefälligkeit, die für uns immerhin kost= spielige Werbeschrift statt sie retour zu senden, an andere (Geist= liche oder Laien) weitergeben zu wollen.

Mit recht herzlichem Dank im Voraus

Katholischer Universitätsverein in Salzburg
Dreifaltigkeitsgasse 12/I.

Zwei weitere Erfolge des Universitätsvereines in der Zwischenkriegszeit müssen schließlich noch genannt werden. Den guten internationalen Kontakten des Salzburger Universitätsprofessors Dr. Alois Mager ist zum einen die Gründung der „Salzburger Hochschulwochen" als eine Art „universitas in nuce" zu danken. Diese ersten Salzburger Hochschulwochen fanden vom 3. bis zum 22. August 1931 statt und werden seit damals alljährlich – ausgenommen die Jahre 1938 bis 1944 – abgehalten, wobei die Dauer zwischen ein und fünf Wochen schwankte.[26] Zum anderen gelang es dem Universitätsverein, die Regierung des Ständestaates, insbesondere Bundeskanzler Engelbert Dollfuß, für die katholischen Universitätspläne zu gewinnen.[27] Kurze Zeit nach der Ermordung des Bundeskanzlers überbrachte Bundespräsident Dr. Wilhelm Miklas anlässlich eines Festaktes zum 50-jährigen Bestehen des Universitätsvereines am 15. August 1934 die Mitteilung von einem Beschluss des Ministerrates, „im Rahmen der Aktion des Katholischen Universitätsvereines durch Gesetz eine freie katholische philosophische Fakultät in Salzburg zu errichten und im Sinne des Konkordates die Verhandlungen mit dem Heiligen Stuhl einzuleiten".[28] Zunächst galt es jedoch eine Reihe rechtlicher, finanzieller und organisatorischer Schwierigkeiten zu überwinden,[29] ehe 1937 der Grundplan einer kirchlichen Universität, welche den Namen „Albertus Magnus-Universität" führen sollte, ausgearbeitet wurde. Dieser Plan sah eine Verkirchlichung der bestehenden staatlichen Theologischen Fakultät vor, ebenso die Errichtung einer Philosophischen Fakultät mit Ansätzen zu einer staatswissenschaftlich-juridischen und einer biologisch-naturwissenschaftlichen Fakultät. Staatlicherseits lag auch bereits ein Entwurf für ein Bundesgesetz vor, mit dem die Errichtung einer katholischen Universität in Salzburg genehmigt werden sollte,

---

26 *Mager, Alois*, Die ersten Salzburger Hochschulwochen 1931, Salzburg 1931; *Michels, Thomas*, 40 Jahre Salzburger Hochschulwochen, in: Der Katholische Gedanke. Vierteljahresschrift, 27. Jahrg./1971, Heft 4, S. 1–6. *Gordan, Paulus* (Hg.), Christliche Weltdeutung. Salzburger Hochschulwochen 1931–1981, Graz-Wien-Köln 1981; *Weinzierl, Erika*, Die Salzburger Hochschulwochen 1931–1937 und die Bestrebungen zur Errichtung einer Katholischen Universität in Salzburg, in: *Michels, Thomas* (Hg.), Heuresis. Festschrift für Andreas Rohracher, 25 Jahre Erzbischof von Salzburg, Salzburg 1969, S. 338–362.

27 Die Vorgaben und Vorstellungen von Dollfuß suchte der Universitätsverein in den „Maria Plainer Grundsätzen" umzusetzen. Nach der Ermordung des Kanzlers am 25. Juli 1934 wurde dieses Programm als eine Art „heiliges Vermächtnis" bzw. als „Magna Charta" der weiteren Universitätsbestrebungen angesehen.

28 Die katholische Universität in Salzburg. Bericht über den Akademischen Festakt vom 15.8.1934, Salzburg 1934, S. 12.

29 Siehe *Rinnerthaler*, Der Universitätsverein (Anm. 1), S. 47–59.

und kirchlicherseits begann man die ersten Personalentscheidungen zu treffen und diesbezügliche Berufungsverhandlungen zu führen.[30]

II. Das vorübergehende Aus für alle Universitätsbestrebungen in Salzburg

Die Salzburger Bemühungen um Errichtung einer katholischen Universität wurden schon Jahre vor dem Anschluss von den Nationalsozialisten mit Misstrauen beobachtet. So entsandte man beispielsweise zu den Hochschulwochen im Jahr 1936 einen „Beobachter", der diese Veranstaltung überwachen und hierüber einen Bericht erstatten sollte. Dossiers über die Dozenten der Salzburger Hochschulwochen wurden angelegt, so auch über den Vorsitzenden der Kommission des österreichischen Episkopates, Univ.-Prof. Dr. Wilhelm Schmidt SVD, zu dem in den Akten folgendes vermerkt wurde: „Er hat in einer Schrift den Rassegedanken vom katholischen Standpunkt diskreditiert. Nicht Blut und Boden, sondern das katholische Christentum sei das einigende Band."[31]

Es kam daher nicht überraschend, dass bereits wenige Tage nach dem Einmarsch der deutschen Truppen in Österreich – am 19. März 1938 – die Gestapo ein Betätigungsverbot über den Universitätsverein erließ: „Dem unterzeichneten gesetzlichen Vertreter des Verbandes ist heute eröffnet worden, dass seinem Verband und seinen Untergliederungen im Hinblick auf die gegenwärtige Lage zunächst ein allgemeines Betätigungsverbot auferlegt worden ist. Danach ist den Vereinsmitgliedern jede Betätigung untersagt, die in irgendeinem Zusammenhang mit dem Verein steht, insbesondere Zusammenkünfte jeder Art, Beitragszahlungen und Erhebungen, das Tragen von Uniformen oder sonstigen Gleichtrachten und von Abzeichen, die auf Zugehörigkeit zum Verein schließen lassen."[32] Die Kenntnisnahme dieses Verbotes musste sowohl vom Schriftführer als auch vom Kassier des Universitätsvereines schriftlich bestätigt werden. Etwas weniger rigoros klingt das damalige Geschehen in einer anderen zeitgenössischen Quelle. In dieser zählte man den Universitätsverein nur zu jenen Verbänden, „die durch Anordnung des Herrn Gauleiters und Reichskommissärs

---

30 Zum Thema „Albertus Magnus-Universität" siehe *Ortner*, Die Universität in Salzburg (Anm. 20), S. 131–170.
31 *Rinnerthaler*, Der Universitätsverein (Anm. 1), S. 59.
32 *Ritschel, Karl-Heinz*, Der Salzburger Universitätsverein unter dem Druck des Nationalsozialismus, in: 110 Jahre CV. 90 Jahre Austria Wien. Eine Festschrift, herausgegeben zum 90. Stiftungsfest des KÖStV Austria, Wien 1966, S. 34–57, hier S. 60.

Bürckel einer bestimmten Aufsicht in organisatorischer und finanzieller Hinsicht unterstellt" wurden.[33]

Anlässlich einer Vorsprache beim zuständigen Beamten der Wiener Leitstelle der Geheimen Staatspolizei wurde die Angelegenheit des Universitätsvereines allerdings als keineswegs dringend erachtet und daher der Universitätsverein – wie auch die Salzburger Hochschulwochen, die ein eigener Verein waren – in die Kategorie jener Vereine eingereiht, über die erst später entschieden werden sollte. Diese de facto Rücknahme des Betätigungsverbotes wurde auch von einem Herrn Regierungsrat Dr. Haselbacher in einem von ihm unterschriebenen Protokoll vom 8. April 1938 bestätigt.[34]

Entgegen dieser Zusage bereitete man bereits zur gleichen Zeit hinter den Kulissen die Auflösung des Universitätsvereines vor. Am 30. April 1938 erhielt die Stapo-Stelle Salzburg von der Gestapo-Leitstelle Wien das folgende Fernschreiben: „Betrifft Auflösung des Universitätsvereines und des Volkskundeinstituts[35] in Salzburg. ... Auf Befehl des Gruppenführers Heydrich bitte ich, den Universitätsverein und das Volkskundeinstitut in Salzburg nach Paragraph 1 der zweiten Verordnung zum Gesetz über die Wiedervereinigung Österreichs mit dem Deutschen Reich vom 13. 3. 1938 (RGBl. I S. 237) aufzulösen und das Vermögen zu beschlagnahmen ...".[36] Dabei hatten es die NS-Machthaber zunächst übersehen, auch den „Verein der Salzburger Hochschulwochen" aufzulösen. Diese Einrichtung war eine Gründung des Universitätsvereines und betrieb – als eigenständige Körperschaft, wenn auch in Kanzleigemeinschaft mit dem Universitätsverein – die Hochschulwochen. Dadurch, dass der Reichskommissar für die Wiedervereinigung Österreichs mit dem Deutschen Reich auch die Auflösung des Vereines der Salzburger Hochschulwochen wegen „staatsfeindlicher Tätigkeit" am 5. November 1938 verfügte, wurde diese Panne aus der Welt geschafft und dieses letzte Relikt des Universitätsvereines ebenfalls beseitigt.[37]

---

33 *Rinnerthaler,* Der Universitätsverein (Anm. 1), S. 60.
34 AES, Altbestand 12/10 Rp1, Bericht über die Einziehung des Universitätsvereins-Vermögens.
35 Zum Institut für religiöse Volkskunde, das der Universitätsverein 1934 übernommen hatte, siehe *Eberhart, Helmut,* Von der „gläubigen Wissenschaft" zum Ahnenerbe der SS. Salzburg und die nationalsozialistische Volkskunde, in: *Jacobeit, Wolfgang / Lixfeld, Hannjost/ Bockhorn, Olaf* (Hg.), Völkische Wissenschaft. Gestalten und Tendenzen der deutschen und österreichischen Volkskunde in der ersten Hälfte des 20. Jahrhunderts, Wien-Köln-Weimar 1994, S. 549–557.
36 *Ritschel,* Der Salzburger Universitätsverein (Anm. 32), S. 47 f.
37 *Ritschel,* Der Salzburger Universitätsverein (Anm. 32), S. 53.

Am 2. Mai 1938 erhielt die Stapo-Leitstelle Wien aus Salzburg die folgende Vollzugsmeldung: „Vorstehend genannte Vereine wurden heute von der geheimen Staatspolizei, Staatspolizeistelle Salzburg, aufgelöst. Das Vermögen ist beschlagnahmt worden." Die beschlagnahmten Aktiva wurden einschließlich der umfangreichen Bibliothek des Universitätsvereines an die Berliner Ahnenerbe-Stiftung[38] übergeben. Der Beauftragte der Ahnenerbestiftung in Salzburg, SS-Obersturmbannführer Menz, äußerte sich bezüglich der Vermögensübernahme dahingehend, „dass die Ahnenerbe-Stiftung nur die bestehende Werte übernommen habe und sich weder für die Forderungen noch für die Schulden des Universitätsvereines interessiere, da sie nicht als Rechtsnachfolger zu betrachten sei. Die Ahnenerbe-Stiftung könne zwar Ansprüche aus moralischen Gründen im Einzelfall anerkennen, eine rechtliche Verpflichtung bestehe jedoch nicht".[39] Von der Vermögensübernahme war ein Geldvermögen von mehreren hunderttausend Schilling, die vom Universitätsverein gemieteten Räume und ein größerer Baugrund mit rund 30.000 qm^2 im Salzburger Stadtteil Parsch, der dem Verein gehörte und zu diesem Zeitpunkt an einen Bauern verpachtet war, betroffen.[40] In Angelegenheit der Vermögensbeschlagnahme wandte sich der Kanzleidirektor des Universitätsvereines, Dr. Max Pietsch, mit einem Hilferuf sowohl an den Fürsterzbischof von Salzburg, Sigismund Waitz, als auch an den Wiener Kardinal Theodor Innitzer. Der Wiener Erzbischof versuchte auch alles in seiner Macht Stehende gegen die Einziehung des Vereinsvermögens zu unternehmen, indem er eine Protestnote an den Führer persönlich richtete. In diesem Schreiben fand er sich zwar mit der Auflösung des Vereines ab, drängte jedoch vehement auf die Rückerstattung des beschlagnahmten Vermögens.[41] Zugleich unterstützten die Bischöfe Österreichs diese Forderung mit der Drohung, dass sie im Falle einer Ablehnung nicht umhin könnten, „den Gläubigen in geeigneter Form die Einziehung des Vermögens zur Kenntnis zu bringen, da

---

38 Zur Forschungs- und Lehrgemeinschaft „Ahnenerbe" siehe *Kater, Michael*, Das „Ahnenerbe" der SS 1933–1945. Ein Beitrag zur Kulturpolitik des Dritten Reiches, Stuttgart 1974; *Putzer, Peter*, Rechtsaltertümer in der Landschaft. Eine Fragenbogenaktion des SS-Forschungsamtes „Ahnenerbe" und deren Durchführung und Ergebnisse in Salzburg; zugleich ein Beitrag zur Kulturpolitik des Dritten Reiches, in: Mitteilungen der Gesellschaft für Salzburger Landeskunde, Bd. 118, Salzburg 1979, S. 311–325.
39 AES, Altbestand 12/10 Rp1 (Anm. 34).
40 Eine Aufstellung des Vereinsvermögens findet man abgedruckt bei *Rinnerthaler*, Der Universitätsverein (Anm. 1), S. 61 f.
41 AES, Altbestand 12/19, Innitzer an den Führer, Schreiben vom 6. Mai 1938; den Inhalt dieses Schreibens findet man abgedruckt bei *Rinnerthaler*, Der Universitätsverein (Anm. 1), S. 62 f.

das Vermögen sich ja auf die Gaben der breiten Masse der Gläubigen aufbaut. Auch wird der Herr Fürstbischof von Salzburg im Falle der Ablehnung als gewesener Präsident des Universitätsvereines auf eine Klärung nach der Richtung dringen müssen, inwiefern der Verein ‚staatsfeindlich' gewesen sei und inwiefern die Einziehung des Vermögens ‚zur Aufrechterhaltung der Sicherheit und Ordnung' notwendig war."[42]

Am 3. Juni 1938 erging schließlich ein Führerbefehl, der vom Reichsminister und Chef der Reichskanzlei, Dr. Lammers, an Kardinal Innitzer wie folgt übermittelt wurde: „Euer Eminenz beehre ich mich ... mitzuteilen, dass der Führer angeordnet hat, das Vermögen des Salzburger Universitätsvereines zu Ihrer Verfügung zu stellen, soweit es nicht aus den Kassen österreichischer Regierungsstellen stammt. Die Freigabe dieser Beträge anzuordnen, sieht sich der Führer nicht in der Lage. Der Reichsführer SS und Chef der deutschen Polizei wird die erforderlichen Feststellungen treffen und das Weitere veranlassen."[43] Kardinal Innitzer und Fürsterzbischof Waitz beauftragten in der Folge den ehemaligen Kanzleidirektor Dr. Max Pietsch, mit den Behörden die näheren Modalitäten der Freigabe des Vereinsvermögens auszuhandeln. Dessen Verhandlungsposition war allerdings äußerst ungünstig, da die Ahnenerbe-Stiftung der SS sich auf den Passus im Führerbefehl berief, wonach jene Vermögensteile, die aus den Kassen österreichischer Regierungsstellen stammten, nicht zu retournieren seien. Die Stiftung verlangte praktisch Unmögliches, nämlich den Nachweis der Herkunft sämtlicher Gelder von der Gründung des Vereines im Jahr 1884 angefangen. Unter diesem Aspekt kann das von Pietsch mit dem Vorstand der Ahnenerbe-Stiftung erzielte Verhandlungsergebnis durchaus als Erfolg gewertet werden. So erhielten die österreichischen Bischöfe den gesamten Grundbesitz des Vereines refundiert; ebenso das Geldvermögen, abzüglich eines Betrages von 50.000 Reichsmark, mit dem die der Ahnenerbe-Stiftung erwachsenen Verwaltungsaufwendungen wahrhaft fürstlich abgegolten wurden. Verzichtet werden musste auf die Bibliothek, die nach ungefährer Schätzung rund 80.000 Bände umfasste.[44] Mit dem zurückgestellten Vermögen mussten die Bischöfe zunächst noch sämtliche Verbindlichkeiten des aufgelösten Vereines abdecken,

---

42 AES, Altbestand 12/10 Rp1 (Anm. 34).
43 Ritschel, Der Salzburger Universitätsverein (Anm. 32), S. 51.
44 Zum Schicksal der Bibliothek des Universitätsvereines siehe *Embacher, Helga*, Die Enteignung der Bibliothek des Katholischen Universitätsvereines, in: *Schachl-Raber, Ursula / Embacher, Helga / Schmoller, Andreas / Lahner, Irmgard* (Hg.), Buchraub in Salzburg. Bibliotheks- und NS-Provenienzforschung an der Universitätsbibliothek Salzburg, Salzburg 2012, S. 70–83.

ehe sie den Rest der Aktiva jenem Zweck zuführen konnten, auf den sich die Bischofskonferenz bereits im April 1938 geeinigt hatte: Das Vermögen sollte für den Ausbau des Salzburger Priesterhauses verwendet werden.[45]

Mit der Auflösung des Universitätsvereines in einem gewissen Zusammenhang steht auch die Aufhebung der Theologischen Fakultät in Salzburg, die ja einen Grundstein für die künftige katholische Universität hätte bilden sollen. Bereits wenige Tage nach dem Anschluss Österreichs an das Deutsche Reich besetzte am 16. März die 5. motorisierte Hundertschaft der Polizei Dresden alle Hörsäle, Seminar- und Lesezimmer der Theologischen Fakultät. Dies war jedoch nur eine kurzfristige Maßnahme, denn bereits am 18. März findet sich folgender Eintrag im Geschäftsprotokollbuch: „1/2 9 h. Die in der Theologischen Fakultät einquartierte 5. Schupo-Hundertschaft ist, in die Heimat abberufen, im Hofe aufgestellt. Abschied von Salzburg, Ansprache des Majors. Um 9 h Abfahrt nach Berchtesgaden, wo das Haus des Führers besucht wird."[46] Nachdem an der Fakultät zu diesem Zeitpunkt bereits die Osterferien begonnen hatten (15. März – 21. April) belegte noch am Nachmittag desselben Tages eine andere Einheit, die 2. motorisierte Schupo-Hundertschaft Erfurt, das Studiengebäude mit Beschlag. Von den Räumen der Theologischen Fakultät – es waren im Studiengebäude auch das Akademische Gymnasium und die Lehrerbildungsanstalt untergebracht – beanspruchte sie jedoch nur einen Seminarraum als Wachzimmer; zudem quartierte sich der Major im Professorenzimmer ein.

Da auch in der Folgezeit immer wieder fakultätsfremde Organe und Privatpersonen Räume der Theologischen Fakultät besichtigten und darüber Erkundigungen einzogen, wandte sich der Dekan mit der Bitte um Abhilfe an das Ministerium für innere und kulturelle Angelegenheiten in Wien. Er bat „namens des Professorenkollegiums für den Fall von irgendwelchen Eingriffen in den Besitzstand der hiesigen Fakultät schon im voraus um den Schutz des Ministeriums, da bei weiterer Beschlagnahme von Fakultätsräumen, besonders Hörsälen, die geordnete Fortsetzung des Studienbetriebes unmöglich werden würde." Abschließend bemerkte er, „dass bei der Anzahl von 282 Hörern die vorhandenen und in Benützung stehenden Hörsäle I bis III und V voll ausgenutzt sind. Der Hörsaal IV (im Wallistrakt der Residenz) ist bereits von den Landesplanern besetzt. Der vorübergehenden Abtretung von Fakultätsräumen während der Sommerferien

---

45 AES, Altbestand 12/10 Rp1 (Anm. 34).
46 Geschäftsprotokollbuch 1933–1945/46, UAS, FA CXI, GZ 274/1 und 285.

steht nach Ansicht des gefertigten Dekans unter gewissen Voraussetzungen nichts im Wege."[47]

Ein üblicher Vorgang nach jedem Machtwechsel ist die Vereidigung der Öffentlich Bediensteten auf die neuen Machthaber. Selbstverständlich verzichteten auch die Nationalsozialisten nicht auf dieses Zeremoniell. Zu diesem Zweck wurde die Beamtenschaft (unter ihnen auch die Professoren der Theologischen Fakultät) für Dienstag den 15. März 1938 zu einer „Vorstellung" bei der neuen Landesregierung geladen. Kurzfristig verschob man diesen Termin noch um einen Tag. Im Rahmen dieser Veranstaltung hatte jeder Beamte eine Eidesformel zu unterzeichnen, die anschließend in seinem Personalakt verwahrt wurde.[48] Vier Mitglieder des Professorenkollegiums waren jedoch verhindert an der Vereidigung teilzunehmen. Einer befand sich im Krankenstand, zwei weitere waren verreist. Ihre Vereidigung erfolgte nach den Osterferien durch den Dekan. Die unterschriebenen Eidesformulare wurden am 2. Mai an die Landeshauptmannschaft übersandt. Eine besondere Bewandtnis hatte es mit dem vierten unvereidigten Mitglied des Professorenkollegiums, nämlich mit Privatdozent Pater Dr. Thomas Michels.[49] Er hatte in den frühen Morgenstunden des 12. März 1938 die Flucht, für die er bereits Tage vorher die Koffer gepackt hatte, vor dem neuen Regime ergriffen. Trotz einer kurzfristigen Verhaftung am Brenner gelang es Michels, wohlbehalten nach Südtirol zu kommen, von wo er am 14. März – in Unkenntnis des vorverlegten Termins der Osterferien – folgendes Telegramm an die Theologische Fakultät sandte: „Bitte Vorlesungen wegen Entwicklung bis nach Ostern absagen." Obwohl der Dekan über die Tatsache der Flucht informiert war, berichtete er an die Landesamtsdirektion, dass Michels verreist sei und voraussichtlich erst nach den Osterferien wieder zurückkehren werde. Tatsächlich fuhr Michels von Südtirol in die Schweiz weiter, wo er sich bis zum September 1938 aufhielt, bis sich ihm die Möglichkeit zu einer Überfahrt nach Amerika eröffnete.

Wie ein Blitz aus heiterem Himmel schlug im September 1938 in Salzburg die Nachricht ein, dass die Theologische Fakultät durch den folgenden Erlass des Ministeriums für innere und kulturelle Angelegenheiten aufgehoben worden

---

47 UAS, FA LXXXVIII 244, Der Dekan an das Ministerium für innere und kulturelle Angelegenheiten, Schreiben vom 6. Juli 1938.
48 *Rinnerthaler*, Die „katholisch-theologische Fakultät Salzburg" (Anm. 1), S. 297; *Rinnerthaler*, Die Theologische Fakultät (Anm. 1), S. 552 f.
49 Zu Michels siehe *Maresch, Ludwig*, Humanum dico .... Erfahren et widerfahren ... Notizen zu einer Biographie von Pater Thomas Michels, in: *Mikrut, Jan* (Hg.), Faszinierende Gestalten der Kirche Österreichs, Bd. 5, Wien 2002, S. 211–262.

sei: „Die theologische Fakultät in Salzburg ist nach Auflassung der ehemaligen Salzburger Universität übrig geblieben und hat so ihren ursprünglichen organisatorischen Zusammenhang völlig verloren. Im Zuge der Neuordnung des österreichischen Hochschulwesens wird daher die kath.-theologische Fakultät mit dem Tage der Zustellung dieses Erlasses aufgelassen. Über die dienstrechtliche Behandlung der Professoren werden abgesonderte Weisungen erlassen werden."[50] Die im Erlass angekündigten dienstrechtlichen Maßnahmen sahen wie folgt aus: „Alle Professoren wurden zwangspensioniert; Prof. Matthias Premm inhaftiert (vom 12.11. bis zum 10.12.1938) und aus der Wohnung gewiesen; Prof. Josef Dillersberger zeitweise inhaftiert, aus der Reichsschrifttumskammer ausgeschlossen, alle seine Bücher verboten und die Pension entzogen, nachdem ihm nur ein Jahresgehalt gezahlt worden war; Dozent Benedikt Probst aus dem Stift St. Peter gauverwiesen; Prof. Alois Mager durch die Gestapo vernommen wegen seiner veröffentlichten Stellungnahme gegen den Antisemitismus."[51]

Über die eigentlichen Hintergründe (die im Erlass genannte Begründung ist objektiv unrichtig) der Aufhebung ist wenig bekannt. In einem Bericht des Ministeriums für innere und kulturelle Angelegenheiten an den Reichsminister für Wissenschaft, Erziehung und Volksbildung in Berlin finden sich einige Informationen, die über die im Aufhebungserlass enthaltenen hinausgehen und einen höheren Grad an Plausibilität aufweisen. Demnach ging die Initiative zur Aufhebung der Salzburger Fakultät vom Salzburger Landeshauptmann und Gauleiter Dr. Rainer aus. Eine Auflösung im Erlassweg erachtete man – ähnlich wie bei der Theologischen Fakultät in Innsbruck – deshalb für ausreichend, da „die Salzburger theologische Fakultät nicht auf einem Gesetze, sondern – soweit es sich um die Errichtung eines Lyzeums mit theol.-philos. und medizinisch-chirurgischer Anstalt mit dem Rechte der Erteilung des theol. und philos. Doktorgrades handelt – auf der allerhöchsten Entschließung vom 1. Sept. 1818 und – soweit die Bestätigung der theologischen Lehranstalt als Fakultät in Frage kommt – auf dem Ministerialerlasse vom 18. Oktober 1850, Z. 7356, beruht."[52] In einem Schreiben des Reichskommissars für die Wiedervereinigung

---

50 Ministerium für innere und kulturelle Angelegenheiten an das Dekanat der Kath.-Theologischen Fakultät Salzburg, Erlass vom 12. September 1938, Zl. IV-2- 33.737-a/38. Abschriften dieses Erlasses finden sich im Universitätsarchiv Salzburg in den Faszikeln FA LXXXVIII und FA CLXIII/1.
51 So Ortner, Die Universität in Salzburg (Anm. 20), S. 175.
52 ÖStA, AVA, RkfW (Aktenbestand „Reichskommissar für die Wiedervereinigung Österreichs mit dem Deutschen Reich") 264/2462-9, Das Ministerium für innere und

Österreichs mit dem Deutschen Reich, Josef Bürckel, an den Wiener Erzbischof Kardinal Theodor Innitzer findet sich als weitere Begründung, dass im Zuge der allgemeinen Reform und Rechtsangleichung die Salzburger Theologische Fakultät „als Ordens- oder ordensähnliche Universitätseinrichtung nicht bestehen bleiben"[53] konnte.

Abgesehen von diesen ausdrücklich genannten Ursachen ist die Aufhebung der Salzburger Fakultät auch in einem nicht expressis verbis genannten, größeren Zusammenhang zu sehen. Denn in Österreich wurde neben den Theologischen Fakultäten von Innsbruck und Salzburg, die man beide als Ordenseinrichtungen (Jesuiten, Benediktiner) bezeichnen konnte, auch diejenige von Graz mit Wien zusammengelegt und damit eine weitere Fakultät de facto ebenfalls aufgelöst. Aber auch die Wiener Theologische Fakultät hatte mit erheblichen Schwierigkeiten zu kämpfen, versuchte man doch, „sie außerhalb der Universität unterzubringen; die Professoren der Wiener Theologischen Fakultät (wurden) mehrfach ohne Einvernehmen mit dem Ordinariat entlassen, pensioniert oder einem anderen Fach zugeführt."[54] Bei dem größeren Zusammenhang dürfte es sich um den für nationalsozialistische Bildungspolitiker vorrangigen Aspekt der „Entkonfessionalisierung des Bildungswesens" gehandelt haben.

---

kulturelle Angelegenheiten (Abt. IV) an den Reichsminister für Wissenschaft, Erziehung und Volksbildung, Bericht vom 12. September 1938, Zl. IV-2-33.737 a/38. Vom Gauleiter und Landeshauptmann Rainer war die Auflösung der Theologischen Fakultät in Salzburg zumindest seit April 1938 betrieben worden. So hatte die Salzburger Landesregierung in ihrer Sitzung am 25. April 1938 einen diesbezüglichen Beschluss gefasst, „weil einerseits der Besuch dieser Fakultät seit längerer Zeit ein sehr schwacher ist, weil andererseits die theologische Fakultät der Universität in Innsbruck in nächster Nähe gelegen ist und weil endlich infolge des gewaltigen Aufbauprogrammes, dessen Durchführung nunmehr einsetzt, in Salzburg bereits ein Mangel an verfügbaren öffentlichen Gebäuden besteht." – Zitiert nach *Kremsmair, Josef*, Nationalsozialistische Maßnahmen gegen Katholisch-theologische Fakultäten in Österreich, in: *Liebmann, Maximilian / Paarhammer, Hans / Rinnerthaler, Alfred* (Hg.), Staat und Kirche in der „Ostmark", Frankfurt am Main 1998, S. 133–169, hier S. 153.

53 *Volk, Ludwig*, Akten deutscher Bischöfe über die Lage der Kirche 1933–1945, Bd. IV (1936–1939), Mainz 1981, S. 615.

54 *Volk*, Akten deutscher Bischöfe (Anm. 53), S. 706 (aus einem Bericht über die kirchliche Lage in Österreich).

III. Die Renaissance der Idee einer katholischen Universität in Salzburg

Offiziell fand der Zweite Weltkrieg am 8. Mai 1945 mit der bedingungslosen Kapitulation Deutschlands sein Ende. Noch ehe in allen Teilen Österreichs die Kriegshandlungen eingestellt worden waren, begann im April 1945 bereits der Prozess der Staatsbildung Österreichs mit der Proklamation der Österreichischen Unabhängigkeitserklärung (am 27. April) durch die drei Gründungsparteien der Zweiten Republik (Sozialdemokraten = SPÖ, Christlichsoziale = ÖVP, Kommunisten = KPÖ). Am gleichen Tag trat die neu konstituierte provisorische Staatsregierung zusammen, deren primäre Ziele es waren, nach der Anerkennung durch die Sowjetunion auch jene durch die USA, Großbritannien und Frankreich zu erlangen und eine Wiederherstellung der Österreichischen Republik auf der Grundlage der Verfassung von 1920 und der Novelle von 1929 zu bewerkstelligen. Daran hinderte sie auch nicht der Umstand, dass Österreich in vier Besatzungszonen unterteilt war, nämlich in eine britische, französische, amerikanische und sowjetische.

Salzburg befand sich in der Zone der Amerikaner, zu denen vor allem der Salzburger Erzbischof DDDr. Andreas Rohracher rasch ein äußerst positives Gesprächsklima aufbauen konnte. Rohracher selbst skizzierte sein Verhältnis zu den wichtigsten Repräsentanten der amerikanischen Besatzungsmacht wie folgt: Ich bin „für das mir jederzeit geschenkte Vertrauen außerordentlich dankbar, weil ich dadurch meinem Volke doch etwas helfen, der Regierung aber ihre schwere Arbeit erleichtern kann."[55] Dieses gute Klima ermöglichte es, dass inmitten des politischen, wirtschaftlichen, sozialen und kulturellen Trümmerfeldes, das der Zweite Weltkrieg und die NS-Herrschaft hinterlassen hatten, erneut an die Gründung einer katholischen Universität in Salzburg gedacht werden konnte. Nachdem die Alliierten alle Gesetze und Verfügungen, die in der nationalsozialistischen Zeit erlassen worden waren, für nichtig erklärt hatten, lebte die Theologische Fakultät zunächst ipso facto wiederum auf. Nach Vorgesprächen mit dem Salzburger Erzbischof, der amerikanischen Militärregierung und Vertretern der provisorischen österreichischen Staatsregierung in Wien trat der ehemalige Lehrkörper der Theologischen Fakultät am 26. September 1945 zu einer ersten Sitzung zusammen und wählte Professor Dr. Alois Mager zum Dekan. Zugleich beschloss man, mit Beginn des Wintersemesters den Lehrbetrieb wiederum aufzunehmen.

---

55 Zitiert nach *Spatzenegger, Hans*, „Kirche in Freiheit". Die Aufbaujahre1945–48, in: Zwink, Eberhard (Hg.), Salzburg und das Werden der Zweiten Republik. IV. Landes-Symposium am 4. Mai 1985 (Schriftenreihe des Landespressebüros, Serie „Salzburger Diskussionen", 7), Salzburg 1985, S. 59–80, hier S. 62.

Der Dekan wurde gebeten, alle notwendigen Schritte zu unternehmen, "um noch rechtzeitig die Räume der Fakultät im Studiengebäude und im Wallis-Trakt für den Vorlesungsbetrieb freizubekommen".[56] Da diese Räume während des Krieges als Lazarett und später als Dienststelle der UNRRA gedient hatten und entweder noch nicht zurückerlangt werden konnten oder noch adaptiert werden mussten, fanden die Vorlesungen (Vorlesungsbeginn am 10. Oktober) für die 130 Hörer zunächst in den Räumen des fürsterzbischöflichen Priesterseminars statt.[57] Dieses Provisorium währte bis zum 4. Dezember 1945. An diesem Tag wurde die Wiedereröffnung der Hörsäle der Theologischen Fakultät mit einer Feierstunde festlich begangen, an der als prominente Gäste unter anderem der Salzburger Fürsterzbischof Andreas Rohracher, der Salzburger Landeshauptmann Dr. Adolf Schemel und als Vertreter der amerikanischen Militärregierung Major Georg A. Selke teilnahmen. In seiner Ansprache skizzierte Dekan Mager die große Aufgabe der Salzburger Theologischen Fakultät und versprach, "den Gedanken an eine Volluniversität auf Salzburger Boden getreu zu bewahren". Als erster Schritt sollte schon bald eine Reihe von weiteren Instituten der Theologischen Fakultät angeschlossen werden: "Es handelt sich um das philosophische Institut, das wieder zum Leben erweckt wird, ein pädagogisches Institut, das im Entstehen begriffen ist, weiter um ein volkskundliches und schließlich um ein byzantinisches Institut, die so gut wie gesichert sind". Fürsterzbischof Rohracher dankte in seiner Ansprache dem Vertreter der Militärregierung, Major Selke, für dessen große Bemühungen um die Wiedererstehung der Salzburger Theologischen Fakultät und dem Landeshauptmann und der Landesregierung für ihre Intervention bei der Militärregierung und der österreichischen Regierung in Wien. Zugleich äußerte der Erzbischof die Hoffnung, "dass der Zeitpunkt nicht allzuferne sei, an dem die Katholische Universität in Salzburg entstehen könne".[58]

Tatsächlich hatten zu diesem Zeitpunkt die Bestrebungen zur Errichtung einer katholischen Universität in Salzburg einen ersten Erfolg verzeichnen können. Es war nämlich gelungen, die Aula Academica rechtzeitig in einen benutzungsfähigen Zustand zu versetzen, sodass dort vom 21. bis zum 28. Oktober 1945 die ersten "Salzburger Hochschulwochen" nach dem Krieg abgehalten werden konnten. Diese standen unter dem Leitthema "Das christliche Abendland, seine Vergangenheit, Gegenwart und Zukunft". Dekan Mager wertete diese wissenschaftliche Veranstaltung als einen "schöner Erfolg" und prophezeite den Hochschulwochen

---

56 UAS, FA CXII, Protokoll der Professorenkonferenz vom 26. September 1945.
57 UAS, FA CXLIX/65, Notiz des fürsterzbischöflichen Ordinariats vom 6. Dezember 1945.
58 Art. "Die theologische Fakultät", in: Salzburger Volkszeitung vom 5. Dezember 1945.

wie auch der „Albertus-Magnus-Gesellschaft" (also dem Katholischen Universitätsverein) eine steigende Bedeutung im geistigen Leben der Stadt Salzburg.[59] Den erfolgreichen Verlauf der ersten Hochschulwochen nach dem Krieg wertete man als kategorischen Imperativ, „dass Salzburg seine Hochschulwochen im früheren Stil und Umfange wieder aufnehmen muss. Es ist seine Berufung und Aufgabe, die es sich nicht selber gibt, sondern die ihm eine Vorsehung auferlegt".[60]

In das Boot der Theologischen Fakultät und der Katholischen Universität sollte auch wieder der Benediktinerorden geholt werden. Zu diesem Zweck schlossen der Salzburger Ordinarius Rohracher und der Erzabt des Stifts St. Peter Jakobus Reimer – als Vertreter der Konföderation der Benediktinerorden des deutschen Sprachraumes – ein Übereinkommen, wonach von den gegenwärtig acht vom Staat Österreich finanzierten Lehrkanzeln drei zur Besetzung dem Benediktinerorden vorbehalten bleiben sollten, nämlich die Exegese des Alten Testaments, die Kirchengeschichte und die Fundamentaltheologie (samt Philosophie).[61] Diese Vereinbarung wurde auch den Regierungsstellen zur Kenntnis gebracht, wobei sich Unterstaatssekretär Karl Lugmayer[62] mit dieser Regelung und den daraus resultierenden personellen Konsequenzen durchaus einverstanden erklärte. Hinsichtlich der zu errichtenden Katholischen Universität unterbreitete Univ.-Prof P. Dr. Wilhelm Schmidt SVD zudem den Vorschlag, „ob nicht der ganze Benediktinerorden OSB., der nächstes Jahr das Benediktinerjubiläum feiert, zum Träger des Gedankens gemacht werden könnte. OSB ist ja der geschichtlich größte Kulturträger Europas, würde bei Übernahme dieses Gedankens abermals für ganz Mitteleuropa kulturschaffend werden und wäre dazu vielleicht leichter zu gewinnen, nachdem er die Universität in Peking verloren hat".[63] Erzbischof Rohracher konnte diesem Vorschlag durchaus einiges abgewinnen, weshalb er ihn umgehend in sein Memorandum über die „Errichtung der katholischen Albertus Magnus Universität in Salzburg" aufnahm.[64] Als eine wichtige Voraussetzung für das Verfolgen dieser Universitätsidee verlangte der Erzbischof, dass schon in nächster Zeit das

---

59 UAS, FA CXII, Protokoll der Professorenkonferenz vom 29. Oktober 1945.
60 UAS, FA CLXIII/1, Dok. 57, Univ.-Prof. Dr. Alois Mager OSB, Die Salzburger Bestrebungen (Manuskript ohne Datum, wahrscheinlich aus dem ersten Halbjahr 1946).
61 AES, Altbestand 12/10 Rp1, Promemoria vom 7. Dezember 1945.
62 Zu Karl Lugmayer siehe *Bader, Erwin* (Hg.), Karl Lugmayer und sein Werk. Seine politisch-soziale Bedeutung und Aktualität, Berlin-Wien 2007.
63 AES, Altbestand 20/102 Salzburger Universität, Aktennotiz vom 22. August 1946.
64 AES, Altbestand 20/102 Salzburger Universität, Exposé von Erzbischof Rohracher mit dem Titel „Errichtung der katholischen Albertus Magnus Universität in Salzburg" vom 28. August 1947.

Collegium Benediktinum in Salzburg wiederum erstehen und dieses von allen österreichischen Benediktinerabteien beschickt werden sollte.

Abb. 3 und 4: Promemoria vom 7. Dezember 1945 (AES, Altbestand 12/10 Rp1).

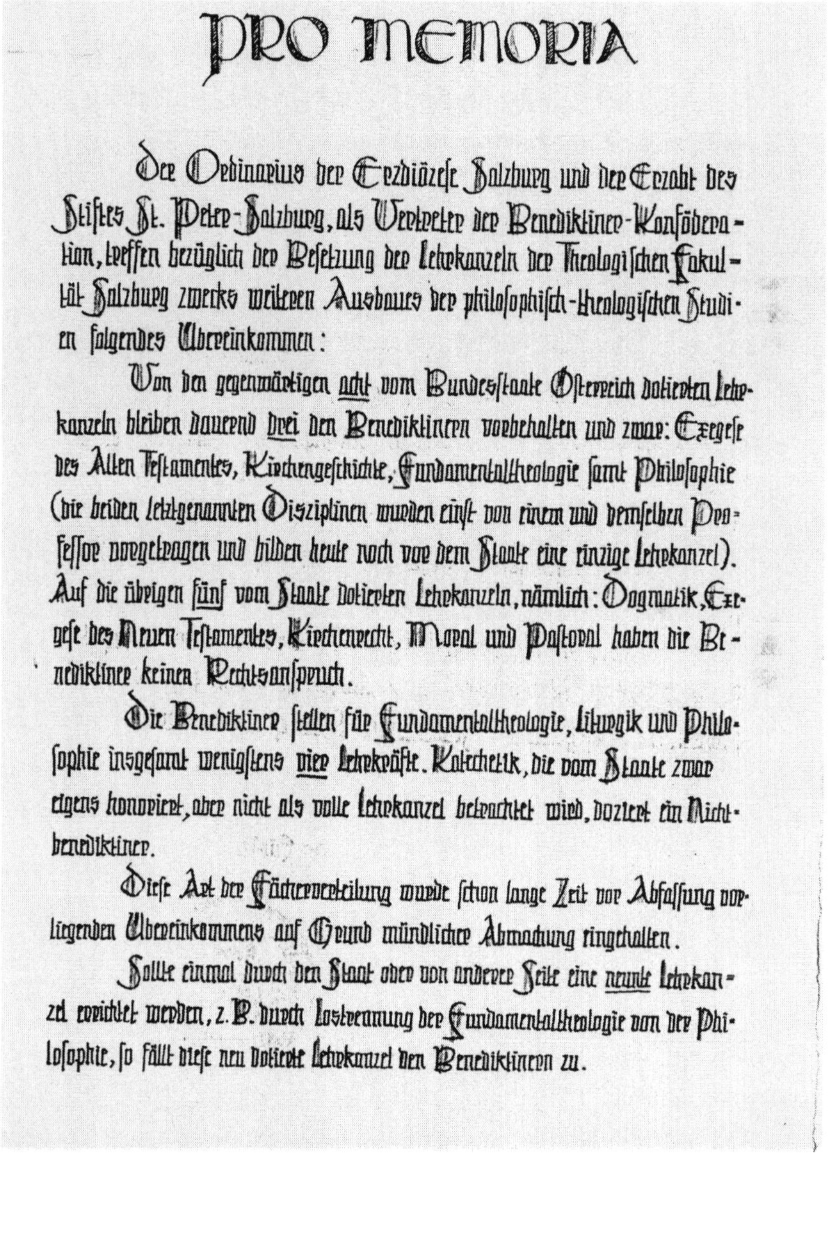

PRO MEMORIA

Der Ordinarius der Erzdiözese Salzburg und der Erzabt des Stiftes St. Peter-Salzburg, als Vertreter der Benediktiner-Konföderation, treffen bezüglich der Besetzung der Lehrkanzeln der Theologischen Fakultät Salzburg zwecks weiteren Ausbaues der philosophisch-theologischen Studien folgendes Übereinkommen:

Von den gegenwärtigen acht vom Bundesstaate Österreich dotierten Lehrkanzeln bleiben dauernd drei den Benediktinern vorbehalten und zwar: Exegese des Alten Testamentes, Kirchengeschichte, Fundamentaltheologie samt Philosophie (die beiden letztgenannten Disziplinen wurden einst von einem und demselben Professor vorgetragen und bilden heute noch vor dem Staate eine einzige Lehrkanzel). Auf die übrigen fünf vom Staate dotierten Lehrkanzeln, nämlich: Dogmatik, Exegese des Neuen Testamentes, Kirchenrecht, Moral und Pastoral haben die Benediktiner keinen Rechtsanspruch.

Die Benediktiner stellen für Fundamentaltheologie, Liturgik und Philosophie insgesamt wenigstens vier Lehrkräfte. Katechetik, die vom Staate zwar eigens honoriert, aber nicht als volle Lehrkanzel betrachtet wird, doziert ein Nichtbenediktiner.

Diese Art der Fächerverteilung wurde schon lange Zeit vor Abfassung vorliegenden Übereinkommens auf Grund mündlicher Abmachung eingehalten.

Sollte einmal durch den Staat oder von anderer Seite eine neunte Lehrkanzel errichtet werden, z. B. durch Lostrennung der Fundamentaltheologie von der Philosophie, so fällt diese neu dotierte Lehrkanzel den Benediktinern zu.

> Bei Errichtung noch weiterer staatlich dotierter Kanzeln ist im Wesentlichen wieder der obige Proporz von 3:5 einzuhalten.
>
> In einem außergewöhnlichen Fall ist ein Abgehen von der vorliegenden Abmachung durch gegenseitige Übereinkunft möglich. Ferner soll trotz Übernahme der Philosophie durch die Benediktiner an sich auch Nichtbenediktinern die Möglichkeit, an der Theologischen Fakultät Philosophie zu dozieren, offen bleiben. In diesem Falle müßte die Honorierung anderweitig, z.B. durch den Universitätsverein, die Diözesanfinanzkammer oder dgl. erfolgen.
>
> Diese Abmachung tritt mit dem heutigen Tage in Kraft und wird im Archiv des f.e. Ordinariats, in der Dekanatskanzlei der Theologischen Fakultät u. im Archiv des Erzstiftes St. Peter in je einem Stück hinterlegt.
>
> Urkund dessen folgen Siegel und Unterschrift der Vertragsschließenden.
>
> Salzburg, den 7. Dezember 1945, am Vorabend des Immakulatafestes, das in der Zeit der Benediktiner-Universität längst vor der päpstlichen Definition von Professoren und Studenten als Hochfest gefeiert wurde.
>
> der Erzabt: der Fürsterzbischof:
> + Jakobus Reimer O.S.B.   + Andr. Rohracher.

Neben den notwendigen personellen und organisatorischen Grundlagen waren für die Errichtung einer Universität natürlich auch ausreichende finanzielle Ressourcen eine wesentliche Voraussetzung. Bei deren Aufbringung war man allerdings nicht so realitätsfern zu glauben, dass man dies in den wirtschaftlich so schwierigen Zeiten der ersten Nachkriegsjahre auf die überkommene Art und Weise, also im Weg eines Vereines und von Sammlungen, werde realisieren können. Man dachte zunächst an einen neuen Weg, welcher der Katholischen Kirche vor dem Jahr 1939 noch nicht zur Verfügung gestanden war, nämlich an die Kirchenbeiträge. Konkret wurde in den Beratungen einer „Kommission zur Errichtung der katholischen Universität" der Plan ventiliert, den Bischöfen Österreichs den Vorschlag zu unterbreiten, „einen Teil der jährlichen Erträgnisse der Kirchensteuer, etwa 10% des Gesamtsatzes, der kath. Universität zur Verfügung zu stellen. Dadurch würde sowohl die genügende Höhe der benötigten Mittel als auch automatisch alljährlich die wiederkehrende Sicherheit derselben hergestellt werden".[65] Aufgrund von Befürchtungen, „dass auch eine Anzahl Liberaler und Sozialisten noch Kirchensteuer zahlen, die aber nicht gewillt wären, für eine katholische Universität beizusteuern", und die daher „dagegen protestieren und durch weitere Agitation vielleicht die Kirchensteuer überhaupt gefährden oder schädigen" könnten, wandelte man diesen Plan in eine freiwillige Leistung für die Katholische Universität um, die man gemeinsam mit dem verpflichtenden Kirchenbeitrag von den Gläubigen erbitten wollte. Auf der Frühjahrssitzung der Österreichischen Bischofskonferenz (am 2. April 1946) fand der diesbezügliche Salzburger Vorschlag keine allgemeine Zustimmung, da Kardinal Innitzer in der Sitzung berichtet hatte, dass in Rom für eine katholische Universität in Salzburg „keine günstige Stimmung" herrsche. So habe etwa der Präfekt der Studienkongregation, Kardinal Pizzardo, Innitzer seine diesbezüglichen Bedenken geäußert. Nach den Worten des Wiener Kardinals hätten auch die deutschen Kardinäle anlässlich des päpstlichen Konsistoriums im Februar 1946 auf die „Schwierigkeit, wenn nicht Unmöglichkeit einer Universität in Salzburg verwiesen, weil die Abgrenzung gegenüber dem Altreich, die jahrzehntelang dauern dürfte, einen Besuch durch deutsche Hochschüler und eine Anstellung deutscher Professoren fast unmöglich mache. Außerdem sei gedacht, eine katholische Universität im Altreich zu errichten, allenfalls in der Form, dass eine staatliche Universität supprimiert und dafür eine katholische Universität errichtet wird. Außerdem drückte Se. Eminenz den Zweifel aus, ob es nicht besser sei, die vorhandenen staatlichen Universitäten durch Besetzung mit katholischen Professoren zu erobern, als dass man an eine eigene katholische Universität denke. Die finanzielle Lage sei in allen Diözesen Österreichs auf lange Zeit so aussichtslos, dass an eine

---

65 UAS, FA CLXIII/1, Dok. 56, Die Errichtung der Katholischen Albertus Magnus-Universität in Salzburg, Bericht vom 25. März 1946, S. 3 f.

Finanzierung einer katholischen Universität nicht gedacht werden könne".[66] Obwohl von Erzbischof Rohracher als Gegengründe vorgebracht wurde, „dass Rom im Dezember v. J. sein allergrößtes Interesse an unserer Universität gezeigt habe und zwar sowohl der Hl. Vater persönlich als insbesondere der Sekretär der Studienkongregation, der nunmehrige Kardinal Ruffini, dass man weiterhin gerade Österreich für das Kulturleben ganz Mitteleuropas in Rom für ausschlaggebend halte und die Absperrung gegenüber den Nachbarstaaten gewiss keine Jahrzehnte dauere",[67] stand die Bischofskonferenz doch völlig unter dem Eindruck der Worte Innitzers. Rohracher blieb nichts anderes übrig, als den Salzburger Antrag zurückzuziehen. Stattdessen ersuchte der Salzburger Erzbischof die einzelnen Bischöfe, „nach Rücksprache mit ihren Finanzdirektoren die vorgeschlagenen Beiträge für die Universität einzuheben. Allerdings erklärte sich nur Linz dazu bereit unter der Voraussetzung, dass mit den pädagogischen Kursen möglichst bald begonnen werde. Angeregt wurde zudem von Klagenfurt die Errichtung einer Journalistenschule in Salzburg, womit der Universitätsgedanke „einen Schritt weiter zur Verwirklichung kommen könne".[68] Neben Linz und Klagenfurt zeigten sich – nach einer privaten Mitteilung an Erzbischof Rohracher – nur noch St. Pölten nicht völlig ablehnend gegenüber den Salzburger Wünschen.[69]

Mit dem Scheitern des Salzburger Antrages in der Bischofskonferenz blieb letztlich nur der schon in der Vergangenheit beschrittene Weg der Universitätsfinanzierung übrig. Basis hierfür war die großzügige Schenkung eines Fonds, der allerdings durch zweimalige Entwertung starke Einbußen erlitten hatte, an das „Universitätswerk" – einen interimistischen Vermögensträger (da der Universitätsverein zu diesem Zeitpunkt noch nicht wiedererrichtet worden war) – im Jahr

---

66 AES, Altbestand 20/102, Salzburger Universität (Bischofskonferenz vom 2. April 1946). Zumindest der Hinweis des Wiener Kardinals auf angebliche Pläne des deutschen Episkopats auf Errichtung einer katholischen Universität erwies sich nachträglich als unrichtig. So konnte der „Präses des Universitätswerkes", Pater Dr. Wilhelm Schmidt SVD ermitteln, „dass ein Plan der Gründung einer kath. Universität in Deutschland nicht bestehe, vielmehr wenigstens in Süddeutschland Interesse für eine kath. Universität in Salzburg vorhanden sei, wenn einmal die Grenzen wieder aufgingen". – So ein Schreiben Erzbischof Rohrachers an Kardinal Ruffini vom 10. Juli 1946 (AES, Altbestand 20/102).
67 So ein Schreiben Erzbischof Rohrachers an Univ.-Prof. P. Dr. Wilhelm Schmidt SVD vom 5. April 1946, AES, Altbestand 20/102.
68 Bischofskonferenz vom 2. April 1946 (Anm. 66).
69 Schreiben Erzbischof Rohrachers an Univ.-Prof. P. Dr. Wilhelm Schmidt SVD (Anm. 67).

1945.⁷⁰ Nachdem das Innenministerium die Aufhebung des Universitätsvereines durch die NS-Behörden für ungültig erklärt hatte,⁷¹ war der Weg für dessen Reorganisation geebnet. Am 28. Dezember 1947, also genau am Jahrestag der Gründungsversammlung (1884), wurde die erste Generalversammlung nach dem Krieg abgehalten. Da alle Mitgliedslisten zunächst als in der NS-Zeit vernichtet galten,⁷² musste man alle ehemaligen Mitglieder, Gönner und Förderer neu zu gewinnen suchen. Auch neue Mitglieder waren natürlich willkommen; jeder Katholik in Österreich sollte nach Möglichkeit mithelfen, um das große Werk endlich seiner Vollendung zuzuführen. Diesem Zweck diente ein „Aufruf zur Wiedererrichtung des Katholischen Universitätsvereines Salzburg" durch Fürsterzbischof Andreas Rohracher am Lichtmesstag 1950.⁷³ Bis 1958 konnte ein Stand von 23.000 Mitgliedern verzeichnet werden.⁷⁴

Mit den Beiträgen der Mitglieder des Universitätsvereines sowie erhofften Zuwendungen seitens der Wirtschaft hoffte man die künftige Universität finanzieren zu können. Gedacht war auch an die Erschließung von finanziellen Hilfeleistungen aus den USA. Diesbezüglich erwiesen sich die Kontakte mit dem unmittelbar nach dem Anschluss geflohenen Privatdozenten P. Dr. Thomas Michels als äußerst hilfreich, da „dieser in den USA einen Kreis der Freunde der Universität Salzburg" und eine „Austrian-American Catholic Federation" ins Leben gerufen

---

70 So AES, Altbestand 20/102, Katholische Universität Salzburg. Antrag von Erzbischof Andreas Rohracher an die Österreichische Bischofskonferenz vom 28. Februar 1950.
71 *Apfelauer, Richard*, Der katholische Universitätsverein in Salzburg 1884–1966. Stationen eines großen Planes, unveröffentlichtes Manuskript 1986, S. 11 (UAS, FA CLXXIII/32).
72 Im Gegensatz zu den Vermutungen, dass sämtliche Unterlagen „von rauer Hand vernichtet" worden waren, konnte die für Presse- und Propagandaarbeit angestellte Ruth Medger-Hamerla bereits nach kurzer Tätigkeit am 5. Juni 1953 an den geschäftsführenden Ausschuss des Katholischen Universitätsvereines berichten, „dass sowohl alle Mitgliederlisten, Vermögensverzeichnisse etc. wie auch fast das gesamte Pressematerial unversehrt vorhanden war und sofort übernommen werden konnte" (AES, Altbestand 20/102).
73 UAS, FA CLXXIII/2; ebenso AES, Altbestand 20/102.
74 Art. „Salzburger Universität in drei Jahren?", in: Salzburger Nachrichten vom 14. April 1958. Bei der Reorganisation des Universitätsvereins wurden dessen alte Statuten aus dem Jahr 1929 beibehalten. Präsident war daher der Erzbischof von Salzburg, Vizepräsident der Erzabt von St. Peter. In den Verwaltungsausschuss wurden gewählt: Landeshauptmann Dr. Rehrl, Finanzlandespräsident Dr. Huber, Vizebürgermeister Ing. Hildmann, Primar Dr. Blaikner, Dr. Nekarda und von geistlicher Seite Dr. Berg, damals Regens des Priesterseminars, und Univ.-Prof. Dr. Carl Holböck von der Theologischen Fakultät. – Siehe *Apfelauer*, Der katholische Universitätsverein (Anm. 71), S. 11.

hatte. Anfang April 1946 erhielt der Dekan der Theologischen Fakultät Dr. Alois Mager das folgende Telegramm aus Amerika: „Die Freunde der Universität Salzburg sind am 7. März eine Körperschaft geworden und haben sich der National Catholic Welfare Conference Washington angeschlossen. Sie möchten Sr. Exzellenz, dem Herrn Fürsterzbischof Rohracher ihre Ergebenheit aussprechen. Sie versprechen, dass sie sich in jeder Weise bemühen, die katholische Universität mit amerikanischer Hilfe aufzubauen. Thomas Michels, Präsident, Joachim Continho, Schatzmeister, Georgetown Universität, Dr. Paul Stacey, Sekretär".[75] Neben der Erschließung amerikanischer Finanzquellen dachte man aber auch an die Nutzung des großen Potentials der „Industrien und der Wirtschaft im Rhein- und Ruhrgebiet".[76] Groß war allerdings die Enttäuschung, als von Rom die Unterstützung einer groß angelegten Werbekampagne zugunsten der Katholischen Universität in Salzburg in den USA abgelehnt wurde: „Was jedoch das Anliegen der Universität Salzburg angeht, so muss ich leider mitteilen, dass der Heilige Stuhl den Katholiken der Vereinigten Staaten von Nordamerika keine Sonderinitiativen, und seien sie auch jeden Lobes würdig, mehr anempfehlen kann. Der amerikanische Episkopat hat nämlich wiederholt wissen lassen, durch eigene Unternehmungen und eine stets große Anzahl an ihn gerichteter Ansuchen finanziell überlastet zu sein".[77] Eine empfindliche Niederlage im finanziellen Bereich musste man auch insofern hinnehmen, als es Erzbischof Rohracher nicht gelungen war, die Bischofskonferenz zur Wiederaufnahme der Kollekten am Universitätssonntag zugunsten der Katholischen Universität zu bewegen.

Trotz des Scheiterns vieler finanzieller Pläne konnten aber auch nicht unerhebliche Erfolge verbucht werden. Neben der Wiedererrichtung der Theologischen Fakultät, der jährlichen Wiederabhaltung der Hochschulwochen (als universitas in nuce) und der Reorganisation des Universitätsvereins waren dies die Neugründung des Institutum philosophicum (Eingabe an den Apostolischen Stuhl zu Anfang des Jahres 1946 und umgehende Stattgabe durch Dekret vom 2. März

---

75 Art. „Amerika und die Salzburger Universitätsbestrebungen", in: Salzburger Volkszeitung vom 9. April 1946. Zu den Aktivitäten in Amerika siehe *Michels, Thomas*, Die Freunde der Universität Salzburg, in: Mitteilungen des Katholischen Universitätsvereins Salzburg, N.F. 1. Jahrg./1953, Sonderheft anlässlich der Salzburger Hochschulwochen 1953, S. 13 f.
76 Art. „Salzburger Universität mit Privatgeldern", in: Salzburger Nachrichten vom 24. Mai 1955.
77 AES, Altbestand 20/102, Kardinalstaatssekretär Montini an Erzbischof Andreas Rohracher, Mitteilung vom 17. Mai 1953.

1946)⁷⁸ und die Eröffnung des Internationalen Instituts für Vergleichende Erziehungswissenschaft (ebenfalls 1946, Leitung: Univ.-Prof. Dr. Friedrich Schneider). Bald konnte auch die Volkskunde in Salzburg wiederum institutionalisiert werden. 1947 berief man Univ.-Doz. Rudolf Kriss an das wiedererrichtete Institut für religiöse Volkskunde.⁷⁹ 1950 folgten die Errichtung eines Instituts für Psychologie (unter der Leitung von Honorarprofessor P. Dr. Beda Thum OSB) und eines Instituts zur Erforschung des christlichen Altertums (unter der Leitung des zwischenzeitlich aus der USA zurückgekehrten P. Dr. Thomas Michels OSB). Auch caritaswissenschaftliche Kurse wurden als Vorstufe für ein eigenes caritaswissenschaftliches Institut abgehalten.⁸⁰ Im selben Jahr wurde auch die Errichtung eines Institutes für Religionsgeschichte bekannt gegeben. Als Vorstand war Univ.-Prof. P. Dr. Thomas Michels vorgesehen.⁸¹ Geplant – aber letztlich nicht realisiert – war auch eine Journalistenschule, für die der bekannte katholische Publizist Dr. Josef Eberle als Leiter in Aussicht genommen war. Alle diese Initiativen verfolgten das Ziel, die Realisierung einer Universitas Salisburgensis schrittweise voranzutreiben.

Alle diese Teilerfolge auf dem langen Weg zur Universität konnten jedoch nicht verhindern, dass der Salzburger Landespolitik die Fortschritte als nicht ausreichend erschienen, weshalb man begann, sich eigene Gedanken über das Entstehen einer – wenn auch staatlichen – Universität zu machen. Zunächst wandte sich im Oktober 1952 der Salzburger Landeshauptmann Dr. Josef Klaus an Erzbischof Rohracher mit dem Vorschlag der Einrichtung einer Sommeruniversität, die „uns dem Ziele einer katholischen Universität in Salzburg jeweils um einen Schritt näher bringen könne". Der Grundgedanke dieses „brauchbaren Überganges für

---

78 UAS, FA CXII, Studienjahr 1945/46, Protokoll der Professorenkonferenz vom 12. März 1946 (Top 6).
79 Siehe *Salzburger Landesinstitut für Volkskunde* (Hg.), Das Salzburger Landesinstitut für Volkskunde. Richard-Wolfram Forschungsstelle. Ein Institut stellt sich vor (Salzburger Beiträge zur Volkskunde, 1), Salzburg 1986, S. 40. Als Mitarbeiter von Univ.-Doz. Kriss fungierte sein späterer Schwiegersohn Lorenz Rettenbeck, auch Josef Walleitner war in die Forschungsarbeit des Instituts eingebunden. Als Kriss 1951 Salzburg in Richtung München verließ, vertrat der inzwischen habilitierte Walleitner die Volkskunde an der Theologischen Fakultät. Dieses Institut verfügte über eine in Europa einzigartige Sammlung aller Kultursymbole von der Urzeit bis zur Gegenwart.
80 Siehe hierzu das Memorandum „Österreichisches Institut für Caritaswissenschaft" (UAS, FA CXLIX) und den Art. „Caritaswissenschaftlicher Kurs in Salzburg", in: Salzburger Volkszeitung vom 8. September 1949.
81 Art. „Ein Schritt auf dem Weg zur Alma mater", in: Salzburger Volkszeitung vom 20. November 1950; Art. „2 neue Universitäts-Institute", in: Der Volksbote vom 7. Jänner 1951.

die Katholische Universität in Salzburg" sollte ein collegeartiger Aufbau sein, „in dem nicht nur eine Gemeinschaft von Lehrern und Schülern, sondern auch von Erziehern und zu Erziehenden geschaffen werden" könnte. Neben Vorlesungen aus der Theologie sollten nach einem ersten Entwurf drei Fakultäten, eine philosophische, eine juristisch-nationalökonomische und eine historische, errichtet werden. Für die Errichtung einer solchen Sommeruniversität bestünde die Möglichkeit einer einfachen Genehmigung durch den Unterrichtsminister gemäß dem Gesetz über den Privatunterricht aus dem Jahr 1850.[82] Im Oktober 1954 machte Klaus Überlegungen hinsichtlich einer eventuellen Wiedererrichtung der seinerzeitigen österreichischen, in Wien situiert gewesenen und während der NS-Ära geschlossenen, Konsular-Akademie in der Festspielstadt publik. Diese sollte in Form einer „Internationalen Hochschule für Politik" erfolgen, als deren Heimstatt der „gesamte Komplex des Schlosses Kleßheim" ausersehen war. Diese Hochschule sollte sich in eine außenpolitische und sozialpolitische Fakultät gliedern, auch sollte ein „Institut für europäische Rechtsangleichung als internationale Arbeitsstätte für Juristen" angeschlossen werden.[83] Wenig später wurde der Name dieser Hochschule auf „Internationale Akademie für politische Wissenschaften" abgeändert.[84] Neben der Akademie ventilierte man von politischer Seite (VdU) auch Pläne für eine „Weltuniversität" und kleidete diese in Form eines parlamentarischen Antrages. Baulichkeiten der Amerikaner, die für das österreichische Bundesheer nicht benötigt wurden, sollten für die internationale Weltuniversität reserviert werden.[85] Die Rektorenkonferenz der österreichischen Hochschulen

---

82 Landeshauptmann Josef Klaus an Erzbischof Andreas Rohracher, Schreiben vom 6. Oktober 1952 (AES, Altbestand 20/102).
83 Art. „Salzburger Hochschule für Politik. Österreichs internationale Mittlerstellung soll sich neu bewähren. Wunschtraum Kleßheim", in: Salzburger Nachrichten vom 1. Juni 1955.
84 Art. „Politische Akademie nimmt Gestalt an. Österreichische Rektoren billigten den Plan. Salzburg bietet alle Voraussetzungen bis aufs Geld", in: Salzburger Nachrichten vom 16. November 1955; ebenso der Art. „Internationale Akademie für politische Wissenschaften in Salzburg?, in: Salzburger Volkszeitung vom 16. November 1955. Realisiert wurde die Akademie in Salzburg nicht; möglicherweise beschleunigten die Salzburger Bestrebungen die Wiedereröffnung der Diplomatischen Akademie in Wien, die unter dem damaligen Außenminister Bruno Kreisky im September 1964 erfolgte.
85 Art. „Postdirektion und Weltuniversität gefordert. ÖVP- und VdU-Initiative für Salzburg. Grundsätzliche Wünsche vor dem Nationalrat", in: Salzburger Nachrichten am 10. Juni 1955.

bezeichnete jedoch die Realisierung eines derartigen Projekts aus verschiedenen Gründen für undurchführbar und lehnte dieses entschieden ab.[86]
Die Konkurrenz mit den staatlichen Universitätsplänen,[87] der ständige Zustrom von weiteren Mitgliedern zum Universitätsverein und die Hoffnung auf weitere Geldquellen vor allem in Deutschland (so sollte vor allem das große wirtschaftliche Potential des Rhein- und Ruhrgebietes für Salzburg erschlossen werden;[88] sogar mit einer „Krupp-Universität" in Salzburg wurde geliebäugelt[89]) und in den USA (nunmehr im Weg der Ostpriesterhilfe des Paters Werenfried van Straaten[90]) ermutigten und zwangen den Katholischen Universitätsverein zu einer baldigen Realisierung der eigenen Ziele. Nachdem Erzbischof Rohracher ein „Kuratorium zur Förderung der Albertus-Magnus-Universität"[91] als richtungsgebende und übergeordnete Instanz für alle Salzburger Universitätsbestrebungen geschaffen hatte, richtete der Katholische Universitätsverein einen Planungsausschuss für die Errichtung einer Katholischen Universität ein, dem Seine Spektabilität Univ.-Prof. Dr. Jakob Rieser, Univ.-Prof. P. Dr. Thomas Michels OSB, Univ.-Prof. DDDr. Stefan Rehrl, Univ.-Prof. Dr. Gustav Sauser, Rechtsanwalt Dr. Reinhard Möbius, Prof. Toni Schneider-Manzell, Direktor Heinrich Ludäscher und Generalsekretär Dr. Helmut Reichel angehörten. Dieser Planungsausschuss legte in seiner Sitzung am 24. Februar 1958 folgende Zielvorgaben für die nächste Zeit fest: „Die

---

86 Art. „Internationale Akademie für politische Wissenschaften in Salzburg?" (Anm. 84).
87 So berichtete etwa der Landeshauptmann von Oberösterreich, Dr. Heinrich Gleissner, am 26. Februar 1959 über die zu diesem Zeitpunkt bereits weit gediehenen Pläne für eine Hochschule in Linz.
88 Art. „Salzburger Universität mit Ruhrkapital? Werbefeldzug des katholischen Universitätsvereines bei den Stahlmagnaten", in: Demokratisches Volksblatt vom 24. Mai 1955; Art. „Salzburger Universität mit Privatgeldern. Abzug der Besatzungstruppen ermöglicht Verwirklichung eines alten Wunsches. Juridische und naturwissenschaftliche Fakultät als Nahziel. Staatliche Gelder werden nur für Theologische Fakultät benötigt", in: Salzburger Nachrichten vom 24. Mai 1955.
89 Art. „Eine Krupp-Universität in Salzburg?", in: Salzburger Tagblatt vom 27. Mai 1955.
90 Vom sogenannten „Speckpater" Werenfried van Straaten war eine große Sammelaktion zugunsten der katholischen Universität in Amerika geplant. Obwohl der Heilige Vater diese Sammlung ausdrücklich befürwortet hatte, fiel deren Ergebnis enttäuschend aus. – Siehe UAS, FA CLXXIII/1, Informationsprotokoll Universitätsverein-Ostpriesterhilfe vom 27. Mai 1959.
91 Diesem Gremium gehörten folgende Persönlichkeiten des katholischen Lebens an: Bischofskoadjutor Dr. Franz König (St. Pölten), Univ.-Prof. Dr. Gustav Sauser (Innsbruck), Abt Dr. Hugo Lang (München) und der Obmann des Universitätsvereines Univ.-Prof. P. Dr. Thomas Michels OSB (ÖStA/AdR, BMfU/9 Univ. Salzburg/Zl. 75.050/54.

Salzburger Universitätsbestrebungen planen die Errichtung einer philosophischen und einer rechtswissenschaftlichen Fakultät moderner Prägung. Zuerst wird an den Ausbau der philosophischen Fakultät geschritten. Dem Verlangen nach einer modernen rechtswissenschaftlichen Fakultät wird zunächst durch eine eigene rechtsphilosophische Sektion innerhalb der philosophischen Fakultät Rechnung getragen. Die neue philosophische Fakultät umfasst daher: 1.) Die philosophische Sektion; 2.) Die geisteswissenschaftliche Sektion; 3.) Die rechtsphilosophische Sektion".[92] Klar zum Ausdruck wurde auch gebracht, dass die Finanzierung der geplanten Universität auf internationaler Basis erfolgen sollte.

Die Zusammenarbeit mit der Ostpriesterhilfe Pater Werenfried van Straatens und die Reaktionen in europäischen Wissenschaftskreisen auf die geplante Errichtung einer „Internationalen Katholischen Universität in Salzburg" führten zu laufenden Modifikationen der ursprünglichen Universitätspläne. So erschien die Errichtung einer modernen Philosophischen Fakultät allen Kontaktierten unbedingt notwendig. Gegen den Aufbau einer „eigenen juridischen Fakultät" wurden jedoch „Bedenken und Einwände" laut. Diese betrafen die eher nationale Ausrichtung im Bereich der Rechtswissenschaften, die mit dem internationalen Charakter der Salzburger Universität in einem Spannungsverhältnis stehen könnte. Man vertrat daher überwiegend die Auffassung, dass es genüge, die Rechtswissenschaften „in einer gut ausgebauten sectio juridica innerhalb der Philosophischen Fakultät" zu verankern. Bezüglich der Philosophischen Fakultät war geplant, dass an ihr dem Studium der Sozialwissenschaften ein breiter Raum eingeräumt werden müsse, auch sollten an dieser Fakultät auch den Naturwissenschaften großes Augenmerk geschenkt werden. Seitens der Ostpriesterhilfe wurde die Ausrichtung der künftigen Universität vor allem auf eine Auseinandersetzung mit dem osteuropäischen Raum gelenkt. Deshalb sollte man sich an der neuen Hohen Schule mit östlicher Theologie, Geschichte, Philosophie und mit der marxistischen Ideologie auseinandersetzen.[93] Aufgrund all dieser Überlegungen wurde Ende Jänner 1959 ein „Grundplan für den Aufbau der Internationalen Katholischen Universität Salzburg (Albertus-Magnus-Universität)" vorgestellt. Dieser sah eine Verbindung der bereits bestehenden Theologischen Fakultät mit einer Philosophisch-Geisteswissenschaftlichen Fakultät vor. Zu diesem Zweck sollte das vorhandene Philosophische Institut zu einer Philosophisch-Geisteswissenschaftlichen Fakultät „Neuer Art

---

92 Vorwort zum Lehrplanentwurf vom 24. Februar 1958 (ÖStA/AdR, BMfU/9 Univ. Salzburg, Zl. 87.653/62).
93 UAS, FA CLXXIII/1, Protokoll der Sitzung des Arbeitsausschusses des Katholischen Universitätsvereins und der Vertreter der Ostpriesterhilfe (P. Dr. Modesto und Fischer-Barnicol) vom 12. und 13. Dezember 1958.

und Prägung" ausgebaut werden: „Sie hat neben der eigentlichen philosophischen Kernproblematik insbesondere die rechtsphilosophischen Anliegen unserer Zeit wahrzunehmen. In ihr sollen auch die philosophischen Fragen, die aus der modernen Naturwissenschaft erwachsen, besonders berücksichtigt werden. Salzburg als Tor zum Osten schien den Befragten der gegebene Ort für eine weitausholende, grundsätzliche Behandlung der geistigen Probleme des Ostens. Man war sich auch weitgehend darüber einig, dass die Ostfragen ein Daueranliegen europäischer Geistigkeit sind, dem sich der Westen nicht entziehen darf. Als Institution eigener Art ist deshalb ein Osteuropäisches Kollegium innerhalb der Universität vorgesehen".

Somit ergab sich folgende Struktur für die künftige Philosophisch-Geisteswissenschaftliche Fakultät und das Osteuropäische Kolleg: A) Philosophische Sektion mit den Bereichen Reine Philosophie, Ethik, Psychologie, Sozialwissenschaften, Erziehungswissenschaft und Religionswissenschaft. Diese Aufgaben sollten organisatorisch an fünf Instituten, nämlich einem Philosophischen Institut, einem Psychologischen Institut, einem Institut für Sozialwissenschaften, einem Institut für Vergleichende Erziehungswissenschaft und an einem Institut für Religionswissenschaft erbracht werden. B) Rechtsphilosophische Sektion mit fünf Gruppen unterschiedlicher Lehrveranstaltungen, von denen eine – in sehr fortschrittlicher Weise – das „ius europaeum" umfasste. Laut Grundplan war hierfür nur ein Institut für Rechtsphilosophie vorgesehen. C) Geisteswissenschaftliche Sektion mit den Bereichen Sprachwissenschaften, Geschichte und Kunstwissenschaft. In dieser Sektion sollte es ein Institut für Zeitgeschichte und ein Institut für christliche Kunst geben. D) Osteuropäisches Kollegium mit einem Ostsprachlichen Institut, einem Institut zur Erforschung des christlichen Ostens und einem Institut zur Erforschung des marxistischen Ostens. An weiteren Instituten waren teils an der Theologischen und teils an der Philosophisch-Geisteswissenschaftlichen Fakultät ein Institut für Sprachphilosophie, ein Institut für Semantik, ein Institut für Anthropologie und Ethnologie, ein Institut für Zeitungswissenschaft, ein Institut zur Erforschung des christlichen Altertums, ein Institut für Missionswissenschaft, ein Institut für Religionswissenschaft, ein Institut für Sozialwissenschaft und ein Institut zum Studium naturwissenschaftlicher Problematik (aus Physik, Chemie, Biochemie, Biologie, Biophysik und Medizin) geplant.[94]

Der Realisierung dieses groß angelegten Planes standen allerdings erhebliche Schwierigkeiten entgegen. Diese waren zunächst rechtlicher Natur, wie sie aus

---

94 UAS, FA CLXXIII/1, Grundplan für den Aufbau der Internationalen Katholischen Universität Salzburg (Albertus-Magnus-Universität). Entwurf nach dem Stand der Sitzung des Ausschusses für Hochschulfragen vom 28. Jänner 1959.

einem Gutachten von Univ.-Prof. Dr. Felix Ermacora zu ersehen sind. So zeigte der prominente Hochschullehrer auf, dass man sich bezüglich einer Universitätserrichtung in Salzburg nicht auf den Ministerratsbeschluss vom 7. August 1934 berufen könne. Dieser „bezieht sich seinem Wortlaut nach auf die Ermächtigung, Verhandlungen mit dem Heiligen Stuhl aufzunehmen. ... Dem Universitätsverein sind ... aus diesem Beschlusse keine Rechte und Pflichten erwachsen, da der Beschluss nicht im Stande war, über den Bereich des Amtes hinaus Wirkungen zu entfalten. Insbesondere ist die Mitteilung des Bundespräsidenten in seiner Rede vom 15. August 1934 ohne rechtliche Bedeutung". Ermacora vertrat deshalb die Auffassung, dass die Errichtung der „fraglichen Lehranstalt" auf dem Boden der Verordnung RGBl. Nr. 309/1850 erfolgen müsse: „Nach dieser Bestimmung müsste die Bundesregierung die Errichtung dieser Anstalt bewilligen" und es „läge im freien Ermessen der Bundesregierung, den Antrag zu bewilligen oder nicht zu bewilligen". Erst nach der allfälligen Bewilligung der Errichtung könne der Antrag gestellt werden, diese Privatlehranstalt in den Rang einer öffentlichen philosophischen Fakultät zu erheben und staatsgültige Zeugnisse ausstellen zu dürfen.[95]

Probleme bereitete natürlich auch die Finanzierung dieses Universitätsprojektes. So blieben – trotz einer wohlwollenden Befürwortung der Salzburger Bestrebungen durch den Papst – die Einnahmen einer Vortragsreise von Pater Werenfried van Straaten in den USA weit hinter dem Sammlungsziel von 2,5 Millionen Dollar (also etwa 65 Millionen Schilling) zurück.[96] Die sich dadurch eröffnende große Lücke in der finanziellen Planung suchte man vor allem durch finanzielle Zuwendungen seitens der Österreichischen Bischofskonferenz zu schließen. Zu diesem Zweck wurde von Erzbischof Rohracher die Wiedereinführung des Universitätssonntages und ein jährlicher Beitrag der Bischofskonferenz für die Internationale Universität in Salzburg beantragt. Nach eingehender Debatte wurde von der Bischofskonferenz nur der Beschluss gefasst, den Universitätssonntag (mit einer Kollekte zugunsten der Salzburger katholischen Universität) in den österreichischen Diözesen wieder einzuführen. Über den Termin des

---

95 UAS, FA CLXXIII/1, Gutachten über Rechtsprobleme, betreffend die Errichtung einer privaten philosophischen Lehranstalt durch den Katholischen Universitätsverein in Salzburg vom Jänner/Februar 1959 (ein weiteres Exemplar dieses Gutachtens erliegt in AES, Altbestand 20/102).

96 Siehe hierzu die Art. „P. Werenfried van Straaten als Helfer der katholischen Universität", in: Rupertibote vom 5. Juli 1959, und „Leichtfertiger Optimismus der Universitätsprojektanten? Schlechte Aussichten für Dr. Klaus' Herzenswunsch – Ein katholischer Angriff auf das Stift St. Peter – Monarchistische ‚Stützen der Gesellschaft'", in: Demokratisches Volksblatt vom 11. Jänner 1961.

Die Renaissance der Idee einer katholischen Universität in Salzburg 691

Universitätssonntages wurde allerdings keine Einigung erzielt. Bis auf weiteres zurückgestellt wurde die Beschlussfassung über einen jährlichen finanziellen Beitrag der Bischofskonferenz für die Salzburger Universität.[97] Da 1960 das Teilkonkordat „Vermögensvertrag" mit jährlich hohen Zahlungen des Staates an die Katholische Kirche für die in der NS-Zeit erlittenen Schäden beschlossen wurde, beantragte die Salzburger Universitätsproponenten, aus diesen Geldern vorab einen Betrag in Höhe von 2–3 Prozent für die Internationale Universität zur Verfügung zu stellen. Für eine solche Leistung konnte sich die Bischofskonferenz allerdings nicht erwärmen.[98] Auch einem Ansuchen an die Deutsche Bischofskonferenz um einen jährlichen finanziellen Zuschuss war zumindest vorerst kein Erfolg beschieden.

IV. Ausgeträumt: Die Idee einer katholischen Universität wird – abgesehen von einem kleinen Rest - zu Grabe getragen

Die rechtlichen und finanziellen Probleme ließen die Hoffnungen auf eine katholische Universität in Salzburg zunehmend schwinden. Eine Chance auf Realisierung zumindest eines Teiles der Ziele des Universitätsvereines glaubte man nur dadurch zu haben, „dass wir a) ein ‚Internationales Forschungszentrum für Grundfragen der Wissenschaften' als Stiftung (Universitätszentrum) des Katholischen Universitätsvereins errichten, b) an dem Werden einer staatlichen ‚Universität Salzburg' nach Kräften mitarbeiten und c) durch Errichtung von Studentenheimen und Colleges eine katholische Studentenführung ermöglichen und sichern".[99] Das privatrechtlich errichtete „Forschungszentrum für Grundfragen der Wissenschaften" (kurz: IFZ) sollte der staatlichen Universität „vor- und zugeordnet" werden.[100] Untergebracht werden sollte das Forschungszentrum in der sogenannten „Edmundsburg".[101] Dieses auf dem

---

97 So ein Auszug aus dem Protokoll der Sitzung der Österreichischen Bischofskonferenz vom 5. und 6. April 1960 (AES, Altbestand 20/102/1).
98 Siehe einen diesbezüglichen Auszug aus dem Protokoll der Frühjahrskonferenz der Österreichischen Bischofskonferenz im Jahr 1961 (AES, Altbestand 20/104/1).
99 AES, Altbestand 20/104/1, Grundsätzliches zur Frage des Verhältnisses von „Forschungsinstitut" und „Universität", Konzept vom Mai 1960.
100 *Michels, Thomas* OSB (Hg.), Internationales Forschungszentrum für Grundfragen der Wissenschaften, Universität Salzburg, Salzburg o.J.
101 Die „Edmundsburg" wurde 1696 vom damaligen Abt von St. Peter Edmund Sinnhuber errichtet, wofür – wegen der notwendigen teilweisen Abgrabung des Berghanges und der Errichtung einer „fast bis zur halben Berghöhe reichenden" Stützmauer – der namhafte Betrag von 40.000 fl aufgewendet werden musste. Das neue Gebäude bestimmte man zu einem „Pensionat für würdige Klosterbedienstete" und baute eine Verbindung mit dem Stift in Form eines hölzernen „Thürndl" aus dem obersten

Mönchsberg, unmittelbar über den Festspielhäusern gelegene, markante Objekt mit einem Nebengebäude (heute: „Edith-Stein-Haus") war vom Salzburger Erzbischof nach Abschluss des langwierigen Restitutionsverfahrens dem Universitätsverein zur Nutzung für wissenschaftliche Zwecke zur Verfügung gestellt worden.[102] Diese Widmung war allerdings mit der Auflage verbunden, dass beide Gebäude vom Universitätsverein auf eigene Kosten saniert und adaptiert werden mussten. Tatsächlich stellte der Universitätsverein hierfür 5,5 Millionen Schilling bereit,[103] die durch den Verkauf des vereinseigenen Grundstückes in Parsch aufgebracht wurden. Diese hohe Investition erfolgte trotz des Umstandes, dass der Verein nicht Eigentümer der Liegenschaft war und es auch niemals wurde. Bereits am 5. August 1961 konnte Erzbischof Rohracher das IFZ einweihen und es für eröffnet erklären.[104] Die Errichtung als juristische Person kirchlichen Rechts erfolgte durch Erzbischof Rohracher im Auftrag der

---

    Geschoß des stiftischen „Getreidkastens". Dieser Verbindungsgang wurde im Jahr 1809 abgerissen. In der ersten Hälfte des 19. Jahrhunderts war das Gebäude merklich sanierungsbedürftig, weshalb St. Peter diese Liegenschaft zu verkaufen trachtete. 1834 kaufte der Chorvikar Johann Perfler die Realität um 10.000 fl. 1853 verkaufte Perfler – bereits schwer krank – seinen Besitz um 8.333 fl an die Erzdiözese weiter, wobei er sich ein lebenslanges Wohnrecht vorbehielt. Ermöglicht wurde dieser Ankauf durch eine großherzige Schenkung der Kaiserwitwe Carolina Augusta. Sie wollte mit Ihrer Schenkung die Unterbringung einer 1851 gegründeten Erziehungsanstalt für Knaben in diesem Gebäude ermöglichen. Der Schenkungsvertrag enthielt die Nebenabrede, dass im Falle, „dass diese Anstalt aus was immer für einer Ursache aufhören würde", der jeweilige Salzburger Erzbischof das Verfügungsrecht über diese Realität erhalten sollte (AES, Altbestand 20/104, Schenkungsurkunde vom 7. November 1853). Tatsächlich fand die Knabenerziehungsanstalt im Jahr 1939 ihr Ende. Mittels Erlass des Ministeriums für innere und kulturelle Angelegenheiten vom 2. Juli 1939 wurde die Edmundsburg in das Eigentum der „Salzburger Schulstiftung" übertragen und zunächst als „NS-Schülerheim" und gegen Ende des Zweiten Weltkrieges als Reserve-Lazarett geführt. Die endgültige Restituierung des Objekts erfolgte erst im Jahr 1958 (*Rinnerthaler, Alfred*, Staat und Kirche in der „Ostmark". Tagungseröffnung, in: *Liebmann / Rinnerthaler / Paarhammer*, Staat und Kirche (Anm. 52), S. 9–13, hier S. 9 f.

102 AES, Altbestand 20/104/1, Abschrift des Widmungsversprechens, ohne Datum (vermutlich August 1959).

103 AES, Altbestand 20/102/1, Finanzierungsplan des Katholischen Universitätsvereins für die Jahre 1961–1963.

104 Siehe den Art. „Neue Pflegestätte der Wissenschaft. Internationales Forschungszentrum auf der Edmundsburg feierlich geweiht", in: Salzburger Volkszeitung vom 7. August 1961. Die Eröffnungsansprache erliegt in AES, Altbestand 20/102/1.

Österreichischen Bischofskonferenz am 19. April 1964.[105] Die Rechtspersönlichkeit für den staatlichen Bereich folgte am 6. August 1964 durch Hinterlegung der kirchlichen Errichtungsanzeige beim Bundesministerium für Unterricht (Kultusabteilung) gemäß Art. II des Konkordats 1933/34. Laut seinem Statut (§ 1, Abs. 3) war das IFZ in die folgenden sieben Institute gegliedert: Institut für Politische Wissenschaften (Leiter: P. Dr. Franz-Martin Schmölz); Institut für Vergleichende Erziehungswissenschaft (Leiter: Univ.-Prof. Dr. Leopold Prohaska); Institut für Universalgeschichte (Leiter: Hon.-Prof. Dr. Alexander v. Randa); Institut für Religionswissenschaft und Christliches Altertum (Leiter: Univ.-Prof. P. Dr. Thomas Michels); Ostinstitut (Leiter: Univ.-Prof. Dr. E. Fl. Winter); Institut für Wissenschaftstheorie (Leiter: Univ.-Prof. Dr. Beda Thum und Univ.-Prof. Dr. Viktor Warnach); Institut für Kirchliche Zeitgeschichte (Leiter: Univ.-Doz. DDr. Norbert Miko).[106]

Mit der Errichtung des IFZ war de facto das stillschweigende Zugeständnis eines Scheiterns der katholischen Universitätspläne in Salzburg verbunden. Die Konzeption des IFZ hatte nämlich nicht mehr das Geringste mit der klassischen Universitätsidee, welche eine „Einheit von Lehre und Forschung" propagierte, zu tun. Am IFZ als „Forschungsuniversität" sollte vor allem das geleistet werden, was den traditionellen staatlichen Universitäten am meisten ermangelte, nämlich „Forschung im Zusammenhang der Wissenschaften", „integrative Forschung" und „dialogische Forschung". Durchaus mit Recht bezeichneten mehr als ein Jahrzehnt später die Professoren Benedikt Probst und Stefan Rehrl die hinter dem IFZ stehende Idee als die „eines ‚Institutes für Integrationsforschung' außerhalb einer staatlichen, traditionellen Universität".[107] Das Scheitern der katholischen Universitätspläne wollte man allerdings in Salzburg noch lange nicht wahrhaben, um nicht den Erfolg der an sich gut laufenden Werbekampagne zu gefährden. Man operierte daher noch einige Zeit mit der irreführenden Worthülse „Internationale Katholische Universität Salzburg".

In Wirklichkeit waren jedoch bereits alle Weichen in Richtung einer staatlichen Universität in Salzburg gestellt. Bereits am 28. Mai 1960 hatte Landeshauptmann Dr. Josef Klaus in einer vielbeachteten Rede für die nächsten Jahre die drei folgenden Ziele der Landespolitik formuliert: Dom, Festspielhaus und staatliche Universität. Im Hinblick auf den letzten Punkt wurde noch im selben Jahr ein „Proponentenkomitee

---

105 *Katholisches Hochschulwerk* (vormals Katholischer Universitätsverein) (Hg.), Zehn Jahre Internationales Forschungszentrum für Grundfragen der Wissenschaften Salzburg. 1961–1971, Salzburg 1971, S. 7.
106 Mitteilungen des Katholischen Universitätsvereins 1962, S. 8–9.
107 *Probst, Benedikt / Rehrl, Stefan*, Die Wiederherstellung der Gesamtuniversität, in: Akademischer Senat der Universität Salzburg (Hg.), Universität Salzburg 1622–1962–1972. Festschrift, Salzburg 1972, S. 223–232, hier S. 225.

zur Wiedererrichtung der Universität Salzburg" gegründet. Diesem gehörten neben dem Landeshauptmann noch Erzbischof Rohracher, Bürgermeister Alfred Bäck, der Präsident des Mozarteums Prof. Dr. Eberhard Preußner und der Dekan der Theologischen Fakultät Univ.-Prof. P. Dr. Benedikt Probst an.[108] Im April 1961 wurde DDr. Hans Lechner anstelle des in die Bundespolitik (Finanzminister im Kabinett Gorbach) abgewanderten Klaus zum Landeshauptmann von Salzburg bestellt. Bereits wenige Wochen später, am 15. Mai 1961, erhob auch Lechner im Rahmen der Feier „100 Jahre selbständiges Land Salzburg" im Großen Festspielhaus in Anwesenheit des Bundespräsidenten und der Bundesregierung die Forderung nach der Gründung einer staatlichen Universität in Salzburg: „Ziel sei eine staatliche Universität, die vorerst aus Fakultäten für Philosophie, Recht und Theologie bestehen solle; die vorhandene Theologische Fakultät sei der Rumpf der zukünftigen Universität. Als zweiter Schritt sei die Errichtung der Philosophischen Fakultät gedacht".[109] Bereits am 20. Juni 1961 richteten das Professorenkollegium der Katholisch-theologischen Fakultät und das Proponentenkomitee für die Errichtung einer Salzburger Universität einen gemeinsamen Antrag an das Bundesministerium für Unterricht, zunächst eine staatliche Philosophische Fakultät mit 18 Ordinariaten bzw. Extraordinariaten in Salzburg zu errichten und zugleich die Katholisch-theologische Fakultät mit der Philosophischen Fakultät zur „Universität Salzburg" zu vereinen.[110]

Die Reaktion von Unterrichtsminister Drimmel war freundlich aber unbestimmt. Er verwies in seinem Antwortschreiben nur auf ähnliche Wünsche aus Linz. Intern äußerte er aber erhebliche Bedenken gegen das Salzburger Universitätsprojekt: „Ich kann nicht ein schließliches Milliardenprojekt für Salzburg beginnen, wenn mir die Millionen für die bestehenden Hochschulen fehlen".[111] Es ist

---

108 *Probst / Rehrl*, Die Wiederherstellung (Anm. 107), S. 212. Der erstaunliche Schwenk in der Landespolitik basierte offenbar auf einem am 7. Mai 1960 vom geschäftsführenden Ausschuss des Universitätsvereines gefassten Beschluss, das IFZ gänzlich von einer künftigen staatlichen Universität zu trennen. Dieser Vorhaben hat auch die Billigung des Erzbischofs gefunden, was man Landeshauptmann Klaus sogar schriftlich bestätigte. – Siehe *Horner, Franz*, Die Entwicklung der Wissenschaft, in: *Zwink, Eberhard* (Hg.), Die Ära Lechner. Das Land Salzburg in den sechziger und siebziger Jahren (Schriftenreihe des Landespressebüros, Serie „Sonderpublikationen", 71), Salzburg 1988, S. 481–508, hier S. 483 mit Anm. 14.
109 Art. „Ziel ist staatliche Universität", in: Salzburger Nachrichten vom 17. Mai 1961.
110 ÖStA, AdR, BMfU/9 Univ. Salzburg, Zl. 87.653/62, Schreiben vom 20. Juni 1961 (unterzeichnet Probst, Rohracher, Lechner, Bäck und Preußner).
111 Zitiert nach *Lechner, Hans*, Der Weg zur Universität Salzburg, in: Salzburg. Geschichte & Politik. Mitteilungen der Dr.-Hans-Lechner-Forschungsgesellschaft, 2. Jahrg. (1992), Nr. 3/4, S. 237–257, hier S. 247.

Finanzminister Klaus zu verdanken, dass Salzburg mit seinen Wünschen im Rennen blieb durch den von ihm „im Ministerrat blitzartig vorgenommenen ‚Kairos', die Errichtung Salzburgs mit jener von Linz unter Benutzung des Einstimmigkeitsprinzips zu junktimieren".[112] Im Herbst 1961 musste Klaus allerdings seinem Parteifreund und Nachfolger als Landeshauptmann, Hans Lechner, zu verstehen geben, dass er die Junktimierung der Salzburger Universitätsforderungen mit den Linzer Hochschulplänen nicht mehr viel länger werde aufrecht erhalten können, obwohl er dieses Vorgehen nach wie vor für gerechtfertigt halte. Aus diesem Grund wurde am 27. November 1961 Lechner persönlich bei Unterrichtsminister Drimmel mit der Drohung vorstellig, dass er bei Nichterfüllung der Salzburger Universitätsforderungen sein Amt als Landeshauptmann zur Verfügung stellen werde.[113]

Bereits zwei Tage später wurde seitens des Bundesministeriums für Unterricht ein Gesetzesentwurf über die Errichtung einer Universität in Salzburg mit folgendem Wortlaut versandt: „Der Nationalrat hat beschlossen: §1 (1) In der Stadt Salzburg wird eine Philosophische Fakultät errichtet und mit der katholisch-theologischen Fakultät zur Universität Salzburg vereinigt. (2) Die Bundesstaatliche Studienbibliothek in Salzburg erhält die Funktion und Rechtsstellung einer Universitätsbibliothek im Sinne des § 61 des Hochschul-Organisationsgesetzes, BGBl. Nr. 154/1955. §2 (1) Dieses Bundesgesetz tritt mit 1. Oktober 1962 in Kraft. (2) Mit der Vollziehung dieses Bundesgesetzes ist das Bundesministerium für Unterricht betraut".[114] Schienen damit die Widerstände auf Bundesebene ausgeräumt, so waren sie es auf Landesebene noch lange nicht. Denn um einen im Landesbudget 1962 eingeplanten symbolischen Beitrag zur Universitätserrichtung setzte eine heftige politische Kontroverse ein. Einige Politiker fürchteten offensichtlich, dass es sich bei der Neugründung um eine verkappte katholische Universität mit vor allem weltanschaulichen Fächern handeln werde. Auch fürchtete man eine überdimensionale Belastung des Landesbudgets durch die Universitätserrichtung, obwohl im Gesetzesentwurf davon keine Rede war. Um diese Bedenken zu zerstreuen, veranstaltete das Land am 9. Februar 1962 eine Universitätsenquete. Im Rahmen dieser Veranstaltung wurden vor allem Forderungen nach einer Volluniversität laut, die jedoch unvereinbar mit

---

112 So Altbundeskanzler Klaus in einem Schreiben vom 2. Oktober 1995 an den Autor dieses Beitrages. Zu Klaus siehe u a *Huber, Wolfgang* (Hg.), Landeshauptmann Klaus und der Wiederaufbau Salzburgs, Salzburg 1980, und *Weinmann, Beatrice*, Josef Klaus. Ein großer Österreicher, Wien 2000.
113 *Lechner*, Der Weg zur Universität (Anm. 111), S. 248.
114 AES 20/102/1, Entwurf des Bundesgesetzes vom ... über die Errichtung einer Universität in Salzburg vom 29. November 1961 nebst erläuternden Bemerkungen (erliegt ebenfalls in ÖStA, AdR, BMfU/9 Universität Salzburg, Zl. 87.653/62 und UAS, FA CLXII).

dem Gesetzesentwurf schienen. Das Ei des Kolumbus fand diesbezüglich Oberregierungsrat Dr. Edelmayer, der eine Novellierung des geltenden Hochschulorganisationsgesetzes dahingehend vorschlug, die Universität Salzburg unter jenen Universitäten anzuführen, die sich in eine Katholisch-theologische, eine Philosophische, eine Rechts- und Staatswissenschaftliche und eine Medizinische Fakultät gliedern. Im Weiteren könne allerdings eine Einschränkung insofern erfolgen, als die Salzburger Universität einstweilen nur in eine Katholisch-theologische und eine Philosophische Fakultät gegliedert werde. Den Zeitpunkt für die Errichtung der weiteren Fakultäten solle ein eigenes Gesetz fixieren.[115]

Dieser Formulierungsvorschlag fand nicht nur die Zustimmung der beteiligten Bundesminister (Finanz- und Unterrichtsminister) sondern auch – in einer Unterredung am 24. Mai 1962 – die der Spitzen der größten Parteien (ÖVP, SPÖ und FPÖ) im Bundesland Salzburg. Von dieser Parteieneinigung wurde das Bundesministerium für Unterricht umgehend fernschriftlich verständigt.[116] In einer Sitzung am 12. Juni 1962 nahm der Ministerrat auf Antrag des Unterrichtsministers den Salzburger Vorschlag an. Am 5. Juli 1962 beschloss der österreichische Nationalrat einstimmig das Gesetz über die Wiedererrichtung der Universität Salzburg und die Errichtung einer Hochschule für Sozial- und Wirtschaftswissenschaften in Linz. Art I Abs. 3 dieses Gesetzes lautet: „Die Universität Salzburg gliedert sich vorläufig in eine Katholisch-Theologische und eine Philosophische Fakultät. Der Zeitpunkt, in dem dieser Universität auch eine Rechts- und Staatswissenschaftliche bzw. eine Medizinische Fakultät angegliedert werden, wird durch besondere Bundesgesetze bestimmt".[117]

Die Salzburger Universität hat somit vor allem drei Väter. Diese sind der Salzburger Erzbischof DDDr. Andreas Rohracher, der nach dem finanziellen Scheitern der katholischen Universitätspläne sich persönlich für das Werden einer staatlichen Universität einsetzte; dann der Salzburger Landeshauptmann und spätere Finanzminister und Bundeskanzler Dr. Josef Klaus, der ein Proponentenkomitee zur Wiedererrichtung einer staatlichen Salzburger Universität einsetzte und als Finanzminister die Errichtung einer Hochschule in Linz politisch mit der Gründung einer Universität in Salzburg verknüpfte; und schließlich sein Nachfolger als Landeshauptmann DDr. Hans Lechner, der seinem Parteifreund, dem sachlich zuständigen Unterrichtsminister Dr. Heinrich Drimmel, das Ja zu einer Salzburger Universität mit der Drohung abrang, ansonsten sein Amt als Landeshauptmann zur Verfügung zu stellen.

---

115 *Lechner*, Der Weg zur Universität (Anm. 111), S. 249 f.
116 ÖStA, AdR, BMfU/9 Universität Salzburg, Zl. 87.653/62, Stellungnahme zum Fernschreiben der Salzburger Landesregierung vom 25. Mai 1962 betr. Novelle zum HOG.
117 BGBl. 188/1962.

Der Studienbetrieb an der Philosophischen Fakultät wurde am 6. April 1964 aufgenommen. Am 14. November 1964 fand die feierliche Inauguration des ersten gewählten Rektors der Salzburger Universität statt. Das Bundesgesetz vom 30. Juni 1965 gliederte der Salzburger Universität noch eine Rechts- und Staatswissenschaftliche Fakultät an, die am 16. November desselben Jahres förmlich konstituiert wurde.[118]

Somit fanden die jahrzehntelangen Bemühungen um die Errichtung einer katholischen Universität in Salzburg nach einer ab 1945 erfolgten Renaissance in den späten Fünfziger- bzw. Anfang der Sechzigerjahre des 20. Jahrhunderts ihr endgültiges Ende. Von den großen Anstrengungen des Katholischen Universitätsvereines zeugt das Internationale Forschungszentrum (ehemals: für Grundfragen der Wissenschaften; heute: für soziale und ethische Fragen), das in mehrfach veränderter Form bis heute besteht und im Nebengebäude der „Edmundsburg", im „Edith-Stein-Haus", untergebracht ist.[119] Auch der Katholische Universitätsverein besteht in veränderter Form, als „gemeinnütziger Verein zur Förderung von Wissenschaft, Forschung und studierender Jugend auf der Basis christlicher Weltanschauung", im Prinzip bis heute fort, auch wenn er sich mit der neuen Zielsetzung im Jahr 1967 in „Katholisches Hochschulwerk" unbenannt hat. Der Verein ist ebenfalls im „Edith-Stein-Haus" angesiedelt und widmet sich vor allem der Erhaltung und Finanzierung des Internationalen Forschungszentrums, der Unterstützung der Salzburger Hochschulwochen und der Erhaltung und Führung zweier katholischer Studentenheime, nämlich der StudentInnenheime Wolf Dietrich und Thomas Michels.[120]

---

118 BGBl. 195/1965.
119 Zur Geschichte und heutigen Zielsetzung siehe *ifz. Internationales forschungszentrum für soziale und ethische fragen* (Hg.), ifz. 50 Jahre Internationales Forschungszentrum, Salzburg o.J. (2012).
120 Siehe http://www.khw.at.
    Verwendete Abkürzungen: AES = Archiv der Erzdiözese Salzburg; AVA = Allgemeines Verwaltungsarchiv; FA = Archiv der Theologischen Fakultät; BMfU = Bundesministerium für Unterricht; fl = Gulden; K = Krone(n); MfiukA = Ministerium (Minister) für innere und kulturelle Angelegenheiten; ÖStA = Österreichisches Staatsarchiv; OSB = Ordo Sancti Benedicti (Benediktiner); RkfW = Aktenbestand „Reichskommissar für die Wiedervereinigung Österreichs mit dem Deutschen Reich"; SVD = Societas Verbi Divini (Gesellschaft des Göttlichen Wortes, Steyler Missionsgesellschaft); UAS = Universitätsarchiv Salzburg; UNRRA = United Nations Relief and Rehabilitation Administration; VdU = Partei „Verband der Unabhängigen".

Dietmar W. Winkler

Die Benediktiner und der Aufbau der Ostkirchenforschung in Salzburg

Abstract

The Benedictines and the building of Eastern Christian Studies in Salzburg
From its initial stages, the efforts to establish an International Catholic University/Albertus-Magnus University in Salzburg, which restarted immediately after the Second World War, also included the idea of an own Institute for Eastern Christian Studies. Based on sources from diverse archives, the article illustrates the developments from this initial idea to the establishment of the Department for the Christian East at the International Research Center (IFZ) and its main research in the 1960ies.

Nach der Säkularisierung und Schließung der 1622 von Erzbischof Paris Lodron gegründeten Benediktineruniversität Salzburg im Jahr 1810, als Salzburg an Bayern angegliedert wurde, bemühte sich ab 1884 ein „Katholischer Universitätsverein" um die Errichtung einer Katholischen Universität in Salzburg.[1] Auf Wunsch seines Abtes Ildefons Herwegen kam P. Thomas Michels OSB 1929 als Dozent für Liturgie- und Religionsgeschichte nach Salzburg. Hier gründete er 1931 mit zwei Mitbrüdern die „Salzburger Hochschulwochen" als Vorstufe zur geplanten Albertus-Magnus-Universität bzw. Internationalen Katholischen Universität. Im Jahre 1961 gründete Michels ferner das „Internationale Forschungszentrum für Grundfragen der Wissenschaften (IFZ)" in der Edmundsburg auf dem Mönchsberg, das von Beginn an die Ostkirchenforschung institutionalisiert beinhaltete. Diesem Forschungsschwerpunkt gab sodann P. Ludger Bernhard OSB eine erste konkrete Form. Die Idee der „Ostforschung" war aber bereits im Vorfeld, bei den Bemühungen der Wiedererrichtung der Universität ein durchgehendes Thema. Im Folgenden soll dieser Weg nachgezeichnet werden. Dabei beschränke ich mich auf den Zeitraum bis zum 10-jährigen Bestand des IFZ 1971.

[Abk.: AES Archiv der Erzdiözese Salzburg; KAS Konsistorialarchiv; AKHW Archiv des Katholischen Hochschulwerks]

1 Vgl. dazu den Beitrag von *Rinnerthaler, Alfred*, Die Renaissance der Idee einer katholischen Universität in Salzburg als „Waffenschmiede im Kampf gegen die Mächte der Finsternis" in diesem Band. Vgl. auch *Ortner, Franz*, Die Universität in Salzburg. Die dramatischen Bemühungen um ihre Wiedererrichtung (1810–1962), Salzburg 1987.

I. Konzepte im Zuge der Bemühungen um die Errichtung einer Katholischen Universität

I.1 Ein „Byzantinischen Institut"

Bereits bei der außerordentlichen österreichischen Bischofskonferenz, die vom 20. bis 21. September 1945 im Stift St. Peter-Salzburg tagte, wurde der Gedanke geäußert, die Idee der Katholischen Universität weiter zu verfolgen, auch wenn die Verwirklichung „wohl auf lange Zeit zurückgestellt"[2] sei. Auch sollten die Hochschulwochen beibehalten werden.

Wenige Tage später, am 26. September 1945 traten die ehemaligen Professoren der Theologischen Fakultät zusammen, wählten einen Dekan und beschlossen mit Wintersemester 1945/46 den Lehrbetrieb aufzunehmen. Einen Monat darauf, vom 21. bis 28. Oktober 1945 fanden die ersten „Salzburger Hochschulwochen" nach dem Zweiten Weltkrieg statt, die den Kern der zukünftigen Katholischen Universität bilden sollten. Schon bei der ordentlichen österreichischen Bischofskonferenz am 28. November 1945, also einen Monat nach den Salzburger Hochschulwochen, berichtete Erzbischof Andreas Rohracher, dass die Realisierung einer Universität Salzburg durch die beabsichtigte Angliederung einiger neuer Institute nunmehr weiter in die Nähe gerückt sei. Erwähnt werden dabei ein pädagogisches, ein volkskundliches und „ein byzantinisches für die Ostkirchenforschung"[3]

Soweit ersichtlich, taucht hier die Integration ostkirchlicher Forschung in die neu zu gründende Universität nach dem Zweiten Weltkrieg erstmals auf. In einer Notizkarte für seine Berichte bei der Sitzung der Bischofskonferenz hatte Erzbischof Rohracher genauer vermerkt, dass dieses Institut „aus dem Stifte Scheyern nach Salzburg überstellt werden soll und das vom bisherigen Leiter, einem Benediktiner, betreut werden wird."[4] Bei diesem Benediktiner kann es sich nur um Johannes M. Hoeck OSB (1902–1995) handeln, der 1939 gemeinsam mit dem Klosterbibliothekar Hans-Georg Beck (P. Hildebrand OSB)[5] das Byzantinisches

---

2 Niederschrift der außerordentlichen österreichischen Bischofskonferenz, Salzburg-St. Peter, 20./21. September 1945, 11 (AES 20/85 Bischofskonferenz 1944–1952).
3 Niederschrift der ordentlichen österreichischen Bischofskonferenz, Salzburg-St. Peter, 28. November 1945, 14 (AES 20/85 Bischofskonferenz 1944–1952).
4 Karteikarte „Salzburger Universität. (B.K. Salzburg, 28. XI. 45)" (AES 20/85 Bischofskonferenz 1944–1952).
5 Hans-Georg Beck ist u.a. Verfasser eines Standardwerkes zur byzantinischen Literatur. Vgl. *Beck, Hans-Georg*, Kirche und theologische Literatur im byzantinischen Reich. 2. Aufl. München 1977 (Handbuch der Altertumswissenschaft: Abteilung 12, Byzantinisches Handbuch 2,1). 1944 trat Beck aus dem Benediktinerorden aus, war ab 1947

Institut des Klosters gründete. 1951 wurde P. Johannes Hoeck Abt der Benediktinerabtei Ettal, wo er ein weiteres Byzantinisches Institut gründete. 1961 wählte ihn der Konvent seines Professklosters wiederum zum Abt in Scheyern. Als Konzilsvater hatte er wesentlich am Ostkirchendekret *Orientalium Ecclesiarum* mitgearbeitet und war danach ebenso im orthodox-katholischen Dialog involviert.[6] Unter anderem initiierte er die bekannten „Regensburger Symposien"[7].

Warum Erzbischof Rohracher das Byzantinische Institut des Klosters Scheyern erwähnt, ist unklar. Es können nur Vermutungen aufgestellt werden. P. Johannes M. Hoeck könnte selbst Interesse gezeigt haben, sich der neu zu gründenden benediktinischen Albertus-Magnus-Universität in Salzburg anzuschließen und hat dies, eventuell über P. Thomas Michels, angeboten. Oder es könnte auch sein, dass Michels die Byzantinisten in Scheyern kontaktierte. Wie dem auch sei, zu einer Übersiedelung des Instituts der Abtei Scheyern nach Salzburg kam es nie, vermutlich auch durch die Wahl von P. Johannes Hoeck zum Abt von Ettal. Die byzantinischen Institute in Scheyern und Ettal (hier in Form einer Spezialsammlung für byzantinische Literatur[8]) bestehen nach wie vor.

Festzuhalten bleibt, dass Ostkirchenforschung im deutschsprachigen benediktinischen Umfeld keineswegs fremd war und es in keiner Weise abwegig erscheint, dass nun auch für die zukünftige Salzburger Universität von Anfang an Ostkirchenforschung mit eingeplant war. Schon 1924 hatte Papst Pius XI. mit seinem Breve *Equidem verba*[9] angeregt, Benediktinermönche mögen auch den byzantinischen Ritus pflegen, um so eine spirituelle Brücke zum Osten zu bauen. Sichtbarer

---

wissenschaftliche Hilfskraft bei Franz Dölger (Universität München) und ab 1960 bis zu seiner Emeritierung 1975 dessen Nachfolger auf dem Lehrstuhl für Byzantinistik und Neugriechische Philologie.

6 Vgl. Primum regnum Dei. Die Patriarchalstruktur der Kirche als Angelpunkt der Wiedervereinigung. Die Konzilsrede von Abt Johannes Hoeck. Neu übers., eingef. u. kommentiert v. *Gahbauer, Ferdinand R.* Mit Beiträgen von *Fries, H., Th. Nikolaou, Th. u. P. Wolf, Th.* Ettal 1987.

7 Vgl. *Gahbauer, Ferdinand R.*, Die Regensburger Ökumenischen Symposien und der nachkonziliare ost-west Dialog (Konfessionskundliche Schriften 18), Paderborn 1995.

8 Ich danke P. *Paulus Koci OSB* (Ettal), Rektor des Kolleg St. Benedikt Salzburg, für das diesbezüglich anregende Gespräch (14. Juli 2015).

9 Das Schreiben ist an den Abt-Primas Fidelis von Stotzingen gerichtet, vgl. *Pius XI.*, Equidem Verba, in: Benediktinische Monatsschrift 6 (1924), S. 295–296. Vgl. auch *Baumer, Iso*, Von der Unio zur Communio: 75 Jahre Catholica Unio Internationalis, Freiburg 2002, S. 479–481.

Ausdruck dafür wurde die Abtei Niederalteich, vor allem durch das Engagement des Ostkirchen- und Ökumenepioniers, Emmanuel Maria Heufelder OSB.[10]

Noch 1949 war es ein Ansinnen in Anlehnung an die Theologische Fakultät „ein byzantinisches Institut zum Studium der Byzantinischen Theologie und Religiosität und der Frage der Wiedervereinigung zwischen Ost- und Westkirche"[11] aufzubauen. Bei den Plänen zur Wiedererrichtung der Salzburger Universität bleibt die Idee eines Ostinstituts jedenfalls eine Konstante.

I.2 Im Umfeld der Neugründung der Catholica Unio

Ab den frühen fünfziger Jahren beschäftigten sich die österreichischen Bischöfe mit ökumenischen Themen. Unter anderem wird bei der Besprechung des österreichischen Episkopats in Linz 1952 vorgeschlagen: „Die ‚Catholica Unio' möge von den einzelnen Ordinarien gefördert und die ökumenische Frage in den Priesterseminarien behandelt werden."[12] Das ostkirchliche Engagement Erzbischof Rohrachers muss wohl im Kontext seiner Tätigkeit für die Errichtung der Catholica Unio gesehen werden. So berichtet er der Bischofskonferenz im November 1953, dass nunmehr die Voraussetzungen zur Gründung des Landeskomitees für ganz Österreich geschaffen seien. Diesem solle neben den Bischöfen Jachym und Zauner und dem Jesuiten Marcel Van Coutsem auch P. Thomas Michels OSB angehören. „Die Catholica Unio müßte", so der Bericht Rohrachers, „im Sinne der historischen Mission Österreichs, einer friedlichen Ausstrahlung nach dem Osten, ein besonderes Anliegen in unserem Lande werden."[13]

Schon im Sommer 1946 stellte sich P. Coutsem SJ bei Erzbischof Rohracher „mit einem Schreiben von Kardinal Tisserant, dem Präfekten der Orientalenkongregation, vor, das ihn als Beauftragten in der ‚Unionsfrage' allen Ordinarien wärmstens empfahl."[14] Die Begegnung mit den Ostkirchen bewegte sich vor dem Zweiten Vatikanischen Konzil noch in den gewohnten Bahnen katholischer

---

10 Vgl. *Stadtmüller, Georg*, Geschichte der Abtei Niederalteich 741–1971, Augsburg 1971, S. 333–340.

11 Memoranda [1949] (AES 20/102 Universität 1945–1959).

12 Protokoll über die Besprechung des österr. Episkopates in Linz am 2. Juli 1952, 3 (AES 20/85 Bischofskonferenz 1944–1952).

13 Protokoll über die Konferenz der Bischöfe Österreichs am 18. und 19. November 1953 in Wien, 9 (AES 20/85 Bischofskonferenz 1944–1952).

14 *P. Glaßner, Gottfried OSB*, Ostkirchenarbeit und ostkirchliche Initiativen im Vorfeld der Gründung der Salzburger Sektion von PRO ORIENTE, in: *Hofrichter, Peter* (Hg.) Ostkirchliches Christentum in Salzburg, Salzburg 2006, 69 mit Verweis auf eine Notiz „Unionsbestrebungen" vom 27.7.1946 (KAS 20/201 Rohracher: CU [Catholica Unio]).

Unionsbemühungen. Einem Kirchenverständnis folgend, das die Einheit der Kirche als Einheit unter dem Bischof von Rom definierte, hat die römisch-katholische Kirche auch unter den Ostkirchen gewirkt. Sowohl die Arbeit der Orientalenkongregation als auch das oben genannte an die Benediktiner gerichtete Breve Pius XI. sind in diesem historischen Kontext zu sehen. Allerdings hat diese intensive wissenschaftliche, liturgische und spirituelle Auseinandersetzung mit den Ostkirchen – zu der schon Papst Benedikt XV. mit der Errichtung des Päpstlichen Orientalischen Instituts (1917) aufrief[15] – auch dazu geführt, dass der Weg zu einem historisch fundiertem Kirchenverständnis frei wurde, das mit der 1964 auf dem Zweiten Vatikanischen Konzil erfolgten Promulgation des Ökumenismusdekrets *Unitatis Redintegratio* und der Kirchenkonstitution *Lumen Gentium* aufbrach und einen echten ökumenischen Dialog ermöglichte.

Spätestens seit 1950 war der Salzburger Oberhirte mit der Catholica Unio und den Ostkirchen intensiver beschäftigt. „Mit der ihm eigenen Zielstrebigkeit ging Erzbischof Rohracher an die Umsetzung des Vorhabens, die Catholica Unio in Österreich wieder zum Leben zu erwecken. Von Anfang an suchte er ... die Benediktiner, konkret die Erzabtei St. Peter, für die Idee zu gewinnen."[16] Mit den Agenden des Landessekretärs wurde schließlich 1953 der Leiter des Österreichischen Liturgischen Instituts und Wallfahrtsseelsorger von Maria Plain, P. Anselm Schwab OSB, betraut.[17] Es darf nicht vergessen werden, dass Salzburg, das mit dem Ende des Zweiten Weltkriegs zur amerikanisch besetzten Zone gehörte, Zufluchtsort für Flüchtlinge aus dem Osten war. Unter anderem lebten an die fünftausend Russen in der Stadt und ihren Lagern[18], ebenso einige tausend Flüchtlinge aus der Ukraine.[19] Bei der Reorganisation der katholischen Seelsorge in Salzburg war die Begegnung mit den Ostkirchen, vor allem des byzantinischen Ritus, eine Realität. Für die geplante zukünftige Ostkirchenforschung an einer Salzburger Universität war also durchaus ein praktisches Umfeld in Salzburg gegeben.

Zu Pfingsten 1952 nahm P. Thomas Michels an einer Tagung in Fulda teil und schrieb von dort an Erzbischof Rohracher: „... Es war in mancher Hinsicht eine

---

15 Vgl. *Benedikt XV.*, Motu Proprio *Orientis catholici* (15. Oktober 1917).
16 *Glaßner*, Ostkirchenarbeit und ostkirchliche Initiativen, S. 71.
17 Zur weiteren Entwicklung der Catholica Unio in Salzburg vgl. *Glaßner*, Ostkirchenarbeit und ostkirchliche Initiativen, S. 72–83.
18 Vgl. *Glaßner*, Ostkirchenarbeit und ostkirchliche Initiativen, S. 69.
19 Vgl. *Hornykewycz, Nikolaj*, Die Ukrainisch Griechisch-Katholische Kirche in Salzburg – ein geschichtlicher Umriss, in: *Hofrichter, Peter* (Hg.) Ostkirchliches Christentum in Salzburg, Salzburg 2006, S. 30.

Fügung Gottes, daß ich in dieser geistig so hochstehenden Tagung teilnehmen konnte. Ich hoffe, dass sich das u.a. auch für den Besuch unserer Hochschulwochen auswirken wird. Die HW [Hochschulwochen] sind heute eine solche Realität, daß fast jeder mit dem ich hier sprach auf die baldige Ausweitung zur Kath. Universität hofft. ... Eine Verpflichtung und ein Antrieb für uns! Dr. Hahn, Nijmwegen, sagte mir, daß er Euer Excellenz einen Plan für ein osteurop. Institut in Salzburg zugesandt hat. Er ist bereit, mit noch einem Herrn von der Unesco nach Salzburg zu kommen und den Plan zu besprechen. Auch in anderer Hinsicht ist alle Hoffnung, daß Dr. Hahn, an den ich schon längst als einen künftigen Mitarbeiter für uns denke, uns helfen kann. Als Altösterreicher aus Schlesien würde er sich m.E. prächtig einfügen ..."[20].

Noch konnte nicht eruiert werden, um welchen Dr. Hahn es sich handelt, auch war das von ihm an Erzbischof Rohracher geschickte Instituts-Konzept in den Archiven nicht auffindbar. Der Sachverhalt bleibt allerdings, dass an einem solchen durchaus gearbeitet und gedacht wurde. 1954 ventilierte Erzbischof Rohracher überdies den Gedanken, dass im Falle der Errichtung eines „ostkirchlichen Instituts" der dort bestellte Dozent gleichzeitig das Sekretariat der Catholica Unio führen könnte.[21] Als am 8. Dezember 1955 die Catholica Unio eröffnet wurde, kam es zu einem eindrucksvollen Festakt mit den Chören der russisch-katholischen und russisch-orthodoxen Gemeinden. „Das Schlusswort sprach Erzbischof Rohracher in Anwesenheit zahlreicher Vertreter der Orthodoxie, an Ihrer Spitze der in Salzburg lebende und als Oberhaupt aller Emigrantenkirchen in Österreich anerkannte Erzbischof Stefan (Russisch-Orthodoxe Auslandskirche)."[22]

---

20 Handschriftliche Notiz von P. Thomas Michels OSB an Erzbischof Rohracher, Fulda, Pfingstmontag 2. Juni 1952 (AES 20/102 Universität 1945–1959), unterstrichen von Michels.
21 Vgl. Erzbischof Rohracher, Institut für ostkirchliche Fragen, 18. Oktober 1954 (AES 20/102 Universität 1945–1959). Namentlich erwähnt der Erzbischof hier Alfred Felbinger, der dem Erzbischof später auch persönlich schreibt, ob er die Stelle am geplanten Ostinstitut bekäme (AES 20/102 Universität 1945–1959). Der Kontakt scheint sich danach aber zu verlieren. Iso Baumer bezeichnet Felbinger als „psychisch labilen Menschen" (*Baumer, I.*, Von der Unio zur Communio: 75 Jahre Catholica Unio Internationalis, S. 256) mit „überdurchschnittlicher Intelligenz" (ebd. S. 257).
22 *Glaßner*, Ostkirchenarbeit und ostkirchliche Initiativen, S. 72. Vgl. Tag der Catholica Unio in Salzburg, in: Der Christliche Osten 10 (1955), S. 106.

I.3 Von der Idee eines „Ostkirchlichen Instituts" zu einem „Ost-Kollegium (Collegium Euro-Asiaticum)"

In diese Zeit fällt auch ein Schreiben der Ostkirchenkongregation vom 24. April 1956, in dem festgestellt wird, dass schon im Priesterseminar das theologische, historische und liturgische Wissen des christlichen Ostens vertieft werden sollte. In diesem Zusammenhang schreibt der Apostolische Nuntius Giovanni Dellepiane an Erzbischof Rohracher und die Ordinarien Österreichs: „Daher beauftragt mich die hl. Kongragation [sic!] für die Ostkirche, die hochwürdigsten Herren Ordinarien zu bitten, sie mögen die Aufmerksamkeit der Regenten der Priesterseminare auf diesen Fragenkomplex lenken."[23] Vorgeschlagen wird ein „Tag der Ostkirche" mit Gebet und kompetenten Rednern, wie auch die Seminarbibliothek entsprechend auszurüsten. Zweifellos war ein derartiges Schreiben eine Bestärkung in den Salzburger Bestrebungen das Studium des christlichen Ostens in Forschung und Lehre zu etablieren. In einem Memorandum des Kurators der Salzburger Universitätsbestrebungen, P. Thomas Michels, vom 25. Juni 1956 wird ein „Orientalisches Institut" wiederum angeführt.[24] Die Terminologie, d.h. der Name des Instituts, ist insgesamt noch nicht konsistent.

Dass P. Thomas Michels mit dem Studium des Christlichen Orients vertraut war, zeigt sein Hinweis auf seine Lehrer[25], unter denen er, neben Franz Josef Dölger, Anton Baumstark anführt. Während der Name Dölger bis heute mit der Erforschung von Antike und Christentum in Verbindung gebracht wird[26], schuf ist Anton Baumstark mit seiner „Geschichte der syrischen Literatur" das bis heute maßgebende Standardwerk und ist einer der bedeutendsten Vertreter der Wissenschaft vom Christlichen Orient.[27] Wenn nun bei den Salzburger Hochschulwochen

---

23 Brief Apostolischer Nuntius an Erzbischof Rohracher, 3. Mai 1956 (AES 20/102 Universität 1945–1959).

24 Vgl. *P. Michels, Thomas OSB*, Memorandum, 25. Juni 1956 (AKHW Ordner Kath.-Uni. Sbg. Vorarbeiten)

25 Vgl. *P. Michels, Thomas OSB*, Institut zur Erforschung des Christlichen Altertums, in: Mitteilungen des Katholischen Universitätsvereins Salzburg NF 4 (1956) H. 2, 10.

26 Vgl. u.a. das Reallexikon für Antike und Christentum und das Jahrbuch für Antike und Christentum die vom Franz-Josef-Dölger Institut (Bonn) herausgegeben werden.

27 Vgl. *Baumstark, Anton*, Geschichte der syrischen Literatur mit Ausschluß der christlich-palästinensischen Texte, Bonn 1922; *Kaufhold, Hubert*, Art. Baumstark Anton, in: Ders. (Hg.), Kleines Lexikon des Christlichen Orients, Wiesbaden 2007, S. 96 f.

1956 mit Endre von Ivànka und Willem de Vries SJ zwei markante Persönlichkeiten der Ostkirchenforschung referierten[28], vervollständigt dies durchaus das Bild. Die Erforschung des Ostens durch eine Universität wurde als eine „dringende Notwendigkeit"[29] von Seiten des Universitätsvereins gesehen: „In seinem Schlusswort zu den Salzburger Hochschulwochen 1958 betonte Erzbischof Rohracher zum Stand der Errichtung der Albertus-Magnus Universität, dass diese ein ‚Tor zum Osten' sein sollte, zur ‚Vorbereitung auf Frieden' und der ‚Begegnung mit dem Osten'". Eine Ostausrichtung und ein „Ostkirchliches Institut" sei daher zu errichten.[30] Dies schlägt sich ebenso in den Informationsbroschüren des Katholischen Universitätsvereinsvereins nieder, in denen nunmehr wiederholt von einem „Ost-Kollegium"[31] die Rede ist; dies zeigt an, wie umfassend die Idee der Oststudien angelegt war.

Der „Grundplan für den Aufbau der Internationalen Katholischen Universität Salzburg (Albertus-Magnus-Universität)"[32], der in der Folge erarbeitet wurde, legte dar, dass man sich einig sei, „daß die Ostfragen ein Daueranliegen europäischer Geistigkeit sind, dem sich der Westen nicht entziehen darf". Deshalb sei als „Institution eigener Art" ein „Osteuropäisches Kollegium innerhalb der Universität vorgesehen."[33] Neben einem „Institut zur Erforschung des christlichen Ostens" werden weiteres ein „Ostsprachliches Institut" und ein „Institut zur Erforschung des marxistischen Ostens" vorgeschlagen.[34] Das Osteuropäische Kollegium mit seinen Instituten sollte in die Welt des christlichen Ostens einführen und unter

---

28 Vgl. Mitteilungen des Katholischen Universitätsvereins Salzburg NF 4 (1956) H.1, 5. Endre von Ivanka (1902–1974) war Professor für klassische Philologie und Byzantinistik an der Universität Graz und sprach über „Abendländisches und byzantinisches Europa". P. Willem de Vries SJ (1904–1997) war einer der renommiertesten Ostkirchenhistoriker und Professor am Päpstlichen Orientalischen Institut in Rom. Er sprach über „Die Weltmacht des Islam an den Toren Europas". *De Vries, W., Rom und die Patriarchate des Ostens*, Freiburg 1963, wurde zu einem wegweisenden Standardwerk.
29 Vgl. G.T. [*Trenkler, Gerhard*], Der Lehrplan der Kath., Universität, in: Mitteilungen des Katholischen Universitätsvereins Salzburg, Nachrichtenblatt Oktober 1958, 3 (AKHW Mitteilungen 1953–1973, gebunden).
30 Erzbischof Rohracher, Handschriftliche Notizen für Schlußwort zu den Salzburger Hochschulwochen 1958, 10. August 1958, 3 (AES 20/102 Universität 1945–1959).
31 Vgl. u.a. Information über die Internationale Katholische Universität [1959] (AES 20/102 Universität 1945–1959).
32 Grundplan für den Aufbau der Internationalen Katholischen Universität Salzburg (Albertus-Magnus-Universität), o. J. [1959] (AES 20/102 Universität 1945–1959).
33 Vgl. Ebd. 1.
34 Vgl. Ebd. 9.

anderem die Geschichte des byzantinischen Reiches, der nachbyzantinischen Zeit, des osteuropäischen Raumes im 19./20. Jahrhundert lehren, sowie östliche Theologie, Liturgie, orthodoxes Kirchenrecht, Mönchtum, Kunst, Spiritualität und Mystik, wie auch die Probleme der Unionsfrage.

Zu dieser Zeit trat der Planungsausschuss mit P. Werenfried von Straaten OPraem in Verbindung, der sich 1958 für den Salzburger Universitätsplan zu interessieren begann.[35] Der flämische Prämonstratenser aus der Abtei Tongerlo bei Antwerpen hatte 1947 in Belgien das internationale katholische Hilfswerk „Kirche in Not", auch „Ostpriesterhilfe" genannt, gegründet. Van Straaten versprach eine Werbereise durch Amerika, um zwei Millionen Dollar für die künftige Universität zu sammeln. Die Zusammenarbeit mit Van Straaten spiegelt sich im Planungskonzept der Universität wieder, wo nunmehr vom Ostkolleg als Collegium Euro-Asiaticum die Rede ist, das die drei oben genannten Institute vorsah (lediglich das Wort „marxistisch" wurde durch „kommunistisch" ersetzt).[36] Allerdings traf der Geldsegen nie ein. „Die überaus intensiv geführten Gespräche über Sinn und Möglichkeit einer katholischen Universität, deren jeweiliger Stand sich in den publizierten ‚Universitätsmodellen' der folgende Zeit widerspiegelt, läßt sich nun schon erahnen, da für die meisten verantwortungsbewußten Proponenten der katholischen Universität nun endgültig feststand, daß eine Universität im traditionellen Sinne, auch wenn sie keine Mammutuniversität sein wollte, finanziell weder gründbar noch auf Dauer tragbar war."[37] Was bei den genannten Universitätsmodellen aber nie in Frage gestellt wurde, war die Ostforschung, wie die diversen Broschüren des Katholischen Universitätsvereines dieser Zeit zeigen.

I.4 Die Salzburger Hochschulwochen 1960 und die Beziehungen zur Ostkirche

Die Salzburger Hochschulwochen vom 8. bis 21. August 1960 stellten sich zum Thema: „Die Begegnung von Ost und West in Geschichte und Gegenwart". Wie P. Thomas Michels ausführt, hat die Thematik unmittelbar mit den damals geplanten Absichten zu tun: „Denn Verlauf, die Bedeutung und die Unterschiede dieser in zwei Jahrtausenden vor sich gehenden Berührungen von Ost und West wollen die diesjährigen Salzburger Hochschulwochen im wahrhaft ökumenischen Geiste eines Papst Johannes XXIII. und des Patriarchen Ahenagoras von

---

35 Vgl. dazu *Ortner*, Die Universität in Salzburg, S. 201 f.
36 Vgl. Grundriss einer Neuplanung der Salzburger Universität, o. J. [1958] (AKHW Ordner Kath.-Uni. Sbg. Vorarbeiten).
37 *Ortner*, Die Universität in Salzburg, S. 202.

Konstantinopel aufzeigen. Naturgemäß konnte bei der Wahl der Themen nur ein bescheidener Teil des ungeheuren Fragenkomplexes berücksichtigt werden. Es war aber das Bestreben der Leitung der Salzburger Hochschulwochen, wenigstens anzudeuten, was für Fragen und Probleme in dem geplanten Collegium Euro-Asiaticum in Salzburg und in den mit ihm zusammenarbeitenden Instituten angegangen werden soll."[38]

Zu diesem Zeitpunkt liefen auch schon Gespräche mit potentiellen Wissenschaftlern, der Benediktinerkonföderation und der Ostkirchenkongregation in Rom: „Für das *Collegium Euro-Asiaticum (Ostkolleg)* sind fünf namhafte Forscher in Aussicht genommen oder schon verpflichtet, die an zwei Instituten, dem einen zur Erforschung des christlichen Ostens, dem anderen zur Erforschung des nichtchristlichen Ostens, ihre Arbeit aufnehmen sollen. Hier sieht die Salzburger Benediktinerkonföderation, der fast alle Abteien deutscher Zunge unter dem Vorsitz des rührigen Abtes von Grüssau-Wimpfen, Dr. Albert Schmitt, angehören, eine besondere Aufgabe, zu der sie vor Jahresfrist durch ein Schreiben des damaligen Sekretärs der Kongregation für die orientalische Kirche an den Abt-Primas des Benediktinerordens besonders aufgerufen wurde."[39]

Wen P. Thomas Michels damals genau im Blick hatte, lässt sich nur vermuten. Wohl bereits Prof. Ernst Florian Winter (New Rochelle/USA) – er war als Referent zu den Hochschulwochen eingeladen; eventuell auch schon P. Ludger Bernhard OSB, der 1951 bis 1959 Dozent für Philologia Sacra an der Ordenshochschule Maria Laach war und danach zu Habilitationsstudien nach Salzburg kam.

Die Bemühungen um den ostkirchlichen Schwerpunkt hatten sicherlich noch einen weiteren starken Fürsprecher im Universitätsverein: Franz König. Bereits 1952, als Bischof-Koadjutor von St. Pölten, wurde er von Erzbischof Rohracher in den Verwaltungsausschuss des Salzburger Universitätsvereines berufen.[40] Franz König war von 1948 bis 1952, bevor er nach St. Pölten berufen wurde, Professor für Moraltheologie an der Theologischen Fakultät Salzburg und lehrte nebenbei am erzbischöflichen Knabenseminar Borromäum Englisch. König war wohl bestens über die Aktivitäten zur Wiedererrichtung der Salzburger Universität informiert.

---

38 *Michels, Thomas OSB*, Die Salzburger Hochschulwochen 1960, in: Mitteilungen des Katholischen Universitätsvereins Salzburg. Nachrichtenblatt Februar 1960, S. 4 (AKHW Mitteilungen 1953–1973, gebunden).

39 *P. Michels, Thomas OSB*, Die Internationale Katholische Universität Salzburg, in: Mitteilungen des Katholischen Universitätsvereins Salzburg NF 8 (1960) H. 2, S. 2 (AKHW Mitteilungen 1953–1973, gebunden).

40 Vgl. Brief Franz König an Erzbischof Rohracher, 12.Juni 1952, in dem er sich für die „ehrenvolle Berufung" bedankt (AES 20/102 Universität 1945–1959).

Auch als Erzbischof von Wien hatte er regelmäßig die Salzburger Hochschulwochen besucht.⁴¹ Im Mai 1959 reiste er gemeinsam mit Erzbischof Rohracher nach Rom, um Papst Johannes XXIII. über den Aufbau der Internationalen Universität Salzburg zu informieren.⁴² Franz König war der erste römische Kardinal der Neuzeit, der den Ökumenischen Patriarchen Athenagoras besuchen würde. Im November 1961 reist er gleich nach der zweiten Sitzung der Zentralkommission für die Vorbereitung des Zweiten Vatikanischen Konzils, deren Mitglied Kardinal König war, mit Wissen Papst Johannes XXIII. nach Istanbul.⁴³ Seither verband den Ökumenischen Patriarchen und den Kardinal eine persönliche Freundschaft. Kardinal Königs Beitrag zur Ost-West-Annäherung kann nicht hoch genug eingeschätzt werden. Es ist bezeichnend, dass er in der übervollen Peterskirche von Rom zu jener kleinen Gruppe am Papstaltar gehörte, die beim Schlussgottesdienst des Zweiten Vatikanischen Konzils am 7. Dezember 1965 die Aufhebung der wechselseitigen Exkommunikation von 1054 miterleben durfte.⁴⁴

I.5 Ein neuer Weg: „Forschungsuniversität"

Für die Proponenten einer Katholischen Universität stand eine Neuorientierung an, die bereits 1958 mit einer internationalen Umfrage unter Wissenschaftlern begann und in die Idee einer sogenannten „Forschungsuniversität" mündete. Im Juli 1960 gab der Universitätsverein eine Broschüre heraus, die den neuen Weg darlegt: „Eine Rundfrage seitens der Salzburger Universitätsbestrebungen in den zwei letzten Jahren bei etwa 200 der bedeutendsten europäischen und amerikanischen Gelehrten hat bewiesen, daß nichts für Gegenwart und Zukunft vordringlicher angesehen wird als der Aufbau eines Forschungszentrums, das sich die Integrierung der Wissenschaften zum Ziele setzt und in seinen Instituten sich neben der herkömmlichen Weise wissenschaftlichen Arbeitens auch der ‚dialogischen' Forschungsmethode bedient. Dieser neue Weg des Forschens wird für die erfolgreiche Behandlung von ‚Grundfragen der Wissenschaften' als unerläßlich erachtet."⁴⁵ Der in der Broschüre genannte stufenweise Aufbau nennt als erstes der

---

41 Vgl. u.a. Mitteilungen des Katholischen Universitätsvereins Salzburg NF 4 (1956) H. 3, S. 13 (AKHW Mitteilungen 1953–1973, gebunden).
42 Vgl. Mitteilungen des Katholischen Universitätsvereins Salzburg. Nachrichtenblatt September 1959, S. 3 (AKHW Mitteilungen 1953–1973, gebunden).
43 Vgl. *Winkler, Dietmar W.*, Wann kommt die Einheit? Ökumene als Programm und Herausforderung (Kardinal König Bibliothek 4), Wien 2014, bes. S. 67–88.
44 Vgl. ebd. S. 113.
45 *Internationales Forschungszentrum für Grundfragen der Wissenschaften (Forschungsuniversität Salzburg)*. Idee und Aufgabe, Salzburg 1960, S. 1 f.

drei geplanten Einrichtungen ein „Institut zur Erforschung der geistigen Situation des Ostens (Institutum euro-asiaticum)".[46]

Mit dem Schwenk zu einer Forschungsuniversität, die schließlich den Namen „Internationales Forschungszentrum für Grundfragen der Wissenschaften" erhält, waren aber die seit 1945 laufenden Bestrebungen zur Errichtung einer Katholischen Universität passé.[47] „In die Jahre 1960 und 1961 fallen die ersten Bestrebungen, nun die Errichtung einer staatlichen Universität zu betreiben, wobei der Anstoß vom damaligen Landeshauptmann Dr. Josef Klaus im Einverständnis mit Erzbischof Dr. Andreas Rohracher ausgegangen ist. Hier liegt das historische Verdienst des Salzburger Oberhirten, der den Schritt weg von den traditionellen Bestrebungen wagte und sich ausdrücklich für eine staatliche Universität erklärte!"[48]

II. Das Ostinstitut am Internationalen Forschungszentrum (IFZ)

Durch die Wiedererrichtung der Universität Salzburg (1962) als staatliche Einrichtung, waren die katholischen Bemühungen obsolet geworden. Kirchlicherseits blieb aber mit dem Internationalen Forschungszentrum eine eigene Forschungsstätte auf Universitätsniveau bestehen und mit ihr von Beginn an auch ein „Ostinstitut". Am Mönchsberg wurden die zwei Gebäude der Edmundsburg vom Erzbischof von Salzburg dem Internationalen Forschungszentrum gewidmet. Am 5. August 1961, im Rahmen der 30-Jahr Feier der Salzburger Hochschulwochen wurden die mit den Mitteln des Katholischen Universitätsvereins renovierten und adaptierten Gebäude von Erzbischof Rohracher eingeweiht.[49] Nach organisatorischen Vorarbeiten[50] ernannte Erzbischof Rohracher am 21. Juni 1962 P. Thomas Michels zum ersten Präsidenten des IFZ. Am 19. April 1964 erfolgte über Beschluss der Österreichischen Bischofskonferenz die kanonische Errichtung und am 6. August 1964 die Anerkennung durch das Bundesministerium für

---

46 Vgl. ebd. S. 4.
47 Vgl. dazu den Beitrag von *Alfred Rinnerthaler*, Die Renaissance der Idee einer katholischen Universität in Salzburg im vorliegenden Band.
48 *Ritschel, Karl Heinz*, Die Geschichte der Universität Salzburg, in: *Kaindl König, Max / Ritschel, Karl Heinz*, Die Salzburger Universität 1622 * *1964*, Salzburg 1964, S. 178.
49 Vgl. *Zecha, Gerhard*, Vom „Traum" einer katholischen Universität in Salzburg bis zur Errichtung des Internationalen Forschungszentrums für Grundfragen der Wissenschaften Salzburg, in: *Hintermaier, Ernst / Rinnerthaler, Alfred / Spatzenegger, Hans* (Hg.), Erzbischof Andreas Rohracher. Krieg, Wiederaufbau, Konzil, Salzburg 2010, S. 324.
50 Vgl. Mitteilungen des Katholischen Universitätsvereins 1962, S. 3–5 (AKHW Mitteilungen 1953–1973, gebunden).

Unterricht. Diese Formalakte „gaben dem Internationalen Forschungszentrum (IFZ) seine öffentlich rechtliche Qualifikation, deren es für seine selbständige Existenz neben der mittlerweile errichteten staatliche Paris-Lodron-Universität in Salzburg bedurfte."[51]

II.1 Ostinstitut: Ernst Florian Winter und der kurze Bestand der Abteilung für den Nicht-Christlichen Osten

Von 1961 an wurden zunächst sieben Institute am IFZ errichtet.[52] Das hier interessierende „Ostinstitut" bestand aus zwei Abteilungen: Einer Abteilung für den Christlichen Osten unter der Leitung von P. Ludger Bernhard OSB, und einer Abteilung für den Nichtchristlichen Osten unter der Leitung des Institutsvorstandes Ernst Florian Winter. Außenminister Bruno Kreisky bestellte 1964 den aus den USA zurückgekehrten Politikwissenschafter und Soziologen Winter zum Gründungsdirektor der Österreichischen Diplomatischen Akademie nach dem Zweiten Weltkrieg. Mit Winters Abgang wurde de facto die Abteilung für den nicht-christlichen Osten nicht mehr weiter betrieben.

Interessant ist, dass nur für den Tätigkeitsbericht des IFZ für das Jahr 1962 Aktivitäten von Ernst Florian Winter vorliegen, in jenem für das Jahr 1963 scheint unter „Ostinstitut" nur mehr die Abteilung für den Christlichen Osten auf.[53] Tatsächlich hat den ersten Leiter des „Ostinstituts" nicht der Ruf des Außenministers von Salzburg nach Wien gezogen, sondern interne Meinungsverschiedenheiten mit P. Thomas Michels. Ernst Florian Winter verließ das IFZ schon nach 21 Monaten. Den Hintergrund bildeten entstandene Auffassungsunterschiede, wie ein Forschungszentrum aussehen sollte. Winter war 1960/61 von den USA nach Österreich gekommen und hatte sichtlich andere Vorstellungen als P. Thomas Michels, der seit 1929 in Salzburg war, 1931 die Salzburger Hochschulwochen gründete und seither mit unglaublicher Energie die Wiedererrichtung der Universität Salzburg betrieb. Dabei war ihm die USA keineswegs unbekannt, denn mit dem Anschluss Österreichs an Hitler-Deutschland 1938 floh er in die Vereinigten Staaten und war vor seiner Rückkehr nach Salzburg 1947 Professor in

---

51 *P. Michels, Thomas OSB*, Bericht des Präsidenten, in: Katholisches Hochschulwerk (Hg.), Zehn Jahre Internationales Forschungszentrum für Grundfragen der Wissenschaften Salzburg 1961–1971, Salzburg 1971, S. 7.
52 Vgl. Mitteilungen des Katholischen Universitätsvereins 1962, S. 8–9 (AKHW Mitteilungen 1953–1973, gebunden) und *Rinnerthaler, Alfred*, Die Renaissance der Idee einer katholischen Universität in Salzburg im vorliegenden Band.
53 Vgl. AKHW *Schuber*: Tätigkeitsberichte der Institute des Internationalen Forschungszentrums für Grundfragen der Wissenschaften Salzburg 1962–1969.

Vermont und New York. Aber offensichtlich trafen hier zwei starke Persönlichkeiten aufeinander.

Am 1. Mai 1963 schrieb Winter an Michels: „...die Struktur des IFZ gibt mir als Katholik keine Garantie für freie wissenschaftliche Arbeit – immanente Kritik ist sehr erschwert, weil der Zweck des IFZ schon verabsolutiert ist ... Arbeitsgebiete sind zu umfangreich innerhalb einer zu wenig elastischen Struktur; christliches Teamwork und christliche Gesprächsfähigkeit (Cf. Paul Goddman, The Community of Scholars, Random House, 1963) ist nicht expressis verbis verankert; ... Kurz: es fehlt mir das programmatische Bekenntnis zum Pluralismus."[54]

P. Thomas Michels leitete den Brief am 3. Mai 1963 an Erzbischof Rohracher weiter, mit den Worten: „Ich glaube, daß ich den Brief für sich selber sprechen lassen kann. Was die persönlichen Vorwürfe angeht, so sind sie durchaus unzutreffend, ja falsch. Seine ganze Auffassung ist uns seit langem klar. Prof. Winter verwechselt Amerika mit Europa, nicht zu sprechen von dem falschen Begriff des Pluralismus, der sein ganzes Denken durchzieht. Ich werde deshalb keine Anstrengungen machen, ihn zu halten. Er hat sich ja praktisch schon entschieden, sodaß wir uns keine Mühe zu machen brauchen. Persönlich könnte ich mich gekränkt fühlen, aber über diese Jahre bin ich hinaus."[55]

II.2 Ostinstitut: Die Abteilung für den Christlichen Osten

Von nun an bestand die Ostforschung am IFZ allein als Forschung zum Christlichen Osten, die vor allem von P. Ludger Bernhard OSB geprägt wurde. Als Wissenschaftlicher Mitarbeiter war 1962 bis 1968 auch Adelbert J.M. Davids (damals P. Ephrem OSB, Maria Laach) an der Abteilung. Er wurde mit nur 32 Jahren und Doktoraten in Theologie (Salzburg) und Byzantinistik (bei Hans-Georg Beck in München) 1970 zum Lektor für Patrologie an der Universität Nimwegen (Niederlande) und dort 1974 bis 2002 ordentlicher Professor für Patrologie und Alte Kirchengeschichte. Davids wurde einer der profiliertesten europäischen katholischen Ostkirchenexperten und -historiker und war von 1991 bis 2006 Chefredakteur der vom neu gegründeten „Instituut voor Oosters Christendom/

---

54 Brief Ernst Florian Winter an P. Thomas Michels, 1. Mai 1963 (AES 20/104 Internationales Forschungszentrum).
55 Brief P. Thomas Michels OSB an Erzbischof Rohracher, 3. Mai 1963 (AES 20/104 Internationales Forschungszentrum).

Institute of Eastern Christian Studies" (Nimwegen) herausgegebenen Zeitschrift „Het Christelijk Oosten" (heute „Journal of Eastern Christian Studies).[56]

1970 wurde das „Ostinstitut" aufgelöst und mit dem „Institut für Religionswissenschaft und Christliches Altertum" zu einem „Institut für Religionswissenschaft und Theologie" unter der Leitung von P. Thomas Michels zusammengeführt. Diese hatte sodann zwei Abteilungen: Eine „Abteilung für biblisch-patristische Theologie" unter der Leitung von Norbert Brox, der später an die Universitäten München und Regensburg berufen wurde, und eine „Abteilung für Ostkirchliche Theologie" unter der Leitung von P. Ludger Bernhard, der 1967 die außerordentliche Professur für Fundamentaltheologie an der Universität Salzburg übernahm und 1971 als ordentlicher Universitätsprofessor für das Fach Ökumenische Theologie berufen wurde. Sowohl P. Thomas Michels als auch P. Ludger Bernhard stammten aus der geistigen Tradition der Abtei Maria Laach mit ihrer forscherischen Perspektive auf die Kirchenväter.

III. Die Forschungsschwerpunkte der Abteilung für den Christlichen Osten bis 1971

Die Ausrichtung der Abteilung für den Christliche Osten wurde in der Folgezeit wesentlich von P. Ludger Bernhard geprägt, der wohl in der benediktinischen Tradition der Ostkirchenforschung stand, die darauf abzielte, die Kirche Christi in ihrer ganzen Fülle zu erfassen. Durch seine Ausbildung und Interessen gab es darüber hinaus einen Fokus auf Patristik, syrisches Christentum und orientalische Sprachen. Bereits nach seinem Eintritt in das Benediktinerkloster Maria Laach 1932 und während des dortigen Philosophiestudiums erwarb er sich Kenntnisse der syrischen und hebräischen Sprache. Sein Theologiestudium in Rom hatte er nach dem Zweiten Weltkrieg mit einer Dissertation zur Tauflehre des Klemens von Alexandrien abgeschlossen.[57] Ab 1946 studierte er Semitistik, Byzantinistik, Kunde des Christlichen Orients und allgemeiner Sprachwissenschaft in München. Seine zweite, nun philologische Dissertation bearbeitete die syrischen Rezensionen

---

56 Zur Biographie vgl. *Nissen, Peter* / Adelbert, Davids, Scholar of the Unexpected Detail, in: *Verheyden, Joseph* / *Teule, Herman* (Hg.), Heretics and Heresies in the Ancient Church and in Eastern Christianity. Studies in Honour of Adelbert Davids, Leuven 2011, S. 1–5.

57 Für eine ungedruckte Zusammenstellung biographischer Daten danke ich P. Gottfried Glaßner OSB. Vgl. auch *Reiterer, Friedrich V.* / *Eder, Petrus OSB* (Hg.), Liebe zum Wort. Beiträge zur klassischen und biblischen Philologie. P. Ludger Bernhard OSB zum 80. Geburtstag dargebracht von Kollegen und Schülern, Salzburg 1993.

von griechischen Kanones des Kosmas Melodos. 1951–1959 lehrte er als Dozent für Philologia Sacra an der Ordenshochschule in Maria Laach. In dieser Zeit kam es zu Studienaufenthalten am Berg Athos, aus denen eine Studie zur Liturgie und Athosmönchtum[58] und ein in vier Sprachen publiziertes Athosbuch erwuchsen, das er gemeinsam mit P. Chrysostomus Dahm OSB verfasste.[59]

Am 9. März 1965 wurde Ludger Bernhard an der Theologischen Fakultät der nun neu gegründeten Universität Salzburg im Fach „Ostkirchliche Theologie" habilitiert. Das heißt, während der ersten Jahre als Abteilungsleiter am IFZ beschäftigte ihn hauptsächlich seine Arbeit an der „Chronologie der Syrer", seinem Habilitationsthema.[60] Im Tätigkeitsbericht des IFZ für das Jahr 1962 ist – wohl von Ludger Bernhard geschrieben – festgehalten: „Alle erreichbaren syrischen und christlich-arabischen Handschriften sowie die zugehörigen Kataloge wurden eingehend studiert und eine mehrere tausend Zettel im Format DIN A5 umfassende Sammlung von diesbezüglichen Exzerpten angelegt ... Die hauptsächlichen Werke arabischer und syrischer Astronomen und Chronologien wurden sorgfältig studiert und ebenfalls in großem Umfang exzerpiert"[61]. Im Zuge einer Bibliotheksreise, die Ludger Bernhard 1963 unternahm, durchforstete er christlich-orientalische Handschriften in Paris, London, Birmingham (Selly Oak), Oxford und Löwen.[62] Während seines Aufenthalts in Oxford hielt er bei der 4th International Conference on Patristic Studies (16.–21. September 1963) „im Rahmen der ‚Master Themes' einen einstündigen Vortrag über ‚Quellenstudien zur Auseinandersetzung des Klemens von Alexandrien mit der Gnosis'."[63] 1964 sah er noch Kodizes orientalischer Handschriften in Venedig (Marciana) und Florenz (Laurenziana) ein und reichte sodann seine Habilitation ein.

---

58 Vgl. *Bernhard, Ludger*, Athosmönchtum und Liturgie, in: Ars Liturgica (1958) S. 59–76.
59 Vgl. *Dahm, Chrysostomus / Bernhard, Ludger*, Athos: Berg der Verklärung, Offenburg 1959.
60 Aus der Habilitation entstanden zwei Standardwerke: *Bernhard, P. Ludger*, Die Chronologie der Syrer (Österreichische Akademie der Wissenschaften, Phil.-Hist. Klasse, Sitzungsberichte 264, 3. Abh.), Wien 1969; Ders., Die Chronologie der Syrischen Handschriften (Verz. der Orientalischen Handschriften in Deutschland, Suppl. 14), Wiesbaden 1971.
61 Tätigkeitsbericht der Institute des Internationalen Forschungszentrums für Grundfragen der Wissenschaften für das Jahr 1962, S. 27 (AKHW *Schuber*: Tätigkeitsberichte der Institute des Internationalen Forschungszentrums für Grundfragen der Wissenschaften Salzburg 1962–1969). Im Folgenden abgekürzt als TIFZ mit entsprechender Jahreszahl.
62 Vgl. TIFZ 1963, S. 28.
63 Ebd.

Während dieser Zeit arbeitet P. Ephrem Davids OSB an seiner Dissertation zum Corpus Macarianum und hielt mehrere Vorträge zu den Temen Ostkirche, orientalische Kirchengeschichte und Ökumene an der „European Extension" Portland University (Salzburg-Riedenburg), in Holland und in Belgien.[64] 1966 wurde er in Salzburg promoviert.[65] Noch in seiner Zeit am IFZ arbeitete er an patristischen Studien (Ps.-Makarios, Diadochos von Photike und Gregor von Nyssa, Liber Graduum), zum Thema „Häretiker in Armenien und im byzantinischen Reich", forschte quellenkritisch zum Hesychasmus[66] und wirkte am Handbuch der Ostkirchen mit.

P. Ludger Bernhard beschäftigte sich in den folgenden Jahren vor allem mit Christologie, Soteriologie, Ekklesiologie, byzantinische liturgische Dichtung, der Dogmenentwicklung und der Auseinandersetzung der Kirchenväter mit dem Gnostizismus, den spätbyzantinischen Theologen und der Geschichtstheologie im Christlichen Osten.[67] Dies floss sowohl bei internationalen Kongressen ein – u.a. beim Deutschen Orientalistentag 1965 (Eröffnungsvortrag „Grundsätzliches zur Methode von Rückübersetzungen aus dem Koptischen in das Griechische"), bei der Görresgesellschaft 1965 (Vortrag: „Volks- und Liturgiesprache in den Ostkirchen"[68]), beim 13. Internationalen Byzantinistenkongress in Oxford 1966 (Vortrag „Die Legitimität des lateinischen Kaiserreichs von Konstantinopel in jakobitischer Sicht"[69]), beim Forschungsgespräch des IFZ 1966 (Vortrag „Die Universalgeschichtsschreibung des Christlichen Orients"[70]), beim Primo Congresso Internazionale die Studi di Musica Bizantina e Orientale Liturgica in Grottaferrata 1968 (Vortrag „Der Ausfall der 2. Ode im byzantinischen Neun-Oden-Kanon"[71]) – als

---

64 Vgl. TIFZ 1965, S. 37.
65 Vgl. *Davids, Adelbert J. M.*, Das Bild vom Neuen Menschen. Ein Beitrag zum Verständnis des Corpus Macarianum (Salzburger patristische Studien 2), Salzburg 1968.
66 Vgl. *Davids, Adelbert J. M.*, Nil Sorskij und der Hesychasmus in Rußland. Eine quellenkritische Untersuchung, in: Jahrbuch der österr. Byzantinistik 18 (1969), S. 167–194.
67 Vgl. TIFZ 1967, S. 29 f.
68 Vgl. TIFZ 1965, S. 38.
69 Vgl. TIFZ 1966, S. 40. Vgl. *Bernhard, Ludger*, Die Legitimität des Lateinischen Kaiserreiches von Konstantinopel in jakobitischer Sicht, in: Jahrbuch der Österr. Byzantinischen Gesellschaft 16 (1967), S. 133–138.
70 Vgl. *Bernhard, Ludger*, Die Universalgeschichtsschreibung des Christlichen Orients, in: *Randa, Alexander*, (Hg.), Mensch und Weltgeschichte. Zur Geschichte der Universalgeschichtsschreibung (Forschungsgespräche des Internationalen Forschungszentrums für Grundfragen der Wissenschaften Salzburg 7), Salzburg-München 1969, S. 113–141.
71 Vgl. *Bernhard, Ludger*, Der Ausfall der 2. Ode im byzantinischen Neunodenkanon, in: Heuresis (1969), S. 91–101.

auch in seine Lehre an der Theologischen Fakultät Salzburg ein. In seiner Funktion als Abteilungsvorstand gab er die Reihen *Salzburger Patristische Studien* (Pustet, Salzburg/München) und *Aevum Christianum. Beiträge zur Geistes- und Religionsgeschichte des Abendlandes* (Aschendorff, Münster) heraus und war Mitherausgeber der Zeitschrift für Religionswissenschaft und Theologie *Kairos*.

1968 fand erstmals ein abteilungsinternes Seminar mit Übungen zur methodischen Aufschlüsselung des *Corpus Byzantinae Historiae* (Venedig 1729) statt.[72] Im selben Jahr begannen auch die Planungen für ein von der Abteilung für den Christlichen Osten geplantes internationales Forschungsgespräch über Probleme der ostkirchlichen Theologie. P. Ludger Bernhard nahm mit dem Direktor des Ökumenischen Instituts des Weltkirchenrates in Bossey[73] Kontakt auf und reiste 1969 nach Genf. Ebenso führte er Gespräche mit Pro Oriente in Wien und dem Sekretariat für die Einheit der Christen in Rom (Vatikan). 1972 fand schließlich das 13. Forschungsgespräch am IFZ, veranstaltet von der Abteilung für Ostkirchliche Theologie, zum Thema „Das Verhältnis von Staat und Kirche in Theologie und Praxis bei den Ostkirchen" statt. Die Referenten waren Hans Georg Beck (München), Charalambos N. Fragistas (Thessalonike), Ivan Galabov (Salzburg), Ludolf Müller (Tübingen), Fairy von Lilienfeld (Erlangen), Michael Breydy (Tripoli/Libanon) und Ernst Christoph Suttner, (Würzburg). Letzterer berichtete zum Verlauf: „Es ging nicht so sehr um Sonderinteressen kirchlich orientierter Bevölkerungsschichten unserer gegenwärtigen Gesellschaft, als um grundsätzliche Fragen des Geschichtsverständnisses. Man suchte nach den Auffassungen der Menschen aus verschiedenen Epochen, Kulturkreisen und Wirtschaftssystemen von sich selber und von ihren Sozialgebilden, nach realen Gegebenheiten ihres Lebens und nach ihren Wünschen und Hoffnungen, um derentwillen sie ihr Gemeinschaftsleben in jenen Formen und Verhältnissen entwickelten, von denen die Geschichte zeugt."[74] Die Veröffentlichung der Beiträge in einem Berichtsband war geplant, kam aber aus finanziellen Überlegungen bedauerlicherweise nicht zustande.

Mit Beginn des Wintersemesters 1966/67 wurde Ludger Bernhard außerordentlicher Professor für Fundamentaltheologie an der Uni Salzburg. Für ihn bedeutete dies aber „keineswegs, daß er sich damit von der ostkirchlichen Theologie

---

72 Für die folgenden Informationen danke ich P. Gottfried Glaßner OSB.
73 Zu Bossey vgl. *Weber, Hans-Ruedi*, A Laboratory for Ecumenical Life. The Story of Bossey 1946–1996, Genf 1996.
74 Das 13. Forschungsgespräch am Internationalen Forschungszentrum für Grundfragen der Wissenschaften, in: Mitteilungen Katholisches Hochschulwerk 1973, o. S. (AKHW Mitteilungen 1953–1973, gebunden).

abgewendet hätte"[75]. Nachdem P. Ludger Bernhard 1971 zum ordentlichen Professor für Ökumenische Theologie berufen wurde, waren seine ostkirchlichen Kenntnisse überaus hilfreich für die universitäre Lehre.

Interessant ist, dass er in der Festschrift zum 10-jährigen Bestehen der neugegründeten Universität Salzburg schreibt: „Schon die alte Universität Salzburg hat die Kunde von Christlichen Orient gepflegt, wie aus den Bibliotheksbeständen mit ihren Spuren fleißiger Benutzung und aus den Lehrplänen der damaligen Zeit hervorgeht"[76]. In der Jubiläumsausgabe zum 100. Jahrgang des vom Professorenkollegium der Theologischen Fakultät der Universität Salzburg herausgegebenen „Klerusblatt" schreibt P. Ludger Bernhard mit Bezug auf die Wiedereröffnung der Theologischen Fakultät nach Ende des Zweiten Weltkriegs ferner, dass schon 1946 mit Priv.-Doz. Dr. theol. et phil. Josef Casper (Wien), „der seine theologischen Studien in Salzburg absolviert hatte und seit 1944 als Priester des byzantinischen Ritus in Österreich wirkte"[77] verhandelt wurde und dieser schon ab 1947 regelmäßig Vorlesungen und Übungen über die „Kunde des Christlichen Orients" an der Salzburger Theologischen Fakultät hielt. Diese umfassten alle Gebiete der ostkirchlichen Theologie und Geschichte, sowohl der orientalisch-orthodoxen Kirchen als auch jene der byzantinischen Tradition. Joseph Caspar war enger Mitarbeiter des Liturgiereformers Pius Parsch[78] gewesen und dementsprechend bot Casper auch in fast jedem Semester Lehrveranstaltungen zu den orientalischen Liturgien an. Nach dessen frühem Tod im Jahr 1951 „war die Ostkirchenkunde an der Salzburger Theologischen Fakultät wieder verwaist und ohne Vertreter"[79]. Mit der Habilitation von Ludger Bernhard änderte sich dies wieder.

---

75 TIFZ 1966, S. 40.
76 [*Bernhard, Ludger,*] Institut für Ökumenische Theologie, in: Universität Salzburg 1622–1962–1972. Festschrift. Hg. vom Akademischen Senat der Universität Salzburg, Salzburg 1972, S. 264.
77 *Bernhard, Ludger*, Fundamental- und Ostkirchentheologie: Studium der ostkirchlichen Theologie, in: Jubiläumsnummer des Österreichischen Klerusblattes 100 (1967), Nr. 6/7, S. 84.
78 Vgl. *Röhrig, Floridus*, Pius Parsch und die biblisch-liturgische Erneuerung im historischen Kontext, in: *Bachler, Winfried / Pacik, Rudolf / Redtenbacher, Andreas* (Hg.), Pius Parsch in der liturgiewissenschaftlichen Rezeption, Würzburg 2005, S. 19–30, veröffentlicht auch im Themenheft „Pius Parsch. Pionier liturgischer Erneuerung", Heiliger Dienst 58 (2004), S. 115–119.
79 *Bernhard, Ludger*, Fundamental- und Ostkirchentheologie: Studium der ostkirchlichen Theologie, S. 84.

Mit Ludger Bernhard hatte Österreich die erste Lehrkanzel an einer österreichischen katholisch-theologischen Fakultät, die „ausschließlich"[80] der ökumenischen Theologie gewidmet war. Und sehr richtig erkannte er, dass die Trennung der Kirchen des Ostens und des Westens der „Grundlagenforschung an den orientalischen Handschriften"[81] bedarf sowie der historisch-theologischen Forschung: „Dazu gehört im Christlichen Orient in erster Linie die Christologie ... Gegenüber Byzanz und seinen Nachfolgekirchen sind es dagegen in erster Linie Aspekte des Wesens der Kirche und ihrer organisatorischen Struktur, die zu der großen Spaltung geführt haben."[82]

Bis zu seiner Emeritierung 1982 und darüber hinaus war P. Ludger Bernhard in der Ostkirchenforschung aktiv und prägte diese in Salzburg. Von Beginn an stellte er sein Wissen auch der Stiftung Pro Oriente[83] zur Verfügung, zu deren theologischem Konsultor ihn Kardinal Franz König 1980 ernannte. Beim Festakt anlässlich des Besuches des syrisch-orthodoxen Patriarchen von Antiochien bei Pro Oriente in Wien 1972 hielt er die historisch und theologisch fundierte Festrede.[84] Bei sehr vielen theologischen Gesprächen mit den Ostkirchen, die Pro Oriente initiierte, war er als Experte dabei. Ebenso hielt er 1977 bei der Begegnung mit Patriarch Mar Ignatius Yakub III. die Festrede beim Festakt in Wien. Aber auch zu den anderen orientalischen Kirchen bestanden gute Beziehungen. So war P. Ludger Bernhard zur Abhaltung von Lehrveranstaltungen in der koptischen Patriarchalhochschule in Kairo eigeladen, hatte 1981 Begegnungen mit dem armenischen und dem äthiopischen Patriarchen anlässlich ihrer Österreich-Besuche und übernahm auch kurzfristig während des Byzantinistenkongresses in Wien

---

80 So *Bernhard, Ludger* in: Universität Salzburg 1622–1962–1972. Festschrift, S. 264. Tatsächlich ist das erste Ökumenische Institut Österreichs mit Bescheid des Unterrichtsministers vom 17. Dezember 1966 in Graz eingerichtet worden, hatte allerdings den Namen „Institut für Dogmengeschichte und Ökumenische Theologie". Vgl. *Bauer, Johannes B.*, 40 Jahre Institut für Ökumenische Theologie, in: Ökumenisches Forum 30/31 (2007/08), S. 47.
81 [*Bernhard, Ludger,*] Institut für Ökumenische Theologie, in: Universität Salzburg 1622–1962–1972, Festschrift, S. 265.
82 Ebd.
83 Vgl. u.a. *Winkler, Dietmar W.*, Art. Pro Oriente, in: Encyclopedic Dictionary of the Christian East. Ed. Edward G. Farrugia SJ, Rome Pontifical Oriental Institute 2015, S. 1529–1431.
84 Vgl. *Bernhard, Ludger*, Festrede anläßlich des Festaktes für Patriarch Ignatius Yacoub III.im Palais Pallavicini am 25. Oktober 1972, in: *Stirnemann, Alfred / Wilflinger, Gerhard* (Hg.), Ortskirche und Weltkirche (Pro Oriente Bd. 22), Innsbruck-Wien 1999, S. 324–336.

die Festrede zum Empfang des äthiopischen Patriarchen. 1982 emeritierte er als Universitätsprofessor, wirkte aber als Abteilungsleiter am IFZ in Salzburg wissenschaftlich weiter, bevor er 1997 in sein Heimatkloster Maria Laach zurückkehrte. Dort verstarb er im 99. Lebensjahr am 4. November 2010.

IV. Der Aufbau einer wissenschaftlichen Bibliothek

Ab 1962 galt es einen „Zettelkatalog zum Zweck der Errichtung einer Grundstockbibliothek für die Kunde des Christlichen Ostens"[85] aufzubauen. Dieses Unterfangen – der systematische Aufbau einer Bibliothek, die Durchsicht von Antiquariaten, die Rekrutierung von großen Ausgabenreihen christlich-orientalischer Texte (z.B. Patrologia Orientalis, Corpus Scriptorum Christianorum Orientalium), und Fachzeitschriften (z.B. Orientalia Christiana, L'Orient Syrien, Oriens Christianus), wie auch der „Aufbau eines Mikrofilmarchivs"[86] – durchzieht die Anfangsjahre. Es entwickelte sich eine Standort- und Forschungsbibliothek.

Heute spiegeln die Bestände die Forschungsschwerpunkte der Vorgänger-Institutionen seit 1961 wieder: (1) Religionswissenschaft und Christliche Antike bzw. Patristik, (2) Geschichte und Theologie des Christlichen Ostens, (3) Geschichte des Mönchtums.[87]

Die laufende Betreuung der religionswissenschaftlichen Abteilung im engeren Sinn beschränkte sich im Wesentlichen auf die Zeit bis 1969. Nachdem in der Neuorganisation von 1969 die patristische Abteilung und die ostkirchliche Abteilung unter dem Dach des „Instituts für Religionswissenschaft und Theologie" zusammengeführt worden waren, verlagerte sich der Schwerpunkt einerseits auf das christliche Altertum (und Mittelalter), andererseits auf den Christlichen Osten, wobei man besonders darum bemüht war, den Zugang zu den Quellen durch Anschaffung von Textausgaben und von dem zur Benützung der Primärliteratur notwendigen Instrumentarien (Wörterbücher, Grammatiken, Lexika, Kommentarwerke) zu erschließen.

Der Bereich Christliche Antike stand von 1961 bis etwa 1980 unter der Leitung von P. Thomas Michels, der Bereich Christlicher Osten von 1961 bis etwa 1993 unter der Leitung von P. Ludger Bernhard. Die Abteilung der Geschichte des Mönchtums wurde 1987 von P. Ulrich Faust OSB begründet und bis zur Neu-Gründung und -Strukturierung des „Instituts für den Christlichen Osten" im Jahr 2001 von ihm betreut. P. Ulrich Faust OSB (geb. 1935) gehört der Benediktinerabtei

---

85 TIFZ 1962, S. 26.
86 Ebd. S. 27.
87 Ich danke P. Gottfried Glaßner OSB für die Informationen zu den Anfängen.

Ottobeuren an[88], ist habilitierter Kirchenhistoriker und war langjähriger Hauptschriftleiter der *Germania Benedictina* und der *Studien und Mitteilungen zur Geschichte des Benediktinerordens und seiner Zweige*.

Die Rückkehr von P. Ludger Bernhard nach Maria Laach im Jahr 1997 und der damit verbundene Transfer seiner umfangreichen ostkirchlichen Privatbibliothek, die in den Institutsräumen untergebracht war, machten zusammen mit einem neuen Raumkonzept eine grundlegende Neuordnung der Bibliothek notwendig, die vor allem vor dem Problem stand, die bis dahin getrennt aufgestellten und betreuten Bestände der religionswissenschaftlichen Abteilung (Christliches Altertum bzw. später Geschichte des Mönchtums) und der ostkirchlichen Abteilung in einem einheitlichen Ordnungssystem zusammenzuführen.

P. Gottfried Glaßner OSB nahm diese aufwendige Aufgabe ab 1998 in Angriff. Als im Jahr 2007 der neue Institutsvorstand Prof. Dietmar W. Winkler ein Team unter Leitung der am Institut forschenden Koptologin Dr. Diliana Atanassova mit der EDV-Katalogisierung der Bibliotheksbestände beauftragte, waren knapp 1000 Titeleinträge in dieser Form bereits erfasst. Bis 2009 wurde der größte Teil des Bestandes der Zeitschriften und Serien registriert. Bis zur Überleitung des Instituts am IFZ als „Zentrum zur Erforschung des Christlichen Ostens" an die Universität Salzburg waren etwa 5000 Titel elektronisch erfasst. Im akademischen Jahr 2014/15 wurde der gesamte Bibliotheksbestand in den Katalog der Universitätsbibliothek Salzburg aufgenommen und ist über deren elektronische Datenbanken abrufbar. Damit ist die Bibliothek dort, wo sie von Anfang an geplant war, in der Universität Salzburg.

V. Umstrukturierungen und Neuorganisation

1980/82 arbeitete P. Dr. Johannes Hofmann OSB (Niederaltaich) als wissenschaftlicher Mitarbeiter an der Abteilung und unternahm ostkirchliche, ökumenische und liturgische Studien. Er wurde 1993 als Professor für Alte Kirchengeschichte und Patrologie an der Katholischen Universität Eichstätt-Ingolstadt berufen. Ebenso half Fr. Petrus Nowack OSB, der jetzige Prior der Abtei Maria Laach, zur Zeit des Abschlusses seines Theologiestudiums in Salzburg bei der Umordnung der Bibliothek und beim Transfer der Handbibliothek von P. Thomas Michels nach Maria Laach mit.

Ab 1986 ist P. Gottfried Glaßner OSB vom Benediktinerstift Melk wissenschaftlicher Mitarbeiter und studierte die christlich orientalischer Sprachen Syrisch,

---

88 Vgl. u.a. *Faust, Ulrich*, Abtei Ottobeuren. Geschichtlicher Überblick 764 bis heute, 3. Aufl., Lindenberg 2013.

Koptisch und Arabisch. Er spezialisierte sich auf Althebraistik und dissertierte mit textanalytischen Studien zu Jesaja.[89] Schon seit 1988 doziert er an der Philosophisch-Theologischen Hochschule St. Pölten, wo er 2005 zum Professpor für Altes Testament ernannt wurde. Er publizierte unter anderem zum orthodoxen und orientalischen Mönchtum und Glaubensleben, zur Orthographie jüdisch-deutscher Handschriften und begründete 2006 die Publikationsreihe *Thesaurus Mellicensis* als Forum zur wissenschaftlichen Aufarbeitung des historischen Buchbestandes, der Sammlungen und der künstlerischen Ausstattung des Benediktinerstiftes Melk. Seit 2001 ist er Nationalsekretär des Andreas-Petruswerkes und damit in die praktische Ostkirchenarbeit eingebunden.

Im Jahr 1994 übernahm P. Gottfried Glaßner die Leitung der Ostkirchlichen Abteilung von P. Ludger Bernhard. Unter Erzbischof Dr. Georg Eder und Univ.-Prof. Dr. Johann Paarhammer (IFZ-Präsident 2001–2007) wurde das IFZ im Jahr 2001 umgegliedert. Aus der „Ostkirchlichen Abteilung" am Institut für Religionswissenschaft und Theologie wurde nun ein selbständiges „Institut für den Christlichen Osten" im Edith-Stein Haus, unter der Leitung von Univ.-Prof. DDr. Peter L. Hofrichter, der seit 1993 Professor und ab 1999 Vorstand des Instituts für Kirchengeschichte und Patrologie an der Universität Salzburg war. Peter Hofrichter war auch zwölf Jahre lang (1994–2006) der Leiter des Arbeitsausschusses von Pro Oriente Salzburg und für eine Vielfalt an ostkirchlichen Aktivitäten in Salzburg prägend.[90]

Da das IFZ insgesamt unter großen Finanzproblemen litt, reduzierte Erzbischof Dr. Alois Kothgasser SDB auf Vorschlag von Präsident Prof. Hans Paarhammer mit Dekret vom 22. Jänner 2006 die Zahl der Institute auf drei:[91] *Fides et Ratio* (Glaube und Wissen, Grundfragen der Wissenschaften), *Orientale Lumen* (Ostkirchenforschung, Pro Oriente Salzburg, Andreas-Petrus-Werk), *Gaudium*

---

89 Vgl. *Glaßner, Gottfried*, Vision eines auf Verheißung gegründeten Jerusalem. Textanalytische Studien zu Jes 54. Klosterneuburg 1991.
90 Vgl. u.a. *Hofrichter, Peter* (Hg.), Ostkirchliches Christentum in Salzburg, Salzburg 2006; *Ders.* (Hg.), Auf der Suche nach der Seele Europas. Marienfrömmigkeit in Ost und West. Studientagung der Pro Oriente-Sektion Salzburg aus Anlass ihres 20jährigen Bestehens, 7. und 8. Oktober 2005, Innsbruck/Wien 2007. *Winkler, Dietmar W.*, Engagement für den Dialog mit den Ostkirchen, in: *Neureiter, Michael* (Hg.), Hans Katschthaler für Bildung, Kultur und Natur (Veröffentlichungen der Dr. Hans Lechner-Forschungsgesellschaft 16), Salzburg 2013, S. 88–95.
91 Vgl. *Rinnerthaler, Alfred*, Das Internationale Forschungszentrum für Grundfragen der Wissenschaften 1992–2008, in: ifz – 50 Jahre Internationales Forschungszentrum für soziale und ethische Fragen, Broschüre, Salzburg o. J. [2012], S. 56.

et Spes (Kirche und Welt, Katholische Soziallehre, Kirchliche Zeitgeschichte). Ab 2006 übernahm Univ.-Prof. Dr. Dietmar W. Winkler die Leitung des Instituts *Orientale Lumen*. Um der finanziellen Unterstützung durch die Privatstiftung Mayr-Melnhof Rechnung zu tragen, wurde es in *Mayr-Melnhof Institut für den Christlichen Osten* umbenannt.

Mit 1. Oktober 2013 wurde das Institut – auf Basis eines von Dietmar W. Winkler gestellten Antrags und auf Grund internationaler Evaluation – durch das Rektorat, den Senat und den Universitätsrat der Paris-Lodron-Universität Salzburg zunächst für fünf Jahre in die Universität übergeleitet und dort als *ZECO – Zentrum zur Erforschung des Christlichen Ostens* errichtet. Damit hat die von den Benediktinern von Anfang an geplante Ostkirchenforschung innerhalb einer Albertus-Magnus-Universität bzw. Internationalen Katholischen Universität nunmehr in der 1962 neu gegründeten Paris-Lodron Universität Salzburg ihren institutionellen Ort gefunden.

Wilhelm Rees

Aufbruch durch die Diözesansynode 1971/72 in der neu errichteten Diözese Innsbruck*

Abstract
On 6.th August 1964, the Apostolic Administration of Innsbruck-Feldkirch had been raised to its own diocese. The separation of Vorarlberg has been made by charging to a separate diocese on December 8, 1968. The Second Vatican Council has given important suggestions for renewal of the Roman Catholic Church. A diocesan synod in the years 1971–72 should be a new impetus to the widely paralyzed church life in the Diocese of Innsbruck.

Die Diözese Innsbruck ist am 6. August 1964 gegründet worden, d. h. zu einer Zeit als das Zweite Vatikanische Konzil (1962–1965) noch voll im Gang war. Dieses Konzil hat nicht nur das ekklesiologische Selbstverständnis der katholischen Kirche entscheidend neu gefasst, sondern auch zahlreiche Impulse für eine Neuordnung des kirchlichen Lebens sowie eine Öffnung der Kirche zur Welt gegeben. Diese Impulse galt es in der österreichischen Kirche, deren Glaubensleben damals weithin zu erlahmen drohte, umzusetzen. Hier schienen vor allem die einzelnen österreichischen Diözesen gefordert. Was bot sich näher an als die Einleitung synodaler Prozesse in Form von Diözesansynoden. Hatten doch Synoden und Konzilien in den einzelnen Epochen der Kirchengeschichte eine besondere Bedeutung eingenommen. Nicht zuletzt wurde gerade seitens des Zweiten Vatikanischen Konzils eine Wiederbelebung der Synoden gefordert (vgl. Art. 36 Abs. 1 VatII CD). Das damals geltende kirchliche Gesetzbuch enthielt Regelungen zur Abhaltung einer Diözesansynode, die zwar rechtlich nicht außer Kraft gesetzt worden sind, jedoch angesichts der neuen Lehren des Zweiten Vatikanischen Konzils zu hinterfragen waren.

Näherhin sollen im Folgenden zunächst – nach einer kurzen Darlegung des damals geltenden kirchlichen Rechts – die Situation der österreichischen Kirche sowie die Neuansätze des Zweiten Vatikanischen Konzils und dessen Weisungen angesprochen werden. Sodann werden die Diözesansynode Innsbruck 1971/72,

---

* *Erstveröffentlichung unter dem Titel „Geistlicher Aufbruch – gestern und heute. Die Diözesansynode Innsbruck 1971/72 im Rahmen synodaler Prozesse. Anmerkungen aus kirchenrechtlicher Perspektive", in: Martin Kapferer (Hg.), Notae. Historische Notizen zur Diözese Innsbruck 1/2014, S. 112–146. Abdruck mit freundlicher Genehmigung durch die Diözese Innsbruck.*

näherhin deren Vorbereitung, Beschlüsse und Rezeption, aber auch weitere synodale Prozesse in den Blick genommen.

I. Diözesansynode im CIC/1917

Der Codex Iuris Canonici von 1917, das zur Zeit der Innsbrucker Diözesansynode, aber auch der anderen frühen österreichischen Diözesansynoden und des Österreichischen Synodalen Vorgangs (1973/74) geltende Gesetzbuch für die römisch-katholische Kirche, enthielt Bestimmungen zur Diözesansynode (vgl. cc. 356–362 CIC/1917)[1]. Sie war eine vom Diözesanbischof einberufene Versammlung von Vertretern des Diözesanklerus, bei der dieser auch den Vorsitz führte. Eine Diözesansynode sollte wenigstens alle zehn Jahre abgehalten werden (vgl. cc. 356 f. CIC/1917). Ihre Aufgabe bestand in der Beratung des jeweiligen Diözesanbischofs, vor allem in Fragen, die sich auf die besonderen Angelegenheiten der betreffenden Diözese bezogen (vgl. c. 356 § 1 CIC/1917). Näherhin sollte eine Diözesansynode „Entscheidungen des Bischofs vorbereiten helfen"[2]. An einer Diözesansynode konnten nur Kleriker teilnehmen (vgl. c. 358 § 1 CIC/1917). Ausdrücklich erinnerte c. 362 CIC/1917 daran, dass die Gesetzgebung einzig und allein dem Diözesanbischof zukommt.

II. Impulse des Zweiten Vatikanischen Konzils

Ein Blick in die Texte des Zweiten Vatikanischen Konzils (1962–1965) zeigt, dass dieses Konzil die Synoden, die in der Kirche eine lange Tradition haben[3], wiederbeleben wollte (vgl. Art. 36 Abs. 1 VatII CD). Näherhin sah sich bereits die

---

1 Vgl. *Rees, Wilhelm*, Der Österreichische Synodale Vorgang (1973/74). Vorgeschichte und kirchenrechtlicher Status, in: *Schmiedl, Joachim* (Hg.), Nationalsynoden nach dem Zweiten Vatikanischen Konzil. Rechtliche Grundlagen und öffentliche Meinung (= Theologische Berichte, Bd. 35), Freiburg Schweiz 2013, S. 116–198, bes. S. 121–125; s. insgesamt auch *ders.*, Synoden und Konzile. Geschichtliche Entwicklung und Rechtsbestimmungen in den kirchlichen Gesetzbüchern von 1917 und von 1983, in: *Rees, Wilhelm, Schmiedl, Joachim* (Hg.), Unverbindliche Beratung oder kollegiale Steuerung? Kirchenrechtliche Überlegungen zu synodalen Vorgängen (= Europas Synoden nach dem Zweiten Vatikanischen Konzil, Bd. 2), Freiburg, Basel, Wien 2014, S. 10–67. Die im Text verwendete männliche Sprachform steht, soweit möglich, für beide Geschlechter.
2 *Schmitz, Heribert*, Die Beratungsorgane des Diözesanbischofs, in: GrNKirchR, S. 277–287, hier S. 277.
3 Zur Geschichte der Diözesansynode s. *Rees*, Synoden (Anm. 1), S. 10–31.

Jerusalemer Urgemeinde als eine „geschwisterliche Gemeinde"[4]. In diesem Zusammenhang verweist Konstantin Nikolakopoulos darauf, dass das Zusammenkommen der Ortsgemeinde, wie es im Neuen Testament und besonders in den Briefen des Apostels Paulus beschrieben werde, eine „Art Urkonziliarität" zum Ausdruck bringt[5]. Vor allem finde sich in der paulinischen Sicht der Gläubigen als Glieder eines Leibes (vgl. 1 Kor 12) „eine weitere neutestamentliche Anspielung auf die Konziliaritätsidee"[6]. Es wird in der Frühzeit der Kirche deutlich, „daß die Gemeinde sich nicht bloß zu Gottesdiensten versammelte, sondern auch um anstehende Fragen der Gemeindedisziplin und später auch Fragen des Glaubens zu entscheiden"[7]. Bereits Ende des 6. und Anfang des 7. Jahrhunderts fanden in Auxerre / Frankreich (585) und in Tarragona / Spanien (616) Diözesansynoden statt, ohne dass diese Form der Synoden zunächst eine allgemeine Verbreitung fand[8]. In Österreich verpflichtete neben kirchlichen Vorschriften das Konkordat vom 18. August 1855 zwischen Seiner Heiligkeit Papst Pius IX. und Seiner kaiserlich-königlichen Apostolischen Majestät Franz Joseph I., Kaiser von Österreich, die Kirche, „Provinzialconcilien und Diözesansynoden in Gemäßheit der heiligen Kirchengesetze zu berufen und zu halten, und die Verhandlungen derselben kundzumachen" (Art. 4 lit. e)[9]. Aufgrund der langen Tradition von Diözesansynoden und dem damit verbundenen Anliegen wird der Wunsch des Konzils verständlich, „daß die ehrwürdigen Einrichtungen der Synoden und Konzilien mit neuer Kraft

---

4 Vgl. *Hartelt, Konrad*, Die Diözesan- und Regionalsynoden im deutschen Sprachraum nach dem Zweiten Vatikanum. Rechtshistorische und rechtstheologische Aspekte der Verwirklichung des Synodalprinzips in der Struktur der Kirche der Gegenwart (= EThSt, Bd. 40), Leipzig 1979, S. 5–7, hier S. 5, der von „brüderlicher Gemeinde" spricht.

5 *Nikolakopoulos, Konstantin*, Neutestamentliche Wurzeln der Synodalität, in: *Böttigheimer, Christoph / Hofmann, Johannes* (Hg.), Autorität und Synodalität. Eine interdisziplinäre und interkonfessionelle Umschau nach ökumenischen Chancen und ekklesiologischen Desideraten, Frankfurt am Main 2008, S. 237–251, hier S. 239.

6 *Nikolakopoulos*, Synodalität (Anm. 5), S. 241.

7 *Löbmann, Benno*, Die Erneuerung des synodalen Elements in der nachkonziliaren Kirche, in: Theologisches Jahrbuch 1973. Hg. von *Hübner, Siegfried*, Leipzig 1973, S. 486–506, hier S. 487 f.

8 Vgl. *Plöchl, Willibald M.*, Geschichte des Kirchenrechts, Bd. 1: Das Recht des ersten christlichen Jahrtausends. Von der Urkirche bis zum großen Schisma, Wien und München ²1960, S. 165; vgl. auch *Sieben, Hermann Josef*, Die Partikularsynode. Studien zur Geschichte der Konzilsidee (= FTS, Bd. 37), Frankfurt am Main 1990, S. 79–192.

9 Text in *Weinzierl-Fischer, Erika*, Die Österreichischen Konkordate von 1855 und 1933 (= Österreich Archiv), Wien 1960, S. 250–258, hier S. 251.

aufblühen; dadurch soll besser und wirksamer für das Wachstum des Glaubens und die Erhaltung der Disziplin in den verschiedenen Kirchen, entsprechend den Gegebenheiten der Zeit, gesorgt werden" (Art. 36 Abs. 2 VatII CD)[10]. Neben dem ausdrücklichen Wunsch nach Wiederbelebung der Synoden und Konzile sind die vom Zeiten Vatikanischen Konzil gegebenen Weisungen sowie die Neuausrichtung der Ekklesiologie und damit verbunden das neue Kirchenbild für die Praxis der Synoden von Bedeutung. Die Neuerungen sollten, wie Richard Puza herausstellt, „dem Dialog, dem synodalen Element und dem Miteinander aller Christgläubigen in der Kirche förderlich sein"[11].

Näherhin wird die Kirche vom Zweiten Vatikanischen Konzil als „Volk Gottes" (Art. 9-17 VatII LG)[12] umschrieben. Im Einzelnen betont dieses Konzil vor allem das gemeinsame Priestertum aller Getauften (Art. 10 VatII LG)[13], die besondere Stellung der Laien (Art. 30-38 VatII LG) und ihre Teilhabe an den drei Ämtern (munera) Jesu Christi, d. h. dem prophetischen, priesterlichen und königlichen Amt (vgl. Art. 34 VatII LG; Art. 10 Abs. 1 VatII AA)[14], sowie die besonderen Aufgaben der Ordensleute (Art. 43-47 VatII LG). Näher stellt Art. 37 Abs. 1 VatII LG das Recht der Laien heraus, den Hirten der Kirche ihre Anliegen zu

---

10 Vgl. dazu *Bausenhart, Guido*, Theologischer Kommentar zum Dekret über das Hirtenamt der Bischöfe in der Kirche, in: Herders Theologischer Kommentar zum Zweiten Vatikanischen Konzil. Hg. von *Hünermann, Peter* und *Hilberath, Bernd Jochen*, Bd. 3, Freiburg, Basel, Wien 2005, S. 225-313, bes. S. 287.

11 *Puza, Richard*, Das synodale Prinzip in historischer, rechtstheologischer und kanonistischer Bedeutung, in: *Fürst, Gebhard* (Hg.), Dialog als Selbstvollzug der Kirche? (= QD, Bd. 166), Freiburg, Basel, Wien 1997, S. 242-269, hier S. 247; s. auch *Egger, Wilhelm*, Das Zweite Vatikanische Konzil als Aufgabe für unsere Ortskirche. Anregungen für die Seelsorge / Lettura pastorale dei documenti conciliari. Referat auf der Seelsorgetagung 29.-31. August 2005 in Brixen. Vierzig Jahre Zweites Vatikanisches Konzil. Einblicke und Ausblicke, in: Folium Dioecesanum Bauzanense - Brixinense XLI, Nr. 10, October 2005, S. 371-391.

12 Vgl. *Witsch, Norbert*, Art. Volk Gottes, in: LKStKR, Bd. 3 (2004), S. 840-842.

13 Vgl. *Riedel-Spangenberger, Ilona*, Art. Gemeinsames Priestertum. II. Kath., in: LKStKR, Bd. 2 (2002), S. 44-45.

14 Vgl. *Rees, Wilhelm*, Amt - Seelsorge - Leitung. Kirchenrechtliche Standortbestimmung und Zukunftsperspektiven, in: AfkKR 178 (2009), S. 90-123, bes. S. 96-99; ders., Ordination in der römisch-katholischen Kirche. Anmerkungen aus rechtshistorischer und aktuell kirchenrechtlicher Perspektive, in: *Huber, Konrad / Vonach, Andreas* (Hg.), Ordination - mehr als eine Beauftragung? (= Synagoge und Kirchen, Bd. 3), Wien und Berlin 2010, S. 145-182, bes. S. 157-163; ders., Ämter und Dienste. Kirchenrechtliche Standortbestimmung und Zukunftsperspektiven, in: *Krieger, Walter / Sieberer, Balthasar* (Hg.), Ämter und Dienste. Entdeckungen - Spannungen - Veränderungen, Linz 2009, S. 189-228, bes. S. 194-197.

sagen, ein Recht, das später in das kirchliche Gesetzbuch von 1983 eingegangen ist (vgl. c. 212 §§ 2 und 3 CIC/1983). Ausdrücklich hat das Zweite Vatikanische Konzil den Wunsch geäußert, dass in jeder Diözese ein Seelsorgerat eingerichtet wird, dem auch Laien angehören (vgl. Art. 27 Abs. 5 VatII CD; ferner auch Art. 30 Abs. 2 VatII AG). Auf den strukturellen Ebenen der Kirche, d. h. der Pfarrei, dem Dekanat, der Diözese usw., sollten beratende und koordinierende Gremien gebildet werden, in denen Kleriker, Ordensleute und Laien zusammenarbeiten (vgl. Art. 26 Abs. 1 und 2 VatII AA)[15]. Damit kommen Mitverantwortung und Mitentscheidung in den Blick. Die neue Sicht der Kirche, die das Zweite Vatikanische Konzil grundgelegt hat, erfordert eine Beteiligung des ganzen Volkes Gottes, d. h. aller Gläubigen, an Beratungs- und Entscheidungsvorgängen der Kirche und kann Laien als Glieder der Kirche, die sie durch die Taufe geworden sind, von Synoden nicht ausschließen. Vielmehr ergibt sich, dass sie „hier - zusammen mit den Bischöfen, Priestern und Ordensleuten - ihre Mitverantwortung in gemeinsamer Willensbildung und Entscheidungsfindung ausüben"[16]. Karl Rahner stellte mit Blick auf eine Pastoralsynode sogar die These auf, dass „ein eigentliches Entscheidungsrecht der Synode als solcher, das grundsätzlich auch die Bischofskonferenz und den einzelnen Bischof binden würde, ... dogmatisch möglich" wäre[17].

In ekklesiologischer Sicht spricht das Zweite Vatikanische Konzil davon, dass die Kirche in und aus Teilkirchen besteht (Art. 23 Abs. 1 VatII LG), und stellt so die Bedeutung und Eigenständigkeit der einzelnen Diözesen heraus. Es rief dazu auf, möglichst bald eine Überprüfung der Abgrenzung der Diözesen vorzunehmen, soweit das Heil der Seelen dies erfordert (vgl. Art. 22-24 VatII CD)[18]. Insgesamt wird die Kirche als Communio[19] gesehen. Letztendlich plädierte das Zweite Vatikanische Konzil für eine Öffnung der Kirche zur Welt (vgl. VatII GS insgesamt, bes. Art. 2 VatII GS) und dafür, die „Zeichen der Zeit" (Art. 4 Abs. 1 VatII GS;

---

15 Zu erinnern ist in diesem Zusammenhang auch an die Einrichtung eines Priesterrats. Vgl. Art. 7 Abs. 1 VatII PO.
16 *Hartelt*, Regionalsynoden (Anm. 4), S. 75.
17 *Rahner, Karl*, Zur Theologie einer „Pastoralsynode", in: *Hübner*, Theologisches Jahrbuch 1973 (Anm. 7), S. 507-518, hier S. 513; vgl. ebd., S. 516 f.
18 Vgl. *Rees, Wilhelm*, Die Entwicklung der Beziehungen zwischen Kirche und Staat in Deutschland und Österreich im Licht des Zweiten Vatikanischen Konzils. Vortrag beim Dies academicus der Pontificia Universitas „Antonianum" Facultas Iuris Canonici am 7. März 2005, in: Antonianum 81 (2006), S. 339-379, bes. S. 365-367.
19 Vgl. *Riedel-Spangenberger, Ilona*, Art. Communio, in: LKStKR, Bd. 1 (2000), S. 355-357; *Hallermann, Heribert*, Art. Communitas fidelium, in: LKStKR, Bd. 1 (2000), S. 357-359.

s. auch Art. 11 Abs. 1 VatII GS; Art. 4 Abs. 1 VatII UR; Art. 14 Abs. 3 VatII AA; Art. 9 Abs. 2 VatII PO) ernst zu nehmen[20].

Das Zweite Vatikanische Konzil hat die Bestimmungen des CIC/1917 zur Diözesansynode nicht außer Kraft gesetzt. Sie wurden jedoch den neuen Ansätzen dieses Konzils nicht mehr gerecht. Vor allem entsprachen sie nicht dem vom Konzil neu entwickelten Selbstverständnis der Kirche. Es zeigte sich, dass „eine Diözesansynode im alten Stil, als Klerikerversammlung, nicht mehr möglich"[21] war. Näherhin sprach Karl Rahner von einem „Strukturwandel der Kirche als Aufgabe und Chance"[22]. Wie Rahner klar herausstellte, war eine „deutlichere Mitwirkung ... der Laien ... nicht nur bei der Bestellung von Amtsträgern in der Kirche, sondern auch bei anderen Entscheidungsvorgängen im kirchlichen Leben angezeigt"[23].

III. Die österreichische Kirche und die Diözese Innsbruck in der Zeit nach dem Zweiten Vatikanischen Konzil

Paul M. Zulehner stellt im Jahr 1974 fest, dass „in den letzten Jahrzehnten in Österreich Kirchlichkeit verfallen ist, ein Prozeß, der noch keineswegs zu Ende zu sein scheint"[24]. Als Anzeichen dieses Verfalls sah er den Rückgang des Kirchenbesuchs, die rasch zunehmende Zahl der Kirchenaustritte sowie den Rückgang der Priesterweihen. Dabei macht Zulehner darauf aufmerksam, dass die traditionelle Form

---

20 Die Diözese Innsbruck hat als eine der Seelsorgsaufgaben 1966/67 ausdrücklich die „Konzilsverwirklichung" genannt: Brüderliche Priesterschaft, mündige und missionarische Laienschaft. Hierzu war u. a. für die Pfarrlaienräte in jedem Dekanat ein Dekanatstag abzuhalten. Vgl. Verordnungsblatt für die Diözese Innsbruck. 41. Jg., 1. Oktober 1966, Nr. 7, TOP 56, S. 37 f., hier S. 37.
21 *Puza, Richard*, Diözesansynode und synodale Struktur. Ein Beitrag zur Ekklesiologie des neuen CIC, in: ThQ 166 (1986), S. 40–48, hier S. 43.
22 Vgl. *Rahner, Karl*, Strukturwandel der Kirche als Aufgabe und Chance (= Herderbücherei, Bd. 446), Freiburg i. Br. 1972; zu letzterem Aspekt vor allem ebd., S. 127–130; s. auch *Rees, Wilhelm*, Karl Rahner und das Kirchenrecht, in: Salus animarum suprema lex. Festschrift für Offizial Max Hopfner zum 70. Geburtstag. Hg. von *Kaiser, Ulrich / Raith, Ronny / Stockmann, Peter* (= AIC, Bd. 38), Frankfurt am Main u. a. 2006, S. 359–398, hier S. 396–398.
23 *Rahner*, Strukturwandel (Anm. 22), S. 129.
24 *Zulehner, Paul M.*, Religiös-kirchliche Daten in Österreich, in: HerKorr 28 (1974), S. 580–584, hier S. 580, unter Hinweis auf *ders.*, Verfällt die Kirchlichkeit in Österreich?, Graz 1971; zu ähnlichen Tendenzen in der Bundesrepublik Deutschland s. *Groner, Franz*, Trends in der katholischen Kirche im Bundesgebiet Deutschland nach dem Konzil, in: HerKorr 28 (1974), S. 251–257.

der Kirchlichkeit nicht nur am Rand der Kirche verfalle, sondern auch in ihrem Intensivsegment verdunste. „Diesem ‚Verdunstungsprozeß' steht die Kirche in Österreich mit einer gewissen Ratlosigkeit gegenüber."[25] Der Chefredakteur und Geschäftsführer der Katholischen Nachrichtenagentur „Kathpress" in Österreich, Richard Barta, beurteilte die religiöse Situation in Österreich dahingehend, dass „die Kirche von jenen Leuten lebt, die ‚nichts dagegen haben'"[26]. In dieser Situation wurde der Katholischen Aktion (KA), die im Dekret des Zweiten Vatikanischen Konzils über die Hirtenaufgabe der Bischöfe „Christus Dominus" besonders herausgestellt wird (vgl. Art. 17 VatII CD), eine besondere Bedeutung zugemessen. Dabei hatten die österreichischen Bischöfe gegenüber einem breitgefächerten Verbandswesen, das die deutschen Bischöfe nach dem Zweiten Weltkrieg wiederbelebt hatten, nach italienischem Vorbild „einer einheitlich organisierten Katholischen Aktion mit ihren Gliederungen den Vorzug" gegeben[27]. Das „Modell des österreichischen Laienrats als überdiözesaner Sammlung aller Laienverbände, -organisationen und -bewegungen" wurde Ende der 1960er Jahre „in Europa (als) beispielgebend" gesehen[28].

Die Diözese Innsbruck war in einer besonderen Situation. Gläubige und Gebiet der heutigen Diözese Innsbruck gehörten lange Zeit der Diözese Brixen an.

---

25 *Csoklich, Fritz*, Die a-religiöse Religiosität des Österreichers. Verdunstende Kirchlichkeit unter barocken Kringeln, in: HerKorr 28 (1974), S. 405–412, hier S. 408, unter Hinweis auf *Zulehner, Paul M.*
26 Zitiert nach *Csoklich*, Religiosität (Anm. 25), S. 405 f.
27 *Csoklich, Fritz*, Zwischenbilanz des „Pastoralismus". Die Kirche in Österreich vor neuen Fragen, in: HerKorr 37 (1983), S. 377–382, hier S. 377; s. auch *Schödl, Ingeborg*, Vom Aufbruch in die Krise. Die Kirche in Österreich ab 1945 (= Editio Ecclesia semper reformanda, Bd. 6), Innsbruck-Wien 2011, S. 39–41. Für *Zulehner, Paul M.*, Die kirchlichen Institutionen, in: *Fischer, Heinz* (Hg.), Das politische System Österreichs, Wien 1974, S. 625–641, hier S. 629, war die Katholische Aktion „die längste Zeit ein verlängerter Arm der kirchlichen Hierarchie, hat aber durch die Redefinition des Laien auf dem Konzil einerseits eine gewisse Unabhängigkeit von den Bischöfen erreicht; sie ist andererseits durch die Errichtung der ... Mitbestimmungsgremien für Laien in eine gewisse Identitätskrise geraten". Grundlegend *Klostermann, Ferdinand*, Das organisierte Apostolat der Laien und die Katholische Aktion. Ein Beitrag zur Entwicklungsgeschichte, in: *Klostermann, Ferdinand / Kriegl, Hans / Mauer, Otto / Weinzierl, Erika* (Hg.), Kirche in Österreich 1918–1965, Band 2, Wien und München 1967, S. 68–137.
28 *Waldstein-Wartenberg, Ernst*, Das Laienapostolat in Österreich nach Christifideles laici, in: Pax et Iustitia. Festschrift für Alfred Kostelecky zum 70. Geburtstag. Hg. von *Kaluza, Hans Walther / Klecatsky, Hans R. / Köck, Heribert / Franz / Paarhammer, Johannes*, Berlin 1990, S. 69–78, hier S. 78. Sigismund Waitz führte mit dem 1922 gegründeten Tiroler Katholikensekretariat erstmals im deutschen Sprachraum die KA ein.

Die Grenzziehung am Brenner infolge des Ersten Weltkriegs und die Neuordnung der Staatsgrenzen durch den Staatsvertrag von Saint-Germain-en-Laye, der am 16. Juli 1920 in Kraft trat, hatte nicht nur politische Auswirkungen für das Land Tirol, sondern auch Auswirkungen auf die kirchliche Verwaltung und das Leben der Diözese Brixen. Der seit Dezember 1918 in Innsbruck seitens des Bischofs von Brixen eingerichteten bischöflichen Kanzlei folgte im Jahr 1921 für den Teil der Diözese Brixen, der auf dem Gebiet der neuen österreichischen Republik lag (Nord- und Osttirol, Vorarlberg), die Errichtung einer Apostolischen Administratur „Innsbruck-Feldkirch", deren Leitung dem damaligen Weihbischof von Brixen und gleichzeitigen Generalvikar für Vorarlberg, Dr. Sigismund Waitz[29], übertragen wurde. Dieser wurde am 12. Dezember 1925 zum Apostolischen Administrator von Innsbruck-Feldkirch (1925–1938) mit allen Rechten eines Residentialbischofs ad nutum Sanctae Sedis ernannt und zugleich seines Amtes als Weihbischof von Brixen (1913–1925) enthoben[30]. „Damit war das bei Österreich verbliebene Gebiet der Diözese Brixen zu einem selbständigen kirchlichen Verwaltungssprengel geworden und die von Waitz so entschieden abgelehnte Teilung faktisch vollzogen."[31] Bereits Art. III § 2 des zur Zeit des

---

29 Vgl. *Gelmi, Josef,* Art. Waitz, Sigismund (1864–1941), in: *Gatz, Erwin* (Hg.), Die Bischöfe der deutschsprachigen Länder 1785/1803 bis 1945, Berlin 1983, S. 787–791; *Alexander, Helmut* (Hg.), Sigismund Waitz. Seelsorger, Theologe und Kirchenfürst, Innsbruck-Wien und Bozen 2010; s. auch *Fliri, Michael,* Waitz als Generalvikar in Vorarlberg, in: *Alexander,* Waitz (Anm. 29), S. 137–172.

30 S. *Alexander, Helmut,* Sigismund Waitz – Vom Brixner Weihbischof und Generalvikar von Vorarlberg zum Apostolischen Administrator von Innsbruck-Feldkirch, in: ders., Waitz (Anm. 29), S. 173–224; *Scheuer, Manfred,* Politik und Seelsorge. Ein Blick in Bischöfliche Hirtenworte und Verlautbarungen von Bischof Waitz (1919–1938), ebd., S. 225–264.

31 *Franckenstein, Josef,* Von der Apostolischen Administratur Innsbruck-Feldkirch zur Diözese Innsbruck, in: Jahrbuch der Katholischen Kirche in Österreich 1998. Hg. vom Sekretariat der Österreichischen Bischofskonferenz, Wien 1998, S. 81–83, hier S. 82; s. auch *Wechner, Bruno,* Die Apostolische Administratur Innsbruck-Feldkirch, in: ÖAKR 3 (1952), S. 69–85; *Gelmi, Josef,* Kirchengeschichte Tirols, Innsbruck-Wien und Bozen 1986, bes. S. 228–231; ders., Geschichte der Kirche in Tirol. Nord-, Ost- und Südtirol, Innsbruck-Wien und Bozen 2001, bes. S. 484–541; *Franckenstein, Josef, Gatz, Erwin,* Gelmi, Josef, Bistum Innsbruck (1964–68: Feldkirch) (Kirchenprovinz Salzburg), in: *Gatz, Erwin* (Hg.) unter Mitwirkung von *Brodkorb, C.* und *Zinnhobler, R.,* Die Bistümer der deutschsprachigen Länder von der Säkularisation bis zur Gegenwart, Freiburg, Basel, Wien 2005, S. 366–376; Geschichte der Diözese Innsbruck, in: Bischöfliches Ordinariat der Diözese Innsbruck (Hg.), Schematismus der Diözese Innsbruck 2004, Innsbruck o. J. (XXXI. Ausgabe. Stand vom 15.12.2003), S. 14–23; *Ingenhaeff, Wolfgang,*

Ständestaates zwischen dem Heiligen Stuhl und der Republik Österreich am 5. Juni 1933 abgeschlossenen Konkordats hat eine Weiterentwicklung in den Blick genommen: „Es besteht grundsätzlich Einverständnis darüber, dass die Apostolische Administratur ‚Innsbruck-Feldkirch' zur Diözese ‚Innsbruck-Feldkirch' mit dem Sitz in Innsbruck erhoben wird und ein eigenes Generalvikariat für den Vorarlberger Anteil der neuen Diözese mit dem Sitz in Feldkirch erhält ... Die Durchführung dieser grundsätzlichen Einigung erfolgt durch besondere Vereinbarung zwischen dem Heiligen Stuhl und der Bundesregierung, sobald insbesondere bezüglich der neu zu errichtenden Diözese ‚Innsbruck-Feldkirch' die nötigen Vorkehrungen getroffen sind."[32] Eine Genehmigung des Apostolischen Stuhls zur Errichtung der neuen Diözese ist jedoch bis zum 13. März 1938, dem Tag des Anschlusses Österreichs an Deutschland, nicht erfolgt. Die Ernennung des Apostolischen Administrators Sigismund Waitz am 10. Dezember 1934 zum Erzbischof von Salzburg und dessen neuerliche Bestätigung am 17. Januar 1935 in seiner bisherigen Funktion als Apostolischer Administrator brachten für die Apostolische Administratur eine Situation mit sich, die aus pastoralen Gründen nicht aufrecht zu erhalten war. Daher erfolgte am 15. Oktober 1938 die Ernennung des bisherigen Regens des Priesterseminars Innsbruck, DDr. Paulus Rusch, zum Apostolischen Administrator (1938-1964), ohne dass allerdings eine Verständigung mit der Reichsregierung erfolgt war[33]. Nach dem Zweiten Weltkrieg wurde die vom Konkordat geforderte Erhebung der Apostolischen

---

Lehrer, Richter, Hirten. Die Bischöfe Tirols. Für Bischof Paulus Rusch, der 42 Jahre lang Geschick und Geschichte der Diözese Innsbruck entscheidend bestimmte, Innsbruck 1981, bes. S. 130-154.

32 Concordato fra la Santa Sede e la Republica Austriaca / Konkordat zwischen dem Heiligen Stuhle und der Republik Österreich vom 5. Juni 1933, in: AAS 26 (1934), S. 249-282, hier S. 251 f.; zur Zwischenkriegszeit s. bes. *Gelmi, Josef*, Die Kirche Tirols seit 1918, in: *Pelinka, Anton / Maislinger, Andreas* (Hg.) Handbuch zur neueren Geschichte Tirols, Band 2: Zeitgeschichte. 2. Teil: Wirtschaft und Kultur, Innsbruck 1993, S. 443-463, hier S. 449-451.

33 *Wechner*, Administrator (Anm. 31), S. 75; s. auch *Alexander, Helmut* , Der „rote" Bischof. Paul Rusch und Tirol – Aspekte seines sozialen Engagements und gesellschaftspolitisches Selbstverständnisses (= Geschichte und Ökonomie, Bd. 15), Innsbruck, Wien, Bozen 2005, S. 88 f.; *Gelmi*, Kirche (Anm. 32), S. 454-456; *ders.*, Art. Paul Rusch (* 1903), in: *Gatz*, Bischöfe 1785/1803 (Anm. 29), S. 637-638; *Alexander, Helmut*, Bischof DDr. Paulus Rusch (1903-1986). Eine biographische Skizze, in: *Alexander, Helmut, Kriegbaum, Bernhard* (Hg.), Bischof Paulus Rusch. Wächter und Lotse in stürmischer Zeit. Gedenkschrift, Innsbruck 2004, S. 9-31. Dieser Umstand brachte während der Amtszeit des Bischofs gewisse Nachteile mit sich.

Administratur „Innsbruck-Feldkirch" zu einer eigenen Diözese angegangen. Sie konnte jedoch erst am 6. August 1964 erfolgen, nachdem die Anerkennung der Gültigkeit des Konkordats von 1933 durch die österreichische Regierung (1957) erfolgt war[34]. Kirchlich gesehen stand sie auch in Zusammenhang mit der Errichtung der Diözese Bozen-Brixen und nicht zuletzt auch im Zusammenhang mit den vom Zweiten Vatikanischen Konzil geforderten Überlegungen zur Neuumschreibung der Diözesanstruktur. Paulus Rusch wurde am 26. September 1964 zum ersten Diözesanbischof der Diözese Innsbruck-Feldkirch (1964–1968) ernannt[35]. Erst am 8. Dezember 1968 erfolgte die Abtrennung Vorarlbergs von der bisherigen Diözese Innsbruck-Feldkirch und die Erhebung zu einer eigenen Diözese Feldkirch[36].

---

34 Vgl. Päpstliche Bulle zur Errichtung der Diözese Innsbruck vom 6. August 1964, in: Verordnungsblatt für die Diözese Innsbruck, 40. Jg., 4. Jänner 1965, Nr. 1, TOP 1, S. 1 f.; s. auch Seelsorgeamt der Diözese Innsbruck (Hg.), Ich bin bei Euch. Mt 28,20. 25 Jahre Diözese Innsbruck, Innsbruck o. J. (1989); s. auch *Gelmi, Josef*, 40 Jahre Diözese Bozen-Brixen. Ein geschichtlicher Rückblick, in: Katholisches Sonntagsblatt Nr. 37, 19.9.2004; *Egger, Wilhelm*, Berufung einer Ortskirche. 40 Jahre seit der Neuordnung der Diözese Bozen-Brixen / La vocazione di una Chiesa locale. A 40 anni dal riasetto territoriale della Diocesi di Bolzano-Bressanone / Vocaziun de na diozeja. 40 agn dala reorganisaziun dla Diozeja Bulsan-Persenon. Referat anlässlich der Seelsorgetagung in Brixen, 25. August 2004, in: Folium Dioecesanum XL, October 2004, Nr. 10, S. 328–352.

35 Vgl. Päpstliche Bulle zur Ernennung des ersten Bischofs von Innsbruck vom 26. September 1964, in: Verordnungsblatt für die Diözese Innsbruck, 40. Jg., 4. Jänner 1965, Nr. 1, TOP 2, S. 2; s. auch Päpstliche Bulle an Klerus und Volk der Diözese Innsbruck vom 26. September 1964, ebd., TOP 3, S. 3; Protokoll über die Besitzergreifung durch den hochwürdigsten Herrn Bischof Paulus Rusch vom 7. Dezember 1964, ebd., TOP 7, S. 5. Paulus Rusch war von 1968–1980 Diözesanbischof der Diözese Innsbruck. Vgl. Rücktrittsangebot des Diözesanbischofs Dr. Paulus Rusch nicht angenommen, in: Verordnungsblatt für die Diözese Innsbruck, 54. Jg., 1. Februar 1979, Nr. 1, TOP 1, S. 1.

36 Vgl. Päpstliche Bulle über die Teilung der Diözese Innsbruck-Feldkirch und die Errichtung der Diözese Feldkirch vom 8. Dezember 1968, in: Verordnungsblatt für die Diözese Innsbruck, 44. Jg., 10. Jänner 1969, Nr. 1, TOP 1, S. 1–2; insgesamt *Gelmi, Josef*, Art. Innsbruck (bis 1968: Innsbruck-Feldkirch), in: *Gatz, Erwin* (Hg.), Die Bischöfe der deutschsprachigen Länder. 1945–2001. Ein biographisches Lexikon, Berlin 2002, S. 273–276; *ders.*, Die Errichtung der Diözesen Bozen-Brixen, Innsbruck-Feldkirch und Feldkirch. Eines der spannendsten Kapitel der neueren Tiroler Kirchengeschichte, in: *Alexander / Kriegbaum*, Bischof Paulus Rusch (Anm. 33), S. 100–121; s. auch Hirtenbrief von Bischof Elmar Fischer zum Advent 2008. Schwerpunkt seines Hirtenbriefs ist das 40-Jahr-Jubiläum der Diözese: http://www.kath-kirche-vorarlberg.at/artikel/2008/40-jahre-dioezese-feldkirch-2013-zwischen-vergangenheit-und-zukunft (eingesehen am 22.05.2012).

Aufbruch durch die Diözesansynode 1971/72 733

Der kirchliche Aufschwung, den die Kirche von Innsbruck in den zurückliegenden Jahren genommen hatte, „begann allerdings mit zunehmendem Wohlstand allmählich wieder zu erlahmen"[37]. Eine religiös-soziologische Untersuchung, mit der die Diözese Innsbruck im Rahmen der Vorüberlegungen zu einer Diözesansynode das Institut für kirchliche Sozialforschung (IKS) Wien am 18. März 1971 beauftragt hatte[38], brachte zu Tage, dass in der Diözese Innsbruck zwar 93% der katholischen Gläubigen den christlichen Glauben für notwendig erachten, Gläubige jedoch einzelne Wahrheiten der christlichen Botschaft, wie z. B. den Glauben an die Auferstehung mit Leib und Seele (35%), unterschiedlich bejahen. 44% sahen sich wegen Uneinheitlichkeit der Glaubensverkündigung verunsichert. 17% gingen praktisch nicht mehr und 15% nur an Festtagen zur Kirche. 43% bezeichneten sich als religiös indifferent. 7% gaben eine Mitarbeit in der Pfarre an. Mit Blick auf die Priester wurden eher Bemühungen um die Seelsorge als um die Gestaltung der Riten erwartet, ebenso eine Entlastung von administrativen und finanziellen Aufgaben. Bezüglich einer christlichen Lebenspraxis fiel auf, dass der kirchliche Einfluss in vielen Bereichen, wie z. B. der Frage der Abtreibung, der Euthanasie, der Einstellung zur Pille oder der Wiederheirat von geschiedenen Gläubigen, zurückgegangen war. Die Diözese Innsbruck zählte damals ca. 380.000 Katholiken in 277 Pfarren und Seelsorgestellen, was gegenüber dem Jahr 1950 eine Zunahme von 22% bzw. 10% bedeutete, wobei allerdings 31 Seelsorgestellen unbesetzt waren[39]. Die Zahl der im Diözesandienst tätigen Priester war rückläufig, jene der Kirchenaustritte jedoch steigend[40].

Bereits nach Abschluss des Zweiten Vatikanischen Konzils verstärkte sich unter Otto Mauer, der seit 1946 Geistlicher Assistent der Katholischen Aktion in

---

37 *Gelmi*, Kirche (Anm. 32), S. 459. So wurde als besondere Seelsorgsaufgabe 1968/69 erklärt: „Brüderliche Gemeinde aus gefestigtem Glauben". Vgl. Verordnungsblatt für die Diözese Innsbruck, 43. Jg., 1. Oktober 1968, Nr. 9, TOP 58, S. 34 f., hier S. 34.
38 Vgl. Vereinbarung zwischen der Diözese Innsbruck und dem Institut für kirchliche Sozialforschung vom 18.3.1971, in: DA Ibk; s. Institut für kirchliche Sozialforschung (IKS) Wien, Zur religiösen Situation in der Diözese Innsbruck. Ergebnisse einer religionssoziologischen Umfrage, 2 Teile, Wien, im Dezember 1970 (Arbeitsnummer 96 und 97); s. auch die Zusammenfassung von: *Fill, Sepp*, Die 1. Synode der Diözese Innsbruck. Versuch einer Chronik, in: Bischöfliches Ordinariat (Innsbruck) – Synodenbüro (Hg.), Miteinander für alle. Das Pastoralprogramm der Diözese Innsbruck nach der Synode 1971–1972, Innsbruck o. J. (1974), S. 165–190, hier S. 174 f.
39 Diese Zahl und weitere Zahlen in Rednerunterlage der I. Wahlmännerkonferenz, in: DA Ibk.
40 *Alexander*, Der rote Bischof (Anm. 33), S. 254, nennt für 1970: 326 gegenüber 1951: 364; zu den Kirchaustritten ebd., S. 267.

Österreich war[41] und „beim Wiederaufbau der kirchlichen Strukturen nach 1945 eine zentrale Rolle"[42] gespielt hatte, der Wunsch nach „Einberufung eines österreichischen Nationalkonzils"[43]. Letztendlich hatte ja Papst Paul VI. am Ende des Zweiten Vatikanischen Konzils die Umsetzung dieses Konzils in das kirchliche Leben gefordert[44]. So dachte Österreich nach den Niederlanden „am frühesten an eine Durchführung einer nationalen Synode"[45]. Die österreichische Kirche hatte damals verschiedene synodale Prozesse im Blick, die sich in einzelnen Ländern Europas abzeichneten, so vor allem neben dem Pastoralkonzil der niederländischen Kirche (1968–1970) die Gemeinsame Synode der Bistümer in der Bundesrepublik Deutschland (1971–1975)[46], die Synode in der Schweiz (Synode 72) in den Jahren 1972–1975 sowie die Pastoralsynode der Jurisdiktionsbezirke in der DDR, die von 1973–1975 stattgefunden hat. Dabei war die Gemeinsame Synode der Bistümer in der Bundesrepublik Deutschland (Würzburger Synode), wie auch die anderen Versammlungen, in kirchenrechtlicher Hinsicht „ein neuartiges Konstrukt, weil die Synodalen aus allen Ständen der Kirche kamen und an den Beratungen der Synode gleichberechtigt teilnahmen"[47].

---

41 *Schödl*, Aufbruch (Anm. 27), S. 39 f.: „Was die Aufgabe der KA sein sollte, darüber hatte vor allem Otto Mauer eine klare Zielvorstellung: ‚… dass nichts mehr im öffentlichen Leben Österreichs geschehen kann, wozu nicht – falls religiöse oder ethische Erheblichkeit gegeben ist – die Katholische Aktion ihr Urteil und ihre Meinung bekannt gibt: sofern die Bischöfe sich nicht selbst äußern'".
42 *Schödl*, Aufbruch (Anm. 27), S. 49; s. auch ebd., S. 48–51; *Mauer, Otto*, Situation 1965. Die österreichische Kirche im Zeitalter des ökumenischen Konzils, , in: *Klostermann, Ferdinand / Kriegl, Hans / Mauer, Otto / Weinzierl, Erika* (Hg.), Kirche in Österreich 1918–1965, Bd. 1, Wien und München 1966, S. 387–403.
43 Siehe Österreich-Synode im Aufschwung, in: HerKorr 28 (1974), S. 37–40, hier S. 37.
44 Vgl. *Ernesti, Jörg*, Paul VI. Der vergessene Papst, Freiburg, Basel, Wien 2012, S. 79–86, S. 107–109 und S. 120–126; vgl. auch Apostolisches Lehrschreiben Papst Pauls VI. anlässlich des fünften Jahrestages der Beendigung des Zweiten Vatikanischen Konzils (8. Dezember 1970); abgedr. in: Verordnungsblatt für die Diözese Innsbruck, 46. Jg., 15. Jänner 1971, Nr. 1, TOP 1, S. 1–5.
45 Synodenvielfalt in Österreich, in: HerKorr 25 (1971), S. 34–37, hier S. 34.
46 Vgl. *Hallermann, Heribert*, Art. Gemeinsame Synode, in: LKStKR, Bd. 2 (2002), S. 41–44.
47 *Haering, Stephan*, Autorität und Synodalität im Gesetzbuch der lateinischen Kirche, in: *Böttigheimer / Hofmann*, Autorität (Anm. 5), S. 297–320, hier S. 311, unter Hinweis auf *Hallermann, Heribert*, Die Würzburger Synode – ein Maßstab für synodale Prozesse?, in: Recht – Bürge der Freiheit. Festschrift für Johannes Mühlsteiger SJ zum 80. Geburtstag. Hg. von *Breitsching, Konrad* und *Rees, Wilhelm* (= Kanonistische Studien und Texte, Bd. 51), Berlin 2006, S. 621–644, hier S. 629–637.

Die Österreichische Bischofskonferenz konnte sich jedoch auf ihrer Frühjahrsversammlung vom 29. März 1966 nicht auf die Durchführung einer Synode im Sinn einer Nationalsynode einigen. Vielmehr haben sich die österreichischen Bischöfe am 29. März 1966 gegen eine gesamtösterreichische Synode ausgesprochen[48]. Der nach Konzilsende gereifte Plan scheiterte, wie ein Zeitzeuge bemerkt, „an dem ausgeprägten Diözesanpartikularismus (in extremis ausgedrückt in der ‚Ost-West-Spannung' Wien-Innsbruck), der zugleich ein Landespartikularismus ist"[49]. Die österreichische Kirche entschied sich für die Einberufung und Abhaltung von Diözesansynoden. In der Folgezeit haben sieben[50] der inzwischen neun österreichischen Diözesen eine Diözesansynode abgehalten: Salzburg (16–19. Oktober 1968; Vorarbeiten seit 1966), Wien (1968–1971); Gurk / Kärnten (1970–1972), Linz (1970–1972), Innsbruck (1971–1972)[51], St. Pölten (1971–1972) und Eisenstadt (1970–1971). „Im Ergebnis … führten die Diözesansynoden zu dem Vorteil, daß sich wesentlich größere Kreise der Gläubigen an den Diskussionen beteiligen konnten, als es bei einer Nationalsynode möglich gewesen wäre."[52]

IV. Vorbereitung der Innsbrucker Diözesansynode

Die Innsbrucker Diözesansynode 1971/1972 war die erste Synode in der noch jungen Diözese Innsbruck[53]. Die Frage nach einer Diözesansynode ist in der Diözese

---

48 Lediglich eine gesamtösterreichische Studienkommission für die nachkonziliaren Arbeiten wurde eingerichtet, die am 7. Juni 1966 erstmals zusammengetreten ist. Zum ÖSV s. Rees, Der Österreichische Synodale Vorgang (Anm. 1), S. 131–180.
49 Synodenvielfalt (Anm. 45), S. 34.
50 In der Diözese Graz-Seckau kam es trotz Vorbereitungen vermutlich wegen des Bischofswechsels im Jahr 1968/69 zu keiner Diözesansynode. Die Diözese Feldkirch wurde erst im Jahr 1968 als eigene Diözese gegründet, so dass es für eine Synode wohl zu früh gewesen wäre.
51 Vgl. Bischöfliches Ordinariat Innsbruck – Synodenbüro, Miteinander (Anm. 38); Kunzenmann, Werner, „Miteinander für alle". Die erste Innsbrucker Diözesansynode (1971–1972), in: Alexander / Kriegbaum, Bischof Paulus Rusch (Anm. 33), S. 122–130. Auch in der Diözese Bozen-Brixen fand eine Diözesansynode in den Jahren 1970–1973 statt. Statut, Geschäfts- und Wahlordnung der Diözesansynode Bozen-Brixen (1970–1973) sind abgedr. in: Hartelt, Regionalsynoden (Anm. 4), S. 315–323 f.; s. auch den Beitrag von Roland Cerny-Werner und Severin Lederhilger, in diesem Band.
52 Das Ende der Österreich-Synode, in: HerKorr 28 (1974), S. 368–372, hier S. 368.
53 Zu den Synoden in Brixen s. Grass, Franz, Die alten Brixner Synoden als Vorgänger der Innsbrucker Diözesansynode, in: Bischöfliches Ordinariat Innsbruck – Synodenbüro, Miteinander (Anm. 38), S. 152–163. Von 1186 bis 1900 gab es 27 Diözesansynoden in der alten, ungeteilten Diözese Brixen. Vgl. Messner, Johannes, Zu den Brixner Synoden.

Innsbruck erstmals in einer Vorstandssitzung der Katholischen Männerbewegung (KMB) am 18. April 1968 diskutiert worden[54]. „Die Argumentation ging damals von der drohenden Erlahmung des Konzilsgeistes und der anregenden Wirkung des Synodenvorhabens in Salzburg aus, fand aber bald zu originären Überlegungen wie: In der Synode wird Kirche als Volk Gottes konkret; die Diözese sollte nach der Diözesanerhebung (1964) und nach der Abtrennung Vorarlbergs (1968) die Chance einer geistigen Selbstfindung und einer zünftigen Pastoralplanung nützen; Priester und Laien hätten an einer Synode ein großes sammelndes Ziel, u. ä. m."[55] Wenngleich auch der damalige Diözesanbischof Paulus Rusch, der selbst am Zweiten Vatikanischen Konzil teilgenommen hatte[56], die Abhaltung einer Diözesansynode im Blick hatte, allerdings erst, nachdem die Ausführungsbestimmungen zur Liturgiereform, die das Zweite Vatikanische Konzil in die Wege geleitet hatte, vorliegen würden[57], erwartete er sich eine Stellungnahme bzw. Meinungsäußerung der Katholischen Aktion[58]. Daher hatte sich der Diözesanausschuss der

---

Erneuerungsbewegungen im Lauf des letzten Jahrtausends, in: St. Kassian-Kalender für das Jahr 2015 nach der gnadenreichen Geburt unseres Herrn Jesus Christus, Brixen 2014, S. 302–312; zur aktuellen Diözesansynode 2013 s. unten.

54 So *Fill*, Synode (Anm. 38), S. 165; s. insgesamt ebd.; *Kunzenmann*, Miteinander (Anm. 51). Material zur Innsbrucker Diözesansynode 1971/72 findet sich im Archiv der Diözese Innsbruck (DA Ibk), allerdings weithin noch nicht geordnet. Für die Möglichkeit der Einsichtnahme dankt Verfasser dem Leiter des Diözesanarchivs, Herrn Dr. Martin Kapferer.

55 *Fill*, Synode (Anm. 38), S. 165.

56 S. *Lies, Lothar*, Bischof Paulus Rusch und das Zweite Vatikanische Konzil (1959–1965), in: *Alexander / Kriegbaum*, Bischof Paulus Rusch (Anm. 33), S. 79–99.

57 Rusch hatte sich sofort nach Beendigung des Zweiten Vatikanischen Konzils entschieden, dass in Innsbruck „die Diözesansynode erst dann durchgeführt werden soll, wenn die wichtigsten Ausführungsbestimmungen zur Liturgiereform erschienen sind". Die Tatsache, dass nicht sogleich nach dem Konzil in der Diözese Innsbruck eine Diözesansynode angekündigt worden ist, während alle anderen Diözesen bereits mit der Ankündigung bzw. Durchführung von Diözesansynoden begonnen haben, wurde von gewissen Kreisen in und außerhalb der Diözese „als Zeichen dafür gewertet, daß sich in unserer Diözese der Konservatismus etabliert habe, der die aktiven Kräfte im kirchlichen Leben nicht aufkommen lassen möchte". So Seelsorgeamtskonferenz, „Die seelsorgliche Jahresaufgabe 1969/70" vom 24.9.1969, in: DA Ibk.

58 Vgl. Protokoll der Diözesanausschußsitzung der KA vom 27.10.1969, TOP I.1, in: DA Ibk, wo zum Protokoll der Sitzung vom 29. 9. 1969 bemerkt wird, dass „die Feststellung Dr. Zangerles: ‚Der HH. Bischof ist grundsätzlich mit der Errichtung einer Synodenkommission und eines Synoden-Sekretariates einverstanden' ... nur richtig (ist) mit der Ergänzung, daß beides im Arbeitsjahr 1969/70 nicht in Frage komme". Bischof Rusch

Katholischen Aktion Tirol am 17. Mai 1969 mit dem Thema „Diözesansynode" befasst[59]. Das Thema Synode wurde am 12. Juni 1969 auch im Diözesanpastoralrat (Priester- und Laienrat) beraten, wobei Bischof Rusch selbst referiert sowie Ziel und Arbeitsplan einer möglichen Diözesansynode benannt hat[60]. Der Diözesanpastoralrat sprach sich für die Vorbereitung einer 1. Synode in der Geschichte der jungen Diözese Innsbruck aus[61]. Die Entscheidung für eine Diözesansynode fiel mit 24 Ja-Stimmen (8 Nein-Stimmen, 14 Stimmenthaltungen). Bischof Rusch bestätigte den Beschluss, der bei manchen aufgrund des knappen Abstimmungsergebnisses nicht gerade Begeisterung auslöste[62]. Das Arbeitsjahr 1969/70 sollte gemäß einem Beschluss des Diözesanpastoralrats vom 19. September 1969 der synodalen Gesinnungsbildung dienen[63]. Näherhin war die Abhaltung von

---

stellte in seinem Hirtenwort zum Konzilsbeginn heraus, dass es in der heutigen Zeit um ein dreifaches gehe: „um Anpassung an die Aufgaben der Gegenwart, um Ausstrahlung in die Welt, um ein Klima der Einheit". Vgl. *Rusch, Paulus*, Hirtenwort zum Konzilsbeginn vom 30. September 1962, in: Verordnungsblatt für das Gebiet der Apostolischen Administratur Innsbruck-Feldkirch, 37. Jg., 1. Oktober 1962, Nr. 9, TOP 53, S. 41–43; s. auch *ders.*, Fastenhirtenbrief 1966: Über den Konzilsgeist, in: Verordnungsblatt für die Diözese Innsbruck, 41. Jg., 15. Februar 1966, Nr. 2, TOP 15, S. 7 f.

59 Allgemein und zur Katholischen Aktion der Diözese Innsbruck s. *Giesriegl, Hubert*, Katholische Aktion – heute noch aktuell, in: Seelsorgeamt der Diözese Innsbruck, Ich bin bei Euch (Anm. 34), S. 89–93, der ebd., S. 92, von einer tiefen Krise der KA in den späten Sechziger- und den Siebzigerjahren spricht.

60 Rusch legte dem Pastoralrat folgende Themen zur Diskussion vor: „Familienhafte Pfarrgemeinde, Förderung des Diakonates, weiterer ökumenischer Fortschritt, Abschluss der Dekanatsgliederung, Hebung von Mangelberufen (Priester, Lehrer, Erzieher, Fürsorger, Pflegeberufe), Sozialgefüge: Tirol – Sozialland, Erholungsland, Familienland". Vgl. Brief des Synodensekretärs Dr. Sepp Fill an alle Pfarrlaienräte und an die Vorstände der Gliederungen der Kath. Aktion sowie aller katholischen Organisationen in der Diözese Innsbruck, „Vorbereitung der Diözesansynode – Jahresarbeit 1970/71" (ohne Datum), S. 2 f., in: DA Ibk.

61 S. *Rusch, Paulus*, Dekret über die Einberufung der 1. Synode der Diözese Innsbruck vom 1. Februar 1971, in: Verordnungsblatt für die Diözese Innsbruck, 46. Jg., 12. Februar 1971, Nr. 3, TOP 10, S. 13.

62 Manche sahen der Diözesansynode „nicht gerade begeistert entgegen, da der Beschluss des Pastoralrates „nicht einstimmig gefaßt worden ist". Vgl. Seelsorgeamtskonferenz, Jahresaufgabe 1969/70 (Anm. 57).

63 Vgl. die „Besondere Jahresaufgabe 1969/70", Nr. 4, in: Verordnungsblatt für die Diözese Innsbruck, 44. Jg., 20. September 1969, Nr. 7, TOP 55, S. 31: „Priester- und Laienrat beschließen: Im Laufe dieses Arbeitsjahres werden Dekanats- und Talschaftstage für die Laienräte und Lombardikurs-Teilnehmer zur synodalen Gesinnungsbildung durchgeführt. Damit möge zugleich eine Aktivierung der Laienräte verbunden sein."

Dekanats- und so genannten Talschaftstagen für die Mitglieder der KA und für die Pfarrlaienräte unter dem Thema „Mündigkeit, Dialogfähigkeit, Einmütigkeit" vorgesehen. Bald jedoch wurde auf diesen Veranstaltungen die Frage nach einem gewählten Pfarrgemeinderat aufgeworfen[64]. Am 2. September 1969 richtete der Diözesanausschuss der KA einen eigenen Arbeitskreis „Synode" ein[65], zu dessen Leiter in der ersten Sitzung Dr. Werner Kunzenmann gewählt wurde. Wie Dr. Sepp Fill, der spätere Synodensekretär, berichtet, setzte parallel zu den Bemühungen der KA und der Pfarrlaienräte „zögernd auch beim Klerus die Synodendiskussion ein, die dann in den Casus VIII der Kluskonferenzen (Frühjahr 1970) mündete"[66]. U. a. sollten eine vom Seelsorgeamt der Diözese erstellte Predigtunterlage zum Thema „Kirche" sowie Vorträge „die Diözese als ganze auf die Synode als Chance eines geistigen Aufbruchs" vorbereiten[67]. Noch während der Vorbereitungsphase der Innsbrucker Diözesansynode stimmte Bischof Rusch der Erstellung von „Richtlinien für den Pfarrrat" zu[68]. Auf der Tagung des Diözesanpastoralrats am 10. und 11. September 1970, bei der Bischof Rusch über den „Religiös-kirchlichen Stand unserer Diözese" referierte, wurde das Jahresprogramm 1970/71 beschlossen, näherhin die allgemeinen Pfarrgemeinderatswahlen am Sonntag, den 15. November 1970[69], die Wahl der Synodalen für die Diözesansynode bis

---

S. auch Katholische Aktion Innsbruck, Synodale Gesinnungsbildung (Unterlage für die Referenten der Dekanatstage), in: DA Ibk; Seelsorgeamtskonferenz, , Jahresaufgabe 1969/70 (Anm. 57); s. auch *Fill, Sepp,* Zusammenfassendes Protokoll über die Innsbrucker Dekanatstage 1970, 13. April 1970, in: DA Ibk; ferner die Protokolle der Veranstaltungen in den einzelnen Dekanaten, ebd.

64 Als weitere Themen wurden genannt: Festigung und Wiederherstellung der gemeinsamen Glaubensbasis, Erneuerung des Religionsunterrichts und der religiösen Erwachsenenbildung, Neuordnung der kirchlichen Jugendarbeit, Ausbildung der Priester und der kirchlichen Laienmitarbeiter, Erneuerung der Pastoral der Sakramente, Verbesserung des kirchlichen Informations- und Kommunikationswesens. Vgl. Brief des Synodensekretärs Dr. Sepp Fill an die Pfarrlaienräte o. D. (Anm. 60), S. 3.

65 Vgl. Protokoll der 1. Sitzung des Arbeitskreises „Synode" vom 2.10.1969, Haus der Begegnung, Tschurtschenthalerstraße 2 a, in: DA Ibk.

66 *Fill,* Synode (Anm. 38), S. 167; Casus VIII: „Die Dekanatsanliegen zur Synode"; vgl. hierzu die entsprechenden Protokolle der einzelnen Dekanatstage, in: DA Ibk.

67 *Fill,* Synode (Anm. 38), S. 167.

68 Vgl. u. a. Antrag der Priester des Dekanates Telfs an das Seelsorgeamt der Diözese Innsbruck um Ausarbeitung eines Statuts für den Pfarrgemeinderat vom 12.1.1971, in: DA Ibk.

69 Spätestens am 6. Dezember 1970 sollte die Wahl der Wahlmänner, die erste Wahlmännerkonferenz in den einzelnen Dekanaten sowie bis 15. Januar 1971 die Nominierung der Kandidaten für die Wahl der Laiensynodalen erfolgen. Zwischen dem 1. und

Mitte Februar 1971, die Errichtung der Kommissionen, die die Vorlagen für die Synode zu erarbeiten hatten, sowie das Zusammentreffen der Konstituierenden Vollversammlung der Synode am 24./25. April 1971, das dann aufgrund der Bundespräsidentschaftswahlen auf den 1./2. Mai 1971 verlegt wurde. So wurde die Wahl der Pfarrgemeinderäte in der Diözese Innsbruck noch vor Beginn der Diözesansynode möglich[70]. Näherhin hatte sich an Stelle von „Pfarrrat" der vom diözesanen Priesterrat bevorzugte Terminus „Pfarrgemeinderat" durchgesetzt[71]. Die Pfarrgemeinderäte stellten später die so genannten „Wahlmänner" für die Wahl der Laiensynodalen. Themenvorschläge, die von Pfarrgemeinderäten, KA und katholischen Organisationen u. a. eingebracht wurden, sind für die Synode bestimmend geblieben. Aufgrund des Wunsches, die Diözesansynode solle selbst die zu behandelnden Themen bestimmen, musste der eigentlichen Synodenarbeit eine konstituierende Vollversammlung mit der Verabschiedung der Kommissionen und Beratungsgegenstände vorausgehen. Bald schon wurde die „Innsbrucker Synodenkorrespondenz" geschaffen, die mit insgesamt 26 Ausgaben in der Zeit vom 27. Mai 1970 bis zum 17. Dezember 1972 der Information und Kommunikation diente und vom Seelsorgeamt herausgegeben wurde.

Am 1. April 1970 erfolgte die Einrichtung eines Synodensekretariats, das für die Tagungen des Diözesanpriesterrats am 18. Juni 1970 und des Diözesanlaienrates am 26. Juni 1970, in denen eine „meinungsbildende Diskussion über die nächsten Schritte in der Synodenvorbereitung" erfolgen sollte, Unterlagen erarbeitete[72]. Gegen Ende der Sitzung des Priesterrats entfachte sich eine lebhafte Diskussion über das Synodensekretariat. In diesem Sekretariat wurde, wie ein Zeitzeuge bemerkt, „zuviel Macht vermutet bzw. seine zufällige Zusammensetzung kritisiert". In Folge wurden ab dem 2. September 1970 die Mitglieder der Arbeitsausschüsse

---

15. Februar 1971 waren die zweiten Wahlmännerkonferenzen mit Wahl der Synodalen vorgesehen.
70 Vgl. Pastoralrat der Diözese Innsbruck, Richtlinien zum Pfarrgemeinderat und Pfarrgemeinderatswahlordnung 1970 vom 11. September 1970, in: Verordnungsblatt für die Diözese Innsbruck, 45. Jg., 15. September 1970, Nr. 7, TOP 54 und 55, S. 29–33; die Pfarrgemeinderatswahlordnung ist auch abgedr. in: Bischöfliches Ordinariat Innsbruck – Synodenbüro, Miteinander (Anm. 38), S. 124–129.
71 Vgl. Protokoll der Diözesanlaienratssitzung vom 26. Juni 1970, in: DA Ibk. Allerdings konnten die bisher in den Pfarren wirkenden Männer- und Frauenrunden „mit der neuen pastoralen Instanz des Pfarrgemeinderates nicht harmonisiert werden". Vgl. *Kunzenmann*, Miteinander (Anm. 51), S. 123.
72 Vgl. Sekretariat der 1. Synode der Diözese Innsbruck (Hg.), Innsbrucker Synodenkorrespondenz, Nr. 02/30.6.1970, S. 1.

von Priester- und Laienrat in das Synodensekretariat miteinbezogen[73]. Auch ein offener Brief von Mitgliedern der KHG vom 15. Juni 1970 an Bischof Rusch ging in eine ähnliche Richtung. Die Unterzeichner äußerten die Sorge, „daß am Vorabend der Synode eine Manipulation in Gang gesetzt und eine wirklich konziliare Erneuerung in unserer Diözese verhindert wird". Für die Vorbereitung der Synode seien stets dieselben Vertreter bestimmter Organisationen verantwortlich, „die somit den Verdacht erwecken, einseitig und festgelegt zu sein, und kaum repräsentativ für die doch wohl vorhandene Pluralität sind, zumal in überwiegender Mehrheit Angestellte des Ordinariats sind"[74]. Anlass war, dass ein bei der KHG angefragter Beitrag für die erste Nummer der Synodenkorrespondenz ohne Begründung nicht abgedruckt worden war.

Der Diözesanpastoralrat beschloss am 22./23. Januar 1971 die Ordnung für die Wahl der Synodalen, das Programm für deren Schulung und jenes der konstituierenden Vollversammlung, ferner auch das Statut und die Geschäftsordnung der Synode sowie eine Vorlage für die Diskussion über Ziel und Inhalte der Synode. Die Ordnung für die Wahl der Synodalen, das Statut der 1. Synode der Diözese Innsbruck und die Geschäftsordnung für die Vollversammlung der Synode wurden vom Bischof am 25. Januar 1971 bestätigt. Sie sind mit der Veröffentlichung im Verordnungsblatt für die Diözese Innsbruck vom 27. Jänner 1971 in Kraft getreten[75].

Neu bei den Diözesansynoden, die in der Zeit nach dem Zweiten Vatikanischen Konzil abgehalten wurden, war die Teilnahme von Laien. Da der CIC/1917 die Teilnahme von Laien an Diözesansynoden nicht vorsah, bedurfte es diesbezüglich einer Sondergenehmigung durch den Apostolischen Stuhl. Dieser hatte die Teilnahme von Laien unter bestimmten Bedingungen gestattet[76], wobei zunehmend das Verhältnis von Klerikern und Laien in den Blick kam. Nachdem

---

73 Vgl. *Fill*, Synode (Anm. 38), S. 169.
74 Offener Brief von Mitgliedern der KHG vom 15. Juni 1970 an Bischof Rusch, in: DA Ibk.
75 Vgl. Ordnung für die Wahl der Synodalen, am 25.1.1971 von Bischof Rusch bestätigt und am 27.1.1971 in Kraft getreten, in: Verordnungsblatt für die Diözese Innsbruck, 46. Jg., 17. Jänner 1971, Nr. 2, TOP 7, S. 7–9; Statut der 1. Synode der Diözese Innsbruck, am 25.1.1971 von Bischof Rusch bestätigt und am 27.1.1971 in Kraft getreten, ebd., TOP 8, S. 9–11; Geschäftsordnung für die Vollversammlung der Synode, am 25.1.1971 von Bischof Rusch bestätigt und am 27.1.1971 in Kraft getreten, ebd., TOP 9, S. 11 f. Diese Texte und die Geschäftsordnung für die Kommissionen der Synode finden sich in: Bischöfliches Ordinariat Innsbruck – Synodenbüro, Miteinander (Anm.), S. 130–150.
76 Näherhin erfolgten diese Konzessionen im „Vorgriff auf die Reform des CIC". Vgl. *Schmitz*, Beratungsorgane (Anm. 2), S. 278, Anm. 6.

der Apostolische Stuhl „zunächst die Zulassung von Laien als vollberechtigten Teilnehmern ohne Einschränkung gestattet hatte, beschränkte er sehr bald in fast ängstlicher Reaktion auf gewisse Forderungen nach Mitbestimmung der Laien deren Teilnahme insoweit, als die Zahl der Laien die Zahl der Priester nicht übersteigen dürfe"[77]. Die Einschränkung ging jedoch zunächst nicht von Rom, sondern von einzelnen Diözesanbischöfen aus[78]. Dass nicht nur Priester Mitglieder der Synode sein sollten, sondern eine große Anzahl Laien an der Diözesansynode teilnehmen sollte, war in der Diözese Innsbruck weithin Konsens. Dass hierzu eine Sondergenehmigung in Rom eingeholt werden musste, da das damals geltende Recht eine Teilnahme von Laien nicht vorsah, war hingegen wohl nicht bekannt. Ein entsprechender Antrag ist erst relativ spät gestellt worden. Näherhin war in der Sitzung des Bischöflichen Konsistoriums am 8. Januar 1971 darauf hingewiesen worden, dass für die Durchführung der Diözesansynode im Allgemeinen die Bestimmungen des CIC mit bestimmten Einschränkungen, die durch das Zweite Vatikanische Konzil gegeben sind, gelten. Obwohl Bischof Rusch der Auffassung war, „daß die Teilnahme der Laien an der Synode bereits durch das allgemeine Recht sichergestellt wurde", was nicht zutraf, sollte, wie der damalige Generalvikar der Diözese, Dr. Josef Hammerl, richtiger Weise bemerkte, „möglichst rasch in Rom um ein Partikularindult angesucht werden"[79]. In der Sitzung des Consistoriums vom 5. April 1971 konnte dann berichtet werden, dass von Rom „nun die Erlaubnis eingelangt (ist), daß an unserer Diözesansynode Laien teilnehmen können. Aber auch in allen Organisationen der Synode wie Kommissionen, Präsidium u. s. w., muß die Hälfte der Mitglieder Priester sein"[80]. Die Diözesansynode Innsbruck hatte schließlich einen Laienanteil von 50%[81], wenngleich in einem Entwurf der

---

77 *Schmitz*, Beratungsorgane (Anm. 2), S. 278, Anm. 6.
78 Vgl. im Einzelnen *Rees*, Der Österreichische Synodale Vorgang (Anm. 1), S. 128–130.
79 Vgl. Protokoll der Consistoriumssitzung am 8.1.1971, TOP 2 e), in: DA Ibk.
80 Protokoll der Consistoriumssitzung am 5.4.1971, TOP 2 a), in: DA Ibk. Hier findet sich auch der Hinweis, dass der Antrag von Dr. Werner Kunzenmann das Präsidium auf 7 Mitglieder zu erweitern, erst bei der konstituierenden Sitzung unter dem Tagesordnungspunkt „Statut und Geschäftsordnung" behandelt werden könne, wobei Kunzenmann jedoch darauf aufmerksam gemacht werden soll, „daß die Synode mit wichtigen pastoralen Problemen und nicht in erster Linie mit formalen Fragen beschäftigt sein müsse". Vgl. ebd., TOP 2 b und c). Die Tatsache, dass die Frage der Sitzordnung und der Präsidiumsmitgliedschaft hochgespielt wurde, habe bereits einen jungen Priestersynodalen zur Niederlegung seines Mandats veranlasst.
81 Vgl. hierzu und zu den Verhältniszahlen anderer Synoden *Ihli, Stefan*, Synodenteilnehmer und ihre Rechte. Ein Vergleich nachkonziliarer Synoden und anderer diözesaner Versammlungen im deutschen Sprachraum, Tübingen 2000, S. 11; s. auch ders.,

Wahlordnung für die Synodalen von „80 Priestern und 60 Laien" die Rede war. § 3 des Statuts legte 160 Synodalen fest. Der Diözesansynode gehörten schließlich 80 Priester als Synodalen an, wobei zwei Drittel gewählt wurden und ein Drittel durch den Bischof unmittelbar berufen wurde (§ 1 Ziff. 1 Wahlordnung). Die im Dienst der Diözese Innsbruck stehenden Weltpriester und in der Pfarrseelsorge tätigen Ordenspriester hatten gemäß der Wahlordnung vom 25. Januar 1971, die am 27. Januar 1971 in Kraft getreten ist, 43 Synodalen (§ 1 Ziff. 2 Wahlordnung), die männlichen Orden und Kongregationen zehn Priestersynodalen zu wählen (§ 1 Ziff. 3 Wahlordnung). Die Wahl der Priestersynodalen sollte in der Zeit zwischen dem 1. und 15. Februar 1971 „dekanatsweise im Rahmen von Kleruskonferenzen" getätigt werden (§ 2 Wahlordnung), und zwar derart, dass jedes Dekanat für je 10 Priester einen Synodalen stellen konnte (§ 6 Wahlordnung). Die Wahl der Laiensynodalen hatte innerhalb des gleichen Zeitraums „im Rahmen von dekanalen Wahlmännerkonferenzen (zu erfolgen), zu welchen der Dekan einlädt" (§ 11 Wahlordnung). Es waren 53 Laiensynodalen zu wählen (§ 12 Wahlordnung). Die Erstellung der Kandidatenliste oblag der Wahlkommission, die „die bis zum 30. Jänner 1971 von den Wahlmännern beim Dekan eingebrachten Kandidatenvorschläge zu berücksichtigen" hatte. Die Kandidaten waren im Verhältnis zwei Männer, eine Frau, ein Jugendvertreter aufzustellen (§ 16)[82]. Allerdings waren die Teilnahmevoraussetzungen in der Diözese Innsbruck im Vergleich mit anderen österreichischen Diözesansynoden am „detailliertesten" und „damit auch am strengsten"[83]. So setzte § 14 der Wahlordnung das Mindestalter auf 21 Jahre herauf; zugleich forderte die Wahlordnung den Vollbesitz der kirchlichen und staatlichen Ehrenrechte sowie die Unterzeichnung des Synodengelöbnisses[84], das vom kirchlichen Recht (vgl. c. 1406 § 1, 1° CIC/1917) her vorgesehen war. Besondere Qualifikationen waren gefordert: positives Verhältnis zur Hierarchie, weitreichende Sozialkontakte, Fähigkeit zu sachlicher Diskussion, ständiger Wohnsitz im Kirchengebiet sowie Unbescholtenheit in Ehe und Beruf[85]. Der Anteil der

---

Synodenteilnehmer und ihre Rechte. Ein Vergleich nachkonziliarer Synoden und anderer diözesaner Versammlungen im deutschen Sprachraum: http://www.nomokanon.de/abhandlungen/003.htm (eingesehen am 22.05.2012), S. 1–22, hier S. 5.
82 Vgl. bez. Mitglieder auch § 3 des Statuts.
83 So *Ihli*, Synodenteilnehmer (Anm. 81), S. 15; s. zu anderen Synoden ebd., S. 15 f.
84 Das Synodengelöbnis (Bekenntnis des Glaubens) war als Anhang der Wahlordnung beigegeben. S. Abdruck in: Bischöfliches Ordinariat Innsbruck – Synodenbüro, Miteinander (Anm. 38), S. 130–134, hier S. 134.
85 Vgl. Brief des Synodensekretärs Dr. Sepp Fill an alle Pfarrlaienräte o. D. (Anm. 60), S. 1.

gewählten Synodalen lag bei 69,4%[86]. Gemäß § 2 Ziff. 2 der Geschäftsordnung sollte den Synodalen jeweils sechs Wochen vor der Vollversammlung die Einladung samt Tagesordnung und den dazugehörigen Vorlagen zugestellt werden. Wie Sepp Fill berichtet, wurde „wiederholt kritisiert, daß der Pastoralrat der Synode Statut und Geschäftsordnung autoritär vorgegeben habe", ein Vorgehen, das sich jedoch später „als segensreich" erweisen sollte, da sich die konstituierende Vollversammlung der Diözesansynode Innsbruck im Unterschied zu anderen österreichischen Synoden nicht in einer Debatte über Statuten und Geschäftsordnung erschöpfen sollte.

Am 27. Februar 1971 fand von 9 bis 17 Uhr die erste Vorbereitungskonferenz für alle Synodalen (1. Synodalenkonferenz) zentral in den Räumen der Katholisch-Theologischen Fakultät in Innsbruck statt[87]. Bischof Rusch referierte über das Thema "Wozu ist die Synode da?"[88]. Anschließend berichtete der Direktor des IKS Wien, Dkfm. H. Bogensberger, über die „Religiöse Situation in der Diözese Innsbruck – Die Ergebnisse der soziographischen Untersuchung". Es folgte in sechs Arbeitskreisen die Beratung über die thematischen Schwerpunkte der Diözesansynode, die sich in der einjährigen Planung und Diskussion ergeben hatten[89]. Die zweite Konferenz der Synodalen, die an verschiedenen Orten der Diözese stattgefunden hatte, nämlich in Imst (20.3.1971), Innsbruck

---

86 *Ihli*, Synodenteilnehmer (Anm. 81), S. 16–18, hier S. 17; s. auch ebd., S. 48 und S. 74. Gemäß § 3 des Statuts waren unter den 160 Synodalen 21 Priestersynodalen, die der Synode ex offo angehörten, und 6 unmittelbar vom Bischof berufene Priestersynodalen sowie 22 vom Bischof unmittelbar berufene Laiensynodalen.

87 Zudem fand an der Katholisch-Theologischen Fakultät an den Donnerstagen zwischen dem 18. Februar und dem 1. Juli 1971 eine Vortragsreihe statt, die vor allem der Vorbereitung der Synodalen dienen sollte: Synode und Recht (Prof. Mühlsteiger); Das heutige Kirchenbild (Prof. Gutwenger); Verkündigung und religiöse Bildung (Prof. Meyer); Familienseelsorge (Prof. Croce); Sakramentales Leben und Gottesdienst (Prof. Meyer); Dienst der Kirche an der Welt von heute (Prof. Marlet); Schwerpunkte der kirchlichen Arbeit vor dem Hintergrund der Untersuchung des IKS (Prof. Morel). Auch gab es zwei Forumsdiskussionen über Jugendarbeit und Religionsunterricht.

88 Vgl. *Bischof Dr. Rusch, Paulus*, Wozu ist die Synode da?, 1. Synodalkonferenz, 27. Februar 1971, Innsbruck, in: DA, Ibk.

89 Als Schwerpunkte hatten sich folgende sechs Bereiche ergeben: Glaubensverkündigung heute; Gebet, Gottesdienst und Sakramente und das Leben des Einzelnen und der Gemeinde; Familienhafte Pfarre in Stadt und Land; Jugend; Kirche und moderne Arbeitswelt sowie Dienst am Menschen. Vgl. auch Vorlage des Pastoralrates der Diözese Innsbruck zu Konstituierende Vollversammlung „Ziel und Thematik der Synode", Nr. IV, in: DA Ibk.

(21.3.1971), Jenbach (27.3.1971) und Lienz (27.3.1971), diente dem Studium der Vorlagen, der Einübung in die Verhandlungstechnik und der Erarbeitung allfälliger Zusatz- und Änderungsanträge. In dieser Phase hat sich, wie Sepp Fill berichtet, „eine dem Tiroler Charakter entsprechende, nicht ganz vorbehaltlose, freundliche Erwartung" abgezeichnet, während bis dahin „keine rechte Synodenbegeisterung aufgekommen" war[90].

V. Die Innsbrucker Diözesansynode 1971/72

Die konstituierende Vollversammlung der Innsbrucker Diözesansynode fand am 1. und 2. Mai 1971 statt[91]. Sie hatte vor allem die Bestellung der synodalen Organe, die Entscheidung über Ziel und Themen der Synode sowie die Konstituierung der Kommissionen zum Inhalt[92]. Aufgrund der Fülle an Themen, die im Rahmen der Vorarbeiten von verschiedensten Seiten bzw. Personen eingebracht worden sind[93], hat der Pastoralrat der Diözese Innsbruck der Konstituierenden Vollversammlung ein Arbeitspapier vorgelegt, in dem die Eingaben der Kleruskonferenzen, der Laienräte und der anderen kirchlichen Gemeinschaften vom Frühjahr 1970,

---

90 Fill, Synode (Anm. 38), S. 172.
91 Der Bischof berief die Synode gemäß c. 357 § 1 CIC/1917 ein. Vgl. Rusch, Dekret über die Einberufung (Anm. 61); s. auch Die Mitglieder der 1. Synode der Diözese Innsbruck, in: Verordnungsblatt für die Diözese Innsbruck, 46. Jg., 1. April 1971, Nr. 4, TOP 23, S. 19–21; Nachtrag zur Liste der „Mitglieder der 1. Synode der Diözese Innsbruck", ebd., 46. Jg., 10. Mai 1971, Nr. 5, TOP 33, S. 25; Zweiter Nachtrag; Dritter Nachtrag zur Liste der Synodalen, in: Verordnungsblatt für die Diözese Innsbruck, 47. Jg., 15. Juli 1972, Nr. 6, TOP 47, S. 41. Insgesamt scheiden neun Synodalen aus, drei wegen Überarbeitung, drei aus Protest, drei infolge von Tod.
92 Vgl. Geschäftsordnung für die Kommissionen der Synode (Von der Koordinierungskommission gemäß Synoden-Statut § 8, Abs. 6 erstellt) vom 2. Mai 1971; abgedr. in: Bischöfliches Ordinariat Innsbruck – Synodenbüro, Miteinander (Anm. 38), S. 148–150; s. auch Die Koordinierungskommission, in: Verordnungsblatt für die Diözese Innsbruck, 46. Jg., 10. Mai 1971, Nr. 5, TOP 36, S. 28.
93 Themenvorschläge kamen aus Pfarreien, Dekanaten, der Katholischen Arbeiterjugend, der Katholischen Jungschar Tirol, dem Katholischen Akademikerverband, dem Katholischen Familienverband, aus Frauenrunden usw. Auch die Katholisch-Theologische Fakultät der Universität Innsbruck begrüßte den Plan einer Diözesansynode in Innsbruck. Sie sei sich der Bedeutung der Aufgabe bewusst, einer vom Geist des Zweiten Vatikanischen Konzils getragenen zukunftsorientierten Erneuerung der Diözese zu dienen und möchte dazu nach besten Kräften beitragen. Vgl. Dekanat der Theologischen Fakultät Innsbruck, Brief an das Sekretariat der Synode der Diözese Innsbruck (Dr. Sepp Fill) vom 15.5.1970, in: DA Ibk.

die Ergebnisse der bereits erwähnten soziographischen IKS-Untersuchung „Zur religiösen Situation in der Diözese Innsbruck" vom Frühsommer 1970 sowie die Überlegungen sowohl des Bischöflichen Konsistoriums vom 8. Januar 1971 als auch des Pastoralrats vom 22./23. Januar 1971 zusammengefasst waren[94]. Näherhin hatte das Consistorium in seiner Sitzung am 8. Januar 1971 herausgestellt, dass sich die Synode „mit der pastoralen Erneuerung aus dem Geist des II. Vatikanischen Konzils unter Berücksichtigung der besonderen Situation unserer Diözese befassen (soll), wie sie sich aus der diözesanen Umfrage und aus der wissenschaftlichen Untersuchung des IKS ergibt". Es befürwortete die aufgrund der Umfrageeingaben erarbeiteten sechs Themenkreise. Die Diözesansynode solle „die Glaubensvertiefung und die Glaubenssicherheit zum Ziel haben, wobei es nicht nur um die Orthodoxie, sondern auch um die Orthopraxie" gehen müsse. Der von Dr. Ignaz Zangerle als Motto für die Synode eingebrachte Vorschlag „Miteinander für alle" schien „gut geeignet zu sein"[95]. Hinsichtlich des Ziels folgten die Synodalen mit 140 von 154 abgegebenen Stimmen dem Vorschlag des Pastoralrats. Ziel der Synode ist: „Wege aufzuzeigen, durch die der Glaube vertieft, die innere Einheit der Kirche in der Diözese gestärkt und der gesellschaftliche Heilsauftrag wirksamer erfüllt wird. Das Motto lautet: ‚Miteinander – für alle'"[96]. Bei den Kommissionen gab es teilweise Abweichungen von den Vorgaben des Pastoralrats[97]: Kommission I: „Verkündigung und Leben aus dem Glauben" (beschlossen mit 130 von 156 abgegebenen Stimmen), Kommission II: „Pfarrgemeinde in Stadt und Land" (beschlossen mit 107 von 158 abgegebenen Stimmen), Kommission III: „Jugend" (beschlossen mit

---

94 S. Vorlage des Pastoralrates der Diözese Innsbruck zu Konstituierende Vollversammlung (Anm. 89), Nr. 1-4; insgesamt auch *Fill*, Synode (Anm. 38), S. 172-179. Die im Lauf des Vorbereitungsjahres eingegangenen 788 Eingaben wurden in 28 Schwerpunktbereiche zusammengefasst.
95 Vgl. Protokoll der Consistoriumssitzung am 8.1.1971 (Anm. 79), TOP 2 a), b) und c).
96 Vgl. Beschlüsse der Konstituierenden Vollversammlung der 1. Synode der Diözese Innsbruck am 1./2. Mai 1971 in Innsbruck, Theologische Fakultät (Kaiser-Leopold-Saal), bei Anwesenheit von 158 Synodalen, in: Verordnungsblatt für die Diözese Innsbruck, 46. Jg., 10. Mai 1971, Nr. 5, TOP 35, Ziff. 1, S. 26 f., hier S. 26.
97 Vgl. Vorlage des Pastoralrates der Diözese Innsbruck zu Konstituierende Vollversammlung (Anm. 89): Kommission I: „Glaubensverkündigung heute", Kommission II: „Gebet, Gottesdienst und Sakramente im Leben des Einzelnen und der Gemeinde", Kommission III: „Familienhafte Pfarre in Stadt und Land", Kommission IV: „Jugend", Kommission V: „Kirche und moderne Arbeitswelt", Kommission VI: „Dienst am Menschen". Text auch in: *Fill*, Synode (Anm. 38), S. 176-178; s. auch *ders.*, An die Diözesanführungen der Kirchlichen Institute und Organisationen in der Diözese Innsbruck vom 24.3.1971, in: DA Ibk.

157 von abgegebenen 157 Stimmen), Kommission IV: „Kirche in der Welt der Arbeit und Wirtschaft" (beschlossen mit 153 von 158 abgegebenen Stimmen); Kommission V: „Dienst am Menschen" (beschlossen mit 107 von 158 abgegebenen Stimmen). Als durchlaufende Perspektiven für die Arbeit aller Kommissionen sollten „Theologische Motivierung; Berücksichtigung der Fernstehenden; Jugend; Familie; Zukunftsentwicklung in unserem Land; regionale Besonderheiten" dienen. Ebenso hatte die Konstituierende Vollversammlung ein Grußwort an alle Diözesanen (mit 130 von 149 abgegebenen Stimmen) verabschiedet und eine Novellierung des Statuts beschlossen[98]. Auffällig ist, dass es bei der Innsbrucker Diözesansynode im Unterschied zu anderen österreichischen Synoden erstmals einen Finanzausschuss gab. Es hatte sich jedoch diesbezüglich zwischen Bischof Rusch und einer Gruppe von Synodalen, die eine eigene Wirtschaftskommission durchsetzen wollten, eine Diskussion ergeben, die schließlich neben den Änderungen bei Präsidium und Koordinierungskommission auch beim Finanzausschuss zur Änderung des Statuts (beschlossen mit 143 von 156 abgegebenen Stimmen) führte[99]. Der Finanzausschuss, der insbesondere Anträge mit großen finanziellen Belastungen zu prüfen hatte, wurde auf sieben Mitglieder erweitert und mit dem Recht ausgestattet, der Vollversammlung der Synode Empfehlungen vorzulegen. Sepp Fill verweist darauf, dass sich Bischof Rusch stärker in die Synode integrierte als Bischöfe anderswo, indem er am Tisch des Präsidiums saß, das aus sieben Synodalen bestand[100], und sich auch an den Abstimmungen beteiligte. Bei drei Zusatzanträgen, die bei den Synodalen breite Zustimmung gefunden hatten, meldete der Bischof jedoch Einspruch an, da er sie im Widerspruch zum gesamtkirchlichen Recht sah. Betroffen waren die Anträge bezüglich der Einführung von viri probati, der Wiederzulassung laisierter Priester und der Weihe von Frauen[101]. Näherhin

---

98   Vgl. Beschlüsse der Konstituierenden Vollversammlung (Anm. 96), Ziff. 2–4, S. 26 f. Der Text „Grußwort der Konstituierenden Vollversammlung der 1. Synode der Diözese Innsbruck an die Diözesanen" findet sich auch in: Bischöfliches Ordinariat Innsbruck – Synodenbüro, Miteinander (Anm. 38), S. 116.
99   Vgl. die Änderungen in Beschlüsse der Konstituierenden Vollversammlung (Anm. 96), Ziff. 5, S. 27; abgedr. in: Bischöfliches Ordinariat Innsbruck – Synodenbüro, Miteinander (Anm. 38), S. 141 f. Die Änderungen bei Präsidium und Koordinierungsausschuss erfolgten, wie *Fill*, Synode (Anm. 38), S. 178 f., bemerkt, „im Interesse größerer Unabhängigkeit vom Bischof".
100 Promotor, Generalvikar, Synodensekretär, ein vom Bischof berufener Synodale und drei von der Konstituierenden Vollversammlung gewählte Laiensynodalen.
101 Vgl. *Kunzenmann*, Miteinander (Anm. 51), S. 126; *Fill*, Synode (Anm. 38), S. 179; vgl. in diesem Zusammenhang auch Erklärung der österreichischen Bischöfe zum Zölibat, in: Verordnungsblatt für die Diözese Innsbruck, 45. Jg., 1. März 1970, Nr. 2,

wurden bereits im Verlauf der Vollversammlung am 1. Mai 1971 die Kommissionen konstituiert und Fachleute kooptiert.

Nach Abschluss der ersten Vollversammlung verabschiedete die Kommission I am 16. September 1971 ihre Vorlage „Verkündigung und Leben aus dem Glauben" in der so genannten A-Fassung, die nach Durchgang durch die Koordinierungskommission (17.9.1971)[102] in der Synodenkorrespondenz mit der ersten Oktoberausgabe des Kirchenblattes für Tirol verbreitet werden konnte. Ihr sind am 31. Oktober 1971 die Vorlage der Kommission IV „Kirche in der Welt der Arbeit und Wirtschaft", am 28. November 1971 die Vorlage der Kommission III „Jugend", am 2. Januar 1972 die Vorlage der Kommission V „Dienst am Menschen" und schließlich am 30. Januar 1972 die Vorlage der Kommission II „Pfarrgemeinde in Stadt und Land" gefolgt. Diese Vorlagen konnten gemäß § 7 der Geschäftsordnung für die Vollversammlung der Synode von den Synodalen und von kirchlichen Gremien begutachtet werden. Insgesamt haben, wie Sepp Fill bemerkt, 13 von 15 Kleruskonferenzen und 112 von rund 200 Pfarrgemeinden in der Diözese Innsbruck von diesem Recht Gebrauch gemacht. Ungefähr zwei Drittel der Stellungnahmen sind in die so genannte B-Fassung der Vorlagen eingearbeitet worden[103].

Nachdem das Synoden-Präsidium am 10. März 1972 beschlossen hatte, die Vorlagen I und III sowie die 1. Teilvorlage IV[104] auf die Tagesordnung der zweiten Vollversammlung (29. April bis 1. Mai 1972) zu setzen, wurden wiederum regionale Synodenkonferenzen zur Vorbereitung abgehalten. Bei einem Forumsgespräch des Katholischen Bildungswerkes Innsbruck, das am 12. April 1972 unter dem Thema „Anfragen an die Synode" stattgefunden hat und auf dem die drei Vorlagen für die 2. Vollversammlung zur Diskussion standen, warfen Univ. Prof. Smekal und Kaplan Mair der Synode „Organisationsbastelei, Kirchenkosmetik

---

TOP 13, in der die österreichischen Bischöfe „die Zölibatsentscheidung des Holländischen Pastoralkonzils" bedauern und „die klärenden Worte des Heiligen Vaters, nicht zuletzt in seinem Schreiben an Kardinal Villot" bejahen.
102   Gemäß § 7 Ziff. 2 des Statuts war der Koordinierungskommission die Aufsicht über die Tätigkeit der Kommissionen, die Koordinierung der von den Kommissionen erarbeiteten Vorlagen und die Einbringung der Vorlagen ins Präsidium übertragen. Vgl. *Kunzenmann*, Miteinander (Anm. 51), S. 126: „Ein besonders heikles Kapitel bedeuteten die von Bischof Paulus eingebrachten ‚Modi', d. h. Änderungs- und genuine Eigenvorschläge zur Fassung A einer Kommission", da der Bischof zwar Gesetzgeber der Synode ist, „aber im Verlauf der Synode nur das Recht eines einfachen Synodalen" hatte.
103   Vgl. *Fill*, Synode (Anm. 38), S. 179 f.
104   Die Kommission konnte wegen der Frage „Mitbestimmung" die ganze Vorlage nicht zeitgerecht einbringen.

u. ä. m." vor. Man habe die „Kritischen und Resignierten ... ausgeschlossen und mit ihnen die heißen Fragen, wie Laienpriestertum, Zölibat, Berechtigung des Religionsunterrichtes in den Schulen, usw."[105]. Eine Erklärung des Synodenpräsidiums und der Koordinierungskommission anlässlich des Abschlusses der Vorbereitung zur 2. Vollversammlung macht die damalige Spannung deutlich, wenn hier auf „Erwartungen und Skepsis gegenüber der Synode" eingegangen wird und ein deutlicher „Aufruf zur Mitarbeit" erfolgt. So wurde vor allem auf die Skepsis "vieler, vor allem junger Christen und engagierter Katholiken aller Bevölkerungsschichten" verwiesen, „die nicht daran glauben, daß die Kirche unserer Diözese eine den Anforderungen unserer Zeit entsprechende Erneuerung in Angriff nehmen werde. Sie weiß ebenso um den passiven Widerstand mancher Priester und Laien, die Neuerungen ablehnend gegenüberstehen und alles beim altem lassen möchten"[106]. Schließlich wurden die Vorlagen „Verkündigung und Leben aus dem Glauben", „Jugend" und die Teilvorlage „Kirche in der Welt der Arbeit und Wirtschaft" in der 2. Vollversammlung der Synode, die Bischof Rusch gemäß c. 357 § 1 CIC/1917 vom 29. April bis 1. Mai 1972 einberufen hatte[107], beschlossen[108]. Die aktuelle Diskussion um die Abtreibung veranlasste die Innsbrucker Diözesansynode spontan zu einer einstimmig gefassten Resolution während der 2. Vollversammlung, in der sich die Synode gegen die beabsichtigte Fristenlösung aussprach[109]. Bischof Rusch hat „sämtliche Synodenbeschlüsse, die keine

---

105   Fill, Synode (Anm. 38), S. 181; vgl. in diesem Zusammenhang auch die Erklärung der österreichischen Bischöfe, abgedr. in: Verordnungsblatt für die Diözese Innsbruck, 47. Jg., 1. April 1972, Nr. 2, TOP 16, S. 9 f., in der sie zu „Parteiungen in der Kirche von Österreich" Stellung nehmen.
106   Erklärung des Synodenpräsidiums und der Koordinierungskommission anlässlich des Abschlusses der Vorbereitung zur 2. Vollversammlung; abgedr. in: Bischöfliches Ordinariat Innsbruck – Synodenbüro, Miteinander (Anm. 38), S. 116–120, hier S. 117 f.
107   Vgl. Einberufung der 2. Synodalvollversammlung, 1. März 1972, in: Verordnungsblatt für die Diözese Innsbruck, 47. Jg., 1. April 1972, Nr. 2, TOP 17, S. 10 f.
108   Vgl. im einzelnen Fill, Synode (Anm. 38), S. 181–183; dort auch zu „Ergebnissen innerer Art": Die Synode „wuchs zu einem Ganzen zusammen, das – frei von allen Frontenbildungen – sich Argumente zu eigen machte und danach sehr selbständig und selbstbewußt entschied". Ebd., S. 182.
109   Vgl. Resolution der 2. Synodenvollversammlung zum § 144 des Strafgesetzbuches; abgedr. in: Bischöfliches Ordinariat Innsbruck – Synodenbüro, Miteinander (Anm. 38), S. 121; s. Stellungnahme der österreichischen Bischöfe zur Strafrechtsreform; abgedr. in: Verordnungsblatt für die Diözese Innsbruck, 46. Jg., 15. Juli 1971, Nr. 7, TOP 54, S. 37 f.; ferner auch Erklärung der österreichischen Bischöfe zur Enzyklika „Humanae

wirtschaftliche Belastung mit sich bringen oder nicht organisch mit solchen Beschlüssen wirtschaftlicher Natur verbunden sind", gemäß c. 362 CIC/1917 bestätigt und mit 1. September 1972 in Kraft gesetzt[110]. Daraufhin stellte der Priesterrat der Diözese Innsbruck in seiner Sitzung am 12. Oktober 1972 aus den vom Bischof bestätigten 101 Beschlüssen der 2. Vollversammlung der Synode ein Schwerpunktprogramm von 20 Beschlüssen zusammen, das im Arbeitsjahr 1972/73 primär von Pfarren, Dekanaten, dem Bischöflichen Schulamt, dem Kirchenmusikalischen Referat, dem Katholischen Bildungswerk, dem Bischöflichen Jugendwerk, dem Seelsorgeamt, dem Pastoralrat, dem Diözesanrat und vom Bischof umgesetzt werden sollte[111]. Die Beschlüsse betrafen vor allem die Praxis der Predigt, den Religionsunterricht und die Katecheten, eine zeitgemäße Gestaltung von Gebet, Gottesdiensten und Spendung der Sakramente, die Erwachsenenbildung und die kirchliche Information sowie die religiöse und theologische Weiterbildung der Priester, Diakone, Ordensleute und Laien im kirchlichen Dienst, wofür die Diözese ein eigenes Zentrum errichten wollte, ferner aber auch Bildungs-, Berufs- und Freizeitprobleme der Jugend und die kirchliche Jugendarbeit, den ländlichen Raum und vor allem den Tourismus. Allerdings durfte man sich von diesen Beschlüssen, wie der Informationsdienst der Diözese Innsbruck vom 29. August 1972 den Leiter des Seelsorgeamtes, Consistorialrat Hermann Nagele, zitierte, „keine plötzlichen Änderungen und Neuerungen im kirchlichen Leben Tirols erwarten ... Andererseits seien die Beschlüsse für manches, was bisher in lebendigen Pfarren schon geübt wurde, nur eine Bekräftigung". Vieles hänge davon ab, „ob die Verantwortungsträger für Entwicklungen geöffnet sind und ob die Katholiken der Diözese bereit sind, an diesem Lern- und Entwicklungsprozess teilzunehmen".

---

vitae", in: Verordnungsblatt der Diözese Innsbruck, 43. Jg., 1. Oktober 1968, Nr. 9, TOP 57, S. 32–34; s. auch Appell der österreichischen Bischöfe zur Abwehr einer hemmungslosen Sexualisierungswelle, in: Verordnungsblatt für die Diözese Innsbruck, 45. Jg., 10. Dezember 1970, Nr. 10, TOP 76, S. 49 f. Ausdrücklich wurden die Pfarrgemeinderäte beauftragt, sich über diese Sache zu besprechen und in der eigenen Gemeinde geeignete Mittel ausfindig zu machen.
110 *Rusch*, Promulgation von Beschlüssen der 2. Synodenvollversammlung vom 29. Juni 1972, in: Verordnungsblatt für die Diözese Innsbruck, 47. Jg., 15. Juli 1972, Nr. 6, TOP 42, S. 33; vgl. Beschlüsse zur Vorlage „Verkündigung und Leben aus dem Glauben" – Berichtigung: in: Verordnungsblatt für die Diözese Innsbruck, 47. Jg., 15. September 1972, Nr. 7, TOP 54, S. 43.
111 Durchführung der Synodenbeschlüsse – Jahresaufgabe 1972/73, in: Verordnungsblatt für die Diözese Innsbruck, 47. Jg., 10. November 1972, Nr. 9, TOP 71, S. 57–59; vgl. auch Erste Synodenbeschlüsse rechtskräftig, in: Seelsorgeamt Innsbruck (Hg.), Informationsdienst der Diözese Innsbruck, 26. Juli 1972.

Auf die Frage, was der durchschnittliche Katholik am Sonntag in der Messe vom Inkrafttreten der Synodenbeschlüsse merken werde, wies Nagele „vor allem auf das Bestreben der Synode hin, die durch die Liturgiereform reichlich gebotenen Möglichkeiten sorgfältiger auszunützen. Was den Gottesdienst in priesterlosen Gemeinden betrifft, eröffne die Synode tatsächlich einen neuen Weg, da sie für solche Gemeinden den Wortgottesdienst mit Kommunionfeier beschlossen hat". Hierfür seien in erster Linie Diakone auszubilden, „als Übergangshilfe können jedoch auch bewährte Laien mit der Leitung solcher Gottesdienste beauftragt werden. Auch für die Kommunionspendung bei der sonntäglichen Meßfeier, die in manchen Pfarren den Gottesdienst zeitlich stark ausdehnt, können Laien als Kommunionhelfer bestellt werden". Was die von der Synode empfohlenen Bußgottesdienste betrifft, stellte Nagele „eindeutig" klar, „daß in den Bußgottesdiensten keine sakramentale Lossprechung gegeben werden kann"[112].

Nach erneuten Vorbereitungskonferenzen der Synodalen[113] fand die 3. Vollversammlung der Synode vom 26. bis 28. Oktober 1972[114] statt. In dieser Versammlung hatten die Synodalen auch die Delegierten für den Österreichischen Synodalen Vorgang zu bestimmen, dessen Abhaltung inzwischen beschlossen worden und in Vorbereitung war[115]. Die Beschlüsse der dritten Vollversammlung wurden von Bischof Rusch am 15. Januar 1973 bestätigt[116]. Von den insgesamt 245 Beschlüssen

---

112 Vgl. Seelsorgeamt Innsbruck, Informationsdienst der Diözese Innsbruck vom 29. August 1972. Bez. der Leitung von Wortgottesfeiern durch Laien hat sich in den letzten Jahren ein entscheidender Wandel vollzogen. S. auch Bischöfliches Ordinariat der Diözese Innsbruck (Hg.), Das Geschenk der Versöhnung. Leitlinien zur Bußpastoral in der Diözese Innsbruck, Innsbruck 1994 (ergänzte Aufl. 1995).
113 Am 12. Oktober 1972 hatte eine weitere Veranstaltung des Katholischen Bildungswerkes „Neue Anfragen an die Synode" zu den Kommissionen II, IV (zweite Teilvorlage) und V stattgefunden.
114 Mit Blick auf eine gewisse Zeitreserve war die 3. Vollversammlung vom 26.–29. Oktober 1972 geplant. Vgl. zur entsprechenden Einberufung gemäß c. 357 § 1 CIC/1917 *Rusch, Paulus*, Einberufung der 3. Synoden-Vollversammlung, 1. September 1972, in: Verordnungsblatt für die Diözese Innsbruck, 47. Jg., 15. September 1972, Nr. 7, TOP 53, S. 43. Da bereits in der 2. Vollversammlung „eine größere Anzahl von Beschlüssen" gefasst worden sei, bittet der Bischof „die Synodalen nochmals eindringlich, bei ihren Beratungen und Beschlüssen stets die begrenzten finanziellen und personellen Möglichkeiten unserer Diözese zu beachten".
115 Zu den einzelnen Phasen der Vorbereitung s. *Rees*, Der Österreichische Synodale Vorgang (Anm. 1), S. 131–180.
116 Vgl. Promulgation von Synodenbeschlüssen mit Datum vom 15.1.1973, Rechtskraft mit 1.3.1973, in: Verordnungsblatt für die Diözese Innsbruck, 48. Jg., 1. Februar 1973, Nr. 1, TOP 1, S. 1; so die Beschlüsse zur Vorlage „Verkündigung und Leben aus dem

der Innsbrucker Diözesansynode[117] erhielt nur einer (II/39: Übernahme von kleineren Pfarreien durch Priester, die nicht hauptamtlich in der Gemeindeseelsorge eingesetzt sind) keine Bestätigung, zehn Beschlüsse wurden ausgesetzt (I/56–59: Massenmedien, II/52–57: Kirche an der Universität/Hochschulseelsorge), da diese Materien dem Österreichischen Synodalen Vorgang, der in den Jahren 1973/74 stattgefunden hat, zugeordnet worden waren[118]. Somit warteten 234 Beschlüsse auf Umsetzung. Im Unterschied zu anderen österreichischen Synoden hatte § 13 „Durchführungsorgan" des Statuts die Umsetzung der Synodenbeschlüsse im Blick. Näherhin hatte der Promotor „zusammen mit dem Synodensekretär für die Durchführung der Beschlüsse durch die ordentlichen Organe und kirchlichen Gremien der Diözese Sorge zu tragen und darüber dem Pastoralrat zu berichten"[119]. Eine erste Herausforderung war es, den Pastoralrat der Diözese gemäß den Beschlüssen der Synode neu zu formieren[120]. Wie Prälat Hans Schramm, der Bischofsvikar für die Durchführung der Synodenbeschlüsse, zu Pfingsten des Jahres 1974 mit Genugtuung feststellte, konnte seit Abschluss der Synode bereits

---

Glauben", Beschlüsse zur Vorlage „Pfarrgemeinde in Stadt und Land", Beschlüsse zur Vorlage „Jugend", Beschlüsse zur 1. Teilvorlage „Kirche in der Welt der Arbeit und Wirtschaft", Beschlüsse zur 2. Teilvorlage „Kirche in der Welt der Arbeit und Wirtschaft", Beschlüsse zur Vorlage „Dienst am Menschen", Beschlüsse zur Vorlage „Aufbringung von Sondermitteln zur Finanzierung des Jugendzentrums und anderer Synodenprojekte", ebd., TOP 2, S. 1–12.

117 Synodenvorlagen und Beschlüsse sind abgedr. in: Bischöfliches Ordinariat Innsbruck – Synodenbüro, Miteinander (Anm. 38), S. 11–111.

118 Vgl. *Fill*, Synode (Anm. 38), S. 186; *Alexander*, Der rote Bischof (Anm. 33), S. 89, spricht allerdings ohne Nachweis davon, dass der Innsbrucker Oberhirte „einige der Synodenbeschlüsse einfach nicht anerkannte", auch solche, die die katholische Jugend betrafen. „Dabei wurde immer deutlicher, daß Rusch mit zahlreichen gesellschaftlichen Gruppen und manchen Zeiterscheinungen seine Probleme hatte, die schließlich zu heftigen Konflikten führten."

119 Bischof Rusch bestellte den Promotor H. J. Schramm zum Bischofsvikar für die Durchführung der Synodenbeschlüsse. Schramm spielte als Vorsitzender der Pastoralkommission Österreichs auch beim ÖSV eine entscheidende Rolle. Vgl. *Rees*, Der Österreichische Synodale Vorgang (Anm. 1), S. 131–180.

120 Vgl. Statut des Pastoralrates der Diözese Innsbruck vom 28. Juni 1973, in: Verordnungsblatt für die Diözese Innsbruck, 48. Jg., 15. Juli 1973, Nr. 6, TOP 47, S. 37 f.; s. auch Statut des Priesterrats der Diözese Innsbruck vom 2. Mai 1973, ebd., 1. Juni 1973, Nr. 5, TOP 40, S. 31 f., und die Durchführungsbestimmungen für die Wahlen zum Priesterrat, ebd., TOP 41, S. 32 f.; Statut des Laienrates der Diözese Innsbruck o. D., in: Verordnungsblatt für die Diözese Innsbruck, 49. Jg., 15. Jänner 1974, Nr. 1, TOP 4, S. 3–5.

die Verwirklichung von 122 Synodenbeschlüssen, d. h. der Hälfte der Beschlüsse, in Angriff genommen werden. 46 Beschlüsse waren zu diesem Zeitpunkt bereits ausgeführt[121]. Zugleich verwies Schramm darauf, dass ein so umfangreiches Pastoralprogramm, wie es die Innsbrucker Diözesansynode erstellt hat, „wegen der beschränkten finanziellen Mittel" und „wegen der begrenzten personalen Möglichkeiten" nur schrittweise verwirklicht werden kann. Gemäß dem Synodenmotto „Miteinander für alle" dürfe die Verwirklichung der Synodenbeschlüsse nicht nur den Priestern und hauptamtlichen Laienmitarbeitern überlassen bleiben; sie müsse vielmehr von möglichst vielen Christen in unserer Diözese, vor allem den Mitgliedern der Pfarrgemeinderäte mitgetragen werden[122]. Klaus Egger schreibt anlässlich des 25-Jahr-Jubiläums der Diözese Innsbruck mit Blick auf die Diözesansynode, dass sich die Kirche Tirols „den Herausforderungen der Zeit durchaus gestellt hat und auch nicht davor zurückgeschreckt hat, ,heiße Eisen' anzugreifen". Aus der Sicht des Jahres 1989 werde man jedoch einräumen müssen, „daß es zwar nicht gelungen ist, Tirols Katholiken in ihrer Gesamtheit für das ,Aggiornamento' des Glaubens zu interessieren", die Beratungs- und Aktionsgemeinschaft von Priestern und Laien jedoch über die Synode hinaus gehalten habe. „Von den Beschlüssen ist so manches ,Papier' geblieben, anderes jedoch zur Selbstverständlichkeit kirchlichen Lebens geworden"[123], wobei Egger die Heranbildung einer genügend großen Anzahl von Laienkatecheten, die außerschulische Vorbereitung auf den Empfang des Sakraments der Firmung (später auch die Erstkommunionvorbereitung), die Umschreibung der Funktion von Pfarrgemeinderäten, die Einführung von priesterlosen Gottesdiensten in Kleingemeinden ohne Priester, Eucharistiefeiern im kleinen Kreis nennt. „Positiv gewertet wurde", wie ein Zeitzeuge bemerkt, die gute Vorbereitung, die straffe Führung der Sitzungen und die rasche Abwicklung des Anträge-Laufes ... Bedauert wurde von vielen Synodalen, daß sie über die ,Lage der Diözese' nicht, zu wenig oder zu spät informiert worden seien. Offenbar ist das Ergebnis der IKS-Untersuchung zu wenig interpretiert worden". Bedauert wurde auch, „daß die Möglichkeit der Meinungsbildung zu den Sachthemen zu

---

121 Vgl. *Schramm, Hans-Joachim*, Vorwort des Promotors, in: Bischöfliches Ordinariat Innsbruck – Synodenbüro, Miteinander (Anm. 38), S. 9 f., hier S. 9 mit Nachweisen.
122 So wurde auch der ökumenische Arbeitskreis der Diözese Innsbruck, der heute noch besteht und eine wichtige Aufgabe erfüllt, durch die Diözesansynode ins Leben gerufen. So ausdrücklich Liborius Olaf Lumma, Im Glauben an Jesus Christus verbunden (18.11.2013): http://www.oekumene.at/site/home/article/961.html (eingesehen am 3.12.2013).
123 *Egger, Klaus*, Kirche in Tirol – Geschichte und Gegenwart, in: Seelsorgeamt der Diözese Innsbruck, Ich bin bei Euch (Anm. 34), S. 12–23, hier S. 22.

gering war ... Es war die Sorge zu erkennen, wie die Beschlüsse/Empfehlungen umgesetzt werden sollen". Letztlich hätten auch die Beschlüsse „durch ihre ‚Verästelungen' in verschiedene Kompetenzbereiche" ihre Verwirklichung erschwert[124]. Insgesamt gesehen hat jedoch „die engagierte, sachlich orientierte Zusammenarbeit von Laien und Klerus ... ein neues Kirchenbewußtsein grundgelegt und der kordiale Ton des ‚Miteinanders' der Synode fand seine Fortsetzung auf pfarrlicher, dekanaler und diözesaner Ebene"[125]. Wie Helmuth Alexander feststellt, wurden die erzielten Ergebnisse der Diözesansynode „recht unterschiedlich aufgenommen, zumal für die einen die durch das Zweite Vatikanum eröffneten Möglichkeiten nicht völlig ausgeschöpft wurden, andere dagegen in so mancher Initiative einen falschen Weg für die Zukunft der Kirche sahen"[126]. Sepp Fill, der Synodensekretär, beantwortete die Frage, ob die Synode ihr selbstgesetztes Ziel, nämlich Vertiefung des Glaubens, Stärkung der inneren Einheit der Diözese, wirksamere Erfüllung des gesellschaftlichen Heilsauftrags erfüllt habe, folgender Maßen: „Man wird zunächst zugeben müssen, daß es zu keinem Zeitpunkt gelang, das Diözesanvolk als ganzes an der Synode im engeren Sinn zu interessieren; anders war es bei den Pfarrgemeinderäten, die mindestens in der Phase der Begutachtung ein konkretes Interesse an der Synode gezeigt haben. Man wird auch zugeben müssen, daß von jener tröstlichen Freude über die Synodenbeschlüsse, von der Cons. Nagele in der Konstituierenden Vollversammlung im Anschluß an das Wort der Apostelgeschichte 15/31 gesprochen hatte, nicht viel zu bemerken war. Dies zugegeben, wird man aber doch festhalten dürfen: Priester und Laien fanden in der Synode zu einer Beratungs- und Aktionsgemeinschaft, die über die Synode hinaus halten dürfte, gefährliche Polarisierungen wurden abgefangen; ein Netz persönlicher Beziehungen über die ganze Diözese hin ist entstanden, dessen Wert kaum hoch genug veranschlagt werden kann; nicht zu unterschätzen der Realismus, der

---

124 Kunzenmann, Miteinander (Anm. 51), S. 129.
125 Kunzenmann, Miteinander (Anm. 51), S. 130.
126 Alexander, Der rote Bischof (Anm. 33), S. 89. Die Sorge, dass etwas in die Falsche Richtung gehen könnte, zeigt sich auch in verschiedenen Erlassen der Diözese bzw. in gewissen Abdrucken im Verordnungsblatt. S. bereits die als Beilage II dem Verordnungsblatt für die Diözese Innsbruck, 44. Jg., 15. Februar 1969, Nr. 2, S. III–VI, mitgegebene Erklärung der deutschen Bischöfe, die in ihrer Vollversammlung am 27. und 28. Dezember 1968 in Fulda „ein klares und richtungweisendes Hirtenwort an Klerus und Gläubige" mit Blick auf „eine wachsende Unruhe um Grundfragen des Glaubens und des kirchlichen Lebens" gerichtet haben (u. a. „Nicht auf ein bestimmtes Weltbild verkürzen", „Keinesfalls Vorbehalte gegen die Lehrautorität überhaupt", „Keine Demokratisierung im strengen Sinn", „Eucharistie nur im kirchlichen Auftrag", „Fragen des Zölibats", „Ein deutliches Wort an alle").

bezüglich Kirche als Einrichtung und als Ereignis Platz gegriffen hat. Schließlich: einige tausend Christen (Priester, Pfarrgemeinderäte, Ordensleute, aktive Laien) haben sich im Rahmen der Synode mit der Kirche und mit dem Gesamt ihres Wirkens befaßt, Informationen erhalten bzw. ausgetauscht und zu einem neuen Pastoralkonzept verarbeitet."[127]

VI. Diözesansynode im CIC/1983 und weitere synodale Prozesse in der Diözese Innsbruck

Das im Jahr 1983 in Kraft getretene kirchliche Gesetzbuch, der Codex Iuris Canonici von 1983 (CIC/1983), hält an den Diözesansynoden fest (vgl. cc. 460–468 CIC/1983). Herauszustellen ist, dass Laien ausdrücklich als Mitglieder der Synode genannt werden[128], wenn die Diözesansynode als „eine Versammlung von ausgewählten Priestern und anderen Gläubigen der Teilkirche, die zum Wohl der ganzen Diözesangemeinschaft dem Diözesanbischof ... hilfreiche Unterstützung gewähren" (c. 460 CIC/1983), gesehen wird[129]. Auffallend ist, dass der universalkirchliche Gesetzgeber es „ganz dem freien Ermessen des Diözesanbischofs (überlässt), die Anzahl der als ordentliche Synodalen zu berufenden Laien festzulegen", und er somit von einer früher zu beobachtenden Praxis des Apostolischen Stuhls abweicht, „bezüglich der Laiensynodalen genaue Zahlen bzw. Zahlenrelationen

---

127   Fill, Synode (Anm. 38), S. 189 f. Bezüglich der Mitteilung der Beschlüsse des Apostelkonzils, die von den Aposteln und den Ältesten zusammen mit der ganzen Gemeinde getroffen worden waren, an die Gemeinde von Antiochien: „Man verabschiedete die Abgesandten, und sie zogen hinab nach Antiochia, riefen die Gemeinde zusammen und übergaben ihr den Brief. Die Brüder lasen ihn und freuten sich über die Ermunterung." Apg 15,30 f.
128   Für die in nachkonziliarer Zeit bis zum Inkrafttreten des CIC/1983 am 27. November 1983 abgehaltenen Diözesansynoden waren Dispensen für die Teilnahme von Laien erforderlich. Vgl. oben V.; ferner Rees, Wilhelm, Die Statuten des Österreichischen Synodalen Vorgangs (1973/74), in: Rees / Schmiedl, Beratung (Anm. 1), S. 144–189.
129   Zu Recht stellt Schmitz, Heribert, Die Konsultationsorgane des Diözesanbischofs, in: HdbKathKR², S. 447–463, hier S. 452, heraus, dass „mit der Öffnung der Diözesansynode für Teilnehmer aus den Reihen der Laien,... ein wesentliches Desiderat erfüllt" worden ist.

verbindlich vorzugeben"[130]. Auffallend ist in den Bestimmungen des CIC/1983 auch, dass c. 465 CIC/1983 bestimmt: „Alle vorgelegten Fragen sind in den Sitzungen der Synode der freien Erörterung der Synodalen überlassen." Es herrscht also das Recht auf freie Rede und Meinungsäußerung (vgl. c. 212 §§ 2 und 3 CIC/1983). Die Diözesansynode ist somit „die bedeutendste Kirchenversammlung auf der Ebene der Diözese zur Unterstützung des Diözesanbischofs"[131]. Sie nimmt, wie das Direktorium für den Hirtendienst der Bischöfe von 2004 betont, „im Leitungshandeln des Bischofs einen hervorragenden Platz ein"[132]. Zwar verpflichtet das Direktorium den Diözesanbischof, „die Organe der Mitwirkung, die vom kanonischen Recht vorgesehen sind, wertzuschätzen"; er wird jedoch auch „in eindeutiger Weise daran erinnert, dass sich die Organe der Mitwirkung nicht an den Maßstäben einer parlamentarischen Demokratie orientieren, weil sie beratende und nicht entscheidende Natur besitzen"[133]. Deutlich ist der Hinweis, dass die Synode „nach dem Bild der Teilkirche" zusammengesetzt sein, d. h. die „Verschiedenheit der Berufungen, der apostolischen Aufgaben sowie der sozialen und geographischen Herkunft widerspiegeln (soll), welche die Diözese charakterisieren"[134]. Zugleich betont das Direktorium aber auch, dass bei der Zusammensetzung der Mitglieder einer Diözesansynode darauf geachtet werden müsse, „dass den Klerikern entsprechend ihrer Aufgabe in der kirchlichen Gemeinschaft eine überwiegende Rolle anvertraut wird"[135].

Seit dem Jahr 1992 wurde in einigen deutschen Diözesen, wie Joseph Listl bemerkt hat, der Versuch unternommen, „die Zielsetzung der Diözesansynode durch ein nicht auf eine Gesetzgebung angelegtes Pastorales Forum oder Diözesanforum ... zeitgemäß weiterzuentwickeln"[136]. Diese Entwicklung ist durchaus aus unter-

---

130 S. *Witsch, Norbert*, Synodalität auf Ebene der Diözese. Die Bestimmungen des universalkirchlichen Rechts der Lateinischen Kirche (=KStKR, Bd. 1), Paderborn, München, Wien, Zürich 2004, bes. S. 257–291, hier S. 275.

131 Aymans – Mörsdorf, KanR II, S. 365; vgl. ausführlich *Hallermann, Heribert*, Ratlos – oder gut beraten? Die Beratung des Diözesanbischofs (=KStKR, Bd. 1), Paderborn, München, Wien, Zürich 2010, S. 59–84.

132 Kongregation für die Bischöfe, Direktorium für den Hirtendienst der Bischöfe vom 22. Februar 2004, Nr. 166; dt.: VApSt Nr. 173, Bonn 2006, S. 228 f.; zum Direktorium s. *Hallermann, Heribert*, Direktorium für den Hirtendienst der Bischöfe. Übersetzung und Kommentar (= KStKR, Bd. 7), Paderborn, München, Wien, Zürich 2006.

133 Kongregation für die Bischöfe, Direktorium (Anm. 132), Nr. 165, S. 227.

134 Kongregation für die Bischöfe, Direktorium (Anm. 132), Nr. 169, S. 230.

135 Kongregation für die Bischöfe, Direktorium (Anm. 132), Nr. 169, S. 230.

136 *Listl, Joseph*, Art. Diözesansynode. I. Kirchenrechtlich, in: LThK³, Bd. 3 (1995), Sp. 254. Wie die Kongregation für die Bischöfe, Direktorium (Anm. 132), Nr. 175,

schiedlicher Perspektive zu betrachten. Kommt darin nicht auch der Wunsch einzelner Diözesanbischöfe zum Ausdruck, nicht an die Vorgaben des CIC/1983 gebunden zu sein? Oder zeigt sich nicht auch Resignation, wenn Bischöfe keine Diözesansynoden mehr einberufen, da deren Voten und Ergebnisse nicht ernst genommen wurden? Auch die Diözese Innsbruck hat sich in den 1990er-Jahren nicht für eine zweite Diözesansynode, sondern für ein Diözesanforum Innsbruck (1993–1995)[137] entschieden, wobei vor allem die Themen „Kirche leben in der Pfarrgemeinde", „Regionale Pastoral- und Personalplanung", „Ehe und Familie", „Leben mit Kranken und Sterbenden", „Frauen in der Kirche", „Geschiedene und Geschieden-Wiederverheiratete"[138], „Homosexuelle und Glaube", „Jugend" sowie „Bischofsnachfolge"[139] und der „Solidaritätsfonds der Diözese Innsbruck zur Förderung von Projekten für und mit schwervermittelbaren Arbeitslosen" behandelt wurden. Die Kirche in Tirol hatte sich, wie Klaus Egger aus Anlass von 25 Jahre Diözese Innsbruck schreibt, „mehr gewandelt als in vielen Jahrzehnten vorher"[140]. Seither hat es in der Diözese Innsbruck weder eine Diözesansynode noch ein Diözesanforum gegeben.

Verdeutlichung, aber auch Verschärfung zeigen sich in der am 19. März 1997 von der Kongregation für die Bischöfe und der Kongregation für die Evangelisierung der Völker gemeinsam erlassenen Instruktion mit verbindlichen

---

S. 236, betont, ist es „wünschenswert, dass der Kern der Normen des kanonischen Rechts über die Diözesansynoden sowie die Anweisungen der Instruktion über die Diözesansynoden servatis servandis auch bei einem ‚Forum' oder bei anderen Kirchenversammlungen mit synodalem Charakter beachtet werden".

137 Vgl. Bischöfliches Ordinariat – Seelsorgeamt Innsbruck (Hg.), Diözesanforum Innsbruck 1993–1995, Innsbruck o. J. (1995).

138 Vgl. Bischöfliches Ordinariat der Diözese Innsbruck (Hg.), Leitlinien der Diözese Innsbruck zur seelsorglichen Begleitung von Geschiedenen und Geschiedenen-Wiederverheirateten, Innsbruck 1997; in Folge: Seelsorgeamt der Diözese Innsbruck (Hg.), Wenn geschiedene Menschen anlässlich ihrer standesamtlichen Trauung um ein Gebet bitten, Innsbruck 2008. Im Jahr 2002 hat der Bischof von Innsbruck kirchliche Feiern in diesem Zusammenhang ausdrücklich untersagt. Vgl. unter: http://www.uibk.ac.at/praktheol/kirchenrecht/teilkirchenrecht/innsbruck/feier.html (eingesehen am 03.12.2013).

139 So richtete das Diözesanforum als Beschluss 11 „an den Apostolischen Nuntius in Österreich die Bitte, bei der zukünftigen Bestellung von Bischöfen für die Diözese Innsbruck im Sinne des Can. 377 § 3 CIC die Hoffnungen, Wünsche und Bitten der Ortskirche in angemessener Weise zu berücksichtigen".

140 Vgl. *Egger*, Kirche in Tirol (Anm. 123), S. 19.

Leitlinien für die praktische Durchführung von Diözesansynoden. So werden in der Instruktion im Unterschied zum CIC/1983 die Zulassungskriterien für Laien klar bestimmt, wozu neben einem festen Glauben, guten Sitten und Klugheit auch die rechtmäßige kanonische Lebenssituation als „unabdingbare Voraussetzung für eine Teilnahme" zählt[141]. Wäre es aber nicht erforderlich, gerade auf einer Diözesansynode auch Christgläubige, die in einer in den Augen der Kirche „gescheiterten" Situation leben, zu Wort kommen zu lassen, wenn dort über „das Wohl der ganzen Diözesangemeinschaft" (vgl. c. 460 CIC/1983) beraten werden soll?[142] Und müssten nicht auch die Erfahrungen der breiten Palette von Gläubigen in ihren konkreten Glaubens- und Lebenssituationen auf einer solchen Synode Platz und Raum finden?

Wenn die Abhaltung von Diözesansynoden seitens des kirchlichen Gesetzgebers in die Verantwortung der Diözesanbischöfe gestellt wird, so sind diese in einer besonderen Weise gefordert. Das Militärordinariat in Österreich ist als derzeit einzige österreichische Diözese vom 30. September bis 4. Oktober 2013 das Wagnis einer Diözesansynode eingegangen[143]. Auch die Diözesen Bozen-Brixen

---

141 Vgl. Congregatio pro Episcopis, Congregatio pro Gentium Evangelizatione, Instructio „De Synodis dioecesanis agendis" et Additamentum ad instructionem de Synodis dioecesanis agendis, II 3, 1°, unter Hinweis auf c. 512 § 2 CIC/1983, in: AAS 89 (1997), S. 706–721 und S. 722–727, hier S. 711; dt. in: AfkKR 166 (1997), S. 147–167, hier S. 152; dazu *Hirnsperger, Johann*, Die Diözesansynode. Bemerkungen zu den einschlägigen Normen des CIC unter besonderer Berücksichtigung der Instruktion vom 19. März 1997, in: Dem Staate, was des Staates – der Kirche, was der Kirche ist. Festschrift für Joseph Listl zum 70. Geburtstag. Hg. von *Isensee, Josef, Rees, Wilhelm* und *Rüfner, Wolfgang* (= Staatskirchenrechtliche Abhandlungen, Bd. 33), Berlin 1999, S. 855–873; *Hallermann, Heribert*, Ein Maulkorb aus Rom für mündige Christen? Die rechtliche Einordnung der römischen Instruktion über die Diözesansynoden, in: Diakonia 28 (1997), S. 390–394.
142 Vgl. *Rees, Wilhelm*, Scheitern: kirchenrechtliche Annäherung: http://www.uibk. ac.at/theol/leseraum/pdf/dies2013-rees.pdf (eingesehen am 02.05.2013); *ders.*, Die Zeichen der Zeit im Licht des Evangeliums deuten. Kritische Anfragen aus kirchenrechtlicher Perspektive, in: ZKTh 136 (2014), S. 135–145; *ders.*, „Geh zu Jesus, er vergibt Dir." Zur Frage theologischer und kirchenrechtlicher Neuansätze im Fall von „Scheitern" in der römisch-katholischen Kirche, in: Geist – Kirche – Recht. Festschrift für Libero Gerosa zur Vollendung des 65. Lebensjahres. Hg. von *Müller, Ludger* und *Rees, Wilhelm* (= Kanonistische Studien und Texte, Bd. 62), Berlin 2014, S. 295–326.
143 Republik Österreich / Bundesministerium für Landesverteidigung und Sport (Hg.), Instrumentum Laboris. Protokolle, Vorschläge und Präsentationen. Katholische Militärseelsorge Österreich – Diözesansynode 2013, Schwarzenbergkaserne Salzburg,

und Trier gehen in diese Richtung. Mit der Diözesansynode im Jahr 1971/72 „hat Tirol ein Signal gesetzt"[144]. Die Diözesansynode Innsbruck und das Diözesanforum Innsbruck haben, trotz aller Diskussionen und Skepsis, auf Grund der Auseinandersetzung mit damals brennenden Fragen und entsprechender Voten an den Bischof vieles in die Wege geleitet, das heute noch die Diözese Innsbruck prägt. Gegenwärtig ist weithin ein erneutes Erlahmen des Glaubensbewusstseins und -lebens feststellbar. Aber auch ein akuter Priestermangel und hohe Kirchenaustrittszahlen stehen im Raum. Die Kirche von Innsbruck, vor allem aber ihre Gläubigen und Seelsorger, beschäftigen neue Fragestellungen. Manches, was in den zurückliegenden Jahren nicht angesprochen bez. unerledigt geblieben ist, harrt einer Lösung. So stellt sich wohl die Frage nach der Einberufung eines weiteren synodalen Vorgangs in der Diözese Innsbruck. Aktuell wird diese Überlegung wohl auch aufgrund der von Papst Franziskus angedachten Aufbrüche, nicht nur, was kirchliche Strukturen und Miteinander anbelangt, sondern auch im Blick auf Fragen, die die Kirche und die Gläubigen heute bedrängen[145]. Wenn die Diözese Innsbruck das Jubiläumsjahr anlässlich 50 Jahre Diözese Innsbruck unter das Motto „Aufbrechen" gestellt hat, so geht es nicht nur um ein geistliches und spirituelles Aufbrechen. Das Aufbrechen muss auch in Richtung kirchliche Strukturen, Formen des gemeindlichen Lebens, neue Zugänge zu den Gläubigen, vor allem der Jugend, Ernstnahme ihrer Fragen und Sorgen, Zeit der Priester für eigentliche Seelsorge gehen. Dies erfordert ein mutiges Umdenken, neue Beratungsprozesse und in verschiedenen Bereichen auch eine neue Rechtssetzung. Wäre hier nicht anlässlich des Jubiläums eine Zweite Diözesansynode sinnvoll gewesen?

---

30. September bis 4. Oktober 2013, Wien 2013. S. auch Militärbischof Werner reicht Rücktritt ein (24.10.2013): http://diepresse.com/home/panorama/religion/1468543/ Militaerbischof-Werner-reicht-Rucktritt-ein-(eingesehen am 03.12.2013).

144 *Egger*, Kirche in Tirol (Anm. 123), S. 22. Er spricht aber bereits 1989 „von großen neuen Aufgaben und Problemen".

145 Vgl. *Franziskus*, Apostolisches Schreiben „Evangelium Gaudium" an die Bischöfe, an die Priester und Diakone, an die Personen geweihten Lebens und an die christgläubigen Laien über die Verkündigung des Evangeliums in der Welt von heute vom 24. November 2013: http://www.vatican.va/holy_father/francesco/apost_exhortations/ documents/papa-francesco_esortazione-ap_20131124_evangelii-gaudium_ge.pdf (eingesehen am 03.12.2013); ferner VApSt 194, Bonn 2013; s. auch Bischofssynode. III. Außerordentliche Versammlung, Die pastoralen Herausforderungen der Familie im Kontext der Evangelisierung. Vorbereitungsdokument, Vatikanstadt 2013: http://www. vatican.va/roman_curia/synod/documents/rc_synod_doc_20131105_iii-assemblea-sinodo-vescovi_ge.html (eingesehen am 03.12.2013); für die Diözese Innsbruck s. unter: http://www.dibk.at/index.php?id=8157&portal=25 (eingesehen am 03.12.2013).

III. Der Wiederaufbau in anderen christlichen Kirchen

Karl W. Schwarz

Vom „Gottesgericht" zur „Austrifizierung": Die Evangelische Kirche A. u. H.B. in Österreich, ihr Selbstverständnis und ihr religionsrechtlicher Status nach 1945*

Abstract
The contribution deals with the Protestant Church in Austria in the period after World War II. The Austrian church had to split from German Protestant church, to which she belonged since 1939 as Particular Church. She had to detach from german-national attitudes and to prove to be church in Austria and for Austria. In this case she was observed by Austrian government with mistrust, because she was regarded as German Church. Bishop May introduced a process of Austrification. According to valid controlling rights of the state the juridical process became difficult. The church was dependent on goodwill of the Republic, therefore she looked for a new juridical basis. But this did not happen, because the process was junctimated with the so called Konkordat-problem, whether it was valid or not. Although the church protested against this junctimation, the ministry for cultural affairs practiced it – until 1954, when Heinrich Drimmel made his program „free church in a free country" come true.

I. Einleitung

Am 11. Mai 1945 gab Radio Wien einen Runderlass des Evangelischen Oberkirchenrates bekannt, der für den 13. Mai einen Bußgottesdienst in allen evangelischen Kirchen Österreichs anordnete[1]. In diesem sollte dankbar der Beendigung

---

* *Meinem Freund Pfarrer Univ.-Prof. D. Ernst Hofhansl zum 70. Geburtstag am 18.03.2015 gewidmet. – Der Beitrag berührt sich mit zwei älteren Vorträgen, die die Ära Drimmel behandelten: „Befreite Kirchen im freien Staat". Zur Religionspolitik der Republik Österreich in den 50er-Jahren, in: ÖAKR 44 (1995–97) S. 289–314; Die evangelischen Kirchen in Österreich von 1945 bis heute, in: Michael Bünker (Hg.), Evangelische Kirchen und Europa, Wien ²2006, S. 131–155.*
1 *May, Gerhard, 7. Amtsbrüderliches Rundschreiben [hinkünftig AR] vom 16.5.1945, abgedruckt in: Reingrabner, Gustav / Schwarz, Karl (Hg.), Quellentexte zur österreichischen evangelischen Kirchengeschichte zwischen 1918 und 1945 [hinkünftig: Quellentexte], Wien 1989, S. 636–641, hier S. 637 f. – zum Quellenwert der Amtsbrüderlichen Rundschreiben: Schwarz, Karl W., Bischof D. Gerhard May und die Austrifizierung der Evangelischen Kirche, in: Evangelische Identitäten nach 1945. Tagungsband, hrsg.*

des Krieges gedacht werden und im Zeichen der Buße gesagt werden „*was die meisten unmittelbar empfanden*": Dass sich vor unseren Augen ein Gottesgericht mit unheimlicher Folgerichtigkeit vollzogen habe; „*aber dies musste gesagt werden [...], dass es nicht als ein politisches, sondern als ein religiöses Wort vom Evangelium her verstanden wird*".

An diesen Formulierungen ist die Handschrift des leitenden geistlichen Amtsträgers der Kirche, Bischof D. Gerhard May (1898–1980) zu erkennen. Er trug seit 1944 die geistliche Verantwortung für 129 Gemeinden der Evangelischen Kirche A. u. H.B. in Österreich, die an den Folgen des Krieges schwer zu tragen hatte. Einmal abgesehen von den durch Bomben zerstörten Kirchen, Pfarrhäusern und sonstigen Gebäuden der Kirchengemeinden war auch das Organisationswerk der Kirche weitgehend lahm gelegt: Von eingerückten 134 geistlichen Amtsträgern, deren Dienst vielfach von den Pfarrfrauen übernommen wurde, sind 18 gefallen, viele wurden noch vermisst oder waren in Kriegsgefangenschaft geraten[2]. Man spürt es deutlich bei der Lektüre der Amtsbrüderlichen Rundschreiben des Bischofs, wie sehr ihn die Not der Kirche belastete, unter welchen Anstrengungen er den organisatorischen Wiederaufbau in Angriff nehmen musste.

Die Kirche war auch durch den enormen Anstieg der Flüchtlinge, die seit 1944 nach Österreich gelangt waren[3], herausgefordert. Zwar wurde Österreich nicht als „Wunschziel" empfunden, sondern eher nur als „Wartesaal" bis zur Auswanderung nach Deutschland oder Übersee, aber dennoch hielten sich nach Kriegsende 340.000 volksdeutsche Heimatvertriebene in Österreich auf, davon waren an die 70.000 evangelisch[4]. Im Herbst 1947 schätzte die Evangelische Flüchtlingsseelsorge die Zahl der Heimatvertriebenen sogar auf 80.000[5]. Der Evangelische Preßverband in Wien gab ein eigenes „Kirchenblatt für die evangelische Flüchtlingsgemeinde in Österreich" mit dem Titel „Unterwegs" heraus und trug damit dem Umstand Rechnung, dass diese Flüchtlinge bereits 20% der Kirchenmitglieder ausmachten.

---

    von der Evangelischen Akademie Wien, Wien 2012, S. 71–86, hier S. 84-86, S. 188 f. (Anmerkungen).

2 *May*, 16. AR vom 1.7.1946, abgedruckt in: Quellentexte, S. 709–716, hier S. 711 f.

3 *Leeb, Rudolf*, Die Heimatvertriebenen und Flüchtlinge nach 1945 und die evangelische Kirche in Österreich. Auswirkungen der Migration auf eine „Diasporakirche", in: *Rieske, Uwe* (Hg.), Migration und Konfession. Konfessionelle Identitäten in der Flüchtlingsbewegung nach 1945, Gütersloh 2010, S. 167–201, hier S. 172.

4 Lichter der Heimat 1951/11, S. 136.

5 *Göhring, Gotthold*, Versuch eines Überblicks über die Lage der deutschsprachigen Flüchtlinge in Österreich mit besonderer Berücksichtigung der evangelischen Flüchtlinge, Wien September 1947, zit. bei *Leeb*, Die Heimatvertriebenen, S. 174 f.

Sie hatten teilweise ihre eigenen „Flüchtlingspfarrer" mitgebracht und erwarteten ihre Integration in den Parochialverband der Evangelischen Kirche. 1945 befanden sich 110 Flüchtlingsgeistliche in Österreich, 85 davon wurden in einen provisorischen Dienst übernommen, 25 blieben endgültig in Österreich[6].

Es waren aber nicht nur äußerliche Schäden zu beheben, die angesagte Buße zielte auch auf Schuldverstrickung im internen Bereich der Kirche[7]. Damit ist ihre Anpassungsbereitschaft in den Jahren des sog. Dritten Reiches angesprochen, die von einem Zeitzeugen auf den heuristischen Dreischritt „von der Bejahung über die Ernüchterung zur Verweigerung" gebracht wurde[8]. Statt „Bejahung" sollte es besser „Begeisterung" heißen, insbesondere im Blick auf ihre Zustimmung zum Anschluss, durch den die Diasporakirche zur Mehrheitskirche im „Mutterland der Reformation" gehörte, eine nach den Demütigungen in der Ära des katholischen Ständestaates wichtige psychologische Kompensation. Aber die Ernüchterung kehrte schon im Herbst 1938 ein, als die Maßnahmen zur „Entkonfessionalisierung der Ostmark" das kirchliche Schul- und Vereinswesen liquidierten und eine hemmungslose Kirchenaustrittspropaganda das Ende der Kirchen einzuläuten vorgab; mehr als 40.000 Kirchenmitglieder, ca 13%, wurden davon mitgerissen, darunter drei Pfarrer, die als Standesbeamte oder Parteiredner unterkamen, weiters zehn Vikare und 33 Theologiestudenten. Eine Verweigerung kann grosso modo im Verkündigungsbereich gesehen werden, wo die Kirche dem totalitären Anspruch und einer ideologischen Verfremdung auf weiten Strecken Stand halten konnte.

II. Organisationsprobleme

Als am 27. April 1945 die provisorische österreichische Bundesregierung in ihrer Unabhängigkeitserklärung den „im Jahre 1938 dem österreichischen Volke aufgezwungenen Anschluß für null und nichtig erklärte", war die Evangelische Kirche in Österreich noch eine Gliedkirche der Deutschen Evangelischen Kirche

---

6   *Leeb*, Die Heimatvertriebenen, S. 186.
7   *Dantine, Johannes*, Buße der Kirche? Ekklesiologische Überlegungen im Bedenken von Geschichte (Österreich 1938–1988), in: *Wolfgang Stegemann* (Hg.), Kirche und Nationalsozialismus, Stuttgart u.a. 1990, S. 97–111; *ders.*, Die Ev. Kirche in Österreich im Jahre 1945, in: Junge Kirche 46 (1985) S. 662–666.
8   *Otto Bünker*, Bejahung – Ernüchterung – Verweigerung, in: Glaube und Heimat 1988, S. 59–62. dazu auch *Schwarz, Karl W.*, Bejahung – Ernüchterung – Verweigerung: Die Evangelische Kirche in Österreich und der Nationalsozialismus, in: JGPrÖ 124/125 (2008/09) S. 18–38.

(DEK), die in der Berliner Kirchenkanzlei ihre dem Reichskirchenministerium unterstehende kirchenpolitische Zentrale besaß.

Diese Verbindung war in einem Gottesdienst am 24. Juni 1939 feierlich besiegelt worden. So aufwendig der liturgische Akt gewesen sein mochte, juristisch basierte die Verbindung lediglich auf einem mit staatlicher Zustimmung ergangenen Verwaltungsakt. Dieser bestand darin, dass der Leiter der Kirchenkanzlei und die Leitung der Evangelischen Kirche in Österreich die Übernahme dieser Kirche in die DEK vollzogen[9] und den Vollzug „deklaratorisch" proklamierten, dass die Ev. Kirche in Österreich „Glied der DEK" sei. Diese juristische Vorgangsweise war notwendig geworden, weil die entsprechenden Normen, die 17. Verordnung zur Durchführung des Gesetzes zur Sicherung der DEK (10.12.1937)[10] und das Gesetz zur Sicherung der DEK (24.9.1935)[11] in Österreich nicht zur Geltung gelangt waren. Die gewählte juristische Konstruktion erleichterte nach 1945 den *actus contrarius*, als die österreichische Regierung die sofortige Aufhebung der bestehenden Bindungen an die DEK verlangte. Die Ablösung konnte aufgrund einer Verwaltungsanordnung erfolgen, die nicht einmal im Kirchlichen Amtsblatt kundgemacht wurde[12]. Der ursprüngliche Plan, die Ablösung durch einen Beschluss der Synode herbeizuführen, wurde wegen der damit verbundenen Verzögerung fallen gelassen.

Die organisatorischen Nöte der Kirche resultierten aus unterschiedlichen Ursachen: Die Zusammensetzung der Kirchenleitung beruhte nicht auf einer synodalen Beschlussfassung, sondern der eines eigens gebildeten Wahlmännerkollegiums, das für *Dr. Heinrich Liptak* (1898–1971)[13] als juristischen Präsidenten des Oberkirchenrates optierte, und weiters durch Berufung des nachgeordneten ordentlichen geistlichen Rates mit dem Titel *Bischof D. Gerhard May* – im

---

9 ABl. Nr. 99/1939; Quellentexte, S. 386.
10 Abgedruckt in: *Gertraud Grünzinger, Gertraud / Nicolaisen, Carsten* (Bearb.), Dokumente zur Kirchenpolitik des Dritten Reiches IV (1937–1939), Gütersloh 2000, S. 149 f.
11 Abgedruckt in: *Gertraud Grünzinger, Gertraud / Nicolaisen, Carsten* (Bearb.), Dokumente zur Kirchenpolitik des Dritten Reiches III (1935–1937), Gütersloh 1994, S. 78 ff.
12 Erlass des Ev. Oberkirchenrates Z. 3553/45, 19.9.1945; *May*, 10. AR 2.9.1945, abgedruckt in: Quellentexte, S. 655–664, hier 659 – *Reingrabner, Gustav,* Zur Entstehung der Verfassung der Evangelischen Kirche A.u.H.B. in Österreich vom 26. Jänner 1949, in: JGPrÖ 99 (1983) S. 109–158, hier 124 Anm. 73; *ders.,* Um Glaube und Freiheit. Eine kleine Rechtsgeschichte der Evangelischen in Österreich und ihrer Kirche, Frankfurt/M. 2007, S. 204; *Schwarz, Karl W.,* Zur Rechtsgeschichte des österreichischen Protestantismus, in: ZSRG 126 KA 95 (2009) S. 554–575, hier S. 572.
13 Erlass des Ev. OKR Z. 6381/39 vom 4.9.1939, ABl. Nr. 120/1939; Quellentexte, S. 385.

Einvernehmen mit der Kirchenkanzlei der DEK[14] – , des juristischen *Oberkirchenrates Dr. Paul Siwy* (1899–1957) und der *außerordentlichen Räte D. Erich Stökl* (1871–1950) und *D. Gustav Heinrich Zwernemann* (1872–1958), wobei die beiden ao. Ratsmitglieder das Pensionsalter bereits erreicht hatten.

Die Kirche war in drei Superintendenzen A.B. (Wien; Burgenland; Oberösterreich) und eine Superintendenz H.B. gegliedert, wobei die Wiener Superintendenz A.B., die ihren Sitz seit 1928 in Villach/Kärnten hatte, zwei Drittel der Landeskirche ausmachte und die Bundesländer Wien, Niederösterreich, Steiermark und Kärnten umfasste. An ihrer Spitze stand *Superintendent D. Johannes Heinzelmann* (1873–1946), der in den Jahren des katholischen Ständestaates als „Vertrauensmann der Superintendenten" ein gesamtkirchliches Leitungsamt („Notbischof") wahrgenommen hatte, das freilich von der Kirchenverfassung nicht abgedeckt war. Auf der Superintendentialversammlung 1942 wurde der Beschluss gefasst, die Wiener Superintendenz A.B.[15] zu vierteilen, jedoch mit dessen Umsetzung bis zur Pensionierung des bisherigen Stelleninhabers zu warten. Der Krieg ließ aber dessen Rücktritt nicht zu. Eine Vertretungsregelung für den schwer erkrankten *Heinzelmann*, der im Linzer Diakonissenkrankenhaus lag, war äußerst schwierig[16], da dessen Stellvertreter *Emil Wolf* (1874–1960) ebenfalls erkrankt war und sich in Südbayern aufhielt, dessen Ersatzmann *Pfarrer D. Friedrich Ulrich* (1877–1944) in Graz aber verstorben war[17]. So oblag es dem Oberkirchenrat, der teilweise in Wien (*Bischof May*) geblieben, teilweise nach Goisern/Oberösterreich übersiedelt war (*Präsident Liptak*), die Agenden der Superintendentur wahrzunehmen.

III. Bischof D. Gerhard May

Der Transformationsprozess, dem der österreichische Protestantismus 1945 unterworfen wurde, verbindet sich mit der überragenden Persönlichkeit ihres Bischofs, der ihn mit seiner persönlichen Konversion vom volksdeutschen Politiker zum bischöflichen Wegweiser beglaubigte[18] und eine entschiedene Entpolitisierung

---

14 Erlass des Ev. OKR Z. Präs. 4736/44, ABl. Nr. 63/1944; Quellentexte, S. 474.
15 *Heinzelmann, Johannes*, Bericht an die 20. Superintendentialversammlung der Wiener Ev. Superintendenz A.B., 27. Oktober 1942 – abgedruckt in: Quellentexte, S. 442 ff.
16 Erlass des Ev. OKR Z. 3545/45, Goisern 18.9.1945; Quellentexte, S. 489 f.
17 *Rampler, Herbert*, Evangelische Pfarrer und Pfarrerrinnen der Steiermark seit dem Toleranzpatent. Ein Beitrag zur österreichischen Presbyteriologie, Graz 1998, S. 278–281.
18 *Schwarz, Karl W.*, Gerhard May – vom volksdeutschen Vordenker in Slowenien zum bischöflichen Wegweiser der Evangelischen Kirche in Österreich, in: Südostdeutsches Archiv 46–47 (2003/04) S. 39–63.

seiner Kirche erreichte: Man habe sich einmal die Finger verbrannt und möchte sich hüten, dies noch einmal zu tun[19].

May hatte vorher die Pfarrstelle in Cilli/Celje (Untersteiermark/Slowenien) inne, wo er als Angehöriger der deutschen Minderheit in Slowenien eine volkstumspolitische Mission wahrgenommen und im Rahmen des Schwäbisch-deutschen Kulturbundes hohe politische Ämter bekleidet und eine „*volksdeutsche Sendung der Kirche*" propagiert hatte, die nur vor dem Hintergrund der ethnischen und religiösen Diasporasituation seiner Kirche („*doppelte Diaspora*") verständlich wird[20]. Von einer solchen programmatischen Ausrichtung rückte er 1944 ganz entschieden ab, als er in die Kirchenleitung nach Wien berufen wurde. In einem Hirtenbrief zum Ewigkeitssonntag 1944[21] hatte er von der unlösbaren Schicksals- und Schuldgemeinschaft der Kirche mit dem Volk gesprochen und zum Strafgericht Gottes Stellung genommen, welches „am Hause Gottes" seinen Anfang nimmt. Der Hirtenbrief griff Motive eines Schuldbekenntnisses auf („*Wie viel christlichen Dienst sind wir unserem Volk schuldig geblieben! Wir sind träge geworden in Gebet und Fürbitte, matt im Glauben, lau in der Liebe, lässig in der Zucht, armselig in der Brüderlichkeit, schwächlich an Bekennermut.*") und deutete damit eine Schuldverstrickung seiner Kirche an, die sich in einer erheblichen politischen Anpassung geäußert hatte. Dazu ging die Kirchenleitung nunmehr auf strikte Distanz[22].

Auf die Äußerung des Wiener *Erzbischofs Kardinal Theodor Innitzer* (1875–1955), es werde eine „politisierende Kirche" nicht mehr geben[23], replizierte *Bischof May*

---

19 *Schwarz*, „In Österreich ist das anders" – Schuld und Versöhnung als Thema der Evangelischen Kirchen, in: *Schott, Christian-Erdmann* (Hg.), In Grenzen leben – Grenzen überwinden. Festschrift für Peter Maser zum 65. Geburtstag, Münster 2008, S. 15–29, hier S. 23.
20 *Schwarz*, Unter dem Gesetz der Diaspora. Das Diasporaverständnis des österreichischen Theologen Gerhard May zwischen politischer Konjunktur und theologischer Metaphorik, in: *ders./ Engelhardt, Klaus /Hempel, Johannes*, Kirche und Diaspora – Erfahrungen und Einsichten, Leipzig 2005, S. 9–40.
21 Abgedruckt in: Quellentexte, Nr. 230, S. 477 f. – dazu *Reingrabner, Gustav*, Ein Kanzelwort in dunkler Zeit, in: Schriftenreihe „Ev. Bund in Österreich" H. 103/1986, S. 3 ff.
22 Rundschreiben des Ev. OKR Z. 5746/13.12.1945 – Quellentexte, S. 494.
23 *Weinzierl, Erika*, Kirche – Gesellschaft – Politik von der Ersten zur Zweiten Republik, in: *Friedrich Stadler* (Hg.), Kontinuität und Bruch 1938–1945/1955. Beiträge zur österreichischen Kultur- und Wissenschaftsgeschichte, Wien-München 1988, S. 51–67, hier S. 64.

zustimmend und zwang seiner Pfarrerschaft einen Revers ab (17. Juli 1945)[24], der nicht ganz unwidersprochen blieb, aber doch geleistet wurde, eine Verpflichtungserklärung zur parteipolitischen Enthaltsamkeit. Das wurde wohl auch als Sühneleistung gegenüber der Zweiten Republik empfunden. Die „verbrannten Finger" von 1933–1938 bzw. 1938–1945 führten zu einer bewussten politischen Askese der Kirchen, die rasch zu einem Fundamentalkonsens der Zweiten Republik führte[25]: kein Politischer Katholizismus, keine Geistlichen als Politiker, Äquidistanz der Kirche(n) zu den politischen Parteien.

Mit einem solchen Weg von der deutschnationalen Programmatik mit ihren Los-von-Rom-Motiven hin zu einer bewussten Standortbestimmung „in Österreich", weg von einer Orientierung an das Mutterland der Reformation hin zu einer neuen ökumenischen Orientierung (LWB 1947; ÖRK 1948)[26], war nicht nur eine deutliche Annäherung an die Römisch-katholische Kirche verbunden[27], er bedeutete auch einen erheblichen Transformationsprozess im Blick auf das Verhältnis der Evangelischen Kirche zum Staat.

IV. Superintendentenwahlen 1946

Als die Kirche sich anschickte, nach der Pensionierung und dem unmittelbar danach erfolgten Tod (14.1.1946) *Heinzelmanns*[28] jenen 1942 gefassten Beschluss zur Teilung der großen Wiener Superintendenz A.B. umzusetzen[29], war dies mit einem staatskirchenrechtlichen Spießrutenlaufen verbunden. Denn zunächst musste erreicht werden, dass die Presbyterien und Gemeindevertretungen

---

24 *May*, 9. AR (17.7.1945), in: Quellentexte, S. 647 ff.; 14. AR (1. Epiphaniaswoche 1946), ebd. S. 690 ff.
25 *Schneider, Heinrich*, Kirche – Staat – Gesellschaft. Ihre Beziehungen im Wandel, in: *Mantl, Wolfgang* (Hg.), Politik in Österreich. Die Zweite Republik. Bestand und Wandel, Wien-Köln-Graz 1992, S. 523–570.
26 *May, Gerhard*, Internationale kirchliche Tagungen des Sommers 1947, in: Amt und Gemeinde 1 (1947) S. 128–131 (Gründung des Lutherischen Weltbundes); *Knall, Dieter*, Früchte ökumenischer Öffnung. Ein Dank aus Österreich, in: Amt und Gemeinde 50 (1999) S. 112–118.
27 *May*, 13. AR, Weihnachtswoche 1945, Quellentexte, S. 673–686, hier 682 ff.; *Leeb, Rudolf*, Die Evangelische Kirche in Österreich nach 1945 und die Suche der Kirchenleitung nach einer neuen kirchlichen Identität, in: Evangelische Identitäten nach 1945. Tagungsband hrsg. von der Evangelischen Akademie Wien, Wien 2012, S. 47–70.
28 *May*, 14. AR 1. Epiphaniaswoche Jänner 1946, Quellentexte, S. 697.
29 Erlass des Ev. OKR A.u.H.B. Z. 414/46 vom 9.1.1946, ABl. Nr. 11/1946.

Beschlussfähigkeit erlangten[30], um sodann die für den Sonntag Quasimodogeniti 1946, 28. April 1946, ausgeschriebenen Wahlen der Superintendenten in den neu geschaffenen Superintendenzen Wien, Niederösterreich, Steiermark und Kärnten durchzuführen[31].

Um eine solche angestrebte Beschlussfähigkeit zu erzielen, mussten aber die Mitglieder der Presbyterien und Gemeindevertretungen auf ihre allfällige Mitgliedschaft oder Anwartschaft bei der NSDAP überprüft werden[32].

Der Kirche blies ein kalter Wind entgegen. Es wurde ihr mit äußerster Schärfe vorgeschrieben, dass ehemalige Parteifunktionäre der NSDAP aus den Presbyterien auszuscheiden haben. An allen Ecken und Enden wurde der Kirche vermittelt, dass sie sich politisch kompromittiert hätte. So wurden die Mitgliedslisten der Presbyterien und Gemeindevertretungen nach ehemaligen Parteigenossen durchforstet – und das war mit peinlichen Ermittlungen verbunden. Es stürzte die Kirche in große Verlegenheit, denn sie wurde auch mit dem Problem konfrontiert, dass Parteimitglieder trotz heftiger antikirchlicher Propaganda im „Dritten Reich" der Kirche treu geblieben waren und jetzt ihrerseits eine solidarische Haltung ihrer Kirche erwarteten. Es wurde vereinzelt die Lösung gefunden, dass der amtsbehinderte Kurator zwar im Amt blieb, aber die Geschäftsführung an seinen Stellvertreter übergab.

---

30 Erlass des Ev. OKR A.u.H.B. Z. 2719/45 vom 27.7.1945, zur Neuwahl von Gemeindevertretungen und Presbyterien, ABl. Nr. 38/1945, Quellentexte, S. 490.
31 Die Wahlausschreibung durch den Erlass des OKR Z. 1505/1946 vom 5.3.1946 schrieb vor, dass die Wahlen nach den besonderen Bestimmungen zu §§ 86 und 103 der Kirchenverfassung von 1891 durch die Presbyterien der Pfarrgemeinden im Anschluss an den Gottesdienst zu erfolgen hatten.
32 Erlass des Oberkirchenrates, Zl. 3750/10.4.1946 betr. Entnazifizierung der Presbyterien, vgl. die Aktennotiz in: Quellentexte, Nr. 262, S. 512 f. Der Erlass hatte in Erinnerung gerufen, dass ehemalige Parteifunktionäre der NSDAP aus den Presbyterien auszuscheiden hätten. Im Falle von Parteimitgliedern oder Anwärtern wurden die Pfarrer aufgefordert, sich unbedingt Gewähr zu verschaffen, dass diese nun loyal zur Republik Österreich stünden und den Nationalsozialismus politisch und weltanschaulich ablehnten, sie sollten keinesfalls mit einer Funktion als Kurator, Schatzmeister oder Schriftführer betraut werden. Die Liste der Gewählten musste in diesem Fall sogar dem Bezirkshauptmann vorgelegt werden.

Bei den Superintendentenwahlen gingen in Wien *Georg Traar* (1899–1980)[33], in Niederösterreich *Dr. Friedrich Heinzelmann* (1904–1954)[34], in Kärnten: *Dr. Fritz Zerbst* (1909–1994)[35] und in der Steiermark: *Leopold Achberger* (1903–1994)[36] als Sieger hervor, in der Kirche H.B. wurde *Johann Karl Egli* (1891–1975)[37] gewählt. Diese Wahlergebnisse wurden zwar oberstkirchenbehördlich bestätigt, aber das kirchenhoheitliche Placet seitens des Kultusamtes wurde nicht erteilt. Denn einer der fünf gewählten Superintendenten hatte einer NS-Vorfeldorganisation, nämlich der NS Volkswohlfahrt angehört oder jedenfalls Mitgliedsbeiträge an diese abgeführt. Deshalb blockierte das Kultusamt die durch § 7 des Protestantenpatents 1861 vorgeschriebene staatliche Approbation, sodass die Superintendenten auf einer äußerst prekären Grundlage zu agieren hatten.

V. Politischer Argwohn und kirchenhoheitliche Auflagen

Da waren handfeste staatskirchenpolitische Überlegungen auf höchster Ebene im Spiel; sie haben den Weg der Evangelischen Kirche in Österreich aus dem Trümmerfeld des „Dritten Reiches" in die Zweite Republik erschwert und die Tagesordnung der Kirche seit ihrer ersten Vorsprache bei den staatlichen Stellen im Mai 1945[38] bestimmt.

Das Kultusamt begegnete der Kirche mit großem Misstrauen. Das wurde schmerzhaft evident, als die Vertreter der Kirche um eine Streichung jener kirchenhoheitlichen Auflagen des Protestantenpatents einkamen, die schon während

---

33 *Reingrabner, Gustav*, Die Evang. Superintendenz A.B. Wien. Das Bleibende im Wandel der Zeiten, in: Festschrift zum Jubiläum 50 Jahre Evangelische Diözese A.B. Wien, Wien 1996, S. 9–35.
34 *Reingrabner, Gustav*, Ein langer Weg – Kirchenleitende Strukturen des Protestantismus in Niederösterreich seit 1781, in: Unsere Heimat 68 (1997) S. 28–43, S. 35 ff.
35 *Schwarz, Karl W.*, Die evangelische Kirche zwischen „Gottesgericht" und Identitätssuche, in: *Rumpler, Helmut / Burz, Ulfried*(Hg.), Kärnten. Von der deutschen Grenzmark zum österreichischen Bundesland, Wien-Köln-Weimar 1998, S. 719–747; ders., Sechzig Jahre Evangelische Superintendenz A.B. Kärnten. Zur Erinnerung an den ersten Superintendenten Dr. Fritz Zerbst, in: Carinthia I 197 (2007) S. 219–248.
36 *Rampler*, Evangelische Pfarrer, S. 30 ff.; *Schwarz, Karl W.*, 60 Jahre Evangelische Superintendenz A.B. Steiermark, in: Blätter für Heimatkunde 81 (2007) S. 77–85.
37 *Karner, Peter* (Hg.), Die evangelische Gemeinde H.B. in Wien. Jubiläumsschrift, Wien 1986, S. 143 f.
38 *May*, 7. AR 16.5.1945, Quellentexte, S. 636–641, hier S. 640.

der NS-Zeit das Leben der Kirche gefesselt hatten³⁹. So verhinderte die staatliche Zustimmungspflicht die Einberufung einer Synode, sodass die Kirche seit 1931 mit provisorischen kirchengesetzlichen Maßnahmen zu agieren hatte. Aber auch die staatliche Approbation der Kirchengesetze, die Bestätigung der Superintendentenwahlen, die Genehmigungspflicht für ausländische Pfarrer und Lehrer und das Ernennungsrecht hinsichtlich der Mitglieder des Oberkirchenrates behinderten das kirchliche Leben ganz erheblich. Am Beispiel der über Monate hin unterlassenen Bestätigung der erfolgten Superintendentenwahlen 1946 wurde dies besonders augenfällig.

Im Jänner 1947 sprachen *Bischof May* und *Präsident Liptak* beim zuständigen *Unterrichtsminister Felix Hurdes* (1901–1974) vor, um die Frage einer Novellierung des Protestantenpatents von 1861 auszuloten, ja die Notwendigkeit einer beschleunigten Klärung der Rechtsstellung der Evangelischen Kirche im Staat darzustellen.

Vom Kultusamt, an dessen Spitze *Sektionschef Dr. Ernst Hefel* (1888–1974)⁴⁰ stand, der 1945 dem Kabinett *des Staatskanzlers Renner* als Unterstaatssekretär für Kultusangelegenheiten angehört hatte, wurde die Minderheitskirche politisch beargwöhnt. Aus einem spätjosefinistischen Selbstverständnis heraus nahm er jene Aufsichts- und Kontrollbefugnisse in Anspruch, die ihm das vorhergegangene Jahrhundert (1861) in die Hand gegeben hatte. Darüber hinaus nahm er, der 1938 aus der Leitung des Kultusamtes entfernt worden war, die Entnazifizierungsgesetzgebung sehr ernst und bedachte die Evangelische Kirche mit einem heftigen Bannstrahl.

Ihm war es wohl aufgefallen, dass die Stelle des evangelischen Referenten im Kultusamt seit 1939 nicht mehr besetzt war. Das Verhältnis zwischen Staat und Kirche war aber so kühl, dass *Hefel* sogar die Geltung des § 16 Protestantenpatent in Zweifel zog, jener Bestimmung, welche zur Vollziehung des Protestantenpatents einen Beamten evangelischer Konfession verlangte – also die kaiserliche Zusage für einen konfessionell gebundenen Dienstposten im zuständigen Ressort enthielt⁴¹. *Hefel* gab vielmehr der Vermutung Raum, dass jene Bestimmung

---

39 *Liptak, Heinrich*, Unsere Landeskirche und der Staat, in: Amt und Gemeinde 1 (1947) S. 45 ff.
40 *Liebmann, Maximilian*, Die staatskirchenrechtlichen Positionen Ernst Hefels in der Konfrontation mit den Bischöfen nach dem Ende des NS-Regimes, in: Alemannia studens 6 (1996) S. 41–50.
41 *Schwarz, Karl W.*, „Für die evangelischen (…) Kultusangelegenheiten eine eigene (…) Abteilung", in: *Paarhammer, Hans / Rinnerthaler, Alfred* (Hg.), Österreich und der Hl. Stuhl im 19. und 20. Jahrhundert, Frankfurt/M. u.a. 2001, S. 545–572, S. 565.

entsprechend der Formel „*rebus sic stantibus*" obsolet geworden sei und das 1945 neu gebildete Bundesministerium für Unterricht nicht mehr binde.

Wenn, so heißt es in einer Aktennotiz aus dem Jahre 1947[42], derzeit eine Steigerung in der Zahl der Geschäftsstücke betreffend die Evangelische Kirche zu verzeichnen sei, so gehe dies vielfach auf die notwendigen Erhebungen in Angelegenheit der Entnazifizierung zurück. Daraus zog er dann den Schluss: „*Es erschiene nach der Sachlage wenig angezeigt, diese Angelegenheiten durch einen Vertrauensmann der Evang. Kirche bearbeiten zu lassen.*" Der nachfolgende Nebensatz wurde gestrichen, aber ist im Akt noch so deutlich lesbar, dass man die Begründung für das Misstrauen gegenüber der Kirche sehr gut orten kann. Dort steht, wenn auch durch einen Bleistiftstrich leicht verdeckt: „*da diese* [sc. die Evangelische Kirche] *in dieser Hinsicht* [sc. Entnazifizierung] *in capite et membris noch reformbedürftig ist.*"

In *Hefels* Wahrnehmung hatte sich die Evangelische Kirche allzu sehr mit dem untergegangenen Regime eingelassen und war dem Entnazifizierungsprozess zu unterwerfen, wie er von den einschlägigen österreichischen Gesetzen vorgesehen war. Er ist ihr nicht vorurteilsfrei begegnet und hat von ganz bestimmten Erfahrungen geleitet der Evangelischen Kirche insgesamt unterstellt, was einzelnen Mitgliedern anzulasten war. Damit hing auch zusammen, dass die Wahlen im Jahre 1946 nicht bestätigt wurden. Es bedurfte mehrerer persönlicher Interventionen des *Bundeskanzlers Leopold Figl* (1902–1965), der schon am 30. Juli 1946 eine baldige Bestätigung der Superintendenten in Aussicht gestellt hatte[43], dass im Herbst 1947, genauer: am 21. Oktober 1947, die Approbation erteilt wurde. An diesem Tag trat die erste Generalsynode der Evangelischen Kirche nach dem Zweiten Weltkrieg zusammen. Von der „*freien Kirche im freien Staat*" war noch nicht die Rede. Diese Wendung zu einer bewussten Befreiung der Kirchen von staatlicher Kuratel erfolgte erst unter der Patronanz des 1954 in die Bundesregierung eingetretenen Kultuspolitikers *Heinrich Drimmel* (1912–1991) und inspiriert durch das Mariazeller Manifest[44].

Die Wiederbesetzung der Referentenstelle im Kultusamt erfolgte erst im Jahre 1948. Da kehrte jener Kultusbeamte an seinen Schreibtisch am Minoritenplatz zurück, der zwischen 1931 und 1939 diese Funktion wahrgenommen hatte: *Alfred Hansel* (1890–1961). Er war 1939 nach Prag versetzt worden, wo ihm die

---

42 BMU GZl. 39735-Vb/47 – Kultusamt, Registratur.
43 *May*, 17. AR 12.8.1946, in: Quellentexte, S. 716–723, hier S. 720.
44 *Liebmann, Maximilian*, Das „Mariazeller Manifest" als Teil einer Doppelstrategie, in: *Burz, Ulfried / Derndarsky, Michael / Drobesch, Werner* (Hg.), Brennpunkt Mitteleuropa. Festschrift für Helmut Rumpler zum 65. Geburtstag, Klagenfurt 2000, S. 639–657.

Kultusagenden im Reichsprotektorat übertragen wurden. Nach 1945 wirkte er aufgrund seiner Amtsbehinderung nicht im öffentlichen Dienst, sondern als Rechtsberater der Evangelischen Kirche H.B. Zur Reformierten Kirche verfügte er über engen Kontakt, denn er war mit einer Dame verheiratet, die einer der ältesten Wiener Hugenottenfamilien entstammte. Als er 1954 aus dem Dienst ausschied[45] (er war zuletzt Leiter der Sektion III = Mittelschulwesen), übergab er ziemlich zeitgleich mit der Übernahme des Ministeriums durch *Drimmel* die Agenden des evangelischen Referenten an den 26-jährigen *Günter Sagburg* (1928–2000)[46]. Dieser wird die Neuordnung der Protestantenfrage in der 2. Republik, politisch angestoßen von *Minister Drimmel*, legistisch umsetzen.

VI. Zur Novellierung des Protestantenpatents

Die ersten Vorsprachen bei den staatlichen Stellen 1945 trugen nichts aus[47]. Sie offenbarten gleichwohl eine höchst unterschiedliche Beurteilung der kirchlichen Autonomie und deren Grenzen aufgrund staatlicher Aufsichts- und Kontrollrechte. So heißt es in einer Amtserinnerung aus dem Jahre 1946[48]:

> „Den Vertretern der Evangelischen Kirche wurde in wiederholten Aussprachen die Untragbarkeit der völligen Entlassung der Kirche – gerade der Evang. Kirche – aus jeglicher Staatsaufsicht vorgehalten (…)".

Die Kirche hatte sich auf den Standpunkt gestellt, dass im Zuge einer Änderung des § 119 Abs 9 der Kirchenverfassung im Jahre 1940 eine ministerielle Zustimmung zu provisorischen Kirchengesetzen nicht mehr erforderlich sei, weil der damit befasste Reichskirchenminister mit Erlass vom 16.8.1940 erklärt habe, gegen diese Regelung „keine Bedenken" zu erheben. Der Oberkirchenrat veröffentlichte diese Änderung im Amtsblatt (ABl. Nr. 75/1940) und zog daraus die Konsequenzen, im Blick auf Synodalbeschlüsse und Kirchenverfassungsänderungen vollkommen frei verfahren zu können, stieß aber, was die staatlichen Aufsichtsrechte betraf, auf

---

45 Vgl. die Würdigung seitens der Reformierten Kirche in: Reformiertes Kirchenblatt Nr. 1–2/1954.
46 *Schwarz, Karl W.*, Günter Felix Georg Sagburg (1928–2000) – ein Berufsleben für Kirche und Staat, in: *Knopf, Tilmann* (Hg.), Festschrift 150 Jahre Evangelische Pfarrgemeinde Salzburg, Salzburg 2013, S. 159–171, hier S. 162.
47 *Wieninger, Martina*, Der Dialog zur Neuregelung des Verhältnisses von Staat und Evangelischer Kirche in Österreich in der Zweiten Republik, Diplomarbeit Klagenfurt 1985, S. 22 ff.
48 Staatsamt für (…) Kultusangelegenheiten, GZl. 25167-V/b/46 – Kultusamt, Registratur.

Widerstand im Kultusamt. Der Oberkirchenrat änderte daraufhin seine Zielvorstellungen und schwenkte auf eine *gemäßigte Staatsaufsicht* ein.

Das Gespräch mit Minister Hurdes im Jänner 1947 verlief ebenfalls ergebnislos. Es hatte das Kultusamt zu einer Prüfung des vorgelegten Entwurfs einer Protestantenpatentnovelle veranlasst, bei dem an die Vorlagen von 1937/38 angeknüpft wurde, der aber auch jene Änderungen berücksichtigte, die in der NS-Ära das Staatskirchenrecht verändert hatte: das Gesetz über die Erhebung von Kirchenbeiträgen im Lande Österreich (GBl Nr. 543/1939) und das Gesetz über die Rechtsstellung des Evangelischen Oberkirchenrates (GBl Nr. 562/1939)[49]. Schließlich wurde auch auf den Erlass des Staatsamtes für Volksaufklärung, für Unterricht und Erziehung und für Kultusangelegenheiten zum Religionsunterricht als regulärem Unterrichtsfach (Erlass betr. vorläufiger Regelung des Religionsunterrichts an öffentlichen Schulen Z. 505/7.6.1945) Bezug genommen.

Der Entwurf war in die Fassung eines Bundesverfassungsgesetzes gebracht worden[50] und nicht nur dem zuständigen Ressort, sondern auch den Parteisekretariaten mit der Bitte um Unterstützung der Evangelischen Kirche zur Kenntnis gebracht worden. Die Kirche drängte auf eine baldmögliche Realisierung, denn sie beabsichtigte, auf dieser Grundlage eine neue Kirchenverfassung sowie weitere Kirchengesetze zu erarbeiten und durch die 1947 geplante Generalsynode beschließen zu lassen.

Das Kultusamt fand es durchaus „anerkennenswert", dass der Entwurf „eine Lösung der gegenwärtig nicht ganz klaren Verhältnisse der staatlichen Aufsicht über die Evang. Kirche bringen will", zerpflückte im Übrigen aber den Text im Einzelnen und kam zu dem Ergebnis, dass eine verfassungsgesetzliche Erledigung nicht nötig sei, weil auch dem Konkordat gemäß Verfassungs-Überleitungsgesetz 1945 nur die Eigenschaft eines einfachen Bundesgesetzes zukomme.

Aber auch inhaltliche Bedenken wurden geäußert, die einzelne Bestimmungen als „bedenklich", andere wiederum als entbehrlich klassifizierten, weil sie administrativer Natur seien und praktiziert würden oder im Wege der Kirchenverfassung geregelt werden könnten.

---

49 *Schwarz, Karl*, Der „Anschluss" 1938 und seine unmittelbaren staatskirchenrechtlichen Folgen für die Evangelische Kirche, in: Österr. Archiv für Kirchenrecht 38 (1989) S. 268–284.

50 „Entwurf eines Bundesverfassungsgesetzes über die Abänderung und Ergänzung des Protestantenpatents. Memorandum", Note des OKR Z. 5102/47 – Quellentexte S. 520–523.

Die eigentliche Begründung für die Ablehnung war aber die ungeklärte Konkordatslage[51]:

> *"Gegen die Erlassung eines Protestantengesetzes unter den gegenwärtigen Umständen spricht ferner die Tatsache, dass auch die Verhältnisse der Kath. Kirche nicht einwandfrei geregelt erscheinen. Bekanntlich ist das Konkordat durch die Nazigesetzgebung (sic), die zum Großteil auf diesem Gebiete noch gilt, stark derogiert oder durchbrochen worden. Es besteht nur mehr ein Torso dieser staatskirchenrechtlichen Grundnorm. Wenn daher mit einer staatskirchenrechtlichen Gesetzgebung begonnen werden sollte, dann wäre es wohl im Hinblick auf die Bedeutung der Kath. Kirche am Platze, mit der Regelung der Verhältnisse dieser Kirche den Anfang zu machen. Diese Regelung könnte dann als Vorbild für die Regelung der anderen Kirchen dienen, nicht aber umgekehrt die der Evang. Kirche für die Kath. Kirche."*

Die hier angedeutete Junktimierung des Protestantengesetzes mit der Klärung der Konkordatsfrage, gegen die von Seiten der Evangelischen Kirche Protest eingelegt wurde[52], bestimmte die weitere Kultuspolitik der 50er-Jahre. Sogar als unter *Bundesminister Ernst Kolb* (1912–1978) im Jahre 1952 die Verhandlungen über ein neues Protestantengesetz schon so weit gediehen und die Ergebnisse akkordiert waren, sodass der Minister gelegentlich eines Vortrags vor der Österreichischen Gesellschaft für Kirchenrecht die bevorstehende endgültige Lösung der Protestantenfrage ankündigte[53], gelangte der Entwurf nicht in die parlamentarische Behandlung, sondern blieb „durch eine Verzögerung der letzten staatlichen Redigierungen" blockiert[54]. Aus dieser Blockade, für die der Leiter des Kultusamtes Sektionschef *Josef Rieger* (1909–1988) die Verantwortung trug, holte erst *Heinrich Drimmel* den Entwurf heraus, um ihn auf völlig neue Grundlagen zu stellen. Er hatte anlässlich der Übernahme des Ministeramtes in einer programmatischen Erklärung die Devise von der *„freien Kirche im freien Staat"* ausgegeben[55] und damit eine

---

51 BMU GZl. 4154-Vb/1947: Protestantenverfassungsgesetz – Kultusamt, Registratur.
52 *Reingrabner, Gustav*, Konkordat und Protestanten – Das österreichische Konkordat von 1933 und die Evangelischen in Österreich, in: *Hans Paarhammer / Franz Pototschnig / Alfred Rinnerthaler* (Hg.), 60 Jahre Österreichisches Konkordat, München 1994, S. 273–292, hier S. 285.
53 *Kolb, Ernst*, Gegenwärtige Aufgaben der Kultusverwaltung in Österreich, in: ÖAKR 4 (1953) S. 38 ff.; *May*, Evangelische Fragen an die Politiker, Wien 1952, S. 1–11, hier S. 5.
54 *Wieninger*, Dialog, S. 36.
55 *Drimmel, Heinrich*, Freie Kirche im freien Staat, in: *Lentze, Hans / Gampl, Inge* (Hg.), Speculum iuris et ecclesiarum. Festschrift Willibald M. Plöchl zum 60. Geburtstag, Wien 1967, S. 55–66; ders., Der Weg zum Protestantengesetz, in: *Kauer, Robert* (Hg.), Bilanz für die Zukunft, Wien 1989, S. 97–117.

neue religionsrechtliche Ära eingeleitet[56]. Für sie gilt das Protestantengesetz, das Bundesgesetz über äußere Rechtsverhältnisse der Evangelischen Kirche (BGBl. Nr. 182/1961)[57] als markantes Rechtsdokument, von dem der Minister sogar sagen konnte, dass es am besten seine rechtspolitischen Prämissen verwirklicht habe. *Drimmel* wörtlich[58]:

> *„Ich darf es mir zur Ehre anrechnen, dass dieses Gesetz in meinen Augen die perfekte Verwirklichung meiner kultuspolitischen Maxime gewesen ist."*.

---

56 *Liebmann, Maximilian*, Freie Kirchen im freien Staat. Drimmel, Heinrich und die Stellung der Kirchen in Österreich, in: *Wohnout, Helmut* (Hg.), Demokratie und Geschichte. Jahrbuch des Karl von Voglsang-Instituts zur Erforschung der Geschichte der christlichen Demokratie in Österreich 9/10 (2005/2006) Wien-Köln-Weimar 2007, S. 195–207; *Schwarz*, „Am Ende des konstantinischen Zeitalters". Drimmel, Heinrich und die österreichische Kultuspolitik, ebd. S. 209–225.

57 *Gampl, Inge*, Österreichisches Staatskirchenrecht der Gegenwart, in: Österreichische Zeitschrift für Öffentliches Recht 14 (1964) S. 267–281; *Christoph Link*, Bemerkungen zum Verhältnis von Staat und Kirche in Österreich, in: *Hans-Christoph Schmidt-Lauber* (Hg.), Theologia scientia eminens practica. Festschrift für Fritz Zerbst, Wien 1979, S. 228–240.

58 *Drimmel*, Der Weg zum Protestantengesetz, S. 117.

Gustav Reingrabner

„Es gilt, ein Neues zu pflügen" – vom evangelischen Leben im Südburgenland in den letzten Kriegsjahren und in der unmittelbaren Nachkriegszeit

Abstract
This article depicts the situation of the Protestant/Evangelical church in Southern Burgenland during the last years of World War II and the subsequent time. It is based on the report of Senior Johann Schmidt, addressed to the Senior assembly in Oberwart, in 1946.

Das Zitat im Titel ist dem *Bericht des Seniors Johann Schmidt an die Senioratsversammlung am 23. Juli 1946 in Oberwart* entnommen, der die Grundlage für die nachfolgend mitgeteilten Nachrichten bildet.[1] Obwohl Einiges zur Situation der evangelischen Kirche im Burgenland während des Krieges und nach seinem Ende bereits anhand des im Jahre 1947 durch den damaligen Superintendenten anlässlich der Superintendentialversammlung in Rust vorgelegten Berichtes[2] dargestellt wurde, dürfte die Beschäftigung mit Schmidts Ausführungen doch einen gewissen Wert darstellen, weil er

a) noch unter dem recht unmittelbarer Eindruck des Erlebten berichtet,
b) im Stande war, in einer erheblich tiefer gehenden Weise, als dies der Superintendent vermochte, auf geistliche Hintergründe des Gesehenen einzugehen,

---

1 Das vervielfältigte Exemplar des 20 Seiten umfassenden Berichtes wurde dem Verfasser im Winter 1965 bei einem Besuch im Haus von Senior Pfr. i.R. Johann Schmidt in Großpetersdorf übergeben. In dankbarer Erinnerung an ihn sei diese Arbeit verfasst. – Wörtliche Zitate aus den verschiedenen Quellen, insbesondere natürlich aus dem Bericht des Seniors sind hier in kursiv gesetzt. Solche aus dem Bericht werden lediglich durch eine dem Text beigesetzte Seitenzahl gekennzeichnet.- Im Folgenden wird der Versuch unternommen, anhand von Nachrichten, die der Sphäre der Mikrohistorie zugehören, so etwas wie einen Ausblick auf die Gesamtsituation des österreichischen Protestantismus nach dem Krieg zu geben, wobei natürlich in diesem Zusammenhang der Hinweis nicht fehlen darf, dass diese – traditionell wie aktuell – regional überaus unterschiedlich war.
2 Dazu *Reingrabner, Gustav*, Die evangelische Kirche im Burgenland während des Ständestaates und des Deutschen Reiches, in: Burgenland in seiner pannonischen Umwelt, Festschrift für August Ernst, Eisenstadt 1984, S. 313 ff.

c) genaue Nachrichten mitteilt, die in dieser Geschlossenheit auch in den an sich recht unterschiedlichen Berichten der Gemeinden nicht enthalten sind,
d) über Ansätze zu Wiederaufbau beziehungsweise Neuanfang berichtet.[3]

Jedenfalls gibt es genügend Unterlagen darüber, wie man in einer durch die Kriegsfolgen schwerer als anderen Gegenden Österreichs getroffenen Region versuchte, mit den Folgen der durch Krieg, NS-Zeit und Besatzung verursachten Verwüstung des kirchlichen Lebens wieder mit einer Aufbauarbeit zu beginnen. – Neuanfang und Wiederaufbau gingen dabei Hand in Hand, wobei die Bedingungen und Umstände in vieler Hinsicht alles andere als förderlich waren.

I. Der Anlass und der Berichterstatter

In Übernahme der bestehenden Organisationsformen bildeten sich nach dem Anschluss des Burgenlandes an Österreich drei Seniorate,[4] die zwar die früheren Namen, die aus den ungarischen Komitaten übernommen waren, nicht mehr führen durften, aber in ihren Abgrenzungen gegen einander doch den seinerzeitigen Comitagsgrenzen entsprachen. Im Spätherbst 1923 gestattete dann die österreichische Bundesregierung, dass eine Evangelische Superintendenz A.B. Burgenland errichtet werden durfte, in die die drei bereits bestehenden Seniorate mit ihren 27 Pfarrgemeinden eingefügt wurden. Da 1922 das Protestantenpatent vom 8.4.1861 auf das Burgenland „erstreckt" worden war, galt nunmehr die österreichische Kirchenverfassung, die nach ihrer letzten Textausgabe in der Regel als Kirchenverfassung 1891 zitiert wird, obschon noch 1913 einige Änderungen durch die kaiserliche Sanktion in Kraft gesetzt wurden. Sie löste damit die „Verfassung der ev. christl. Kirche A.C. in Ungarn" von 1893 ab, was zwar im Einzelnen zu einigen Änderungen, nicht aber zu einer völligen Änderung der Kirchenstruktur führte.[5] Nach der Kirchenverfassung 1891 waren im Seniorat die gemeinsamen Organe der Senior, der auch ein Visitationsrecht besaß, der Senioratsausschuss, der zugleich

---

3 Auszugsweise ausgewertet durch Gustav Reingrabner, Kriegsende im südlichen Burgenland. Vor dreißig dreißig Jahren, in: Volk und Heimat, 28/1974-75; S. 15 ff.
4 *Dazu Reingrabner, Gustav*, 60 Jahre Evangelische Superintendenz A.B. Burgenland, in: Lebendiges Evangelium. Blätter aus dem Evang. Diözesanmuseum Stoob (hinkünftig mit LE Stoob und Angabe von Heft und Seite zitiert), Heft 1 /1984, S. 3 ff.
5 *Reingrabner, Gustav*, Änderungen der Kirchenstruktur beim Übergang des Burgenlandes zur Republik Österreich, in: LE Stoob 6/1987, S. 32 ff. (Eine Kurzfassung der Arbeit findet sich im Bericht über den 17. österr. Historikertag in Eisenstadt 1987), Wien 1989, S. 179 ff.

Disziplinarsenat erster Instanz war, sowie die Senioratsversammlung. Diese sollte jährlich unter dem Vorsitz des Seniors zusammentreten und bestand aus allen Pfarrern der Gemeinden im Seniorat, „weltlichen" Abgeordneten in jener Zahl, in der Pfarrstellen bestanden, die von dem Presbyterien entsandt wurden, sowie (bis 1938) aus Vertretern der Lehrerschaft an den evangelischen Volksschulen. In der Senioratsversammlung des südlichen evang. Seniorates A.B. waren bis zu diesem Zeitpunkt auch die beiden höheren Schulanstalten in Oberschützen durch ihre Direktoren vertreten.[6] Die Senioratsversammlung hatte unter anderem die Aufgabe, das geistliche Leben in den Gemeinden zu koordinieren. Dementsprechend hörte sie regelmäßig den vom Senior zu erstattenden Bericht.[7] Die durch die Delegierten aus den Senioraten gebildete Superintendentialversammlung sollte dem gegenüber nur alle sechs Jahre zu einer Sitzung zusammentreten. Auch sie hatte den von ihrem Vorsitzenden, dem Superintendenten erstatteten Bericht über die Situation entgegenzunehmen und gegebenenfalls zu diskutieren.[8] Die nicht recht überschaubaren, zum Teil auch schwierigen Verhältnisse führten allerdings dazu, dass nach 1921 die Superintendentialversammlungen keineswegs regelmäßig zusammentreten konnte, obwohl sie – im Gegensatz zur Synode bzw. Generalsynode – dafür nicht die Bewilligung durch die staatlichen Behörden benötigte.[9] Hingegen fanden bis 1943 die Senioratsversammlungen tatsächlich regelmäßig statt. Dann erzwang der Krieg eine Pause, bis im Sommer 1946 wieder eine südburgenländische Senioratsversammlung stattfinden konnte. Dazu hatte sich diese neu zu konstituieren, denn vorher mussten die von der österreichischen Regierung verlangten und vom Oberkirchenrat angeordneten Entnazifizierungsmaßnahmen in den Kirchengemeinden

---

6 Vgl. dazu die §§ 90–96 der Kirchenverfassung 1891.
7 Bis 1939 wurde der jeweilige Bericht zusammen mit dem Protokoll der Senioratsversammlung (und dem der Lehrervereinssitzung) auch gedruckt. Dazu *Reingrabner, Gustav*, Zur Stellung der Evangelischen und ihrer Kirche im Ständestaat. Einige Beobachtungen, in: Jahrbuch für die Geschichte des Protestantismus in Österreich (künftig gekürzt mit JbGPrÖ) 119/2003, S. 222 ff., wo diese Berichte für die Jahre 1935 bis 1939 im Blick auf das Verhältnis zum Staat ausgewertet wurden.
8 Dazu vgl. die §§ 108–114 der Kirchenverfassung 1891.
9 Die burgenländischen Superintendentialversammlungen fanden 1924 (zusammen mit der Einführung des neu gewählten, ersten Superintendenten), 1931, 1940 (wieder zusammen mit der Einführung des neu gewählten, zweiten burgenländischen Superintendenten) und 1947 statt. Dass der Zusammentritt der zuletzt genannten Versammlung ein gewisses Maß an öffentlicher Aufmerksamkeit erweckte, zeigt die Tatsache, dass der damalige Vizekanzler der Republik Österreich, Dr. Adolf Schärf, als Gast an ihr teilnahm. Eine Übersicht dazu im Anhang zu der in Anm. 2 genannten Arbeit des Verfassers.

durchgeführt werden, was aus mehreren Gründen eine gewisse Zeit in Anspruch nahm.[10] Daher kam es erst mehr als ein Jahr nach Kriegsende zum Zusammentritt der Senioratsversammlung, wobei der Ort dafür nicht zufällig gewählt war. Bei den schwierigen Verkehrsverhältnissen war die Stadt Oberwart doch noch am leichtesten von allen Gemeinden aus erreichbar. Nach den Worten des Berichterstatters fand die Versammlung, die mit einer Andacht begonnen worden war, in der Kirche statt. Versammelt hatten sich etwa 25 Delegierte, denen sich aber auch andere aus verschiedenen Gemeinden entsandte Männer und etliche Gemeindeglieder aus Oberwart zugesellt hatten. Nach Erledigung der Formalitäten folgte der Bericht, der gewissermaßen die Grundlage für alle nachfolgenden Überlegungen und Beschlüsse bilden sollte. Erstattet hat ihn, wie es die Kirchenverfassung vorsah und wie es der Tradition entsprach, der Senior. Erstaunlich für die damaligen Verhältnisse war, dass er in hektographierter Form vorlag. Ob er angesichts seiner Länge von 20 Seiten (das entsprach bei ungekürztem Vortrag etwa einer Rededauer von beinahe 100 Minuten, also mehr als 1 ½ Stunden) – wobei die Sätze des einleitenden Abschnitts beinahe lediglich stichwortartig wirken, was beim Vortrag die Sache noch verlängert hätte – wirklich zur Gänze vorgelesen wurde oder ob sich der Senior auf die Verlesung einzelner Abschnitte beschränkte und ansonsten aber auf den vorliegenden Text verwies, ist nicht mehr eruierbar.

Johann Schmidt war 1938 an Stelle des in den dauernden Ruhestand getretenen Kukmirner Pfarrers Johann Rajter zum Senior gewählt und durch die Senioratsversammlung von 1943 für weitere sechs Jahre im Amt bestätigt worden.[11]

---

10 Durch die auf das Formale ausgerichteten Bestimmungen der entsprechenden Gesetze wurden auch Männer gezwungen, ihre kirchlichen Ämter zurückzulegen, die inhaltlich auch während der NS-Zeit einen durchaus kirchlichen Standpunkt eingenommen hatten, was Widerstand hervorrief. Die Durchführung der Neuwahlen in die Gemeindevertretungen erwies sich auch noch aus manchen anderen Gründen (Kriegsgefangenschaft, ...) als nicht einfach. Dazu demnächst *Reingrabner, Gustav*, Die Evang. Pfarrgemeinde A.B. Oberschützen nach dem Kriege, in: Oberschützer Museumsblätter, 7/2012, S. 3 ff.

11 Biographien fast aller hier zu nennender Personen sind bisher nur in unzulänglichem Umfang vorhanden. Grundsätzlich finden sie sich alle bei Karl Fiedler, Pfarrer, Lehrer und Förderer der evang. Kirche A. u. H.B. im Burgenland, Eisenstadt 1959. Wichtige Persönlichkeiten haben ein Biogramm auch bei *Schlag, Gerald*, Burgenland. Geschichte, Kultur und Wirtschaft in Biographien, Eisenstadt 1991, erhalten. Dazu kommen die in vielen Gemeindegeschichten enthaltenden biographische Hinweise über die dort tätigen Pfarrer. Dazu *Reingrabner, Gustav*, Evangelische Pfarrgemeinden im Burgenland und die Darstellung ihrer Geschichte, in: Burgenländische Heimatblätter (hinkünftig Bgld.HBl.), 66/2004, S. 185 ff. – Quellenmäßig fundiert sind die Angaben über jene

Der am 6. September 1883 in Mörbisch geborene Weinbauernsohn war seit 1911 Pfarrer in Großpetersdorf. Er hatte in Ödenburg und Erlangen studiert, war nach seiner Ordination zunächst Kaplan bei Senior Ödön Scholz in Agendorf und für kurze Zeit Pfarrer in Schmöllnitz in der Zips. Senior blieb er bis zu der Auflösung der Seniorate durch die Kirchenverfassung von 1949 im Jahre 1950; in den Ruhestand als Pfarrer trat er mit Jahresende 1953. Verstorben ist er am 1. März 1966 in Oberwart. Der junge Pfarrer schrieb Gedichte, die sich durchaus durch literarische Gestaltungskraft und poetische Ausdrucksfähigkeit auszeichneten. Später wurde seine Lyrik eher zur gereimten Pfarrerpoesie, die nicht selten für kirchliche Festveranstaltungen niedergeschrieben wurde und so etwas wie die Umsetzung theologischer Gedanken oder historischer Erinnerungen in Poesie waren. Daneben verfasste er zahlreiche Artikel für den Burgenländischen Evangelischen Kirchenboten, aber auch einzelne wissenschaftliche Arbeiten und galt als hervorragender Prediger, den man oft zu kirchlichen Festen einlud. Auch kirchenpolitisch nahm er – eher im Hintergrund – Einfluss und versuchte dabei Gegensätze in und zur Kirche auszugleichen. Nicht unbedeutend war, dass er als Vertrauensmann von Bischof D. Gerhard May von diesem öfter zu Rate gezogen wurde. Politisch hielt er sich (1921 wie 1934 und erst recht 1938) deutlich zurück, wobei er in milder und zurückhaltender Weise die Meinung von Ödön Scholz vertrat, dass das Burgenland zur Stärkung des „ungarländischen Deutschtums" doch beim Königreich verbleiben sollte und stand trotz einer durchaus nationalen Einstellung dem Nationalsozialismus distanziert gegenüber. Theologisch war er vom Geiste der Erlanger (lutherischen) Theologie beeinflusst und durchaus gebildet. Menschlich blieben ihm weder Heimsuchungen noch Krankheiten erspart. Als Ruheständler zeichnete er sich durch ehrliche Frömmigkeit, uneingeschränkte Kirchlichkeit und ruhige Zurückhaltung aus. Obwohl er in körperlicher Hinsicht nur klein gewachsen war, war er eine durchaus imponierende Persönlichkeit.[12]

Obwohl sich Schmid in seinem Bericht auf die vorgegeben Geschehnisse und Verhältnisse zu konzentrieren hatte, leuchten doch verschiedene Facetten seiner Persönlichkeit durch manche Bemerkungen und Formulierungen seiner Ausführungen hindurch.

Geistlichen, die sowohl im Burgenland als auch in der Steiermark als Pfarrer tätig waren bei *Rampler, Herbert*, Evangelische Pfarrer und Pfarrerinnen der Steiermark seit dem Toleranzpatent, Graz 1998.
12 Der Verfasser konnte als der Nachfolger seines Nachfolgers in Großpetersdorf noch durch mehr als zwei Jahre den Altsenior kennen lernen. Manche der vorstehenden Bemerkungen entstanden aus dieser persönlichen Bekanntschaft mit ihm und seiner damals schon fast bewegungsunfähigen Gattin.

II. Das südburgenländische Seniorat

Zum Evangelischen Seniorat A.B. im Südburgenland, das seit 1938 innerkirchlich salopp als Seniorat Großpetersdorf bezeichnet wurde, gehörten – mit Ausnahme der Stadt Güns (Köszeg) – das ganze vormalige Obereisenburger Seniorat sowie Teile des unteren Eisenburger Seniorats. Zentrum war auch schon vor dem Anschluss die Gemeinde Oberschützen mit ihren Schulanstalten, obschon Handel und Gewerbe eher in Pinkafeld beheimatet waren. Bis 1921 war die Zahl der Evangelischen im Gebiet des südlichen Burgenlandes ständig angestiegen; jedenfalls gehörten mehr als die Hälfte der nunmehr burgenländischen Evangelischen (jetzt einmal nach dem damaligen ungarischen Sprachgebrauch) zum Seniorat. In seiner Mitte lag die alte, aber räumlich isolierte, reformierte Artikulargemeinde Oberwart,[13] die, so wie die kleine Gemeinde A.B. Sziget, Ungarisch als Muttersprache hatte, während in der seit etwa 1820 bestehenden lutherischen Gemeinde Oberwart Deutsch längst die ungarische Sprache im Gottesdienst abgelöst hatte, wenngleich bis 1921 noch an der dortigen evangelischen Volksschule auch Ungarisch unterrichtet wurde, was indessen von den neuen österreichischen Behörden sofort untersagt wurde. Alle anderen Gemeinden waren durchaus durch die Landwirtschaft (in Rechnitz und in der Tochtergemeinde Hannersdorf auch durch den Weinbau) und die deutsche Sprache ihrer Angehörigen geprägt. Oberschützen bildete von 1875 bis 1921 ein Zentrum der Magyarisierungsbemühungen in der Region, was freilich in den dazu gehörigen Tochtergemeinden wachsenden Widerstand auslöste. Nach der Abwanderung vieler der die Förderung des Ungarntums betreibenden Professoren nach Ungarn, setzte sich – nicht zuletzt durch die nunmehr an die höheren Anstalten in Oberschützen berufenen Lehrer aus der früheren Untersteiermark (Marburg) – deutlich ein Deutschnationalismus durch, der unter den Studierenden wie auch unter den Bewohnern in den umliegenden Dörfern Widerhall und Echo fand.[14]

Trotz der unterschiedlichen Positionen der Pfarrer im Seniorat[15] war die kirchliche Haltung der Gemeinden einigermaßen homogen. Es war eine traditionelle Frömmigkeit, in der das Gruppenbewusstsein und die Berufung auf das historische Erbe wichtig waren, während die Beziehungen zu anderen Religionen bzw. Konfessionen eher distanziert aber nicht unbedingt unfreundlich blieben. Auch

---

13 Dazu *Gyenge, Imre,* Oberwart 1973, Festschrift zum 200jährigen Bestand der reformierten Kirche in Oberwart.
14 Dazu, wohl doch etwas einseitig *Mindler, Ursula,* Dr. Tobias Portschy. Biographie eines Nationalsozialisten, Eisenstadt 2005.
15 *Reingrabner, Gustav,* Führungsschichten im westungarisch-burgenländischen Protestantismus, in: Bgld. HBl. 71/2009, S. 103 ff.

nach dem Anschluss war die öffentliche Stellung der Kirche in den Orten, in denen nicht selten die Evangelischen die Mehrheit der Bewohner stellten, noch wenig angefochten, wenngleich es mit den neuen Trägern der politischen Verantwortung manche Auseinandersetzungen gab, die angesichts der eigenartigen Regelungen durch Landesgesetze vor allem durch die Verwaltung und Finanzierung der Schulen bedingt waren. Die Kirchlichkeit der Gemeindeglieder blieb ziemlich unverändert hoch, wenngleich die allmähliche Umstellung der Lebensformen dazu führte, dass die häuslichen Andachten (das sonntägliche „Predigtlesen" in den Tochtergemeinden) an Bedeutung und Verbreitung verlor. Nach wie vor war es aber bis 1938 undenkbar, dass man sich – wollte man sich nicht außerhalb der Gesellschaft stellen – von der Kirche trennte.

Wenn es auch nachher lediglich in einer Gemeinde (Deutsch Kaltenbrunn) zu einer massiven Kirchenaustrittsbewegung kam, so wuchs doch nicht nur die Gegnerschaft zur Kirche, sondern kam es in etlichen Gemeinden auch zu Taufverweigerungen in unterschiedlichem Ausmaß. Dabei können Unterschützen und Markt Allhau sowie der Ort Oberschützen durchaus als führend angesehen werden. Freilich, das Begräbnis begehrte man nach wie vor, wenn es auch – wogegen sich etliche Pfarrer wehrten – mit Parteizeremonien verbunden werden sollte und die Zahl der nicht kirchlich geschlossenen Ehen hielt sich trotz der Einführung der zwingend staatlichen Ziviltrauung durchaus in Grenzen.

Vorausgegangen waren dieser Entwicklung wachsende Gegensätze zwischen der Lehrerschaft an den evangelischen Schulen und den Kirchengemeinden, die dazu führten, dass viele Lehrer – keineswegs aber alle – zu den Initiatoren kirchenfeindlicher Strömungen wurden. Sie suchten dann auch im Kriege die Arbeit der Kirche zu behindern, wenngleich sich keineswegs alle Parteifunktionäre als wirklich kirchenfeindlich erwiesen.[16]

Von der allgemeinen Orientierungslosigkeit und Identitätssuche des burgenländischen Protestantismus in der Ersten Republik[17] merkte man in den meisten Gemeinden bis 1938 nur wenig, freilich wurde der Glaube immer deutlicher durch eine deutschnationale Ideologie ergänzt, beziehungsweise sogar ersetzt, was besonders in Oberschützen zum Tragen kam. Dabei wirkten sich die Maßnahmen der

---

16 Genauere Darstellungen der Entwicklung finden sich in nicht wenigen Arbeiten des Verfassers (siehe dazu Anm. 2 u.a.)

17 *Reingrabner, Gustav*, Das Evangelische Diözesanmuseum in Stoob, in: Glaube und Heimat 41/1987, S. 55 ff.; doch s.u. Anm. 23.

autoritären Regierung seit 1934 in manchen Gemeinden deutlich als Motivation für das Anwachsen einer Distanz zu Österreich und seinem eigenen Staate aus.[18]

Die Belastungen des Krieges verstärkten die Maßnahmen der „Partei" gegen die Kirche und führten – gerade im südlichen Burgenland – zu einem weitgehenden Zusammenbruch der religiösen Unterweisung. Hingegen nahm der Gottesdienstbesuch erst nach 1943 ab; ebenso die Zahl der Kommunikanten.

Das Kriegsende brachte dann erhebliche Probleme mit sich – über die dann der Senior wenigstens zum Teil berichtete, wenn er es auch nicht als angemessen empfand, die menschlichen Tragödien und Leiden, die sich ereigneten, zu schildern.[19]

III. Der Bericht und sein Inhalt

a)
Der vom Senior in Oberwart erstattete Bericht steht formal ganz in der Tradition, die sich für solche Gelegenheiten schon in der Zeit vor 1921 herausgebildet hatte. Das begann mit der Gliederung. Nach einleitenden Bemerkungen folgen zehn Teile, die zum Teil weiter untergliedert sind. Der erste, mit „*aus der Kirche*" überschrieben, erinnert zunächst an die seit 1943 vorgefallenen Veränderungen, insbesondere an den Tod von Bischof Dr. Hans Eder und die Tätigkeit von D. Gerhard May als neuen Bischof, sowie an den Vollzug der 1942 beschlossenen Teilung der übergroßen „Wiener Superintendenz" und die Wahl der neuen Superintendenten, denen – ebenfalls nach bisheriger ungarischer Tradition – *die innigsten Segenswünsche zur Erfüllung ihrer hohen Aufgabe* entboten werden.

b)
Dann folgt der Abschnitt „*aus dem Pfarrhaus*", der Nachrichten über die Versorgung der südburgenländischen Pfarrgemeinden während und nach dem Krieg enthält, die zum Teil nicht einmal in den Gemeindegeschichten enthalten sind :

Pfarrer Alexander Ebenspanger in Eltendorf ist mit Berufung auf seine Krankheit seit März 1946 im dauernden Ruhestand ... Pfarrer Walter Deutsch, der mit Genehmigung des Presbyteriums seiner Gemeinde vom Oberkirchenrat für die Kriegsdauer als Administrator nach Mark Allhau beordert wurde, hat mit 10.7.1946 als Pfarrer von Holzschlag abgedankt. Er wird fortan vom Oberkirchenrat als fliegender Pfarrer mit Amtssitz in Markt Allhau verwendet. (Zum Pfarrer von Allhau konnte er noch nicht bestellt werden, weil der im

---

18 Dazu vgl. vor allem die in Anm. 7 angegebene Arbeit des Verfassers, sowie ders., Oberschützen zwischen den Kriegen (1918–1939), in: Oberschützer Museumsblätter, Heft 4/2007, S. 3 ff.

19 Manches ist erkennbar aus den Notizen des Pinkafelder Pfarrers Paul Nitschinger, die verwertet sind bei *Reingrabner, Gustav*, Bedrängte Tage 1945, in: Bgld. Hbl., 69/2007, S. 41 ff.

Krieg vermisste Amtsinhaber noch nicht für tot erklärt worden war) *Wir grüßen Pfarrer Adalbert Aikelin, der aus Siebenbürgen geflüchtet, in Oberwart Unterkunft fand und vom Oberkirchenrat zum Administrator der dortigen Gemeinde bestellt wurde. Am 18.1.1944 starb plötzlich die zweite Tochter des Pfarrers in Pinkafeld Paul Nitschinger ... Gegenwärtig ist das Los dreier geistlicher Amtsträger noch unentschieden. Gemeint sind Ladislaus Brunner, Markt Allhau, Matthias Gritsch, Bernstein, und Adolf Trimmel, Deutsch Kaltenbrunn. Hiezu kommt auch Ernst Bardy, der gewesene Administrator der Pfarrgemeinde Kukmirn, der in den Tagen der Kämpfe um die Heimat verschleppt wurde. Die heimkehren durften, Paul Geistlinger, Sziget i.d. Wart, Hans Gamauf, Neuhaus a. Klausenbach, Alexander Gibiser, Kukmirn, grüßen wir herzlich. (3,4)*

Von den dreien, deren Schicksal als „unentschieden" bezeichnet wurde, kehrte in der Folge keiner lebend zurück.

c)
Ergänzende Bemerkungen zu diesen Angaben finden sich auch in dem Teil II, „das gottesdienstliche Leben", der in sechs Abschnitte unterteilt ist.

1. Im Spiegel der Zeit. Die im Bericht ... 1943 gemeldeten Schwierigkeiten in der geistlichen Versorgung der Evangelischen in unserem Seniorate sind noch lange nicht behoben, obwohl nun der Krieg von amtswegen zu Ende ist. Die ersten zwei Jahre, darüber wir zu berichten haben, standen noch unter dem Zeichen des Krieges. Im dritten Jahr war der Krieg über uns und unsere Heimat selber gekommen und die dadurch entstandene Lage ist immer noch nicht beendet. (4)

Dann werden noch einmal die sieben Pfarrer genannt, die *im Kriegsdienst standen. (4)* Abrupt folgt dann die Feststellung:

Die Verkehrsverhältnisse verschlimmerten sich von Jahr zu Jahr. Und im Jahr 1945 waren überhaupt alle Gemeinden von einander abgeschnitten. (4)

Dann geht es unter dem Titel *Die Diener am Wort* weiter:

Der Oberkirchenrat hat sein Möglichstes getan, um unsere Gemeinden und unser evangelisches Volk nicht ohne geistliche Nahrung und seelsorgerlichen Zuspruch zu lassen. Er entsandte nach Kukmirn zuerst den Pfarrer von Rust, Bruno Krzywon, nach dessen Abgang den Pfarrvikar Ernst Bardy, der wegen Krankheit aus dem Kriegsdienst ausgeschieden war, nach Bernstein den Personalvikar Gustav Weichselberger. In Eltendorf wirkte seit 1.12.1944 bis August 1945 Ernst Guttner, der auch Neuhaus, Deutsch Kaltenbrunn und Kukmirn betreute. In Markt Allhau war anfangs noch der Diakon Wilhelm Wacker. Als der wegging, wollte die geistliche Betreuung unter den Pfarrern von Rechnitz, Holzschlag und Kukmirn verteilt werden. Als sich dieser Versuch nicht hielt, erklärte sich im Oktober 1944 das Presbyterium Holzschlag auf Anfrage des Oberkirchenrates bereit, den Pfarrer der Gemeinde, Walter Deutsch bis auf Weiteres, längstens aber auf Kriegsdauer nach Markt Allhau abzutreten. ... Von da an predigte Pfarrer Deutsch ein- bis zweimal im Monat in Holzschlag, verrichtete dort auch alle anfallenden geistlichen Funktionen (Amtshandlungen), *sonst war er immer in Markt Allhau. Deutsch Kaltenbrunn versah der Pfarrer von Fürstenfeld Wilhelm Henning, vom 20.12.1945 an dessen Vikar Gustav Sulzer. Als um unsere Heimat die Kämpfe tobten, blieben mehrere Gemeinden ohne Pfarrer. Im übrigen waren die Verbindungen im Seniorate derart schlecht und die Lage so unsicher, dazu die gottesdienstlichen Stätten zum Teil beschädigt, dass es Wochen brauchte, bis wieder geregeltes gottesdienstliches Leben aufkommen konnte. (4,5)*

Anschließend erinnert der Senior an *Helfer in der Not,* die in den Gemeinden aushalfen. Daraus einige Auszüge:

In Oberwart wirkt seit Ende 1944 der aus Siebenbürgen geflüchtete Pfarrer Adalbert Aikelin, ein Sohn unseres Seniorates, des gewesenen Lehrers von Unterschützen, Wilhelm. In Oberschützen in den Jahren 1943 und 1944 aushilfsweise der Pfarrer Ludwig Szeberényi. Auch mehrere Feldprediger hielten Gottesdienste. ... Besonderer Dank gilt den Pfarrern, die in der Heimat blieben und bereitwilligst aushalfen. Und ganz besonders auch den Kuratoren und Presbytern, die ... die Toten bestatteten, ja auch Gottesdienste hielten: Josef Sauhammel (Allhau), Johann Schwartzl (Neuhaus), Michael Gall (Allhau, Buchschachen), Samuel Daniel (Loipersdorf), Johann Schaden (Wolfau). In Kukmirn hielt vom 8.7.1945 an Direktor Josef Karner ... alle Sonntage Lesegottesdienst, ebenso die Frau Pfarrer Lotte Gibiser, sowie die Gemeindeschwester von Fürstenfeld Wilma Ziermann, in Deutsch Kaltenbrunn, Anna Kurz, Gemeindehelferin in Pinkafeld, in Allhau ... in Oberwart dienten ... noch Béla Seregély, Julius Faber-Kovács (Reformierter Pfarrer in Oberwart). Wenn die Kriegsdienst tuenden Pfarrer in der Heimat waren, hielten sie die Gottesdienste. Dazu kamen manche andere Gastprediger, darunter in Oberschützen und Oberwart Pfarrlehrer Gustav Schmidt aus Jakobsdorf, Siebenbürgen. (5)

d)
Zwei Abschnitte enthalten dann die Berichte (Zahlen) über den Besuch der kirchlichen Veranstaltungen:

4. Der Gottesdienstbesuch. ... ging bis zum Kriegsende immer mehr zurück. Bis 1943 blieb er auf der gleichen Höhe wie das Jahr zuvor. Im Durchschnitt kamen auf einen Sonntag 1781 Andächtige, das sind 7,6 %. Im Jahre 1944 waren es nur mehr 1 410, das sind 6,1 % Wir wollen nicht sagen, dass die Liebe zur Kirche und zum Worte Gottes abgenommen hat, Doch waren im letzten Jahr des Krieges die jungen Leute fast alle zum Notdienst beim Wallbau (Bau der sogenannten Reichsschutzstellung) eingesetzt. Auch einige Pfarrer wurden zu diesem Dienst herangezogen. Da die Arbeit auch Sonntags über nicht ruhte, war eben keine Gelegenheit, zur Kirche zu gehen. Im Jahre 1945 zeigte sich, so weit dies gemeldet wurde, eine steigende Tendenz, doch kann dies wohl kaum als abgeschlossenes Urteil gelten. ... Wir wollen uns hüten, aus zufälligen Erscheinungen geltende Regeln abzuleiten. (6)

Dann erinnert der Senior an die früheren Gepflogenheiten der Wochentagsgottesdienste und meint, das es wohl möglich ein sollte, sie wenigstens in der Advent- und Passionszeit , und sei es in den Abendstunden, wieder aufzunehmen. *Während der Kriegszeit waren in Pinkafeld und in Rechnitz jede Woche besondere*

Gebetsgottesdienste. Sie haben sich gut bewährt. (6) (Besondere Gedenkgottesdienste für einzelne Gefallene waren mancherorts untersagt worden; gegen allgemeine und regelmäßige Gebetsgottesdienste, die an sich dem Gedenken an die Verstorbenen gewidmet waren, konnte man seitens der Machthaber nichts einwenden.) Dann folgen im Bericht Überlegungen und Zahlen zu den *Abendmahlsfeiern:*

> *Wenn das kirchliche Bewusstsein nach der Teilnahme am Hl. Abendmahl bemessen wird, dass können wir sagen, dass die Kirchlichkeit auf der gleichen Höhe blieb. Im Jahre 1939 nahmen am Hl. Abendmahl 3 936 Personen teil, 1943 waren es 4 580 und im Jahre 1944 ihrer 4 243. Über das Jahr 1945 kann nichts Abschließendes gemeldet werden, da gerade zu den hohen Festen, an denen der Besuch des Hl. Abendmahls am zahlreichsten zu sein pflegt, am Karfreitag und zu Ostern, der Gottesdienst fast überall (der Kämpfe wegen) ausfiel. Das Volk ist aber so sehr auf bestimmte Tage eingestellt, dass es zu anderer Gelegenheit nicht zum Tisch des Herrn kommt. (6)*

Der 6. Abschnitt des III. Teils berichtet über *die Stätten des Gottesdienstes:*

> *... die Leute mit allem Fleiß danach strebten, dass die zerstörten Stätten der Anbetung und der Wortverkündigung wieder je eher hergerichtet werden. Und da haben sie fürwahr kein Opfer gescheut. ... Mit Ausnahme von Eltendorf kann nun wieder überall in der Kirche Gottesdienst gehalten werden. In Eltendorf nämlich wurde die Kirche zusammengeschossen, der Turm ist eingestürzt, Dachstuhl und Emporen sind abgebrannt, das Gewölbe hat gefährliche Risse. Die übrigen Gotteshäuser im Seniorate sind in brauchbarem Zustand. Doch sind bei fast allen die Fensterscheiben zertrümmert. Manche zeigen auch Einschüsse. An Einrichtungsgegenständen sind viele Altartücher, Teppiche, Abendmahlsgeräte und besonders Kerzen abhanden gekommen. In Oberschützen ging die kunstgeschichtlich wertvolle Altarbekleidung aus dem Jahre 1661 verloren. Auch die wertvolle Seminarorgel wurde völlig vernichtet. (6)*

Von dem erwähnten Antependium konnte nachträglich wenigstens ein Stück wieder aufgefunden werden, bezüglich der Orgel in der Lehrerbildungsanstalt hatte der Senior mit seinen Ausführungen aber leider absolut recht.

e)
Die kirchliche Arbeit an den Männern, Frauen und der evangelischen Jugend ist die Überschrift über den dritten Teil des Berichtes. Er enthält – den Umständen entsprechend – eigentlich trotz der Bemühungen des Berichterstatters, positive Aspekte nicht zu übersehen, vorwiegend Fehlmeldungen: Der erste Abschnitt, der sich mit der Männerarbeit beschäftigt, steht zwar unter dem Motto *Gesunde Wurzeln*, muss aber doch erklären:

> *von einer besonderen Männerarbeit ist ja nicht viel zu melden. Es darf aber auch nicht gesagt werden, dass die Kirche im Burgenland nur für die Frauen da sei. Es kommen auch die Männer zum Gottesdienst Und im allgemeinen ist auch der Beratungssaal gut besucht.*

Wenn nun wieder ruhigere Zeiten kommen werden, soll es den Vertretern der Gemeinden auch hier nahe gelegt werden, die kirchliche Arbeit an den Männern noch besonders ins Auge zu fassen.

Aber auch von der Frauenarbeit kann nur unter der Überschrift Einsame Blüten berichtet werden. Immerhin ist trotz der grundlegenden Feststellung

> Auch kirchliche Frauenarbeit gibt es kaum, doch das eine oder andere anzuführen: Ständig waren nur in D. Kaltenbrunn Bibelstunden für die Frauen. Die Arbeit leitete die Pfarrfrau Maria Trimmel, Der Besuch schwankte zwischen 20 und 35 Personen. Im Jahre 1943 war auch in Kukmirn in den Wintermonaten Bibelarbeit, selbst in den Filialen. Auch hier leitete die Pfarrfrau Lotte Gibiser die Arbeit. In Rechnitz gab es eine Rüstzeit für Frauen und Mädchen, die eine Woche lang dauerte.

Im gleichen Jahr kamen auch noch Mitarbeiterinnen der Frauenarbeit der Kirche in einzelne Gemeinden (Deutsch Kaltenbrunn, Pinkafeld, Großpetersdorf und Rechnitz). Diese Besuche hörten dann – kriegsbedingt – auf. Für das Jahr 1945 konnte der Senior nur zwei Dinge nennen: die Bibelstunden bis Ende März 1945 in Deutsch Kaltenbrunn, und *in Kukmirn war im Jahre 1945 eine besondere Mutterehrung durch die Schuljugend.* Der Senior vergaß aber nicht, darauf hinzuweisen, dass den Altarschmuck in vielen Gemeinden die Frauen richteten. Und er meinte,

> dass nun auch die Frauenvereine, die vor dem Krieg in mehreren Gemeinden tätig waren, wieder aufleben werden. Es ist manches, was sie einst stifteten, abhanden gekommen. Unsere Frauen werden gewiss nicht ruhen, bis das Fehlende wieder ersetzt sein wird. (7,8)

Noch skeptischer lautete der Bericht über die Jugendarbeit, obwohl ihm die Überschrift Schwellende Keime gegeben wurde. Der erste Satz lautete dann: *Noch weniger ist von der Jugendarbeit zu sagen,* war doch die junge Generation durch die Partei voll eingespannt. *Zu den Jugendbeichten, die in einzelnen Gemeinden noch üblich sind, kamen Jünglinge nur mehr in ganz geringer Anzahl.* Und doch konnte Einiges aufgezählt werden:

> In Deutsch Kaltenbrunn war die Jugend in einem Singkreis vereinigt. Ferner wurden bis zur Kampfzeit jeden Sonntag von der Pfarrfrau Kindergottesdienste abgehalten, die durchschnittlich von 20–30 Kindern besucht wurden. In Großpetersdorf kam die erwachsene Jugend in jedem Jahr zweimal geschlossen zum Tisch des Herrn. In Holzschlag war nach der Heimkehr des Ortspfarrers mit der Jugend im Rahmen der Christvesper eine biblische Weihnachtsdarstellung. In Kukmirn sammelte im Jahre 1943 Schwester Dora auch die Jugend zu Bibelstunden. In Pinkafeld wurde für einen Kreis von 40 Kindern jeden Sonntag Kindergottesdienst gehalten. In Rechnitz hat der Pfarrer etwa 30 ukrainische Mädchen, die bei dem Stellungsbau eingesetzt waren, trotz des Verbots durch die Gestapo seelsorgerlich betreut, wobei er sich bei der Wortverkündigung einer Dolmetscherin bediente.

„Es gilt, ein Neues zu pflügen"

Für die Zeit nach dem Krieg war der Senior der Meinung, dass die früheren Jungmänner- und Jungmädchenvereine *in absehbarer Zeit nicht wieder erstehen* würden. An Nachrichten aus den Monaten nach Kriegsende kann er nur eine nennen:

> *Der Pfarrer von Sziget sammelt seit Herbst vergangenen Jahres die Jugend beiderlei Geschlechtes zu Singabenden. Daraus soll in der Gemeinde mit magyarischer Gottesdienstsprache die kirchliche Jugendarbeit aufgebaut werden. (8)*

f)
Auch der Bericht über die *Religiöse Jugendunterweisung* (als vierter Teil) bringt eher wenig erfreuliche Nachrichten. Den ersten Abschnitt betitelte der Senior mit *Über Hindernisse.* Da finden sich folgende Sätze:

> *Als die nationalsozialistischen Methoden aufkamen, ist es auf einmal anders geworden. Anfangs war der Religionsunterricht noch geduldet, ja die Lehrer selbst sollten ihn wieder erteilen.* (In diesem Zusammenhang erwähnte der Berichterstatter allerdings nicht, dass die Kirche selbst das nicht unbedingt wollte, zu sehr fürchtete sie den Missbrauch des Religionsunterrichtes für Parteipropaganda). *Doch wurde er in allen Schulen bald abgetan. Es hieß, es hätten sich für den Religionsunterricht nicht genügend Kinder gemeldet. In den anderen Senioraten der burgenländischen Superintendenz konnte der Religionsunterricht auch weiterhin in den Schulen erteilt werden, wenn auch von den Geistlichen. In der Steiermark, und somit auch in unserem Seniorat, war es am schlimmsten.*

Ausführlich wird dann über die *Glaubensunterweisung* berichtet:

> *Über Betreiben des Evang. Oberkirchenrates wurde an die Stelle des Religionsunterrichtes die Glaubensunterweisung gesetzt, und siehe, es stimmte gar nicht, dass nicht genügend Kinder für den Religionsunterricht da gewesen wären. Es haben sich gewiss nicht alle zur Glaubensunterweisung gemeldet, doch dürften nur wenige weggeblieben sein. Freilich, die Glaubensunterweisung selbst wurde nur recht lückenhaft besucht. Die Kinder waren ja auch außerhalb der Unterrichtsstunden anderswie eingesetzt. Die Glaubensunterweisung konnte anfangs in der Schule stattfinden, doch wurde sie allmählich fast in allen Gemeinden hinausgetan. In Großpetersdorf zum Beispiel darum, weil mit Erlaubnis des Bürgermeisters in der Schule unterrichtet wurde. Zur Strafe wurde auch dem Konfirmandenunterricht die Schule versperrt, obwohl derselbe im Mietvertrag ausgesprochen verankert ist. Von Seiten des Kreisschulrates wurde auch versucht, die Heldengedenkfeiern in den Schulräumen (in diesen fanden in den Tochtergemeinden ja auch die Gottesdienste statt) zu untersagen (Stuben), nicht aber die Gottesdienste. Nur in den Pfarrsprengeln Eltendorf und Neuhaus war bis zuletzt auch die Glaubensunterweisung in der Schule ... konnten die Zöglinge der Hauptschule meist nicht erfasst werden. Dann war es auch nicht möglich, dass die Pfarrer allen Kindern die Glaubensunterweisung erteilt hätten, standen doch von den 15 Pfarrern des Seniorates 8 im Militärdienst. Auch die Verkehrsverhältnisse wurden immer schwerer. Trotzdem auch Gemeindehelferinnen und Pfarrfrauen mittaten, waren doch viel zu wenige Kräfte da. Darum richtete der Oberkirchenrat in Gallneukirchen biblisch-katechetische Lehrgänge für Laienkräfte ein. Aus dem Seniorate nahm nur die Frau Pfarrer Maria Geistlinger*

daran teil. Die Wochenstunden der Glaubensunterweisung waren sehr gering, meist nur eine Stunde. Die Zahl der Teilnehmer wechselte ständig. Im Jahre 1943 waren 56 Gruppen mit 58 Wochenstunden. Die Kinder der Filialen waren nur in Pinkafeld, Kukmirn, Neuhaus, Eltendorf und Rechnitz erfasst. Nach Großpetersdorf kamen nur die Kinder aus Welgersdorf. Die letzten zwei Jahrgänge der Volksschule (also das 7. und 8. Schuljahr) waren im Vorkonfirmandenunterricht gesammelt. Im Jahre 1944 war an Gruppen und Stunden wenig Änderung. Doch musste der Unterricht viel leiden. Es gab viele Fliegerangriffe, ferner wurden auch Pfarrer und Pfarrfrauen zu den Schanzarbeiten (vor allem an der Reichsschutzstellung, den der Volksmund Süd-Ost-Wall nannte) herangezogen. Allmählich bekamen auch die Pfarrhäuser Flüchtlinge zugewiesen und so entfielen die Unterrichtsrume. Unter solchen Umständen mussten immer wieder die Mütter an ihre Pflicht zur christlichen Erziehung und Unterweisung ihrer Kinder erinnert werden. Und wir müssen es gestehen, viele Mütter haben sich gut bewährt. (9)

Der dritte Abschnitt ist dem *Religionsunterricht* gewidmet, der ab September 1945 wieder in den Schulen erteilt wurde.

Aber welch ein Unterschied zu früher! Vor der Einverleibung Österreichs in das Deutsche Reich waren in unserem Seniorate an den evangelisch-konfessionellen öffentlichen Volksschulen insgesamt 68 ordentliche Lehrer und 7 Probelehrer tätig, die auch den Religionsunterricht erteilten. (Lediglich in einigen Hauptschulen wurde der Religionsunterricht durch einen Pfarrer erteilt.) Jetzt ist der Religionsunterricht Sache des Pfarrers. Lehrpersonen helfen nur in ganz wenigen Fällen mit (das änderte sich dann 1949, als die Religionsstunden den Lehrern als Überstunden bezahlt wurden). In mehreren Gemeinden (Pinkafeld, Unterschützen, Hannersdorf) *sind Privatpersonen zum Religionsunterricht eingesetzt, die vom Superintendenten die Bewilligung* dazu *erhielten.*

Abschließend wird die, nun wieder gegebene, Möglichkeit erwähnt,

die Schuljugend sowohl zum Beginn als auch zum Schluss des Schuljahres im feierlichen Gottesdienst zusammeln. (10)

Zur Unterweisung der Jugend gehörte auch die *Konfirmation,* die als *Höhepunkt des kirchlichen Lebens bei der Jugend* bezeichnet wird. Schmidt erweist sich als genauer Beobachter, wenn er dazu notiert:

Leider droht die Gefahr, dass über der äußerlichen Aufmachung das wahre Wesen der kirchlichen Jugendfeier verkannt wird, kam es doch vor, daß Mütter ihre Kinder nicht zur Konfirmation schicken wollten, weil sie für ihr Kind kein neues Kleid verschaffen konnten. Den Konfirmandenunterricht erteilte in der Regel der Pfarrer, doch musste in der Kriegszeit mit Dank gestattet werden, dass zum Unterricht auch andere Personen zugelassen wurden (Oberwart, Kukmirn). *Auch der Konfirmandenunterricht litt unter den Auswirkungen des Krieges. Im Jahre 1945 wurde in mehreren Gemeinden* (Deutsch Kaltenbrunn, Eltendorf, Kukmirn) *überhaupt keine Konfirmationsfeier gehalten. Kindergottesdienste waren in 8, Jugendgottesdienste in 2 Gemeinden. Während der Kriegszeit war der Besuch äußerst gering. (10,11)*

g)
In diesem Teil des Berichtes findet sich unter 4. auch ein Abschnitt *Unsere Schulhäuser*, in dem allgemein über die Situation der seit 1939 von den öffentlichen Schulen verwendeten kirchlichen Schulhäuser berichtet wird: *Die Senioratsversammlung im Jahre 1943 ist an den Oberkirchenrat herangetreten, die Kündigung der* (ab 1940 zwangsweise abgeschlossenen) *Mietverträge mit den politischen Gemeinden ins Auge zu fassen.* (was natürlich nicht gelang, weil die politischen Gemeinden die Schulhäuser einfach brauchten und im Krieg an Neubauten einfach nicht zu denken war).

Nun sind nach der Befreiung Österreichs alle während der nationalsozialistischen Herrschaft abgeschlossenen Mietverträge und Pachtabkommen für nichtig erklärt worden, die Mietverträge über unsere Schulen jedoch bleiben in Kraft. Nach Mitteilung des Oberkirchenrates soll die Regelung der Schulverhältnisse dem vom Oberkirchenrat mit dem Bundesminister für Unterricht abzuschließenden Mustermietvertrag vorbehalten bleiben. Das grundbücherliche Eigentumsrecht behält unter allen Umständen die evangelische Gemeinde. Auch die Frage der Lehrerwohnungen soll in einem Vertrag geregelt werden. Es wäre zu wünschen, dass die Lehrerwohnungen den evangelischen Gemeinden verbleiben. Dadurch könnte auch gesichert werden, dass in den Lehrerwohnhäusern kirchliche Gemeindesäle eingebaut würden. Es besteht keine Aussicht, dass wieder konfessionelle Schulen als öffentliche Schulen geschaffen werden. Solche müssten von den Kirchengemeinden zur Gänze aus eigenen Mitteln erhalten werden. Hierzu fehlt es jedoch an den nötigen Geldmitteln und auch an geeigneten Lehrkräften. (Da klingt wohl die Erinnerung daran durch, dass in vielen Orten gerade die ehemaligen Lehrer an evangelischen Schulen die Führer der antikirchlichen Maßnahmen waren) *Auf Grund des bestehenden Mietvertrages wurden vielfach auch solche Grundstücke beansprucht, die früher nicht zum Unterricht gehörten, sondern dem Lehrer als Naturalentlohnung zustanden. Die Senioratsversammlung möge es dem Oberkirchenrat nahe legen, solche Grundstücke aus dem neuen Mietvertrag ausdrücklich auszuschalten. Die vermieteten Häuser sind vielfach in höchst schlechtem Zustand. Die politischen Gemeinden als Mieterinnen sind ihren Verpflichtungen* (die auch in den während des Krieges abgeschlossenen Mietverträgen enthalten waren), *die Gebäude in gutem Zustand zu halten, nicht nachgekommen.* (10)

Die für die Kirchengemeinden unbefriedigende Situation blieb jedoch – einschließlich der weiteren Vernachlässigung des Bauzustandes der ehemaligen evangelischen Schulgebäude – noch etwa eineinhalb Jahrzehnte erhalten und war einer der Punkte, in der die Republik Österreich ganz gerne Unrecht, das durch die NSDAP veranlasst war, zu ihrem Gunsten weiter führte. Erst nach der Regelung der Konkordatsfrage durch einen zwischen Österreich und der katholischen Kirche abgeschlossenen „Schulvertrag" (1962), kam es zu einer etwas günstigeren Regelung, erhält doch wenigstens nunmehr die Kirche, und zwar auch die evangelische von Bund und Land Entschädigungen für die Nutzung der Gebäude.[20] Endgültig, aber erst nach und nach kam es zur Lösung der schwierigen Probleme dadurch, dass die politischen Gemeinden doch eigene Schulgebäude errichteten, wozu die Tatsache nicht unwesentlich beitrug, dass die meist aus dem 19. Jahrhundert stammenden kirchlichen Schulgebäude den aktuellen pädagogischen Anforderungen keineswegs mehr entsprechen konnten, sodass die Kirchengemeinden nunmehr über ihre Häuser selbst verfügen konnten. Das eine oder andere davon, wie etwa das in Oberschützen, war freilich in einem derart schlechten Erhaltungszustand, dass es abgerissen und durch einen Neubau mit anderer Zweckwidmung ersetzt werden musste.

h)
In kirchlichen Berichten durfte ein Abschnitt über die kirchliche Vereinstätigkeit nicht fehlen. Zunächst musste 1946 doch noch einmal darauf hingewiesen werden, dass *die kirchlichen Vereine ... bei Anbruch der nationalsozialistischen Ära alle aufgelöst* wurden, *auch das Vermögen wurde ihnen genommen.* Der Gustav Adolf Verein konnte – wie die Innere Mission – allerdings bestehen bleiben. Und von ihm erhielten 1943, 1944 und sogar noch Anfang 1845 einzelnen Gemeinden im Seniorat Spenden und Unterstützungen:

Bernstein 800 (alle Zahlen in Reichsmark), D. Kaltenbrunn 200, Holzschlag 1 050, Kukmirn 2 200, Güssing noch 2 700, Markt Allhau 800, Neuhaus a.Klb. 4 000, Minihof-Liebau 5 200, Oberschützen 3 000, Tatzmannsdorf 3 030 (wofür, besaß die Tochtergemeinde doch weder Grund- noch Hausbesitz?), Oberwart 3 250, Pinkafeld 1 100, Rechnitz 1 285 und Sziget i.d.W. 250 RM. Doch auch unsere Gemeinden haben jedes Jahr die Mitgliedsbeiträge für den Gustav Adolf Verein eingehoben ... die Kollekte am Reformationsfest 1943 betrug 1 246.34 RM, während sich der Mitgliedsbeitrag auf 9 638.06 RM belief. Im Jahre 1944 war desselben fast doppelt so viel. (11,12)

Auf die nunmehr bestehende völlige Trennung vom deutschen Gustav Adolf Werk wird hingewiesen, ebenso aber auch, dass mit dem Eisenstädter Pfarrer Dr. Friedrich Kirchbaumer als Obmann wieder ein burgenländischer Gustav Adolf-Zweigverein errichtet wurde. Andere kirchliche Vereinigungen, wie der Evangelische Bund, die Innere Mission, der Presseverband, wurden als *die übrigen Nothelfer* bezeichnet und einige Hinweise auf die von ihnen erhaltenen Unterstützungen gegeben. Der früher im Burgenland bestehende Landesverband des Evang. Preßverbandes ist nach Feststellung des Seniors unter Führung des Unterschützer Pfarrers Béla Seregély nun wieder entstanden *und hegt manche Pläne.*

---

20 Diese Vorgänge sind dargestellt bei *Reingrabner, Gustav*, Die Bundesentschädigung für das seinerzeitige evangelische Schulwesen im Burgenland, in: LE 10/1992, 1 ff.

i)
Der sechste Teil des Berichts enthält die Angaben über die Lebensbewegung im Seniorat. Dabei wird in einem ersten Abschnitt auf das *Verhältnis zu den staatlichen Matrikelämtern* eingegangen:

Wieviel Kinder tatsächlich geboren wurden oder wie viel Ehen überhaupt geschlossen wurden, kann nicht angegeben werden. Wie bekannt, gewährten die Standesämter den kirchlichen Stellen in die staatlichen Matrikeln keinen Einblick (das war gegenüber der Zeit vor 1938 – im Burgenland bestanden seit 1896/1900 staatliche Matrikelämter – anders). Viele Standesämter gaben auch keine Geburtsbescheinigung für die Taufe. Da auch über die Todesfälle meist nur eine kurze Bescheinigung über die Eintragung eines Sterbefalles gegeben wurde, wo außer dem Namen nur noch das Alter, die Religion, die Wohnung, der Sterbeort und der Sterbetag angegeben sind, konnte auch die Todesursache in den kirchlichen Matrikeln nicht mehr vermerkt werden (trotzdem blieb diese Rubrik in den kirchlichen Matrikenformularen bis weit nach 1980 noch erhalten). Ebenso zeigte das Aufgebot der Brautleute am Standesamt die konfessionelle Zugehörigkeit nicht mehr an. Nun kann mit Erlaubnis der Sicherheitsdirektion für das Burgenland in die polizeilichen Behelfe wieder Einsicht genommen werden. So hoffen wir, dass auch die Matrikelbücher auf den Standesämtern wieder eingesehen werden können. Augenblicklich können hier nur die Daten der kirchlichen Stellen gemeldet werden, und zwar auch nur die Endsummen. Im vorigen Jahr nämlich wurden die Matrikelzweitschriften wegen der unsicheren Lage direkt an den Oberkirchenrat gesandt. Dann ist die Postverbindung auch jetzt noch so schleppend, dass bis zur Stunde die nötigen Daten nicht zu bekommen waren.

So wirkten sich die Folgen des Krieges bis in derart abseits liegende Sachen aus. *Aus den kirchlichen Matrikelbüchern* werden also pauschale Zahlenangaben verbunden mit allgemeinen Beobachtungen gemacht.

In den Jahren 1943, 1944 und 1945 wurden getauft 476 Knaben, 434 Mädchen, zusammen 910 Kinder. Zur Taufe werden die Kinder meist in die Kirche gebracht, nur in Kukmirn sind Haustaufen häufiger. In Pinkafeld wird die Taufe in letzter Zeit vor der gottesdienstlichen Gemeinde vorgenommen. Es ist dies zu begrüßen .... entspricht ... dem Wunsche des Herrn Superintendenten. Die Sitte der Vorsegnung ist in unseren Gemeinden noch üblich, wenn auch ab und zu Mütter fern bleiben. Es ist zu wünschen, dass diese schöne Sitte kräftig gefördert werde. .... Die Aussegnung der Mütter vor der gottesdienstlichen Gemeinde, wie dies in den Filialen vorkommt .... Ein Mahnruf für alle Anwesenden. – Kirchlich getraut wurden insgesamt 177 Paare, 126 rein evangelisch und 51 gemischten Bekenntnisses. Das Aufgebot wird meist noch bestellt, doch ist die mehr ...eine Fürbitte der Gläubigen für die Brautleute. Die Unterscheidung der ehrlichen und unehrlichen Hochzeiten durch die Zahl der brennenden Kerzen auf dem Altar dürfte bereits in allen Gemeinden aufgelassen sein. – Mit kirchlichem Akt bestattet wurden 560 männliche, 514 weibliche, zusammen 1 074 liebe Glaubensgenossen. Es gibt leider noch immer Gemeinden, wo die Toten nicht ausgeläutet und auch nicht unter Glockengeläute zu Grabe getragen werden können, weil die Glocken fehlen und bisher keine neuen angeschafft werden konnten. – Austritte gab es 76. In der

*letzten Zeit machten die Mehrzahl der Austritte die Jugendlichen. Eintritte waren 47 ....
die Aufnahme an eine dreimonatige Bewährung gebunden. – Die Seelenzahl ... betrug
am 31. Dezember 1945 insgesamt 22 541. Sie hat demnach in den letzten drei Jahren um
699 Seelen abgenommen.*

Auf die Gründe dieser Abnahme, die ja nicht in allen Gemeinden des Seniorats gleich hoch war, geht der Senior nicht ein.

j)
Vielmehr folgt nun die Zusammenstellung von Nachrichten über die *kirchlichen Körperschaften*. Da gibt es wieder allgemeine Hinweise und sehr genaue Zahlen:

Die kirchlichen Körperschaften ... standen stark unter den Auswirkungen des Krieges. Es mangelte vielfach an den geeigneten Räumlichkeiten zur Beratung, aber auch an der nötigen Zeit und der erforderlichen Ruhe. Im Jahre 1943 waren insgesamt 39 Presbytersitzungen und 28 Sitzungen der Gemeindevertretungen, bzw. (in den kleinen Tochtergemeinden, in denen keine Gemeindevertretung gewählt worden war) der Gemeinden. Im Jahre 1944 waren es 27 und 18, und im Jahre 1945 gar nur 15 und 8. Es wurden also von Jahr zu Jahr weniger. Bei den 15 Pfarr- und den 55 Mutter- und Tochtergemeinden unseres Seniorates hätten in den drei Jahren bloß zur Verabschiedung der Jahresrechnungsabschlüsse 210 Sitzungen der Gemeindevertretung oder Gemeindeversammlungen stattfinden müssen. *Aus dem Gesagten kann immerhin festgestellt werden, dass die höheren Verwaltungsstellen aus der schweren Kriegslage heraus die Paragraphe sehr milde handhaben. – Zur Verhandlung standen die Wahl des Seniors, die Jahresrechnungsabschlüsse und in vielen Gemeinden die Richtigstellung des Besitzstandes im Grundbuch.*

Das war in der Tat in Verbindung mit der während der NS-Zeit aus guten Gründen angeordneten Neuanlage der Grundbücher, die die völlig überholten und stets eher nachlässig geführten aus ungarischer Zeit ersetzen sollten, eine wichtige Sache.

Die Richtigstellung der Pfarrgründe ist ohne Schwierigkeiten gegangen, doch über die sogenannten Schulgründe wurde jedes Gesuch abgewiesen mit der Begründung, es handle sich bei den Eintragungen auf Evangelische Gemeinde und Evangelische Schule um verschiedene Rechtspersonen .... diese Frage vielfach von entscheidender Bedeutung auch für den Weiterbestand unserer Kirchengemeinden ist ....

Bereits während des Krieges hat der Oberkirchenrat versucht, durch den Wiener Kurator und Rechtsanwalt Dr. Josef Ritter von Preleuthner vor den Gerichten die Anliegen der burgenländischen Gemeinden vertreten zu lassen. Das sollte nun fortgesetzt werden. Recht summarisch werden dann im Bericht die *Besitzänderungen* aufgeführt:

Verkauft wurden in Jormannsdorf die zur Grundbuchszahl 21, KG Jormannsdorf gehörigen Grundstücke, Haus 14, Garten und 8/480-tel Anteile (an der Urbarialgemeinde) *um 6 000*

RM. Vermietet wurde in Wolfau an die NS_Volkswohlfahrt das Grundstück 92 mit dem Haus Nr. 234, E.Z. 70, um 12 RM monatlich, in Buchschachen die um die beiden Schulen herumliegende Liegenschaft um 100 RM.

Nach einem Abschnitt, der *Verschiedenes*, also etwas, das sonst nicht gut eingeordnet werden konnte, enthält, folgt am Schluss dieses Teiles ein ganz kurzer fünfter Abschnitt *Herr Superintendent Gustav Dörnhöfer besuchte am 8. und 9. Juli 1944 Unterschützen und am 23. und 24. September 1944 Eltendorf.* Da es sich bei verschiedenen Besuchen von Bischof D. May in Gemeinden des Seniorates nicht um amtliche *Kirchenvisitationen* handelte, zählt sie der Senior in seinem Bericht nicht auf.

k)
Der erwähnte vierte Abschnitt des VII. Teils lautet:

Die Gebäude der Lehranstalten in Oberschützen, als da sind die Lehrerbildungsanstalt, das Realgymnasium und das Internatsgebäude, wurden im Jahre 1938 in die Verwaltung des Landes Österreich übergeben. Die Aufsandungsurkunden hierüber sind fertig gestellt, doch wurde die grundbücherliche Übertragung der Liegenschaften noch nicht durchgeführt. Nun strebt die evangelische Kirchengemeinde Oberschützen an, die in Frage stehenden Liegenschaften in ihren Besitz zurückzunehmen. Die Austragung hat der Oberkirchenrat seinem eigenen Amtsbereich unterstellt und die Verhandlungen über die zukünftige Gestaltung der Schulanstalten mit den zuständigen Stellen bereits aufgenommen. – In Oberschützen ist vom 1. auf den 2. Februar l. J. das sogenannte Wehofer'sche Anwesen, Haus 41, abgebrannt. Es war Eigentum der Muttergemeinde, gehörte dem Kirchendiener als Dienstwohnung und war mit 1 200 RM versichert. – In Oberschützen bestand Ende 1943 seitens einer Grazer Baugesellschaft die Absicht, ein Gartenstück zu enteignen. Auf das unerwartete Auftreten des Oberkirchenrates wurde der Plan fallen gelassen. Über den Pfarrgrund in Kemeten (das sich 1938 von der Pfarrgemeinde Markt Allhau losgelöst und der Gemeinde A.B. Oberwart angeschlossen hatte) *entschied das Presbyterium der Pfarrgemeinde Oberwart: Da Kemeten … keinen Anteil hat am Eigentum der Pfarrgemeinde, erhebt auch die Pfarrgemeinde Oberwart keinerlei Anspruch auf den Besitz der Filialgemeinde Kemeten. – Dadurch dass in der letzten Zeit des Krieges für Kirchenreparaturen keine Genehmigung erteilt wurde, haben viele Kirchengebäude schweren Schaden genommen. In den Kampftagen hat sich der Zustand noch weiter verschlimmert. Nun kommen doch schon von mehreren Gemeinden über vollzogene Wiederherstellungsarbeiten Meldungen und es ist zu hoffen, dass in aller Kürze der Schaden überall behoben wird* (da war der Senior denn doch erheblich zu optimistisch. Es dauerte viele Jahre, bis das der Fall war, wenn auch schon 1949 die Kirche in Eltendorf wieder aufgebaut und eingerichtet war) *– Welgersdorf … wurden die Urbarialanteile der Evangelischen Filialgemeinde, die seit 1937 als Walzende Anteile geführt wurden* (also als gemeinsames Eigentum aller Mitglieder der Urbarialgemeinde galten) *im Rechtswege wieder in das Grundbuchstammblatt der Filialgemeinde Welgersdorf eingetragen. (15)*

l)
Über die Schäden an den Gebäuden stellte der 3. Abschnitt des X. Teils des Berichtes (*Über alles sonst noch Wissenswertes*) unter dem Titel *Im Zeichen des Krieges* folgende Nachrichten zusammen:

a) Bernstein. Durch Einschüsse Löcher am Turm und an der Kirche. Viele Ziegel wurden zerstört, bei 100 Fensterscheiben zertrümmert. Es kamen abhanden: ein Teppich, zwei Altartücher und Kerzen. Am Pfarrhaus Splitterschäden und 50 Fensterscheiben zertrümmert. Der Pfarrwagen ist in Verlust geraten (das war die im Eigentum der Pfarrgemeinde stehende Kutsche, mit der einzelne Landwirte Spanndienste für die Fahrten des Pfarrers zu Gottesdiensten und Amtshandlungen in den Filialen zu leisten hatten). *b) Deutsch Kaltenbrunn: Ein Drittel der Fensterscheiben an der Kirche zerstört. Innenausstattung beschädigt oder geraubt. Im Pfarrhaus ist die Einrichtung arg verwüstet, fast alle Fensterscheiben sind zertrümmert, 8 Oberfenster und 15 Fensterflügel gestohlen. Die Kanzlei war vollkommen ausgeräumt, die Akten vor das Pfarrhaus geworfen, Der gesamte Archivbestand ging verloren, auch die Matriken der letzten Jahre. – c) Eltendorf: Die Kirche wurde zusammengeschossen, der Turm ist eingestürzt, Dachstuhl und Emporen sind abgebrannt, und auch das Gewölbe hat gefährliche Risse. Im Pfarrhaus sind die Möbel verheizt, die Schulen sind ausgeplündert und demoliert. – d) Großpetersdorf: Der kleine Luster ist zerstört, die Altartücher zerstückelt oder fort, Fensterscheiben zertrümmert. Im Pfarrhaus war bis Ende Oktober Einquartierung. Seitdem in den unteren Räumen zwei Klassen der Hauptschule. – e) In Holzschlag sind aus den Matrikeln einige Blätter herausgerissen. – f) In Kukmirn ist die Orgel leicht beschädigt, 38 Kirchenfenster sind zertrümmert. Im Pfarrhaus fehlen die meisten Fenster, Einrichtungsgegenstände und Inventar. Archivalien teilweise mehr oder minder beschädigt, teilweise fehlen sie. In Limbach die Schule zum Teil abgebrannt, auch das Haus* (der Tochtergemeinde, in dem vordem die evangelische Schule untergebracht war) *in Güssing hat ziemlich gelitten. – g) In Markt Allhau: Es fehlt das Taufbuch 1913–1926, mehrere Altardecken und Kerzen. Das Pfarrhaus war bis vor kurzem besetzt. Vieles ging zugrunde. Turmspitze beschädigt, Fensterscheiben zertrümmert. – h) Neuhaus am Klausenbach: Die Gebäude blieben unbeschädigt. – i) Oberschützen: Turm zeigt Infantrieeinschüsse, Orgel beschädigt, einige Häuser nicht mehr bewohnbar. Die Schulanstalten waren Kasernen. – j) Oberwart: Fenster zertrümmert, die wertvolleren Altardecken entwendet. Im Pfarrhaus die Fenster und Türen zerschlagen. Aus den Kirchenbüchern wurden Blätter herausgerissen. – k) Pinkafeld: In der Kirche und den übrigen Gebäuden Dach- und Fensterschäden. Opferbüchsen, Kerzenbestände verschwunden, zwei Abendmahlskannen entwendet. Im Pfarrhaus Einquartierung. – l) Rechnitz: Treffer am Turm und Kirchendach. Alle Fenster zertrümmert. Der untere Teil des Pfarrhauses abgebrannt. Alle Archivalien und Kirchenbücher, die ganze Bibliothek des Pfarrers verbrannt. Das Pfarrhaus hat immer noch Einquartierung. – m) Stadtschlaining: Beträchtlicher Schaden. Abhanden gekommen sind Schreibmaschine, Projektionsapparat, Abendmahlsgeräte für Kranke, das Konfirmandenbuch der letzten Jahre, beinahe alle Altar- und Kanzeltücher, eine große Menge Archivalien, die meisten Fenster an Kirche und Pfarrhaus. n) Sziget in der Wart: Orgel, Luster und Altarbild beschädigt, Teppiche und Harmonium verschleppt. – o) Unterschützen: Kerzen und Altartücher entwendet. – Wir müssen Gott danken, dass die Kirchen bis auf Eltendorf doch so weit verschont*

> blieben, dass darin nach den nötigsten Ausbesserungsarbeiten auch in den Wintermonaten
> die Gottesdienste gehalten werden konnten. (19)

Der mehrmalige Hinweis, dass Blätter aus den Matrikenbüchern fehlen, lässt fast vermuten, dass einige Personen, ihnen unangenehm erscheinende Eintragungen beseitigen wollten.

m)
An den langen Abschnitt über die Folgen der Kriegsereignisse schließt sich lediglich ein kurzer *Im Zeichen des Friedens* an, der nur wenige Nachrichten enthält:

> *Die Pfarrgemeinde Großpetersdorf erhielt ihre große Glocke von geschichtlichem Wert bereits wieder zurück. – In Holzschlag wurde die Kirche gründlich renoviert, die Kirchenbänke sorgfältig ausgebessert und der Raum neu ausgemalt. – Im Pfarrhaus zu Oberschützen wurde ein Gemeindesaal eingerichtet, der sich außerordentlich gut bewährt. Daselbst wurden sämtliche Dächer an den Gebäuden der Kirchengemeinde ausgebessert. Das Wirtschaftsgebäude beim Pfarrhof wurde durch einen Anbau erweitert. – Gegenwärtig kommen von vielen Seiten Meldunge über begonnene Reparaturarbeiten. Wir wollen hoffen, dass bei der nächsten Senioratsversammlung hierüber bereits abschließend gemeldet werden kann. (20)*

n)
Im Bericht findet sich vorher jedoch noch ein langer Bericht *über die kirchenmusikalische Lage,* der eine Fülle von Angaben enthält. Ein erheblicher Teil des Gemeindelebens war sichtlich mit diesem Dienst verbunden. Der Senior ließ es sich auch nicht nehmen, die Namen jener Frauen und Männer anzuführen, die in den einzelnen Gemeinden nach dem Ausfall der Lehrer als Träger der kirchenmusikalischen Arbeit, der 1939 von den Behörden angeordnet worden war, als Chorleiter und Organisten eingesprungen waren. Unter ihnen waren sieben Pfarrfrauen, vier pensionierte Lehrer und einige Gemeindeglieder. Das Ende der NS-Zeit brachte auch im kirchenmusikalischen Dienst die ersten Änderungen, da und dort kehrten Lehrer wieder an den Spieltisch zurück (in Großpetersdorf ein neu zugeteilter katholischer Lehrer, in Kukmirn der durchaus verdiente Direktor Karner, weiters in Neuhaus und in Pinkafeld). Wie sehr man aber immer noch auf Zufälligkeiten angewiesen war, zeigen einige Bemerkungen: *In Neuhaus spielte N.N., er spielte frei,* also sichtlich ohne Noten. *In Stadtschlaining versieht den Orgeldienst der blinde Alexander Szopo. In Sziget wird ohne Orgelbegleitung gesungen.* In Oberschützen und Oberwart übernahmen nach Kriegsende zwei aus Ungarn gekommene deutsche Lehrer (Otto Simon, bzw. Karl Maul) den Organistendienst. Den Orgeln bekam der Krieg gar nicht gut. Dazu einige Feststellungen:

> *In Deutsch Kaltenbrunn ... wurde durch das Kriegsgeschehen die Orgel zu Gänze zerstört. In Eltendorf ... ist die Orgel seit April 1945 unbrauchbar, gegenwärtig wird bei Gottesdiensten ein altes, von einem Gemeindeglied leihweise überlassenes Harmonium benützt. In Markt*

Allhau ist die Orgel unbrauchbar. Nun ist auch das Harmonium abhanden gekommen. In Pinkafeld ist ... die Orgel in schlechtem Zustand, nur beschränkt gebrauchsfähig. In Rechnitz ... die Orgel ist gar verstimmt. In Sziget wird ohne Orgelbegleitung gesungen. Gewissermaßen als Ausgleich zu solchen Mängeln bildeten sich mancherorts Singkreise, z. B. in Bernstein (Kirchenchor), Deutsch Kaltenbrunn (Mädchenchor), Großpetersdorf (Jungmächenkreis), Holzschlag, Kukmirn (Kirchenchor mit 12 Frauen), Neuhaus (Frauenchor) Pinkafeld (*Der Kirchenchor hat einen erfreulichen Aufstieg erfahren*), Sziget (gemischter Chor), Unterschützen (Schülerchor). In manchen Gemeinde wurde nunmehr die sogenannte „Wiener Liturgie", also die durch die Generalsynode 1931 beschlossene Gottesdienstordnung eingeführt (Deutsch Kaltenbrunn, Markt Allhau). Beinahe unwirklich klingt eine Bemerkung über Deutsch Kaltenbrunn, wo die Orgel völlig zerstört worden ist: *Der Orgelfonds beträgt S 5.473,54*. Vielleicht markiert gerade dieser Hinweis die allgemeine kirchenmusikalische Situation ganz treffend. Es sieht zwar erschreckend aus, aber es gibt Hoffnung.

o)
Ein recht kurzer Abschnitt beschäftigt sich mit der *Finanzlage der Gemeinden*. Die Gesamtaussage ist: *Die Finanzlage der Gemeinden ist gut. Alle Posten weisen eine steigende Tendenz* auf. Die Gesamteinnahmen aller Gemeinden des Seniorats werden für die drei Jahre des Berichtszeitraums, anscheinend in Schilling umgerechnet, zusammengezählt, S 490.021,13; ihnen standen Ausgaben in der Höhe von S 364.676,20 gegenüber. Der Aussagewert dieser Zahlen ist äußerst gering, werden doch die Kassabestände am Jahresende zweimal gezählt. Interessanter ist da – trotz aller Verwischungen (zwei Währungen, Inflation, Abwertung, Sperrkonten etc.) – schon die Höhe der Rücklagen: Ende 1943 waren es S 5.700,72 (!), 1944 S 106.985,98, Ende 1945 S 181.952,63, wobei allerdings nicht angegeben wird, was davon nach den devisenrechtlichen Bestimmungen tatsächlich verfügbar war. Die Verschuldung wird als *ganz verschwunden* bezeichnet. Aus diesen Angaben sind folgende Gegebenheiten zu erkennen:

a) ab 1939 waren keine Aufwendungen für den Schulbetrieb zu tätigen,
b) die Pfarrergehälter zahlte ab 1940 der Oberkirchenrat,
c) Bauarbeiten und Anschaffungen waren bis nach Kriegsende so gut wie unmöglich.

Aus diesen Ursachen erklärt sich auch schon der rasante Anstieg des Kassastandes der Gemeinden von 1943 auf 1944. Der Gesamtvermögensstand (angesichts der nicht nur 1943–1946 in den kirchlichen Rechnungsabschlüssen fehlenden

Kriterien für die Bewertung von Grund- und Sachvermögen, ist das ebenfalls eine fragwürdige Angabe) hat sich von S 1,326.628,58 auf S 4,082.090,30 erhöht. Bis in die Kriegszeit hinein erhielten einzelne Gemeinden Zuschüsse seitens des Oberkirchenrates, die nach 1940 statt aus dem Staatspauschale durch Kirchenbeitragsanteile fortgeführt wurden. Diese Zahlungen waren nie sehr groß und betrafen im Seniorat nur mehr die Gemeinden Bernstein, Holzschlag, D. Kaltenbrunn und Unterschützen.

p)
Es war üblich, in den Jahresberichten auch an die von Gemeinden gefeierten Jubiläen zu erinnern. Im Berichtszeitraum beging

die Pfarrgemeinde Neuhaus a. Klb. am 2. Adventsonntag ... 1944 die 150-Jahrfeier ihres Gotteshauses, den bestehenden Verhältnissen entsprechend in schlichter Form. Zu dieser Gelegenheit erhielt die Gemeinde ein neues Altarbild: Jesus, der Sämann, entworfen und gemalt von Erwin Schneider, jetzt Oberkirchenrat. – Im Jahre 1945 waren es 100 Jahre, dass Großpetersdorf einen eigenen Seelsorger erhielt. Am Reformationsfest 1945 gedachte die Pfarrgemeinde im feierlichen Gottesdienst ihrer Erhebung zur Muttergemeinde

(diese Bezeichnung entspricht der seinerzeitigen ungarischen Terminologie; in der österreichischen Kirchenverfassung steht dafür die Bezeichnung Pfarrgemeinde). Nach der Erwähnung einer Ehrung seitens des Oberkirchenrates für einen Kurator, der 1945 das *Vermögen der Kirchengemeinde durch seinen persönlichen Einsatz behütet,* werden – ebenfalls nach früheren Vorbildern – im Bericht die Namen der Verstorbenen angeführt. Nachdem bereits im ersten Abschnitt einiger Toter aus der Kirche gedacht wurde, finden sich dann am Ende es Berichtes die Namen der verstorbenen Kuratoren (6) und Presbyter (14), sowie zweier treuer Mitarbeiter in einer Gemeinde (Organist in Großpetersdorf und Kirchendiener in Pinkafeld). Im Anschluss daran folgte nur mehr ein kurzer Gruß an die neu gewählten Gemeindevertreter und Presbyter:

In mehreren Gemeinden wurden die (von der Kirchenleitung angeordneten) *Wahlen ... bereits durchgeführt. Da jedoch gegebenenfalls die Listen der Gewählten (zum Zwecke der Überprüfung auf ehemalige nationalsozialistische Funktionäre) der Bezirkshauptmannschaft vorzulegen sind, kann über die neuen Mitglieder der kirchlichen Vertretungskörper Endgültiges noch nicht gesagt werden.*

IV. Vom geistlichen Gehalt des Berichtes

a)
Am Beginn und am Schluss des Berichtes findet der Senior jeweils einige Sätze über die geistliche Situation des südburgenländischen Luthertums, die durch einzelne Verweise und Andeutungen im Zusammenhang mit verschiedenen Nachrichten ergänzt werden. Da geht es um den geistlichen Gehalt der Darstellung. Und weil ja die kirchlichen Institutionen nicht Selbstzweck sind, sondern dazu dienen, dass Gemeinde gesammelt und das Wort Gottes verkündigt wird, stellen diese Bemerkungen einen nicht unwesentlichen Teil des Berichtes dar, auch wenn sie vom Umfang her eigentlich nur bescheiden sind. Natürlich konnte der Bericht dabei nicht auf den Bezug auf die allgemeine Situation verzichten.

> *Als wir das letzte Mal zur Senioratsversammlung beisammen waren, ... da war noch Krieg. Jahrelang hatte er schon gedauert, und es war immer noch kein Ende abzusehen. Es war auch noch nicht abzusehen, wie der Krieg ausgehen werde, obgleich unsere Soldaten nach allen Richtungen hin von den heimatlichen Grenzen weit ab in fremden Ländern standen. Und doch haben wir um den Frieden gebetet. Nun ist es inzwischen Friede geworden. Für uns bedeutet dieser Friede zwar den Verlust von vielem, was uns lieb war. Doch uns geht es in erster Reihe um den Frieden, der unabhängig ist von allem Geschehen auf Erden, der aus der Einigkeit des Geistes kommt. Darum wollen wir, nebst unserem Dank an Gott auch für den Frieden in dieser Welt unser Augenmerk auf Ihn richten, der allein der rechte Friede ist. Und alle Arbeit, die in seinem Namen getan wird, ist Friedensarbeit. Auch im Beratungssaal.*

In diesen wenigen Worten ist vieles angesprochen worden, mehr noch klingt zwischen den Worten hindurch. Scheinbar in Distanz zum aktuellen Geschehen und doch in voller Hinwendung zu dem, was vor sich gegangen ist, wird die Situation in wenigen Sätzen treffend dargelegt. Und dann wendet sich Senior Schmidt der Beratung in der Versammlung zu:

> *Wir wollen nun Rückschau halten, denn leider sind wir immer noch nicht ganz geschickt zum Reiche Gottes* (da nimmt er das Wort Jesu in Luk. 9, 26 auf, das er in den folgenden Sätzen noch mehrmals anspricht, ohne es direkt zu zitieren, weil er sichtlich das von ihm Berichtete nicht hinter dem Bibelwort in Deckung bringen wollte, sondern für die Diskussion offen lassen wollte).[21] *Uns fehlt auch die die feste Zuversicht auf ein gutes Gelingen, die dem tüchtigen Landwirt eigen ist. Auch unsere Berichte werden manche Lücke aufweisen. Und immer wieder wird es heißen, weil es Krieg war. Ich fürchte, dass solche Ausrede vor dem Herrn nicht gilt. Ja, wir müssen uns an unsere Brust schlagen und es bekennen: Es ist*

---

21 Diesen Anspielungen auf das Jesus-Wort ist auch der erste Teil des Titels dieser Abhandlung entnommen, weil er ganz gut die Verbindung von traditioneller Verankerung und dem Blick nach vorne zeigt, die in den Ausführungen vor der Senioratsversammlung enthalten ist.

auch unsere Schuld, dass es Krieg war. Wenn wir aber zu dieser Erkenntnis gelangt sind, dann sollen wir ja die Hand an den Pflug legen und den Blick vorwärts gerichtet tragen. Das Ziel ist uns gesteckt. Die auf Christus getauft sind, haben stets auf ihn zu sehen. Er will auch jetzt in unserer Mitte sein. In seinem Namen haben wir uns versammelt, unter sein Wort haben wir uns gestellt, in seinem Heiligtum wollen wir beraten. Da soll uns von dem Herrn und seiner Sache nichts abwendig machen können. Von unserer Liebe zu ihm soll es zeugen, was wir reden und tun. Der Herr stellt uns an den Pflug; er steckt uns das Ziel; er weist uns auch die Bahn. Es gilt, ein Neues zu pflügen. Ob auf die alte Weise oder auf eine neue Art, nur auf das eine kommt es an, das Christus getrieben werde. Dazu stehe Er uns bei! (Seite 1)

Wichtig war, dass der Berichterstatter – sichtlich im Gefolge zweier Hirtenbriefe des Bischofs (vom Bußtag 1944 und vom Jahre 1945) –[22] darauf hinwies, dass auch die Evangelischen und ihre Kirche Anteil an der zum Krieg führenden Entwicklung hatten. Freilich ist er nicht konkret geworden, was dazu geführt haben könnte, dass man es bloß als rhetorische Figur auffasste, obschon es angesichts der Verhaltensweisen vor und im Jahre 1938 durchaus so war, dass die Evangelischen im Lande die letztlich kriegstreiberischen Ideen des Nationalsozialismus unterstützten oder mit getragen hatten.[23] Freilich warnte der Senior davor, den Krieg nunmehr als Ausrede dafür zu verwenden, dass über Vieles nur unzulänglich berichtet werden konnte, und zwar auch, weil es tatsächlich unzulänglich war. Da hat er nicht historisch, sondern theologisch argumentiert. In äußerlicher Hinsicht war der Krieg – wie er selbst dann ausführte – natürlich die Ursache für gar manchen Schaden in der Kirche, angesichts der Mitschuld der Kirche und ihrer Angehörigen, trugen diese aber selbst Schuld an den nunmehr gegebenen und wahrhaftig beklagenswerten Zuständen. Nun sollte jede ideologische Verwirrung von der Versammlung vermieden werden, man sollte – gerade nach der Katastrophe des Jahres 1945 – einsehen, dass es sich ausschließlich um die Sache Jesu handle. Dabei war es nach Meinung des Seniors nicht so wichtig, ob man neue Koordinaten suchte oder an bewährten Formen festhielt, beziehungsweise sie wieder aufnahm. Jedenfalls sollten die Anstrengungen, nunmehr auf dem Wege Christi voranzuschreiten, nicht an einem Streit darüber scheitern. Da spricht ein ganzes Stück weit die Überzeugung des Lutheraners, dass nicht die Gestalt der Kirche und ihre Arbeitsformen entscheidend sind, sondern die Botschaft, die sie

---

22 Dazu *Reingrabner, Gustav*, Ein Kanzelwort in dunkler Zeit, in. Schr. R. d. Evang. Bundes 103/1986, S. 3 ff.
23 Dazu vgl. mehrere Arbeiten des Verfassers, etwa auch den Katalog der Sonderausstellung des Diözesanmuseums Stoob Illusion und Wirklichkeit. Der burgenländische Protestantismus im Jahre 1938, Eisenstadt 1988, aber auch *ders.*, Die Evangelische Kirche und das Jahr 1938, in: Glaube und Heimat, 42/1988, S. 46 ff.

ausrichtet. Diese Geringschätzung der Strukturen hatte sich gerade in der Vergangenheit als arge Belastung für die kirchliche Entwicklung erwiesen – sie konnte zwar vor einer Erstarrung bewahren, wie sie streng organisierten Institutionen drohen mochte, sie vermochte aber nicht davor zu bewahren, dass andere die Kirche instrumentarisierten.[24] Da sah der Senior nicht tief genug. Im Blick auf die innere Qualifikation derer, die nun am Pfluge stehen sollten, meldete er ein wenig Zweifel an – die konnte nach seiner Überzeugung nur der Herr der Kirche selbst überwinden. Und mit dem Appell an diesen endet die Einleitung.

b)
In den einzelnen Punkten des Berichtes kommen lediglich wenige und ganz knappe Verweise auf die geistlichen Aspekte vor. Davon können angeführt werden.

Im Zusammenhang mit der Abendmahlsfeiern zu Ostern 1045 findet sich der Satz:

Es ist gewiss etwas Schönes um die kirchliche Tradition. Doch über der äußerlichen Sitte muss das Verlangen nach dem Heil stehen, das an keinen flüchtigen Zeitpunkt gebunden ist –

und diese Meinung hat eindeutig über den konkreten Anlass, zu dem sie geäußert wurde, Bedeutung, kann aber doch kaum durchgesetzt werden. In den Ausführungen über kirchliche Männer-, Frauen- und Jugendarbeit meinte der Senior:

… unsere evangelische Kirche hält fest an dem Glaubensgrundsatz des allgemeinen Priestertums. Es hat zu allen Zeiten evangelischen Christentums Männer gegeben, die, ob sie auch nicht dem geistlichen Stande angehörten, die Arbeit im Reiche Gottes und auch in der Kirche annahmen und aufs kräftigste betrieben. Wie wäre es sonst möglich gewesen, dass zur Zeit der Verfolgung, als keine evangelischen Gottesdienste abgehalten werden konnten, die evangelische Lehre doch erhalten blieb? Gottlob, der Eifer für unsere Kirche ist noch immer nicht ausgestorben.

---

24 Auch wenn im ungarischen und dann im burgenländischen Luthertum die Diskussion über die Ansicht von Rudolf Sohm, dass die Kirche nicht über ein eigenständiges Recht verfügen dürfe, sondern ihre Strukturen vom Staat vorgegeben bekommen sollte, schon wegen der Überzeugung von der Autonomie der ungarischen evangelischen Kirche unter dem König keine unmittelbare Bedeutung hatte, so war es doch so, dass man in den Strukturen lediglich nach Zweckmäßigkeit abänderbare Hilfen für die Verkündigung sah. Man verkannte, dass sich Strukturen durchaus als Hindernisse für eine dem Evangelium entsprechende Verkündigung und Seelsorge erweisen konnten – und es auch taten.

Auch die Gedenken zur Arbeit des Gustav Adolf Werkes gaben zu Überlegungen Anlass:

> Obwohl wir jetzt von den Gustav Adolf Vereinen in Deutschland getrennt sind, fühlen wir uns doch im Geist mit den alten Freunden verbunden, und was die Stiftung betrifft (die Zerstörung der Zentrale des Werkes in Leipzig am 4.12.1943), hat diese uns betroffen. Wir wollen auch mit unseren Gebeten ihre Sache vor den Herrn bringen. Wir wünschen ihnen festen Mut zum neuen Anfang auf dem Grund, der unbeweglich steht, ob Erd und Himmel untergeht. Der Bericht endet mit dem Hinweis, dass infolge der Schwierigkeiten der letzten Zeit der Senior manches nicht so tun konnte, wie ich es gerne getan hätte.[25]

Und dann kommt der Schlusssatz, der wieder auf die geistliche Verankerung der ganze Sache hinweist:

> Nun ist es gottlob doch wieder Morgen geworden. Und wir dürfen es erfahren, dass die Barmherzigkeit Gottes auch wieder neu ist. Oder sagen wir, sie ist die alte geblieben, die keinem Wechsel unterliegt. Der Herr hat uns Barmherzigkeit und Frieden gegeben. Dafür wollen wir ihm von Herzen danken. Und beten wollen wir, dass er auch unsere Arbeit für sein Reich mit seinem Segen kröne. Ja, wir wollen den Herren loben und zu keiner Zeit vergessen, was er uns Gutes getan hat.[26]

V. Zusammenfassung und Bedeutung des Berichtes

a)
Zunächst wird nach der Bedeutung eines derartigen Berichtes im Allgemeinen zu fragen sein. Bei der Antwort wird man zwischen dem, was er heute, also für den Historiker bedeutet, und zwischen dem, wozu er abgegeben wurde, zu unterscheiden haben. Zu Letzterem hatte der Betreff der Senioratsversammlung der § 87 der Verfassung der ungarischen Kirche A. C. von 1893 unter der Überschrift *Wirkungskreis der Senioratsversammlung* verfügt: *a) die Senioratsversammlung verhandelt den Jahresbericht des Seniorats-Vorstandes, hält aufgrund desselben alle Verhältnisse in Evidenz und trifft alle als nothwendig erscheinenden Anordnungen. In ähnlicher Weise beschäftigt sie sich mit den Berichten der Ausschüsse (Commissionen) und der einzelnen Beamten* (in Österreich hätte man dazu wohl

---

25 Schmidt hat zwar erwähnt, dass Pfarrer Paul Nitschinger seine Tochter verloren hat, erwähnte aber nicht, dass er einen seiner beiden Söhne, den er besonders ins Herz geschlossen hatte, im Krieg gefallen war. Auch seine eigenen, schweren, gesundheitlichen Probleme spricht er mit diesem Hinweis nur sehr indirekt und verschleiert an.

26 Hinweis auf Psalm 103, 2: *Lobe den Herrn, meine Seele, und vergiss nicht, was er dir Gutes getan hat.* Der Bericht endet also, wie er mit einem Hinweis auf Gottes Wort begonnen hat, mit einem solchen.

am ehesten Funktionsträger gesagt) ... *und trifft der Nothwendigkeit gemäß Anordnungen*. In ähnlicher Weise fanden sich Bestimmungen für den Distrikts- und den Generalkonvent (§ 114 beziehungsweise § 150 der Verfassung). Damit wurde eindeutig festgehalten, dass derartige Berichte, die die *wichtigeren Begebenheiten in dem Leben des Seniorates* betreffen (§ 94 Kirchenverfassung), eine ganz wesentliche Grundlage der Tätigkeit der entsprechenden Versammlungen darstellten. Daraus ergab sich ihre Bedeutung, die sich in der Tradition des burgenländischen Luthertums noch durch längere Zeit gehalten hat, auch wenn sich allmählich die Form der Berichte, in denen ursprünglich die einzelnen Punkte – fortlaufend nummeriert – einfach aneinandergereiht wurden[27], zugunsten eine gewissen sachlichen Gliederung geändert hatte. Dass das auch im Burgenland so blieb, zeigen die Protokolle der bis 1938 abgehaltenen südburgenländischen Senioratsversammlungen.[28] Die Berichte sollten also nicht nur ein Bild des Vergangenen zeichnen, sondern auch – und gerade – die Grundlage für konkrete Anordnungen und Beschlüsse, die Zukunft betreffend, bilden. So waren sie wesentliches Fundament der Arbeit kirchlicher Versammlungen, zugleich aber auch wichtiger Ausdruck der Aufgaben kirchlicher Funktionäre. Durch die Gestaltung und den Inhalt der von ihnen vorgelegten Berichte vermochten sie Impulse zu geben und die Richtung der Beschlüsse kirchlicher Versammlungen vorzugeben. Darin bestand ein wesentlicher Teil ihrer Stellung und ihres Einflusses. Ein wenig ist das in dem der Senioratsversammlung 1946 in Oberwart erstatteten Bericht noch zu erkennen.

b)
Freilich lag in ihm das Hauptgewicht der Ausführungen auf der Schilderung der Gegebenheiten, die infolge der Situation in den letzten Kriegsjahren und im ersten Jahr nach dem Ende desselben gegenüber den üblichen Vorkommnissen erheblich und zum Teil erschreckend anders waren. Aber auf Hinweise auf zukünftiges Verhalten verzichtete der Senior doch nicht, sondern gab – vielleicht weniger

---

27 Derartige Berichte liegen in genügender Anzahl vor. Sie werden in der Regel durch entsprechende Punkte in den Protokollen jener Versammlung weitergeführt, der sie erstattet wurden. Dazu als zwei – beliebig gewählte – Beispiele: Auszug aus dem Protokoll des am 6. May 1846 in der königl. Freistadt Oedenburg durch den evangelischen Kirchendistrikt jenseits der Donau abgehaltenen General-Conventes, ... ausgegeben durch Matthias Haubner, Obernotär des Kirchenconventes, Raab den 10. Mai 1846, beziehungsweise Protokoll des am 10., 11. und 12. November 1875 zu Budapest abgehaltenen Generalkonvents der vier Kirchendistrikte der ev. Glaubensgenossen augsb. Bekenntnisses in Ungarn, Budapest 1876.
28 Dazu vgl. die in Anm. 7 angeführte Arbeit des Verfassers.

der Versammlung, als den in ihr versammelten Vertretern der Pfarrgemeinde im Seniorat – Anregungen für die Wiederaufnahme des einen oder anderen kirchlichen Arbeitszweiges. Infolge des Überwiegens der berichtenden Teile ergibt sich allerdings doch ein ganz beträchtlicher Wert für die spätere Erfassung der Vorgänge im südburgenländischen Luthertum. Bei der Betrachtung des Inhalts des Berichtes fällt allerdings auf, dass

- der Senior verzichtet, auf die Drangsalierung der Gemeinden und ihrer Pfarrer durch die Machthaber hinzuweisen,
- die unmittelbaren Auswirkungen der Kämpfe zu schildern,
- auf offizielle Eingriffe und praktische Behinderungen seitens der Besatzungsmacht einzugehen,
- die tatsächliche Tätigkeit der während der Kämpfe in ihren Pfarrgemeinden befindlichen Pfarrer (nicht einmal ihre Namen werden genannt) anzuführen,[29]
- auf die Tätigkeit des einen oder anderen Pfarrers innerhalb der NSDAP und ihrer Gliederungen, sowie auf deren Situation nachher hinzuweisen,[30]
- von den Bedingungen zu sprechen, unter denen damals – mindestens zum Teil – Seelsorge und Amtshandlungen vollzogen werden mussten,[31]
- anders als das kirchliche Amtsblatt irgendwelche Kriegsauszeichnungen zu nennen, die Pfarrer und Presbyter erhalten hatten,
- die Frage, wie in den Pfarrgemeinden nach dem Zusammenbruch der NS-Herrschaft mit den ideologisch geprägten Haltungen umgegangen wird, keine Erwähnung findet,

---

29 Einzig und allein die Bemühungen von Pfarrer Kurt Tepperberg in Rechnitz um die dort beim Bau des Süd-Ost-Walls tätigen jungen Frauen werden erwähnt; dass er sich auch um die Erwachsenen gekümmert und ihnen so gut er nur konnte, Hilfe gewährt hat, bleibt ebenso unerwähnt, wie die Tatsache, dass Vikar Ernst Guttner in Neuhaus a. Klb. auf dem Kirchenboden junge Frauen – vor allem aus einzeln gelegenen Häusern – vor den Ausschreitungen der Besatzungsmacht versteckt hat.

30 Man gewinnt beinahe den Eindruck, dass der Berichterstatter sorgsam vermeidet, den Namen des seit 1938 in Oberwart tätigen Pfarrers Franz Böhm zu nennen, der höherer SA-Offizier war, dann nach der Beendigung seiner Parteikarriere als ROB zum Militär musste und dort hoch dekoriert wurde. Freilich ordnete der Oberkirchenrat an, dass Böhm nach Kriegsende vorerst nicht nach Oberwart zurückkehren durfte, sondern in Hartberg tätig war. Erst Ende 1949 übernahm er wieder die Pfarrstelle in Oberwart. Dazu *Reingrabner, Gustav*, 200 Jahre Evangelische Pfarrkirche A. B. Oberwart, Oberwart 2015, S. 30 ff

31 Dazu vgl. die in den Aufzeichnungen des Pinkafelder Pfarrers Nitschinger enthaltenen Notizen. Dazu die in Anm. 19 angegebene Arbeit.

- verschiedene Bemühungen, sich um die zwangsweise oder freiwillig aus den Großstädten geflüchteten Familien zu kümmern, nicht erwähnt werden,
- von den innerhalb der kirchlichen Gemeinden bestehenden verschiedenen, ja gegensätzlichen Einstellungen zu den politischen Lehren, und den sich daraus ergebenden unterschiedlichen Verhaltensweisen von Gemeindegliedern – und ehemaligen Mitarbeitern in der Gemeinde ergebenden Verhalten[32] nichts zu finden ist, obschon das einen wesentlichen und nachhaltig wirksamen Faktor des kirchlichen Lebens ausmachte,
- keinerlei Blick auf die benachbarten Katholiken und ihre Priester geworfen wird, wobei doch bekannt ist, dass es in dieser Zeit – der dringenden Notwendigkeit entsprechend – zu verschieden Formen der Zusammenarbeit oder wenigstens Hilfe gekommen ist.[33]

c)
Das alles ist wohl dafür verantwortlich, dass aus dem Bericht kein wirkliches Bild von den Vorgängen gewonnen werden kann, dass alles blass und bloß schematisch bleibt, sodass die Bedrückungen und das Grauen, die so manche Gemeindeglieder und Pfarrer *im Berichtszeitraum* erlebten, nicht nur nicht genannt werden, sondern gewissermaßen aus dem hier gezeigten Bild der Kirche ausgeschlossen bleiben. Dafür mag zum einen die besondere Vorsicht die Ursache gewesen sein, die Johann Schmidt seit jeher in allen politischen Fragen auszeichnete, es dürften aber auch andere Gründe verantwortlich gewesen sein.

a) Er wollte in einer Zeit, in der die Mitarbeit möglichst Vieler für den Wiederaufbau der Kirche auch im südlichen Burgenland notwendig war, keine Gegensätze aufbauen und niemanden von vorneherein von einer Beteiligung am kirchlichen Wiederaufbau ausschließen.

---

32 Die einzige Ausnahme bildete der Hinweis auf das Verhalten des ab 1938 an der evangelischen Schule in Großpetersdorf wirkenden Lehrers, der dafür sorgte, dass auch der Konfirmandenunterricht nicht in der Schule stattfinden konnte. Dabei wäre doch auch darauf hinzuweisen gewesen, dass der Kreisschulinspektor in Oberwart, der mehrfach kirchenfeindliche Anweisungen erteilte, bis 1938 ebenfalls evangelischer Lehrer war.
33 Auch Pfarrer Johann Schmidt hat in seiner Gemeinde mit den dortigen Katholiken und ihrem Pfarrer solche gegenseitigen Unterstützungen gewährt und gefunden. Dazu einige knappe Bemerkungen bei *Reingrabner, Gustav*, Vorige Zeiten, Großpetersdorf 1971.

b) Er sah, dass nicht wenige von denen, die 1938 und später eine andere Position eingenommen hatten, nunmehr bereit waren, sich wieder in die Kirche einzufügen und fragte nicht nach ihren Motiven.
c) Er wusste, dass die politischen Gegensätze nicht selten quer durch die einzelnen Familien gingen und sah sein seelsorgerliches Anliegen beziehungsweise die Aufgabe der Kirche auch darin, diese Gegensätze nunmehr überwinden zu helfen.
d) Er erinnerte sich an die heftigen Auseinandersetzungen in der Ersten Republik und hoffte wahrscheinlich, dass diese nunmehr dem Land und auch den Kirchengemeinden erspart bleiben.
e) Und schließlich sah er alle Dinge noch als so unentschieden und so im Fluss. Seine Aussage *Wir wollen uns hüten, aus zufälligen Erscheinungen gültige Regeln abzuleiten*, galt eben nicht nur für den Punkt, an dem er sie machte (Gottesdienstbesuch).

Und dennoch ist es zu bedauern, dass dadurch große Teile der Wirklichkeit in dem Bericht nicht vorkommen. Das wird bei einer sorgsamen Analyse der Situation der Kirche auch in entsprechendem Maße zu bedenken sein.[34]

Eine solche Analyse ist aber nicht die Aufgabe diese Arbeit. Dafür wären andere Nachrichten und Berichte heranzuziehen, die dann auch zeigten, dass nicht alle in dem Bericht vorgebrachten Ansichten des Seniors von allen Verantwortlichen in den Gemeinden zur Gänze geteilt wurden. Daran lag noch durch längere Zeit die Eigenart, aber auch eine gewisse Tragik der Entwicklung der evangelischen Gemeinden im südlichen Burgenland.

---

34 Dazu dürfte es notwendig sein, die beiden Berichte, die der Präsident des Oberkirchenrates und der Bischof in den Jahren 1947 und 1949 vor der Generalsynode abgaben, als Hintergrund der Situation zu sehen, wenn sich auch der Oberkirchenratspräsident bemühte, die evangelische Kirche als Opfer und keineswegs als Täter erscheinen zu lassen, so ging doch der Bischof ausführlich auf die in mancher Hinsicht problematische Position des österreichischen Protestantismus zum Nationalismus der erste Hälfte des 20. Jahrhunderts ein.

Brigitte Schinkele

Zur religionsrechtlichen „Problemgeschichte" Österreichs mit den Freikirchen

Abstract

Regarding Austria's problematic relationship with the Free Churches individual steps were taken towards a progressive improvement. The creation of an additional legal status for religious communities in 1998 and the legal recognition of the 'Free Churches in Austria' in 2013 are of special significance in this respect.

I. Einleitung

Mit diesem Titel nehme ich auf einen Beitrag von *Karl W. Schwarz* Bezug, in dem er das Verhältnis zwischen den „Freikirchen" und dem „Staatskirchenrecht" als eine „religiöse Problemgeschichte" beschreibt.[1] Dass es sich trotz einer beachtlichen Weiterentwicklung immer noch um ein komplexes Beziehungsgefüge handelt, klingt auch bei *Richard Potz* an, wenn er die in Bezug auf die Aufhebung der Anerkennung der Herrnhuter-Brüderkirche angestellten Überlegungen unter das Motto stellt „Österreich, wie hast du's mit den Freikirchen".[2]

Wird diese Thematik im Rahmen eines Sammelbandes mit dem Titel „Kirchlicher Wiederaufbau" behandelt, so ist zunächst zweierlei zu betonen. Zum einen, dass im Laufe der Zweiten Republik sowohl der Aufbau des Gemeindelebens freikirchlicher Gruppierungen als auch die innerkirchlichen theologischen Diskurse in je spezifischer Weise eine Intensivierung erfahren haben. Dies nicht zuletzt auch unter einer ökumenischen Perspektive, was insgesamt mitunter eine gewisse Modifizierung des jeweiligen kirchlichen Selbstverständnisses mit sich bringt. Zum anderen ist festzuhalten, dass gerade mit Blick auf die Freikirchen die Verflechtung mit dem Religionsrecht, vor allem mit der Frage der Zuordnung

---

1 *Schwarz, Karl W.*, „Freikirchen" und „Staatskirchenrecht" – eine religiöse Problemgeschichte, in: öarr 60/2013, S. 347–356. Siehe auch *Schwarz, Karl W.*, Historia docet: Kirchen als Kläger über kultusrechtliche Beschränkungen der Religionsfreiheit, in: *Schinkele, Brigitte et al.*, Festschrift Richard Potz (70), Wien 2014, S. 817–833.
2 *Potz, Richard*, Österreich, wie hast du's mit den Freikirchen? Überlegungen aus Anlass der Aufhebung der Anerkennung der Herrnhuter, in: *Bünker, Michael / Hofhansl, Ernst / Kneucker, Raoul* (Hg.), Donauwellen. Zum Protestantismus in der Mitte Europas, Festschrift Karl W. Schwarz (60), Wien 2012, S. 183–194.

religiöser Verbände zum staatlichen Rechtsbereich, in besonderem Maße deutlich wird. Können von einem veränderten religionsrechtlichen Rahmen doch durchaus Impulse auf inner- bzw. zwischenkirchliche Entwicklungen ausgehen, was in exemplarischer Weise zuletzt im Jahr 2013 bei der gesetzlichen Anerkennung der Kirche „Freikirchen in Österreich" seinen Niederschlag gefunden hat.[3] Die hier angesprochenen Aspekte sind einzubinden in eine fortschreitende Veränderung der religiösen Landschaft, die durch Pluralisierung, Individualisierung und weitere Säkularisierung gekennzeichnet ist. Gleichzeitig sind seit einigen Dezennien jedoch auch ambivalente bzw. gegenläufige Tendenzen auszumachen, sodass zunehmend von einer „Rückkehr der Religionen" bzw. sogar von einer „Resakralisierung" sowie vergleichbaren Schlagworten die Rede ist. Insgesamt handelt es sich jedenfalls um Prozesse, die das Religionsrecht vor beachtliche Herausforderungen stellt, die durch die grundsätzliche Entwicklungsoffenheit religiöser Phänomene noch eine entsprechende Verstärkung erfahren.

Damit einher geht auch eine Neupositionierung in dem angesprochenen komplexen Beziehungsgefüge mit den Freikirchen, die sich allerdings erst zögerlich herauskristallisiert hat. Nimmt man die Gründung der Zweiten Republik als Ausgangspunkt, so kam es einige Jahrzehnte hindurch lediglich zu einzelnen Anerkennungsakten,[4] während in Bezug auf den grundsätzlichen rechtlichen Rahmen weitgehender Stillstand herrschte. Erst gegen Ende des Jahrhunderts – mit dem Gesetz über die Rechtspersönlichkeit von religiösen Bekenntnisgemeinschaften 1998 (BekGG)[5] und in der Folge dem Vereinsgesetz 2002[6] – wurden entscheidende Schritte in dem lange währenden „Ringen" um korporative Religionsfreiheit gesetzt.[7] Allerdings sind immer noch Defizite auszumachen,[8] sodass aus gegenwärtiger Sicht nicht von einer endgültigen Überwindung der religionsrechtlichen „Problemgeschichte" gesprochen werden kann, auch wenn die bereits erwähnte Anerkennung der „Freikirchen in Österreich" zweifelsohne einen religionsrechtlichen „Paukenschlag" darstellt.

---

3   Siehe dazu eingehend unten VI.2.
4   Siehe unten VI.1.
5   BGBl. I 1998/19 i.g.F.
6   BGBl. I 2002/66 i.g.F.
7   *Schima, Stefan*, Die Rechtsgeschichte der „Konfessionslosen": der steinige Weg zur umfassenden Garantie von Religionsfreiheit in Österreich, in: *Raadschelders, Joos C. N.* (Hg.), Staat und Kirche in Westeuropa in verwaltungshistorischer Perspektive (19./20. Jh.), S. 97–124.
8   *Schinkele, Brigitte*, Privilegierte und diskriminierte Religionen – korporative Religionsfreiheit in europäischer Perspektive, in: öarr 57/2010, S. 180–197, hier insb. S. 187–193.

Vorweg scheinen kurze Bemerkungen zu den Begriffen „Staatskirchenrecht" und „Religions(verfassungs)recht" angebracht, da beide in einschlägigen Beiträgen zum hier behandelten Thema häufig verwendet werden, worin sich der seit geraumer Zeit diesbezüglich geführte „begriffspolitische Grundsatzstreit"[9] widerspiegelt. Ohne die Problematik derartiger Kurzformeln außer Acht zu lassen, ist doch zu betonen, dass damit Grundpositionen festgemacht werden, die in spezifischen Interpretationsgrundsätzen und einer entsprechenden dogmatischen Handhabung ihren Niederschlag finden. Der Verwendung dieser Begriffe kommt ohne Zweifel eine nicht zu unterschätzende bekennende und programmatische Bedeutung zu. Neben verschiedenen Missverständlichkeiten, die der Terminus „Staatskirchenrecht" impliziert,[10] trägt dieser vor allem dem Individualgrundrecht nicht adäquat Rechnung. Religiöse Aktivitäten sind von der Natur der Sache her auf kollektive Ausübung angelegt, und Religionsgemeinschaften stellen daher notwendigerweise wichtige Bezugs- und Kristallisationspunkte dar – primär allerdings nicht um ihrer selbst willen, sondern zur Wahrung der religiösen Interessen der einzelnen Gläubigen, der Bürger und Bürgerinnen. Die Verwirklichung religiöser Interessen der einzelnen Gläubigen und ihr Anspruch auf Gewährleistung der Religionsfreiheit bedürfen als solche keines legitimierenden Dazwischentretens einer religiösen Gemeinschaft.[11] Gleichzeitig ist zu betonen, dass historisch gewachsene Rechtspositionen von Kirchen damit keineswegs in Frage gestellt werden, sie erfahren vielmehr eine modifizierte systematische Begründung.[12]

II. Zum Wesen der Freikirchen

In konfessionskundlicher bzw. religionswissenschaftlicher Sicht sind die Freikirchen von den „Sekten" zu unterscheiden, obwohl sie insbesondere unter einem historischen Gesichtspunkt diesen zugerechnet wurden bzw. werden. Dabei ist allerdings zu betonen, dass eine Abgrenzung im Einzelfall äußerst schwierig bzw.

---

9 *Heinig, Hans Michael / Walter, Christian* (Hg.), Staatskirchenrecht oder Religionsverfassungsrecht. Ein begriffspolitischer Grundsatzstreit, Tübingen 2007.
10 *Kalb, Herbert / Potz, Richard / Schinkele, Brigitte*, Religionsrecht, Wien 2003, S. 1–2.
11 Vgl. *Morlok, Martin*, Religionsverfassungsrecht und Schule, in *Adolf-Arndt-Kreis* (Hg.), Nun sag, wie hast Du's mit der Religion? Der Staat, das Recht und die Religionen, S. 37–44, hier S. 38.
12 *Potz Richard / Schinkele, Brigitte*, Europarecht – Wie hast du's mit der Religion?, in: *Appel, Kurt / Danz, Christian / Potz, Richard / Rosenberger, Sieglinde / Walser, Angelika*, (Hg.), Religion in Europa heute. Sozialwissenschaftliche, rechtswissenschaftliche und hermeneutisch-religionsphilosophische Perspektiven, Göttingen 2012, S. 129–160, hier S. 134.

überhaupt nicht zu bewerkstelligen ist. Grundsätzlich versteht man unter Freikirchen Gemeinschaften, die sich von den großen Kirchen getrennt halten, die aber – im Gegensatz zu den „Sekten" – bekenntnismäßig noch auf gemeinsamem Boden stehen. Sie haben ihre Wurzeln in der Reformationsbewegung bzw. in Erweckungsbewegungen des 18. und 19. Jahrhunderts. Im Vergleich zum Luthertum entwickelten sich freikirchliche Bewegungen in deutlich größerem Ausmaß im Rahmen der reformatorischen Tradition des Calvinismus, wobei sie auch im angelsächsischen Raum stärkere Verbreitung fanden.[13] Im deutschsprachigen Raum sind die meisten Freikirchen als evangelikal einzustufen. In theologischer Hinsicht gibt es ein breites Spektrum, das von fundamentalistisch bis liberal reicht.

Von den großen reformatorischen Kirchen unterscheiden sich die Freikirchen hauptsächlich durch ihr Kirchen- und Gemeindeverständnis und ihren Frömmigkeitsstil, eine strenge Kirchenzucht[14] sowie eine betont missionarische Ausrichtung, wohl verbunden mit der Gefahr einer gewissen Überbetonung ihrer charakteristischen Wesenszüge. Angeknüpft wird an das urchristliche Verständnis der Gemeindebildung, wobei im Einzelnen „im Laufe der weiteren Entwicklung die Akzente sehr verschieden gesetzt [wurden], immer wollte man aber Gemeinden Jesu Christi in unmittelbarer Rückbeziehung auf das NT darstellen und verwirklichen."[15]

Idealtypisch sind für sämtliche Freikirchen – bei erheblich unterschiedlichen Ausprägungen und Mischformen – im Wesentlichen vor allem zwei Wesenszüge charakteristisch. Das Attribut *frei* trägt in erster Linie in Abgrenzung zu volks- bzw. staatskirchlichen Strukturen dem ekklesiologischen Grundsatz Rechnung, dass die Mitgliedschaft auf einer freien bewussten Glaubensentscheidung beruht. Dies impliziert Erwachsenen- bzw. Wiedertaufe, sodass jene „Freiwilligkeitskirchen", welche die Säuglingstaufe praktizieren, diese auch nicht als hinreichend für die volle Mitgliedschaft ansehen.

Weiter wird mit dem Begriff *Frei*kirche eine Distanzierung von traditionellen volks- oder staatskirchlichen Strukturen und damit die Unabhängigkeit der Gemeinschaft vom Staat sowie das Bekenntnis zu einer (strikten) Trennung von Staat und Kirche zum Ausdruck gebracht. Dieser Aspekt wurde vor allem im

---

13 Vgl. *Krüger, Hanfried*, Artikel „Freikirchen", in: *Herzog, Roman et al.*, (Hg.), Evangelisches Staatslexikon, Stuttgart ³1987, Bd. 1, Sp. 991–998, hier Sp. 992.
14 Vgl. *Reimer, Hans-Diether*, Artikel „Sekten" in: Evangelisches Staatslexikon (Anm. 13), Bd. 2, Sp. 3093–3098, hier Sp. 3095.
15 *Krüger*, Freikirchen (Anm. 13), Sp. 991. Der Autor unterscheidet den presbyterianischen, den kongregationalistischen, den baptistischen und den methodistischen Haupttyp (ebda., Sp. 992).

19. Jahrhundert mit Blick auf die Landeskirchen und das landesherrliche Kirchenregiment entwickelt und ist in der weiteren Folge im Kontext des grundsätzlichen Wandels im Staat-Kirche-Verhältnis zu sehen mit entsprechenden Rückkoppelungswirkungen zum jeweiligen freikirchlichen Selbstverständnis, worauf noch näher einzugehen sein wird.[16]

Nicht zuletzt im Hinblick auf die angesprochene Abgrenzungsproblematik zur „Sekte"[17] ist zu betonen, dass sich angesichts einer gewissen, stets damit verbundenen negativen Konnotation die Religionswissenschaft wie auch die Religionssoziologie um einen neutralen „Sekten"-begriff bemüht haben, wie insbesondere auch *Max Weber* und *Ernst Troeltsch*.[18] Davon ist der Begriff der „Sekte" im rechtlichen Sinn zu unterscheiden, der mit Inkrafttreten des Bundesgesetzes über die Errichtung einer Dokumentations- und Informationsstelle für Sektenfragen im Jahre 1998[19] (wieder)[20] Eingang in die österreichische Rechtsordnung gefunden hat. Der Rechtsbegriff „Sekte" impliziert die angesprochene negative Konnotation nunmehr insoweit, als es Aufgabe der Bundesstelle für Sektenfragen ist, „Gefährdungen, die von Sekten oder von sektenähnlichen Aktivitäten bzw. glaubens- und weltanschauungsbezogenen Gemeinschaften ausgehen können", zu dokumentieren und über diese zu informieren. Dabei wird auf das Vorliegen eines begründeten Verdachts und einer Gefährdungsgeneigtheit zu Lasten taxativ aufgezählter Rechtsgüter abgestellt, sodass sich Hinweise des Staates auch auf körperliche Schädigungen und psychische Beeinträchtigungen unterhalb der Schwelle strafrechtlicher Delikte beziehen können. Da der Gesetzgeber also mit dem EDISG seine weise Zurückhaltung hinsichtlich des Sektenbegriffs aufgegeben hat, ist bei dessen Verwendung nunmehr besondere Sorgfalt angebracht. In diesem Sinn hatte bereits das ältere einschlägige Schrifttum diesen Begriff weitgehend

---

16 Siehe unten V.
17 Siehe den Artikel „Sect", in: *Eliade, Mircea* (Hg.) The Encyclopedia of Religion, New York-London, vol. 13, S. 154–159.
18 *Weber, Max*, Gesammelte Aufsätze zur Religionssoziologie, Tübingen 1983, insb. S. 211; *Troeltsch, Ernst*, Die Soziallehren der christlichen Kirchen und Gruppen, Aalen 1977 (Neudruck), insb. S. 23.
19 BGBl. I 1998/150 (EDISG). Eingehend dazu *Kalb, Herbert / Potz, Richard / Schinkele, Brigitte*, Das Bundesgesetz über die Einrichtung einer Dokumentations- und Informationsstelle für Sektenfragen, Österreichisches Archiv für Recht & Religion 46/1999, S. 353–433; *Mayer, Heinz* (Hg.), Staat und „Sekten" – staatliche Information und Rechtsschutz, Schriftenreihe Colloquium Bd. 3, Wien 2001.
20 Dies im Hinblick auf einzelne Straftatbestände, die bis zum Strafgesetzbuch 1975 in Geltung, allerdings schon lange „totes Recht" waren. Näheres bei *Kalb / Potz / Schinkele*, EDISG (Anm. 19), hier S. 370–371.

vermieden bzw. seine Verwendung etwa mit der Klarstellung versehen, dass diese aus Gründen der Vereinfachung geschehe, um damit alle Bekenntnisse zu bezeichnen, die gesetzlich nicht anerkannt sind.[21] Aus heutiger Sicht empfiehlt sich die immer gebräuchlicher werdende Terminologie Neue Religiöse Bewegungen (NRM – *New Religious Movements*).

Vor diesem Hintergrund ist zu betonen, dass typische Freikirchen in Österreich eine unterschiedliche Rechtsstellung aufweisen, das heißt sie haben sowohl den Status gesetzlich anerkannter Kirchen als auch staatlich eingetragener religiöser Bekenntnisgemeinschaften, oder sie sind nach dem Vereinsgesetz als ideelle Vereine konstituiert. Besonders augenfällig wird dies im Zusammenhang mit der Pfingstbewegung. So genießt die „Freie Christengemeinde – Pfingstgemeinde" seit der Anerkennungsverordnung 2013 im Rahmen der „Freikirchen in Österreich" den Status der gesetzlichen Anerkennung, während die „Pfingstkirche Gemeinde Gottes in Österreich" als religiöse Bekenntnisgemeinschaft staatlich registriert ist. Da im Rahmen der Pfingstbewegung auch eine Gruppierung auf der Grundlage des Vereinsgesetzes 2002 Rechtspersönlichkeit erlangt hat, existieren nunmehr drei Pfingstkirchen mit jeweils unterschiedlicher staatlicher Rechtsform.[22]

III. Der religionsrechtliche Rahmen

Mit Blick auf die Anhänger gesetzlich nicht anerkannter Bekenntnisse stellte der Staatsvertrag von St. Germain 1919 die entscheidende Zäsur dar, dessen einschlägige Bestimmungen durch Art 149 in die Bundesverfassung 1920 inkorporiert wurden. Gemäß Art 63 Abs. 2 haben alle Einwohner Österreichs das Recht, öffentlich oder privat jede Art Glauben, Religion oder Bekenntnis frei zu üben, sofern deren Übung nicht mit der öffentlichen Ordnung oder den guten Sitten unvereinbar ist. Bis dahin war das religionsfreiheitliche Individualrecht gemäß Art 14 StGG in Verbindung mit Art 15 StGG nur Angehörigen gesetzlich anerkannter Kirchen und Religionsgesellschaften gewährleistet, während Religionsbekenntnisse, die diesen Status nicht erlangt hatten, auf die häusliche Religionsübung beschränkt waren (Art 16 StGG). Diese Ungleichbehandlung wurde mit dem Staatsvertrag von St. Germain allerdings nur aus individualrechtlicher Sicht beseitigt, während im Bereich der korporativen Grundrechtsgarantien keine

---

21 So beispielsweise *Höslinger, Robert*, Die Rechtsstellung der „Sekten" in Österreich, in: ÖJZ 3/1948, S. 219–221.
22 Vgl. *Schwarz, Karl W.*, Eine religiöse Neuvermessung in Österreich. Historische, juristische und politische Aspekte des Religionsrechts unter besonderer Berücksichtigung der Freikirchen, in: ZRG-Kan. Abt. 100 (2014) S. 468–494.

entsprechende Angleichung erfolgte. Diese mangelnde Parallelität wurde durch eine nicht verfassungskonforme Interpretation des § 3a Vereinsgesetz 1951 sowie eine äußerst problematische Anerkennungspraxis noch deutlich verschärft, sodass gesetzlich nicht anerkannte Bekenntnisse keine Möglichkeit hatten, sich rechtlich zu konstituieren.[23]

Erst mit der durch das BekGG 1998 erfolgten Schaffung eines weiteren Rechtsformentyps für Religionsgemeinschaften wurde diese Lücke prinzipiell geschlossen. Darüber hinaus stellt nunmehr auch das Vereinsgesetes 2002 eine Rechtsgrundlage für die Konstituierung von Religionsgemeinschaften (wie auch Weltanschauungsgemeinschaften) dar. Damit wurde die Rechtsstellung der Freikirchen bzw. anderer kleinerer Religionsgemeinschaften zwar insoweit deutlich verbessert, als sie jetzt die Möglichkeit erhielten als religiöse Bekenntnisgemeinschaft – und damit vom Staat als solche identifiziert – oder als ideeller Verein – und nicht bloß als Vereine mit religiösem Teilzweck – Rechtspersönlichkeit privaten Rechts zu erlangen. Demgegenüber ist mit der gesetzlichen Anerkennung der Status einer Körperschaft öffentlichen Rechts *sui generis* verbunden.

Mit dem BekGG kam es jedoch gleichzeitig zu einer prohibitiven Verschärfung der Anerkennungsvoraussetzungen, insbesondere die nunmehr geforderte Mitgliederzahl von 2 Promille der Wohnbevölkerung in Österreich (ca. 17.000) ist für Religionsgemeinschaften nahezu unerreichbar.[24] Darüber hinaus knüpft die Rechtsordnung nach wie vor vielfach an die gesetzliche Anerkennung an, wie etwa im Schulrecht, Abgabenrecht, Arbeitsrecht, Fremdenrecht, Veranstaltungsrecht, Wehr- und Zivildienst u.a.[25] Die Bekenntnisgemeinschaften sind daher von zahlreichen, teilweise in die Grundrechtssphäre reichenden Rechtsvorteilen ausgeschlossen, ohne dass dafür eine sachliche Rechtfertigung bestünde. Insgesamt weist das Anerkennungsrecht daher aus religionsfreiheits- und gleichheitsrechtlicher Sicht weiterhin derartige Mängel auf, dass die religionsrechtliche „Problemgeschichte" der Freikirchen bzw. auch anderer kleinerer Religionsgemeinschaften

---

23 *Kalb / Potz / Schinkele*, Religionsrecht (Anm. 10), S. 127–129.
24 Zum Anerkennungsrecht in einem weiten Sinn eingehend *Kalb / Potz / Schinkele*, Religionsrecht (Anm. 10), S. 112–126; *Lienbacher, Georg*, Die rechtliche Anerkennung von Religionsgemeinschaften in Österreich, in: C. Grabenwarter, *Christoph / Lüdecke, Norbert* (Hg.), Standpunkte im Kirchen- und Staatskirchenrecht, Würzburg 2002, S. 154–176.
25 Lediglich im Personenstandswesen werden seit dem Personenstandsgesetz 2013, BGBl. I 2013/16 i.g.F., beide Kategorien von Religionsgemeinschaften gleich behandelt (vgl. § 11 Abs. 4, § 20 Abs. 5, § 27 Abs. 4, § 30 Z 7 und § 45 Abs. 3).

nicht generell abschließend zu einem guten Ende gekommen ist.²⁶ Sämtliche nach Ablauf der (ursprünglich vorgesehenen) zehnjährigen „Wartefrist"²⁷ von den Bekenntnisgemeinschaften neuerlich eingebrachten Anerkennungsanträge wurden nunmehr aufgrund der zu geringen Mitgliederzahl abgewiesen. Die diesbezüglich beim Verfassungsgerichtshof (VfGH) erhobenen Beschwerden hatten jedoch keinen Erfolg.²⁸ Da bedauerlicher Weise – entgegen anfänglich anderer deutlicher Signale – auch vom Europäischen Gerichtshof für Menschenrechte (EGMR) keine Weichenstellung in die richtige Richtung zu erwarten ist, können nur einzelne „Sonderwege" Abhilfe aus diesem Dilemma schaffen. Auf einen solchen „Sonderweg", der vier Freikirchen zum öffentlich-rechtlichen Status als gesetzlich anerkannte Kirche verholfen hat, wird noch ausführlich zurückzukommen sein.²⁹

IV. Grundsätzliche Bedeutung des religiösen Selbstverständnisses und Überwindung des „Ausschließlichkeitsrechts"

Die oben angesprochene gewandelte Haltung des Staates zu den Freikirchen hängt wesentlich mit der besonderen Bedeutung des jeweiligen religiösen Selbstverständnisses als Anknüpfungspunkt für normierende und rechtsanwendende staatliche Tätigkeiten zusammen.³⁰ Die staatlich-rechtliche Relevanz dieses Selbstverständnisses wurde wesentlich von der Lehre entwickelt und hat ihren Niederschlag in der gefestigten höchstgerichtlichen Rechtsprechung gefunden.³¹ Ein solcher Ansatz hat notwendiger Weise Auswirkungen auf das so genannte Ausschließlichkeitsrecht,³² das im Rahmen des traditionellen Staatskirchenrechts

---

26 Insoweit kann ich mich der etwas zu euphorisch ausgefallenen, abschließenden Diagnose von *Schima*, Konfessionslose (Anm. 7), S. 124, nicht anschließen, wonach Österreich heute im europäischen Vergleich „die im Zuge des steinigen Weges erlittenen Blessuren auszugleichen [vermag]".
27 Vgl. § 11 Abs. 1 Z 1 BekGG (alte Fassung) sowie Anm. 58.
28 Siehe unten VII. mit Anm. 68.
29 Siehe VI.2.
30 Vgl. *Kalb / Potz / Schinkele*, Religionsrecht (Anm. 10) S. 45–46; S. 65–69.
31 Vgl. nur VfGH 10. 12. 1987, G 146/87, G 147/87.
32 Siehe eingehend *Potz, Richard*, Das Ausschließlichkeitsrecht, in: *Jabloner, Clemens / Kucsko-Stadlmayer, Gabriele / Muzak, Gerhard / Perthold-Stoitzner, Bettina / Stöger, Karl* (Hg.), Vom praktischen Wert der Methode, FS-Mayer (65), Wien 2011, S. 555–573. Siehe auch *Gartner-Müller, Barbara*, Die Islamische Glaubensgemeinschaft und das Ausschließlichkeitsrecht der gesetzlich anerkannten Kirchen und Religionsgesellschaften, in: öarr 59/2012, S. 251–283, hier insb. S. 262–271.

zu einem zentralen, dieses prägenden Prinzip entwickelt worden war. Es wurde von der Lehre als „Anspruch jeder einzelnen gesetzlich anerkannten Kirche und Religionsgesellschaft auf Respektierung und auf staatlichen Schutz ihrer Exklusivität"³³ beschrieben. Das dem „Ausschließlichkeitsrecht" immanente Spannungsverhältnis zu den religionsfreiheitsrechtlichen Garantien nahm in der Folge immer deutlichere Konturen an. Angesichts der Bedeutung des Selbstverständnisses des Grundrechtsträgers gerade im religionsrechtlichen Kontext wird die Ingerenz des zur religiös-weltanschaulichen Neutralität verpflichteten Staates sehr rasch überschritten, wenn er vor die Notwendigkeit gestellt ist, Beurteilungen von Religionslehren bzw. Abgrenzungen zwischen Religionsgemeinschaften in lehrmäßiger Hinsicht vorzunehmen. Es handelt sich beim „Ausschließlichkeitsrecht" daher um ein Konstrukt, das dem Verständnis der umfassenden Religions- und Weltanschauungsfreiheit im modernen Verfassungsstaat nicht gerecht wird. Dies zeigt sich angesichts verschiedener landes- und freikirchlicher Organisationen gerade im Bereich der Evangelischen Kirche.³⁴

Besondere Bedeutung kommt im Hinblick auf das „Ausschließlichkeitsrecht" dem Erkenntnis des VfGH vom 1. Dezember 2010, B 1214/09³⁵ zu. Danach ist es dem Gesetzgeber eines zur Neutralität in religiösen bzw religionsrechtlichen Fragen verpflichteten Staates verwehrt, entgegen dem Selbstverständnis von Betroffenen eine faktisch nicht vorhandene, von theologischen Kriterien nicht hinreichend gestützte Einheit im Wege der Verweigerung des Erwerbs der Rechtspersönlichkeit als religiöse Bekenntnisgemeinschaft zu verfügen. Weiter hält der Gerichtshof fest, dass aus Art 15 StGG³⁶ nicht abgeleitet werden könne, dass nur eine einzige rechtlich verfasste islamische Religionsgemeinschaft bestehen darf. Bezogen sich diese Aussagen des VfGH auch auf das Verhältnis zwischen

---

33 *Gampl, Inge*, Österreichisches Staatskirchenrecht, Wien-New York 1971, S. 163.
34 Weiter etwa auch im Zusammenhang mit den verschiedenen Richtungen des Islams bzw. separatistischen Weiterentwicklungen mit mehr oder minder ausgeprägten islamischen Wurzeln bzw. islamischem Selbstverständnis.
35 Siehe eingehend *dazu Potz, Richard / Schinkele, Brigitte*, Eintragung bzw. gesetzliche Anerkennung alevitischer Gruppen in Österreich, in: öarr 58/2011, S. 137–155, sowie *Gartner-Müller*, Islamische Glaubensgemeinschaft (Anm. 32), insb. S. 273–277.
36 Artikel 15 StGG lautet: Jede gesetzlich anerkannte Kirche und Religionsgesellschaft hat das Recht der gemeinsamen öffentlichen Religionsausübung, ordnet und verwaltet ihre inneren Angelegenheiten selbständig, [...], ist aber, wie jede Gesellschaft, den allgemeinen Staatsgesetzen unterworfen.

Islam und Alevitentum,[37] so kommt ihnen darüber hinaus eine sehr grundsätzliche Bedeutung zu. Sie gelten daher *mutatis mutandis* auch für das Verhältnis evangelischer Freikirchen untereinander wie auch für das Verhältnis dieser zur Evangelischen Kirche in Österreich. Mit anderen Worten: So wie es mehrere Religionsgemeinschaften geben kann, die sich als islamisch verstehen, müssen sich auch mehrere evangelische bzw evangelikale Religionsgemeinschaften religionsrechtlich konstituieren können.

Entsprechend den bisherigen Ausführungen ist vom Selbstverständnis der jeweiligen Religionsgemeinschaft als Grundrechtsträger auszugehen, wenn es um deren Zuordnung zum staatlichen Rechtsbereich mittels Zuerkennung einer für Religionsgemeinschaften bestehenden spezifischen Rechtsform geht. Dabei hat sich der religiös-neutrale Staat zwar jeglicher Bewertung theologischer Grundlagen, religiöser Lehren und deren Essentialia zu enthalten, wohl hat er aber eine Plausibilitätsprüfung nach säkularen Kriterien vorzunehmen. Der Versuch einer Quantifizierung auszumachender lehrmäßiger Unterschiede scheint bald an seine Grenzen zu stoßen, jedenfalls überschreiten derartige Ambitionen die Kompetenzen des religiös-weltanschaulich neutralen Staates und müssen zwangsläufig zu willkürlicher Handhabung führen.

Angesichts dieser äußerst begrenzten Prüfungs- und Zuordnungskompetenz in Bezug auf den (theologischen) Gehalt der Religionslehre(n)[38] ist von staatlicher Seite eine entsprechende Zurückhaltung geboten, was insbesondere durch das oben erwähnte Erkenntnis des VfGH unterstrichen wird. Sachgerecht ist demnach das Abstellen auf die organisatorische Selbständigkeit in Verbindung mit einer Namensführung, die einerseits dem religiösen Selbstverständnis der Gruppierung Rechnung trägt und andererseits eine Verwechslungsgefahr mit anderen Gemeinschaften bzw. Einrichtungen ausschließt. In diesem Sinn wird auch im deutschen Schrifttum nahezu einhellig das Erfordernis, dass eine Religionsgemeinschaft

---

37 Das Alevitentum wurzelt zwar im Islam, hat sich aber seit dem Mittelalter vom islamischen *main-stream* und dessen zentralen Glaubensinhalten und Geboten gelöst. Nach religionswissenschaftlichen Kriterien ist das Alevitentum als eigenständige synkretistische Religion mit besonderen Bezügen zu islamischen Traditionen zu qualifizieren.
38 Vgl. § 4 Abs. 1 Z 2 BekGG, wonach sich die Religionslehre von der Lehre bestehender Bekenntnisgemeinschaften oder gesetzlich anerkannter Kirchen und Religionsgesellschaften unterscheiden muss, bzw. § 1 AnerkennungsG, der von „Anhängern eines bisher gesetzlich nicht anerkannten Religionsbekenntnisses" spricht.

ein „von anderen sich unterscheidendes Glaubensbekenntnis" aufzuweisen habe, nicht mehr als essentiell angesehen.[39]

An dieser Stelle ist insbesondere auch auf die gefestigte Rechtsprechung des EGMR zu verweisen, aus der zwingend folgt, dass der – mehr oder weniger ausgeprägte – Unterschied in der Lehre kein relevantes Kriterium darstellen darf, anderenfalls ein Verstoß gegen das Grundrecht der Religionsfreiheit vorliege. Der religiös neutrale Staat werde seiner Funktion als „unparteiischer Organisator" nur gerecht, wenn er letztlich auf das Wesen der jeweiligen religiösen Gruppierung und deren Selbstverständnis abstellt.[40]

V. Paradigmenwechsel im Verhältnis zwischen dem Staat und den Freikirchen

Vor diesem Hintergrund hat sich ein sukzessiver, signifikanter Wandel in der Haltung des Staates gegenüber den Freikirchen vollzogen. Gerade im freikirchlichen Kontext wird die Wechselwirkung zwischen dem durchaus eine Dynamik aufweisenden staatlichen Religionsrecht auf der einen Seite und innerkirchlichtheologischen bzw. ökumenischen Entwicklungen auf der anderen Seite deutlich. Jedenfalls einzuhaltenden verfassungs- und grundrechtliche Vorgaben sowie ein unabänderlicher Kern kirchlichen Selbstverständnisses stellen die Eckpfeiler dar, die einen darüber hinausreichenden Raum belassen für eine Modifizierung oder sogar Neubestimmung einzelner Parameter, die dieses Beziehungsgefüge prägen.

Anlässlich eines Vortrages im Rahmen der Tagung „Evangelische Kirchen und Europa" in Wien im Oktober 2005 mit dem Titel „Die österreichische Kultuspolitik der 50er-Jahre im Spiegel der Minderheitskirchen" sprach *Karl Schwarz* für diese Zeit von einem „Unverständnis[es] des österreichischen Staatskirchenrechts für das Wesen einer Freikirche" sowie von einem „Graben [...] zwischen dem Staatskirchenrecht einerseits und der Dynamik theologischer Entwicklungen

---

39 Vgl. dazu insb. *Weber, Hermann*, Die Verleihung der Körperschaftsrechte an Religionsgemeinschaften, in: ZevKR 34/1989, S. 337–382, hier S. 348.
40 Vgl etwa EGMR 14. 12. 1996, 18.178/97 (Serif vs. Griechenland); EGMR 16. 3. 2005, 39.023/97 (Oberster Heiliger Rat der Islamischen Gemeinschaften vs Bulgarien) mit einem Kommentar von *Potz, Richard*, in: öarr 53/2006, S. 237–263; sowie insb. EGMR 13. 12. 2001, 45.701/99 (Metropolitankirche von Bessarabien u.a. vs. Moldawien) mit einem Kommentar von *Synek, Eva*, in: öarr 50/2003, S. 156–171. In dem zuletzt genannten Urteil hat es der Gerichtshof als unzulässig angesehen, die Registrierung und damit Verleihung der Rechtspersönlichkeit nur einer von zwei orthodoxen, lehrmäßig identischen Gruppierungen zuzusprechen.

andererseits, die sich auf das kirchliche Selbstverständnis jeweils auswirken."[41] In der Folge ist von „einer schon länger andauernden Phase des Aufeinanderzugehens" die Rede, „die in Bezug auf die Methodistenkirche dann im Leuenbergprozess[42] [...] einen „glanzvollen Abschluss" gefunden hat. Schließlich wird im Kontext der gesetzlichen Anerkennung der „Freikirchen in Österreich" von einer Gelegenheit gesprochen, „den konstatierten tiefen Graben ein Stück weit zuzuschütten."[43] Im Schrifttum wird dieser Anerkennungsakt als ein „epochales Ereignis" bezeichnet.[44]

Im Vorfeld solcher hier angesprochener Etappen bedarf es eines diffizilen Ausbalancierens, sowohl innerhalb der Freikirche(n) selbst als auch zwischen diesen und dem Staat. Solche Prozesse werden auf der einen Seite vom sich wandelnden religionsrechtlichen Rahmen und auf der anderen Seite von dynamischen Entwicklungen im freikirchlichen Selbstverständnis bestimmt. Aus innerkirchlichen theologischen und ökumenischen, durchaus kontrovers geführten Diskursen können sich sukzessive Modifizierungen religiösen Selbstverständnisses herauskristallisieren, die dann für den staatlichen Rechtsbereich den maßgeblichen Anknüpfungspunkt darstellen.

Nimmt man beispielsweise die Haltung der Baptisten zur gesetzlichen Anerkennung bzw. deren diesbezüglichen Anträge in den Blick, lassen sich durchaus unterschiedliche und wechselhafte kirchliche Haltungen zu dieser Frage erkennen. So wurden auf einer gemeinsam von Baptisten und Methodisten im März 1900 in Wien abgehaltenen Allianzkonferenz erhebliche Bedenken gegen eine gesetzliche Anerkennung vorgebracht, die in dem Ausspruch eines Predigers der freien

---

41 Vgl. den Beitrag von *Schwarz, Karl*, Die evangelischen Kirchen in Österreich von 1945 bis heute, in: *Bünker, Michael* (Hg.), Evangelische Kirchen und Europa, Wien 2006, S. 123–147, hier S. 138, der auf diesem Vortrag beruht. Zur Illustration des „Unverständnis[es] des österreichischen Staatskirchenrechts für das Wesen einer Freikirche", auf dessen Fundament ein solch tiefer Graben entstehen konnte (bezogen auf die Methodisten), verweist der Autor etwa auf Max von Hussarek, der – wie auch andere Vertreter der Kultuspolitik – „das Wesen der Freikirchen dadurch denunzierten, dass sie es als eine ungeliebte Frucht der anglo-amerikanischen Sektenkultur hinstellten (*von Hussarek-Heinlein, Max*, Die kirchenpolitische Gesetzgebung der Republik Österreich, in: *Hudal, Alois* (Hg.), Der Katholizismus in Österreich, Innsbruck-Wien-München 1931, S. 27–40, hier S. 29.
42 Siehe dazu eingehend *Schwarz, Karl W.*, MK + LK = EmK. Eine geheimnisvolle kultusrechtliche Gleichung, in: öarr 52/2005, S. 1–124, hier insbes. S. 130–134.
43 *Schwarz*, Freikirchen (Anm. 1), S. 356.
44 So *Fichtenbauer, Johannes*, Eine katholische Position zur Anerkennung der Freikirchen, in: öarr 60/2013, S. 274–378, hier S. 375.

reformierten Kirche in Prag kulminierten, dass es einer Kirche Christ „unwürdig [sei], staatliche Anerkennung nachzusuchen."[45] Bereits 1906, also wenige Jahre später, wurde von den Baptisten der erste Anerkennungsantrag eingebracht,[46] dem weitere Anträge (1915, 1919, 1964) folgten, ehe es zu einem nahezu ein halbes Jahrhundert währenden Stillstand in dem Streben nach gesetzlicher Anerkennung kam.[47] Ein 1969 gestellter Antrag wurde von den Baptisten selbst zurückzogen,[48] was die ambivalente Haltung innerhalb dieser Freikirche widerspiegelt. In der Folge war im Hinblick auf die problematische Verwaltungspraxis der Kultusbehörde, die Neuregelung im BekGG 1998 sowie die Rechtsprechung des VfGH weiteren Anträgen kein Erfolg beschieden, ehe es zur gemeinsamen Antragstellung von vier Freikirchen und schließlich 2013 zur Anerkennung der Kirche „Freikirchen in Österreich" kam.

Für die ursprüngliche freikirchliche Skepsis gegenüber einer gesetzlichen Anerkennung war auch das damals gegebene religionsrechtlichen Modell mit bestimmend. Sah doch das staatskirchenhoheitliche System im öffentlich-rechtlichen Korporationsstatus der gesetzlich anerkannten Kirchen und Religionsgesellschaften das probateste Mittel, staatliche Aufsicht und Kontrolle auszuüben.[49] Demgegenüber ist das heutige Verhältnis zwischen dem Staat und den Religionen vom System der kooperierenden religiösen Neutralität des Staates geprägt (Kooperationssystem). Für dieses ist charakteristisch, dass die institutionelle Trennung zwischen Staat und Kirche vollzogen wurde, der Staat jedoch dort, wo er nicht in hoheitlichen Kernbereichen agiert, im Sinn „pluralistischer Hereinnahme" von Religion und Weltanschauung die Eigengesetzlichkeit religiösen Lebens zu respektieren und nicht in die Privatheit abzudrängen hat. Im Zentrum steht die Garantie des unveräußerlichen Menschenrechts auf Religionsfreiheit, das in

---

45 Darauf weist *Schwarz*, Freikirchen (Anm. 1), S. 354–355, hin. Seinen Ausführungen ist zu entnehmen, dass es sich bei dem Prediger um Alois Adlof handelt. Vgl. auch *Potz*, Freikirchen (Anm. 2), S. 191–193.

46 *Klimt, Walter*, Österreich ist anders (Kurzbeitrag im Rahmen der von der Österreichischen Gesellschaft für Kirchenrecht veranstalteten Tagung zum Thema „Freikirchen in Österreich"), in: öarr 60/2013, S. 379–382, hier S. 382.

47 *Klimt* (Anm. 46), S. 138 Anm. 41. Der Autor verweist diesbezüglich auf den Wiener Pastor Arnold Kösters (1929–1960), der eine distanzierte Haltung gegenüber einer staatlichen Anerkennung eingenommen hatte.

48 *Graf-Stuhlhofer, Franz*, Baptisten und Österreicher – ein Widerspruch?, in: öarr 47/2000, S. 127–144, hier S. 138 f.

49 Vgl. Motivenbericht zum Katholikengesetz 1874, abgedruckt bei *Gampl, Inge / Potz, Richard / Schinkele, Brigitte*, Österreichisches Staatskirchenrecht, Bd. I, Wien 1990, S. 30 f.

seiner Vielschichtigkeit eine individuelle, eine kollektive und eine korporative Dimension aufweist. So haben – eingebunden in den religionsrechtlichen Rahmen – intensive theologische und ökumenische Diskurse schließlich die Basis für ein Selbstverständnis der betroffenen Freikirchen geschaffen, wonach das diese Kirchen Verbindende zunehmend an Bedeutung gewonnen hat. Ohne Zweifel hat die Kultusverwaltung im Jahr 2013 mit der gesetzlichen Anerkennung der „Freikirchen in Österreich" diesem dynamischen Selbstverständnis in einem Höchstmaß Rechnung getragen. Mit Blick auf diese Entwicklung lässt sich durchaus ein „Verstärkereffekt" des österreichischen Religionsrechts auf eine zunehmende Tendenz in Richtung Ökumenisierung konstatieren. Insgesamt stellt die gesetzliche Anerkennung der „Freikirchen in Österreich" nicht nur einen großen Schritt vorwärts in Richtung Überwindung der religionsrechtlichen „Problemgeschichte" dar, sondern auch ein Paradebeispiel für das in Österreich bestehende, von *Inge Gampl* so genannte „Konkordanzsystem". Demnach geht es in Bezug auf die Rechtsstellung der Kirchen und Religionsgesellschaften als „Grundmaxime" um die „Herbeiführung möglichst weitgehenden Einverständnisses mit jeder einzelnen von ihnen, unter grundsätzlicher Berücksichtigung ihres respektiven Selbstverständnisses."[50]

VI. Einzelne Freikirchen und ihr rechtlicher Status

VI.1 „Herkömmliche" Anerkennungsverordnungen

In der Zweiten Republik wurden drei Freikirchen jeweils mittels Verordnung des zuständigen Bundesministers gesetzlich anerkannt, und zwar im Jahr 1951 die (nunmehrige) Evangelisch-methodistische Kirche, 1955 die Kirche der Heiligen der Letzten Tage (Mormonen) und schließlich 1975 die Neuapostolische Kirche.[51]

Mit Blick auf diese in „herkömmlicher" Weise erfolgten gesetzlichen Anerkennungen sei zunächst kurz auf die Frage der Umbenennung der „Methodistenkirche in Österreich" in „Evangelisch-methodistische Kirche in Österreich"[52] eingegangen, die zunächst staatlicherseits abgelehnt worden war. Ein entsprechender Antrag auf Namensänderung war vom Bundesminister für Unterricht und Kunst in Form eines Schreibens vom 17. Juli 1982 mit der Mitteilung „erledigt" worden, dass von einer Änderung der Anerkennungsverordnung abgesehen und eine dahingehende Statutenänderung nicht durchgeführt werde. Entsprechend seiner

---

50 *Gampl*, Staatskirchenrecht (Anm. 33) S. 55.
51 BGBl. 1951/74; BGBl. 1955/229, BGBl. 1975/524.
52 Vgl. oben Anm. 42.

damaligen – mit Erkenntnis vom 22. April 1997, 96/10/0049, überwundenen – Rechtsprechung wurde die dagegen erhobene Beschwerde der Methodistenkirche vom Verwaltungsgerichtshof (VwGH) zurückgewiesen. Nach dessen Auffassung könne dieses Schreiben nicht als Bescheid gedeutet werden, sondern lediglich als eine Erklärung des Verordnungsgebers, eine Verordnung über die Änderung der Anerkennungsverordnung nicht erlassen zu wollen.[53] Der Umstand, dass im Jahre 2004 schließlich doch eine Verordnung bezüglich der dem Selbstverständnis der Kirche entsprechenden Bezeichnung „Evangelisch-methodistische Kirche in Österreich" erlassen wurde, stellt zweifellos ebenfalls einen Schritt zum Abbau des „Grabens" zwischen dem staatlichen Religionsrecht und dem freikirchlichen Selbstverständnis dar.

Im Hinblick auf das oben bereits angesprochene Grundproblem im österreichischen Anerkennungsrecht sei auch kurz auf den aus Anlass der gesetzlichen Anerkennung der Neuapostolischen Kirche gehaltenen Vortrag des Bundesministers für Unterricht und Kunst[54] hingewiesen. Darin heißt es bezüglich der geforderten Anzahl ihrer Bekenner, dass diese „von den Antragstellern durchaus glaubwürdig mit mehr als 4000 Personen angegeben" wird, also ungefähr einem Viertel der nunmehr geforderten Mitgliederzahl. Dies sei dem Gesetzgeber wie dem VfGH mit besonderer Eindringlichkeit vor Augen geführt. Weist der Gerichtshof doch die Beschwerden sämtlicher Bekenntnisgemeinschaften, die weniger Mitglieder als 2 Promille der Wohnbevölkerung (ca. 17.000) aufweisen, stets mit der Begründung ab, dass eine solche Zahl im Hinblick auf eine notwendige Bestandsicherung gerechtfertigt sei.[55]

VI.2 Gesetzliche Anerkennung der „Freikirchen in Österreich"

Wie bereits erwähnt, wurde mit Verordnung der Bundesministerin für Unterricht, Kunst und Kultur vom 26. August 2013 die Anerkennung der Anhänger des Bundes der Baptistengemeinden, des Bundes Evangelikaler Gemeinden, der ELAIA Christengemeinden, der Freien Christengemeinde – Pfingstgemeinde und der Mennonitischen Freikirche in Österreich als Kirche (Religionsgesellschaft) mit der

---

53 VwSlg 10.833 A/1982, in: ÖAKR 34/1983/84, 162 ff. Eingehend dazu *Kalb / Potz / Schinkele*, Religionsrecht (Anm. 10), S. 105–107.
54 Zur Gänze abgedruckt in: ÖAKR 27/1976, S. 325–332.
55 VfGH 16. 12. 2009, B 516/09 mit einem Kommentar von *Hammer*, Stefan, in: öarr 57/2010, S. 286–302.

Bezeichnung „Freikirchen in Österreich" ausgesprochen.[56] Sämtliche von diesem Anerkennungsakt umfassten Freikirchen hatten aufgrund des BekGG Rechtspersönlichkeit als religiöse Bekenntnisgemeinschaften erhalten. Einige hatten bereits vor dem Inkrafttreten des BekGG einen Antrag auf gesetzliche Anerkennung eingebracht, der jedoch aufgrund eines säumigen bzw. willkürlichen Verhaltens der Behörde nicht erledigt worden war.[57] Da jede der genannten Freikirchen für sich genommen die seit dem BekGG 1998 geforderte Mitgliederzahl von zwei Promille der Wohnbevölkerung (ca. 17.000)[58] nicht annähernd erreicht, wären diese daher auf unabsehbare Zeit von einer gesetzlichen Anerkennung ausgeschlossen gewesen. Mit dem nunmehrigen „Ausweg" in Form eines „Zusammenschlusses" von fünf evangelischen Freikirchen „zu einer Kirche" handelt es sich um ein weiteres Modell, um die prohibitive, sachlich nicht zu rechtfertigende Anerkennungsvoraussetzung – besser „Anerkennungsverhinderungsvoraussetzung" – der geforderten Mitgliederzahl irgendwie in den Griff zu bekommen. Wenngleich eine Anerkennung mittels Gesetz – wie dies bei der die geforderte Mitgliederzahl ebenfalls nicht annähernd aufweisenden Koptisch-orthodoxen Kirche der Fall war[59] – aus legistischer Sicht vorzuziehen gewesen wäre, so ist auch der in Bezug auf die Freikirchen gewählte Modus einer Anerkennungsverordnung vertretbar.

---

56 BGBl. II 2013/250. Vgl. *Schinkele, Brigitte*, Aktuelle Fragen des österreichischen Anerkennungsrechts am Beispiel evangelischer Freikirchen und alevitischer Gruppierungen, in: Religionen unterwegs 19/2013, S. 17–23.
57 Vgl. VfSlg 15.124/1998. Gemäß der äußerst problematischen Bestimmung des § 11 Abs. 2 BekGG (alte Fassung), dem seit der Novelle BGBl. I 2011/78 nur mehr rechtshistorische Bedeutung zukommt, waren sämtliche Anerkennungsanträge ex lege in Anträge auf Eintragung als Bekenntnisgemeinschaft umgewandelt worden. Dies hatte umso schwerer gewogen, als die Anerkennungsanträge einiger der betroffenen Gruppierungen aufgrund eines säumigen bzw. willkürlichen Verhaltens der Behörde unerledigt geblieben waren, was letztlich eine rückwirkende Anwendung dieser an sich schon äußerst problematischen Bestimmung zur Folge hatte – eine Vorgangsweise, die mit dem verfassungsrechtlichen Vertrauensschutz unvereinbar erscheint. Näheres dazu bei *Schinkele, Brigitte*, Bekenntnisgemeinschaften und verfassungsrechtlicher Vertrauensschutz, in: JBl. 124/2002, S. 498–509, hier insb. S. 503 ff. Vgl. auch *Hammer, Stefan*, Zur Ungleichbehandlung von Religionsgemeinschaften in der neueren Rechtsprechung, in: öarr 52/2005, S. 209–226, hier S. 213–314.
58 § 11 Z 1 lit d) BekGG (vormals § 11 Abs. 1 Z 2), BGBl. I 1998/19 i.d.F. BGBl. I 2011/78.
59 Das erste Mal wurde ein vergleichbarer Weg mit dem Bundesgesetz über äußere Rechtsverhältnisse der orientalisch-orthodoxen Kirchen in Österreich, BGBl. I 2003/20, beschritten, um neben der bereits gesetzlich anerkannten armenisch-apostolischen Kirche und der syrisch-orthodoxen Kirchen diesen Status auch der zur selben „Kirchenfamilie" gehörenden koptisch-orthodoxen Kirche zu verleihen. Vgl. eingehend

Dies auf der Grundlage einer dynamischen Lesart des Anerkennungsgesetzes 1874,[60] eingebunden in ein materielles Grundrechtsverständnis. Von den Freikirchen ihrerseits konnte aufgrund „großer Übereinstimmungen im Glaubenskern" in der Verfassung eine gemeinsame Glaubensgrundlage formuliert werden.

Aus religionsrechtlicher Sicht ist besonders die Benennung der Religionsgemeinschaft „Freikirchen in Österreich" in den Blick zu nehmen. Generell muss der Name eine klare Zuordnung ermöglichen und eine Verwechslungs- bzw. Verwirrungsgefahr ausschließen. Prima vista könnte vor allem der Eindruck entstehen, dass mit dieser Bezeichnung sämtliche in Österreich existierende Freikirchen umfasst sind. Zweifelsohne wäre daher eine Bezeichnung wie „Verband", „Vereinigung" oder dergleichen vorzuziehen gewesen.[61] Neben *der* gesetzlich anerkannten Kirche „Freikirchen in Österreich" bestehen weitere Freikirchen, wie etwa die Adventisten, die Christengemeinschaft und weitere Pfingstkirchen, die sich ebenfalls als solche bezeichnen können. Eine Zuordnungsverwirrung ist daher nicht gänzlich von der Hand zu weisen, sodass eine gewisse Spannung zu den gesetzlichen Vorgaben unübersehbar ist, was das Anlegen eines großzügigen Beurteilungsmaßstabs bezüglich der Verwechslungsgefahr notwendig macht. Im Hinblick auf die weitgehende Überwindung des Ausschließlichkeitsrechts und das primäre Abstellen auf die organisatorische Selbstständigkeit einer Religionsgemeinschaft wird eine solche großzügige Handhabung generell einzufordern sein.

VI.3 Die Kirche der Siebenten-Tags-Adventisten

Die Kirche der Siebenten-Tags-Adventisten hat mit dem 11. November 1998 Rechtspersönlichkeit als religiöse Bekenntnisgemeinschaft erworben. Nach der Volkszählung 2001 bekannten sich 4.220 Einwohner Österreichs zu dieser Kirche. Heute geht die Kirche unter Einbeziehung der „nicht getauften Kinder und Jugendlichen als vorläufige Gemeindeglieder" von einem Mitgliederstand von 5.500

---

dazu *Schinkele, Brigitte* Die Rechtsstellung der Orientalisch-orthodoxen Kirchen in Österreich, in: öarr 2004, S. 221–243.
60 RGBl. 1874/68 in der Fassung § 11 BekGG (als *lex fugitiva* zum AnerkennungG).
61 Zur Vereinigung Evangelischer Freikirchen in Deutschland siehe *Solte, Ernst-Lüder*, Die Organisationsstruktur der übrigen als öffentliche Körperschaften verfaßten Religionsgemeinschaften und ihre Stellung im Staatskirchenrecht, in: *Listl, Joseph / Pirson, Dieter* (Hg.), Handbuch des Staatskirchenrechts der Bundesrepublik Deutschland, Berlin 1994, Bd. I, S. 417–436, hier S. 419–422.

aus, die sich auf 50 Gemeinden aufteilen.⁶² Nach der derzeitigen Rechtslage stellt eine gesetzliche Anerkennung daher keine realistische Option dar.

Die Kirche der Siebenten-Tags-Adventisten ist somit weiterhin von den mit dem öffentlich-rechtlichen Status verbundenen Rechtsvorteilen ausgeschlossen. Insbesondere die diskriminierende rechtliche Ausgestaltung der religiösen Bekenntnisgemeinschaften im Privatschulrecht kann anhand dieser Kirche exemplarisch vor Augen geführt werden, da diese an mehreren Standorten Privatschulen führen.⁶³ Bei diesen Schulen handelt es sich um Privatschulen mit gesetzlich geregelter Schulartbezeichnung und Öffentlichkeitsrecht und nicht um sogenannte freie Privatschulen.⁶⁴ Gemäß § 17 Privatschulgesetz⁶⁵ haben gesetzlich anerkannte Kirchen und Religionsgesellschaften einen Rechtsanspruch auf Subventionierung zum Personalaufwand für ihre konfessionellen Privatschulen mit Öffentlichkeitsrecht. Die Subventionierung erfolgt durch Zuweisung von Lehrerdienstposten als sogenannte „lebende Subvention" oder, falls dies nicht möglich ist, durch Leistung eines Geldbetrages.⁶⁶ Demgegenüber steht nicht-konfessionellen Privatschulen – als solche werden auch Privatschulen in kirchlicher Trägerschaft bezeichnet, sofern es sich nicht um gesetzlich anerkannte Kirchen und Religionsgesellschaften handelt – auch nach Verleihung des Öffentlichkeitsrechts kein Rechtsanspruch auf Subventionierung zu. Es liegt lediglich im Ermessen des zuständigen Bundesministers nach Maßgabe der auf Grund des jeweiligen Bundesfinanzgesetzes zur Verfügung stehenden Mittel Subventionen zum Personalaufwand zu gewähren (§ 21 Abs. 1 PrivSchG). Sofern die Privatschulen einen Bedarf der Bevölkerung abdecken und deren Klassenschülerzahlen jener an vergleichbaren öffentlichen Schulen entsprechen, stellen beide Kategorien von Privatschulen im gleichen Maß eine Entlastung für den Staat dar. Da für die deutliche Schlechterstellung nicht-konfessioneller Privatschulen mit Öffentlichkeitsrecht hinsichtlich der

---

62 Vgl. *Fichtberger, Oliver*, Die Kirche der Siebenten-Tags-Adventisten in Österreich und die Frage der gesetzlichen Anerkennung, in: öarr 60/2013, S. 389–394, hier S. 392.

63 Es handelt sich dabei um folgende Adventistische Privatschulen: Oberstufenrealgymnasium in Bogenhofen/Oberösterreich; Volksschule in Klagenfurt, sowie je eine Volks- und Hauptschule in Linz, Dornbirn (Elia) und Wien (Arche Noah); siehe www.adventisten.at/info/schulen [9. 7. 2015].

64 Näheres bei *Schinkele, Brigitte*, Umfang und Bedeutung des kirchlichen Privatschulwesens im österreichischen Schulsystem, in: *Rinnerthaler, Alfred* (Hg.), Das kirchliche Privatschulwesen – historische, pastorale, rechtliche und ökonomische Aspekte, Frankfurt/Main et al. 2007, S. 287–314.

65 BGBl. 1962/244 i.g.F.

66 § 19 Abs. 1 und Abs. 3 PrivSchG.

Subventionierung kein objektiver und angemessener Rechtfertigungsgrund besteht, ist diese Rechtslage gleichheitswidrig und verstößt gegen das in Art 14 der Europäischen Menschenrechtskonvention (EMRK) verankerte Diskriminierungsverbot in Verbindung mit dem Grundrecht auf Religionsfreiheit (Art 9 EMRK).

Insgesamt betrachtet wird mit Blick auf die Kirche der Siebenten-Tags-Adventisten deutlich, dass die religionsrechtliche „Problemgeschichte" Österreichs mit den Freikirchen trotz signifikanter Fortschritte immer noch kräftige Lebenszeichen von sich gibt.

VII. Weiter bestehende Grundproblematik

Diese kräftigen Lebenszeichen spüren sämtliche nicht gesetzlich anerkannte Religionsgemeinschaften, die nicht über die geforderte Mitgliederzahl von zwei Promille der Wohnbevölkerung verfügen, und das sind – von der einen oder anderen Ausnahme abgesehen – so gut wie alle derzeit in Österreich bestehenden Religionsgemeinschaften ohne öffentlich-rechtliche Stellung. Dass aufgrund von „Sonderwegen" – wie im Fall der Koptisch-orthodoxen Kirche und der „Freikirchen in Österreich" – einzelne Religionsgemeinschaften in den Kreis der *beati possidentes* aufgenommen werden, ist wohl zu begrüßen. Das darf jedoch keinesfalls über die weiterhin bestehende Problematik hinwegtäuschen. Zahlreiche Religionsgemeinschaften, seien es Freikirchen oder andere kleinere Gruppierungen, bleiben von den „substantive privileges" – um mit den Worten des EGMR zu sprechen – ausgeschlossen, ohne dass dafür eine sachliche Rechtfertigung auszumachen ist.

Ganz offensichtlich besteht weder seitens des Gesetzgebers, noch seitens der Gerichtshöfe öffentlichen Rechts die Bereitschaft, die notwendigen Konsequenzen aus dem, einen verfassungsrechtlichen Grundstatus darstellenden umfassenden Grundrecht auf Religionsfreiheit zu ziehen. In nunmehr ständiger Rechtsprechung sieht der VfGH[67] das undifferenzierte Erfordernis einer Mindestanzahl von zwei Promille der Bevölkerung als verfassungsrechtlich unbedenklich bzw. sachlich gerechtfertigt an, um die Prognose eines dauerhaften Bestandes der Religionsgemeinschaft zu ermöglichen und zumindest mittelfristig ihre Existenz im Hinblick auf deren Aufgabenerfüllung sicherzustellen. Der Gesetzgeber habe damit seinen rechtspolitischen Gestaltungsspielraum nicht überschritten, zumal die Möglichkeit der Erlangung von Rechtspersönlichkeit nach dem BekGG unabhängig davon

---

[67] Die diesbezüglich beim VfGH erhobenen Beschwerden hatten keinen Erfolg; siehe VfGH 16. 12. 2009, B 516/09 mit einem Kommentar von *Hammer, Stefan*, in: öarr 57/2010, S. 286–302, sowie VfGH 25. 9. 2010, B 1223/09, B 1581/09 mit einem Kommentar von *G. Luf*, in: öarr 57/2010, S. 319–327.

gegeben und damit das verfassungsgesetzlich gewährleistete Recht auf Religionsfreiheit gemäß Art 9 EMRK gewährleistet sei. Weder wird vom Gerichtshof der Umstand releviert, dass etwa die Hälfte der gesetzlich anerkannten Religionsgemeinschaften über weniger bzw. deutlich weniger Mitglieder verfügt,[68] noch wird im Entferntesten auf die grundsätzlichen Ausführungen des EGMR in zwei richtungsweisenden Urteilen aus den Jahren 2008 und 2009 betreffend Jehovas Zeugen und die Christengemeinschaft eingegangen.[69] Darin werden die den anerkannten Religionsgemeinschaften zuerkannten Rechtsvorteile als vielfältig und inhaltlich bedeutsam qualifiziert, verbunden mit entsprechenden Erleichterungen bei der Verfolgung religiöser Zielsetzungen. Im Hinblick auf diese „substantive privileges" habe der zu religiös-weltanschaulicher Neutralität verpflichtete Staat – so der EGMR weiter – allen religiösen Gruppierungen, die diesen Status anstreben, eine „fair opportunity" zu dessen Erlangung einzuräumen. Dabei dürfen die maßgeblichen Kriterien weder in diskriminierender Weise vorgesehen noch angewendet werden. Damit hat der EGMR das Kernproblem des österreichischen Anerkennungsrechts zwar treffend auf den Punkt gebracht, was allerdings – mangels Bereitschaft des VfGH, diese Argumentation aufzugreifen, – abgesehen von einem Teilaspekt[70] folgenlos geblieben ist.

---

68 Von den derzeit 16 gesetzlich anerkannten Religionsgemeinschaften trifft das jedenfalls auf die Israelitische Religionsgesellschaft, die Altkatholische Kirche, die Evangelische-methodistische Kirche, die Mormonen (Kirche Jesu Christi der Hl. der Letzten Tage), die Orientalisch-orthodoxen Kirchen (Armenisch-Apostolische Kirche, Syrisch-orthodoxe Kirche und Koptisch-orthodoxe Kirche) und die Neuapostolische Kirche zu. Schwierig ist es, die Mitgliederzahl in Bezug auf die Buddhistische Religionsgesellschaft in Österreich (Anerkennungsverordnung vom 13. 12. 1982, BGBl. 1983/72) zu beantworten, die selbst von ca. 20.000 „dem Buddhismus nahestehenden Personen" spricht. Festzuhalten ist jedoch, dass bis zum Tag der konstituierenden Mitgliederversammlung vom 14. 7. 1983 insgesamt 83 Personen den Antrag auf Aufnahme in die Buddhistische Religionsgesellschaft gestellt hatten.
69 EGMR 31.7.2008, Appl. 40.825/98 (*Religionsgemeinschaft der Zeugen Jehovas ua /. Österreich*); EGMR 26.2.2009, Appl. 76.581/01 (*Verein der Freunde der Christengemeinschaft ua /. Österreich*). Eingehend dazu *Kalb, Herbert / Potz, Richard / Schinkele, Brigitte*, Österreichisches Religionsrecht in der jüngsten Straßburger Judikatur, in: öarr 56/2009, S. 400–432.
70 Aufgrund des EGMR-Urteils kam es in weiterer Folge zur Novellierung des § 11 Abs. 1 Z 1 BekGG (BGBl. I 78/2011), indem die darin vorgesehene zehn- bzw. zwanzigjährige Wartefrist durch eine differenzierte Regelung ersetzt wurde (nunmehr § 11 Z 1 lit. a bis lit. c). Vgl. *Schima, Stefan*, Neuerungen im österreichischen Anerkennungsrecht, in: *Rees, Wilhelm / Roca, María / Schanda, Balázs* (Hg.), Neuere Entwicklungen im Religionsrecht europäischer Staaten, Berlin 2013, S. 617–638, hier insb. S. 631–636.

Angesichts der weiterhin bestehenden Diskriminierung von Minderheitsreligionen ist daher die Frage der Effektivität des Grundrechtsschutzes besonders in den Blick zu nehmen. Bedauerlicher Weise ist auch vom Rechtsschutzsystem der Europäischen Menschenrechtskonvention aus heutiger Sicht keine Abhilfe zu erwarten. Dies ist nicht zuletzt auch im Zusammenhang mit den erschwerten Voraussetzungen für Individualbeschwerden zu sehen, wie diese durch das 14. Zusatzprotokoll zur EMRK normiert worden sind. Auf dessen Grundlage wurden die Beschwerden der betroffenen Bekenntnisgemeinschaften bezüglich der prohibitiven Mitgliederzahl vom EGMR wegen Nichterfüllung der in Artikel 34 und 35 EMRK niedergelegten Voraussetzungen ohne weitere Begründung für unzulässig erklärt. Demnach können Individualbeschwerden nunmehr „in noch größerem Ausmaß als bisher [...] a limine zurückgewiesen werden",[71] nämlich dann, wenn „dem Beschwerdeführer kein erheblicher Nachteil entstanden ist."[72] Diese Regelung soll bei Beschwerden greifen, „die nicht offensichtlich unbegründet, möglicherweise sogar offensichtlich begründet sind, aber wegen ihres trivialen Charakters einer Prüfung durch den Gerichtshof nicht bedürfen."[73] Eine derartige Vorgangsweise ist im konkreten Kontext unter einer materiellrechtlichen Perspektive schlichtweg unbegreiflich, war es doch der Gerichtshof selbst, der für sämtliche Religionsgemeinschaften eine „fair opportunity" zur Erlangung des Rechtsstatus der gesetzlichen Anerkennung gefordert hat. Davon dauerhaft bzw. auf unabsehbare Zeit ausgeschlossen zu sein, wiegt wohl schwerer als eine zehnjährige „Wartefrist", worin der Gerichtshof eine Konventionsverletzung gesehen hat.[74]

Unter einem verfahrensrechtlichen Aspekt sind generell rechtsstaatliche Bedenken anzumelden, wenngleich die im 14. ZP enthaltenen Verschärfungen im Zusammenhang mit dem angesichts der begrenzten Kapazitäten des EGMR kaum mehr zu bewältigenden Anfall von Beschwerden zu sehen sind. Solche Entscheidungen, nämlich über das Vorliegen oder Nichtvorliegen eines „erheblichen Nachteils", werden nunmehr von einem Einzelrichter getroffen (bisher drei Richter) und erfordern keine Begründung, die bisher wenigstens „minimalistisch

---

71 *Ohms, Brigitte L.*, Europäischer Gerichtshof für Menschenrechte am Wendepunkt? Das 14. Zusatzprotokoll: Eine zusätzliche Zulassungshürde sowie zahlreiche organisatorische Neuerungen, in: JBl. 127/2005, S. 14–27, hier S. 20.
72 Art 35 Abs. 3 lit b) EMRK.
73 *Meyer-Ladewig, Jens / Petzold*, Herbert, Trivialbeschwerden in der Rechtsprechung des EGMR. De minimis non curat praetor, in: NJW 43/2011, S. 3126–3130, hier S. 3126.
74 Vgl. oben Anm. 57 und Anm. 69.

formelhaft"[75] zu erfolgen hatte. Darüber hinaus besteht dagegen kein Rechtsmittel. Durch derartige Regelungen erfährt der grundsätzlich gegebene subsidiäre Charakter des Rechtsschutzsystems der EMRK eine stärkere Betonung, sodass die durch den EGMR von außen erfolgende Kontrolle mit der entsprechenden Präventivwirkung etwas zurücktritt. Gleichzeitig indiziert dies eine gesteigerte Verantwortung der Konventionsstaaten für die Ausgestaltung der Rechtsordnung sowie die Effektivität des Grundrechtsschutzes. Die wesentlichen Elemente, auf denen die Rechtsschutzkonzeption der Konvention beruht, werden im Schrifttum als eine Art „bewegliches System" im Sinne Wilburgs beschrieben,[76] sodass bei „Funktionsschwäche" eines der beiden Elemente das andere eine verstärkte Wirkung entfalten sollte. Im Sinn eines Ausbalancierens dieser tragenden Säulen des Rechtsschutzes sind gerade auch im gegenständlichen Kontext die nationalen Organe in besonderem Maß aufgerufen, allfällige Auswirkungen zu kompensieren, die aus der Neuregelung des 14. Zusatzprotokolls resultieren. Bedauerlicherweise muss man konstatieren, dass die Gerichtshöfe öffentlichen Rechts, insbesondere der VfGH, keinerlei Bereitschaft zeigen, im Kontext des österreichischen Anerkennungsrechts dieser Aufgabe nachzukommen.

VIII. Resümee und Ausblick

Nach anfänglichen Einzelschritten und einem langen legistischen Stillstand wurde mit dem BekGG 1998 eine wichtige Rechtsgrundlage für die Konstituierung von Freikirchen und anderen kleineren Religionsgemeinschaften außerhalb der gesetzlichen Anerkennung geschaffen. Damit erfuhr – nachdem mit dem Staatsvertrag von St. Germain 1919 die öffentliche Religionsausübung allen Einwohnern Österreichs als Individualrecht garantiert worden war – auch die korporative Dimension der Religionsfreiheit, wenngleich mit enormer Verzögerung, eine entsprechende Konkretisierung.

Die gesetzliche Anerkennung der „Freikirchen in Österreich" im Jahr 2013 stellt zweifelsohne einen wesentlichen Schritt dar, um den eingangs konstatierten „Graben" zwischen dem Religionsrecht und dem freikirchlichen Selbstverständnis weiter zu schließen. Mit diesem Anerkennungsakt hat die Kultusverwaltung eine dynamische, an den grundrechtlichen Gewährleistungen orientierte Handhabung religionsrechtlicher Bestimmungen unter Beweis gestellt. Darüber hinaus ist darin ein weiteres Indiz zu sehen, dass das Ausschließlichkeitsrecht in zunehmendem Maß als überwunden gelten kann.

---

75 *Ohms*, 14. Zusatzprotokoll (Anm. 71), S. 20.
76 *Ohms*, 14. Zusatzprotokoll (Anm. 71), S. 17–18.

Trotz der aufgezeigten positiven Entwicklungen weist das österreichische Anerkennungsrecht jedoch immer noch gravierende Probleme auf und werden Freikirchen und andere kleinere Religionsgemeinschaften weiterhin diskriminiert. Im Sinn der obigen Ausführungen ist daher einerseits von einem Handlungsbedarf auf Seiten des Gesetzgebers auszugehen und andererseits der Appell an den Verfassungsgerichtshof zu richten, Weichenstellungen in Richtung einer grundrechtskonformen Ausgestaltung des Anerkennungsrechts vorzunehmen. Dabei gilt es, sowohl eine gewisse berechtigte Kontinuität aufrechtzuerhalten als auch der religiösen Pluralisierung in grundrechtskonformer und rechtsstaatlich einwandfreier Weise Rechnung zu tragen.

Die gesetzliche Anerkennung von fünf Freikirchen wäre ein idealer Anstoß, um weitere Schritte zu einer religionsfreiheits- und gleichheitsrechtlichen Ausgestaltung des österreichischen Anerkennungsrechts zu setzen und damit die religionsrechtliche „Problemgeschichte" Österreichs mit den Freikirchen bzw. anderen kleineren Religionsgemeinschaften endgültig zu einem Thema der Rechtsgeschichte zu machen.

Helmut Nausner

Wiederaufbau der Evangelisch-methodistischen Kirche in Österreich zwischen den Jahren 1945 und 1968

Abstract
Rebuilding the Methodist Church in Austria between 1945 and 1968
Between 1938 and 1945 The Methodist Church in Austria was a part of The Methodist Church in Germany. The problem of who is the legal owner of property could be resolved in connection with the official acknowledgement of The Methodist Church in Austria by the Austrian government in 1951. Pastoral and material support of refugees resulted in two new congregations in Salzburg and Linz. Substantial care for parentless youngsters fleeing from Hungary 1956 into Austria developed into a high professional diaconal institution for children and young people with psychologically and socially problems called Zentrum Spattstraße in Linz.

Der schwierige Anfang

Nach Ende des Krieges im Mai 1945 war die Methodistenkirche[1] in Österreich in einer äußerst schwierigen Lage. Im Jahre 1937 tagte die letzte Jährliche Konferenz in Österreich unter dem Vorsitz von Bischof Dr. John L. Nuelsen. Dann kamen das Jahr 1938 und die Besetzung Österreichs durch das nationalsozialistisch geführte Deutschland. Bis zum Jahre 1938 gehörte die methodistische Kirche in Österreich zu einem Bischofssprengel, der neben Österreich, Ungarn,

---

1 In dieser kleinen Studie werden zwei Kirchennamen verwendet, „Methodistenkirche" und „Evangelisch-methodistische Kirche". Bis zum Jahre 1968 hieß die Kirche „Methodistenkirche (The Methodist Church)". Im Jahre 1968 haben sich zwei Kirchen methodistischer Tradition vereinigt, die Methodistenkirche und die Evangelische Gemeinschaft (Evangelical United Brethren). Der Name der neuen Kirche lautete „Evangelisch methodistische Kirche" (The United Methodist Church). In Deutschland und in der Schweiz machte die Namensänderung keine Schwierigkeiten. In Österreich erhob die Evangelische Kirche A. und H.B. Einspruch gegen die Verwendung des Wortes „evangelisch" im neuen Namen. Erst im Jahre 2004 wurde die Namensänderung von Methodistenkirche in Evangelisch-methodistische Kirche durch eine Verordnung der Bundesministerin für Bildung, Wissenschaft und Kultur durchgeführt. Siehe: 190. Verordnung, veröffentlicht im Bundesgesetzblatt für die Republik Österreich, ausgegeben am 3. Mai 2004.

Jugoslawien und die Schweiz umfasste. Der zuständige Bischof residierte in Zürich. Die neue politische Situation, die Eingliederung Österreichs in das Deutsche Reich, machte es Bischof Nuelsen unmöglich, seine bischöflichen Aufgaben in Österreich wahrzunehmen. In Absprache mit seinem deutschen bischöflichen Kollegen, Bischof Dr. F. H. Otto Melle, transferierte Bischof Nuelsen die österreichischen methodistischen Gemeinden in die deutsche Methodistenkirche. Sie wurden ein Teil der Süddeutschen Jährlichen Konferenz. In der ersten Jährlichen Konferenz nach Ende des 2. Weltkrieges in Österreich im Jahre 1947 schrieb Superintendent Hinrich Bargmann in seinem Bericht: „Im Jahre 1937 hielten wir als österreichische Missionskonferenz unsere letzte Sitzung. Mit Hitlers Einmarsch im März 1938 kam das Ende unserer Konferenz. Wir wurden über Nacht ein Bestandteil der Methodistenkirche in Deutschland, der eingegliedert wurde in die Süddeutsche Konferenz, in der das österreichische Werk unter dem Namen 'Ostmark' eine gewisse Sonderstellung einnahm mit einer beschränkten eigenen Finanzverwaltung, unter Verwendung des Vermögens, bzw. dessen Sicherung, das von uns in die deutsche Kirche eingebracht wurde. Es wird gut sein, wenigstens für unsere Zentrale die Konferenzverhandlungen der Süddeutschen Konferenz von 1938 bis 1942 zu sichern. In diesen Verhandlungen ist das Wesentliche über den Fortgang des österreichischen Werkes in jenen Jahren niedergelegt, wenigstens insoweit, als es damals geraten schien, solche Mitteilungen in öffentlichen Sitzungen bekannt zu geben. Vielleicht lassen sich auch noch irgendwo Protokolle der Teilsitzungen auffinden, die gehalten wurden, als Konferenzsitzungen nicht mehr möglich waren. Leider enthalten alle diese Protokolle auch keine Ausweise über das Vermögen der Kirche der 'Ostmark', die wir jetzt so nötig brauchten, um zuverlässige Angaben bei den Behörden machen zu können."[2]

Exkurs: Die Rolle und Bedeutung der Jährlichen Konferenz.

Für das bessere Verständnis dieser geschichtlichen Darstellung des Wiederaufbaus der Evangelisch-methodistischen Kirche nach 1945 erscheint es wichtig, ein paar erläuternde Anmerkungen über die Bedeutung der Jährlichen Konferenz zu machen, weil immer wieder von ihr die Rede sein wird.

---

2 Konferenzverhandlung der Methodistenkirche in Österreich, gehalten vom 4.–7.9.1947 in Wien, 8. Bezirk, Bennogasse 11, Bericht des Superintendenten, maschingeschrieben, S. 1. Alle Konferenzverhandlungen sind im Archiv der Evangelisch-methodistischen Kirche, 1150 Wien, Sechshauser Straße 56/1/9 einsehbar.

In der Verfassung der Evangelisch-methodistischen Kirche heißt es: „Die Jährliche Konferenz ist die grundlegende Körperschaft in der Kirche."[3] Die Einrichtung der Jährlichen Konferenz geht auf den Gründer der methodistischen Kirche, John Wesley (1703–1791), zurück, der im Jahre 1744 zum ersten Mal seine Pfarrer und Laienprediger zu theologischen Gesprächen, Beratungen und gemeinsamen Entscheidungen zusammen gerufen hatte. Diese Konferenzen fanden von da ab jährlich statt, darum der Name „Jährliche Konferenz". Die Jährliche Konferenz ist heute dadurch gekennzeichnet, dass ihr alle ordinierten Ältesten und Diakone lebenslang angehören und verpflichtet sind, an den Sitzungen der Jährlichen Konferenz teilzunehmen. Seit 1939 gehören auch Laien zur Jährlichen Konferenz. Sie werden von ihrer Bezirkskonferenz (eine Bezirkskonferenz entspricht einer Pfarre) für vier Jahre als Laienmitglied der Jährlichen Konferenz gewählt. Wiederwahl ist möglich. Die Jährliche Konferenz setzt sich so zur Hälfte aus ordinierten und zur Hälfte aus Laienmitgliedern zusammen. Ordinierte und Laien beraten gemeinsam und treffen gemeinsam Entscheidungen im Blick auf die Arbeit ihrer Jährlichen Konferenz (Finanzen, Mission, Arbeit mit Kindern, Jugendlichen, Frauen, Männern etc.) Jährliche Konferenzen können verschieden groß sein. Sie können aus 5–10 Ordinierten und ebenso vielen Laien bestehen, oder aus 500 und mehr Ordinierten und ebenso vielen Laienmitgliedern, wie etwa in den USA. Die Grenzen einer Jährlichen Konferenz werden von der Generalkonferenz, dem Leitungsgremium der weltweiten Evangelisch-methodistischen Kirche (United Methodist Church) festgelegt. Jede Jährliche Konferenz wird von einem Bischof einberufen und geleitet.

Die Methodistenkirche in Österreich hatte keine eigenen Kirchengebäude. Die Gemeinden feierten ihre Gottesdienste in Sälen, die innerhalb eines Wohnhauses eingerichtet waren oder direkt an ein Wohnhaus angebaut waren. Solche Häuser der Kirche gab es in Wien, Graz, St. Pölten und Linz. Eine einfache schlichte Kapelle, die für sich allein stand, gab es nur im 8. Wiener Gemeindebezirk. Alle kirchlichen Gebäude hatten durch die Kriegsereignisse größere und kleinere Schäden davon getragen. Zwei Häuser in Wien, eines im 10. und das andere im 21. Bezirk waren durch direkte Bombentreffer fast gänzlich zerstört. Zwischen Sommer 1945 und Herbst 1947 konnten die schlimmsten Schäden, vor allem beschädigte Dächer, repariert werden, so dass Gottesdienste abgehalten und andere kirchliche Aktivitäten durchgeführt werden konnten. Das Problem, vor dem

---

3   Kirchenordnung der Evangelisch-methodistischen Kirche, Zürich 2007, Im Eigenverlag. Verfassung, Art. 38 „The annual conference is the basic body in the Church ..." The Book of Discipline of the United Methodist Church, 2012, The United Methodist Publishing House, Nashville, Tennessee, S. 33, The Constitution, Article 33.

sich die Jährliche Konferenz sah, war nicht nur die Frage, wie die finanziellen Mittel beschafft werden konnten, sondern die rechtliche Unsicherheit. Mit der Transferierung der österreichischen Konferenz in die deutsche Methodistenkirche im Jahre 1938 durch Bischof Nuelsen wurden auch die Finanzen und der Besitz an Häusern und Grundstücken nach Deutschland transferiert. Superintendent Hinrich Bargmann beschreibt die schwierige Situation in seinem Bericht an die Jährliche Konferenz 1947 so: „Es sind aber nicht nur die großen Reparaturen, die uns Sorgen machen. Die große Frage, vor der wir stehen, ist, wie wir unser gesamtes Kircheneigentum, die Liegenschaften und das Barvermögen, das wir beim Anschluß in die Methodistenkirche in Deutschland eingebracht haben, nun zurückbekommen können. Die grundbücherlichen Übertragungen werden sich wohl erst nach der Errichtung der Staatsverträge hüben und drüben durchführen lassen. Es sollten aber sehr wahrscheinlich die Anmeldungen bei unseren Behörden dafür schon jetzt gemacht werden. Doch hat uns bis jetzt niemand sagen können, auf welche Weise das zu machen wäre, bei der Sonderstellung, die wir als Kirche in Österreich einnehmen. Noch schwieriger ist die Anmeldung des Barvermögens, da wir derzeit vom Reich her keine Auskunft erhalten, wie viel davon noch vorhanden ist. Es bleibt uns nichts anderes übrig, als uns weiter um die Klärung der heiklen Angelegenheit zu bemühen."[4]

Im Jahre 1951 wurde die Methodistenkirche in Österreich staatlich anerkannt und erhielt den rechtlichen Status einer Körperschaft öffentlichen Rechtes.[5] Anzumerken wäre hier, dass der Antrag um staatliche Anerkennung zum erst Mal 1892 gestellt worden ist. Durch die neue Situation, als Kirche staatlich anerkannt zu sein, hat sich die Frage der grundbücherlichen Eintragung des kirchlichen Eigentums gut lösen lassen. Im Bericht des Ausschusses für Kircheneigentum und Bauangelegenheiten an die Jährliche Konferenz 1953, die in Wien tagte, wird über diesen Vorgang berichtet: „Mit Rücksicht darauf, daß sämtliche Liegenschaften im Grundbuch auf Methodistenkirche in Deutschland eingetragen waren, hat es uns immer große Sorge bereitet, wie diese Frage des 'Deutschen Eigentums' gelöst werden könnte. Nun ist uns durch die wunderbare Führung Gottes der rechte Weg gewiesen worden. Mit Rücksicht darauf, daß die Methodistenkirche in Österreich ein Teil der Weltmethodistenkirche und als solche auch vom Staate anerkannt worden ist, war es möglich, vom Bundesministerium für Unterricht eine amtliche

---

4   Konferenzverhandlung der Methodistenkirche in Österreich, gehalten vom 4.–7.9.1947 in Wien, 8. Bezirk, Bennogasse 11, Bericht des Superintendenten, maschingeschrieben, S. 7.
5   Die staatliche Anerkennung wurde am 24. Februar 1951 per Verordnung des Bundesministeriums für Unterricht ausgesprochen. Veröffentlicht im BGBl Nr. 74/1951.

Bestätigung hierüber zu erlangen, mit deren Hilfe nun die Umschreibung des Kircheneigentums von 'Methodistenkirche in Deutschland' durch Namensänderung auf 'Methodistenkirche in Österreich' erfolgen konnte. Mit dieser Umschreibung ist nicht nur erreicht, daß die Methodistenkirche tatsächlicher Grundbuchseigentümer ist, sondern es ist auch möglich gewesen, sämtliche Übertragungsgebühren und die Grundwerbesteuer, die 8% der zweifachen Einheitswerte betragen hätte, zu ersparen."[6] Die Klärung der Besitzverhältnisse war eine große Erleichterung für die Kirche.

Die Reparatur der durch Kriegseinwirkung beschädigten Häuser ging langsam voran und ist im Jahre 1956 weitgehend zum Abschluss gekommen. Die dafür notwendigen finanziellen Mittel kamen nur zu einem geringen Teil aus den eigenen Pfarrgemeinden. Die gesamtkirchliche Behörde in New York (MCOR= Methodist Committee for Overseas Relief) stellte dafür Mittel zu Verfügung. Für das zerbombte Haus in Wien Favoriten in der Landgutgasse 39 wurde beim staatlichen Wohnungswiederaufbaufonds ein Ansuchen gestellt, die nötigen Mittel für den Wiederaufbau zur Verfügung zu stellen.

Der Wiederaufbau der Kirche drehte sich notgedrungener Weise zunächst um die Instandsetzung der vorhandenen kirchlichen Häuser und der darin eingerichteten kirchlichen Versammlungsräume.

Einsatz für die Flüchtlinge

Im Jahre 1945 hielten sich rund eine Million Flüchtlinge in Österreich auf, die in zahllosen Baracken in fast allen österreichischen Städten untergebracht waren. Pastoren der Methodistenkirche sahen die Not der Flüchtlinge und suchten nach Wegen, wie ihnen geholfen werden könnte. Pastor W. Klemens Gläser hatte seinen Standort in Linz, aber er reiste regelmäßig nach Salzburg und betreute methodistische Flüchtlingsfamilien aus dem damaligen Jugoslawien. Er hielt regelmäßige Gottesdienste, fallweise in der Tischlerei eines Mitgliedes, zeitweise in einem gemieteten Saal in der Chiemseegasse. So bildete sich eine eigene methodistische Gemeinde. Pastor Gläser wurde in seiner pastoralen Arbeit von einem Laienprediger, Jakob Filippi, der auch als Flüchtling nach Salzburg gekommen war, tatkräftig unterstützt. Pastor Gläser kümmerte sich nicht nur um die eigenen Leute, sondern versucht unentwegt, Behörden, Hilfsorganisationen der eigenen Kirche, vor allem in den USA und Großbritannien, und Organisationen der UNO auf die Not der

---

6 Verhandlungsbericht der 24. Sitzung der Mission der Methodistenkirche in Österreich, gehalten vom 29. Oktober bis 1. November 1953 in Wien-Sechshauserstraße und Wien-Bennogasse, S. 43–44.

Flüchtlinge und vor allem auf das tragische Schicksal der Vertriebenen, die nicht als Flüchtlinge anerkannt waren, aufmerksam zu machen. In einem Nachruf für Pastor Gläser wird sein hier angedeuteter Einsatz so beschrieben: „Ein besonderes Anliegen von Pastor W. Klemens Gläser waren die 'Staatenlosen', die volksdeutschen Heimatvertriebenen, die zu Tausenden in den Lagern lebten. Er fand, dass ihre Vertreibung ein grosses Unrecht war. Er fand, dass es ein himmelschreiender Skandal war, dass diese Heimatlosen nicht als Flüchtlinge anerkannt wurden, dass die IRO (International Refugee Organisation) sich nicht um sie kümmerte und er sagte es allen, ob sie es hören wollten oder nicht. Als im Januar 1950 der Ökumenische Rat der Kirchen die 'Dritte Internationale Konferenz über Flüchtlingsfragen' in Salzburg abhielt, war Pastor W. Klemens Gläser dort und ließ nichts unversucht, um die methodistischen Delegierten auf dieses Problem aufmerksam zu machen und es so an dieser Konferenz zur Sprache zu bringen. Es ist gewiss zu einem nicht geringer Teil seinem Einsatz zu verdanken, dass das 'Methodist Committee for Overseas Relief (MCOR)' in New York offiziell gebeten wurde, Schritte zu unternehmen, um die Einwanderung von Volksdeutschen nach USA zu ermöglichen".[7] Vielen verhalf Pastor Gläser zur Auswanderung, anderen half er, Wohnraum zu schaffen. Er gründete einen Siedlungsfonds, der durch Spenden aus den Gemeinden und aus Zuwendungen aus Großbritannien und den USA finanziert wurde. So konnte er Ehepaaren und Familien mit günstigen Krediten helfen, Häuser zu bauen oder Wohnungen zu erwerben und zwar nicht nur in Salzburg, sondern auch in Linz und Wien.

Die lange Suche nach einem geeigneten Haus bzw. einem passenden Grundstück hatte endlich Erfolg. Mit der finanziellen Unterstützung des MCOR in New York konnte die Kirche 1958 ein Grundstück Neutorstraße/Bayernstraße erwerben. Mit dem Grundstück wurde auch ein alter Herrensitz erworben, ein schlossähnliches Haus, das im Parterre auch eine kleine Kapelle enthielt. Die Kapelle und die anderen Räume im Erdgeschoss wurden von der methodistischen Kirchgemeinde benützt. Das obere Geschoss wurde renoviert und umgebaut, um dem russisch-orthodoxen Erzbischof Stephan und seinen Mitarbeitern eine angemessene Unterkunft zu geben. Bis dahin hatte Erzbischof Stephan so wie viele andere sogenannte Altflüchtlinge in einem Barackenlager gewohnt.

---

7 Verfasser des Nachrufes ist Rektor Wilhelm Nausner, Linz, veröffentlicht in „Festschrift anläßlich der Fertigstellung des Umbaus der Kirchenräume der Evangelisch-methodistischen Kirche in Linz im April 1999", S. 31. Die Festschrift ist im Archiv der Evangelisch-methodistischen Kirche in Wien verfügbar. Im Weiteren zitiert als „Festschrift Linz 1999".

"Altflüchtlinge", das waren die Menschen, die 1945 oder unmittelbar danach nach Österreich gekommen waren. Die große Welle von Flüchtlingen, die im Oktober 1956 aus Ungarn nach Österreich strömten, hat aus den Flüchtlingen von 1945 "Altflüchtlinge" gemacht. Viele von ihnen wohnten immer noch in Flüchtlingslagern. Wie sollte ihnen geholfen werden? Mit dem Erwerb des Grundstückes in Salzburg war Plan und Absicht vorhanden, ein Wohnhaus für diese Altflüchtlinge zu errichten. Das Geld für den Bau des Flüchtlingshauses kam zum größten Teil aus den USA, dem "United States Escape Program (USEP)"; weiters haben sich finanziell beteiligt der Ökumenische Rat der Kirchen in Genf, Flüchtlingsabteilung, der schon erwähnte methodistische MCOR aus New York und das Innenministerium. Die Inneneinrichtung der Wohnungen finanzierte der British Council of Churches. Die Spatenstichfeier erfolgt am 24. Feber 1959 und die Einweihung des fertigen Hauses fand am 8. März 1961 statt. In die 50 Kleinwohnungen zogen vor allem russisch-orthodoxe Altflüchtlinge ein. Die Festrede bei der Einweihung hielt der zuständige methodistische Bischof, Dr. Ferdinand Sigg, aus Zürich. Es war eine öffentliche und ökumenische Feier. Ich zitiere aus dem Bericht von Superintendent Ferdinand Mayr, den er für die methodistische Monatsschrift DER METHODIST geschrieben hat: „Das Eingangsgebet sprach der Unterzeichnete, das Schlußgebet und den Segen Superintendent Georg Traar von der Evangelischen Kirche A.B. Ein Weihegebet sprach auch Erzbischof Stephan, werden doch in der Hauptsache orthodoxe Flüchtlinge im Haus wohnen. Grußworte sprachen: Direktor Arthur Foster (für den Flüchtlingsdienst des Ökumenischen Rates der Kirchen in Genf), Ministerialsekretär Dr. Herbert Krizek im Namen des Innenministeriums, Frau Konsul Rebecca Wellington, die Leiterin des amerikanischen Generalkonsulats in Salzburg, Herr Landesrat Leitner für die Landesregierung, Vizebürgermeister Weilhartner für die Stadtgemeinde. Offizielle Vertreter waren noch: für die USEP der Chef derselben, Herr Anthony E. Sega, für die evangelische Gemeinde Salzburg Dipl.-Ing. Pfarrer Emil Sturm, für die Reformierte Kirche Oberkirchenrat H. Bolz, die Altkatholische Kirche Vikar L. Jakfalvi, das Hilfswerk der Evangelischen Kirchen in Österreich Direktor Hans Schager. Die Presse war äußerst gut vertreten."[8] Das neue Haus erhielt den Namen "Warfield-Haus", um Dr. Gaither Warfield, den damaligen Leiter von MCOR in New York für seine Unterstützung und Förderung zu danken. Nach langen schwierigen und entbehrungsreichen Jahren hatte nun die Pfarrgemeinde in Salzburg ihre eigene Kapelle auf eigenem Grund und Boden.

---

8   In: DER METHODIST, 10. Jahrgang, April 1961, Nr. 4, S. 55.

Die Arbeit der Kirche in Linz entwickelte sich in einer ganz anderen Weise. Seit 1922 gibt es eine Pfarrgemeinde in Linz. Sie hatte ihren Gottesdienstsaal in einem eigenen Haus in der Schubertstraße 17. Nach Ende des Krieges quoll der Saal über von Menschen, die Trost und Hilfe erwarteten. Unter den rund 60.000 Flüchtlingen in Linz, die „in 42 Barackenlagern, Kasernen und anderen Notunterkünften zusammengepfercht waren", waren auch 1.200 methodistische Flüchtlinge.[9] Die meisten von ihnen konnten auswandern. Im Jahre 1947 übernahm Pastor W. Klemens Gläser die Verantwortung für die Pfarrgemeinde in Linz. Im Jahre 1944 kam Pastor Ernst Nausner mit seiner großen Familie, mit acht Kindern, als Flüchtling aus Polen nach Linz. Zwischen 1944 und 1945 bekam er innerhalb der Verwaltung der VOEST (damals Hermann-Göring-Werk) eine Anstellung. Nach Ende des Krieges stellte er sich wieder der Kirche zur Verfügung. Zwischen 1945 und 1947 half er mit bei der Betreuung der vielen Flüchtlinge als Seelsorger und Prediger. Nach der Ankunft von Pastor Gläser widmete er sich ganz der Arbeit unter Flüchtlingen. In zwei Barackenlagern in Linz, in einem Barackenlager in Haid, in Steyr und in Ried i. I. hielt er Gottesdienste und Bibelstunden und ließ sich die Sorgen und Ängste seiner Zuhörer erzählen. So ist eine eigene Gemeinde aus Flüchtlingen entstanden, eine in Linz und eine in Ried i. I. Zunächst konnte Pastor Ernst Nausner seine Gottesdienste in öffentlichen Räumen des jeweiligen Barackenlagers abhalten. Nachdem ihm das in Linz verwehrt wurde, sammelte er die Gemeinde in Küche und Wohnzimmer seines Einfamilienhauses, das er auf dem Gelände der VOEST bewohnte. Diese Situation durfte nicht zu lange dauern. Pastor Ernst Nausner suchte nach einem leeren verfügbaren Grundstück und fand die Parzelle Wienerstraße 260 (damals noch Wiener Reichsstraße). Dort hatte ein Familienhaus gestanden, das durch Bomben im 2. Weltkrieg völlig zerstört worden war. 1950 konnte er die hintere Hälfte des Grundstückes kaufen. Gleichzeitig gelang es ihm, eine sehr gut erhaltene Baracke, die auf dem Froschberg stand, aber noch von Flüchtlingen bewohnt war, zu erwerben. Sein Plan war, die Baracke auf dem Grundstück aufzustellen und sie in einen kirchlichen Versammlungsraum zu verwandeln. Das aber ließ sich nicht realisieren. Es war nicht möglich, die Bewohner der Baracke zu bewegen, die Baracke zu verlassen, weil der neue Eigentümer die Baracke brauchte. Pastor Ernst Nausner hatte auch nicht die Absicht, rechtliche Schritte einzuleiten. Er ließ die Sache auf sich beruhen. Dafür entdeckte er auf dem gekauften Grundstück viele Ziegel. Sie stammten von dem zerbombten Haus. Er engagierte freiwillige Helfer, vor allem Jugendliche, die bereit waren, die Ziegel zu sammeln, weitere auszugraben und sie zu reinigen und säuberlich

---

9   Festschrift Linz 1999, S. 36.

zu stapeln. Dann entdeckte er in der Nähe des Einfamilienhauses, in dem er mit seiner Familie wohnte, Splittergräben aus dem Zweiten Weltkrieg, deren Eingänge mit sehr guten Ziegeln gemauert waren. Die VOEST erlaubte ihm, die Splittergräben zu zerlegen und das Material für die Zwecke der Kirche zu gebrauchen. Viele Jugendliche setzten Zeit und Energie ein, um die Ziegel aus dem harten Mörtel zu lösen, zu säubern und dann zum Grundstück Wiener Reichsstraße 260 mit einem Leiterwagen zu transportieren. Im Sommer 1952 stand dort, wo die Baracke hätte stehen sollen, ein gemauertes Haus. Dann entwickelte sich alles recht rasch. Im Sommer 1952 und 1953 kamen Gruppen von methodistischen Studenten aus den USA und halfen bei den Bauarbeiten. Im Herbst 1953 stand dann nicht nur ein Pfarrhaus, sondern auch eine schlichte Kirche fertig da. Im Erdgeschoß des Pfarrhauses wurden drei Flüchtlingsfamilien untergebracht. Am 1. November 1953 wurde die Kirche samt Pfarrhaus durch Bischof Arthur J. Moore feierlich in einem öffentlichen Gottesdienst eingeweiht. An dem Festakt nahmen nicht nur befreundete Kirchen aus Linz teil, sondern auch Vertreter der Stadt Linz. Im Bericht des Ausschusses für Kircheneigentum und Bauangelegenheiten an die Jährliche Konferenz, die vom 29. Oktober bis 1. November in Wien tagte, heißt es: „Durch die uns von Amerika zugekommene Spende von 10.000,-- Dollar ist es nun nicht nur möglich gewesen, das in Linz-Kleinmünchen im Bau begonnene Kirchlein soweit fertig zu stellen, daß wir diese Konferenz mit der Einweihung dieses Kirchleins beenden können, sondern wir haben auch das an das Grundstück, auf welchem das Kirchlein errichtet wurde anschließende Grundstück von Frau Frieda Harrer erwerben können. Der Kaufvertrag ist bereits unterschrieben und die Durchführung im Grundbuche im Gange. Für die Erwerbung dieses Grundstückes ist nicht nur der Vorteil gegeben, daß wir nun Eigentümer der Gesamtparzelle sind, sondern ist auf diesem nun neu erworbenen Grundstück seinerzeit ein kleines Haus gestanden, welches durch Kriegseinwirkung vernichtet worden ist. Dadurch war es aber möglich beim Wiederaufbaufonds ein entsprechendes Ansuchen zur Errichtung eines Wohnhauses zu stellen, welches dann nach Fertigstellung die Möglichkeit geben wird, dort ungefähr 15 von unseren Flüchtlingsfamilien neugeschaffene Heime zu geben."[10] Die Flüchtlingsgemeinde hatte nun ihre eigene Kirche und die Aussicht auf eigene Wohnungen.

---

10 Verhandlungsbericht der 24. Sitzung der Mission der Methodistenkirche in Österreich, gehalten vom 29. Oktober bis 1. November 1953 in Wien-Sechshauserstraße und Wien-Bennogasse, S. 44.

Hochwasser in Linz und der Beginn eines Kindergartens

Im Frühjahr 1954 erhielt Pastor Ernst Nausner eine schriftliche Aufforderung von der Stadt Linz, „seine" Baracke zu holen, weil die Stadtgemeinde den Grund für einen Neubau brauche. Die Baracke wurde sorgfältig in ihre Teile zerlegt und vom Froschberg in die Wiener Reichsstraße 260 transportiert. Auf dem großen freien Gelände vor der neuerbauten Kirche lagen nun die Barackenteile, schön übereinander geschlichtet. Jetzt brauchte man die Baracke nicht mehr. Was sollte nun mit ihr geschehen?

Im Sommer 1954 kam es zu einem großen Hochwasser in Linz. Die Donau stieg über ihre Ufer und überschwemmte viele Ortschaften und auch die Landeshauptstadt Linz. Über Nacht wurden Unterkünfte für die vom Hochwasser überraschten Menschen gesucht. Pastor Ernst Nausner nahm in seiner Wohnung und in den neuen für die Jugend bestimmten Räumen drei Familien auf. Er ergriff noch eine andere Initiative. Er ging zur Stadt Linz und bot seine Baracke als Notunterkunft für Hochwassergeschädigte an. Die Stadt Linz ging auf das Angebot ein. In der Schumannstraße, nahe bei der methodistischen Kirche, verkaufte die Stadt Linz für diesen Zweck ein Grundstück, das eher eine Schottergrube war, aber gerade noch so viel soliden Grund hatte, dass die Baracke aufgestellt werden konnte. Das Fundament für die Baracke wurde von freiwilligen Helfern aus der Pfarrgemeinde und Studenten aus den USA rasch erstellt. Die Baracke wurde aufgestellt und an das Strom- und Wassernetz angeschlossen. Zwei Jahre lang wohnten dort einige Personen und Familien, die ihre Häuser oder Wohnungen durch das Hochwasser verloren hatten.

Im Jahre 1955 wurde mit dem Wiederaufbau des Hauses an der Wienerstraße 260 begonnen. Der Bau wurde 1956 abgeschlossen. Für die Installation von Bad und Küche in den einzelnen Wohnungen stellte MCOR die Mittel zur Verfügung. Die Flüchtlingsfamilien, für die die Wohnungen bestimmt waren, hatten ja keine Mittel zur Verfügung. Im Sommer 1956 kam eine besonders große Gruppe von Studenten aus den USA nach Linz und arbeitete vier Wochen lang am Bau des Wohnhauses mit und bei der Renovierung der Baracke. Die Hochwassergeschädigten waren bereits vor dem Sommer 1956 in neue Wohnungen umgezogen, die die Stadt Linz inzwischen für die vom Hochwasser Geschädigten errichtet hatte. Aus der Baracke wurde ein Kindergarten. Die Umgestaltung der Baracke für den neuen Zweck wurde ebenfalls mit Hilfe von Studenten aus den USA durchgeführt. Im September 1956 wurde der Kindergarten eröffnet. Zur gleichen Zeit zogen 15 Flüchtlingsfamilien in das neuerbaute Wohnhaus in der Wienerstraße 260 ein.

Der Ungarnaufstand und die Antwort der methodistischen Kirche

Im Herbst des Jahres 1956 gab es in unserem Nachbarland Ungarn einen Aufstand gegen die politische Bevormundung Moskaus. Der Versuch, mehr Freiheit zu gewinnen, wurde von russischen Panzern gnadenlos niedergewalzt. Gut eine Viertelmillion Million Flüchtlinge kamen über die Grenze nach Österreich. Das war nicht nur für Österreich, sondern für die ganze westliche Welt eine große Herausforderung. Die Hilfsbereitschaft in Österreich war grenzenlos. Auch die Methodistenkirche in Österreich hat ihre Räume für die Unterbringung von ungarischen Flüchtlingen zur Verfügung gestellt. Im Bericht von Superintendent Ferdinand Mayr liest es sich so: „Wie ein Orkan brach es über unser Land herein; wie eine nie endende Welle empfanden wir es. Dass wir mit unseren Gemeinden so hineingezogen werden würden in diesen Sog, konnte man nicht annehmen ... Mitte November waren fast alle unsere Gemeinden im Flüchtlingseinsatz. Aufgerufen wurden wir dazu vom Weltkirchenrat."[11] Die Pfarrgemeinde im 15. Wiener Gemeindebezirk hat ihren großen Kirchensaal für Flüchtlinge zur Verfügung gestellt und hat ihre Gottesdienste auf der Galerie abgehalten. Im Berichte des Superintendenten an die Jährliche Konferenz 1957 heißt es: „Man machte dort gründliche Arbeit und räumte aus dem großen Gottesdienstsaal die Bänke heraus und schuf Platz für über 100 Betten für die Flüchtlinge. Man errichtete für den Weltkirchenrat ein sogenanntes Transitlager."[12]

Die Pfarrgemeinde in Linz sah ihre Aufgabe darin, sich um Jugendliche zu kümmern, die ihre Eltern bei der Flucht verloren hatten. Kurzerhand wurde der hohe Dachboden über dem Kirchensaal mit Betten und einfachen Schränken ausgestattet, so dass er 30 jungen Männern im Alter zwischen 15 und 19 Jahren Unterkunft bot. Das lief natürlich in genauer Absprache mit den zuständigen Behörden. Die jungen Burschen hatten nicht nur ein Dach über dem Kopf und genug zu essen. Pastor Ernst Nausner und seine Helfer bemühten sich je nach Bedarf um Plätze in der Schule oder um Lehrstellen. Einige wollten nicht in Österreich bleiben, sondern in andere Länder auswandern. Dabei wurde ihnen ebenfalls sachkundig geholfen.

Aber allen Beteiligten war natürlich klar, dass die Unterbringung auf dem Dachboden der Kirche nur eine vorubergehende Lösung sein konnte, eine rasche

---

11 Verhandlungsbericht der 28. Sitzung der Provisorischen Jährlichen Konferenz in Österreich gehalten vom 16. bis 19. Mai 1957 in Wien 8, Bennogasse 11, S. 14.

12 Verhandlungsbericht der 28. Sitzung der Provisorischen Jährlichen Konferenz in Österreich gehalten vom 16. bis 19. Mai 1957 in Wien 8, Bennogasse 11, S. 19.

Hilfe in einer extremen Notsituation. Pastor Ernst Nausner gelang es, in der Nähe der Pfarrgemeinde ein Grundstück in der Willingerstraße zu erwerben, auf dem ein Heim für die ungarischen Flüchtlingsjungen errichtet werden sollte. Die Jährliche Konferenz 1957 hat dann auch auf Empfehlung der Kommission für Kircheneigentum und Bauangelegenheiten folgenden Beschluss gefasst: „Die Konferenz erteilt die Genehmigung zur Errichtung eines Burschenheimes in Linz und eines Heimes für Ungarnflüchtlinge in Wien Sechshaus. Mit dem Bau dieser Heime kann sofort begonnen werden, sobald die Mittel durch MCOR gesichert erscheinen bzw. die Pläne und Kostenüberschläge von der kirchlichen Baukommission begutachtet wurden und die Errichtung der Bauten nach diesen genehmigten Plänen gutgeheißen wird."[13] Das Heim in Wien sollte ungarische Flüchtlingsmädchen aufnehmen. Der Bau beider Heime wurde 1957 begonnen und sie wurden im Sommer 1958 ihrer Bestimmung übergeben. Der Ausschuss für Flüchtlingsangelegenheiten berichtet an die Jährliche Konferenz 1958 im Blick auf beide Heime so: „Das Heim in Wien, das für Mädchen bestimmt ist, ist nun soweit fortgeschritten, dass es am 7. Mai eröffnet werden konnte. Die Eröffnung des Heimes in Linz wird wahrscheinlich nicht vor Juli 1958 bzw. August stattfinden. Das kommt daher, weil die Nordwestseite des Objektes, das ganz im Freien steht, soviel Feuchtigkeit durch die ungünstige Witterung der Wintermonate in sich aufgenommen hat und nun ein paar Monate warten muss, bis man mit dem Verputz der Außenfronten beginnen kann. Die Innenarbeiten sind soweit fertig, zur Zeit arbeiten die Maler und Fußbodenverleger, dann kommen nur noch die Innenausstattungen. Es wird geplant, die ungarischen Lehrlinge noch vor der Eröffnung selbst dort unterzubringen, weil wir sonst mit der Instandsetzung unserer kirchlichen Räume in Linz-Wienerstraße in diesem Jahr nicht fertig werden. Die Mittel zur Errichtung dieser Heime stellt uns MCOR zur Verfügung."[14] Die offizielle Eröffnung des Burschenheimes in Linz fand am 21. September 1958 statt. An der Eröffnungsfeier nahmen Bischof Ferdinand Sigg und Bischof Newell aus New York, Präsident von MCOR, teil. Mit der Leitung des Heimes wurde Pastor Robert Hanson, der aus den USA nach Österreich gekommen war, betraut.[15]

---

13 w.o. S. 42.
14 w.o. S. 44–45.
15 Verhandlungsbericht der 30. Sitzung der Provisorischen Jährlichen Konferenz in Österreich gehalten vom 16. bis 19. April 1959 in Graz, Wielandgasse 10, S. 13.

Gesellschaftliche Veränderungen fordern neue Antworten

Im Jahre 1961 fand eine Reihe von Veränderungen statt. Pastor Robert Hanson wurde vom Bischof nach Salzburg versetzt, um dort die Pfarrgemeinde zu leiten und sich um die Flüchtlinge im Warfieldhaus zu kümmern. Pastor Ernst Nausner wurde von Bischof Sigg zum Superintendenten bestellt und zog nach Wien um. Kurz vor seiner Umsiedlung nach Wien gelang es Pastor Ernst Nausner, Rudolf Siegrist, einen Architekten aus der Schweiz, der viel Erfahrung mit jungen Menschen hatte, für die Leitung des Burschenheimes zu gewinnen. Am 17. August 1961 kam Rudolf Siegrist mit seiner Gattin Emma und zwei Buben, Roland und Herbert, in Linz an. Rudolf Siegrist erkannte rasch, dass eine Fortführung des Heimes als Burschen- oder Lehrlingsheim keine Zukunft hatte. Es hatte vier Jahre lang für die ungarischen Flüchtlingsburschen einen guten Dienst getan. Dieses Projekt konnte abgeschlossen werden. Im Raum Linz gab es keinen Bedarf für Lehrlingsheime. Rudolf Siegrist nahm Kontakt mit der zuständigen Abteilung der Stadt Linz auf und erkundigte sich, in welchem Bereich der Gesellschaft die Kirche einen Dienst tun könnte. Er erhielt die Antwort, dass die Stadt dringend ein Heim für Mädchen in sozial schwierigen Situationen suchte. Rektor Wilhelm Nausner erinnert sich in der Festschrift „Diakonie Zentrum Spattstraße. 50 Jahre Neuland betreten" an diese bewegte Anfangszeit. Er war persönlich bei den Gesprächen mit der Stadt Linz dabei. Er hielt fest: „Dieses Heim war aber als Flüchtlingsheim für Burschen im Auslaufen begriffen. Es war an der Zeit, dieses Heim neu auszurichten. Etwa zeitgleich hatten die Oblatinnen ihr Heim für 'schwererziehbare Mädchen' aufgegeben. Diese Versorgungslücke war zu schließen. Der damalige Wohlfahrts-Stadtrat und spätere Bürgermeister von Linz, Franz Hillinger, kam mit der klaren Frage: ‚Traut's Euch das zu?' Damit war eine neue Funktion unseres bisherigen Heimes gefunden."[16] Emma und Rudolf Siegrist trauten es sich zu und nahmen die Herausforderung an. Im Bericht der Kommission für sozialen Dienst an die Jährliche Konferenz 1962 wird darüber so berichtet: „Der derzeitige Direktor des Lehrlingsheimes, Rudi Siegrist, bat die Kommission, das Heim per 31. März 1962 schließen zu können. Die Kommission für sozialen Dienst hat beschlossen, das Heim mit diesem 31. März 1962 zu schließen. R. Siegrist hat auch bei der Linzer Stadtverwaltung angefragt, welche Bedürfnisse die Stadt auf sozialem Gebiet habe. Die Stadt Linz stellte daraufhin sofort das dringliche Ansuchen an die Methodistenkirche, aus dem ehemaligen Ungarn- bzw. Lehrlingsheim ein Heim für etwa 60 Mädchen zu machen. In dem Ansuchen der Stadt Linz kam

---

16 *Hahn-Oberthaler, Verena / Obermüller, Gerhard*, „Diakonie Zentrum Spattstraße, 50 Jahre Neuland betreten (1963–2013)", Linz, Feber 2013, S. 33.

zum Ausdruck, daß die Stadt in den nächsten 10 Jahren keine Möglichkeit sieht, ein solches Heim selbst zu errichten. Die Stadtverwaltung legt auch betont Wert darauf, daß diese Mädchen unter evangelischer Betreuung stehen sollten, in diesem Fall unter der Betreuung der Methodistenkirche.

Nach der Rentabilitätsberechnung durch R. Siegrist wäre das Heim mit einer Belegung von 60 Mädchen selbsterhaltend zu führen. Mit einem finanziellen Gewinn wäre nicht zu rechnen. Es wäre dies also eine sozial-missionarische Aufgabe. Um aber 60 Mädchen unterbringen zu können, müsste das Heim weiter ausgebaut, bzw. aufgestockt und neu möbliert werden.

Kostenvoranschlag, errechnet von Architekt Rudi Siegrist, der auch die Bauleitung übernehmen würde, S 1,056.000,00. Bis auf S 290.000,00 ist diese Gesamt-Bausumme bereits vorhanden. Die Kommission für sozialen Dienst gab für dieses einzigartige Projekt grundsätzlich ihre Zustimmung. Ein Antrag an die Jahreskonferenz liegt vor."[17] Die Jährliche Konferenz hat dem Antrag der Kommission für sozialen Dienst zugestimmt und somit das Projekt auf den Weg gebracht. Die Aufstockung des Hauses und die Renovierung und Möblierung der bereits vorhandenen Zimmer ging zügig voran, sodass bereits im Februar 1963 die Einweisung der ersten Mädchen erfolgen konnte. Im Bericht der Kommission für sozialen Dienst an die Jährliche Konferenz 1964 ist zu lesen: „Am 16. Februar 1963 wurde mit der Einweisung der ersten Mädchen die Heimarbeit begonnen. Zur Zeit wohnen im Heim 28 Mädchen, die vom Heimleiterehepaar und drei Erzieherinnen betreut werden. Bewusst wurden die Bauarbeiten am 2. Stock nicht forciert, um den Heimbetrieb langsam anlaufen zu lassen. In der ersten Hälfte des Jahres 1964 kann das ganze Heim seiner Bestimmung übergeben werden. Die Zusammenarbeit mit der Stadt Linz hat sich über Erwarten gut gestaltet. Die Vertreter der Stadt haben sich bei ihren Besuchen, vor allem anlässlich der Weihnachtsfeier über die Ausstattung und besonders über die Führung des Heimes sehr lobend geäußert."[18] Rudolf Siegrist, Architekt und Designer, hat sich als eine charismatische pädagogische Persönlichkeit erwiesen. In seinem Bericht an die Kommission aus dem Jahre 1966 klingt etwas davon an. Er schreibt: „Vieles wiederholt sich von Tag zu Tag, von Jahr zu Jahr. Was sich ändert, sind die Mädchen, die fordern; die jede einzelne in ihrer ganzen und eigenen Persönlichkeit ernst genommen werden will. Dieses sich Einstellen auf all die vielen jungen Menschen ist bestimmt das Verzehrende unserer Arbeit, mehr als

---

17 Verhandlungsbericht der 33. Sitzung der Provisorischen Jährlichen Konferenz in Österreich gehalten vom 28. März bis 1. April 1962 in St. Pölten, Kalcherstraße 3, S. 53.
18 Verhandlungsbericht der 35. Sitzung der Provisorischen Jährlichen Konferenz in Österreich gehalten vom 26. Februar bis 1. März 1964 in Wien XXI, Bahnsteggasse 27, S. 45–46.

die vielen Stunden des Einsatzes selber."[19] Aus den kleinen Anfängen im Jahre 1963 hat sich das Diakoniezentrum Spattstraße entwickelt, das heute zu den führenden Sozialeinrichtungen Österreichs gehört und mehr als 650 Angestellte in verschiedenen sozialen Aufgabenfeldern beschäftigt (www.spattstrasse.at).

In der zweiten Hälfte des Jahres 1963 wurde eine strukturelle Veränderung ins Auge gefasst, um alle inzwischen erworbenen Häuser und Einrichtungen zentral zu verwalten. Die damals geltende Regelung legte die Verwaltung des jeweiligen Hauses in die Hände des Pastors am Ort. Das war eine Belastung für den Pastor und gehörte nicht zu seinem pastoralen Auftrag. Es wurde darum die „Eigentumsverwaltung der Methodistenkirche in Österreich" mit Sitz in Linz eingerichtet, die ab 1.1.1964 ihre Arbeit mit einem vollamtlichen Sekretär aufnahm.[20] Zunächst wurden nur die Häuser und Einrichtungen in Oberösterreich und Salzburg verwaltet. Die übrigen Häuser und Einrichtungen in Wien, Niederösterreich und der Steiermark wurden in den siebziger und achtziger Jahren von der Eigentumsverwaltung schrittweise übernommen.

Abschließende Bemerkungen

In der Zeit unmittelbar nach Kriegsende war es vordringlich, die verschiedenen beschädigten oder sogar zerstörten Häuser und Versammlungsräume wieder benützbar zu machen. Das war eine verständliche und angemessene Reaktion auf die aktuelle Situation. Das war schwierig genug. Hätte sich die Methodistenkirche nur um ihre Häuser gekümmert, wäre es zu einem kläglichen Wiederaufbau gekommen. Kläglich deshalb, weil die Kirche sich nur um sich selbst gedreht hätte. Indem sich die Kirche der Not der Menschen nicht verschlossen hat, den zahllosen Flüchtlingen nach Ende des Krieges 1945 in den vielen Flüchtlingslagern und dann ebenso den Flüchtlingen nach dem Ungarnaufstand 1956 und nach dem Prager Frühling im Jahre 1967, haben sich neue Möglichkeiten eröffnet. Aus den Bemühungen für die Flüchtlinge sind neue Gemeinden in Linz, Salzburg, Ried i. I. und Bregenz entstanden. Die Herausforderungen, denen die Kirche sich gestellt hatte, brachten nicht nur neue Belastungen, sondern es öffneten sich neue Wirkungsmöglichkeiten. Das Diakoniezentrum Spattstraße ist ein Beispiel dafür. Was als Wiederaufbau im Jahre 1945 begonnen hatte, entfaltete sich in verschiedene Formen des Dienstes zum Wohl vieler Menschen.

---

19 Verhandlungsbericht der 37. Sitzung der Provisorischen Jährlichen Konferenz in Österreich gehalten vom 24. bis 27. März 1966 in Wien 19, Strehlgasse 13, S. 54.
20 Verhandlungsbericht der 35. Sitzung der Provisorischen Jährlichen Konferenz in Österreich gehalten vom 26. Februar bis 1. März 1964 in Wien XXI, Bahnsteggasse 27, S. 31.

Richard Potz
Die orthodoxe Kirche in der Zweiten Republik

Abstract
The history of the relationship between the State and the Orthodox Church in Austria since 1945 shows a number of peculiarities within the Austrian law on religion. In particular, the end of communist rule in Eastern and South-eastern Europe were of great importance for the Orthodox Churches in Austria.

I. Einleitung

In der nunmehr bereits 70 Jahre umfassenden Rechtsgeschichte des Verhältnisses von Staat und Kirche/n der Zweiten Republik lassen sich deutlich mehrere Phasen unterscheiden, die auch in der Geschichte der Orthodoxie in Österreich ihren Niederschlag gefunden haben.[1]

Nach einer kurzen ersten Phase, welche durch Maßnahmen zur unmittelbaren Überwindung des nationalsozialistischen Unrechtsstaates gekennzeichnet war, stand zunächst die Bestimmung des Verhältnisses zur Katholischen Kirche im Vordergrund. Die langen Fünfzigerjahre waren durch die Auseinandersetzung um die Gültigkeit des Konkordats 1933, vor allem im Hinblick auf die Eherechtsfrage bestimmt.[2]

In der Folge der Anerkennung des Konkordats im Jahre 1957 kam es zu einer Sanierungs- und Konsolidierungsphase, in der zunächst Widersprüche zwischen dem Konkordat und der späteren, teilweise aus der NS-Zeit übernommenen Gesetze durch Verträge mit dem Hl. Stuhl aus 1960 (Vermögensfragen) und 1962 (Schulfragen) beseitigt wurden. In dieser Sanierungs- und Konsolidierungsphase der 1960-er Jahre wandte sich die österreichische Kultuspolitik dann auch den beiden traditionellen Minderheitskirchen zu und schuf mit dem Protestantengesetz 1961 und dem Orthodoxengesetz 1967 eine neue Rechtsgrundlage für die

---

1 Dieser Beitrag entspringt den Vorarbeiten zu einer gemeinsam mit *Eva Synek* geplanten Monographie über die Orthodoxie in Österreich.
2 Vgl. dazu *Potz, Richard / Schinkele, Brigitte*, Die kirchliche Trauung im staatlichen Recht Österreichs. Ein Beitrag zur Geschichte des Verhältnisses von Staat und Katholischer Kirche in den langen Fünfzigerjahren, in *Paarhammer, Hans / Rinnerthaler, Alfred* (Hg.), Österreich und der Heilige Stuhl im 19. und 20. Jahrhundert, Frankfurt/Main et. al 2001, S. 401–442.

beiden Kirchen. Während das Protestantengesetz bis heute als religionsrechtliches Mustergesetz der Zweiten Republik gilt, wies das Orthodoxengesetz einige Besonderheiten auf, die mit dem kirchlichen Selbstbestimmungsrecht bzw. mit der religiösen Neutralität des Staates nicht ganz im Einklang standen.

In den 1970-er Jahren begannen sich die Akzente im Verhältnis zwischen Staat und Kirche langsam zu verschieben. Es folgten zwar weitere Diskussionen, bei denen die Kirchen unmittelbar in religionsrechtlichen Kernbereichen betroffen waren, wie bei den gesetzlichen Neuregelungen im Bereich von Denkmalschutz, Datenschutz, Melderecht und Volkszählung sowie der Sonntags- und Feiertagsruhe. Der Schwerpunkt begann sich aber immer deutlicher zu allgemeinen gesellschaftspolitisch diskutierten Fragen zu verlagern, bei denen die Kirchen und Religionsgesellschaften als bedeutsame zivilgesellschaftliche Dialogpartner agierten. Dies zeigte sich erstmals im Konflikt um die Einführung der Fristenlösung. In der Folge kam es zu kirchlichen Stellungnahmen insbesondere zu den in Schüben erfolgenden Reformen des Familienrechts, zu Asyl- und Fremdenrecht, Sozialrecht und zu bioethischen Fragen. In diesen Zusammenhang ist zuletzt auch der gesamte Regelungskomplex des Antidiskriminierungsrechts zu stellen, das allerdings nicht zu unterschätzende unmittelbare Auswirkungen auf die Kirchen und Religionsgesellschaften hat.[3] Im Zusammenhang mit der Thematik dieses Beitrages ist darauf hinzuweisen, dass sich die Orthodoxe Kirche erst in jüngster Zeit in diese, lange Zeit nur von der Katholisch Kirche und der Evangelischen Kirche geführten zivilgesellschaftlichen Diskurse einzubringen beginnt,[4] was zwar mit der Überwindung von innerorthodoxen Konflikten zusammenhängt zugleich aber auch ein deutliches Signal für eine Verankerung in der österreichischen Gesellschaft ist.

Darüber hinaus kam es in den 1990-er Jahren zu neuen gesellschaftlichen und politischen Entwicklungen, die es mit sich brachten, dass unmittelbar religionsrechtliche Themen in andere Kontexte gestellt wurden. Es waren dies die zunehmenden Aktivitäten von Neuen Religiösen Bewegungen[5] und die ansteigende

---

3 Vgl. dazu die religionsrechtlichen Fragen des neuen Gleichbehandlungsrechts gewidmeten Beiträge in öarr 55/Heft 2 (2008).
4 Siehe unten VII.
5 Die Auseinandersetzungen mit Neuen Religiösen Bewegungen führten 1998 zum Bundesgesetz über die Rechtspersönlichkeit von religiösen Bekenntnisgemeinschaften (BekGG, BGBl. I Nr. 1998/19). Obwohl die Einführung eines weiteren Rechtstatus für Religionsgemeinschaften neben der gesetzlichen Anerkennung bereits seit langem ein Desiderat gewesen war, erwies sich dieses Gesetz doch als durch den Wechsel der höchstgerichtlichen Judikatur in Fragen der gesetzlichen Anerkennung von

Immigration. Diese betraf einerseits die Einwanderung von Muslimen, andererseits aber auch von Orthodoxen als Folge des Zusammenbruchs der kommunistischen Systeme in Ost- und Südosteuropa und der folgenden Öffnung der Grenzen. Die durch die Migration bedingte Pluralisierung der religiösen Landschaft hatte zur Folge, dass religionsrechtliche Themen integrationspolitisch funktionalisiert wurden. In diese Phase fallen die Totalnovellierung des Israelitengesetzes 1890 im Jahre 2012[6], besonders aber das neue Islamgesetz 2015[7], das unter der Federführung des Integrationsministeriums formuliert wurde.[8] Schließlich war wohl auch die Novelle zum Orthodoxengesetz aus dem Jahre 2011[9] durch den Zustrom von Menschen mit orthodoxem Bekenntnis oder zumindest ostkirchlich-kulturellem Hintergrund mitbedingt. Die Geschichte der Orthodoxie in Österreich nach 1945 ist jedenfalls ohne die politische Teilung Europas und ihre Überwindung in der Wende des Jahres 1989 nicht verstehbar.

II. Vorgeschichte

II.1 Die Orthodoxie in der Habsburgermonarchie

Nach den Siegen über das Osmanische Reich erfolgte 1690 aufgrund der Einladung Kaiser Leopolds eine erste Einwanderung einer größeren Zahl von Serben unter ihrem Patriarchen Arsenije III. (Čarnojević) von Peć (Kosovo). Zugleich kam es nach den Siegen über das Osmanische Reich zu einer territorialen Expansion des Habsburgerreiches in orthodox geprägte Gebiete. Nach der unerwarteten Niederlage im Krieg gegen das Osmanische Reich folgte 1739 unter Patriarch Arsenije IV. (Jovanovič Šakabenta) von Peć eine zweite Einwanderungswelle.

Religionsgemeinschaften bedingtes Anlassgesetz zur Verhinderung der gesetzlichen Anerkennung weiterer Religionsgemeinschaften, insbesondere neuer religiöse Bewegungen. Nahezu zeitgleich wurde die Dokumentations- und Informationsstelle für Sektenfragen gesetzlich eingerichtet (BGBl. I Nr. 1998/150). Ein wesentlicher Aspekt dieser Gesetzgebung war, dass das Bundesministerium für Familie und Jugend federführend war, das auch die Informationsbroschüre „Sekten-Wissen schützt" herausgegeben hat.

6 Gesetz betreffend die Regelung der äußeren Rechtsverhältnisse der Israelitischen Religionsgesellschaft idF BGBl I Nr. 48/2012.

7 Bundesgesetz über die äußeren Rechtsverhältnisse islamischer Religionsgesellschaften, BGBl. I Nr. 39/2015.

8 In der Öffentlichkeit identifizierte sich daher hauptsächlich der frühere Staatssekretär für Integrationsfragen im Innenministerium und nunmehrige Bundesminister für Europa, Integration und Äußeres Sebastian Kurz mit dem Gesetzesenwurf bzw. dem Gesetz.

9 Siehe unten VI.

Patriarch Arsenije IV. ließ sich schließlich in Karlowitz (Sremski Karlovci, heute Serbien/Vojvodina) nieder, das bereits seit 1716 die offizielle Residenzstadt der serbischen Metropoliten der Donaumonarchie gewesen war. Durch die in diesen Gebieten eingerichtete Militärgrenz-Verwaltung genoss die orthodoxe Bevölkerung lange Zeit ein hohes Maß an politischer und religiöser Autonomie.[10]

Seit der Toleranzzeit bestanden auch zwei griechisch-orientalische Kirchengemeinden in Wien als staatlich anerkannte Einrichtungen iwS auf dem Boden des heutigen Österreich. Für orthodoxe Staatsangehörige des Osmanischen Reiches wurde eine Bruderschaft zugleich mit der Errichtung einer Pfarrkapelle zum Hl Georg in Wien privilegiert und für orthodoxe österreichische Staatsangehörige eine zweite griechisch-orientalische Gemeinde „Zur Hl Dreifaltigkeit" errichtet.[11]

Im Zuge des 1848 einsetzenden Übergangs vom Toleranzsystem zur Gewährleistung von Religionsfreiheit wurden auch die rechtlichen Grundlagen der Orthodoxie in der Habsburger-Monarchie neu geordnet. Der kanonische Status dieser Ortskirchen war jedoch nicht unumstritten.[12] So haben Georg Rallis und Michael Potlis in ihrem in den Jahren 1852–1859 erstmals im Druck erschienenen „Syntagma"[13] die damals als einzige Ortskirche bestehende, ab 1848 den Patriarchentitel führende Karlowitzer Jurisdiktion faktisch den Charakter einer Autokephalen Kirche[14] zugebilligt. Dabei verwendeten sie sowohl die Bezeichnung

---

10 Einen Überblick zur Geschichte der bis 1881 bestehenden Militärgrenzverwaltung gibt *Amstadt, Jakob*, Die k.k. Militaergrenze 1522–1881, Diss. Würzburg 1969.
11 Siehe *Plöchl, Willibald M.*, Die Wiener orthodoxen Griechen. Eine Studie zur Rechts- und Kulturgeschichte der Kirchengemeinden zum Hl. Georg und zur Hl. Dreifaltigkeit und zur Errichtung der Metropolis von Austria, Kirche und Recht 16, Wien 1983, S. 29 ff.
12 Vgl. dazu *Potz, Richard / Synek, Eva*, Orthodoxes Kirchenrecht, ²2014, S. 140 ff.
13 Das sechsbändige „Syntagma ton theion kai hieron kanonon" von *Georg Rallis* und *Michael Potlis* gilt bis heute als die allgemein anerkannte Quellensammlung des byzantinischen Kirchenrechts, die auch die klassischen Kommentare des Mittelalters und byzantinische Responsenliteratur enthält vgl *Potz / Synek*, Orthodoxes Kirchenrecht (Anm. 12), S. 287 ff.
14 Autokephale Ortskirchen sind eine zentrale Verfassungsstruktur der Orthodoxie. Was den Inhalt der Autokephalie betrifft, so ist eine autokephale Kirche eine gesamtorthodox als selbständig anerkannte Kirche unter einem eigenen Kirchenoberhaupt. Sie ist rechtlich vor allem dadurch charakterisiert, dass sie ihre Bischöfe inklusive den Ersthierarchen eigenständig bestimmen kann und dass sie dazu befugt ist, alle ihre internen Probleme selbständig zu lösen. Ortskirchen mit weitgehender Selbständigkeit, ohne vollständige Ablösung von der Mutterkirche werden als autonom bezeichnet. Die jüngeren Autokephalieerklärungen folgen alle dem Prinzip, dass kirchliche und politisch-staatliche Grenzen grundsätzlich übereinstimmen sollten. Der Staat, den sie

"Autokephale Kirche in der Österreichischen Monarchie"[15] als auch "Kirche von Österreich" *("Austrias")*. Diese reihten sie – unter Anlehnung an die zeitgenössischen russischen Diptychen[16] – hinter den vier alten Patriarchaten, der Russischen Kirche und der antike Wurzeln habenden Kirche von Zypern an die siebente Stelle. Das Patriarchat von Konstantinopel hat der Karlowitzer Jurisdiktion dagegen die Autokephalie formell nicht zuerkannt, zuletzt jedoch die Kirchen der Habsburgermonarchie im Wesentlichen faktisch als autokephal behandelt.[17]

In der Folge kam es auf dem Boden der Donaumonarchie zur Errichtung weiterer eigenständiger orthodoxe Ortskirchen. Für die österreichische Reichshälfte wurde die Metropolie von Bukowina und Dalmatien mit dem Sitz in Czernowitz eingerichtet[18]; in der ungarischen Reichshälfte wurde die rumänische Metropolie von Siebenbürgen vom Titularpatriarchat von Karlowitz abgetrennt.[19] Diese Ausdifferenzierung der Jurisdiktionen auf dem Boden der Donaumonarchie führte zu einer Reihe von interessanten Überlegungen, die hier nicht weiter verfolgt werden sollen. Erwähnt sei nur, dass sowohl Andrei von Şaguna[20] als auch Nikodim

---

vor Augen hatten, war typischerweise der moderne Nationalstaat. Insofern konnte sich ein nationales Prinzip trotz der Verurteilung des sog. Phyletismus im 19. Jahrhundert durchsetzen. Es beinhaltet freilich ein sehr spezifisches, historisch kontingentes Konzept von Autokephalie, das sich nicht einfach in die Vergangenheit rückprojizieren lässt und bei dem angesichts heutiger Entwicklungen auch fraglich ist, welche Bedeutung es für die Zukunft haben wird, vgl dazu und zur gegenwärtigen interorthodoxen Diskussion *Potz / Synek,* Orthodoxes Kirchenrecht (Anm. 12), S. 421 ff.

15 *Rallis / Potlis*, Syntagma Bd. 5 (Anm. 13), S. 521.
16 *Rallis / Potlis*, Syntagma Bd. 5 (Anm. 13), S. 513.
17 So *Milasch, Nikodim,* Das Kirchenrecht der Morgenländischen Kirche, Mostar ²1905, S. 311, der sich hier fälschlich auf Rallis-Potlis beruft; Milasch dürfte die Anmerkung des Syntagmas zur Herkunft der Diptychen übersehen haben. Konstantinos Pitsakis hat nachgewiesen, dass in der Endphase der Habsburger-Monarchie das Ökumenische Patriarchat den autokephalen Status der fraglichen Lokalkirchen faktisch akzeptiert, wenn auch nie formell bestätigt hat. Vgl *Pitsakis, Konstantinos*, Autocepalie et autonomie: A propos du développement historique de deux catégories principales dans la structure actuelle de l'Eglise orthodoxe, in: Kanon 21/2010, S. 21–42, hier S. 39.
18 Zum kanonistischem „Gründervater" der Metropolie für Cisleithanien, Joseph (v.) Zhishman, vgl *Nemeth, Thomas,* Josef von Zhishman (1820–1894) und die Orthodoxie in der Donaumonarchie, Kirche und Recht 27, Freistadt 2012.
19 Vgl. dazu *Schneider, Johann,* Der Hermannstädter Metropolit Andrei von Şaguna. Reform und Erneuerung der orthodoxen Kirche in Siebenbürgen und Ungarn nach 1848, Köln 2005.
20 Nach den Vorstellungen von Metropolit Andrei Şaguna von Hermannstadt sollten die orthodoxen Metropolien des Habsburgerreichs nach Art einer Bischofskonferenz

Milasch, der spätere Czernowitzer Suffraganbischof für die dalmatinische Eparchie Zara eine Vernetzung des orthodoxen Episkopats Österreich-Ungarns in einer Generalsynode[21] vorschlugen. Es kam zwar zu einem Zusammentreffen der orthodoxen Bischöfe der Monarchie, es erfolgte jedoch keine der katholischen Bischofskonferenz vergleichbare Institutionalisierung.[22] Die Gemeinden auf dem Gebiet der heutigen Republik Österreich wurden schließlich durch Erlass des Ministers für Cultus und Unterricht vom 29. Mai 1883 unter Wahrung ihrer autonomen Rechte dem Czernowitzer Metropoliten unterstellt.[23] Die mit Erlass des Ministeriums für Cultus und Unterricht vom 4. April 1893 in Wien errichtete serbisch-griechisch-orientalische Kirchengemeinde zum Hl. Sava wurde dagegen durch Allerhöchste Entschließung vom 23. Juni 1897 – bei Aufrechterhaltung ihrer autonomen Rechte – jurisdiktionell dem griechisch-orientalischen Bischof von Zara (Dalmatien) unterstellt.[24] Aufgrund einer Vereinbarung der drei Wiener Kirchengemeinden erließ die niederösterreichische Statthalterei am 1. Mai 1893 eine Verordnung, in der dieser neu errichteten Kirchengemeinde die Jurisdiktion über alle Orthodoxen slawischer Nationalität eingeräumt wurde.[25] Trotz dieser Eingliederungen konnten die Wiener orthodoxen Gemeinden ihre alten Privilegien und damit weitgehende Autonomierechte gegenüber dem die „geistliche Jurisdiktion" ausübendem Bischof bewahren. Damit unterschieden sie sich – gleichsam den Charakter einer „innerstaatlichen Diaspora" behaltend – von den Gemeinden in den Regionen Cisleithaniens mit besonders starken orthodoxem Bevölkerungsanteil wie der Bukowina und Dalmatien mit ihrer kanonisch-territorialen Strukturen. Der Czernowitzer

---

synodal kooperieren und Konstantinopel als oberste Appellationsinstanz anerkennen. Vgl. *Schneider*, Andrei von Şaguna (Anm. 19), S. 210.

21 Vgl. *Milasch, Nikodim*, Das Synodal-Statut der griechisch-orientalischen Metropolie der Bukowina und Dalmatien, in: Archiv für katholisches Kirchenrecht 53/1885, S. 251–263, hier S. 262 f.

22 Vgl. *Synek, Eva*, Aktuelle Bemühungen um eine „kanonische" Lösung für die Orthodoxe Diasporajurisdiktion, in: öarr 56/2009, S. 463–484, hier S. 467–468.

23 *Burkhard*, Gesetze und Verordnungen in Cultussachen, 1. Bd, Wien 1895, S. 277 f. Zu der rechtlichen Lage der orthodoxen Gemeinden in „Cisleithanien" vgl *Nemeth, Thomas*, Autonome orthodoxe Gemeinden in Cisleithanien, in: Kanon 21/2010, S. 21–42.

24 Vgl. *Potz, Richard / Schinkele, Brigitte*, Das Orthodoxengesetz 1967 und die serbisch-orthodoxe Kirchengemeinde zum Hl. Sava in Wien, in: ÖAKR 44. Jahrgang/1995–97, S. 197–224, hier S. 197 ff. Zu der Geschichte der Serben in Wien vgl *Medakovic, Dejan*, Serben in Wien, Novi Sad 2001; *Pantovic, Liljana*, Die Wiener Orthodoxen Serben, Diss. jur. Wien 2004.

25 Abgedruckt bei *Gampl, Inge / Potz, Richard / Schinkele, Brigitte*, Österreichisches Staatskirchenrecht – Gesetze, Materialien, Rechtsprechung, Bd. 1, Wien 1990, S. 308.

Metropolit bzw. sein Suffraganbischof in Zara blieben im Wesentlichen auf die Kommemoration im Gottesdienst und die Einsetzung der von den Gemeinden präsentierten Geistlichen beschränkt.

II.2 Die Orthodoxie in der Ersten Republik

Die russische Revolution und der Zusammenbruch des Osmanischen Reiches brachten neue Herausforderungen für die Orthodoxie in ihrer Gesamtheit. Insbesondere die Frage nach der „Diaspora-Jurisdiktion" wurde zu der wohl umstrittensten Fragen der orthodoxen Ekklesiologie bzw.. des orthodoxen Kirchenrechts im 20. Jahrhundert.[26] Auch die orthodoxe Kirche Österreichs war von diesem

---

26 Grundsätzlich bestehen autokephale Kirchen nur in den traditionellen („kanonischen") Territorien orthodoxer Kirchen. Erst im 20.Jahrhundert wurde die Frage nach der Jurisdiktion außerhalb dieser Territorien in Verbindung mit zunehmenden Migrantenzahlen zu einem zentralen Problem, das sich im Zuge der kommunistischen Machtübernahme in den Ländern Mittel- und Osteuropas verschärfte. Jedenfalls haben die meisten orthodoxen Kirchen in der Diaspora eine mehr oder minder lückenlose kirchliche Organisation mit territorial überlappenden Gemeinden und Bistümern geschaffen. Hinsichtlich der Verwaltung der orthodoxen Diaspora werden – mit Nuancen – vor allem zwei kontroverse Positionen vertreten. Das Ökumenische Patriarchat beansprucht die alleinige administrative Jurisdiktion außerhalb der Grenzen des eigenen Territoriums. Konstantinopel leitet seinen Anspruch vor allem aus c.28 Chalkedon i.V.m. cc.2 und 3 Konstantinopel 325 ab. C. 28 Chalkedon hat im Kontext der spätantiken politischen Ordnung dem Bischof der Reichshauptstadt Konstantinopel das Ordinationsrecht für „die Bischöfe der [...] Verwaltungsgebiete, die außerhalb des Reiches tätig sind" (wörtlich „die Bischöfe bei den Barbaren") eingeräumt. Diese Diaspora-Zuständigkeit Konstantinopels wurde im Grunde allerdings nicht vor den 1920er Jahren stärker geltend gemacht (vgl *Plank, Peter,* Der Ökumenische Patriarch Meletios IV. (1921–1923) und die orthodoxe Diaspora, in: Orthodoxes Forum 21/2007, S. 251–269, hier S. 262 ff.) und sollte insbesondere „das Ökumenische Patriarchat [...] durch die neue Aufgabe [...] etwas für die vielen Verluste [nach der Ausdifferenzierung der Balkankirchen v a im Zuge des griechisch-türkischen Bevölkerungsaustausches] zu entschädigen und wieder etwas in der Welt aufzuwerten." (*Plöchl,* Die Wiener orthodoxen Griechen (Anm. [11]. S. 111). Der auf einen über einen bloßen Ehrenvorrang hinausgehenden Vorrang Konstantinopels gestutzte, und mit alten Konzilskanones untermauerte Anspruch wurde bislang nur von Seiten der Kirchen von Alexandreia, Griechenland, Zypern und Albanien uneingeschränkt akzeptiert. Insbesondere die Kirche von Russland, aber auch die Kirche von Rumänien vertritt im Hinblick auf die Diasporajurisdiktion das Nationalitätenprinzip und leitet jurisdiktionelle Ansprüche aus missionarischen Aktivitäten ab (Bildung von autochthonen „Tochterkirchen" aufgrund des missionarischen Engagements einer „Mutterkirche"). Aufgrund des

Problem betroffen, da das bisherige Territorium der Czernowitzer Metropolie nach dem Zerfall des Habsburgerreichs auf verschiedene Staaten verteilt wurde. Die durch eigene Entscheidung bzw. staatlichen Rechtsakt und unter Wahrung ihrer Autonomie in die Metropolie eingegliederten Wiener Gemeinden, die Georgs- und die Dreifaltigkeitsgemeinde sowie St. Sava wurden von den staatlichen Behörden – wohl zu Recht – nunmehr als von ihrer Ortskirche politisch getrennte, d.h. von jeglicher bischöflicher Jurisdiktion exemte orthodoxe Gemeinden gesehen.[27]

Die dalmatinischen Eparchien waren vom Czernowitzer Metropolit Vladimir v. Repta am 22.11.1919 formell aus dem kanonischen Verband der Metropolie der Bukowina entlassen und in die in die Serbisch-orthodoxe Kirche des Staates der Serben, Kroaten und Slowenen eingegliedert worden. Da die Wiener Kirchengemeinde St. Sava der dalmatinischen Eparchie aber nie im Sinne einer normalen

---

Missionskriteriums wird so die amerikanische Orthodoxie wegen der russischen Alaskamission als Tochterkirche der russischen Kirche angesehen. Kanonisch wird dabei vor allem mit c. 34 Apostolische Kanones (i.V.m. cc.2 und 3 Konstantinopel 325) argumentiert. In c. 34 der sog. Apostolischen Kanones heißt es wörtlich, dass „die Bischöfe eines jeden *ethnos* ihren *Protos* kennen" sollen. Die Wurzeln dieses hinsichtlich einer adäquaten modernen Übersetzung schwierigen Textes (erstmals gegen Ende des 4. Jahrhunderts als Anhang der Apostolischen Konstitutionen bezeugt) liegen wohl in den Kanones der Synode von Antiocheia, wo allerdings der kritische Terminus *ethnos* nicht vorkommt. Von russischen und rumänischen Theologen und Kanonisten wird *ethnos* regelmäßig als „Nation" verstanden, während griechische Kanonisten darauf insistieren, dass der Begriff keinesfalls im neuzeitlichen Sinn missverstanden werden darf. *Ethnos* stellt vielmehr ab auf „die administrativen und geographischen Untergliederungen des Römischen Reichs" (*Panteleimon Rodopoulos*); demnach sei die Eparchie (im Sinn von Metropolie, d.h. eines kirchlichen Territorialverbandes) gemeint. Der alte Kommentar des Pedalions geht in dieselbe Richtung: ethnos wird auch dort als (Kirchen)provinz bzw. Metropolie verstanden. Nach einer Anmerkung des Pedalion würde sich der Kanon sowohl auf das Verhältnis von Bischöfen und Metropolit als auch auf das Verhältnis von Metropoliten und Patriarch beziehen. Ethymologisch kommt *ethnos* wohl von denen, die das gleiche *ethos* haben. Historisch-kontextuell interpretiert, stellte der Kanon auf das Kirchenvolk ab, das in einem Territorium zusammenlebt. Das konnte und kann beides sein – eine „ethnisch" (im modernen Sinn) homogene Bevölkerung, aber auch eine ethnisch (im modernen Sinn) gemischte Bevölkerung. Vgl dazu *Potz / Synek*, Orthodoxes Kirchenrecht (Anm. 12), S. 463 ff.

27 Vgl *Plöchl*, Die Wiener orthodoxen Griechen (Anm. 11), S. 109 f; *Potz, Richard*, Der Wechsel der Jurisdiktion einer orthodoxen Kirchengemeinde in Österreich, in: ÖAKR 27/1976, S. 22–35, hier S. 25; *Potz / Schinkele*, Orthodoxengesetz (Anm. 24), S. 200; *Pantovic*, Die Wiener Orthodoxen Serben (Anm. 24), S. 57 f.

Pfarre eingegliedert worden war, hatte dies für diese keine unmittelbaren Konsequenzen. Angesichts ihrer insbesondere finanziellen Schwierigkeiten unterstellte sie sich jedoch schließlich aus eigenem Willen und unter Wahrung ihrer autonomen Rechte direkt dem Serbischen Patriarchen.[28]

Was die beiden griechischen Gemeinden betrifft, so machte das Ökumenische Patriarchat nach Abtretung der Diasporajurisdiktion seitens der Kirche von Griechenland im Mai 1924 jurisdiktionelle Ansprüche geltend und trat damit in Konkurrenz zu Czernowitz, das seine Zuständigkeit für diese beiden Gemeinden jedoch formell nicht aufgab.[29]

Schließlich kam es 1923 auch zur Errichtung einer rumänischen Gemeinde, die dann bis zur 1940 erfolgten Auflösung der Metropolie jedenfalls innerkirchlich kontinuierlich bei Czernowitz verblieb.[30]

II.3 Die Orthodoxie in der Zweiten Republik bis zum Orthodoxengesetz

Während der NS-Herrschaft waren die jurisdiktionellen Verhältnisse der österreichischen Kirchengemeinden im Wesentlichen unverändert geblieben.[31] Ihre Entwicklung nach 1945 muss in einem größeren Kontext der Umbrüche vor allem in Südosteuropa gesehen werden. Die politischen Spannungen des Kalten Krieges blieben nicht ohne Auswirkungen auf die Diasporakirchen, deren Mutterkirchen mit kommunistischen Regimen konfrontiert wurden.

Die Wiener serbisch-orthodoxe Gemeinde zum hl. Sava unterstellte sich abermals ausdrücklich der Jurisdiktion des serbischen Patriarchen von Belgrad.[32] Gemäß Art 15 (1) Z 6 der 1947 neu formulierten Serbischen Kirchenverfassung (SOKVerf)[33] unterstehen die serbischen Kirchengemeinden und Pfarren außerhalb

---

28 Siehe *Synek, Eva,* Anmerkungen zur jurisdiktionellen Situation der „österreichischen" Orthodoxie seit dem Untergang der Habsburgermonarchie, in: *Leontaritou, Vassiliki A. / Mpourdara, Kalliopi A. / Papagianni, Eleftheria Sp.* (Hg.), ΑΝΤΙΚΗΝΣΟΡ/ ANTECESSOR. FS S. Troianos, Athen 2013, S. 1667–1691, hier S. 1673.
29 Siehe *Synek,* Anmerkungen (Anm. 28), S. 1672.
30 Vgl. *Dura, Nicolae,* Kirche in Bewegung. Das religiöse Leben der Rumänen in Österreich, Wien 2007.
31 Vgl. *Synek,* Anmerkungen (Anm. 28), S. 1677 ff.
32 Der Allgemeine Teil der EB zu § 4 OrthodoxenG stellt dies ausdrücklich fest.
33 *Pospishil, Victor,* Der Patriarch in der Serbisch-Orthodoxen Kirche, Veröffentlichungen der Stiftung Pro Oriente in Wien, Wien 1966, S. 203 ff; *Schmid, Heinrich Felix,* Die Verfassung der Serbischen Orthodoxen Kirche vom 19. Mai 1947, in ÖAKR 2. Jahrgang/1951, S. 121 f.

der Grenzen Jugoslawiens hinsichtlich ihrer geistlichen Angelegenheiten und derjenigen ihrer Hierarchie der Serbischen Orthodoxen Kirche[34]. Dadurch blieb die Bestimmung der Statuten, wonach die Gemeinde zum hl. Sava direkt dem Patriarchen unterstellt ist, aufrecht.

In den Jahren 1951 und 1952 (1957) kam es zu Änderungen der Gemeindestatuten, die jedoch nicht durch die neue SOKVerf, sondern durch gemeindeinterne Auseinandersetzungen bedingt waren. Genehmigt wurden diese Statutenänderungen durch den Landeshauptmann von Wien mit rechtskräftigem Bescheid vom 21. Jänner 1957[35]. In diesen nunmehr geltenden Statuten wird die Jurisdiktion des Patriarchen von Belgrad unter Wahrung der der Gemeinde „durch dieses Statut gewährleisteten autonomen Rechte" (§ 2) anerkannt. Zu Beginn der Sechzigerjahre kulminierte der gemeindeinterne Streit um die Frage der Unterstellung unter die Jurisdiktion des in Libertyville/Illinois, residierenden serbischen Bischofs Dionisije, der sich aus politischen Gründen vom Belgrader Patriarchat distanziert hatte. Diese Streitigkeiten ließen die unklare bzw. unzureichende österreichische Rechtslage bezüglich der orthodoxen Kirche im Allgemeinen und der serbischen Kirchengemeinde im Besonderen deutlich werden.[36] Es kam zu einer Reihe von konkurrierenden Wahlen, was dazu führte, dass gemäß Art 15 des Statuts[37] von den einzelnen Gruppen unterschiedlich zusammengesetzte Generalausschüsse der Behörde bekanntgegeben wurden. Während der Landeshauptmann von Wien mit Bescheid vom 24. Juni 1963 gemäß Art 15 des Statuts eine Wahl zur Kenntnis nahm, verweigerte er dies mit Bescheid vom 15. November 1963 bezüglich der Wahl einer konkurrierenden Gruppe. Aufgrund einer Beschwerde an das Bundesministerium für Unterricht seitens dieser zweiten Gruppe wurde der erste Bescheid aufgehoben, der zweite – an die Beschwerdeführer gerichtete – negative Bescheid jedoch bestätigt, sodass im Ergebnis keine der beiden Wahlanzeigen zur Kenntnis genommen wurde. Dagegen wandte sich die erste Gruppe mit einer Beschwerde an den Verwaltungsgerichtshof, der schließlich mit Erkenntnis vom 22. April 1964[38] den Bescheid des Bundesministeriums für Unterricht vom 15. November 1963, betreffend die Nichtkenntnisnahme der Wahl eines Generalausschusses der serbisch-griechisch-orientalischen Kirchengemeinde zum

---

34 *Schmid*, Verfassung (Anm. 33), S. 121 f.
35 MAbt 62-II/K 200/56.
36 Vgl *Potz / Schinkele*, Orthodoxengesetz (Anm. 24), S. 197–224; *Pantovic*, Die Wiener Orthodoxen Serben (Anm. 24).
37 Art 15: „Das Wahlresultat ist unmittelbar nach Durchführung der Wahl dem Landeshauptmann von Wien und der kompetenten kirchlichen Behörde bekanntzugeben."
38 Zl 2355/63, abgedruckt in: ÖAKR 17/1966, S. 88 ff.

hl. Sava wegen Rechtswidrigkeit des Inhaltes aufhob. In der Begründung wies der Gerichtshof darauf hin, dass sich der aufgehobene Bescheid – abgesehen von einem auf Art 15 Staatsgrundgesetz über die allgemeinen Rechte der Staatsbürger gestützten Feststellungsinteresse – nur auf § 15 der Statuten der Kirchengemeinde berufen und damit das im Grundrechtsbereich besonders sensible Legalitätsprinzip außer Acht gelassen hatte. Dadurch wurde für die Kirchengemeinde zum hl. Sava ein unhaltbarer Schwebezustand herbeigeführt, da keine Möglichkeit einer Klarstellung der im staatlichen Bereich vertretungsbefugten religionsgenossenschaftlichen Organe mehr gegeben war.

III. Das Orthodoxengesetz 1967

III.1 Die Entstehung des Gesetzes

Wie erwähnt hatte also serbisch-orthodoxe Kirchengemeinde zum hl. Sava einen Anlassfall und damit ein Motiv für eine umfassende religionsrechtliche Regelung der „äußeren Rechtsverhältnisse der griechisch-orientalischen Kirche in Österreich geliefert. Die EB machen dies unter Hinweis auf das bereits erwähnte Judikat des Verwaltungsgerichtshofes deutlich:

> *Der Verwaltungsgerichtshof vertrat unter Aufhebung des Bescheides des Bundesministeriums für Unterricht in den Entscheidungsgründen die Ansicht, dass Wahlanzeigen der serbischen griechisch-orientalischen Kirchengemeinde zum hl. Sava in Wien mangels gesetzlicher Grundlage einer bescheidmäßigen Kenntnisnahme durch die staatlichen Kultusverwaltungsbehörden gegenwärtig überhaupt nicht zugängig seien. Allerdings nahm auch der Verwaltungsgerichtshof ein erhebliches Interesse an der Klarstellung als gegeben an, welche religionsgenossenschaftlichen Organe die einzelnen Kirchengemeinden von Rechts wegen zu repräsentieren befugt sind.*

Die Gründe für die Schaffung des OrthodoxenG waren jedoch bei weitem vielschichtiger. Neben dem staatlichen Interesse an geordneten Abläufen innerhalb einer anerkannten Kirche spielten auch kirchenpolitische Überlegungen eine Rolle. Die Bedenken gegenüber der Anerkennung von kirchlichen Strukturen, die von kommunistischen Staatsparteien abhängig waren, führten zu einer vorsichtigen Haltung besonders gegenüber der Jurisdiktion des Moskauer Patriarchen. Andererseits wollte Österreich ausdrücklich auf die Errichtung einer Metropolie des Ökumenischen Patriarchats für Österreich reagieren. Die Regierungsvorlage zum OrthodoxenG geht auf dieses Motiv ausdrücklich ein:

> *Der Ökumenische Patriarch von Konstantinopel Athenagoras, dessen oberster Jurisdiktion die Wiener griechisch-orientalische Kirchengemeinde zur hl. Dreifaltigkeit und zum hl. Georg unterstehen, hat nach Zustimmung der hl. Synode am 5. Feber 1963 anlässlich der*

Errichtung von vier selbständigen Metropolien in Europa auch die Gründung einer „Heiligen Metropolis von Austria, Exarchie von Italien, der Schweiz, Ungarn und der Insel Malta" mit dem Sitz in Wien beschlossen und im Zusammenhang damit den – bisher der Metropolis von Thyateira mit dem Sitz in London unterstehenden – in Österreich seit langem tätigen Weihbischof von Thermae Exzellenz Dr. Chrysostomos Tsiter zum ersten Metropoliten der neuerrichteten Metropolis ernannt.

Die Metropolis von Austria hat nun die Bitte ausgesprochen, „die Möglichkeit zu prüfen, wie die kanonische Stellung der Metropolis von Austria, deren Errichtung auch von vielen staatlichen Stellen Aufmerksamkeit geschenkt wurde, auch für den staatlichen Rechtsbereich wirksam verankert werden könnte."

Der vorliegende Gesetzentwurf setzt sich nun zur Aufgabe, der kanonischen Errichtung der Metropolis von Austria auch staatlicherseits Rechnung zu tragen.

Der österreichische Gesetzgeber hat diese Gegebenheiten zum Anlass genommen, der Rechtsauffassung des Ökumenischen Patriarchats hinsichtlich der Diaspora-Jurisdiktion folgend, die griechisch-orthodoxe Metropolis von Austria, welche unmittelbar dem Ökumenischen Patriarchen von Konstantinopel untersteht, als einziger Eparchie (= Diözese) die Stellung einer Körperschaft des öffentlichen Rechts zuzuerkennen.[39]

III.2 Die bekenntnismäßige Zugehörigkeit

Durch das OrthodoxenG wurde die Griechisch-orientalische Kirche erstmalig als solche in Österreich anerkannt (§ 1 Abs 1). Ihr sind mit Wirkung für den staatlichen Bereich alle Personen orthodoxen Glaubensbekenntnisses zugehörig, wenn und solange sie in dem Bundesgebiet ihren ordentlichen Wohnsitz oder bei Fehlen eines solchen einen gewöhnlichen inländischen Aufenthalt haben. Bemerkenswert ist, dass diese bekenntnismäßige Zugehörigkeit zur Griechisch-orientalischen Kirche in Österreich von der Mitgliedschaft zu einer anerkannten Kirchengemeinde nicht abhängig ist (§ 1 Abs 2). Damit besteht im Rahmen der Griechisch-orientalischen Kirche die Möglichkeit der Zugehörigkeit zu einer gesetzlich anerkannten Kirche oder Religionsgesellschaft ohne organisatorische Einbindung in eine staatlich anerkannte Einrichtung. Während bei den anderen Kirchen und Religionsgesellschaften das Beitritts- und Mitgliedschaftsrecht innere Angelegenheit ist, wird hier die Mitgliedschaft durch ein staatliches Gesetz geregelt, dabei jedoch nur auf das Bekenntnis des Betroffenen abgestellt. Man kann daher auch außerhalb der in Österreich anerkannten Kirchengemeinden stehend bekenntnismäßig der Griechisch-orientalischen Kirche zugehören. Dies

---

39 Siehe unten III.5.

bedeutet jedoch nicht, dass das Gesetz unter einem griechisch-orientalischen (orthodoxen) Glaubensbekenntnis

schlechthin jedes Glaubensbekenntnis versteht, das der Bekennende selbst als ‚griechisch-orientalisch (orthodox)' wertet. Es habe vielmehr eine dem Gesetzgeber erkennbar vorgelegene, geschichtlich gewordene, in bestimmten Gemeinschaften verkörperte und insofern objektiv bestimmbare Kirche anerkannt.[40]

Hier besteht religionsrechtlich jedenfalls eine offene Flanke, da die Einschätzung des österreichischen Höchstgerichts hinsichtlich der objektiven Bestimmbarkeit der Zugehörigkeit von Gemeinschaften zur Orthodoxie wohl etwas zu optimistisch ausgefallen ist.

III.3 Gemeindemitgliedschaft

Was die Ebene der Gemeindemitgliedschaft betrifft, so normiert § 8 Abs 1 lit d OrthodoxenG als eine der Voraussetzungen für die Wirksamkeit der Satzungen für den staatlichen Bereich, dass „Bestimmungen über Erwerb und Verlust der Mitgliedschaft, wonach die Gemeindezugehörigkeit klar bestimmbar ist", enthalten sein müssen. Verdeutlichend stellen dazu die EB fest, dass die Zuordnung nach dem Nationalitätsprinzip allein (etwa „jeder griechisch-orientalische Serbe ... gehört der ... Kirchengemeinde an") für den staatlichen Bereich kein taugliches Kriterium mehr wäre. Diese Regelung schließt damit aber aus, dass man – auch bei entsprechender Nationalität – durch Erwerb eines Wohnsitzes oder ständigen Aufenthalts allein die Mitgliedschaft in einer staatlich anerkannten Kirchengemeinde erwerben kann. Die bekenntnismäßige Zugehörigkeit zur Orthodoxie ist daher nicht mit einem „Pfarrzwang" verbunden, was notwendig zur Folge hat, dass das Bekenntnis auf dieser zweiten Ebene mit der Anerkennung der jeweiligen geistlichen Jurisdiktion verbunden ist. Umgekehrt besteht ein Spannungsverhältnis auf Grund jener Gemeindestatuten, in denen traditionell eine nationalkirchliche Zugehörigkeit insofern zu einem „Pfarrzwang" führt, als Personen mit einem z.B. „serbisch-orthodoxen Glaubensbekenntnis", die auf dem Territorium der Kirchengemeinde zum hl. Sava ihren Wohnsitz oder ihren gewöhnlichen Aufenthalt haben, dieser angehören.[41] Lediglich die russisch-orthodoxe Kirche

---

40 VfSlg 10915/1986.
41 Art 1 der Satzung der Serbisch-Orthodoxen Kirchengemeinde zum „Hl Sava" in Wien, abgedruckt in öarr 49/2002, S. 111.

stellt in ihren Statuten (§ 1,I.1.) ohne nationalen Bezug auf die Anerkennung der Jurisdiktion des Moskauer Patriarchats ab.[42]

III.4 Kirchengemeinden

Die zum Zeitpunkt des Inkrafttretens des OrthodoxenG bestehenden Einrichtungen, welche die Stellung von Körperschaften des öffentlichen Rechts genießen, werden ausdrücklich aufgezählt: § 4 verweist auf die serbisch-orthodoxe Kirchengemeinde zum Hl Sava in Wien und die rumänisch-orthodoxe Kirchengemeinde zur Hl Auferstehung in Wien. § 4 Abs 2 verlangt, dass die Satzungen der serbischen und rumänischen Gemeinde in ihrer jeweils gültigen Form bestimmen, welcher geistlichen Jurisdiktion sie unterstehen. Dazu führen die EB aus:

> *"Gegenwärtig untersteht ... die serbische Kirchengemeinde der geistlichen Jurisdiktion des Patriarchen von Belgrad, die rumänische Kirchengemeinde der geistlichen Jurisdiktion des Patriarchen von Bukarest. Änderungen dieses Zustandes bedürfen, um für den staatliche Bereich gültig zu sein, nicht nur entsprechender innerkirchlicher hierarchischer Maßnahmen, sondern auch der entsprechenden Satzungsänderung."*

Es wird also bei einem Wechsel der geistlichen Jurisdiktion von innerkirchlichen Maßnahmen gesprochen. Diese Wortfolge ist zweideutig. Einerseits könnten darunter Maßnahmen innerhalb einer Kirche – etwa der serbischen oder russischen Kirche – verstanden werden, andererseits könnte der Begriff „innerkirchlich" lediglich dartun, dass diese Maßnahmen zu den inneren Angelegenheiten iSd Art 15 StGG gehören und daher auch ein Wechsel zur Jurisdiktion einer anderen orthodoxen Kirche darunter fiele. Was immer der Gesetzgeber des OrthodoxenG hinsichtlich der Möglichkeiten, die geistliche Jurisdiktion zu wechseln, vor Augen hatte, er müsste wohl auch die zweite Variante zur Kenntnis nehmen, solange der Wechsel zu einer interorthodox anerkannten geistlichen Jurisdiktion erfolgte.

Die Frage war von großer Aktualität und sollte konfliktträchtig bleiben bis sie nach dem Zusammenbruch des kommunistischen Systems und der Beendigung der dadurch bedingten politischen Auseinandersetzungen in der orthodoxen Diaspora weitgehend an Brisanz verlor.[43]

§ 5 verweist auf die beiden griechisch-orthodoxen Kirchengemeinden zur Hl Dreifaltigkeit und zum Hl Georg in Wien. Ihre Unterstellung unter die geistliche

---

42 Abgedruckt bei *Gampl / Potz / Schinkele*, Österreichisches Staatskirchenrecht (Anm. 25), S. 324.
43 Vgl. dazu etwa die Klärung der jahrzehntelangen Spannungen in der serbisch-orthodoxen Gemeinde zum Hl. Sava, siehe unten V.1.

Jurisdiktion der griechisch-orthodoxen Metropolis von Austria wird durch staatliches Gesetz ausdrücklich festgehalten.

Was die Errichtung weiterer Kirchengemeinden betrifft, so bewirkt bei Vorliegen der gesetzlichen Voraussetzungen (gesicherter künftiger Bestand, Tradierung orthodoxen Glaubens- und Lehrgutes, dem OrthodoxenG entsprechende Satzungen, Anzeige der satzungsgemäßen Errichtung und der Bestellung der Organe) die Anzeige der innerkirchlichen Errichtung einer Kirchengemeinde mit dem Tage des Einlangens beim zuständigen Bundesminister die öffentlich-rechtliche Stellung. Hinsichtlich der Glaubhaftmachung der Tradierung orthodoxen Glaubens- und Lehrgutes kann das BMBWK ein Gutachten der Griechisch-orientalischen Metropolis von Austria einholen (§ 2 Abs 1 lit a).[44] Auf diese Weise wollte der Gesetzgeber das Problem in den Griff bekommen, dass es einen Eingriff in die inneren Angelegenheiten der Orthodoxen Kirche darstellte, wenn ihr Kirchen bzw. Kirchengemeinden staatlich zugerechnet würden, mit denen die bestehenden orthodoxen Kirchen keine Gemeinschaft pflegen.[45]

Außerhalb von Bistümern und Kirchengemeinden sind innerkirchliche Einrichtungen auf das Stiftungs- und Vereinsrecht verwiesen, da das Orthodoxengesetz für diese – anders als Art. II Konkordat, § 4 Abs 1 Protestantengesetz und § 23 Abs 4 Islamgesetz 2015 – den Erwerb einer öffentlich-rechtlichen Stellung nicht vorsieht.

III.5 Die Metropolis von Austria

Der österreichische Gesetzgeber ist 1967 insoweit der Rechtsauffassung des Ökumenischen Patriarchats gefolgt, als hier der griechisch-orthodoxen Metropolis von Austria, welche unmittelbar dem Ökumenischen Patriarchen von Konstantinopel untersteht, als einziger Eparchie (= Diözese) die Stellung einer Körperschaft des öffentlichen Rechts zuerkannt wurde (§ 6 Orthodoxengesetz). Dies hat zur Konsequenz, dass

> *„[m]it Ausnahme des bischöflichen Inhabers der Metropolis von Austria [...] für den Bereich der äußeren Angelegenheiten der griechisch-orientalischen Kirche in Österreich den orthodoxen Hierarchen – mögen diese nun in Österreich oder im Ausland ihren Sitz haben, mögen diese der Jurisdiktion des ökumenischen Patriarchen von Konstantinopel unterstehen oder zu einer autokephalen orthodoxen Kirche gehören oder nicht – eine Parteistellung vor der zuständigen staatlichen Kultusbehörde nicht eingeräumt worden [ist]."* Dies „ungeachtet des

---

44 Nunmehr besteht auch eine entsprechende Kompetenz der Orthodoxen Bischofskonferenz, siehe unten VI.
45 Vgl. VfSlg 10915/1986.

Umstandes, dass nach den Normen der griechisch-orientalischen Kirche den Bischöfen als Nachfolger der Apostel – unbeschadet des Bestandes einer kirchlichen Gemeindeautonomie – kraft ihres Hirtenamtes das Leitungsrecht zukommt. Das Aufsichtsrecht der orthodoxen Bischöfe über die Kirchengemeinden betreffend kanonische Angelegenheiten bewirkt nicht, dass die bischöflichen Träger dieses Aufsichtsrechtes in äußeren Angelegenheiten für den staatlichen Bereich als Vertreter oder Treuhänder Rechte dieser Gemeinden geltend machen könnten."[46]

III.6 Staatsaufsicht und Kuratorenbestellung

§ 12 Abs 2 und 3 OrthodoxenG sehen bei Statutenverstößen gemäß § 8 oder bei Nichtbestellung ordnungsgemäßer kirchlicher Organe einer gesetzlich anerkannten Kirchengemeinde gemäß § 9 und bei Vorliegen eines wichtigen Grundes ein indirektes zweistufiges Zwangsmittel vor. In einem ersten Schritt die Sistierung der Handlungsfähigkeit der Kirchengemeinde für den staatlichen Bereich in äußeren Angelegenheiten und die Bestellung eines Kurators (nach Analogie des § 276 ABGB) und in einem zweiten Schritt zusätzlich die Suspendierung der besonderen Rechte als Körperschaft des öffentlichen Rechts, ohne dass damit die privatrechtliche Rechtsfähigkeit der betreffenden Kirchengemeinde beeinträchtigt würde. Als wichtiger Grund ist insbesondere anzusehen, wenn der Mangel einen Eingriff in die Rechte anderer Einrichtungen der Griechisch-orientalischen Kirche in Österreich zur Folge hat oder zur Folge haben kann oder wenn durch den Mangel dritten Personen Nachteile erwachsen können.

Die mit dieser Bestimmung geschaffene Möglichkeit staatlicher Zwangsmaßnahmen wurde im Schrifttum kritisiert und als im Widerspruch zum kirchlichen Selbstbestimmungsrecht stehend qualifiziert. Nicht zuletzt wegen der mit der Bestellung eines Kurators notwendig verbundenen Eingriffe in die kirchliche Vermögensverwaltung. Willibald Plöchl erörterte bereits 1969 mehrere Fragen, die im Zusammenhang mit dem Verfahren nach § 12 Abs 3 offenbleiben, und hält fest, dass dem vom Gericht zu bestellenden Kurator in wichtigen Fragen „notwendiger Weise auch eine innerkirchliche Rechtsstellung zukommen" werde.[47] Inge Gampl stellt eine Reihe von kritischen Überlegungen zu § 12 OrthodoxenG an, äußert grundsätzliche verfassungsrechtliche Bedenken und bezeichnet insbesondere § 12 Abs 3 OrthodoxenG auch aus formalen Gründen „in seiner gegenwärtigen

---

46 VwSlg 10633 A/1982, abgedruckt in: ÖAKR 34/1983/84, S. 152 ff.
47 *Plöchl, Willibald M.*, Errichtung und Satzung der bulgarisch-orthodoxen Kirchengemeinde zum heiligen Iwan Rilski und der russisch-orthodoxen Kirchengemeinde zum heiligen Nikolaus in Wien, in: ÖAKR 23. Jahrgang/1972, S. 195–211.

Fassung als verfassungswidrig".[48] Die konkrete Umsetzung in der Kuratorenbestellung für die Serbisch-orthodoxe Kirchengemeinden zum Hl. Sava zeigte dann auf, dass diese Bedenken durchaus gerechtfertigt waren[49] Der OGH hat diese Kritik jedoch nicht geteilt, sondern darauf hingewiesen, dass diese Regelung durch die in den EB zur RV anschaulich dargelegten Eigenheiten der orthodoxen Kirche hinreichend sachlich begründet wäre.[50]

Mit der Möglichkeit einer Kuratorenbestellung bei schwereren Statutenverstößen hat das Orthodoxengesetz als Vorbild für eine vergleichbare Regelung im novellierten Israelitengesetz bzw. im erneuerten Islamgesetz gedient. Die Befugnisse des Kurators sind jedoch in den beiden jüngeren Gesetzen deutlich begrenzter.[51]

IV. Vom Orthodoxengesetz 1967 bis zur europäischen „Nachkriegswende" 1989

Die erste Phase nach dem Inkrafttreten des Orthodoxengesetzes war durch Anträge auf Gemeindeerrichtungen, von denen zwei erfolgreich waren und durch die andauernden Konflikte um die Kirchengemeinde zum Hl Sava geprägt. In beiden Fällen zeigte sich eine gewisse Stagnation im besonderen Religionsrecht der orthodoxen Kirche(n), die zwar der allgemeinen religionsrechtlichen Situation durchaus entsprach, jedoch auch die Behinderungen durch die allgemeinen politischen Rahmenbedingungen deutlich machte.

IV.1 Gemeindeerrichtungen

Die Bestimmungen über die Einrichtung neuer Kirchengemeinden gemäß §§ 2 und 3 OrthodoxenG führten in zwei Fällen zum Erfolg: Die Satzungen der russisch-orthodoxen Kirchengemeinde zum Hl Nikolaus in Wien und der bulgarisch-orthodoxen Kirchengemeinde zum Hl Iwan Rilski in Wien wurden vom BMU am 19.5.1969 beurkundet.[52] In einem weiteren Fall, dem Antrag auf Anerkennung von

---

48 Gampl, Inge, Österreichisches Staatskirchenrecht, Wien/New York 1971, S. 346.
49 Potz / Schinkele, Orthodoxengesetz (Anm. 24), S. 197–224.
50 4.6.1987, 6 Ob 600/87, abgedruckt in: ÖAKR 38/1989, S. 533 f.
51 Gemäß § 21 Israelitengesetz hat der Bundesminister einen Antrag auf Bestellung eines Kurators beim zuständigen Gericht einzubringen, wenn die Kultusgemeinde oder die Religionsgesellschaft innerhalb einer Frist von 6 Monaten dem Auftrag, die vorgesehenen Wahlen durchzuführen oder die Handlungsfähigkeit auf andere, den Statuten oder der Verfassung entsprechende, Art wieder herzustellen, nicht nachkommt.
52 Plöchl, Errichtung (Anm. 47), S. 195–211.

vier Kirchengemeinden einer Österreichisch-orthodoxen Kirche, wurde die Kenntnisnahme der Errichtungsanzeige durch das zuständige Bundesmininsterium mit Bescheid abgelehnt. Hinter diesem Versuch stand die Salzburger Gemeinde der Russischen Auslandskirche, die seit 1976 um ihre staatliche Anerkennung kämpfte. Gegenüber einer ersten Errichtungsanzeige war das Kultusamt lange untätig geblieben. Als der damals zuständige Bischof der Russisch-orthodoxen Auslandskirche schließlich eine Säumnisbeschwerde einbrachte, wurde diese vom VwGH unter Berufung auf die mangelnde Parteistellung des Bischofs gemäß OrthodoxenG zurückgewiesen.[53] Nach Neuformulierung des Begehrens und seiner Abweisung durch das Kultusamt wurde der VwGH abermals angerufen.[54] Dessen impliziter Empfehlung eines Neuantrags, aus dem die Zugehörigkeit zur Russischen Orthodoxen Kirche im Ausland unmissverständlich hervorgeht, wurde damals allerdings nicht mehr Folge geleistet und die Zulässigkeit der Anerkennung einer explizit auslandskirchlich deklarierten Gemeinde nach Orthodoxengesetz vor der Aussöhnung mit Moskau daher auch nicht mehr geprüft.[55]

Der VfGH stellte im Zusammenhang mit einer Beschwerde gegen diesen Bescheid fest, dass die Errichtung von vier Kirchengemeinden einer „Österreichisch-orthodoxen Kirche" als Einrichtung der Griechisch-orientalischen Kirche unzulässig sei, „da eine solche Kirche innerhalb der Griechisch-orientalischen Glaubensgemeinschaft ganz offenkundig nicht als autokephale Kirche anerkannt ist". Es wäre sachlich nicht gerechtfertigt und ein Eingriff in innere Angelegenheiten der griechisch-orientalischen Kirche, wenn ihr auch Kirchen oder – autokephale – Kirchengemeinden zugerechnet würden, mit denen die ihr angehörenden Kirchen keine Gemeinschaft pflegen. Ausdrücklich weist der VfGH in diesem Erkenntnis jedoch darauf hin, dass eine Gruppe, für deren religiöse Überzeugung die Bezeichnung als orientalisch oder orthodox wesentlich ist, ohne dass sie einen wie immer gearteten Teil dieser Kirche bildete, durch keine Vorschrift gehindert ist, ihre Anerkennung nach allgemeinem Recht zu erwirken, also bei Erfüllung der Voraussetzungen nach dem Anerkennungsgesetz 1874 staatliche Rechtspersönlichkeit zu erlangen.

IV.2 Kuratorenbestellung für St. Sava

Aufgrund der Spaltung innerhalb der serbisch-orthodoxen Kirchengemeinde zum Hl Sava und der Anzeige der Bestellung unterschiedlicher Organe beantragte das

---

53 VwGH 18.1.1982, Zl. 81/10/0158, abgedruckt in: ÖAKR 34 (1983/84) S. 152–155.
54 VwGH 19.6.1986, B 714/83, abgedruckt in: ÖAKR 37 (1987/88) S. 72–79.
55 Vgl dazu unten VI.

Kultusamt am 21.12.1984 die Bestellung eines Kurators im Sinne von § 12 Abs. 2 des Orthodoxengesetzes beim zuständigen Gericht, worauf das BG Innere Stadt Wien einen Rechtsanwalt zum Kurator für die serbisch-orientalische Kirchengemeinde zum Hl Sava bestellte.

Die Begründung der Notwendigkeit der Kuratorbestellung wegen „Verzugsgefahr" im Hinblick auf die Einigung sich widerstreitender „Gruppen" zeigt die Problematik des ganzen Vorganges auf. Offenkundig wurde vom Kurator erwartet, dass er verschiedene Gruppen in der Frage einigt, welches Statut bzw. welche Organe die Gemeinde anerkenne. Er sollte somit eine Entscheidung über eine genuin innerkirchliche Angelegenheit herbeiführen. Im Rahmen seiner weiteren Tätigkeit schloss der Kurator u.a. mit einem Priester, der durch Beschluss der serbisch-orthodoxen Diözese für Westeuropa bestellt worden war, einen Mietvertrag über Räumlichkeiten der Gemeinde ab. Damit ging er von einer Zuständigkeit der serbisch-orthodoxen Diözese für Westeuropa bzw. der Geltung von Statuten für die Kirchengemeinde aus, die zum damaligen Zeitpunkt umstritten und Gegenstand jener Auseinandersetzungen waren, die zur Kuratorenbestellung geführt hatten. Das daraufhin von der Kirchengemeinde eingebrachte Klagebegehren auf Feststellung, dass die Vertragspartner des Kurators nicht ihre Organe seien, wurde vom OGH wegen Unzulässigkeit des Rechtsweges zurückgewiesen. Als Begründung wird angeführt, dass es sich bei der Bestellung der Funktionsträger der Kirchengemeinde und damit auch bei der Frage der Organstellung der Bestandnehmer um innere Angelegenheiten einer gesetzlich anerkannten Religionsgesellschaft" handle, „in welche ein Eingreifen des Staates und damit auch der Gerichte unzulässig sei."[56] Damit wurde das Feststellungsbegehren mit der in diesem Fall skurrilen Begründung abgewiesen, dass die Frage der Organstellung eine innere Angelegenheit der serbisch-orthodoxen Kirchengemeinde sei, obwohl das Feststellungsbegehren seine Grundlage gerade darin hatte, dass der staatlich bestellte Kurator durch den Abschluss des Mietvertrages faktisch einen Priester zum Pfarrer bestellt hatte, der einer der beiden Streitparteien zuzurechnen war.

Aufgrund der Bestellung eines Kurators war die Gemeinde außerstande, durch selbst bestimmte Organe für den staatlichen Bereich Rechtsgeschäftserklärungen abzugeben oder bestimmte Rechtshandlungen zu setzen.[57] Gerät die Gestion des Kurators in einen Widerstreit zur betroffenen Kirchengemeinde, ist hierüber vom Pflegschaftsgericht zu entscheiden. In diesem Verfahren hat die Kirchengemeinde Parteistellung, zu ihrer Vertretung sind die jeweils nach innerkirchlichen

---

56 OGH 10.3.1987 2 Ob 589/86.
57 OGH 4.6.1987, 6 Ob 600/87.

Vorschriften wirksam bestellten Organe berufen. Die Überprüfung dieser Bestellung kommt in diesem Verfahren dem Gericht zu. Das Pflegschaftsgericht hat dabei das Recht und die Pflicht, Bestellungsvorgänge hinsichtlich der für die Kirchengemeinde handelnd auftretenden Personen im selben inhaltlichen Umfang zu prüfen, wie dies im Falle des § 9 OrthodoxenG der Kultusbehörde obläge.[58] Da aber die Frage nach den auf diese Bestellungsvorgänge anzuwendenden Statuten eine der Ursachen für die Kuratorenbestellung gewesen war, lief diese Argumentation gewissermaßen ins Leere.

V. Von 1989 bis zur Novellierung des Orthodoxengesetzes 2012

Der Zusammenbruch der kommunistischen Systeme hatte fundamentale Auswirkungen auch auf die orthodoxen Kirchen in Österreich. Zum einen wurden die Vorbehalte gegen die unter kommunistischer „Staatsaufsicht" stehenden Mutterkirchen, wie sie auch im österreichischen Orthodoxengesetz ihren Niederschlag gefunden hatten, gegenstandslos.[59] Zum anderen wanderten Bürger der neuen Demokratien in Ost- und Südosteuropa in Österreich zu, die sich nunmehr auch offiziell zu ihrem orthodoxen Glauben bekannten.

V.1 Die Beendigung der Tätigkeit des Kurators für St. Sava

Auch die Situation in der Serbischen Kirchengemeinde zum Hl. Sava entspannte sich zusehends. Auf einer Generalversammlung vom 14.2.1999 wurde schließlich eine Neufassung der Gemeinde-Satzung beschlossen und seitens des Kultusamtes genehmigt. Bei der ersten statutenmäßigen Wahlversammlung im März 2001 wurden vertretungsbefugte Organe gewählt und der obersten Kultusbehörde angezeigt. Daraufhin wurde die Handlungsfähigkeit der serbisch-orthodoxen Kirchengemeinde zum Hl. Sava in Wien mit Bescheid des BMBWK, GZ 10.554/3-KA/c/01 für den staatlichen Bereich in äußeren Angelegenheiten für wiederhergestellt erklärt und die Abberufung des Kurators beim BG Innere Stadt Wien beantragt. Dieses enthob mit Beschluss vom 3. 1. 2002 den im Jahre 1985 bestellten Kurator seines Amtes. Mit der Enthebung des Kurators der serbisch-orthodoxen Kirchengemeinde zum Hl Sava in Wien wurde ein religionsrechtliches Kuriosum beendet, das seit nahezu 18 Jahren die religionsrechtliche Rechtsprechung in

---

58 OGH 14.4.1988, 6 Ob 556, 557/88, abgedruckt in: ÖAKR 38/1989, S. 543.
59 Vgl. *Potz, Richard*, 30 Jahre österreichisches Orthodoxengesetz, in: Kirchenrecht und Ökumene (FS Rodopoulos 70), in: Kanon XV (1999), S. 222–240; *Ders.*, Aktuelle Fragen des österreichischen Religionsrechts, in: öarr 56/2009, S. 211 f.

Österreich zu seltsamen und unzeitgemäßen Verrenkungen vor allem hinsichtlich des kirchlichen Selbstbestimmungsrechtes veranlasst hatte.

V.2 Die Einrichtung eines orthodoxen Religionsunterrichts

Seit 1804 bestand im Bereich der griechisch-orientalischen Kirche am Fleischmarkt eine griechische National-Schule, wo Sprach- und Religionsunterricht für Griechen und Walachen (Rumänen) erteilt wurde.[60] Mit der ethnischen Ausdifferenzierung der Orthodoxie erfolgte der Religionsunterricht zunehmend nach Nationen getrennt. So haben etwa im Jahre 1910 ein Priester und der Kantor hundert rumänisch-orthodoxe Kinder, welche Schulen in Wien besucht haben, zweimal pro Woche in Religion unterrichtet.[61]

In der Republik Österreich blieb der orthodoxe Religionsunterricht lange Zeit auf die griechische National-Schule im Rahmen der beiden griechischen Kirchengemeinden beschränkt. Nach der Zuwanderung von serbischen Gastarbeitern und aufgrund von Auseinandersetzungen mit „altansässigen" Mitgliedern der serbisch-orthodoxen Kirchengemeinde zum Hl. Sava[62] kam es 1974 zur Einrichtung eines von der Kirchengemeinde unabhängigen serbisch-orthodoxen Zentrums, das neben anderen sozialen und kulturellen Aufgaben auch Religionsunterricht anbot. Auch in der russisch-orthodoxen Gemeinde gab es Anfang der Siebzigerjahre eine länger bestehende Religionsunterrichtsgruppe, in der Folge kam es jedoch nur fallweise zur Glaubensunterweisung.

Nach 1989 hat sich die Situation deutlich gewandelt. Die Zuwendung zur traditionellen Religion nach dem Ende des Kommunismus hat das Interesse der Angehörigen der orthodoxen Kirchengemeinden am Religionsunterricht auch in Österreich sehr schnell ansteigen lassen. Beginnend mit den Schuljahren 1992/93 bis 1995/96 wurde österreichweit der Religionsunterricht für serbisch-orthodoxe Schüler als Gruppenunterricht gemäß § 7 a RelUG eingerichtet[63], seit dem Schuljahr 1993/94 findet auch für rumänisch-orthodoxe Schüler in Wien ein derartiger Unterricht statt. Bei der Durchführung dieses Unterrichts ergab sich

---

60 ÖsterrStaatsArchiv, AVA Alter Kultus, Karton 8, Fasz. Wien: Nationalschule. In der Errichtungsgenehmigung heißt es: „In den vier ersten Klassen sollen die Religion samt der biblischen Geschichte und den Gründen der Religion von den ersten Gründen der Sittlichkeit an, nach einer zweckmäßigen Reihenfolge, dann das Lesen, Schreiben, Rechnen, die deutsche, die neu- und hochgriechische Sprache" gelehrt werden.
61 Näheres siehe *Dura*, Kirche in Bewegung (Anm. 30), S. 177 ff.
62 Siehe IV.2.
63 Details siehe Blagovesnik pravoslavne veronauke u Austriji, Wien 2001.

immer deutlicher der Mangel an entsprechend ausgebildeten Religionslehrern.[64] Aufgrund eines Übereinkommens von April 2002 zwischen den orthodoxen Kirchen, die damals einen staatlichen Religionsunterricht durchführten, nahm der griechische Metropolit von Austria eine Koordinationsfunktion hinsichtlich des Religionsunterrichtes bzw. der Bestellung von Fachinspektoren für den orthodoxen Religionsunterricht an den Schulen wahr. Obwohl die Zuständigkeit für den Religionsunterricht gemäß § 7 Abs 1 und 2 Orthodoxengesetz 1967 bei den (anerkannten) Gemeinden liegt, wurden auf Basis dieser Vereinbarung neue Strukturen für einen übergemeindlich verantworteten gemeinsamen orthodoxen Religionsunterricht entwickelt, was auch am 13. Juni 2005 zur Gründung eines orthodoxen Schulamtes zur Koordination und Organisation des Religionsunterrichtes an den Allgemein- und Berufsbildenden Pflicht-, Mittleren und Höheren Schulen Österreichs geführt hat.[65] Es untersteht dem Metropoliten von Austria.[66] Seit der Errichtung der orthodoxen Bischofskonferenz kommt diesem in den den orthodoxen Religionsunterricht betreffenden Fragen als deren Vorsitzenden die – nunmehr auch in der Novelle des Orthodoxengesetzes ausdrücklich vorgesehene – Funktion des orthodoxen „Ansprechpartners" für die staatlichen Behörden zu.

V.3 Die Errichtung einer innerkirchlichen Bischofskonferenz

Es gehört auch zu den Folgen der Wende von 1989, dass man sich in den 1990-er Jahren innerorthodox grundsätzlich auf eine Interimslösung bis zur Neuverhandlung der Frage der Diasporajurisdiktion am in Aussicht genommenen panorthodoxen Konzil geeinigt hat.

Zu dieser Interimslösung gehört auch die Einrichtung von orthodoxen Bischofskonferenzen. Bereits 1993 schlug die Interorthodoxe Kommission vor, in bestimmten Regionen, darunter „Österreich und Italien" in einem ersten Stadium Bischofskonferenzen zu errichten. Die Bischöfe der Diaspora, die in der Diaspora wohnen und in mehreren Regionen Gemeinden haben, sollten Mitglieder der Bischofskonferenzen dieser Regionen sein. Zugleich werden sie ihre Jurisdiktion über die schon bestehenden Gemeinden, die nicht in den oben genannten Regionen enthalten sind, ausüben.

---

64 Dieses Problem wurde vor allem in Verbindung mit der Erteilung des islamischen Religionsunterrichtes virulent und führte zur Notwendigkeit der Einrichtung einer Islamischen Religionspädagogischen Akademie, vgl *Schmied, Martina*, Die Islamische Religionspädagogische Akademie, in: öarr 46/1999, S. 434 ff.
65 Siehe dazu die homepage des Orthodoxen Schulamtes: http://orthodoxekirche.at/.
66 Vgl. http://orthodoxekirche.at/schulamtsleiter.html [4.7.2015].

Auf der IV. Präkonziliaren Panorthodoxen Konferenz (6.–13. Juni 2009 in Chambésy), einberufen vom Ökumenischen Patriarchen Bartholomaios I. wurden die Vorlagen der Interorthodoxen Vorbereitungskommission aus 1990 und 1993 modifiziert (die Zahl der Regionen wurde etwas erweitert, Österreich ist nun allein eine Region) und ein Musterstatut für orthodoxe Bischofskonferenzen beschlossen,[67] wonach alle in dem jeweiligen Gebiete zuständigen orthodoxen Bischöfe Mitglieder einer Bischofskonferenz sind, „die sich in kanonischer Gemeinschaft mit allen autokephalen orthodoxen Ortskirchen befinden", unabhängig davon, ob sie in diesem Gebiet residieren. Die Bischofskonferenz stellt somit im Unterschied zu den bisher bestehenden Strukturen eine Institution dar, die die lokale Orthodoxie in ihrer Gesamtheit repräsentiert.

Eine wesentliche Aufgabe der neuen Institution nach kirchlichem Recht ist es, „die Einheit der orthodoxen Kirche sichtbar zu machen", weiters „die Zusammenarbeit der Kirchen in allen Bereichen des pastoralen Dienstes zu unterstützen" und so „die Interessen der Gemeinden, die den orthodoxen kanonischen Bischöfen der Region unterstehen, zu wahren und zu fördern." Insbesondere sollen sie die Außenrepräsentation aller Orthodoxen „gegenüber der ganzen Gesellschaft" sichern. Sie haben als kirchliche Institutionen nach aktuellem Stand allerdings nur beschränkte Befugnisse und können nur einstimmige Beschlüsse fassen. Art. 5 Abs. 2 des Musterstatutes für orthodoxe Bischofskonferenzen betont daher, dass

„die Festlegung von Zuständigkeiten [...] auf keinen Fall in die lokale Jurisdiktionsbefugnis eines Bischofs eingreifen und die Rechte seiner Kirche einschränken (darf). Das betrifft auch deren Beziehungen zu internationalen Organisationen, zur Staatsgewalt, zur Gesellschaft, zu den Massenmedien, zu den anderen Konfessionen, zu den staatlichen und interkonfessionellen Organisationen und zu den anderen Religionen."

Am 8. Oktober 2010 wurde der Beschluss der Panorthodoxen Konferenz in Österreich umgesetzt und eine Orthodoxe Bischofskonferenz unter dem Vorsitz des Metropoliten von Austria[68] errichtet. Gemäß den Vorgaben der Panorthodoxen Konferenz gehören dieser die bischöflichen Repräsentanten aller kanonischen Orthodoxen Kirchen an, die in Österreich formell vertreten sind. Neben jenen

---

67 Eine deutsche Übersetzung des Beschlusstextes von P. Sonntag findet sich in Orthodoxie aktuell 9/2009, S. 19–21, abgedruckt auch bei *Synek, E.*, Bemühungen um eine „kanonische" Lösung für die Orthodoxe Diasporajurisdiktion, in: öarr 56/2009, S. 471–472.

68 Vgl Art 2b) des Beschlusses der Panorthodoxen Konferenz von 2009, wonach eine Bischofskonferenz grundsätzlich „vom jeweils Ersten" der Bischöfe, die „zur Kirche von Konstantinopel" gehören, zu präsidieren ist, „und für den Fall, dass es keinen gibt, von dem nach der Ordnung der Diptychen Vorgesehenen".

Kirchen, die schon länger in Wien staatlich anerkannte Gemeinden haben, sind dies das Antiochenische Patriarchat und das Georgische Patriarchat. Die Bischofskonferenz hat den Zweck,

> „die Einheit der orthodoxen Kirche sichtbar zu machen, die Zusammenarbeit der Kirchen in allen Bereichen des pastoralen Dienstes zu unterstützen, die Interessen der Gemeinden, die den orthodoxen kanonischen Bischöfen der Region unterstehen, zu wahren und zu fördern".

VI. Die Orthodoxengesetz-Novelle 2011

Am 30. Juli 2011 trat eine Novelle[69] zum österreichischen „Gesetz über äußere Rechtsverhältnisse der griechisch-orientalischen Kirche" in Kraft, mit der – ungeachtet einer Reihe von Problemen, die mit den konkreten Bestimmungen verbunden sind – die Entwicklung des besonderen Religionsrechts der Orthodoxen Kirche in Österreich einen Abschluss gefunden hat. Den Kern der Novelle stellen die Ermöglichung der Errichtung von weiteren orthodoxen Diözesen[70] mit Wirkung für den staatlichen Bereich (§ 3a) und die gesetzliche Anerkennung einer orthodoxen Bischofskonferenz (§ 1a) dar.

Mit der Ermöglichung der Errichtung von weiteren orthodoxen Diözesen wurde der längst fällige Schlussstrich unter eine lange Diskussion gezogen, die auf Grund mehrfacher diplomatischer Vorstöße seitens Russlands seit einigen Jahren auch eine bemerkenswerte politische Dimension erhalten hatte. Der Reformwunsch hinsichtlich der staatlichen Anerkennung einer russisch-orthodoxen Diözese war lange Zeit mit dem Hinweis zurückgewiesen worden, dass sich die orthodoxen Kirchen für eine entsprechende Reform zuerst untereinander einigen müssten. Eine derartige Einigung kam aber angesichts einiger Konflikte zwischen der griechischen und der russischen Kirche in Österreich vorerst nicht zustande. Anlässlich eines Besuches des österreichischen Bundespräsidenten in Russland von 18. bis 21. Mai 2011, der dabei unter anderem von der für Kultusfragen zuständigen Bundesministerin begleitet wurde, wurde abermals die staatliche Anerkennung einer russisch-orthodoxen Diözese reklamiert.[71] Im zeitlichen Gleichklang mit dem Staatsbesuch in Moskau wurde in einem Initiativantrag

---

69 Vgl. dazu vertiefend *Potz, Richard / Synek, Eva*, Zur Novellierung des Bundesgesetzes über die äußeren Rechtsverhältnisse der griechisch-orientalischen Kirche in Österreich, in: öarr 59/2012, S. 391–404; *Potz, Richard*, Die Novelle 2011 zum österreichischen Orthodoxengesetz, in: FS S. Troianos (Anm. 28), S. 1461–1474.

70 Das Orthodoxengesetz verwendet den Begriff „Diözese" für Eparchie, diese Begriffsverwendung wird daher im Folgenden beibehalten.

71 Vgl. dazu die Information in „Die Presse" vom 21. 5. 2011.

von zwei Nationalratsabgeordneten gemäß Art 41 Abs 1 B-VG der Antrag auf Änderung des Orthodoxengesetzes gestellt.[72]

Die Novelle sieht auch die Errichtung einer Bischofskonferenz für den staatlichen Bereich vor (§ 1a). Die Erläuterungen zur Novelle verweisen zwar für die Errichtung dieser „staatlichen" orthodoxen Bischofskonferenz auf die innerkirchliche Errichtung einer orthodoxen Bischofskonferenz in Österreich am 8. Oktober 2010.[73] Es wurde allerdings ein Gremium geschaffen, dessen Zusammensetzung sich von der bestehenden innerkirchlichen Bischofskonferenz unterscheidet, denn es gehören ihr nur „Vertreter der nach diesem Bundesgesetz anerkannten Diözesen an" (§ 1a). Der Ausschussbericht stellt dazu fest, dass für den staatlichen Bereich nur jenen Bischöfen von autokephalen Kirchen „Wirksamkeit zukommen" soll, „die eine Diözese in Österreich bzw. einen Vertreter im Bischofsrang in Österreich haben."[74]

Was die Zusammensetzung betrifft, wurde also eine Art Ausschuss der innerkirchlich errichteten Bischofskonferenz mit Wirksamkeit für den staatlichen Bereich geschaffen. Die staatlich anerkannte Bischofskonferenz repräsentiert anders als die gleichnamige kirchliche Institution nicht die lokale Orthodoxie in ihrer Gesamtheit. Letzteres erscheint insbesondere deshalb bedenklich, da das 2009 innerorthodox ausverhandelte Einstimmigkeitsprinzip für Beschlüsse der kirchlichen Bischofskonferenz[75] damit hinsichtlich der der „staatlichen" Bischofskonferenz eingeräumten Kompetenzen ausgehöhlt wird.

Was diese Kompetenzen der „staatlichen" Bischofskonferenz betrifft, so werden „insbesondere" drei Aufgaben genannt: „die Koordination des Religionsunterrichts im Sinne des Religionsunterrichtsgesetzes" (§ 1a Abs 2 Z 1.), das kirchliche Begutachtungsrecht für Gesetzesentwürfe (§ 1a Abs 2 Z 2.) und die Abgabe von Stellungnahmen in Hinblick auf die staatliche Anerkennung orthodoxer Einrichtungen (in § 1a Abs 2 Z 3). Diese Aufzählung ist wörtlich dem Gesetz für die Orientalisch-Orthodoxen Kirchen von 2003 entnommen, wo es sich allerdings um eine taxative Aufzählung handelt. Die demonstrative Aufzählung erweist sich aber gerade im Falle der Orthodoxen Kirche als problematisch, denn sie erweckt den Eindruck als könne die „staatliche" Bischofskonferenz ohne die Mitwirkung der

---

72 Antrag vom 17. Mai 2011, XXIV. GP.-NR 1542/A. Mit der Entscheidung für einen Initiativantrag an Stelle einer Regierungsvorlage wurde einerseits das Gesetzgebungsverfahren beschleunigt, andererseits entzog man sich dadurch einem Begutachtungsverfahren.
73 Siehe oben V.3.
74 1268 BlStProtNR XXIV.GP, 1.
75 Siehe oben V.3.

innerkirchlichen Bischofskonferenz bzw. die Ermächtigung durch alle orthodoxen Kirchen weitere Kompetenzen an sich ziehen.

Was die drei angeführten Kompetenzen inhaltlich betrifft, so verstärken sie gegenüber der bisherigen Rechtslage insgesamt zweifellos das einheitliche Auftreten der Orthodoxie.

Die Zuständigkeit für den Religionsunterricht liegt gemäß § 7 Abs. 1 und 2 Orthodoxengesetz 1967 grundsätzlich bei den (anerkannten) Gemeinden. Wie bereits erwähnt kam es in den letzten Jahren zu einer Reihe von innerkirchlichen Vereinbarungen für einen übergemeindlich verantworteten gemeinsamen orthodoxen Religionsunterricht, was 2005 zur Gründung eines orthodoxen Schulamtes geführt hat.[76] Diese Entwicklung wurde gleichsam „staatlich sanktioniert".

Die Einräumung des Begutachtungsrechtes gemäß § 1a (1) Z 2 gehört zum Standard des österreichischen Religionsrechtes und ist besonders zu begrüßen, dass damit das Einholen einer „gesamtorthodoxen" Meinung normiert wird.

Die Kompetenz gemäß § 1a (1) Z 3 überschneidet sich teilweise mit der nach § 2 lit a) Orthodoxengesetz schon bisher dem Metropoliten von Austria eingeräumten Gutachterfunktion in Hinblick auf die Neuanerkennung von Gemeinden.[77] Während bisher vom zuständigen Bundesministerium nur im Zweifelsfall hinsichtlich der Tradierung griechisch-orientalischen (orthodoxen) Glaubens- und Lehrgutes ein derartiges Gutachten eingeholt werden kann, wird durch die neue Bestimmung die Abgabe einer Stellungnahme gegenüber dem zuständigen Ministerium vor der Anerkennung auch anderer kirchlicher Einrichtungen, wie etwa auch Diözesen, als Aufgabe der Bischofskonferenz normiert.

Die neue Bestimmung über die Anerkennung weiterer orthodoxer Diözesen enthält einige Voraussetzungen, die – abgesehen vom Erfordernis der Vorlage von seiten der kirchlichen Oberbehörde genehmigter Statuten (Ziffer 3.) – religions- bzw. kirchenrechtlich nicht unproblematisch sind. Gemäß Ziffer 2 wird verlangt, dass „der Bischofssitz dieser Diözese oder der Sitz dessen Vertreters im Bischofsamt in Österreich ist". Diese Bestimmung ist insbesondere im Zusammenhang mit der Normierung der „staatlichen" orthodoxen Bischofskonferenz zu sehen, der, gemäß § 1a Abs 1 Orthodoxengesetz, nur Vertreter der nach diesem Bundesgesetz anerkannten Diözesen angehören. Besonders bemerkenswert ist, dass gemäß Ziffer 1 die Errichtung von mindestens zwei – gemeint ist offenkundig: staatlich anerkannten – Kirchengemeinden zur Voraussetzung für die staatliche Anerkennung einer Diözese gemacht wird. Kanonistisch interessant ist die

---

76 Siehe oben V.2.
77 Siehe oben III.4.

Begründung für diese „Zwei-Gemeinden"-Regelung, denn das hier unterstellte Verständnis von Diözese widerspricht eigentlich orthodoxer Ekklesiologie bzw. orthodoxem kanonischem Recht, das bis heute einem grundsätzlich „episkopalistischen", d.h. am Bischof orientierten Kirchenkonzept verpflichtet ist.[78] Dieses wurzelt in altkirchlichen Entwicklungen, die Strukturierung in Bischofskirchen ist demnach primär, die Ausbildung von unter- und übergeordneten strukturellen Einheiten sekundär. Dass eine Diözese als „struktureller Überbau auf der Basis von Kirchengemeinden errichtet wird" und dass sie ihre „Lenkungs- und Organisationsaufgaben erst wahrnehmen [könne], wenn mehr als eine Kirchengemeinde besteht" – so die Begründung zu Z. 2 Initiativantrag – erinnert eher an das evangelische Gemeindeverständnis als an orthodoxe Tradition.

Was nun die Umsetzung des § 3a Orthodoxengesetz betrifft, so hing und hängt die staatliche Anerkennung von weiteren orthodoxen Diözesen also von der Anerkennung weiterer orthodoxer Kirchengemeinden ab. In einem mit 27. Oktober 2010[79] datierten Schreiben wurde vom zuständigen Ministerium gemäß § 3 Abs. 2 des Orthodoxengesetzes beurkundet, dass mit Wirkung vom 18. November 2009 (= Tag des Einlangens der Errichtungsanzeigen und der satzungsgemäßen Bestellung von Organen) „die russisch-orthodoxe Kirchengemeinde zu Mariä Schutz in Graz" sowie „die russisch-orthodoxe Kirchengemeinde zu den hl. Russischen Neumärtyrern und Bekennern in Linz [...] als staatlich-anerkannte Einrichtung der griechisch-orientalischen Kirche in Österreich Rechtspersönlichkeit für den staatlichen Bereich" besitzen „und die Stellung einer Körperschaft des öffentlichen Rechts" genießen.

Damit konnte auch die gesetzliche Anerkennung der russisch-orthodoxen Diözese relativ schnell vorgenommen werden. Am 7. März 2012 wurde die Errichtung der russisch-orthodoxen Diözese Wien und Österreich durch das Bundesministerium für Bildung, Kunst und Kultur im Bundesgesetzblatt kundgemacht.[80] Damit wurde die nach innerkirchlichem Recht seit 50 Jahren bestehende russisch-orthodoxe Diözese Wien und Österreich[81] auch staatlich anerkannt und genießt damit die Stellung einer Körperschaft des öffentlichen Rechts.

Unbefriedigend blieb dagegen die Situation in Bezug auf die Serbische Orthodoxe Kirche, die von allen in Österreich vertretenen orthodoxen Lokalkirchen

---

78 Vgl. *Potz / Synek*, Orthodoxes Kirchenrech (Anm. 12), S. 301.
79 Vgl. dazu *Synek, Eva*, Die „österreichische" Orthodoxie: rechtliche Entwicklungen seit der Errichtung der Bischofskonferenz, erscheint demnächst im öarr.
80 BGBl. II Nr. 95/2012.
81 Die Diözese war am 16. November 1962 durch einen Beschluss des Heiligen Synods des Moskauer Patriarchats errichtet worden.

die größte Gläubigenzahl aufweist. Dem Erfordernis eines Bischofsitzes in Österreich ist die Serbische Orthodoxe Kirche 2011 mit Errichtung der Diözese von Österreich und der Schweiz mit Sitz in Wien, die im Sommer 2014 auch mit einem eigenen, in Wien residierenden Diözesanbischof besetzt wurde, nachgekommen. Ungeachtet dessen, dass die Wiener St. Sava-Gemeinde inzwischen innerkirchlich längst in mehrere Sprengel mit eigenem Kirchengebäude aufgegliedert wurde, kam es bislang (Stand Sommer 2015) nicht zur Anerkennung einer weiteren serbischen Kirchengemeinde, was gemäß § 3a Abs 2 Z 2 die Voraussetzung für die staatliche Anerkennung der Serbisch-orthodoxen Diözese für den staatlichen Bereich ist.[82]

VII. Schlussbetrachtung

Mit der Aufnahme der Tätigkeit der Orthodoxen Bischofskonferenz ist für die Orthodoxie in Österreich jedenfalls ein abschließender Schritt zur religionsrechtlichen Normalität gesetzt worden. Die Bischofskonferenz hat eine Reihe von Aktivitäten gestartet, die dokumentieren, dass die Orthodoxe Kirche in der österreichischen Zivilgesellschaft angekommen ist. Dafür seien abschließend Beispiele gebracht. In ihrer 2. und 3. Session beschäftigte sich die Bischofskonferenz u.a. mit Fragen der „Krankenhaus-, Militär- und Gefängnisseelsorge".[83] 2013 wurde von der Bischofskonferenz eine Expertenkommission bestellt, die gemeinsam mit der Universität Wien ein Masterstudium „Orthodoxe Religionspädagogik" erarbeitet hat. Das neu strukturierte Masterstudium Religionspädagogik wird künftig in drei konfessionellen Varianten (katholisch, evangelisch, orthodox) belegbar sein. Auf ihrer Session vom 14. November 2014 hat die Bischofskonferenz eine Rahmenordnung für orthodoxe ReligionslehrerInnen „gutgeheißen", die vom Metropoliten von Austria am selben Tag *mit sofortiger Wirksamkeit in Kraft gesetzt wurde*.[84]

Besonders herauszuheben ist schließlich eine Stellungnahme zur Organtransplantation, da die Bischofskonferenz damit über die pastoralen und religionspädagogischen Kernbereiche hinausging. Vorausgegangen war dem ein von der Theologischen Kommission der Orthodoxen Bischofskonferenz in Deutschland erarbeitetes Papier.[85] Dieser Text wurde zwar für den österreichischen Kontext

---

82 Für Details siehe *Synek*, Die „österreichische" Orthodoxie (Anm. 79).
83 Bericht zur zweiten Vollversammlung der Bischofskonferenz: http://www.orthodoxe kirche.at/site/orthodoxe bischofskonfrenz/geschichte/article/27.html [2.7.2015].
84 Vgl *Synek*, Die „österreichische" Orthodoxie (Anm. 79).
85 Online zugänglich auf der Website der Deutschen Orthodoxen Bischofskonferenz: http://www.obkd.de/Texte/OrganspendeundTransplantation.pdf [2.7.2015].

überarbeitet, einige zentrale Passagen blieben jedoch unverändert und entsprechen nicht ganz dem österreichischen Recht.[86]

Mit diesen Aktivitäten der Bischofskonferenz, in denen die zunehmende Sichtbarkeit der Orthodoxie in der österreichischen Öffentlichkeit ihren Niederschlag findet, schließt sich gewissermaßen auch gesellschaftspolitisch ein historischer Kreis. Ungeachtet dessen dass zur österreichischen Hälfte der Donaumonarchie Gebiete gehörten, die als kanonisches Territorium der Orthodoxie angesehen wurden,[87] betrug der Anteil der orthodoxen Bevölkerung etwa 2 %. Die klein gewordene Republik kehrt gewissermaßen zum religiösen Pluralismus der Donaumonarchie zurück, der Anteil orthodoxer Christen stieg auf Grund der Zuwanderung inzwischen sogar auf 6 % der Bevölkerung.[88]

---

86 So besteht in Österreich gemäß § 4 (1) des BundesG über die Transplantation von menschlichen Organen (OTPG, BGBl. I Nr. 108/2012.) keine Zustimmungslösung sondern entsprechend einer Empfehlung des Europarates eine Widerspruchsregelung. Auch in einigen Ländern orthodoxer Prägung (Russland, Weißrussland, Bulgarien) gilt eine Widerspruchsregelung. Für weitere Details siehe *Synek*, Die „österreichische" Orthodoxie (Anm. 79).

87 Siehe oben II.1.

88 Diese immer wieder angegebene Zahl findet sich auf medienservicestelle.at/migration_bewegt/2013/01/18/weltreligionen-in-österreich-daten-und-zahlen/16.12.2015].

Verzeichnis der Mitarbeiterinnen und Mitarbeiter

Allmer, Norbert, Dr., Referent für die Pfarrarchive im Diözesanarchiv Graz-Seckau, Bürgergasse 2/IV, A-8011 Graz; norbert.allmer@graz-seckau.at

Cerny-Werner, Roland, Mag. Dr., Univ.-Ass. am Fachbereich Bibelwissenschaft und Kirchengeschichte der Universität Salzburg, Universitätsplatz 1, A-5020 Salzburg; roland.cerny-werner@sbg.ac.at

Fenzl, Annemarie, Dr. phil., Leiterin i.R. des Wiener Diözesanarchivs, Leiterin des Kardinal-König-Archivs, Wollzeile 2/EG, A-1010 Wien; a.fenzl@edw.or.at

Fliri, Michael, Mag., Leiter des Archivs der Diözese Feldkirch, Bahnhofstraße 13, A-6800 Feldkirch; michael.fliri@kath-kirche-vorarlberg.at

Höfer, Rudolf K., Mag. Dr., Ao. Univ.-Prof. am Institut f. Kirchengeschichte u. Kirchl. Zeitgeschichte der Universität Graz, Heinrichstraße 78, A-8010 Graz; rudolf.hoefer@uni-graz.at

Kalb, Herbert, Dr. iur. Dr. phil., Univ.-Prof., Vorstand des Instituts für Kanonistik, Europäische Rechtsgeschichte und Religionsrecht der Universität Linz, Altenberger Straße 69, A-4040 Linz; herbert.kalb@jku.at

Kapferer, Martin, Mag. Dr. phil., Leiter des Diözesanarchivs Innsbruck und Verantwortlicher für die Inventarisierung der pfarrlichen Kulturgüter, Riedgasse 9, A-6020 Innsbruck; martin.kapferer@dibk.at

Katzinger, Gerlinde, MMag. Dr. theol., Hochschullehrerin an der Kirchlichen Pädagogischen Hochschule Edith Stein, Gaisbergstraße 7, A-5020 Salzburg; Religionslehrerin am Gymnasium St. Ursula, Aigner Straße 135, A-5061 Salzburg-Glasenbach; gerlinde.katzinger@kph-es.at

Kollermann, Karl, Mag., Diözesanarchiv St. Pölten, Domplatz 1, A-3100 St. Pölten; k.kollermann@kirche.at

Konjecic, Erwin, Mag. Dr. iur., Mag. Dr. phil., Rechtsreferent am Katechetischen Amt der Erzdiözese Salzburg, Gaisbergstraße 7/II, A-5020 Salzburg; erwin.konjecic@katamt.kirchen.net

Kremsmair, Josef, Mag. Dr., Ao. Univ.-Prof. i.R., Samstraße 38, A-5023 Salzburg (priv.); josef.kremsmair@gmx.at

Liebmann, Maximilian, Dr., em. Univ.-Prof. am Institut für Kirchengeschichte und Kirchliche Zeitgeschichte der Karl-Franzens-Universität Graz, Heinrichstraße 78A, A-8010 Graz; maximilian.liebmann@uni-graz.at

Nausner, Helmut, tit. Prof., Pastor der Evangelisch-methodistischen Kirche i.R., Vizepräsident des Koordinierungsausschusses für christlich-jüdische Zusammenarbeit; Landgutgasse 39/8, A-1100 Wien (priv.); helmut.nausner@utanet.at

Neuper, Wolfgang, Mag., Lehrbeauftragter an der Universität Salzburg, Archivar im Archiv der Erzdiözese Salzburg, Kapitelplatz 3, A-5020 Salzburg; wolfgang.neuper@archiv.kirchen.net

Paarhammer, Hans, Mag. Dr. theol., em. Univ.-Prof. für Kirchenrecht am Fachbereich für Praktische Theologie der Universität Salzburg, Universitätsplatz 1, A-5020 Salzburg; johann.paarhammer@sbg.ac.at

Pallauf, Sonja, Mag. Dr. iur., V.-Ass. am Fachbereich für Sozial- und Wirtschaftswissenschaften (Bereich Rechtsgeschichte und Religionsrecht) der Universität Salzburg, Churfürstraße 1, A-5020 Salzburg; sonja.pallauf@sbg.ac.at

Potz, Richard, Dr., em. Univ.-Prof. am Institut für Rechtsphilosophie, Religions- und Kulturrecht der Universität Wien, Schenkenstraße 8-10, Stiege 2, 4. Stock, A-1010 Wien; richard.potz@univie.ac.at

Rees, Wilhelm, Dr., Univ.-Prof. für Kirchenrecht, Vorstand am Institut für Praktische Theologie der Universität Innsbruck, Karl-Rahner-Platz 1/II, A-6020 Innsbruck; wilhelm.rees@uibk.ac.at

Reichl-Ham, Claudia, Mag. Dr. MAS, Hofrat, stellvertretende Leiterin der Abteilung Militärgeschichtliche Forschung, Leiterin Referat Publikationen und Bibliothek, Heeresgeschichtliches Museum/Militärhistorisches Institut, Arsenal, Obj. 1, A-1032 Wien; c.reichl-ham@hgm.at

Reingrabner, Gustav, Dr., em. Univ.-Prof. für Kirchenrecht an der Evangelisch-theologischen Fakultät der Universität Wien, Superintendent der Evangelischen Superintendentur A.B. Burgenland (1975-1994); Angerried 16, A-2424 Zurndorf (priv.); g.reingrabner@bnet.at

Rinnerthaler, Alfred, Dr. iur., Ao. Univ.-Prof. am Fachbereich für Sozial- und Wirtschaftswissenschaften (Bereich Rechtsgeschichte und Religionsrecht) der Universität Salzburg, Churfürstraße 1, A-5020 Salzburg; alfred.rinnerthaler@sbg.ac.at

Schima, Stefan, MMag. Dr. MAS, Ao. Univ.-Prof. am Institut für Rechtsphilosophie, Religions- und Kulturrecht der Universität Wien, Schenkenstraße 8-10, Stiege 2, 4. Stock, A-1010 Wien; stefan.schima@univie.ac.at

Schinkele, Brigitte, Dr., Hon.-Prof., Institut für Rechtsphilosophie, Religions- und Kulturrecht der Universität Wien, Schenkenstraße 8-10, Stiege 2, 4. Stock, A-1010 Wien; brigitte.schinkele@univie.ac.at

Schwarz, Karl W., Dr. theol. Dr. phil. h.c., tit. Univ.-Prof. an der Evangelisch-theologischen Fakultät der Universität Wien, Ministerialrat im Kultusamt/BKA; Benjowskigasse 28/6, A-1220 Wien (priv.); karl.schwarz@univie.ac.at

Spatzenegger, Hans, Dr. iur., ehemals Leiter des KBW, des Diözesanarchivs Salzburg und der Abt. Kultur/Wissenschaft im ORF; Thumegger Str. 31, A-5020 Salzburg (priv.); gerlinde.spatzenegger@gmx.at

Wakolbinger, Doris, Mag. Dr., Assistenzprofessorin am Institut für Kanonistik, Europäische Rechtsgeschichte und Religionsrecht an der Johannes Kepler Universität Linz, Altenberger Straße 69, A-4040 Linz; doris.wakolbinger@jku.at

Winkler, Dietmar W., MMag. Dr., Univ.-Prof. am Fachbereich Bibelwissenschaft und Kirchengeschichte der Universität Salzburg, Universitätsplatz 1, A-5020 Salzburg; dietmar.winkler@sbg.ac.at

Würthinger, Monika, Dr. phil., Stv. Vorstandsvorsitzende des Vereins für Linzer Diözesangeschichte, Direktorin des Diözesanarchivs Linz, Harrachstraße 7, A-4020 Linz; monika.wuerthinger@dioezese-linz.at

Wissenschaft und Religion

Herausgegeben von Hans Paarhammer und Alfred Rinnerthaler

Band 1 Paul Weingartner: Evil. Different kinds of evil in the light of a modern theodicy. 2003.

Band 2 Ignaz Steinwender: Die Geschichte einer Verführung. Kirche und Nationalsozialismus im Salzburger Bezirk Lungau, 1930–1945. 2003.

Band 3 Leopold Robert Fürst OSB: Das Vermögensrecht der österreichischen Ordensleute. 2004.

Band 4 Tommaso La Rocca (Hrsg.): Karl Renner. *Politik und Religion.* Die Religionsfrage als Frage der Demokratie. 2004.

Band 5 Rupert Struber: Priesterkorrektionsanstalten in der Erzdiözese Salzburg im 18. und 19. Jahrhundert. Die Priesterhäuser von Maria Kirchenthal, St. Johann in Tirol, St. Ulrich am Pillersee und Schernberg. 2004.

Band 6 Gerlinde Katzinger: Kirchliches Baurecht. Das kirchliche Bauwesen im Spannungsfeld von kirchlichen und staatlichen Rechtsnormen unter besonderer Berücksichtigung der Situation in der Erzdiözese Salzburg. 2004.

Band 7 Peter Klammer: *In Unehren beschlaffen.* Unzucht vor kirchlicher und weltlicher Gerichtsbarkeit im frühneuzeitlichen Salzburger Lungau. 2004.

Band 8 Alfred Rinnerthaler (Hrsg.): Historische und rechtliche Aspekte des Religionsunterrichts. 2004.

Band 9 Paul Weingartner (Hrsg.): Glaube und Vernunft. Interdisziplinäres Streitgespräch zur Enzyklika *Fides et Ratio.* 2004.

Band 10 Josef Limmer: Konzilien und Synoden im spätantiken Gallien von 314 bis 696 nach Christi Geburt. Teil 1: Chronologische Darstellung. Teil 2: Zusammenschau wichtiger Themenkreise. 2004.

Band 11 Gerhard Ammerer / Alfred Stefan Weiß (Hrsg.): Die Säkularisation Salzburgs 1803. Voraussetzungen – Ereignisse – Folgen. Protokoll der Salzburger Tagung vom 19.–21. Juni 2003. 2005.

Band 12 Franz Ortner: Salzburgs Bischöfe in der Geschichte des Landes (696–2005). 2005.

Band 13 Paul Weingartner (Hrsg.): Das Problem des Übels in der Welt. Vom interdisziplinären Standpunkt. 2005.

Band 14 Beate Beckmann-Zöller / Hanna-Barbara Gerl-Falkovitz (Hrsg.): Die *unbekannte* Edith Stein: Phänomenologie und Sozialphilosophie. 2006.

Band 15 Helmut Beneder: Antonius Johannes N. (Ferdinand) Reichsgraf von Herberstein, Bischof von Triest (1760–1774). Ein Leben im Spannungsfeld zwischen finanzieller Notlage und Repräsentation. 2007.

Band 16 Alfred Rinnerthaler (Hrsg.): Das kirchliche Privatschulwesen – historische, pastorale, rechtliche und ökonomische Aspekte. 2007.

Band 17 Gerlinde Katzinger: Balthasar Kaltner. Kanonist und (Erz-)Bischof an der Schwelle einer folgenschweren Wendezeit (1844–1918). 2007.

Band 18 Lukas Wallner: Die staatliche Anerkennung von Religionsgemeinschaften. Die historische und aktuelle Umsetzung der religiösen Vereinigungsfreiheit in Österreich unter Berücksichtigung des deutschen Religionsrechts. 2007.

Band 19 Alfred Rinnerthaler: Eine Kirche für Salzburgs Altkatholiken. Kontroversen rund um die Errichtung einer altkatholischen Kirchengemeinde in Salzburg. 2008.

Band 20 Paul Weingartner (Hrsg.): Rohstoff Mensch, das flüssige Gold der Zukunft? Ist Ethik privatisierbar? 2009.

Band 21 Hans Paarhammer / Gerlinde Katzinger (Hrsg.): Kirche und Staat im Horizont einer globalisierten Welt. 2009.

Band 22 Johannes Krall: Kirchenvermögen – Nachhaltigkeit – Wirtschaftsethik. Rechtliche Gestaltungsmöglichkeiten bei der Verwaltung von Kirchenvermögen unter nachhaltigen und wirtschaftsethischen Überlegungen. Mit Beiträgen von Bischof Alois Schwarz, Ralph Müller und Karl Gollegger. 2009.

Band 23 Manfred Josef Thaler: Das Schneeherrenstift am Dom zu Salzburg (1622 bis 1806). 2011.

Band 24 Manfred Josef Thaler: Das Salzburger Domkapitel in der Frühen Neuzeit (1514 bis 1806). Verfassung und Zusammensetzung. 2011.

Band 25 Elisabeth Simader: Die westliche Finanzkrise. Islamic Financing – Islamic Banking. Ein möglicher Ausweg? 2013.

Band 26 Hans Paarhammer / Alfred Rinnerthaler (Hrsg.): Kirchlicher Wiederaufbau in Österreich. 2016.

www.peterlang.com